WIE FUNKTIONIERT DAS?

Die Technik im Leben von heute
608 Seiten mit 282 zweifarbigen und 8 vierfarbigen Schautafeln.

Der Mensch und seine Krankheiten
608 Seiten mit 257 zweifarbigen und 8 mehrfarbigen Schautafeln.

Der moderne Staat
512 Seiten mit 240 zweifarbigen Schautafeln.

Die Umwelt des Menschen
607 Seiten mit 244 zweifarbigen Schautafeln.

Die Wirtschaft heute
656 Seiten mit 315 ganzseitigen Schautafeln.

Die Energie – Erzeugung, Nutzung, Versorgung
303 Seiten mit 137 zweifarbigen Schautafeln.

Die Arzneimittel
320 Seiten mit 132 zweifarbigen Abbildungen.

Städte, Kreise und Gemeinden
336 Seiten mit 160 zweifarbigen Schautafeln.

Die Bundeswehr
316 Seiten mit rund 147 zweifarbigen Schautafeln.

Der Computer
288 Seiten mit 137 farbigen Bildtafeln.

Wetter und Klima
304 Seiten mit 142 farbigen Bildtafeln.

Die Ernährung
308 Seiten mit 134 zweifarbigen Bildtafeln.

MEYERS FORUM

Meyers Forum stellt Themen aus Geschichte, Politik, Wirtschaft, Naturwissenschaft und Technik prägnant und verständlich dar. Jeder Band wurde von einem anerkannten Wissenschaftler eigens für diese Reihe verfaßt. Alle Bände haben 128 Seiten.

Jürgen Domes/Marie-Luise Näth
Geschichte der Volksrepublik China
Mit mehreren Karten und Tabellen.

Imanuel Geiß
Die Deutsche Frage 1806–1990

Werner Glastetter
Allgemeine Wirtschaftspolitik
Mit zahlreichen Tabellen.

Uwe Halbach
Der sowjetische Vielvölkerstaat 1922–1991
Mit mehreren Karten.

Wolfgang Haus
Geschichte der Stadt Berlin

Idee, Entwicklung und Politik der bundesdeutschen Wirtschaftsordnung. Mit zahlreichen Tabellen.

KINDER- UND JUGENDBÜCHER

Meyers Jugendlexikon
Ein allgemeines Lexikon, das auf keinem Schülerschreibtisch fehlen sollte. 672 Seiten, rund 7 500 Stichwörter, zahlreiche meist farbige Abbildungen, Fotos, Schautafeln und Tabellen.

Meyers Großes Kinderlexikon
Das neuartige Wissensbuch für Vor- und Grundschulkinder. 323 Seiten mit 1 200 Artikeln, 1 000 farbigen Abbildungen sowie einem Register mit etwa 4 000 Stichwörtern.

Meyers Kinderlexikon
Mein erstes Lexikon. 259 Seiten mit etwa 3 000 Stichwörtern und rund 1 000 farbigen Bildern.

Meyers Buch vom Menschen und von seiner Erde
Erzählt für jung und alt von James Krüss, gemalt von Hans Ibelshäuser und Ernst Kahl.
162 Seiten mit 77 überwiegend ganzseitigen, farbigen Bildtafeln.

MEYERS KLEINE KINDERBIBLIOTHEK

Das Ei. Das Wetter. Der Marienkäfer. Die Farbe. Das Auto. Unter der Erde. Das Flugzeug. Der Elefant. Die Blumen. Die Ritterburg. Der Vogel. Die Maus. Der Apfel. Das Haus.
Die neuartige Bilderbuchreihe mit umweltverträglichen Transparentfolien zeigt das Innen und Außen der Dinge und macht Veränderungen spielerisch sichtbar. Jeder Band mit 24 Seiten, durchgehend vierfarbig.

Meyers Großes Sternbuch für Kinder
126 Seiten mit über 100 farbigen, teils großformatigen Zeichnungen und Sternkarten.

DUDEN

Band 12

Der Duden in 12 Bänden

Das Standardwerk zur deutschen Sprache

Herausgegeben vom Wissenschaftlichen Rat
der Dudenredaktion:
Prof. Dr. Günther Drosdowski, Dr. Wolfgang Müller,
Dr. Werner Scholze-Stubenrecht,
Dr. Matthias Wermke

1. Rechtschreibung
2. Stilwörterbuch
3. Bildwörterbuch
4. Grammatik
5. Fremdwörterbuch
6. Aussprachewörterbuch
7. Herkunftswörterbuch
8. Sinn- und sachverwandte Wörter
9. Richtiges und gutes Deutsch
10. Bedeutungswörterbuch
11. Redewendungen und sprichwörtliche Redensarten
12. Zitate und Aussprüche

DUDEN

Zitate und Aussprüche

Bearbeitet von
Werner Scholze-Stubenrecht
unter Mitarbeit von Maria Dose, Wolfgang Eckey,
Heidi Eschmann, Jürgen Folz, Dieter Mang,
Charlotte Schrupp

DUDEN BAND 12

DUDENVERLAG
Mannheim · Leipzig · Wien · Zürich

Die Deutsche Bibliothek – CIP-Einheitsaufnahme
Der **Duden**: in 12 Bänden; das Standardwerk zur deutschen Sprache / hrsg. vom Wissenschaftlichen Rat der Dudenredaktion: Günther Drosdowski ... – [Ausg. in 12 Bd.]. – Mannheim; Leipzig; Wien; Zürich: Dudenverl.
NE: Drosdowski, Günther [Hrsg.]
[Ausg. in 12 Bd.]
Bd. 12. Duden »Zitate und Aussprüche«. – 1993
Duden »Zitate und Aussprüche«: Herkunft und aktueller Gebrauch / bearb. von Werner Scholze-Stubenrecht. Unter Mitarb. von Maria Dose ... – Mannheim; Leipzig; Wien; Zürich: Dudenverl., 1993
(Der Duden; Bd. 12)
ISBN 3-411-04121-8
NE: Scholze-Stubenrecht, Werner [Bearb.]; Zitate und Aussprüche

Satz: Bibliographisches Institut & F. A. Brockhaus AG (DIACOS Siemens) und Mannheimer Morgen Großdruckerei und Verlag GmbH
Druck: Klambt-Druck GmbH, Speyer
Bindearbeit: Graphische Betriebe Langenscheidt, Berchtesgaden
Printed in Germany
ISBN 3-411-04121-8

Vorwort

Das Zitat, die wörtlich wiedergegebene Textstelle oder Äußerung, begegnet uns in sehr unterschiedlichen sprachlichen Verwendungsweisen. In einer wissenschaftlichen Abhandlung kann es als Verteidigung oder Bekräftigung einer Behauptung oder als Anstoß für eigene Überlegungen dienen. Die Berichterstattung benutzt es im Bemühen um authentische Darstellung; in der Rhetorik und der Literatur ist es ein Mittel der Ausschmückung, der Abwechslung oder der Anschaulichkeit. In einer Diskussion, in einem Gespräch kann es als Beweis für Belesenheit und Allgemeinbildung eingesetzt werden, und in der Werbung sowie in der Alltagssprache ist es nicht selten Ausgangspunkt für sprachspielerische Scherze und Anspielungen.

Der Dudenband ›Zitate und Aussprüche‹ gliedert sich in zwei Teile. Der erste, umfangreichere Abschnitt verzeichnet in alphabetischer Anordnung die in der deutschen Sprache immer wieder verwendeten, allgemein geläufigen Zitate wie ›Durch diese hohle Gasse muß er kommen‹ (Schiller), ›Erlaubt ist, was gefällt‹ (Goethe), ›Der Anfang vom Ende‹ (Shakespeare), ›Auf daß das Haus voll werde‹ (Lukasevangelium), ›Dieses war der erste Streich‹ (Wilhelm Busch) oder ›Und läuft und läuft und läuft ...‹ (Automobilwerbung). Dieser als fester Bestandteil der deutschen Sprache anzusehende Zitatenschatz wird auf sprachwissenschaftlicher Grundlage dargestellt: Das Wörterbuch erläutert die Herkunft der Zitate, verweist auf ihren ursprünglichen Textzusammenhang und beschreibt den späteren und heutigen Gebrauch bis hin zur scherzhaften Abwandlung.

Der zweite Teil des Buches bietet eine nach thematischen Gesichtspunkten geordnete Sammlung von (zum Teil weniger

geläufigen) Zitaten, mit denen sich Reden, Briefe, Widmungen und andere Texte gestalten und ausschmücken lassen.
So informiert dieses Nachschlagewerk einerseits über den ›kodifizierten‹, also den sprachüblichen Gebrauch und über die Quellen, den Ursprung von Zitaten, andererseits stellt es Material für das kreative und individuelle Zitieren zur Verfügung.

Mannheim, im Oktober 1993
Der Wissenschaftliche Rat der Dudenredaktion

Inhalt

Einleitung
A. Das Zitat in der deutschen Sprache

1. Zur Geschichte des Zitierens

Wenn man einen Text zu verfassen oder eine Rede zu halten hat, steht man vor der Aufgabe, Lesern oder Zuhörern seine Gedanken zu einem bestimmten Thema in verständlicher und einprägsamer Form zu übermitteln. Dabei wird man feststellen, daß es oftmals sehr nützlich ist, das, was man ausdrücken will, mit den Worten anderer Menschen wiederzugeben. Dies kann zum Beispiel notwendig sein, um der eigenen Aussage durch die Berufung auf eine Autorität größeres Gewicht zu verleihen. In vielen Fällen hat man aber auch den Wunsch, bereits Gesagtes noch einmal pointiert zusammenzufassen, eine längere Ausführung mit einem schlaglichtartigen Satz abzuschließen. Oder man will eigenen Worten eine gewisse Würze verleihen und dem Leser- oder Hörerpublikum etwas mitgeben, das sich spontan einprägt, das noch lange im Ohr nachklingt. Als Schreiber oder Redner greift man dann gerne auf eine Äußerung zurück, in der eine allgemein bekannte Persönlichkeit, ein klassischer oder moderner Schriftsteller, ein Prominenter aus Politik, Wirtschaft oder Kultur bereits einen ähnlichen oder sogar den gleichen Gedankengang prägnant zugespitzt vorformuliert hat.

Wenn man sich dieses stilistischen Kunstgriffs bedient, wendet man eine Technik an, die bei allen Autoren und Vortragenden von der Antike bis hin zur Gegenwart immer wieder herangezogen wurde: man *zitiert*. Schlägt man im Wörterbuch nach, so findet man *zitieren* definiert mit ›eine Stelle aus einem gesprochenen oder geschriebenen Text unter Berufung auf die Quelle wörtlich wiedergeben‹. Das Wort geht zurück auf lateinisch *citare,* das ›herbeirufen‹, auch ›anrufen, erwähnen, nennen‹ bedeutet und in der römischen Rechtssprache die Bedeutung ›vorladen‹ und ›sich auf jemandes Zeugenaussage berufen‹ erhalten hat. Mit der Übernahme des römischen Rechts wurde es im 15. Jahrhundert ins Deutsche als juristischer Fachausdruck entlehnt. Seit dem frühen 18. Jahrhundert wurde es, ausgehend von der lateinischen Bedeutung ›erwähnen, nennen‹ dann auch im Sinne von ›einen Autor, eine Schrift[stelle] als Zeugen heranziehen‹ verwendet. Ebenfalls im 18. Jahrhundert entstand aus lateinisch *citatum,* ›das [namentlich] Angeführte, Erwähnte‹ (substantiviertes Partizip Perfekt von *citare*), die gelehrte Bildung *Zitat* im Sinne von ›wörtlich angeführte Stelle (aus einer Schrift oder Rede)‹.

Für die Autoren der *Antike* war das Zitat in erster Linie ein rhetorischer Schmuck, mit dem sie ihre Ausführungen versahen. Zitiert wurde hauptsächlich aus der ›Ilias‹ und der ›Odyssee‹ des altgriechischen Dichters

Homer (2. Hälfte des 8. Jh. v. Chr.), aus den Werken der altgriechischen Dichter Pindar (5./4. Jh. v. Chr.) und Hesiod (um 700 v. Chr.), später auch aus der ›Äneis‹ des römischen Dichters Vergil (70–19 v. Chr.). Man schrieb die Zitate aus dem Gedächtnis nieder, eine wörtliche Wiedergabe war selten. Die spätantiken Kirchenväter und die frühen christlichen Schriftsteller setzten diese rhetorische Tradition fort. Zitiert wurden jetzt aber vor allem Stellen aus der Bibel. Da diese Zitate im Disput mit Nichtchristen und Häretikern die nicht anzweifelbare Wahrheit in eindeutiger Weise dokumentieren sollten, wurde dabei jetzt auch auf größere Wörtlichkeit geachtet. Auf Zitate aus sogenannten heidnischen Schriftstellern griff man nur dann zurück, wenn man einen Vorbildcharakter von Personen und Ereignissen im Hinblick auf die Botschaft des Neuen Testaments zu erkennen glaubte. So wurde z. B. die 4. Ekloge von Vergils ›Bucolica‹, einem Zyklus von zehn Hirtengedichten (Eklogen), in der ein neues Zeitalter des Friedens verheißen wird, als Ankündigung Christi, des Heilandes, gedeutet.

Für das Schrifttum im *Mittelalter* schien auf Grund der Materialfülle der zur Verfügung stehenden neueren Handbücher und wissenschaftlichen Lehrwerke ein Rückgriff auf die frühen Quellen nicht mehr nötig. Namen von antiken Autoren wurden zwar noch genannt, aber ihr Gedankengut wurde nicht mehr wörtlich angeführt, sondern im Sinne der christlichen Heilslehre umgedeutet und idealisiert. Allenfalls besonders einprägsame Aussprüche, Sinn- und Denksprüche, Sentenzen also, die herausgelöst aus dem Textzusammenhang für sich alleine stehen konnten, zitierte man noch wörtlich. Daraus bildeten sich dann in vielen Fällen allgemein verwendete Sprichwörter, die in Sammlungen aufgenommen wurden und von hier aus wiederum in die Literatur Eingang fanden.

In der weltlichen mittelalterlichen Literatur stützten die Dichter den Wahrheitsgehalt der eigenen Aussagen häufig durch Berufung auf andere Quellen. Allerdings ersetzte hier die Nennung der Quelle das Anführen des Zitats, da die andere Dichtung, auf die man sich berief, beim Publikum als bekannt vorausgesetzt werden konnte. Es entstanden so Dichterkataloge, wie etwa im ›Parzival‹ des Wolfram von Eschenbach (um 1170/80–um 1220) oder im ›Sängerkrieg auf der Wartburg‹, einer um 1260 entstandenen Gedichtsammlung.

In der geistesgeschichtlichen Bewegung des *Humanismus* (14.–16. Jh.) besann man sich auf die kulturellen Leistungen der Antike zurück und bemühte sich erfolgreich, die Schriften lateinischer und griechischer Autoren aufzuspüren, zu übersetzen und durch kritische Ausgaben wissenschaftlich aufzuarbeiten. Die bewußte Nachahmung antiker Vorbilder war typisch für das literarische Schaffen dieser Epoche. Wurden lateinische oder griechische Texte zitiert, legte man jetzt größten Wert auf die Nähe zum Original. Zitate aus alten Schriftstellern waren unverzichtbar, man schmückte das eigene Werk damit, um Eindruck zu machen. War im Mittelalter der Umgang mit Texten der Antike, also mit ›heidnischem‹ Schrifttum, eine heikle Sache, so wurde jetzt der Erfahrungsschatz der alten Autoren zur Dokumentation der eigenen Lebensnähe verwendet. Diese psychologisch geschickte Anwendungsweise von Zitaten aus dem antiken Schrifttum führte auch dazu, daß man deutschen (oder eingedeutschten) Sprichwörtern und Redensarten eine ebensogroße Bedeutung zumaß und sie in gleicher Weise einsetzte.

In der Literatur des 16. und 17. Jahrhunderts diente das Zitat fast nur noch als Stilmittel, um letztlich die poetische Wahrheit zu legitimieren und ihren Wert zu steigern. Diese Entwicklung verstärkte sich noch im *Barock*. Am Ende des 17. Jahrhunderts jedoch, schon an der Wende zur *Aufklärung*, wurde das Zitat auch als Mittel der ironischen Charakterisierung verwendet, zum Beispiel im ›Bäuerischen Machiavellus‹ von Christian Weise (1642–1708), wo ein Schulmeister im Bewußtsein seiner Überlegenheit seine Mitmenschen mit lateinischen Zitaten überhäuft.

Das am Ende des 18. Jahrhunderts aufkommende *Bildungsbürgertum* verstand sich als Gegenbewegung zur zerfallenden Feudalaristokratie und setzte dieser seine ›Geistesaristokratie‹ entgegen. Diese vom Gelehrten bis zum Handwerksmeister reichende großbürgerliche Gruppierung bezog ihr gesellschaftliches Prestige auf eine an idealistischen Werten und am klassischen Altertum orientierten Bildung. Im frühen 19. Jahrhundert dann waren die Persönlichkeits- und Bildungstheorien der deutschen Klassik das Fundament für die weiterreichenden Bestrebungen, die heraufkommende bürgerliche und industrielle Gesellschaft zu prägen, sie geistig und kulturell zu überformen. Und wie konnte man seinen Bildungsstand und sein angelesenes Wissen besser dokumentieren als mit allerlei Zitaten aus Weltgeschichte und Weltliteratur? Eine bedeutende Rolle als ›Zitatenspender‹ behielt auch jetzt noch die Bibel, die – gestützt besonders durch das evangelische Kirchenlied – seit dem 16. Jahrhundert mehr als alle anderen literarischen Werke zur Verbreitung von Zitaten und sprichwörtlichen Redensarten beigetragen hatte.

Zur Pflichtlektüre des Bildungsbürgers gehörten aber auch die Dichter der literarischen Blütezeiten der europäischen Literaturen, so aus dem Italien der Renaissance Dante Alighieri (1265–1321), aus dem Spanischen Miguel de Cervantes Saavedra (1547–1616) und Pedro Calderón de la Barca (1600–1681), aus dem elisabethanischen Zeitalter der englische Dichter William Shakespeare (1564–1616), aus Frankreich die Dichter Corneille (1606–1684), Molière (1622–1673) und Racine (1639–1699), außerdem Montesquieu (1689–1755) und Voltaire (1694–1778). Ein absolutes Muß und ein Maßstab für das Bildungsniveau war die perfekte Kenntnis von ausgewählten Textstellen und Gedichten der Dichter der sogenanten Weimarer Klassik, allen voran Johann Wolfgang Goethe

(1749–1832) und Friedrich Schiller (1739–1805), auf die dieser literaturgeschichtliche Terminus bald eingeengt wurde. Zum Kanon der klassischen Autoren zählen weiter vor allem Gotthold Ephraim Lessing (1729–1781), Friedrich Gottlieb Klopstock (1724–1803), Christoph Martin Wieland (1733–1813), Johann Heinrich Voß (1751–1826), Johann Gottfried Herder (1744–1803), Friedrich Hölderlin (1770–1843), Jean Paul (1763–1825), Heinrich von Kleist (1777–1811).

Ursprünglich kam es beim Zitieren auf die Wiedergabe des genauen Wortlautes an, denn nur so konnte man seine Bildung unter Beweis stellen. Die sich immer mehr auf breiteste Kreise ausweitende Verwendung von Zitaten führte jedoch dazu, daß sie häufig nicht mehr in ihrem ursprünglichen Sinne gebraucht wurden, sondern in übertragener Bedeutung in den alltäglichen Sprachgebrauch eingingen, sozusagen zur sprichwörtlichen Redensart wurden. Das hatte zur Folge, daß beim Gebrauch eines Zitats in der gesprochenen Sprache kleine Veränderungen vorgenommen wurden, entweder bedingt durch die Sprechsituation oder zur Vereinfachung des Zitatgebrauchs. Ein Beispiel dafür ist das auf eine Stelle in Schillers ›Verschwörung des Fiesco zu Genua‹ zurückgehende ›Der Mohr hat seine Schuldigkeit getan‹, das im Original lautet: ›Der Mohr hat seine Arbeit getan, der Mohr kann gehen‹. Nach dem bei Hesiod zu lesenden ›Vor den Verdienst setzten den Schweiß die Götter, die unsterblichen‹ zitierte und zitiert man noch heute ›Vor den Erfolg haben die Götter den Schweiß gesetzt‹.

Solche Zitate, die von eindeutig nachweisbaren Verfassern stammen, allgemein bekannt geworden sind und dann oft wie sprichwörtliche Redensarten verwendet werden, bezeichnete der deutsche Philologe August Georg Büchmann (1822–1884) als ›geflügelte Worte‹.

Dieser Ausdruck geht auf den griechischen Dichter Homer zurück. In seinen Werken ›Ilias‹ und ›Odyssee‹ gebraucht er ihn über hundertmal (griechisch: 'επεα πτερόευτα). Er bezeichnet damit Worte, die vom Mund des Redners zum Ohr des Angesprochenen ›fliegen‹. Schon vor der Homerübersetzung von Johann Heinrich Voß (1781 und 1793) verwendete Friedrich Gottlieb Klopstock in seinem Epos ›Der Messias‹ diesen Ausdruck. Populär wurde die Bezeichnung dann durch Büchmanns Sammlung ›Geflügelte Worte. Der Literaturschatz des Deutschen Volkes‹, die 1864 zum ersten Male aufgelegt wurde.

Von einem ›geflügelten Wort‹ spricht man, wenn folgende Kriterien vorliegen:

– Das Zitat muß sowohl allgemein bekannt sein als auch auf Grund seines Inhaltes eine gewisse Aktualität haben.
– Das Zitat muß zumindest über einen längeren Zeitraum allgemein verwendet werden.

– Das Zitat muß auf eine literarische Quelle oder eine historisch belegbare Person – zumindest mit hoher Wahrscheinlichkeit – zurückzuführen sein.

2. Das Zitat in der Gegenwartssprache

Im Laufe der Zeit und bis hin zur Gegenwart hat sich der Zitatgebrauch jedoch entscheidend verändert. War das Anbringen von Zitaten bis weit in die erste Hälfte des 20. Jahrhunderts hinein eine Sache des Bildungs- und damit des Sozialprestiges, so steht dies bei der heutigen Art des Zitierens nicht mehr im Vordergrund. Flocht man früher ein Zitat in seine Rede oder seinen Text ein, so wollte man seine Belesenheit, sein Bildungsniveau unter Beweis stellen. Schüler mußten zeigen, daß sie die Werke der großen Dichter und Denker ›intus‹ hatten und durften sich nicht bei einem falsch wiedergegebenen Zitat ertappen lassen. Vor allem seit dem Ende des 2. Weltkriegs trat hier aber eine Zäsur ein. Das Zitat aus dem tradierten Literaturkanon und seine korrekte Anwendung galt nicht mehr unbedingt als Bildungsnachweis.

Das wird gerade heute besonders daran deutlich, was man in Rede und Schrift für zitierwürdig hält. Natürlich sind immer noch die Bibel, die klassische deutsche Literatur und die Weltliteratur gern benutzte Zitatenspender. Aber es zeigt sich eine deutliche Verschiebung hin zu aktuellen Schlagwörtern oder Slogans aus den Bereichen Politik und Werbung. Die Rolle der Literatur als Zitatenlieferant ist in der 2. Hälfte des 20. Jahrhunderts fast zur Bedeutungslosigkeit herabgesunken, sieht man einmal von den Werken Bertholt Brechts mit ihrer politisch eindeutig ausgerichteten Botschaft ab. Man zitiert heute weniger *aus* Werken, sondern es sind sehr häufig die *Titel* der Werke, die das Zitat liefern: *Die Plebejer proben den Aufstand* (Schauspiel von Günter Grass, 1966), *Der Stoff, aus dem die Träume sind* (Roman von Johannes Mario Simmel, 1971), *Gruppenbild mit Dame* (Roman von Heinrich Böll, 1971), *Die unerträgliche Leichtigkeit des Seins* (Roman von Milan Kundera, 1984). In gleicher Weise sind Titel von Spielfilmen und Fernsehserien die Lieferanten moderner Zitate: *Lohn der Angst* (Spielfilm, 1952), *Morgens um sieben ist die Welt noch in Ordnung* (Spielfilm, 1968), *Das große Fressen* (Spielfilm, 1973), *Hätten Sie's gewußt* (Fernsehquiz Ende der 50er/Anfang der 60er Jahre), *Mit Schirm, Charme und Melone* (Fernsehserie in den 60er Jahren), *Acht Stunden sind kein Tag* (Fernsehserie in den 70er Jahren). Auch Schlager- und Songtitel werden häufig geflügelt, wie z. B. *Mein Gott, Walter!* oder *Neue Männer braucht das Land*. Sehr groß ist ebenfalls die Zahl von Werbeslogans, die in den letzten Jahrzehnten den modernen Zitatenschatz bezeichnet haben, angefangen beimm *Duft der großen weiten Welt* (Zigarettenwerbung) über *Und läuft und läuft und läuft ...* (Autowerbung) bis hin zur Feststellung *Man gönnt sich ja sonst nichts* (Spirituosenwerbung).

Ein weiterer grundlegender Unterschied zur früheren Zitierweise ist der jetzt übliche Umgang mit dem geflügelten Wort: Legte man früher aus Gründen des Bildungsprestiges Wert auf exakte wörtliche Wiedergabe, so ist man heute viel unbekümmerter im Umgang mit dem Zitierten. Es wird, je nach dem aktuellen Anlaß, abgewandelt oder völlig verfremdet. Nicht mehr Textgenauigkeit und Kontextgebundenheit machen den Wert des Zitats aus, sondern vielmehr eine durch witzig-freche Veränderung geschaffene, nur noch assoziative Verbindung zum originalen Zusammenhang, die ihrerseits wiederum beim Leser oder Hörer eine besondere Wirkung erzielt. Diese neue Art des Zitatgebrauchs findet sich besonders in den Schlagzeilen der Presse. So trug z. B. ein feministischer Artikel im Feuilleton einer großen deutschen Tageszeitung die Überschrift ›In den Staub mit allen Feinden der Frau‹. Hier wurde das als bekannt vorausgesetzte Zitat ›In Staub mit allen Feinden Brandenburgs‹ aus Kleists ›Prinz von Homburg‹ verfremdet und in Bezug auf ein aktuelles Geschehen gesetzt. Oft findet man aber auch das Original ohne Abwandlung zitiert, z. B. ›Szenen einer Ehe‹ (Überschrift eines Zeitungsartikels über ein Bankenfusion; Titel eines Films von Ingmar Bergmann) oder die Beschreibung der Hauptdarstellerin eines Fernsehfilms als ›obskures Objekt der Begierde‹ (›Dieses obskure Objekt der Begierde‹, Titel eines Filmes von Louis Buñuel). Diese Beispiele zeigen deutlich, daß heute häufig unkonventionell zitiert wird, da eben nicht mehr, wie zuvor gesagt, angelesenes Wissen dokumentiert werden soll, sondern man mit einer schnell hingeworfenen sprachlichen Chiffre bei anderen bestimmte Assoziationen hervorrufen will.

B. Die Auswahl für das Wörterbuch

Fast alles, was irgendwann einmal geschrieben oder in Gegenwart anderer gesagt wurde, kann theoretisch zitiert werden. Nur ein Teil der möglichen Zitate wird aber auch tatsächlich verwendet, und von diesen ist wiederum nur ein Teil zu dem geworden, was man zum festen Bestand des allgemeinen Sprachgebrauchs rechnen kann: Zitate, die immer wieder angeführt werden, die auch in abgewandelter Form noch als Zitate erkannt werden, die im Einzelfall sogar so sehr zur alltäglichen Ausdrucksweise gehören, daß viele Menschen sie wie feste Redewendungen gebrauchen.[1)] Diese Zitate werden – alphabetisch geordnet – im ersten Abschnitt des Wörterbuchs dargestellt, wo ihre Herkunft, ihr ursprünglicher Textzusammenhang und ihre heutige Verwendungsweise angegeben werden. Die Auswahl stützt sich sowohl auf die im Literaturverzeichnis angegebenen Quellen als auch auf die Sprachbeobachtung der Dudenredaktion und die Sprachkompetenz ihrer Mitarbeiter. Ausschlaggebendes Kriterium sollte die allgemeine Gebräuchlichkeit des Zitats sein, im Zweifelsfall wurden eher solche Texte weggelassen, deren Herkunft nicht mit hinreichender Sicherheit geklärt ist.

Der Zitatenschatz der Deutschen Sprache ist ebensowenig wie ihr Wortschatz frei von Einflüssen aus anderen Sprachen geblieben. Vor allem aus dem Lateinischen, aber auch aus modernen Sprachen wie Englisch und Französisch, haben Zitate ihren festen Platz im deutschen Sprachgebrauch gefunden. Sie werden in diesem Wörterbuch selbstverständlich ebenfalls berücksichtigt.

Der zweite Abschnitt dieses Dudenbandes enthält eine Sammlung von Zitaten, Sentenzen, Bonmots und Aphorismen, die nicht nach ihrer Gebräuchlichkeit, sondern oft – ganz im Gegenteil – nach ihrer Originalität ausgewählt wurden. Sie stammen von antiken Schriftstellern, aus der Bibel, von klassischen und modernen Autoren, von prominenten Persönlichkeiten aus Politik, Wirtschaft und Kultur. Hier finden sich prägnant formulierte Gedanken, die für einen Text oder eine Rede Denkanstöße geben, Ausgangspunkt der Reflexion werden können. Sie können aber auch treffende Pointe oder allgemein ›rhetorischer Schmuck‹ im geschriebenen oder gesprochenen Wort sein. Die einzelnen Texte sind hier nach thematischen Gesichtspunkten geordnet.

Die beiden Abschnitte des Wörterbuchs verbinden zwei Erscheinungsformen des Zitats, die sich gelegentlich überschneiden können, die aber meist klar voneinander zu trennen sind. Sowohl die ›geflügelten Worte‹ des ersten Teils als auch der ›Redeschmuck‹ des zweiten Teils haben ihre Funktion in der deutschen Gegenwartssprache. Während erstere aber einen im Kern relativ festen, sich nur allmählich verändernden Bestand bilden, der sich wenigstens in grober Annäherung ›vollständig‹ beschreiben läßt, gibt es für letztere keinen vorgegebenen Kanon, keine eindeutige Abgrenzung, keine plausible Größenordnung. Hier kann das Wörterbuch nur den Charakter einer Vorschlagsliste, einer begrenzten ›Materialsammlung‹ haben.

---

[1] Eine umfassende Darstellung der im Deutschen gebräuchlichen festen Wendungen bietet der Band 11 der Dudenreihe (›Redewendungen und sprichwörtliche Redensarten‹).

C. Literaturverzeichnis (Auswahl)

1. Quellen

Die in Teil I des Wörterbuchs angeführten Zitate wurden nicht nur auf der Grundlage der unter 2. angeführten Literatur dargestellt, sondern auch anhand der Originaltexte überprüft, soweit diese zugänglich waren. Bei Zitaten aus der Bibel stützt sich der Text, sofern nicht anders angegeben, auf die nach der Übersetzung Martin Luthers herausgegebene ›Konkordanzbibel‹ der Privilegierten Württembergischen Bibelanstalt, Stuttgart.

2. Sammlungen und Sekundärliteratur

Bardong, Matthias/Demmler, Hermann/Pfarr, Christian: Lexikon des deutschen Schlagers. Ludwigsburg 1992.

Bartels, Klaus: Veni, vidi, vici. Geflügelte Worte aus dem Griechischen und Lateinischen. Zürich, München, 7. Aufl. 1989.

Böttcher, Kurt (et al.): Geflügelte Worte. Zitate, Sentenzen und Begriffe in ihrem geschichtlichen Zusammenhang. Leipzig, 5. Aufl. 1988.

Brühne, Klaus (Red.): Lexikon des internationalen Films. 10 Bde. Reinbek 1990.

Büchmann, Georg: Geflügelte Worte. Der Zitatenschatz des deutschen Volkes. Frankfurt a. M., Berlin, 37. Aufl. 1989.

Der Sprachdienst. Herausgegeben im Auftrag der Gesellschaft für deutsche Sprache, Wiesbaden (Zeitschrift).

John, Johannes: Reclams Zitaten-Lexikon. Stuttgart 1992.

Kiaulehn, Walter: Der richtige Berliner in Wörtern und Redensarten. München, 10. Aufl. 1966.

Kindlers Literaturlexikon im dtv. 12 Bde. München 1974.

Kohlschmidt, Werner/Mohr, Wolfgang: Reallexikon der deutschen Literaturgeschichte. Berlin 1958.

Ladendorf, Otto: Historisches Schlagwörterbuch. Straßburg, Berlin 1906.

Mackensen, Lutz: Zitate, Redensarten, Sprichwörter. Brugg, Stuttgart, Salzburg 1973.

Oster, Pierre: Dictionnaire de citations françaises. Paris, Nouvelle édition 1989.

Rees, Nigel: Slogans. London, Boston, Sidney 1982.

Reichert, Heinrich G.: Unvergängliche lateinische Spruchweisheit. Urban und human. St. Ottilien, 6. Aufl. 1983.

The Oxford Dictionary of Quotations. Oxford, 3rd ed. 1979.

Worbs, Hans Christoph: Der Schlager. Bestandsaufnahme, Analyse, Dokumentation. Bremen 1963.

Würz, Anton: Reclams Operettenführer. Stuttgart, 19. Aufl. 1988.

Zentner, Wilhelm: Reclams Opernführer. Stuttgart, 21. Aufl. 1960.

Ziegler, Konrat/Sontheimer, Walther: Der Kleine Pauly. Lexikon der Antike. Stuttgart 1964.

Teil I: Herkunft und Verwendung der im Deutschen gebräuchlichen Zitate

Hinweise für die Benutzung

Die im ersten Teil des Wörterbuchs verzeichneten Zitate sind alphabetisch nach dem ersten (durch fettere Schrift hervorgehobenen) Wort des Zitats geordnet. Nicht berücksichtigt wurden hierbei lediglich die bestimmten und unbestimmten Artikel sowie – bis auf wenige Ausnahmen – das Personalpronomen ›es‹. Beginnen mehrere Zitate mit demselben Wort, so bestimmen die folgenden Wörter die weitere alphabetische Sortierung. Da nicht immer klar zu entscheiden ist, welche Form des Zitats die gebräuchlichste ist und da man sich gelegentlich an ein Zitat nur ungefähr erinnert, wurde in vielen Fällen ein Verweis unter dem ersten ›sinntragenden‹ Wort angeführt. Ein Pfeil steht dann vor dem für die Alphabetisierung entscheidenden Wort.

Beispiel für die alphabetische Anordnung der Zitate:

Fröhliche Wissenschaft

Einen **fröhlichen** Geber hat Gott lieb

↑Mit **frommem** Schauder

Frommer Betrug

Ein **frommer** Knecht war Fridolin

(Das Zitat „Mit frommem Schauder“ ist unter **Mit** nachzuschlagen.)

Die Erläuterungen zum Zitat beziehen sich in der Regel zunächst einmal auf die Herkunft des Zitats, soweit es sich auf einen Autor, eine Textstelle, einen Ausspruch oder auf eine bestimmte geschichtliche oder politische Situation, Bewegung, Vereinigung o. ä. zurückführen läßt. Ist der ›eigentliche‹ Ursprung des Zitats dunkel, so erfolgt ein Hinweis auf die literarische Quelle, die vermutlich zur Verbreitung des Zitats entscheidend beigetragen hat. Über die reine Stellenangabe hinaus sollen zusätzliche Informationen über die Quelle und den näheren Kontext zeigen, in welchem Zusammenhang das Zitat ursprünglich zu sehen ist; in vielen Fällen hat sich der Gebrauch später von der Ausgangssituation mehr oder weniger weit entfernt. Die Beschreibung von typischen oder möglichen späteren Verwendungsweisen, vor allem im heutigen Sprachgebrauch, macht diese sprach- und kulturgeschichtlich interessanten Veränderungen deutlich. Auch besonders geläufige Varianten oder bewußte Abwandlungen des Zitats werden in den Erläuterungen erwähnt.
Hinweise für die Benutzung des zweiten Teils dieses Wörterbuchs finden sich auf S. 531.

Das **A** und O

Diese Wendung geht zurück auf eine Stelle aus der Offenbarung des Johannes (1,8) mit dem Wortlaut: „Ich bin das A und das O, der Anfang und das Ende, spricht Gott der Herr ..." Das „A" entspricht dabei dem ersten (Alpha), das „O" dem letzten Buchstaben des griechischen Alphabets (Omega). „Das A und das O" als das alles Umfassende ist eine Metapher für Gott. – Die Wendung hat für uns die Bedeutung „das Wesentliche, die Hauptsache, der Kernpunkt".

A Star is born

Dies ist der Titel eines amerikanischen Films, dessen erste Fassung aus dem Jahr 1937 stammt (deutscher Titel: „Ein Stern geht auf") und in dem ein Mädchen vom Lande in Hollywood zum Filmstar aufgebaut wird. Populär wurde eine Neuverfilmung des Stoffes unter der Regie von George Cukor aus dem Jahre 1954 (deutscher Titel: „Ein neuer Stern am Himmel"). Mit dem Zitat kommentiert man den Beginn einer steilen und in der Öffentlichkeit sehr beachteten Karriere.

À la recherche du temps perdu

↑Auf der Suche nach der verlorenen Zeit

À trompeur – trompeur et demi!

↑Auf einen Schelmen anderthalben!

↑Wo aber ein **Aas** ist, da sammeln sich die Geier

Ab ovo

Der römische Dichter Horaz (65–8 v. Chr.) lobt in seiner „Ars poetica" (Vers 147) Homers „Ilias" als gutes Beispiel dafür, wie der Anfang eines epischen Gedichts zu gestalten sei. Homer führt den Leser nämlich rasch mitten in das Geschehen hinein (vergleiche auch „In medias res") und „beginnt den Trojanischen Krieg nicht mit dem doppelten Ei" *(nec gemino bellum Troianum orditur ab ovo)*. Damit bezieht sich Horaz auf die Sage von Leda und dem Schwan; nach ihrer Verbindung mit Zeus in der Gestalt des Schwans gebar Leda ein Ei (gelegentlich auch als doppeltes Ei beschrieben), aus dem Helena und Polydeukes hervorgingen. Die Entführung Helenas war später der Anlaß für die Kämpfe um Troja. – Auch heute wird „ab ovo" noch im Sinne von „sehr weitschweifig, von den allerersten Anfängen an" gebraucht.

Ab urbe condita

Der römische Geschichtsschreiber Livius (59 v. Chr. – 17 n. Chr.) hat seiner Darstellung der römischen Geschichte diesen Titel gegeben. „Ab urbe condita" bedeutet dabei soviel wie „Von der Gründung der Stadt Rom an", deren Zeitpunkt Livius mit dem Jahr 753 v. Chr. angibt. – Man charakterisiert mit dem Zitat heute (in eher bildungssprachlichen Texten) eine sehr weit zurückgreifende, von den ersten Anfängen ausgehende Abhandlung oder Erzählung.

Wo ist dein Bruder **Abel?**

↑Soll ich meines Bruders Hüter sein?

Es will **Abend** werden, und der Tag hat sich geneigt

Dieses Zitat stammt aus dem Lukasevangelium (24,29) im Neuen Testament. Dort begegnet zwei Jüngern auf dem Weg nach Emmaus der auferstandene Jesus, der sich ihnen anschließt, ohne daß sie ihn erkennen. Als sie kurz vor ihrem Ziel sind und er sich anschickt, weiterzugehen, bitten sie ihn, sie nicht zu verlassen: „Bleibe bei uns; denn es will Abend werden, und der Tag hat sich geneigt." – Heute dient das Zitat gelegentlich als Hinweis darauf, daß das Ende eines Tages, der Feierabend naht und die Arbeit des Tages abgeschlossen werden sollte. Auch ein übertragener Gebrauch in bezug auf den Lebensabend eines Menschen ist denkbar.

Es ist noch nicht ↑aller Tage **Abend**

Der ↑Untergang des **Abendlandes**

↑Goldne **Abendsonne**

↑Welch Schauspiel! **Aber** ach! Ein Schauspiel nur!

Aber dennoch hat sich Bolle ganz köstlich amüsiert

Dies ist der Kehrreim eines alten anonymen Berliner Liedes, das von einem Mann mit Namen Bolle handelt, der bei einem Ausflug allerhand Mißgeschicke erlebt, durch die er sich jedoch nicht um seine gute Laune bringen läßt. Die erste Strophe des „Herr Bolle" betitelten Liedes lautet: „Als Bolle einst zu Pfingsten/Nach Pankow nahm sein Ziel,/Da hat er seinen Jüngsten/Verloren im Gewühl./Drei volle Viertelstunden/Hat er nach ihm gespürt:/Aber dennoch hat sich Bolle/Ganz köstlich amüsiert." – Die letzten beiden Zeilen zitiert man umgangssprachlich, wenn ein kleineres oder größeres Mißgeschick jemandes gute Laune, sein Vergnügen an einem Fest oder einer Veranstaltung nicht trüben konnte.

Aber der große Moment findet ein kleines Geschlecht

Eine ↑große Epoche hat das Jahrzehnt geboren.

Aber fragt mich nur nicht, wie?

Als Stoßseufzer, mit dem man meistens zum Ausdruck bringt, daß man etwas nur mit viel Mühe oder unter größten Schwierigkeiten bewerkstelligen, überstehen konnte, ist dieses Zitat sehr geläufig geworden. Es handelt sich dabei um die letzte Zeile eines Vierzeilers aus Heinrich Heines „Buch der Lieder" (1817–1821), dessen vollständiger Text lautet: „Anfangs wollt' ich fast verzagen/Und ich glaubt', ich trüg' es nie;/Und ich hab' es doch getragen, –/Aber fragt mich nur nicht: wie?"

Aber hier, wie überhaupt, kommt es anders, als man glaubt

Dieses Zitat stammt aus dem ersten Kapitel von Wilhelm Buschs Bildergeschichte „Plisch und Plum" (1882), in dem zwei junge Hunde ertränkt werden sollen, die aber von zwei Knaben heimlich gerettet werden. Es faßt in ironischem Ton die Lebenserfahrung in Worte, daß häufig etwas einen ganz anderen Verlauf nimmt, als man es wünscht oder erhofft. Sehr verwandt klingt die scherzhafte Redensart „Erstens kommt es anders, und zweitens als man denkt", die in gleicher Weise gebraucht wird.

Aber in Spanien tausendunddrei

Diese Worte werden gelegentlich zitiert, um zu konstatieren, daß von bestimmten Personen oder Dingen irgendwo erstaunlich viele anzutreffen sind. Sie stammen aus der berühmten „Registerarie" des Leporello im 1. Akt der Oper „Don Giovanni" von Wolfgang Amadeus Mozart (1756–1791), italienisches Libretto von Lorenzo da Ponte (1749–1838), deutscher Text der letzten Fassung von Hermann Levi (1839 bis 1900). Leporello, der Diener Don Giovannis, zählt in der Arie „Schöne Donna, dies genaue Register" die endlose Reihe der Liebschaften seines Herrn in den verschiedensten Ländern auf. Er versucht damit, Donna Elvira über Don Giovanni die Augen zu öffnen, der sich ihre Gunst durch ein Eheversprechen erschlichen hatte. Die Aufzählung gipfelt schließlich in der Angabe von den tausendunddrei Liebschaften Don Giovannis in Spanien.

Die **abgelebte** moderne Gesellschaft

Der deutsche Dramatiker Georg Büchner (1813–1837) stellte – beeinflußt von den Ereignissen der Julirevolution 1830 in Frankreich – die Forderung nach einer sozialen und ökonomischen Reform allen unklaren Ideen liberaler Rhetorik gegenüber. In einem Brief an den Schriftsteller Karl Gutzkow (1811 bis 1878) schrieb er 1836, daß man die Bildung eines neuen geistigen Lebens im Volke suchen und „die abgelebte moderne Gesellschaft zum Teufel gehen lassen" müsse. Der von ihm hier geprägte Ausdruck von der „abgelebten modernen Gesellschaft" ist bis in unsere Zeit als Schlagwort gebräuchlich geblieben, wenn die bürgerliche Gesellschaft als nicht wandlungsfähig kritisiert werden soll. In jüngster Zeit wird das Wort vielfach auch zitiert, wenn die Wiederherstellung alter Wertesysteme gefordert wird.

Abgemacht! Sela!

Das aus dem Hebräischen stammende Wort *sela* findet man häufig in den Psalmen des Alten Testaments. Man deutet es als eine musikalische Vortragsbezeichnung mit der Bedeutung „Schluß". Daraus entstand eine heute nicht mehr sehr gebräuchliche Wendung, mit der man etwas nachdrücklich oder auch scherzhaft für beendet oder erledigt erklärt.

↑ Am farbigen **Abglanz** haben wir das Leben

Ein **Abgrund** von Landesverrat

Im Zusammenhang mit der sogenannten „Spiegelaffäre" sprach der damalige Bundeskanzler Konrad Adenauer (1876–1967) im November 1962 vor dem Deutschen Bundestag von einem „Abgrund von Landesverrat im Lande". Das Hamburger Nachrichtenmagazin „Der Spiegel" hatte anläßlich eines NATO-Manövers die Bonner Verteidigungspolitik kritisiert, worauf dem Herausgeber und einigen Redakteuren „publizistischer Landesverrat" vorgeworfen wurde. Das verfassungsrechtlich bedenkliche Vorgehen von Polizei, Bundesanwaltschaft und Bundeswehr führte zu einer schweren innenpolitischen Krise. Zu einem gerichtlichen Hauptverfahren gegen die Beschuldigten kam es nicht, da der Bundesgerichtshof den Inhalt des „Spiegel"-Artikels als nicht der Geheimhaltung unterliegend ansah. Die Äußerung Adenauers wird heute noch gelegentlich ironisch zitiert, wenn man sich auf eine übertriebene Furcht vor verräterischen oder ähnlichen Aktivitäten bezieht.

↑ Wie in **Abrahams** Schoß

Abrahams Wurstkessel

↑ Wie in Abrahams Schoß

Abschaum der Menschheit

Diese Fügung ist die Übersetzung des griechischen Textes einer Stelle aus dem Neuen Testament (1. Korinther 4, 13): *περικαθάρματα τοῦ κόσμου.* Sie bezieht sich dort auf die Apostel, die, wie Paulus sagt, von der Welt verachtet werden. Als „Abschaum der Menschheit" bezeichnet man heute in sehr emotionaler, tiefe Verachtung ausdrückender Sprechweise kriminelle und asoziale Mitglieder der menschlichen Gesellschaft.

Abschied von Gestern

Dies ist der Titel eines im Jahr 1966 entstandenen Films von Alexander Kluge, dem er Motive seines Buchs „Lebensläufe" zugrunde legte. In der Geschichte eines jüdischen Mädchens, das aus der DDR in die Bundesrepublik geflohen ist, spielt auch die Auseinandersetzung mit der nationalen Vergangenheit der Deutschen eine Rolle. – Mit dem Zitat kann man auf die Notwendigkeit eines Neubeginns, auch einer Loslösung, Bewältigung von Vergangenem hinweisen.

↑ Man merkt die **Absicht,** und man ist verstimmt

↑Durch **Abwesenheit** glänzen

Ach, die Gattin ist's, die teure

Dieses Zitat aus Schillers „Lied von der Glocke", das heute nur scherzhaft gebraucht wird, wenn von jemandes Frau die Rede ist, steht im Gedicht in einem traurigen Zusammenhang. Die Textstelle lautet: „Ach! die Gattin ist's, die teure,/Ach! es ist die treue Mutter,/Die der schwarze Fürst der Schatten/Wegführt aus dem Arm des Gatten .../"

Ach, es geschehen keine Wunder mehr!

Dieser Ausruf steht im 3. Auftritt des Prologs von Schillers „Jungfrau von Orleans". Er bringt die Zweifel der Menschen an einem möglichen Sieg über die Engländer zum Ausdruck. Solcher Verzagtheit setzt Johanna die Worte entgegen: „Es geschehn noch Wunder! Eine weiße Taube/Wird fliegen und mit Adlerskühnheit diese Geier/Anfallen, die das Vaterland zerreißen." – Als Zitat können die Worte Resignation ausdrükken, sie können zum Beispiel in der Überzeugung gesprochen werden, daß die Lage aussichtslos sei oder daß etwas nur mit viel Mühe und großer Anstrengung zu bewältigen sei.

Ach, ich bin des Treibens müde!

Dieses Zitat, mit dem man seinen Überdruß zum Ausdruck bringt, stammt aus dem ersten der beiden Gedichte, die Goethe „Wanderers Nachtlied" betitelt hat. Der vollständige Text lautet: „Der du von dem Himmel bist,/Alles Leid und Schmerzen stillest,/Den, der doppelt elend ist,/Doppelt mit Erquickung füllest,/Ach, ich bin des Treibens müde!/Was soll all der Schmerz und Lust?/Süßer Friede,/ Komm, ach komm in meine Brust!"

Ach, ich hab' sie ja nur auf die Schulter geküßt

Diese Liedzeile stammt aus Karl Millöckers Operette „Der Bettelstudent" (1882), deren Textbuch von F. Zell und R. Genée verfaßt wurde. Das Lied enthält die Klage des Gouverneurs Oberst Ollendorf, den die von ihm umworbene Laura abgewiesen hat. Er hatte es gewagt, sie auf die Schulter zu küssen, und sie hatte ihm daraufhin einen Schlag mit dem Fächer versetzt. – Mit dem Zitat kommentiert man scherzhaft oder mit Selbstironie eine Zurückweisung, die einem widerfahren ist.

Ach, ich habe sie verloren

So beginnt die berühmte Arie aus der Oper „Orpheus und Euridike" von Christoph Willibald Gluck (1714 bis 1787), in der Orpheus um die zum zweiten Mal verlorene Geliebte klagt. Das Zitat wird scherzhaft in den verschiedensten Situationen verwendet, in denen eine Person oder Sache (vorübergehend) verschwunden ist.

Ach, man will auch hier schon wieder nicht so wie die Geistlichkeit!!

Mit dieser Feststellung enden die einzelnen Episoden in Wilhelm Buschs Bildergeschichte „Pater Filuzius" (1872), in der dem intriganten Geistlichen seine Pläne und Anschläge immer wieder mißlingen, er nicht an das Ziel seiner Wünsche gelangt. – Die Verse enthalten die – im Scherz geäußerte – resignative Feststellung, daß gewöhnlich andere nicht so wollen, wie man es selbst wünscht.

Ach, sie haben einen guten Mann begraben

Das Zitat stammt aus einem Gedicht von Matthias Claudius (1740–1815) mit dem Titel „Bei dem Grabe meines Vaters". Dessen erste Zeilen lauten: „Ach, sie haben/Einen guten Mann begraben,/Und mir war er mehr". Man verwendet das Zitat auch heute noch gelegentlich als Ausdruck tiefen Bedauerns über den Tod eines Menschen.

Ach, spricht er, die größte Freud' ist doch die Zufriedenheit

Diese Verse stammen aus Wilhelm Buschs „Max und Moritz" (1865). Den „Vierten Streich" spielen die beiden Knaben ihrem Lehrer, dessen Pfeife sie mit Schießpulver stopfen. Kurz bevor ihn das Unglück ereilt, gibt der Lehrer Lämpel seinem Behagen mit den obigen Worten Ausdruck. – Man verwendet das Zitat, um anzudeuten, daß man sehr zufrieden ist und sich behaglich fühlt, gelegentlich auch als leise Kritik an allzu großer Selbstzufriedenheit.

Ach, wie bald schwindet Schönheit und Gestalt!

So beginnt die dritte Strophe des zum Volkslied gewordenen Gedichts „Reiters Morgengesang" von Wilhelm Hauff (1802–1827). Das Gedicht greift das Thema der Vergänglichkeit auf, indem es in der ersten Strophe die Frage aufwirft: „Morgenrot,/Leuchtest mir zum frühen Tod?" – Das Zitat ist eine Klage über die Vergänglichkeit alles Irdischen, die im Dahinschwinden der äußeren Schönheit ihren sichtbaren Ausdruck findet. Heute wird es meist scherzhaft gebraucht, um in einem eher vordergründigen Sinn die Vergänglichkeit von Dingen zu kommentieren, die ihre Schönheit allzu rasch einbüßen. (Vergleiche auch „Gestern noch auf stolzen Rossen").

Ach, wie bald vergehn die schönen Stunden

↑So ein Tag, so wunderschön wie heute

Ach! Wie gebrechlich ist der Mensch, ihr Götter

Dieser Vers steht in der Schlußszene der Kleistschen Tragödie „Penthesilea" (1808). Die Amazonenkönigin Penthesilea, die Heldin des Stücks, hat Achill, den sie liebt, im Kampf getötet. Sie stirbt unmittelbar danach; die Übermacht des widerstreitenden Gefühls zerbricht sie. – Als Zitat gibt der Vers der Einsicht in die Unvollkommenheit und Fehlbarkeit der Menschen Ausdruck.

Ach, wie gut, daß niemand weiß, daß ich Rumpelstilzchen heiß'!

Dieser Reim (ursprünglich in der Form: „Ach, wie gut ist, daß niemand weiß, ...") stammt aus dem Märchen „Rumpelstilzchen", das in der Märchensammlung der Kinder- und Hausmärchen (1812–1815) der Brüder Grimm enthalten ist. Das Männlein mit dem Namen Rumpelstilzchen hilft der Müllerstochter, Stroh zu Gold zu spinnen, und fordert von ihr ihr erstes Kind, wenn sie erst Königin geworden ist. Sie soll ihr Kind aber behalten dürfen, wenn sie seinen Namen errät, eine Aufgabe, die das Rumpelstilzchen für unlösbar hält. – Der Reim, zumeist nur die erste Hälfte „Ach, wie gut, daß niemand weiß", wird oft scherzhaft von jemandem zitiert, der froh ist, daß etwas ihn Betreffendes nicht bekannt ist. – Gabriele Wohmann hat dieses Zitatstück zum Titel eines ihrer Romane (1980) gemacht.

Ach, wie ist's möglich dann, daß ich dich lassen kann

Die heute weniger bekannte Schriftstellerin Helmina de Chézy (1783–1856), von der unter anderem das Libretto zu Carl Maria von Webers Oper „Euryanthe" stammt, bearbeitete 1824 ein Volkslied aus dem Thüringer Wald, das mit den Worten „Ach, wie ist's möglich dann,/daß ich dich lassen kann!" beginnt. Der sehr romantische Grundton dieses Liebesliedes kommt besonders in der letzten Strophe zum Ausdruck, in der es heißt: „Wär ich ein Vögelein,/wollt' ich bald bei dir sein,/... schöss' mich ein Jäger tot,/fiel' ich in deinen Schoß;/sähst du mich traurig an,/gern stürb' ich dann." – Heute zitiert man den Anfang des Gedichts nur noch scherzhaft als Ausdruck des Bedauerns, daß man jemanden verlassen, einen Besuch beenden muß.

Achillesferse

Als Achillesferse bezeichnet man die verwundbare, empfindliche Stelle eines Menschen. – Der Ausdruck entstammt der griechischen Mythologie. Thetis, die Mutter Achills, hatte das Kind in den Styx, einen Fluß in der Unterwelt, getaucht, um es unverwundbar zu machen. Die Ferse, an der sie es gehalten hatte, war ihm dabei als einzige verwundbare Stelle seines Körpers verblieben. So konnte es geschehen, daß Achill, als ihn ein Pfeil des Paris an der Ferse traf, tödlich verletzt wurde.

Acht Stunden sind kein Tag

So lautete der Titel einer Fernsehserie, mit der der deutsche Theater-, Film- und Fernsehregisseur Rainer Werner Fassbinder (1945–1982) Anfang der 70er Jahre Aufsehen erregte. Er wollte in den einzelnen Filmen der Serie deutlich machen, wie stark die Zeit, die dem einzelnen neben dem achtstündigen Arbeitstag noch verbleibt, von beruflichen, politischen und familiären Problemen bestimmt wird. Fassbinder wollte zugleich aber auch zeigen, daß jeder im Arbeitsalltag durchaus Herr seiner Situation sein kann, daß Schwierigkeiten nicht einfach unabänderliches Schicksal sind. Der Serientitel wird zitiert, wenn man ausdrücken will, daß das Leben mehr ist als der Arbeitstag mit seinen Problemen.

↑Hab **Achtung** vor dem Menschenbild

↑Bei genauerer Betrachtung steigt mit dem Preise auch die **Achtung**

Actum ne agas!

In der Komödie „Phormio" des römischen Dichters Terenz (185 oder 195–159 v. Chr.) verwendet Phormio, ein listiger Schmarotzer, diesen auch heute noch gelegentlich zitierten altrömischen Rechtsgrundsatz, wenn er sagt: *Actum, aiunt, ne agas* („Einmal Abgelegtes, so sagen sie, sollst du nicht wieder vornehmen", Vers 419). Bereits zu Terenz' Zeiten wurde der Satz schon allgemein als sprichwörtliche Redensart im Sinne von „Drisch kein leeres Stroh!" gebraucht.

Ad calendas graecas

Der römische Schriftsteller Sueton (um 70–140 n. Chr.) berichtet in seinen Kaiserbiographien von Kaiser Augustus, er habe von säumigen Schuldnern gesagt, sie bezahlten *„ad calendas graecas"* (an den griechischen Kalenden). Das bedeutet soviel wie „niemals", weil es die Kalenden (die Monatsersten), die in Rom als Zahltage galten, bei den Griechen nicht gab.

Ad maiorem Dei gloriam

Diese Formel, die übersetzt „zur höheren (eigentlich: größeren) Ehre Gottes" lautet, geht auf eine Textstelle in den „Dialogen" Papst Gregors des Großen (um 540–604 n. Chr.) zurück. Sie findet sich später in den Beschlüssen des Konzils von Trient (1545–1563). Der 1534 gegründete Jesuitenorden erhob sie zu seinem Wahlspruch. Man findet sie als Inschrift an älteren Bauwerken und als Vorspruch in älteren literarischen und musikalischen Werken.

Ad usum Delphini

Die lateinische Formel im Sinne von „für die Jugend bearbeitet; in gereinigter Ausgabe" bedeutet wörtlich „für den Gebrauch des Dauphins". Für den Unterricht des französischen Thronfolgers reinigten auf Veranlassung seines Erziehers, des Herzogs von Montausier, der Historiker Jacques Bénigne Bossuet (1627–1704) und der Philologe, Theologe und Philosoph Pierre Daniel Huet (1630–1721) Ausgaben antiker Klassiker von moralisch oder politisch anstößigen Stellen, die erst am Schluß zusammengestellt wurden. Die Bezeichnung wurde später allgemein auf Bearbeitungen literarischer Werke für die Jugend bezogen, z. B. „Robinson Crusoe" und „Gullivers Reisen". Die Formel kommt auch als *in usum Delphini* und in ironisch übertragenem Gebrauch vor, z. B.: „Etwas ist nicht in usum Delphini geschrieben."

Den alten **Adam** ausziehen

Der ↑alte Adam

↑Nach **Adam** Riese

Der ↑alte **Adam**

Ade nun, ihr Lieben! Geschieden muß sein

Diese beiden Aussagen werden je nach Situation zusammen oder auch einzeln zitiert. Sie dienen meist als Floskeln beim Abschiednehmen in einer eher lockeren Atmosphäre. Gelegentlich werden sie auch gebraucht, um eine Situation zu überspielen, die bei schmerzlicheren Trennungen entsteht. Es handelt sich um zwei Zeilen aus der ersten Strophe des „Wanderlieds" von Justinus Kerner (1786–1862), einem Schriftsteller, der zu den wichtigsten Lyrikern der spätromantischen schwäbischen Dichterschule gezählt wird. Das „Wanderlied" mit den Anfangszeilen „Wohlauf, noch getrunken/Den funkelnden Wein!", das nach einer traditionellen Volksweise gesungen wird, ist eines der bekanntesten Gedichte Kerners. Die Anfangszeilen werden gelegentlich noch als Aufforderung bei einem Umtrunk o. ä. zitiert.

Adel verpflichtet

Die Maxime stammt aus dem 1808 erschienenen Werk „Maximes et réflexions sur différents sujets de morale et de politique" von Pierre Marc Gaston Duc de Lévis. Die französische Form ist: *Noblesse oblige*. Der Sinn der Fügung liegt in der Feststellung, daß jemandes Wertmaßstäbe und seine Handlungen übereinstimmen sollen. Heute wird sie meist in vordergründigerem Verständnis zitiert, wonach die Zugehörigkeit zu einer gehobenen Gesellschaftsschicht zu einer bestimmten Lebensweise, einem bestimmten Lebensstil verpflichtet. – „Adel verpflichtet" ist auch der deutsche Titel einer englischen Filmkomödie (Originaltitel: „Kind Hearts and Coronets"), die nach dem Roman *Noblesse oblige* von Roy Horniman im Jahre 1949 mit Alec Guinness in acht Hauptrollen gedreht wurde. – Eine satirische Weiterführung des Zitats lautet: „Adel verpflichtet zu nichts".

↑Nicht für einen Wald voll **Affen**

Eine **ägyptische** Finsternis

Man spricht – meist scherzhaft – von einer „ägyptischen Finsternis", wenn es an irgendeinem Ort sehr dunkel ist. Der Ausdruck geht auf das Alte Testament (2. Moses 10, 22–23) zurück. Hier wird von einer großen Finsternis berichtet, von der Ägypten während drei Tagen heimgesucht wird. Dabei handelt es sich um eine der zehn Plagen, die von Jahwe über das Land verhängt wurden, solange es die Kinder Israel nicht wegziehen ließ. Die Bibelstelle lautet: „... da ward eine dicke Finsternis in ganz Ägyptenland drei Tage, daß niemand den anderen sah".

Ahasver, der Ewige Jude

Im Jahr 1602 erschien die auf eine alte Legende zurückgehende „Kurtze Beschreibung und Erzehlung von einem Juden mit Namen Ahasverus", der, weil er dem kreuztragenden Christus nicht erlaubt hatte, an seinem Haus kurz zu rasten, nun zur Strafe in der Welt umherirren muß bis zur Wiederkunft Christi. Der Stoff wurde immer wieder aufgegriffen und zu unterschiedlichen Dichtungen gestaltet (z. B. auch in Goethes Fragment gebliebenem Epos „Der Ewige Jude" und in Stefan Heyms 1981 erschienenem Roman „Ahasver"). Die Figur des „Ahasverus", auch des „Ahasvers" oder des „Ewigen Juden" ist Sinnbild für den ruhelos und ziellos die Welt durchwandernden Menschen geworden.

↑Du **ahnungsvoller** Engel du!

Alea iacta est

Die ↑Würfel sind gefallen

↑Wenn ich nicht **Alexander** wäre, möchte ich wohl Diogenes sein

All animals are equal but some animals are more equal than others

↑Alle Tiere sind gleich, aber einige Tiere sind gleicher als andere

All mein Hoffen, all mein Sehnen

In Wilhelm Buschs (1832–1908) wohl bekanntester Bildergeschichte „Max und Moritz" wird im „Ersten Streich" geschildert, wie die beiden Knaben den Hühnern der Witwe Bolte ein qualvolles Ende bereiten, indem sie ihnen an Schnüre gebundene Brotstücke zu fressen geben. Die Tiere bleiben mit diesen Schnüren an einem Baumast hängen.

Beim Anblick ihres elend zu Tode gekommenen Federviehs ruft die Witwe verzweifelt aus: „Fließet aus dem Aug', ihr Tränen!/All mein Hoffen, all mein Sehnen,/Meines Lebens schönster Traum/Hängt an diesem Apfelbaum!" Besonders der zweite Vers „All mein Hoffen, all mein Sehnen" wird heute noch scherzhaft zitiert, wenn man auf etwas anspielen will, worauf man sein ganzes inniges Verlangen gerichtet, worin man alle seine Hoffnung gesetzt hat. Auch der Vers „Meines Lebens schönster Traum hängt an diesem Apfelbaum" ist ein populäres Zitat geworden, mit dem beispielsweise jemand eine enttäuschte Hoffnung scherzhaft kommentiert. – Daß die Witwe Bolte sich mit den Worten „meines Lebens schönster Traum" auf ihre Hühner bezieht, die sozusagen ihr höchstes Lebensglück darstellten, ist charakteristisch für Wilhelm Buschs immer auch ironisch-distanzierte Haltung gegenüber den oft spießigen Bürgeridealen seiner Zeit.

All you need is love

Dieser Titel eines Liedes der Beatles (komponiert und getextet von John Lennon und Paul McCartney), das 1967 im Rahmen einer weltweit ausgestrahlten Fernsehsendung der Öffentlichkeit vorgestellt wurde, könnte als Motto der Flower-Power-Bewegung der 60er Jahre angesehen werden. Der Titel (auf deutsch etwa: „Alles, was man braucht ist Liebe") wird gelegentlich zitiert, wenn man eine allgemeine Ablehnung von Haß und Gewalt zum Ausdruck bringen möchte oder auch wenn Geld und Reichtum jemandes Leben zu sehr beherrschen.

Alle großen Männer sind bescheiden

Das Zitat stammt aus Lessings „Briefen, die neueste Literatur betreffend" (65. Brief vom 2. November 1759). Hierin äußert sich Lessing über den Literaturtheoretiker und Kritiker Johann Christoph Gottsched, dessen Eitelkeit ihn stört. Er setzt dagegen seine Überzeugung, daß wirkliche Größe bei einem Menschen nicht das Bedürfnis weckt, sich besonders in Szene zu setzen. In diesem Sinne wird das Zitat noch heute gebraucht, gelegentlich auch scherzhaft in selbstironischer Abwehr von zu großem Lob.

↑Raum für **alle** hat die Erde

Alle Herrlichkeit auf Erden

Den Stoff für den 1955 in Amerika gedrehten Film mit dem englischen Titel „Love is a many splendored thing", deutsch: „Alle Herrlichkeit auf Erden", lieferte ein Roman von Han Suyin, der die Liebesgeschichte einer jungen Ärztin und eines amerikanischen Korrespondenten während des Koreakrieges erzählt. Das Zitat wird im allgemeinen auf irdisches Glück bezogen, meist verbunden mit dem unausgesprochenen Gedanken der Vergänglichkeit. Es erinnert an eine Stelle im Neuen Testament (1. Petrus 1, 24), wo „alle Herrlichkeit des Menschen" mit „des Grases Blume" verglichen wird, die nach kurzer Zeit verblüht.

Alle Jahre wieder

Dies ist die erste Zeile des Weihnachtsliedes „Alle Jahre wieder/Kommt das Christuskind ...". Das Lied findet sich unter den volkstümlichen Gedichten, gesammelt von Wilhelm Hey (1789 bis 1854), die er seiner zweiten Sammlung von „Fünfzig Fabeln für Kinder" (Hamburg 1837) beigab. Das Zitat bringt zum Ausdruck, daß sich etwas mit schöner oder auch als lästig oder ärgerlich empfundener Regelmäßigkeit wiederholt. 1967 drehte Peter Schamoni einen Spielfilm mit dem Zitat als Titel.

Alle Jubeljahre einmal

Diese Fügung drückt aus, daß etwas „sehr selten", nach Meinung des Sprechers häufig „viel zu selten" geschieht. Der Name „Jubeljahr", eine Lehnübersetzung des lateinischen „annus iubilaeus", geht zurück auf eine Stelle des Alten Testamentes (3. Moses 25, 8 ff.), nach der die Kinder Israel alle fünfzig Jahre ein heiliges Jahr, ein sogenanntes „Halljahr", zu begehen hatten mit Schuldenerlaß, Freilassung der israelitischen Sklaven und Rückgabe von verkauftem Boden. Ein solches Jahr wurde mit dem Blasen des Widderhorns eröffnet, dessen hebräischer Name „yôvel" in „Jubeljahr" erhalten blieb. Im Mittelalter wurde das Wort zur Bezeichnung eines besonderen Ablaßjahres der katholischen Kirche übernommen, das zunächst alle hundert Jahre, später alle fünfzig Jahre und von 1500 an alle fünfundzwanzig Jahre wiederkehrte.

Alle Macht den Räten!

Das von Lenin geprägte Schlagwort der russischen Oktoberrevolution (1917) „Alle Macht den Sowjets!" wurde 1918 von der deutschen Spartakusgruppe übernommen und zu „Alle Macht den Räten!" abgewandelt (russisch „sowjet" = Rat). Die Gruppe, die später Spartakusbund hieß, war aus dem äußersten linken Flügel der damaligen SPD hervorgegangen und forderte ein Rätesystem als Regierungsform für Deutschland. – Das Zitat läßt sich heute auch – vielfach scherzhaft – in Zusammenhängen verwenden, in denen „Räte" in ganz anderer Bedeutung eine Rolle spielen, auf deren „Macht" man hinweisen möchte. „Alle Macht den ..." kann jedoch auch anderen Personen oder Sachen zugesprochen werden, so daß ein „werbewirksamer" Slogan entsteht, z. B.: Alle Macht den Frauen, den Kindern o. ä.

Alle Menschen sind von Geburt aus gleich

Dieser Grundsatz, der als eine der Grundlagen demokratischer rechtlich-politischer Systeme angesehen werden kann, findet sich zum Beispiel in der amerikanischen Unabhängigkeitserklärung. Sie wurde von Thomas Jefferson, dem späteren dritten Präsidenten der USA, verfaßt, und mit ihr sagten sich 1776 die englischen Kolonien vom englischen Mutterland los. Bereits im ersten Satz des zweiten Absatzes heißt es: „... daß alle Menschen gleich geschaffen sind" *(... that all Men are created equal).* Auch in der französischen „Déclaration des droits de l'homme et du citoyen" („Erklärung der Menschen- und Bürgerrechte") aus dem Revolutionsjahr 1789 steht im Artikel 1: „Die Menschen werden frei und gleich an Rechten geboren und bleiben es" *(Les hommes naissent et demeurent libres et égaux en droits).*

Alle Menschen werden Brüder

Dieses Zitat stammt aus Schillers Gedicht „An die Freude", das durch seine Vertonung als Schluß der 9. Sinfonie von Beethoven (1823) sehr bekannt wurde. Es verkündet hymnisch die Verbrüderung aller Menschen in Momenten der Freude, der Begeisterung, die alle Mauern der Fremdheit einreißt. „Alle Menschen werden Brüder" ist auch der Titel eines 1967 erschienenen Romans von Johannes Mario Simmel. Die Vertreterin einer feministischen Sprachwissenschaft, Luise F. Pusch (geb. 1944), gab einer ihrer Aufsatzsammlungen aus dem Jahr 1990 den Titel „Alle Menschen werden Schwestern".

Alle menschlichen Gebrechen sühnet reine Menschlichkeit

Das Zitat stammt aus einem Widmungsgedicht, das Goethe 1827 dem Schauspieler Wilhelm Krüger zueignete, der die Rolle des Orest in dem Drama „Iphigenie auf Tauris" gespielt hatte. Der Satz enthält die Grundidee des Goetheschen Stücks. Er gibt der Überzeugung Ausdruck, daß „reine Menschlichkeit" die menschlichen Schwächen zu überwinden vermag, daß Menschlichkeit, Humanität als die höchste menschliche Tugend anzusehen ist.

Alle Räder stehen still, wenn dein starker Arm es will

Dieses Zitat stammt aus einem Lied, das Georg Herwegh 1863 für den „Allgemeinen Deutschen Arbeiterverein" als Bundeslied geschrieben hat. Die zehnte Strophe dieser Hymne lautet: „Mann der Arbeit, aufgewacht!/Und erkenne deine Macht!/Alle Räder stehen still,/Wenn dein starker Arm es will." – Man verwendet das Zitat gelegentlich noch heute im Zusammenhang mit gewerkschaftlichen Aktionen bei Arbeitskämpfen.

Alle reden vom Wetter, wir nicht!

Dieser eingängige Werbeslogan der Deutschen Bundesbahn aus der zweiten Hälfte der sechziger Jahre wird vielfach scherzhaft oder auch ironisch abgewandelt und ist so zum geflügelten Wort geworden. „Alle reden von ..." läßt sich verwenden, wenn man darauf hinweisen möchte, daß man selbst etwas anders macht oder als geringeres Problem ansieht als andere, wobei meist der Gedanke des Wettbewerbs im Vordergrund steht. Auch die einen Überraschungseffekt enthaltende Abwandlung „Alle reden von ..., wir auch!" ist gebräuchlich geworden.

Alle Regeln der Kunst

↑ Nach allen Regeln der Kunst

Alle Tage ist kein Sonntag

Die sprichwörtliche Redensart beruht auf der Erkenntnis, daß das menschliche Leben mehr aus mühevollem und arbeitsreichem Alltag besteht als aus Feier- und Ruhetagen. Als Titel eines Volksstücks von Carl Clewing (1884 bis 1954) und als Anfangszeile des Gedichts „Liebeslied" von Carl Ferdinand (geb. 1874, Todesjahr nicht ermittelt) ist die Redensart literarisch genutzt worden.

Alle Tiere sind gleich, aber einige Tiere sind gleicher als andere

Diese zynische Feststellung findet sich in dem satirischen Roman „Farm der Tiere" (englisch: „Animal Farm") von George Orwell (1903–1950). Er beschreibt die Entwicklung und schließlich den Niedergang eines Gemeinwesens der Tiere, die die Menschen von ihrem Hof verjagt haben, um selbst eine demokratische Form des Miteinanderlebens und -arbeitens zu beginnen. Am Schluß haben die Schweine die Herrschaft an sich gerissen; sie unterdrücken die anderen Tiere und beuten sie auf die gleiche Weise aus, wie es vorher die Menschen taten. Ihre Revolution ist vertan. – Das Zitat gibt der pessimistischen Auffassung Ausdruck, daß das Prinzip der Gleichheit (Alle Tiere sind gleich = alle Menschen sind gleich) in keiner Form des menschlichen Zusammenlebens zu verwirklichen sei.

↑ Wenn **alle** untreu werden

Alle Vögel sind schon da

Der Titel dieses bekannten Kinderliedes, das das Kommen des Frühlings besingt, wird gelegentlich in scherzhafter Abwandlung zitiert. So könnte zum Beispiel der Beginn der Ferienzeit mit „Alle Touristen sind schon da" kommentiert werden. Der Text des Liedes, das auf eine Melodie aus dem 18. Jahrhundert gesungen wird, wurde 1847 von Hoffmann von Fallersleben geschrieben.

Alle Wasser laufen ins Meer

Dieses Zitat stammt aus dem Alten Testament (Prediger Salomo 1,7). Es gehört in einen Zusammenhang, in dem von der „Eitelkeit (= Vergeblichkeit, Nichtigkeit) aller irdischen Dinge", besonders aller menschlichen Bemühungen, gesprochen wird. Es resümiert, daß alles, was geschieht, einem ewigen Gesetz folgt, das unwandelbar den ständig gleichen Gang der Welt bestimmt. (Vergleiche auch „Alles ist eitel".)

Alle Wohlgerüche Arabiens

Das geflügelte Wort stammt aus der ersten Szene des fünften Akts der Tragödie „Macbeth" von William Shakespeare (1564–1616). Lady Macbeth, die über die begangenen Mordtaten in Wahnsinn verfallen ist, glaubt Blut an den Händen zu haben, das sie vergebens abzuwaschen versucht. Schließlich resigniert sie mit den Worten: „Noch immer riecht es hier nach Blut; alle Wohlgerüche Arabiens würden diese kleine Hand nicht wohlriechend machen". *(Here's the smell of the blood still; all the perfumes of Arabia will not sweeten this little hand.)* – Man gebraucht das Zitat häufig in Zusammenhängen, in denen es eher ironisch zu verstehen ist, etwa wenn jemand aufdringlich parfümiert ist.

↑ Eines schickt sich nicht für **alle!**

↑Ich bin **allein** auf weiter Flur

Allein der Vortrag macht des Redners Glück

Wagner, der Famulus Fausts, beklagt (in Goethes Faust I, erste Nachtszene), daß es ihm an der Kunst der Deklamation und freien Rede mangele. Während Faust ihm zu erklären versucht, daß derjenige, der wirklich etwas zu sagen hat, dafür auch leicht die richtigen Worte findet, beharrt Wagner mit obigen Worten darauf, daß es vor allem auf den gekonnten Vortrag ankomme, wenn man als Redner Erfolg haben will. – Der heutige Gebrauch des Zitats ignoriert die Darlegungen Fausts und hebt – wie Wagner – die Wichtigkeit der rhetorischen Begabung des Redners hervor. Man kommentiert mit dem Zitat entweder ihr Fehlen oder ihre Beispielhaftigkeit in einem speziellen Fall.

Allein es steht in einem andern Buch

Das Zitat stammt aus der Hexenküchenszene im ersten Teil von Goethes Faust (1808). Faust möchte verjüngt werden, aber die Hexenküche, in der dies bewerkstelligt werden soll, behagt ihm nicht. Mephisto sagt darauf: „Dich zu verjüngen gibt's auch ein natürlich Mittel;/Allein es steht in einem andern Buch/Und ist ein wunderlich Kapitel." Mit dem „natürlichen Mittel" meint Mephisto eine gesunde, einfache, mit körperlicher Arbeit verbundene Lebensweise. Das Zitat kann verwendet werden, um auszudrücken, daß etwas in einen ganz anderen Zusammenhang gehört, daß es eine ganz andere Sache ist.

Es ist nicht ↑gut, daß der Mensch **allein** sei

↑Jeder stirbt für sich **allein**

↑Ich kann **allem** widerstehen, nur nicht der Versuchung

Allen Gewalten zum Trutz sich erhalten

Das Gedicht, dem diese Zeile entnommen ist, stammt aus Goethes Singspiel „Lila" aus dem Jahr 1777. Es bringt in zwei daktylischen Strophen die Überzeugung zum Ausdruck, daß es nötig ist, „feige Gedanken" und Verzagtheit abzuschütteln, um im Lebenskampf zu bestehen. Man zitiert es noch heute gelegentlich in bezug auf jemandes Standhaftigkeit und Ausdauer in schwierigen Lebenslagen.

Aller Augen warten auf dich

Dieses Zitat findet sich im Alten Testament (145. Psalm, Vers 15), wo die Gnade und Gerechtigkeit Gottes gepriesen werden: „Aller Augen warten auf dich, und du gibst ihnen ihre Speise zu seiner Zeit." Der vollständige Vers ist (auch in der leicht abgewandelten Form „Aller Augen warten auf dich, o Herr, du gibst ihnen Speise zur rechten Zeit") als Tischgebet gebräuchlich geworden. – Als Zitat gebraucht man den ersten Teil scherzhaft, etwa um jemanden zu begrüßen, der verspätet in einer Runde erscheint.

Es ist noch nicht **aller** Tage Abend

Diese sprichwörtliche Redensart findet sich bereits in dem Werk des römischen Schriftstellers Titus Livius (59 v. Chr. bis 17 n. Chr.) mit dem Titel „Ab urbe condita". Darin legt er dem Makedonenkönig Philipp V. diesen Ausspruch in den Mund: *nondum omnium dievum solem occidisse* („noch sei nicht die Sonne aller Tage untergegangen"). Der Satz verleiht der Gewißheit Ausdruck, daß etwas Bestimmtes durchaus noch nicht entschieden ist, daß sich nach der Meinung des Zitierenden noch manches ändern kann oder daß der Adressat dieses Ausspruchs seiner Sache noch nicht so sicher sein kann. „Aller Tage Morgen" nannte in Abwandlung der Redensart der schwäbische Schriftsteller Josef Eberle (1901–1986; Pseudonym: Sebastian Blau) seine Lebenserinnerungen, die 1974 erschienen.

↑Nun muß sich **alles**, alles wenden

Es würde **alles** besser gehen, wenn man mehr ginge

Dieses Zitat geht zurück auf Johann Gottfried Seumes Reisebericht aus dem Jahre 1806 („Mein Sommer 1805"), in dem es an einer Stelle heißt: „Ich halte den Gang für das Ehrenvollste und Selbständigste in dem Manne und bin der Meinung, daß alles besser gehen würde, wenn man mehr ginge." Man verwendet das Zitat, wenn man ausdrücken will, daß es nicht nur für den Körper gesünder ist, häufiger zu Fuß zu gehen, sondern daß man auch das, was man sieht und erlebt, geistig besser aufnehmen und verarbeiten kann als beim Fahren. Nicht zuletzt kann man sich damit heute auch sehr treffend auf die Verkehrsprobleme durch den modernen Individualverkehr beziehen.

Alles Ding währt seine Zeit

Diese Zeile stammt aus dem vielstrophigen Lied „Sollt' ich meinem Gott nicht singen" des Kirchenliederdichters Paul Gerhardt (1607–1676). Die Verse „Alles Ding währt seine Zeit,/Gottes Lieb in Ewigkeit" bilden den Refrain der zehn ersten Strophen des Liedes. Als Zitat spielt der Text auf die Endlichkeit und Vergänglichkeit alles Irdischen an oder auch, vordergründiger, darauf, daß etwas Bestimmtes einmal ein Ende hat oder haben muß.

Alles fließt

↑Panta rhei

Alles Gescheite ist schon gedacht worden

Diesen Gedanken spricht Goethe in den „Betrachtungen im Sinne der Wanderer" am Ende des 2. Buches der Wanderjahre aus. Und Mephisto (in Faust II, 2) läßt er sagen: „Wer kann was Dummes, wer was Kluges denken,/Das nicht die Vorwelt schon gedacht?" Schon in der Antike findet man diese Feststellung bei verschiedenen Autoren, so bei dem römischen Komödiendichter Terenz (um 185–159 v. Chr.), der sich gegen den Vorwurf des Plagiats mit den Worten wehrt: *Denique nullum est iam dictum, quod non dictum sit prius* („Schließlich gibt es ja nichts mehr zu sagen, was nicht früher schon gesagt worden wäre.")

Alles Getrennte findet sich wieder

Der Ausspruch stammt aus Friedrich Hölderlins Briefroman „Hyperion" (1797–1799), er steht am Schluß des zweiten Bandes. Hyperion spricht hier die Überzeugung aus: „Wie der Zwist der Liebenden sind die Dissonanzen der Welt. Versöhnung ist mitten im Streit, und alles Getrennte findet sich wieder." Man verwendet das Zitat meist als scherzhaften Kommentar, wenn verlorene oder vermißte Dinge sich wiederfinden, oder auch wenn Menschen nach einer Trennung oder nachdem sie sich verloren hatten, wieder zusammentreffen.

Alles Glück dieser Erde liegt auf dem Rücken der Pferde

Das ↑Paradies der Erde liegt auf dem Rücken der Pferde

Alles in der Welt läßt sich ertragen, nur nicht eine Reihe von schönen Tagen

Dieser Spruch findet sich bei Goethe in der Abteilung „Sprichwörtlich" der Gedichtsammlung von 1815. (Für den hier ausgesprochenen Gedanken gibt es bereits mehrere Vorformen im Werk Martin Luthers.) Die heutige Zitierweise lautet etwas abgewandelt: „Nichts ist schwerer zu ertragen als eine Reihe von guten Tagen." Man bezieht den Spruch dabei zumeist auf eine Aufeinanderfolge von Feiertagen, die mit zu vielem Essen und Trinken und Müßiggang einhergehen, so daß man schließlich träge und verdrießlich oder übermütig wird.

↑Und **alles** ist Dressur

Alles ist eitel

Dieses Zitat geht auf das Alte Testament zurück (Prediger Salomo 1,2 u. 12,8): „Es ist alles ganz eitel, sprach der Prediger, es ist alles ganz eitel." Der lateinische Text der Vulgata lautet: *Vanitas vanitatum, et omnia vanitas,* in wörtlicher Übersetzung: „Eitelkeit der Eitelkeiten, und alles ist Eitelkeit." Der Prediger will sagen, daß die Welt und alles menschliche Tun nichtig sind und ohne Bestand. – Für die Barockzeit war diese Weltsicht besonders charakteristisch. So findet man ein Gedicht von Andreas Gryphius (1616–1664) mit dem Titel „Vanitas! Vanitatum vanitas!". Auch der dem Prediger Salomo entnommene Text der „Vier ernsten Gesänge" (1896) von Johannes Brahms nimmt Bezug auf diese Thematik. Goethe verwendete dieselbe Überschrift wie Gryphius für ein Gedicht, das er in der Gedichtsammlung von 1806 in der Abteilung „Gesellige Lieder" veröffentlichte. Das Gedicht stellt eine Parodie auf das Kirchenlied „Ich hab' mein Sach' Gott heimgestellt" von Johannes Pappus (1549–1610) dar. Bei Goethe wurde daraus: „Ich hab' mein Sach' auf nichts gestellt. Juchhe!" – Der heutige Sprecher kann mit dem Zitat seiner Überzeugung Ausdruck geben, daß vieles Weltliche nicht die Bedeutung hat oder das Gewicht, das man ihm beimißt.

Alles ist verloren, nur die Ehre nicht

Diese Feststellung traf der französische König Franz I. in einem Brief an seine Mutter, nachdem er in der Schlacht von Pavia (1525) eine Niederlage erlitten hatte und in Gefangenschaft geraten war: *Tout est perdu, fors l'honneur.* Diese überlieferte Kurzform, von der zunächst behauptet wurde, daß aus ihr allein der lakonische Brieftext bestanden habe, stellt jedoch nur die Quintessenz des später aufgefundenen, längeren Briefes dar. – Mit dem Zitat kann man eine zwar entscheidende, aber letztlich ehrenvolle Niederlage kommentieren.

Alles konnte Böck ertragen, ohne nur ein Wort zu sagen

Die Verse stammen aus „Max und Moritz" (1865) von Wilhelm Busch. Im „Dritten Streich" haben es die beiden auf den Schneider mit dem Namen Böck abgesehen, den sie mit ihren Rufen „Schneider, Schneider, meck, meck, meck" in Zorn versetzten. So heißt es im folgenden: „Aber, wenn er dies erfuhr,/ging's ihm wider die Natur." – Das Zitat drückt aus, daß jemand im allgemeinen sehr geduldig ist, daß aber in einer bestimmten Situation die Grenzen der Gutmütigkeit erreicht sind.

Alles mit deine Hände

Dies ist der dreimal wiederkehrende Refrain eines leicht sentimentalen Gedichts in Berliner Mundart von Kurt Tucholsky (1890–1935). Sein Titel lautet: „Mutterns Hände". Es zählt auf, was die Mutter an Arbeit für ihre Familie mit ihren Händen verrichtet hat. – Als meist ironisch-scherzhaftes Zitat verwendet man die Worte gelegentlich in bezug auf etwas, was jemand eigenhändig in mühevoller Arbeit geschaffen hat.

Alles neu macht der Mai

Dies ist der Anfang des dreistrophigen Gedichts „Der Mai" von Hermann Adam von Kamp (1796–1867), zuerst erschienen in der Liedersammlung „Lautenklänge", Krefeld 1829. Als Wanderlied besingt es die Freude an der neu erwachten Natur. Mit „Alles neu macht der Mai" kommentiert man scherzhaft eine augenfällige Veränderung, die an jemandem oder an einer Sache zu erkennen ist.

Alles rennet, rettet, flüchtet

Der Satz stammt aus Schillers „Lied von der Glocke" (1799). Schiller beschreibt damit das Verhalten von Menschen bei einer in der Stadt wütenden Feuersbrunst. Das Zitat wird heute nur scherzhaft gebraucht und auf eine drängende, hastende Menge bezogen.

Alles schon dagewesen

Dem Trauerspiel „Uriel Acosta" (1846) von Karl Gutzkow entstammt der dort in mehrfach abgewandelter Form vorkommende Ausspruch „Und alles ist schon einmal dagewesen", eine Variante der alttestamentlichen Erkenntnis

„und geschieht nichts Neues unter der Sonne" (Prediger Salomo 1,9). Er ist zu einer Floskel der heutigen Alltagssprache geworden, mit der man zum Beispiel ausdrückt, daß einen ein Ereignis oder eine Veränderung nicht überrascht.

Alles über Eva

So lautet der deutsche Titel eines in Amerika entstandenen tragikomischen Films mit Bette Davis, Anne Baxter und Marilyn Monroe aus dem Jahr 1950 (Originaltitel: *All about Eve*). Der Film, dessen Dialoge Erich Kästner ins Deutsche übertrug, schildert die Karriere einer skrupellosen jungen Schauspielerin, die zunächst von einer alternden Diva gefördert wird, diese aber dann fast aus dem Filmgeschäft verdrängt. – Als Zitat verwendet man „Alles über ..." in entsprechender Abwandlung, wenn man erschöpfende Mitteilungen, Daten o. ä. über eine Person oder auch eine Sache ankündigen will.

Alles Vergängliche ist nur ein Gleichnis

Der zweite Teil von Goethes Faust (1824/31) endet mit einem „Chorus mysticus", dessen erste beiden Zeilen charakteristisch für des Dichters Auffassung von der menschlichen Erkenntnisfähigkeit sind. In seinem „Versuch über die Witterungslehre" (1825) schreibt Goethe: „Das Wahre, mit dem Göttlichen identisch, läßt sich niemals von uns direkt erkennen, wir schauen es nur im Abglanz, im Beispiel, im Symbol ..." Die irdische Welt in ihrer Vergänglichkeit, die wir mit unseren Sinnesorganen wahrnehmen können, ist also nur als ein Gleichnis der ewigen, göttlichen Wahrheit anzusehen. – Das Zitat wird auch heute noch gelegentlich verwendet, um auf die Vordergründigkeit des nur auf das Materielle, Irdische gerichteten Erkenntnisstrebens hinzuweisen.

Alles verstehen heißt alles verzeihen

Der Ausspruch *tout comprendre c'est tout pardonner* geht möglicherweise auf eine Stelle in dem Roman *Corinne ou l'Italie* der Madame de Staël (1766 bis 1817) zurück, wo es heißt: *Tout comprendre rend très indulgent* (Alles verstehen macht sehr nachsichtig). Auch bei Goethe findet man diese Überzeugung in verschiedener Ausprägung. So heißt es zum Beispiel im Tasso (2,1): „Was wir verstehn, das können wir nicht tadeln". – Man kommentiert mit diesem Satz eine oft allzu nachsichtige Einstellung gegenüber Personen oder Geschehnissen.

Alles, was entsteht, ist wert, daß es zugrunde geht

Mit den Worten „Ich bin der Geist, der stets verneint!/Und das mit Recht; denn alles, was entsteht,/Ist wert, daß es zugrunde geht" beschreibt Mephisto sich selbst in der Studierzimmerszene in Goethes Faust I (1808). Zerstörung als eine Erscheinungsform des Bösen ist sein, des Teufels, Element. – Das Zitat dient zum Ausdruck oder zur Charakterisierung einer pessimistischen oder zynischen Weltsicht.

Alles wiederholt sich nur im Leben

Der Gedanke der Wiederkehr des immer Gleichen findet sich in vielen Variationen in der Literatur aller Zeiten. Das Zitat aus Schillers Gedicht „An die Freunde" (1802) setzt diesen Tatbestand in Gegensatz zu dem, was die Phantasie im Kunstwerk schafft. Die Fortführung im Gedicht lautet dann: „Ewig jung ist nur die Phantasie;/Was sich nie und nirgends hat begeben,/Das allein veraltet nie". Man kommentiert mit dem Zitat – oft mit resignierendem Unterton – das Wiederauftreten bestimmter Entwicklungen oder die Wiederkehr bestimmter Ereignisse.

Alles zu seiner Zeit

Diese Redewendung findet sich in ähnlicher Form schon im Alten Testament (Prediger Salomo 3,1). Hier heißt es: „Ein jegliches hat seine Zeit, und alles Vornehmen unter dem Himmel hat seine Stunde". Man gebraucht die Wendung, um darauf hinzuweisen, daß etwas zum richtigen Zeitpunkt getan werden muß oder sich ereignen wird, daß Ungeduld und überstürztes Handeln nicht zum Ziel führen. Goethe beginnt seine „Noten und Abhandlungen zu besserem Verständnis des Westöstlichen Diwans" mit den Worten: „Alles hat seine Zeit! – Ein Spruch, dessen Bedeutung man bei längerem Leben immer mehr anerkennen lernt; diesem nach gibt es eine Zeit zu schweigen, eine andere zu sprechen". Ein bekanntes Lied des amerikanischen Folksängers Pete Seeger (geb. 1919) mit dem Titel „Turn, turn, turn (To everything there is a season)" greift ebenfalls diesen Gedanken auf. Der Text des Liedes lehnt sich sehr eng an den Bibeltext (Vers 1–8) an. Eine deutsche Fassung (Text von Max Colpet) mit dem Titel „Für alles kommt die Zeit" wurde von Marlene Dietrich gesungen.

↑Über die **allmähliche** Verfertigung der Gedanken beim Reden

Allwissend bin ich nicht; doch ist mir viel bewußt

Der Ausspruch stammt aus Goethes Faust (Teil I, Studierzimmer). Es handelt sich um eine ironische Bemerkung, die Mephisto, des Nachspionierens beschuldigt, Faust gegenüber in einer Art gespielter Bescheidenheit macht. Heute wird der Ausspruch meist in ähnlich ironischer Weise oder auch nur scherzhaft zitiert.

Allzu straff gespannt, zerspringt der Bogen

In Schillers Drama „Wilhelm Tell" (III, 3) geht diesem bekannten Bild vom allzu straff gespannten Bogen eine direkte, gewissermaßen interpretierende Aussage voraus, die aber im allgemeinen nicht mitzitiert wird. Die Stelle lautet: „Zu weit getrieben/Verfehlt die Strenge ihres weisen Zwecks,/Und allzu straff gespannt, zerspringt der Bogen". Das Motiv des zu stark oder auch zu lange gespannten Bogens taucht vor Schiller in der Literatur häufiger auf, so bei Grimmelshausen, wo es im „Simplizissimus" (1669) heißt: „Wenn man den Bogen überspannt, so muß er endlich zerbrechen". Es geht zurück bis in die Dichtung der griechischen Antike (Herodot, Sophokles und Phädrus verwenden es). Noch geläufiger als das Zitat ist heute die Redewendung „den Bogen überspannen" mit der Bedeutung „etwas auf die Spitze treiben, zu hohe Forderungen stellen".

Allzufrüh und fern der Heimat

In seiner Ballade „Das Grab im Busento" beschreibt August Graf von Platen (1796–1835), wie der Gotenkönig Alarich, der auf einem Feldzug in Kalabrien gestorben ist, von seinen Leuten bestattet wird. Um die Leiche vor Schändung zu schützen, begruben die Goten den König im Flußbett des Busento, dessen Wasser sie vorher abgeleitet hatten und nach der Bestattung wieder zurückfließen ließen. Dazu heißt es in der Ballade: „Allzufrüh und fern der Heimat/mußten hier sie ihn begraben". Ist jemand in jungen Jahren in der Fremde gestorben, kann das Zitat heute noch herangezogen werden. Als Anspielung darauf, daß jemand ohne den gewohnten Komfort weit weg von zu Hause ist, wird die scherzhafte Abwandlung „unrasiert und fern der Heimat" verwendet.

↑Menschliches, **Allzumenschliches**

Als Büblein klein an der Mutterbrust

Dies ist der Anfang des bekannten Trinkliedes des Falstaff aus dem 2. Akt der Oper „Die lustigen Weiber von Windsor" von Otto Nicolai (1810 bis 1849), deren Libretto (von Hermann Mosenthal) sich an das gleichnamige Lustspiel von Shakespeare anlehnt. Die erste Verszeile des Trinklieds wird heute scherzhaft etwa im Sinne von „als ich noch klein war" zitiert.

Als das Wünschen noch geholfen hat

Diese Formulierung ist Teil verschiedener Märchenanfänge. Das bekannte

Märchen der Brüder Grimm „Der Froschkönig oder Der eiserne Heinrich“ beispielsweise beginnt mit den Worten: „In den alten Zeiten, wo das Wünschen noch geholfen hat, lebte ein König ...“ Ähnlich der Anfang des weniger populären Märchens „Der Eisenofen“: „Zur Zeit, wo das Wünschen noch geholfen hat, ward ein Königssohn von einer alten Hexe verwünscht ...“ Beim heutigen Gebrauch dieser Floskel wird der Märchenton bewußt eingesetzt. Mit einer gewissen Wehmut weist man auf andere Zeiten und Zustände hin, in denen noch Dinge geschahen oder möglich waren, die heute undenkbar wären.

Als der Großvater die Großmutter nahm

Dies ist die Anfangszeile des Gedichts „Das Großvaterlied“ (1812) von August Friedrich Ernst Langbein (1757–1835), einem zu seiner Zeit bekannten Berliner Schriftsteller. Er bezieht sich damit möglicherweise auf die gleichlautende Zeile in dem Lied „Der Großvater-Tanz“ seines Zeitgenossen Karl Schmidt (1746–1824), das schon 1794 geschrieben wurde. Zusätzliche Verbreitung fand das Zitat als Titel einer von Gustav Wustmann 1886 herausgegebenen sehr populären Liedersammlung (in der auch Langbeins Verse enthalten sind). Heute wird die Gedichtzeile gelegentlich noch dazu benutzt, frühere Zeiten anzusprechen, die „gute alte Zeit“ heraufzubeschwören. Eine misanthropisch gefärbte Abwandlung des Zitats verwendete der Zeichner und Karikaturist Paul Flora als Titel für einen 1971 erschienenen Auswahlband seiner Zeichnungen: „Als der Großvater auf die Großmutter schoß“.

Als die Bilder laufen lernten

Die frühen Jahre der Filmgeschichte werden häufig mit dieser Wendung apostrophiert. Sie wurde populär als Titel einer Fernsehserie über Filme und mit Filmen aus der Stummfilmzeit, die Ende der 60er Jahre im deutschen Fernsehen lief. Die Serie hieß „Mad Movies oder Als die Bilder laufen lernten“ und war die deutsche Fassung der englischen Serie „Mad Movies“ von Bob Monkhouse, einem Kenner und Sammler von Stummfilmen.

Als die Römer frech geworden

Dies ist die Anfangszeile des Scherzgedichtes „Die Teutoburger Schlacht“ von Joseph Victor von Scheffel (1826–1886), das besonders als Kommerslied in studentischen Verbindungen bekannt geworden ist. Gelegentlich wird die Formulierung „Als die ... frech geworden“ mit der Bezeichnung für eine andere Personen- oder Volksgruppe abgewandelt und scherzhaft oder abwertend auf Menschen bezogen, die bestimmte Ansprüche gestellt oder Forderungen erhoben haben.

Als Mensch und Christ

Mit dieser Floskel kann jemand seinen Worten eine Art scherzhaften Nachdruck verleihen, er kann damit auf seine Aussage in nicht allzu ernst gemeinter, vielleicht auch spöttischer Weise aufmerksam machen. Sie stammt aus der Bildergeschichte „Die fromme Helene“ von Wilhelm Busch (1832–1908). Zu Beginn der Geschichte richtet der Onkel mahnende Worte an seine Nichte, die einige Zeit bei Onkel und Tante auf dem Land verbringen soll: „Helene!“ – sprach der Onkel Nolte –/„Was ich schon immer sagen wollte!/Ich warne dich als Mensch und Christ:/Oh, hüte dich vor allem Bösen!/Es macht Pläsier, wenn man es ist,/Es macht Verdruß, wenn man's gewesen!“

Als wär's ein Stück von mir

Der Schlußvers der zweiten Strophe des bekannten Liedes „Ich hatt' einen Kameraden“ von Ludwig Uhland (1787 bis 1862) wurde in neuerer Zeit besonders dadurch populär, daß ihn Carl Zuckmayer als Titel für seine Lebenserinnerungen (erschienen 1966) verwendete. Zitiert wird die Zeile heute häufig in weniger ernsthaft gemeinter Weise, etwa wenn jemand das eigene enge Verhältnis zu einer bestimmten Person oder Sache charakterisieren will.

Also sprach in ernstem Ton der Papa zu seinem Sohn

Diese Worte werden oft als ironisierende Einleitung oder auch nur als scherzhafter Kommentar zu entsprechenden Situationen zitiert. Sie entstammen der Geschichte vom „Zappelphilipp" aus dem weltbekannten Kinderbuch „Der Struwwelpeter" des Frankfurter Arztes und Schriftstellers Heinrich Hoffmann (1809–1894). Der Vater ermahnt seinen unruhigen („zappeligen") Sohn Philipp vergeblich, ruhig und gesittet am Tisch zu sitzen.

Also sprach Zarathustra

So lautet der Titel einer philosophischen, an der Bibel orientierten, diese zugleich parodierenden Dichtung von Friedrich Nietzsche (1844–1900). Das Zitat wurde in neuerer Zeit durch die (frei nach Nietzsche) 1896 komponierte Tondichtung von Richard Strauss populär, deren Anfang unter anderem in dem Spielfilm „2001 – Odyssee im Weltraum" (1968) und auch gelegentlich in Fernsehwerbespots zu hören ist. Zitiert wird der Titel zumeist in weniger ernsthaften Zusammenhängen, etwa als belustigter Kommentar zu der als allzu großspurig empfundenen Äußerung eines andern.

↑Ich bin zu **alt,** um nur zu spielen, zu jung, um ohne Wunsch zu sein

Alt und grau werden

Die heute im Sinne von „sehr lange auf etwas warten müssen" gebrauchte Redewendung hat im Alten Testament (1. Samuel 12, 2) noch ihre konkrete Bedeutung. Mit den Worten „Ich aber bin alt und grau geworden" weist Samuel auf sein hohes Alter hin, als er feierlich sein Richteramt niederlegt.

↑Sorge macht **alt** vor der Zeit

↑Schier dreißig Jahre bist du **alt**

Der **alte** Adam

Das Bild vom „alten Adam" fußt auf der Bibel und ihrer Vorstellung vom „alten Menschen" in seiner Unvollkommenheit und Sündhaftigkeit, an dessen Stelle der „neue Mensch" treten soll. So heißt es zum Beispiel im Brief des Paulus an die Kolosser (3, 9): „... ziehet den alten Menschen mit seinen Werken aus". Während die Bibel vom „alten" bzw. „neuen Menschen" spricht, geht die Fügung „der alte Adam" auf den lateinischen Schriftsteller Sidonius Apollinaris (430–486) zurück. – Vom „alten Adam" spricht man in scherzhaftem Zusammenhang, wenn man den Menschen mit all seinen Schwächen apostrophieren will. „Den alten Adam ausziehen" heißt dementsprechend soviel wie „seine Fehler ablegen und ein neues (gottgefälligeres) Leben beginnen".

Es ist eine **alte** Geschichte

Bei diesem Zitat handelt es sich um den Anfang der dritten Strophe des 39. Gedichts aus Heinrich Heines „Lyrischem Intermezzo" (1822–1823). In dem Gedicht wird die unglückliche Liebe eines jungen Mannes zu einem Mädchen beschrieben, das aber einen anderen liebt. In Anspielung auf Liebesbeziehungen, die auf unterschiedliche Weise oft schmerzlich scheitern, ohne daß dies von Beginn an abzusehen wäre, wird heute noch gelegentlich zitiert: „Es ist eine alte Geschichte,/Doch bleibt sie immer neu."

Alte Kamellen

↑Olle Kamellen

Der **alte** Mann und das Meer

Der deutsche Titel der 1952 erschienenen Erzählung von Ernest Hemingway (englischer Titel *The Old Man and the Sea*) wird auch in mancherlei, meist scherzhaft gemeinter Abwandlung zitiert, z. B. „Der alte Mann und nichts mehr" oder – mit Anspielung darauf, daß sich Hemingway mit einem Schuß selbst getötet hat – „Der alte Mann und das Gewehr".

↑Jungen Wein in **alte** Schläuche füllen

Der **Alte** hat's gerufen, der Himmel hat's gehört

Das Zitat stammt aus dem Gedicht „Des Sängers Fluch" von Ludwig Uhland (1787–1862). Nachdem der Fluch des alten Sängers gegen den König, den „verruchten Mörder", ausgesprochen ist, wird mit der Verszeile „Der Alte hat's gerufen, der Himmel hat's gehört" die Erfüllung des Fluches angekündigt. Wenn man die Verszeile heute zitiert, gibt man gewöhnlich seiner Freude, Erleichterung o. ä. darüber Ausdruck, daß etwas Erhofftes glücklicherweise eingetroffen ist.

Das **Alte** stürzt, es ändert sich die Zeit

Zur Kennzeichnung einer Lage, in der sich große Veränderungen vollziehen, neue Ideen entstehen, neue Impulse gegeben werden und in der nach Verlust und Niedergang ein Neubeginn folgt, dient oft dieses Zitat aus Schillers Drama „Wilhelm Tell" (IV, 2). Es lautet vollständig: „Das Alte stürzt, es ändert sich die Zeit,/Und neues Leben blüht aus den Ruinen". Der zweite, wohl etwas bekanntere Teil des Zitats wird oft auch selbständig angeführt; er betont besonders den Aspekt des hoffnungsvollen Wiederbeginns. (Vergleiche auch „Ein andersdenkendes Geschlecht".)

Den **alten** Adam ausziehen

Der ↑alte Adam

↑Nehm'n Se 'n **Alten**!

Alter ego

Die Bezeichnung eines guten, eines sehr vertrauten Freundes als „anderes Ich" ist in der lateinischen Form *Alter ego* bekannt geworden und bildungssprachlich bis heute üblich geblieben. Die Ausdrucksweise hat ihre Wurzeln in der Literatur der Antike und kommt sowohl in der griechischen wie auch in der lateinischen Version vor. Als Urheber wird in erster Linie der griechische Philosoph und Mathematiker Pythagoras (etwa 570–480 v. Chr.) genannt. Der Ausdruck erscheint aber in verschiedenen Varianten auch bei den griechischen Philosophen und Schriftstellern Aristoteles (384–322 v. Chr.), Zenon (etwa 335–263 v. Chr.), Plutarch (etwa 46–125 n. Chr.) sowie den römischen Philosophen und Staatsmännern Cicero (106–43 v. Chr.) und Seneca (4 v. Chr. bis 65 n. Chr.).

↑Was man in der Jugend wünscht, hat man im **Alter** die Fülle

Alter schützt vor Torheit nicht

Mit dieser sprichwörtlichen Redensart kommentiert man kritisch oder auch in scherzhafter Absicht die Handlungs- oder Verhaltensweise eines älteren Menschen, tut man kund, daß man bestimmte Handlungs- oder Verhaltensweisen von Leuten in vorgerücktem Alter für unpassend hält. Die Redensart geht zurück auf eine Stelle in Shakespeares Drama „Antonius und Cleopatra" (I, 3), wo Cleopatra in abwehrender Haltung und ungläubig die Worte spricht: „Wenn mich das Alter auch nicht schützt vor Torheit,/Doch wohl vor Kindischsein", im englischen Wortlaut: *„Though age from folly could not give me freedom,/It does from childishness."* Die Redensart wurde dann im Laufe der Jahre in mancherlei mehr oder weniger gelungener Weise abgewandelt, verballhornt, verdreht, wie etwa: „Die Alte schützt vor Torheit nicht", „Torheiten schützen nicht vor dem Altern" oder auch: „Das ist das Deprimierende am Alter: Es schützt vor Torheit."

Alter Schwede

Der meist als kameradschaftlich-vertrauliche oder scherzhaft-drohende Anrede gebrauchte Ausdruck soll aus der Zeit nach dem 30jährigen Krieg stammen, als der preußische König Friedrich Wilhelm I. (1620–1688) altgediente schwedische Korporale veranlaßte, im Land zu bleiben und als Ausbilder in seine Dienste zu treten. Diese Ausbilder, besonders erfahren im militärischen Drill, sollen „die alten Schweden" genannt worden sein. – Nach einer anderen, aus Schweden kommenden

Version stammt der Ausdruck aus der baltischen Studentensprache und diente zur Bezeichnung älterer, besonders dem fröhlichen Studentenleben zugewandter Studenten.

Altes Herz wird wieder jung

Dies ist der Titel einer 1943 unter der Regie von Erich Engel entstandenen Filmkomödie, die sich um einen 70jährigen Junggesellen dreht. Emil Jannings spielte hier seine letzte Filmrolle; in weiteren Rollen sind Viktor de Kowa und Elisabeth Flickenschildt zu sehen. Der Filmtitel wird, anerkennend oder auch anzüglich, im Hinblick auf neuerwachte Aktivitäten eines älteren Menschen zitiert.

Alt-Heidelberg, du feine

So lautet die Anfangszeile eines Liedes von Joseph Victor von Scheffel (1826–1886), das besonders als Kommerslied studentischer Verbindungen bekannt geworden ist. Die Zeile wird auch heute noch im Zusammenhang mit der Heidelberg-Romantik zitiert.

Am Anfang war das Wort

↑Im Anfang war das Wort

Am besten ist's auch hier, wenn Ihr nur einen hört und auf des Meisters Worte schwört

↑Jurare in verba magistri

Am Brunnen vor dem Tore

Das Lied „Am Brunnen vor dem Tore" (eigentlicher Titel „Der Lindenbaum"), das schon fast zu einem Volkslied geworden ist, gehört zu dem Zyklus „Winterreise" von Wilhelm Müller, einem Dichter des frühen 19. Jahrhunderts (1794–1827). Seine Gedichte wurden vor allem durch die Vertonung von Franz Schubert bekannt. Besonders häufig zitiert werden die Anfangsverse des Gedichts vom Lindenbaum: „Am Brunnen vor dem Tore,/Da steht ein Lindenbaum;/Ich träumt' in seinem Schatten/So manchen süßen Traum." Mit diesen Versen wird die Sehnsucht nach der verlorenen, oft zur romantischen Idylle verklärten Heimat ausgedrückt. In solchem gedanklichen Zusammenhang ist auch die Verwendung gerade des „Lindenbaumliedes" in dem Roman „Der Zauberberg" von Thomas Mann zu verstehen, der seinen Helden Hans Castorp mit einzelnen Zeilen aus diesem Lied auf den Lippen in die Schrecknisse des Krieges entschwinden läßt.

Am deutschen Wesen soll die Welt genesen

Ein großes Anliegen des deutsch-national gesinnten Dichters Emanuel Geibel (1815–1884) war die deutsche Einigung unter der Führung Preußens. Diese Idee spielte in vielen seiner Gedichte eine große Rolle. Besonderen Einfluß hatte das Gedicht „Deutschlands Beruf", das mit den Versen endet: „Und es mag am deutschen Wesen/Einmal noch die Welt genesen." Der Schlußgedanke dieses Gedichts, bei Geibel noch als Wunsch formuliert, wurde in der Folgezeit in verhängnisvoller Weise zur Forderung erhoben und bis in den Nationalsozialismus hinein als Schlagwort genutzt. In Anspielung auf diese Zeit zitiert man den Satz heute gelegentlich als Mahnung vor übertriebenem deutschen Nationalismus oder als Kritik an zu unnachgiebigem, zu egoistischem oder zu rechthaberischem Verhalten Deutschlands bei Zwistigkeiten und Meinungsverschiedenheiten mit anderen Staaten.

Am Ende hängen wir doch ab von Kreaturen, die wir machten

Mit diesen Worten bezieht sich Mephisto (Goethe, Faust II, Laboratorium) auf „Homunculus", den künstlich erschaffenen Menschen. Dieser macht sich kurz nach seiner Erschaffung zum Führer für Faust und Mephisto, um sie ins antike Griechenland zu geleiten. Heute kann dieses Zitat jemand verwenden, der seine eigene als ärgerlich empfundene Abhängigkeit von Leuten, beispielsweise Politikern, charakterisieren will, die er zuvor selbst unterstützt, gefördert, gewählt hat.

Am farbigen Abglanz haben wir das Leben

Dieses Zitat stammt aus dem zweiten Teil von Goethes Faust (Anmutige Gegend). Am Beginn sieht man den im Freien schlafenden Faust. Er schläft einen Heilschlaf, der ihn von der Last seiner Schuld befreit. Erwachend beobachtet er im aufsprühenden Gischt eines Wasserfalls einen Regenbogen, den er als Symbol begreift: „Der spiegelt ab das menschliche Bestreben./Ihm sinne nach, und du begreifst genauer:/Am farbigen Abglanz haben wir das Leben." Mit dieser Erkenntnis wendet sich Faust neu dem Leben, der Welt der Erscheinungen zu, die allein für den Menschen erkennbar ist. Mit dem Zitat kommentiert man die Freude an den Schönheiten der Natur und ihrer Vielfalt.

Am grünen Strand der Spree

Die im Zusammenhang mit Berlin oft zitierte Zeile ist der Refrain eines Couplets aus dem Volksstück „Der große Wohltäter" des Autors Heinrich Wilken (1835–1886). Populär wurde sie als Titel des 1955 erschienenen Romans von Hans Scholz und besonders durch die nach diesem Roman gedrehte gleichnamige Fernsehserie.

Am sausenden Webstuhl der Zeit

Die Worte, die als bildhafte Umschreibung der Vergänglichkeit, der allzu rasch dahingehenden Zeit zitiert werden, gehören zu den Versen in Goethes Faust, in denen der Erdgeist sein eigenes Wesen beschreibt (Goethe, Faust I, Nacht): „Geburt und Grab,/Ein ewiges Meer,/Ein wechselnd Weben,/Ein glühend Leben,/So schaff' ich am sausenden Webstuhl der Zeit,/Und wirke der Gottheit lebendiges Kleid."

Am Tag, als der Regen kam

Dies ist die Anfangszeile eines Liedes des französischen Chansonsängers Gilbert Bécaud aus den 50er Jahren. Bekannt wurde es besonders durch die Interpretation der damals vor allem in Frankreich sehr populären Sängerin Dalida. Im französischen Original hieß der Titel *Le jour où la pluie viendra*. Er wird meist mit Bezug auf das Eintreten eines lange ersehnten, große Freude oder Erleichterung bringenden Ereignisses zitiert. Scherzhaft kann man damit auch unerwartete, anhaltende Regenfälle kommentieren, die z.B. einen geplanten Ausflug „ins Wasser fallen" lassen.

Amboß oder Hammer sein

Mit dem Bild von Hammer und Amboß, das die Problematik der Polarität von Oben und Unten, vom Herrschen und Dienen verdeutlicht, schließt ein kurzes spruchartiges Gedicht von Goethe. Es ist das zweite der kophtischen Lieder mit dem Titel „Ein anderes" (1792). Die zweite Hälfte des Gedichtes lautet: „Du mußt steigen oder sinken,/Du mußt herrschen und gewinnen,/Oder dienen und verlieren,/Leiden oder triumphieren,/Amboß oder Hammer sein". Der deutsche Schriftsteller Friedrich Spielhagen gab einem seiner Romane den Titel „Hammer und Amboß" (1869). Ein zentraler Gedanke dieses Entwicklungsromans ist die Vorstellung, daß der Mensch nicht eins von beiden, sondern Hammer und Amboß zugleich sein müsse.

Amerika den Amerikanern

Das Schlagwort (englisch *America for the Americans*) fußt auf der sogenannten Monroedoktrin, die 1823 von Präsident James Monroe in einer Kongreßbotschaft dargelegt wurde. In der Monroedoktrin (die im übrigen nie die offizielle Anerkennung durch andere Mächte erfahren hat, also nicht Bestandteil des Völkerrechts ist) wurde in erster Linie das Verbot der Intervention und der weiteren Kolonisation der europäischen Mächte auf dem amerikanischen Kontinent ausgesprochen, aber auch eine Verpflichtung zur Nichteinmischung der USA in die inneren Angelegenheiten Europas. Das Schlagwort wurde in neuerer Zeit – gelegentlich in weniger ernsten Zusammenhängen – auch auf andere Länder o.ä. übertragen gebraucht: „Afrika den Afrikanern" oder auch „Bayern den Bayern".

Amerika, du hast es besser

Dieser Ausspruch, der im Zusammenhang mit den in Europa bestehenden Problemen häufig zitiert wird, ist die Anfangszeile des Gedichtes „Den Vereinigten Staaten" aus den „Xenien" von Goethe. Die für Amerika so eindeutig positiv klingende Aussage wird allerdings in den folgenden Zeilen durch die Begründung leicht abgeschwächt, daß die Geschichtslosigkeit Amerikas eine indirekte Ursache für das leichtere Leben in der Gegenwart sei. Der erste Vers endet mit den Worten: „Dich stört nicht im Innern/Zu lebendiger Zeit/Unnützes Erinnern/Und vergeblicher Streit". – Zur Frage abgewandelt erscheint das Zitat als Titel des 1966 gedrehten, von dem Rundfunk- und Fernsehjournalisten Thilo Koch kommentierten italienischen Reportagefilms „Amerika, hast du es besser?".

Der **amerikanische** Traum

Das Schlagwort kennzeichnet ganz allgemein das amerikanische Ideal von einer wohlhabenden demokratischen Gesellschaft in einem Land der unbegrenzten Möglichkeiten, einem Land, in dem beispielsweise ein Tellerwäscher zum Millionär werden kann. Der amerikanische Dramatiker Edward Albee (geboren 1928) benutzte das Schlagwort als Titel eines Stückes, *The American Dream* (1961), in welchem er die Entfremdung und Vereinsamung des Menschen in dieser amerikanischen, brüchig gewordenen, menschenfeindlichen Gesellschaft zum Thema macht und mit den Mitteln des absurden Theaters das Scheitern des amerikanischen Traums darstellt. Auch das Buch „Distinguished Visitors" von Klaus Mann wurde 1992 mit dem deutschen Untertitel „Der amerikanische Traum" veröffentlicht.

↑Ich hab' hier bloß ein **Amt** und keine Meinung

Dem **Amte** wohlbekannt

Die altertümliche amtssprachliche Formel wird heute scherzhaft gebraucht, wenn man ausdrücken will, daß man jemanden sehr gut kennt – nicht zuletzt, weil der oder die Betreffende einem schon einmal unliebsam aufgefallen ist. Allgemein verbreitet wurden die Worte als Zitat aus Heinrich von Kleists Lustspiel „Der zerbrochene Krug" (1811), wo der Gerichtsrat Walter das umständliche Beharren des Richters Adam auf Formalitäten mit den Worten abkürzt: „So sind dergleichen Fragen überflüssig./Setzt ihren Namen in das Protokoll,/Und schreibt dabei: dem Amte wohlbekannt."

↑Was deines **Amtes** nicht ist, da laß deinen Vorwitz

An der Quelle saß der Knabe

Die Anfangszeile des in seiner Grundstimmung schwermütigen Gedichtes „Der Jüngling am Bache" von Schiller wird häufig zitiert, meist allerdings ins Scherzhafte gewendet und in ganz profanem Zusammenhang. Sie dient als Kommentar etwa zu einer Situation, bei der sich jemand in einer günstigen Position befindet, an einem angenehmen Platz mit der erfreulichen Aussicht, sich aufs beste mit etwas versorgen zu können, oder auch, wenn jemand eine solche Position allzusehr ausnutzt.

An die große Glocke hängen

Die umgangssprachliche Redewendung „etwas an die große Glocke hängen" im Sinne von „etwas Privates, Vertrauliches überall erzählen" leitet sich von dem alten Brauch her, Bekanntmachungen, öffentliche Rügen, drohende Gefahr usw. der Allgemeinheit mit einer Glocke – etwa der Schelle des Gemeindedieners oder der großen Kirchenglokke – anzukündigen. Die Lebensregel „Häng an die große Glocke nicht,/Was jemand im Vertrauen spricht" findet sich in „Ein silbern ABC" von Matthias Claudius (1740–1815).

... **an** die Wand drücken, daß sie quietschen

Der drastische Ausdruck, der das rücksichtslose Vorgehen gegen unliebsame

Konkurrenten o. ä. umschreibt – er ist auch in der Form „... an die Wand quetschen, daß/bis sie quietschen“ bekannt –, wird Bismarck zugeschrieben. Er soll ihn 1878 auf die Nationalliberalen bezogen haben, mit denen er Schwierigkeiten hatte. Bismarck selbst hat jedoch energisch bestritten, diesen Ausspruch je getan zu haben.

An diesem Tage hätte die Weltgeschichte ihren Sinn verloren

Diesen Satz hat Walter Rathenau (1867–1922) beim Ausbruch des Ersten Weltkriegs im Hinblick auf dessen Ausgang einem Freund gegenüber ausgesprochen. Rathenau, der spätere Außenminister, hielt den damals regierenden Wilhelm II. für einen zwar sympathischen Menschen, aber auch für einen zum Regieren völlig untauglichen Kaiser, der den Krieg niemals gewinnen könnte. Würde jedoch ein solcher Kaiser dennoch als Sieger zurückkehren, so Rathenau, dann „hätte die Weltgeschichte ihren Sinn verloren“. – In ähnlichem Sinne wird, etwa angesichts einer absurden Situation, einer für unsinnig gehaltenen Entwicklung, der Ausspruch Rathenaus auch heute noch zitiert.

An einem Tag wie jeder andere

Dies ist der deutsche Titel eines amerikanischen Spielfilms aus dem Jahre 1955 (Regie: William Wyler; Originaltitel: „The desperate hours“, wörtlich übersetzt etwa: „Die Stunden der Verzweiflung“). Humphrey Bogart spielt darin einen von drei Verbrechern, die auf der Flucht vor der Polizei in ein Haus eindringen und die dort wohnende Familie terrorisieren. Der Filmtitel wird gelegentlich zitiert, wenn Situationen angesprochen werden, die zunächst harmlos wirken, jedoch Überraschendes, oft Gefährliches bergen.

An Haupt und Gliedern

Die Redewendung im Sinne von „völlig, ganz und gar, in jeder Hinsicht“ kommt meist in Verbindung mit „reformieren“ und „Reform“ vor. Die Formulierung geht auf eine Eingabe mit Verbesserungsvorschlägen zurück, die der jüngere Guilelmus Durandus, Bischof von Mende, für das von Clemens V. nach Vienne 1311 einberufene Konzil verfaßte. Darin heißt es (Rubrica I § 2, 3): *Videretur deliberandum, perquam utile fore et necessarium quod ante omnia corrigerentur et reformarentur illa quae sunt in ecclesia Dei corrigenda et reformanda, tam in capite quam in membris* („Es scheint in Erwägung gezogen werden zu müssen, daß es sehr nützlich und notwendig sein würde, vor allem das, was in der Kirche Gottes verbesserungs- und reformbedürftig ist, zu verbessern und zu reformieren an Haupt und Gliedern.“)

An ihren Früchten sollt ihr sie erkennen

Das bekannte Bibelzitat wird meist warnend gebraucht, z. B. wenn man darauf hinweisen will, daß der wahre Charakter von Menschen erst an dem zu erkennen ist, was sie durch ihr Handeln bewirken, an den „Früchten“ ihres Tuns. In der Bibel selbst gebraucht Jesus das Wort (Matthäus 7, 16) im Zusammenhang mit der Warnung vor „den falschen Propheten“ und erläutert dann genauer, daß nur ein guter Baum gute, ein fauler Baum jedoch nur schlechte Früchte bringen könne.

↑ Denn **an** sich ist nichts weder gut noch böse, das Denken macht es erst dazu

Anathema sit

Die lateinische Form der von Paulus in zwei Briefen (Galater 1, 8 und 1. Korinther 16, 22) gebrauchten Worte „der sei verflucht“ ist besonders als Formel für die Exkommunikation aus der katholischen Kirche bekannt geworden. Heute werden die Worte – vor allem in bildungssprachlichem Kontext – auch als scherzhafte Verwünschung o. ä. verwendet.

Das **andere** Geschlecht

Dies ist der Titel eines berühmt gewordenen Buches von Simone de Beauvoir

(1908–1986), das sich mit den Forderungen und den Problemen der Frauenemanzipation auseinandersetzt. Der Titel, im französischen Original *Le deuxième sexe* (wörtlich: „Das zweite Geschlecht"), wurde zeitweise zum Schlagwort der Emanzipationsbewegung der Frauen. Er wird heute auch allgemein als Bezeichnung für „die Frauen" verwendet.

↑Einer wie der **andere**

Eine ↑Hand wäscht die **andere**

Ein **andermal** von Euren Taten

Dies ist ein Vers aus dem Gedicht „Die Tobakspfeife" des aus Colmar stammenden Dichters Gottlieb Konrad Pfeffel (1736–1809), der in seiner Zeit mit seinen Fabeln und erzählenden Gedichten sehr bekannt war. – Das vielstrophige Gedicht „Die Tobakspfeife" erzählt von einem Kriegsveteranen, der einen Pfeifenkopf besitzt, den ein junger Adliger ihm gerne abkaufen möchte. Der Alte möchte ihn jedoch nicht hergeben. Statt dessen erzählt er dem Jungen, wie er in den Besitz des besonderen Stücks kam. Die vierte Strophe des Gedichts schildert den Versuch, den Pfeifenbesitzer von seiner Erzählung abzulenken und ihn zum Verkauf zu bewegen: „Ein andermal von Euern Taten;/Hier, Alter, seid kein Tropf,/Nehmt diesen doppelten Dukaten/Für Euern Pfeifenkopf." – Man gebraucht das Zitat noch gelegentlich, um einen allzu Gesprächigen oder Erzählfreudigen in seinem Gesprächsfluß zu bremsen und dazu zu bringen, auf das Wesentliche zurückzukommen.

↑Du mußt dein Leben **ändern!**

↑Aber hier, wie überhaupt, kommt es **anders**, als man glaubt

Anders als sonst in Menschenköpfen malt sich in diesem Kopf die Welt

Voll bewundernder Anerkennung spricht Philipp II., König von Spanien, in Schillers Drama „Don Karlos" (III, 10) diese Worte über den ihm rebellisch gegenübertretenden Idealisten, den Malteserritter Marquis von Posa. Werden diese Worte heute zitiert, so lassen sie eher die distanzierte Haltung des Sprechers gegenüber einem Menschen erkennen, den man für etwas eigensinnig, sonderbar, überspannt o. ä. hält.

Ein **andersdenkendes** Geschlecht

Das Wort vom „andersdenkenden Geschlecht" steht in einem Zusammenhang, in dem die auch heute immer wieder geäußerte Meinung vertreten wird, daß die Zeiten immer schlechter werden, daß früher dagegen alles besser war. In Schillers Schauspiel „Wilhelm Tell" (II, 1) spricht der greise Freiherr von Attinghausen die Worte: „Das Neue dringt herein mit Macht, das Alte,/Das Würd'ge scheidet, andere Zeiten kommen,/Es lebt ein andersdenkendes Geschlecht." Das Motiv der sich wandelnden Zeiten taucht, ins Positive gewendet, später im vierten Akt (2. Szene) wieder auf. Der sterbende Attinghausen spricht dann die Worte: „Das Alte stürzt, es ändert sich die Zeit,/Und neues Leben blüht aus den Ruinen."

Der **andre** hört von allem nur das Nein

↑Man spricht vergebens viel, um zu versagen

Andre Städtchen, andre Mädchen

Man gebraucht die (von vielen sicher als nicht mehr ganz zeitgemäß empfundene) sprichwörtliche Redensart, um auszudrücken, daß jemand ein ungebundenes Leben ohne feste persönliche Bindungen führt; wer viel umherzieht, bleibt nicht treu. Es handelt sich hier um eine Zeile aus dem von Friedrich Silcher vertonten Lied „Nun leb wohl, du kleine Gasse" von Albert Graf Schlippenbach (1800–1886), mit der allerdings gerade das Heimweh und die Sehnsucht nach der zurückgelassenen Geliebten besonders zum Ausdruck gebracht wird. Es heißt dort: „... ach wohl sind es andre Mädchen,/doch die eine ist es nicht!" und am Schluß des Liedes: „Andre

Mädchen, andre Städtchen,/O wie gerne kehrt' ich um!".

Der **Anfang** vom Ende

Die Redensart „Das ist der Anfang vom Ende" mit der Bedeutung „der Untergang, der Ruin o. ä. ist nicht mehr fern" beruht auf einem stark abgewandelten Zitat aus Shakespeares „Ein Sommernachtstraum" (V, 1). Dort heißt es im englischen Originaltext: *That is the true beginning of our end,* also etwa „das ist der wahre Beginn unseres Endes". Bei Shakespeare ist dies im Textzusammenhang eine scherzhafte Verdrehung der eigentlich gemeinten Aussage „Das ist das wahre Ende unseres Beginnens", wobei „Ende" in der älteren Bedeutung von „Ziel" zu verstehen ist.

↑Im **Anfang** war das Wort

↑Im **Anfang** war die Tat

↑Und jedem **Anfang** wohnt ein Zauber inne

Die ↑Furcht des Herrn ist der Weisheit **Anfang**

↑Wehret den **Anfängen**

Der **angeborenen** Farbe der Entschließung wird des Gedankens Blässe angekränkelt

↑Von des Gedankens Blässe angekränkelt

Die ↑Welt aus den **Angeln** heben

Das **Angenehme** mit dem Nützlichen verbinden

Diese Redewendung geht auf Vers 343 der „Ars poetica" (= Dichtkunst) des Horaz (65–8 v. Chr.) zurück: *Omne tulit punctum, qui miscuit utile dulci* („Den Beifall aller hat erhalten, wer mit dem Angenehmen das Nützliche vermischt hat"). Während Horaz von den Dichtern und ihren Werken spricht, wird die Redewendung heute ganz allgemein in bezug auf angenehme Dinge gebraucht, die zugleich einen Nützlichkeitsaspekt für jemanden haben (indem zum Beispiel der Urlaubsort so gewählt wird, daß man zugleich Geschäfte abwickeln kann).

Die **Angst** des Tormanns beim Elfmeter

Dies ist der Titel einer 1970 veröffentlichten Erzählung von Peter Handke (geboren 1942). Die Situation des Torwarts, der abzuschätzen versucht, wohin der Schütze den Ball schießen wird, steht hier symbolisch für die Schwierigkeiten eines Menschen, andere zu verstehen und sich selbst verständlich zu machen. Jede Fehleinschätzung des Torwarts kann zum Tor für die gegnerische Mannschaft führen; in der Erzählung führen die Verständigungsschwierigkeiten des Protagonisten bis zum Mord an einer Kinokassiererin. Der Buchtitel wird oft als distanzierter, gelegentlich auch scherzhafter Kommentar zu jemandes Angst in einer bestimmten, vielleicht entscheidenden Situation zitiert.

Angst essen Seele auf

Dies ist der Titel eines Films von Rainer Werner Fassbinder aus dem Jahr 1973, in dem eine ältere Frau einen sehr viel jüngeren marokkanischen Gastarbeiter heiratet. Beide müssen sich gegen eine intolerante und feindselige Haltung ihrer Mitmenschen behaupten. Der Titel wird zitiert, wenn man ausdrücken will, daß sich Angst auf einen Menschen, auf seine Persönlichkeit, seine Gefühle zerstörerisch auswirkt.

↑Keine **Angst** vor großen Tieren

↑Wer hat **Angst** vor Virginia Woolf?

↑Begnadete **Angst**

Anklagen ist mein Amt und meine Sendung

Mit diesem Satz kann man sich für eine Kritik entschuldigen, die man pflichtgemäß vorzutragen hat, auch wenn einem das nicht sehr angenehm ist. So versucht es jedenfalls Kriegsrat von Questenberg als Abgesandter des Kaisers gegenüber

Wallenstein in Schillers „Wallenstein I, Die Piccolomini" (II, 7). Der folgende Vers macht deutlich, daß die offizielle Pflicht und die private Neigung hier anscheinend im Widerstreit liegen: „Es ist mein Herz, was gern beim Lob verweilt."

Ans Vaterland, ans teure, schließ dich an

Diese Mahnung richtet in Schillers „Wilhelm Tell" (II, 1) der Freiherr von Attinghausen als Letzter seines Stammes an seinen Neffen Ulrich von Rudenz. Es geht hier allerdings weniger darum, die Idee des Vaterlandes als solche hochzuhalten, als um die Erkenntnis, daß das Vaterland für seine Bewohner eine Quelle der Kraft darstellen kann. Das zeigen die unmittelbar dazugehörenden Verse: „Das halte fest mit deinem ganzen Herzen./Hier sind die starken Wurzeln deiner Kraft;/Dort in der fremden Welt stehst du allein,/Ein schwankes Rohr, das jeder Sturm zerknickt."

↑Ohne **Ansehen** der Person

Antikommunismus ist die Grundtorheit unserer Epoche

Diese Formulierung lehnt sich an eine Äußerung Thomas Manns (1875–1955) an, der in seiner Rede „Schicksal und Aufgabe" von 1943 vom „Schrecken der bürgerlichen Welt vor dem Kommunismus" als der „Grundtorheit unserer Epoche" spricht. Nach dem Zusammenbruch vieler sozialistischer Staaten und Regierungssysteme dürfte das Zitat kaum noch Verwendung finden.

↑Über diese **Antwort** des Kandidaten Jobses geschah allgemeines Schütteln des Kopfes

Die **Antwort** kennt nur der Wind

Der Titel des 1973 veröffentlichten, 1974 verfilmten Romans von Johannes Mario Simmel greift seinerseits den Refrain des Songs *Blowin' in the Wind* (1963) des amerikanischen Folk- und Popsängers Bob Dylan auf: *The answer is blowin' in the wind* (wörtlich übersetzt „Die Antwort treibt im Wind"). Man weist mit dem Zitat auf die Unlösbarkeit eines Problems, das Offenbleiben einer Frage hin.

Anvertrautes Pfund

↑Mit seinem Pfund wuchern

Apage Satana!

Mit den Worten „Hebe dich weg von mir, Satan!" (griechisch *ἄπαγε σατανᾶ*) weist Jesus im Matthäusevangelium den Teufel zurück, der ihn in Versuchung führen will (Matthäus 4, 10). Sowohl die deutschen als auch die griechischen Worte zitieren wir, wenn wir – mit gespielter Entrüstung – jemanden zurückweisen, der uns verführen, zu einem zwar verlockenden, aber verbotenen Tun überreden will.

Apfel der Zwietracht

↑Zankapfel

↑Wenn ich wüßte, daß morgen die Welt untergeht, würde ich heute noch ein **Apfelbäumchen** pflanzen

↑O wackrer **Apotheker,** dein Trank wirkt schnell

Der **Appetit** kommt beim Essen

Diese sprichwörtliche Redensart ist möglicherweise aus dem Französischen ins Deutsche gekommen. Die französische Form *L'appétit vient en mangeant* findet sich schon in François Rabelais' (1494–1553) utopisch-burleskem und satirischem Abenteuerroman „Gargantua und Pantagruel" von 1535 (Pantagruel, der Sohn Gargantuas zeichnet sich unter anderem durch besondere Gefräßigkeit aus). Der französische Renaissancedichter stützte sich thematisch auf das 1532 in Lyon erschienene Volksbuch von den Riesen Gargantua und Pantagruel. Die erste deutsche Übersetzung von Gottlob Regis erschien 1832–1841. Die Redensart wird heute einerseits konkret gebraucht, etwa als Aufforderung an jemanden, der keinen

Appetit verspürt, trotzdem etwas zu essen. Andererseits gibt es aber auch eine übertragene Verwendung, bei der mit „Appetit" oft eher Habgier gemeint ist.

Après nous le déluge!

↑Nach mir die Sintflut!

Die ↑schönen Tage in **Aranjuez** sind nun zu Ende

↑Jede **Arbeit** ist ihres Lohnes wert

Arbeit macht das Leben süß

Diese Redensart bildet die Anfangszeile des Gedichts „Arbeit" aus Gottlob Wilhelm Burmanns (1737–1805) „Kleinen Liedern für kleine Jünglinge" (1777). Mit ihm wollte man ursprünglich wohl die Arbeit, die gemeinhin eher als etwas empfunden wird, was einem sauer werden kann – süß ist dagegen das Nichtstun –, der Jugend schmackhaft machen. Die hinzuerfundene scherzhafte Ergänzung: „Faulheit stärkt die Glieder" stellt dazu eine Art Antithese auf, betont zumindest, daß auch das Nichtarbeiten seine Vorteile hat. Heute wirkt die ernsthaft gemeinte Aussage „Arbeit macht das Leben süß" eher etwas altmodisch-bieder; man gebraucht die Redensart vorwiegend ironisch, gelegentlich sogar spöttisch gegenüber jemandem, der mit Arbeit überlastet ist.

Arbeit macht frei

Dieser Spruch stand über den Eingangstoren der Konzentrationslager Auschwitz, Dachau, Sachsenhausen und Flossenbrück, was angesichts des grauenhaften Schicksals der Inhaftierten nur als blanker Zynismus angesehen werden kann. Deshalb haftet dem Spruch heute – sofern er überhaupt zitiert wird – ein starkes emotionales oder polemisches Element an; er wird gelegentlich unter bewußter Anspielung auf die Unmenschlichkeit der Konzentrationslager ironisch als Ausdruck heftiger Ablehnung eines unreflektierten Arbeitsethos verwendet.

Arbeit schändet nicht

Diese sprichwörtliche Redensart findet sich bereits in dem Lehrgedicht „Werke und Tage" (Vers 311) des altgriechischen Dichters Hesiod (um 700 v. Chr.). Hesiod will damit seinen Bruder Perses zur Arbeit ermuntern. Auch heute enthält die Redensart oft die indirekte Aufforderung, sich einer Arbeit nicht zu entziehen, auch dann nicht, wenn es sich um eine weniger angesehene Art von Betätigung handelt.

Das ↑Leben gab den Sterblichen nichts ohne große **Arbeit**

Bete und **arbeite!**

↑Ora et labora!

Arbeiten und nicht verzweifeln

Diese Maxime ist eine Rückübersetzung aus dem Englischen. Der schottische Essayist und Historiker Thomas Carlyle (1795–1881) schloß seine Antrittsrede als Rektor der Universität Edinburgh 1866 mit seiner Übersetzung des Logengedichts „Symbolum", das Goethe anläßlich der Aufnahme seines Sohnes in die Weimarer Loge Amalia (1815) verfaßte. Die Schlußzeile lautet: „Wir heißen euch hoffen". Carlyles freie Übersetzung *Work and despair not* wurde als „Arbeiten und nicht verzweifeln" ins Deutsche übertragen und so als Titel einer deutschen Carlyle-Auswahl von 1902 gewählt. Sie kann als Motto oder als praktischer Ratschlag zur Bewältigung schwieriger Lebenssituationen zitiert werden.

Die **Arbeiter** haben kein Vaterland

↑Vaterlandslose Gesellen

Arbeiter im Weinberg des Herrn

Mit dem Weinberg des Herrn ist im Alten Testament nach Jesaja 5,7 das Haus Israel gemeint. Seit dem 16. Jahrhundert wird er aber schon als Bild für das geistliche Amt und die Christenheit, die christliche Kirche verstanden, in deren Dienst man von Gott gerufen wird. Die Metapher von den Arbeitern im Weinberg stammt aus dem entsprechenden

Gleichnis im Neuen Testament, wo es beim Evangelisten Matthäus (20, 1) heißt: „Das Himmelreich ist gleich einem Hausvater, der am Morgen ausging, Arbeiter zu mieten in seinen Weinberg." Gemeindemitglieder und Mitarbeiter der Kirche werden, besonders bei feierlichen Anlässen, unabhängig von ihrer Stellung innerhalb der klerikalen Hierarchie auch heute noch oft als „Arbeiter im Weinberg des Herrn" angesprochen oder bezeichnen sich selbst so.

Ein **Arbeiter** ist seines Lohnes wert

↑Jede Arbeit ist ihres Lohnes wert

↑Wer nicht **arbeitet,** soll auch nicht essen

Arbiter elegantiae

Als Arbiter elegantiae oder elegantiarum (in wörtlicher Übersetzung „Schiedsrichter der Feinheit bzw. Feinheiten") bezeichnet man in gehobener Sprache jemanden, der ein sicheres Urteil in Fragen des guten Geschmacks, des Lebensstils besitzt und an den man sich in entsprechenden Fällen wie an einen Schiedsrichter wenden kann. Die Funktion des Arbiter elegantiae (so wird er bei Tacitus erwähnt) erfüllte am Hofe des römischen Kaisers Nero der Schriftsteller Gajus Petronius Arbiter (gestorben 66 n. Chr.), Autor des satirisch-parodistischen Schelmenromans „Satiricon".

Archimedischer Punkt

↑Gib mir einen Punkt, wo ich hintreten kann, und ich bewege die Erde

Architektur ist erstarrte Musik

Bei Friedrich Wilhelm Joseph von Schelling (1775–1854) steht der zum Topos gewordene Satz in seiner 1802/03 in Jena und 1804/05 in Würzburg gehaltenen Vorlesung über die Philosophie der Kunst in folgender Form: „Wenn die Architektur überhaupt die erstarrte Musik ist ..." Vor Schelling spricht der italienische Architekt und Kunsttheoretiker Leon Battista Alberti (1404–1472) von Musik angesichts der Fassade der von ihm umgestalteten gotischen Kirche San Francesco in Rimini. Alberti war seinerseits beeinflußt von dem römischen Architekten Vitruv, der in seinem Lehrwerk über die Architektur (De Architectura, um 25 v. Chr.) bereits über die Beziehung zwischen beiden Künsten reflektiert und vom Architekten musikalische Kenntnisse verlangt. Goethe zitiert dieses Postulat Vitruvs in seiner Übersetzung der Autobiographie des Florentiner Goldschmieds und Bildhauers Benvenuto Cellini (1500–1571) und greift auch Schellings Formel in „Maximen und Reflexionen" (Nr. 1 133) und in den Gesprächen mit Eckermann (23. 3. 1829) auf. Arthur Schopenhauer schließlich lehnt die Vorstellung „daß Architektur gefrorene Musik sei" als „keckes Witzwort" ab („Die Welt als Wille und Vorstellung", Bd. 2, Buch 3, Kap. 39).

Argusaugen

In bezug auf jemandes scharf beobachtenden Blick, dem nichts entgeht, spricht man von Argusaugen. Argus bzw. Argos ist der hundertäugige Riese der griechischen Sage. In der Tragödie „Die Schutzflehenden" des griechischen Dichters Äschylus (525/24 bis 456/55 v. Chr.) bewacht er die von Hera in eine Kuh verwandelte Io, die Geliebte ihres Gatten Zeus.

Ariadnefaden

Unter diesem Ausdruck versteht man heute etwas, was jemanden durch Wirrnis hindurchleitet, ihm aus einer unüberschaubaren Situation hilft. Der Begriff hat seinen Ursprung in der griechischen Sage, wo die in den Helden Theseus verliebte kretische Königstochter Ariadne diesem ein Wollknäuel gibt, das ihn aus dem Labyrinth, in dem er den Minotauros töten will, wieder herausführt. Diese Sage findet sich bei dem römischen Dichter Ovid (43 v. Chr. bis 17/18 n. Chr.) in den „Metamorphosen" (VIII), den „Heroides" (X) und in den „Fasti" (III) sowie in der 42. Fabel des römischen Philologen und Polyhistors Hyginus (60 v. Chr.–10 n. Chr.).

↑Auch ich war in **Arkadien**

Arm am Beutel, krank am Herzen

Die Redensart, mit der man scherzhaft auf seinen chronischen oder augenblicklichen Geldmangel hinweist, ist der Anfangsvers von Goethes erster Ballade „Der Schatzgräber", die 1797 in Schillers „Musenalmanach für das Jahr 1798" erschien. Der Schatzgräber ist ein seiner lange andauernden Armut überdrüssiger Mensch; er will seinem Kummer ein Ende machen, indem er mit Hilfe einer Geisterbeschwörung versucht, eine Stelle zu finden, wo ein Schatz verborgen liegt. Beim Graben erscheint ihm jedoch ein „schöner Knabe", der ihm rät, die nutzlose Schatzsuche aufzugeben und statt dessen ein vernünftiges Leben zu führen.

↑Weil du **arm** bist, mußt du früher sterben

Einen ↑langen **Arm** haben

Arm in Arm mit dir, so fordr' ich mein Jahrhundert in die Schranken

Mit diesen begeisterten – heute wohl eher scherzhaft zitierten – Worten wird die Erkenntnis umschrieben, daß gemeinsames Handeln mit einem zuverlässigen Freund, einem verläßlichen Partner die Bewältigung schwieriger Aufgaben, größter Herausforderungen möglich macht. In Schillers Drama „Don Karlos" spricht der Titelheld diese Worte zu seinem Jugendfreund, dem Marquis von Posa, und bekräftigt damit noch einmal den gerade erneuerten Freundschaftsbund. Die Worte beschließen den ersten Akt des Dramas.

Arm wie Hiob

↑Armer Lazarus

↑Ich fühle eine **Armee** in meiner Faust

↑Kann ich **Armeen** aus der Erde stampfen?

↑In den **Armen** liegen sich beide und weinen vor Schmerzen und Freude

Armer Lazarus

Von einem bedauernswerten Menschen, der arm und krank ist, der schwer zu leiden hat, spricht man umgangssprachlich als armem Lazarus, oder man sagt, er sei arm wie Hiob. Beide Bezeichnungen gehen auf Gestalten der Bibel zurück: Lazarus auf das Gleichnis vom armen Lazarus im Lukasevangelium (16,19–31), Hiob auf die Titelfigur des Buches Hiob im Alten Testament, das von der Erprobung seiner Frömmigkeit durch verschiedene Heimsuchungen berichtet. In beiden Fällen ist die Armut mit körperlicher Krankheit gepaart, bei Hiob kommt noch die Verspottung durch andere hinzu (Hiob 17,6; 30,9).

↑Ich bin nur ein **armer** Wandergesell

↑Was hat man dir, du **armes** Kind, getan?

Armut ist die größte Plage, Reichtum ist das höchste Gut!

Dieses Zitat stammt aus der ersten Strophe von Goethes Ballade „Der Schatzgräber". Es wird in ähnlicher Weise als Hinweis auf die eigene finanzielle Situation (oder auch die anderer) verwendet wie die Eingangszeile dieses Gedichtes. Siehe hierzu auch: „Arm am Beutel, krank am Herzen".

Die **Armut** kommt von der Powerteh

Der heute gelegentlich noch scherzhaft zitierte Spruch geht zurück auf ein Zitat aus Fritz Reuters (1810–1874) wohl meistgelesenem Werk „Ut mine Stromtid" (Kapitel 38), wo der Inspektor Bräsig seine Rede im Rahmstädter Reformverein mit den Worten abschließt: „Die große Armut in der Stadt kommt von der großen Powerteh her!" Das Wort „Powerteh", eine landschaftlich verballhornte Form von französisch *pauvreté* mit der Bedeutung „Armut, Armseligkeit" wurde durch den damals und in der Folgezeit häufig zitierten Ausspruch ziemlich geläufig. Es ist nicht ganz auszuschließen, daß der Nebensinn des

Wortes „Knauserigkeit, Knickrigkeit, Schäbigkeit" bei Reuter eine Rolle gespielt haben könnte, so daß der Satz vielleicht gar nicht so dümmlich ist, wie er auf den ersten Blick aussieht.

↑In dieser **Armut** welche Fülle!

Die **Art,** wie man gibt, gilt mehr, als was man gibt

Mit dieser sprichwörtlichen Redensart wird ausgedrückt, daß es sehr entscheidend ist, in welcher Art und Weise und aus welchen Motiven heraus jemand etwas schenkt oder spendet. Sie stammt aus der Komödie „Le menteur" (deutsch: „Der Lügner") des französischen Dramatikers Pierre Corneille (1606–1684) und lautet im Original: *La façon de donner vaut mieux que ce qu'on donne.*

↑Unheimliche Begegnung der dritten **Art**

Die ↑Presse ist die **Artillerie** der Freiheit

Die **Artisten** in der Zirkuskuppel: ratlos

Häufig, wenn von der Ratlosigkeit, der Hilflosigkeit von Personen, auch dem Versagen von Institutionen die Rede ist, wird der Ausspruch von den Artisten in dieser oder auch in abgewandelter Form zitiert. Es handelt sich dabei um den Titel eines 1968 nach dem Buch und unter der Regie von Alexander Kluge gedrehten Films, der die Schwierigkeiten einer Zirkusdirektorin bei der Durchsetzung eines neuartigen Zirkusprojekts schildert, mit dem sie schließlich an immer neuen Widerständen scheitert.

Es ist **Arznei,** nicht Gift, was ich dir reiche

Das Zitat stammt aus „Nathan der Weise" (I, 2) von Gotthold Ephraim Lessing (1729–1781). Nathan spricht dort die Worte zu Recha, seiner angenommenen Tochter. Er will deren hingebungsvoller Schwärmerei durch die Konfrontation mit der nüchternen Realität ein Ende machen. Wichtig ist für ihn, daß das Erkennen der schlichten, wenn oft auch schmerzlichen Wahrheit die Voraussetzung für richtiges und gutes Handeln ist. Das heute wohl seltener gebrauchte Zitat kann zum Beispiel eine unangenehme, aber heilsame Zurechtweisung kommentieren.

Die ↑Gesunden bedürfen des **Arztes** nicht

As You Like It

↑Wie es euch gefällt

↑Sich **Asche** aufs Haupt streuen

Asphaltliterat

In der Sprache der Nationalsozialisten wurde das Wort „Asphalt" zur Metapher für alles (besonders im großstädtischen Bereich angesiedelte) vermeintlich Dekadente, Verdorbene. Das Wort taucht in vielen Zusammensetzungen in der nationalsozialistischen Presse und Literatur immer wieder auf. Der gesamte fortschrittliche, nicht auf die nationalsozialistische Ideologie ausgerichtete Bereich von Kunst, Kultur und Zivilisation wurde mit Wörtern wie „Asphaltmensch", „Asphaltpresse", „Asphaltblatt", „Asphaltdemokratie", „Asphaltkultur" diskriminiert. Der Begriff „Asphaltliterat" zum Beispiel wird von Goebbels in einer Rede vom 6. 4. 1933 folgendermaßen eingesetzt: „... jene wurzel- und artlosen Asphaltliteraten, die meistenfalls nicht aus unserem eigenen Volkstum hervorgegangen sind".

↑Eulen nach **Athen** tragen

Solange ich **atme,** hoffe ich

↑Dum spiro, spero

↑Wie **atmet** rings Gefühl der Stille

Auch das Schöne muß sterben

In Zusammenhängen, in denen von der Vergänglichkeit aller Dinge, dem Vergehen des Irdischen gesprochen wird, wird dieses Zitat, wenn auch nicht immer in sehr ernsthafter Weise, noch gebraucht. Es sind die Anfangsworte des

Gedichtes „Nänie“ von Schiller. (Eine „Nänie“ ist eine altrömische Totenklage.)

Auch diese, schon geborsten, kann stürzen über Nacht

↑Noch eine hohe Säule zeugt von verschwund'ner Pracht

Auch du, mein Sohn Brutus?

In dieser Form wird der heute oft als scherzhafte, als nicht ganz ernst gemeinte Floskel dienende Ausruf gebraucht. Man bringt damit sein gespieltes oder tatsächliches Erstaunen darüber zum Ausdruck, daß jemand zur Gegenpartei übergelaufen ist und einen im Stich läßt. Überliefert wurden sowohl von dem römischen Schriftsteller Sueton (um 70–um 140 n. Chr.) in seinem Buch über das Leben der Cäsaren als auch von dem griechischen Geschichtsschreiber Cassius Dio (um 155–um 235 n. Chr.) in seiner Geschichte Roms die Worte „Auch du, mein Sohn?“ Cäsar soll sie bei seiner Ermordung (44 v. Chr.) dem von ihm väterlich geförderten Brutus zugerufen haben. Beide Autoren bestreiten allerdings auch die Authentizität dieser Worte. Shakespeare, dem das Zitat in irgendeiner Form wohl bekannt war, läßt in seinem Drama „Julius Cäsar“ (III, 1) den sterbenden Cäsar die lateinischen Worte *Et tu, Brute?* („Auch du, Brutus?“) ausrufen. Ähnlich auch Schiller im Drama „Die Räuber“ (IV, 5): „Auch du – Brutus – du?“ – In scherzhafter Abwandlung dieses Zitats sagt man gelegentlich von seinem [zu geringen] Lohn oder Gehalt: „Auch du, mein Lohn brutto“.

Auch einer von denen sein

Diese Worte, mit denen man jemanden einer Kategorie von Menschen zuordnet, denen man bestimmte Dinge zutraut, sind dem Matthäusevangelium entnommen. Sie stammen aus der Verleugnungsszene im Hof des Hohenpriesterpalastes. Einige Anwesende sprechen zu Petrus, der schon zweimal seine Zugehörigkeit zu Jesus geleugnet hat (Matthäus 26, 73): „Wahrlich, du bist auch einer von denen“. – Möglicherweise hat sich aus diesen Worten auch die umgangssprachliche Formulierung „das ist auch so einer“ entwickelt. – Beeinflußt von dem Bibelwort ist der Titel des weitgehend autobiographischen Romans „Auch einer“ von Friedrich Theodor Vischer (1807–1887).

Auch ich war ein Jüngling mit lokkigem Haar

Mit dieser Zeile beginnt das Lied des alten Waffenschmieds, ein wehmütiger Rückblick in die schöne alte Zeit, aus der Oper „Der Waffenschmied“ von Albert Lortzing (1801–1851), die nach dem Lustspiel „Liebhaber und Nebenbuhler in einer Person“ von Friedrich Wilhelm Ziegler (1760–1827) entstand. Gelegentlich wird diese Zeile auch heute noch zitiert, um die „schöne Jugendzeit“ mit all ihren Freuden heraufzubeschwören, oder auch, um eine Aussage wie „auch ich war schließlich einmal jung und weiß also Bescheid“ zu umschreiben. Auch in scherzhafter Anspielung auf jemandes nicht mehr allzu üppigen Haarwuchs wird dieses Zitat gelegentlich verwendet.

Auch ich war in Arkadien

Die altgriechische Landschaft Arkadien gilt seit dem römischen Dichter Vergil (70–19 v. Chr.) in der Hirten- und Schäferdichtung als Schauplatz glückseligen, idyllischen Lebens. Das Zitat, mit dem man darauf hinweist, daß man auch einmal in einem solchen Land des Glücks gelebt hat, taucht zunächst in lateinischer Version – *Et in Arcadia ego* – als Bildinschrift im 17. Jh. auf. Ins Deutsche übersetzt findet sich der Ausspruch in der Form „Auch ich war in Arkadien“ (bei Herder, E. T. A. Hoffmann und Eichendorff). Bei Schiller („Resignation“, 1786) erscheint er in der Form „Auch ich war in Arkadien geboren“ und bei Goethe in der Form „Auch ich in Arkadien“ als Motto der beiden 1816/17 erschienenen Bände der „Italienischen Reise“. Der Formulierung Wielands – „Auch ich lebt' in Arkadia“ („Pervonte“, 1778) – ähnelt Ingeborg Bachmanns „Auch ich habe in Arkadien gelebt" als Titel und zugleich Anfang einer Kurzerzählung (1952 für die Wiener Monatsschrift „Morgen").

Auch Patroklus ist gestorben und war mehr als du

Der altgriechische Dichter Homer (2. Hälfte des 8. Jh.s v. Chr.) läßt in seiner „Ilias" Achilles zu Lyakon, dem ihn um sein Leben anflehenden Sohn des Trojanerkönigs Priamos, sagen: „Starb doch auch Patroklos, der dir gegenüber durchaus viel Bessere" (Ilias XXI, Vers 107). Schiller übersetzte den Vers in seinem Trauerspiel „Die Verschwörung des Fiesko zu Genua" mit den Worten: „Auch Patroklus ist gestorben/Und war mehr als du" (III, 5). Man zitiert die Schillersche Version heute, wenn man jemandem deutlich machen will, daß er durchaus keine bevorzugte Behandlung verdient, auch wenn er sich für etwas Besonderes hält und glaubt, für ihn hätten andere Maßstäbe zu gelten.

Auch was Geschriebnes forderst du, Pedant?

Diese Frage stammt aus der Studierzimmerszene in Goethes Faust I. Faust richtet sie beim Teufelspakt an Mephisto, bevor er schließlich mit seinem Blut unterschreibt. Sie wird gelegentlich zitiert, um bei entsprechender Gelegenheit in scherzhafter Mißbilligung auf jemandes Pedanterie oder sein mangelndes Vertrauen auf mündliche Abmachungen hinzuweisen.

Audiatur et altera pars

Der alte lateinische, heute immer noch gültige Grundsatz des Prozeßrechts bedeutet übersetzt „Man muß auch die Gegenpartei anhören" (wörtlich: „Auch der andere Teil möge gehört werden"). Er geht in seiner lateinischen Form zurück auf eine Stelle in der Tragödie „Medea" des römischen Dichters, Philosophen und Politikers Seneca (um 4 v. Chr.–65 n. Chr.). Heute gebraucht man den lateinischen Spruch ganz allgemein, um vor voreiligen Schlüssen, vor einem allzu raschen Urteil zu warnen und um auszudrücken, daß man sich eine abschließende Meinung erst dann bilden sollte, wenn man die Darstellung aller Beteiligten kennt.

Auf, auf zum fröhlichen Jagen

Als ermunternde Aufforderung, mit etwas zu beginnen, sich ans Werk zu machen, werden diese Worte gelegentlich zitiert. Es sind die Anfangsworte eines alten Jagdliedes aus dem 18. Jahrhundert, dessen Dichter Gottfried Benjamin Hancke (auch: Hanke; gestorben um 1750) heute nicht mehr sehr bekannt ist.

Auf beiden Seiten hinken

Die Redewendung, auch in der Form „auf beiden Füßen" oder „Beinen hinken", wird heute im allgemeinen auf einen nicht geglückten, einen unpassenden Vergleich o. ä. angewandt. Sie geht zurück auf eine Stelle im Alten Testament, wo der Prophet Elia (1. Könige 18, 21) zu dem von falschen Propheten verwirrten Volk Israel spricht: „Wie lange hinket ihr auf beiden Seiten? Ist der der Herr Gott, so wandelt ihm nach; ist's aber Baal, so wandelt ihm nach."

Auf daß das Haus voll werde

Mit dieser freundlich-scherzhaften Floskel wird schon mancher Gastgeber seine Gäste, besonders wenn sie unerwartet zahlreich waren, empfangen haben, ohne zu wissen, daß es sich dabei um ein Wort aus dem Neuen Testament handelt. Im „Gleichnis vom großen Abendmahl" (Lukas 14, 23) befiehlt der Hausherr seinem Diener, die Bettler, Blinden und Lahmen von der Straße in sein Haus zu holen, nachdem die eigentlich zum Mahl Geladenen mit den unterschiedlichsten Entschuldigungen abgesagt hatten. Er tut dies mit den Worten: „Gehe aus auf die Landstraßen und an die Zäune, und nötige sie hereinzukommen, auf daß mein Haus voll werde."

Auf den Bergen ist Freiheit

Das Wort von der Freiheit auf den Bergen, oft nur vor dem Hintergrund von Bergromantik und Naturliebe im wörtlichen Sinne verstanden und zitiert, stammt aus Schillers Trauerspiel „Die Braut von Messina". Es wird dort von dem die Handlung des Dramas reflektierenden und kommentierenden Chor in einer der letzten Szenen des Dramas (im letzten Abschnitt „Die Säulenhalle") gesprochen, und zwar in einer längeren Betrachtung, in der die Freiheit auf den Bergen metaphorisch den Niederungen des menschlichen Daseins mit seinen irdischen Leidenschaften, mit „Verbrechen" und „Ungemach" entgegengestellt wird.

Auf den Knien meines Herzens

Als der Dichter Heinrich von Kleist (1777–1811) sein Drama „Penthesilea" vollendet hatte und es Goethe zur Beurteilung vorlegte, verbunden mit der Bitte, es in Weimar aufzuführen, verwendete er in seinem Brief (vom 24. 1. 1808) diese eigenwillige Metapher von den „Knien des Herzens". Sie sollte in ganz besonderer Weise die Inständigkeit, die Dringlichkeit seiner Bitte unterstreichen (was Goethe allerdings nicht daran hinderte, die „Penthesilea" mit großer Schärfe abzulehnen). Der heute eher seltsam anmutende, metaphorische Ausdruck findet sich in ähnlicher Form in dem apokryphen „Gebet Manasses" im Alten Testament. Dort heißt es (11): „Darum beuge ich nun die Kniee meines Herzens und bitte dich, Herr, um Gnade." Das Zitat wird heute nur noch im Scherz verwendet, um einer inständigen Bitte Nachdruck zu verleihen.

Auf der Bank der Spötter sitzen

Diese Redewendung (bekannt auch in der Form „sitzen, wo die Spötter sitzen"), mit deren Hilfe man umschreiben kann, daß jemand dazu neigt, seinen Spott mit andern zu treiben, geht auf ein Bibelwort zurück. Im Psalm 1,1 heißt es: „Wohl dem, der nicht wandelt im Rat der Gottlosen ... noch sitzt, da die Spötter sitzen." Der Titel einer Sammlung von Satiren („Auf der Bank der Spötter") des Journalisten und Kabarettautors Martin Morlock (1918–1983) geht auf diese Redewendung zurück.

Auf der Bärenhaut liegen

Die Redewendung beruht auf einer alten übertreibenden Ausschmückung der Lebensgewohnheiten der alten Germanen, wie sie der römische Geschichtsschreiber Tacitus (um 55 – nach 115 n. Chr.) in seiner „Germania" (Kapitel 15) schildert. Sie findet sich in dem Lied „Tacitus und die alten Deutschen", das Wilhelm Ruer für die Bierzeitung der Leipziger Burschenschaft Dresdensia schrieb und das 1872 als Nr. 56 der „Fliegenden Blätter" erschien. Darin werden die Germanen als „Bärenhäuter" dargestellt, die nicht kämpfen, sondern ihr Leben genießen: „An einem Sommerabend/Im Schatten des heiligen Hains,/Da lagen auf Bärenhäuten/Zu beiden Ufern des Rheins/Verschiedene alte Germanen,/ ... /Sie liegen auf Bärenhäuten/Und trinken immer noch eins." Man gebraucht die Wendung heute in der Umgangssprache im Sinne von „faulenzen".

Auf der Suche nach der verlorenen Zeit

Dies ist der deutsche Titel des aus 7 Teilen bestehenden Romanzyklus *À la recherche du temps perdu* des französischen Romanciers Marcel Proust (1871–1922). Es geht in diesem Werk um das „Wiederfinden" der vergangenen, „verlorenen" Lebenszeit mit Hilfe des Erinnerns. – Der Titel wird häufig zitiert, wenn ausgedrückt werden soll, daß sich jemand mit zurückliegenden Ereignissen in seinem Leben, mit wichtigen Lebensstationen beschäftigt (und Dingen, die unwiderruflich vorbei sind, nachtrauert).

Auf des Meisters Worte schwören

↑Jurare in verba magistri

Auf des Messers Schneide stehen

Mit der Redewendung wird ausgedrückt, daß bei einer bestimmten kritischen Situation ein Punkt erreicht ist, an dem sich – meist nur sehr knapp – entscheidet, ob die Sache gut oder böse enden wird. Sie findet sich (mit dem älteren „Schärfe" für „Schneide") schon in der „Ilias" des altgriechischen Dichters Homer (7./6. Jh. v. Chr.), wo es im 10. Gesang, Vers 173 und 174 heißt: „Denn nun steht es allen fürwahr auf der Schärfe des Messers:/Schmählicher Untergang den Achaiern oder auch Leben!"

Auf die Erde voller kaltem Wind kamt ihr alle als ein nacktes Kind

Mit diesem Zitat aus einem Gedicht von Bertolt Brecht (1898–1956), es sind die Anfangszeilen des Gedichtes „Von der Freundlichkeit der Welt", verweist man auf die ursprüngliche Gleichheit aller Menschen und die anfänglich gleiche Hilfsbedürftigkeit aller.

Auf diese Bank von Stein will ich mich setzen

Die Worte, mit denen jemand ein entsprechendes Vorhaben (etwa bei einer Wanderung) scherzhaft ankündigen kann, stammen aus Schillers Drama „Wilhelm Tell" (IV, 3; im Original mit dem heute an dieser Stelle nicht mehr üblichen Dativ: „Auf dieser Bank von Stein will ich mich setzen"). Sie stehen, gewissermaßen ein gedankliches Innehalten signalisierend, etwa in der Mitte des berühmten Monologs vor der „hohlen Gasse von Küßnacht", in dem Tell seine Absicht, die Erschießung des tyrannischen Reichsvogts Geßler, reflektiert und rechtfertigt. Eine scherzhafte Abwandlung des Zitats ist „Auf diese[r] Frau von Stein will ich mich setzen".

Auf einem Prinzip herumreiten

Diese Redewendung (mit der Bedeutung „in kleinlicher Weise auf einem Grundsatz beharren"), für die wahrscheinlich die französische Entsprechung *être à cheval sur les principes* das Vorbild war, kommt in abgewandelter Form im Deutschen zum ersten Mal wohl in der Oper „Der Wildschütz" von Albert Lortzing vor (die 1842 uraufgeführt wurde). Im 3. Akt der Oper spricht der Schulmeister Baculus die Worte: „Der Herr Stallmeister reitet jetzt ein anderes Prinzip". Aus der Redewendung wurde dann die abwertende Bezeichnung „Prinzipienreiter" abgeleitet.

Auf einen Schelmen anderthalben!

In dieser sprichwörtlichen Redensart hat das Wort „Schelm" die veraltete Bedeutung „Betrüger, Schurke". Der Ausspruch, der ungefähr soviel bedeutet wie „einer Betrügerei begegnet man am besten mit einer noch größeren Betrügerei", soll von Friedrich dem Großen (1712–1786) einem französischen Marschall gegenüber gebraucht worden sein und lautet im französischen Original: *à trompeur – trompeur et demi*. Friedrich begegnete damit den Vorwürfen des Franzosen, der ihm seine Bündnisverhandlungen mit England verübelte, und verwies darauf, daß ja die Franzosen ihrerseits zuvor heimlich ein Bündnis mit Österreich gesucht hatten.

Auf Flügeln des Gesanges

Dies ist die Anfangszeile eines Gedichtes aus dem „Buch der Lieder" („Lyrisches Intermezzo", Nr. 9) von Heinrich Heine (1797–1856). Die erste Strophe lautet: „Auf den Flügeln des Gesanges,/Herzliebchen, trag' ich dich fort,/Fort nach den Fluren des Ganges,/Dort weiß ich den schönsten Ort." Das Gedicht ist besonders durch die Vertonung von Felix Mendelssohn Bartholdy (1809–1847) bekannt geworden. Die Sopranistin Erna Berger (1900 bis 1990) hat die Gedichtzeile zum Titel ihrer Lebenserinnerungen gemacht.

Auf freiem Grund mit freiem Volke stehn

Der Sinn dieser Zeile aus dem Schlußmonolog Fausts (Goethe, Faust II, 5. Akt, Großer Vorhof des Palasts) wird aus dem Zusammenhang, in dem sie steht, deutlicher. Vorausgegangen sind die Worte des alten, erblindeten Faust: „Das ist der Weisheit letzter Schluß:/Nur der verdient sich Freiheit wie das Leben,/Der täglich sie erobern muß." Faust glaubt, sein Ziel erreicht zu haben, sein Projekt der Landgewinnung sei dabei, verwirklicht zu werden, es werde Raum geschaffen für die „vielen Millionen", dort „tätig-frei zu wohnen". Es folgen dann die Zeilen: „Solch ein Gewimmel möcht' ich sehn,/Auf freiem

Grund mit freiem Volke stehn./Zum Augenblicke dürft' ich sagen:/Verweile doch, du bist so schön!" Vergleiche dazu auch die Artikel „Werd' ich zum Augenblicke sagen: Verweile doch, du bist so schön!" und „Das ist der Weisheit letzter Schluß". Bei sehr feierlichen Anlässen könnte das Zitat auch heute noch zum Ausdruck des menschlichen Freiheitsstrebens, der Ablehnung jeder territorialen Unterdrückung verwendet werden.

Auf fruchtbaren Boden fallen

Die Redewendung wird gebraucht, um auszudrücken, daß etwas wirksam wird, daß ein Ratschlag, ein Hinweis o. ä., bereitwillig aufgenommen und befolgt wird. Sie beruht möglicherweise auf dem Gleichnis vom Sämann im Neuen Testament (Matthäus 13, 8 bzw. Markus 4, 8), wo davon gesprochen wird, daß die Saatkörner beim Säen auf ganz unterschiedlichen Boden fallen können, also unterschiedliche Wachstumsbedingungen haben. Zunächst werden in dem Gleichnis die schlechten Voraussetzungen genannt, nämlich es „fiel etliches an den Weg ... in das Steinige ... unter die Dornen", dann aber heißt es: „Etliches fiel auf ein gutes Land und trug Frucht".

Auf Händen tragen

Das dieser Redewendung zugrunde liegende Bild, mit dem heute ausgedrückt wird, daß man jemanden, dem man sehr zugetan ist, in jeder Hinsicht verwöhnt, findet sich schon in der Bibel. Im Psalm 91, der den unter dem Schutz des allmächtigen Gottes stehenden Menschen zum Thema hat, heißt es in Vers 11 und 12: „Denn er hat seinen Engeln befohlen über dir, daß sie dich behüten auf allen deinen Wegen, daß sie dich auf den Händen tragen und du deinen Fuß nicht an einen Stein stoßest." In der Geschichte von der Versuchung Jesu durch den Satan (Matthäus 4, 6 und Lukas 4, 10 und 11) taucht das Bild des von den Engeln auf den Händen getragenen Menschen mit Berufung auf die Stelle in Psalm 91 noch einmal auf.

Auf Herz und Nieren prüfen

In dieser Redewendung mit der Bedeutung „jemanden oder etwas sehr gründlich, eingehend prüfen oder untersuchen" steht die Formel „Herz und Nieren" für das Innere des Menschen. Volkstümlich wurde sie durch die Bibel, wo das Bild der Prüfung von Herz und Nieren mehrfach auftaucht. Zum ersten Mal erscheint es in Psalm 7, 10. Es heißt dort: „Laß der Gottlosen Bosheit ein Ende werden und fördere die Gerechten; denn du gerechter Gott, prüfst Herzen und Nieren."

Auf in den Kampf, Torero!

Diese Aufforderung entstammt der 1875 uraufgeführten Oper „Carmen" von Georges Bizet (1838–1875), deren Libretto von Henri Meilhac und Ludowic Halévy nach einer Novelle von Prosper Merimée verfaßt und von Julius Hopp ins Deutsche übersetzt wurde. Bei der sehr populär gewordenen Aufforderung, sich für eine Auseinandersetzung zu rüsten oder etwas in Angriff zu nehmen, handelt es sich um eine Zeile aus dem berühmten Torerolied des Escamillo aus dem 2. Akt. Sie wurde im Volksmund oft scherzhaft abgewandelt. Am bekanntesten ist wohl die Form: „Auf in den Kampf, die Schwiegermutter naht!"

Auf Regen folgt Sonne

Die Volksweisheit, die besagt, daß auf schlechte, entbehrungsreiche Zeiten immer wieder auch gute und erfolgreiche folgen, ist in dem Bild vom immer sich wiederholenden Wetterwechsel dieser sprichwörtlichen Redensart eingefangen. Sie erscheint in ähnlicher Form in lateinischer Sprache bereits in der großen Sprichwörtersammlung (1541) des Schriftstellers und Predigers Sebastian Franck (1499–1542 oder 1543) und lautet dort: *Post nubilia Phoebus,* also wörtlich: „Nach den Wolken [erscheint] Phoebus." „Phoebus", ein Beiname des auch als Sonnengott verehrten griechischen Gottes Apollo, ist dabei gleichzusetzen mit „Sonne". Das Bild des ewigen Wechsels von Regen und Sonne ist später in Volkslied- und auch Schlagertexte eingegangen. In einem kritisch auf den früheren Präsidenten der USA, Ronald Reagan, bezogenen Lied verwendete der Aktionskünstler Joseph Beuys (1921–1986) die wortspielerische Abwandlung „Auf Reagan folgt Sonne“.

Auf Sand gebaut haben

Diese Wendung bedeutet „sich auf etwas höchst Unsicheres verlassen haben“. Sie geht auf das Matthäusevangelium im Neuen Testament zurück, wo es am Schluß der Bergpredigt heißt: „Und wer diese meine Rede hört und tut sie nicht, der ist einem törichten Manne gleich, der sein Haus auf den Sand baute. Da nun ein Platzregen fiel und kam ein Gewässer und wehten die Winde und stießen an das Haus, da fiel es und tat einen großen Fall“ (7,26–27).

Auf schwanker Leiter der Gefühle

Das einprägsame Bild von der „schwanken Leiter der Gefühle“, mit dem die emotionale Unbeständigkeit und Unsicherheit, auch die Beeinflußbarkeit des Menschen durch starke Gefühlsbewegung angesprochen wird, entstammt Schillers Gedicht „Die Macht des Gesanges“ von 1795. Das Gedicht enthält Betrachtungen über die Dichtkunst, ihren unergründlichen Ursprung und ihre verzaubernde, oft übermächtige Wirkung auf den Menschen.

Auf seinem Schein bestehen

Diese Redewendung wird gebraucht, wenn jemand mit Nachdruck seinen Anspruch auf etwas geltend macht, auf ein Recht hinweist, von dem er nicht abzulassen gedenkt. Sie beruht auf einer Stelle in Shakespeares Komödie „Der Kaufmann von Venedig“ (IV, 1), wo der Geldverleiher Shylock die Worte spricht „Ich steh' hier auf meinen Schein“ (im englischen Original: *I stay here on my bond*). Gemeint ist eine Schuldverschreibung, die Shylock das Recht einräumt, seinem Schuldner Antonio, dem Kaufmann von Venedig, ein Pfund Fleisch aus dem Leib herauszuschneiden, wenn dieser nicht seine Schulden zum vereinbarten Termin zurückzahlen kann.

Auf zum letzten Gefecht

Der erste Vers des Refrains der „Internationale“, des Kampfliedes der internationalen Arbeiterbewegung, lautet: „Völker, höret die Signale! Auf zum letzten Gefecht!“. Der zweite Teil dieses Verses, in dem das Wort „letzte“ im Sinne von „alles entscheidend“ zu verstehen ist, wird heute gelegentlich noch als scherzhafte Aufforderung gebraucht, eine letzte Anstrengung zu unternehmen, sich noch einmal „mächtig ins Zeug zu legen“ und so eine schwere Arbeit oder eine schwierige Aufgabe zum Abschluß zu bringen. Die „Internationale“ wurde 1871 von Eugène Pottier, einem Mitglied der Pariser Kommune, gedichtet und 1888 vertont. Die heute übliche deutsche Fassung („Wacht auf, Verdammte dieser Erde“) wurde 1910 von Emil Luckhardt geschrieben.

Auferstanden aus Ruinen

Dies sind die Anfangsworte des Liedes von Johannes R. Becher (1891–1958), vertont von Hanns Eisler, das 1949 zur Nationalhymne der DDR erklärt wurde. Die Worte beziehen sich dort auf den Neubeginn nach der Zerstörung Deutschlands im Zweiten Weltkrieg, nach der Zerschlagung des Dritten Reichs. Sie werden oft im Scherz zitiert, um die überraschende, nicht mehr für möglich gehaltene Wiederkehr einer bestimmten Erscheinung, einer Mode o. ä. zu kommentieren, oder auch bezogen auf das Comeback eines Künstlers, eines Politikers oder eines Sportlers, mit dem niemand mehr gerechnet hatte.

Aufgelöst sind aller Ordnung Bande

Nach dem Attentat auf den Reichsvogt Geßler in Schillers „Wilhelm Tell“ erkennt dessen Stallmeister Rudolf, daß ein Aufstand des Volkes kaum noch zu verhindern ist und daß es jetzt nur noch darauf ankommt, mit den Soldaten schnell ins nahe Küßnacht zu gehen, um dort die kaiserliche Burg zu schützen: „Denn aufgelöst in diesem Augenblick/ Sind aller Ordnung, aller Pflichten Bande“ (IV, 3). In verkürzter Form zitieren wir – meist scherzhaft – diese Worte angesichts eines größeren Durcheinanders, einer heillosen Unordnung (sowohl im konkreten wie im übertragenen Sinn).

↑In einem **aufgeräumten** Zimmer ist auch die Seele aufgeräumt

Aufgeschoben ist nicht aufgehoben

Mit dieser sprichwörtlichen Redensart weist man darauf hin, daß etwas, was im Augenblick nicht erledigt, ausgeführt werden kann, keineswegs vergessen ist, sondern zu einem späteren Zeitpunkt nachgeholt werden wird. Sie ist lateinischen Ursprungs und stammt von dem um 450 in Rom lebenden Mönch und Schriftsteller Arnobius dem Jüngeren, der unter anderem allegorische Kommentare zu den Psalmen verfaßte. Im Kommentar zu Psalm 36 ist die der deutschen Redensart entsprechende lateinische Form *Quod differtur, non aufertur* zu finden.

↑Was man nicht **aufgibt,** hat man nie verloren

Aufklärung ist der Ausgang des Menschen aus seiner selbstverschuldeten Unmündigkeit

Diese zu einer Art Schlagwort gewordene Definition des Begriffs „Aufklärung", wie er in dem Ende des 17. Jahrhunderts beginnenden Aufklärungszeitalter verstanden wurde, stammt von dem deutschen Philosophen Immanuel Kant (1724–1804). Sie steht in der 1784 veröffentlichten Abhandlung „Beantwortung der Frage: Was ist Aufklärung". Ihr folgt dort der Satz „Unmündigkeit ist das Unvermögen, sich seines Verstandes ohne Leitung eines andern zu bedienen." Zitiert wird sie besonders dann, wenn darauf hingewiesen wird, daß nur die Vernunft es ist, die dem Menschen weiterhelfen kann, und daß es der Entschlußkraft, des Mutes bedarf, sich des Verstandes zu bedienen, ohne sich dabei von andern leiten oder durch andere einschränken zu lassen.

Aufstand der Massen

Dies ist der Titel eines der bekanntesten Werke des spanischen Philosophen Ortega y Gasset (im Original *La rebelión de las masas,* erschienen 1930). In diesem Werk macht Ortega y Gasset (1883 bis 1955) die Aufhebung des (seiner Meinung nach für das menschliche Zusammenleben grundlegenden) Unterschieds zwischen „Massen" und „Elite" dafür verantwortlich, daß es zu revolutionären Bewegungen, zur ungerichteten „Aggressivität" der „Massen" kommt. Das Wort vom „Aufstand der Massen" wird heute oft auch in eher vordergründiger Weise verwendet, etwa im Zusammenhang mit dem geschlossenen Protest größerer gesellschaftlicher Gruppen gegen etwas, was ihnen zugemutet oder abverlangt wird.

Ein ↑großer **Aufwand** schmählich ist vertan

↑Wie seinen **Augapfel** hüten

Den ↑Splitter im fremden **Auge,** aber nicht den Balken im eigenen sehen

Ein **Auge** auf ... werfen

Die in bezug auf Personen oder Sachen gebräuchliche Redewendung im Sinne von „Gefallen an jemandem oder etwas finden, sich für jemanden oder etwas zu interessieren beginnen" hat im älteren Sprachgebrauch die Bedeutung „jemanden oder etwas ständig ansehen, die Augen von jemandem oder etwas nicht abwenden können". So findet sie sich bereits in der Bibel: In der apokryphen „Geschichte von Susanna und Daniel" heißt es in Vers 8 und 9: „Und da sie (= Susanna) die Ältesten sahen täglich darin (= im Garten ihres Mannes) umhergehen, wurden sie gegen sie entzündet mit böser Lust und wurden darüber zu Narren und warfen die Augen so ganz auf sie, daß sie nicht konnten gen Himmel sehen und gedachten weder an Gottes Wort noch Strafe."

Das **Auge** des Gesetzes

Mit diesem idiomatischen Ausdruck bezeichnet man heute in scherzhaftem Sprachgebrauch die Polizei. In Schillers „Lied von der Glocke" steht die Redewendung in folgendem Textzusammenhang: „Schwarz bedecket/Sich die Erde;/Doch den sichern Bürger schrecket/Nicht die Nacht,/Die den Bösen gräßlich wecket;/Denn das Auge des Gesetzes wacht." Die Metapher vom Auge des Gesetzes ist als „Auge der (strafenden) Gerechtigkeit" bei antiken Autoren wie dem römischen Geschichtsschreiber Ammianus Marcellinus (um 300–um 395) und dem griechischen Tragiker Sophokles (um 496–um 406 v. Chr.) vorgeprägt.

↑Im düstern **Auge** keine Träne

Das **Auge** sieht den Himmel offen

Den ↑Himmel offen sehen

↑Wär' nicht das **Auge** sonnenhaft, die Sonne könnt' es nie erblicken

↑Da bleibt kein **Auge** trocken

Auge um Auge, Zahn um Zahn

Die aus dem Alten Testament (zum Beispiel 3. Moses 24, 19–20) stammende Redewendung besagt, daß bei erlittenem Schaden Gleiches mit Gleichem vergolten werden soll: „Und wer seinen Nächsten verletzt, dem soll man tun, wie er getan hat, Schade um Schade, Auge um Auge, Zahn um Zahn; wie er hat einen Menschen verletzt, so soll man ihm wieder tun." Heute wird der Satz meist als Rechtfertigung für Racheakte verwendet. Jesus dagegen hat im Neuen Testament den alten Rechtsgrundsatz aufgegriffen und eine neue Lehre dagegengesetzt: „Ihr habt gehört, daß da gesagt ist: ‚Auge um Auge, Zahn um Zahn.' Ich aber sage euch, daß ihr nicht widerstreben sollt dem Übel; sondern, so dir jemand einen Streich gibt auf deinen rechten Backen, dem biete den andern auch dar" (Matthäus 5, 38 und 39).

Die **Augen** der Welt sind auf euch gerichtet

Dies ist die deutsche Fassung des englischen Zitats *The eyes of the world are upon you* aus dem Befehl General Dwight D. Eisenhowers vom 6. Juni 1944 zur Landung in der Normandie. Eisenhower könnte damit an einen angeblichen Ausspruch Napoleons vom 21. Juli 1798 vor der Schlacht bei den Pyramiden angeknüpft haben: „Von diesen Pyramiden schauen vierzig Jahrhunderte auf euch herab" – *Du haut de ces pyramides quarante siècles vous contemplent,* nach späterer Version *... ont leurs yeux fixés sur vous.* Vor allem in Abwandlungen wie „Die Augen der Modewelt sind wieder einmal auf Paris gerichtet" oder „Die Augen der dritten Welt sind auf die internationale Währungskonferenz gerichtet" kann das Zitat heute zum Ausdruck des starken Interesses einer breiteren, weltweiten Öffentlichkeit an einem Ereignis verwendet werden, von dem man sich etwas Neues, eine wichtige Entscheidung oder ähnliches erwartet oder erhofft.

Die **Augen** gehen ... über

Die Redewendung hat zwei Bedeutungen; zum einen in der Umgangssprache: „jemand ist durch einen Anblick überwältigt" und zum andern in gehobener Sprache: „jemand beginnt zu weinen". Die zweite Verwendung findet sich bereits im Johannesevangelium (11, 35), wo es von Jesus beim Anblick des toten Lazarus heißt: „Und Jesu gingen die Augen über". Goethe benutzt den Ausdruck in der in Faust I eingegangenen Ballade „Der König von Thule" (1774): „Die Augen gingen ihm über,/So oft er trank daraus" – aus dem „goldnen Becher", den ihm „sterbend seine Buhle" gegeben hatte.

Augen haben und nicht sehen; Ohren haben und nicht hören

Mit den einzeln oder zusammen verwendeten Redewendungen macht man jemandem zum Vorwurf, daß er etwas offen zutage Liegendes nicht wahrnehmen will. Sie gehen auf den 115. Psalm im Alten Testament zurück. Die Verse 5 und 6 beziehen sich ganz konkret auf heidnische, von Menschen gemachte Götzen: „Sie haben Mäuler und reden nicht; sie haben Augen und sehen nicht; sie haben Ohren und hören nicht; sie haben Nasen und riechen nicht". Im Neuen Testament (Matthäus 13, 13) weist Jesus unter Bezugnahme auf die Weissagung des Propheten Jesaja (6, 9 f.) mit diesen Worten auf die Notwendigkeit hin, in Gleichnissen zu predigen: „Denn mit sehenden Augen sehen sie nicht, und mit hörenden Ohren hören sie nicht; denn sie verstehen es nicht."

↑Ich seh' dir in die **Augen,** Kleines

Augen, meine lieben Fensterlein

↑Trinkt, o Augen, was die Wimper hält, von dem goldnen Überfluß der Welt!

↑Aller **Augen** warten auf dich

↑Um ihrer schönen **Augen** willen

Dem **Augenblick** Dauer verleihen

Diese Formulierung drückt im heutigen Gebrauch aus, daß man einem schönen Augenblick oder Zeitabschnitt auf irgendeine Weise, auch mit den Möglichkeiten der Technik Dauer verleihen möchte, zum Beispiel durch eine Fotografie oder eine Videoaufzeichnung. Das zugrundeliegende Goethe-Zitat aus der Hymne „Das Göttliche" von 1783 spricht dagegen nicht von einem Wunsch oder Versuch, sondern von einer spezifisch menschlichen Fähigkeit: „Nur allein der Mensch/Vermag das Unmögliche;/... Er kann dem Augenblick/Dauer verleihen."

↑Doch der den **Augenblick** ergreift, das ist der rechte Mann

Ein **Augenblick,** gelebt im Paradiese, wird nicht zu teuer mit dem Tod gebüßt

Das Zitat stammt aus Schillers „Don Karlos" (1787; I, 5), wo Karlos sich der Königin, seiner ursprünglichen Verlobten, jetzt der Gemahlin seines Vaters, verbotenerweise als Liebender nähert und damit wissentlich auch sein Leben aufs Spiel setzt. „Man reiße mich von hier aufs Blutgerüste!" sagt er in der vorhergehenden Zeile. Das Zitat bringt auch in heutigem Gebrauch – auch in der verkürzten Form „Ein Augenblick, gelebt im Paradiese" – zum Ausdruck, daß man für ein besonders schönes Erlebnis gern alle Arten von negativen Folgen in Kauf nimmt.

Ein ↑einz'ger **Augenblick** kann alles umgestalten

Es gibt im ↑Menschenleben **Augenblicke**

↑Werd' ich zum **Augenblicke** sagen: Verweile doch, du bist so schön!

Den **Augiastall** ausmisten

Diese Redewendung benutzt man, um auszudrücken, daß durch Schlamperei und Nachlässigkeit entstandene verrottete Zustände, Mißstände, Korruption beseitigt werden und die Ordnung wiederhergestellt wird. In der griechischen Mythologie war dies nach der „Bibliotheke" 13,3 des griechischen Geschichtsschreibers Diodor (1. Jh. v. Chr.) Aufgabe des Herakles, des Sohnes von Zeus und Alkmene, der Gattin des Feldherrn Amphitryon. Die Stallungen des Augias, des Königs der Epeier in Elis, waren mit ihren 3 000 Rindern 30 Jahre nicht gereinigt worden. Herakles schaffte die Arbeit in einem Tag, indem er zwei Flüsse hindurchleitete.

Augurenlächeln

Hierunter versteht man ein wissendes, verständnisinniges Lächeln unter Eingeweihten. Der Ausdruck geht zurück auf eine von dem römischen Staatsmann, Redner und Philosophen Cicero (106–43 v. Chr.) in seiner Schrift „De divinatione" (II, 24) überlieferte Äußerung des römischen Staatsmannes und Schriftstellers Cato (234–149 v. Chr.). Dieser soll sich darüber gewundert haben, daß ein Haruspex (der bei den Etruskern aus den Eingeweiden von

Opfertieren weissagte) bei der Begegnung mit einem anderen Vertreter seiner Zunft nicht unwillkürlich lächeln oder lachen müsse. Offensichtlich war Cato der Meinung, daß ein Haruspex selbst nicht an seine Weissagungen glaubte, sondern seinen Kunden etwas vormachte. Der Augur, der aus der Beobachtung des Vogelflugs weissagte, war im antiken Rom das, was den Etruskern der Haruspex war.

↑O du lieber **Augustin!**

Aurea mediocritas

↑Die goldene Mitte

Aus allen Himmeln fallen

↑Aus allen Wolken fallen

Aus allen Wolken fallen

Die umgangssprachliche Redewendung bedeutet „sehr überrascht sein". Sie könnte zusammen mit „aus allen Himmeln fallen" (im Sinne von „tief enttäuscht, ernüchtert, desillusioniert werden") auf Jesaja 14, 12 im Alten Testament zurückgehen. Dort heißt es: „Wie bist du vom Himmel gefallen, du schöner Morgenstern! Wie bist du zur Erde gefällt, der du die Heiden schwächtest!" Die Feststellung bezieht sich auf den gestürzten König von Babylon, nach Auslegung durch die Kirchenväter auf Luzifer.

Aus dem Strom des Vergessens trinken

↑Lethe trinken

↑Und **aus** den Wiesen steiget der weiße Nebel wunderbar

Aus der Jugendzeit

Dies sind die Anfangsworte des bekannten Liedes von Robert Radecke (1830–1911), einer Vertonung von Friedrich Rückerts (1788–1866) gleichnamigem Gedicht elegischen Inhalts. Die erste Strophe lautet: „Aus der Jugendzeit, aus der Jugendzeit/Klingt ein Lied mir immerdar;/O wie liegt so weit, o wie liegt so weit,/Was mein einst war!" Das Zitat bezieht sich heute gelegentlich scherzhaft, meist aber mit nostalgischem Unterton auf Ereignisse, Erlebnisse aus jemandes Jugend, die in der Erinnerung wieder lebendig werden.

Aus der Not eine Tugend machen

Die Redewendung mit der Bedeutung „einer unangenehmen Sache noch etwas Gutes abgewinnen, eine eigentlich schlechte Situation für sich zum Vorteil wenden" geht wohl auf einen Rat zurück, den der Kirchenvater Hieronymus (etwa 331–420) in einem Brief erteilt: *Fac de necessitate virtutem!* (auf deutsch: „Mach aus der Not eine Tugend!"). In diesem Fall wird eine solche Handlungsweise als anerkennenswert betrachtet, während Hieronymus' Äußerung im 3. Buch seiner „Apologien gegen die Bücher des Rufinus" eine gewisse Abwertung enthält: *Facis necessitate virtutem* (auf deutsch: „Du machst [ja nur] aus der Not eine Tugend"). Beide Nuancierungen sind auch im heutigen Sprachgebrauch noch lebendig.

Aus der Tiefe des Gemüts

Dieses Zitat stammt aus Heinrich Heines Sammlung „Lutetia. Berichte über Politik, Kunst und Volksleben". In einem Artikel vom 7. 5. 1843 beschreibt Heine ein Bild zu einem biblischen Thema, das er auf einer Pariser Gemäldeausstellung gesehen hat: „Dem Kamele, welches sich auf dem Gemälde des Horace Vernet befindet, sieht man es wohl an, daß der Maler es unmittelbar nach der Natur kopiert und nicht, wie ein deutscher Maler, aus der Tiefe seines Gemüts geschöpft hat." Das Zitat wird auch heute in scherzhafter und ironisch-distanzierter Ausdrucksweise gebraucht, wenn man sich auf etwas tatsächlich oder vermeintlich tief Empfundenes bezieht.

Aus einem kühlen Grunde

Die umgangssprachliche Wendung, die auch in der Form „aus diesem kühlen Grunde" gebräuchlich ist, hat die Bedeutung „aus einem/diesem ganz einfachen bestimmten Grund". Sie ist eine scherzhafte Umbildung des Anfangsverses „In einem kühlen Grunde" des Gedichts „Das zerbrochene Ringlein" von Joseph von Eichendorff (1788–1857) aus dem Roman „Ahnung und Gegenwart" (1811). Populär geworden ist das Gedicht durch die Vertonung von Friedrich Glück aus dem Jahr 1814, besonders in der Fassung für Männerchor von Friedrich Silcher.

Aus nichts wird nichts

↑Von nichts kommt nichts

Aus seinem Herzen keine Mördergrube machen

Diese Redewendung hat die Bedeutung „freiheraus sagen, was man denkt; etwas nicht verhehlen". Sie ist eine freie Verwendung der Lutherschen Übersetzung von Matthäus 21, 13 im Neuen Testament: „Es steht geschrieben: ‚Mein Haus soll ein Bethaus heißen'; ihr aber habt eine Mördergrube daraus gemacht." Durch das Zurückhalten schlimmer, furchtbarer Gedanken wurde das Herz, das in der Metaphorik u. a. als Tempel Gottes gilt, bildlich zur Mördergrube, zu einem unterirdischen Schlupfwinkel für Mörder.

Aus Spöttern werden oft Propheten

Das Zitat findet sich in Shakespeares „König Lear" (V, 3). Im Original erwidert die Königstochter Regan auf die nicht ernstgemeinte Anspielung auf die Vermählung Edmunds mit ihr: *Jesters do oft prove prophets* („Spaßmacher erweisen sich oft als Propheten"). Man weist mit dem Zitat darauf hin, daß sich eine bloß witzelnde Bemerkung später bewahrheiten und im nachhinein als Prophezeiung herausstellen kann.

Aus tiefer Not schrei' ich zu dir

↑De profundis

Die **Ausbeutung** des Menschen durch den Menschen

Der marxistische Begriff bezieht sich auf die Aneignung des von den Arbeitern erzeugten Arbeitsprodukts durch den Eigentümer von Produktionsmitteln. Das Zitat geht auf den französischen Sozialtheoretiker C. H. de Saint-Simon (1760–1825) zurück (im Französischen: *l'exploitation de l'homme par l'homme*). Über das Scheitern sozialistischer Gesellschaftsformen spottet das bekannte Scherzwort, nach dem der Kapitalismus durch die Ausbeutung des Menschen durch den Menschen gekennzeichnet sei, während es sich im Sozialismus genau umgekehrt verhalte.

↑Wir wollen niemals **auseinandergehn**

↑Letzte **Ausfahrt** Brooklyn

↑O, du **Ausgeburt** der Hölle!

Ausgelitten hast du – ausgerungen

So lautet der Anfangsvers des Gedichtes „Lotte bei Werthers Grabe" von Johann Heinrich von Reitzenstein (1722–1780). Das Zitat wird heute gelegentlich als Grabspruch oder in Traueranzeigen verwendet. Die Redewendung „ausgelitten haben" hat in gehobenem Sprachgebrauch die Bedeutung „(nach schwerem Leiden) gestorben sein"; daneben gibt es eine umgangssprachlich-scherzhafte Verwendung im Sinne von „entzwei sein und deshalb ausgedient haben".

Ausgerechnet Bananen!

Dieser Ausruf des Unmuts, der Enttäuschung über ein unerwünschtes Ereignis stammt aus dem Kehrreim eines nach dem 1. Weltkrieg entstandenen Schlagers: „Ausgerechnet Bananen verlangt sie von mir!" Im amerikanischen Original von F. Silver heißt es 1923: *Yes, we have no bananas*. Den deutschen Text schrieb der österreichische Operettenlibrettist und Schlagertexter Beda, mit bürgerlichem Namen Fritz Löhner (1883–1942).

Ausgestritten, ausgerungen ist der lange, schwere Streit

Das Zitat aus Schillers Gedicht „Das Siegesfest" von 1803 greift vermutlich den Gedichtanfang „Ausgelitten hast du – ausgerungen" von Johann Heinrich von Reitzensteins (1722–1780)

„Lotte bei Werthers Grabe“ auf. Es bezieht sich bei Schiller aber auf das Ende des Trojanischen Krieges, wie die Fortsetzung zeigt: „Ausgefüllt der Kreis der Zeit/Und die große Stadt bezwungen.“ Heute wird das Zitat wohl eher seltener gebraucht; denkbar wäre es als erleichterter Kommentar nach der Beilegung eines Konflikts, nach Beendigung eines längeren Streites, einer langwierigen Verhandlung.

Die ↑Schale des Zorns über jemanden **ausgießen**

↑Im **Auslegen** seid frisch und munter! Legt ihr's nicht aus, so legt was unter!

Auslöffeln müssen, was man sich eingebrockt hat

Die umgangssprachliche Redewendung, die oft auch in der Variante „die Suppe auslöffeln, die man sich oder die einem jemand eingebrockt hat“ verwendet wird, hat die Bedeutung „die Folgen seines Tuns tragen müssen“. Sie geht vermutlich auf den römischen Komödiendichter Terenz (um 190–159 v. Chr.) zurück, bei dem es in seinem Lustspiel „Phormio“ (II, 2, 4) heißt: *Tute hoc intristi; tibi omne est exedendum* („Du hast dir das eingerührt, du mußt alles auslöffeln“).

↑Etwas **außerhalb** der Legalität

Aut Caesar aut nihil

Diese auf einer Büste des Gajus Julius Caesar angebrachte Inschrift („Entweder Caesar oder gar nichts“) erkor sich der italienische Renaissancefürst Cesare Borgia (1475–1507) zur Maxime. Sie drückt die Unbedingtheit dessen aus, der „alles oder nichts“ für sich fordert. Mit diesem Zitat ermahnte auch Leopold Mozart seinen Sohn, an seine Karriere zu denken. Am 12. Februar 1778 schreibt er ihm nach Mannheim: „Fort mit Dir nach Paris! Und das bald, setze Dich großen Leuten an die Seite – aut Caesar aut nihil!“

Autorität, nicht Majorität

Diese Formulierung erschien 1851 im Titel einer Schrift von E. Knönagel: „Autorität – nicht Majorität – beherrscht die Welt. Epistel ... wider den Aberglauben am Konstitutionalismus.“ Der Titel bezieht sich auf eine Rede des Rechtsphilosophen und Staatsrechtslehrers Friedrich Julius Stahl (1802 bis 1861) im Erfurter Parlament, wo er darauf hinwies, daß die Liberalen über ihrem Zauberwort Majorität das Prinzip der Autorität vergessen hätten, wie die Revolution von 1848 gezeigt habe. Das Zitat wird in Zusammenhängen verwendet, wo nach Meinung des Zitierenden Mehrheitsentscheidungen nicht zum richtigen Ziel führen können, wo statt dessen eine Führungspersönlichkeit gefordert ist.

Ave, imperator, morituri te salutant!

↑Morituri te salutant

Die **Axt** an die Wurzel legen

Diese Redewendung hat die Bedeutung „sich anschicken, einen Mißstand zu beseitigen“. Sie hat ihren Ursprung in der Bußpredigt Johannes des Täufers im Neuen Testament, wo es in Matthäus 3, 10 (wie auch in Lukas 3, 9) mit Bezug auf seine Zuhörer aus Jerusalem und dem jüdischen Land heißt: „Es ist schon die Axt den Bäumen an die Wurzel gelegt. Darum, welcher Baum nicht gute Frucht bringt, wird abgehauen und ins Feuer geworfen.“

Die **Axt** im Haus erspart den Zimmermann

Mit diesem Ausspruch beschließt Wilhelm Tell in Schillers gleichnamigem Drama seine Arbeit am Hoftor (III, 1). Das Zitat bedeutet „Jemand, der im Umgang mit Handwerkszeug geschickt ist, braucht für vieles nicht die Hilfe eines Fachmanns“. Eine umgangssprachlich-scherzhafte Abwandlung ist die Redensart „Die Axt im Haus ersetzt den Scheidungsrichter“.

B

Babel

Der hebräische Name der Stadt Babylon, des Mittelpunktes der altorientalischen Kultur, wird heute in zwei Zusammenhängen gebraucht: im Sinne von „Sündenbabel", einer abwertenden Bezeichnung für einen Ort, eine Stätte moralischer Verworfenheit, wüster Ausschweifung, des Lasters. Der alttestamentliche Prophet Jeremia weissagt den Untergang Babels (Jeremia 50 und 51), und in der Offenbarung des Johannes im Neuen Testament wird der Untergang Babylons in Kapitel 17 und 18 beschrieben. Außerdem bezeichnet Babel einen Ort, an dem viele fremde Sprachen gesprochen werden, so daß man auch von einer babylonischen Sprachverwirrung oder einem babylonischen Sprachengewirr spricht, und zwar im Anschluß an 1. Moses 11 im Alten Testament. Danach wollten die Menschen in Babel aus Überheblichkeit gegen Jahwe einen Turm bis zur Höhe des Himmels errichten, den sogenannten Babylonischen Turm oder den Turmbau zu Babel. Jahwe strafte sie aber, indem er ihre Sprache verwirrte und sie in alle Lande zerstreute (Babylonische Verwirrung).

Baby Doll

In dem gleichnamigen amerikanischen Film, 1956 von Elia Kazan nach dem Drehbuch von Tennessee Williams gedreht, ist die so bezeichnete Titelfigur eine lolitahafte Kindfrau. (Das englische *baby doll* bedeutet soviel wie „Babypuppe"; es ist aber vor allem im amerikanischen Englisch auch eine Bezeichnung für eine puppenhaft schöne junge Frau von naivem Wesen.) Von daher stammt auch die Bezeichnung „Babydoll" für einen Damenschlafanzug mit kurzem Höschen und weitem Oberteil.

Babylonische Sprachverwirrung

↑Babel

↑Freie **Bahn** dem Tüchtigen

↑Ach, wie **bald** schwindet Schönheit und Gestalt!

Ach, wie **bald** vergehn die schönen Stunden

↑So ein Tag, so wunderschön wie heute

Balsam fürs zerrißne Herz

So bezeichnet man – meist scherzhaft – etwas, was man als wohltuend und belebend empfindet, wenn man sich in einem seelischen Tief befindet. Der Ausdruck findet sich – auf den Wein bezogen – in Schillers Gedicht „Das Siegesfest" (1803), wo es heißt: „Trink ihn aus, den Trank der Labe,/Und vergiß den großen Schmerz,/Wundervoll ist Bacchus' Gabe,/Balsam fürs zerrißne Herz."

↑Auf der **Bank** der Spötter sitzen

↑Auf diese **Bank** von Stein will ich mich setzen

↑Auf der **Bärenhaut** liegen

Ein **barmherziger** Samariter

Dieser Ausdruck geht auf das Lukasevangelium im Neuen Testament zurück. Im 10. Kapitel erzählt Jesus einem Schriftgelehrten ein Gleichnis von einem Mann, der auf dem Weg von Jericho nach Jerusalem überfallen wird und schwerverletzt liegenbleibt. Ein Priester und ein Levit gehen achtlos an ihm vorüber, erst ein Samariter, ein Angehöriger des von den Juden verachteten Volkes der Samaritaner, nimmt sich des Hilfebedürftigen an und „ging zu ihm, verband ihm seine Wunden und goß darein Öl und Wein und hob ihn auf sein Tier und führte ihn in die Herberge und pflegte ihn" (Lukas 10, 34). Dieser Akt der Barmherzigkeit wird in dem Gleichnis als beispielhaft dargestellt.

Wenn man heute jemanden als barmherzigen Samariter bezeichnet, so meint man einen selbstlos helfenden Menschen, der sich mitfühlend, mildtätig gegenüber Notleidenden verhält, Verständnis für die Not anderer zeigt. In diesem Zusammenhang spricht man auch vom „Samariterdienst".

Basiliskenblick

Der Basilisk ist ein Fabelwesen des Altertums, ein Mischwesen aus Schlange, Drache und Hahn mit giftigem Atem und tödlichem Blick (Basiliskenblick), von einer Schlange oder Kröte aus einem Hühnerei ausgebrütet und meist als Hahn mit einem Schlangenschwanz dargestellt. Diese phantastische Darstellung findet sich zuerst im Alten Orient, später gelangte sie über spätantike Schriftsteller und Kirchenväter in die Tierbücher des hohen Mittelalters und hielt sich bis ins 17. Jahrhundert. Im Alten Testament ist bei Jesaja (11,8) von der Höhle des Basilisken die Rede. Heute wird von einem Basiliskenblick gesprochen, wenn jemand einen stechenden, bösen oder unheimlichen Blick hat, der Furcht einflößt oder Schlimmes von der betreffenden Person erwarten läßt.

Basiliskeneier ausbrüten

Diese Redewendung wird gebraucht, wenn sich jemand Böses ausdenkt oder etwas Schlimmes im Schilde führt. Unter einem Basiliskenei versteht man auch ein Geschenk, das in böser Absicht gegeben wird. Im Alten Testament heißt es bei Jesaja (59,5), auf sündige Juden bezogen: „Sie brüten Basiliskeneier und wirken Spinnwebe. Ißt man von ihren Eiern, so muß man sterben; zertritt man's aber, so fährt eine Otter heraus." (Vergleiche auch den Artikel „Basiliskenblick".)

Bassermannsche Gestalten

Der heute seltener gebrauchte Ausdruck mit der Bedeutung „verdächtige, fragwürdige Individuen" geht auf einen Bericht zurück, den der Abgeordnete Friedrich Daniel Bassermann am 18. 11. 1848 der Frankfurter Nationalversammlung vortrug. Er war in politischer Mission in Berlin gewesen und schilderte nun sein Erschrecken über den Anblick, den ihm die Berliner Bevölkerung in den Straßen der Stadt geboten hatte: „Ich sah hier Gestalten die Straße bevölkern, die ich nicht schildern will."

Des **Basses** Grundgewalt

Dieser Ausdruck stammt aus Faust I (Auerbachs Keller), wo Siebel, einer der lustigen Zecher, feststellt: „Wenn das Gewölbe widerschallt,/Fühlt man erst recht des Basses Grundgewalt." Er gibt damit dem Vergnügen Ausdruck, das es einem Sänger bereiten kann, wenn die Akustik eines Gewölbes seine tragende Baßstimme durch den Widerhall besonders eindrucksvoll zur Geltung bringt. – Das Goethe-Zitat wird meist scherzhaft verwendet, zum Beispiel wenn eine tiefe Männerstimme alle anderen Stimmen übertönt oder wenn sie mit großer Lautstärke eingesetzt wird.

↑ Leute vom **Bau**

Der **Bauer** ist kein Spielzeug

Das Zitat stammt aus der Ballade „Das Riesenspielzeug" von Adelbert von Chamisso (1781–1838). Das Motiv geht auf eine Volkssage zurück, in der ein Riesenritter seine Tochter ermahnt, nicht mit einem Bauern zu spielen. Bei Chamisso heißt es: „Sollst gleich und ohne Murren erfüllen mein Gebot;/Denn wäre nicht der Bauer, so hättest du kein Brot;/Es sprießt der Stamm der Riesen aus Bauernmark hervor;/Der Bauer ist kein Spielzeug, da sei uns Gott davor!" Mit dem Zitat „Der Bauer ist kein Spielzeug" wird die Bedeutung des Bauern für die Ernährung des Menschen unterstrichen; gelegentlich wird damit zum Ausdruck gebracht, daß man den Bauernstand (die Landwirte) nicht von oben herab behandeln und mit ihm nach Belieben umspringen kann.

↑ Vom **Baum** der Erkenntnis essen

Bäume sterben aufrecht

Der Titel der Komödie von Alejandro Casona (eigentlich A. Rodriguez Álvarez, 1903–1965) – im spanischen Original *Los árboles mueren de pie* – wurde seit der Uraufführung 1949 (deutsche Übersetzung 1950) zum geflügelten Wort. In dem Theaterstück gelingt es einer Großmutter, die jahrelang über das Schicksal und den schlechten Charakter ihres Enkels – aus Rücksichtnahme – getäuscht wurde, nach der großen Enttäuschung, die ihr die Erkenntnis der Wahrheit schließlich bereitet, Haltung zu bewahren, nicht zu verzweifeln und um des Glückes der anderen willen deren Spiel weiterhin mitzuspielen. Heute wird dieses Zitat gebraucht, wenn man ausdrücken will, daß ein [knorriger] Mensch rechtschaffen, ohne sich zu beugen oder sich etwas zu vergeben, zugrunde geht.

↑Vom **Bäumlein,** das andere Blätter hat gewollt

Beckmesserei

Dieser Ausdruck, mit dem man eine Kritik bezeichnet, die sich an Kleinigkeiten stößt, anstatt das Ganze zu beurteilen, geht zurück auf die Figur des Sixtus Beckmesser in Richard Wagners Oper „Die Meistersinger von Nürnberg" (1868). Beckmesser notiert beim Sängerwettstreit die gegen die Tabulatur, die satzungsmäßig festgelegten Regeln für den Vortrag der Meistersinger, gemachten Verstöße und wird dabei als überaus pedantischer Kunstrichter dargestellt. Wagner wollte mit dieser Figur einen seiner Kritiker karikieren.

Bedecke deinen Himmel, Zeus

Mit den Zeilen „Bedecke deinen Himmel, Zeus,/Mit Wolkendunst" beginnt Goethes Gedicht „Prometheus". Nach der griechischen Mythologie brachte Prometheus den Menschen gegen den Willen Zeus' das Feuer und zog sich damit den Zorn des Herrn des Himmels zu. Das Gedicht ist ein stolzer Monolog des Prometheus, der darin unmißverständlich seine Verachtung für Zeus zum Ausdruck bringt. – Man verwendet das Zitat – meist scherzhaft-ironisch –, wenn man eine mächtige Person oder Institution auffordern will, sich zurückzuhalten, sich nicht einzumischen. Ganz vordergründig kann die Verszeile auch als Stoßseufzer an einem zu strahlenden, sonnenheißen Tag dienen, wenn man sich nach schattenspendenden Wolken sehnt.

↑Ich weiß nicht, was soll es **bedeuten**

↑Nie sollst du mich **befragen**

↑Unheimliche **Begegnung** der dritten Art

Begeistrung ist keine Heringsware

In Goethes Gedichtsammlung von 1815 findet sich im Abschnitt „Epigrammatisch" das Gedicht „Frisches Ei, gutes Ei" mit den folgenden Zeilen: „Enthusiasmus vergleich' ich gern/Der Auster, meine lieben Herrn,/Die, wenn ihr sie nicht frisch genoßt,/Wahrhaftig ist eine schlechte Kost./Begeistrung ist keine Heringsware,/Die man einpökelt auf einige Jahre." Das Zitat wird auch heute noch verwendet, um die spontane Begeisterung über eine Sache, einen von leidenschaftlicher Anteilnahme getragenen Tatendrang zu rechtfertigen.

↑So tauml' ich von **Begierde** zu Genuß

↑Das ist der **Beginn** einer wunderbaren Freundschaft

Die **begnadete** Angst

Dies ist der deutsche Titel eines Theaterstücks von Georges Bernanos (1888 bis 1948; französischer Titel: *Dialogues des Carmélites*), das vom Martyrium der im Zuge der Säkularisierung Frankreichs 1794 hingerichteten sechzehn Karmeliterinnen von Compiègne handelt. Einzig die ängstliche und schwache junge Novizin Blanche de la Force bleibt zunächst unentdeckt, überwindet jedoch durch Gottes Gnade ihre Angst und folgt ihren Schwestern freiwillig auf das Schafott in den Tod. Blanche erklärt dies im Stück mit folgenden Worten: „Selbst die Angst ist ein Geschöpf Gottes, das am Karfreitag erlöst worden ist." – In Situationen, in denen sich jemandes Angst auf wunderbare Weise in übernatürliche Stärke wandelt, spricht man auch heute noch gelegentlich von einer „begnadeten Angst".

Begräbnis erster Klasse

↑ Leichenbegängnis erster Klasse

↑ Das **begreife** ein andrer als ich

↑ Denn eben, wo **Begriffe** fehlen, da stellt ein Wort zur rechten Zeit sich ein

↑ Mich ergreift himmlisches **Behagen**

Behandelt jeden Menschen nach seinem Verdienst

Mit diesem Zitat aus Shakespeares Tragödie „Hamlet" (II, 2) wird heute meist zum Ausdruck gebracht, daß man die Leistungen eines Menschen als Maßstab für seine Beurteilung zugrunde legen soll. Im Original sagt Hamlet, angetan von Darbietungen einiger Schauspieler am Hof, zu seinem Oberkämmerer Polonius: *Use every man after his desert, and who should scape whipping?* („Behandelt jeden Menschen nach seinem Verdienst, und wer ist vor Schlägen sicher?"). Hamlet setzt dagegen einen Umgang mit den Menschen, der sich ungeachtet ihres Verdienstes auf die eigene Vornehmheit gründet: *Use them after your own honour and dignity – the less they deserve, the more merit is in your bounty* („Behandelt sie nach Eurer eignen Ehre und Würdigkeit: je weniger sie verdienen, desto mehr Verdienst hat Eure Güte").

Beharrlichkeit führt zum Ziel

↑ Nur Beharrung führt zum Ziel

Behüt' dich Gott, es wär' zu schön gewesen!

Mit diesem Stoßseufzer verleiht man seiner Enttäuschung Ausdruck, wenn etwas nicht so gekommen ist, wie man es sich gewünscht oder vorgestellt hat. Das Zitat (auch in der Form „... es wär' so schön gewesen" geläufig) stammt aus dem Versepos „Der Trompeter von Säkkingen, ein Sang vom Oberrhein" von Joseph Viktor von Scheffel (1826 bis 1886), wo es im 2. Stück heißt: „Behüt' dich Gott, es wär' zu schön gewesen,/Behüt' dich Gott, es hat nicht sollen sein!" Auch die zweite Zeile wird in vergleichbaren Situationen zitiert.

Bei Anruf Mord

In dem amerikanischen Spielfilm „Bei Anruf Mord" (Originaltitel *Dial „M" for Murder*) aus dem Jahre 1953 (Regie: Alfred Hitchcock) wird durch das klingelnde Telefon ein Mord angekündigt; zugleich gehört es zum Ablauf eines raffinierten Plans, der zu einem anderen Mord mit Hilfe der Justiz führen soll. – Heute werden, besonders in kurzgefaßten Inseraten, oft Serviceleistungen mit der einleitenden Fügung „Bei Anruf ..." angeboten (z. B.: „Bei Anruf Babysitting" oder „... Pizza ins Haus").

Bei einem Wirte wundermild

Mit dieser Zeile beginnt Ludwig Uhlands (1787–1862) Wanderlied „Einkehr", in dem von einer Rast unter einem Apfelbaum erzählt wird. Dieser Apfelbaum, der wie ein Gasthaus Annehmlichkeiten bietet, nämlich die „süße Kost" seiner Früchte, den Gesang der Vögel und den „kühlen Schatten", wird dort als Wirt bezeichnet. Die erste Strophe des Liedes lautet: „Bei einem Wirte wundermild,/Da war ich jüngst zu Gaste;/Ein goldner Apfel war sein Schild/An einem langen Aste." Das Zitat wird heute gelegentlich noch verwendet, um auszudrücken, daß man einen schönen Aufenthalt im Freien hatte oder irgendwo gastlich aufgenommen worden ist.

Bei genauerer Betrachtung steigt mit dem Preise auch die Achtung

In seiner Bildergeschichte „Maler Klecksel" übt Wilhelm Busch (1832 bis 1908) satirische Kritik an der Bildungsphilisterei seiner Zeit. Besonders kennzeichnend ist dafür, wie der Ich-Erzähler im 1. Kapitel sein Verhalten als Mitglied eines Kunstzirkels bei der Beurteilung eines Gemäldes beschreibt: „Mit scharfem Blick, nach Kennerweise/Seh' ich zunächst mal nach dem Preise,/Und bei genauerer Betrachtung/Steigt mit dem Preise auch die Achtung." Man verwendet die beiden letzten Verse, um ironisch auszudrücken, daß manche Leute vieles nur deshalb besonders gut finden oder für wertvoll halten, weil es teuer ist.

Bei Gott ist kein Ding unmöglich

Dieser Ausspruch geht auf das Lukasevangelium (1, 37) zurück. Dort sagt der Engel Gabriel zu Maria, die daran zweifelt, daß sie ein Kind bekommen wird („Wie soll das zugehen, sintemal ich von keinem Manne weiß?"), mit Hinweis auf ihre angeblich unfruchtbare, aber doch schwangere Freundin Elisabeth: „Denn bei Gott ist kein Ding unmöglich." Heute werden diese Worte zitiert, wenn ausgedrückt werden soll, daß trotz starker Zweifel etwas Unvorstellbares Wirklichkeit werden kann.

Bei Männern, welche Liebe fühlen

Dieses Zitat stammt aus Mozarts Zauberflöte (1791 uraufgeführt; Text von Emanuel Schikaneder). Nachdem Prinzessin Pamina von Papageno erfahren hat, daß der sie liebende Prinz Tamino zu ihrer Befreiung unterwegs sei, singt sie in einem Duett mit Papageno: „Bei Männern, welche Liebe fühlen,/Fehlt auch ein gutes Herze nicht." Heute wird mit der ersten Zeile meist scherzhaft das in irgendeiner Weise auffällige Verhalten eines verliebten Mannes kommentiert.

↑... denn **bei** mir liegen Sie richtig!

Bei Philippi sehen wir uns wieder!

Die Redensart geht auf Shakespeares Drama „Julius Cäsar" (IV, 3) zurück. Dort antwortet Cäsars Geist auf die Frage Brutus', weswegen er gekommen sei: „Um dir zu sagen, daß du zu Philippi/Mich sehn sollst." (Im englischen Text: *To tell thee thou shalt see me at Philippi.*) Bei dem ostmakedonischen Ort Philippi wird dann durch Brutus' Niederlage und Tod die Ermordung Cäsars gerächt. Shakespeare hat sich hier vermutlich auf eine Stelle in der Cäsarbiographie des griechischen Schriftstellers Plutarch bezogen, wo die Ankündigung in der Form „Bei Philippi wirst du mich sehen" zu finden ist. Heute wird die Redensart als – gelegentlich auch scherzhafte – Drohung verwendet, mit der man ausdrückt, daß man mit jemandem noch eine Rechnung zu begleichen hat.

Beim ersten Mal, da tut's noch weh

Mit diesen Worten beginnt der Refrain eines Liedes aus dem Helmut-Käutner-Film „Große Freiheit Nr. 7" (1944) mit Hans Albers: „Beim ersten Mal, da tut's noch weh,/da glaubt man noch,/daß man es nicht verwinden kann./Doch mit der Zeit, so peu à peu,/gewöhnt man sich daran." Auf der Lebenserfahrung, daß der erste Liebeskummer, die erste Enttäuschung in der Liebe am schmerzhaftesten empfunden wird, beruht auch der heutige Gebrauch des Zitats. Man tröstet jemanden, der in einer solchen Situation ist, mit dem Hinweis, daß derartige Erfahrungen künftig leichter zu ertragen sein werden.

Beim heiligen Bürokrazius!

Dieser Ausruf wird – meist scherzhaft – gebraucht, wenn man seiner Verwunderung, seinem Ärger über übertrieben genaue, bürokratische Handhabung von Dienstvorschriften Ausdruck geben will. Er geht zurück auf ein Zitat aus der Schulkomödie „Flachsmann als Erzieher" von Otto Ernst (1862–1926). Der Lehrer Fleming sagt dort (III, 10) im Hinblick auf seinen engstirnig-formalistischen Direktor, der sich trotz seiner Unfähigkeit auf bürokratischen Wegen ein Amt erschlichen hat: „Bei dem heiligen Bureaukrazius ist nichts unmöglich!"

Beim wunderbaren Gott – das Weib ist schön!

Mit diesen Worten gibt Don Karlos in Schillers gleichnamigem Drama (II, 8) der Faszination Ausdruck, die die Prinzessin von Eboli, in die er sich gerade verliebt, auf ihn ausübt. Das Zitat wird – auch in der verkürzten Form „Bei Gott, das Weib ist schön!“ – heute noch gelegentlich scherzhaft verwendet, wenn man die Schönheit einer Frau hervorheben will.

Bein von meinem Bein und Fleisch von meinem Fleisch

So bezeichnet in der Schöpfungsgeschichte des Alten Testaments der erste Mensch Adam seine Frau, die von Gott Jahwe aus seiner Rippe geschaffen worden war (1. Moses 2, 23). „Bein“ steht hier in der veralteten Bedeutung „Knochen“. Wie den Ausdruck „eigen Fleisch und Blut“ (siehe dort) verwendet man diese Bibelworte zur Bezeichnung des eigenen Kindes oder der eigenen Kinder, wobei mit Nachdruck auf die enge, direkte verwandtschaftliche Beziehung hingewiesen wird.

Bekenntnisse einer schönen Seele

Das Zitat ist der Titel des 6. Buchs von Goethes Roman „Wilhelm Meisters Lehrjahre“ (1795/96). Goethe verarbeitete in der mit der Romanhandlung verknüpften Lebensbeichte einer Stiftsdame seine Erinnerungen an die pietistische Schriftstellerin Susanne Katharina von Klettenberg (1723–1774), Mitglied der Herrnhuter Brüdergemeinde und Freundin seiner Mutter. Sie hatte ihn während seiner Krankheit im Jahre 1768 fürsorglich gepflegt. – Die „schöne Seele“ – der Begriff ist seit der mittelalterlichen Mystik bekannt und kommt auch bei Wieland und in Schillers Abhandlung „Über Anmut und Würde“ (1793) vor – ist im Einklang mit sich und der Welt. Das Hauptanliegen ihrer „Bekenntnisse“ stellt die pietistisch-mystische Begegnung mit Gott dar. Heute bringt man mit den Worten „Bekenntnisse einer schönen Seele“ meist ironisch zum Ausdruck, daß man jemandes Vorstellungen oder Äußerungen für etwas naiv und weltfremd oder für zu idealistisch hält.

Bekränzt mit Laub den lieben vollen Becher

Dieses Zitat stammt aus dem Gedicht „Rheinweinlied“ von Matthias Claudius (1740–1815), das von Johann André vertont wurde. Das Gedicht zum Lobe des rheinischen Weines beginnt mit den Zeilen: „Bekränzt mit Laub den lieben vollen Becher/Und trinkt ihn fröhlich leer!/In ganz Europia, ihr Herren Zecher,/Ist solch ein Wein nicht mehr!“ Die erste Zeile wird heute noch als Trinkspruch in geselliger Runde von Weintrinkern verwendet.

Belami

Das Wort mit der Bedeutung „Frauenliebling“ geht zurück auf die Titelgestalt des Romans *Bel ami* (in wörtlicher Übersetzung: „schöner Freund“) von Guy de Maupassant (1850–1893). Der Roman schildert den beruflichen Aufstieg eines Abenteurers, der sich seines Charmes und seiner Wirkung auf Frauen zur Förderung seiner journalistischen Karriere bedient. Zusätzliche Verbreitung erlangte die Bezeichnung durch den gleichnamigen Film von Willi Forst aus dem Jahr 1939 mit dem langsamen Foxtrott „Du hast Glück bei den Frau'n, Bel ami“ von Theo Mackeben.

Bella gerant alii, tu, felix Austria, nube

Das Zitat *Bella gerant alii, tu, felix Austria, nube!/Nam quae Mars aliis, dat tibi regna Venus!* („Kriegführen lasse die anderen, du, glückliches Österreich, heirate!/Reiche schenkt dir Venus wie anderen Gott Mars!“) stellt eine Anspielung auf die Habsburger dar, die oft, statt Krieg zu führen, ihr Reich und ihren politischen Einfluß durch eine geschickte Heiratspolitik vergrößern konnten. Der Anfang des Zitats stammt wohl aus den „Heroides“ (13, 84) des römischen Dichters Ovid (43 v. Chr. – 17 oder 18 n. Chr.). Dort heißt es: *Bella gerant alii! Protesilaus amet!* („Mögen andere Kriege führen, Protesilaus soll lieben!“).

Beneidenswert, wer frei davon

Dieses Zitat stammt aus der „Doppelten Ballade über dasselbe Thema" im „Großen Testament" des französischen Dichters François Villon (geboren um 1431, Todesdatum unbekannt), in der es um die Gefahren der Liebe geht, die die Männer leicht zu Narren machen und ins Unglück stürzen kann. Die einzelnen Strophen enden mit der Zeile *Bien est eureux qui riens n'y a!* (wörtlich übersetzt: „Sehr glücklich ist, wer nichts damit zu tun hat!"). Man kommentiert mit dem Zitat heute gelegentlich Verpflichtungen, Bindungen, Sachzwänge, denen man selbst unterworfen ist, während andere sich darüber hinwegsetzen können oder gar nicht davon betroffen sind.

↑In **Bereitschaft** sein ist alles

Der **Berg** kreißte und gebar eine Maus

Diese Redensart stammt aus der „Ars poetica" des römischen Dichters Horaz (65–8 v. Chr.), wo es in Vers 139 heißt: „Es kreißen die Berge, zur Welt kommt nur ein lächerliches Mäuschen" (lateinisch: *Parturient montes, nascetur ridiculus mus*). Mit diesen Worten wollte Horaz die Dichter kritisieren, die nur wenig von dem halten, was sie versprechen. Wenn jemand große Vorbereitungen trifft, große Versprechungen macht und kaum etwas dabei herauskommt, dann zitiert man heute: „Der Berg kreißte und gebar eine Maus" oder auch nur: „Der Berg gebar eine Maus".

↑Auf den **Bergen** ist Freiheit

↑Das macht die **Berliner** Luft

↑Ich bin ein **Berliner**

↑Viele sind **berufen,** aber wenige sind auserwählt

Bescheidenheit ist eine Zier, doch weiter kommt man ohne ihr

Den ↑Jüngling ziert Bescheidenheit

Beschränkter Untertanenverstand

Gegen die von König Ernst August in Hannover 1833 verfügte Aufhebung der Verfassung hatten namhafte Göttinger Professoren (die „Göttinger Sieben") protestiert. Für dieses Verhalten erhielten sie Zustimmung aus breiten Kreisen der Bevölkerung. Eine der vielen schriftlichen Zustimmungen wurde dem damaligen preußischen Justizminister von Rochow (1792–1847) zugespielt, der in seiner Antwort formuliert haben soll, daß es sich für einen Untertanen nicht gehöre, „die Handlungen des Staatsoberhauptes an den Maßstab seiner beschränkten Einsicht anzulegen". Aus dieser Formulierung entstand wohl das politische Schlagwort vom „beschränkten Untertanenverstand". Der Lyriker Georg Herwegh, der auf einer Reise durch Deutschland auch eine Audienz beim preußischen König Friedrich Wilhelm IV. (1840–1861) erhalten hatte, verwendete es im Dezember 1842 in einem polemischen Brief an den König. Wegen dieses Briefes wurde er aus Preußen ausgewiesen.

↑In der **Beschränkung** zeigt sich erst der Meister

↑Der ist **besorgt** und aufgehoben

Besser als sein Ruf sein

„Das Ärgste weiß die Welt von mir, und ich kann sagen, ich bin besser als mein Ruf." Diese Worte läßt Schiller in seinem Trauerspiel eine zornige Maria Stuart ihrer Rivalin Elisabeth I. entgegnen (Maria Stuart III, 4). In ähnlicher Form findet sich die Wendung bereits bei dem römischen Dichter Ovid (43 v. Chr. bis 17 n. Chr.), der versuchte, einer Dame mit zweifelhaftem Ruf eine gerechtere Beurteilung zukommen zu lassen: *Ipsa sua melior fama* („Sie selbst war besser als ihr Ruf").

Besser, man riskiert, einen Schuldigen zu retten, als einen Unschuldigen zu verurteilen

Dieser Satz aus der Erzählung „Zadig" des französischen Dichters und Philosophen Voltaire (1696–1778; im französischen Original: *Il vaut mieux hasarder de sauver un coupable que de condamner un innocent*) zeigt dessen unerbittliche Haltung Justizverbrechen gegenüber, die ihm schon zu Lebzeiten den Beinamen eines Freundes der Unglücklichen einbrachte. Der Ausspruch wird zitiert, wenn gesagt werden soll, daß Zweifel an der Schuld eines Angeklagten nicht zu beheben sind und es deswegen besser ist, ihn freizusprechen.

Besser spät als gar nicht

Die sprichwörtliche Redensart, bei der „besser" auch durch „lieber" und „gar nicht" durch „nie" oder „niemals" ersetzt werden kann, ist schon bei Titus Livius (59 v. Chr.–17 n. Chr.) in seiner römischen Geschichte „Ab urbe condita libri" (IV, 2, 11) belegt: *Potius sero quam numquam*. Bekannt sind auch die französische und die englische Variante: *Mieux vaut tard que jamais* und *Better late than never*.

Bessere Hälfte

Diese scherzhafte Bezeichnung für „Ehefrau" – seltener auch für „Ehemann" – stammt aus dem Schäferroman „The countess of Pembroke's Arcadia" des englischen Dichters Philip Sydney (1554–1586), ins Deutsche übersetzt 1629/1638 unter dem Titel „Das Arkadien der Gräfin von Pembroke". Der englische Dichter John Milton (1608 bis 1674) griff sie in seinem Epos „Paradise lost" auf, wo Adam seine Frau Eva als *dearer half,* als „teurere Hälfte" bezeichnet.

Der **bessere** Teil der Tapferkeit ist Vorsicht

Shakespeare läßt im 1. Teil seines historischen Dramas „König Heinrich IV." (uraufgeführt 1597) den komischen Helden Falstaff, einen beleibten, immer trinkenden und doch nie betrunkenen Prahlhans und Feigling, einen Zweikampf dadurch überleben, daß dieser sich totstellt. Der „Held" kommentiert dann seine taktische Meisterleistung mit den Worten: „Das bessere Teil der Tapferkeit ist Vorsicht, und mittels dieses besseren Teils habe ich mein Leben gerettet" (im englischen Original: *The better part of valour is discretion ...;* V, 4). Heute wird die Redensart meist in der Form „Vorsicht ist die Mutter der Tapferkeit" verwendet oder in der scherzhaften Abwandlung „Vorsicht ist die Mutter der Porzellankiste."

Das **bessere** Teil erwählt haben

Mit dieser Redewendung will man ausdrücken, daß sich jemand mit seiner Entscheidung die Voraussetzungen geschaffen hat, es besser zu haben als andere. Zugrunde liegt vermutlich eine Episode im Lukasevangelium (Lukas 10, 38–42), die Jesus im Hause von Martha und Maria, den Schwestern des Lazarus, zeigt. Martha beschwert sich darüber, daß sie die ganze Hausarbeit alleine machen müsse, während Maria nur dasitze und ihm zuhöre. Jesus gibt ihr daraufhin zur Antwort: „Martha, Martha, du hast viel Sorge und Mühe; eins aber ist not. Maria hat das gute Teil erwählt; das soll nicht von ihr genommen werden" (10, 41–42). Die Redewendung wird gelegentlich auch in der Form „den besseren Teil erwählt (oder: gewählt) haben" gebraucht.

Das **Bessere** ist der Feind des Guten

Wer diese Worte (auch in der Variante „... des Guten Feind") aus dem „Philosophischen Wörterbuch" des französischen Dichters und Philosophen Voltaire (1696–1778) zitiert, will damit sagen, daß etwas, mag es noch so gut sein, weichen muß, wenn Besseres, Vollkommeneres an seine Stelle treten kann. Einen stetigen Fortschritt kann es nämlich nur geben, wenn das Überkommene – zum richtigen Zeitpunkt – durch Verbessertes und Weiterentwickeltes ersetzt wird. Das Zitat kann aber auch gelegentlich als Warnung verstanden werden, etwas, was allen Ansprüchen genügt und ohne Mängel ist, nicht noch weiter perfektionieren zu wollen und es dadurch eher schlechter zu machen. – Das französische Original lautet: *Le mieux est l'ennemi du bien*.

↑ Etwas **Besseres** als den Tod findest du überall

Das **Beste** ist gerade gut genug

Wo höchsten Ansprüchen Genüge getan werden muß, wo nur Ausgesuchtes die geforderte Qualität bieten kann, da ist eben das Beste gerade gut genug. Dieser Ansicht war schon Goethe, wie in einem Brief nachzulesen ist, der im ersten Teil seiner „Italienischen Reise“ abgedruckt ist. Goethe spricht hier seine Neubearbeitung der „Iphigenie“ an, der er sich in den ersten Monaten seines Italienaufenthaltes intensiv gewidmet hatte und die er für sehr gelungen hielt: „Ich weiß, was ich daran getan habe ...“, schreibt er. „Wenn es eine Freude ist, das Gute zu genießen, so ist es eine größere, das Bessere zu empfinden, und in der Kunst ist das Beste gut genug“ (Brief aus Neapel vom 3. 3. 1787).

Die **beste** aller möglichen Welten

In seinen „Abhandlungen zur Rechtfertigung Gottes, über die Güte Gottes, die Freiheit des Menschen und den Ursprung des Übels“ (1710 in französischer Sprache veröffentlicht unter dem Titel „Essais de théodicée sur la bonté de dieu, la liberté de l'homme et l'origine du mal“) versucht der deutsche Philosoph Gottfried Wilhelm Leibniz (1646 bis 1716) den Vorwurf, Gott hätte in seiner Allmacht eine bessere Welt schaffen müssen, zu widerlegen. Da Gott wirklich allmächtig sei, so argumentiert Leibniz dabei, hätte er natürlich eine andere, bessere Welt schaffen können. Und eben darum hätte Gott nicht diese Welt erschaffen, so wie sie ist, „wenn sie nicht unter allen möglichen die beste wäre“ (I, 8). Diese „Beweisführung“ reizte den französischen Philosophen Voltaire zum Spott, und er karikierte sie in seinem Roman „Candide“ (1759). Dort versucht der stets optimistische Erzieher und Philosoph Maître Pangloss zu beweisen, daß alles aufs beste geregelt sei „in der besten der möglichen Welten“ (im französischen Original: *dans le meilleur des mondes possibles*). In Voltaires Roman aber zeigt das tägliche Leben mit seinen zahlreichen Widrigkeiten, daß „die Welt“ nur das sein kann, was der in ihr lebende Mensch daraus macht.

Bestgehaßter Mann

Der Ausdruck mit der eigenwilligen adjektivischen Zusammensetzung geht wohl auf Otto von Bismarck (Reichskanzler von 1871–1890) zurück. In einer Rede im preußischen Landtag während der Zeit der Auseinandersetzung der protestantisch-preußischen Staatsmacht mit der katholischen Kirche (des sogenannten „Kulturkampfes“ von etwa 1871–1878) rief der Reichskanzler aus, daß er wohl – mit Stolz – von sich behaupten könne, „die am besten gehaßte Persönlichkeit“ im Deutschen Reich zu sein.

Die **Bestie** im Menschen

↑ La bête humaine

Es ist **bestimmt** in Gottes Rat

↑ Wenn Menschen auseinandergehn, so sagen sie: auf Wiedersehn, ja, Wiedersehn!

Bete und arbeite!

↑ Ora et labora!

↑ Bei genauerer **Betrachtung** steigt mit dem Preise auch die Achtung

Betrogener Betrüger

So nennt man jemanden, der andere hintergehen wollte, aber dann selbst arglistig getäuscht worden ist. Die Bezeichnung geht auf die sogenannte Ringparabel in Gotthold Ephraim Lessings (1729–1781) Versdrama „Nathan der Weise“ (III, 7) zurück. Hier treten drei Söhne eines Mannes vor den Richter und behaupten, ein jeder habe vom Vater einen Ring mit besonderen Kräften geerbt, aber nur einer könne der echte sein. Der weise Richter schlichtet den Streit, indem er eine salomonisch-pragmatische Entscheidung fällt: „Oh, so seid ihr alle drei/Betrogene Betrüger! Eure Ringe/sind alle drei nicht echt.“

Der ↑wahre **Bettler** ist der wahre König

Bewaffneter Friede

Der deutsche Epigrammatiker Friedrich von Logau (1604–1655) betitelte zwei seiner Sinngedichte „Gewaffneter Friede“ und „Der geharnischte Friede“. Er nahm damit Bezug auf die Zeit nach dem 30jährigen Krieg in Deutschland. Die deutschen Fürsten hatten im Westfälischen Frieden von 1648 das Bewaffnungsrecht und das Recht der Entscheidung über Krieg und Frieden zugesprochen bekommen. Der Kaiser konnte also im Reich nicht einfach mehr einen Krieg befehlen, andrerseits fand sich bald in jedem Kleinstaat ein stehendes Heer. Allerdings sah Logau auch einen möglichen Vorteil in der Entwicklung, wie es das Sinngedicht zeigt: „Der Friede geht im Harnisch her;/wie ist es so bestellt?/Es steht dahin; er ist vielleicht die Pallas unsrer Welt.“ Beide Titel führten wohl zur Bildung des Ausdrucks „bewaffneter Friede[n]“, der vor allem durch das Gedicht von Wilhelm Busch über Fuchs und Igel allgemein bekannt wurde.

↑Und sie **bewegt** sich doch!

Bewundert viel und viel gescholten

„Bewundert viel und viel gescholten, Helena,/Vom Strande komm’ ich, wo wir erst gelandet sind“. Mit diesen Worten betritt im sogenannten Helena-Akt im 2. Teil von Goethes „Faust“ die schöne Helena die Bühne (Faust II, 3, Vers 8488 f.). Treffend charakterisiert sie so ihre Lebensgeschichte. Ihre verführerische Schönheit wurde in der Antike gerühmt. Aber ihre Treulosigkeit dem Gatten gegenüber brachte schließlich das Leid eines langen Krieges über Griechen und Trojaner. Was Helena im Faust von sich sagt, kann auch heute noch auf viele Menschen bezogen werden; wohl niemand vermag die ungeteilte Zustimmung aller zu erreichen. Fast immer gehen Bewunderung und Kritik Hand in Hand, zumal wenn jemand im Rampenlicht der Öffentlichkeit steht.

↑Mit dem **Bezahlen** wird man das meiste Geld los

Biedermann und die Brandstifter

In diesem Theaterstück, das im März 1953 als Hörspiel unter dem Titel „Herr Biedermann und die Brandstifter“ im Bayerischen Rundfunk gesendet und im März 1958 in Zürich auf der Bühne uraufgeführt wurde, veranschaulicht Max Frisch (1911–1991) typische Verhaltensweisen des Spießers und saturierten Bürgers. Feiges konformistisches Denken führt dazu, daß dem Verbrechen kein Widerstand entgegengesetzt wird und „Brandstifter“ ungehindert zu Werke gehen können. Der Titel dieses Stücks wird dementsprechend dann zitiert, wenn Konformismus und übersteigertes Sicherheitsdenken angeprangert werden sollen, wenn das Sankt-Florians-Prinzip so weit getrieben wird, daß dem Brandstifter die Streichhölzer in die Hand gegeben werden, in der Hoffnung, er möge das Nachbarhaus anzünden.

Big Brother is watching you

In seinem Roman „1984“ zeichnet der englische Schriftsteller George Orwell (1903–1950) das Schreckensbild eines menschenverachtenden totalitären Staates, in dem das Individuum totaler Überwachung unterliegt und selbst bis in intimste Bereiche verwaltet und beherrscht wird. (Die Jahreszahl „1984“ wurde zu einer Art Symbolzahl für das Schreckensbild eines solchen Staates.) An der Spitze des Staatsapparates steht ein fiktiver Parteiführer, der „Große Bruder“ (englisch: *Big Brother*), dessen Bild allgegenwärtig ist und mit seinen Augen jedem überallhin zu folgen scheint („Der Große Bruder beobachtet dich“, englisch: *Big Brother is watching you*). Der Ausdruck „der große Bruder“ ist dann zur Metapher für eine allmächtige, alle und alles überwachende Staatsgewalt geworden. Er wird gelegentlich aber auch scherzhaft verwendet, wenn man ausdrücken will, daß eine höhere Stelle, ein größerer, mächtigerer Partner seine Augen überall hat und man stets unter Beobachtung ist.

Ein **Bild** für die Götter

So – oder auch als „Anblick" oder „Schauspiel für die Götter" – beschreibt man scherzhaft einen grotesken, komischen Anblick, den jemand oder etwas bietet. Eine solche Wendung findet sich schon in Goethes Singspiel „Erwin und Elmire" (1775), wo es heißt: „Ein Schauspiel für Götter/Zwei Liebende zu sehn!/Das schönste Frühlingswetter/Ist nicht so warm, so schön" (I, 1). Bei Goethe wird also das „Schauspiel für Götter" noch als etwas sehr Schönes, keineswegs als etwas Lächerliches angesehen.

Bilde, Künstler! Rede nicht!

Dies ist der erste Teil des Mottos, das Goethe der Abteilung „Kunst" seiner 1815 erschienenen Gedichtsammlung vorangestellt hat. Es lautet vollständig: „Bilde, Künstler! Rede nicht!/Nur ein Hauch sei dein Gedicht." Die Worte sind als Aufforderung an den schreibenden Künstler zu verstehen, keine „Wörtermuseen" zu schaffen, sondern seinen Stoff mit sparsamen Mitteln und künstlerischer Leichtigkeit möglichst bildhaft und anschaulich zu gestalten. Auf das Zitat kann sich literarische Kritik auch heute noch berufen, wenn die farblose Geschwätzigkeit eines Werkes angeprangert werden soll.

↑ Wie sich die **Bilder** gleichen

Es **bildet** ein Talent sich in der Stille, sich ein Charakter in dem Strom der Welt

Leonore Santivale, die Freundin der Prinzessin Leonore von Este richtet diese Worte an deren Bruder Alfons II., den Herzog von Ferrara, den Mäzen des Dichters Torquato Tasso in Goethes gleichnamigem Schauspiel (1790). Der Herzog wartet ungeduldig auf die Vollendung eines Werkes des Dichters und übt Kritik an dessen Art, menschenscheu und zurückgezogen über seiner Arbeit zu sitzen. Mit dem Zitat drückt man heute aus, daß ein Mensch nur zu einer wirklichen Persönlichkeit werden kann, wenn er sich auch gesellschaftlichen Aufgaben stellt und im Leben bewährt. Der Anfang des Zitates wird auch gebraucht, wenn – gelegentlich scherzhaft – gesagt werden soll, daß jemand, ohne daß es bemerkt worden ist, Qualitäten entwickelt hat.

↑ Dies **Bildnis** ist bezaubernd schön

Bildung macht frei

Dieses Motto hatte der deutsche Verlagsbuchhändler Joseph Meyer (1796 bis 1856), der Gründer des „Bibliographischen Instituts", seiner „Groschen-Bibliothek der deutschen Klassiker für alle Stände" (1850 ff.) vorangestellt. Es wurde bald zum Schlagwort für die Anhänger einer liberalen Schulpolitik. Im „Schlußwort des Herausgebers" seines 52bändigen „Großen Conversations-Lexikons" (erschienen 1855) hat er diesen Gedanken noch einmal formuliert: „Die Intelligenz aller ist der stärkste Hort der Humanität und Freiheit." Meyers Worte haben ihre Bedeutung bewahrt und bringen auch heute noch zum Ausdruck, daß die Unfreiheit der Unwissenheit nur durch die Durchsetzung des Rechtes aller auf Wissensvermittlung und Information beseitigt werden kann.

Bin weder Fräulein, weder schön, kann ungeleitet nach Hause gehen

In der Szene „Straße" im ersten Teil von Goethes „Faust" weist Gretchen mit diesen Worten kurz angebunden Faust ab, der sie schmeichelnd zuvor gefragt hatte: „Mein schönes Fräulein, darf ich wagen,/Meinen Arm und Geleit Ihr anzutragen?" Mit dem Zitat wehrt man, meist in gewollt schnippisch-scherzhaftem Ton, übertriebene Komplimente und Schmeicheleien ab. – „Fräulein" wird von Goethe im „Faust" noch im alten Sinne von „junge Frau des vornehmen Standes, aus dem Adel" gebraucht.

Bis aufs Blut

Wir kennen heute die Wendungen „jemanden bis aufs Blut peinigen, quälen oder reizen". Der bildhafte Ausdruck „bis aufs Blut" findet sich bereits im Neuen Testament. Hier heißt es im „Hebräerbrief" (12, 4): „Denn ihr habt noch nicht bis aufs Blut widerstanden in dem Kämpfen wider die Sünde." „Bis aufs Blut" meint eigentlich „bis hin zum Blutvergießen", im übertragenen Sinne bedeutet es „bis zum äußersten".

Bis aufs Messer

Als nach der französischen Intervention in Portugal im Jahre 1807 die napoleonischen Truppen Spanien besetzten, kam es 1808/1809 zur Belagerung von Saragossa. Die Aufforderung zur Kapitulation der Stadt soll der spanische General José de Palafox y Melci (1776 bis 1847) mit den Worten „Krieg bis aufs Messer" (also unter Einsatz auch der letzten und primitivsten Waffen) abgelehnt haben. Die Fügung „bis aufs Messer" wird heute mit wechselndem Bezugswort (häufig mit „Kampf" oder „Streit") verwendet, um auszudrücken, daß bei einer Auseinandersetzung alle Mittel von den Kontrahenten eingesetzt werden und auch vor Anwendung von Gewalt nicht zurückgeschreckt wird.

Bis dat, qui cito dat

↑Doppelt gibt, wer gleich gibt

Bis hieher hat mich Gott gebracht

So beginnt ein unter den Liedern zum Jahreswechsel eingeordnetes Kirchenlied von Ämilie Juliane Gräfin von Schwarzburg-Rudolstadt (1637–1706). „Bis hieher hat mich Gott gebracht/ durch seine große Güte./Bis hieher hat er Tag und Nacht/bewahrt Herz und Gemüte." Der Text geht von einer Bibelstelle aus (1. Samuel 7, 12), die sich auf den Sieg der Israeliten über die Philister mit Gottes Hilfe bezieht und folgenden Wortlaut hat: „Bis hieher hat uns der Herr geholfen." – Carl Zuckmayer läßt in seinem Stück „Der Hauptmann von Köpenick" (2, 8) die Gefangenen in der Zuchthauskapelle diesen Choral (in leicht abgewandelter Form) anstimmen: „Bis hierher hat uns Gott geführt./In seiner großen Güte –". – Man verwendet das Zitat scherzhaft oder ironisch, wenn man sich an einem Ort oder in einer Situation befindet, die man nicht als positiv ansieht.

Bis hierher und nicht weiter

Mit dieser Redewendung drückt man aus, daß etwas die Grenze des Tolerierbaren erreicht hat. Sie geht vermutlich zurück auf das Buch Hiob im Alten Testament. Jahwe stellt darin die Frage: „Wer hat das Meer mit Türen verschlossen, da es herausbrach wie aus Mutterleib" (38, 8) und zitiert dann seine eigenen Worte, mit denen er das Meer bei der Erschaffung der Welt in seine Grenzen verwiesen hat: „Bis hierher sollst du kommen und nicht weiter; hier sollen sich legen deine stolzen Wellen!" (38, 11).

↑Und **bist** du nicht willig, so brauch' ich Gewalt

Bist du's, Hermann, mein Rabe?

Die Frage stellt der alte Graf Moor in Schillers „Räubern" (1781) an den zu ihm haltenden Untergebenen, der dem im Schloß gefangengehaltenen Grafen heimlich etwas zu essen bringt. Die Anrede „mein Rabe" ist eine Anspielung auf die Raben im 1. Buch von den Königen (17, 4 u. 6) im Alten Testament, wo es Raben sind, die während einer Dürre Elia mit Nahrung versorgen: „Und die Raben brachten ihm Brot und Fleisch des Morgens und des Abends." – Heute wird das Zitat gelegentlich als scherzhafte Anrede an jemanden gebraucht, den man nicht gleich erkennt oder über dessen Erscheinen man sehr erstaunt ist.

Das **bittere** Brot der Verbannung essen

Die Redewendung geht auf Shakespeares Drama „Richard II." zurück. Darin klagt Herzog Bolingbroke: „Ich selbst, ein Prinz durch Rechte und Geburt,/... Mußt' eurem Unrecht meinen Nacken beugen,/... Und essen der Verbannung bittres Brot." Die Verbannung aus der Heimat wurde als Strafe für einen in Ungnade Gefallenen im Altertum und im Mittelalter häufig verhängt. Sie traf auch Dante (1265–1321), in dessen „Göttlicher Komödie" sich eine ähnlich formulierte Klage findet: „Verlassen wirst du alles, was am meisten/Du je geliebt: das ist der erste Pfeil,/Der dich ereilt vom Bogen der Verbannung./Du wirst erfahren, wie nach Salze schmecket/Das Brot der Fremde" (Das Paradies, 17. Gesang, Vers 55 ff.). Noch heute kann man diese Redewendung gebrauchen, wenn von einem Menschen die Rede ist, der seine Heimat verlassen mußte und in einem fremden Land zu leben gezwungen ist.

Bittet, so wird euch gegeben

↑Suchet, so werdet ihr finden

Black is beautiful

Dieses Schlagwort (auf deutsch: „Schwarz ist schön") ist aus der gegen die Rassendiskriminierung gerichteten amerikanischen Black-Power-Bewegung der sechziger Jahre unsres Jahrhunderts hervorgegangen. Es ist Ausdruck des gewachsenen Selbstbewußtseins der Menschen schwarzer Hautfarbe in Amerika. – „Black is beautiful" wurde in den siebziger Jahren gelegentlich von der CDU in der Wahlwerbung verwendet und bezog sich hier scherzhaft auf die umgangssprachliche Bezeichnung der CDU/CSU-Politiker als „die Schwarzen". Als Zitat kann es auch ganz vordergründig auf die Farbe Schwarz (zum Beispiel von jemandes Kleidung) bezogen oder entsprechend abgewandelt werden.

Black Power

Dieses Schlagwort des radikaleren Teils der Bürgerrechtsbewegung in den USA bedeutet soviel wie „schwarze Macht". Es geht zurück auf den 1954 erschienenen gleichnamigen Roman des amerikanischen Schriftstellers Richard Wright (1908–1960) und bezieht sich auf den Versuch der amerikanischen Schwarzen, Macht und Einfluß in der politischen, sozialen und kulturellen Sphäre zu gewinnen und auszuüben.

Blamier mich nicht, mein schönes Kind

Mit diesem Vers beginnt ein Vierzeiler von Heinrich Heine aus dem Jahr 1824. Man findet ihn unter der Nummer 17 in der „Nachlese zu den Gedichten". Vollständig lautet das Gedicht: „Blamier mich nicht, mein schönes Kind,/Und grüß mich nicht unter den Linden;/Wenn wir nachher zu Hause sind,/Wird sich schon alles finden." Der zitierte Vers und das ganze Gedicht drücken keine besondere Achtung vor der Frau aus, an die sie gerichtet sind. – Als Zitat kann der Vers als scherzhafte Warnung dienen. Mit der zweiten Zeile drückt man aus, daß man selbst oder auch ein anderer nicht mit jemandem oder einer Sache in Beziehung gebracht werden möchte.

↑Du bist so **blaß,** Luise

Die **blaue** Blume

Als geheimnisvolles Symbol erscheint die „blaue Blume" in dem Romanfragment „Heinrich von Ofterdingen" (1802) des Dichters Friedrich von Hardenberg (Novalis). Zu Beginn des Romans erfährt der junge Dichter Heinrich von Ofterdingen durch einen fremden Reisenden von der wunderbaren Blume. Sein ganzes Verlangen richtet sich von diesem Augenblick an darauf, sie zu finden: „die blaue Blume sehn' ich mich zu erblicken. Sie liegt mir unaufhörlich im Sinn, und ich kann nichts anderes dichten und denken." Heinrich Heine nimmt darauf in seiner Prosaschrift „Geständnisse" Bezug: „Die blaue Blume als das Symbol der romantischen Sehnsucht hat Novalis in seinem Roman ‚Heinrich von Ofterdingen' erfunden und gefeiert." In Wirklichkeit ist die „blaue Blume" schon vor der Zeit der Romantik zu finden. Sie gehört in die Volkssage, in der vielfach von einer blauen Wunderblume berichtet wird, die einer zufällig findet und die ihm den Zugang zu verborgenen Schätzen eröffnet. – Wenn man heute von jemandem sagt, er suche nach der „blauen Blume", so bringt man damit meist zum Ausdruck, daß man ihn für einen Träumer hält, für jemanden, der sich nicht auf dem Boden der Realität bewegt.

↑Wer einmal aus dem **Blechnapf** frißt

Bleibe im Lande, und nähre dich redlich

Der zum Sprichwort gewordene Vers aus Psalm 37 (Vers 3) ermahnt die Gläubigen dazu, sich zu bescheiden, keinen Neid gegenüber den „Gottlosen" bei sich aufkommen zu lassen: „Denn wie das Gras werden sie (= die Bösen, die Übeltäter) bald abgehauen, und wie das grüne Kraut werden sie verwelken" (Vers 2). Das Sprichwort wird heute vielfach mit leicht ironischem Unterton gebraucht. Es rät von Plänen ab, die vom Sprecher als allzu hochfliegend oder riskant angesehen werden und empfiehlt, mit der gewohnten Umgebung und Lebenssituation zufrieden zu sein.

Es **bleibt** immer etwas hängen

Mit leichten Variationen („Etwas bleibt immer hängen", „Immer bleibt etwas hängen") wird diese sprichwörtliche Redensart verwendet, wenn man ausdrücken möchte, daß von Verleumdung und übler Nachrede meist etwas zurückbleibt, auch wenn sie eindeutig als solche erkannt und verurteilt worden sind. Die Redensart wird auch in ihrer lateinischen Form, *Semper aliquid haeret,* gebraucht. Die vollständige Fassung lautet: *Audacter calumniare, semper aliquid haeret* (auf deutsch: „Nur frech verleumden, etwas bleibt immer hängen"). In dieser Form wird sie von dem englischen Philosophen und Staatsmann Francis Bacon (1561–1626) in seiner Schrift „Über die Würde und den Fortgang der Wissenschaften" („De dignitate et augmentis scientiarum") als sprichwörtlich erstmals angeführt. Die eigentliche Quelle ist nicht nachzuweisen. Als Ursprung wird oft eine Stelle in der Schrift „De adulatore et amico" („Über den Schmeichler und den Freund") des griechischen Schriftstellers Plutarch (um 46–um 125) angenommen, wo die Verleumdung mit einer Bißwunde verglichen wird, von der immer eine Narbe zurückbleibt.

Bleierne Zeit

In seinem Gedicht „Der Gang aufs Land" fordert Friedrich Hölderlin (1770–1843) zu einem Ausflug in die Umgebung Stuttgarts auf, obgleich der Himmel noch bedeckt ist: „Trüb ist's heut, es schlummern die Gäng' und die Gassen und fast will/Mir es scheinen, es sei, als in der bleiernen Zeit." Im folgenden wird der Hoffnung auf spätere Besserung der Verhältnisse Ausdruck gegeben; man soll also ein Vorhaben auch dann beginnen, wenn die Umstände zunächst dagegen zu sprechen scheinen. – Die Regisseurin Margarethe von Trotta drehte 1981 einen Film mit dem Titel „Die bleierne Zeit" und zeigte darin die Möglichkeiten des politischen Widerstands in unserer Zeit am Beispiel zweier Schwestern, von denen eine in das Umfeld des Terrorismus gerät. – Das Zitat wird allgemein in bezug auf trostlose gesellschaftliche oder individuelle Lebensumstände gebraucht, in denen man nur mit Mühe die Hoffnung auf Besserung bewahren kann.

Blendwerk der Hölle

Ein „Blendwerk der Hölle", einen höllischen Trug, nennt der eifersüchtige Don Cesar den Anblick seiner Schwester Beatrice in den Armen seines Bruders Don Manuel in Schillers Trauerspiel „Die Braut von Messina oder die feindlichen Brüder" (1803). Beide Brüder lieben Beatrice, von der sie zunächst nicht wissen, daß es ihre Schwester ist, die die Mutter vor ihnen verborgengehalten hat. – Als emphatischer Ausruf kann das Zitat jemandes Entrüstung zum Ausdruck bringen, wenn er sich durch den äußeren Anschein einer Sache auf skandalöse Weise getäuscht sieht.

Einen **Blick,** geliebtes Leben! Und ich bin belohnt genug

Dies sind die beiden Schlußzeilen der dritten Strophe eines Gedichtes mit dem

Titel „Mit einem gemalten Band", das Goethe 1771 Friederike Brion zugeeignet hat. Ein Blick (in einer anderen Fassung des Gedichts ein Kuß) ist Lohn genug für ein mit Rosen bemaltes Band, das der Geliebten zum Geschenk gemacht wird. Mit dem Zitat kann man in scherzhafter Übertreibung ein bewundertes oder geliebtes Wesen darum bitten, einen wenigstens einmal (oder nach einem Streit wieder) anzusehen.

↑Ich kann den **Blick** nicht von euch wenden

Blick zurück im Zorn

Im Jahr 1956 erschien das Schauspiel *Look back in Anger* des Engländers John Osborne. Der deutsche Titel lautet „Blick zurück im Zorn". Der große Erfolg dieses Stücks, das 1959 mit Richard Burton verfilmt wurde, war der Figur seines Helden zu verdanken. Dieser war der Prototyp des „zornigen jungen Mannes", der gegen die bestehende Gesellschaftsordnung, in der er keinen Platz zu finden glaubte, rebellierte. In ihm erkannte sich eine ganze Generation wieder. – Das Zitat nimmt Bezug auf jemandes Zorn über etwas in der Vergangenheit Liegendes, das er noch nicht vergessen oder noch nicht verarbeitet hat. – Das formelhaft gewordene „Blick zurück ..." ermöglicht auch andere Verknüpfungen, zum Beispiel „Blick zurück nach Woodstock" oder „Blick zurück nach Godesberg", mit denen man auf zurückliegende Ereignisse verweist, die einer Epoche ihren Stempel aufgedrückt haben.

Blick' ich umher in diesem edlen Kreise

Das Zitat stammt aus der Oper „Tannhäuser" (1845) von Richard Wagner. Der Titelheld befindet sich auf der Wartburg, am Hof des Landgrafen von Thüringen, wo ein Sängerwettstreit stattfinden soll. Als erster Sänger tritt Wolfram von Eschenbach auf. Er begrüßt die festliche Runde der Zuhörer mit den Worten: „Blick' ich umher in diesem edlen Kreise,/welch hoher Anblick macht mein Herz erglüh'n!" – Man kann das Zitat verwenden, um – meist im Scherz – eine Gesellschaft, eine Gruppe von Personen mit einer gewissen Grandezza zu begrüßen oder sich mit einer Ansprache an sie zu wenden.

↑Mit **Blindheit** geschlagen sein

↑Was? Der **Blitz!** Das ist ja die Gustel aus Blasewitz

Blonde Bestie

In seiner Streitschrift „Zur Genealogie der Moral" (1887) erklärt der deutsche Philosoph Friedrich Nietzsche (1844 bis 1900), daß es gerade die Angehörigen der „vornehmen Rasse" sind, „welche durch gegenseitige Bewachung, durch Eifersucht inter pares in Schranken gehalten sind", und daß eben diese das Bedürfnis haben, von Zeit zu Zeit aus sich herauszugehen, die Enge der Zivilisation zu verlassen. Die Freiheit von allen sozialen Zwängen genießend, wird so der Vertreter der Nietzscheschen Herrenmoral eine „nach Beute und Sieg lüstern schweifende blonde Bestie". Nietzsche stellt im weiteren klar, daß zwischen „der blonden germanischen Bestie", die im Europa der Völkerwanderung und der Wikingerzüge die „Kühnheit einer vornehmen Rasse" verkörperte, und den Deutschen „kaum eine Begriffs-, geschweige eine Blutsverwandtschaft besteht". Dennoch wurde gerade das Bild der „blonden Herrenrasse" von der nationalsozialistischen Ideologie begierig übernommen. – Als „blonde Bestie" wird heute noch gelegentlich in emphatischer Ausdrucksweise ein blonder, durch besondere Grausamkeit oder Wildheit charakterisierter Mensch bezeichnet.

Der ↑große **Blonde** mit dem schwarzen Schuh

Blondinen bevorzugt

Dies ist der deutsche Titel einer amerikanischen Filmkomödie mit Marilyn Monroe und Jane Russel aus dem Jahr

1953. Der amerikanische Titel lautet: *Gentlemen Prefer Blondes*. Die Hauptdarstellerinnen spielen zwei Tingeltangelsängerinnen, von denen die eine eine Vorliebe für Diamanten und die andere ein Faible für Männer hat (welche sich angeblich in blonde Frauen besonders leicht verlieben). – Die prägnante Formulierung „... bevorzugt" findet sich in den verschiedensten Kontexten, vor allem auch in Inseraten, wo man zum Beispiel „Nichtraucher bevorzugt" oder „Wochenendheimfahrer bevorzugt" lesen kann.

Blühen und grünen

Die häufig verwendete Zwillingsformel, mit der man Frühlingswachstum, frisches Grün, Blüten und auch gutes Gedeihen der Saat assoziiert, findet sich bereits im Alten Testament. Bei Jesaja heißt es (27,6): „Es wird ... dazu kommen, daß Jakob wurzeln und Israel blühen und grünen wird, daß sie den Erdboden mit Früchten erfüllen." – In dem 1810 entstandenen „Mailied" von Goethe erscheint die Formel in den Versen: „Grünt und blühet/Schön der Mai" in umgekehrter Reihenfolge.

Blühender Unsinn

Dies ist der zum geflügelten Wort gewordene Titel eines Gedichtes von Johann Georg Friedrich Messerschmidt, der von 1776 bis 1831 lebte und Lehrer an der Fürstenschule Schulpforta war. Auch in der stabreimenden Abwandlung „blühender Blödsinn" wird der Ausdruck häufig als Steigerung der Wörter „Unsinn" bzw. „Blödsinn" verwendet.

Die ↑blaue **Blume**

↑Sag mir, wo die **Blumen** sind

Blut ist dicker als Wasser

Der Ausspruch – eine auch in anderen Sprachen zu findende Redensart – wurde durch den deutschen Kaiser Wilhelm II. (Regierungszeit 1888–1918) besonders populär. Der Kaiser bezog sie auf das Verhältnis von Deutschen und Engländern zueinander. Es sollte damit zum Ausdruck gebracht werden, daß für beide Völker ihre Stammesverwandtschaft ihren Zusammenhalt bedinge, der durch die geographische Trennung durch Nordsee und Ärmelkanal nicht beeinträchtigt werden könne. – Die Redensart betont die besondere Bedeutung von Blutsverwandtschaft, deren Bindungen stärker als alles andere sind.

Blut ist ein ganz besondrer Saft

Faust – in Goethes Drama „Faust, der Tragödie erster Teil" – hat mit Mephisto einen Pakt geschlossen, den dieser besiegelt haben möchte. Faust soll den Vertrag „mit einem Tröpfchen Blut" unterzeichnen. In diesem Zusammenhang vermerkt Mephisto (2. Studierzimmerszene): „Blut ist ein ganz besondrer Saft". Die Unterschrift mit Blut gehört zu einem Bündnis mit dem Teufel; in älterer Mythologie gilt Blut als der Sitz der Seele und des Lebens. – Als Zitat dient der Ausspruch zum Beispiel dazu, die besonderen Bindungen, die durch Blutsverwandtschaft gegeben sind, hervorzuheben, die in bestimmten Zusammenhängen wirksam werden.

Blut, Schweiß und Tränen

Im Original lautet der Kontext des Zitats: *I would say to the House, as I said to those who have joined this Government, 'I have nothing to offer but blood, toil, tears and sweat'.* („Ich möchte dem Haus sagen, was ich zu denjenigen sagte, die sich dieser Regierung angeschlossen haben: Ich habe nichts anzubieten als Blut, Mühe, Tränen und Schweiß.") Es stammt aus einer Rede, die Winston Churchill als englischer Premierminister am 13. Mai 1940 vor dem Unterhaus gehalten hat. – Zum geflügelten Wort wurde der Ausspruch in verkürzter Form. Er wird in Zusammenhängen gebraucht, in denen von einer Aufgabe die Rede ist, die einem einzelnen oder einer Gruppe den größten Einsatz abverlangt.

Blut und Boden

Dieser Ausdruck war einer der Schlüsselbegriffe der nationalsozialistischen Ideologie. Er findet sich jedoch schon vor der Zeit des Dritten Reichs. So zum

Beispiel bei dem Kulturphilosophen Oswald Spengler in seinem zwischen 1918 und 1922 entstandenen Werk „Der Untergang des Abendlandes“ und bei August Winnig in seinem Buch „Das Reich als Republik“ (1928), das mit dem Satz „Blut und Boden sind das Schicksal der Völker“ beginnt. Zum Schlagwort des Dritten Reichs wurde die Formel durch eine Schrift von Walter Darré mit dem Titel „Neuadel aus Blut und Boden“ (1930). Die Begriffe „Blut“ und „Boden“ stehen für „Rasse und Volkstum“ und die Verwurzelung des Volkes in seinem Lebensraum. Eine bestimmte Art der Bauern- und Heimatdichtung wurde entsprechend in der Zeit der nationalsozialistischen Herrschaft mit der Bezeichnung „Blut-und-Boden-Dichtung“ belegt.

Blut und Eisen

Die Formel ist durch Bismarck populär geworden, der wiederholt die Verbindung der beiden Begriffe als Metapher für Krieg und Gewalt in Zusammenhang mit der Durchsetzung politischer Ziele verwendete. Bekannt ist seine Äußerung vor dem preußischen Abgeordnetenhaus aus dem Jahr 1862: „Nicht durch Reden und Majoritätsbeschlüsse werden die großen Fragen der Zeit entschieden – das ist der Fehler von 1848 und 1849 gewesen –, sondern durch Eisen und Blut.“ Von 1886 ist eine weitere Äußerung Bismarcks belegt: „... ich hatte gesagt: Legt möglichst starke militärische Kraft, mit anderen Worten möglichst viel Blut und Eisen in die Hand des Königs von Preußen ...; mit Reden und Schützenfesten und Liedern macht sie (= die Politik) sich nicht, sie macht sich nur durch Blut und Eisen.“ Die Formel wurde zum Schlagwort für eine Politik, für die der Krieg das vorrangige Mittel zur Erreichung bestimmter Ziele war.

↑ Bis aufs **Blut**

↑ Mit dem **Blute** meines eigenen Herzens geschrieben

↑ Weil nicht alle **Blütenträume** reiften

↑ Kann ich Armeen aus dem **Boden** stampfen?

Den **Bogen** überspannen

↑ Allzu straff gespannt zerspringt der Bogen

↑ Mit der **Bombe** leben

Bonjour Tristesse

Dies ist der Titel eines 1954 erschienenen Romans der französischen Schriftstellerin Françoise Sagan. Der Roman versucht, das Lebensgefühl der Menschen in einer Gesellschaft des Überflusses und des Luxus in den 50er Jahren unseres Jahrhunderts einzufangen. Überdruß, Langeweile und eine unbestimmte Art von Melancholie werden als ihre Charakteristika vorgeführt. 1957 wurde das Buch in den USA unter der Regie von Otto Preminger mit Deborah Kerr und David Niven in den Hauptrollen verfilmt. – Das Zitat wird gebraucht, etwa um jemandes „triste“ Stimmung, die Tristheit einer bestimmten Umgebung oder etwas ähnlich deprimierend Wirkendes anzusprechen.

Bonnie und Clyde

Der amerikanische Film *Bonnie and Clyde* wurde im Jahr 1967 von Arthur Penn mit Warren Beatty und Faye Dunaway in den Hauptrollen gedreht. Er erzählt die Geschichte zweier junger Leute aus der Provinz, die als skrupellose Gangster ihren Traum von Reichtum und Unabhängigkeit wahrzumachen versuchen. Ihr tragisches Ende im Kampf gegen Polizei und Staatsmacht ließ sie zu mythisch verklärten Volkshelden werden. Der Filmtitel wird zitiert, wenn man sich auf einen Mann und eine Frau bezieht, die in ähnlich unbekümmerter Weise aufsehenerregende Verbrechen begangen haben. Auch die Ausdrücke „Bonnie-und-Clyde-Methoden“ oder „in Bonnie-und-Clyde-Manier“ sind geläufig.

Böse Menschen haben keine Lieder

↑Wo man singt, da laß dich ruhig nieder

Eine **böse** Sieben

Als „böse Sieben" bezeichnet man umgangssprachlich eine zanksüchtige Frau. In der Literatur findet sich der Ausdruck mit dieser Bedeutung zuerst bei dem Schriftsteller Johann Sommer (1559–1622) in seinem Werk „Ethographia mundi" (auf deutsch: „Sittenbeschreibung der Welt"). Hierin heißt es: „Ist denn deine Frau so eine böse Siebene ...?" Mutmaßlich geht der Ausdruck auf eine Spielkarte in dem seit dem 15. Jahrhundert bekannten Kartenspiel „Karnöffel" zurück. In diesem Spiel gab es eine Karte mit der Zahl Sieben, die alle anderen stechen, ihrerseits aber von keiner anderen Karte gestochen werden konnte. Man nannte sie „Teufel" oder „böse Sieben". Daß eine zanksüchtige Frau mit der „bösen Sieben" in Verbindung gebracht wurde, erklärt sich daraus, daß auf dieser Spielkarte eine Frau abgebildet war, die mit ihrem Mann streitet.

Das ↑Gute – dieser Satz steht fest – ist stets das **Böse,** was man läßt

Den **Bösen** sind sie los, die Bösen sind geblieben

Faust und Mephisto befinden sich in der Hexenküche (Goethe, Faust I), wo Faust mit Hilfe eines Zaubertranks verjüngt werden soll. Die Hexe redet Mephisto als „Junker Satan" an. Doch der verbittet sich diese Anrede. „Den Namen, Weib, verbitt' ich mir!/.../Er ist schon lang ins Fabelbuch geschrieben;/Allein die Menschen sind nichts besser dran,/Den Bösen sind sie los, die Bösen sind geblieben." Der Teufel erscheint den Menschen nicht mehr als das Fabelwesen mit Pferdefuß und Hörnern. Er hat vielerlei andere Gestalt angenommen. – Das Zitat bringt zum Ausdruck, daß es eine Illusion ist zu denken, etwas Negatives könne ein für allemal für überwunden oder besiegt gelten, weil man eine einzelne Person, die dieses Negative verkörperte, entmachtet oder beseitigt hat. Die Schwäche und Fehlbarkeit des Menschen kann immer wieder in anderer Weise Gestalt annehmen.

↑Wenn dich die **bösen** Buben locken

Die **bösen** Buben von Korinth

Den „bösen Buben" begegnen wir in Wilhelm Buschs (1832–1908) Bildergeschichte „Diogenes und die bösen Buben von Korinth", erschienen in den „Münchner Bilderbogen". Zwei Knaben, die – wie „Max und Moritz" – nichts anderes im Sinn haben als böse Streiche, setzen die Tonne des Philosophen Diogenes in Bewegung. „Sie gehn ans Faß und schieben es;/,Halt, halt!' schreit da Diogenes." Aber dann bleiben sie mit ihren Kleidern an den Nägeln hängen, die aus dem Faß herausragen, und geraten unter das rollende Faß. Ihre Geschichte endet mit dem Vers: „Die bösen Buben von Korinth/Sind platt gewalzt, wie Kuchen sind." – Man gebraucht das Zitat scherzhaft, um beispielsweise übermütige Jugendliche zu charakterisieren.

↑Durch **böser** Buben Hand verderben

Böses mit Bösem vergelten

↑Gutes mit Bösem vergelten.

↑Er war von je ein **Bösewicht**

Die **Botschaft** hör' ich wohl, allein mir fehlt der Glaube

Wenn zum Ausdruck gebracht werden soll, daß man einer Sache sehr skeptisch gegenübersteht, daß man etwas sehr wohl verstanden hat, es aber nicht glauben oder für wahr halten kann, dann wird oft dieses Zitat aus Goethes Faust (Teil I, „Nacht") angeführt. Es sind die Worte, mit denen Faust den Verlust seines Glaubens konstatiert, als bei seinem Versuch, Gift zu nehmen, „Glockenklang und Chorgesang" zu ihm hereindringen und der „Chor der Engel" die Auferstehung Christi verkündet.

Es wird mit ↑Recht ein guter **Braten** gerechnet zu den guten Taten

Es ist ein **Brauch** von alters her: Wer Sorgen hat, hat auch Likör!

Die beiden bekannten Verse werden sehr häufig zusammen, aber auch einzeln zitiert. Es sind die Eingangsverse zum vorletzten Kapitel („Versuchung mit Ende") der Bildergeschichte „Die fromme Helene" von Wilhelm Busch (1832–1908), in dem von dem schlimmen Ende berichtet wird, das Helene genommen hat. Wenn der zweite Vers allein oder auch zusammen mit dem ersten zitiert wird, so wird damit in scherzhafter Weise stets auf Alkoholkonsum in irgendeiner Form angespielt. Der erste Vers dagegen kann ganz unabhängig von diesem Thema bei allen möglichen Gelegenheiten angeführt werden, wenn beispielsweise von einer alten Sitte die Rede ist, die weitergeführt werden soll, oder auch von einem alten Recht, das man beibehalten sehen möchte.

Es **braust** ein Ruf wie Donnerhall

In der nachnapoleonischen Zeit entstanden nach der preußischen Niederlage in Deutschland eine Reihe patriotischer Lieder. Aus Max Schneckenburgers (1819–1849) „Die Wacht am Rhein" wurde nicht nur die hier genannte erste Zeile allgemein bekannt; siehe auch die Artikel „Lieb Vaterland, magst ruhig sein" und „Die Wacht am Rhein". In der Vertonung von Carl Wilhelm (1854) wuchs die Popularität des Liedes, das man besonders in den Jahren 1870/71 als antifranzösisches Kampflied auffaßte und einsetzte. – Heute verwendet man das Zitat nur noch scherzhaft, etwa in einem Kontext wie: „Es braust ein Ruf wie Donnerhall – das kalte Büfett ist eröffnet!"

Die ↑gute Ehe ist ein ew'ger **Brautstand**

Der **brave** Mann denkt an sich selbst zuletzt

Das Wort vom „braven Mann" stammt aus dem Schauspiel „Wilhelm Tell" von Schiller. Es wird bereits in der 1. Szene des 1. Akts von Wilhelm Tell selbst gesprochen und bestimmt als eine Art Grundmotiv das gesamte Schauspiel. Der „brave Mann" ist nach älterem Sprachverständnis ein Mensch, der sich durch Rechtschaffenheit und Mut auszeichnet. Ein solcher Mensch ist auch fähig, seine eigene Person, seine Interessen in selbstloser Weise zurückzustellen, sich opferbereit für andere einzusetzen. Dieses Schillerzitat wird, auch wenn es Generationen von Schülern als Aufsatzthema gestellt worden ist, heute nur selten noch in seinem eigentlichen Sinn zitiert. Sehr viel häufiger ist der scherzhafte oder auch respektlos ironische Gebrauch, der bis zur unverhohlenen Abwandlung zu „Der brave Mann denkt an sich selbst zuerst" geht.

Ein **braves** Pferd stirbt in den Sielen

↑In den Sielen sterben

Brechen Sie dies rätselhafte Schweigen

Dieses Zitat, mit dem man jemanden in scherzhafter Weise auffordern kann, endlich von etwas zu berichten, etwas mitzuteilen, was man dringendst zu erfahren wünscht, stammt aus Schillers „Don Karlos" (I, 1). Es gehört zu den Anfangsworten des Dramas, die von Pater Domingo, dem Beichtvater Philipps II., gesprochen werden. Sie sind als eindringliche Mahnung an Don Karlos, den Sohn Philipps II., gerichtet, sich seinem Vater anzuvertrauen.

Die **Bretter,** die die Welt bedeuten

Diese Umschreibung für „Theaterbühne" geht auf Schillers Gedicht „An die Freunde" (1803) zurück. Dort heißt es in der letzten Strophe: „Sehn wir doch das Große aller Zeiten/Auf den Brettern, die die Welt bedeuten,/Sinnvoll still an uns vorübergehn." Das Gedicht setzt gegen die große geschichtliche Vergangenheit, gegen die Vorzüge anderer Landschaften und Orte das Recht des Gegenwärtigen, das Hier und Jetzt, das durch Menschlichkeit, Lebendigkeit und Phantasie gegenüber dem historisch Vergänglichen und dem fernen Weltgeschehen seine eigene Qualität gewinnt.

Brosamen, die von des Reichen Tisch fallen

Von jemandem, der in Armut lebt und der daher von anderen abhängig ist, kann man sagen, er sei auf die Brosamen angewiesen oder esse von den Brosamen, die von des Reichen oder von des Herrn Tisch fallen. Diese Ausdrucksweise geht zurück auf zwei Bibelstellen. Bei Matthäus (15,27) heißt es: „... aber doch essen die Hündlein von den Brosamen, die von ihrer Herren Tisch fallen." Bei Lukas (16,21) wird vom armen Lazarus berichtet, daß er „begehrte sich zu sättigen von den Brosamen, die von des Reichen Tische fielen".

Das **Brot** der frühen Jahre

Dieser Titel einer 1955 erschienenen Erzählung von Heinrich Böll (1917–1985) wird zitiert, wenn die noch nicht allzu günstigen Lebensumstände und Schwierigkeiten eines Menschen in jungen Jahren umschrieben werden sollen. In der Erzählung selbst (die 1962 unter dem gleichen Titel auch verfilmt wurde) ist dem Helden, der seine Jugend mit Hunger und Entbehrung in der Nachkriegszeit verlebte, das Brot zum Symbol geworden; er beurteilt seine Mitmenschen danach, ob sie fähig sind, ihr Brot mit anderen zu teilen.

↑Wenn sie kein **Brot** haben, sollen sie doch Kuchen essen

↑Wer nie sein **Brot** mit Tränen aß

Brot und Spiele

↑Panem et circenses

Die **Brücke** kömmt. Fritz, Fritz!

Der heute sicherlich nicht mehr allzu häufig gebrauchte scherzhafte Warnruf stammt aus einem Gedicht des Dichters Christian Fürchtegott Gellert (1715 bis 1769). In der moralisierenden Fabel „Der Bauer und sein Sohn" versucht ein Vater, seinem Jungen das Lügen und Aufschneiden auszutreiben, indem er ihn mit einer Geschichte von einem Stein auf einer bestimmten Brücke erschreckt. An diesem Stein soll jeder, der die Brücke überquert und an diesem Tage schon gelogen hat, zu Fall kommen und sich ein Bein brechen. Es wird nun erzählt, wie sich Vater und Sohn bei einem Spaziergang dieser Brücke nähern, und an dieser Stelle des Gedichts steht der warnende Ausruf „Die Brücke kömmt. Fritz, Fritz! wie wird dir's gehn!" Der Knabe, der behauptet hatte, er habe einen Hund von der Größe eines Pferdes gesehen, gesteht schließlich seine Aufschneiderei ein. – Auf diese Fabel geht auch die heute noch geläufige Redewendung „über diese Brücke möchte ich nicht gehen" im Sinne von „das erscheint mir wenig glaubhaft" zurück.

Bruder Lustig

Die scherzhafte, heute etwas antiquiert wirkende Bezeichnung „Bruder Lustig" für einen lebenslustigen, etwas leichtsinnigen und sorglosen Menschen geht auf ein Märchen der Brüder Grimm zurück, dessen Titelheld diesen Namen trägt. Es handelt sich dabei um einen Soldaten, der sich nach seiner Entlassung aus dem Kriegsdienst mit großer Unbekümmertheit und einer gewissen Pfiffigkeit durchs Leben schlägt, am Ende mit einer List sogar den „heiligen Petrus" hereinlegt und sich so Einlaß in den Himmel verschafft.

↑Und willst du nicht mein **Bruder** sein, so schlag' ich dir den Schädel ein

Brüder, zur Sonne, zur Freiheit!

Mit den Zeilen „Brüder, zur Sonne, zur Freiheit, Brüder zum Lichte empor!/Hell aus dem dunklen Vergangnen leuchtet die Zukunft hervor" beginnt das Lied der internationalen Gewerkschaftsbewegung. Zu einer Melodie aus dem 19. Jahrhundert schrieb Leonid P. Radin 1896 den russischen Text; die deutsche Fassung stammt von

Hermann Scherchen. Man zitiert den Beginn der ersten Zeile häufig im Zusammenhang mit Berichten über Gewerkschaften und deren Aktionen, oft aber auch unabhängig davon als scherzhafte Aufforderung, bei sonnigem Wetter nach draußen zu gehen oder zum Urlaub in den sonnigen Süden aufzubrechen.

Brüderlein fein, Brüderlein fein

Als eine Art scherzhafte Beschwichtigungsformel haben sich die Zeilen „Brüderlein fein, Brüderlein fein,/Mußt mir ja nicht böse sein!" erhalten. Sie entstammen dem „Lied der Jugend" aus der Bühnendichtung „Das Mädchen aus der Feenwelt oder Der Bauer als Millionär", einem „Romantischen Original-Zaubermärchen mit Gesang" des österreichischen Dramatikers Ferdinand Raimund (1790–1836), Musik von Joseph Drechsler (1782–1852).

↑Soll ich meines **Bruders** Hüter sein?

↑Politische **Brunnenvergiftung**

Der **Brustton** tiefster Überzeugung

Dieser Ausdruck geht auf den Historiker Heinrich von Treitschke (1834 bis 1896) zurück. Er verwendete ihn in dem Aufsatz „Fichte und die nationale Idee", erschienen in dem Sammelwerk „Historische und politische Aufsätze". Der „Brustton" ist der mit der „Bruststimme" hervorgebrachte Ton, bei dem der menschliche Brustkorb als Resonanzkörper dient. Er ist also ein Ton, der sehr voll und tragend klingen kann. Etwas „im" oder „mit dem Brustton der Überzeugung äußern" bedeutet „etwas äußern, wovon man völlig überzeugt ist".

↑Denn **Brutus** ist ein ehrenwerter Mann

↑Auch du, mein Sohn **Brutus**

Die ↑bösen **Buben** von Korinth

↑Als **Büblein** klein an der Mutterbrust

Buch des Lebens

Das Bild vom „Buch des Lebens" eines Menschen als dessen Schicksalsbuch, als Zusammenfassung gewissermaßen seines Lebens und Wirkens, geht auf die Bibel zurück. In das bereits im Alten Testament (2. Moses 32, 32) erwähnte Buch werden nach jüdischer Überlieferung die Gerechten von Gott eingetragen, während die Sünder daraus getilgt werden. Das Buch wird mehrfach in der Bibel genannt, so im Psalm 69, 29, wo vom „Buch der Lebendigen" die Rede ist, im Brief des Paulus an die Philipper 4, 3 und an verschiedenen anderen Stellen. Besonders bekannt geworden ist es aber durch die häufige Erwähnung in der Offenbarung des Johannes, wo es zu Beginn des 5. Kapitels als „ein Buch ... versiegelt mit sieben Siegeln" bezeichnet wird (vergleiche auch den Artikel „Ein Buch mit sieben Siegeln").

Ein **Buch** mit sieben Siegeln

Die Wendung „jemandem oder für jemanden ein Buch mit sieben Siegeln sein" hat die Bedeutung „für jemanden unverständlich, nicht durchschaubar sein, ein Geheimnis bleiben". Sie hat ihren Ursprung in der Bibel. Dort ist an mehreren Stellen von einem Buch die Rede, das als „Buch des Lebens" (vergleiche auch diesen Artikel) bezeichnet wird. In der Offenbarung des Johannes 5, 1 heißt es von diesem Buch: „Und ich sah in der rechten Hand des, der auf dem Stuhl saß, ein Buch, beschrieben inwendig und auswendig, versiegelt mit sieben Siegeln." Und in Vers 3 heißt es weiter: „Und niemand im Himmel noch auf Erden noch unter der Erde konnte das Buch auftun und hineinsehen." Goethe gebraucht die Wendung „jemandem ein Buch mit sieben Siegeln sein" im Faust (Faust I, Nacht): Der Famulus Wagner, der davon schwärmt, sich „in den Geist der Zeiten zu versetzen", wird von Faust mit den Worten zurechtgewiesen: „Mein Freund, die

Zeiten der Vergangenheit/Sind uns ein Buch mit sieben Siegeln ...“.

Bücher haben ihre Schicksale

↑Habent sua fata libelli

Des ↑vielen **Büchermachens** ist kein Ende

Die **Büchse** der Pandora

Der aus der griechischen Mythologie stammende Ausdruck wird in der Bedeutung „etwas Unheilbringendes“ gebraucht. Nach dem griechischen Dichter Hesiod (um 700 v. Chr.) war Pandora eine von Hephaistos aus Erde geformte, von den Göttern mit allen Vorzügen ausgestattete Frau, die Zeus mit einem Tonkrug, der alle Übel enthielt, auf die Erde sandte, um die Menschen für den Raub des Feuers durch Prometheus zu strafen.

↑Denn der **Buchstabe** tötet, aber der Geist macht lebendig

↑Und noch zehn Minuten bis **Buffalo**

Die ↑ganze Welt ist **Bühne**

Der **bunte** Rock

Der veraltete Ausdruck für „Soldatenrock, Uniformrock“ ist biblischen Ursprungs. Im 1. Buch Moses 37, 3 heißt es von Joseph, daß sein Vater ihm als dem Lieblingssohn einen bunten Rock machte. Entsprechend ausgezeichnet und herausgehoben waren die Soldaten durch ihren bunten, erst in späterer Zeit feldgrauen Uniformrock. In diesen sprachlichen Zusammenhang gehört die ebenfalls veraltete Redewendung „den bunten Rock anziehen bzw. ausziehen“ im Sinne von „zum Militärdienst gehen bzw. vom Militärdienst zurückkommen“.

↑In **bunten** Bildern wenig Klarheit

↑Dastehen wie **Buridans** Esel

Der **Bürokrat** tut seine Pflicht von neun bis eins! Mehr tut er nicht!

Das Zitat stammt aus dem 2. Akt der Operette „Der Obersteiger“ von Carl Zeller (1842–1898) mit dem Text von Moritz West und Ludwig Held. Es bildet den Refrain eines Couplets des Bergdirektors Zwack und beschreibt das Ideal des kaiserlich-österreichischen Beamten, der in bestimmten Positionen nur vormittags Dienst hatte. Heute gibt das meist scherzhaft gebrauchte Zitat dem verbreiteten Vorurteil vom Beamten Ausdruck, der ohnehin nur wenig arbeitet und außerdem noch auf die genaue Einhaltung seiner Dienstzeit pocht.

↑O alte **Burschenherrlichkeit!**

Business as usual

Dieser englische Ausdruck wurde durch Winston Churchill populär, der in einer Rede anläßlich eines Banketts in der Londoner „Guildhall“ am 9. November 1914 sagte: *The maxim of the British people is ‚Business as usual‘* („Die Maxime des britischen Volkes ist ‚Die Geschäfte gehen ihren normalen Gang‘“). Der damalige Marineminister Churchill bezog sich damit auf die Ereignisse des Ersten Weltkriegs und deren Einfluß auf das britische Wirtschafts- und Geschäftsleben. Man verwendet den Ausdruck heute ganz allgemein zur Charakterisierung einer Lage, in der entweder nichts Besonderes zu vermelden ist, oder in der irgendwelche Geschehnisse ohne Auswirkung auf den üblichen Verlauf der Dinge geblieben sind.

Butzenscheibenlyrik

Die abwertende Bezeichnung wurde von Paul Heyse (1830–1914) in einer Versepistel vom 7. April 1884 an Emanuel Geibel geprägt. Sie bezog sich auf episch-lyrische Dichtungen in der Nachfolge Viktor von Scheffels, deren Thema eine verklärte mittelalterliche Welt der Kaiserherrlichkeit, des Ritterwesens, des Minnesangs, der Wein- und Burgenromantik und des freien Vagantentums ist. Solche Lyrik hat sich bis heute vor allem in den studentischen Kommersbüchern erhalten.

C

Capua der Geister

So nennt Franz Grillparzer (1791–1872) in seinem Gedicht „Abschied von Wien“ die „stolze Kaiserstadt“. Das üppige Wohlleben im reichen antiken Capua nahm Hannibals Kriegern die Lust zum Kämpfen. In ähnlicher Weise läßt das Wien von 1843 die künstlerischen Kräfte des Dichters erschlaffen, der nur noch mit der passiven Aufnahme des Schönen um ihn herum beschäftigt ist: „Schön bist du, doch gefährlich auch/Dem Schüler wie dem Meister,/Entnervend weht dein Sommerhauch,/Du Capua der Geister!“

Carpe diem!

Diese Lebensregel findet sich in den „Oden“ (I,11,8) des römischen Dichters Horaz (65–8 v. Chr.), wo es heißt: *Carpe diem quam minimum credula postero* („Greif diesen Tag, nimmer traue dem nächsten“). Sie läßt sich auch mit „Nutze den Tag!“ oder „Genieße den Augenblick!“ wiedergeben und wird dementsprechend entweder als Aufforderung zitiert, seine Zeit nicht mit nutzlosen Dingen zu vertun, oder als Rechtfertigung für eine auf Genuß und diesseitige Lebensfreude ausgerichtete Einstellung, die wenig Sinn im ängstlich-vorsorgenden Sparen und Planen für die Zukunft sieht.

Cause célèbre

Die in Deutschland von 1842 an erschienene Sammlung von Kriminalfällen, die unter dem Titel „Der neue Pitaval“ von Julius Eduard Hitzig und Willibald Alexis herausgegeben wurde, hatte als Vorbild eine entsprechende Publikation aus Frankreich. Dort hatte François Gayot de Pitaval 1734 damit begonnen, seine *Causes célèbres et intéressantes avec les jugements qui les ont décidées* („Berühmte und interessante Rechtsfälle mit den entsprechenden Urteilen“) zu veröffentlichen. Daher rührt der noch heute bildungssprachlich für einen berühmten oder berüchtigten Streit- oder Kriminalfall verwendete Ausdruck „Cause célèbre“.

Cave canem!

Dieser lateinische Spruch wird heute in zwei Bedeutungen verwendet: „Vorsicht, der Hund ist bissig!“ und ganz allgemein „Nimm dich in acht! Sieh dich vor!“ In alten römischen Villen findet er sich (mit der ersten Bedeutung) als Inschrift auf Tür oder Schwelle. Eine entsprechende Schilderung gibt der römische Schriftsteller Petronius Arbiter (gestorben 66 n. Chr.) im „Gastmahl des Trimalchio“, einer Einlage seines Romans „Satyricon“.

Ceterum censeo

Das Zitat wird als Ausdruck einer hartnäckig wiederholten Forderung, einer festen Überzeugung gebraucht. Mit dem Satz *Ceterum censeo Carthaginem esse delendam* – „Im übrigen bin ich der Meinung, daß Karthago zerstört werden muß“ – soll der römische Staatsmann und Schriftsteller Cato der Ältere (234–149 v. Chr.) jede seiner Reden im römischen Senat abgeschlossen haben. Cato sah in Karthago einen gefährlichen Handelskonkurrenten der Römer, den es seiner Meinung nach unbedingt auszuschalten galt.

Chacun à son goût

Die Redensart mit der Bedeutung „jeder nach seinem Geschmack; jeder, wie's beliebt“ wurde vor allem durch das Couplet des Prinzen Orlowsky aus der Operette „Die Fledermaus“ (II) von Johann Strauß (1825–1899) bekannt. Der von C. Haffner und R. Genée verfaßte Text stützt sich auf das Vaudevillestück „Réveillon“ von Henri Meilhac und Ludovic Halévy. Der Refrain des Couplets lautet: „'s ist mal bei mir so Sitte,/Chacun à son goût.“ Man zitiert gelegentlich auch die erste Zeile dieses Refrains, wenn man zum Ausdruck bringen will, daß man von einer Gewohnheit nicht Abstand nehmen möchte.

Schwankt sein **Charakterbild** in der Geschichte

↑Von der Parteien Gunst und Haß verwirrt.

Der ↑diskrete **Charme** der Bourgeoisie

Cherchez la femme!

Das Zitat (wörtlich übersetzt: „Suchen Sie die Frau!“) wird im Sinne von „Dahinter steckt bestimmt eine Frau!“ gebraucht. Es findet sich in dem Drama „Les Mohicans de Paris“ (II, 13) von A. Dumas d. Ä. (1802–1870). Möglicherweise geht es auf eine Stelle in den „Satiren“ (6, 242 f.) des römischen Dichters Juvenal (um 60–nach 127) zurück: *Nulla fere causa est, in qua non femina litem moverit* („Es gibt kaum einen Prozeß, bei dem nicht eine Frau den Streit ausgelöst hätte“).

Die **Christel** von der Post

Das Auftrittslied der Briefchristel in Carl Zellers (1842–1898) Operette „Der Vogelhändler“ mit dem Text von Moritz West und Ludwig Held beginnt mit den Zeilen: „Ich bin die Christel von der Post;/Klein das Salair und schmal die Kost.“ Man kann die erste Zeile zitieren, um damit scherzhaft die Weitergabe eines Briefes zu begleiten oder anzukündigen, besonders wenn man glaubt, daß der Adressat schon lange auf den Brief gewartet und sich darauf gefreut hat. Als „Christel von der Post“ wird auch gelegentlich eine Briefträgerin bezeichnet. – Das Lied endet mit den Versen „Nur nicht gleich, nicht auf der Stell’,/Denn bei der Post geht’s nicht so schnell!“, die einzeln oder zusammen zitiert werden, wenn man zur Geduld ermahnen will oder sich nicht antreiben lassen möchte.

↑Sie sagen **Christus** und meinen Kattun

Chronique scandaleuse

Die französische Bezeichnung für eine Sammlung von Skandal- und Klatschgeschichten wurde als Titel des Tagebuchs von Jean de Roye (1425–um 1495) populär. Jean de Roye war Sekretär bei Johann II., Herzog von Bourbon; seine Aufzeichnungen über die Ereignisse zur Regierungszeit Ludwigs XI. sind allerdings keine „Skandalchronik“ im heutigen spektakulären Sinne. Das Buch erhielt erst in einer späteren Auflage (1611) den bekannten Titel, den wir heute gelegentlich auch in bezug auf die Darstellung eines einzelnen Skandals (und nicht nur auf die Skandalgeschichten einer ganzen Epoche bezogen) verwenden.

Citius, altius, fortius

Das lateinische Motto der Olympischen Spiele der Neuzeit – auf deutsch „Schneller, höher, weiter (eigentlich: stärker)“ – wurde von Pierre de Coubertin (1863–1937) propagiert, der den Rekord, die sportliche Höchstleistung an die Spitze eines pyramidenförmig gedachten Modells des modernen Sports stellte. Der „Vater“ der neuzeitlichen Olympischen Spiele griff dabei auf eine Formulierung des französischen Dominikanermönchs Henri-Martin Didon (1840–1900) zurück, der als Schriftsteller, Prediger und Erzieher wirkte. – Der Wahlspruch ist in der Sportdidaktik heute nicht mehr unumstritten, da er der Spitzenleistung ein höheres Gewicht beimißt als dem zumindest gesundheitspolitisch wichtigeren Breitensport.

Cogito, ergo sum

Der französische Philosoph, Mathematiker und Naturwissenschaftler René Descartes (1596–1650) faßte in seinem 1644 erschienenen lateinisch geschriebenen Hauptwerk „Principia philosophiae“ („Die Prinzipien der Philosophie“, 1863 deutsch unter diesem Titel) die Ergebnisse seines Denkens und Forschens in der Aussage zusammen: *Haec cognitio: ego cogito, ergo sum, est omnium prima et certissima* („Diese Erkenntnis: ich denke, also bin ich, ist von allen die erste und zuverlässigste"). Bereits 1637 hatte er diesen Satz in seinem anonym erschienenen „Discours de la méthode" kurz und prägnant französisch formuliert: *Je pense, donc je suis.* Populär wurde die lateinische verkürzte Form *Cogito, ergo sum* und die Übersetzung „Ich denke, also bin ich." Besonders die Jugend- und Spontisprache hat zahlreiche scherzhafte Abwandlungen des Zitats hervorgebracht, etwa „Ich denke, also bin ich hier falsch." Auch die lateinische Form wird gelegentlich unter Anlehnung an „Koitus" scherzhaft entstellt zu „Coito, ergo sum". Weitere Varianten finden sich in Sätzen wie „Ich schreibe, also bin ich" oder gar „Ich jogge, also bin ich", mit denen man zum Ausdruck bringt, daß eine bestimmte Tätigkeit entweder im Zentrum des eigenen Lebens steht oder so etwas wie den eigenen gesellschaftlichen „Stellenwert" bestimmt.

Coincidentia oppositorum

Der philosophische Fachausdruck (auf deutsch „Zusammenfall der Gegensätze") ist ein zentraler Begriff im Denken des Kirchenrechtlers und Philosophen Nikolaus von Kues (1401–1464). Am Beispiel der Kreislinie, die bei einem unendlich großen Radius des Kreises mit ihrem „Gegensatz", der Geraden, zusammenfällt, verdeutlicht der humanistische Gelehrte seine Vorstellung von Gott als einem allumfassenden Wesen, in das alle, auch die gegensätzlichsten Dinge eingebettet sind. – Der Ausdruck wird bildungssprachlich gelegentlich zitiert, wenn man sich auf das gleichzeitige Auftreten zweier einander eigentlich ausschließender Ereignisse bezieht oder – vordergründiger – wenn zwei sehr gegensätzliche Meinungen, Standpunkte, Charaktere aufeinandertreffen.

Corpus delicti

In der juristischen Fachsprache versteht man unter „Corpus delicti" den Gegenstand, mit dem eine Straftat begangen worden ist und der dem Gericht als Beweisstück dient. In der Allgemeinsprache wird „Corpus delicti" auch in übertragener Bedeutung gebraucht. Der lateinische Ausdruck geht auf den römischen Rechtswissenschaftler Prosper Farinacius (1544–1613) zurück, der in seinen „Variae Quaestiones" damit den Gesamttatbestand eines Vergehens bezeichnete.

Corriger la fortune

Die Redensart wurde besonders durch die Figur des Riccaut de la Marlinière aus Gotthold Ephraim Lessings (1729–1781) Komödie „Minna von Barnhelm" (IV, 2) bekannt. Der prahlerische französische Leutnant mokiert sich über das plumpe deutsche Wort „betrügen"; für seine nicht ganz ehrliche Art des Kartenspiels erscheint ihm der französische Ausdruck (deutsch etwa „dem Glück nachhelfen") als sehr viel angemessener. Dieser findet sich schon bei dem französischen Schriftsteller Nicolas Boileau-Despréaux (1636 bis 1711) in seinen „Satiren" (Nr. 5), wo von einem verarmten Adligen, der die Bilder seiner Ahnen verkaufen will, gesagt wird: *Et corrigeant ainsi la fortune ennemie/Rétablit son honneur à force d'infamie* („Und indem er so das widrige Schicksal korrigierte, stellte er seine Ehre durch Gemeinheit wieder her"). – Heute verwenden wir die Redensart, wie sie bei Lessing gebraucht wird, als beschönigende Umschreibung für „falsch spielen, betrügen".

Così fan tutte

Der als Anspielung auf weibliche Untreue gemeinte italienische Satz stammt aus der 1790 uraufgeführten gleichnamigen komischen Oper von Wolfgang Amadeus Mozart mit dem Text von Lorenzo da Ponte. Im 2. Akt verwünschen die beiden Offiziere Fernando und Guglielmo ihre ungetreuen Bräute, worauf der Marchese Don Alfonso ihnen aus männlicher Sicht nur bestätigen kann: *Così fan tutte* – „So machen's alle."

Courage ist gut, aber Ausdauer ist besser

Diese sentenzhafte Ansicht äußert im 4. Kapitel von Theodor Fontanes (1819 bis

1898) Roman „Der Stechlin“ die Hauptfigur Dubslav von Stechlin gegenüber Czako, dem Regimentskameraden seines Sohnes. Er bezieht sich damit auf die große Zeit der Heiligen Allianz von 1813: „Große Zeit ist es immer nur, wenn's beinah schiefgeht, wenn man jeden Augenblick fürchten muß: ›Jetzt ist alles vorbei.‹ Da zeigt sich's. Courage ist gut, aber Ausdauer ist besser. Ausdauer, das ist die Hauptsache.“ Mit dem Zitat bekräftigt man seine Absicht, ein Ziel durch Geduld und zähes Beharren zu erreichen und auf riskante Aktionen zu verzichten.

Credo, quia absurdum

Dieser Satz – „Ich glaube, weil es der Vernunft zuwiderläuft“ – geht möglicherweise auf den lateinischen Kirchenschriftsteller Tertullian (160–nach 220) zurück. In seiner Schrift „De carne Christi“ heißt es: *Et mortuus est Dei Filius; prorsus credibile, quia ineptum est* – „Daß Gottes Sohn gestorben ist, ist geradezu eine Sache für den Glauben, weil es ungereimt ist (und sich nicht begreifen läßt).“ Außerhalb des theologisch-philosophischen Bereichs wird der Ausdruck wohl nur selten verwendet; er wäre zum Beispiel als Kommentar zu einer Geschichte denkbar, die zu unwahrscheinlich klingt, als daß sie sich jemand ausgedacht haben könnte.

Credo, ut intellegam

Dieser Satz – „Ich glaube, damit ich erkenne“ – stammt von dem Philosophen und Theologen Anselm von Canterbury (1033–1109), der sich damit auf den Propheten Jesaja im Alten Testament (7,9 in der Septuagintaübersetzung: „Glaubt ihr nicht, so werdet ihr nicht verstehen“) und den Kirchenvater Augustinus (354–430) bezieht. Augustinus formulierte im „Tractatus in Sanctum Joannem“: *Credimus ut cognoscamus, non cognoscimus ut credamus* – „Wir glauben, damit wir erkennen; wir erkennen nicht, damit wir glauben.“ Anselm von Canterbury vertrat die Ansicht, daß auch der Glaube mit philosophischen Mitteln, mit der Sprache der philosophischen Argumentation zu interpretieren sei, wobei der Glaube aber der Ausgangspunkt der Erkenntnis bleibt. Der Ausdruck ist außerhalb der theologisch-philosophischen Fachsprache kaum gebräuchlich. Denkbar wäre er als Kommentar zu einer eher unglaubwürdigen Darstellung, die man aber dennoch zunächst einmal als wahr ansieht, weil sie hilft, eine damit zusammenhängende Handlungsweise oder ein entsprechendes Ereignis zu verstehen.

Crème de la crème

Der häufig ironisch gebrauchte französisierende Ausdruck findet sich zum ersten Mal in der Nummer 1 (S. 338) der Leipziger kulturpolitischen Zeitschrift „Die Grenzboten“ von 1842. Er wird auch heute noch im Sinne von „die vornehmsten, bedeutendsten Vertreter (besonders der gesellschaftlichen Oberschicht)“ gebraucht.

Cui bono

Diese Kernfrage der Kriminalistik nach dem Tatmotiv bei der Aufklärung eines Verbrechens – auf deutsch „Wem nützt es, wer hat einen Vorteil davon?“ – ist ein Zitat, das Marcus Tullius Cicero (106–43 v. Chr.) in seinen Reden „Pro Milone“ und „Pro Roscio Amerino“ als einen Ausspruch von Lucius Cassius Longinus Ravilla (Konsul 127 v. Chr.) anführt.

Cuius regio, eius religio

Das auch im etwas erweiterten Sinne von „Wer die Macht ausübt, bestimmt in seinem Bereich die Weltanschauung“ anwendbare Zitat bedeutete eigentlich „Wes das Land, des der Glaube“. Es war ein wichtiger Grundsatz des Augsburger Religionsfriedens von 1555, nach dem der Landesfürst die Konfession der Untertanen bestimmte. Geprägt wurde diese Formel von dem Greifswalder Kanonisten J. Stephani (1544–1623).

Cum grano salis

Dieser lateinische Ausdruck geht auf eine Stelle in der „Naturalis historia“ (= „Naturgeschichte“) von Plinius d. Ä. (23–79 n. Chr.) zurück, wo er schreibt, daß die Wirkung eines bestimmten Gegengiftes nur durch die Beigabe von einem Körnchen Salz gewährleistet sei. Im heutigen Sprachgebrauch hat das Zitat die Bedeutung von „mit Einschränkungen, nicht ganz wörtlich zu nehmen".

Cum tacent, clamant

In seiner ersten Rede „In L. Catilinam" (= „Gegen Catilina") fordert Marcus Tullius Cicero (106–43 v. Chr.) den Politiker Catilina auf, Rom zu verlassen, da Catilina erneut eine Verschwörung geplant hatte. Dabei ist Cicero sich, trotz ihres Schweigens, der Zustimmung der Senatoren sicher, denn: „Cum tacent, clamant" („Indem sie schweigen, rufen sie laut"). Das Zitat wird bildungssprachlich gelegentlich im Sinne von „es herrscht stillschweigendes Einverständnis" verwendet, wenn eine Zustimmung nicht ausdrücklich gegeben wird, aber wohl vorausgesetzt werden kann. (Siehe auch „Quousque tandem?")

D

Da bleibt kein Auge trocken

Dieses Zitat stammt aus Johann Daniel Falks (1768–1826) Gedicht „Paul. Eine Handzeichnung", das 1799 im „Taschenbuch für Freunde des Scherzes und der Satire" veröffentlicht wurde. Die Zeile folgt auf die Verse: „In schwarzen Trauerflören wallt/Beim Grabgeläut der Glocken/Zu unserm Kirchhof jung und alt" und drückt leicht ironisch aus: „Alle weinen vor Rührung." Inzwischen hat die daraus entstandene umgangssprachliche Redewendung eine Bedeutungserweiterung erfahren und kann außerdem heißen „Alle lachen Tränen" und „Keiner bleibt verschont".

Da geht er hin und singt nicht mehr!

Das Zitat stammt aus der 1866 veröffentlichten 2. Auflage des Liederspiels „Die Kunst, geliebt zu werden" von Ferdinand Gumbert (1818–1896). Es wird als scherzhafter Kommentar gebraucht, wenn jemand nach einem Mißerfolg enttäuscht und niedergeschlagen fortgeht.

Da hört sich doch alles auf!

Die auch ohne „sich" gebräuchliche umgangssprachliche Redewendung mit der Bedeutung „Nun ist es aber genug, das ist ja unerhört!" könnte durch Louis Angelys (1787–1835) Posse „Die Reise auf gemeinschaftliche Kosten" populär geworden sein. Dort heißt es im zweiten Akt in der ersten Szene: „Da hört allens auf." Heute ist auch die Abwandlung „Da hört sich doch verschiedenes auf!" geläufig.

Da ist in meinem Herzen die Liebe aufgegangen

Das Zitat stammt aus Heinrich Heines (1797–1857) Anfangsgedicht des „Lyrischen Intermezzos", des zweiten Zyklus aus dem „Buch der Lieder": „Im wunderschönen Monat Mai,/Als alle Knospen sprangen,/Da ist in meinem Herzen/die Liebe aufgegangen." Das zweistrophige Gedicht ist vor allem als Eingangslied von Robert Schumanns Liedzyklus „Dichterliebe" bekannt geworden.

Da lacht die Koralle

Mit diesem Zitat bringt man heute in der Umgangssprache zum Ausdruck, daß man etwas für völlig lächerlich oder unglaubhaft hält. Es geht zurück auf eine Illustrierte der dreißiger Jahre, die „Koralle", deren Witzseite die Überschrift „Da lacht die Koralle" trug.

Da packt die andern kalter Graus, sie fliehen in alle Welt hinaus

Das Zitat stammt aus Ludwig Uhlands (1787–1862) Gedicht „Schwäbische

Kunde". Mit den „andern" sind fünfzig türkische Reiter gemeint, die die Flucht ergreifen, nachdem einer der Ihren von einem Schwaben aus Kaiser Barbarossas Kreuzzug förmlich gespalten worden ist: „Zur Rechten sieht man wie zur Linken/Einen halben Türken heruntersinken." Die Ausdrucksweise „jemanden packt das kalte Grausen" könnte durch dieses Zitat allgemein geläufig geworden sein.

Da rast der See und will sein Opfer haben

Das Zitat stammt aus Schillers „Wilhelm Tell" (I, 1), wo der Fischer Ruodi sich weigert, wegen des stürmischen Wetters am 28. Oktober als Fährmann den verfolgten Baumgarten ans andere Ufer zu bringen: „Es kann nicht sein; 's ist heut Simon und Judä,/Da rast der See und will sein Opfer haben." Man zitiert diese Zeile heute wohl nur selten, etwa beim Anblick eines sturmgepeitschten Gewässers.

Da schweigt des Sängers Höflichkeit

Für diese Redensart gibt es verschiedene Quellen. Man findet sie in der Form „Das verschweigt des Sängers Höflichkeit" als Kehrreim eines um 1800 in Berlin erschienenen Liedes eines unbekannten Verfassers. Einen ähnlichen Wortlaut hat ein 1812 entstandenes Gedicht von August Friedrich Langbein mit dem Titel „Die Weissagung". Es beginnt mit den Zeilen „In einem Städtlein, dessen Namen/des Dichters Höflichkeit verschweigt." – Man verwendet die Redensart, um auszudrücken, daß man sich über eine bestimmte heikle Sache nicht äußern möchte. Sie kann jedoch auch der leicht vorwurfsvolle Kommentar zu jemandes Schweigen auf eine bestimmte Frage sein.

Da siehe du zu!

Das Bibelzitat steht im Evangelium des Matthäus (27, 5). Der Jünger Judas, der Jesus verraten hat, bereut seine Tat und bringt den Hohepriestern und Ältesten des Volkes seinen Lohn von dreißig Silberlingen zurück. Sie weisen ihn aber ab: „Was geht uns das an? Da siehe du zu!" Die Aufforderung wird auch heute in Situationen gebraucht, in denen man ausdrücken will, daß man einem anderen in dessen schwieriger Lage nicht helfen kann oder will.

Da sitzt er nu mit das Talent

Das berlinisch-umgangssprachliche Zitat stammt aus der Posse „Berlin bei Nacht" von David Kalisch (1820 bis 1872). Üblich sind Abwandlungen wie z. B. „Da stehen bzw. sitzen wir nun mit unserem Talent" in der Bedeutung „Hier kommen wir mit unserem Wissen nicht weiter; jetzt wissen wir nicht, was wir machen sollen, obwohl wir es doch eigentlich wissen müßten."

Da speit das doppelt geöffnete Haus zwei Leoparden auf einmal aus

Das Zitat findet sich in Schillers Ballade „Der Handschuh", erschienen 1797 im „Musenalmanach für das Jahr 1798", und berichtet vom Einlaß der Leoparden zum Kampfspiel mit Tiger und Löwe. In ironisch übertreibender Ausdrucksweise lassen sich die Verse auf zwei zugleich auftretende bedrohliche menschliche Gestalten beziehen.

Da steh' ich, ein entlaubter Stamm!

Diese Worte stammen aus Wallensteins Monolog in Schillers Tragödie „Wallensteins Tod" (III, 13). Der Titelheld stellt damit fest, daß er von fast allen verlassen und nur noch auf sich selbst gestellt ist. Der Ausspruch läßt sich in entsprechender Situation auf die eigene oder eine andere Person beziehen.

Da steh' ich nun, ich armer Tor! Und bin so klug als wie zuvor

Am Anfang von Goethes Faust I spricht Faust in der Szene „Nacht" diese Worte nach dem Hinweis auf alle seine bisherigen, von ihm offensichtlich als nutzlos angesehenen Studien. Der heutige Gebrauch hat eher scherzhaften Charakter und bezieht sich auf alltägliche Situationen, in denen man immer noch nicht weiß, wie man etwas zu verstehen hat oder wie man sich verhalten soll.

Da streiten sich die Leut' herum oft um den Wert des Glücks

Das Zitat stammt aus Ferdinand Raimunds (1790–1836) „Original-Zaubermärchen" „Der Verschwender". Das berühmte „Hobellied" des Tischlers Valentin beginnt mit diesen Zeilen; das Lied handelt von der Veränderlichkeit des Glücks und von der Zufriedenheit dessen, der sich einen – wenn auch bescheidenen – Wohlstand selbst erarbeitet hat.

Da unten aber ist's fürchterlich

Das Zitat stammt aus Schillers Ballade „Der Taucher", erschienen 1797 im „Musenalmanach für das Jahr 1798". Der Taucher spricht die Worte, nachdem er zum erstenmal erfolgreich in die Tiefe des Meeres nach dem Becher des Königs getaucht ist. Man gebraucht das Zitat meist scherzhaft, wenn man zum Beispiel seinen Abscheu vor einem dunklen, unheimlichen Keller oder einer tief in die Erde führenden, stickigen Höhle ausdrücken will.

Da war's um ihn geschehn

Dieses Zitat stammt aus der letzten Strophe von Goethes Ballade „Der Fischer" (1779), in der beschrieben wird, wie der Fischer den Verlockungen einer Nixe erliegt: „Sie sprach zu ihm, sie sang zu ihm;/Da war's um ihn geschehn:/Halb zog sie ihn, halb sank er hin,/Und ward nicht mehr gesehn." Die Zeile wird heute gelegentlich scherzhaft kommentierend zitiert, wenn sich jemand hoffnungslos verliebt hat oder wenn jemand großes Pech in gesundheitlicher oder finanzieller Hinsicht hat.

Da werden Weiber zu Hyänen

Die Gedichtzeile stammt aus Schillers 1799 entstandenem „Lied von der Glokke". Das Gedicht nimmt an dieser Stelle Bezug auf die Französische Revolution (1789–1799). „,Freiheit und Gleichheit!' hört man schallen;/Der ruh'ge Bürger greift zur Wehr,/Die Straßen füllen sich, die Hallen,/Und Würgerbanden ziehn umher." Die entfesselten Volksmassen wüten in den Straßen. In diesen Zusammenhang gehören die Zeilen: „Da werden Weiber zu Hyänen/ Und treiben mit Entsetzen Scherz". – Das Zitat wird heute oft in abschätzigem Sinn von Männern auf Frauen bezogen, die sich sehr ungestüm für etwas einsetzen oder auf etwas reagieren.

Da, wo du nicht bist, blüht das Glück!

Von Georg Philipp Schmidt von Lübeck (1766–1849) stammt das Lied „Des Fremdlings Abendlied". Der Wanderer in diesem Lied ist auf der vergeblichen Suche nach dem Glück. „Ich wandle still, bin wenig froh,/Und immer fragt der Seufzer: wo?/Immer wo?" Am Ende steht die resignative Einsicht: „Da, wo du nicht bist, blüht das Glück!" Das Lied wurde von Carl Friedrich Zelter (1758–1832) und von Franz Schubert (1797–1828) vertont. Schubert hat ihm den Titel „Der Wanderer" gegeben und den Text an mehreren Stellen verändert; die zitierte Zeile lautet hier: „Dort, wo du nicht bist, dort ist das Glück!"

Dahin möcht' ich mit dir, o mein Geliebter, ziehn

Das Lied der Mignon (entstanden um 1783), das diese Zeile enthält, erschien zuerst in Goethes „Wilhelm Meister" (Wilhelm Meisters Lehrjahre, 3. Buch, 1. Kapitel). Der Refrain der 1. Strophe des bekannten Gedichts, das mit der Frage „Kennst du das Land, wo die Zitronen blühn" beginnt, lautet vollständig: „Kennst du es wohl?/Dahin! Dahin/Möcht' ich mit dir, o mein Geliebter, ziehn." – Das Lied wurde von Ludwig van Beethoven, Franz Liszt, Johann Friedrich Reichardt, Franz Schubert, Robert Schumann und Carl Friedrich Zelter vertont. – Mit dem Zitat kann man in pathetischer oder scherzhafter Sprechweise seiner Sehnsucht nach einem Ort Ausdruck verleihen, an dem man gern mit einem geliebten Menschen sein möchte.

↑Sein **Damaskus** erleben

Die **Dame** ist nicht fürs Feuer

Dies ist der deutsche Titel der englischen Verskomödie *The Lady's not for Burning* (1948) von Christopher Fry (geb. 1907). Das Stück spielt um das Jahr 1400 und erzählt von einer jungen Frau, die als Hexe verbrannt werden soll. – Man kann das Zitat verwenden, um auszudrücken, daß jemand oder auch eine Sache für etwas zu schade ist oder mit größerer Vorsicht oder Rücksicht behandelt werden sollte.

Die **Damen** in schönem Kranz

Man findet diese Zeile in Schillers Ballade „Der Handschuh", erschienen 1797 im „Musenalmanach für das Jahr 1798". In der ersten Strophe wird die Arena beschrieben, in der eine königliche Gesellschaft versammelt ist, um einem „Kampfspiel" wilder Tiere zuzuschauen. „Vor seinem Löwengarten,/Das Kampfspiel zu erwarten,/Saß König Franz,/Und um ihn die Großen der Krone/Und rings auf hohem Balkone/Die Damen in schönem Kranz." – Man verwendet das Zitat scherzhaft – oder auch als Kompliment – beim Anblick einer Gruppe an einem bestimmten Ort versammelter weiblicher Personen.

Damoklesschwert

Die Metapher, Sinnbild für eine drohende Gefahr, der sich jemand ausgesetzt sieht, geht zurück auf eine schon von verschiedenen Autoren der Antike – zum Beispiel von Cicero und Horaz – erzählte Geschichte. Sie berichtet von einem Höfling des Tyrannen Dionys I. von Syrakus (404–367 v. Chr.) mit Namen Damokles. Damokles beneidete den Tyrannen um das Glück, mit allen Gütern der Erde gesegnet zu sein. Dionys erteilte ihm eine drastische Lehre. Er überließ Damokles seinen Platz an der fürstlichen Tafel. Aber gleichzeitig ließ er ein Schwert an einem Pferdehaar über ihm aufhängen. Christian Fürchtegott Gellert (1715–1769) gab dieser Geschichte die Form einer Fabel. Hierin heißt es zu Beginn: „Glaubt nicht, daß bei dem größten Glücke/Ein Wütrich jemals glücklich ist;/Er zittert in dem Augenblicke,/Da er der Hoheit Frucht genießt./Bei aller Herrlichkeit stört ihn des Todes Schrecken,/Und läßt ihn nichts als teures Elend schmecken."

Damon, den Dolch im Gewande

Die Ballade „Die Bürgschaft" (1798) von Schiller beginnt mit den Versen: „Zu Dionys, dem Tyrannen, schlich/Damon, den Dolch im Gewande". – Man zitiert diese Stelle, mit der im Gedicht der Versuch eines Tyrannenmordes angesprochen wird, meist scherzhaft als Hinweis auf jemandes üble Absichten, die man zu durchschauen glaubt.

Danaergeschenk

Als „Danaergeschenk" bezeichnen wir ein Geschenk, das für den Empfänger zunächst etwas Erwünschtes darstellt, sich dann aber als fragwürdig oder gar unheilvoll erweist. Der Ausdruck geht auf eine Stelle im 2. Gesang der „Äneïs" von Vergil (70 v. Chr.–19 v. Chr.) zurück: *Quidquid id est, timeo Danaos et dona ferentes.* („Was es auch sei: ich fürchte die Danaer, auch wenn sie Geschenke machen.") In der Tragödie „Agamemnon" von Seneca (4 v. Chr. bis 65 n. Chr.), in der ebenfalls der Kampf um Troja geschildert wird, findet sich die Formulierung: *Danaum fatale munus* („verhängnisvolles Geschenk der Danaer"). Die Danaer (= die Griechen), die Troja belagert hatten, waren zum Schein abgezogen und hatten am Strand vor der Stadt ein hölzernes Pferd zurückgelassen. Vergebens versuchte der Priester Laokoon die Trojaner vor diesem „Geschenk der Danaer" zu warnen. Man schaffte es in die Stadt, und aus seinem Bauch kam eine Schar Krieger der Danaer hervor, die die Stadt zu Fall brachten. – Auch der Ausdruck „Trojanisches Pferd" wird in der oben angegebenen Bedeutung als Zitat verwendet.

Danaidenfaß

Der Ausdruck hat die Bedeutung „vergebliche Mühe, nutzloser Aufwand von Kraft, Zeit oder Geld". Er geht zurück auf die griechische Sage von den „Danaiden" in der Überlieferung des römischen Schriftstellers Hyginus (um 60 v. Chr.–um 10 n. Chr.). Nach ihm waren die Danaiden die 50 Töchter des sagenhaften Königs Danaos, von denen 49 auf Befehl ihres Vaters in der Brautnacht ihre Männer ermordeten. In der Unterwelt mußten sie zur Strafe Wasser in ein durchlöchertes Faß füllen. Als Metapher taucht das „Faß der Danaiden" bei dem griechischen Schriftsteller Lukian (im 2. Jh. n. Chr.) auf: „ὁ τῶν Δαναίδων πίθοζ". Bei den lateinischen Schriftstellern Plautus (im 3. Jh. v. Chr.) und Lukrez (im 1. Jh. v. Chr.) findet man ebenfalls das Bild vom „durchlöcherten Faß", in das etwas hineingefüllt werden soll. Als Sprichwort kennen wir es in der Form: „Ein Sieb hält kein Wasser".

Daniel in der Löwengrube

Von Daniel berichtet das Alte Testament (Daniel 6, 17–24), daß man ihn zur Strafe in einer Löwengrube den Löwen zum Fraß vorgeworfen hatte. Aber sein Gott, Jahwe, beschützte ihn. Als man ihn unverletzt unter den Löwen fand, sagte Daniel: „Mein Gott hat seinen Engel gesandt, der den Löwen den Rachen zugehalten hat, daß sie mir kein Leid getan haben." – Man bezieht den Ausdruck meist im Scherz auf jemanden, der sich mehr oder weniger gefährlichen Widersachern gegenübersieht, gegen die er sich behaupten muß.

Den **Dank,** Dame, begehr' ich nicht

Der Vers, mit dem man im Scherz jemandes Dank zurückweist, steht am Schluß von Schillers Ballade „Der Handschuh", erschienen 1797 im „Musenalmanach für das Jahr 1798". Die Ballade handelt von einem Ritter des königlichen Hofes, der den Handschuh seiner Dame aus dem „Löwengarten" herausholt, in den sie ihn leichtfertig fallen ließ. Als Liebesbeweis sollte der Ritter den Handschuh aus der Mitte der wilden Tiere zurückbringen. Aber nach vollbrachter Tat haben sich seine Gefühle für das Fräulein Kunigunde, das ihn „mit zärtlichem Liebesblick" empfängt, entscheidend gewandelt: „Und er wirft ihr den Handschuh ins Gesicht:/‚Den Dank, Dame, begehr' ich nicht!'/Und verläßt sie zur selben Stunde."

Der **Dank** des Vaterlandes ist euch gewiß

Die Herkunft dieses Ausspruchs ist nicht bekannt; er stammt vermutlich aus der Zeit nach dem 1. Weltkrieg. Er bezieht sich auf die Teilnehmer an beiden Weltkriegen. Eine Variante dazu findet sich bei George Grosz (1893–1959) als Bildunterschrift unter einer einen Kriegskrüppel darstellenden Zeichnung. Sie lautet: „Des Volkes Dank ist euch gewiß". – Man gebraucht den Ausspruch heute meist scherzhaft oder ironisch in unkriegerischen Zusammenhängen, wenn beispielsweise jemand etwas für die Allgemeinheit getan hat, das man lobend erwähnt.

Dank vom Haus Östreich

Diesen ironisch zu verstehenden Kommentar äußert in Schillers Trauerspiel „Wallensteins Tod" (1798) Oberst Buttler im Gespräch mit Oktavio Piccolomini. Er ist eine Anspielung auf die sprichwörtliche Undankbarkeit des österreichischen Kaiserhauses in politischen Zusammenhängen. Das heute nur noch selten verwendete Zitat „Dank vom Haus Östreich" heißt danach soviel wie „Undank".

↑ Nun **danket** alle Gott

Daran erkenn' ich den gelehrten Herrn!

Die Zeile stammt aus dem zweiten Teil von Goethes Faust (1. Akt, Kaiserliche Pfalz). Mephisto erwidert auf eine längere Auslassung des Kanzlers über die Gefährlichkeit und Sündhaftigkeit der natürlichen und geistigen Kräfte des Menschen mit den höhnischen Worten:

„Daran erkenn' ich den gelehrten Herrn!/Was ihr nicht tastet, steht euch meilenfern,/Was ihr nicht faßt, das fehlt euch ganz und gar,/Was ihr nicht rechnet, glaubt ihr, sei nicht wahr,/Was ihr nicht wägt, hat für euch kein Gewicht,/Was ihr nicht münzt, das, meint ihr, gelte nicht." – Man verwendet die Zeile auch heute spottend, um jemandes gelehrtenhaftes Gebaren zu kritisieren.

Daran erkenn' ich meine Pappenheimer

Die Redewendung „seine Pappenheimer kennen" hat die Bedeutung „wissen, woran man mit bestimmten Leuten ist, ihre Eigenheiten, besonders ihre Schwächen kennen". Sie geht auf das Lob zurück, das Wallenstein in Schillers Drama (Wallensteins Tod, 3. Aufzug, 15. Auftritt) den Männern des Kürassierregiments des Grafen von Pappenheim ausspricht. Sie hatten ihm die Treue bewahrt, während sich andere Regimenter auf kaiserlichen Befehl bereits von Wallenstein als einem Landesverräter abgewendet hatten. Die „Pappenheimer" wollen von Wallenstein selbst hören, was er vorhat: „Kein fremder Mund soll zwischen uns sich schieben,/Den guten Feldherrn und die guten Truppen." Wallenstein antwortet darauf: „Daran erkenn' ich meine Pappenheimer."

Darüber sind sich die Gelehrten noch nicht einig

Dieser Ausspruch geht wohl auf eine Äußerung des römischen Dichters Horaz (65–8 v. Chr.) im Vers 78 seiner „Ars poetica" (= „Dichtkunst") zurück. Er sagt hier mit Bezug auf das elegische Versmaß der Distichen, von dem man nicht wisse, wer es zuerst verwendet hat: *Grammatici certant, et adhuc sub iudice lis est.* („Die Grammatiker streiten, und noch ist der Rechtsstreit nicht entschieden.") – Man verwendet das Zitat, um auszudrücken, daß die Ursache von etwas noch nicht bekannt ist, daß man über etwas Bestimmtes noch nichts Genaues weiß. Auch die abgewandelte Formulierung „Darüber streiten sich die Gelehrten" ist in dieser Bedeutung gebräuchlich.

Das also war des Pudels Kern

Der Ausspruch stammt aus Goethes Faust I (Studierzimmerszene). Während des „Osterspaziergangs" gesellt sich zu Faust und Wagner ein schwarzer Pudel, dessen seltsames Gebaren Faust auffällt: „Bemerkst du, wie in weitem Schneckenkreise/Er um uns her und immer näher jagt?/Und irr' ich nicht, so zieht ein Feuerstrudel/Auf seinen Pfaden hinterdrein." Der Pudel begleitet Faust in sein Studierzimmer und verwandelt sich vor seinen Augen: „Das ist nicht eines Hundes Gestalt!/Welch ein Gespenst bracht' ich ins Haus!/Schon sieht er wie ein Nilpferd aus ..." Schließlich nimmt das Tier menschliche Gestalt an, Mephisto tritt im Kostüm eines fahrenden Scholaren hervor. Darauf folgt Fausts überraschter Ausruf. – Man verwendet das Zitat auch heute, um seiner Überraschung über etwas, das sich lange nicht recht erkennen oder durchschauen ließ, Ausdruck zu geben.

Das begreife ein andrer als ich

Dieses Zitat stammt aus der Oper „Zar und Zimmermann" von Albert Lortzing (1801–1851). Im Finale des 2. Aufzugs (10. Auftritt) muß der wichtigtuerische Bürgermeister van Bett erfahren, daß er unter anderem auch den russischen Gesandten fälschlich als „Staatsverräter" verdächtigt hat. Seine Überraschung drückt er mit folgenden Worten aus: „O Donnerwetter! Was soll das sein?/Das begreife ein andrer als ich." Das Zitat wird in Situationen verwendet, die einem völlig unverständlich sind, oder auf Vorgänge, Entscheidungen bezogen, die man nach eigenen Maßstäben oder Vorstellungen nicht nachvollziehen kann oder will.

Das eben ist der Fluch der bösen Tat

Dieses Wort fällt im Gespräch zwischen Max und Oktavio Piccolomini in Schillers Drama „Wallenstein" (Die Piccolomini 5, 1): „Das eben ist der Fluch der bösen Tat,/Daß sie, fortzeugend, immer Böses muß gebären." Oktavio Piccolomini bezieht sich dabei auf sein Verhältnis zu Wallenstein, das nach Wallensteins Vorhaben, sich mit den Schweden zu verbinden, schwierig geworden ist: „... meinen Abscheu, meine innerste/ Gesinnung hab' ich tief versteckt." Er erkennt: „In steter Notwehr gegen arge List/Bleibt auch das redliche Gemüt nicht wahr." Man verwendet das Zitat, um die negativen oder schlimmen Folgen einer Handlungsweise zu kommentieren.

Das eben ist der Liebe Zaubermacht

Das Zitat stammt aus Franz Grillparzers (1791–1872) Trauerspiel „Sappho". Die Dichterin bringt von ihrem Sieg in der Dichtkunst, den sie in Olympia errang, diese Erkenntnis mit: „Das eben ist der Liebe Zaubermacht,/Daß sie veredelt, was ihr Hauch berührt,/Der Sonne ähnlich, deren goldner Strahl/Gewitterwolken selbst in Gold verwandelt." Sappho spricht hier zu ihrer Dienerin Melitta von sich selbst, aus der Erfahrung ihrer Liebe zu Phaon; als Zitat bezieht man die Feststellung meist auf andere, deren auffälliges oder unerwartetes, auf Liebe oder Verliebtheit zurückzuführendes Verhalten man damit kommentiert.

Das gibt's nur einmal, das kommt nie wieder

So beginnt der Refrain eines Schlagers von Werner Richard Heymann (Musik) und Robert Gilbert (Text) aus dem Film „Der Kongreß tanzt" (1931). Am bekanntesten sind die beiden ersten und die beiden letzten Zeilen des Kehrreims: „Das gibt's nur einmal, das kommt nie wieder,/das ist zu schön, um wahr zu sein! ... Das kann das Leben nur einmal geben,/denn jeder Frühling hat nur einen Mai!" Gesungen wurde das Lied von Lilian Harvey, in der Rolle einer jungen Wiener Handschuhmacherin, die während des Wiener Kongresses (1814/15) eine Romanze mit dem russischen Zaren Alexander I. erlebte. – Man verwendet das Zitat, um die Einmaligkeit eines Vorgangs, eines Erlebnisses o. ä. scherzhaft zu kommentieren.

Das halte fest mit deinem ganzen Herzen

↑Ans Vaterland, ans teure, schließ dich an.

Das ist das Los des Schönen auf der Erde!

Mit dieser Zeile endet die Klage Theklas um den Tod des Freundes Max Piccolomini in Schillers Drama „Wallenstein" („Wallensteins Tod"; 4, 12). „– Da kommt das Schicksal – roh und kalt/Faßt es des Freundes zärtliche Gestalt/Und wirft ihn unter den Hufschlag seiner Pferde –/Das ist das Los des Schönen auf der Erde!" Die Vorstellung, daß besonders das Schöne und Edle schutzlos dem Tod und der Zerstörung ausgeliefert ist, findet hier wie an anderen Stellen bei Schiller Ausdruck. So zum Beispiel auch in dem Gedicht „Nänie" (= Totenklage), das mit den Worten: „Auch das Schöne muß sterben! Das Menschen und Götter bezwinget" beginnt. – Mit dem Zitat kommentiert man resignierend die Beobachtung oder Erfahrung, daß etwas Schönes sich als vergänglich erwiesen hat oder in den Schmutz gezogen wurde.

Das ist das Unglück der Könige, daß sie die Wahrheit nicht hören wollen

Diese Erkenntnis stammt aus dem Munde des Politikers Johann Jacoby (1805–1877). Er äußerte sich als Mitglied einer am 2. 11. 1848 zu König Friedrich Wilhelm IV. entsandten Deputation der preußischen Nationalversammlung. Der gleiche Gedanke findet sich schon früher in der Nachdichtung „Der Cid" (1803/04) von Johann Gottfried Herder: „Ach, der Kön'ge hartes Schicksal,/Daß, wenn man sie nicht mehr fürchtet,/Dann nur ihnen die Wahrheit spricht!" – „Auch zu andern, andern Zeiten/Sagt man ihnen wohl die Wahrheit,/Aber sie, sie hören nicht." – Man bezieht das Zitat auf Menschen in einer Machtposition, die den Realitäten nicht ins Auge sehen wollen oder vor kritischen Worten ihre Ohren verschließen.

Das ist der Beginn einer wunderbaren Freundschaft

Mit den Worten „Louis, ich glaube, das ist der Beginn einer wunderbaren Freundschaft", die der Barbesitzer Rick an den französischen Offizier Louis richtet, endet der berühmte, zum Kultfilm und Evergreen gewordene amerikanische Film „Casablanca", der 1942 mit den Hauptdarstellern Ingrid Bergman und Humphrey Bogart gedreht wurde. Der Satz (im englischen Originaltext: *Louis, I think this is the beginning of a beautiful friendship*) wird meist scherzhaft oder auch ironisch zitiert, etwa wenn sich irgendwo eine menschliche Beziehung abzeichnet, die man alles andere als freundschaftlich nennen möchte.

Das ist der Lauf der Welt

Mit diesem Ausspruch reagiert jemand auf bestimmte Vorgänge meist negativer Art, auf Ungerechtigkeiten, Verluste o. ä., die er damit seufzend oder auch nur achselzuckend zu Kenntnis nimmt und kommentiert – etwa im Sinne von „So ist es nun einmal" oder „So geht es eben zu in dieser Welt". In einem ähnlichen Sinn auch gebraucht Mephisto in Goethes Faust I den Ausspruch. Er kommentiert damit am Ende der Szene in Marthes Garten das sich anbahnende verhängnisvolle Liebesverhältnis zwischen Faust und Gretchen. Seinen Ursprung hat der Ausspruch in der Bibel. Im „Brief des Paulus an die Epheser" werden zu Beginn des 2. Kapitels „des Menschen Elend außer Christo" und „der Gläubigen seliger Zustand in der Gemeinde Christi" einander gegenübergestellt. Mit der Fügung „nach dem Lauf dieser Welt" werden dabei die Gesetzlichkeiten der von der Sünde beherrschten Welt umschrieben. Es heißt an der Stelle: „... da ihr tot waret durch Übertretungen und Sünden, in welchen ihr weiland gewandelt nach dem Lauf dieser Welt ..." (Epheser 2, 1 f.).

Das ist des Landes nicht der Brauch

Mit diesen Worten läßt Goethe (in Faust I, der Nachbarin Haus) Gretchen die Annäherungsversuche Mephistos und sein Angebot, sich ihr als „Galan" zur Verfügung zu stellen, abweisen. Heute dienen diese Worte meist als scherzhafte Ablehnung. Sie werden zitiert, etwa wenn ein Vorschlag, ein Ansinnen als nicht zumutbar zurückgewiesen werden soll.

Das ist des Sängers Fluch

Mit diesen Worten endet die Ballade „Des Sängers Fluch" von Ludwig Uhland (1787–1862). Ein „Sängerpaar", ein alter Harfner und sein junger Begleiter, hatten im Schloß eines düsteren Königs die versammelte Runde der Höflinge mit ihrem Gesang begeistert. Der König sah sein Volk „verführt" und warf voll Wut sein Schwert nach dem jungen Sänger, den er tödlich traf. Darauf verfluchte der alte Sänger das Schloß und seine Bewohner. Das Gedicht endet: „Des Königs Namen meldet kein Lied, kein Heldenbuch:/Versunken und vergessen. Das ist des Sängers Fluch." – Man verwendet den Ausspruch etwa im Sinne von „so rächt sich etwas immer wieder, das kommt davon".

Das ist die Sonne von Austerlitz!

Diesen Ausspruch – im französischen Original: *Voilà le soleil d'Austerlitz!* – soll Napoleon Bonaparte (1769–1821) beim Sonnenaufgang vor der Schlacht von Borodino (7. September 1812) seinen Offizieren in ermunternder Erinnerung an die Dreikaiserschlacht von Austerlitz (2. Dezember 1805) zugerufen haben. Dort hatte die schließlich durch die Wolken brechende Sonne, die einen genauen Überblick über die Kampfhandlungen ermöglichte, entscheidend zum Sieg des französischen Kaisers beigetragen. – In ähnlich aufmunternder Absicht angesichts einer schwierigen Situation wird der Ausruf heute noch gelegentlich zitiert.

Das ist ein weites Feld

Es gibt zwei Quellen für diese Redensart. Man findet sie zum einen in dem Roman „Der Nachsommer" (1857) von Adalbert Stifter. Dort heißt es: „Das ist ein weites Feld, von dem ihr da redet". In Theodor Fontanes Roman „Effi Briest" (1895) verwendet der Vater der Titelheldin mehrfach diese Floskel. Am Ende des Romans beschließt er ein Gespräch mit seiner Frau über das Schicksal der Tochter Effi mit den Worten: „Ach, Luise, laß ... das ist ein zu weites Feld." – Man zitiert – wohl nach Fontane –: „Das ist ein weites Feld" bzw. „Das ist ein weites Feld, Luise", womit man zum Ausdruck bringt, daß ein Thema zu weitläufig ist, als daß man es – im Gespräch – erschöpfen könnte, oder daß eine Frage nicht leicht zu beantworten ist, daß es viel dazu zu sagen gäbe.

Das ist Lützows wilde, verwegene Jagd

Das Zitat stammt aus dem Lied „Lützows wilde Jagd", das der Dichter der Befreiungskriege, Theodor Körner, 1813 schrieb und dessen sechs Strophen jeweils mit dieser Zeile enden. Das Lied beginnt mit dem Vers „Was glänzt dort im Walde im Sonnenschein?" und besingt das Freikorps des Freiherrn Ludwig Adolf Wilhelm von Lützow (1782 bis 1834), das sich in den Befreiungskriegen besonders hervortat. In der Vertonung von Carl Maria von Weber gehört es noch heute zum Repertoire von Männerchören. – Man gebraucht das Zitat scherzhaft, um eine Gruppe von vorbeistürmenden Menschen oder ähnliches zu charakterisieren.

Das ist mehr als ein Verbrechen, das ist ein Fehler

Der Ausspruch *C'est pire qu'un crime, c'est une faute,* häufig Napoleons Polizeiminister Fouché oder auch dem Diplomaten Talleyrand zugeschrieben, stammt nach anderen Quellen von dem französischen Politiker Antoine Boulay de la Meurthe (1761–1840). Er soll dies im Zusammenhang mit der von Napoleon befohlenen Hinrichtung des Duc d'Enghien gesagt haben, der gegen die Republik gekämpft hatte. – Mit diesen zynisch klingenden Worten drückt man aus, daß man eine Handlung für unüberlegt und sehr töricht hält.

Das ist Tells Geschoß

Dies sind die letzten Worte des Landvogts Geßler in Schillers Drama „Wilhelm Tell" (1804). Geßler weiß, daß nur Tell es gewagt haben konnte, ihn zu töten. – Mit dem Zitat – auch in der Form „Das war Tells Geschoß" oder „Hic fuit [Tell]" –, gibt man zu erkennen, daß man den Urheber einer bestimmten Handlung kennt.

Das kann doch einen Seemann nicht erschüttern

Der Schlager, dessen Refrain sehr populär wurde, stammt aus dem 1939 gedrehten Film „Paradies der Junggesellen" mit Heinz Rühmann. (Der Textdichter ist Bruno Balz, die Vertonung als Marschfox stammt von Michael Jary.) Der Film handelt von drei trinkfesten Männern – zwei davon Angehörige der Marine –, die zeitweise ohne Frauen in einer gemeinsamen Wohnung leben. Der Schlager beginnt mit den Worten: „Es weht der Wind mit Stärke zehn". – Der Refrain wird heute noch als Ausdruck eines unerschütterlichen Optimismus zitiert.

Das kommt nicht wieder

↑ Das gibt's nur einmal

Das macht die Berliner Luft

Der Kehrreim „Das macht die Berliner Luft, Luft, Luft,/So mit ihrem holden Duft, Duft, Duft" stammt aus der Operette „Frau Luna" von Paul Lincke (1866–1946). Die auf dem Mond gelandeten, zunächst von den Mondschutzmännern verhafteten Berliner erinnern sich am Ende des ersten Aktes an ihre heimatliche „Berliner Luft". – Heute zitiert man die erste Zeile des Kehrreims gelegentlich noch, um Besonderheiten des Berliner Lebens, der Verhaltensweise der Berliner Bevölkerung in scherzhaft-ironischer Weise zu erklären oder um auszudrücken, daß man sich gerade in Berlin wohl fühlt und sich vom Flair dieser Stadt, von der Mentalität der Berliner gerne anstecken läßt.

Das sei ferne von mir!

Mit dieser Floskel, der im heutigen Deutsch die Formulierung „Das liegt mir völlig fern" entspricht, weist man etwas zurück, was man nicht tun oder womit man nichts zu schaffen haben möchte. Sie geht zurück auf die Bibel, wo sie vielfach verwendet wird. Im 1. Buch Moses (44,17) heißt es zum Beispiel: „Das sei ferne von mir, solches zu tun!" Und schon vorher (18,25): „Das sei ferne von dir, daß du das tust und tötest den Gerechten mit dem Gottlosen ..." In den Sprüchen Salomos (30,7f.) findet man: „Zweierlei bitte ich von dir ...: Abgötterei und Lüge laß ferne von mir sein ..."

Das sollst du am Kreuze bereuen

In Schillers Ballade „Die Bürgschaft" (1798) verhängt der Tyrann Dionys mit diesen Worten die Todesstrafe über Damon, der ihn ermorden wollte. – Das Zitat, das man heute noch als scherzhafte Drohung verwenden kann, bedeutet dann soviel wie „dafür wirst du bestraft, das mußt du büßen!"

Das täuscht die hoffende Seele nicht

↑Noch am Grabe pflanzt er die Hoffnung auf

Das übet in Einfalt ein kindlich Gemüt

Dieses Zitat stammt aus Schillers Gedicht „Die Worte des Glaubens" (1797). Am Ende der dritten Strophe, in der die Tugend als etwas durchaus Erstrebenswertes und trotz mancher Unzulänglichkeiten im Leben Erreichbares dargestellt wird, heißt es im Zusammenhang: „Er kann nach der göttlichen streben,/Und was kein Verstand der Verständigen sieht,/Das übet in Einfalt ein kindlich Gemüt." Der letzte Vers wird heute auf Menschen bezogen zitiert, die sich in ihrer Schlichtheit und Unerfahrenheit in bestimmten Situationen oft vorbildlicher verhalten als andere.

Das war eine köstliche Zeit!

Das Zitat, mit dem man eine vergangene schöne Zeit beschwört, stammt aus der komischen Oper „Der Waffenschmied" (uraufgeführt in Wien 1846) von Albert Lortzing. Ihr liegt das Lustspiel „Liebhaber und Nebenbuhler in einer Person" von Friedrich Wilhelm Ziegler (1760–1827) zugrunde. Die „köstliche Zeit" besingt der alte Waffenschmied am Tag seines Meisterjubiläums, an dem er seine Erinnerung in die Vergangenheit schweifen läßt.

Das war in Schöneberg im Monat Mai

Dieses Zitat ist der Anfang des Refrains eines Marschliedes aus der Berliner Posse „Wie einst im Mai" (1913): „Das war in Schöneberg/im Monat Mai,/ein kleines Mädelchen/ war auch dabei./ Das hat den Buben oft/und gern geküßt,/wie das in Schöneberg/so üblich ist." Den Text des Liedes, das einen melancholischen Rückblick auf glückliche Kindertage wiedergibt, wurde von Rudolf Bernauer verfaßt, die Melodie schrieb Walter Kollo. Man verwendet das Zitat (auch in der Form „Es war ...") als scherzhafte Anspielung auf ein länger zurückliegendes schönes Ereignis, eine leider vergangene Zeit. (Vergleiche auch den Artikel „Wie einst im Mai".)

Das war kein Heldenstück, Oktavio!

Mit diesen Verbitterung ausdrückenden Worten reagiert Wallenstein in Schillers gleichnamigem Drama („Wallensteins Tod" 3, 9) auf Oktavio Piccolominis Verrat an ihm. Wallenstein hatte auf ihn als Freund vertraut. Aber in dem Augenblick, als Wallenstein sich auf die Seite der Schweden schlug, fiel Oktavio Piccolomini von ihm ab. – Man verwendet das Zitat, um auszudrücken, daß man mit Entschiedenheit nicht billigt, was jemand getan hat, daß der Betreffende sich dafür schämen sollte.

Daß das weiche Wasser in Bewegung mit der Zeit den mächtigen Stein besiegt

Diese Verszeilen stammen aus einem der „Svendborger Gedichte“ (1939) von Bertolt Brecht. Es hat den Titel „Legende von der Entstehung des Buches Taoteking auf dem Weg des Laotse in die Emigration“. Laotse trifft einen Zöllner, der von dem Weisen wissen möchte, ob sein Nachdenken über die Welt zu Erkenntnissen geführt habe. Auf seine Frage „Hat er was rausgekriegt?“ wird ihm die Antwort zuteil: „Daß das weiche Wasser in Bewegung/Mit der Zeit den mächtigen Stein besiegt./Du verstehst, das Harte unterliegt.“ – Die Natur liefert ein Beispiel dafür, daß – auf die Dauer gesehen – nicht Härte oder Gewalt obsiegen. – Der Zukunftsforscher Robert Jungk (* 1913) gab einen Essayband aus dem Jahr 1986 den Titel: „Und Wasser bricht den Stein.“

Daß einer lächeln kann und immer lächeln und doch ein Schurke sein

Das Zitat stammt aus Shakespeares Tragödie „Hamlet“ (1604). Im ersten Akt, in der fünften Szene, begegnet Hamlet dem Geist seines Vaters und erfährt, daß der Vater von seinem Bruder, Hamlets Onkel, ermordet wurde, der jetzt als König herrscht. Hamlets Entrüstung über den Mörder äußert sich in den Worten: „O Schurke! lächelnder, verdammter Schurke!/.../Daß einer lächeln kann und immer lächeln/Und doch ein Schurke sein; zum wenigsten/Weiß ich gewiß, in Dänmark kann's so sein.“ (Im englischen Originaltext: *O villain, villain, smiling, damned villain!/.../That one may smile and smile and be a villain./At least I'm sure it may be so in Denmark.*) – Das sehr literarische Zitat bringt jemandes Erschütterung über die Unwahrhaftigkeit eines Menschen zum Ausdruck.

Daß ich erkenne, was die Welt im Innersten zusammenhält

Am Beginn des ersten Teils von Goethes Faust, in der Szene „Nacht“, erhebt Faust in einem Selbstgespräch Klage über die Eingeschränktheit seines Wissens. Er hat sich darum „der Magie ergeben“ und hofft, mit ihrer Hilfe weiter in die Geheimnisse der Natur einzudringen: „Daß ich erkenne, was die Welt/Im Innersten zusammenhält, /Schau' alle Wirkenskraft und Samen,/Und tu' nicht mehr in Worten kramen.“ – Das Zitat bringt jemandes Wunsch zum Ausdruck, tiefer in ein Problem einzudringen, grundlegendere Erkenntnisse über ein Sachgebiet oder komplexere Vorgänge zu gewinnen.

Daß man vom Liebsten, was man hat, muß scheiden

↑Wenn Menschen auseinandergehn, so sagen sie: auf Wiedersehn, ja Wiedersehn!

Dastehen wie Buridans Esel

Die Formulierung mit der Bedeutung „sich zwischen zwei gleichwertigen Dingen nicht entscheiden können“ bezieht sich auf eine dem französischen Philosophen Johannes Buridan (1300–1358) zugeschriebene Parabel, nach der ein hungriger Esel aus Unentschlossenheit vor zwei gleichen Bündeln Heu verhungern würde; sie ist in dieser Form aber in seinen Schriften nicht nachzuweisen. Der Grundgedanke stammt aus Aristoteles' (384–322 v. Chr.) „De caelo“ (= „Über den Himmel“; II, 13) und wird in Buridans Kommentar zu diesem Werk am Beispiel des Hundes aufgenommen. Der Esel ist möglicherweise eine von Gegnern Buridans erfundene Abwandlung.

Davon geht die Welt nicht unter

Der mit diesen Worten beginnende Schlager (Text: Michael Jary, Musik: Bruno Balz), zuerst gesungen von Zarah Leander, stammt aus dem 1942 gedrehten Film „Die große Liebe“. Der Film erzählt die Liebesgeschichte zwischen einem Luftwaffenoffizier und einer berühmten Varietésängerin. Er gehörte zu den sogenannten „Durchhaltefilmen“, mit denen die Menschen von den Ereignissen des Krieges abgelenkt werden sollten. – Das Zitat bekundet in salopper Form, daß doch alles nicht so schlimm ist, daß man einen Mißerfolg, eine Widrigkeit nicht so schwernehmen, nicht dramatisieren soll.

De profundis

Nach diesen Anfangsworten wird der 130., in der lateinischen Bibelübersetzung Vulgata der 129. Psalm, der 6. Bußpsalm, benannt. Der ganze Satz lautet: *De profundis clamavi ad te, Domine.* Luther übersetzt den Vers mit „Aus der Tiefe rufe ich, Herr, zu dir" und verwendet den Psalm als Grundlage seines Kirchenliedes „Aus tiefer Not schrei' ich zu dir". Der Psalm ist Bestandteil besonders des katholischen Trauergottesdienstes. „De profundis" im Sinne von „Klagegesang" wurde auch vom späteren Herausgeber als Titel für das letzte Prosawerk Oscar Wildes (1854–1900) verwendet, für einen langen, im Zuchthaus von Reading geschriebenen, an Lord Alfred Douglas gerichteten Brief.

Dei gratia

↑Von Gottes Gnaden

Dein Schicksal ruht in deiner eignen Brust

Dieser Ausspruch stammt aus Schillers Drama „Die Jungfrau von Orleans" (III, 4). Agnes Sorel, die Geliebte König Karls VII., bittet Johanna, die Jungfrau von Orleans, um ein „erfreuliches Orakel" für sich, nachdem sich Johanna weitläufig über zukünftiges Geschehen in der „großen Weltgeschichte" geäußert hat. Mit den Worten vom Schicksal, das in der eigenen Brust ruht, gibt Johanna aber der fragenden Agnes Sorel zu verstehen, daß es einzig von ihr selbst abhänge, wie sie ihr Schicksal gestalte. In diesem Sinne wird das Zitat auch heute gebraucht. – Vergleiche auch den Artikel „In deiner Brust sind deines Schicksals Sterne".

Dein Wunsch war des Gedankens Vater

Mit diesen Worten empfängt ziemlich ungehalten König Heinrich IV. im 2. Teil von Shakespeares gleichnamigem historischen Drama (uraufgeführt 1598) seinen Sohn Heinrich, den Prinzen von Wales (IV, 4). Der Prinz hatte den auf dem Krankenlager in tiefem, ohnmachtähnlichem Schlaf liegenden Vater für tot gehalten und dessen Krone an sich genommen, bereit, sie als legitimer Nachfolger würdig zu tragen. Im englischen Original sagt der König: *Thy wish was father, Harry, to that thought.* Heinrichs Ausspruch wird heute in der abgewandelten Form „Der Wunsch ist/war [hier] Vater des Gedankens" zitiert, wenn man verdeutlichen will, daß das, wovon jemand spricht, nur auf Wunschdenken beruht.

Deine Uhr ist abgelaufen

In dieser Form erscheint die Redewendung „jemandes Uhr ist abgelaufen" mit der Bedeutung „jemand wird bald sterben oder ist gerade gestorben" in Schillers Schauspiel „Wilhelm Tell" (IV, 3): „Mach deine Rechnung mit dem Himmel, Vogt,/Fort mußt du, deine Uhr ist abgelaufen." Der Titelheld faßt hier den Entschluß, die Ermordung des tyrannischen Reichsvogts Geßler zu vollziehen. Das Bild von der ablaufenden Uhr bzw. auslaufenden Sanduhr für ein zu Ende gehendes Leben benutzt vor Schiller Goethe in seinem Briefroman „Die Leiden des jungen Werthers" (1774; 2. Buch, 12. Dezember): „Meine Uhr ist noch nicht ausgelaufen, ich fühle es." Bereits in Jakob Ayrers (um 1543–1605) „Tragedia vom reichen Mann und armen Lazarus" heißt es: „Er hat eine kleine Zeit,/So ist ihm die Uhr ausgeloffen."

Deines Geistes hab' ich einen Hauch verspürt

Mit diesen Worten endet die Ballade „Bertran de Born" von Ludwig Uhland (1787–1862). Der Troubadour Bertran de Born hatte einen Sohn des Königs Heinrich II. von England gegen seinen Vater aufgehetzt. Zur Strafe wurde sein Schloß zerstört und er selbst gefangengenommen. Als der Gefangene, Freund des im Kampf gefallenen Königssohns, vor den König tritt, rührt er ihn mit seiner Klage um den toten Freund. Der

König gibt ihm die Freiheit mit den Worten wieder: „Meinen Sohn hast du verführt,/Hast der Tochter Herz verzaubert,/Hast auch meines nun gerührt:/Nimm die Hand, du Freund des Toten,/Die, verzeihend, ihm gebührt!/Weg die Fesseln! Deines Geistes/Hab' ich einen Hauch verspürt." (Ich ahne etwas von deinen dichterischen Fähigkeiten, erklärt damit der König.) – Das sehr literarische Zitat kann in einem Zusammenhang verwendet werden, in dem jemand andeuten will, daß er etwas von der Ausstrahlung einer bestimmten Person oder Sache wahrgenommen hat.

↑Gegen **Demokraten** helfen nur Soldaten

↑Mehr **Demokratie** wagen

Den lieb' ich, der Unmögliches begehrt

Im 2. Teil von Goethes Faust geleitet der Zentaur Chiron den in Liebe zu Helena entbrannten Faust zur Sibylle Manto (2. Akt, Klassische Walpurgisnacht; Peneios). Sie ist sofort bereit, ihn zu Persephone, der Gemahlin des Unterweltgottes Pluto, zu geleiten, um mit deren Hilfe die Freigabe Helenas aus dem Totenreich zu erwirken. Ihre Hilfsbereitschaft begründet sie kurz und bündig mit den zitierten Worten. Wir verwenden das Zitat heute gelegentlich, wenn wir anerkennend von jemandem sprechen, der sich ein hohes, fast unerreichbares Ziel gesetzt hat. Meistens jedoch sind diese Worte eine ironische Entgegnung darauf, daß jemand Unmögliches wünscht oder unzumutbare Forderungen stellt.

Denk es, o Seele

Die Ermahnung „Denk es, o Seele!" stammt aus Eduard Mörikes gleichnamigem Gedicht aus dem Jahr 1852. Mörike hat das Gedicht später – als „böhmisches Volksliedchen" – an den Schluß seiner Novelle „Mozart auf der Reise nach Prag" gesetzt. Ein „Tännlein", ein Rosenstrauch, zwei schwarze Pferde, die vor seinem inneren Auge vorüberziehen, assoziiert er mit seinem Tod. „Ein Tännlein grünet wo,/Wer weiß im Walde,/Ein Rosenstrauch, wer sagt,/In welchem Garten?/Sie sind erlesen schon,/Denk es, o Seele!/Auf deinem Grab zu wurzeln/Und zu wachsen." – Wir verwenden das Zitat meist in weniger düsterem Zusammenhang, um jemandem etwas ins Bewußtsein zu rufen, ihn dazu zu ermuntern, sich etwas vorzustellen, sich auf eine Vision einzulassen.

Denk' ich an Deutschland in der Nacht, dann bin ich um den Schlaf gebracht

Der freiwillige Entschluß Heinrich Heines, 1831 nach Paris überzusiedeln, eröffnete ihm zwar neue politische und kulturelle Entfaltungsmöglichkeiten, seine Liebe zum „wirklichen Deutschland" – wie er es formulierte –, wo seine Schriften seit 1835 verboten waren, kam aber immer wieder in seiner lyrischen Dichtung der Folgezeit zum Ausdruck. Eines seiner meistzitierten Gedichte aus dieser Zeit sind die „Nachtgedanken" (1843), deren erste Strophe lautet: „Denk' ich an Deutschland in der Nacht,/Dann bin ich um den Schlaf gebracht,/Ich kann nicht mehr die Augen schließen,/Und meine heißen Tränen fließen." Die Anfangsverse werden heute noch zitiert, wenn auf ein mit großer Skepsis beobachtetes Geschehen Bezug genommen wird, das in irgendeiner Form mit Deutschland oder den Deutschen in Zusammenhang steht.

↑Er **denkt** zuviel: die Leute sind gefährlich

Denn alle Schuld rächt sich auf Erden

Im 13. Kapitel des zweiten Buches von Goethes „Wilhelm Meisters Lehrjahren" (1782) lauscht die Titelgestalt dem Lied eines Harfenspielers – einer mit geheimnisvoller Schuld beladenen Gestalt –, in dem dieser die „himmlischen Mächte" anklagend für sein Schicksal verantwortlich macht. Die zweite Strophe des Liedes lautet: „Ihr führt ins Leben uns hinein,/Ihr laßt den Armen schuldig werden,/Dann überlaßt ihr ihn der Pein;/Denn alle Schuld rächt sich auf Erden." Der letzte Vers wird zitiert, wenn – in Abwandlung des eigentlichen Sinngehalts – ausgedrückt werden soll, daß es doch eine Gerechtigkeit gibt und daß jeder für alle seine schuldhaften Verfehlungen letztlich seiner gerechten Strafe zugeführt wird.

Denn an sich ist nichts weder gut noch böse, das Denken macht es erst dazu

Diesen Gedanken spricht Hamlet in Shakespeares gleichnamigem Trauerspiel (entstanden um 1600) aus. Hamlet nennt den beiden Hofleuten Rosenkranz und Güldenstern gegenüber seine Heimat Dänemark einen Kerker. Seinen Gesprächspartnern, die dies zurückweisen, antwortet er (II, 2): „Nun, so ist es keines für euch, denn an sich ist nichts weder gut noch böse; das Denken macht es erst dazu. Für mich ist es ein Gefängnis." Im Original lautet die Stelle: *Why, then 'tis none to you, for there is nothing either good or bad but thinking makes it so. To me it is a prison.* – Wir kritisieren heute mit diesem Zitat das Verhalten eines Menschen, der jemandes Äußerung einen anzüglichen Nebensinn unterstellt, weil er selbst so denkt. Ganz allgemein kann man damit auch zum Ausdruck bringen, daß jedes Urteil subjektiv ist und von der Einschätzung, der Denkweise des einzelnen abhängt.

Denn aufgelöst in diesem Augenblick sind aller Ordnung, aller Pflichten Bande

↑Aufgelöst sind aller Ordnung Bande

Denn aus Gemeinem ist der Mensch gemacht, und die Gewohnheit nennt er seine Amme

Der große Monolog Wallensteins im dritten Teil von Schillers Wallenstein-Trilogie („Wallensteins Tod"; I, 4) zeigt den Feldherrn im Zwiespalt zwischen Wollen und Müssen. Eben noch hatte er nur mit dem Gedanken gespielt, die Gunst der Stunde zu nutzen und sich gegen den Kaiser zu stellen, jetzt sieht er sich durch die Eigendynamik der Entwicklung zum Handeln gezwungen, ohne es wirklich zu wollen. Stellt er sich gegen den Kaiser, so stellt er sich mit seinem ungewöhnlichen Schritt gegen das traditionsgeheiligte „Gewohnte" und steht dann außerhalb der geltenden Ordnung („gemein" steht hier im Sinne von „gewöhnlich, gewohnt"). Mit dem Zitat will man in bestimmten Situationen darauf hinweisen, daß es schwer ist, Neues gegen Altgewohntes durchzusetzen, aus eingefahrenen Gleisen auszuscheren und gegen Dinge anzugehen, die einem selbst oder anderen durch stete Gewohnheit liebgeworden sind.

Denn bei der Post geht's nicht so schnell

Die ↑Christel von der Post

... denn bei mir liegen Sie richtig!

Der Hauptverband der gewerblichen Berufsgenossenschaften produzierte in den Jahren 1964, 1965 und 1967 eine Serie von Kurzfilmen, in denen mit schwarzem Humor vor den Unfallgefahren des Alltags- und Berufslebens gewarnt wurde. Die Kurzszenen liefen vor oder nach den Wochenschauen in den Kinos. Der Hauptdarsteller Günther Jerschke spielte jeweils einen Chirurgen oder einen Bestattungsunternehmer und sagte zum Schluß jeder Szene (auf den Operationstisch oder den Sarg bezogen): „... denn bei mir liegen Sie richtig!" Mit dem umgangssprachlich gebräuchlichen Zitat (meist in der Form „Bei mir liegen Sie richtig") kann man scherzhaft zum Ausdruck bringen, daß man für jemandes Anliegen genau der richtige Ansprechpartner ist.

Denn Brutus ist ein ehrenwerter Mann

In der berühmten Rede des Antonius in Shakespeares Drama „Julius Cäsar" (1599) wird dieser Satz – jeweils leicht abgewandelt – mehrfach wiederholt. Im englischen Original lautet die erste Stelle: *For Brutus is an honourable man,/So are they all, all honourable men.* Antonius, der die Ermordung Cäsars rächen möchte, widerlegt Schritt für Schritt alle Argumente, die Brutus und seine Mitverschworenen zugunsten ihrer Tat anführen könnten, so daß die Bezeichnung „ehrenwerter Mann“ schließlich als pure Ironie erscheint. Entsprechend wird mit dem Zitat auch heute meist zum Ausdruck gebracht, daß man jemanden gerade nicht für besonders ehrenhaft hält.

Denn das Gemeine geht klanglos zum Orkus hinab

Das Zitat stammt aus Schillers Gedicht „Nänie“ (= „Totenklage“; entstanden 1799), in dem es in den beiden letzten Zeilen heißt: „Auch ein Klaglied zu sein im Mund der Geliebten, ist herrlich,/Denn das Gemeine geht klanglos zum Orkus hinab.“ Das Gedicht reflektiert die Vergänglichkeit auch des Schönen, des Vollkommenen, führt aber als Trost an, daß die Klage um das Verlorene dieses noch einmal hervorhebt und würdigt, während das Unvollkommene, Alltägliche nahezu unbeachtet vergeht. – Mit dem Zitat kann man – meist scherzhaft – den Verlust einer Sache kommentieren, um die es nicht schade ist, der man keine Träne nachweint.

Denn das ist sein Lebenszweck

Mit diesen Worten kennzeichnet Wilhelm Busch (1832–1908) im „Dritten Streich“ von „Max und Moritz“ die für alle äußerst nützliche Tätigkeit des Schneidermeisters Böck. Man zitiert sie, wenn man scherzhaft ausdrücken will, daß sich jemand ganz und gar einer bestimmten Sache verschrieben hat, die sein ganzer Lebensinhalt geworden ist.

Denn das Naturell der Frauen ist so nah mit Kunst verwandt

Die Verse stammen aus dem ersten Akt des zweiten Teils von Goethes Faust. In der „Kaiserlichen Pfalz“ findet ein Maskenfest statt, das mit einem Maskenzug beginnt. Dieser wird von jungen florentinischen Gärtnerinnen angeführt, die künstliche Blumen im Haar tragen. Sie singen: „Tragen wir in braunen Locken/Mancher heitern Blumen Zier;/Seidenfäden, Seidenflocken,/Spielen ihre Rolle hier.“ Der Gesang endet mit der Strophe: „Niedlich sind wir anzuschauen,/Gärtnerinnen und galant;/Denn das Naturell der Frauen/Ist so nah mit Kunst verwandt.“ – Das Zitat schreibt den Frauen eine unmittelbare Beziehung zu allem Schönen zu, was sich zum Beispiel auch in ihrem Schmuckbedürfnis äußert.

Denn dem Glück, geliebt zu werden, gleicht kein ander Glück auf Erden

Diese Verse aus der 27. Romanze von Johann Gottfried Herders (1744–1803) „Der Cid“, einer freien Nachdichtung einer französischen Prosafassung, werden heute noch gerne ins Poesiealbum geschrieben. Sie bilden die erste Hälfte eines Vierzeilers, der vollständig lautet: „Denn dem Glück, geliebt zu werden,/Gleicht kein ander Glück auf Erden;/Die geliebte Schäferin,/Sie allein ist Königin.“

Denn der Buchstabe tötet, aber der Geist macht lebendig

Bei dem Zitat handelt es sich um eine Stelle aus dem 2. Brief des Apostels Paulus an die Korinther (Kapitel 3, Vers 6). Mit dem Buchstaben ist das Mosaische Gesetz als Ausdruck des Alten Bundes gemeint. Paulus versteht sich als Diener des Neuen Bundes, nicht des Buchstabens, sondern des in Christus Gerechtigkeit und Leben bringenden Geistes. Im heutigen Sprachgebrauch wirkt diese antithetische Bibelstelle in folgenden metaphorischen Ausdrucksweisen nach: „toter Buchstabe, nach dem Buchstaben des Gesetzes handeln, am Buchstaben kleben, sich an den Buchstaben klammern, etwas nach Geist und Buchstaben erfüllen.“

Denn der Mensch als Kreatur hat von Rücksicht keine Spur

Am Anfang des „Julchen“ überschriebenen dritten Teils der „Knopp-Trilogie“ (1875/77) von Wilhelm Busch findet man diese Feststellung. Hier ist sie auf das eben geborene Julchen bezogen, das als schreiender Säugling, als Mensch im unverständigen, „kreatürlichen“ Zustand, keine Rücksichtnahme auf andere kennt. Man bezieht das Zitat heute vor allem auf erwachsene Menschen, die sich besonders rücksichtslos verhalten.

Denn der Regen, der regnet jeglichen Tag

Wenn am Ende von Shakespeares Komödie „Was ihr wollt“ (gedruckt 1623) der Narr, der im Grunde weiser ist als die gescheiten Leute, das Schlußlied singt, dessen vier erste Strophen mit dieser Zeile enden (englisch: *For the rain it raineth every day*), dann führt er mit seiner pessimistisch-resignativen Sicht der Dinge die Zuschauer aus der Illusionenwelt des Theaters langsam wieder zurück in die Wirklichkeit. Auch im „König Lear“ (III, 2) singt der Narr ein Lied (allerdings nur eine Strophe) mit demselben Strophenmuster. – Der Vers wird als Zitat verwendet, wenn man etwas durch seine gleichförmige stete Wiederholung als monoton oder sogar als deprimierend empfindet. Er ist aber auch als Stoßseufzer zu hören, mit dem das in unseren Breiten häufig schlechte Sommerwetter kommentiert wird.

... denn der Wind kann nicht lesen

So lautet der Titel eines Romans des englischen Schriftstellers Richard Mason (englischer Titel: *The Wind cannot read;* erschienen 1946, deutsch 1948; verfilmt 1958), in dem die Liebesgeschichte eines englischen Offiziers und einer Japanerin in Indien erzählt wird. Man zitiert ihn, wenn man andeuten will, daß das, was man tut oder sagt, wohl kaum zur Kenntnis genommen wird oder in seiner Auswirkung ungewiß bleibt.

Denn die Elemente hassen das Gebild von Menschenhand

Dieses Zitat aus Schillers „Lied von der Glocke“ wird verwendet, wenn eine Naturkatastrophe wieder einmal gezeigt hat, daß allem technischen Fortschritt zum Trotz der Mensch die Natur und ihre elementaren Kräfte nicht vollständig beherrschen kann. In demselben gedanklichen Zusammenhang stehen die Zeilen auch in Schillers Gedicht, wo der Anblick des glühenden Metalls beim Glockenguß den Ausgangspunkt für eine sehr bildhafte Darstellung der Urgewalt des Feuers bildet.

Denn die Natur läßt sich nicht zwingen

In Christian Fürchtegott Gellerts (1715–1769) Fabel „Die Nachtigall und die Lerche“ wird der Nachtigall von der Lerche vorgehalten, daß sie zwar schöner singe als andere Vögel, aber nur während weniger Wochen im Jahr. Darauf erwidert die Nachtigall, daß sie nur kurze Zeit singe, um eben einen so schönen Gesang hervorzubringen, und gibt als weitere Begründung an: „Ich folg' im Singen der Natur;/so lange sie gebeut (= gebietet), so lange sing' ich nur,/Sobald sie nicht gebeut, so hör' ich auf zu singen;/Denn die Natur läßt sich nicht zwingen.“ Losgelöst vom Inhalt der Fabel zitieren wir heute diesen Vers, um auszudrücken, daß das Naturgeschehen sich letztlich nicht vollständig vom Menschen beeinflussen läßt und die Naturgewalten nicht völlig beherrschbar sind. Auch in bezug auf die menschliche Natur, die physischen Bedürfnisse und Unzulänglichkeiten des Menschen, die er bei aller Willensstärke nicht unterdrücken oder überwinden kann, wird das Zitat gelegentlich verwendet.

Denn dieser letzten Tage Qual war groß

Mit diesem Zitat aus Schillers „Wallensteins Tod“ will man zum Ausdruck bringen, daß eine Zeit quälender Ungewißheit oder großer seelischer und körperlicher Anspannung hinter einem liegt. Vollständig lautet das Zitat: „Ich denke einen langen Schlaf zu tun,/Denn dieser letzten Tage Qual war groß,/Sorgt, daß sie nicht zu zeitig mich erwecken" (V, 5; siehe auch: „Ich denke einen langen Schlaf zu tun").

Denn du bist Erde und sollst zu Erde werden

Mit diesen Worten deutet Gott im Alten Testament nach dem Sündenfall Adam an, daß seine sterbliche Hülle wieder zu dem werden wird, woraus sie geschaffen worden ist (1. Moses 3, 19). Diese Bibelstelle ist zusammen mit der ähnlichen Formulierung „Denn der Staub muß wieder zu der Erde kommen, wie er gewesen ist" (Prediger 12, 7) die Grundlage der Bestattungsformeln der christlichen Kirchen „Erde zu Erde, Asche zu Asche, Staub zu Staub" und „Bedenke, Mensch: Staub bist du und zum Staube kehrst du wieder zurück."

Denn eben, wo Begriffe fehlen, da stellt ein Wort zur rechten Zeit sich ein

Dieses Zitat stammt aus Goethes Faust I. Im zweiten Teil der Studierzimmerszene rät Mephisto dem Schüler, sich beim Theologiestudium möglichst eng an die Worte eines Lehrmeisters zu halten. Auf den Einwand des Schülers „Doch ein Begriff muß bei dem Worte sein" antwortet Mephisto: „Schon gut! Nur muß man sich nicht allzu ängstlich quälen;/Denn eben, wo Begriffe fehlen,/Da stellt ein Wort zur rechten Zeit sich ein." Damit wird gesagt, daß leeres Wortgeklingel stets viel leichter hervorzubringen ist als eine inhaltlich bedeutsame Aussage. Diese Vorstellung liegt auch dem heutigen Gebrauch des Zitats zugrunde. (Vergleiche auch: „Mit Worten läßt sich trefflich streiten".)

Denn ein gebrechlich Wesen ist das Weib

Aufs entschiedenste weist Königin Elisabeth in Schillers Trauerspiel „Maria Stuart" (uraufgeführt am 14. 6. 1800) diese Worte George Talbots, des Grafen von Shrewsbury und Mitglieds ihres Thronrats, zurück und erwidert ihm: „Das Weib ist nicht schwach. Es gibt starke Seelen in dem Geschlecht." Wenn wir diesen Ausspruch zitieren, dann wollen wir oft – mit scherzhaft-spottendem Unterton – darauf hinweisen, daß das Gegenteil heute der Fall ist und die Angehörigen des „schwachen Geschlechts" alles andere als gebrechliche und hilfebedürftige Wesen sind.

Denn ein Haifisch ist kein Haifisch, wenn man's nicht beweisen kann

Der „Haifisch" ist in Bertolt Brechts „Dreigroschenoper" (uraufgeführt am 31. 8. 1928 in Berlin) der Straßenräuber und Geschäftemacher Macheath, dem man aber, wie es schon in der zu Anfang gesungenen „Moritat von Mackie Messer" heißt, nichts beweisen kann. Zwei hierzu später nachgedichtete Strophen läßt Brecht jeweils enden: „Denn ein Haifisch ist kein Haifisch,/Wenn man's nicht beweisen kann." Diese Verse werden zitiert, wenn man resigniert feststellen muß, daß jemand seiner gerechten Strafe nicht zugeführt werden kann, da es für seine kriminellen Machenschaften – seien sie auch noch so offensichtlich – keine juristisch stichhaltigen Beweise gibt. – Auch als ironischer Kommentar zu einer allzu spitzfindigen oder überflüssigen Beweisführung ist das Zitat geläufig.

Denn ein vollkomm'ner Widerspruch bleibt gleich geheimnisvoll für Kluge wie für Toren

Der „vollkommene Widerspruch", auf den Mephisto im ersten Teil von Goethes Faust („Hexenküche") anspielt, liegt in einem Zauberspruch mit Zahlenspielereien, den zuvor eine Hexe aufgesagt hatte. Dieses „Hexeneinmaleins" hat Goethe wohl als Parodie auf die Zahlensymbolik bestimmter abstrus-tiefsinniger Schriften verstanden. Die szenischen Anmerkungen zum Auftritt der Hexe parodieren allerdings Zeremonien des katholischen Gottesdienstes. Von daher gesehen ist Mephistos Bemerkung durchaus auch als ironische Bewertung von Glaubensdingen zu verstehen. Die Geheimnisse des Glaubens kann ein schlichter Geist auf Grund des fehlenden Intellekts nur als Wahrheit akzeptieren, aber auch der Intellektuelle kommt hier mit seiner Ratio nicht weiter. So wird das Zitat dann verwendet, wenn man darlegen will, daß etwas eigentlich Unmögliches oder Unwahrscheinliches durch seine Absurdität schon fast wieder glaubhaft ist oder daß man etwas nur verworren und widersprüchlich genug formulieren muß, damit andere dahinter eine tiefe, geheimnisvolle Wahrheit vermuten.

Denn er war unser!

Goethes „Epilog zu Schillers ‚Glocke'", der bei Schillers Totenfeier am 10. August 1805 in Bad Lauchstädt, dem Modebad der Goethezeit, gesprochen wurde, liefert uns dieses Zitat. Es wird verwendet, wenn man von jemandem spricht, mit dem man längere Zeit in einer engen Gemeinschaft verbunden war, der aber weggegangen oder verstorben ist. Stolz auf das frühere Verhältnis und ein noch immer vorhandenes Zusammengehörigkeitsgefühl klingen dabei an.

Denn ich bin ein Mensch gewesen, und das heißt ein Kämpfer sein

In dem Gedicht „Einlaß", das im „Buch des Paradieses" von Goethes „Westöstlichem Diwan" steht, fragt die den Paradieseingang bewachende Huri einen vor dem Paradiestor stehenden Dichter, ob er im Leben ein mutiger Kämpfer und ein Held gewesen sei; sie bittet ihn, seine Wunden zu zeigen und so sein Einlaßbegehren zu rechtfertigen. Darauf antwortet der Dichter: „Nicht so vieles Federlesen!/Laß mich immer nur herein:/Denn ich bin ein Mensch gewesen,/Und das heißt ein Kämpfer sein." Damit ist gemeint, daß der tägliche Kampf mit den großen und kleinen Schwierigkeiten des Lebens dem Menschen alles abverlangt. Wer in diesem Daseinskampf besteht, ist ein Kämpfer und ein wahrer Held. Zum Ausdruck dieses Gedankens werden die Zeilen auch heute zitiert.

Denn ihre Werke folgen ihnen nach

Im 14. Kapitel der Offenbarung des Johannes wird von den im Glauben an Gott Verstorbenen gesagt, daß sie nunmehr von ihrer Arbeit ausruhen können, da alles, was sie im irdischen Leben geleistet haben, nachwirke und ihnen angerechnet werde. In Vers 13 heißt es: „Selig sind die Toten, die in dem Herrn sterben von nun an. Ja, der Geist spricht, daß sie ruhen von ihrer Arbeit; denn ihre Werke folgen ihnen nach." Diese Bibelstelle wird heute bei entsprechendem Anlaß in diesem Sinne zitiert. Man gebraucht diese Worte aber auch, um auszudrücken, daß jeder im Leben früher oder später an dem gemessen werden wird, was er vollbracht hat und jeder sich einmal den Folgen seines früheren Handelns stellen muß.

Denn kein größeres Verbrechen gibt es, als nicht kämpfen wollen, wo man kämpfen muß

Mit diesen Worten verurteilt der jüdische Arzt und Klinikleiter Professor Mamlock im 4. Akt des gleichnamigen Dramas von Friedrich Wolf (1888 bis 1953; erschienen 1935) die Tatenlosigkeit dem nationalsozialistischen Terror gegenüber. Er setzt seinen Namen selbst auf die Liste der aus „rassischen Gründen" zu entlassenden Mitarbeiter und weist damit das Angebot der Regierung zurück, formell sein Krankenhaus weiterzuleiten. Er ist nicht bereit, seine Überzeugung zu verraten und sich zu unterwerfen.

Denn nichts ist groß, was nicht wahr ist

Das Zitat ist der Schlußsatz aus Gotthold Ephraim Lessings (1729–1781) 30. Stück der „Hamburgischen Dramaturgie" vom 11. August 1767. Der Autor wertet damit am Beispiel der Kleopatra die Helden der Corneilleschen Tragödie ab. „Nicht wahr" bedeutet bei Lessing „unnatürlich, gekünstelt"; er bezieht sein Diktum auf den Stolz als Motivation der Corneilleschen Kleopatra, wo Eifersucht seiner Ansicht nach natürlicher, „wahrer“ gewesen wäre. Das Zitat wird heute im allgemeineren Sinne verwendet; man drückt damit aus, daß wahre Größe nicht auf Lüge, auf falschen Schein gegründet sein kann.

Denn sie hat viel geliebt

Dieser Vers aus dem Lukasevangelium (7,47) lautet vollständig: „Ihr sind viele Sünden vergeben, denn sie hat viel geliebt (revidierte Fassung von 1964: darum hat sie mir viel Liebe erzeigt).“ Die Worte beziehen sich auf eine „büßende Sünderin“, die Jesus die Füße wäscht und salbt, während er zu Tische sitzt. Heute werden sie meist auf eine Frau bezogen, die auf ein aufopferungsvolles Leben zurückblicken kann. Sie können aber auch gebraucht werden, wenn auf eine Frau angespielt werden soll, die zahlreiche Liebschaften hatte.

... **denn** sie wissen nicht, was sie tun

So lautet der deutsche Titel eines 1955 gedrehten Films des amerikanischen Regisseurs Nicholas Ray (englischer Titel: „Rebel Without a Cause“). James Dean (1931–1955) verkörpert darin die Jugend der Nachkriegszeit, die die traditionellen Werte ablehnt und in der überkommenen Ordnung keine Möglichkeit zur Selbstverwirklichung mehr sieht. Zitiert wird dieser Titel, wenn man – mit einem Kopfschütteln sozusagen – zu erkennen geben will, daß jemandes Handlungsweise eigentlich jeglicher Vernunft zuwiderläuft. Dem deutschen Filmtitel liegt die Bitte des gekreuzigten Christus im Lukasevangelium zugrunde: „Vater, vergib ihnen, denn sie wissen nicht, was sie tun“ (Lukas 23,34).

Denn so man das tut am grünen Holz, was will am dürren werden?

Diese Worte spricht Jesus im Lukasevangelium (23,31) zu den Frauen, die ihm auf dem Wege zur Kreuzigungsstätte folgen. Zuvor hatte er sie schon ermahnt, sie sollten nicht seinetwegen weinen und klagen, denn über sie selbst und ihre Nachkommen werde ja noch größeres Leid kommen als das, was ihm jetzt zugefügt würde. Dies verdeutlichte er dann mit einem Bild: Wer achtlos und ohne Rücksicht grünes Holz (= Gottes Sohn) abbricht und so den „lebendigen“ Baum zerstört, wie wird der erst mit dürrem, wertlosem Holz (= mit den Menschen) umgehen? Wir verwenden das Bibelwort, um auszudrücken, daß dort, wo auf das gesunde, junge, noch im Wachstum befindliche Leben keine Rücksicht genommen wird, Alte, Kranke und Bedürftige erst recht keine Rücksichtnahme und Hilfe erwarten können. Man kann mit diesen Worten jedoch auch zum Ausdruck bringen, daß es verhängnisvoll wäre, an eine privilegierte Gruppe (z. B. Politiker) andere Maßstäbe anzulegen als an andere Menschen. Zitiert wird auch in der Form: „So das geschieht am grünen Holz ...“

Denn tausend Jahre sind vor dir wie der Tag, der gestern vergangen ist

So lautet der Vers des 90. Psalms im Alten Testament (Psalm 90,4), der gewöhnlich in der gekürzten Form „Tausend Jahre sind vor dir wie ein Tag“ zitiert wird. Er stellt die Ewigkeit Gottes der Vergänglichkeit des Menschen gegenüber. Ohne direkten Bezug auf Gott werden diese Worte gebraucht, um einen längeren Zeitraum zu relativieren oder um anzudeuten, wie schnell die Zeit vergeht.

Denn was er sinnt, ist Schrecken

In der zweiten Strophe seiner Ballade „Des Sängers Fluch“ schildert Ludwig Uhland (1787–1862) den König, zu dessen Schloß ein alter Sänger und sein junger Begleiter kommen, als finsteren Despoten: „Dort saß ein stolzer König, an Land und Siegen reich;/Er saß auf seinem Throne so finster und so bleich:/Denn was er sinnt, ist Schrekken, und was er blickt ist Wut,/Und was er spricht ist Geißel, und was er schreibt, ist Blut.“ Der Anfang des dritten Verses wird heute in scherzhaftem Ton zitiert, wenn man glaubt, daß jemand etwas im Schilde führt und man dadurch große Unannehmlichkeiten auf sich zukommen sieht.

Denn was man schwarz auf weiß besitzt, kann man getrost nach Hause tragen

Dies sind die Worte des Schülers in der sogenannten „Schülerszene" in Goethes Faust (1. Teil, Studierzimmer 2). Der Schüler hält es für nützlich, Gehörtes schriftlich festzuhalten, um es dann immer parat zu haben. Heute werden diese Worte – oft ironisch – zitiert, wenn es darum geht, eine Unterlage über eine Aussage, Vereinbarung o. ä. zu haben.

Denn wer da hat, dem wird gegeben

Im Matthäusevangelium sagt Jesus zu seinen Jüngern (Matthäus 13, 11–12): „Euch ist's gegeben, daß ihr das Geheimnis des Himmelreichs versteht; diesen aber ist's nicht gegeben./Denn wer da hat, dem wird gegeben, daß er die Fülle habe; wer aber nicht hat, von dem wird auch genommen, was er hat." Er erklärt so, warum er zum Volk in Gleichnissen spricht, damit es seine Lehre besser verstehe. Denn wer – wie die Jünger – ein umfangreicheres Wissen als andere hat, für den ist es leicht, dieses Wissen anzuwenden und auch zu vermehren. Wer aber nur wenig weiß, läuft leicht Gefahr, dieses Wenige noch zu verlieren. Der Anfang des 12. Verses wird heute allerdings gewöhnlich in dem Sinne verwendet, daß es demjenigen, der Besitz und Reichtum angehäuft hat, leicht gemacht wird, noch reicher zu werden.

Denn, wer den Besten seiner Zeit genug getan, der hat gelebt für alle Zeiten

Diese Worte im „Prolog zu Wallensteins Lager" (gesprochen bei der Wiedereröffnung der Schaubühne in Weimar 1798) richtet Schiller an den agierenden Schauspieler. Ihn, den Mimen, „dem die Nachwelt keine Kränze flicht", fordert er auf, auf der Bühne im Augenblick seines Auftretens alles zu geben, sich zur Höchstleistung aufzuschwingen, denn nur so kann er „ein lebend Denkmal sich erbaun". Schiller greift in diesem Prolog das Wort des römischen Dichters Horaz (65–8 v. Chr.) auf, der in seinen „Satiren" sagt: „Den hervorragendsten Männern gefallen zu haben ist nicht das geringste Lob" (I, 17, 35; lateinisch: *principibus placuisse viris non ultima laus est*). – Mit dem heute seltener gebrauchten Zitat wird zum Ausdruck gebracht, daß nicht unbedingt die Popularität bei der breiten Masse dauerhaften Ruhm gewährleistet, sondern daß diesen nur die Anerkennung durch herausragende Persönlichkeiten bringen kann.

Denn wir können die Kinder nach unserem Sinne nicht formen

In Goethes Versepos „Hermann und Dorothea" (erschienen 1797) gerät der Vater mit seinem tüchtigen, aber schüchternen Sohn in Streit und tadelt ihn wegen seiner Unbedarftheit und wegen seiner Ungeschicklichkeit im Umgang mit Mädchen. Dem erzürnten Vater hält die verständnisvolle Mutter (im „Dritten Gesang") vor, er sei ungerecht gegen den Sohn: „Denn wir können die Kinder nach unserem Sinne nicht formen;/So wie Gott sie uns gab, so muß man sie haben und lieben". In diesem Sinne wird der erste der beiden Verse auch heute noch zitiert.

Denn wo das Strenge mit dem Zarten, wo Starkes sich und Mildes paarten, da gibt es einen guten Klang

In diesen Versen aus Schillers „Lied von der Glocke" wird die Gegensätzlichkeit der Charaktere zweier Partner, die eine Ehe miteinander eingehen wollen, mit dem Mischungsverhältnis der zum Glockenguß verwendeten Legierung verglichen. Nach Schiller wäre also die Grundlage einer guten Ehe in einer wohlausgewogenen Verbindung des Streng-Männlichen mit dem Zart-Weiblichen zu sehen. Wir verwenden das Zitat heute auch in einem allgemeineren Sinne und beziehen es auf den harmonischen Ausgleich von Gegensätzlichkeiten verschiedener Art.

Denn wo zwei oder drei versammelt sind in meinem Namen, da bin ich mitten unter ihnen

Diese Worte Jesu im Matthäusevangelium (18,20), die auf die Gegenwart Gottes auch in einer kleinen Gemeinschaft von Gläubigen hinweisen, werden häufig auch außerhalb religiöser Zusammenhänge zitiert. Man verwendet das Zitat (oft in der abgewandelten, verkürzten Form „Wo zwei oder drei in meinem Namen versammelt sind") z. B. als scherzhafte Anrede einer kleinen Gruppe von Personen.

↑Aber **dennoch** hat sich Bolle ganz köstlich amüsiert

Der ↑eine fragt: Was kommt danach? Der andere fragt nur: Ist es recht?

Der hat die Macht, an den die Menge glaubt

Der deutsche Dramatiker Ernst Raupach (1784–1852) formulierte diese Erfahrungstatsache in seinem historischen Drama „Kaiser Friedrichs II. Tod" (I,3). Mit diesen Worten kommentiert man heute gewöhnlich den Erfolg eines Demagogen.

Der ist besorgt und aufgehoben

In Schillers Ballade „Der Gang nach dem Eisenhammer", erschienen 1797 im „Musenalmanach für das Jahr 1798", sind diese Worte die hämische Antwort, die zwei Mörder auf die Frage nach dem Verbleib ihres Opfers geben, das sie in einem Schmelzofen verbrannt haben (vergleiche dazu auch: „Des freut sich das entmenschte Paar"). Die manchmal noch dazu oder auch allein zitierte Fortsetzung „Der Graf (auch: Herr) wird seine Diener loben" spielt auf denjenigen an, der den Befehl für den Mord gegeben hat. Heute benutzt man das Zitat noch gelegentlich, wenn man ausdrükken will, daß jemand in guter Obhut ist, daß er entsprechend versorgt ist. Oder aber man will andeuten, daß dafür Sorge getragen wurde, daß der Betreffende nicht mehr störend irgendwo eingreifen kann, daß man sich seiner in irgendeiner Form geschickt entledigt hat.

Der ist in tiefster Seele treu, wer die Heimat liebt wie du

Diese Verse stammen aus Theodor Fontanes (1819–1898) Ballade „Archibald Douglas". Dem aus der Heimat verbannten Graf Douglas gelingt es, den Groll seines Königs zu besänftigen; der König nimmt seinen früheren Seneschall in Gnaden wieder auf, weil dieser lieber den Tod erleiden will, als weiterhin nicht „die Luft im Vaterland" atmen zu dürfen. Solche Heimatliebe wird vom König als Beweis unverbrüchlicher Treue angesehen. Man zitiert die Verse heute, wenn jemandes Heimatverbundenheit lobend hervorgehoben werden soll.

Der starb Euch sehr gelegen

Im 4. Akt von Schillers Trauerspiel „Maria Stuart" (uraufgeführt am 14. 6. 1800) sieht Mortimer, der Neffe von Marias Kerkermeister, sein Doppelspiel um deren Rettung aufgedeckt und tötet sich (IV,4). Durch diesen Selbstmord wird der Graf von Leicester, ein Günstling Königin Elisabeths, der aber ebenfalls ein doppeltes Spiel gespielt hat, von einem möglichen Belastungszeugen befreit. Elisabeths skrupelloser Berater Burleigh kommentiert dies mit den Worten (IV,6): „Graf! Dieser Mortimer starb Euch sehr gelegen." Heute zitiert man meist die verkürzte Form „Der starb Euch sehr gelegen", wenn man andeuten will, daß jemand aus dem Tod oder Verschwinden eines anderen Nutzen zieht.

Der werfe den ersten Stein

Die Redewendung „den ersten Stein auf jemanden werfen" mit der Bedeutung „damit beginnen, einen andern öffentlich zu beschuldigen, ihm etwas vorzuwerfen" ist biblischen Ursprungs. Im 8. Kapitel des Johannesevangeliums wird davon berichtet, daß Pharisäer und Schriftgelehrte eine „Ehebrecherin" zu Jesus brachten und ihn (um ihn zu einer falschen Reaktion zu verleiten) fragten: „Mose ... hat uns im Gesetz geboten, solche zu steinigen; was sagst du?" Die entwaffnende Antwort Jesu lautete (8,7): „Wer unter euch ohne Sünde ist, der werfe den ersten Stein auf sie."

Derjenige, welcher

Dieser umgangssprachliche Ausdruck, der im Sinne von „der, auf den es ankommt, von dem die Rede ist" verwendet wird, stammt aus dem Einakter „Das Fest der Handwerker" von Louis Angely (1787–1835), dem Schöpfer der frühen Berliner Lokalposse. Im Stück selbst heißt es „allemal derjenige, welcher".

Des freut sich das entmenschte Paar mit roher Henkerslust

Das Zitat stammt aus Schillers Ballade „Der Gang nach dem Eisenhammer", erschienen 1797 im „Musenalmanach für das Jahr 1798" und bezieht sich dort auf die beiden im Eisenhammer (einer Schmelzhütte und Werkstatt mit großen, hier mit Wasserkraft betriebenen Hämmern) arbeitenden Knechte, die im Auftrag ihres Herrn einen vermeintlich Schuldigen in das Feuer werfen sollen. Die Zeilen werden heute meist scherzhaft zitiert, um die Schadenfreude zweier Menschen kritisch-spöttisch zu kommentieren.

Deus ex machina

Mit dieser lateinischen Wiedergabe einer Stelle im Dialog „Kratylos" des griechischen Philosophen Platon (etwa 428–347 v. Chr.) wird in gebildeter Ausdrucksweise ein unerwarteter, im richtigen Moment auftauchender Helfer in einer schwierigen Situation bezeichnet, auch eine überraschende, unerwartete Lösung eines Problems. Die Übersetzung lautet „[der] Gott aus der Maschine". Gemeint ist die „Theatermaschine" im antiken Theater, eine kranähnliche Vorrichtung, die die überraschend Hilfe bringenden Götter auf die Bühne schweben ließ.

Deutsch sein heißt eine Sache um ihrer selbst willen tun

Die heute meist spöttisch oder zynisch gebrauchte Redensart wird auf jemandes Handeln bezogen, der nicht gewillt ist, selbstkritisch nach dem Sinn und Zweck seines Tuns zu fragen. Die Sentenz ist auf eine ähnliche (andersgemeinte) Äußerung Richard Wagners in seinem 1867 veröffentlichten Aufsatz „Deutsche Kunst und deutsche Politik" zurückzuführen, wo es im Zusammenhang heißt: „Hier kam es zum Bewußtsein und erhielt seinen bestimmten Ausdruck, was deutsch sei, nämlich: die Sache, die man treibt, um ihrer selbst und der Freude an ihr willen treiben".

Der **deutsche** Michel

Die spöttische Bezeichnung für den Deutschen, meist gemünzt auf den biederen, unpolitischen, etwas schlafmützigen Bürger, findet sich erstmals 1541 in der „Sprichwörtersammlung" des deutschen Dichters Sebastian Franck (1499–1542 oder 1543). Sie meint dort einen ungebildeten, einfältigen Menschen und wurde in dieser Bedeutung bis ins 17. Jh. verwendet. Zugrunde liegt die in bäuerlichen Kreisen häufige Kurzform des Vornamens „Michael", der im Mittelalter in der christlichen Welt als Name des Erzengels Michael Verbreitung fand. Als Überwinder des Teufels galt dieser als Schutzheiliger, besonders des deutschen Volkes. Von der städtischen Bildungsschicht dürfte die Kurzform des Namens wohl zuerst satirisch auf den Bauernstand bezogen worden sein und dann in Verbindung mit dem Attribut „deutsch" endgültig eine Ausweitung auf das ganze Volk erfahren haben. In den Bemühungen des 17. Jh.s um die Reinhaltung der deutschen Sprache kennzeichnet der Name dann den redlichen, aufrechten Deutschen, der seine Muttersprache gegen die Aufnahme von Fremdwörtern verteidigt. In den 30er und 40er Jahren des 19. Jh.s wird er in der politischen Auseinandersetzung zum Spottnamen für den gutmütigen, aber einfältigen und verschlafenen Deutschen (in der Karikatur mit Zipfelmütze dargestellt), der sich seiner Machthaber nicht zu erwehren weiß und wachgerüttelt werden sollte.

Die **deutsche** Revolution hat im Saale stattgefunden

In dem aus „Gedankensplittern" und Aphorismen Kurt Tucholskys (1890–1935) zusammengestellten Band „Schnipsel" findet sich im Abschnitt „Wir Negativen" der Text: „Die deutsche Revolution hat im Jahre 1918 im Saale stattgefunden. Das, was sich damals abgespielt hat, ist keine Revolution gewesen: keine geistige Vorbereitung war da, keine Führer standen sprungbereit im Dunkel; keine revolutionären Ziele sind vorhanden gewesen." – Man zitiert den ersten Satz – meist verkürzt oder in Abwandlungen wie „Die Revolution findet im Saale statt" –, wenn eine grundlegende Umgestaltung nur halbherzig, ohne die nötige Radikalität durchgeführt wird.

↑Wir **Deutsche** fürchten Gott, aber sonst nichts in der Welt

↑Am **deutschen** Wesen soll die Welt genesen

↑Im **Deutschen** lügt man, wenn man höflich ist

↑O **Deutschland,** bleiche Mutter!

Deutschland, deine ...

Mit „Deutschland, deine ..." beginnen einige Titel von Büchern, in denen amüsant-informativ typische Merkmale und Eigenheiten verschiedener deutscher Volksstämme dargestellt werden, z. B. Thaddäus Troll (1914–1980), „Deutschland, deine Schwaben". Nach diesem Muster sind zahlreiche, meist auf einen Personenkreis bezogene Abwandlungen üblich geworden wie „Deutschland, deine Denker" oder „Deutschland, deine Jugend".

Deutschland, Deutschland über alles

So beginnt die erste Strophe des 1841 von Hoffmann von Fallersleben (1798–1874) auf Helgoland zu einer Melodie von Joseph Haydn („Gott erhalte Franz den Kaiser") gedichteten Deutschlandliedes. „Das Lied der Deutschen", so der ursprüngliche Titel, wurde 1922 zur deutschen Nationalhymne erklärt. Seit 1952 wird in der Bundesrepublik Deutschland nur noch die dritte Strophe, die mit den Worten „Einigkeit und Recht und Freiheit" anfängt, gesungen. Karl Simrocks 1848 entstandenes Gedicht „Deutschland über alles" enthält die oben zitierte Zeile in allen fünf Strophen. – Der patriotische Überschwang dieser Worte wurde schon von Kurt Tucholsky ironisiert, der einem von ihm zusammen mit John Heartfield 1929 herausgegebenen politisch-satirischen Buch den Titel „Deutschland, Deutschland über alles!" gab. Tucholsky schrieb dazu: „Aus Scherz hat dieses Buch den Titel ›Deutschland über alles‹ bekommen, jenen törichten Vers eines großmäuligen Gedichts. Nein, Deutschland steht nicht über allem und ist nicht über allem – niemals. Aber mit allen soll es sein, unser Land." – Hans Magnus Enzensberger veröffentlichte 1967 einen Band gesellschaftskritischer Essays mit dem Titel „Deutschland, Deutschland unter anderm". – Auch heute wird der Anfang des Deutschlandliedes meist dann zitiert, wenn man damit kritisch auf zu nationalistische Bestrebungen in Deutschland hinweisen will.

Deutschland, einig Vaterland

Mit diesem emphatischen Wunsch, der vor allem bei den Leipziger Montagsdemonstrationen im Jahre 1989 häufig geäußert wurde, wird die vierte Zeile der Nationalhymne der ehemaligen DDR zitiert. Das Lied mit der Anfangszeile „Auferstanden aus Ruinen" haben Johannes R. Becher (Text) und Hanns Eisler (Melodie) geschrieben. Es wurde anläßlich des 32. Jahrestages der Oktoberrevolution am 7. November 1949 erstmals öffentlich vorgetragen.

Deutschlands Zukunft liegt auf dem Wasser

Die Vision „Unsere Zukunft liegt auf dem Wasser" stammt aus einer Rede Kaiser Wilhelms II. anläßlich der Einweihung des Stettiner Freihafens am 23. 9. 1898. Mit diesen Worten brachte er seine feste Überzeugung zum Ausdruck, daß Deutschland seine Position weltpolitisch nur verbessern könne, wenn neben dem Ausbau der Handelsmarine eine starke Kriegsflotte zur Eroberung und Sicherung von Kolonien zur Verfügung stehen würde. In abgewandelter Form erscheint das Zitat heute in unterschiedlichen Zusammenhängen, wie etwa „Deutschlands Zukunft liegt in Europa" oder „Deutschlands Zukunft liegt im Export".

Dichten und Trachten

Das allzuoft nur auf weltliche Dinge ausgerichtete Denken und Streben der Menschen bezeichnet diese – oft mit ironischem Unterton verwendete – Zwillingsformel aus dem Alten Testament. Sie stammt aus dem 1. Buch Moses, wo Gott Jahwe enttäuscht feststellt, „daß der Menschen Bosheit groß war auf Erden und alles Dichten und Trachten ihres Herzens nur böse war immerdar" (1. Moses 6, 5).

Der **Dichter** steht auf einer höhern Warte

Bei Goethe heißt es in den „Noten zum Westöstlichen Diwan" (1819) unter „Eingeschaltetes": „Der Dichter steht viel zu hoch, als daß er Partei machen sollte." Bekannter wurde das Zitat aus Ferdinand Freiligraths Gedicht „Aus Spanien" (1841): „Der Dichter steht auf einer höhern Warte/Als auf den Zinnen der Partei." Heute wird das Zitat gewöhnlich gebraucht, wenn man ausdrücken will, daß jemand auf Grund einer gewissen Distanz zu alltäglichen Dingen einen ausgewogeneren Standpunkt vertritt, daß der Betreffende über den Dingen steht.

Dichter und Denker

Das ↑Volk der Dichter und Denker

↑Wer den **Dichter** will verstehen

Dichterische Freiheit

Dieses Zitat geht zurück auf den römischen Politiker, Philosophen und Dichter Lucius Annaeus Seneca (um 4 v. Chr. – 65 n. Chr.), der in seinen naturwissenschaftlichen Untersuchungen „Quaestiones naturales" (= „Untersuchungen, die die Natur betreffen"; II, 44, 1) erklärt: *poeticam istud licentiam decet* („das gehört zur dichterischen Freiheit"). Ähnliche Feststellungen finden sich auch bei anderen antiken Autoren wie Cicero, Phädrus, Horaz und Lukian. Unter der dichterischen Freiheit versteht man ursprünglich die freie Entfaltung der poetischen Phantasie, die auch eine Abweichung des Dichters von den Tatsachen und der historischen Genauigkeit umfassen kann. Heute wird das Zitat auch als scherzhafte Anspielung auf eine Darstellung gebraucht, die offensichtlich sachlich nicht ganz stimmt oder unerwartete sprachliche Eigentümlichkeiten enthält.

Dichtung und Wahrheit

Neben dem Haupttitel „Aus meinem Leben" erhielt Goethes Autobiographie den Untertitel „Dichtung und Wahrheit" (1811), den Goethe der von ihm und anderen gelegentlich auch verwendeten Version „Wahrheit und Dichtung" wohl aus klanglichen Gründen letztlich vorgezogen hatte. Goethe greift damit die schon bei Platon zu findende Gegenüberstellung von „erdichteter Fabel" einerseits und „wahrer Überlieferung" andererseits auf. – Wenn man Zweifel daran hat, ob eine Darstellung wirklich in allen Teilen den Tatsachen entspricht und gleichzeitig vermutet, daß einige Dinge frei erfunden sind, dann bringt man diesen Verdacht heute mit dem Zitat „Dichtung und Wahrheit" zum Ausdruck.

Die ich rief, die Geister

Gegen Ende von Goethes Ballade „Der Zauberlehrling" wird eben diesem Zauberlehrling klar, daß sich die von ihm herbeigezauberten dienstbaren Geister nicht mehr unter Kontrolle bringen lassen und mehr tun, als sie eigentlich sollten. Da ihm die Zauberformel zur Beendigung dieses Treibens nicht einfällt, seufzt er verzweifelt: „Die ich rief, die Geister,/Werd' ich nun nicht los." – Das Zitat wird heute (auch in der Form „die Geister, die ich rief") gebraucht, wenn eine Entwicklung, die man selbst mit in Gang gebracht hat, außer Kontrolle gerät und nicht mehr aufgehalten werden kann.

Die im Dunkeln sieht man nicht

Am 31. 8. 1928 wurde in Berlin „Die Dreigroschenoper" von Bertolt Brecht (1898–1956), zu der Kurt Weill (1900–1950) die Musik schrieb, uraufgeführt. Der populärste Song aus diesem Werk ist die „Moritat von Mackie Messer", mit der die Oper beginnt. Zu diesem Song hat Brecht nachträglich einige Strophen geschrieben, von denen besonders die letzte sehr bekannt ist und oft zitiert wird. Sie greift unter gesellschaftskritischem Aspekt das von Brecht in vielen Variationen behandelte Thema der sozialen Ungerechtigkeit erneut auf und weist mit dem Bild von Licht und Dunkel eindringlich auf die unterschiedliche Lebenssituation der vom Schicksal Begünstigten und der Benachteiligten hin. Die Strophe lautet: „Denn die einen sind im Dunkeln/Und die andern sind im Licht./Und man siehet die im Lichte./Die im Dunkeln sieht man nicht." Die vorletzte Zeile wird, ebenso wie die letzte, häufig auch allein zitiert, meist in der Form: „Man sieht nur die im Lichte".

Die ist es, oder keine sonst auf Erden!

Mit diesen Worten faßt Don Cesar in Schillers „Braut von Messina" (Vers 1543) Isabella und Don Manuel gegenüber seine starken Gefühle für Beatrice zusammen, die er liebt und zur Frau nehmen will und von der er noch nicht weiß, daß sie seine Schwester ist. – Das Zitat wird – häufig in der verkürzten Form „Die oder keine!" – auch heute meist auf die Frau bezogen, in der man seine ideale Lebensgefährtin sieht.

Die mit Tränen säen, werden mit Freuden ernten

Bei diesen Worten handelt es sich um den 5. Vers im 126. Psalm des Alten Testaments. In Situationen der Not und Verzweiflung, die kaum noch Zukunftshoffnungen aufkommen lassen, soll mit diesem Zitat Trost im Hinblick auf bessere Zeiten gespendet werden. Gleichzeitig wird damit angesprochen, daß man sich erst über etwas wirklich freuen kann, den Wert einer glücklichen Phase nur dann richtig zu schätzen weiß, wenn man auch schlimme Zeiten durchgemacht hat.

Die spinnen, die Römer!

Dies ist eine stehende Redewendung von Obelix, einem der Helden der in viele Sprachen übersetzten französischen Comicserie „Asterix". Die von dem Kinderbuchautor René Goscinny und dem Zeichner Albert Uderzo geschaffene Serie erschien zuerst 1959 in der Comiczeitschrift „Pilote". Die durch einen Zaubertrank unbesiegbaren Gallier stehen in ständiger Auseinandersetzung mit den Römern, deren Verhalten den etwas einfältigen Obelix oft unverständlich erscheint. Sein Kommentar (französisch: *Ils sont fous, les Romains!*) wird – häufig auch in Abwandlungen wie „Die spinnen, die Politiker!" oder „Die spinnen, die Lehrer!" – umgangssprachlich zitiert, wenn man eine Handlungsweise oder Einstellung als unsinnig und unakzeptabel charakterisieren will.

↑Wie ein **Dieb** in der Nacht

Diem perdidi

Das Zitat wird in der Biographie „Titus" des römischen Schriftstellers Sueton (um 70–um 140) dem Kaiser Titus Flavius Vespasianus zugeschrieben, der einmal bei Tisch aus Ärger darüber, daß er an diesem Tage noch niemandem einen Wunsch erfüllt habe, gesagt haben soll: *Amici, diem perdidi* („Freunde, ich habe einen Tag verloren"). Man gebraucht den bildungssprachlichen Ausdruck als Kommentar zu einem Tag, an dem man nichts Positives geleistet oder erreicht hat, an dem man vielleicht sogar eine günstige Gelegenheit nicht wahrnehmen konnte.

Der **Diener** zweier Herren

↑Niemand kann zwei Herren dienen

Dienstbare Geister

Im Brief an die Hebräer (1,14) aus dem Neuen Testament wird zur Stellung der Engel (im Verhältnis zu Christus) die rhetorische Frage gestellt: „Sind sie nicht allzumal dienstbare Geister, ausgesandt zum Dienst um derer willen, die ererben sollen die Seligkeit?" Heute spricht man verhüllend oder anerkennend von dienstbaren Geistern, wenn man Dienstpersonal besonders im Haushalt oder im Hotel meint, das, meist im Hintergrund arbeitend, notwendige, aber oft unzureichend gewürdigte Aufgaben übernimmt.

Des **Dienstes** immer gleich gestellte Uhr

Dieses Zitat stammt aus Schillers Drama „Die Piccolomini" (I,4). Dort sagt Max Piccolomini, als er voll Sehnsucht nach dem Frieden gegenüber seinem Bruder Octavio über das eintönige und unbefriedigende Soldatenleben klagt: „Denn dieses Lagers lärmendes Gewühl,/Der Pferde Wiehern, der Trompete Schmettern,/Des Dienstes immer gleichgestellte Uhr,/Die Waffenübung, das Kommandowort –/Dem Herzen gibt es nichts, dem lechzenden." Heute wird das Zitat oft resignierend auf die Monotonie des Alltags, besonders auf sich immer wiederholende Tagesabläufe im Berufsleben bezogen.

Dies alles ist mir untertänig

Zu Beginn von Schillers Ballade „Der Ring des Polykrates" steht Polykrates auf dem Dach seines Palastes und sagt, zufrieden auf das von ihm beherrschte Inselreich Samos schauend, zu dem ägyptischen König: „Dies alles ist mir untertänig." Heute werden diese Worte meist scherzhaft, aber nicht ohne Stolz zitiert, wenn jemand die Machtposition, die er innehat, kommentieren will.

Dies Bildnis ist bezaubernd schön

So äußert im 1. Akt von Mozarts Oper „Die Zauberflöte" Prinz Tamino sein Entzücken, als er zum ersten Male das Bildnis Prinzessin Paminas sieht. Der Text des 1791 in Wien uraufgeführten Musikwerks stammt von dem Bühnendichter Emanuel Schikaneder (1751 bis 1812). – Das heute wohl nur noch scherzhaft oder ironisch gebrauchte Zitat kommentiert die Abbildung eines schön anzusehenden Menschen oder eines schönen Gegenstandes. Oft schwingt dabei ein leiser Zweifel mit, ob das Bild auch tatsächlich dem Abgebildeten entspricht.

Dies irae, dies illa

Der Franziskaner Thomas von Celano (um 1190–1260) soll die ergreifende Hymne „Dies irae, dies illa" verfaßt haben, die auch als Sequenz in die katholische Totenmesse aufgenommen wurde. Der lateinische Text beginnt mit den Versen: *Dies irae, dies illa/Solvet saeclum in favilla* (in freier deutscher Nachdichtung: „Tag der Rache, Tag der Zähren,/Wird die Welt in Asche kehren"). Mit diesem lateinischen Text wird auch Gretchen in Goethes Faust (I, „Domszene") in Anspielung auf das Jüngste Gericht konfrontiert. Heute wird das Zitat „Dies irae, dies illa" (wörtlich: „Tag des Zornes, jener Tag") in gebildeter Ausdrucksweise auf einen Tag bezogen, an dem man heftige Vorwürfe, laute Auseinandersetzungen befürchtet oder diese über sich ergehen lassen muß.

Dies ist die Zeit der Könige nicht mehr

Dieses Zitat stammt aus Hölderlins in den Jahren 1797 bis 1800 entstandenen ersten Fassung des Dramas „Der Tod des Empedokles" (II, 4). Dort antwortet Empedokles, der sich innerlich längst für den Freitod entschieden hat, einem Bürger von Akragas auf dessen im Namen des Volkes vorgetragenen Wunsch, er möge doch ihr König werden: „Dies ist die Zeit der Könige nicht mehr." Mit dem ebenfalls populär gewordenen Ausspruch „Euch ist nicht zu helfen, wenn ihr selber euch nicht helft" verdeutlicht Empedokles seine Überzeugung, daß das Volk nur durch eine Demokratie, nicht aber durch die Einsetzung eines Herrschers seine Probleme lösen kann. Wenn man heute eine monarchistische oder diktatorische Staatsform für nicht mehr zeitgemäß hält oder wenn man die unumschränkte Herrschaft eines einzelnen in einem bestimmten Bereich kritisieren will, kann man zitierend sagen: „Dies ist die Zeit der Könige nicht mehr." Außerdem wird das Zitat auch gelegentlich in einem allgemeineren Sinne gebraucht, um auszudrücken, daß eine Epoche vorüber ist, daß es eine Einrichtung nicht mehr gibt, weil sie sich überlebt hat.

Dies ist ein Herbsttag, wie ich keinen sah

Mit diesen Worten beginnt die erste Strophe von Christian Friedrich Hebbels (1813–1863) Gedicht „Herbstbild", in dem er beschreibt, wie trotz Windstille die reifen Früchte von den Bäumen fallen. – Heute wird das Zitat in unterschiedlichen Abwandlungen verwendet, wenn man auf dem Hintergrund persönlicher Vergleichsmöglichkeiten etwas für besonders schön oder einzigartig hält, zum Beispiel „Dies ist ein Festtag, wie ich keinen sah" oder „Dies ist ein Schauspiel, wie ich keines sah".

Dies ist ein kleiner Schritt für einen Menschen

Dieses Zitat geht auf den amerikanischen Astronauten Neil Armstrong zurück. Als er am 20. 7. 1969 die Mondfähre verließ und als erster Mensch seinen Fuß auf den Mond setzte, sprach er die über die Medien weltweit verbreiteten Worte: *That's one small step for a man, one giant leap for mankind* („Dies ist ein kleiner Schritt für einen Menschen, ein riesiger Sprung für die Menschheit"). Man kommentiert mit diesem Zitat Aktionen oder Leistungen, die für sich genommen eher unbedeutend erscheinen, aber im Zusammenhang mit großen, umwälzenden Veränderungen in der Gesellschaft oder in einem Fachbereich stehen.

Dies Kind, kein Engel ist so rein

Dieses Zitat stammt aus Schillers Ballade „Der Gang nach dem Eisenhammer", erschienen 1797 im „Musenalmanach für das Jahr 1798"; darin wird von dem jungen Diener Fridolin berichtet, der die Frau des Grafen von Savern sehr verehrt und verdächtigt wird, ein Verhältnis mit der Gräfin zu haben. Am Ende, als sich dieser Verdacht nicht bestätigt hat, nimmt der Graf den Diener bei der Hand und sagt zu seiner Frau: „Dies Kind, kein Engel ist so rein,/Laßt's Eurer Huld empfohlen sein!" Wenn man zum Ausdruck bringen will, daß jemand, besonders eine jüngere Person, wirklich unschuldig ist oder eine makellose Vergangenheit hat, zitiert man heute noch gelegentlich: „Dies Kind, kein Engel ist so rein."

Dieselbe Hand gibt Heilung mir und Wunden

Das vielleicht bekannteste Werk des italienischen Dichters Francesco Petrarca (1304–1374) ist die unter dem Titel „Il canzoniere" („Liederbuch") zusammengefaßte Sammlung der Gedichte an Laura. Petrarca ließ darin das Bild einer Frau entstehen, die, anders als die ganz entrückte, engelhafte Frau des Minnesangs, irdischere, individuelle Züge trägt. In der Zeile „Dieselbe Hand gibt Heilung mir und Wunden" aus dem 131. Sonett klingt ein Motiv an, das später häufig aufgegriffen und in vielfältiger Weise formuliert wurde und bis ins Volkslied hinein wirksam blieb: die Macht der Geliebten über den Liebenden, ihm Leiden zu bereiten und sie von ihm zu nehmen, ihn zu verwunden und zu heilen.

Diesem System keinen Mann und keinen Groschen

Vorwiegend in Auseinandersetzungen und Debatten, die im deutschen Reichstag Ende des letzten Jahrhunderts stattfanden, aber auch in Reden, Kundgebungen und Wahlaufrufen jener Jahre wurde diese Devise als Formulierung eines Grundsatzes sozialdemokratischer Politik häufig gebraucht. Sie richtete sich vor allem gegen die Militäretats, die die Sozialdemokraten strikt ablehnten, und wurde, auch in Abwandlungen, besonders von dem Begründer und Führer der deutschen Sozialdemokratie August Bebel (1840–1913) und dem Mitbegründer Wilhelm Liebknecht (1826–1900), dem Vater von Karl Liebknecht, immer wieder verwendet.

Dieser Erdenkreis gewährt noch Raum zu großen Taten

Bei Themen, die die heute der Menschheit gestellten Aufgaben bei der Bewältigung der Probleme auf der Erde ansprechen, könnte dieses Zitat herangezogen werden. In Goethes Faust (Faust II, Hochgebirge, starre, zackige Felsengipfel) ist es die Antwort Fausts auf eine ironische Bemerkung Mephistos. Dieser hatte auf das unermüdlich suchende Streben Fausts angespielt und dabei den Mond als mögliches Ziel dieses Strebens genannt. Nach dem Hinweis auf den „Erdenkreis" als sein zukünftiges Betätigungsfeld entwirft Faust seinen Plan zu einem Projekt der Landgewinnung. Er ist nun beherrscht von dem Gedanken „Das herrische Meer vom Ufer auszuschließen,/Der feuchten Breite Grenzen zu verengen ..."

Dieser Kelch möge an mir vorübergehen

Im Matthäusevangelium (26,39) des Neuen Testaments betet Jesus in Todesangst: „Mein Vater, ist's möglich, so gehe dieser Kelch von mir." Die bildhafte Ausdrucksweise geht darauf zurück, daß es bereits in der Antike bei einem Gastmahl üblich war, einen gemeinsamen Trinkkelch umgehen zu lassen, der, wenn er mit schlechtem Wein gefüllt war, einfach weitergereicht wurde, ohne daß aus ihm getrunken wurde. Wenn man heute zitiert „Dieser Kelch möge an mir vorübergehen", dann verleiht man mit einer Art Stoßseufzer seiner Hoffnung Ausdruck, daß einem ein drohendes Ungemach erspart bleiben möge.

Dieses war der erste Streich

In der Bildgeschichte „Max und Moritz" von Wilhelm Busch (1832–1908) wird der zweite Streich der beiden Lausbuben im Text mit folgenden Worten angekündigt: „Dieses war der erste Streich,/Doch der zweite folgt sogleich." In entsprechender Weise werden auch alle folgenden Streiche miteinander verbunden. – Mit dem Zitat kommentiert man heute befriedigt oder hoffnungsvoll eine gelungene Aktion, die als Beginn einer fest geplanten Abfolge weiterer Aktionen angesehen wird.

Ding an sich

Dieser philosophische Ausdruck findet sich in Immanuel Kants „Kritik der reinen Vernunft" (1781), wo es im Zusammenhang heißt: „... folglich wir von keinem Gegenstande als Ding an sich selbst, sondern nur sofern es Objekt der sinnlichen Anschauung ist, ... Erkenntnis haben können." Und an anderer Stelle schreibt Kant: „Was es für eine Bewandtnis mit den Gegenständen an sich und abgesondert von aller dieser Rezeptivität unserer Sinnlichkeit haben möge, bleibt uns gänzlich unbekannt." Außerhalb der philosophischen Fachsprache sprechen wir von einem „Ding an sich" (meist in Abwandlungen wie „die Idee an sich" oder „der Sport an sich"), wenn wir uns auf das Eigentliche, Wesentliche einer Sache beziehen wollen. Dabei bleibt Kants Reflexion über die begrenzte Erkenntnisfähigkeit des Menschen unbeachtet.

Es gibt mehr **Ding'** im Himmel und auf Erden, als eure Schulweisheit sich träumt, Horatio

Dieses Zitat stammt aus Shakespeares Tragödie „Hamlet" (I,5). Im Original sagt Hamlet, erschüttert von der Begegnung mit dem Geist seines Vaters, zu seinem Freund Horatio: *There are more things in heaven and earth, Horatio, then are dreamt of in your philosophy.* Heute wird dieser Satz gewöhnlich in der Form „Es gibt mehr Dinge zwischen Himmel und Erde, als unsere Schulweisheit sich träumen läßt" zitiert. Man kommentiert damit Erfahrungen, die uns die Begrenztheit unseres Wissens deutlich machen.

↑Alles **Ding** währt seine Zeit

Der **Dinge** harren, die da kommen sollen

Diese Redewendung gebraucht man, um auszudrücken, daß es für jemanden gilt abzuwarten und zu sehen, wie sich die Dinge entwickeln, was auf ihn zukommt. Sie geht auf eine Stelle im Neuen Testament zurück. Im 21. Kapitel des Lukasevangeliums spricht Jesus von der Zerstörung Jerusalems und von seiner Zukunft. In diesem Zusammenhang heißt es in Vers 26: „... und die Menschen werden verschmachten vor Furcht und vor Warten der Dinge, die kommen sollen auf Erden ..."

Diogenes in der Tonne

In seinem Werk „Über Leben und Meinungen berühmter Philosophen" berichtet der griechische Philosoph Diogenes Laertios (um 220 v. Chr.) auch über Diogenes von Sinope (400–ca. 328 v. Chr.), der nach einer Anekdote im Metroon, dem Tempel der Göttermutter Kybele, in einem Faß gewohnt haben soll. Er zählt zu den Kynikern, den Angehörigen einer antiken Philosophenschule, die Bedürfnislosigkeit und Selbstgenügsamkeit forderten, und lebte diesen Grundsätzen entsprechend bewußt anders, als es Konventionen oder gesellschaftlichen Zwängen entsprochen hätte. In Anspielung auf jemandes selbstzufriedene, gesellschaftsferne, demonstrativ einfache, asketische oder auch alternative Art zu leben kann gesagt werden: Er lebt wie „Diogenes in der Tonne".

Dir wird gewiß einmal bei deiner Gottähnlichkeit bange!

In Goethes Faust (Faust I, Studierzimmer, 2) schreibt Mephisto dem Schüler, der in seinem wissenschaftlichen Streben nach einem geeigneten Weg sucht, das Richtige zu erkennen, einen Leitsatz in sein Stammbuch: „Eritis sicut Deus, scientes bonum et malum" (nach 1. Moses 3,5: „... und werdet sein wie Gott und wissen, was gut und böse ist"). Darauf verläßt der Schüler ihn, und Mephisto fügt hinzu: „Folg' nur dem alten Spruch und meiner Muhme, der Schlange,/Dir wird gewiß einmal bei deiner Gottähnlichkeit bange!" Vor diesem Hintergrund kann man das Zitat verwenden, um auszudrücken, daß es manchmal besser ist, nicht alles zu wissen, wenn man seine innere Ruhe bewahren will. Unabhängig vom Kontext des Stückes gebraucht man das Zitat aber auch, um einen sehr eingebildeten Menschen spöttisch zurechtzuweisen.

Der **diskrete** Charme der Bourgeoisie

Dies ist der Titel eines Films von Luis Buñuel aus dem Jahr 1972 (im französischen Original: *Le charme discret de la bourgeoisie*). In Anlehnung an diesen Film, der die bürgerliche Gesellschaft als dekadent und zerrüttet darstellt, wird auch das Zitat meist als Anspielung auf unlautere Machenschaften der „besseren Kreise" verwendet. In ironisch abgemilderter Form kann es auch auf übertriebene Verfeinerungen des bürgerlichen Lebensstils bezogen werden. Scherzhafte Abwandlungen wie „der diskrete Charme des Kasernenhofs" sind ebenfalls gebräuchlich.

Divide et impera!

Dieses Zitat („Teile und herrsche!") geht wahrscheinlich nicht, wie man meinen könnte, auf die römische Antike zurück. Im Sinne von „Entzweie, um zu gebieten!" soll die lateinische Form nach einem Leitsatz König Ludwigs XI. von Frankreich (1423–83) gebildet worden sein *(diviser pour régner)*. Zur Sicherung ihrer Macht haben sich in der Geschichte immer wieder Herrscher von diesem Gedanken leiten lassen. Goethe stellt dazu in seiner Sammlung „Sprichwörtliches“ eine Antithese auf: „Entzwei' und gebiete! Tüchtig Wort;/Verein' und leite! Beßrer Hort.“

Do ut des

Diese altrömische Rechtsformel, die bei Vertragsabschlüssen oder Tauschgeschäften gebraucht wurde, bedeutet übersetzt: „Ich gebe, damit du gibst.“ Sie findet sich in dem Hauptwerk des niederländischen Rechtsgelehrten Hugo Grotius (1583–1645), das unter dem Titel „De jure belli ac pacis libri tres“ („Drei Bücher über das Recht des Krieges und des Friedens“) im Jahre 1625 veröffentlicht wurde. Heute wird sie gebraucht, um anzudeuten, daß man mit einer Gegengabe oder einem Gegendienst rechnet.

Doch, ach! schon auf des Weges Mitte

Wenn man erschrocken feststellt, daß man womöglich schon die Hälfte seines Lebens hinter sich hat und die im Rückblick schöne Zeit der Jugend unwiederbringlich vorbei ist, zitiert man aus Schillers „Die Ideale“ den Vers: „Doch, ach! schon auf des Weges Mitte“. In diesem Gedicht wird beklagt, daß die Begleiter der Jugend, nämlich die Ideale Liebe, Glück, Ruhm und Wahrheit, keinen dauerhaften Bestand haben: „Doch, ach! schon auf des Weges Mitte/ Verloren die Begleiter sich,/Sie wandten treulos ihre Schritte,/Und einer nach dem andern wich.“

Doch der den Augenblick ergreift, das ist der rechte Mann

Mit diesem Zitat aus der Schülerszene in Goethes Faust I weist man darauf hin, daß es im Leben darauf ankommt, zur rechten Zeit zu handeln, seine Chance zu nutzen. Im Stück versucht Mephisto, dem Schüler einzureden, daß ein erfolgreicher Arzt sich nicht mit allzulangem Studium aufhalten solle: „Vergebens, daß Ihr ringsum wissenschaftlich schweift,/Ein jeder lernt nur, was er lernen kann;/Doch der den Augenblick ergreift,/Das ist der rechte Mann.“ Besonders bei den weiblichen Patienten gelte es, sie durch entschlossenes Auftreten zu beeindrucken; mit feurigen Blicken und wohldosierten Vertraulichkeiten seien ihre Leiden leicht zu kurieren.

Doch der Mensch hofft immer Verbesserung

↑Noch am Grabe pflanzt er die Hoffnung auf

Doch der Segen kommt von oben

Dieses Zitat stammt aus Schillers Gedicht „Das Lied von der Glocke“. Mit den Zeilen „Von der Stirne heiß/Rinnen muß der Schweiß,/Soll das Werk den Meister loben;/Doch der Segen kommt von oben“ endet die erste Strophe. Die Anstrengung des Menschen ist für das Gelingen einer Arbeit wichtig, aber Gottes Segen ist ebenso unerläßlich. – Heute wird die letzte Zeile fast nur noch vordergründig-scherzhaft zitiert, wenn zum Beispiel etwas von oben auf jemanden fällt oder wenn jemand von einem Regenguß durchnäßt wird.

Doch die Verhältnisse, sie sind nicht so

Dieses Zitat stammt aus der 1928 entstandenen Dreigroschenoper von Bertolt Brecht. Im „Ersten Dreigroschen-Finale“ stellt der den Armen wohlgesinnte Geschäftsmann Peachum mit der Bibel in den Händen fest: „Doch leider hat man bisher nie vernommen/Daß einer auch sein Recht bekam – ach wo!/Wer hätte nicht gern einmal Recht bekommen/Doch die Verhältnisse, sie sind nicht so.“ Man zitiert die letzte Zeile, wenn äußere Umstände ein Vorhaben vereiteln oder um bestehende Ungerechtigkeiten oder Unzulänglichkeiten zu kritisieren.

Doch eine Würde, eine Höhe entfernte die Vertraulichkeit

Das Zitat, mit dem man jemandes (oft auf Grund seiner Stellung) distanzierte, keine Vertraulichkeit zulassende Haltung charakterisiert, stammt aus Schillers Gedicht „Das Mädchen aus der Fremde" aus dem „Musenalmanach für das Jahr 1797". In der 3. Strophe beziehen sich die folgenden Zeilen auf die Titelgestalt, die als Allegorie der Poesie zu sehen ist: „Beseligend war ihre Nähe,/Und alle Herzen wurden weit,/ Doch eine Würde, eine Höhe/Entfernte die Vertraulichkeit."

↑Leicht beieinander wohnen die Gedanken, **doch** hart im Raume stoßen sich die Sachen

Doch jeder Jüngling hat wohl mal 'n Hang fürs Küchenpersonal

Dieses Zitat stammt aus Wilhelm Buschs (1832–1908) Bildgeschichte „Die fromme Helene". An einer Stelle wird von Helenes Vetter Franz erzählt, der im Hause des Onkels Nolte zu Besuch ist und sich nicht nur für Helene, sondern auch für die Küchenhilfe Hannchen interessiert: „Man sah ihn oft bei Hannchen stehn!/Doch jeder Jüngling hat wohl mal/'n Hang fürs Küchenpersonal,/Und sündhaft ist der Mensch im ganzen!/Wie betet Lenchen da für Franzen!" In allgemeiner Anspielung auf meist jüngere Männer, denen man ein Verhältnis mit einer Hausangestellten unterstellt, wird gelegentlich in leicht abgewandelter Form zitiert: „Jeder Jüngling hat nun mal 'n Hang fürs Küchenpersonal."

Doch kann man mit Begeist'rungsschätzen nicht die Besonnenheit ersetzen

Diese Schlußverse der ersten Strophe des Gedichts „Vermittlung" von Heinrich Heine (1797–1856) werden zitiert, wenn man jemanden ermahnen will, nicht übereilt zu handeln, sondern besonnen und mit Überlegung an eine Sache heranzugehen. Die erste Strophe lautet vollständig: „Du bist begeistert, du hast Mut –/Auch das ist gut!/Doch kann man mit Begeist'rungsschätzen/ Nicht die Besonnenheit ersetzen."

Doch mit des Geschickes Mächten ist kein ew'ger Bund zu flechten

Diese Lebenserfahrung steht in Schillers „Lied von der Glocke" (1799) im Anschluß an die ausführliche Schilderung häuslichen Glücks (Vers 144f.). Oft wird auch noch die nächste Verszeile mitzitiert: „Und das Unglück schreitet schnell." Man verwendet das Zitat als Warnung oder als resignierenden Kommentar, um auf die unvorhersehbaren Wechselfälle des Schicksals hinzuweisen.

Doch niemals zeigen sein wahres Gesicht

↑Doch wie's da drin aussieht

Doch sicher ist der schmale Weg der Pflicht

Dieses Zitat stammt aus Schillers Tragödie „Wallensteins Tod" (IV, 2). In einem Gespräch mit Buttler ringt Gordon mit sich, ob er dem Befehl des Kaisers gehorchen muß, den ihm persönlich sehr verbundenen Herzog von Friedland, der sich vom Kaiser losgesagt hat, gegen sein inneres Gefühl gefangenzunehmen. Buttler gibt ihm daraufhin zu bedenken: „Wo viel Freiheit, ist viel Irrtum;/Doch sicher ist der schmale Weg der Pflicht." Wenn man in einer bestimmten Situation im Grunde lieber einen nicht risikofreien, unkonventionellen Weg gehen würde, letztlich aber doch nur seine Vorschriften oder Anweisungen befolgt, dann kann man zitierend sagen: „Doch sicher ist der schmale Weg der Pflicht."

Doch uns ist gegeben, auf keiner Stätte zu ruhn

Mit diesen Worten beginnt die dritte Strophe von Hölderlins (1770–1843) Gedicht „Hyperions Schicksalslied": „Doch uns ist gegeben,/Auf keiner Stätte zu ruhn,/Es schwinden, es fallen/Die leidenden Menschen/Blindlings von einer/Stunde zur andern,/Wie Wasser von Klippe/Zu Klippe geworfen,/Jahrlang ins Ungewisse hinab." Die beiden ersten Verse werden heute zitiert, um auf die Rastlosigkeit unseres Lebens, auf die Unbeständigkeit des Schicksals, auf die ständige Veränderung unserer Welt hinzuweisen, die uns vor immer neue Aufgaben stellt und uns nicht zur Ruhe kommen läßt.

Doch wer bei schöner Schnitt'rin steht, dem mag man lange winken

Dies sind die beiden letzten Zeilen der 5. Strophe aus Joseph Victor von Scheffels (1826–1886) „Wanderlied" („Wohlauf, die Luft geht frisch und rein"), das in der Sammlung „Gaudeamus, Lieder aus dem Engeren und Weiteren" erschien. Der Wanderer sieht an dieser Stelle den Einsiedler, bei dem er seinen Durst zu stillen hofft, draußen bei einer Schnitterin stehen. Die Verse lassen sich entsprechend verwenden, wenn jemand in angenehmer weiblicher Gesellschaft nur schwer für einen zu sprechen ist.

Doch wie's da drin aussieht

Dieses Zitat stammt aus der 1929 uraufgeführten romantischen Operette „Das Land des Lächelns" (Musik: Franz Lehár; Text: Ludwig Herzer und Fritz Löhner). Es ist Teil einer Arie des chinesischen Prinzen Sou-Chong, der Lisa, die Tochter des Grafen Lichtenfels liebt, diese Liebe zu einer Europäerin aber für hoffnungslos hält und sich nach dem Grundsatz „Immer nur lächeln" nach außen hin nichts anmerken läßt: „Doch wie's da drin aussieht,/geht niemand was an!" Auch heute kommentieren wir mit dem Zitat Situationen, in denen die nach außen hin gezeigte heitere Gelassenheit eines Menschen offensichtlich im Widerspruch zu seinen wahren Empfindungen steht. In einer ebenfalls häufiger zitierten Zeile aus derselben Arie wird der gleiche Gedanke noch einmal in anderer Form ausgedrückt. Sie lautet: „Lächeln trotz Weh und tausend Schmerzen, doch niemals zeigen sein wahres Gesicht."

↑Sollen dich die **Dohlen** nicht umschrein, mußt nicht Knopf auf dem Kirchenturm sein

Doktor Eisenbart

Dieser Ausdruck geht auf den deutschen Wundarzt Johann Andreas Eisenbarth (1663–1727) zurück, der, ohne je studiert oder einen Doktortitel erworben zu haben, ein erfolgreicher Operateur war. Er wurde jedoch auf Grund seiner marktschreierischen Werbemethoden (er trat zusammen mit Komödianten, Musikanten und Akrobaten auf) bald als Quacksalber und Kurpfuscher angesehen. So wird er auch in einem bekannten, um 1800 entstandenen Studentenlied verspottet: „Ich bin der Doktor Eisenbart,/Kurier' die Leut nach meiner Art,/Kann machen, daß die Blinden gehn,/Und daß die Lahmen wieder sehn." Ein Arzt, der gerne derbe Kuren anwendet oder wenig Sachkenntnis zu besitzen scheint, wird noch heute scherzhaft „Doktor Eisenbart" genannt.

Dolce vita

Diese Bezeichnung für ein Leben im Luxus, das nur aus Müßiggang und Vergnügen besteht, stammt aus dem Italienischen und bedeutet „süßes Leben". Sie wurde durch den 1959 gedrehten Film *La dolce vita* des italienischen Regisseurs Federico Fellini populär, in dem das Leben und Treiben der römischen High-Society Ende der fünfziger Jahre kritisch beleuchtet wird. – Sowohl „das süße Leben" als auch „Dolce vita" sind heute als bildlich gebrauchte Ausdrücke üblich.

Don Camillo und Peppone

Der deutsche Titel dieses französisch-italienischen Spielfilms von 1952 (Hauptdarsteller: Fernandel und Gino Cervi; italienischer Titel: *Il Piccolo mondo di Don Camillo*) wird heute noch gelegentlich auf eine letztlich doch freundschaftliche Konkurrenzbeziehung zwischen einem Ortspfarrer und dem weltlichen Bürgermeister bezogen, wie sie hin und wieder in ländlichen Gemeinden anzutreffen ist. Der Film wurde nach dem gleichnamigen Roman von Giovanni Guareschi (1908–1968) gedreht und handelt von dem listigen Dorfgeistlichen Don Camillo und seinem kommunistischen Bürgermeister Peppone, die sich bei politischen und gesellschaftlichen Problemen in ihrem Dorf ständig auf komische, manchmal auch handgreifliche Weise ins Gehege kommen.

Donner und Doria

In Schillers Drama „Die Verschwörung des Fiesco zu Genua" (1783) kündigt Gianettino Doria seinem Vertrauten Lomellino an, daß dieser das zweithöchste Staatsamt, die Prokuratorwürde, bekommen solle. Als Lomellino Bedenken äußert, verleiht Doria seiner Aussage mit den Worten Nachdruck: „Donner und Doria! Du sollst Prokurator werden" (I, 5). Heute gilt der Ausruf „Donner und Doria" ebenso wie „Donner und Blitz" als umgangssprachlicher Ausdruck einer starken Verwunderung über eine überraschende Situation oder Entwicklung. Er kann aber auch als (ärgerliche) Verstärkung einer dringenden Aufforderung vorangestellt werden.

Donnerwetter, Parapluie

Dieser meist scherzhaft gemeinte Fluch wurde durch Johann Strauß' „Zigeunerbaron" (1885) populär. Die Verbindung von Donnerwetter und Parapluie geht wahrscheinlich auf eine Szene in Pius Alexander Wolffs (1782–1828) Drama „Preciosa" (Musik von Carl Maria von Weber) zurück. Dort verwendet Pedro (der oft französische Wörter gebraucht, ohne sie genau zu kennen) wiederholt die Ausrufe „Parapluie" und „Donnerwetter", wobei das erstere (auf deutsch: „Regenschirm") eine Verballhornung von „Parbleu" darstellt, einem französischen Fluch, der seinerseits aus „par dieu" (= „bei Gott") entstanden ist.

Doppelt gibt, wer gleich gibt

Dieses Zitat geht auf einen Spruch des römischen Dichters Publilius Syrus (1. Jh. v. Chr.) zurück, der im Original lautet: *Inopi beneficium bis dat, qui dat celeriter* („Dem Armen gibt eine doppelte Gabe, wer schnell gibt"). In Anlehnung an die bekanntere gekürzte Form *Bis dat, qui cito dat* („Doppelt gibt, wer schnell gibt") heißt es bei Goethe (Gedichte, „Sprichwörtlich"): „Doppelt gibt, wer gleich gibt,/Hundertfach, der gleich gibt,/Was man wünscht und liebt." – Auch heute wird das Zitat häufig verwendet, wenn man darauf hinweisen will, daß eine Unterstützung sehr dringend gebraucht wird, daß die Notlage der Betroffenen eigentlich keinen Aufschub der Hilfeleistungen zuläßt.

Ein **Dorn** im Auge sein

Die Redewendung in der Bedeutung „jemandem ein Ärgernis sein, jemanden stören und ihm deshalb verhaßt sein" war bereits im Mittelhochdeutschen gebräuchlich. Sie wird heute noch häufig verwendet und ist uns vor allem auch aus dem Alten Testament bekannt, wo Gott den Israeliten befiehlt, die Kanaaniter aus dem Lande Kanaan zu verjagen. Dort heißt es (4. Moses 33, 55): „Werdet ihr aber die Einwohner des Landes nicht vertreiben vor eurem Angesicht, so werden euch die, so ihr überbleiben laßt, zu Dornen werden in euren Augen und zu Stacheln in euren Seiten und werden euch drängen in dem Lande, darin ihr wohnt."

Dornröschenschlaf

Von einem „Dornröschenschlaf" spricht man, wenn man ein allzu untätiges, verträumtes Dasein charakterisieren will, gelegentlich auch dann, wenn man kritisieren will, daß eine bestimmte Entwicklung „verschlafen" wurde. Der Ausdruck bezieht sich auf das Märchen der Brüder Grimm vom „Dornröschen", einer Königstochter, die mit ihrem ganzen Hofstaat in einen hundert Jahre dauernden Schlaf versetzt wird. Daraus wird sie erst durch den Kuß eines Königssohns wieder erweckt.

Dr. Jekyll und Mr. Hyde

Dies ist der Titel eines 1931 gedrehten klassischen Horrorfilms, der ersten Verfilmung der Erzählung „Der seltsame Fall des Doctor Jekyll und des Herrn Hyde" (englisch: *The Strange Case of Dr. Jekyll and Mr. Hyde*) von Robert Louis Stevenson (1850–1894). Thema ist das Problem der Persönlichkeitsspaltung. Es wird an einem Arzt aufgezeigt, der seine Theorie der Trennungsmöglichkeit von Gut und Böse im Menschen an sich selbst mit Hilfe eines von ihm entdeckten Elixiers praktiziert. Durch die von ihm herbeigeführte Aufspaltung seiner Person in ein gutes und ein böses Ich, in ein Tag- und ein Nachtwesen, gerät er schließlich ins Verderben, da er den Wechsel zwischen beiden auf die Dauer nicht mehr kontrollieren kann. Der Titel des Films wird gelegentlich herangezogen, wenn man die extremen, unverständlich erscheinenden Verhaltensweisen eines Menschen kennzeichnen will.

Drachensaat

Gedanken oder Äußerungen, die Zwietracht säen oder anderen Schaden anrichten, werden nach einer Fabel des römischen Schriftstellers Hyginus († um 10 n. Chr.) in gehobener Sprache häufig mit dieser Metapher bezeichnet. In der Fabel wird erzählt, wie Kadmos, der Ahnherr des thebanischen Königshauses, in der griechischen Mythologie einen dem Gott Ares heiligen Drachen erschlägt. Auf den Rat der Göttin Athene sät er dessen Zähne in die Erde. Aus dieser „Drachensaat" erwachsen dann gewaltige Krieger, die sich gegenseitig erschlagen.

↑ Von **drauß'** vom Walde komm ich her

Draußen vor der Tür

Dies ist der Titel eines Theaterstücks von Wolfgang Borchert (1921–1947) mit dem Untertitel „Ein Stück, das kein Theater spielen und kein Publikum sehen will", das 1947 zunächst als Hörspiel gesendet und später als „Liebe 47" auch verfilmt wurde. Das Stück zeigt an der Gestalt eines Kriegsheimkehrers exemplarisch Elend und Einsamkeit der Kriegsgeneration nach dem Ende des Kriegs. Es sind Menschen, die zurückkehren wollen, aber nicht können, weil es ihr Zuhause nicht mehr gibt, weil ihre früheren sozialen Bindungen zerstört sind und es ihnen nicht möglich ist, neue Bindungen einzugehen. Ihr „Zuhause ist dann draußen vor der Tür", wie es in einer Vorbemerkung des Stückes heißt. Der Titel wird heute zitiert, um Situationen zu kennzeichnen, in denen jemand von etwas ausgeschlossen oder an etwas nicht beteiligt wird.

Die **drei** Grazien

Die drei Grazien waren im römischen Altertum als göttliche Gestalten Sinnbilder jugendlicher Anmut und Lebensfreude. Sie entsprechen den Chariten der griechischen Mythologie, die bei dem altgriechischen Dichter Hesiod (um 700 v. Chr.) als Dreiheit auftreten und sich häufig im Gefolge von Hermes, Aphrodite und Apoll finden. Heute bezeichnet man so – scherzhaft, oft auch ironisch – drei weibliche Personen, die gemeinsam in Erscheinung treten.

Drei Wochen war der Frosch so krank!

Dieser Ausspruch wird gerne als scherzhafter Kommentar zu jemandes Genesung gebraucht, oft ergänzt durch den Satz: „Nun raucht er wieder, Gott sei Dank!" Die beiden Sätze zusammen bilden den Schluß einer kleinen Bildergeschichte von Wilhelm Busch (1832 bis 1908) mit dem Titel „Die beiden Enten und der Frosch". In dieser Geschichte wird erzählt, wie ein Frosch nach turbulenter und aufregender Verfolgungsjagd zwei jungen Enten entkommen kann, die ihrerseits einem Koch zum Opfer fallen.

Dreiecksverhältnis

Unter einem „Dreiecksverhältnis" wird heute ganz allgemein die Beziehung einer Person zu zwei Geschlechtspartnern verstanden. Ursprünglich wurde damit nur das Liebesverhältnis eines Mannes zu zwei Frauen bezeichnet. Diese Bezeichnung ist aus dem Ausdruck „dreieckiges Verhältnis" entstanden, den der norwegische Dichter Henrik Ibsen (1828–1906) in seinem Schauspiel „Hedda Gabler" (II, 1) verwendet. Nach der Uraufführung dieses Stückes im Jahr 1891 wurde der Ausdruck populär und hat sich schließlich in der Form „Dreiecksverhältnis" durchgesetzt.

Dreifach ist der Schritt der Zeit

Mit diesen Worten werden die drei Zeitstufen „Zukunft", „Gegenwart" und „Vergangenheit" angesprochen, die der Mensch ganz unterschiedlich empfindet. Es handelt sich dabei um die erste Zeile des 1795 entstandenen Gedichts „Spruch des Konfuzius" von Schiller. In den drei folgenden Zeilen des Gedichts wird das dreifache Verhältnis des Menschen zur Zeit näher erläutert: „Zögernd kommt die Zukunft hergegangen,/Pfeilschnell ist das Jetzt entflogen,/Ewig still steht die Vergangenheit."

Dreimal umgezogen ist so gut wie einmal abgebrannt

Diese Redensart geht auf das englische *Three removals are as bad as a fire* zurück, das sich schon bei Benjamin Franklin (1706–1790) im Vorwort seines „Poor Richard's Almanack" findet: *I never saw an oft removed Tree,/Nor yet an oft removed Family,/That throve so well, as those that settled be. And again,/Three Removes are as bad as a Fire.* („Ich sah nie einen oft umgepflanzten Baum, noch eine Familie, die oft umgezogen war, die so gut gediehen wie die, die ihren festen Platz hatten. Und noch einmal: Drei Umzüge sind so schlimm wie ein Feuer.") Mit der Redensart bringt man auch heute noch zum Ausdruck, daß beim Wohnungswechsel immer etwas zu Bruch geht oder ganz und gar abhanden kommt.

Für **dreißig** Silberlinge verraten

↑Judas

↑Und alles ist **Dressur**

↑Und **drinnen** waltet die züchtige Hausfrau

Der **dritte** Stand

Der historische Begriff mit der Bedeutung „das Bürgertum neben Adel und Geistlichkeit" ist nach dem französischen *le tiers état* gebildet. Besonders verbreitet wurde er wohl durch die vor dem Ausbruch der Französischen Revolution (1789) erschienene einflußreiche Schrift *Qu'est-ce que le Tiers État?* („Was ist der dritte Stand?") von Emmanuel-Joseph Sieyès. Darin heißt es: *Qu'est-ce que le Tiers État? Tout. Qu'a-t-il été jusqu'à présent dans l'ordre politique? Rien. Que demande-t-il? A y devenir quelque chose.* („Was ist der dritte Stand? Alles. Was war er bis heute in der politischen Ordnung? Nichts. Was fordert er? Dort etwas zu werden.")

Der **Dritte** im Bunde

Diese Wendung im Sinne von „der dritte Teilnehmer" wurde durch Schillers Ballade „Die Bürgschaft" (1797 im „Musenalmanach für das Jahr 1798" erschienen) im Deutschen gebräuchlich. Nachdem der Tyrann von Syrakus Zeuge unverbrüchlicher Freundestreue geworden ist, empfindet er „ein menschliches Rühren" und bittet mit folgenden Worten darum, in diesen Freundschaftsbund aufgenommen zu werden: „Ich sei, gewährt mir die Bitte,/In eurem Bunde der Dritte." – Der Ausdruck kommt bereits bei den Autoren der Antike in verschiedenen Quellen vor, zum Beispiel im „Leben des Pythagoras" von Aristoxenos von Tarent (um 350–300 v. Chr.) und in Ciceros (106–43 v. Chr.) „Tusculanae disputationes" (= „Gespräche in Tusculum") und „De officiis" (= „Vom pflichtgemäßen Handeln").

↑Nach **drüben** ist die Aussicht uns verrannt

Druckerschwärze auf Papier

Die ↑Presse – Druckerschwärze auf Papier

Drum prüfe, wer sich ewig bindet, ob sich das Herz zum Herzen findet!

Diese Zeilen stammen aus Schillers „Lied von der Glocke"; sie raten zur Besonnenheit bei der Wahl des Lebensgefährten oder der Lebensgefährtin. Wie viele Verse dieses Gedichts werden sie heute fast nur noch in scherzhaft abgewandelter Form gebraucht, etwa mit folgendem zweiten Teil: „... ob sich nicht noch was Beßres findet".

Drum soll der Sänger mit dem König gehen

Im zweiten Auftritt des ersten Aufzugs von Schillers romantischer Tragödie „Die Jungfrau von Orleans" (1801) sagt der König, Karl VII. von Frankreich, über die an seinem Hof weilenden Sänger und ihre Kunst: „Sie machen uns den dürren Zepter blühn,/Sie flechten den unsterblich grünen Zweig/Des Lebens in die unfruchtbare Krone,/Sie stellen herrschend sich den Herrschern gleich,/Aus leichten Wünschen bauen sie sich Throne,/Und nicht im Raume liegt ihr harmlos Reich." Ihnen verbindet sich der König mit den Worten: „Drum soll der Sänger mit dem König gehen,/Sie beide wohnen auf der Menschheit Höhen!" – Mit dem wohl nicht mehr sehr häufig gebrauchten Zitat läßt sich zum einen eine Verbindung von Poesie und weltlicher Macht beschwören, zum anderen stellt man damit die Dichtkunst auf eine sehr hohe gesellschaftliche Stufe, betont ihr soziales und damit auch politisches Gewicht.

Du ahnungsvoller Engel du!

Der Ausruf stammt aus dem ersten Teil von Goethes Faust (1806). Faust reagiert mit diesen Worten auf Gretchens Ablehnung Mephistos, der ihr gefühlsmäßig zuwider ist („Der Mensch, den du da bei dir hast,/Ist mir in tiefer innrer Seele verhaßt"). Das Zitat wird meist in einer Situation gebraucht, in der jemand instinktiv etwas Ungutes oder Negatives richtig erkennt oder einschätzt. Häufig wird allerdings auch falsch zitiert: „Du ahnungsloser Engel du!", womit man den Sinn des Goetheschen Zitats in sein Gegenteil verkehrt; mit dem abgewandelten Zitat wird jemand leicht mitleidig oder spöttisch als ahnungslos oder naiv hingestellt.

Du bist noch nicht der Mann, den Teufel festzuhalten

Der Teufel selbst, Mephisto nämlich in Goethes Faust (Faust I, Studierzimmer), spricht diese Worte. Er richtet sie an Faust, den er durch die „Geister" in Schlaf versenken ließ, weil dieser ihn zuvor mit den Worten „Den Teufel halte, wer ihn hält!" nicht so schnell weggehen lassen wollte. Man zitiert diese Äußerung des Mephisto, wenn man jemandem etwas zu verstehen geben will wie: „Wenn du mich hereinlegen willst, mußt du dir schon etwas mehr einfallen lassen" oder allgemeiner auch: „Das schaffst du nicht, dieser Aufgabe bist du noch nicht gewachsen."

Du bist Orplid, mein Land!

Mit diesen Worten beginnt Eduard Mörikes Gedicht „Gesang Weylas" (1838). Zu den Namen „Orplid" und „Weyla" erfährt man Näheres in Mörikes Novelle „Maler Nolten", in deren erstem Teil der Schauspieler Larkens erzählt, daß er sich als Schüler mit einem Freund eine eigene poetische Welt ausdachte: „Wir erfanden für unsere Dichtung einen außerhalb der bekannten Welt gelegenen Boden ... Die Insel hieß Orplid, und ihre Lage dachte man sich in dem Stillen Ozean zwischen Neuseeland und Südamerika. Orplid hieß vorzugsweise die Stadt des bedeutendsten Königreichs: sie soll von göttlicher Gründung gewesen sein, und die Göttin Weyla ... war ihre Beschützerin." Das Gedicht wurde 1888 von Hugo Wolf vertont und hat dadurch noch größere Bekanntheit gewonnen. – Das Zitat kann in gehobener Sprache die Sehnsucht nach einem bestimmten Ort oder das Glücksgefühl, dort angekommen zu sein, zum Ausdruck bringen.

Du bist so blaß, Luise

Das gelegentlich scherzhaft gebrauchte Zitat, mit dem man auf jemandes blasses Aussehen anspielt, stammt aus Schillers bürgerlichem Trauerspiel „Kabale und Liebe" (1784). Ferdinand von Walter, der Luise, die Tochter des Musikers Miller, liebt, richtet diese Worte an sie: „Du bist blaß, Luise?" Er forscht nach dem Grund für ihr blasses Aussehen und erfährt, daß sie die Hoffnungslosigkeit ihrer Liebe bekümmert. Die gesellschaftliche Kluft zwischen der Bürgerlichen und dem Adligen läßt für die Gesellschaft ihrer Zeit keine Verbindung zwischen beiden zu.

Du bist wie eine Blume

In dem „Die Heimkehr" überschriebenen Zyklus von 88 Gedichten Heinrich Heines (1797–1856) beginnt die Nr. 47 mit den Worten: „Du bist wie eine Blume/So hold und schön und rein". Es ist eines der schönsten Liebesgedichte des Dichters, das von Franz Liszt, Robert Schumann und Hugo Wolf vertont wurde. – Von einem eher romantisch veranlagten Menschen könnte das Zitat auch heute noch als Kompliment an eine geliebte Frau gerichtet werden.

Du bleibst doch immer, was du bist

Mephisto belehrt Faust in der Studierzimmerszene im ersten Teil von Goethes Faust, daß ihm all sein Streben nichts nützt, weil er doch immer der gleiche bleiben wird: „Du bist am Ende – was du bist./Setz' dir Perücken auf von Millionen Locken,/Setz' deinen Fuß auf ellenhohe Socken,/Du bleibst doch immer, was du bist." – Das Zitat verweist darauf, daß der Versuch, sich anders darzustellen als man ist, letztlich erfolglos bleiben muß.

Du fragst nach Dingen, Mädchen, die dir nicht geziemen

Dieser Satz, der gewissermaßen mit einem Augenzwinkern zitiert werden kann, um einer Frage auszuweichen, stammt aus Schillers Drama „Die Jungfrau von Orleans" (Prolog, 3. Auftritt). Thibaut d'Arc, der Vater von Johanna, der späteren „Jungfrau von Orleans", spricht diese Worte. Sie bringen seine große Verwunderung darüber zum Ausdruck, daß seine Tochter mit so reger Anteilnahme einem Bericht über den Kriegsverlauf und die verlorenen Schlachten der Franzosen folgt.

Du glaubst zu schieben, und du wirst geschoben

Oftmals ist derjenige, der von sich glaubt, die treibende Kraft zu sein, nur ein von einer anderen Kraft An- oder Vorangetriebener. Das in diesem Sinne gebrauchte Zitat stammt aus Goethes Faust (Teil I, Walpurgisnacht), wo Mephisto mit diesen Worten das Gedränge der Geister, Teufel und Hexen auf dem nächtlichen Wege zum Blocksberg beschreibt.

Du gleichst dem Geist, den du begreifst

Diese Worte stammen aus Goethes Faust (Teil I, Nacht). Faust hat den Erdgeist beschworen. Dieser erscheint ihm, spricht zu ihm und beschreibt sein eigenes Wesen und Wirken: „Geburt und Grab,/Ein ewiges Meer,/Ein wechselnd Weben,/Ein glühend Leben,/So schaff' ich am sausenden Webstuhl der Zeit,/Und wirke der Gottheit lebendiges Kleid." Faust ist von diesen Worten begeistert, glaubt sich dem Wesen des Erdgeistes ganz nah, glaubt ihm zu gleichen. Der Erdgeist aber gibt ihm schonungslos und ohne Umschweife zu verstehen, daß Faust nicht diesem Wesen, sondern nur seiner eigenen unvollkommenen Vorstellung davon gleicht. Er weist ihn mit den Worten ab: „Du gleichst dem Geist, den du begreifst,/Nicht mir!" und verschwindet. Mit diesem Zitat gibt man jemandem zu verstehen, daß er in anderen Bahnen denkt, daß er etwas nicht begriffen hat, es vielleicht gar nicht begreifen kann.

Du, glückliches Österreich, heirate!

↑Bella gerant alii, tu felix Austria, nube

Du hast der Götter Gunst erfahren!

Es handelt sich bei dem Zitat um die Anfangszeile der 2. Strophe von Schillers Ballade „Der Ring des Polykrates", die auf einer Erzählung des griechischen Dichters Herodot beruht. Der König von Ägypten als Gast des Polykrates, des Tyrannen von Samos, beginnt mit diesen Worten die Schilderung des Glücks, das die Götter Polykrates gewährt haben. Die weiteren Glücksbotschaften flößen dem Gast jedoch Entsetzen ein: „Mir grauet vor der Götter Neide;/Des Lebens ungemischte Freude/Ward keinem Irdischen zuteil." Mit dem oben genannten Zitat geben wir auch heute unserer Meinung Ausdruck, daß jemandem ein besonderes Glück zuteil wurde. Und ebenso zitieren wir „Mir grauet vor der Götter Neide" voller Unbehagen, wenn uns bei einer Aufeinanderfolge glücklicher Ereignisse das Gefühl überkommt, ein Umschlagen ins Negative sei auf die Dauer unausweichlich.

Du hast Glück bei den Frau'n, Bel ami

↑Belami

Du hast mich heimgesucht bei Nacht

Dies ist der Titel eines Buches, das 1954 von Helmut Gollwitzer u. a. herausgegeben wurde und „Abschiedsbriefe und Aufzeichnungen des Widerstandes 1933–1945" enthält. Der Titel geht auf eine Bibelstelle zurück. Im 17. Psalm, Vers 3 heißt es: „Du prüfst mein Herz und siehst nach ihm des Nachts ..." bzw. in der revidierten Fassung der Luther-Bibel: „Du prüfst mein Herz und suchst es heim bei Nacht ..." – Mit dem Zitat kann man zum Ausdruck bringen, daß man von jemandem geträumt hat oder daß man sich mit jemandem in schlafloser Nacht in Gedanken beschäftigt hat.

Du hast's erreicht, Oktavio!

Im 13. Auftritt des 3. Aktes von Schillers Trauerspiel „Wallensteins Tod" (1798/99) hält Wallenstein einen langen Monolog, der mit diesen Worten beginnt. Er ist sich bewußt, daß nun fast alle seine Soldaten und Offiziere ihn verlassen haben, weil sie den Verrat am Kaiser nicht mitmachen wollen. Oktavio Piccolomini, einer seiner Generale, dem er bis zuletzt vertraut hatte, hat längst seinen Mörder gedungen. Im Kontext des Monologs heißt es: „Du hast's erreicht, Oktavio! – Fast bin ich/Jetzt so verlassen wieder, als ich einst/Vom Regensburger Fürstentage ging." – Mit dem Zitat drückt man seine Enttäuschung über das Verhalten eines Menschen aus, dem man zu Unrecht vertraut hatte.

↑Halte fest: Du hast vom Leben doch am Ende nur dich selber

Du liebes Kind, komm, geh mit mir!

Diese heute nur noch als scherzhafte Aufforderung gebrauchten Worte stammen aus einer der bekanntesten Balladen von Goethe, aus dem „Erlkönig". Es sind die ersten Verführungsworte des Erlkönigs, die der phantasierende Knabe in den Armen seines durch die Nacht reitenden Vaters zu hören glaubt: „Du liebes Kind, komm, geh mit mir!/Gar schöne Spiele spiel' ich mit dir ..."

Du mußt dein Leben ändern!

Diese Forderung nach Selbstbesinnung und Veränderung, die sicherlich viele schon einmal in irgendeiner Situation ihres Lebens an sich selbst gestellt haben, ist in dieser Weise in einem Gedicht von Rainer Maria Rilke (1875–1926) formuliert. Es ist das Sonett „Archäischer Torso Apollos" aus der Sammlung „Der neuen Gedichte anderer Teil" von 1908. Am Ende dieses Gedichtes, das sich mit der Wirkung der Kunst auf den Menschen befaßt, steht als Fazit diese zum geflügelten Wort gewordene Forderung an den Menschen.

Du red'st, wie du's verstehst

Mit diesem Zitat gibt man jemandem zu verstehen, daß er von einer Sache keine Ahnung hat, nichts versteht. Es stammt aus Schillers Drama „Wallenstein" (Die Piccolomini II, 6), wo der „kaiserliche Generalissimus" Wallenstein die Vorhaltungen des Feldmarschalls Illo auf diese Weise abtut. Dabei erkennt Illo die wirklichen Gegebenheiten, während Wallenstein in seinem Sternenglauben befangen ist.

Du siehst mich lächelnd an, Eleonore

Diesen Satz kann man jemandem gegenüber im Scherz zitieren, wenn man ihn eigentlich fragen will: „Was hast du? Was gibt es? Ist irgend etwas nicht in Ordnung?“ Es ist der Satz, mit dem das Schauspiel „Torquato Tasso“ von Goethe beginnt, und er steht dort in einer ganz ähnlichen Funktion. Die Prinzessin Leonore von Este spricht ihn zu ihrer Freundin Leonore Sanvitale und fährt entsprechend fort: „Was hast du? Laß es eine Freundin wissen!“

Du siehst, mit diesem Trank im Leibe, bald Helenen in jedem Weibe

Dieser Ausspruch stammt aus Goethes Faust (Teil I, Hexenküche). Faust hat den Trank der Hexe zu sich genommen und möchte, bevor er mit Mephisto die Hexenküche verläßt, noch einmal das Bild der schönen Helena sehen, das ihn zuvor beim Blick in einen Spiegel schon entzückt hatte. Mephisto jedoch komplimentiert ihn hinaus mit den Worten, die die Wirkung des Trankes dahingehend beschreiben, daß nun jede Frau begehrenswert wie Helena für ihn sein wird. In ähnlichem Sinne können diese Worte des Mephisto auch heute noch zitiert werden, wenn von der Wirkung des Alkohols bei Männern die Rede ist.

Du sollst dem Ochsen, der da drischt, nicht das Maul verbinden

Diese sprichwörtliche Redensart ist ein unverändert aus der Bibel übernommenes Zitat. Es findet sich im 5. Buch Moses 25, 4 und besagt, daß man jemanden, der schwer arbeitet, auch entsprechend entlohnen, ihn in angemessener Weise an den Früchten seiner Arbeit teilhaben lassen soll. Das Bild des dreschenden Ochsen bezieht sich auf die früher geübte Technik des Dreschens, bei der man Ochsen in einem Rundlauf gehen und die Ähren mit den Hufen zertreten ließ.

Du sollst keine anderen Götter neben mir haben

Dieser Teil aus dem ersten der Zehn Gebote (2. Moses 20, 3) wird oft auch in übertragenem Sinn verwendet. Man zitiert ihn beispielsweise als Hinweis darauf, daß sich jemand sehr selbstherrlich verhält und keinerlei Konkurrenz neben sich duldet.

Du Spottgeburt von Dreck und Feuer

Diese derbe Beschimpfung stammt aus Goethes Faust (Teil I, Marthens Garten). Sie ist gegen Mephisto gerichtet. Faust reagiert damit heftig auf die zynischen Bemerkungen, die Mephisto über Gretchen und ihr Verhältnis zu Faust gemacht hat. Im Scherz ist die negative Kennzeichnung „Spottgeburt von Dreck und Feuer“ von Personen oder auch von Sachen, die man als besonders häßlich oder mißlungen betrachtet, auch heute noch zu hören.

Du sprichst ein großes Wort gelassen aus

Mit diesen Worten reagiert König Thoas in Goethes „Iphigenie auf Taurus“ (I, 3) auf die Enthüllung der Heldin, sie sei aus dem verfluchten Geschlecht des Tantalus. Heute wird in diesem Zitat oft „großes Wort“ durch „wahres Wort“ ersetzt.

Du sprichst von Zeiten, die vergangen sind

In Schillers Drama „Don Karlos“ (I, 2) hält Karlos diesen Satz seinem Jugendfreund, dem Marquis von Posa, entgegen. Dieser hatte von Zeiten gesprochen, als Don Karlos noch ein „löwenkühner Jüngling“ war mit Träumen von Freiheit und einem „neuen goldnen Alter in Spanien“. Der niedergeschlagene und völlig verunsicherte Karlos jedoch möchte daran im Augenblick nicht erinnert werden. Die Worte des Don Karlos werden heute zitiert, wenn man jemandem klarmachen möchte, daß sich die Zeiten geändert haben, daß es nutzlos ist, sich ans Vergangene zu klammern.

Du trägst den Cäsar und sein Glück

Diese Worte, mit denen man jemanden – oft scherzhaft – auf dessen besonders hohe Verantwortung angesichts der Bedeutung der eigenen Person hinweist, soll Cäsar während eines Sturmes an der Küste Illyriens an den Kapitän des Schiffes gerichtet haben. Cäsar appellierte damit an den Kapitän, nicht den Mut zu verlieren. Die Begebenheit wird in Plutarchs oft sehr anekdotisch gehaltenen Biographien berühmter Griechen und Römer beschrieben.

Du weißt wohl nicht, mein Freund, wie grob du bist?

Mit dieser Frage kritisiert man meist scherzhaft jemanden, dessen Verhalten oder Äußerungen man nicht gerade als sehr zart und zurückhaltend empfindet. Sie stammt aus Goethes Faust (Faust II, 2. Akt, Hochgewölbtes, enges gotisches Zimmer). Dort stellt Mephisto diese Frage an den „Baccalaureus" (eine Person, die mit dem „Schüler" aus Faust I identisch ist). Dieser hatte ihn zuvor mit den groben Worten beleidigt: „Gesteht nur, Euer Schädel, Eure Glatze/Ist nicht mehr wert, als jene hohlen dort?"

↑O **du** zertrümmert Meisterstück der Schöpfung

Der **Duft** der großen, weiten Welt

Dieser Ausdruck, der eine Atmosphäre von internationaler Weite, das Fluidum von Freiheit und Ungebundensein, von Reichtum und Wohlleben vermitteln soll, wurde 1959 als Werbeslogan geprägt. Eine Zigarettenfirma versuchte damit, ihrer Marke „Peter Stuyvesant" ein besonderes Image zu geben. Der Ausdruck wurde durch die intensive Werbung sehr populär und hat sich danach verselbständigt.

Dulce et decorum est pro patria mori

Im dritten Buch der „Oden" (III, 2, 13) des römischen Dichters Horaz (65–8 v. Chr.) steht dieser den Heldentod verherrlichende Spruch. Er bedeutet übersetzt „Beglückend (oft auch mit »süß« übersetzt) und ehrenvoll ist es, fürs Vaterland zu sterben" und ist noch auf Heldengedenktafeln u. ä. zu finden.

↑Mir wird von alledem so **dumm,** als ging mir ein Mühlrad im Kopf herum

↑Wer kann was **Dummes,** wer was Kluges denken, das nicht die Vorwelt schon gedacht

↑Mit der **Dummheit** kämpfen Götter selbst vergebens

↑Wenn **Dummheit** weh täte

Ein **Dummkopf** findet immer einen noch Dümmeren, der ihn bewundert

Ein ↑Tor find't allemal noch einen größeren Toren, der seinen Wert zu schätzen weiß

↑Herr, **dunkel** war der Rede Sinn

Dunkel war's, der Mond schien helle

Dies ist die erste Zeile eines Nonsensgedichtes, das in verschiedenen Textvarianten in mehreren Sammlungen von Kinderreimen und volkstümlichen Versen zu finden ist. Der Ursprung des Gedichts ist unbekannt. Es ist wegen seiner logischen Widersprüchlichkeiten, seiner paradoxen Wortspielereien bei Kindern sehr beliebt geblieben. Besonders die beiden ersten Strophen des Gedichts werden häufig aufgesagt. Sie lauten: „Dunkel war's, der Mond schien helle,/schneebedeckt die grüne Flur,/als ein Wagen blitzesschnelle/langsam um die Ecke fuhr./Drinnen saßen stehend Leute,/schweigend ins Gespräch vertieft,/als ein totgeschoßner Hase/auf dem Sande Schlittschuh lief."

Dunkelmann

Die heutige Bedeutung „zwielichtiger Mensch, den man dunkler Machenschaften verdächtigt; Drahtzieher" und die bereits veraltete „Vertreter des Rückschritts; Bildungsfeind" sind erst zu Anfang des 19. Jh.s entstanden. Das Wort gelangte um 1795 als Lehnübersetzung

zung für das lateinische *vir obscurus* ins Deutsche. Die „Epistolae obscurorum virorum" – d.h. „Briefe unberühmter Männer", die sogenannten „Dunkelmännerbriefe" – waren eine 1516 von deutschen Humanisten um Ulrich von Hutten verfaßte satirische Streitschrift. Sie war so formuliert, als ob sie von scholastischen Theologen gegen die erstarrte spätmittelalterliche Wissenschaft geschrieben worden sei, und sie persiflierte die dünkelhafte Unwissenheit, Heuchelei und Unmoral der fiktiven Schreiber.

↑Im **dunkeln** tappen

↑Die im **Dunkeln** sieht man nicht

Dunkler Ehrenmann

Mit diesem Ausdruck bezeichnet man einen allgemein für ehrenhaft gehaltenen Mann, der es in Wahrheit gar nicht ist, dessen Machenschaften jedoch nicht recht nachweisbar sind. Der Ausdruck geht auf eine Stelle in Goethes Faust (Faust I, Vor dem Tor) zurück, wo Faust beim sogenannten „Osterspaziergang" zum Schüler Wagner von seinem Vater und von dessen Alchimistenkünsten spricht. Bei Goethe hat die Kennzeichnung „dunkler Ehrenmann" noch nicht die negative Bedeutung von heute. „Dunkel" wird der Ehrenmann deswegen genannt, weil seine Tätigkeit für den Uneingeweihten nicht durchschaubar ist, ihm etwas absonderlich erscheinen muß. Faust sagt über seinen Vater: „Mein Vater war ein dunkler Ehrenmann,/Der über die Natur und ihre heil'gen Kreise/In Redlichkeit, jedoch auf seine Weise,/Mit grillenhafter Mühe sann."

Dunkler Erdteil

Im Jahr 1878 veröffentlichte Henry Morton Stanley (1841–1904) seinen Bericht über eine Afrikareise unter dem Titel *Through the Dark Continent*. Im gleichen Jahr erschien auch die deutsche Übersetzung „Durch den dunkeln Weltteil". Bei der Kennzeichnung Afrikas als des „dunkeln Erdteils", die danach üblich wurde, mischte sich wohl die Vorstellung des Unbekannten, Undurchschaubaren, noch nicht Erforschten mit der des von dunkelhäutigen Menschen bewohnten Gebiets. – Ein Gedicht von Ingeborg Bachmann (1926–1973) trägt den Titel „Liebe: Dunkler Erdteil", ebenso ein kleiner Gedichtband derselben Autorin.

Durch Abwesenheit glänzen

Diese Redewendung ist eine Übersetzung des französischen *briller par son absence*, das der französische Dichter Marie-Joseph de Chénier (1764–1811) in seiner Tragödie „Tibère" (I,1) verwendete. Zugrunde liegt eine Stelle aus den „Annalen" des römischen Historikers Tacitus, die von der Bestattung Junias, der Frau des Cassius und Schwester des Brutus, berichtet. Die Bildnisse dieser zu den Mördern Julius Cäsars gehörenden und mit der Verstorbenen verwandten Männer wurden nicht, wie es eigentlich römischer Sitte entsprach, vor dem Leichenzug hergetragen. Sie fielen also dadurch auf, daß sie nicht da waren. „Sie leuchteten dadurch hervor, daß man ihre Bildnisse nicht sah", wie die Übersetzung des lateinischen Originals lautet.

Durch böser Buben Hand verderben

Dies ist ein Vers aus der 1797 entstandenen Ballade „Die Kraniche des Ibykus" von Friedrich Schiller. Das viele Strophen umfassende Gedicht erzählt von dem (im 6. vorchristlichen Jahrhundert in Unteritalien lebenden) Dichter Ibykus, der auszieht, um an den zu Ehren Poseidons in Korinth stattfindenden Isthmischen Spielen, dem „Kampf der Wagen und Gesänge", teilzunehmen. Unterwegs wird er von zwei Mördern überfallen und getötet. Als kein Mensch in der Nähe ist, der ihm zu Hilfe eilen könnte, klagt er: „So muß ich hier verlassen sterben,/Auf fremdem Boden, unbeweint,/Durch böser Buben Hand verderben,/Wo auch kein Rächer mir erscheint." – Das nur noch selten verwendete Zitat läßt sich heute eher auf Dinge beziehen, die von Menschen mutwillig oder gedankenlos zerstört werden.

Durch die Wälder, durch die Auen

Dies ist der Beginn der Arie des Jägerburschen Max aus Carl Maria von Webers (1786–1826) Oper „Der Freischütz“ mit dem Text von Johann Friedrich Kind (1768–1843). „Durch die Wälder, durch die Auen/Zog ich leichten Muts dahin“ (I, 4). Die erste Zeile wird – meist scherzhaft – zitiert, wenn man zum Beispiel einen Ausflug in die Natur plant oder von solch einem Ausflug erzählt.

Durch diese hohle Gasse muß er kommen

Das Zitat stammt aus Tells Monolog in Schillers Drama „Wilhelm Tell“ (IV, 3), wo die Titelgestalt den Reichsvogt Geßler erwartet, um ihn zu töten: „Es führt kein andrer Weg nach Küßnacht. – Hier/Vollend ich's. – Die Gelegenheit ist günstig.“ Mit „hohler Gasse“ ist ein Hohlweg gemeint. Heute wird der Satz scherzhaft zitiert, wenn man jemandem auflauert oder ihn aus einer bestimmten Richtung erwartet. Auch ein übertragener Gebrauch im Sinne von „ein anderer Ausweg, eine andere Handlungsweise bleibt ihm nicht übrig“ ist denkbar.

Durch Heftigkeit ersetzt der Irrende, was ihm an Wahrheit und an Kräften fehlt

Diese sentenzhafte Lebensweisheit spricht in Goethes Schauspiel „Torquato Tasso“ (IV, 4) der Staatssekretär Antonio gegenüber dem Dichter Tasso aus. Er will ihm seinen Wunsch, den Hof des Fürsten zu verlassen, versagen, da es Tasso an wirklicher Einsicht und echter Willenskraft mangele: „Du scheinest mir in diesem Augenblick/Für gut zu halten, was du eifrig wünschest,/Und willst im Augenblick, was du begehrst./Durch Heftigkeit ersetzt der Irrende,/Was ihm an Wahrheit und an Kräften fehlt.“ Das Zitat wird noch gelegentlich gebraucht, um jemanden zurechtzuweisen, der ungestüm und aufbrausend auf einem falschen Standpunkt beharrt.

Durch zweier Zeugen Mund wird allerwegs die Wahrheit kund

Diese Sentenz findet sich in Goethes Faust I (Der Nachbarin Haus). Mephisto will gemeinsam mit Faust den Tod des Mannes der Marthe Schwerdtlein bezeugen. Er nimmt damit eine Stelle aus dem Johannesevangelium (8, 17) auf: „Auch steht in eurem Gesetz geschrieben, daß zweier Menschen Zeugnis wahr sei.“ Johannes weist damit auf das fünfte Buch Moses (19, 15) hin, wo es heißt: „Es soll kein einzelner Zeuge wider jemand auftreten über irgendeine Missetat oder Sünde, ... sondern in dem Mund zweier oder dreier Zeugen soll die Sache bestehen.“ Mit dem heute seltener gebrauchten Zitat betont man nachdrücklich die Richtigkeit einer Aussage, die von zwei Personen übereinstimmend bestätigt wird.

Eine **durstige** Seele

Mit dem Ausdruck bezeichnet man jemanden, der immer Durst hat, oder auch jemanden, der dem Alkohol zuneigt. Es handelt sich ursprünglich um ein Bibelzitat aus Psalm 107, 8 f., wo von denen die Rede ist, die sich in der Wüste verirrten, Hunger und Durst litten, und dann von Gott wieder auf den richtigen Weg geführt wurden: „... die sollen dem Herrn danken für seine Güte und für seine Wunder, die er an den Menschenkindern tut, daß er sättigt die durstige Seele und füllt die hungrige Seele mit Gutem.“

Ecce, homo!

Dies ist die lateinische Übersetzung einer Stelle aus dem Johannesevangelium (19, 5). Ihr entspricht in der Lutherbibel der Ausruf: „Sehet, welch ein Mensch!“ Mit diesen Worten führte Pilatus den anklagenden Juden den gegeißelten Jesus vor. In der Kunst entwickelte sich daraus das Ecce-Homo, die Darstellung des dornengekrönten Christus. Friedrich Nietzsche (1844–1900) nannte den Rückblick auf sein Leben und Schaffen „Ecce homo. Wie man wird, was man ist."

Das **Echte** bleibt der Nachwelt unverloren

Das Zitat mit dem Hinweis auf die Unvergänglichkeit echter Kunst stammt aus Goethes Faust I. Im „Vorspiel auf dem Theater" äußert sich der Dichter über sein Werk: „Oft, wenn es erst durch Jahre durchgedrungen,/Erscheint es in vollendeter Gestalt./Was glänzt, ist für den Augenblick geboren;/Das Echte bleibt der Nachwelt unverloren."

Ein **echter** deutscher Mann mag keinen Franzen leiden

Unpolitisch mag er ja sein, der lustige Zecher Brander in der Szene „Auerbachs Keller in Leipzig" im 1. Teil von Goethes „Faust", denn schließlich hat er gerade verkündet: „Ein garstig Lied! Pfui! Ein politisch Lied". Das hindert ihn aber nicht, sein nationales Ressentiment gegenüber dem Nachbarland Frankreich sehr deutlich zum Ausdruck zu bringen: „Ein echter deutscher Mann mag keinen Franzen (= Franzosen) leiden,/Doch ihre Weine trinkt er gern." Mit diesen Worten tadelt man heute einen Menschen, der zu erkennen gibt, daß er zwar das Ausländische sehr gerne mag, den Ausländer selbst aber nicht leiden kann.

Écrasez l'infâme!

Das Schlagwort des französischen Philosophen Voltaire (1696–1778) gegen die katholische Kirche – „Rottet den niederträchtigen Aberglauben aus!" (im Original ist am Schluß *superstition* zu ergänzen) – taucht besonders in den Jahren 1759–1768 in seiner Korrespondenz mit d'Alembert, Damilaville und Friedrich dem Großen auf. Voltaire verwendet es häufig auch abgekürzt (z. B. in der Form „Ecrlinf") statt seiner Unterschrift, um die behördliche Postüberwachung zu täuschen. – Das Zitat kann in bildungssprachlichen Kontexten auch heute noch als Aufruf zum Kampf gegen Intoleranz und religiösen Wahn gebraucht werden.

Edel sei der Mensch, hilfreich und gut!

Die beiden Anfangszeilen von Goethes Gedicht „Das Göttliche" (erschienen 1785) werden oft in Poesiealben zitiert, gelegentlich auch mit den übrigen Versen der ersten Strophe: „Denn das allein/Unterscheidet ihn/Von allen Wesen,/Die wir kennen." Das Gedicht fordert uns Menschen auf, uns so zu verhalten, daß wir den „höhern Wesen" gleichen, daß das Göttliche, das wir anders nicht erkennen können, in unserem Tun sichtbar wird.

Edle Einfalt, stille Größe

Diese Charakterisierung der griechischen Kunst durch den Archäologen Johann Joachim Winckelmann (1717 bis 1768) stammt aus der vor seiner Romreise verfaßten Abhandlung „Gedanken über die Nachahmung der griechischen Werke in der Malerei und Bildhauerkunst": „Das allgemeine vorzügliche Kennzeichen der griechischen Meisterstücke ist endlich eine edle Einfalt und eine stille Größe, sowohl in der Stellung als im Ausdruck." Winckelmann bestimmte damit das Schönheitsideal der deutschen Klassik. Das verkürzte Zitat wird heute meist ironisch-spöttisch gebraucht, um auf jemandes Naivität oder geistige Schlichtheit anzuspielen.

Ein **edler** Mann wird durch ein gutes Wort der Frauen weit geführt

Arkas, der Vertraute des Königs Thoas, gibt in Goethes „Iphigenie auf Tauris" (I, 2) der Titelheldin den lebensklugen Rat, dem König „freundlich und vertraulich zu begegnen", denn „Ein edler Mann wird durch ein gutes Wort/Der Frauen weit geführt." – Das heute eher selten gebrauchte Zitat betont den besänftigenden und lenkenden Einfluß, den eine Frau durch Lob und Freundlichkeit auf einen Mann ausüben kann.

Ein **edler** Mensch zieht edle Menschen an

In Goethes Schauspiel „Torquato Tasso" (I, 1) beschreibt Leonore Sanvitale mit dieser sentenzhaften Feststellung gegenüber ihrer Freundin, der Schwester des Herzogs von Ferrara, das Verhältnis des Herrscherhauses Este in Ferrara zu Künstlern und Wissenschaftlern, die dort am Hof wirkten und wirken: „Ein edler Mensch zieht edle Menschen an/Und weiß sie festzuhalten, wie ihr tut./Um deinen Bruder und um dich verbinden/Gemüter sich, die euer würdig sind." Das Zitat kann in gehobener, feierlicher Ausdrucksweise die Leistung eines Menschen hervorheben, dem es gelingt, herausragende Persönlichkeiten im Dienst an einer gemeinsamen Sache zu vereinen.

Eher geht ein Kamel durch ein Nadelöhr

Die Redensart im Sinne von „es ist so gut wie unmöglich" geht auf eine Stelle im Neuen Testament (Matthäus 19, 24) zurück, wo Jesus zu seinen Jüngern sagt: „Es ist leichter, daß ein Kamel durch ein Nadelöhr gehe, denn daß ein Reicher ins Reich Gottes komme." Die Bedeutung von Nadelöhr im Zitat selbst ist unklar. Entweder könnte damit ein kleines Tor in der alten Jerusalemer Stadtmauer gemeint sein, oder es könnte eine Verwechslung der Wörter für „Kamel" und „Schiffstau" im Aramäischen vorliegen, wo die entsprechenden Wörter sehr ähnlich sind.

Eherne Stirn

In gehobenem übertragenem Sprachgebrauch sagt man „etwas mit eherner (oder: eiserner) Stirn behaupten" und meint damit soviel wie „etwas unbeirrbar, in herausfordernder Weise behaupten". Bereits im Alten Testament ist beim Propheten Jesaja (48, 4) von „eherner Stirn" im Zusammenhang mit der Halsstarrigkeit des Volkes Israel die Rede: „Denn ich weiß, daß du hart bist, und dein Nacken ist eine eiserne Ader, und deine Stirn ist ehern."

Ehernes Gesetz

Die dem gehobenen Stil angehörende Formulierung, bei der „ehern" „unumstößlich" bedeutet, findet sich in Goethes Gedicht „Das Göttliche": „Nach ewigen, eh'rnen,/Großen Gesetzen/Müssen wir alle/Unseres Daseins/Kreise vollenden." Der Unabänderbarkeit des Schicksals kann der Mensch dennoch etwas entgegensetzen; edler Charakter und richtiges, nützliches Tun unterscheiden ihn von der übrigen Schöpfung. (Vergleiche auch „Edel sei der Mensch, hilfreich und gut!")

Ehre, wem Ehre gebührt!

Die Redensart stammt aus dem Neuen Testament. Der Apostel Paulus fordert in seinem Brief an die Römer (13, 7) Gehorsam gegenüber der Obrigkeit: „So gebet nun jedermann, was ihr schuldig seid: Schoß (veraltet für: Steuer, Abgabe), dem der Schoß gebührt; Zoll, dem der Zoll gebührt; Furcht, dem die Furcht gebührt; Ehre, dem die Ehre gebührt." – Das leicht abgewandelte Zitat dient im heutigen Sprachgebrauch dazu, besondere Anerkennung und Hochachtung auszudrücken. Oft reagiert man damit auch auf das aus zu großer Bescheidenheit erfolgte Zurückweisen einer Ehrung und betont damit, daß gerade die angesprochene Person diese Ehrung in besonderem Maße verdient hat.

Ehret die Frauen! Sie flechten und weben himmlische Rosen ins irdische Leben

Das Zitat besteht aus den ersten beiden Zeilen von Schillers Preisgedicht auf die „Würde der Frauen", in dessen jeweils durch daktylisches und trochäisches Versmaß unterschiedenen Strophen abwechselnd die verschiedene Wesensart von Frau und Mann charakterisiert wird. August Wilhelm Schlegel (1767 bis 1845) fühlte sich zu einer Parodie auf Schillers Gedicht herausgefordert, deren Anfang lautet: „Ehret die Frauen! Sie stricken die Strümpfe/Wollig und warm, zu durchwaten die Sümpfe ...“ Wer das Zitat heute gebraucht, muß darauf gefaßt sein, daß man ihm ein antiquiertes Verständnis von der Rolle der Geschlechter zum Vorwurf macht.

Ehrfurcht vor dem Leben

Der Ausdruck geht auf den Missionsarzt Albert Schweitzer (1875–1965) zurück. Über die Entstehung schreibt Schweitzer in seiner Autobiographie „Aus meinem Leben und Denken“: „... als wir bei Sonnenuntergang durch eine Herde Nilpferde hindurchfuhren, stand urplötzlich ... das Wort ‚Ehrfurcht vor dem Leben‘ vor mir.“ Das Zitat kann als eine Art oberster Grundsatz einer humanistischen Weltanschauung angesehen werden, als Ausdruck einer umfassenden Achtung von Mensch und Natur.

Ehrlicher Makler

Der Ausdruck im Sinne von „uneigennütziger Vermittler“ geht wohl auf einen Ausspruch des Reichskanzlers Otto von Bismarck (1815–1898) zurück, der sich am 19. 2. 1878 auf dem Berliner Kongreß selbst so bezeichnete, wo er zwischen Rußland einerseits und England und Österreich-Ungarn andererseits vermittelte, um den Balkankonflikt zu schlichten: „... ich denke sie (= die Mission der Vermittlung des Friedens) mir bescheidener, ja ... mehr die eines ehrlichen Maklers, der das Geschäft wirklich zustande bringen will.“

Ei des Kolumbus

Der Ausdruck im Sinne von „überraschend einfache Lösung“ geht auf eine Anekdote in Girolamo Benzonis „Historia del mondo nuovo“ aus dem Jahr 1565 zurück. Danach habe sich Kolumbus bei einem Gastmahl auf eine Bemerkung von der angeblich gar nicht so schwierigen Entdeckung Amerikas hin ein Ei bringen lassen und dann alle Anwesenden aufgefordert, das Ei auf die Spitze zu stellen. Niemand konnte das, nur Kolumbus brachte das Kunststück zuwege, und zwar dadurch, daß er die Spitze des Eis eindrückte. Kolumbus war zwar nicht der erste, dem man diesen Geistesblitz zuschrieb (eine ähnliche Geschichte erzählt der Kunsthistoriker Giorgio Vasari schon 1550 über den Architekten Filippo Brunelleschi, der ein Menschenalter vor Kolumbus lebte), aber durch die Verbindung mit seinem Namen ist die Anekdote bis heute bekannt und „das Ei des Kolumbus“ zur festen Fügung geworden.

↑ Wenn ich um jedes **Ei** so kakelte

Eifersucht ist eine Leidenschaft, die mit Eifer sucht, was Leiden schafft

Der spanische Dichter Miguel de Cervantes Saavedras (1547–1616) verfaßte neben seinem weltbekannten Roman „Don Quijote“ auch verschiedene dramatische Werke, darunter neun sogenannte „Zwischenspiele“, kurze unterhaltsame Stücke, die zwischen die Akte eines Dramas eingeschoben werden konnten. In der Übersetzung von Hermann Kurz (1870/71) finden sich im vierten Auftritt des Zwischenspiels „La guarda cuydadosa“ („Der wachsame Posten“) die auf einen verliebten Soldaten bezogenen Worte: „O Eifersucht, Eifersucht, du Leidenschaft, die mit Eifer sucht, was Leiden schafft.“ Das Originalzitat *O zelos, zelos! Quan mejor os llamaran duelos, duelos!* bedeutet eigentlich: „O Eifersüchte, Eifersüchte! Wieviel besser nennt man euch Leiden, Leiden!“

Eigen Fleisch und Blut

Der Ausdruck, der heute soviel bedeutet wie „die eigenen Kinder“, findet sich im weiteren Sinne von „Blutsverwandter“ bereits im Alten Testament (1. Moses 37,27). Hier entscheidet sich das Schicksal des jungen Joseph, den seine Brüder in eine Grube geworfen haben. Juda schlägt den anderen vor: „Kommt, laßt uns ihn den Ismaeliten verkaufen, daß sich unsere Hände nicht an ihm vergreifen; denn er ist unser Bruder, unser Fleisch und Blut.“ Die Formulierung betont die Bedeutsamkeit der nahen verwandtschaftlichen Beziehung mit einer gewissen Emphase. Man verwendet sie heute vor allem, wenn von einer Gefährdung dieser Beziehung die Rede ist oder von einem Verstoß gegen die „Heiligkeit" der Familienbande.

Das **eigentliche** Studium der Menschheit ist der Mensch

Die Formulierung dieser Erkenntnis legt Goethe in dem Roman „Die Wahlverwandtschaften" der Gestalt der Ottilie in den Mund (2. Teil, VII): „Dem einzelnen bleibe die Freiheit, sich mit dem zu beschäftigen, was ihn anzieht; aber ... das eigentliche Studium der Menschheit ist der Mensch." Das bedeutet, daß dem Menschen keine Möglichkeit der Erkenntnis über sich hinaus gegeben ist, daß diese Erkenntnismöglichkeit aber zugleich seine Aufgabe und für ihn von größtem Interesse ist, wie es schon in dem Roman „Wilhelm Meisters Lehrjahre" (II, 4) heißt: „Der Mensch ist dem Menschen das Interessanteste und sollte ihn vielleicht allein interessieren." – Das Zitat findet sich schon in Alexander Popes (1688–1744) Lehrgedicht „An Essay on Man": *The proper study of mankind is man* und davor in der Vorrede zum „Traité de la sagesse" des französischen Philosophen und Theologen Pierre Charron (1541 bis 1603): *La vraie science et le vrai étude de l'homme c'est l'homme* – „Die wahre Wissenschaft und das wahre Studium des Menschen ist der Mensch." Das Zitat läßt sich heute als Mahnung gegenüber einer Wissenschaft verwenden, die in ihrem Forschungsdrang die Bedürfnisse und Nöte des Menschen zu sehr aus den Augen verliert.

Eigentum ist Diebstahl

Die These, die als radikalsozialistischer Slogan auch heute noch verwendet wird, findet sich in der Abhandlung „Qu'est-ce que la propriété?" („Was ist Eigentum?") des französischen Frühsozialisten und Schriftstellers Pierre Joseph Proudhon (1809–1865). Damit griff er die bestehende Eigentumsordnung an, wobei er nicht das Prinzip des Privateigentums, sondern dessen ungleiche und ungerechte Verteilung meinte.

Eilende Wolken, Segler der Lüfte!

Der Vers wird meist zusammen mit dem folgenden zitiert: „Wer mit euch wanderte, mit euch schiffte!" und drückt ein unbestimmtes, oft durch den Anblick der am Himmel ziehenden Wolken ausgelöstes Fernweh aus. In Schillers Drama „Maria Stuart" (III, 1) gibt die Titelheldin auf diese Weise ihrer Sehnsucht nach Freiheit Ausdruck. Die freien Wolken sind für sie die einzigen Gesandten, denen sie Grüße an ihr „Jugendland" Frankreich auftragen kann.

Der **eine** fragt: Was kommt danach? Der andere fragt nur: Ist es recht?

So beginnt ein Vierzeiler Theodor Storms (1817–1888), der dann fortgeführt wird: „Und also unterscheidet sich/Der Freie von dem Knecht." Nach dem Ende des 1. Deutsch-Dänischen Krieges war Storms Heimatstadt Husum am 1. 8. 1850 von den Dänen besetzt worden, die dort ein strenges Regiment führten. Storm leistete den dänischen Behörden Widerstand, so daß ihm seine Bestallung als Rechtsanwalt schließlich entzogen wurde. Auch heute noch widmen wir diese Verse gerne jemandem, der nicht unterwürfig am Buchstaben von Vorschriften klebt, für den die Folgen seines Handelns, soweit er sie als mündiges Mitglied eines Gemeinwesens einschätzen kann, viel wichtiger sind als die Anpassung an die herrschenden Verhältnisse.

Das **eine** tun und das andere nicht lassen

Die beiden Verben „tun" und „lassen" werden in den verschiedensten Wendungen in Opposition zueinander gesetzt: „tun, was man nicht lassen kann; tun und lassen können, was man will; jemandes Tun und Lassen". Hierher gehört auch die Wendung: „das eine tun und das andere nicht lassen" mit der Bedeutung „beides tun (weil man beides für gleichermaßen wichtig hält)". Diese Wendung läßt sich auf einen Vers des Matthäusevangeliums (23, 23) zurückführen. Er lautet: Weh euch, Schriftgelehrte und Pharisäer, ihr Heuchler, die ihr verzehntet die Minze, Dill und Kümmel und lasset dahinten das Schwerste im Gesetz, nämlich das Gericht, die Barmherzigkeit und den Glauben! Dies sollte man tun und jenes nicht lassen."

Einem ist sie die hohe, die himmlische Göttin, dem andern eine tüchtige Kuh, die ihn mit Butter versorgt

In dem von Schiller herausgegebenen „Musenalmanach für das Jahr 1797" finden sich unter den „Xenien" (das sind zweizeilige, oft satirische Sinngedichte aus einem Hexameter und einem Pentameter) diese Zeilen mit dem Titel „Wissenschaft". Sie beschreiben den Unterschied zwischen einer um ihrer selbst willen mit hohem Anspruch betriebenen Wissenschaft und einer nur am materiellen Nutzen orientierten „Brotwissenschaft". Als Zitat könnten sie zum Beispiel in der Diskussion um den gesellschaftlichen Stellenwert der Wissenschaft, etwa im Hinblick auf deren staatliche Förderung, auch heute gelegentlich verwendet werden.

Einer für alle

Das Zitat, eigentlich „einer für viele" (lateinisch: *unus pro multis*) geht auf das 5. Buch der „Äneis" des römischen Dichters Vergil (70–19 v. Chr.) zurück. – Venus hat für Äneas, den Helden des Epos, bei Neptun Hilfe erbeten für eine glückliche Überfahrt übers Meer. Neptun verspricht, Äneas werde sicher den Hafen erreichen, einer seiner Gefährten aber werde den Tod finden: *Unum pro multis dabitur caput* („Ein Haupt wird für viele geopfert werden"). Als Zitat steht „einer für alle" als Ausdruck der Stellvertretung, des Einstehens für andere in einer Gemeinschaft. Auch erweitert um die Umkehrung „alle für einen" findet man es als Wahlspruch, der die Zusammengehörigkeit und das Füreinander-Einstehen in einer Gruppe emphatisch zum Ausdruck bringt; so z. B. als Motto der „Drei Musketiere" in dem bekannten Roman von Alexandre Dumas d. Ä. (im französischen Original: *Tous pour un, un pour tous*).

Einer kam durch

Dies ist der deutsche Titel des britischen Kriegsfilms *The one that got away* von Roy Baker aus dem Jahr 1957, worin ein deutscher Fliegeroffizier (gespielt von Hardy Krüger) im Zweiten Weltkrieg in britische Kriegsgefangenschaft gerät und aus verschiedenen Lagern flieht. Der Titel wird scherzhaft zitiert, wenn aus einer Gruppe letztlich nur einer übrigbleibt, der das gesteckte Ziel erreicht, oder wenn man mit dem letzten Spielstein ein Brettspiel gewinnt.

Einer trage des anderen Last

Diese Aufforderung steht im Brief des Apostels Paulus an die Galater (6, 2), in dem der Apostel zu Sanftmut und Hilfsbereitschaft ermahnt. Zur Begründung sagt Paulus im folgenden: „..., so werdet ihr das Gesetz Christi erfüllen." Das Zitat kann z. B. als Motto eines Spendenaufrufs verwendet werden; gelegentlich kommentiert man damit scherzhaft-ironisch jemandes Versuch, seine Aufgaben auf andere abzuwälzen.

Einer wie der andere

Die heute meist als negative Feststellungen gebräuchlichen Formulierungen wie „Da ist einer wie der andere" (im Sinne von „Sie taugen alle nichts") gehen auf ein Bibelzitat zurück. Im 1. Korintherbrief 3, 6–8 sagt Paulus von sich und dem urchristlichen Missionar Apollos: „Ich habe gepflanzt, Apollos hat begossen; aber Gott hat das Gedeihen gegeben. So ist nun, weder der da pflanzt noch der da begießt, etwas, sondern Gott, der das Gedeihen gibt. Der aber pflanzt und der da begießt, ist einer wie der andere."

Einer zuviel an Bord

Dies ist der Titel eines Kriminalromans von Fred Andreas (geboren 1898, Todesdatum unbekannt), in dem es um den nach einem Sturm verschwundenen Kapitän eines Frachtschiffes geht. Das Buch wurde 1935 mit René Deltgen und Willy Birgel verfilmt. Meist im Scherz wird dieser Titel noch zitiert, wenn man beispielsweise jemandem zu verstehen geben will, daß er überflüssig ist, daß er augenblicklich stört.

Eines schickt sich nicht für alle!

Die Redensart ist der Schlußstrophe von Goethes Gedicht „Beherzigung“ entnommen, die gelegentlich in Poesiealben zitiert wird: „Eines schickt sich nicht für alle!/Sehe jeder, wie er's treibe,/Sehe jeder, wo er bleibe,/Und wer steht, daß er nicht falle.“ Die erste Zeile könnte auf Marcus Tullius Ciceros (106–43 v. Chr.) Rede „Pro Roscio Amerino“ (42, 122) zurückgehen, in der er sagt: *Non in omnes arbitror omnia convenire* („Ich finde nicht, daß sich alles für alle schickt“). Der letzten Zeile liegt ein Bibelzitat zugrunde. Im 1. Brief an die Korinther (10, 12) schreibt Paulus die warnenden Worte: „Darum, wer sich läßt dünken, er stehe, mag wohl zusehen, daß er nicht falle.“ – Heute wird „Eines schickt sich nicht für alle“ noch gebraucht, wenn man unterschiedliche Verhaltensweisen von Menschen apostrophiert, die nicht alle nach demselben Schema zu beurteilen sind.

Einesteils der Eier wegen

Das Zitat stammt aus Wilhelm Buschs (1832–1908) „Max und Moritz. Eine Bubengeschichte in sieben Streichen.“ Die Zeile steht zu Beginn des „Ersten Streichs“ in folgendem Kontext: „Mancher gibt sich viele Müh'/Mit dem lieben Federvieh;/Einesteils der Eier wegen,/Welche diese Vögel legen“, woran anschließend weitere Gründe für die Hühnerhaltung folgen. Als scherzhaft ausweichende Antwort auf die Frage, warum man etwas tut oder wünscht, ist das Zitat gebräuchlich geworden. Man deutet damit zum einen an, daß es eine ganze Reihe von guten Gründen gibt, und zum andern, daß diese Gründe etwas mit einem materiellen Nutzen zu tun haben.

Der **eingebildete** Kranke

So lautet der deutsche Titel der Komödie *Le malade imaginaire* des französischen Dichters Molière (1622–1673). Wir benutzen ihn zur scherzhaft-spöttischen Bezeichnung eines Menschen, der seinen Gesundheitszustand fortwährend ängstlich beobachtet und schon geringfügige Beschwerden als ernste Krankheitssymptome deutet.

Einigkeit und Recht und Freiheit

Der Sorge über die Zersplitterung Deutschlands in viele Kleinstaaten gab der Germanist und Lyriker August Heinrich Hoffmann von Fallersleben (1798–1874) in seinem am 26. 8. 1841 auf Helgoland verfaßten Gedicht „Das Lied der Deutschen“ Ausdruck. Der zitierte Vers ist der Anfang der 3. Strophe, er wird dann noch einmal wiederholt. Seit 1952 wird in der Bundesrepublik Deutschland diese 3. Strophe als offizielle Hymne gesungen. Vergleiche dazu auch „Deutschland, Deutschland über alles“.

Eins ist not, ach Herr, dies eine

Im 10. Kapitel des Lukasevangeliums wird erzählt, daß Jesus bei Martha zu Gast ist. Diese beschwert sich, daß sie alle Arbeit alleine machen müsse, während ihre Schwester Maria nur dasitze und ihm zuhöre. Jesus weist sie mit den Worten zurecht: „Martha, Martha, du hast viel Sorge und Mühe; eins aber ist not. Maria hat das gute Teil erwählt“ (Lukas 10, 41–42). Nach dieser Bibelstelle dichtete Johann Heinrich Schröder (1666–1699) den Text zu einem Kirchenlied, der beginnt: „Eins ist not, ach Herr, dies eine,/lehre mich erkennen dich!“ Der erste Vers des Liedes wird manchmal zitiert, wenn man scherzhaft andeuten will, daß etwas Bestimmtes unbedingt getan werden muß oder eine bestimmte Sache dringend benötigt wird. Im gleichen Sinne wird auch der Anfang des Evangeliumverses („Eins aber ist not“) verwendet.

Eins, zwei, drei! Im Sauseschritt läuft die Zeit; wir laufen mit

Das muß Tobias Knopp im letzten Teil der Knopp-Trilogie von Wilhelm Busch (1832–1908) feststellen, wenn er seine Tochter Julchen betrachtet, die – eben noch ein wohlgenährter Säugling – zum pausbackigen Kleinkind herangewachsen ist. Mit diesem Zitat deutet man an, wie schnell die Zeit vergeht und wie rasch wir uns verändern.

Einsam bin ich, nicht alleine

Die Verszeile stammt aus dem Drama „Preciosa", das Pius Alexander Wolff (1782–1828) nach der Novelle „Das Zigeunermädchen von Madrid" von Cervantes verfaßte und zu dem Carl Maria von Weber die Musik schrieb. Als Zitat bekundet es eine positive Einstellung zur Einsamkeit, die nicht Verlassenheit und Unglücklichsein bedeuten muß. – Den gleichen Gedanken findet man in dem Lied des Harfenspielers in Goethes „Wilhelm Meister". Dort heißt es: „Und kann ich nur einmal/Recht einsam sein,/Dann bin ich nicht allein."

↑Freiheit ist **Einsicht** in die Notwendigkeit

Einst haben die Kerls auf den Bäumen gehockt

Mit den Zeilen „Einst haben die Kerls auf den Bäumen gehockt,/behaart und mit böser Visage" beginnt das Gedicht „Die Entwicklung der Menschheit" von Erich Kästner (1899–1974). Es spielt auf die stammesgeschichtliche Verwandtschaft des Menschen mit dem Affen an und wird bei einer eher skeptischen Betrachtung der menschlichen Entwicklung zitiert.

Einst wird kommen der Tag

An zwei verschiedenen Stellen der „Ilias", dem Epos des altgriechischen Dichters Homer (wohl 8. Jh. v. Chr.) über die 51 entscheidenden Tage des Trojanischen Krieges, finden wir die Verse: „Einst wird kommen der Tag, da die heilige Ilios (= Troja) hinsinkt,/Priamos selbst und das Volk des lanzenkundigen Königs!" Einmal spricht sie Agamemnon, der König von Mykene, zu seinem Bruder Menelaos (IV, 164 f.), das zweite Mal kommen sie aus dem Munde des trojanischen Helden Hektor (VI, 448 f.). Heute wird mit dem Versanfang angedeutet, daß der Zeitpunkt kommen wird, an dem etwas Entscheidendes geschieht.

Ein **einz'ger** Augenblick kann alles umgestalten

Diese Erfahrung hat Christoph Martin Wieland (1733–1813) in seinem romantischen Epos „Oberon" im 7. Gesang, Stanze 75 (der Fassung von 1784 in 12 Gesängen) sentenzhaft formuliert. Die mit ihrem Geliebten Hüon auf eine einsame Insel verschlagene Rezia – Amanda, wie sie nach ihrer Taufe heißt – wehrt mit diesem Ausspruch Hüons Klagen über ihr Elend ab, weil sie nicht an die Sinnlosigkeit alles bisher Ertragenen glauben kann. Man zitiert die Zeile heute sowohl als Ausdruck der Hoffnung in schwieriger Lage als auch als Warnung in einer zwar günstigen, aber noch nicht gesicherten Situation.

↑Vom **Eise** befreit sind Strom und Bäche

Die ↑höchste **Eisenbahn**

Der **Eiserne** Vorhang

Mit diesem Ausdruck bezeichnete man nach dem Ende des 2. Weltkriegs aus westlicher Sicht die Grenze zu den am politischen und wirtschaftlichen System der Sowjetunion orientierten osteuropäischen Staaten, – eine Grenze, die die Einblicknahme in die östlichen Verhältnisse verhinderte. Es handelt sich dabei um die bildliche Verwendung der Bezeichnung für den feuersicheren Abschluß der Theaterbühne gegen den Zuschauerraum, der „eiserner Vorhang" genannt wird (wohl eine Lehnübersetzung des englischen *iron curtain*). Durch die Reden des britischen Politikers Winston Churchill in den Jahren 1945 und 1946 fand der Ausdruck bald weite Verbreitung.

↑Mit **eisernem** Zepter

↑Wie **eiskalt** ist dies Händchen

↑Denn die **Elemente** hassen das Gebild von Menschenhand

Elfenbeinturm

Dieser Ausdruck für die selbstgewählte Isolation – besonders eines Künstlers oder Wissenschaftlers, der in seiner eigenen Welt lebt, ohne sich um Gesellschaft und Tagesprobleme zu kümmern – ist eine Lehnübersetzung des französischen *tour d'ivoire*. Er geht auf den französischen Literaturkritiker und Schriftsteller Charles-Auguste Sainte-Beuve (1804–1869) zurück. Sainte-Beuve schrieb über den französischen romantischen Dichter Alfred de Vigny (1797–1863) in einem in Verse gefaßten Brief, dieser habe sich noch vor dem Erreichen seines schöpferischen Höhepunkts gleichsam in seinen Elfenbeinturm zurückgezogen (französisch *... et Vigny .../Comme en sa tour d'ivoire ... se rentrait*). Der Vergleich enthält eine Anspielung auf das Hohelied Salomos im Alten Testament, wo es über die Geliebte heißt (7,5): „Dein Hals ist wie ein elfenbeinerner Turm."

Elysium

↑Gefilde der Seligen

Das **Ende** der Neuzeit

So hat der deutsche Theologe und Religionsphilosoph italienischer Herkunft Romano Guardini (1885–1968) sein 1950 erschienenes Buch überschrieben. Der Titel nimmt Bezug auf das Ende des 2. Weltkriegs und die nachfolgende historisch-politische Entwicklung. Gelegentlich wird er heute noch zitiert, um auszudrücken, daß 1945 die sich dem Mittelalter anschließende geschichtliche Epoche der Neuzeit zu Ende gegangen ist und ein neuer Zeitabschnitt beginnt, der von der Polarität zwischen Ost und West und dem Emanzipationsstreben der Völker Afrikas, Asiens und Südamerikas geprägt wird.

Ende einer Dienstfahrt

Dies ist der Titel einer 1966 erschienenen Erzählung von Heinrich Böll, die eine ironisch verkleidete Kritik an den Praktiken staatlicher Institutionen darstellt. Er wird gewöhnlich zitiert, wenn man das – oftmals unerwartete – Ende einer Entwicklung, den Abbruch eines Vorhabens kommentieren will.

Ein **Ende** mit Schrecken

Von den „Gottlosen" wird im Alten Testament in Psalm 73,19 gesagt: „Wie werden sie so plötzlich zunichte! Sie gehen unter und nehmen ein Ende mit Schrecken." Auch heute noch bezeichnen wir einen schrecklichen, schlimmen Ausgang, den etwas nimmt, mit diesen Worten. Sie finden sich ebenfalls in der Redensart „Lieber ein Ende mit Schrekken als ein Schrecken ohne Ende" (siehe auch diesen Artikel).

... ↑und kein **Ende**

Endlich naht sich die Stunde

Dies sind die Anfangsworte der bekannten Arie der Susanna im 4. Akt von Mozarts Oper „Figaros Hochzeit" (uraufgeführt am 1. 5. 1786 in Wien). Susanna ist glücklich, denn der ehelichen Vereinigung mit dem geliebten Figaro scheint nun nichts mehr im Wege zu stehen. Zitiert werden diese Worte heute als Ausdruck der Freude darüber, daß nach einer langen Zeit des Wartens ein ersehntes Ereignis eintritt, daß endlich der herbeigewünschte Zeitpunkt gekommen ist.

Endstation Sehnsucht

So lautet der deutsche Titel eines 1947 uraufgeführten Schauspiels des amerikanischen Dramatikers Tennessee Williams (1911–1983). Der englische Titel ist *A Streetcar Named Desire* („Eine Straßenbahn namens Sehnsucht"). Das Stück über eine Frau, die an ihrer Schuld am Selbstmord ihres Mannes und an der Unbarmherzigkeit ihrer Mitmenschen zerbricht, wurde 1951 von Elia Kazan mit Vivien Leigh und Marlon Brando verfilmt. Mit dem Zitat wird scherzhaft-ironisch kommentiert, daß jemand das Ziel seiner Wünsche nicht erreicht hat und am Ende aller Bemühungen nur ein – nicht zu stillendes – schmerzliches Verlangen übrigbleibt.

↑Mit **Engelszungen**

Entbehren sollst du, sollst entbehren!

Mit bitteren Worten läßt Goethe seinen Faust im ersten Teil des Dramas der Erkenntnis Ausdruck geben, daß jedes befriedigte Bedürfnis neue Wünsche weckt. Faust glaubt auch nicht, daß das Leben überhaupt in irgendeiner Form seinem Sehnen und Wünschen eine Befriedigung zu gewähren vermag. „Was kann die Welt mir wohl gewähren?" fragt er zu Beginn der 2. Studierzimmerszene. Resignierend gibt er selbst die Antwort: „Entbehren sollst du! Sollst entbehren!" Man zitiert diesen Ausruf, wenn man jemandem (mit einem gewissen Pathos) sagen will, daß der Sinn des Lebens nicht darin liegen kann, alles zu erlangen, was man glaubt, unbedingt haben zu müssen.

Enthaltsamkeit ist das Vergnügen an Sachen, welche wir nicht kriegen

Diese Erkenntnis legt Wilhelm Busch (1832–1908) einem Weisen in seinem Gedicht „Der Haarbeutel" in den Mund. Mit hintergründigem Humor wird hier die Lebenserfahrung formuliert, daß uns oft nur übrigbleibt, so zu tun, als wollten wir etwas Begehrenswertes gar nicht haben. Wir müßten ja sonst zugeben, daß wir überhaupt nicht in der Lage sind, es in unseren Besitz zu bringen.

↑Da steh' ich, ein **entlaubter** Stamm!

Eine ↑große **Epoche** hat das Jahrhundert geboren; aber der große Moment findet ein kleines Geschlecht

Er denkt zuviel: die Leute sind gefährlich

Zu Recht äußert Julius Cäsar in Shakespeares gleichnamiger Tragödie (vermutlich 1599 entstanden) so sein Mißtrauen gegenüber Cassius, einem seiner späteren Mörder (im englischen Original heißt es: *He thinks too much. Such men are dangerous;* I, 2). Ein solches Urteil hört man auch heute noch häufig über Leute, die sich ihre eigenen Gedanken machen und nicht autoritätsgläubig sind. Scherzhaft wird das Zitat gelegentlich auch auf jemanden bezogen, der zu viel grübelt und hinter allem einen tieferen Sinn sucht.

Er, der herrlichste von allen

Mit dieser Zeile beginnt das zweite Gedicht aus dem Liederkreis „Frauenliebe und -leben" von Adelbert von Chamisso (1781–1838). Der Zyklus, lyrischer Ausdruck einer hingebungsvollen Liebe aus der Sicht einer Frau, wurde besonders durch die Vertonung von Robert Schumann bekannt. Das Zitat aus dem zweiten Gedicht wird zur Charakterisierung eines Mannes heute wohl nur noch ironisch oder scherzhaft gebraucht.

Er lebte, nahm ein Weib und starb

Dieser oft zitierte Spruch ist die letzte Zeile des Gedichts „Der Greis" von Christian Fürchtegott Gellert (1715 bis 1769), dem volkstümlichsten Dichter der Aufklärung. In dem Gedicht besingt Gellert fünf Strophen lang einen Greis, von dem es im Grunde nichts Nennenswertes zu berichten gibt, und er beendet den Lobgesang mit den scherzhaft-ironischen Zeilen: „Hört, Zeiten, hört's! Er ward geboren,/Er lebte, nahm ein Weib und starb."

Er nennt's Vernunft und braucht's allein, nur tierischer als jedes Tier zu sein

Das vernichtende Urteil über das, was die Menschen im Namen der Vernunft anrichten, äußert Mephisto gegenüber Gott in Goethes Faust I (Prolog im Himmel). Mephisto meint sogar: „Ein wenig besser würd' er leben,/Hätt'st du ihm nicht den Schein des Himmelslichts gegeben." Das Zitat wird auch heute noch gelegentlich verwendet, um mit scheinbar rationalen Begründungen verbrämte Grausamkeiten anzuprangern.

Er soll dein Herr sein

Mit diesem Bibelwort aus der Geschichte der Verfluchung des ersten Menschenpaares nach dem Sündenfall (1. Moses 3, 16), das etwas über das Verhältnis von Mann und Frau aussagt, ist immer wieder gegen eine gleichberechtigte Stellung der Frauen argumentiert worden. Es wird heute aber wohl eher scherzhaft zum Thema Gleichberechtigung von Mann und Frau zitiert.

Er war ein Mann, wir werden nimmer seinesgleichen sehen

Dieses Zitat stammt aus Shakespeares Drama „Hamlet" (I, 2). Hamlet spricht zu seinem Freund Horatio voller Hochachtung über seinen ermordeten Vater und charakterisiert ihn mit den Worten: „Er war ein Mann; nehmt alles nur in allem;/Ich werde nimmer seinesgleichen sehn." Im englischen Original: *He was a man, take him for all in all,/I shall not look upon his like again*. Mit dem verkürzten Zitat bekundet man seine besondere Anerkennung oder Bewunderung gegenüber einem Verstorbenen. Die zweite Hälfte der ersten Zeile („Nehmt alles nur in allem") wird unabhängig vom Textzusammenhang zitiert, um ein – meist positives – Urteil einzuleiten, zu dem man nach sorgfältiger Überlegung und nach Abwägung aller Fakten und Umstände gekommen ist.

Er war von je ein Bösewicht

Die Aussage über den Bösewicht, die man wohl nur im Scherz noch auf jemanden anwendet, lautet vollständig: „Er war von je ein Bösewicht;/Ihn traf des Himmels Strafgericht!" Sie stammt aus der Oper „Der Freischütz" (III, 6) von Carl Maria von Weber (1786–1826) mit dem Text von Johann Friedrich Kind (1768–1843) und bezieht sich dort auf den Jägerburschen Kaspar, dem sein Pakt mit dem Teufel letztlich zum Verhängnis wird.

Er zählt die Häupter seiner Lieben

Dies ist eine Zeile aus Schillers Gedicht „Das Lied von der Glocke". In dem Abschnitt, der von einer Brandkatastrophe berichtet, wird die Situation des Familienvaters geschildert, der bei allen Verlusten, die er erlitten hat, beglückt feststellt, daß keines der Familienmitglieder zu Schaden gekommen ist. Die Stelle lautet: „Ein süßer Trost ist ihm geblieben:/Er zählt die Häupter seiner Lieben,/Und sieh! Ihm fehlt kein teures Haupt." Heute wird die Zeile meist in weniger ernsten Zusammenhängen zitiert, etwa wenn jemand überprüft, ob eine Gruppe vollzählig ist o. ä. Scherzhaft übertragen gebraucht wird das Zitat auch bei der Überprüfung des Inhalts einer Geldbörse, wobei damit angedeutet werden soll, daß diese nicht sonderlich gut bestückt ist. Eine scherzhafte Abwandlung des Zitats lautet: „Er zählt die Häupter seiner Lieben, und sieh! Es waren acht statt sieben."

Es **erben** sich Gesetz' und Rechte wie eine ew'ge Krankheit fort

Mit diesen Worten kommentiert in Goethes Faust (Teil I, Studierzimmer) der als Faust verkleidete Mephisto auf seine Weise das Thema Rechtsgelehrsamkeit, nachdem der eifrig beflissene Schüler Wagner geäußert hatte, daß er zu dieser Fakultät sich „nicht bequemen" könne. Die im Zusammenhang mit juristischen Fragen, der Juristerei als Lehrfach oder ausgeübter Tätigkeit gerne scherzhaft-spöttisch zitierten Worte lauten im Zusammenhang: „Ich weiß, wie es um diese Lehre steht./Es erben sich Gesetz' und Rechte/Wie eine ew'ge Krankheit fort;/Sie schleppen von Geschlecht sich zu Geschlechte/Und rücken sacht von Ort zu Ort./Vernunft wird Unsinn, Wohltat Plage ..."

↑Wieviel **Erde** braucht der Mensch?

Der **Erde** Gott, das Geld

Dieses Zitat stammt aus Schillers Gedicht „An die Freunde" (1802). In der dritten Strophe heißt es, bezogen auf das rege Handels- und Geschäftsleben in London: „Und es herrscht der Erde Gott, das Geld." Mit dem Zitat wird heute kritisch zum Ausdruck gebracht, daß das Geld im Leben oft eine zentrale, allzu wichtige Rolle spielt.

Die **Erde** hat mich wieder

Mit Erleichterung oder auch nur im Scherz haben sicher schon viele, die gerade ein Flugzeug verlassen haben oder von einem Schiff an Land gegangen sind, dieses Zitat gebraucht. Aber auch auf manchen, der sich aus irgendwelchen Träumen oder Phantasien plötzlich in die harte Realität zurückversetzt fühlte, wurde der Ausspruch schon angewendet. Er stammt aus Goethes Faust (Teil I, Nacht). Faust ist, nachdem er vergebens das Zeichen des Makrokosmos geschaut hat und vom Erdgeist zurückgewiesen worden ist, in seinem Erkenntnisstreben an einem Punkt angelangt, wo er verzweifelt zur Giftphiole greift. Am letzten Schritt wird er dann durch den „Chor der Engel" gehindert, die den Ostermorgen ankündigen („Christ ist erstanden"), und am Ende dieser Szene kann er schließlich ausrufen: „O tönet fort, ihr süßen Himmelslieder!/Die Träne quillt, die Erde hat mich wieder!"

Die **Erde** sei dir leicht!

Dieser Ausspruch kommt als Grabspruch in verschiedenen Varianten vor, zum Beispiel „Leicht sei dir die Erde!" oder „Möge dir die Erde leicht sein!" In der lateinischen Form lautet er: *Sit terra tibi levis!* Er ist seit der Antike auf Grabsteinen zu lesen und geht zurück auf eine Stelle im 2. Elegienbuch des römischen Dichters Tibull (um 50–um 70 v. Chr.). Bezogen auf ein Mädchen, dessen man nach seinem Tod noch lange in Verehrung gedenkt, heißt es dort: *Terra securae sit super ossa levis,* auf deutsch: „Die Erde sei der Geborgenen über den Gebeinen leicht."

↑Denn du bist **Erde** und sollst zu Erde werden

↑Dieser **Erdenkreis** gewährt noch Raum zu großen Taten

↑Große **Ereignisse** werfen ihre Schatten voraus

↑Was du **ererbt** von deinen Vätern hast, erwirb es, um es zu besitzen

Vor den **Erfolg** haben die Götter den Schweiß gesetzt

↑Ohne Fleiß kein Preis

Ergo bibamus!

Durch ein Trinklied von Goethe mit dem Titel „Ergo bibamus!", auf deutsch „Also laßt uns trinken!", fand dieser Trinkspruch, der schon im Mittelalter bekannt war, allgemeine Verbreitung. In diesem Lied mit der Anfangszeile „Hier sind wir versammelt zu löblichem Tun" wird der Spruch kehrreimartig mehrfach wiederholt. Heute wird er wohl vorwiegend noch in studentischen Verbindungen gebraucht.

↑Vom **Erhabenen** zum Lächerlichen ist nur ein Schritt

Erhebe dich, du schwacher Geist

Diese ermunternde Aufforderung an einen andern oder auch an sich selbst, endlich aufzustehen, zu einem Entschluß zu kommen, sich zu etwas aufzuraffen o. ä., ist die scherzhafte Abwandlung der Anfangszeile eines geistlichen Liedes. Es handelt sich dabei um ein Weihnachtslied des evangelischen Pfarrers und Dichters des Frühbarock Johann Rist (1607–1667), das auch im „Evangelischen Kirchengesangbuch" (Nr. 24) enthalten ist. Das Lied beginnt mit den Worten: „Ermuntre dich, mein schwacher Geist ..." Diese Anfangszeile wird selbst auch noch in ähnlicher Weise verwendet wie die später daraus entstandene Abwandlung.

Die **Erinnerung** ist das einzige Paradies, aus dem wir nicht vertrieben werden können

Dieser etwas wehmütig klingende Ausspruch verklärt die Erinnerung und gibt gleichzeitig den indirekten Hinweis auf die Härte und Unausweichlichkeit der Realität. Er stammt aus den „Impromptus für Stammbücher" von Jean Paul (1763–1825). Die vollständige Sentenz lautet im Original: „Die Erinnerung ist das einzige Paradies, aus welchem wir nicht getrieben werden können. Sogar die ersten Eltern waren nicht daraus zu bringen."

Erisapfel

↑Zankapfel

Erkenne dich selbst

Im 6. Jh. v. Chr. gab es in Griechenland eine Reihe von Staatsmännern und Philosophen, die später (zum ersten Mal im 4. Jh. v. Chr. von Platon) als die „Sieben Weisen" bezeichnet wurden. Einem dieser Sieben Weisen (genannt werden u. a. Chilon von Sparta, Solon von Athen, Thales von Milet) wird der Aufruf „Erkenne dich selbst" (griechisch *Γνῶθι σεαυτόν*, lateinisch *Nosce te ipsum*) zugeschrieben. Er stand als Inschrift über dem Eingang des heute zerstörten Apollotempels in Delphi. Die Erkenntnis, nur ein Mensch zu sein, sollte die Ehrfurcht vor der Gottheit steigern. Platon (etwa 428–347 v. Chr.) läßt später in seinem Dialog „Hipparchos" Sokrates diesen Sinnspruch zitieren. Er wird nun in erweitertem Sinn verstanden. Selbsterkenntnis wird als Vorbedingung gesehen, als Ausgangspunkt aller menschlichen Weisheit.

Erkläret mir, Graf Oerindur, diesen Zwiespalt der Natur

Diese gelegentlich noch als scherzhafte Floskel verwendete Bitte um Aufklärung eines widersprüchlichen Sachverhaltes geht auf eines der heute nicht mehr gespielten Schicksalsdramen des Schriftstellers Adolf Müllner (1774 bis 1829) zurück. Das Stück mit dem Titel „Die Schuld", das 1813 uraufgeführt wurde und damals häufig auf den Spielplänen der deutschen Theater stand, spielt an der Küste der skandinavischen Halbinsel auf der Stammburg des Geschlechts der Grafen Oerindur. Das Zitat stammt aus der fünften Szene im 2. Akt des Dramas. Don Valeros sucht den Mörder seines vermeintlichen Sohnes; er weiß nicht, daß der Schuldige, Hugo von Oerindur, in Wahrheit sein Sohn ist, verspürt aber dennoch einen Widerstreit seiner Gefühle: „Und – erklärt mir, Oerindur,/Diesen Zwiespalt der Natur!/Bald möcht' im Blut sein Leben/Schwinden sehn, bald ihm vergeben."

Erlaubt ist, was gefällt

Dieser Ausspruch, meist mit leichter Ironie oder als Ausdruck der Resignation gegenüber dem Zeitgeschmack zitiert, stammt aus dem Schauspiel „Torquato Tasso" (II, 1) von Goethe. Mit ihm korrespondiert ein zweiter, der den ersten variiert, ihn einschränkt und meist auch als eine Art Antwort auf den ersten zitiert wird. Er hat auch im Drama, wo er in der gleichen Szene vorkommt, eine ähnliche Funktion. Er lautet: „Erlaubt ist, was sich ziemt." In einem längeren Dialog zwischen Tasso und der Prinzessin Leonore von Este gerät Tasso ins Schwärmen von einer vergangenen „goldenen Zeit", wo Mensch und Tier in einer Art paradiesischem Urzustand noch in uneingeschränkter Freiheit leben und wirken konnten und wo „jedes Tier, durch Berg und Täler schweifend,/Zum Menschen sprach: Erlaubt ist, was gefällt." Die Prinzessin holt den begeisterten Tasso mit dem Hinweis auf die für den Menschen notwendige Gesittung auf den Boden der Realität zurück: „Nur in dem Wahlspruch ändert sich, mein Freund,/Ein einzig Wort: Erlaubt ist, was sich ziemt." Auf einen Einwand Tassos hin erläutert sie ihm schließlich auch, wer dabei das Maß setzt, wer die richtige Entscheidung fällt, wenn es um Sitte und Gesittung geht: „Willst du genau erfahren, was sich ziemt,/So frage nur bei edlen Frauen an." Auch dieser Ausspruch wurde zum geflügelten Wort, das heute allerdings wohl vorwiegend in scherzhafter Weise zitiert wird und dabei als charakteristischer Hinweis auf die Stellung der Frau in der Goethezeit und die ihr zugedachte Rolle dienen kann. Die Prinzessin beendet ihre Ausführung mit dem Satz: „Nach Freiheit strebt der Mann, das Weib nach Sitte."

Erlaubt ist, was sich ziemt

↑Erlaubt ist, was gefällt

Ermuntre dich, mein schwacher Geist

↑Erhebe dich, du schwacher Geist

Ernst ist das Leben, heiter ist die Kunst

Dieser klassische Ausspruch über das Verhältnis von Leben (oder Wirklichkeit) und Kunst wird in Zusammenhängen zitiert, in denen von den Aufgaben der Kunst, ihrem die Wirklichkeit ästhetisch überhöhenden Charakter gesprochen wird. Der Spruch, der sicherlich manchen Eingang zu Theatern und Museen ziert, stammt aus Schillers Trilogie „Wallenstein". Mit ihm schließt der Prolog zu „Wallensteins Lager". Theodor W. Adorno hat sich in seiner „Ästhetischen Theorie" (1970 postum erschienen) kritisch auf das geflügelte Wort bezogen: „Der Bürger wünscht die Kunst üppig und das Leben asketisch; umgekehrt wäre es besser."

↑So **ernst** mein Freund? Ich kenne dich nicht mehr

Errare humanum est

Die heute übliche, knappe lateinische Fassung dieser sprichwörtlichen Redensart, die auch in der deutschen Form „Irren ist menschlich" gebraucht wird, ist in der Antike nicht belegt. Sie geht vermutlich auf den lateinischen Kirchenvater Hieronymus (um 347–419 oder 420) zurück. In einem seiner Briefe („Epistulae" 57,12) heißt es: ... *quia et errasse humanum est et confiteri errorem prudentis,* auf deutsch: „... weil es sowohl menschlich ist geirrt zu haben, als auch klug, den Irrtum einzugestehen." Der Gedanke allerdings ist schon älter und taucht bereits in der griechischen Literatur auf. Bei dem römischen Schriftsteller Cicero (116–43 v. Chr.) heißt es dann in den „Philippischen Reden" (12,2): *Cuiusvis hominis est errare, nullius, nisi insipientis, in errore perseverare,* auf deutsch: „Jeder Mensch kann irren, im Irrtum verharren wird nur der unkluge." Die auch im englischen Sprachraum üblich gewordene sprichwörtliche Redensart *(To err is human)* erfuhr im 18. Jh. eine Erweiterung. Der englische Dichter der Aufklärung Alexander Pope (1688–1744) prägte in seinem „Essay on criticism" („Versuch über die Kritik") die Sentenz: *To err is human, to forgive divine,* die auch im Deutschen üblich wurde: „Irren ist menschlich, vergeben göttlich".

Erreicht den Hof mit Müh und Not

Diese Gedichtzeile aus einer der bekanntesten Balladen von Goethe, dem „Erlkönig", wird heute meist als eine Art scherzhafter Stoßseufzer von jemandem gebraucht, der gerade noch zur rechten Zeit irgendwo eintrifft, der sein Ziel in letzter Minute noch erreicht o. ä. Im Gedicht selbst wird mit dieser vorletzten Zeile der dramatischen Schlußstrophe beim Leser die Hoffnung erweckt, daß der Vater nach dem unheimlichen Ritt durch die Nacht sein Kind doch noch unbeschadet nach Hause gebracht habe, bevor mit der Schlußzeile die Hoffnung zunichte gemacht wird: „In seinen Armen das Kind war tot." (Vergleiche auch „Wer reitet so spät durch Nacht und Wind".)

Errötend folgt er ihren Spuren

Diese immer wieder in meist scherzhaft-anzüglicher Weise zitierten Worte stammen aus Schillers „Lied von der Glokke". Sie gelten dort in dem Abschnitt des Gedichts, der Kindheit und Jugend beschreibt, dem herangewachsenen Jüngling und seiner ersten Liebe. – Ebenso verhält es sich mit den kurz danach folgenden Zeilen „O zarte Sehnsucht, süßes Hoffen,/Der ersten Liebe goldne Zeit", die sowohl beide zusammen als auch je einzeln in ähnlicher Weise scherzhaft zitiert werden. Zu der sich unmittelbar anschließenden Zeile „Das Auge sieht den Himmel offen" vergleiche den Artikel „Den Himmel offen sehen".

Erschossen sein wie Robert Blum

Der Politiker Robert Blum (1807–1848) beteiligte sich 1848 als Abgeordneter der Frankfurter Nationalversammlung am revolutionären Kampf der Demokraten in Wien gegen die Regierung und wurde dort am 9.11.1848 standrechtlich erschossen. In Deutschland herrschten Empörung und allgemeine Trauer um ihn. Ein weitverbreitetes anonymes Lied aus jener Zeit enthält die Zeilen „Erschossen ist dein Robert/Dein treuer Robert Blum". Daraus entwickelte sich die umgangssprachliche Wendung „erschossen sein wie Robert Blum" im Sinne von „völlig erschöpft sein, am Ende sein".

Erst geköpft, dann gehangen

„Erst geköpft, dann gehangen, dann gespießt auf heiße Stangen". Mit diesen Worten artikuliert der Palastaufseher Osmin seine Rachegelüste in Mozarts Singspiel „Die Entführung aus dem Serail" (1782 uraufgeführt). Das Libretto stammt von Gottlob Stephanie, der dafür ein Libretto mit gleichem Titel von Christian Friedrich Bretzner für Mozart umarbeitete. – Das Zitat wird heute noch gelegentlich als scherzhafte Drohung verwendet.

Erst kommt das Fressen, dann kommt die Moral

Wenn bei Themen wie „soziale Ungerechtigkeit", „Armut" o.ä. in etwas herausfordernderer Weise auf die elementaren Grundbedürfnisse des Menschen hingewiesen werden soll, wird häufig dieses Zitat von Bertolt Brecht (1898–1956) herangezogen. Es stammt aus der 1928 in Berlin uraufgeführten „Dreigroschenoper", zu der Kurt Weill die Musik schrieb, und wird im „Zweiten Dreigroschenfinale" (das überschrieben ist mit der Frage „Denn wovon lebt der Mensch?") von Mackie Messer und Jenny gesungen.

↑Sie ist die **erste** nicht

Das **erste** steht uns frei, beim zweiten sind wir Knechte

Mit diesem Zitat soll ausgedrückt werden, daß jemand, der sich auf etwas Bestimmtes eingelassen und einen ersten Schritt getan hat, bei der Entscheidung über den zweiten Schritt nicht mehr frei und unabhängig ist. Die einmal getroffene Entscheidung bindet. Das Zitat stammt aus Goethes Faust (Teil I, Studierzimmer). Mephisto erläutert Faust das „Gesetz der Teufel und Gespenster", nach welchem diese einen Raum nur durch den Zugang verlassen können, durch den sie auch in den Raum hineingelangt sind. Beim Betreten eines Raumes steht ihnen die Wahl des Eingangs noch frei, beim Verlassen jedoch nicht mehr.

↑Lieber der **Erste** hier als der Zweite in Rom

Der **ersten** Liebe goldne Zeit

↑Errötend folgt er ihren Spuren

↑In der **ersten** Reihe sitzen

Die **Ersten** werden die Letzten und die Letzten werden die Ersten sein

Dieser trostreiche Hinweis ist sicher manchem schon zuteil geworden, der bei etwas benachteiligt wurde, irgendwo ins Hintertreffen geriet, von andern bei einer Sache überflügelt wurde oder auch bei einer Verteilung zu kurz kam. Das Wort stammt aus dem Matthäusevangelium, wo Jesus bei einer Erörterung darüber, wer und auf welche Weise jemand ins Reich Gottes eingehe, den Jüngern auf ihre Fragen antwortet und seine Ausführungen mit den Worten schließt: „Aber viele, die da sind die Ersten, werden die Letzten und die Letzten werden die Ersten sein." (19,30).

Es hat nicht sollen sein!

↑Behüt' dich Gott, es wär' zu schön gewesen!

Es war einmal

Mit Sätzen wie „Es war einmal eine alte Geiß" (Der Wolf und die sieben Geißlein), „Es war einmal eine kleine süße Dirne" (Rotkäppchen) oder „Es war einmal ein Förster" (Fundevogel) beginnen viele Märchen, und die Floskel „Es war einmal" gilt deshalb als die „klassische" Märcheneinleitung. Sie wird nicht nur in der Literatur zitiert, um zum Beispiel eine Erzählung als märchenhaft zu charakterisieren, sondern sie wird auch alltagssprachlich verwendet und dort – meist bedauernd oder wehmütig – auf etwas Vergangenes, nicht mehr Wiederkehrendes bezogen.

Es wär' so schön gewesen!

↑Behüt' dich Gott, es wär' zu schön gewesen!

Etwas außerhalb der Legalität

Dieser Formulierung verhalf in der Fragestunde des Deutschen Bundestages am 8. 11. 1962 der damalige Innenminister Hermann Höcherl zur Popularität, indem er die Verhaftung des Redakteurs Ahlers im Zusammenhang mit der Spiegel-Affäre so bezeichnete. Der Schriftsteller Max von der Grün wählte den Ausdruck als Titel für einen Erzählungsband (1980). Mit dem Zitat kommentiert man ironisch eine Handlungsweise, die man im Grunde als illegal ansehen müßte.

Etwas Besseres als den Tod findest du überall

In dem Grimmschen Märchen von den „Bremer Stadtmusikanten" wird der vom Kochtopf bedrohte Hahn mit diesen Worten aufgefordert, sich Esel, Hund und Katze anzuschließen: „... zieh lieber mit uns fort, wir gehen nach Bremen, etwas Besseres als den Tod findest du überall; du hast eine gute Stimme, und wenn wir zusammen musizieren, so muß es eine Art haben." Das Zitat dient gelegentlich als scherzhafte Ermunterung, sich einer mißlichen Lage zu entziehen und an einem neuen Lebens- und Wirkungsort etwas Neues zu beginnen.

Etwas fürchten und hoffen und sorgen muß der Mensch für den kommenden Morgen

Dieser sentenzhafte Ausspruch des Chors in Schillers „Braut von Messina" (Vers 866 f.) wird in den folgenden Versen mit den Worten begründet: „... Daß er die Schwere des Daseins ertrage/Und das ermüdende Gleichmaß der Tage/ Und mit erfrischendem Windesweben/ Kräuselnd bewege das stockende Leben." Zu dieser Reflexion kommt der Chor als Begleiter des Geschehens, weil er an der Stelle des Dramas gerade eine Ruhepause hat: „Sage, was werden wir jetzt beginnen,/Da die Fürsten ruhen vom Streit,/Auszufüllen die Leere der Stunden/Und die lange, unendliche Zeit?" Das Zitat wird auch heute noch gelegentlich angeführt, um darauf hinzuweisen, daß der Mensch den Blick nach vorn, in die Zukunft richten muß und sich nicht mit Stillstand oder ständiger Wiederholung des immer Gleichen zufriedengeben darf.

Etwas ist faul im Staate Dänemark

Dieser Satz steht in der vierten Szene des ersten Aktes von Shakespeares Trauerspiel „Hamlet" (entstanden um 1600). Die englische Form lautet: *Something is rotten in the state of Denmark.* Er wird von Marcellus, einem der Begleiter Hamlets, auf der Terrasse des Schlosses gesprochen. Dort erwartet man um Mitternacht den Geist von Hamlets Vater. Die Äußerung steht in Zusammenhang mit den Vorgängen am dänischen Königshof, wo der König von seinem Bruder ermordet wurde und seine Witwe sich mit dem Mörder verbunden hat. – Der Satz wurde zu einem häufig verwendeten geflügelten Wort. Man gebraucht es (auch in der Form „Es ist etwas faul im Staate Dänemark"), um den Verdacht auszusprechen, daß in einem bestimmten Bereich etwas – noch nicht genauer zu Fassendes – nicht in Ordnung ist.

Die **Eule** der Minerva beginnt erst mit der einbrechenden Dämmerung ihren Flug

Die „Eule der Minerva" ist als bildliche Umschreibung der Philosophie oder der Weisheit zu verstehen. „Minerva", eine altitalische Gottheit war ursprünglich die Beschützerin des Handwerks, sie wurde aber später mit Athene, der griechischen Göttin der Weisheit, gleichgesetzt. Die Eule gehört zu den bekanntesten Attributen bei der Darstellung Athenes. Das Zitat, mit dem man zum Ausdruck bringt, daß wahre Erkenntnis erst aus einem gewissen zeitlichen (historischen) Abstand möglich ist, stammt aus Georg Wilhelm Friedrich Hegels Vorrede zu seinen „Grundlinien der Philosophie des Rechts" (1821). Es heißt dort: „Wenn die Philosophie ihr Grau in Grau malt, dann ist eine Gestalt des Lebens alt geworden, und mit Grau in Grau läßt sie sich nicht verjüngen, sondern nur erkennen; die Eule der Minerva beginnt erst mit der einbrechenden Dämmerung ihren Flug."

Eulen nach Athen tragen

Die Redensart im Sinne von „etwas Überflüssiges tun, einen überflüssigen Beitrag zu etwas leisten", die meist in der Formulierung „das hieße Eulen nach Athen tragen" gebraucht wird, ist griechisch-lateinischen Ursprungs; sie geht auf den Ausspruch „Wer hat die Eule nach Athen getragen?" in Aristophanes' (um 445–386 v. Chr.) Komödie „Die Vögel" zurück. Die Eule war konkret wie auch als Sinnbild der Weisheit (wegen ihrer Nachtsichtigkeit) und als Attribut der weisen Stadtgöttin Athene schon längst in Athen heimisch.

Eulenspiegelei

Der Ausdruck im Sinne von „Schelmenstück; Streich, mit dem man jemanden zum Narren hält" bezieht sich ursprünglich auf Till Eulenspiegel, einen Schalksnarren, der um 1350 in Mölln an der Pest gestorben ist und unter dem ihm später gegebenen Namen zum Helden eines ursprünglich niederdeutschen Volksbuches (Lübeck 1478) wurde. In der in eine Rahmenhandlung komponierten Schwanksammlung bleibt Eulenspiegel in allen Situationen durch bäuerlichen Mutterwitz überlegen; seine Streiche, deren Witz oft auf dem Wörtlichnehmen einer bildhaften Aussage beruht, treffen Bauern und Bürger, aber auch weltliche und geistliche Herren.

Eure Rede aber sei: Ja, ja; nein, nein. Was darüber ist, das ist vom Übel

Das Bibelzitat aus dem Matthäusevangelium (5, 37) gehört zur Fortsetzung der Bergpredigt und spricht von der rechten Gesetzeserfüllung. Es steht in dem Textzusammenhang, wo es heißt, daß man nicht nur keinen Falscheid, sondern überhaupt nicht schwören solle. Das Zitat wird häufig gebraucht, um jemanden zu einer klaren, unzweideutigen und wahren Aussage aufzufordern, und auch, um jemandes Weitschweifigkeit und Vagheit zu kritisieren.

Das **europäische** Haus

Das ↑gemeinsame Haus Europa

Europens übertünchte Höflichkeit

Die Formulierung findet sich in Johann Gottfried Seumes (1763–1810) Gedicht „Der Wilde", dessen Anfangszeilen (in der Fassung von 1793) lauten: „Ein Amerikaner, der Europens/Übertünchte Höflichkeit nicht kannte,/Und ein Herz, wie Gott es ihm gegeben,/Von Kultur noch frei im Busen trug..." Die Höflichkeit, durch die sich die Europäer auszuzeichnen meinen, ist nach dieser Auffassung nur Tünche, etwas nur Oberflächliches. Das Zitat wird vor diesem Hintergrund auch heute noch gelegentlich verwendet, um eine künstliche, im Grunde heuchlerische formelle Höflichkeit zu kritisieren, hinter der jemand seinen wahren Charakter verbirgt.

Das **ewig** Gestrige

Das Zitat steht in Schillers Tragödie „Wallensteins Tod" (I, 4). In seinem Monolog zögert Wallenstein, den Abfall vom Kaiser zu vollziehen, weil er erkennt: „Ein unsichtbarer Feind ist's, den ich fürchte,/Der in der Menschen Brust mir widersteht,/Durch feige Furcht allein mir fürchterlich./Nicht, was lebendig, kraftvoll sich verkündigt,/Ist das gefährlich Furchtbare. Das ganz/Gemeine ist's, das ewig Gestrige,/Was immer war und immer wiederkehrt/Und morgen gilt, weil's heute hat gegolten!" „Das ewig Gestrige" meint hier die alltäglichen, festen Gewohnheiten und Vorstellungen, an denen die Menschen oft ängstlich festhalten. Wenn wir heute jemanden als einen „Ewiggestrigen" bezeichnen, kritisieren wir damit seine Rückständigkeit, seine Unfähigkeit, sich neuen Gedanken zu öffnen, und sein stures Festhalten an längst Überlebtem.

Ewig ist die Freude

↑Kurz ist der Schmerz

Ewig jung ist nur die Phantasie

↑Alles wiederholt sich nur im Leben

↑Und **ewig** singen die Wälder

Der **ewige** Friede ist ein Traum

Die Fortsetzung des Zitats lautet „und nicht einmal ein schöner". Es stammt aus einem Brief des Generalfeldmarschalls Helmuth von Moltke vom 11. 12. 1880 an den Heidelberger Rechtsgelehrten Johann Kaspar Bluntschli. Die Idee des ewigen Friedens war als spätantikes Erbe mittelalterlicher Endzeiterwartungen lebendig. Durch die neuzeitliche Ablösung vom theologischen Geschichtsbild erhielten die Projekte ewigen Friedens den Charakter von Utopien. Immanuel Kant hielt 1795 mit seiner Schrift „Zum ewigen Frieden" an dessen Ideal fest. Darauf könnte sich Moltkes Briefstelle ablehnend beziehen.

↑Ahasver, der **Ewige** Jude

Die **Ewige** Stadt

Die Stadt Rom verdankt diesen Beinamen – im lateinischen Original: *urbi aeterna* – einer Stelle in den Elegien (II, 5,23) des römischen Dichters Tibull (um 50–um 17 v. Chr.). Dank ihrer großen Geschichte und ihrer noch immer bedeutenden kirchlichen und politischen Rolle hat die Stadt den alten Beinamen bis heute behalten.

↑O **Ewigkeit,** du Donnerwort

Das **Ewigweibliche**

Der Ausdruck im Sinne von „das Weibliche in seiner bleibenden Bedeutung für die Menschheit" stammt aus Goethes Faust II, den der Chorus mysticus im Hinblick auf Fausts Erlösung mit den Worten beschließt: „Alles Vergängliche/Ist nur ein Gleichnis;/Das Unzulängliche,/Hier wird's Ereignis;/Das Unbeschreibliche,/Hier ist's getan;/Das Ewig-Weibliche/Zieht uns hinan." Die Bezeichnung „das Ewig-Weibliche" knüpft an die unmittelbar vorhergehende Anrede des Doctor Marianus an die Mater gloriosa an: „Jungfrau, Mutter, Königin,/Göttin". Heute wird oft der weitere Kontext „Das Ewigweibliche zieht uns hinan" zitiert, wobei meist sehr vordergründig die Anziehungskraft der Frauen angesprochen wird, die die Männer zum Streben nach Höherem anspornt. Geläufig ist auch die antithetische Abwandlung „Das Ewigweibliche zieht uns hinab", mit der dieselbe Anziehungskraft nun so dargestellt wird, als führe sie zu Sündhaftigkeit und Verkommenheit.

Ex nihilo nihil fit

↑Von nichts kommt nichts

Ex oriente lux

Der lateinische Satz – auf deutsch „Aus dem Osten kommt das Licht" – bezog sich zuerst auf die Sonne, dann in übertragenem Gebrauch auf Christentum und Kultur. Im Alten Testament beschreibt bereits der Prophet Hesekiel (43,2) das Licht Gottes als von Osten kommend: „Und siehe, die Herrlichkeit des Gottes Israels kam von Morgen und brauste, wie ein großes Wasser braust; und es ward sehr licht auf der Erde von seiner Herrlichkeit." Eine scherzhafte Erweiterung des Satzes spielt auf die westliche Dekadenz an: „Ex oriente lux, ex occidente luxus".

Die **Extreme** berühren sich

Die Sentenz bedeutet „die Extreme sind in gewisser Hinsicht verwandt, führen zu denselben Folgerungen" und ist die Übersetzung der Überschrift *Les extrêmes se touchent* des Kapitels 348 im 4. Band des kulturhistorischen Werks „Tableau de Paris" („Paris, ein Gemälde") von Louis Sébastien Mercier (1740 bis 1814). Vorformen dieses Aphorismus finden sich in Aristoteles' (384–322 v. Chr.) „Eudemischer Ethik" (III, 7) und Montaignes (1533–1592) „Essais" (I, 54). Das Zitat wird heute auch gelegentlich verwendet, wenn sich zwei sehr gegensätzliche Positionen in einem Punkt oder in einigen Punkten aneinander angenähert haben.

F

Das **Fähnlein** der sieben Aufrechten

Eine der populärsten Erzählungen aus der Sammlung „Züricher Novellen" des schweizerischen Dichters Gottfried Keller (1819–1890) trägt den Titel „Das Fähnlein der sieben Aufrechten". Die mit liebevoller Ironie erzählte Geschichte handelt von sieben alten redlichen Handwerksmeistern, die eine Gesellschaft gegründet haben, um ihre vaterländischen Prinzipien, ihre von Rechtschaffenheit und Gediegenheit geprägten Grundsätze pflegen und hochhalten zu können. Der Titel der Erzählung wird häufig im übertragenen Sinne zitiert, beispielsweise zur Kennzeichnung einer kleineren Gruppe von Personen, die sich irgendwo tapfer geschlagen hat, die im Gegensatz zu andern bei etwas durchgehalten hat, die nicht so leicht aufgibt o. ä.

Fahrstuhl zum Schafott

In dem französischen Spielfilm *L'ascenseur pour l'échafaud,* den Louis Malle 1957/58 gedreht hat, scheitert ein perfekter Mordplan, weil der Fahrstuhl eines Bürohauses übers Wochenende steckenbleibt. Der deutsche Titel des Films wird scherzhaft zitiert, wenn jemand mit gemischten Gefühlen auf einen Aufzug wartet, der ihn zu einer schwierigen oder wahrscheinlich unangenehmen Besprechung oder einer Prüfung o. ä. bringen soll.

↑O du **Falada,** da du hangest

Den **Fall** setzen

Die Redewendung bedeutet „als gegeben annehmen". Sie wird häufig auch in der Form „gesetzt den Fall" gebraucht. Popularität erlangte sie durch Johann Gottwerth Müllers (1743–1828) Roman „Die Herren von Waldheim" in der Form „Posito, ich setz' den Fall" und durch Louis Angelys (1787–1835) Berliner Lokalposse „Das Fest der Handwerker" in der Form „Positus, ich setz' den Fall". Das lateinische *posito* ist eine Kurzform von *posito casu* (= „gesetzten Falls, angenommen") und stammt aus der älteren Fachsprache der Philosophie und des Rechts. Die Kurzform wurde schon im 18. Jh. auch umgangssprachlich gebräuchlich und gelegentlich zu „positus" umgebildet; heute ist sie aus dem allgemeinen Sprachgebrauch verschwunden.

Fallen seh' ich Zweig' auf Zweige

Das Zitat stammt aus Franz Grillparzers (1791–1872) Schicksalsdrama „Die Ahnfrau", in dessen Eingangsversen der alte Graf Borotin als letzter männlicher Sproß seiner Tochter gegenüber den bevorstehenden Untergang seines Hauses beklagt: „Nun, wohlan! Was muß, geschehe!/Fallen seh' ich Zweig' auf Zweige,/Kaum noch hält der morsche Stamm;/... Kaum daß fünfzig Jahr' verfließen,/Wird kein Enkel mehr es wissen,/Daß ein Borotin gelebt." Das heute wohl weniger gebräuchliche Zitat könnte in gehobener Ausdrucksweise auf eine auseinanderbrechende, im Niedergang befindliche Institution oder Gemeinschaft bezogen werden.

Falscher Prophet

Wenn man jemanden als falschen Propheten bezeichnet, so meint man damit, daß er die Menschen in die Irre führt, daß man ihm nicht vertrauen soll. Im Neuen Testament wird an mehreren Stellen vor den „falschen Propheten" der Endzeit gewarnt, u. a. im Markusevangelium (13, 22 f.): „Denn es werden sich erheben falsche Christi und falsche Propheten, die Zeichen und Wunder tun, daß sie auch die Auserwählten verführen, so es möglich wäre. Ihr aber sehet euch vor!"

Die **Falschheit** herrschet, die Hinterlist

Das Zitat stammt aus dem Chorlied „Wohlauf, Kameraden, aufs Pferd, aufs Pferd!" am Schluß des 11. Auftritts von „Wallensteins Lager" von Schiller. In der Strophe des Dragoners heißt es: „Die Falschheit herrschet, die Hinterlist/Bei dem ganzen Menschengeschlechte./Der dem Tod ins Angesicht schauen kann,/Der Soldat allein ist der freie Mann." Die Sentenz, daß die Falschheit die Welt regiert, findet sich auch schon in dem satirischen Tierepos „Froschmeuseler" (I, 1, Kapitel 6) von Georg Rollenhagen (1542–1609): „Falschheit regiert die ganze Welt." Als allgemeine Klage eines Menschen, den man betrogen hat oder der das Opfer einer Intrige wurde, ist das Zitat noch gebräuchlich.

↑Vom **Fanatismus** zur Barbarei ist es nur ein Schritt

↑Am **farbigen** Abglanz haben wir das Leben

↑Wer es **fassen** kann, der fasse es!

↑Jeder muß nach seiner **Fasson** selig werden

↑Etwas ist **faul** im Staate Dänemark

Faulheit stärkt die Glieder

↑Arbeit macht das Leben süß

Die **Faust** im Nacken

Die Metapher mit der Bedeutung „unausweichliche Bedrohung" wurde als Filmtitel für die deutsche Version von „On the Waterfront" von Elia Kazan aus dem Jahr 1954 verwendet. Der Film (mit Marlon Brando in der Hauptrolle) erzählt die Geschichte eines Hafenarbeiters, der sich gegen den Terror der Bandenkämpfe des Hafenviertels behauptet. Besonders geläufig ist die Redewendung „die Faust im Nacken spüren", die soviel bedeutet wie „sich sehr stark unterdrückt fühlen; unter Zwang handeln müssen".

Fehlt, leider, nur das geistige Band

Das Zitat stammt aus der Schülerszene von Goethes Faust I. Mephisto attackiert in seiner Satire auf die Hochschulfakultäten die Logik: „Wer will was Lebendigs erkennen und beschreiben,/Sucht erst den Geist herauszutreiben,/Dann hat er die Teile in seiner Hand,/Fehlt, leider! nur das geistige Band./Encheiresin naturae nennt's die Chemie" (Vers 1936–1940). Durch die Gleichsetzung mit letzterem Begriff ist mit dem geistigen Band die durch die Natur bewirkte Verknüpfung aller Teile zu einem Ganzen gemeint, zu der der Mensch nicht fähig ist. – Man kann das Zitat zur Charakterisierung von etwas Unzusammenhängendem verwenden, zum Beispiel den unkoordinierten Aktionen der einzelnen Mitglieder einer Gruppe, die nicht von einer gemeinsamen Grundidee gesteuert werden.

Feiger Gedanken bängliches Schwanken

↑Allen Gewalten zum Trutz sich erhalten.

Feigenblatt

Das Wort in der Bedeutung „etwas, was dazu benutzt wird, etwas vor anderen zu verbergen; etwas, was als Tarnung oder schamhafte Verhüllung dient" ist biblischen Ursprungs. Im 1. Buch Moses (3, 7) heißt es nach dem Sündenfall von Adam und Eva: „Da wurden ihrer beider Augen aufgetan, und sie wurden gewahr, daß sie nackt waren, und flochten Feigenblätter zusammen und machten sich Schürze (= Lendenschurze)."

↑In den öden **Fensterhöhlen** wohnt das Grauen

Ferien vom Ich

Sich für eine gewisse Zeit von der Arbeit, den Alltagsproblemen und der Familie lösen, Abstand von allem gewinnen und wieder zu sich selbst finden – das sind „Ferien vom Ich“. Dieser Bezeichnung liegt der gleichlautende Titel eines 1916 erschienenen Unterhaltungsromans von Paul Keller (1873–1932) zugrunde, dessen Thema die Erholung von Berufs- und Alltagsstreß in einem neuartigen Sanatorium mit dem Namen „Ferien vom Ich“ ist, in das die Gäste nur ganz ohne Gepäck und Begleitung aufgenommen werden und in dem sie gegenüber der Außenwelt fast völlig abgeschirmt sind. Das Buch wurde mehrmals verfilmt, zuerst 1934, dann 1952 und schließlich noch einmal im Jahre 1963.

Fern im Süd das schöne Spanien

Mit den Worten „Fern im Süd das schöne Spanien,/Spanien ist mein Heimatland“ beginnt das von Emanuel Geibel (1815–1884) geschriebene Lied „Der Zigeunerbube im Norden“. Den Jungen quält das Heimweh so sehr, daß er es nicht länger ertragen kann, und das Gedicht schließt mit den Zeilen „Fort zum Süden! Fort nach Spanien!/In das Land voll Sonnenschein!/Unterm Schatten der Kastanien/Muß ich einst begraben sein.“ Man verwendet das Zitat auch heute noch gelegentlich, wenn man auf den „sonnigen Süden“, besonders auf die Küste des westlichen Mittelmeers anspielen will und sich – gerade an tristen Regentagen – dorthin sehnt.

Fern von Madrid

Das Zitat stammt aus Schillers Don Karlos (1787). Im sechsten Auftritt des ersten Aktes verbannt König Philipp die Marquise von Mondekar vom königlichen Hof, weil sie ihre Aufgabe als Hofdame nicht so erfüllt hat, wie er es von ihr erwartete: „Deswegen/Vergönn' ich Ihnen zehen Jahre Zeit,/Fern von Madrid darüber nachzudenken.“ Der Ausdruck wird heute im Sinne von „weitab vom eigentlichen Geschehen“ gebraucht.

Ein **feste** Burg ist unser Gott

Das Zitat ist der Anfang eines Kirchenliedes von Martin Luther (1483–1546), das 1529 in Klugs verlorengegangenen „Geistlichen Liedern, aufs neu gebessert“ erschien und besonders am Reformationsfest gesungen wird. Man gebraucht diese Worte, wenn man sein Gottvertrauen bekunden will.

Fette Jahre

Im 1. Buch Moses wird berichtet, daß der Pharao einen seltsamen Traum hatte. Er sah aus dem Nil sieben schöne, fette Kühe steigen und am Ufer weiden, die dann aber von sieben häßlichen, mageren Kühen gefressen wurden (1. Moses 41, 2–4). Der Traum wird dann von Joseph so gedeutet, daß nach sieben Jahren des Wohlstands sieben Hungerjahre über Ägypten kommen werden, und Joseph rät dem Pharao, rechtzeitig Vorsorge zu treffen (1. Moses 41, 25–36). Nach dieser biblischen Erzählung bezeichnet man scherzhaft gute oder schlechte Zeiten als fette oder magere Jahre.

Feurige Kohlen auf jemandes Haupt sammeln

Mit dieser Redewendung (die auch in der Form „glühende Kohlen auf jemandes Haupt sammeln“ vorkommt) drückt man aus, daß jemand durch die Großmut oder die gute Tat eines anderen beschämt wird. Sie geht zurück auf die Sprüche Salomos, wo es heißt: „Hungert deinen Feind, so speise ihn mit Brot; dürstet ihn, so tränke ihn mit Wasser. Denn du wirst feurige Kohlen auf sein Haupt häufen, und der Herr wird's dir vergelten“ (Sprüche 25, 21–22). Im Paulusbrief an die Römer wird diese Stelle nochmals aufgegriffen (Römer 12, 21–22). Der Vorstellung liegt wohl ein für Ägypten im 3. Jh. v. Chr. bezeugter Ritus zugrunde, der die Sinnesänderung, die Reue und Beschämung eines Büßenden zum Ausdruck bringen sollte. Die „feurigen Kohlen“ wurden dabei wahrscheinlich in einem Kohlebecken auf dem Kopfe getragen.

Fiat iustitia et pereat mundus

Der literarischen Überlieferung nach soll dies der Wahlspruch Kaiser Ferdinands I. (deutscher Kaiser von 1556–1564) gewesen sein. Übersetzt lautet die lateinische Devise: „Es geschehe Gerechtigkeit, möge auch die Welt (darüber) zugrunde gehen.“ Dieses Bekenntnis zu einer Gerechtigkeit um jeden Preis zitiert man heute noch, wenn kritisch angemerkt werden soll, daß in einer bestimmten Sache dem Buchstaben des Gesetzes zwar Genüge getan worden ist, aber durch eine zu legalistische Vorgehensweise letztlich allen Beteiligten mehr Schaden als Nutzen zugefügt wurde.

Fiat lux!

Es ↑werde Licht

Es **fiel** ein Reif in der Frühlingsnacht

Mit diesem Satz beginnt ein rheinisches Volkslied, das Heinrich Heine (1797–1856) in die drei Gedichte umfassende Folge „Tragödie“ aufgenommen hat, in der von einem jungen Liebespaar die Rede ist, das aus der Heimat fliehen muß und in der Fremde stirbt. Die erste Strophe des Liedes lautet: „Es fiel ein Reif in der Frühlingsnacht,/Er fiel auf die zarten Blaublümelein,/Sie sind verwelket, verdorret.“ Auf Situationen bezogen, in denen beginnende positive Entwicklungen durch unerwartete Ereignisse im Keim erstickt werden, wird das Zitat heute verwendet.

Fin de siècle

Die Zeit des ausgehenden 19. Jh.s, die in Gesellschaft, bildender Kunst und Literatur ausgeprägte sogenannte „Verfallserscheinungen“ wie Überfeinerung, Ästhetizismus u. ä. aufwies, wird mit diesem französischen Ausdruck benannt. Die Epochenbezeichnung bezog sich ursprünglich nur auf Frankreich. Übersetzt bedeutet sie „Ende des Jahrhunderts“. Sie geht zurück auf den gleichlautenden Titel eines Theaterstücks (erschienen 1888) der französischen Schriftsteller F. de Jouvenot und H. Micard.

Finden Sie, daß Constanze sich richtig verhält?

Diese Frage bleibt am Ende der Komödie „The Constant Wife“ des britischen Schriftstellers William Somerset Maugham (1874–1965) offen. Sie ist der deutsche Titel dieses 1927 in London uraufgeführten Bühnenstücks, in dem eine betrogene Ehefrau ganz und gar nicht so reagiert, wie es die Konvention von ihr verlangt. Das Bühnenstück wurde 1962 mit Lilli Palmer in der weiblichen Hauptrolle verfilmt. Mit entsprechend eingesetztem Namen wird der Titel heute zitiert, wenn man ausdrücken will, daß man das Verhalten einer bestimmten Person mißbilligt.

Fische müssen schwimmen

Im Roman „Satyricon“ des römischen Schriftstellers Petronius († 66 n. Chr.) fordert in der parodistischen Einlage „Das Gastmahl des Trimalchion“ der Gastgeber nach den servierten Fischen seine Gäste auf, dem Wein kräftig zuzusprechen, denn: „Fische müssen schwimmen“ (lateinisch *Pisces natare oportet*). Heute führt man diese Worte scherzhaft als Begründung an, wenn man zu oder nach einem Fischgericht reichlich trinkt.

↑Unter seine **Fittiche** nehmen

Fixe Idee

Eine unrealistische Vorstellung oder Meinung, die jemanden beherrscht und von der er nicht abzubringen ist, bezeichnet man als „fixe Idee“. Dieser Ausdruck taucht erstmals im 18. Jh. in der medizinischen Fachsprache auf, wo er „Zwangsvorstellung“ bedeutet. Er ist eine Übersetzung des neulateinischen *idea fixa* (lateinisch *fixus* bedeutet „befestigt, fest; unabänderlich“).

↑O **flaumenleichte** Zeit der dunklen Frühe

Flegeljahre

Die Entwicklungsjahre, in denen ein junger Mensch zu flegelhaftem Benehmen neigt, bezeichnet man mit diesem Ausdruck, der gegen Ende des 18. Jh.s erstmals literarisch belegt ist. Eine weitere Verbreitung fand das Wort als Titel der fragmentarisch gebliebenen Biographie Jean Pauls, die 1804/1805 veröffentlicht wurde.

↑Eigen **Fleisch** und Blut

↑In **Fleisch** und Blut übergehen

↑Bein von meinem Bein und **Fleisch** von meinem Fleisch

Die **Fleischtöpfe** Ägyptens

Der Ausdruck geht zurück auf das Alte Testament, wo im 2. Buch Moses (16,3) von dem Auszug der Kinder Israel aus Ägypten berichtet wird. Als diese auf ihrer Wüstenwanderung zurück in ihr eigenes Land Mangel an Nahrung leiden, sehnen sie sich zurück nach Ägypten, obgleich sie dort in Knechtschaft lebten. „Wollte Gott, wir wären in Ägypten gestorben ..., da wir bei den Fleischtöpfen saßen und hatten die Fülle Brot zu essen." Die „Fleischtöpfe Ägyptens" oder auch einfach die „Fleischtöpfe" sind für uns zum Sinnbild für ein durch Verzicht auf Freiheit oder andere Ideale erlangtes Wohlleben geworden.

↑Ohne **Fleiß** kein Preis

↑Das eben ist der **Fluch** der bösen Tat

↑Auf **Flügeln** des Gesanges

Flüssiges Brot

Diese scherzhafte Bezeichnung für „Bier" stammt von dem deutschen Schriftsteller und Privatgelehrten Karl Julius Weber (1767–1832). In einem seiner Hauptwerke, „Deutschland oder Briefe eines in Deutschland reisenden Deutschen", heißt es an einer Stelle im ersten Band: „Bier ist flüssiges Brot, Branntwein verklärtes Brot".

Die **Forderung** des Tages

In der Abteilung „Allgemeines, Ethisches, Literarisches" der „Maximen und Reflexionen" von Goethe findet man auf die Frage: „Wie kann man sich selbst kennenlernen?" diese Antwort: „Durch Betrachten niemals, wohl aber durch Handeln. Versuche, deine Pflicht zu tun, und du weißt gleich, was an dir ist. – Was aber ist deine Pflicht? Die Forderung des Tages." – Das Zitat verweist auf das, was dem „tätigen" Menschen im Goetheschen Sinne obliegt, sich den Aufgaben zu stellen, deren Bewältigung er als Notwendigkeit erkennt. „Die Forderung des Tages" nannte Thomas Mann eine Sammlung seiner „Reden und Aufsätze aus den Jahren 1925–1929", erschienen 1930. Heute wird das Zitat auch allgemein zur Bezeichnung aktueller politischer oder gesellschaftlicher Notwendigkeiten verwendet.

Fortes fortuna adiuvat

Dem ↑Mutigen hilft Gott

Fortiter in re, suaviter in modo

↑Hart in der Sache

↑Aber **fragt** mich nur nicht, wie?

Franz heißt die Kanaille

Das bekannte Zitat stammt aus Schillers Drama „Die Räuber" (1781). Karl Moor öffnet im Kreis seiner Kumpane den Brief, den sein Bruder Franz stellvertretend für seinen Vater an ihn geschrieben hat. Der Bruder teilt ihm mit, der Vater habe ihn, Karl Moor, verstoßen. Auf das Verlesen des Briefs vor den Kumpanen folgt aus ihrem Kreis diese Reaktion: „Ein zuckersüßes Brüderchen! In der Tat! – Franz heißt die Kanaille?" – Man verwendet das Zitat heute nicht in der Form der Frage, sondern als eher scherzhafte Bekräftigung, wenn irgend jemandes Name in einem bestimmten Zusammenhang gefallen ist.

Die **Frau** meiner Träume

Dieser Ausdruck ist als Titel eines Revuefilms aus dem Jahr 1944 mit Marika

Rökk in der Hauptrolle populär geworden. Das Drehbuch stammt von Johann Vasary, Regie führte Georg Jacoby, Franz Grothe schuf die Filmmusik, von der der Schlager „In der Nacht ist der Mensch nicht gern alleine" besonders bekannt wurde. – Mit dem Zitat bezeichnet man sein Idealbild einer Frau als Partnerin oder Lebensgefährtin – oft auch in scherzhafter oder ironischer Ausdrucksweise.

Eine **Frau** ohne Mann ist wie ein Fisch ohne Fahrrad

Dieser in den siebziger Jahren aufgekommene und allgemein bekannt gewordene Spruch, mit dem besonders die Vertreterinnen der Frauenbewegung ihre erstrebte Unabhängigkeit in drastischer Form bekundeten und bekunden, ist in den deutschen Titel eines 1990 aus dem Amerikanischen übersetzten Romans von Elizabeth Dunkel eingegangen. Das emanzipatorische Frauenbuch heißt: „Der Fisch ohne Fahrrad".

Die **Frau** schweige in der Gemeinde

Diese Aufforderung – in lateinischer Form *Mulier taceat in ecclesia* – geht auf den 1. Korintherbrief (14,34) zurück. Hier heißt es: „... lasset eure Weiber schweigen in der Gemeinde; denn es soll ihnen nicht zugelassen werden, daß sie reden, sondern sie sollen untertan sein, wie auch das Gesetz sagt." – Diese Worte werden heute scherzhaft zitiert, um eine Frau zum Schweigen aufzufordern; sie werden von Frauen oft auch ironisch oder herausfordernd vorgebracht, wenn ihnen ein Mitspracherecht verweigert wird. Gebräuchlich ist das Zitat auch in der Form „Die Frau schweige in der Kirche".

Frauen kommen langsam, aber gewaltig

Dies ist der Titel eines Liedes der Rockgruppe „Ina Deter Band" aus dem Jahr 1986. Der Satz ist auf die Emanzipationsbewegung der Frauen zu beziehen, die danach zwar zunächst nur langsam Fortschritte erzielt, letztlich aber zu grundlegenden gesellschaftlichen Umwälzungen führen wird. Die Mehrdeutigkeit des Wortes „kommen", das in der saloppen Umgangssprache auch die Bedeutung „zum Orgasmus kommen" hat, wurde hier sicher bewußt eingesetzt, da viele Feministinnen auch in der sexuellen Kraft der Frau einen entscheidenden Aspekt ihres emanzipatorischen Selbstverständnisses sehen.

Frauen sind doch bessere Diplomaten

So lautet der Titel eines deutschen Spielfilms von 1941 (mit Marika Rökk und Willy Fritsch), in dem die Nichte eines Kasinodirektors in einer Art „diplomatischen Mission" versuchen soll, die behördliche Schließung des Kasinos zu verhindern. Das Zitat konstatiert, daß Frauen oft „diplomatischer", taktisch geschickter und vielleicht auch raffinierter als Männer vorgehen, um ein bestimmtes Ziel zu erreichen.

Frauen sind keine Engel

Dieses Zitat ist der Titel eines Filmlustspiels aus dem Jahr 1943. Sein Regisseur war Willy Forst, das Drehbuch schrieb Geza von Cziffra. Die Schauspielerin Margot Hielscher sang darin das sehr populär gewordene Lied „Frauen sind keine Engel", dessen Melodie von Theo Mackeben stammt. – Der Titel wird vielfach zitiert, um anzudeuten, daß auch Frauen menschliche Schwächen und Fehler haben, vielleicht gelegentlich auch, um jemandes idealistisch-verklärtes Frauenbild ein wenig zurechtzurücken.

↑Mein schönes **Fräulein,** darf ich wagen, meinen Arm und Geleit Ihr anzutragen

Es sind nicht alle **frei,** die ihrer Ketten spotten

Dieses Zitat stammt aus Lessings dramatischem Gedicht „Nathan der Weise" (IV, 4). In einem Gespräch zwischen Saladin und dem Tempelherrn kommt die Frage auf, ob Nathan seine Tochter dem Tempelherrn erst nach dessen

Übertritt zum jüdischen Glauben zur Frau geben wolle. Zu diesem Gedanken merkt der Tempelherr an: „Der Aberglaub', in dem wir aufgewachsen,/Verliert, auch wenn wir ihn erkennen, darum/Doch seine Macht nicht über uns. – Es sind/Nicht alle frei, die ihrer Ketten spotten." Wir zitieren die letzte Zeile gelegentlich als Ausdruck der Skepsis, wenn jemand sich zu sehr rühmt, sich aus seinen alten Bindungen und Zwängen befreit zu haben.

Frei will ich sein im Denken und im Dichten

Mit den folgenden Worten weigert sich der junge Dichter Torquato Tasso in Goethes gleichnamigem Schauspiel (erschienen 1790, uraufgeführt 1807), sein dichterisches Schaffen irgendwelchen äußeren Zwängen zu unterwerfen (IV, 2): „Einen Herrn/Erkenn' ich nur, den Herrn, der mich ernährt,/Dem folg' ich gern, sonst will ich keinen Meister./Frei will ich sein im Denken und im Dichten;/Im Handeln schränkt die Welt genug uns ein." Er richtet sie an Leonore, die Schwester des Herzogs Alfons II., und spricht damit seinen Konflikt mit dem herzoglichen Staatssekretär Antonio an. Dieser weltmännische Politiker ist Tassos Komplementärfigur, und seine Auseinandersetzung mit Tasso symbolisiert das Spannungsverhältnis zwischen der Außenwelt, der gesellschaftlichen Realität, und der Innenwelt, der Welt des schöpferischen Menschen. Das Zitat soll bekräftigen, daß man es sich nicht nehmen lassen wird, zu denken, was man will, und seine Meinung frei zu äußern.

Freie Bahn dem Tüchtigen

In einer Sitzung des Reichstags am 28.9. 1916 prägte der damalige Reichskanzler Theobald von Bethmann-Hollweg (1856–1921) den Satz „freie Bahn für alle Tüchtigen", der zu einem geflügelten Wort wurde. – Man kann den Ausspruch (in der Form „freie Bahn dem Tüchtigen") in einem Zusammenhang verwenden, in dem man einem Menschen, der sich als tüchtig und befähigt erwiesen hat, die Möglichkeit zur freien Entfaltung seiner Kräfte wünscht. Manche werden in dem Zitat aber eher eine Parole der nur erfolgsorientierten „Ellenbogengesellschaft" sehen und es höchstens spöttisch oder ironisch gebrauchen.

Das **freie** Spiel der Kräfte

Das Schlagwort hat seinen Ursprung im 18. Jh. Man führt es sowohl auf den englischen Nationalökonomen und Philosophen Adam Smith (1723–1790) als auch auf die sogenannten Physiokraten, eine Gruppe französischer Wirtschaftswissenschaftler des 18. Jh.s, zurück. Als Grundprinzip ihrer Lehren galt die Notwendigkeit einer freien Entfaltung der wirtschaftlichen Kräfte. Bei Schelling taucht die Formel in seiner naturphilosophischen Schrift „Von der Weltseele" auf. Hier heißt es: „Das Wesen des Lebens aber besteht überhaupt nicht in einer Kraft, sondern in einem freien Spiel von Kräften, das durch einen äußern Einfluß kontinuierlich unterhalten wird." – Man gebraucht die Wendung, um einen Vorgang oder ähnliches, das ohne Lenkung oder Steuerung von außen in eine Balance kommt, zu charakterisieren.

↑Und also unterscheidet sich der **Freie** von dem Knecht

↑Auf **freiem** Grund mit freiem Volke stehn

Freiheit der Meere

Bei diesem Zitat handelt es sich um den übersetzten Titel einer Schrift des holländischen Rechtsgelehrten Hugo Grotius (1583–1645). Der Originaltitel lautet *Mare liberum*. Grotius verfocht darin den Anspruch Hollands auf freien Handel mit Indien, der ihm von den Portugiesen streitig gemacht wurde. – Von der „Freiheit der Meere" kann man im Zusammenhang mit dem Gefühl von Freiheit und Uneingeengtheit sprechen, das sich dem Menschen angesichts der Weite des Meeres – wie er sie beispielsweise auf einer Seereise erlebt – aufdrängt.

Freiheit, die ich meine

So beginnen die erste und letzte Strophe des Liedes „Freiheit" von Max von Schenckendorf (1783–1817), einem Dichter der Befreiungskriege. Die ersten Zeilen lauten: „Freiheit, die ich meine,/Die mein Herz erfüllt,/Komm mit deinem Scheine,/Süßes Engelsbild!" Es geht darin um die Freiheit von der napoleonischen Herrschaft, die die Menschen dieser Zeit erstrebten. – Das Zitat ist ein Bekenntnis zu Freiheit und Unabhängigkeit bzw. Ausdruck des Verlangens danach. Während „die ich meine" in Schenckendorfs Lied soviel bedeutet wie „die ich liebe", versteht man „meinen" in dem Zitat heute eher im Sinne von „verstehen, im Sinne haben".

Der **Freiheit** eine Gasse!

Diese Forderung stammt aus dem Gedicht „Aufruf" (1813) von Theodor Körner, einem Dichter der Befreiungskriege. Es beginnt mit der Zeile „Frisch auf, mein Volk! Die Flammenzeichen rauchen". Die zweite Strophe des langen Gedichts lautet: „Das höchste Heil, das letzte, liegt im Schwerte!/Drück' dir den Speer ins treue Herz hinein! –/Der Freiheit eine Gasse! –/Wasch' die Erde,/Dein deutsches Land, mit deinem Blute rein!" Eine ähnliche Stelle enthält auch Max von Schenckendorfs Gedicht „Schill. Eine Geisterstimme" aus dem Jahr 1809. Hier finden sich die Worte „Für die Freiheit eine Gasse". – Man verwendet das Zitat in Zusammenhängen, in denen man gegen Beschränkungen oder Einengungen angehen will.

Freiheit, Gleichheit, Brüderlichkeit

Diese drei Schlagworte, im Französischen *Liberté, Egalité, Fraternité,* wurden 1793 zur Losung der Französischen Revolution und später, in der Zeit der zweiten Republik (1848–1852), sogar zur offiziellen Devise des Staates. Die Formel ist auch heute noch französischen Geldmünzen eingeprägt. – In deutschen Schriften zur Französischen Revolution wurden zunächst oft nur die beiden ersten Begriffe, nämlich „Freiheit" und „Gleichheit" angesprochen, aber die dem Französischen entsprechende Formel „Freiheit, Gleichheit, Brüderlichkeit" setzte sich schließlich durch und blieb bis zum heutigen Tag geläufig.

Freiheit ist Einsicht in die Notwendigkeit

Dieser Ausspruch findet sich in Friedrich Engels' Schrift „Herrn Eugen Dührings Umwälzung der Wissenschaft" aus dem Jahr 1878 (dem sogenannten „Anti-Dühring"). Es geht darin um das dialektische Verhältnis von Freiheit und Notwendigkeit. Einsicht in die Notwendigkeit einer Sache bewirkt die Freiheit ihr gegenüber, weil sie dann nicht mehr als äußerlicher Zwang, sondern als inneres Bedürfnis empfunden wird. Das Zitat kann heute auch gelegentlich als ironischer Ausdruck der Resignation angesichts unabänderlicher Gegebenheiten verwendet werden.

Freiheit ist immer Freiheit der Andersdenkenden

Dieser zum Schlagwort gewordene Satz findet sich als Randbemerkung in einer aus dem Nachlaß herausgegebenen Schrift von Rosa Luxemburg (1871 bis 1919). Ihr Titel ist „Die Russische Revolution. Eine kritische Würdigung", herausgegeben von P. Levi, 1922. Rosa Luxemburg gibt darin ihrer Überzeugung Ausdruck, daß „politische Freiheit" nicht das Privileg einer Gruppierung, etwa einer Partei, sein kann, weil – wie sie in diesem Zusammenhang fortfährt – „all das Belebende, Heilsame und Reinigende der politischen Freiheit an diesem Wesen hängt und seine Wirkung versagt, wenn die ‚Freiheit' zum Privilegium wird". Das heißt, Widerspruch und Opposition der „Andersdenkenden" sind nötig. – Als Zitat verwendet man den Ausspruch vielfach ganz allgemein als Ermahnung zur Toleranz.

Freiheit ist nur in dem Reich der Träume

Schillers Gedicht „Der Antritt des neuen Jahrhunderts" (1801) beklagt den Zustand der Welt am Anfang des neuen, 19. Jahrhunderts. Er beginnt: „Edler Freund! Wo öffnet sich dem Frieden,/Wo der Freiheit sich ein Zufluchtsort?" In der letzten Strophe des Gedichts gibt Schiller der Überzeugung Ausdruck, daß die Freiheit nur „im Reich der Träume" existiert. „Ach, umsonst auf allen Länderkarten/Spähst du nach dem seligen Gebiet,/Wo der Freiheit ewig grüner Garten,/Wo der Menschheit schöne Jugend blüht." – Das Zitat gibt der realistischen Einsicht Raum, daß völlige Unabhängigkeit oder Freiheit von allen Zwängen illusionär ist.

↑Sich mit **fremden** Federn schmücken

Ein **fremder** Tropfen in meinem Blute

Der Ausspruch findet sich am Ende des zweiten Aufzugs von Goethes Trauerspiel „Egmont". Wilhelm von Oranien hat vergebens versucht, Egmont zu überreden, mit ihm die Stadt Brüssel zu verlassen, weil Herzog Alba, der Vertreter Spaniens, im Anmarsch ist. Oranien fürchtet für das Leben Egmonts. Aber Egmont will die Gefahr nicht sehen. Er schüttelt den Gedanken an eine Gefährdung, den Oranien ihm eingepflanzt hat, mit den Worten ab: „Weg! – Das ist ein fremder Tropfen in meinem Blute. Gute Natur, wirf ihn wieder heraus!" – Mit diesem Zitat distanziert man sich von etwas, einem Gedanken, einer Regung oder ähnlichem, von dem man erkennt, daß es dem eigenen Wesen fremd ist.

↑Ich kann gar nicht so viel **fressen,** wie ich kotzen möchte

↑Ach, spricht er, die größte **Freud'** ist doch die Zufriedenheit

Freude dieser Stadt bedeute, ↑Friede sei ihr erst Geläute

Freude, schöner Götterfunken

Mit diesem Vers beginnt Schillers Gedicht „An die Freude" (1785), das durch seine Vertonung als Schluß der 9. Sinfonie (1823) von Beethoven besonders bekannt wurde. Die Freude wird als „Götterfunken" und als „Tochter aus Elysium" gleichsam als Göttin angesprochen. Der Dichter preist ihren Zauber, der die Menschen vereint. – Als „Song of Joy" wurde die Beethovensche Melodie in einen Popsong verwandelt. Im Jahr 1986 haben die EG-Außenminister die Melodie des Liedes „An die Freude" zur Europahymne erhoben.

Freude war in Trojas Hallen

So beginnt Schillers Gedicht „Kassandra" (1802). Es hat die Klage der Kassandra zum Inhalt, die als Priesterin Apolls die Gabe der Weissagung hat. Während große Freude in ihrer Umgebung herrscht und man sich anschickt, die Hochzeit von Achill und Polyxena, der Schwester Kassandras, zu feiern, ist sie von der Vorahnung der kommenden Schrecken niedergedrückt. – Das Zitat kommentiert die frohe Stimmung an einem Ort, an dem man möglicherweise noch nichts von drohendem Unheil ahnt.

Die **Freuden,** die man übertreibt, verwandeln sich in Schmerzen

Diese Lebensweisheit stammt aus einem Lied des weimarischen Schriftstellers Friedrich Justin Bertuch (1747–1822) mit dem Titel „Das Lämmchen". Es findet sich in der Liedersammlung „Wiegenliederchen" aus dem Jahre 1772. Darin wird geschildert, wie ein Lämmchen allzu fröhlich und unvorsichtig umherspringt und sich schließlich ein Bein bricht. Es heißt dort in der letzten Strophe wörtlich: „Die Freuden, die man übertreibt,/die Freuden werden Schmerzen!" – Das Zitat ist eine Ermahnung zur Mäßigung.

Freuet euch mit den Fröhlichen und weinet mit den Weinenden

Das 12. Kapitel des Römerbriefes enthält eine Reihe christlicher Lebensregeln. Es sind Aufforderungen und Mahnungen des Apostels Paulus, gerichtet an die Gemeinde in Rom. Römer 12, Vers 15 enthält eine der bekanntesten dieser Regeln: die Ermahnung, am Leben und Schicksal anderer teilzunehmen, sich ihrer anzunehmen nicht nur in guten, sondern auch in bösen Zeiten. Die erste Hälfte dieses Bibelwortes wird auch allein zitiert, oft in weniger ernsthaften Zusammenhängen.

↑O **Freund,** das wahre Glück ist die Genügsamkeit

↑Mein **Freund** kannst du nicht länger sein

↑Mein lieber **Freund** und Kupferstecher

↑Lieben **Freunde,** es gab schön're Zeiten

↑O **Freunde,** nicht diese Töne!

Freunde, vernehmet die Geschichte

Als Ankündigung beim Erzählen einer Neuigkeit, auch eines Witzes o. ä. wird dieser Ausspruch gelegentlich scherzhaft zitiert. Es ist der Beginn einer berühmten Tenorarie, des Postillionlieds, aus dem ersten Akt der komischen Oper „Der Postillion von Lonjumeau" von Adolphe Charles Adam (1803–1856). Die deutsche Übersetzung des französischen Librettos stammt von M. G. Friedrich.

Freut euch des Lebens

So beginnt ein bekanntes Lied des Schweizer Dichters und Malers Johann Martin Usteri (1763–1827) aus dem Jahr 1793. Die Melodie stammt von Hans Georg Nägeli. Das Lied ist Ausdruck naiver Lebensfreude, die sich auf Bescheidenheit und Genügsamkeit gründet und auf die Bereitschaft, sich an den kleinen Dingen des Lebens zu erfreuen. Die als „Chorstrophe" immer wiederkehrenden Anfangszeilen lauten: „Freut euch des Lebens,/Weil noch das Lämpchen glüht;/Pflücket die Rose,/Eh' sie verblüht!" Auf diese Verse gibt es eine ebenso bekannte Parodie: „Freut euch des Lebens,/Großmutter wird mit der Sense rasiert,/Alles vergebens!/Sie war nicht eingeschmiert." – Das Zitat ist eine Aufforderung zu einem unbeschwerten Genießen der Freuden, die sich bieten.

↑Des **freut** sich das entmenschte Paar mit roher Henkerslust

Friede den Hütten! Krieg den Palästen!

Diese in erster Linie als Kampfansage gegen die Reichen zu verstehende Parole stellte der sozial engagierte Dichter Georg Büchner (1813–1837) als Motto seiner radikaldemokratischen Kampfschrift „Hessischer Landbote" voran, die er 1834 herausgab. Er übernahm damit eine Losung aus der Französischen Revolution von 1789, änderte aber die Reihenfolge der beiden Aussagen dieser Losung. Sie lautet im französischen Original: *Guerre aux châteaux! Paix aux chaumières!* und wird dem französischen Schriftsteller Sébastien Roch Nicolas Chamfort (1741–1794) zugeschrieben. Er soll sie als Schlachtruf für die französischen Revolutionstruppen vorgeschlagen haben.

Friede sei ihr erst Geläute

Mit diesem Friedenswunsch endet Schillers vielleicht bekanntestes Gedicht „Das Lied von der Glocke". In diesem Gedicht werden die Vorgänge beim Gießen einer Glocke geschildert und symbolisch verbunden mit den Ereignissen, die im Ablauf des menschlichen Lebens auftreten. Nach der Schilderung der letzten dramatischen Ereignisse und der Fertigstellung der Glocke, die auf den Namen „Concordia" getauft wird, stehen am Ende des langen Gedichts die beiden oft zusammen zitierten Zeilen: „Freude dieser Stadt bedeute,/Friede sei ihr erst Geläute."

Der **Friederich,** der Friederich, das war ein arger Wüterich!

Als nicht sehr ernst gemeinte, an einen jähzornigen, leicht aufbrausenden Menschen gerichtete Mahnung ist dieser Ausruf gelegentlich zu hören. Es sind die ersten beiden Verse, mit denen „Die Geschichte vom bösen Friederich" aus dem „Struwwelpeter" beginnt, dem weltbekannten Kinderbuch des Frankfurter Arztes und Schriftstellers Heinrich Hoffmann (1809–1894).

Frisch, fromm, fröhlich, frei

Dieser Turnerwahlspruch früherer Zeiten geht auf den „Turnvater" Jahn (Friedrich Ludwig Jahn, 1778–1852) zurück, der in seinem Buch „Die deutsche Turnkunst" (1816) eine ähnliche Formulierung gebrauchte. In der heute bekannten Form eingeführt hat diesen Wahlspruch erst der Germanist und Sportpädagoge Hans Ferdinand Maßmann (1797 bis 1874), ein Schüler Jahns. Der Spruch wird kaum noch in seiner ursprünglichen Funktion gebraucht; wenn man heute beispielsweise jemandes Handlungsweise als „frisch, fromm, fröhlich, frei" bezeichnet, so will man damit ausdrücken, daß man sie für „unbekümmert, impulsiv, sorglos, unbedacht" hält.

Friß, Vogel, oder stirb!

Die Redensart nimmt Bezug auf einen gefangenen Vogel, der – um zu überleben – fressen muß, was man ihm als Futter reicht. Im übertragenen Sinne sagt sie aus, daß jemand in einer bestimmten Situation keine Wahl oder Ausweichmöglichkeit hat. Er muß tun, wozu die Gegebenheiten ihn zwingen. „Friß, Vogel, oder stirb!" war auch der Titel einer gegen Martin Luther gerichteten Schmähschrift, die der Straßburger Pfarrer Johann Nikolaus Weislinger im Jahr 1722 verfaßte.

Frohen Herzens genießen

Zur Einführung der Zigarettenmarke „HB" wurde dieser Slogan 1955 kreiert. Die Zigarettenfirma versuchte damals, ein Image von Fröhlichkeit und Unbeschwertheit mit der Zigarettenmarke zu verbinden. Der Ausdruck wurde durch die intensive Werbung ziemlich populär, hat sich dann gewissermaßen verselbständigt und wird nun auf Genüsse der verschiedensten Art angewendet.

Fröhliche Wissenschaft

Der Begriff „fröhliche Wissenschaft" ist eine von dem Philosophen Johann Gottfried Herder (1744–1803) geprägte Bezeichnung für die altprovenzalische Literatur, besonders für die Minnelyrik der Troubadours. Der Begriff wurde dann in der Folgezeit immer wieder aufgegriffen und auf andere Bereiche ausgedehnt oder übertragen. Friedrich Nietzsche zum Beispiel benutzte ihn als Schlagwort, das für ihn die Freude über die wiederkehrende Kraft nach langer Entbehrung ausdrückte, und nannte eines seiner Werke „Die fröhliche Wissenschaft *(La gaya scienza)*". Der französische Regisseur Jean-Luc Godard drehte 1968 einen Film, der sich mit modernen Gesellschaftsproblemen befaßte. Er trug im Deutschen ebenfalls diesen Titel, im französischen Original hieß er *Le gai savoir*.

Einen **fröhlichen** Geber hat Gott lieb

Der früher bei kirchlichen Spendenaufrufen häufig genutzte Ausspruch ist heute eher als scherzhafter Kommentar bei Sammlungen, Kollekten o. ä. zu hören, die man als lästig empfindet. In der Bibel steht dieser Spruch im 2. Korintherbrief (9, 7) in einem Zusammenhang, in dem der Apostel Paulus die Gemeinde in Korinth ermahnt und auffordert, „für die armen Christen in Jerusalem" zu spenden.

↑ Mit **frommem** Schauder

Frommer Betrug

Wenn man jemanden in guter Absicht täuscht oder ihm etwas verschweigt, so wird dieses Vorgehen als „frommer

Betrug" bezeichnet. Dieser Ausdruck stammt aus den „Metamorphosen" des römischen Dichters Ovid (43 v. Chr. bis 17/18 n. Chr.). Dort wird an einer Stelle von einem Kreter erzählt, der unbedingt einen Sohn haben wollte. Würde ihm eine Tochter geboren, würde er sie töten. Als das Kind nun tatsächlich ein Mädchen war, riet die Göttin Isis der Mutter, das Neugeborene für einen Jungen auszugeben. So wurde durch diesen „frommen Betrug" (lateinisch *pia fraus*) das Leben des Kindes gerettet, und die Göttin verwandelte es später wirklich in einen Jungen. – Der Ausdruck wird heute auch als Bezeichnung für eine Selbsttäuschung, durch die man sich etwas einredet, was in Wirklichkeit nicht zu realisieren ist, verwendet.

Ein **frommer** Knecht war Fridolin

Mit dieser Zeile beginnt die (1797 erschienene) Ballade „Der Gang nach dem Eisenhammer" von Schiller. In ihr wird eine Geschichte von einem jungen, seiner Herrin treu ergebenen Diener erzählt, der von einem Neider bei seinem Herrn verleumdet wird und daraufhin in einer Schmelzhütte, dem Eisenhammer, umgebracht werden soll. Treue und Gottesfürchtigkeit, die das Handeln des jungen Dieners bestimmen, bewahren ihn jedoch vor diesem grausigen Geschick. Die erste Zeile dieses Gedichtes wird heute vorwiegend wohl ironisch oder scherzhaft zur Charakterisierung eines diensteifrig strebsamen, beflissenen Menschen zitiert.

Es ↑kann der **Frömmste** nicht in Frieden leben, wenn es dem bösen Nachbarn nicht gefällt

Frommt's, den Schleier aufzuheben?

Die Seherin Kassandra, eine Gestalt aus der griechischen Mythologie, steht im Mittelpunkt des Gedichtes „Kassandra" von Schiller (aus dem Jahr 1802). Es enthält im wesentlichen die Klage der Seherin über ihr Schicksal, die Gabe der Weissagung zu besitzen, ohne daß jemand ihren Prophezeiungen glauben schenkt (vergleiche auch den Artikel „Kassandra"). Die Tragik dieser Figur wird auch deutlich in der am Anfang der 8. Strophe des Gedichts gestellten Frage nach dem Sinn der Prophezeiung eines unmittelbar drohenden Unheils, das nicht abzuwenden ist: „Frommt's, den Schleier aufzuheben,/Wo das nahe Schrecknis droht?" Zitiert wird meist nur der erste Teil dieser Frage, womit man seinen Zweifel darüber ausdrückt, ob es denn sinnvoll oder nützlich ist, etwas Bestimmtes genau zu ergründen.

Früchte des Zorns

In seinem 1939 erschienenen Roman „Die Früchte des Zorns" (englischer Titel: *The grapes of wrath*) beschreibt der amerikanische Schriftsteller John Steinbeck (1902–1968) das harte Leben wandernder Farmarbeiter in Kalifornien, dokumentiert damit zugleich den unbeugsamen Lebenswillen der Menschen und setzt sich in scharfer Kritik mit den Auswüchsen des amerikanischen Kapitalismus auseinander. Nach dem Roman wurde 1940 unter der Regie von John Ford ein Film gedreht, der wie das Buch großen Erfolg hatte. Der englische Titel zitiert eine Formulierung aus dem Gedicht „The Battle Hymn of the American Republic" der amerikanischen Schriftstellerin und Frauenrechtlerin Julia Ward Howe (1819–1910). Darin heißt es: „Mine eyes have seen the glory of the coming of the Lord:/He is trampling out the vintage where the grapes of wrath are stored" („Meine Augen haben die Herrlichkeit der Ankunft des Herrn gesehen: Er keltert den Wein, wo die Trauben des Zorns gelagert sind"). Im Deutschen wurde der Titel von Roman und Film zu einem feststehenden Ausdruck, der als bildliche Umschreibung etwa im Sinne von „Ergebnis, Folgen unbeherrschter, unüberlegter Taten, blinden Handelns" verwendet wird.

Die ↑schlechtesten **Früchte** sind es nicht, woran die Wespen nagen

↑An ihren **Früchten** sollt ihr sie erkennen

Früh übt sich, was ein Meister werden will

Das auch heute noch oft zitierte Sprichwort findet sich in Schillers Schauspiel „Wilhelm Tell" (III, 1). Es ist die Antwort, die Wilhelm Tell seiner Frau Hedwig gibt, die im Hinblick auf ihre beiden mit einer Armbrust beschäftigten Kinder vorwurfsvoll geäußert hatte: „Die Knaben fangen zeitig an zu schießen." Und ihre Antwort auf Tells Äußerung lautet dann: „Ach, wollte Gott, sie lernten's nie!" Mit dem Zitat, das manchmal auch nur in der Verkürzung „Früh übt sich" verwendet wird, kommentiert man – meist ironisch – das Verhalten von Kindern oder Jugendlichen, aus denen man auf die späteren Fertigkeiten des Erwachsenen schließen zu können glaubt.

Frühling, ja du bist's! Dich hab' ich vernommen!

↑ Frühling läßt sein blaues Band wieder flattern durch die Lüfte

Frühling läßt sein blaues Band wieder flattern durch die Lüfte

Bei dem Zitat handelt es sich um die beiden ersten Verszeilen von Eduard Mörikes (1804–1875) populärem, u. a. von Robert Schumann und Hugo Wolf vertontem Frühlingsgedicht „Er ist's". Fast ebenso bekannt wie die beiden ersten sind auch die beiden letzten Zeilen dieses Gedichts. Sie lauten: „Frühling, ja du bist's!/Dich hab' ich vernommen!" Mit beiden Zitaten werden heute meist scherzhaft die ersten Anzeichen des Frühlings in der Natur begrüßt.

Es ↑ muß doch **Frühling** werden

Frühlings Erwachen

Das Drama „Frühlings Erwachen. Eine Kindertragödie" von Frank Wedekind (1864–1918) ist das erste große Bühnenwerk des Dichters, mit dem er schlagartig bekannt wurde. Nach der Uraufführung 1906 in Berlin blieb es bis 1912 verboten. Wedekind schildert in diesem Drama die Nöte dreier Jugendlicher in der Pubertät im Konflikt mit der in Prüderie erstarrten konventionellen Moral von Schule und Elternhaus. Der Titel des Stücks wird seither als Umschreibung der beginnenden Sexualität bei Jugendlichen verwendet.

↑ Wenn Ihr's nicht **fühlt,** Ihr werdet's nicht erjagen

↑ Und **führe** uns nicht in Versuchung

↑ Und **führen,** wohin du nicht willst

Es **führt** kein Weg zurück

Die resignative Erkenntnis, daß es in einer bestimmten Situation keinen Weg zurück gibt und das Vergangene unwiederbringlich verloren ist, formuliert der deutsche Titel von Thomas Wolfes (1900–1938) Roman *You can't go home again*. Die Hauptfigur, der junge Romancier George Webber, macht diese Erfahrung in verschiedenen Lebensbereichen. Es gibt für ihn keine Rückkehr in seine amerikanische Heimatstadt, zu seiner romantischen Liebe, zum literarischen Ruhm, zu seiner zweiten geistigen Heimat im Deutschland der dreißiger Jahre, zur Vaterfigur, die er in seinem Lektor und literarischen Berater sieht.

Fülle der Gesichte

Als gehobene Umschreibung einer „Vielzahl von Eindrücken" oder auch für Ausdrücke wie „Ideen-, Einfallsreichtum, Phantasie, Kreativität" o. ä. wird diese Fügung noch gebraucht. Sie stammt aus Goethes Faust (Teil I, Nacht) und ist Teil einer ärgerlichen Äußerung Fausts über seinen Schüler Wagner. Faust, noch ganz aufgewühlt durch die Begegnung mit dem Erdgeist, fühlt sich gestört und belästigt durch den an der Tür klopfenden Famulus. Seine unwilligen Worte lauten: „Es wird mein schönstes Glück zunichte!/Daß diese Fülle der Gesichte/Der trockne Schleicher stören muß!"

Die **fünfte** Kolonne

Eine politische Gruppe, die im Krieg oder bei internationalen politischen

Konflikten mit dem Gegner des eigenen Landes aus ideologischen Gründen zusammenarbeitet, z. B. eine im Untergrund tätige Spionagegruppe, wird mit dem Ausdruck „fünfte Kolonne“ bezeichnet. Er stammt aus der Zeit des Spanischen Bürgerkriegs (1936–1939) und wurde 1936 von dem spanischen General Emilio Mola, einem der militärischen Führer des Aufstandes gegen die Republik, geprägt. Er sagte, er werde vier Kolonnen gegen Madrid führen, aber die fünfte Kolonne, nämlich die in Madrid tätigen Anhänger des Aufstandes, werde mit der Offensive beginnen. Der amerikanische Schriftsteller Ernest Hemingway, der sich im Spanischen Bürgerkrieg auf der Seite der Republikaner engagierte, gab einem (1938 erschienenen) Theaterstück den Titel *The fifth column*. Später wurden dann faschistische Gruppen in westeuropäischen Ländern als fünfte Kolonne des nationalsozialistischen Deutschland, noch später die kommunistischen Parteien als fünfte Kolonne der Sowjetunion bezeichnet.

Für dreißig Silberlinge verraten

↑Judas

Für einen Kammerdiener gibt es keinen Helden

Diese sprichwörtliche Redensart besagt, daß aus der Nähe besehen und bei intimer Kenntnis der Gewohnheiten und Lebensumstände eines Menschen alles Heldische, das er in den Augen Außenstehender hat, schwindet. Die Quellen dieser Redensart sind nicht ganz eindeutig festzulegen. Bereits in der Antike berichtet der griechische Schriftsteller Plutarch (um 46–um 125 n. Chr.) von Antigonos Gonatas (um 319–um 239 v. Chr.), dem zeitweiligen König von Makedonien, er solle, als er in einem Gedicht „Sohn der Sonne“ und „Gott“ genannt wurde, gesagt haben: „Davon weiß mein Kammerdiener nichts.“

Für Sorgen sorgt das liebe Leben

Im „Schenkenbuch“ von Goethes „Westöstlichem Diwan“ (zuerst erschienen 1819), der Sammlung von Gedichten, die besonders aus Goethes Beschäftigung mit der Dichtung des persischen Dichters Hafis hervorging, findet man die Verse „Für Sorgen sorgt das liebe Leben,/Und Sorgenbrecher sind die Reben.“ Mit ihnen spricht der Dichter den Freunden des Weins aus dem Herzen. Wir zitieren die erste Zeile, um dem Vorwurf der Sorglosigkeit und Leichtlebigkeit mit dem Hinweis zu begegnen, daß das Leben schwer genug sei und man gelegentlich einfach alle Alltagssorgen hinter sich lassen müsse.

Die **Furcht** des Herrn ist der Weisheit Anfang

Das Zitat findet sich im Alten Testament (in Psalm 111, 10) mit der Fortsetzung: „Das ist eine feine Klugheit, wer darnach tut; des Lob bleibt ewiglich.“ Mit „Furcht des Herrn“ ist in veraltendem Sprachgebrauch „Ehrfurcht vor Gott, Gottesfurcht“ gemeint, wie man auch sagen kann „in der Furcht des Herrn (= gottesfürchtig) leben“. Das Zitat warnt vor menschlicher Überheblichkeit und betont den Anspruch der Religion, daß Forschung und Wissenschaft ihr letztlich unterzuordnen seien.

Furcht und Elend des Dritten Reiches

↑Glanz und Elend der Kurtisanen

↑Zwischen **Furcht** und Hoffnung schwebend

Furcht und Zittern

Das Wortpaar findet sich an mehreren Stellen in der Bibel, u. a. im Buch Hiob (4, 13 f.): „Da ich Gesichte betrachtete in der Nacht, wenn der Schlaf auf die Leute fällt, da kam mich Furcht und Zittern an, und alle meine Gebeine erschraken.“ Der dänische Philosoph Søren Kierkegaard (1813–1855) wählte das Zitat als Titel einer Schrift von 1843 (auf deutsch im Jahre 1882 erschienen). Im heutigen Sprachgebrauch dient das Wortpaar zur verstärkenden Bezeichnung großer Furcht.

Ein **furchtbar** wütend Schrecknis ist der Krieg

Das Zitat stammt aus Schillers „Wilhelm Tell" (I, 2). Es sind die Worte Stauffachers an seine Frau, die ihn zum Aufruhr gegen den Reichsvogt Geßler antreiben will. Er dagegen lehnt den Krieg ab, weil er weiß: „Die Herde schlägt er und den Hirten." Obgleich das Zitat nichts von seiner Allgemeingültigkeit verloren hat, wirkt es heute durch Versmaß und Wortwahl ein wenig antiquiert und dadurch fast schon zu harmlos angesichts der realen Kriegsereignisse unserer Zeit.

Es **fürchte** die Götter das Menschengeschlecht

Das Zitat stammt aus Goethes Schauspiel „Iphigenie auf Tauris" (IV, 5). In einem längeren Monolog über ihr wechselvolles Schicksal erinnert sich Iphigenie an das „Lied der Parzen", das ihr ihre Amme vorsang. Die erste Strophe dieses Liedes lautet: „Es fürchte die Götter/Das Menschengeschlecht!/Sie halten die Herrschaft/In ewigen Händen,/Und können sie brauchen,/Wie's ihnen gefällt." Heute wird mit dem Zitat, besonders in bezug auf jemandes allzu optimistische Weltsicht, mahnend in Erinnerung gerufen, daß niemand vor unerwarteten Schicksalsschlägen geschützt ist.

Fürchte mich weder vor Hölle noch Teufel

„Mich plagen keine Skrupel noch Zweifel,/Fürchte mich weder vor Hölle noch Teufel." Das sagt Faust im ersten Teil von Goethes Tragödie von sich selbst (Anfangsmonolog der Szene „Nacht"). Man verwendet den zweiten Vers des Zitats heute, wenn man ausdrücken will, daß man vor nichts und niemandem Angst hat, keinerlei Furcht kennt.

↑Etwas **fürchten** und hoffen und sorgen muß der Mensch für den kommenden Morgen

Fürchterlich Musterung halten

In dieser meist nur noch scherzhaft gebrauchten Wendung hat das Wort „Musterung" die heute veraltete Bedeutung „Inspektion, Überprüfung". Die Wendung bedeutet also etwa „jemanden, etwas in strengster Weise und ohne Nachsicht überprüfen". Sie stammt aus Schillers Schauspiel „Die Räuber" (II, 3) und ist ein Zitat der Worte des Räuberhauptmanns Karl Moor. Voller Empörung über das verwerfliche Verhalten und die Greueltaten einzelner der ihm untergebenen Räuber ruft er aus: „... ich will nächstens unter euch treten und fürchterlich Musterung halten."

Der **Fürst** dieser Welt

Diese Bezeichnung für den Teufel stammt aus der Bibel. Es ist ein Wort Jesu aus dem Johannesevangelium (12, 31), das er im Zusammenhang mit der Ankündigung seines nahen Todes gebraucht. Die Stelle lautet: „Jetzt geht das Gericht über die Welt; nun wird der Fürst dieser Welt ausgestoßen werden." Bekannt geworden ist der Ausdruck besonders dadurch, daß ihn Martin Luther (1483–1546) im dritten Vers seines wohl bekanntesten Liedes „Ein feste Burg ist unser Gott" verwendet hat.

Der **Fürst** ist der erste Diener seines Staates

Friedrich II. verstand sich, besonders von Voltaire beeinflußt, als Repräsentant eines aufgeklärten Absolutismus. Bereits im ersten Regierungsjahr (1740) setzte er sich die Maxime „Der Fürst ist der erste Diener seines Staates", die er im Original stets französisch formulierte: *Un prince est le premier serviteur et le premier magistrat de l'État*. Heute wird mit diesem Zitat ausgedrückt, daß Macht und damit verbundene Rechte nicht von Pflichten und Fürsorge anderen gegenüber getrennt werden dürfen.

Futsch ist futsch, hin ist hin

Die saloppe Redensart – auch in der Variante „... und hin ist hin" – geht auf das von Ludwig Keller vertonte Wanderlied „Bin ein fahrender Gesell" von Rudolf

Baumbach (1840–1905) zurück. Der Kehrreim „Lustig Blut und leichter Sinn,/Hin ist hin, hin ist hin" wurde schon bald auch in der abgewandelten Form zitiert. Man drückt damit – ein wenig leichthin – die Einsicht aus, daß etwas unwiederbringlich verloren ist.

Der ↑Mensch im **Futteral**

G

Eine **Gabe** Gottes

Dieser Ausdruck findet sich im Prediger Salomo des Alten Testaments, u. a. Kapitel 3, 13: „Denn ein jeglicher Mensch, der da ißt und trinkt und hat guten Mut in aller seiner Arbeit, das ist eine Gabe Gottes." Er wird heute allgemein für etwas sehr Schönes, Angenehmes, Positives gebraucht, oft auch in der erweiterten Form „eine gute Gabe Gottes".

Gäbe es Gott nicht, so müßte man ihn erfinden

Das Zitat stammt aus Voltaires (1696–1778) „Epistel an den Verfasser des Buches von den drei Betrügern" und lautet im Original: *Si Dieu n'existait pas, il faudrait l'inventer.* In freier Verwendung sagt man z. B. von etwas Praktischem, was sich schon bewährt hat: „Wenn es das nicht gäbe, müßte man es geradezu erfinden."

Ganz ohne Weiber geht die Chose nicht

Das Zitat stammt aus der Operette „Die Csárdásfürstin" von Emmerich Kálmán (1882–1953) mit dem Text von Leo Stein und Béla Jenbach. Es wird im Sinne von „ganz ohne Frauen geht es eben doch nicht" vor allem in der Umgangssprache gebraucht.

Die **ganze** Richtung paßt uns nicht

Dieser Satz mit der Bedeutung „diese Ausformung, Entwicklung lehnen wir grundsätzlich ab" geht auf den Berliner Polizeipräsidenten Bernhard Freiherr von Richthofen zurück. Er beantwortete damit am 23. 10. 1890 eine Frage des Direktors des Lessing-Theaters, Oskar Blumenthal, nach dem Grund für das Verbot des Theaterstücks „Sodoms Ende" von Hermann Sudermann. Das Zitat wird oft so gebraucht, daß man es jemanden, z. B. einem politischen Gegner, in den Mund legt, um dessen Borniertheit und Arroganz und vor allem dessen Unfähigkeit zur Differenzierung und rationalen Argumentation anzuprangern.

Die **ganze** Welt ist Bühne

Das Zitat stammt aus Shakespeares Komödie *As You Like It* („Wie es euch gefällt") II, 7, wo der verbannte Herzog und der Edelmann Jacques über das Leid in dieser Welt sprechen und Jacques einen längeren Vergleich des Menschenlebens mit einem Theaterstück in sieben Aufzügen mit den folgenden Worten beginnt: *All the world's a stage,/And all men and women merely players.* Damit nimmt er die lateinische Inschrift des Shakespeareschen Globe Theatre auf: *Totus mundus agit histrionem* („Die ganze Welt spielt Theater"). Zugrunde liegt die in die Antike zurückreichende Vorstellung vom Welttheater, vom *Theatrum mundi,* wonach die Welt als ein Theater aufgefaßt wird, auf dem die Menschen vor Gott ihre Rolle spielen. Mit dieser Vorstellung verbinden wir das Zitat auch im heutigen Sprachgebrauch; hinzu tritt vielleicht auch gelegentlich der Gedanke, daß man der Öffentlichkeit gegenüber nicht sein wahres Gesicht zeigt, sondern versucht, sich wie ein Schauspieler hinter einer Maske zu verstecken.

↑Immer strebe zum **Ganzen,** und kannst du selber kein Ganzes werden, als dienendes Glied schließ an ein Ganzes dich an!

Die **Garde** stirbt und ergibt sich nicht

Nantes in Frankreich ist die Geburtsstadt des Generals Pierre Cambronne (1770–1842). Dort hat man dem General eine Statue errichtet mit der Aufschrift *La garde meurt et ne se rend pas* („Die Garde stirbt und ergibt sich nicht"), ein Ausspruch, den der General während der Schlacht von Waterloo gebraucht haben soll. Dieser hat aber öfter bestritten, sich je in dieser Weise geäußert zu haben.

Ein **garstig'** Lied! Pfui! Ein politisch' Lied

Das Zitat findet sich in Goethes Faust I, in der Szene „Auerbachs Keller in Leipzig", wo Brander das vom Zechgesellen Frosch angestimmte Lied – „Das liebe Heil'ge Röm'sche Reich,/Wie hält's nur noch zusammen?" – mit den Worten unterbricht: „Ein garstig' Lied! Pfui! Ein politisch' Lied,/Ein leidig' Lied! Dankt Gott mit jedem Morgen,/Daß Ihr nicht braucht fürs Röm'sche Reich zu sorgen!" Man zitiert den Anfang dieser Äußerung meist spöttisch-ironisch, um jemandes apolitische Haltung zu charakterisieren.

Gast auf Erden

Die Erkenntnis, nur Gast auf Erden (und damit sterblich) zu sein, geht auf Psalm 119, 19 im Alten Testament zurück: „Ich bin ein Gast auf Erden." Der dichterische Ausdruck „Erdengast" wird gelegentlich mit „Erdenpilger" synonym gebraucht. Das Psalmwort hat der Dichter und evangelisch-lutherische Pfarrer Paul Gerhardt (1607–1676) als Anfang eines Kirchenliedes gewählt: „Ich bin ein Gast auf Erden/Und hab' hier keinen Stand,/Der Himmel soll mir werden,/Da ist mein Vaterland." Auch Goethe greift das Bild vom Gast auf Erden in seinem Gedicht „Selige Sehnsucht" aus dem „Westöstlichen Diwan" auf: „Und solang du das nicht hast,/Dieses: Stirb und werde!/Bist du nur ein trüber Gast/Auf der dunklen Erde."

↑ Ach, die **Gattin** ist's, die teure

Gaudeamus igitur, iuvenes dum sumus

Das Zitat – auf deutsch: Freuen wir uns also, solange wir jung sind" – ist der Anfang des Studentenliedes „De brevitate vitae" („Über die Kürze des Lebens") in der Fassung Chr. Wilhelm Kindlebens von 1781. Josef Victor von Scheffel nannte 1868 seine Sammlung von Studentenliedern „Gaudeamus". In der Akademischen Festouvertüre von Johannes Brahms aus dem Jahr 1880 wird das Lied zitiert und verarbeitet.

Geben ist seliger denn Nehmen

Dieser Spruch geht auf das Neue Testament (Apostelgeschichte 20, 35) zurück, wo Paulus ihn als Jesu Wort an die Ältesten der Gemeinde von Ephesus weitergibt. Als Aufforderung, nicht egoistisch zu sein, anderen großzügig zu helfen, wird er auch heute noch häufig zitiert. Mit der Umkehrung „Nehmen ist seliger denn geben" kommentiert man ironisch jemandes allzugroßen Egoismus.

Geben Sie Gedankenfreiheit

Das Zitat stammt aus Schillers Drama „Don Karlos" (III, 10), wo der Malteserritter Marquis Posa die Forderung nach Gedankenfreiheit gegenüber Philipp II., dem König von Spanien, ausspricht. Gemeint ist damit die Freiheit, in weltanschaulicher und politischer Hinsicht zu denken, was man will, und diese Gedanken auch zu äußern.

Gebet, so wird euch gegeben

Das Bibelzitat stammt aus der Bergpredigt im Lukasevangelium (6, 38), wo die Worte ursprünglich eschatologischen Bezug auf das Reich Gottes haben: Wer mildtätig ist, wird leichter die ewige Seligkeit erlangen. Dieser Bezug fehlt oft in der heutigen Verwendung des Zitats; man versteht es dann eher im Sinne des lateinischen „Do ut des" (vergleiche diesen Artikel).

Gebeugt erst zeigt der Bogen seine Kraft

Mit diesem Bild beschreibt „Sappho" am Ende von Franz Grillparzers gleichnamigem Trauerspiel (1817) ihre innere Situation. Die gefeierte Dichterin hat geglaubt, sich mit dem sie verehrenden Jüngling Phaon verbinden zu können. Phaon wendet sich jedoch von ihr ab, als er einer der jungen Dienerinnen der Sappho begegnet. Er weist Sappho jetzt mit den Worten zurück: „Mit Höhern, Sappho, halte du Gemeinschaft!/Man steigt nicht ungestraft vom Göttermahle/Herunter in den Kreis der Sterblichen./Der Arm, in dem die goldne Leier ruhte,/Er ist geweiht, er fasse Niedres nicht." Sappho leidet schwer an der Erkenntnis, daß für sie die Kunst und nicht die Teilhabe am Leben bestimmt ist. Aus dem Leiden erwächst ihr aber die Kraft zu ihrem Entschluß, den Freitod zu wählen. – Das sehr literarische Zitat bringt zum Ausdruck, daß erst die äußere Herausforderung die inneren Kräfte in einem Menschen mobilisiert.

Die **gebratenen** Tauben fliegen einem nicht ins Maul

Die umgangssprachliche Redensart mit der Bedeutung „es fällt einem nichts ohne Mühe, ohne Arbeit zu" geht wohl zurück auf Hans Sachs' (1494–1576) Fabel vom Schlaraffenland: „Auch fliegen um, möget ihr glauben,/Gebraten Hühner, Gäns' und Tauben./Wer sie nicht fängt und ist so faul,/Dem fliegen sie selbst in das Maul."

↑Denn ein **gebrechlich** Wesen ist das Weib

Geburt und Grab, ein ewiges Meer

So kennzeichnet der „Erdgeist" im 1. Teil von Goethes Faust (Nacht) das ewige Werden und Vergehen, das endlose Meer von Geborenwerden und Sterben in der Geschichte des Lebens. Im gleichen Sinne werden diese Worte auch heute noch als Metapher für das Kommen und Gehen der Generationen in der Geschichte, für das immer gleiche Wechselspiel von Leben und Tod in der Natur verwendet.

↑Jedermann klagt über sein **Gedächtnis,** niemand über seinen Verstand

↑Wär' der **Gedank'** nicht so verwünscht gescheit, man wär' versucht, ihn herzlich dumm zu nennen

↑Große **Gedanken** kommen aus dem Herzen

Die **Gedanken** sind frei

Diese Aussage bildet die Anfangszeile und den Kehrreim eines Liedes aus der Sammlung „Des Knaben Wunderhorn" (Heidelberg 1806–1808) von Achim von Arnim und Clemens Brentano. Auf den Anfang des Liedes: „Die Gedanken sind frei,/Wer kann sie erraten,/Sie fliehen vorbei/Wie nächtliche Schatten./Kein Mensch kann sie wissen,/Kein Jäger erschießen" spielt Joseph von Eichendorff (1788–1857) in seinem Gedicht „Verschwiegene Liebe" an: „Wer mag sie erraten,/Wer holte sie ein?/Gedanken sich wiegen,/Die Nacht ist verschwiegen,/Gedanken sind frei." Das Zitat wird heute nicht nur als allgemeine Feststellung verwendet. Auch in Situationen, in denen man entweder ausdrükken möchte, daß man trotz äußerer Zwänge seine geistige Unabhängigkeit nicht aufzugeben gedenkt oder daß es einem gleichgültig ist, was ein anderer denkt, wird es gebraucht.

Gedanken sind zollfrei

Das bereits von Luther in seiner Schrift „Von weltlicher Obrigkeit" (1523) aufgeführte Sprichwort geht auf den römischen Juristen Domitius Ulpianus (170–223) zurück. In den Digesten (einem juristischen Sammelwerk) des Corpus Juris Civilis XLVIII, 19, 18 heißt es aus seinem 3. Buch „Ad edictum praetoris" (einem Kommentar zu den Grundsätzen prätorianischer Rechtsprechung): *Cogitationis poenam nemo patitur* („Für seine Gedanken wird niemand bestraft“). In diesem Sinne wird das Sprichwort auch heute gebraucht.

↑ Von des **Gedankens** Blässe angekränkelt

↑ Wer sich in **Gefahr** begibt, kommt darin um

Gefahr im Verzuge

Droht in irgendeiner Form unmittelbar Gefahr, sprechen wir von „Gefahr im Verzuge“ oder sagen: „Gefahr ist im Verzug“, obwohl es korrekterweise „Gefahr ist im Anzug“ heißen müßte. Denn „Verzug“ bedeutet eigentlich „Aufschub, Verzögerung“, und unsere Wendung besagte ursprünglich nichts anderes, als daß Gefahr im Aufschieben, im Verzögern einer Sache liege. Dies ist auch die Bedeutung der zugrundeliegenden lateinischen Sentenz *periculum in mora,* die wir bei dem römischen Historiker Livius (59 v. Chr.–17 n. Chr.) finden. Ein römischer Feldherr hatte in einer Schlacht erkannt, daß mehr Gefahr in der Verzögerung (nämlich des Rückzuges) liege als in der Beibehaltung der geordneten Schlachtreihen, und befahl seinen Truppen, sich abzusetzen.

↑ Wo aber **Gefahr** ist, wächst das Rettende auch

↑ In **Gefahr** und großer Not bringt der Mittelweg den Tod

Gefährlich ist's, den Leu zu wekken

Dieses Zitat stammt aus Schillers „Lied von der Glocke“ (1799). Hier heißt es: „Gefährlich ist's, den Leu zu wekken,/Verderblich ist des Tigers Zahn,/Jedoch der schrecklichste der Schrecken,/Das ist der Mensch in seinem Wahn.“ Man verwendet es, wenn man – meist scherzhaft – darauf hinweisen will, daß es sehr nachteilig sein kann, leichtsinnig eine Gefahr heraufzubeschwören oder unvorsichtigerweise jemanden auf Dinge aufmerksam zu machen, die man zum eigenen Vorteil besser auf sich beruhen ließe.

Das **gefährliche** Alter

Mit diesem Ausdruck bezeichnet man heute in scherzhafter Weise das mittlere Alter von Männern, in dem sie verstärkt zu Liebesabenteuern neigen. Er wurde populär durch ein 1910 erschienenes und damals vielgelesenes Buch der dänischen Autorin Karin Michaëlis, dessen Titel „Das gefährliche Alter“ (dänisch *Den farlige alder*) hier allerdings auf eine Frau zu beziehen ist, deren körperliche und seelische Probleme während des Klimakteriums der Roman beschreibt.

Gefährliche Liebschaften

Der Titel des berühmten Briefromans von P. A. F. Choderlos de Laclos (1741–1803) ist zusätzlich durch drei Verfilmungen bekanntgeworden: 1959 *Les Liaisons dangereuses* von Roger Vadim, 1989 *Dangerous Liaisons* von Stephen Frear und „Valmont“ von Miloš Forman. Analog dem Inhalt des Romans, der die Sittenverderbnis des Pariser Adels am Beispiel eines skrupellosen Spiels um Liebe und Liebesbeziehungen schildert, läßt sich das Zitat auf zweifelhafte, moralisch verwerfliche und zugleich gefährliche Geschäfte übertragen, auf die sich jemand einläßt.

Gefallener Engel

Der Sturz der Engel, die sich gegen Gott Jahwe erhoben hatten, aus dem Himmel in die Hölle wird in der Offenbarung des Johannes geschildert (12,7–9). Auf diese Bibelstelle und besonders auf Lukas 10,18 („Ich sah wohl den Satanas vom Himmel fallen“) geht die Vorstellung vom Teufel als „gefallenem Engel“ zurück. Früheren bürgerlichen Moralvorstellungen folgend, wurde der Ausdruck dann verhüllend auf eine junge ledige Mutter oder auf eine junge Frau, die vorehelichen Geschlechtsverkehr hatte, bezogen. Gelegentlich wird er noch heute auf eine junge Frau „mit Vergangenheit“ angewendet. Auch einen Mann, von dessen moralischer Integrität man überzeugt war, der aber dann ein Opfer seiner menschlichen Schwächen geworden ist, findet man manchmal so gekennzeichnet.

Gefilde der Seligen

Der altgriechische Dichter Hesiod (um 700 v. Chr.) erzählt in seiner Dichtung „Werke und Tage“ (171 ff.) von den „Inseln der Seligen“, wo die Heroen am Rande der Welt, fern von den Göttern und den Menschen, ein Leben im Zustand völligen Glücks führen. Er lehnt sich dabei an die bei Homer geschilderten „Elysischen Gefilde“ an (griech. *Ἠλύσιον πεδίον*, lateinisch *Elysium*), „wo ... ruhiges Leben die Menschen immer beseligt“ (Odyssee IV, 564 f.). Danach bezeichnet man auch heute noch einen weltabgeschiedenen Ort, an dem ein glückliches und friedliches Dasein möglich scheint, als „Elysium“ oder als „Gefilde der Seligen“.

Geflügelte Worte

Diese Bezeichnung für bekannte, vielzitierte Aussprüche – meist Zitate aus literarischen Werken oder Aussprüche historischer Personen –, deren Herkunft im allgemeinen eindeutig nachgewiesen werden kann, geht auf den altgriechischen Dichter Homer (2. Hälfte des 8. Jh.s v. Chr.) zurück. In seinen Werken „Ilias“ und „Odyssee“ gebraucht er den Ausdruck an zahlreichen Stellen (griechisch: *ἐπέα πτερόεντα*). Er bezeichnet damit Worte, die vom Mund des Redners zum Ohr des Angesprochenen „fliegen“. Schon vor der Homerübersetzung von Johann Heinrich Voß (1781 und 1793) verwendete Friedrich Gottlieb Klopstock (1724–1803) in seinem Epos „Der Messias“ diesen Ausdruck. Populär wurde die Bezeichnung durch August Georg Büchmanns (1822–1884) Sammlung „Geflügelte Worte. Der Citatenschatz des Deutschen Volkes“ von 1864.

Gegen Demokraten helfen nur Soldaten

Die Jahre nach dem Scheitern der Revolution von 1848 in Deutschland waren geprägt durch starres Festhalten an überholten politischen und gesellschaftlichen Verhältnissen. Die liberale und demokratische Bewegung war mit der Beseitigung der Frankfurter Reichsverfassung mundtot gemacht worden, und jeder wurde verfolgt, der auch nur im mindesten revolutionärer Umtriebe verdächtig war. Den Geist der Zeit erhellen schlaglichtartig diese Schlußworte eines Gedichts von Wilhelm von Merckel (1803–1861) mit dem Titel „Die fünfte Zunft“ (erstmals veröffentlicht 1848). Daß solche Gedanken aber nicht der Vergangenheit angehören, führen uns immer wieder die täglichen Nachrichten aus aller Welt vor Augen.

Geh aus mein Herz und suche Freud’

„Geh aus mein Herz und suche Freud’/In dieser lieben Sommerzeit/An deines Gottes Gaben.“ So beginnt der bald zum Volkslied gewordene „Sommergesang“ des evangelischen Theologen und Kirchenlieddichters Paul Gerhardt (1607–1676). Besonders der Anfang des Liedes wird auch heute noch gelegentlich als scherzhafte Aufforderung zitiert, auszugehen und aus dem Alltagstrott einmal auszubrechen.

Geh mir ein wenig aus der Sonne

Diese Worte soll der altgriechische kynische Philosoph Diogenes von Sinope (4. Jh. v. Chr.) zu Alexander dem Großen gesagt haben, als dieser ihn aufsuchte und ihm einen Wunsch freistellte. Verschiedene antike Autoren überlieferten sie als Musterbeispiel für die Bedürfnislosigkeit, wie sie demonstrativ von den Anhängern der philosophischen Richtung der Kyniker vorgelebt wurde. Wir zitieren den Ausspruch heute, wenn wir jemandem zu verstehen geben wollen, daß er stört und sich doch entfernen sollte. Gelegentlich benutzt man die Worte auch als ganz konkret gemeinten scherzhaften Hinweis darauf, daß jemand sich ungünstig plaziert hat und einem die Sonne oder das Licht nimmt.

Gehabte Schmerzen, die hab' ich gern

Dies sagt im ersten Teil von Wilhelm Buschs (1832–1908) Knopp-Trilogie Knopps alter Freund Sauerbrot. Er glaubt nämlich, allem Eheungemach entronnen zu sein, da seine Frau gestorben ist und aufgebahrt im Nebenzimmer liegt. Wir zitieren diese Worte heute zum Ausdruck der Erleichterung, wenn wir etwas Unangenehmes hinter uns gebracht haben.

Gehe hin und tue desgleichen

Das Gleichnis vom Barmherzigen Samariter im Lukasevangelium (10,30 bis 37), das Jesus einem Schriftgelehrten vorträgt, endet mit der Aufforderung an diesen, sich in entsprechenden Situationen ebenso zu verhalten: „So gehe hin und tue desgleichen!" Man zitiert diese Bibelworte, wenn man jemandem nahelegen will, sich nach dem lobenswerten Vorbild eines anderen zu verhalten oder danach zu handeln.

Gehe nie zu deinem Ferscht, wenn du nicht gerufen werscht

Dieser scherzhafte, mundartlich gefärbte Vers wird (gelegentlich durchaus selbstironisch) auch heute noch als Mahnung zitiert, nicht unaufgefordert seinen Vorgesetzten aufzusuchen, sondern seine Nähe lieber zu meiden. In der Form „Gehe nicht zu einem Ferscht,/Wenn du nicht gerufen werscht" stand dieser Vers in der Berliner Zeitschrift „Ulk" (1898, Nr. 31), einem „illustrierten Wochenblatt für Humor und Satire", Supplement zum „Berliner Tageblatt".

Gehege der Zähne

Der altgriechische Dichter Homer (2. Hälfte des 8. Jh.s v. Chr.) läßt in seinen Werken „Ilias" und „Odyssee" an mehreren Stellen einen Gesprächspartner auf eine bestimmte Äußerung hin entrüstet oder erstaunt mit dem Satz reagieren: „Welches Wort ist dem Zaun deiner Zähne entflohen?" (griechisch: *Ποῖόν σε ἔπος φύγεν ἕρκος ὀδόντων*). Daher rührt der Ausdruck „Gehege der Zähne", der heute noch gelegentlich scherzhaft übertragen für „Mund" verwendet wird.

Es würde ↑alles besser **gehen,** wenn man mehr ginge

Gehorcht der Zeit und dem Gebot der Stunde

Mit diesen Worten versucht in Schillers Trauerspiel „Maria Stuart" (uraufgeführt 1800) der Graf von Shrewsbury die schottische Königin im Gefängnis vor der Begegnung mit ihrer Rivalin Elisabeth zu einer demutsvollen Haltung zu bewegen. Losgelöst von diesem Bezug, werden diese Worte heute verwendet, wenn man mit Nachdruck sagen will, daß die unmittelbaren Umstände ein bestimmtes Handeln, eine bestimmte Verhaltensweise verlangen.

Es **geht** alles vorüber

Mit dieser Zeile beginnt der Refrain des gleichnamigen Schlagers von 1942, in dem einem auf Wachposten stehenden Soldaten verheißen wird, daß auch er einmal wieder in die Heimat zurückkehren kann. Der Text stammt von Kurt Feltz, die Musik schrieb Fred Raymond. Die erste Hälfte des Refrains, die meist verkürzt, gelegentlich aber auch ganz zitiert wird, lautet: „Es geht alles vorüber,/es geht alles vorbei,/auf jeden Dezember/folgt wieder ein Mai." Das Zitat wird vor allem als Trost und Ermunterung für jemanden gebraucht, der in einer traurigen oder verzweifelten Lage ist.

Es **geht** mir ein Licht auf

Diese Redensart geht auf verschiedene Bibelstellen zurück, z. B. Hiob 25,3 und Psalm 97,11. Im Neuen Testament (Matthäus 4,16) heißt es: „... das Volk, das in der Finsternis saß, hat ein großes Licht gesehen; und die da saßen am Ort und Schatten des Todes, denen ist ein Licht aufgegangen." Im Unterschied zum bildlichen Gebrauch in der Bibel, der die Erhellung des menschlichen Geistes durch das Licht des Glaubens meint, wird mit dem Zitat heute ausgedrückt, daß man plötzlich etwas versteht oder durchschaut, was einem zunächst völlig unklar war. Auch scherzhafte Abwandlungen sind üblich geworden, wie z. B. „Es geht mir ein Kronleuchter auf".

Den **Geist** aufgeben

Die Redewendung mit der ursprünglichen Bedeutung „sterben" wird heute auch umgangssprachlich-scherzhaft im Sinne von „entzweigehen, nicht mehr funktionieren" verwendet. Sie findet sich – in der alten Bedeutung, in der „Geist" als „Lebenshauch" oder „Leben" zu verstehen ist – schon in der Bibel. In den Klageliedern des Jeremia 2,11 und 12 heißt es: „Ich habe schier meine Augen ausgeweint ... da die Säuglinge und Unmündigen auf den Gassen in der Stadt verschmachteten ... und in den Armen ihrer Mütter den Geist aufgaben." Und in der Apostelgeschichte lesen wir (5,5): „Da Ananias aber diese Worte hörte, fiel er nieder und gab den Geist auf."

Der **Geist** der Medizin ist leicht zu fassen

In der sogenannten Schülerszene im ersten Teil von Goethes Faust (Studierzimmer 2) stellt Mephisto mit beißendem Spott einem studierwilligen Schüler zuerst die Hochschulfakultäten Jura und Theologie vor. Dann beschreibt er die Medizin mit folgenden zynischen Worten: „Der Geist der Medizin ist leicht zu fassen;/Ihr durchstudiert die groß' und kleine Welt,/Um es am Ende gehn zu lassen,/Wie's Gott gefällt." Das seltener gebrauchte Zitat betont nicht nur die Begrenztheit der ärztlichen Kunst, sondern läßt auch anklingen, was Mephisto noch weiterhin ausführt und den Ärzten unterstellt, nämlich, daß sie ihren Beruf aus eher niedrigen Motiven gewählt hätten.

Es ist der **Geist,** der sich den Körper baut

Dieses Zitat stammt aus Schillers Drama „Wallensteins Tod" (III, 13). Dort sagt Wallenstein, über sich selbst reflektierend und sich selbst Mut machend, in seinem Monolog an einer Stelle: „Noch fühl' ich mich denselben, der ich war!/Es ist der Geist, der sich den Körper baut". Heute wird mit dem Zitat zum Ausdruck gebracht, daß man einen Gegenstand oder eine Person oft nicht konkret wahrnimmt, sondern eher seine eigene [Wunsch]vorstellung davon als Realität ansieht. Auch als Ermutigung zum Mobilisieren psychischer Kraftreserven werden die Worte gebraucht.

Der **Geist,** der stets verneint

„Ich bin der Geist, der stets verneint!/Und das mit Recht; denn alles, was entsteht,/Ist wert, daß es zugrunde geht." Mit diesen Worten stellt sich Mephisto im ersten Teil von Goethes Faust (Studierzimmer 1) selbst vor. Als einen solchen „Geist" bezeichnet man danach einen Menschen, dessen Äußerungen von einer negativen Einstellung geprägt sind und der eine nihilistische Haltung zeigt.

↑Sich in den **Geist** der Zeiten versetzen

Der **Geist** ist willig, aber das Fleisch ist schwach

Wenn bei jemandem zwar ein guter Vorsatz vorhanden ist, die Ausführung dann aber an einer menschlichen Schwäche scheitert, zitiert man diese Bibelworte. Jesus spricht sie im Matthäusevangelium zu seinen Jüngern, die im Garten Gethsemane mit ihm wachen und beten sollten, aber einfach eingeschlafen waren (Matthäus 26,41). Das Zitat hat auch einige zweideutig-hämische Abwandlungen erfahren. Dazu gehört z. B. die Behauptung, in der Liebe sei schon einmal bei der einen oder dem anderen der Geist zwar schwach, dafür aber das Fleisch sehr willig. Und schon mancher mußte sich bei einer Diät eingestehen: Der Geist ist willig, aber das Fleisch schmeckt zu gut.

Der **Geist** weht, wo er will

Im Johannesevangelium veranschaulicht Jesus das Wirken Gottes und dessen Erkennbarkeit durch den Menschen mit dem Vergleich: „Der Wind bläst, wo er will, und du hörst sein Sausen wohl; aber du weißt nicht, woher er kommt und wohin er fährt" (3,8). Der griechische Text des Versanfangs *το πνεῦμα ὅπου θέλει πνεῖ* wird in der Vulgata lateinisch mit *spiritus ubi vult spirat* („Der Geist weht, wo er will") wiedergegeben (griechisch *πνεῦμα* kann sowohl „Wind" als auch „Geist" bedeuten, und *πνεῖν* kann mit „blasen" oder „wehen" übersetzt werden). Man verwendet besonders die deutsche Übersetzung des lateinischen Textes heute, um zu verdeutlichen, daß sich die Freiheit der Gedanken, das denkende Bewußtsein der Menschen niemals einschränken läßt. – Gelegentlich wird der Satz aber auch auf jemanden angewendet, der seine eigenen Anschauungen hat und dessen Handeln von Spontaneität geprägt ist.

Die **Geister,** die ich rief

↑Die ich rief, die Geister

↑Von allen **Geistern,** die verneinen, ist mir der Schalk am wenigsten zur Last

Die **Geisterwelt** ist nicht verschlossen

Im ersten Teil von Goethes Faust (Nacht) zitiert Faust die Worte eines nicht namentlich genannten Weisen: „Die Geisterwelt ist nicht verschlossen;/Dein Sinn ist zu, dein Herz ist tot!/Auf, bade, Schüler, unverdrossen/ Die ird'sche Brust im Morgenrot!" Er ist beseelt von dem Hochgefühl, in der Magie einen Weg zur wahren Erkenntnis gefunden zu haben. Losgelöst vom eigentlichen Inhalt zitiert man diese Verse heute, wenn man jemandem sagen will, daß sich nur dem die Vielfalt der Welt und des Wissens erschließt, der bereit ist, unvoreingenommen und mit offenen Sinnen allem gegenüberzutreten.

↑Deines **Geistes** hab' ich einen Hauch verspürt

↑Wes **Geistes** Kind

Gekeilt in drangvoll fürchterliche Enge

In Schillers „Wallensteins Tod" (uraufgeführt 1799) berichtet ein schwedischer Hauptmann ausführlich von der Schlacht, in der Max Piccolomini den Tod gefunden hat (IV,10). Von den feindlichen Truppen heißt es da: „Nicht vorwärts konnten sie, auch nicht zurück,/Gekeilt in drangvoll fürchterlicher Enge." Den zweiten Teil des Verses bezieht man heute scherzhaft auf eine dichtgedrängte Menschenmenge, in der man eingekeilt steht, oder auch auf beengte räumliche Verhältnisse.

Gelassen stieg die Nacht ans Land

Mit dieser Zeile beginnt das Gedicht „Um Mitternacht" von Eduard Mörike (1804–1875), das in seinen beiden Strophen die Schwebe zwischen zwei Tagen und zugleich den vergangenen Tag besingt. Die Anfangszeile setzt sich fort: „Lehnt träumend an der Berge Wand,/Ihr Auge sieht die goldne Waage nun/Der Zeit in gleichen Schalen stille ruhn;/Und kecker rauschen die Quellen hervor,/Sie singen der Mutter, der Nacht, ins Ohr/Vom Tage,/Vom heute gewesenen Tage." Zur poetischen Charakterisierung einer nächtlichen Stimmung wird das Zitat gelegentlich auch heute noch verwendet.

Gelbe Presse

↑Yellow Press

↑Zum Kriegführen sind drei Dinge nötig: **Geld,** Geld und nochmals Geld

Geld regiert die Welt

In Anspielung darauf, daß die auf Grund ihres Geldes Mächtigen großes Ansehen genießen und mit ihren weitreichenden Möglichkeiten auch maßgeblichen Einfluß auf die Politik nehmen können, wird diese sprichwörtliche Redensart verwendet, die bereits in Georg Henischs 1616 gedrucktem Wörterbuch „Teütsche Sprach und Weißheit" verzeichnet ist. Sie findet sich in ähnlicher Form in der Oper „Margarete" von Charles Gounod (1818–1893), wo es im „Rondo vom goldenen Kalb" heißt: „Ja, das Gold regiert die Welt."

Geld stinkt nicht

Von dem römischen Kaiser Vespasian (9–79 n. Chr.) wird überliefert, daß er von seinem Sohn getadelt worden sei, weil er die römischen Bedürfnisanstalten mit einer Steuer belegt hatte. Darauf habe der Kaiser seinem Sohn das so eingenommene Geld unter die Nase gehalten und ihn gefragt, ob es streng rieche. Die lateinische Feststellung *non olet* (es stinkt nicht) ist der Ausgangspunkt der uns heute geläufigen Redensart, mit der man ausdrückt, daß auch unrechtmäßig oder auf unmoralischem Wege erworbenes Geld seinen Zweck erfüllt, daß man dem Geld letztlich nicht ansehen kann, woher es stammt.

↑ Ist das nötige **Geld** vorhanden

↑ Wer will kommen zu **Geld**

↑ In **Geldsachen** hört die Gemütlichkeit auf

Die **Gelegenheit** beim Schopf fassen

Diese verbreitete Redewendung ist wohl nach dem Bild des in der griechischen Mythologie seit dem 5. Jh. v. Chr. verehrten Kairos, des Gottes der „günstigen Gelegenheiten" entstanden. Der griechische Bildhauer Lysippos hat diesen Gott der Überlieferung nach mit kahlem Hinterkopf, aber einem lockigen Haarschopf über der Stirn dargestellt. Mit der Redewendung wird das rasch entschlossene Nutzen einer günstigen Gelegenheit, eines günstigen Augenblicks ausgedrückt. Gebräuchliche Abwandlungen sind: „Die Gelegenheit beim Schopf oder Schopfe ergreifen, packen, nehmen".

Gelegenheit macht Diebe

Dieses Sprichwort entspricht dem englischen *opportunity makes a thief,* das der englische Philosoph, Schriftsteller und Politiker Francis Bacon (1561–1626) in einem Brief an den Earl of Essex verwendete. In Goethes „Westöstlichem Diwan" (Buch Suleika) beginnt Hatems Liebeswerbung um Suleika mit den Worten: „Nicht Gelegenheit macht Diebe,/Sie selbst ist der größte Dieb;/Denn sie stahl den Rest der Liebe,/Die mir noch im Herzen blieb." Wenn eine günstige Gelegenheit jemanden dazu verführt, sich etwas, was ihm nicht gehört, was er aber gerne hätte, einfach zu nehmen, dann sagt man heute „Gelegenheit macht Diebe".

↑ Darüber sind sich die **Gelehrten** noch nicht einig

Gelehrtenrepublik

Dieses Wort geht auf Friedrich Gottlieb Klopstocks nicht abgeschlossene Prosaschrift „Die deutsche Gelehrtenrepublik" (1774) zurück, in der das Prinzip der Freiheit vom Regelzwang in der Dichtung entwickelt und ein Zusammenschluß aller deutschen Schriftsteller angestrebt wird mit dem Ziel, der deutschen Kultur eine überlegene Stellung zu verschaffen. Arno Schmidt greift den Begriff in seiner utopischen Satire „Die Gelehrtenrepublik. Kurzroman aus den Roßbreiten" (1957) auf. Heute wird damit gelegentlich eher kritisch die Zusammensetzung von Parlamenten oder anderen Entscheidungsgremien angesprochen, in denen Angehörige der gebildeten Schichten, vor allem Lehrer und Hochschullehrer, überrepräsentiert sind.

Gelobt sei, was hart macht

Diese Redensart stammt aus Friedrich Nietzsches (1844–1900) „Zarathustra" (3. Teil, „Der Wanderer"). Bei einem beschwerlichen Aufstieg zu einem Gipfel macht sich Zarathustra an einer Stelle mit folgenden Worten Mut, nicht aufzugeben: „Wer sich stets viel geschont hat, der kränkelt zuletzt an seiner vielen Schonung. Gelobt sei, was hart macht." Wenn man zum Ausdruck bringen will, daß es letztlich von Vorteil ist, sich immer wieder belastenden Situationen auszusetzen, ohne sich durch Mißerfolg oder Kritik aus dem seelischen Gleichgewicht bringen zu lassen, greift man auf dieses Zitat zurück. In derb-scherzhafter Anspielung auf die männliche Potenz ist auch die abgewandelte Form „Gelobt sei, was hart wird" im Kneipen- und Stammtischmilieu geläufig.

Das **Gelobte** Land

Mit diesem Ausdruck ist das biblische Palästina als das Land der Verheißung gemeint. In der Bibel selbst wird diese Bezeichnung zwar nicht verwendet, doch in der deutschen Literatur ist sie seit dem 15. Jahrhundert belegt. Heute spricht man im übertragenen Sinne von einem gelobten Land, wenn ein Staat, eine Region, vielleicht auch nur ein Wirkungsfeld (wie z. B. Hollywood für einen Filmschauspieler) gemeint ist, mit dem man die Vorstellung eines idealen Lebens (und Arbeitens) verbindet.

Ein **gemästet** Kalb

Im neutestamentlichen Gleichnis vom verlorenen Sohn richtet der von Freude erfüllte Vater bei der Rückkehr des Sohnes ein Festmahl aus und befiehlt seinen Bediensteten: „... und bringet ein gemästet Kalb her und schlachtet's; lasset uns essen und fröhlich sein!" (Lukas 15,23). Auf diese Bibelstelle geht die Verwendung des Ausdrucks „ein gemästet Kalb" zurück, mit dem man scherzhaft auf eine üppige Mahlzeit oder eine kulinarische Köstlichkeit anspielt, die aus besonderem Anlaß serviert wird oder serviert werden soll.

↑Denn das **Gemeine** geht klanglos zum Orkus hinab

↑Denn aus **Gemeinem** ist der Mensch gemacht

Gemeinnutz geht vor Eigennutz

Diese Maxime stammt von dem französischen Schriftsteller und Staatstheoretiker Montesquieu (1689–1755), der in seinem außergewöhnlich erfolgreichen Hauptwerk „Vom Geist der Gesetze" (Buch 26, Kapitel 15, „Die verschiedenen Arten der Gesetze") schrieb: *Le bien particulier doit céder au bien public* (wörtlich übersetzt: „Das Wohl des einzelnen muß dem öffentlichen Wohl weichen"). Der Grundsatz „Gemeinnutz geht vor Eigennutz" ist auch heute – mit Einschränkungen – die Grundlage vieler Gesetze und Bestimmungen.

Das **gemeinsame** Haus Europa

Mit diesem bildlichen Ausdruck wird die Zusammengehörigkeit, die gemeinsame politische Zukunft aller europäischen Nationen einschließlich der GUS-Staaten beschworen. Er stammt aus der bildhaften Sprache des sowjetischen Politikers und Reformers Michail Gorbatschow (* 1931). In seinem 1987 erschienenen Buch „Perestroika und neues Denken für unser Land und die ganze Welt" prägte er die Formulierung „Europa, unser gemeinsames Haus" (russisch: *Ewropa – nas obschtsch dom*), die bald von vielen Politikern Westeuropas aufgegriffen wurde. Ein ähnliches Bild verwendete schon Kurt Tucholsky im Eröffnungsartikel für die erste österreichische Ausgabe der Wochenschrift „Die Weltbühne": „Europa ist ein großes Haus" (Wiener Weltbühne I,1; 29. 9. 1932, S. 1).

Genie ist Fleiß

Nur auf den ersten Blick scheint einem genialen Menschen alles zuzufliegen, in Wirklichkeit sind seine Leistungen oft erst das Ergebnis harter Arbeit. Diese Einsicht findet sich in einem Vierzeiler Theodor Fontanes (zuerst veröffentlicht 1889), den er dem Maler, Zeichner und Graphiker Adolph Menzel (1815–1905) gewidmet hat: „Gaben, wer hätte sie nicht?/Talente – Spielzeug für Kinder,/Erst der Ernst macht den Mann,/Erst der Fleiß das Genie." Der amerikanische Erfinder Thomas A. Edison (1847–1931) hat den gleichen Gedanken in einem Interview 1930 einmal so ausgedrückt: „Genie ist ein Prozent Inspiration und neunundneunzig Prozent Transpiration" (englisch: *Genius is one per cent inspiration and ninety-nine per cent perspiration*).

Genieße, was dir Gott beschieden

Dieses Zitat stammt aus Christian Fürchtegott Gellerts (1715–69) Lied „Zufriedenheit mit seinem Zustande“, dessen vierte Strophe lautet: „Genieße, was dir Gott beschieden,/Entbehre gern, was du nicht hast./Ein jeder Stand hat seinen Frieden,/Ein jeder Stand auch seine Last.“ In Situationen, in denen jemand mit den gegebenen Umständen, seinen Verhältnissen unzufrieden ist, unausgeglichen ist, weil er immer neue Ansprüche an das Leben hat, wird das Zitat als Trost und Aufmunterung verwendet.

Genießt der Jüngling ein Vergnügen

In seinem Gedicht „Die Alte“ läßt Friedrich von Hagedorn (1708–54) eine alte Frau darüber Klage führen, daß die Sitten der neueren Zeit das Verhältnis der Geschlechter nachteilig verändert hätten. Dazu heißt es in der zweiten Strophe: „Zu meiner Zeit/Befliß man sich der Heimlichkeit./Genoß der Jüngling ein Vergnügen,/So war er dankbar und verschwiegen:/Und jetzt entdeckt er's ungescheut.“ Als Hinweis darauf, daß man mit seinen Erfolgen beim anderen Geschlecht nicht prahlen soll, oder als Aufforderung, eine intime Beziehung nicht durch Indiskretion zu gefährden, wird heute scherzhaft-mahnend in leicht abgewandelter Form zitiert: „Genießt der Jüngling ein Vergnügen,/So sei er dankbar und verschwiegen.“

Die **Gentlemen** bitten zur Kasse

Dies ist der Titel eines mehrteiligen Fernsehfilms aus dem Jahre 1974 (Regie: John Olden und Claus Peter Witt), der von den sogenannten Posträubern handelt, die in den 60er Jahren bei einem raffinierten Überfall auf einen englischen Postzug – ohne größere Gewaltanwendung – Geldsäcke millionenschweren Inhalts erbeuteten und entkommen konnten. Der Titel wird oft scherzhaft-ironisch zitiert, wenn zum Beispiel Entscheidungsträger in Politik oder Wirtschaft das Leben für den Durchschnittsbürger teurer machen, indem sie Abgaben erhöhen, Preise heraufsetzen oder neue Gebühren fordern.

Genug des grausamen Spiels

„Laßt, Vater, genug sein das grausame Spiel“, so bittet in Schillers „Der Taucher“ die Königstochter ihren Vater, den Wagemut des tapferen Knappen nicht ein zweites Mal auf die Probe zu stellen. In der verkürzten und leicht abgewandelten Form „Genug des grausamen Spiels!“ wird das Zitat heute im Sinne von „Hör auf oder hören wir doch auf damit!“ gebraucht. Man verwendet es zum Beispiel, wenn etwas allen Beteiligten keine Freude mehr macht, sondern zur Quälerei zu werden droht, oder als Aufforderung, jemanden nicht länger zum besten zu halten, auf die Folter zu spannen oder zu verspotten.

Geprägte Form, die lebend sich entwickelt

Die Zeile stammt aus dem ersten der unter der Überschrift „Urworte. Orphisch“ veröffentlichten Gedichte Goethes mit dem Titel „ΔΑΙΜΩΝ, Dämon“. Die „Urworte. Orphisch“ sind aus einer Beschäftigung Goethes mit einer bestimmten griechischen Naturanschauung, den orphischen Lehren, hervorgegangen. Danach ist der Mensch von der Stunde seiner Geburt an – bestimmt durch die Einwirkung der Gestirne – als Individuum geprägt, das sich in bestimmter Weise entwickeln muß. Entsprechend heißt es hier bei Goethe: „So mußt du sein, dir kannst du nicht entfliehen,/So sagten schon Sibyllen, so Propheten;/Und keine Zeit und keine Macht zerstückelt/Geprägte Form, die lebend sich entwickelt.“

Der **Gerechte** muß viel leiden

Diese sprichwörtliche Redensart geht auf den Psalm 34, 20 im Alten Testament zurück, wo es heißt: „Der Gerechte muß viel leiden, aber der Herr hilft ihm aus dem allem.“ Mit der oft auch scherzhaft-selbstironisch gebrauchten Redensart drückt man aus, daß wohlmeinende, rechtschaffene Menschen oft verkannt werden, es im Leben nicht immer leicht haben.

↑The **Germans** to the front!

↑In keinem guten **Geruch** stehen

Gesammeltes Schweigen

Dieses Zitat geht auf den Titel einer 1958 erschienenen Satire von Heinrich Böll zurück: „Doktor Murkes gesammeltes Schweigen". Die Titelfigur, ein Redakteur beim Hörfunk, hat die Eigenart, die aus den Programmen herausgeschnittenen Tonbandabschnitte zu sammeln, auf denen nichts zu hören ist, weil der Sprechende gerade eine Pause macht, die also sein Schweigen dokumentieren. In scherzhafter Anspielung auf diesen Böll-Titel kann man von jemandem, der sich zum Beispiel an einer Diskussion nicht beteiligt oder sich zu etwas nicht äußert, obgleich man das von ihm erwartet hätte, scherzhaft sagen, er fiele durch sein „gesammeltes Schweigen" auf.

Es **geschah** am hellichten Tag

Nach einem Drehbuch von Friedrich Dürrenmatt, das später zur Grundlage seines Romans „Der Verdacht" wurde, entstand 1958 ein Schweizer Spielfilm über einen Kindermörder (gespielt von Gert Fröbe) und den Polizeibeamten, der ihn schließlich faßt (gespielt von Heinz Rühmann). Der Titel dieses Films wird zitiert, um Verbrechen oder andere Gewaltakte als ganz unerwartet oder als besonders dreist zu charakterisieren.

↑Ach, es **geschehen** keine Wunder mehr!

Es **geschehen** noch Zeichen und Wunder

Die in diesem Ausruf des Erstaunens, der Überraschung über ein nicht mehr für möglich gehaltenes Geschehen enthaltene Zwillingsformel „Zeichen und Wunder" taucht mehrfach bereits in der Bibel auf, etwa im 2. Buch Moses 7,3, wo es heißt: „... daß ich meiner Zeichen und Wunder viel tue in Ägyptenland." In der Literatur, besonders in neuhochdeutscher Zeit, wird diese sprachliche Verbindung (oft auch in der umgekehrten Form „Wunder und Zeichen") immer wieder verwendet. Dem heute gebräuchlichen Ausruf des Erstaunens am nächsten kommt, weniger inhaltlich als formal, eine Stelle aus Schillers Wallenstein (Wallensteins Lager, 8. Auftritt), wo es in der sogenannten Kapuzinerpredigt heißt: „Es ist eine Zeit der Tränen und Not,/Am Himmel geschehen Zeichen und Wunder."

Geschehenes läßt sich nicht ungeschehen machen

Dieses Zitat geht zurück auf die Komödie „Aulularia" (= „Topfkomödie", nach dem Geldtopf des Geizigen) des römischen Dichters Titus Maccius Plautus (250–184 v. Chr.). Euclio, der geizige Alte, interessiert sich vor allem für seinen Goldschatz und mißversteht das Geständnis des Jünglings Lyconides, der ihm sein Verhältnis mit Euclios Tochter mit folgenden Worten beichtet: *Factum illud; fieri infectum non potest* („Es ist geschehen und nicht ungeschehen zu machen"). Aussprüche vergleichbaren Inhalts sind bei einer Reihe von Dichtern der Antike belegt. Heute wird mit dem Zitat zum Ausdruck gebracht, daß es wenig Sinn hat, über etwas, was nun einmal passiert ist, zu klagen. Oft verbindet sich mit dieser Feststellung der Gedanke, aus negativen Erfahrungen zu lernen und es in Zukunft besser zu machen.

↑Alles **Gescheite** ist schon gedacht worden

Einem **geschenkten** Gaul sieht man nicht ins Maul

Das Sprichwort mit der Bedeutung „mit einem Geschenk soll man, so wie es ist, zufrieden sein" geht über den Kirchenvater Hieronymus (um 347–420 oder 419) in seinem Kommentar zum Epheserbrief auf ein römisches Sprichwort zurück: *Noli equi dentes inspicere donati* („Prüfe nicht die Zähne eines geschenkten Pferdes"). – Alter und Wert eines Pferdes stellt der Käufer beim Pferdehandel unter anderem dadurch fest, daß er ihm ins Maul sieht und den Zustand seines Gebisses prüft. Hildegard Knef verwendete den Ausdruck „Der geschenkte Gaul" als Titel ihrer Memoiren.

Die **Geschichte** aller bisherigen Gesellschaft ist die Geschichte von Klassenkämpfen

Mit dieser These beginnt das erste, mit „Bourgois und Proletarier" überschriebene Kapitel des 1848 veröffentlichten „Manifests der Kommunistischen Partei" von Karl Marx und Friedrich Engels. Das Zitat wird herangezogen, wenn man als Hauptursache für gesellschaftliche Veränderungen die Auseinandersetzung zwischen den gegensätzlichen Klassen um die Entscheidungsgewalt in der Gesellschaft ansieht.

Es ist eine ↑alte **Geschichte**

Geschichten aus dem Wienerwald

Diesen Titel (auch in der mundartnahen Form: „G'schichten aus dem Wienerwald" zu finden) gab der „Walzerkönig" Johann Strauß einer seiner Kompositionen aus dem Jahr 1868. Erneut verwendet hat ihn der österreichische Schriftsteller Ödön von Horváth als Titel seines 1931 uraufgeführten sozialkritischen Volksstücks, in dem unter anderem auch ein Picknick im Wienerwald, dem beliebten Ausflugsziel der Wiener, vorkommt. Als Zitat könnte der Ausdruck heute leicht scherzhaft auf Berichte über österreichische, besonders Wiener Verhältnisse oder Ereignisse bezogen werden.

Geschichtsklitterung

Eine in bestimmter Absicht verfälschte Darstellung oder Deutung geschichtlicher Ereignisse oder Zusammenhänge, die durch Auslassung oder einseitige Betonung bestimmter Fakten verzerrt werden, wird als Geschichtsklitterung bezeichnet. Der Ausdruck geht auf den Titel von Johann Fischarts freier Bearbeitung des Romanzyklus „Gargantua" von François Rabelais zurück, der in der 2. Auflage von 1582 lautet: „Affentheurlich Naupengeheuerliche (Naupen = Schrullen) Geschichtklitterung von Thaten und Rhaten der ... Helden und Herren Grandgusier, Gargantoa und Pantagruel/Königen inn Utopien ..." Das dem Wort „Klitterung" zugrunde liegende Verb „klittern" ist heute nur noch mundartlich gebräuchlich; es bedeutet ursprünglich soviel wie „schmieren, klecksen".

↑Ade nun, ihr Lieben! **Geschieden** muß sein

Es **geschieht** nichts Neues unter der Sonne

Dieses Zitat wird (auch in der Form „Es gibt nichts ...") gebraucht, um auszudrücken, daß bestimmte Abläufe oder Ereignisse immer wiederkehren und daher nicht überraschen müssen. Es geht auf eine Erkenntnis im Alten Testament zurück: „... und geschieht nichts Neues unter der Sonne", heißt es im Prediger Salomo (1,9), wo auf die Eitelkeit und Nichtigkeit alles Irdischen hingewiesen wird. Der folgende Vers lautet: „Geschieht auch etwas, davon man sagen möchte: Siehe das ist neu? Es ist zuvor auch geschehen in den langen Zeiten, die vor uns gewesen sind."

Geschlechter kommen, Geschlechter vergehen, hirschlederne Reithosen bleiben bestehen

Wenn man auf scherzhafte Weise die besondere Haltbarkeit oder Beständigkeit einer Sache hervorheben will, kann man dieses Zitat verwenden. Es handelt sich dabei um die beiden letzten Zeilen eines Gedichts des Lyrikers Börries von Münchhausen (1874–1945), der „Lederhosensaga", in der eine durch Generationen weitervererbte Reithose besungen wird.

↑Auch was **Geschriebnes** forderst du, Pedant?

↑Nicht **gesellschaftsfähig**

Das **Gesetz** des Dschungels

Der englische Schriftsteller Rudyard Kipling (1865–1936) wurde in Deutschland besonders durch seine spannenden Tiergeschichten unter dem Titel „Im Dschungel“, allgemein bekannt als „Das Dschungelbuch“, populär. In diesem Buch verwendet der Autor den Ausdruck „das Gesetz des Dschungels“ (englisch: *the law of the jungle*), der auch im Deutschen zu einer feststehenden Fügung wurde. Sie dient zur Charakterisierung einer Verhaltensweise, für die jedes Mittel erlaubt scheint, zur Umschreibung von Gesetz- und Rechtlosigkeit.

Gesetz ist mächtig, mächtiger ist die Not

Dieses Zitat stammt aus Goethes Faust (Teil II, 1. Akt, Weitläufiger Saal) und ist ein Ausspruch des Plutus, des Gottes des Reichtums, im karnevalistischen Maskenspiel. Gebraucht wird es in ähnlichem Sinne wie die allgemein bekanntere sprichwörtliche Redensart „Not kennt kein Gebot“. Man drückt damit also aus, daß man in einer Notlage eher dazu geneigt ist, sich über Gesetz und Moral hinwegzusetzen, daß dies dann auch unter Umständen durchaus zu rechtfertigen sei.

Es ↑ erben sich **Gesetz’** und Rechte wie eine ew’ge Krankheit fort

↑ Nach dem **Gesetz,** wonach du angetreten

↑ In jedes Menschen **Gesichte** steht seine Geschichte

Ein **Gespenst** geht um in Europa – das Gespenst des Kommunismus

Im Jahre 1848 wurde in London das von Karl Marx und Friedrich Engels im Auftrag des Bundes der Kommunisten verfaßte Kommunistische Manifest unter dem Titel „Manifest der Kommunistischen Partei“ veröffentlicht. Es beginnt mit dem Satz vom Gespenst des Kommunismus in Europa, der bald danach zum geflügelten Wort wurde. Er ironisiert aus der Sicht der Autoren die Furcht vor den Kommunisten in Europa und die falschen Vorstellungen, die man sich vom Kommunismus machte. Der erste Teil des Zitats wird – mit oder ohne Ironie – gelegentlich auch auf andere Gebiete übertragen gebraucht.

↑ Wo das **gesteckt** hat, liegt noch mehr

↑ Liegt dir **Gestern** klar und offen, wirkst du heute kräftig frei

Gestern noch auf stolzen Rossen

In dem Gedicht „Reiters Morgengesang“, das mit den bekannten Zeilen „Morgenrot,/Leuchtest mir zum frühen Tod?“ beginnt, greift der Schriftsteller Wilhelm Hauff (1802–1827) das Thema der Vergänglichkeit auf. An der Gestalt des in der Schlacht zu jeder Stunde vom Tode bedrohten Reiters zeigt er in teilweise krassen Bildern die Endlichkeit alles Lebenden und die Flüchtigkeit des Daseins auf. Besonders deutlich wird dies in der lapidaren Formulierung der populär gewordenen Zeilen in der 2. Strophe „Gestern noch auf stolzen Rossen,/Heute durch die Brust geschossen“. Herausgelöst aus ihrem Kontext werden die beiden Zeilen häufig zitiert, meist aber in weniger dramatischen Zusammenhängen. Jemandes Entlassung aus einem hohen Amt beispielsweise ist sicherlich schon öfter und nicht ohne Schadenfreude mit diesem Zitat kommentiert worden.

↑ Von **gestern** sein

Gestrenge Herren regieren nicht lange

Der in dieser sprichwörtlichen Redensart enthaltene Gedanke, daß allzu strenges und furchtgebietendes Herrschaftsgebaren sich auf Dauer nicht halten kann, ist ähnlich bereits in einem Vers aus der Antike formuliert. In der Tragödie „Medea“ des römischen Dichters, Philosophen und Politikers Seneca (um 4 v. Chr.–65 n. Chr.) heißt es: *Iniqua numquam regna perpetuo manent,* auf deutsch etwa: „Ungerechte [Gewalt]herrschaft ist nicht von ewiger Dauer“. Möglicherweise geht die heute gebräuchliche Redensart auf diesen Vers zurück.

Das ↑ewig **Gestrige**

Die **Gesunden** bedürfen des Arztes nicht

Mit diesen Worten (eigentlich: „Die Starken bedürfen des Arztes nicht") antwortet Jesus auf die vorwurfsvolle Frage der Pharisäer, warum er mit den Sündern am Tisch zusammensitze (Matthäus 9,12). Bekräftigt und verdeutlicht wird diese Antwort noch durch die unmittelbar folgenden Worte: „Ich bin gekommen, die Sünder zur Buße zu rufen, und nicht die Gerechten". Heute wird das Jesuswort von den Gesunden, die des Arztes nicht bedürfen, meist dann zitiert, wenn nachdrücklich darauf hingewiesen wird, daß man diejenigen unterstützen muß, die Hilfe wirklich nötig haben.

Gesunder Geist in gesundem Körper

In seinen „Satiren" äußert sich der römische Satiriker Juvenal (um 60–nach 127) spöttisch über die oftmals törichten Wünsche der Menschen in ihren Gebeten. Er rät, es doch den allwissenden Göttern zu überlassen, was sie gewähren wollen und was nicht. Allenfalls darum, daß der Geist gesund sei und in einem gesunden Körper wohne, solle man beten (lateinisch *Orandum est, ut sit mens sana in corpore sano;* 10,356). Besonders die Turnbewegung des 19. Jh.s interpretierte dann diese Worte in der einseitigen Weise, daß nur in einem gesunden Körper ein gesunder Verstand wohnen könne. Auch die verkürzte lateinische Form *Mens sana in corpore sano* wird heute noch in diesem Sinne verwendet. Aus Studentenmund ist manchmal als scherzhafte Abwandlung zu hören: „Wer in die Mensa geht, braucht einen gesunden Körper."

Geteilte Freude ist doppelte Freude

Diese sprichwörtlich gewordene Lebensweisheit hat der Dichter Christoph August Tiedge (1752–1841) in seinen „Fragmenten aus Tiedges Urania" in ähnlicher Form niedergeschrieben. „Urania" (= die Himmlische) ist in der griechischen Mythologie die Muse der Sternkunde, aber auch ein Beiname der Aphrodite, der Göttin der Liebe und der Schönheit. Liebe und Freundschaft erscheinen dem Dichter als Gesandte des Himmels, und er führt aus: „Sei hoch beseligt oder leide;/Das Herz bedarf ein zweites Herz,/Geteilte Freud' ist doppelt Freude,/Geteilter Schmerz ist halber Schmerz." Bei den römischen Schriftstellern Cicero (106–43 v. Chr.) und Seneca (4 v. Chr.–65 n. Chr.) findet man diesen Gedanken in ähnlicher Form ausgesprochen.

Der **geteilte** Himmel

In dem 1963 erschienenen Roman von Christa Wolf (* 1929) ist die Darstellung menschlicher Konflikte mitbestimmt durch die Problematik des geteilten Deutschlands zwei Jahre nach Errichtung der Mauer in Berlin. Im Zusammenhang mit den Problemen um die beiden Staaten auf deutschem Boden wurde der Titel des Romans häufig zitiert.

Geteilter Schmerz ist halber Schmerz

↑Geteilte Freude ist doppelte Freude

↑Mit **Getöse** schrecklich groß

Getrennt marschieren, vereint schlagen

Dieser Grundsatz militärischer Strategie wird im allgemeinen dem preußischen Generalfeldmarschall Helmuth Graf von Moltke (1800–1891) zugeschrieben. Seiner Vorstellung von der Aufgabe, große Massenheere zu führen und zu dirigieren, entsprach diese militärische Devise auch durchaus. Formuliert hat er sie aber in dieser Weise wohl nicht. Der Historiker und politische Publizist Heinrich von Treitschke (1834–1896) nennt als eigentlichen Urheber des Ausspruchs den preußischen General und Heeresreformer Scharnhorst (1755 bis 1813). Zitiert wird der Satz heute meist scherzhaft und dabei übertragen auf Situationen nichtmilitärischer Art, in denen es sinnvoll erscheint, ein gemeinsames Ziel zunächst unabhängig voneinander auf unterschiedlichen Wegen anzustreben.

↑Alles **Getrennte** findet sich wieder

Getretner Quark wird breit, nicht stark

Dieser Vers stammt aus dem „Buch der Sprüche" in Goethes Gedichtsammlung „Westöstlicher Diwan". Ihm liegt wohl das tartarische Sprichwort „Wenn der Dreck getreten wird, verbreitet er sich" zugrunde, das Goethe aus der orientalistischen Literatur bekannt gewesen sein dürfte. Mit dem Zitat soll ausgedrückt werden, daß etwas, dem die inhaltliche Tiefe fehlt, auch durch noch so unverhältnismäßig großen Aufwand nicht auf ein höheres Niveau gebracht werden kann.

↑Sei **getreu** bis an den Tod, so will ich dir die Krone des Lebens geben

Getreuer Eckart

Die Symbolfigur für einen treuen Helfer erscheint in der germanischen Heldensage als Beschirmer der gotischen Harlungen vor ihrem Onkel Ermanarich. Im Nibelungenlied warnt er an der Grenze von Rüdegers Mark die Nibelungen vor den ihnen im Hunnenland drohenden Gefahren. In der Tannhäusersage verwehrt er jedem den Eintritt in den verderbenbringenden Venusberg. In Goethes Ballade „Der getreue Eckart" tritt er als Warner und freundlicher Helfer der Kinder auf, die beim abendlichen Bierholen der „Wilden Jagd" begegnen.

Ein **getreues** Herze wissen hat des höchsten Schatzes Preis

Das Zitat, ein Lobpreis echter, verläßlicher Liebe und Freundschaft, ist der Beginn eines Gedichtes von Paul Fleming (1609–1640), einem Dichter des Barock. Die Anfangsbuchstaben der sechs Strophen ergeben das Akrostichon „Elsgen", weshalb das Gedicht wohl in späteren Ausgaben den Titel „Elsgens treues Herz" erhielt. Zitiert wurde oft nur der erste Teil dieses Gedichtanfangs, als Ganzes war er sicher häufig in Poesiealben zu finden.

↑Von der **Gewalt,** die alle Menschen bindet, befreit der Mensch sich, der sich überwindet

Gewalt geht vor Recht

Der Ausspruch geht auf eine Stelle im Alten Testament zurück, wo er, in etwas anderer Form, als Anklage vorgebracht wird. Der Prophet Habakuk wendet sich an Gott mit der Klage (Habakuk 1,3): „Warum lässest du mich Mühsal sehen und siehest dem Jammer zu? Raub und Frevel sind vor mir. Es geht Gewalt über Recht." Anklage und Vorwurf enthält der Ausspruch auch heute noch.

↑Allen **Gewalten** zum Trutz sich erhalten

Ein **gewaltiger** Jäger vor dem Herrn

Mit dieser scherzhaften Umschreibung kennzeichnet man jemanden als einen begeisterten, passionierten Jäger. Der Ausdruck wird häufig auch auf andere Bereiche übertragen, so daß man etwa von einem gewaltigen (gelegentlich auch: großen) Redner oder Esser vor dem Herrn sprechen kann. Die Ausdrucksweise geht auf eine Stelle in der Bibel zurück. Im 1. Buch Moses (10,9) heißt es von Nimrod, einem Nachkommen von Noah: „... und war ein gewaltiger Jäger vor dem Herrn. Daher spricht man: Das ist ein gewaltiger Jäger vor dem Herrn wie Nimrod."

↑Viel **Gewaltiges** lebt, doch gewaltiger nichts als der Mensch

Gewaltloser Widerstand

Dieser Begriff (auch in der Form „gewaltfreier Widerstand") spielt in der modernen Friedens- und Konfliktforschung und auch in der Ökologiebewegung eine wichtige Rolle. Er dient als Bezeichnung für Aktionen unterschiedlichster Art, wie Demonstrationszüge,

Menschenketten, Sitzstreiks, Blockaden o. ä., die, oft von Bürgerinitiativen getragen, unter Berufung auf die Gewissensfreiheit ohne Mittel der Gewalt gegen Inhaber der Staatsgewalt durchgeführt werden. Der Begriff geht auf den indischen Freiheitskämpfer Mahatma Gandhi (1869–1948) zurück, der im Kampf um die politischen Rechte der indischen Einwanderer in Südafrika seine Methode des gewaltlosen Widerstands, der Gewaltlosigkeit (englisch: *non-violence*) entwickelte. Ebenso wie Gandhi hat auch der Führer der schwarzen Bürgerrechtsbewegung, Martin Luther King (1929–1968), im bewußten Gegensatz zum Revolutionsgedanken den Begriff des gewaltlosen Widerstandes verwendet und die Gewaltlosigkeit zur wirksamen Waffe der Bürgerrechtsbewegung der amerikanischen Schwarzen gemacht.

↑ Haben ein **Gewehr!**

Gewogen und zu leicht befunden

Diese sprichwörtliche Redensart hat die Bedeutung „geprüft und für ungenügend, zu schlecht befunden". Sie geht auf eine Stelle in der Bibel zurück, wo beim Propheten Daniel die Geschichte von Belsazar, dem babylonischen König, erzählt wird, dem bei einem Gelage eine Schrift an der Wand erschien, die niemand zu deuten wußte. Erst der herbeigerufene Daniel konnte sie schließlich entziffern. Ein Teil der Botschaft an Belsazar (Daniel 5,27) lautete: „... man hat dich in einer Waage gewogen und zu leicht befunden." (Vergleiche auch den Eintrag „Menetekel".)

Gewöhnlich glaubt der Mensch, wenn er nur Worte hört, es müsse sich dabei doch auch was denken lassen

Als Zitat können diese ironischen Worte dann angebracht sein, wenn jemand nach Sinn und Wert der Äußerungen eines anderen fragt oder wenn er diese überhaupt in Frage stellen will. Es handelt sich dabei um eine Aussage des Mephisto aus Goethes Faust (Teil I, Hexenküche). Mephisto antwortet damit auf die unwillige Reaktion Fausts nach Anhören des „Hexeneinmaleins" mit seinen unsinnig erscheinenden Zahlenspielereien. Mephisto drückt in seinen Worten aus, daß die Menschen sehr leicht auf alle möglichen Theorien hereinfallen, wenn sie nur einigermaßen glaubhaft vorgebracht werden.

Gib dich zufrieden und sei stille

Das Zitat ist die Anfangszeile eines evangelischen Kirchenliedes von Paul Gerhardt (1606–1676), das auch durch die dreifache Vertonung von Johann Sebastian Bach für das Gesangbuch des Zeitzer Schloßkantors Schemelli zusätzliche Bekanntheit erlangt hat. Der für das Verständnis notwendige Textzusammenhang lautet: „Gib dich zufrieden und sei stille/In dem Gotte deines Lebens!/In ihm ruht aller Freuden Fülle,/Ohn' ihn mühst du dich vergebens ..." Die Aufforderung „Gib dich zufrieden!" kehrt am Schluß jeder Strophe wieder. Die im Sinne dieser Aufforderung zitierte Anfangszeile gibt, besonders wenn man sie auf sich selbst bezieht, oft einer gewissen Resignation Ausdruck.

Gib meine Jugend mir zurück!

Das Zitat als Ausdruck der Sehnsucht nach der vergangenen Jugend stammt aus dem „Vorspiel auf dem Theater" aus Goethes Faust. Die Zeile ist der Schlußpunkt der Entgegnung des Dichters auf die Aufforderung der „Lustigen Person", für die Jugend zu schreiben: „So gib mir auch die Zeiten wieder,/Da ich noch selbst im Werden war,/Da sich ein Quell gedrängter Lieder/Ununterbrochen neu gebar, ... Gib meine Jugend mir zurück!"

Gib mir einen Punkt, wo ich hintreten kann, und ich bewege die Erde

Der griechische Mathematiker Archimedes (um 285–212 v. Chr.) soll mit diesem Ausspruch das von ihm bewiesene Hebelgesetz veranschaulicht haben. So überliefert es Pappos, ein griechischer Mathematiker im 3./4. Jh. n. Chr. in seiner „Synagoge", einer Sammlung mathematischer Abhandlungen (griechisch *Δός μοι ποῦ στῶ χαὶ χινῶ τὴν γῆν*). Wer diese Worte zitiert, fordert für sich im übertragenen Sinne einen „Archimedischen Punkt", also einen Standpunkt, von dem aus etwas grundlegend bestimmt, bewegt oder verändert werden kann.

Gib mir meine Legionen wieder!

Das Zitat geht auf den römischen Schriftsteller Sueton (* um 70 n. Chr.) zurück. Sueton berichtet in seiner Biographie des Kaisers Augustus, dieser habe angesichts der von seinem Feldherrn Varus verlorenen Schlacht gegen die Germanen im Teutoburger Wald (im Jahr 9 v. Chr.) ausgerufen *Quinctili Vare, legiones redde!* („Quinctilius Varus, gib mir die Legionen wieder!"). – Der deutsche Dichter Victor von Scheffel (1826–1886) besang die „Teutoburger Schlacht" in einem vielstrophigen Kommerslied, in dessen 11. Strophe es über Augustus heißt: „Erst blieb ihm vor jähem Schrecken/Ein Stück Pfau im Halse stecken,/dann geriet er außer sich:/‚Varus, Varus, schäme dich,/Redde legiones!'" – Mit dem Zitat kann man jemanden scherzhaft zu Wiedergutmachung auffordern, wenn man etwas durch dessen Schuld eingebüßt hat; es kann auch allgemein das Bedauern über etwas Verlorenes ausdrücken, das man gern zurückbekäme.

Es **gibt** ein Leben vor dem Tod

Mit dem Zitat wird auf eindringliche Weise das Anrecht des Menschen, ein gutes, menschenwürdiges Leben zu führen, angesprochen. Bei dem Ausspruch handelt es sich um den Titel eines Liedes des Schriftstellers und Liedermachers Wolf Biermann (einen Titel, der besonders als Motto einer 1976 erschienenen Langspielplatte mit Liedern von Wolf Biermann populär wurde). In dem Gedicht selbst wird zunächst eine Art Gegenposition zu der in der Überschrift gemachten Aussage bezogen. Refrainartig schließt jede Strophe mit der dem religiösen Bereich entnommenen, eine Vertröstung auf das Jenseits enthaltenden Aussage „Es gibt ein Leben nach dem Tod". Erst in der letzten Strophe, die, als „Anmerkung" gekennzeichnet, wie beiläufig zugesetzt erscheint, wird die eigentlich dringliche Frage gestellt, die in der Überschrift bereits ihre Antwort erfahren hat.

Es **gibt** im Menschenleben Augenblicke

Dieses Zitat stammt aus Schillers Tragödie „Wallensteins Tod" (II, 3). Feldmarschall Illo und Graf Terzky sind der Meinung, daß es ein Fehler war, Oktavio Piccolomini mit der Führung einiger Regimenter zu betrauen. Wallenstein jedoch ist überzeugt, „ein Pfand vom Schicksal selbst" für die Zuverlässigkeit Oktavios bekommen zu haben. Die Schilderung einer Nacht, in der Wallenstein einen Traum und eine Begegnung mit Oktavio hatte, die er als Zeichen des Schicksals auffaßte, leitet er mit folgenden Versen ein: „Es gibt im Menschenleben Augenblicke,/Wo er dem Weltgeist näher ist, als sonst,/Und eine Frage frei hat an das Schicksal." Heute wird mit dem Zitat meist auf Situationen angespielt, in denen sich etwas ereignet, das aus der Normalität des Alltagslebens herausragt – sei es, daß eine besonders wichtige Entscheidung zu treffen ist, sei es, daß ein außergewöhnliches Verhalten nötig wird oder daß völlig unerwartete Ereignisse eingetreten sind.

Es **gibt** nichts Gutes außer: Man tut es

Das Zitat ist eines der kürzesten Epigramme aus der 1950 veröffentlichten Sammlung „Kurz und bündig" von Erich Kästner. Es trägt die Überschrift „Moral" und betont die Notwendigkeit des Handelns, wenn man etwas Gutes erreichen will.

Es **gibt** noch Richter in Berlin

Dieser Ausspruch stammt aus einer Verserzählung des französischen Schriftstellers François Andrieux (1759–1833) mit dem Titel „Meunier sans-souci" aus dem Jahr 1797. Es geht darin um den Rechtsstreit zwischen dem

„Müller von Sanssouci“ und Friedrich dem Großen, den die Mühle in der Nähe seines Schlosses störte. Das Berliner Kammergericht hatte zugunsten des Müllers entschieden. Sowohl in der französischen – *Il y a des juges à Berlin* – wie in der deutschen Form wurde der Ausspruch allgemein bekannt. – Man kann damit seiner Genugtuung über den Ausgang einer strittigen Angelegenheit Ausdruck geben, von der man denkt, daß sie ordnungsgemäß und unparteiisch entschieden wurde.

Es **gibt** sone und solche

Die umgangssprachliche Redensart mit der Bedeutung „es ist nun einmal so, daß die Menschen unterschiedlich sind, daß nicht alle gleich angenehm sind“ geht wohl zurück auf ein Zitat aus der Berliner Lokalposse „Graupenmüller“ von Hermann Salingré (1833–1879). Dort heißt es: „Et jibt sonne, und et jibt solche,/Denn jibt's ooch noch andre –/Und det sind de Schlimmsten.“

Es **gibt** viel zu tun

↑Packen wir's an!

↑Das **gibt's** nur einmal, das kommt nie wieder

Es **ging** spazieren vor dem Tor

Mit den Versen „Es ging spazieren vor dem Tor/Ein kohlpechrabenschwarzer Mohr“ beginnt die „Geschichte von den schwarzen Buben“ aus Dr. Heinrich Hoffmanns Bildergeschichte „Der Struwwelpeter“ (1847), in der drei Jungen zur Strafe dafür, daß sie einen Schwarzen verspottet haben, in ein großes Tintenfaß getaucht werden. Das Zitat könnte zum Beispiel scherzhaft auf jemanden bezogen werden, der vor der Tür eines Hauses unruhig auf und ab geht, weil er ungeduldig auf jemanden wartet.

↑Wie kommt mir solcher **Glanz** in meine Hütte?

Glanz und Elend der Kurtisanen

So hat der französische Schriftsteller Honoré de Balzac (1799–1850) einen 1838–1847 in vier Teilen erschienenen Roman betitelt (französisch: *Splendeurs et misères des courtisanes*). In einem breit angelegten Querschnitt durch die zeitgenössische Gesellschaft wird die vernichtende Gewalt der Leidenschaft dargestellt. Der Titel wird heute in den verschiedensten Variationen zitiert, wenn man das Nebeneinander von großem Erfolg und Niedergang ansprechen will, zum Beispiel in Fügungen wie „Glanz und Elend Hollywoods“ oder „Glanz und Elend des römischen Kaiserreiches“. Er ist auch Vorbild für Bertolt Brechts Szenenfolge „Furcht und Elend des Dritten Reiches“ (uraufgeführt 1938). In dieser Aufreihung charakteristischer Situationsbilder veranschaulicht Brecht den unerträglichen und verabscheuungswürdigen Zwang, unter dem man in Deuschland während des nationalsozialistischen Regimes leben mußte.

Der **gläserne** Abgeordnete

Einige SPD-Bundestagsabgeordnete wie Norbert Gansel und Klaus Thüsing begannen um 1980 damit, ihre Einkünfte und Ausgaben offenzulegen und sich der Öffentlichkeit mit „gläsernen Taschen“ zu präsentieren. Die Medien berichteten darüber mit Überschriften wie „Der gläserne Abgeordnete“. Später wurden ähnliche Fügungen wie „der gläserne Mensch“ oder „der gläserne Patient“ geprägt, bei denen der Gedanke der Offenheit umschlug in den der unerwünschten Kontrollierbarkeit durch den Einsatz elektronischer Datenverarbeitungssysteme, zum Beispiel bei der Volkszählung oder der Erfassung medizinischer Behandlungen.

Das **Glasperlenspiel**

Als der Roman „Das Glasperlenspiel“ von Hermann Hesse (1877–1962) nach dem Krieg in Deutschland erscheinen konnte, erregte er großes Aufsehen und hatte eine außergewöhnliche Wirkung. Die Geschichte der utopischen Ordensprovinz Kastalien, „des Reichs des Geistes und der Seele“, in deren Zentrum das Glasperlenspiel steht, ein „Spiel mit sämtlichen Inhalten und Worten unserer Kultur“, faszinierte viele. Das Titelwort „Glasperlenspiel“ wurde zur Metapher, zu einem bildlichen Ausdruck für Gedankenspiel, für artistische Spielerei als Selbstzweck, für spielerische Handlungsweise ohne bestimmte Absicht und praktischen gesellschaftlichen Zweck.

Glaube, Hoffnung, Liebe

Das Zitat stammt aus dem 1. Brief des Apostels Paulus an die Korinther. Im 13. Kapitel, in dem er die Liebe preist, faßt er in Vers 13 seine Ausführungen zusammen: „Nun aber bleibt Glaube, Hoffnung, Liebe, diese drei; aber die Liebe ist die größte unter ihnen.“ Im 1. Brief des Paulus an die Thessalonicher (1,3 und 5,8) werden die göttlichen Tugenden in der Reihenfolge Glaube, Liebe, Hoffnung aufgeführt. In beiden Formen kommen sie als Grabspruch vor. Außerdem wählte Johannes Brahms (1833–1897) die Verse 1–3 und 12f. aus dem 13. Kapitel des 1. Korintherbriefs als Text für den letzten der „Vier ernsten Gesänge“.

Der **Glaube** macht selig

↑Wer’s glaubt, wird selig

Der **Glaube** versetzt Berge

Die Redensart geht auf die Bibel zurück. Im Matthäusevangelium (17,20) heißt es z. B.: „So ihr Glauben habt wie ein Senfkorn, so mögt ihr sagen zu diesem Berge: Hebe dich von hinnen dorthin! So wird er sich heben; und euch wird nichts unmöglich sein.“ Und im 1. Korintherbrief (13,2) lesen wir: „Und wenn ich weissagen könnte und wüßte alle Geheimnisse und alle Erkenntnis und hätte allen Glauben, also daß ich die Berge versetzte, und hätte der Liebe nicht, so wäre ich nichts.“ Mit der Redensart wird zum Ausdruck gebracht, daß man – wenn man fest von einer Sache überzeugt ist – unter Umständen etwas fast unmöglich Erscheinendes erreichen kann. Gebräuchlich ist auch die Form „Der Glaube kann Berge versetzen“.

↑Wer’s **glaubt,** wird selig

Gleiches mit Gleichem vergelten

Diese Redewendung findet sich bereits bei dem römischen Komödiendichter Plautus (um 250–184 v. Chr.). In seinem Lustspiel „Mercator“ („Der Kaufmann“), in dem Vater und Sohn um dasselbe Mädchen werben, heißt es (III, 4,44, Vers 629): *ut par pari respondeas* („um Gleiches mit Gleichem zu vergelten“). Das entspricht dem alten Rechtsgrundsatz aus dem mosaischen Gesetz (2. Moses 21,24): „Auge um Auge, Zahn um Zahn“. Heute sagt man meistens „Man soll nicht Gleiches mit Gleichem vergelten“, gebraucht die Wendung also in einem Kontext, der zu einer versöhnlichen, eher neutestamentlichen Haltung aufruft.

↑Wissen, was die **Glocke** geschlagen hat

↑Sei **glöcklich,** du gutes Kind

Glotzt nicht so romantisch!

In der Glosse vor dem 1. Akt der Komödie „Trommeln in der Nacht“ von Bertolt Brecht (1898–1956) wird dieser Satz als antiillusionistischer Plakatspruch für den Zuschauerraum empfohlen. Im 5. Akt richtet ihn der halbherzige Revoluzzer Kragler bei den Kämpfen im Berliner Zeitungsviertel auch gegen seinesgleichen: „Glotzt nicht so romantisch! ... Ihr blutdürstigen Feiglinge, ihr!“ Das Zitat kann in salopper Sprechweise als eine rüde Zurückweisung lästiger Verehrer verwendet werden, oder auch als grobe Aufforderung, sich nicht in Träumereien oder Schwärmereien zu verlieren, wo eine kritische Haltung, Widerstand gegen den schönen Schein gefordert wäre.

↑Und doch, welch **Glück,** geliebt zu werden!

Glück hat auf die Dauer nur der Tüchtige

Das in der Originalfassung weniger apodiktisch klingende Zitat findet sich in Helmuth Graf von Moltkes (1800 bis 1891) „Abhandlung über Strategie": „Über den Ruf eines Feldherrn freilich entscheidet vor allem der Erfolg. Wieviel daran sein wirkliches Verdienst ist, ist außerordentlich schwer zu bestimmen. An der unwiderstehlichen Gewalt der Verhältnisse scheitert selbst der beste Mann, und von ihr wird ebensooft der mittelmäßige getragen. Aber Glück hat auf die Dauer doch zumeist wohl nur der Tüchtige." Das Zitat ist inzwischen aus seinem militärischen Zusammenhang gelöst; man verwendet es häufig, wenn jemandes Erfolg von Neidern als reine Glückssache dargestellt wird oder wenn jemand das eigene Versagen als reines Pech verteidigt.

Glück im Winkel

Mit diesem Ausdruck charakterisiert man oft mit nachsichtigem Schmunzeln oder einer gewissen Kritik ein Leben in Zurückgezogenheit und das Sichbescheiden mit häuslichem Glück. Die anschauliche Bezeichnung wurde vielleicht durch Hermann Sudermanns (1857–1928) Schauspiel „Das Glück im Winkel" verbreitet.

Das **Glück** ist eine leichte Dirne

Das Zitat ist der 1. Vers des Mottos, das dem 2. Buch von Heinrich Heines (1797–1856) Gedichtzyklus „Romanzero" vorangestellt ist. Die folgenden Verse lauten: „Sie weilt nicht gern am selben Ort;/Sie streicht das Haar dir aus der Stirne/Und küßt dich rasch und flattert fort." Der Topos von der Unbeständigkeit des Glücks erscheint hier im Bild eines leichten Mädchens.

↑Jeder ist seines **Glückes** Schmied

Glücklich allein ist die Seele, die liebt

Mit den Zeilen „Freudvoll/Und leidvoll" beginnt Klärchens Lied in Goethes Trauerspiel „Egmont" (III, 2). Obwohl in diesem Lied nur widerstreitende Empfindungen der liebenden Seele geschildert werden, kommt Klärchen doch zu dem Schluß: „Glücklich allein/Ist die Seele, die liebt." Zitat und Lied sind durch die Bühnenmusik Beethovens und durch weitere Vertonungen von Schubert, Liszt und Reichardt zusätzlich bekannt geworden.

Glücklich ist, wer vergißt, was nicht mehr zu ändern ist

Das Zitat stammt aus der Operette „Die Fledermaus" von Johann Strauß (1825 bis 1899) mit dem Libretto von C. Haffner und R. Genée nach dem Vaudeville „Réveillon" von Meilhac und Halévy. Im 1. Akt zerstreut damit der verliebte Alfred, einstiger Gesangslehrer der Rosalinde von Eisenstein, ihre Bedenken wegen ihres abwesenden Gatten, so daß sie schließlich in den Refrain einstimmt. Man verwendet das Zitat zum Beispiel als Aufforderung, sich mit Unabänderlichem abzufinden, oder als Ausdruck der Resignation, mit dem man ein nicht wiedergutzumachendes Versäumnis kommentiert. Auch scherzhafte Abwandlungen wie „Glücklich ist, wer vergißt, daß ihm nicht zu helfen ist" treten gelegentlich auf.

Dem **Glücklichen** schlägt keine Stunde

Schiller läßt in dem „Die Piccolomini" überschriebenen Teil seines Wallenstein-Dramas den in seine Kusine Thekla verliebten Max Piccolomini das folgende sagen (III, 3): „O, der ist aus dem Himmel schon gefallen,/Der an der Stunden Wechsel denken muß!/Die Uhr schlägt keinem Glücklichen." In der Form „Dem Glücklichen schlägt keine Stunde" gebraucht man das Zitat als – oft scherzhaften – Kommentar, wenn jemand vergißt, auf die Zeit zu achten, oder wenn sich jemand um Termine nicht kümmern muß oder ihnen bewußt eine geringe Bedeutung beimißt.

↑Ohne **Gnade** und Barmherzigkeit

Gnade vor jemandes Augen finden

Die Redewendung im Sinne von „vor jemandem bestehen können, von ihm anerkannt, akzeptiert werden" findet sich im Alten Testament, wo von der Erwählung Abrahams durch Gott berichtet wird. Abraham erkennt Gott in drei fremden Männern, denen er Gastfreundschaft gewähren muß: „Herr, habe ich Gnade gefunden vor deinen Augen, so gehe nicht an deinem Knecht vorüber" (1. Moses 18,3).

Gold gab ich für Eisen

Am 17. 3. 1813 erließ der preußische König Friedrich Wilhelm III. seinen berühmten Aufruf „An mein Volk" zum Kampf gegen die napoleonische Herrschaft. Darin beschwor der König die Einheit von Krone, Staat und Nation. Eine Welle patriotischer Begeisterung und Opferbereitschaft ging danach durch ganz Preußen. Durch freiwillige Spenden konnten Truppen ausgerüstet und verstärkt werden. Das Motto dieser Spendenaktion „Gold gab ich für Eisen" klingt bereits in Schillers „Jungfrau von Orleans" (uraufgeführt 1803) an. Hier fordert Agnes Sorel, die Geliebte König Karls, den König auf: „Verwandle deinen Hofstaat in Soldaten,/Dein Gold in Eisen; alles, was du hast,/Wirf es entschlossen hin nach deiner Krone!" (I, 4). Der Ursprung dieses Ausdrucks liegt weiter zurück, er ist schon im 16. Jh. literarisch belegt.

Gold und Silber lieb' ich sehr

Das Zitat stammt aus der erste Strophe eines Gedichts von August Schnezler (1809–1853), das 1843 in Leipzig in einem „Liederbuch des deutschen Volkes" erschien. Die Strophe lautet: „Gold und Silber preis' ich sehr,/ Könnt' es auch wohl brauchen;/Hätt' ich nur ein ganzes Meer,/Mich hineinzutauchen!" Man zitiert die leicht abgewandelte erste Zeile in scherzhafter Ausdrucksweise, um sein Interesse an materiellen Gütern zu betonen.

↑Nach **Golde** drängt, am Golde hängt doch alles

Goldene Äpfel auf silbernen Schalen

Dieses Zitat findet sich in den Sprüchen Salomos (25, 11) im Alten Testament. Dort heißt es: „Ein Wort, geredet zu seiner Zeit, ist wie goldene Äpfel auf silbernen Schalen." Das Bild wurde von Dichtern des 18. Jahrhunderts häufig verwendet, so auch von Goethe in den „Bekenntnissen einer schönen Seele". Es steht für etwas im geistigen Sinne besonders Wertvolles, Kostbares.

Goldene Berge versprechen

Diese Redewendung geht auf das Stück „Phormio" des römischen Komödiendichters Terenz (185–159 v. Chr.) zurück. In dem Lustspiel (I, 2) lockt jemand seinen Freund, ihm „Berge Goldes versprechend" (lateinisch: *montes auri pollicens*), nach Kilikien. Wenn jemandem goldene Berge versprochen werden, dann werden ihm große, unerfüllbare Versprechungen gemacht, wird ihm etwas vorgegaukelt.

Eine **goldene** Brücke bauen

Die Wendung „jemandem eine goldene Brücke oder goldene Brücken bauen" mit der Bedeutung „jemandem das Eingeständnis seiner Schuld, das Nachgeben erleichtern, die Gelegenheit zum Einlenken geben" findet sich bereits bei dem Publizisten und Satiriker des Barock Johann Fischart (1546–1590). In seinem Hauptwerk, meist zitiert als „Geschichtsklitterung", gibt es im Kapitel 47 der ersten Auflage eine Stelle, wo er sagt, man solle „dem Feind Tür und Tor auftun und ihm eine goldene Brükke machen, daß er davonziehen könne". Zugrunde liegt eine alte Kriegsregel, wonach man einen abziehenden oder fliehenden Feind möglichst nicht in Kämpfe verwickelt, sondern ihm – wenn nötig – sogar Brücken baut, um seinen Abzug, seine Flucht zu erleichtern.

Die **goldene** Mitte

Dieser Ausdruck könnte (ebenso wie die Variante „der goldene Mittelweg") auf die *aurea mediocritas* in den „Oden" (II, 10, 5) des römischen Dichters Horaz (65–8 v. Chr.) zurückgehen, der damit zu – bei aller Lebensfreude – maßvollem Genuß ermahnt. Man bezeichnet damit einen angemessenen, zwischen den Extremen liegenden Standpunkt oder eine solche Entscheidung.

Der ↑Mann mit dem **goldenen** Arm

Goldenes Kalb

Die stilistisch gehobenen Redewendungen „das Goldene Kalb anbeten" und „um das Goldene Kalb tanzen" im Sinne von „geldgierig sein; den Wert, die Macht des Geldes sehr hoch schätzen" gehen auf das Alte Testament zurück. Im 2. Buch Moses, 32 wird berichtet, daß Aaron, der ältere Bruder des Moses, auf Drängen der Volksmenge aus ihrem Schmuck am Sinai das Goldene Kalb gießen läßt, dem das Volk opfert.

Goldenes Zeitalter

Mit dem „Goldenen (auch: Saturnischen) Zeitalter" war ursprünglich die ideale Vorzeit der antiken Sage gemeint. Der griechische Dichter Hesiod (um 700 v. Chr.) schildert sie in „Werke und Tage" (109–120) als paradiesischen Allgemeinzustand ohne politische oder soziale Probleme. Der Prozeß weiterer Menschheitsentwicklung stellt sich von hier aus als Verschlechterung dar. Im übertragenen Sinne wird heute auch allgemein eine Blütezeit oder eine Zeit großer wirtschaftlicher Erfolge auf einem Gebiet als „goldenes Zeitalter" bezeichnet, z. B. „das goldene Zeitalter der Schwarzweißfotografie" oder „das goldene Zeitalter des Ostasienhandels".

Goldesel

Der umgangssprachliche Ausdruck mit der Bedeutung „unerschöpfliche Geldquelle" geht zurück auf das Grimmsche Märchen „Tischchen deck dich, Goldesel und Knüppel aus dem Sack". Der zweite Sohn des Schneiders, der bei einem Müller in die Lehre gegangen war, erhielt von diesem am Ende der Lehrzeit einen Esel „von einer besonderen Art". Der Müller beschrieb die ungewöhnliche Fähigkeit dieses Tieres so: „... wenn du ihn auf ein Tuch stellst und sprichst: ‚Bricklebrit', so speit dir das gute Tier Goldstücke aus, hinten und vorn."

Goldne Abendsonne

Die beiden Worte bilden den Anfang des Gedichtes „An die Abendsonne" der Schweizer Dichterin Anna Barbara Urner (1760–1803). Das Gedicht wurde 1815 von Hans Georg Nägeli vertont. Im Lied sind die zweite und vierte Zeile leicht verändert: „Goldne Abendsonne,/Wie bist du so (im Original: O wie bist du) schön!/Nie kann ohne Wonne/ Deinen Glanz (im Original: Blick) ich sehn."

Goldne Rücksichtslosigkeiten

Das Zitat stammt aus Theodor Storms (1817–1888) Gedicht „Für meine Söhne", wo es in der 2. Strophe heißt: „Blüte edelsten Gemütes/Ist die Rücksicht; doch zu Zeiten/Sind erfrischend wie Gewitter/Goldne Rücksichtslosigkeiten." Den Ausdruck „goldne Rücksichtslosigkeit" verwandte Storm schon vier Jahre vor Entstehen des Gedichtes in einem Brief an Eduard Mörike vom 20. 11. 1850. Wenn man zum Ausdruck bringen möchte, daß falsch verstandene Rücksichtnahme sich in einer bestimmten Situation nachteilig auswirken würde, kann man „goldene Rücksichtslosigkeiten" empfehlen, die zur wohltuenden Klärung eines Sachverhaltes beitragen dürften.

Die **goldnen** Sternlein prangen

Das Zitat kommt sowohl in Matthias Claudius' (1740–1815) Abendlied „Der Mond ist aufgegangen" als auch in Paul Gerhardts (1607–1676) „Nun ruhen alle Wälder" vor. Bei Claudius hat es die Fortsetzung: „Am Himmel hell und klar"; bei Gerhardt heißt es dagegen: „Die güldnen Sternlein prangen/Am blauen Himmelssaal". Auch wegen ihrer Vertonungen – „Nun ruhen alle

Wälder“ auf eine Melodie des 15. Jh.s, „Der Mond ist aufgegangen“ von J. A. P. Schulz, Franz Schubert, J. F. Reichardt und Othmar Schoeck – sind beide Lieder sehr populär.

↑ Trinkt, o Augen, was die Wimper hält, von dem **goldnen** Überfluß der Welt!

↑ Wenn die **Gondeln** Trauer tragen

↑ Man **gönnt** sich ja sonst nichts

Den **gordischen** Knoten durchhauen

Die Redewendung im Sinne von „eine Schwierigkeit auf verblüffend einfache Weise lösen“ leitet sich von dem Gordischen Knoten aus der griechischen Sage her, einer kunstvollen Verknotung von Stricken am Wagen des sagenhaften phrygischen Königs Gordios. Nach einem Orakel sollte derjenige, der den Knoten löste, die Herrschaft über Kleinasien erlangen. Wie der römische Geschichtsschreiber der Kaiserzeit, Curtius Rufus, in seiner „Geschichte Alexanders des Großen“ überliefert, soll dieser den Knoten mit dem Schwert durchtrennt und damit das Orakel erfüllt haben.

Der **Gott** der Eisen wachsen ließ, der wollte keine Knechte

In seinem 1813 erschienenen „Vaterlandslied“ bringt Ernst Moritz Arndt (1769–1860) die herrschende Stimmung im Volk gegenüber der napoleonischen Fremdherrschaft in Deutschland zum Ausdruck. Die erste Strophe beginnt: „Der Gott der Eisen wachsen ließ,/Der wollte keine Knechte,/Drum gab er Säbel, Schwert und Spieß/Dem Mann in seine Rechte.“ Wenn sich schon die Fürsten der deutschen Staaten nicht von Napoleon lossagen, so sollen doch die deutschen Männer „nimmer im Tyrannensold/Die Menschenschädel spalten“, sondern für die Befreiung des Volkes kämpfen; denn nur „das ist die große Sache“ (5. Strophe). Das martialische Zitat wird heute noch gelegentlich als pathetischer Kommentar zu historischen Befreiungskämpfen gebraucht.

Gott der Herr hat sie gezählet

Dieser Vers stammt aus dem Kinderlied „Weißt du, wieviel Sterne (häufig: Sternlein) stehen“, das der Superintendent und Dichter Wilhelm Hey (1789–1854) im Anhang seiner Fabelsammlungen veröffentlicht hat. Mit diesen Worten bringt man gelegentlich scherzhaft zum Ausdruck, daß man nicht weiß, wie zahlreich etwas vorhanden ist, daß man keine genaue Angabe über Anzahl oder Umfang von etwas machen kann. Auch die Anfangszeile des Liedes „Weißt du, wieviel Sterne stehen“ wird im gleichen Sinne als Zitat gebraucht.

↑ Mit **Gott** für König und Vaterland

Gott grüß Euch, Alter! Schmeckt das Pfeifchen?

Mit diesen Worten begrüßt am Anfang des Gedichts „Die Tobakspfeife“ von Gottlieb Konrad Pfeffel (1736–1809) ein junger Adliger einen Kriegsveteranen. Der auffällige Kopf der Tabakspfeife des Alten hat seine Aufmerksamkeit erregt, und er möchte ihn gerne kaufen. Der Vers wird gelegentlich noch als scherzhafter Gruß verwendet, wenn man auf jemanden trifft, der gerade dabei ist zu rauchen.

↑ O, ein **Gott** ist der Mensch, wenn er träumt, ein Bettler, wenn er nachdenkt

Gott ist immer mit den stärksten Bataillonen

Diese Redensart stammt wahrscheinlich aus dem Französischen, wo der zugrundeliegende Gedanke bereits im 17. Jahrhundert zu finden ist. So schrieb der Comte de Bussy-Rabutin am 18. 10. 1677 in einem Brief an den Comte de Limoges: *Comme vous savez, Dieu est d'ordinaire pour les gros escadrons contre les petits* („Wie Sie wissen, hilft Gott normalerweise den großen Eskadronen

[= Schwadronen] gegen die kleinen"). Und in einem Brief der Marquise von Sévigné an ihre Tochter vom 22. 12. 1673 heißt es: *La fortune est toujours pour les gros bataillons* („Das Glück ist immer auf der Seite der großen Bataillone"). Auch bei Friedrich dem Großen (der ja französisch schrieb) und Voltaire finden sich ähnliche Belegstellen, die sicher zur Verbreitung der Redensart beigetragen haben. Heute wird sie vor allem gebraucht, wenn kritisch-resignativ der Erfolg der Mächtigen kommentiert wird und man selbst eher der Position eines Schwächeren oder einer weniger einflußreichen Gruppierung zuneigt.

↑ Bei **Gott** ist kein Ding unmöglich

Gott ist tot

„Gott ist tot! Gott bleibt tot! Und wir haben ihn getötet!" So ruft der „tolle Mensch" im 125. Stück von Nietzsches „Fröhlicher Wissenschaft" (1882) aus. Christentum und christlich-jüdisch-abendländische Werte werden dort als Merkmale einer „Sklavenmoral" angesehen, die es zu überwinden gilt. Der „tolle Mensch" hat diesen Schritt für sich vollzogen und ist auf dem Wege zum „Übermenschen". Und dieser „Antichrist und Antinihilist, dieser Besieger Gottes und des Nichts" ist für Nietzsche der Mensch der Zukunft. – Als scherzhafte Antwort auf das Motto „Gott ist tot. (Nietzsche)" findet man gelegentlich die Formulierung „Nietzsche ist tot. (Gott)".

↑ Wer nur den lieben **Gott** läßt walten

Gott mit uns!

Im 1. Kapitel des Matthäusevangeliums wird berichtet, daß Joseph im Traum die Geburt Jesu mit den Worten verkündet wurde: „Siehe, eine Jungfrau wird schwanger sein und einen Sohn gebären, und sie werden seinen Namen Immanuel heißen, das ist verdolmetscht: Gott mit uns" (Matthäus 1,23). Diese Prophezeiung geht auf den Propheten Jesaja im Alten Testament zurück (Jesaja 7,14), wo sie dem Hause Davids als Zeichen der Errettung gegeben wird. Im 30jährigen Krieg gab der schwedische König Gustav II. Adolf vor der Schlacht bei Breitenfeld 1631 die Worte „Gott mit uns" als Parole aus. Seit dem 18. Jahrhundert waren sie der Wahlspruch der preußischen Könige und standen dann auch auf dem Koppelschloß deutscher Soldaten.

↑ Gäbe es **Gott** nicht, so müßte man ihn erfinden

Gott schuf ihn, also laßt ihn für einen Menschen gelten

Dieses nicht gerade schmeichelhafte Urteil fällt in Shakespeares Schauspiel „Ein Sommernachtstraum" (I, 2) die reiche Portia über einen Herrn aus dem Kreise ihrer Freier. Im englischen Original sagt sie *God made him, and therefore let him pass for a man*. Mit diesem Zitat bringt man scherzhaft zum Ausdruck, daß man jemanden, der eigentlich bekannt sein müßte, nicht näher kennt, daß man noch nicht viel oder gar nichts von ihm gehört hat. Gelegentlich wird mit dem Zitat angedeutet, daß auch jemand, der sich durch eine verbrecherische Tat außerhalb der menschlichen Gesellschaft gestellt hat, dennoch eine der Würde des Menschen angemessene Behandlung erfahren muß.

Gott schütze mich vor meinen Freunden

Mit dieser zunächst paradox klingenden Aussage wird ausgedrückt, daß man Freunden gegenüber in gewisser Weise wehrloser ist als gegenüber Feinden, gegen die man ja mit geringeren Hemmungen vorzugehen weiß, gegenüber denen man auch sehr viel wachsamer und mißtrauischer ist. In eher scherzhafter Weise bringt man damit gelegentlich auch zum Ausdruck, daß allzu viel freundschaftliche Zuwendung, sei sie auch noch so gut gemeint, recht lästig werden kann. Der Ausspruch geht wohl auf eine lateinische Sprichwörtersammlung des 16. Jahrhunderts zurück, wo von König Antigonos berichtet wird, der ein Opfer darbringen läßt, damit Gott ihn vor seinen Freunden behüte. Auf Befragen erklärt er dazu, vor seinen Feinden könne er sich selbst schützen, vor seinen Freunden aber nicht.

Gott sei Dank! Nun ist's vorbei mit der Übeltäterei

Am Ende von „Max und Moritz" läßt Wilhelm Busch (1832–1908) das ganze Dorf mit diesen Worten aufatmen. Man verwendet sie heute meist als mehr scherzhaft gemeinten Seufzer der Erleichterung, wenn die Urheber von Dummejungenstreichen ausfindig gemacht worden sind und ihrem Treiben ein Ende gesetzt worden ist, allgemeiner auch, wenn etwas als unangenehm, lästig Empfundenes abgestellt worden ist.

Gott, sei mir Sünder gnädig!

So spricht der Zöllner im Gleichnis vom betenden Pharisäer und Zöllner, das im Lukasevangelium erzählt wird (Lukas 18, 13). Diese Worte stehen in deutlichem Kontrast zu denen des selbstgerechten Pharisäers (vergleiche das Zitat „Ich danke dir Gott, daß ich nicht bin wie die anderen Leute"). Der Ausspruch des Zöllners wurde zum geflügelten Wort und wird insbesondere als Stoßseufzer oder Gebet von jemandem zitiert, der sich all seiner menschlichen Schwächen und der Unzulänglichkeit seines Handelns voll bewußt ist und sich entsprechend demutsvoll und bescheiden gibt.

↑ Was **Gott** tut, das ist wohl getan

↑ Wen **Gott** vernichten will, den schlägt er mit Blindheit

↑ Wem **Gott** will rechte Gunst erweisen, den schickt er in die weite Welt

↑ Was nun **Gott** zusammengefügt hat, das soll der Mensch nicht scheiden

↑ Dir wird gewiß einmal bei deiner **Gottähnlichkeit** bange!

↑ Wen die **Götter** lieben, der stirbt jung

Götterdämmerung

Der auf die nordische Mythologie zurückgehende Ausdruck mit der Bedeutung „der Untergang der Götter in Verbindung mit dem Weltbrand vor dem Anbruch eines neuen Weltzeitalters" wurde durch Richard Wagners (1813 bis 1883) „Götterdämmerung", den Schlußteil des „Rings des Nibelungen", popularisiert; er ist aber schon im 18. Jahrhundert in der deutschen Literatur belegt. Es handelt sich bei dem Wort um eine falsche Lehnübersetzung von altisländisch *ragna rökkr* = Götterverfinsterung, das mit ragna rök = Götterschicksal vermischt wurde. In übertragenem Gebrauch wird der Ausdruck ganz allgemein auf den Beginn einer neuen Epoche, auf eine grundlegende Umwälzung und Veränderung der bisher geltenden Werte in einem bestimmten Bereich bezogen.

↑ Von **Gottes** Gnaden

Gottes Mühlen mahlen langsam

Dieses Sprichwort ist der Anfang des ersten Verses des Sinngedichtes „Göttliche Rache" von Friedrich von Logau (1604–1655). Es besagt, daß jeder für sein unrechtes Tun die gerechte Strafe erhält, auch wenn dies nicht immer gleich geschieht. Gottes Gerechtigkeit entgeht niemand. Der vollständige Gedichttext lautet: „Gottes Mühlen mahlen langsam, mahlen aber trefflich klein,/Ob aus Langmut er sich säumet, bringt mit Schärf' er alles ein." Logau hat den Grundgedanken dieses Epigramms wohl von Sextus Empiricus, einem altgriechischen Arzt und Philosophen um 200 n. Chr., übernommen; bei ihm heißt es: „Erst lange Zeit nachher mahlen der Götter Mühlen, doch mahlen sie Feines" (griechisch: *ὀψὲ δεῶν ἀλέουσι μύλοι, ἀλέουσι δὲ λεπτά*).

↑ Noch am **Grabe** pflanzt er die Hoffnung auf

Gradus ad Parnassum

Unter diesem Titel (deutsch: „Stufen zum Parnaß“) gab Ende des siebzehnten Jahrhunderts der Jesuit Paul Aler eine Art Lehrbuch und Materialsammlung für die Verfertigung lateinischer Verse heraus. Der Parnaß, ein Gebirge in Mittelgriechenland, galt in der Antike als Sitz Apollos und der Musen und damit im übertragenen Sinne als „Reich der Dichtkunst“. – Der Titel des Buches wurde nicht nur für ähnliche Lehrwerke in späterer Zeit verwendet (z. B. für eine Kontrapunktlehre des österreichischen Komponisten Johann Joseph Fux aus dem Jahre 1725), man zitiert ihn heute in gehobener Sprache auch allgemein für eine Hilfe zur Vervollkommnung auf den verschiedensten Gebieten.

Der **Graf** wird seine Diener loben

↑Der ist besorgt und aufgehoben

Gralshüter

In der Dichtung Wolframs von Eschenbach (um 1170/1180–um 1220) wird der Gral – ein geheimnisvoller, Wunder wirkender Stein – von einer geweihten Ritterschar auf dem Berg Montsalvatsch gehütet. Nach diesem in der mittelalterlichen europäischen Dichtung verbreiteten Motiv bezeichnen wir – oft mit leichter Ironie – als „Gralshüter“ jemanden, der sich berufen fühlt, die Reinheit einer Lehre, die Unversehrtheit einer Einrichtung zu bewahren.

Das **Gras** wachsen hören

Von einem Menschen, der an den kleinsten oder auch an bloß eingebildeten Anzeichen zu erkennen glaubt, wie die Lage ist oder wie sie sich entwickelt, sagen wir mit leichtem Spott, er höre das Gras wachsen. Diese Redewendung geht auf die sogenannte „jüngere Edda“ zurück, ein skaldisches Lehrbuch des frühen 13. Jahrhunderts. Dort heißt es (in Karl Simrocks [1802–1876] Übersetzung) von Heimdall, einem der 12 Asen und Wächter der Götter, daß er eine ungewöhnlich starke Sinnesschärfe habe und „das Gras in der Erde und die Wolle auf den Schafen wachsen“ höre.

Grau, teurer Freund, ist alle Theorie

„Grau, teurer Freund, ist alle Theorie,/Und grün des Lebens goldner Baum.“ Mit diesen Worten weist Mephisto im 1. Teil von Goethes Faust im 2. Teil der Studierzimmerszene den Schüler auf die Unzulänglichkeit eines nur theoretischen Wissens hin. Die Praxis alleine zählt, und nur „der den Augenblick ergreift,/Das ist der rechte Mann.“ Mit diesem Zitat ermuntert man heute einen Menschen, Erfahrungen im Leben zu sammeln, oft warnt man mit diesen Worten auch davor, vor lauter Theoretisieren die Wirklichkeit aus dem Blick zu verlieren.

Graue Eminenz

So bezeichnet man besonders in der Politik eine einflußreiche Persönlichkeit, die nach außen kaum in Erscheinung tritt. Der Ausdruck ist eine Lehnübersetzung des französischen *l'eminence grise,* des Beinamens des französischen Kapuzinerpaters und engsten Beraters von Kardinal Richelieu, Père Joseph (1577–1638). Richelieu war bemüht, dem stets in der grauen Kapuzinerkutte auftretenden Pater in Rom die Kardinalswürde und damit eine Robe und den Titel „Eminenz“ zu verschaffen, doch ohne Erfolg. Père Joseph blieb die „graue Eminenz“. Im 19. Jh. wurde in Deutschland vor allem der Diplomat Friedrich von Holstein (1837–1909), ein vertrauter Mitarbeiter Bismarcks, mit diesem Beinamen belegt.

Das **Grauen** vor dem Nichts

↑Horror vacui

↑Mir **grauet** vor der Götter Neide

Die ↑drei **Grazien**

Greif nicht in ein Wespennest, doch wenn du greifst, so greife fest

In seiner Sinnspruchsammlung „Ein gülden ABC“ schreibt Matthias Claudius (1740–1815): „Greif nicht leicht in ein Wespennest;/Doch wenn du greifst, so stehe fest.“ Mit diesen Zeilen, die heute leicht abgewandelt zitiert werden, ist gemeint, daß man eine heikle oder gefährliche Angelegenheit besser auf sich beruhen lassen soll; wenn man aber schon etwas unternimmt, dann soll man es konsequent und gründlich tun.

Greift nur hinein ins volle Menschenleben!

Das Zitat stammt aus Goethes Faust I. Im „Vorspiel auf dem Theater" beginnt damit der Ratschlag der „Lustigen Person" für den Dichter, der ein Stück liefern soll: „Greift nur hinein ins volle Menschenleben!/Ein jeder lebt's, nicht vielen ist's bekannt,/Und wo ihr's packt, da ist's interessant." Möglicherweise hat Goethes Formulierung zur Verbreitung der ebenfalls im späten 18. Jh. zuerst belegten Redewendung „aus dem Leben gegriffen sein" beigetragen (oder ist von ihr beeinflußt worden). Mit dieser Wendung bezeichnet man eine sehr realistische, wirklichkeitsnahe Darstellung oder Schilderung, während das Goethe-Zitat darauf hinweist, daß man aus der lebendigen Vielfalt des menschlichen Lebens reichlich Anschauungsmaterial für die verschiedensten Erkenntnisse gewinnen kann.

↑Sein **greises** Haupt schütteln

Eine **Grenze** hat Tyrannenmacht

In Schillers „Wilhelm Tell" (II, 2) sagt Werner Stauffacher in seiner Rede vor dem Rütlischwur: „... und der fremde Herrenknecht/Soll kommen dürfen und uns Ketten schmieden,/Und Schmach antun auf unsrer eignen Erde?/Ist keine Hülfe gegen solchen Drang? .../Nein, eine Grenze hat Tyrannenmacht." Das Zitat steht für die Überzeugung, daß ein Volk sich seine Rechte auf die Dauer nicht vorenthalten läßt oder daß es keine alles umfassende Unterdrückung geben kann, daß Widerstand möglich und geboten ist.

Grenzen der Menschheit

Das Zitat ist der Titel eines Gedichts von Goethe. Das Wort „Menschheit" ist wohl zugleich als „Menschsein" und „die Menschen" zu verstehen: „Denn mit Göttern soll sich nicht messen/Irgendein Mensch .../Was unterscheidet/Götter von Menschen?/... Uns hebt die Welle,/Verschlingt die Welle,/Und wir versinken./Ein kleiner Ring/Begrenzt unser Leben ..." Das berühmte Gedicht wurde von Franz Schubert (1797–1828) und Hugo Wolf (1860–1903) vertont.

Die **Grenzen** des Wachstums

Unter dem Titel *The limit to growth* („Die Grenze des Wachstums") wurde 1972 eine Untersuchung von Dennis Meadows u. a. veröffentlicht. Die Studie erschien in den „Berichten an den Club of Rome", eine informelle Vereinigung von Wirtschaftsführern, Politikern und Wissenschaftlern aus über 30 Ländern, die sich die Erforschung von Ursachen und inneren Zusammenhängen der allgemeinen Menschheitsprobleme besonders im wirtschaftlichen und sozialen Bereich zur Aufgabe gemacht hat. Das Zitat ist vor allem im Hinblick auf die immer größer werdenden Umweltschädigungen durch wirtschaftliches Wachstum ein aktuelles Schlagwort geblieben.

Ins **grenzenlose** Reich der Möglichkeiten

Das ↑Land der unbegrenzten Möglichkeiten

Grenzsituation

Das Wort im Sinne von „ungewöhnliche Situation, in der nicht die üblichen Mittel, Maßnahmen zu ihrer Bewältigung Anwendung finden können" ist eine Prägung des Philosophen Karl Jaspers (1887–1969). In der „Psychologie der Weltanschauungen" aus dem Jahr 1919 heißt es in bezug auf Erfahrungen wie die Situationsgebundenheit des Menschen, seine Herkunft, Kampf, Leiden, Schuld, Tod: „Diese Situationen, die an der Grenze unseres Daseins überall gefühlt, erfahren, gedacht werden, nennen wir darum ‚Grenzsituationen'."

Gretchenfrage

Mit diesem Ausdruck bezeichnet man eine unangenehme, oft peinliche und zugleich für eine bestimmte Entscheidung wesentliche Frage in einer schwierigen Situation. Es kann auch die Frage nach jemandes Religion oder politischer Überzeugung gemeint sein. Das Wort ist in Anlehnung an die von Gretchen an Faust gerichtete Frage „Nun sag, wie hast du's mit der Religion?" entstanden (Goethe, Faust I, Marthens Garten). Auch diese Frage selbst wird – meist in der leicht abgewandelten Form „Wie hältst du's mit der Religion?" – zitiert, um auf ein wesentliches, entscheidendes, oft heikles Problem hinzuweisen und jemanden zu einer klaren Stellungnahme in der betreffenden Sache aufzufordern.

Grieche sucht Griechin

Dies ist der Titel einer 1966 mit Heinz Rühmann in der Hauptrolle verfilmten Erzählung von Friedrich Dürrenmatt aus dem Jahr 1955. Darin erkennt der biedere Grieche Archilochos erst bei der Trauung, daß es sich bei seiner Braut, die er über ein Zeitungsinserat kennengelernt hat, um eine stadtbekannte Prostituierte handelt. Das Zitat wird – auch in Abwandlungen wie „Bayer sucht Bayerin" – gelegentlich scherzhaft im Anzeigenteil von Zeitungen unter der Rubrik „Bekanntschaften" oder in Heiratsannoncen verwendet.

↑Wer wollte sich mit **Grillen** plagen

Der **große** Blonde mit dem schwarzen Schuh

So lautet der Titel der deutschen Version des französischen Films *Le grand blond avec une chaussure noire* aus dem Jahr 1972, der die Verwicklungen um einen vermeintlichen Topagenten in einer Parodie auf die Arbeit der Geheimdienste schildert. Der „große Blonde" ist ein tolpatschiger Musiker, der versehentlich einen braunen und einen schwarzen Schuh angezogen hat. Da er so sehr leicht zu beschreiben und in der Menge zu erkennen ist, wird er zum ahnungslosen Lockvogel in einer Agentenintrige. Man verwendet das Zitat meist scherzhaft in bezug auf einen durch Körpergröße und blonde Haare auffälligen Mann, wobei die verschiedensten Abwandlungen der zweiten Hälfte des Zitats möglich sind.

Der **große** Bruder

↑Big brother is watching you

Eine **große** Epoche hat das Jahrhundert geboren; aber der große Moment findet ein kleines Geschlecht

Im „Musenalmanach für das Jahr 1797" veröffentlichte Schiller eine größere Anzahl von Sinngedichten, Distichen und Xenien, von denen mehrere in Zusammenarbeit mit Goethe entstanden. Zu ihnen ist auch dieser Sinnspruch mit dem Titel „Der Zeitpunkt" zu zählen. Er wird oft herangezogen, um zu konstatieren, die meisten Menschen seien unfähig, große Ereignisse und Momente geistesgeschichtlicher, künstlerischer oder historischer Art in ihrer vollen Tragweite zu erfassen und zu würdigen. Je nach Situation wird das zweizeilige Sinngedicht als Ganzes oder auch in seinen beiden Teilen einzeln zitiert. Dabei wird der zweite Teil gelegentlich auch zu scherzhaften Zweideutigkeiten mißbraucht.

Große Ereignisse werfen ihre Schatten voraus

Diese sprichwörtliche Redensart kommt aus dem Englischen; sie stammt aus dem Gedicht „Lochiel's Warning" (deutsch: „Lochiels Warnung") des schottischen Dichters Thomas Campbell (1777–1844). Dort heißt es in einem poetischen Bild, daß die tief stehende Sonne des Lebensabends eine Art seherische Kraft verleiht: *And coming events cast their shadows before* („Und kommende Ereignisse werfen ihre Schatten voraus"). Das leicht abgewandelte Zitat kommentiert die ersten wahrnehmbaren Anzeichen einer bevorstehenden, besonderen Veranstaltung, Festlichkeit o. ä.

Große Freiheit Nr. 7

Der Titel des Films von Helmut Käutner bezieht sich auf eine Straße im

Hamburger Stadtteil St. Pauli. In dem 1943/44 gedrehten Film spielt Hans Albers einen Seemann, den Lebensgefährten einer Nachtlokalbesitzerin, der als Stimmungssänger auftritt. Er verliebt sich in ein junges Mädchen, das sich aber für einen anderen entscheidet; der Seemann sucht danach seine „große Freiheit" wieder auf dem Meer und heuert auf einem Schiff an. Das Zitat kommentiert meist ironisch jemandes Bestreben, sich aus seinen gesellschaftlichen Bindungen zu befreien und in einem neuen Leben die wahre Freiheit zu finden.

Das **große** Fressen

Der französische Spielfilm *La grande bouffe* (deutscher Titel: „Das große Fressen") von 1973, für den sich die weibliche Hauptdarstellerin Andrea Ferréol eine Rubensfigur anessen mußte, erregte wegen seiner schockierenden Schilderung einer selbstmörderischen „Freßorgie" großes Aufsehen. Sein Titel wurde bald als salopp-scherzhafte Bezeichnung für Veranstaltungen gebräuchlich, bei denen kalte Büfetts und kulinarische Genüsse im Mittelpunkt stehen.

Große Gedanken kommen aus dem Herzen

Das Zitat – im Original: *Les grandes pensées viennent du cœur* – stammt von Luc de Clapier, Marquis de Vauvenargues (1715–1747). Es ist die 87. Maxime aus seinem Hauptwerk „Introduction à la connaissance de l'esprit humain, suivie de réflexions et de maximes" („Einleitung zur Kenntnis des menschlichen Geistes, gefolgt von Betrachtungen und Maximen"). Es drückt aus, daß erhabene Gedanken nicht auf bloßem Verstandesdenken beruhen, sondern daß an ihrem Zustandekommen letztlich das Gefühl beteiligt ist.

↑An die **große** Glocke hängen

Der **große** Klare aus dem Norden

Der seit 1967 verwendete Werbespruch für die Kornmarke Bommerlunder aus Flensburg wurde sehr populär und gelegentlich scherzhaft als Bezeichnung für einen hochgewachsenen Norddeutschen verwendet. Besonders Gerhard Stoltenberg, der ehemalige Ministerpräsident von Schleswig-Holstein und spätere Bundesminister, wurde in den Medien des öfteren so genannt.

Große Seelen dulden still

Diese Worte spricht in Schillers „Don Karlos" (I, 4) Marquis Posa zur Königin gewandt, wenn auch vordergründig mit Bezug auf die Heldin der von ihm erzählten Geschichte, die sich in einer ähnlichen Situation wie Elisabeth von Valois zwischen dem König und seinem Sohn befindet. Einen verwandten Gedanken spricht Mathilde Wesendonck (1828–1902) in dem von Richard Wagner vertonten Gedicht „Im Treibhaus" aus: „Und wie froh die Sonne scheidet/ Von des Tages leerem Schein,/Hüllet der, der wahrhaft leidet,/Sich in Schweigens Dunkel ein." Heute kann das Zitat auch scherzhaft oder selbstironisch verwendet werden, wenn jemand ein – im Grunde geringfügiges – Unrecht oder Leid klaglos hinnimmt.

Der **große** Unbekannte

Mit dem Ausdruck wird in der Kriminalliteratur ironisch auf einen verborgen bleibenden Täter hingewiesen, den es vielleicht gar nicht gibt, dessen sich jemand möglicherweise nur zu seiner eigenen Entlastung bedient. Letztlich geht die Formulierung wahrscheinlich auf eine Stelle im Alten Testament zurück, wo es im Buch Hiob (36, 26) heißt: „Siehe, Gott ist groß und unbekannt". Mit *the great Unknown* wurde Walter Scott, der zunächst anonyme Verfasser des historischen Romans „Waverly" (1814) von dem zeitgenössischen Kritiker James Ballantyne bezeichnet. Auch Nikolaus Lenau verwendet in der 7. Strophe seines Gedichts „Der Hagestolz" (1837/38) den Ausdruck „der große Unbekannte" in bezug auf den göttlichen Lebensgeist, der einen Totenschädel einst beseelte.

Das **große** Welttheater

Das Zitat – im spanischen Original *El gran teatro del mundo* – ist der Titel eines Auto sacramental, eines spätmittelalterlichen spanischen Fronleichnamsspiels, von Calderón de la Barca (1600–1681). Das Schauspiel wurde 1846 von Joseph von Eichendorff ins Deutsche übersetzt. Hugo von Hofmannsthals Nachdichtung „Das große Salzburger Welttheater" erschien 1922. Der bis in die Barockzeit weitverbreitete literarische Topos vom Welttheater, dem *Theatrum mundi,* der Vorstellung der Welt als eines Theaters, auf dem die Menschen (vor Gott) ihre Rollen spielen, erscheint als Vergleich oder Metapher bereits in der Antike bei Platon, Horaz, Seneca und im Urchristentum bei Augustinus.

Der **große** Zampano

Der „große Zampano" tritt in Federico Fellinis Film „La Strada" (deutsch: „Das Lied von der Straße") aus dem Jahr 1954 auf. Es ist der bramarbasierende, großsprecherische Jahrmarktsartist Zampano, der vor seinem Publikum als „der große Zampano" auftritt, der den Seiltänzer Matto im Streit tötet und das Dorfmädchen Gelsomina, das er zu seiner Sklavin gemacht hat, wieder verläßt. – Nach dieser Figur spricht man von einem „großen Zampano" als von einem sich lautstark in Szene setzenden Mann, der durch sein prahlerisches Gebaren beeindrucken will, der behauptet, Unmögliches möglich machen zu können.

↑Und die **Größe** ist gefährlich und der Ruhm ein leeres Spiel

↑Alle **großen** Männer sind bescheiden

Ein **großer** Aufwand schmählich ist vertan

Das Zitat (im Original: „Ein großer Aufwand, schmählich! ist vertan") stammt aus Goethes Faust II, aus dem fünften Akt. In der Szene der Grablegung muß Mephisto erkennen, daß alle seine Anstrengung, Fausts Seele zu gewinnen, umsonst war, daß er seine Wette mit Gott verloren hat, nachdem die Engel Fausts unsterbliche Seele entführt haben. Wir zitieren den Satz – oft in scherzhaft-pathetischer Ausdrucksweise – im Sinne von „aller Aufwand war umsonst".

Der **größte** Lump im ganzen Land, das ist und bleibt der Denunziant

Bis zum heutigen Tag hat dieses vernichtende Urteil des Germanisten und Lyrikers August Heinrich Hoffmann von Fallersleben (1798–1874), das er in seinen „Politischen Gedichten aus der Vorzeit Deutschlands" (1843) fällte, seine Gültigkeit bewahrt. Der Dichter des „Deutschlandliedes" war 1842 wegen seiner nationalliberalen Haltung seines Professorenamtes enthoben und des Landes verwiesen worden.

Eine der **größten** Himmelsgaben

Das Zitat stammt aus Goethes Faust (Erster Teil. Der Nachbarin Haus). Faust möchte Gretchen wiedersehen und fordert von Mephisto, eine Gelegenheit dafür zu schaffen. Im Gespräch mit Gretchen im Haus der Frau Marthe sinniert dann Mephisto: „'s ist eine der größten Himmelsgaben,/So ein lieb Ding im Arm zu haben." – Man bezieht das Zitat heute auch auf Dinge, besonders aus dem kulinarischen Bereich, die als besonders köstlich gelten.

↑Als der **Großvater** die Großmutter nahm

Grün ist die Heide

Dieser banale Satz geht zurück auf den Kehrreim aus Hermann Löns' Heidelied „Geheimnis", das 1911 in der Sammlung „Der kleine Rosengarten" erschienen ist. „Ja, grün ist die Heide, die Heide ist grün,/Aber rot sind die Rosen, wenn sie da blühn." Inhaltlich wurde das Zitat auch durch einen bekannten deutschen Heimatfilm mit gleichlautendem Titel aus dem Jahr 1951 (Regie: Hans Deppe) geprägt, dessen Trivialität durch romantisch verschönte Zeitproblematik, verklärende Landschaftsbilder, sentimentale Liebesgeschichten und Klamottenkomik zum Ausdruck kommt.

Die **Gründe** kenne ich nicht, aber ich muß sie mißbilligen

Dies ist ein Ausspruch des Abgeordneten Julius Kell, der im Februar 1849 während einer Sitzung der 2. Kammer des ordentlichen Landtags im Königreich Sachsen sagte: „Das halte ich eben für ein Unheil, daß die Staatsregierung solche Erklärungen allein abgibt, und vielleicht eben weil sie keinen Hinterhalt an der Volksvertretung hat, sich nicht entschließen kann, bindende und definitive Erklärungen abzugeben. Die Gründe kenne ich nicht, aber ich muß sie mißbilligen." Das Zitat wird gelegentlich gebraucht, um auszudrücken, daß man eine Handlungs- oder Verhaltensweise in jedem Fall verurteilt, auch wenn einem die jeweiligen Beweggründe nicht bekannt sind.

Grund- und Eckstein

Diese Zwillingsformel findet sich schon im Alten Testament. Bei Jesaja (28, 16) heißt es: „Darum spricht Gott der Herr: Siehe, ich lege in Zion einen Grundstein, einen bewährten Stein, einen köstlichen Eckstein, der wohl gegründet ist." Der „Eckstein" wird in älterem Sprachgebrauch oft im selben Sinne wie „Grundstein" gebraucht, so daß bei dem sprachlichen Bild vom „Grund- und Eckstein" eine verstärkende Verdopplung vorliegt. Man bezeichnet damit die Grundlage, das wesentliche Element einer Institution oder einer Entwicklung; in ähnlicher Weise spricht man häufig auch vom „Grund- und Eckpfeiler".

Grüne Lunge

Dieser bildliche Ausdruck für „Park, Grünanlage einer Großstadt" geht möglicherweise auf eine Formulierung des englischen Staatssekretärs William Pitt (1708–1778) zurück. In einer Rede seines Biographen William Windham vom 30. 6. 1808 vor dem Unterhaus heißt es, Pitt habe des öfteren gesagt, *that the parks were the lungs of London* („daß die Parks die Lungen von London seien").

↑O daß sie ewig **grünen** bliebe, die schöne Zeit der jungen Liebe

Grünen und blühen

↑Blühen und Grünen

Gruppenbild mit Dame

Dies ist der Titel eines 1971 erschienenen Romans von Heinrich Böll. Als verstärkt Frauen in die Länderkabinette berufen wurden, griffen Journalisten diesen Titel auf und präsentierten die posierenden neuen Regierungen in der Bildunterschrift als „Gruppenbild mit Dame[n]".

G'schichten aus dem Wienerwald

↑Geschichten aus dem Wienerwald

Die **güldnen** Sternlein prangen

Die ↑goldnen Sternlein prangen

↑Mit dem **Gürtel,** mit dem Schleier reißt der schöne Wahn entzwei

↑Was? Der Blitz! Das ist ja die **Gustel** aus Blasewitz

Es ist nicht **gut,** daß der Mensch allein sei

Dieses Zitat findet sich im Alten Testament (1. Moses 2, 18). Es bezieht sich auf Adam, der zunächst im Paradies allein ist und dem Gott eine Gefährtin an die Seite geben will. Es heißt dort im biblischen Wortlaut: „Es ist nicht gut, daß der Mensch allein sei; ich will ihm eine Gehilfin machen, die um ihn sei". – Das Zitat wird dann verwendet, wenn man im Alleinsein von Menschen die Gefahr der Isolierung sieht, oder ganz allgemein als eine an jemanden gerichtete Ermunterung, sich an andere anzuschließen oder sich einen Ehepartner, einen Lebensgefährten zu suchen.

↑Ach, wie **gut,** daß niemand weiß, daß ich Rumpelstilzchen heiß'!

Gut dem Dinge

Diese Floskel taucht öfter bei Walter Kempowski auf, z. B. in seinem Roman „Tadellöser & Wolff" aus dem Jahr

1971. Sie bedeutet dort soviel wie „gut, in Ordnung" und wird auch als Zitat in diesem Sinne verwendet.

Gut gebrüllt, Löwe!

Dieses Zitat aus Shakespeares „Ein Sommernachtstraum" (V, 1) gebraucht man, wenn etwas treffend, schlagfertig bemerkt oder kommentiert wurde. Im Original sagt im sogenannten Rüpelspiel Demetrius, als das Brüllen des „Löwen" die arme Thisbe erschreckt: *Well roared, lion!*

↑Jenseits von **Gut** und Böse

Die **gute** Ehe ist ein ew'ger Brautstand

Das sentenzhafte Zitat stammt aus Theodor Körners (1791–1813) Trauerspiel „Die Sühne" (6. Auftritt). Es bringt – in heute eher altmodisch anmutender Form – zum Ausdruck, daß es in einer guten Ehe keine Abstumpfung, keine Routine geben darf, sondern daß die Partner sich stets so umeinander bemühen, einander so liebevoll zugetan sein sollten wie in der Zeit ihres Verlobtseins. Eine so geführte Ehe bewahrt dann auch auf Dauer das Glück, das mit den ersten Tagen des Zusammenseins verbunden ist.

Eine **gute** Gabe Gottes

Eine ↑Gabe Gottes

Der **Gute** Hirte

Das Bild des Hirten wird in der Bibel, besonders im Alten Testament, sehr häufig gebraucht. Es ist durchaus nicht als Idylle gedacht (zu der es auf bildlichen Darstellungen späterer Zeiten häufig wurde), sondern ist zu verstehen aus der damaligen Kenntnis des Hirtenberufs als einer schweren, oft gefahrvollen Tätigkeit voller Verantwortung. Ohne Hirte war eine Herde verloren. So verband sich mit dem Bild des Hirten die Vorstellung von der gerechten, fürsorglichen Herrschaft. „Hirte" konnte Ehrentitel für Könige und Gottheiten sein. Im Alten Testament wird dieser Titel vorwiegend auf Gott angewendet. Gott wurde damit weniger unter dem Aspekt der Macht und Autorität gesehen als im Hinblick auf seine Bereitschaft zur Fürsorge. Verstärkt erscheint dann gerade dieser Gedanke, gesteigert bis zur Hingabe des Lebens, im Neuen Testamen bei der Übertragung des Bildes vom Hirten auf Christus. Die Bezeichnung „der Gute Hirte" für Jesus geht auf das Jesuswort bei Johannes (10, 12) zurück: „Ich bin der gute Hirte. Der gute Hirte läßt sein Leben für die Schafe." Die Bezeichnung wurde später oft auf den verantwortungsvoll in seiner Gemeinde wirkenden Pfarrer übertragen.

Der **gute** Mensch von ...

Der Titel von Bertolt Brechts (1898–1956) Parabelstück „Der gute Mensch von Sezuan" ist mit beliebiger Abwandlung der Ortsangabe zum Zitat geworden. Es wird nach der Heldin Shen Te meist zur Charakterisierung eines gutmütigen, hilfsbereiten Menschen gebraucht, an den man sich immer wenden kann, gelegentlich auch ironisch auf jemanden bezogen, der sich zu selbstgefällig als Wohltäter feiern läßt.

Das **Gute** – dieser Satz steht fest – ist stets das Böse, was man läßt

Das Zitat ist ein Ausspruch von Onkel Nolte im Epilog zu Wilhelm Buschs (1832–1908) Bildergeschichte „Die fromme Helene", nachdem Helene durch Alkoholgenuß ihren tödlichen Unglücksfall ausgelöst hat. Schon bei dem römischen Dichter Horaz (65–8 v. Chr.) heißt es in den „Epistulae" (I, 1, 41): *Virtus est vitium fugere* („Tugend ist, das Laster zu fliehen"). Man verwendet das Busch-Zitat gelegentlich, wenn jemand ein verwerfliches Vorhaben aufgegeben, einer Versuchung nicht nachgegeben hat.

Die **guten** ins Töpfchen, die schlechten ins Kröpfchen

Das Zitat stammt aus Grimms Märchen „Aschenputtel". Aschenputtel bittet mit diesen Worten die Tauben, beim mühsamen Verlesen der Linsen zu helfen. Man verwendet das Zitat scherzhaft in bezug auf Dinge, die man nach ihrer Qualität sortiert.

Einen **guten** Kampf kämpfen

Diese Formulierung mit der Bedeutung „sich für eine gute Sache mit seiner ganzen Person einsetzen" geht auf das Neue Testament zurück; dort heißt es im 1. Brief des Apostels Paulus an Timotheus 6,12: „... kämpfe den guten Kampf des Glaubens" und im 2. Brief an Timotheus 4,7: „Ich habe einen guten Kampf gekämpft, ich habe den Lauf vollendet, ich habe Glauben gehalten".

Den **guten** Willen für die Tat nehmen

Diese Redewendung geht wahrscheinlich auf den zweiten Dialog von Jonathan Swifts (1667–1745) „Polite Conversations" („Höfliche Gespräche") zurück. Es heißt dort im Original: *Thou must take the will for the deed* („Man muß den Willen für die Tat nehmen"). Vermutlich stammt diese Ausdrucksweise von dem römischen Dichter Ovid (43–17 v. Chr.), der in einem Brief aus seinem Verbannungsort am Schwarzen Meer seinem Freund Rufus eines seiner Werke mit den Worten empfahl: *Ut desint vires, tamen est laudanda voluntas* („Wenn auch die Kräfte fehlen, so ist dennoch der Wille zu loben"; Epistulae ex Ponto III, 4,79). Die Redewendung bedeutet soviel wie „anerkennen, daß sich jemand bemüht hat, auch wenn der Erfolg ausgeblieben ist" und wird oft gebraucht, um jemanden zu trösten, der einem etwas Gutes tun wollte und es nicht zustande gebracht hat.

Guter Engel

Im alttestamentlichen apokryphen Buch des Tobias (5,28 und 29) tröstet dieser seine Frau, als beider Sohn, der junge Tobias, zu einer Reise aufbricht, mit den Worten: „Weine nicht; unser Sohn wird frisch und gesund hin- und wieder herziehen, und deine Augen werden ihn sehen. Denn ich glaube, daß ein guter Engel Gottes ihn geleitet und alles wohl schicken wird, was er vorhat". Danach bezeichnen wir heute einen als Helfer und Retter wirkenden Menschen als „guten Engel".

Ein **guter** Mensch in seinem dunklen Drange ist sich des rechten Weges wohl bewußt

Mancher Generation von Schülern ist sicherlich dieses bekannte Zitat als Aufsatzthema gestellt worden. Es stammt aus dem „Prolog im Himmel" zu Goethes Faust. Im Dialog zwischen Gott und Mephisto kommt es zu einer Meinungsverschiedenheit und einer Art Wette darüber, ob es Mephisto gelingen kann, den „Doktor Faust" auf seinem „Wege mit herab" zu führen oder ob Gott ihn „bald in die Klarheit führen" wird. Mit den später zum häufig gebrauchten Zitat gewordenen Worten weist Gott darauf hin, daß Mephisto, dem für seine „Wette gar nicht bange" ist, nicht einkalkuliert hat, daß einem Menschen guten Willens womöglich die Befähigung innewohnt, sich auch in undurchschaubaren Situationen für das Richtige zu entscheiden.

Guter Mond, du gehst so stille

So beginnt ein seit etwa 1800 bekanntes Volkslied, dessen Verfasser unbekannt ist. Darin klagt ein Verliebter dem Mond, daß er mit der Geliebten nicht glücklich werden könne, da er ja schon gebunden sei. Heute wird der Anfang der ersten Strophe „Guter Mond, du gehst so stille in den (meist zitiert: durch die) Abendwolken hin" gelegentlich noch – ohne tiefere Sinngebung – beim Anblick des Mondes am Abend- oder Nachthimmel zitiert.

Es ↑gibt nichts **Gutes** außer: Man tut es

Gutes mit Bösem vergelten

Die Redewendung, mit der man zum Ausdruck bringt, daß jemand sehr undankbar handelt, findet sich schon in der Bibel und wurde durch sie wahrscheinlich besonders verbreitet. Dort wird an verschiedenen Stellen die Frage aufgeworfen, ob es recht sei, Gutes mit Bösem zu vergelten. So zum Beispiel im

Buch des Propheten Jeremia (18,20), wo es heißt: „Ist's recht, daß man Gutes mit Bösem vergilt?" Im Neuen Testament wird gefordert, nicht einmal Böses mit Bösem zu vergelten, also nicht Rache zu üben. Im 1. Petrusbrief (3,9) heißt es entsprechend: „Vergeltet nicht Böses mit Bösem oder Scheltwort mit Scheltwort, sondern dagegen segnet, und wisset, daß ihr dazu berufen seid, daß ihr Segen erbet."

Hab Achtung vor dem Menschenbild

Diese Ermahnung findet sich mehrfach in dem Gedicht „Höchstes Gebot", das Friedrich Hebbel (1813–1863) in der Neujahrsnacht 1836/37 schrieb. Man zitiert die Zeile auch heute so, wie sie vom Dichter gemeint war, als Aufruf zur Humanität, zur Achtung der Menschen.

Hab' ich den Markt und die Straßen doch nie so einsam gesehen

Wenn sich jemandem ein Ort, den er sonst vielleicht nur belebt kennt, aus irgendeinem Anlaß wie ausgestorben präsentiert, so kann er seinem Erstaunen darüber auch heute noch mit diesem Zitat Ausdruck verleihen. Es handelt sich dabei um die Anfangszeile des Epos „Hermann und Dorothea" von Goethe. Dort wird zu Beginn erzählt, daß fast alle Bewohner der Stadt sich neugierig einen Flüchtlingszug ansehen, der in der Nähe des Ortes vorbeizieht, und daß die Stadt deshalb so gut wie menschenleer ist.

Hab' ich doch meine Freude dran!

Diese höhnische Antwort wird Faust in einem Dialog mit Mephisto in Goethes bekanntestem Theaterstück zuteil (Erster Teil, Marthens Garten). Mephisto freut sich über die Verstricktheit Fausts in seine Liebe zu Gretchen. Er beobachtet und kommentiert den Gang der Ereignisse mit zynischen Worten. – Mit dem Zitat bestätigt jemand mit Nachdruck, daß ihm etwas Bestimmtes besonders gefällt, wobei auch Schadenfreude im Spiel sein kann.

Hab' ich nur deine Liebe, die Treue brauch' ich nicht

Dies sind die beiden Anfangszeilen des Liedes von Fiametta, der Geliebten der Titelgestalt aus Franz von Suppés (1819–1895) Operette „Boccaccio" (Libretto von F. Zell und R. Genée). Das Zitat, in dem eine ungewöhnliche Toleranz gegenüber der Untreue eines geliebten Menschen zum Ausdruck kommt, kann gelegentlich als nicht sehr freundliche, ironische Anspielung auf jemanden gebraucht werden, der einem treulosen Ehe- oder Lebenspartner dessen Seitensprünge immer wieder verzeiht.

Hab' mich nie mit Kleinigkeiten abgegeben

Mit diesen Worten kann jemand kundtun, daß er gewisse Ansprüche hat, sich für Dinge, die vermeintlich unter seinem Niveau liegen, zu schade ist o. ä. Sicher geschieht dies meist in scherzhaft-ironischer Weise mit einer Art gespielter Überheblichkeit. Das Zitat stammt aus Schillers Schauspiel „Die Räuber" (V, 1). Die Worte haben dort allerdings eine andere Funktion. Sie kennzeichnen den verzweiflungsvoll-verwirrten Zustand des in Gewissensangst geratenen Schurken Franz Moor, der, im Grunde Gott und sein Gewissen leugnend, angesichts der herandringenden Todesgefahr sich im Gebet versucht, was ihm allerdings in grotesk-blasphemischer Weise mißlingt. Die Stelle, ein Teil des Gebetes, lautet: „Ich bin kein gemeiner Mörder gewesen, mein Herrgott – hab mich nie mit Kleinigkeiten abgegeben, mein Herrgott –".

Hab Sonne im Herzen

Der Schriftsteller Cäsar Flaischlen (1864–1920) war ein zu seiner Zeit bekannter Erzähler, Dramatiker und Lyriker. Aus seinem damals viel gelesenen Buch „Aus den Lehr- und Wanderjahren des Lebens" stammt das Gedicht „Hab Sonne ..." (nach der Melodie von „Der Mai ist gekommen" zu singen), dessen Anfangszeilen als Ermunterung zu positiver Lebenseinstellung auch heute noch zitiert werden: „Hab Sonne im Herzen/ob's stürmt oder schneit,/ob der Himmel voll Wolken,/die Erde voll Streit!" Die erste Zeile wurde auch zum Titel eines Spielfilms (1952) mit Liselotte Pulver.

Habe nun, ach! Philosophie

Mit diesen berühmten Worten beginnt der Auftrittsmonolog Fausts in Goethes Drama (Faust I, Nacht). Sie werden meist zitiert, um damit eine gewisse Ratlosigkeit zu signalisieren, um anzudeuten, daß man bereits alles mögliche unternommen hat, aber immer noch nicht weiß, wie es weitergehen soll, wie man sich verhalten soll, woran man ist. Der Anfang des Monologs wird dabei mehr oder weniger vollständig oder auch nur bruchstückhaft zitiert. Gelegentlich genügt auch schon der Stoßseufzer „Habe nun, ach!" Die Stelle lautet im ganzen: „Habe nun, ach! Philosophie,/Juristerei und Medizin,/Und leider auch Theologie!/Durchaus studiert, mit heißem Bemühn."

Habemus Papam

Einem kirchlichen Ritus entsprechend wird nach einer Papstwahl mit dieser lateinischen Formel auch heute noch der neue Papst der Öffentlichkeit präsentiert. Die vollständige, seit dem 15. Jahrhundert schriftlich überlieferte Formel lautet: *Annuntio vobis magnum gaudium: Papam habemus,* auf deutsch: „Ich verkündige euch eine große Freude: Wir haben einen Papst." Heute wird mit dem Ruf „Habemus Papam" vor der Außenloggia der Peterskirche in Rom den Wartenden die vollzogene Papstwahl bekanntgegeben. – In scherzhafter Übertragung wird die lateinische Formel gelegentlich benutzt, um jemandem mitzuteilen, daß man gerade in den Besitz von etwas Erstrebenswertem gelangt ist. So kann beispielsweise jemand, der gerade zu Geld gekommen ist, ausrufen: *Habemus pecuniam!*

Haben ein Gewehr!

Dies ist eine in der Umgangssprache als Antwort auf ein bestimmtes Anliegen meist scherzhaft verwendete Floskel. Sie bedeutet etwa soviel wie: „Das ist leider nicht möglich, dazu bin ich nicht in der Lage". Sie stammt aus einem Kinderlied von Friedrich Wilhelm Güll (1812–1879), der als Erneuerer des Kindergedichts im 19. Jahrhundert gilt. Das Lied beginnt mit den Zeilen: „Wer will unter die Soldaten,/Der muß haben ein Gewehr ..."

Haben und Nichthaben

Dies ist der Titel eines 1937 erschienenen Romans von Ernest Hemingway (1899–1961; englischer Originaltitel: *To have and have not*). Möglicherweise bezog sich Hemingway damit auf eine Stelle in Miguel de Cervantes' „Don Quichotte", wo es (im 20. Kapitel) heißt: *Dos linages sólos hay en el mundo, como decia una abuela mía, que son el tenir y el no tenir* („Es gibt nur zwei Familien auf der Welt, wie eine meiner Großmütter sagte, die Habenden und die Nichthabenden"). Das Zitat wird oft dann benutzt, wenn man die Gegensätzlichkeit von Reichtum und Armut, von Besitzenden und Besitzlosen ansprechen will. Der Roman, in dem ein Bootsverleiher, ein Habenichts, mit denselben skrupellosen Methoden wie die Reichen sein Geld zu verdienen sucht und schließlich in einer Schießerei zu Tode kommt, wurde mehrfach verfilmt. Besonders erfolgreich war der 1944 nach Motiven des Hemingwayromans gedrehte Film gleichen Titels mit Humphrey Bogart und Laureen Bacall.

Habent sua fata libelli

Das Zitat stammt aus dem Lehrgedicht „De litteris" („Über die Artikulation der Buchstaben") des afrikanischen Grammatikers Terentianus Maurus (Ende des 3. Jahrhunderts). Der ganze Vers 258 lautet: *Pro captu lectoris habent sua fata libelli* („Je nach der Aufnahme durch den Leser haben die kleinen Büchlein ihre Schicksale"). Mit diesem Satz wird auf die bisweilen sehr bewegte Rezeptionsgeschichte literarischer Werke hingedeutet. In Abwandlung zitiert man auch gelegentlich „Wörter haben ihre Schicksale", wenn es um die Etymologie oder Geschichte eines Wortes geht.

Haie und kleine Fische

Dies ist der Titel eines 1956 erschienenen Romans von Wolfgang Ott (* 1923), in dem realistisch-anklagend der U-Boot-Krieg dargestellt wird. Der damals vielgelesene Roman wurde unter dem gleichen Titel 1957 auch verfilmt (Regie: Frank Wisbar). Der durch Buch und Film sehr populär gewordene plastisch-bildhafte Titel wurde bald dazu verwendet, Verhältnisse zu kennzeichnen, wie sie sich zwischen Herrschenden und Beherrschten, Mächtigen und Unterdrückten, Betrügern und Betrogenen ergeben.

↑Und der **Haifisch,** der hat Zähne

Halb zog sie ihn, halb sank er hin

Wenn sich jemand nur zögernd dazu entschließt, eine bestimmte Beziehung zu jemandem einzugehen, dabei weniger aus eigener Initiative handelt, weniger einem inneren Drang folgt als äußerem Druck oder äußerer Verlockung, so wird eine solche Unentschlossenheit oft scherzhaft mit diesem Zitat kommentiert. Es handelt sich dabei um die vorletzte Zeile der Ballade „Der Fischer" (1779) von Goethe. Darin wird von einem Fischer erzählt, der sich von den Worten und Gesängen einer aus dem Wasser auftauchenden Nixe so betören läßt, daß er ihr am Ende in die Fluten folgen muß: „Halb zog sie ihn, halb sank er hin,/Und ward nicht mehr gesehn."

Half ihm doch kein Weh und Ach

In Anspielung auf schmerzliche, unangenehme Situationen, die jemand trotz Jammerns und Klagens durchzustehen hatte, wird dieses Zitat aus Goethes Volkslied „Heidenröslein" verwendet. Die dritte Strophe dieses bekannten Liedes lautet: „Und der wilde Knabe brach/'s Röslein auf der Heiden;/Röslein wehrte sich und stach,/Half ihm doch kein Weh und Ach,/Mußt es eben leiden./Röslein, Röslein, Röslein rot,/Röslein auf der Heiden."

Die **Hälfte** ist mehr als das Ganze

Das Zitat findet sich im Lehrgedicht „Werke und Tage" (40f.) des griechischen Dichters Hesiod (um 700 v. Chr.) und bezieht sich auf die von Hesiods Bruder Perses erneut erzwungene Teilung des väterlichen Erbes, nach der Hesiod mit dem ihm verbliebenen kleinen Teil mehr als Perses erwirtschaftete. Es heißt daher von den ungerechten Richtern: „Toren! Sie wissen ja nicht, wie Halbes mehr als ein Ganzes gilt!"

Halte fest: du hast vom Leben doch am Ende nur dich selber

Die Erkenntnis, daß nicht der äußere Glanz, nicht der vergängliche Ruhm am Ende des Lebens zählt, spricht Theodor Storm in der letzten Strophe seines Gedichts „Für meine Söhne" (1854) aus. Diese Verse gibt man auch heute noch jüngeren Menschen als Motto mit auf ihren Lebensweg.

Haltet euch an Worte

↑Jurare in verba magistri

↑Um auf besagten **Hammel** zurückzukommen

Hammer und Amboß

↑Amboß oder Hammer sein

↑Dieselbe **Hand** gibt Heilung mir und Wunden

Eine **Hand** wäscht die andere

Die sprichwörtliche Redensart geht auf die lateinische Formel *manus manum lavat* zurück. Diese ist sowohl bei dem römischen Philosophen und Dichter Seneca (um 4 v. Chr.–65 n. Chr.) in der Satire „Apocolocyntosis" belegt als auch bei dem römischen Schriftsteller Petronius († 66 n. Chr.) in dem Schelmenroman „Satiricon". Mit der Redensart wird eine gegenseitige Hilfeleistung angesprochen: Eine Gefälligkeit, die man jemandem erwiesen hat, wird mit einem Gegendienst belohnt. In diesem Sinne wird das Wort auch von Goethe verwendet in dem epigrammatischen Gedicht „Wie du mir, so ich dir". Die letzten beiden Verse lauten: „Hand wird nur von Hand gewaschen;/Wenn du nehmen willst, so gib!" Heute gebraucht man die Redensart oft auch mit dem Nebengedanken, daß es sich bei diesen Gefälligkeiten um eigentlich unerlaubte Handlungen, um nicht ganz saubere Geschäfte handelt, die unbestraft bleiben, weil sich die Beteiligten nicht gegenseitig verraten.

↑Seine **Hände** in Unschuld waschen

Der **Handelnde** ist immer gewissenlos

Dies ist der erste Teil eines Aphorismus aus den sogenannten „Maximen und Reflexionen" von Goethe (aus dem Teil, der „Ethisches" und „Literarisches" behandelt). Mit dem sehr extrem formulierten Gedanken ist die Vorstellung verknüpft, daß jemand, der handelt, Tatkraft zeigt und Entschlüsse faßt, nicht immer alle Eventualitäten mitbedenken, mitberücksichtigen kann, daß er Skrupel überwinden muß und so ständig in der Gefahr ist, Fehler zu begehen, schuldig zu werden. Der gleiche Gedanke ist im zweiten Teil des Aphorismus in umgekehrter Weise noch einmal formuliert, er lautet: „Es hat niemand Gewissen als der Betrachtende."

↑Auf **Händen** tragen

↑Mit **Hangen** und Bangen

Hannemann, geh du voran!

Diesen zur Redensart gewordenen Ausruf verwendet man, wenn jemand bei der Erledigung einer unangenehmen Sache einen andern vorschickt, wenn sich jemand also unangenehmen Dingen gerne entzieht, sie andern überläßt. Der Ausdruck stammt aus dem in verschiedenen Fassungen existierenden Volksmärchen „Die sieben Schwaben", das auch die Brüder Grimm in ihre Sammlung aufgenommen haben. Bei ihnen lautet die entsprechende Stelle etwas anders, nämlich: „Gang, Veitli, gang, gang du voran,/i will dahinte vor dir stahn." Geläufiger aber ist diese Stelle in folgendem Wortlaut: „Hannemann, geh du voran!/Du hast die größten Stiefel an,/daß dich das Tier nicht beißen kann." Bei dem Namen „Hannemann" handelt es sich um eine landschaftliche Koseform von „Johannes". In dem Märchen wird erzählt, wie sieben Schwaben mit einem Spieß gemeinsam einen vermeintlichen Drachen erlegen wollen, der in Wirklichkeit ein Hase ist.

Hannibal ante portas

Als Warnung vor einer drohenden Gefahr, vor einer Person oder Sache, von der Unangenehmes zu erwarten ist, hat sich dieser lateinische Ausspruch bis heute gehalten. Die Übersetzung lautet „Hannibal vor den Toren". Der lateinische Ausspruch geht auf eine Äußerung des römischen Politikers und Schriftstellers Cicero (106–43 v. Chr.) in einer seiner Philippischen Reden zurück, wo die Formulierung „Hannibal ad portas" vorkommt. Auch bei dem römischen Geschichtsschreiber Livius (49 v. Chr. bis 17 n. Chr.) findet sich diese Formulierung. Sie bezieht sich auf eine bedrohliche Situation im 2. Punischen Krieg (218–201 v. Chr.), als der karthagische Feldherr Hannibal bis nach Rom vorgedrungen war, nachdem er fast ganz Unteritalien erobert hatte. – Auch Abwandlungen des Zitats, bei denen „Hannibal" zum Beispiel durch einen anderen Namen ersetzt wird, werden heute häufig gebraucht. Bekannt ist unter anderem „Pappa ante portas", der Titel eines Spielfilms, den der Cartoonist und Autor Loriot (Vicco von Bülow) gedreht hat.

Hans Dampf in allen Gassen

„Hans Dampf in allen Gassen" oder auch nur „Hans Dampf" (auch in der Schreibung „Hansdampf") ist für uns ein Mensch, der überaus umtriebig ist, überall Bescheid zu wissen glaubt und mitredet und viel Aufhebens von sich und seinem Tun macht. – Einen ersten Beleg für diesen Ausdruck liefert die Sprichwörtersammlung von Johann Agricola (um 1494–1566), Pfarrer und Leiter der Lateinschule in Eisleben. Hier wird allerdings nur von einem „Hans in allen Gassen" gesprochen. „Hans Dampf in allen Gassen" ist dann der Titel einer Erzählung von Johann Heinrich Daniel Zschokke (1771–1848). Eine stadtbekannte Figur dieses Namens soll es in Gotha gegeben haben. Dort erschien 1846 das Versepos eines Unbekannten, in dem eine Figur „Hans George, genannt Hans Dampf" auftrat.

Hans im Glück

Als einen „Hans im Glück" bezeichnet man einen unbekümmerten, sorglosen Menschen, von dem man glaubt, er habe bei allen Unternehmungen Glück, es fiele ihm alles von selbst zu. Die Bezeichnung geht auf ein Märchen der Brüder Grimm mit diesem Titel zurück. Es handelt von einem gutmütigen Burschen, der in seiner Einfalt einen Goldklumpen, seinen Lohn von sieben Jahren, in einem Tauschhandel weggibt und nach einer Reihe von schlechten Tauschgeschäften nichts mehr besitzt als einen Schleifstein, der ihm schließlich auch noch in einen Brunnen fällt. Der Bursche aber fühlt sich von einer Last befreit, er ist mit sich und der Welt zufrieden und kann so am Ende ausrufen: „So glücklich wie ich ... gibt es keinen Menschen unter der Sonne."

Happy few

Den Ausdruck bezieht Heinrich V. in Shakespeares gleichnamigem Königsdrama (IV, 3) auf die kleine Schar seiner Kampfgefährten, die auf Grund ihrer Teilnahme an der bevorstehenden Schlacht von Azincourt mit ihm bis ans Ende der Welt unvergessen sein werden, die er sogar seine Brüder nennen wird: *We few, we happy few, we band of brothers* („Wir wenigen, wir wenigen Glücklichen, wir Schar von Brüdern"). Der Ausdruck wird heute ganz allgemein auf eine kleine Schar von Auserwählten, auf einen erlesenen Kreis bezogen.

↑Leicht beieinander wohnen die Gedanken, doch **hart** im Raume stoßen sich die Sachen

Hart in der Sache

Das Motto „Hart in der Sache, milde in der Form" (lateinisch *Fortiter in re, suaviter in modo*) geht wohl auf den jesuitischen Ordensgeneral Claudio Acquaviva (1543–1615) zurück, der in seinem Werk *Industriae ad curandos animae morbos* („Bemühungen, die Krankheiten der Seele zu heilen") zu der Methode, einen Standpunkt zu verteidigen, ein Ziel anzustreben, anmerkt: *Fortes in fine consequendo et suaves in modo ac ratione assequendi simus* („Laßt uns stark sein in der Verfolgung des Ziels und milde in der Art und Weise, es zu erreichen").

Das **Harte** unterliegt

↑Daß das weiche Wasser in Bewegung mit der Zeit den mächtigen Stein besiegt

Häßliches Entlein

In seinem Märchen „Das häßliche junge Entlein" erzählt der dänische Schriftsteller Hans Christian Andersen (1805 bis 1875), wie ein Schwanenküken aus Versehen in einem Entennest ausgebrütet wird. Als es aus dem Ei schlüpft, ist es größer und häßlicher als die Entenküken und wird von allen gehänselt und schikaniert. Es läuft davon und findet dann später, als es zu einem stolzen, jungen Schwan herangewachsen ist, endlich zu seinen Artgenossen, die neidlos seine Schönheit anerkennen. Der Märchentitel wird oft als wenig wohlwollende Bezeichnung für eine nicht sonderlich hübsche junge Frau verwendet. Häufig dient er aber auch allgemein als Metapher für eine äußerlich wenig attraktive, unscheinbare Person oder Sache, deren lange verkannte Vorzüge sich unerwartet zeigen.

Hast du noch keinen Mann, nicht Manneswort gekannt?

In der Studierzimmerszene im ersten Teil von Goethes Faust schließt Faust seinen Pakt mit Mephisto. Darüber verlangt Mephisto von Faust etwas „Schriftliches“, worauf Faust unwillig antwortet: „Auch was Geschriebnes forderst du, Pedant?/Hast du noch keinen Mann, nicht Manneswort gekannt?“ – Man verwendet das Zitat, um mit dieser rhetorischen Frage seine Zuverlässigkeit zu unterstreichen und zu betonen, daß man zu einem gegebenen Wort auch stehen wird.

Hast du zur Nacht gebetet, Desdemona?

Diese Worte richtet Othello in Shakespeares gleichnamiger Tragödie an seine Gemahlin Desdemona (V, 2; englisch *Have you prayed to-night, Desdemona?*). Er ist soeben in ihr Schlafgemach getreten, nur noch von dem einen Gedanken erfüllt, sein untreues Weib zu töten und so seine gekränkte Ehre wiederherzustellen. Verwendet wird das Zitat – mit scherzhaftem Unterton – zum Beispiel als drohende Ankündigung, daß man jetzt von dem oder der Angesprochenen Rechenschaft über etwas verlangen wird, oder auch als allgemeine Drohung, der gleich eine Bestrafung oder etwas Ähnliches folgen wird.

Hast manchen Sturm erlebt

↑Schier dreißig Jahre bist du alt

Hatte sich ein Ränzlein angemäst't als wie der Doktor Luther

Mit diesem Spottvers wurden sicher schon viele wohlbeleibte Menschen verhöhnt oder geneckt. Er stammt aus Goethes Faust (Teil I, Auerbachs Keller). Einer der „lustigen Gesellen“, nämlich „Brander“, singt ein Lied von einer „Ratt' im Kellernest“, in dem diese Verse vorkommen. Das Lied handelt von einer feisten Ratte, die von der Köchin vergiftet wird und ein klägliches Ende findet.

Hätten Sie's gewußt?

So hieß eine Quizsendung, die bis zum Anfang der 60er Jahre im Fernsehen ausgestrahlt und von Heinz Maegerlein moderiert wurde. Sie erreichte sehr hohe Einschaltquoten, und ihr Titel wurde bald zum geflügelten Wort. Man bringt damit zum Ausdruck, daß jemand das, was man ihm gerade als Information gegeben hat, bestimmt nicht gewußt hätte, wenn man ihm die entsprechende Frage gestellt hätte.

Ein **Hauch** von Nerz

Der deutsche Titel dieses amerikanischen Spielfilms von 1961 mit Doris Day und Cary Grant (englischer Titel: *That Touch of Mink*) wird häufig verwendet, um anzudeuten, daß eine bestimmte Umgebung oder Situation an Reichtum und Luxus denken läßt. Als Ausdruck für eine besondere Atmosphäre, für einen entstehenden, sich ausbreitenden Eindruck wird das Zitat oft auch abgewandelt, z. B. zu „Ein Hauch von Abenteuer“ oder „Ein Hauch von Weltoffenheit“.

Eine ↑Reformation an **Haupt** und Gliedern

Haupt- und Staatsaktion

Dieser Ausdruck geht auf die Repertoirestücke der deutschen Wanderbühne des 17. und frühen 18. Jahrhunderts zurück. In den Aufführungen wurde ein Hauptstück (die „Hauptaktion“) von komischen Zwischen- und Nachspielen umrahmt. Inhaltlich befaßten sich diese Stücke, die oft lediglich auf den Geschmack des breiten Publikums zugeschnittene Bearbeitungen älterer Dramen und Opern waren und in höfischen Kreisen spielten, meist mit pseudo-historisch-politischen Stoffen („Staatsaktionen“). Die polemische Bezeichnung „Haupt- und Staatsaktionen“ für diese Stücke wurde als kritischer Terminus von Gottsched geprägt. Mit der heute verbreiteten Wendung „eine Haupt- und Staatsaktion aus etwas machen“ wird ausgedrückt, daß etwas mit zu großem Aufwand betrieben, in Szene gesetzt wird.

↑Wenn das **Haus** eines Großen zusammenbricht, werden viele Kleine erschlagen

↑ Wer jetzt kein **Haus** hat, baut sich keines mehr

Haus ohne Hüter

Dies ist der Titel eines 1954 erschienenen Romans von Heinrich Böll, in dem besonders das Schicksal von zwei Frauen dargestellt wird, die ohne ihre im Krieg gefallenen Ehemänner weiterleben und deren Söhne ohne Vater aufwachsen müssen. In Situationen, in denen eine schützende und ordnende Hand fehlt und entsprechend der innere Zusammenhang verlorengeht, weil manches planlos und ohne Führung verläuft, wird dieses Zitat herangezogen.

Des **Hauses** redlicher Hüter

Wenn man jemanden als absolut zuverlässig einschätzt und ihm zutraut, einen ihm übertragenen Bereich so zu beaufsichtigen und zu führen, wie man es selbst tun würde, wird oft scherzhaft dieses Zitat aus Schillers Gedicht „Die Bürgschaft" herangezogen. Dort wird eine Nebenfigur namens Philostratus so charakterisiert; es ist ein Bediensteter des Möros, der seinen Herrn mit den noch bekannteren Worten „Zurück! Du rettest den Freund nicht mehr" (vergleiche diesen Artikel) dazu bewegen will, wenigstens das eigene Leben zu retten.

Haust du meinen Juden, hau' ich deinen Juden

Diese Redensart findet sich in dem Lustspiel „Der Datterich" des hessischen Mundartdichters Ernst Elias Niebergall (1815–1843), wo es in der 1. Szene des 6. Bildes heißt: „Haagste mein Judd, da haag ich Dein aach." Sie geht wohl auf die Erzählung „Die zwei Postillone" aus Johann Peter Hebels „Schatzkästlein des rheinischen Hausfreundes" (1811) zurück. Darin „erziehen" zwei Kutscher ihre Passagiere, zwei Geschäftsleute, auf grobe Weise zu weniger Knausrigkeit beim Trinkgeldgeben: An einer engen Straßenstelle kommen die Kutschen nicht aneinander vorbei, die Kutscher tun so, als gerieten sie in Streit und schlagen mit ihren Peitschen auf jeweils des anderen Fahrgast ein. Mit den Worten „Du sollst meinen Passagier nicht hauen; er ist mir anvertraut und zahlt honett, oder ich hau' den deinen auch" wird den Geschäftsleuten klar gemacht, wie sehr sich die Kutscher um ihr Wohlergehen kümmern und daß diese Fürsorge eine bessere Entlohnung verdient. Zuvor hatte einer der Passagiere sich über den Aufenthalt mit der Frage, ob sie denn nochmals vierzig Jahre warten sollten, beschwert. Wegen dieser Anspielung auf die im Alten Testament beschriebene vierzigjährige Wanderung der aus Ägypten geflohenen Israeliten wurde wahrscheinlich die Formulierung „Haust du meinen Juden, hau' ich deinen Juden" im 19. Jahrhundert zur geflügelten Redensart, die im Sinne von „Wie du mir, so ich dir" gebraucht wurde. Eine weitere Quelle ist das Gedicht „Die beiden Juden", das Karl Simrock 1831 schrieb. Darin wird ein Streit darüber geschildert, ob ein gläubiger oder ein aufgeklärter Jude sich besser zum Pächter eines Landgutes eigne. Eine Zeile des Gedichts lautet: „Freund, schlägst du meinen Juden, schlag' ich deinen". – Die Verwendung des Zitats kann heute, nach der Massenvernichtung der Juden im Dritten Reich, als anstößig empfunden werden.

Hebe dich weg von mir, Satan!

↑ Apage Satana

Hecht im Karpfenteich

In der Natur jagt der Hecht die trägen Karpfen hin und her und läßt sie nicht zur Ruhe kommen. Mit einem Hecht verglich der deutsche Historiker Heinrich Leo (1799–1878) in einem Aufsatz den französischen Kaiser Napoleon III., den er als politischen Störenfried im Gleichgewicht der europäischen Kräfte sah. In einer Reichstagsrede am 6. 2. 1888 griff Bismarck dieses Bild auf und charakterisierte die Stellung Deutschlands zwischen den beiden kriegerisch gesinnten Nachbarstaaten Frankreich und Rußland mit den Worten: „Die Hechte im europäischen Karpfenteich hindern uns, Karpfen zu werden." Heute wird jemand, der durch seine Anwesenheit, besonders in einer langweiligen, nicht sehr aktiven Umgebung, Unruhe schafft, als Hecht im Karpfenteich bezeichnet.

Die **Hefe** des Volkes

Der gehoben abwertende Ausdruck „Hefe" bedeutet „übler, verkommener Teil einer Bevölkerungsschicht; Abschaum". Meist wird er mit einem abhängigen Genitiv, besonders als „Hefe des Volkes", gebraucht. Diese Ausdrucksweise geht auf lateinisch *Faex civitatis* zurück und findet sich in Marcus Tullius Ciceros (106–43 v. Chr.) Verteidigungsrede „Pro Flacco" (8, 18).

↑ Durch **Heftigkeit** ersetzt der Irrende, was ihm an Wahrheit und an Kräften fehlt

Heil dir im Siegerkranz

Dieses Zitat geht auf den Anfang eines 1790 von dem schleswigschen Dichter Heinrich Harries verfaßtes Loblied auf den dänischen König Christian zurück. Eine gekürzte und leicht abgeänderte Form veröffentlichte Balthasar Gerhard Schumacher im Jahre 1793. Die Melodie entspricht der des englischen Volkslieds „God save great George the King". Später wurde das Lied preußische Königshymne und blieb deutsche Hymne bis zum Zusammenbruch des Kaiserreichs im Jahre 1918. Die Anfangsverse lauteten: „Heil dir im Siegerkranz,/Herrscher des Vaterlands,/Heil Kaiser dir!" Als Aufforderung in einer erfolgversprechenden Situation, die Gunst der Stunde zu nutzen, wird heute das Zitat auch gelegentlich scherzhaft erweitert: „Heil dir im Siegerkranz, nimmm, was du kriegen kannst!"

Heil sei dem Tag

Das Zitat „Heil sei dem Tag, an welchem du bei uns erschienen" stammt aus der Oper „Zar und Zimmermann" von Albert Lortzing (1801–1851). Es wird heute gelegentlich noch gebraucht, wenn man scherzhaft-übertreibend hervorheben will, daß jemand große Erwartungen erfüllt und als Gewinn für alle angesehen wird. Der Anfang des Zitats kann auch allgemeiner in bezug auf einen ersehnten Zeitpunkt verwendet werden, zum Beispiel in einem Stoßseufzer wie „Heil sei dem Tag, an dem ich diesen Menschen nicht mehr sehen muß!"

Heile Welt

Oft wird bei der Bewertung von Fernsehserien, Filmen o. ä. kritisch angemerkt, sie zeigten nur eine heile Welt. Die Kritik richtet sich dann dagegen, daß eine illusionäre Intaktheit der Welt oder eines bestimmten Bereichs frei von Konflikten und ohne Bezug zur Realität des Lebens vorgegaukelt wird. Das Zitat selbst geht wohl zurück auf den Titel einer 1950 erschienenen Gedichtsammlung von Werner Bergengruen, „Die heile Welt".

↑ In diesen **heil'gen** Hallen

↑ O **heilig** Herz der Völker, o Vaterland!

O **heilige** Einfalt!

↑ O sancta simplicitas!

Die **Heilige** und ihr Narr

Dies ist der Titel eines schwärmerischen, religiös gefärbten Romans von Agnes Günther (1863–1911), in dem eine zarte, seelenvolle junge Frau ihren männlich-herben, zunächst areligiösen Mann zum gläubigen Menschen bekehrt. – Wenn es offenkundig ist, daß eine sich überlegen fühlende Frau einen Mann, der sie blind umschwärmt, gern lächerlich macht oder bewußt nicht beachtet, ihn also zum Narren macht, bezeichnet man ein solches ungleiches Paar heute gelegentlich scherzhaft zitierend als „die Heilige und ihr Narr".

↑ Beim **heiligen** Bürokrazius!

Heimchen am Herde

Bei diesem Zitat handelt es sich um die deutsche Übersetzung des Titels einer Weihnachtsgeschichte des englischen Schriftstellers Charles Dickens aus dem Jahre 1846: *The Cricket on the Hearth.*

Heute verbindet sich mit dem abwertend gebrauchten Ausdruck die Vorstellung von einer naiven, nicht emanzipierten Frau, die nur die Erfüllung ihrer häuslichen Pflichten kennt.

Heinrich, der Wagen bricht

Wenn man befürchtet, daß ein Fahrzeug wegen Überladung oder zu schneller Fahrt über eine holprige Wegstrecke die Belastung nicht aushält, und man auch schon entsprechende knackende Geräusche feststellt, versucht man mit der nicht ganz ernst gemeinten Bemerkung „Heinrich, der Wagen bricht" den Fahrer zu veranlassen, vorsichtiger zu fahren. Das Zitat stammt aus dem Märchen „Der Froschkönig oder der eiserne Heinrich" aus der Sammlung der Brüder Jacob und Wilhelm Grimm (1785–1863 bzw. 1786–1859). Als der junge König bei einem Krachen während einer Kutschfahrt gegenüber seinem treuen Diener Heinrich meint, daß der Wagen breche, antwortet dieser ihm: „Nein, Herr, der Wagen nicht,/es ist ein Band von meinem Herzen,/das da lag in großen Schmerzen,/als ihr in dem Brunnen saßt,/als ihr ein Fretsche (Frosch) wast (wart)."

Heinrich! Mir graut's vor dir

Dieses Zitat stammt aus Goethes Tragödie Faust, 1. Teil. In der Kerkerszene widersteht Gretchen der Versuchung, mit Fausts und Mephistos Hilfe zu entfliehen und damit ihrer Hinrichtung zu entgehen. Sie will so ihre Schuld büßen und wendet sich von Faust mit den Worten ab: „Heinrich! Mir graut's vor dir." Diese Worte werden (auch abgewandelt mit anderen Namen) zitiert, wenn einem jemand drohend oder unheimlich erscheint, besonders auch, wenn einen jemand mit Verlockungen zur Teilnahme an seinem unheilvollen Vorhaben bewegen will.

„Heißa!" rufet Sauerbrot. „Heißa! Meine Frau ist tot!"

Das Zitat findet sich in den „Abenteuern eines Junggesellen", dem 1. Teil der „Knopp-Trilogie" von Wilhelm Busch (1832–1908). Als Junggeselle unterwegs, trifft Knopp auf einen gewissen Sauerbrot, der mit diesen Worten seiner diebischen Freude darüber Ausdruck verleiht, durch den Tod seiner Frau dem Martyrium der Ehe entronnen und wieder frei zu sein. Mit dem Zitat wird heute auf jemanden angespielt, dem man innerlich eine ähnliche Reaktion unterstellt, weil für ihn durch den Tod der Frau eine unglückliche Ehe zu Ende geht oder er nach einer Zweckheirat seine Frau beerben kann. Losgelöst von diesem Zusammenhang, wird das Zitat oft nur als Verstärkung von „heißa!" als Ausruf der Freude und Ermunterung gebraucht.

↑ Mit **heißem** Bemühn

↑ Was ist ihm **Hekuba**

Der **Held** der westlichen Welt

Dies ist der deutsche Titel des 1907 uraufgeführten Theaterstücks *The Playboy of the Western World* von John Millington Synge, einem irischen Dramatiker. Im Mittelpunkt der Handlung steht ein gewisser Christie Mahon, der in der Annahme, aus Zorn seinen Vater erschlagen zu haben, an die Westküste Irlands (Synges *western world,* die abgelegene, hinterwäldlerische Züge trägt) flieht, wo ihm aber in Kenntnis seiner Tat Verständnis entgegengebracht wird. Dies ermöglicht es ihm, als vermeintlicher Held ein unbeschwertes Leben wie ein „Playboy" zu führen. Heute verbindet sich mit dem eher ironisch gebrauchten Zitat meist die Vorstellung eines Männertyps, der die westliche Lebensart und westliche Ideologie verkörpert und sich auch kämpferisch dafür einsetzt (wie zum Beispiel die Filmfigur James Bond).

Die **Helden** sind müde

Dies ist der deutsche Titel eines französischen Spielfilms von 1954 (Regie Yves Ciampi, französischer Titel: *Les héros sont fatigués*). Er wird als scherzhafte oder spöttische Feststellung verwendet, wenn bei jemandem – meist bei mehreren Personen – der Schwung, die Kraft, der Eifer bei der Bewältigung einer Aufgabe nachlassen.

↑ Das war kein **Heldenstück,** Oktavio!

↑ Mein ist der **Helm** und mir gehört er zu

Das **Hemd** ist näher als der Rock

Wenn man ausdrücken will, daß jemandem der eigene Vorteil wichtiger ist als die ebenso berechtigten Interessen anderer, so sagt man oft „Ihm ist das Hemd näher als der Rock". Diese Redensart geht wohl auf eine der Komödien des römischen Dichters Plautus (um 250–184 v. Chr.) zurück. In dem Stück „Trinummus" („Das Dreidrachmenstück") heißt es: *Tunica proprior palliost,* wobei das römische Untergewand, die Tunika, im Deutschen mit „Hemd" wiedergegeben wird, während das griechische Obergewand Pallium (entspricht der römischen Toga) mit „Rock" übersetzt wurde.

↑ Dies ist ein **Herbsttag,** wie ich keinen sah

Herkules am Scheidewege

Wenn jemand vor einer schwierigen, schwerwiegenden Entscheidung steht, dann kann man sagen, er stehe da wie „Herkules am Scheidewege". Dieses Bild geht zurück auf eine Stelle in den „Erinnerungen an Sokrates" des altgriechischen Geschichtsschreibers und Schriftstellers Xenophon (4./3. Jh. v. Chr.). Dort wird eine Erzählung überliefert, nach der Herkules als junger Mann an einer Wegscheide anlangt, an der ihm zwei die „Lust" und die „Tugend" symbolisierende Frauengestalten begegnen. Beide schildern ihm ihre Vorzüge und die Fehler der anderen. Vor die Wahl gestellt, sich für ein leichtes Leben des Genusses oder ein mühevolles Leben der Tugend zu entscheiden, wählt der Sagenheld den Weg der Tugend als Voraussetzung für das Erreichen der wahren Lebensgüter. Die Erzählung ist auch in den Äsopischen Fabeln enthalten. In der bildenden Kunst hat sie der italienische Maler Agostino Carracci (1557–1602) als Thema für ein Gemälde gewählt.

Hermann heeßt er!

Mit diesem Vers beginnen und enden die fünf Strophen eines Liedes, das mit dem Namen seiner Interpretin, Claire Waldoff (1884–1957), fest verbunden ist. Das sentimentale Lied über einen geliebten Mann namens Hermann hatte der Komponist Ludwig Mendelssohn für sie geschrieben und vertont. Es wurde eines ihrer meistgesungenen und populärsten Lieder, mit dem sie zuerst im Jahr 1914 auftrat. Während der Zeit der Naziherrschaft war dieses Lied von einem unbekannten Verfasser um einen Spottvers vermehrt worden, der sich auf den damaligen Reichsmarschall Hermann Göring bezog. Dieser Vers lautet: „Rechts Lametta, links Lametta,/Und der Bauch wird imma fetta,/Und in Preußen ist er Meester –/Hermann heeßt er!" – Man führt das Zitat gelegentlich scherzhaft mit Bezug auf eine Person mit dem Namen Hermann an.

↑ Bist du's, **Hermann,** mein Rabe?

Der **Herr** der Fliegen

Der Name des Stadtgottes von Ekron im Lande der Philister wird im Alten Testament (2. Buch der Könige 1, 2) als „Beelzebub" überliefert. Hebräisch *Baal Zebub* bedeutet „Herr der Fliegen" und ist eine verspottende Entstellung des eigentlichen hebräischen Namens *Baal Zebul* „erhabener Herr". Im 1. Teil von Goethes Faust bezeichnet sich Mephisto selbst mit den Worten: „Herr der Ratten und der Mäuse,/Der Fliegen, Frösche, Wanzen, Läuse" (Studierzimmer 1). Schon vorher hat Faust den aus der Pudelgestalt geschlüpften Mephisto als „Fliegengott" angesprochen. In Jean-Paul Sartres Drama „Die Fliegen" (1943 uraufgeführt) ist Jupiter der Gott der Fliegen. Die Fliegen symbolisieren die Erinnyen, die von den Göttern zur Strafe der sündigen Bevölkerung der Stadt Argos geschickten Rachegöttinnen. Besonders verbreitet wurde die Bezeichnung in jüngerer Zeit durch William Goldings Roman *Lord of the Flies* (1954), in dem geschildert wird, wie eine Gruppe von Schuljungen auf einer unbewohnten Insel zu überleben versucht und dabei immer stärker verwildert. Der englische Regisseur Peter Brook hat den Roman in den Jahren 1961–63 verfilmt.

Herr, dunkel war der Rede Sinn

Diese Worte stammen aus Schillers Ballade „Der Gang nach dem Eisenhammer" (1797). Der Knecht Fridolin gibt sie seinem Herrn zur Antwort auf die Frage, was man zu ihm in der Eisenschmelze gesagt habe. Man zitiert den Vers (heute meist ohne „Herr"), wenn man andeuten will, daß man den Sinn einer Aussage nicht verstanden hat.

↑O **Herr,** er will mich fressen!

Herr: es ist Zeit. Der Sommer war sehr groß

„Herr: es ist Zeit. Der Sommer war sehr groß./Leg deinen Schatten auf die Sonnenuhren,/Und auf den Fluren laß die Winde los." So beginnt Rainer Maria Rilkes (1875–1926) Gedicht „Herbsttag". Mit dem Anfangsvers bringt man gewöhnlich zum Ausdruck, daß es nach einer langen Entwicklung an der Zeit ist, einen Abschluß zu finden, besonders dann, wenn man in seinem Leben genug geleistet hat und nunmehr die Früchte seiner Arbeit genießen kann.

Der **Herr** hat's gegeben, der Herr hat's genommen

Diese Worte, die zum einen zum Begräbnisritual christlicher Kirchen gehören, zum anderen aber auch allgemein als Ausdruck der Schicksalsergebenheit oder als Trost für Menschen zitiert werden, die einen schweren Verlust erlitten haben, gehen auf das Alte Testament zurück. Im 1. Kapitel des Buches Hiob heißt es in Vers 21: „... und sprach: Ich bin nackt von meiner Mutter Leibe gekommen, nackt werde ich wieder dahinfahren. Der Herr hat's gegeben, der Herr hat's genommen; der Name des Herrn sei gelobt!" Damit beweist Hiob angesichts all der Unglücksbotschaften, die er zuvor vernommen hat, eine gottgefällige Gelassenheit; sein Unglück läßt ihn nicht an seinem Glauben irre werden.

Der **Herr** ist mein getreuer Hirt

Mit diesen Worten beginnt der sehr bekannte 23. Psalm, der die Überschrift „Der gute Hirte" trägt. Dieser Psalm ist Ausdruck unerschütterlicher Glaubensgewißheit, der Gewißheit eines Geborgenseins, wie es das Bild des guten Hirten vermittelt. Der Text liegt in einer Nachdichtung auch einer Bachkantate (BWV 112) mit der Überschrift „Der Herr ist mein getreuer Hirt" zugrunde. Vergleiche auch den Artikel „Der Gute Hirte".

↑Wie der **Herr,** so 's Gescherr

Der **Herr** wird seine Diener loben

↑Der ist besorgt und aufgehoben

Herrenmoral und Sklavenmoral

Im 260. Stück seiner Abhandlung „Jenseits von Gut und Böse" schreibt Friedrich Nietzsche (1844–1900), daß sich ihm zwei „Grundtypen" von Moral mit einem signifikanten „Grundunterschied" gezeigt hätten: „Es gibt eine Herrenmoral und eine Sklavenmoral". Die „Herrenmoral" geht aus der Selbstbejahung und dem Selbstbewußtsein der Angehörigen der Herrenschicht hervor. „Verachtet wird der Feige, der Ängstliche, der Kleinliche, der an die enge Nützlichkeit Denkende." Im Gegensatz dazu steht die „Sklavenmoral", deren Träger die zur Tat unfähigen Menschen sind, die ihre Identität durch die bloß negierende Reaktion auf die Reize der Außenwelt zu finden suchen. Für Nietzsche ist aber die wirkliche Freiheit des einzelnen nur dadurch zu erreichen, daß Moral einzig und allein nach ihrem Wert für das Leben zu beurteilen ist. „Herrenmoral" ist daher das, was das Handeln des „Übermenschen" bestimmt, „Sklavenmoral" hingegen ist die Moralvorstellung der nach Nietzsche abzulehnenden und abzulösenden christlich-jüdischen abendländischen Wertvorstellungen.

Herrlich! Etwas dunkel zwar

Das Zitat mit der Fortsetzung „Aber's klingt recht wunderbar" stammt aus Pius Alexander Wolffs (1782–1828) Singspiel „Preciosa" (I, 5) mit der Musik von Carl Maria von Weber. Den Stoff für sein Stück fand Wolff in der Novelle „La gitanilla de Madrid" („Das Zigeunermädchen von Madrid") von Cervantes. Man gebraucht das Zitat meist ironisch, um etwas, was man nicht ganz verstanden hat, zunächst einmal (scheinbar) zu loben.

Herrlich und in Freuden leben

Diese Redewendung, mit der ausgedrückt wird, daß es jemandem sehr gut geht, daß er sorgenfrei lebt, stammt aus dem Gleichnis vom reichen Mann und dem armen Lazarus im Lukasevangelium. Dort heißt es: „Es war aber ein reicher Mann, der kleidete sich mit Purpur und köstlicher Leinwand und lebte alle Tage herrlich und in Freuden" (Lukas 16, 19).

Herrlichen Tagen führe ich euch entgegen

Diese etwas vollmundige Versprechung gab Kaiser Wilhelm II. (deutscher Kaiser von 1888–1918) im Februar 1892 in einer Rede vor dem Brandenburgischen Provinziallandtag. Man zitiert seine Worte gelegentlich scherzhaft, wenn man jemandem angenehme, erfreuliche Erlebnisse oder ganz allgemein bessere Tage in Aussicht stellen will.

Es ist das Herz ein trotzig und verzagt Ding

Dieses Zitat stammt aus dem Buch des Propheten Jeremia (17, 9) im Alten Testament. Dort wird die Unberechenbarkeit, auch Widersprüchlichkeit im Empfinden und Handeln des Menschen angesprochen und betont, daß nur Gott „das Herz ergründen und die Nieren prüfen" kann (17, 16). Man zitiert die Bibelstelle auch heute als Hinweis auf jemandes innere Zerrissenheit, auf die Unmöglichkeit, jemandes Gemütsverfassung genau zu erkennen.

↑ Mein Herz ist wie ein Bienenhaus

Herz, mein Herz, was soll das geben?

So beginnt Goethes Gedicht „Neue Liebe, neues Leben" (1775), in dem die Beunruhigung und veränderte Lebenshaltung geschildert wird, die ein Verliebter im Banne seiner Angebeteten an sich beobachtet. Man zitiert diesen Vers – oftmals mit leichter Selbstironie –, wenn man sich ganz von der Empfindung geleitet sieht, wo eigentlich besser der kühle Verstand gefordert wäre.

Ein Herz und eine Seele

Will man sagen, daß zwischen zwei Menschen große Einmütigkeit besteht, daß sie nahezu unzertrennlich sind, so gebraucht man diese Redewendung, die sich schon in der Apostelgeschichte im Neuen Testament findet. Dort heißt es, die innige Gemeinschaft der Gläubigen betonend: „Die Menge aber der Gläubigen war ein Herz und eine Seele; auch keiner sagte von seinen Gütern, daß sie sein wären, sondern es war ihnen alles gemein" (Apostelgeschichte 4, 32). Der Fernsehautor Wolfgang Menge verwendete „Ein Herz und eine Seele" als ironischen Titel einer Fernsehserie.

↑ Auf Herz und Nieren prüfen

↑ Wes das Herz voll ist, des geht der Mund über

↑ Da ist in meinem Herzen die Liebe aufgegangen

Heulen und Zähneklappern

Mit „Heulen und Zähneklappern" beschreibt das Neue Testament an mehreren Stellen das Verhalten derjenigen, die dem „Letzten Gericht" verfallen. So heißt es beispielsweise im Matthäusevangelium (13, 49 f.): „Also wird es auch am Ende der Welt gehen: die Engel werden ausgehen und die Bösen von den Gerechten scheiden und werden sie in den Feuerofen werfen; da wird Heulen und Zähneklappen sein." – Das Zitat, heute meist in den Formen „Heulen und Zähneklappern" und „Heulen und Zähneknirschen" gebraucht, dient zur meist scherzhaften Charakterisierung von großer, übertriebener Furcht.

Heureka!

Diesen freudigen Ausruf (griechisch: *εὕρηκα* = „ich habe [es] gefunden") soll – nach der Darstellung des römischen Baumeisters und Architekten Vitruv (1. Jh. v. Chr.) – der griechische Mathematiker und Physiker Archimedes (3. Jh. v. Chr.) bei seiner Entdeckung des hydrostatischen Auftriebs getan haben. (Nach diesem auch „Archimedisches Prinzip" genannten physikalischen Gesetz ist der statische Auftrieb eines Körpers gleich dem Gewicht der von ihm verdrängten Flüssigkeits- oder Gasmenge.) – Auch heute noch wird eine – oftmals überraschend einfache – Lösung eines schwierigen Problems mit diesem Ausruf erleichtert kommentiert.

↑Zwischen **heut** und morgen liegt eine lange Frist

Der **heutige** Tag ist ein Resultat des gestrigen. Was dieser gewollt hat, müssen wir erforschen, wenn wir zu wissen wünschen, was jener will

Der sentenzhafte Ausspruch stammt aus Heinrich Heines Zusammenstellung politischer Berichte, die er in den Jahren 1831/32 von Paris aus für die Augsburger „Allgemeine Zeitung" geschrieben hatte. Sie trägt den Titel „Französische Zustände". Hier findet sich der genannte Ausspruch im Artikel VI vom 19. 4. 1832. – Heine postuliert damit den inneren Zusammenhang nicht nur der geschichtlichen Ereignisse, die sich folgerichtig auseinander entwickeln. Auch für das Leben des einzelnen gilt die Wahrheit dieses Satzes.

Hic fuit [Tell]

↑Das ist Tells Geschoß

Hic Rhodus, hic salta!

Diese lateinische Redensart wird in gehobenem Sprachgebrauch im Sinne von „Hier gilt es, hier mußt du dich entscheiden, dich beweisen" gebraucht. Sie geht auf eine lateinische Übersetzung der Fabeln des Äsop zurück. Eine der Fabeln handelt von einem Prahler, der erzählt, er habe in Rhodos einmal einen sehr weiten Sprung getan. Daraufhin fordert man ihn mit den Worten „Hier ist Rhodos, hier springe!" auf, an Ort und Stelle zu beweisen, wie gut er springen kann.

Hie Welf, hie Waiblingen!

Dieser Schlachtruf soll – was aber historisch nicht eindeutig nachgewiesen ist – zuerst bei der Schlacht um Weinsberg im Jahr 1140 gebraucht worden sein. Die nach der staufischen Burg Waiblingen benannte Partei des Stauferkönigs Konrad III. besiegte dort die Gegenpartei der Welfen, eines fränkischen Adelsgeschlechts, das durch die Wahl Konrads zum König seine Machtansprüche verletzt sah. – Man gebraucht die Formel (gelegentlich auch in der Form „Hie Welf, hie Waibling!") meist scherzhaft, um zwei sich feindselig gegenüberstehende Personen oder Gruppen zu charakterisieren.

Hier bin ich Mensch, hier darf ich's sein!

Dieses Zitat stammt aus Goethes Faust (Teil I, Vor dem Tor). Faust und sein Famulus Wagner bewegen sich bei ihrem „Osterspaziergang" in einem bunten Volksgewimmel. Die Menschen freuen sich an der wiedererwachten Natur. Faust fühlt sich nicht fremd unter dem einfachen Volk. Sein Monolog, der mit dem Vers „Vom Eise befreit sind Strom und Bäche" beginnt, endet mit den Versen „Ich höre schon des Dorfs Getümmel,/Hier ist des Volkes wahrer Himmel,/Zufrieden jauchzet groß und klein:/‚Hier bin ich Mensch, hier darf ich's sein!' " – Man zitiert die letzte Zeile, um auszudrücken, daß man sich in einer bestimmten Umgebung frei von Zwängen fühlt und sich so geben kann, wie man ist. Auch die drittletzte Zeile ist zu einem gebräuchlichen Zitat geworden, mit dem man Veranstaltungen oder Einrichtungen charakterisiert, die den Menschen ein unbeschwertes – meist nicht sehr anspruchsvolles – Vergnügen bieten.

Hier endigt meine Vollmacht

Im ersten Aufzug (5. Auftritt) von Schillers Drama „Wallensteins Tod" verhandelt der schwedische Unterhändler Wrangel mit Wallenstein, der die Absicht hat, sich vom Kaiser abzuwenden und sich mit den Schweden zu verbünden. Diese verlangen von ihm die Übergabe von Prag, wozu sich Wallenstein nicht bereit erklären kann. Darauf wird ihm von Wrangel die kühle Antwort zuteil: „Hier endigt meine Vollmacht." – Man verwendet das Zitat, um etwas, wozu man sich nicht berechtigt fühlt, zurückzuweisen.

Hier ist des Volkes wahrer Himmel

↑Hier bin ich Mensch, hier darf ich's sein!

Hier ist die Stelle, wo ich sterblich bin

Diese Worte spricht Philipp II. von Spanien in dem 1787 entstandenen Drama „Don Karlos" (I,6) von Schiller. Der König ahnt, daß er in seinem Sohn Karl einen Nebenbuhler hat und ist voll Argwohn und Eifersucht. Diese Eifersucht findet ihren Ausdruck in den obigen Worten. – Mit dem Zitat bekennt man sich zu einer bestimmten Schwäche, einer Vorliebe oder Passion.

Hier ist gut sein, hier laßt uns Hütten bauen

Der Spruch hat seinen Ursprung im Neuen Testament, wo an verschiedenen Stellen (Matthäus 17,4, Markus 9,5 und Lukas 9,33) von der Verklärung Jesu berichtet wird. Jesus führte drei seiner Jünger auf den Berg Tabor, auf dem ihnen Moses und Elias erschienen und wo sie mit Jesus redeten. Petrus richtete danach an Jesus die Worte: „Herr, hier ist gut sein! Willst du, so wollen wir hier drei Hütten machen: dir eine, Mose eine und Elia eine" (Matthäus 17,4). – Man trifft diese Feststellung – von der häufig auch nur der zweite Teil „Hier laßt uns Hütten bauen" zitiert wird –, um auszudrücken, daß man einen bestimmten Ort besonders schön findet, daß man sich gern dort niederlassen oder dort verweilen möchte.

Hier ist Rhodos, hier springe!

↑Hic Rhodus, hic salta!

Hier sind wir versammelt zu löblichem Tun

Mit dieser Zeile beginnt ein von Goethe 1810 gedichtetes Trinklied mit dem Titel „Ergo bibamus!" Friedrich Zelter hat es unmittelbar nach seiner Entstehung vertont. Noch heute ist das Lied in den Kommersbüchern der studentischen Verbindungen enthalten. – Mit dem Zitat kann man (in scherzhafter Ausdrucksweise) ein gemeinsames Vorhaben, zu dem sich Menschen versammelt haben, einleiten.

Hier stehe ich, ich kann nicht anders

Martin Luther war im Jahr 1521 von Kaiser Karl V. vor den Reichstag zu Worms geladen worden. Er sollte seiner Lehre abschwören. Der Überlieferung nach hat er seine Ablehnung dieses Ansinnens mit den Worten beschlossen: „Hier stehe ich, ich kann nicht anders. Gott helfe mir. Amen." Während nur der zweite Teil der Äußerung (Gott helfe mir. Amen.) als authentisch gilt, wird der erste Teil vielfach als Zitat gebraucht. Der Sprecher bringt damit (oft scherzhaft) entschuldigend zum Ausdruck, daß er zu einem bestimmten Handeln oder Verhalten steht.

Hier wendet sich der Gast mit Grausen

Die Zeile steht in der Schlußstrophe von Schillers Ballade „Der Ring des Polykrates", die auf einer Erzählung des griechischen Dichters Herodot beruht. Der König von Ägypten als Gast des Polykrates, des Tyrannen von Samos, wird von Grausen gepackt, als der Ring, den sein Gastgeber als Tribut für den Neid der Götter in die Flut geworfen hat, wieder auftaucht. Der Gast nimmt gerade das als untrügliches Zeichen: „‚Die Götter wollen dein Verderben,/Fort eil' ich, nicht mit dir zu sterben.'/Und sprach's und schiffte schnell sich ein." Im Gedicht wird nicht mehr ausgeführt, daß Polykrates schließlich von dem persischen Satrapen Oroites nach Magnesia gelockt und hingerichtet wurde. – Heute gebraucht man das Zitat (oft scherzhaft), um auszudrücken, daß man etwas Unerträglich findet, es nicht länger mit ansehen möchte.

↑Aber **hier,** wie überhaupt, kommt es anders, als man glaubt

High-noon

Dieser Ausdruck geht zurück auf den berühmten amerikanischen Western aus dem Jahr 1952 mit dem Titel *High Noon,* deutsch: „Zwölf Uhr mittags". (Die Hauptrollen spielen Gary Cooper und Grace Kelly, der Regisseur ist Fred Zinnemann.) Der Film heißt so, weil der Gangster, der mit seiner Bande den Sheriff umbringen will, mit dem Mittagszug eintrifft. Er schildert, wie der Sheriff – von den Bewohnern des Ortes im Stich gelassen – nur auf sich gestellt den Kampf mit der Bande besteht. – Der Ausdruck „High-noon" wird im Sinne von „spannungsgeladene Atmosphäre" und „bedrohliche Minuten vor einer Entscheidung" gebraucht, gelegentlich auch in der Bedeutung „höchste Zeit".

Hilf dir selbst, so hilft dir Gott

Dem ↑Mutigen hilft Gott

Hilf, Samiel

Diese Anrufung eines bösen Geistes, die auch in der Form „Samiel hilf" verbreitet ist, stammt aus Friedrich Kinds Text zu Carl Maria von Webers Oper „Der Freischütz" (1821). Aus Angst davor, bei einem Probeschuß zu fehlen, der über den künftigen Schwiegersohn des Erbförsters Kuno und damit über die Anwartschaft auf die Erbförsterei entscheiden soll, geht der Jägerbursche Max einen Pakt mit dem schwarzen Jäger Samiel ein, der ihm mit der Zauberkraft einer treffsicheren Freikugel helfen will. Das Zitat wird meist scherzhaft bei Würfel- und Kartenspielen verwendet, zum Beispiel, wenn ein Skatspieler in der Hoffnung, gute Karten zu finden, den Skat aufnimmt.

Der **Himmel** auf Erden

Als frühester Beleg für diesen Ausdruck gilt eine Stelle aus der Versdichtung „Das verlorene Paradies" von John Milton (1608–1674), in der das Paradies für Adam und Eva als *Heaven on earth* bezeichnet wird. Im Jahr 1706 erschien mit dem entsprechenden deutschen Titel die Übersetzung eines Buchs des holländischen Predigers Fredericus van Leenhof. Ebenso sind diese Worte Titel eines 1797 erschienenen Werks des Pädagogen Christian Gotthilf Salzmann. – Als „Himmel auf Erden" bezeichnet man die Lebensumstände eines Menschen, dem es besonders gutgeht bzw. der mit besonderer Fürsorge und Liebe umgeben ist.

↑Und der **Himmel** hängt voller Geigen

Der **Himmel** ist blau, das Wetter ist schön, Herr Lehrer, wir wollen spazierengehn

Mit diesem Vers versuchen Schüler gelegentlich ihren Lehrer zu animieren, den Unterricht abzubrechen und ihnen freizugeben. Er ist die Umformung eines Verses aus dem Gedicht „Josephine" von Otto Julius Bierbaum (1865–1910): „Der Himmel ist blau, das Wetter ist schön,/Madame, wir wollen spazierengehn."

↑Willst du in meinem **Himmel** mit mir leben: So oft du kommst, er soll dir offen sein

Den **Himmel** offen sehen

Die der gehobenen Sprache angehörende Redewendung im Sinne von „sich am Ziel aller Wünsche glauben und sehr glücklich sein" hat ihren Ursprung im Neuen Testament (Johannes 1, 51). Dort sagt Jesus zu seinen Jüngern: „Von nun an werdet ihr den Himmel offen sehen und die Engel Gottes hinauf- und herabfahren auf des Menschen Sohn." Das gleiche Bibelzitat wird auch in Schillers „Lied von der Glocke" in folgendem Textzusammenhang aufgenommen: „O zarte Sehnsucht, süßes Hoffen,/Der ersten Liebe goldne Zeit,/Das Auge sieht den Himmel offen,/Es schwelgt das Herz in Seligkeit." Eine umgangssprachlich-scherzhafte Abwandlung der Redewendung lautet: „Den Himmel voller Baßgeigen sehen". (Siehe auch den Artikel „Und der Himmel hängt voller Geigen".)

Den **Himmel** überlassen wir den Engeln und den Spatzen

Der Vers stammt aus Heinrich Heines Gedichtzyklus „Deutschland. Ein Wintermärchen". Der Zyklus war 1844 nach einer Deutschlandreise des seit 12 Jahren in Frankreich im Exil lebenden Dichters entstanden. Heine kritisiert darin mit beißendem Spott den im Deutschland der Restauration herrschenden Geist. Im ersten Gedicht (Kaput 1) wendet er sich gegen die Vertröstung der Menschen auf ein besseres Jenseits. Er setzt dagegen: „Wir wollen hier auf Erden schon/Das Himmelreich errichten." – Man verwendet das Zitat heute scherzhaft, wenn man von etwas spricht, auf das man „großzügig" verzichtet, weil es einen nicht interessiert.

↑Zwischen **Himmel** und Erde schweben

Himmelhoch jauchzend, zum Tode betrübt

Die beiden Zeilen stammen aus dem Lied, das Klärchen, die Geliebte Egmonts, im 3. Aufzug von Goethes Trauerspiel „Egmont" (1788) singt. Sein Anfang lautet: „Freudvoll/Und leidvoll,/Gedankenvoll sein." – Das Zitat drückt den abrupten Wechsel in der Stimmungslage von Gefühlsüberschwang zu tiefster Traurigkeit aus, den manche Menschen an sich erfahren, zu deren Charakterisierung das Zitat häufig verwendet wird. Vertont wurde das Lied von Reichardt, Beethoven, Schubert und Liszt.

Aus allen **Himmeln** fallen

↑Aus allen Wolken fallen

Eine der ↑größten **Himmelsgaben**

↑Auf beiden Seiten **hinken**

↑Und **hinter** ihm, in wesenlosem Scheine, lag, was uns alle bändigt, das Gemeine

Hiobsbotschaft

Dieser Ausdruck mit der Bedeutung „Unglücksnachricht" geht (ebenso wie das gleichbedeutende Wort „Hiobspost") auf das Buch Hiob des Alten Testaments (1, 14–19) zurück. Nacheinander wurde Hiob eine Schreckensmeldung um die andere gebracht. Er hatte all sein Vieh, seine Knechte und seine Söhne verloren. Durch Goethes Verwendung des Ausdrucks in seinem Schauspiel „Götz von Berlichingen mit der eisernen Hand" (1773) wurde „Hiobspost" allgemein bekannt. Liebetraut bringt im ersten Akt dem Abt von Fulda und dem Bischof von Bamberg die Nachricht, daß Götz seinen Gegner Weislingen gefangengenommen hat. „Berlichingen hat ihn (= Weislingen) und drei Knechte bei Haslach weggenommen. Einer ist entronnen, euchs anzusagen." Der Abt antwortet darauf: „Eine Hiobspost." In einem Brief an Zelter vom 21. 11. 1830 verwendete Goethe auch den Ausdruck „Hiobsbotschaft".

Hiobspost

↑Hiobsbotschaft

Hippokratischer Eid

Unter diesem Ausdruck versteht man das dem griechischen Arzt Hippokrates (um 460–um 370 v. Chr.) zugeschriebene, aber höchstens dem Sinne nach auf ihn zurückgehende, aus der Antike überlieferte Gelöbnis der Ärzte, das die ethischen Leitsätze ärztlichen Handelns enthält. Dazu gehört zum Beispiel, niemals zum Nachteil und Unrecht eines Kranken tätig zu werden oder grundsätzlich die Verabreichung tödlicher Gifte zu verweigern. Es ist das Vorbild des heutigen Ärztegelöbnisses.

↑ Wie der **Hirsch** schreit nach frischem Wasser

↑ Zu **Hitler** fällt mir nichts ein

Hoch klingt das Lied vom braven Mann

Mit diesen Worten beginnt die Ballade „Das Lied vom braven Mann" von Gottfried August Bürger (1747–1794). Nach dem sprachlichen Verständnis seiner Zeit ist unter dem „braven Mann" ein Mensch zu verstehen, der sich durch Rechtschaffenheit und Mut auszeichnet. Das Gedicht handelt denn auch von einem armen, aber rechtschaffenen „Bauersmann", der unter Einsatz seines Lebens eine heldenhafte Rettungstat vollbringt, das als Preis ausgesetzte Gold jedoch den von ihm geretteten Opfern überläßt. Die Verszeile aus dem „Lied vom braven Mann" wird heute meistens dann zitiert, wenn ein scherzhaft oder auch ironisch gemeintes Lob ausgesprochen werden soll.

Hochmut kommt vor dem Fall

Die auch in anderen Sprachen verbreitete sprichwörtliche Redensart hat ihre Wurzeln im Alten Testament. So liest man in den Sprüchen Salomos (16, 18): „Wer zugrunde gehen soll, der wird zuvor stolz; und Hochmut kommt vor dem Fall." Eine Stelle im apokryphen Buch Jesus Sirach (3, 30) lautet: „Denn Hochmut tut nimmer gut, und kann nichts denn Arges daraus erwachsen." „Hochmut" im biblischen Sinne war die Hybris gegenüber Gott, die als Frevel galt und Verderben nach sich zog. Im Prolog von Schillers „Jungfrau von Orleans" finden sich die Verse „Hochmut ist's, wodurch die Engel fielen,/Woran der Höllengeist den Menschen faßt." – „Hochmut" im profanen Sinne – so wie man ihn heute versteht – ist eine Form von Stolz und Überheblichkeit anderen Menschen gegenüber, die sich ebenso verderblich auswirken kann.

Das **höchste** der Gefühle

Mit diesen Worten wird umgangssprachlich das Äußerste, was in einer bestimmten Situation möglich ist oder sich tun läßt, bezeichnet. Sie stammen aus Mozarts Oper „Die Zauberflöte" (2. Akt, Duett Papageno/Papagena), wo sie aber im Sinne von „das schönste Gefühl" zu verstehen sind. Papageno und Papagena geben damit ihrer Vorfreude auf reichen Kindersegen Ausdruck.

Die **höchste** Eisenbahn

Diese scherzhaft-umgangssprachliche Wendung bedeutet „höchste Zeit". Sie geht auf Adolf Glaßbrenner (1810 bis 1876) zurück, den Begründer der humoristisch-satirischen Berliner Volksliteratur. In seiner humoristischen Szene „Ein Heiratsantrag in der Niederwaldstraße" läßt er einen zerstreuten Menschen, der ständig Begriffe vertauscht, sagen: „Es ist die allerhöchste Eisenbahn, die Zeit is schon vor drei Stunden anjekommen." Üblich sind heute die Versionen (ohne Artikel) „höchste/allerhöchste Eisenbahn".

Höchstes Glück der Erdenkinder ist nur die Persönlichkeit

Aus Goethes 1819 erstmals erschienenem Gedichtzyklus „Westöstlicher Diwan" stammt dieser Satz. Allerdings ist er dort nicht als die allgemeingültige Behauptung formuliert, die man beim Zitieren meist zugrunde legt, sondern als eine widerlegbare Meinung. In dem „Buch Suleika", einem Dialog in Gedichten zwischen den Liebenden „Suleika" und „Hatem", gibt Suleika die allgemein geltende Meinung über den Wert der Persönlichkeit wieder mit den Worten: „Volk und Knecht und Überwinder,/Sie gestehn zu jeder Zeit,/Höchstes Glück der Erdenkinder/Sei nur die Persönlichkeit.“ Hatem aber setzt dieser allgemeinen Meinung seine eigene entgegen, daß nämlich der Mensch nicht in der Persönlichkeit als solcher, nicht im „werten Ich“ das höchste Glück findet, sondern im anderen Menschen, im geliebten Du, und so antwortet er: „Kann wohl sein! so wird gemeinet;/Doch ich bin auf andrer Spur:/Alles Erdenglück vereinet/Find' ich in Suleika nur.“

Hoff, o du arme Seele

„Hoff, o du arme Seele,/hoff und sei unverzagt!“ So beginnt die 6. Strophe des Kirchenliedes „Befiehl du deine Wege“ des evangelischen Theologen und Kirchenlieddichters Paul Gerhardt (1607 bis 1676; Evangelisches Kirchengesangbuch Nr. 294). Man zitiert diesen Vers gelegentlich – meist nur die Anfangsworte –, wenn man jemandem Mut machen und ihn darin bestärken will, auf Besserung zu hoffen.

↑All mein **Hoffen,** all mein Sehnen

Hoffnung läßt nicht zuschanden werden

Im 5. Kapitel seines Briefes an die Römer schreibt Paulus: „Geduld aber bringt Erfahrung; Erfahrung aber bringt Hoffnung; Hoffnung aber läßt nicht zuschanden werden“ (Römer 5,4–5). Den Anfang des 5. Verses zitiert man gelegentlich, wenn man jemanden ermuntern will, nicht die Hoffnung aufzugeben, mit Zuversicht in die Zukunft zu blicken.

↑Was sind **Hoffnungen,** was sind Entwürfe

Höflichkeit des Herzens

Von der „Höflichkeit des Herzens“ spricht Ottilie in ihrem Tagebuch im 5. Kapitel des 2. Teils von Goethes „Wahlverwandtschaften“ (1809). Hier heißt es: „Es gibt eine Höflichkeit des Herzens; sie ist der Liebe verwandt.“ Auch bei Nietzsche findet man diese Formulierung in der Schrift „Jenseits von Gut und Böse“ (1886). Im 4. Hauptstück steht hier: „Sich über ein Lob freuen ist bei manchen nur eine Höflichkeit des Herzens – und gerade das Gegenstück einer Eitelkeit des Geistes.“ – Gemeint ist mit dieser Formulierung eine Höflichkeit, die von innen, von Herzen kommt im Gegensatz zu einer nur aufgesetzten, leeren Förmlichkeit, die ohne Wert ist.

Das **Hohelied**

Das „Hohelied“ (auch „Das Hohelied Salomos“) ist eine Sammlung volkstümlicher Liebes- und Hochzeitslieder im Alten Testament. Die deutsche Übersetzung steht für hebräisch *šîr ha-šîrîm* bzw. lateinisch *canticum canticorum* („Lied der Lieder“, d. h. „schönstes, herrlichstes Lied“). Der Überlieferung nach ist König Salomo (9. Jh. v. Chr.) der Autor, doch sind die meisten Lieder möglicherweise erst in späterer Zeit entstanden. Heute verwendet man diesen Titel (mit unterschiedlichem Genitivattribut), um in gehobener Sprache eine Haltung oder Tat zu kennzeichnen, die symbolisch ein Loblied auf etwas darstellt (z. B. das Hohelied der Arbeit).

Hoher Sinn liegt oft in kind'schem Spiel

Mit diesem Vers endet Schillers Gedicht „Thekla. Eine Geisterstimme“ (1802). Der Dichter bezieht sich darin auf die Figur der Thekla in seinem Drama „Wallenstein“ und auf Wallenstein, den Sternengläubigen. Dem Schlußwort geht die Aufforderung voraus „Wage du, zu irren und zu träumen“. In den von der Realität abgehobenen „Träumen“ liegt für den Dichter eine tiefe Bedeutung, vergleichbar dem tieferen Sinn, der dem unreflektierten Spiel der Kinder zugrunde liegen kann. – Man verwendet das Zitat – häufiger in der Form – „Tiefer Sinn liegt oft in kind'schem Spiel“ bei der Betrachtung von Kindern, die ganz in sich versunken ihren Spielen hingegeben sind.

Höherer Blödsinn

Der Ausdruck wurde um 1850 mutmaßlich von Otto Wigand, dem Herausgeber der „Jahrbücher für Wissenschaft und

Kunst" geprägt. Er ist ein Ausdruck des Ärgers: „Wir meinen die Gesellschaftsschwindel im lieben deutschen Vaterland ... Geblütswallungen, die ... auf dem Niveau des höheren Blödsinns stehen." Die satirische Zeitschrift „Kladderadatsch" spricht dagegen 1856 von einem „Styl des höheren Blödsinns" und meint damit eine bestimmte Art des Ulks, die sie besonders für sich in Anspruch nimmt. Im heutigen Sprachgebrauch sind beide Bedeutungen enthalten. „Höherer Blödsinn" kann sowohl „Unsinn, ärgerliches törichtes Gerede" als auch „Nonsens, Ulk, Spaß" bedeuten.

↑Durch diese **hohle** Gasse muß er kommen

↑Sich in die **Höhle** des Löwen wagen

Holder Schwan vom Avon

Sweet swan of Avon („Holder Schwan vom Avon") nennt der englische Dichter Ben Johnson (1572–1637) in einem Gedicht seinen heute berühmteren Zeitgenossen William Shakespeare (1564 bis 1616). Abgedruckt ist dieses Gedicht in der ersten Folioausgabe der Dramen Shakespeares, die 1623 in London herausgegeben wurde. Johnson spielt dabei auf den Fluß Avon an, an dem Shakespeares Heimatstadt Stratford-upon-Avon liegt.

Die **Hölle** auf Erden

Verhältnisse, die jemandem das Leben unerträglich erscheinen lassen, bezeichnet man häufig als „Hölle auf Erden". Dieser Ausdruck geht wohl letztlich auf die zu den Apokryphen zählende „Weisheit Salomos" im Alten Testament zurück. Dort heißt es: „... und was in der Welt geschaffen wird, das ist gut, und ist nichts Schädliches darin. Dazu ist der Hölle Reich nicht auf Erden" (Weisheit Salomos 1,14). – Der deutsche Literaturhistoriker und Schriftsteller Johann Gottfried Gruber (1774 bis 1851) veröffentlichte 1800 ein Buch mit dem Titel „Die Hölle auf Erden, oder Geschichte der Familie Fredini".

Die **Hölle,** das sind die anderen

In Jean-Paul Sartres Einakter „Bei geschlossenen Türen" (auch unter dem Titel „Geschlossene Gesellschaft" aufgeführt; französischer Titel: „Huis clos"; uraufgeführt 1944; deutsch 1949) finden sich zwei Frauen und ein Mann – alle drei jüngst verstorben – in einem Salon wieder. Dieser Salon ist Sartres subtil und äußerst beklemmend dargestellte Hölle. Die drei können den Raum nicht verlassen, sind also bedingungslos aufeinander angewiesen. Wie in ihrem gelebten Leben müssen sie auch hier erkennen, daß die persönliche Freiheit am Freiheitsanspruch des anderen ihre Grenze findet. Das Dasein des Mitmenschen ist nichts anderes als eine tödliche Bedrohung der eigenen Selbstverwirklichung. Doch nicht einmal umbringen können sie sich gegenseitig, sie sind ja bereits tot. Garcin, der Mann, kommt dann zur fürchterlichen Erkenntnis: „Also dies ist die Hölle. Niemals hätte ich geglaubt ... Ihr entsinnt euch: Schwefel, Scheiterhaufen, Bratrost. ... Ach, ein Witz! Kein Rost erforderlich, die Hölle, das sind die andern." (Französisch: *Alors, c'est ça l'enfer. Je n'aurais jamais cru ... Vous vous rappelez: le soufre, le bûcher, le gril ... ah! quelle plaisanterie. Pas besoin de gril, l'enfer, c'est les autres*). Mit dem Zitat kann man zum Ausdruck bringen, daß die Schwierigkeiten, mit anderen Menschen auszukommen, oft unüberwindlich sind.

Homerisches Gelächter

Nach Stellen in der „Ilias" und der „Odyssee" des altgriechischen Dichters Homer (2. Hälfte des 8. Jh.s v. Chr.), wo das Lachen der Götter als „unauslöschlich" oder „unermeßlich" beschrieben wird, bezeichnet man ein schallendes, nicht enden wollendes Gelächter in gehobener Ausdrucksweise häufig als „homerisches Gelächter" (bereits im 18. Jh. im Französischen als *rire homérique*).

Homo faber

Diese lateinische Fügung (deutsch: „der Mensch als Verfertiger") ist ein Terminus der modernen philosophischen Anthropologie. Sie charakterisiert den Menschen mit seiner Fähigkeit, für sich Werkzeuge und technische Hilfsmittel herzustellen, die er, da er organisch und instinktmäßig nicht entsprechend ausgerüstet ist, zur Bewältigung und Kultivierung der Natur benötigt. „Homo faber" ist auch der Titel eines Romans (erschienen 1957) von Max Frisch, in dem der Ingenieur Faber unwissentlich eine Liebesbeziehung zu seiner Tochter eingeht.

Homo homini lupus

Dieser lateinische Satz bedeutet wörtlich übersetzt „Der Mensch (ist) dem Menschen ein Wolf." Damit charakterisiert der englische Philosoph Thomas Hobbes (1588–1679) in seinem staatsphilosophischen Werk „Leviathan or the matter, form, and power of a commonwealth, ecclesiastical and civil" (1794 deutsch mit dem Titel „Leviathan oder Der kirchliche und bürgerliche Staat") das für ihn natürlichste Verhalten des Menschen: das aus den Grundtriebkräften Selbsterhaltung und Lustgewinn resultierende Streben nach uneingeschränkter Macht. Bildungssprachlich wird diese Formulierung verwendet, um den Menschen als gefährlichsten Feind des Menschen zu kennzeichnen. Übernommen hat sie Hobbes von dem römischen Dichter Plautus (um 250–um 184 v. Chr.). In dessen Komödie „Asinaria" heißt es: *Lupus est homo homini, non homo, quom qualis sit non novit* („Ein Wolf ist der Mensch dem Menschen, kein Mensch, wenn er nicht weiß, wie dieser geartet ist"; Asinaria, Vers 495). Ein Kaufmann begründet dort mit diesen Worten seine Weigerung, einem ihm Unbekannten eine größere Geldsumme auszuhändigen.

Homo ludens

Mit diesem lateinischen Ausdruck wird der spielende (lateinisch *ludens* = spielend) und dadurch schöpferische Mensch bezeichnet. Der niederländische Kulturhistoriker Johan Huizinga (1872–1945) führte ihn in seinem 1938 erschienenen gleichnamigen Buch ein. Er charakterisiert darin das Spiel als Grundkategorie menschlichen Verhaltens und menschlicher Entwicklung und hebt seine Funktion in seinen verschiedenen Formen als kulturbildenden Faktor hervor.

Honi soit qui mal y pense

Das Zitat – auch in der deutschen Form: „Ein Schuft, wer Böses dabei denkt" – wird heute verwendet, wenn man in einer Situation sagen will: „Nur ein Mensch, der immer gleich Schlechtes denkt, wird hierbei etwas Anstößiges finden." Wörtlich lautet die Übersetzung: „Verachtet sei, wer Arges dabei denkt." *Honi soit qui mal y pense* ist der Wahlspruch des höchsten englischen Ordens, des sogenannten Hosenbandordens (The Most Noble Order of the Garter). Seine Stiftung durch König Eduard III. 1348 wird nach Polydor Vergils „Englischer Geschichte" von 1570 auf einen galanten Zwischenfall zurückgeführt, als Eduard auf einem Ball das Strumpfband seiner Gemahlin oder seiner Geliebten, der Gräfin Salisbury, aufgehoben haben soll. Nach den 1841 von G. F. Beltz herausgegebenen „Memorials of the Order of the Garter" soll dagegen Eduard 1346 in der siegreichen Schlacht bei Crécy sein Strumpfband als Fahnenband benutzt und zur Erinnerung daran den Hosenbandorden gestiftet haben. Das eigentliche Ordenszeichen ist ein schmales blaues Samtband mit der goldenen Ordensdevise und wird von Herren unter dem linken Knie, von Damen am linken Oberarm getragen.

Honigsüße Rede

In der „Ilias" des altgriechischen Dichters Homer (2. Hälfte des 8. Jh.s v. Chr.) wird von Nestor, dem wegen seiner Weisheit und Redegabe gerühmten greisen Sagenheld, gesagt, er sei jemand, „dem von der Zunge süßer als Honig die Rede floß" (griechisch: *τοῦ χαὶ ἀπὸ γλώσσης μέλιτος γλυκίων ῥέεν αὐδή*

(I, 249). Heute bezeichnet man als „honigsüße Rede" übertrieben liebenswürdige Worte, die nichts anderes als Schmeichelei oder Lobhudelei sind.

Hoppla, jetzt komm' ich!

Der Titel dieses Schlagers aus dem Jahr 1932 charakterisiert seinen Interpreten Hans Albers bereits als den rauhbeinigen Draufgänger mit Herz, den der Schauspieler später in vielen Filmen darstellte. Der Text des Liedes stammt von Robert Gilbert, dem deutsch-amerikanischen Texter und Librettisten, der unter anderem auch das Libretto für die Operette „Im weißen Rößl" verfaßte, und die Melodie wurde von Werner Richard Heymann komponiert, der zahlreiche Filmmusiken, zum Beispiel für „Die drei von der Tankstelle", geschrieben hat. Man zitiert den Schlagertitel heute meist mit einem negativen Unterton, um unbekümmert-rücksichtsloses Verhalten zu charakterisieren.

Horch, was kommt von draußen rein?

Mit diesem Vers beginnt ein beliebtes Volkslied, das in der 2. Hälfte des 19. Jh.s wohl im Vogtland entstanden ist. Man zitiert ihn heute gelegentlich scherzhaft, wenn man von draußen ein Geräusch hört, das auf jemandes Kommen schließen läßt.

Das **Hornberger** Schießen

Wenn etwas, um das viel Aufhebens gemacht wird, im Endeffekt ergebnislos endet, so sagt man, es sei ausgegangen „wie das Hornberger Schießen". Die Herkunft dieser Redensart bleibt im Dunkeln. Eine mögliche Erklärung, die häufig genannt wird, ist die Sage, daß die Bürger von Hornberg im Schwarzwald zur Begrüßung eines Fürsten so oft die Salutschüsse übten, daß schließlich bei seiner Ankunft kein Pulver mehr vorhanden war. Um den Landesherrn nicht ohne Begrüßungssalut einziehen zu lassen, sollen einige Hornberger versucht haben, die Böllerschüsse durch lautes Brüllen nachzuahmen.

Horror vacui

In der scholastischen Philosophie blieb bis zur Entdeckung des Luftdrucks in der Physik durch E. Torricelli (1643/1644) die Vorstellung beherrschend, daß die Natur vor einem leeren Raum einen Abscheu habe und diesen mit allen Mitteln auszufüllen suche. Diesen Gedanken formulierte der französische Dichter François Rabelais (um 1494–1553) in seinem fünfbändigen Romanzyklus „Gargantua und Pantagruel" in der lateinischen Form *Natura abhorret vacuum* „Die Natur schreckt das Leere ab". Darauf geht der Ausdruck *Horror vacui* „das Grauen vor dem Leeren, dem Nichts" zurück. Man bezieht ihn heute ganz allgemein auf Situationen, in denen jemand befürchtet, daß plötzlich alles bisher Tragende und Sinngebende nicht mehr vorhanden sein wird, also ein politisches oder kulturelles Vakuum droht. Gelegentlich wird scherzhaft mit „Horror vacui" auch ganz konkret die Angst vor gähnender Leere bezeichnet, die z. B. einen Veranstalter bei einem Blick durch den Vorhang in den Zuschauerraum befallen kann.

↑ Wer zwei Paar **Hosen** hat, mache eins zu Geld und schaffe sich dieses Buch an

↑ Ich wünsche, daß sonntags jeder Bauer sein **Huhn** im Topf hat

↑ Von **Humanität** durch Nationalität zur Bestialität

Humor ist, wenn man trotzdem lacht

Diese Devise hat der deutsche Schriftsteller Otto Julius Bierbaum (1865 bis 1910) seiner „Yankeedoodle-Fahrt und andere Reisegeschichten" (1909) vorangestellt. Man zitiert sie in Situationen, in denen man es als das Beste erkannt hat, allen Schwierigkeiten des Alltags mit heiterer Gelassenheit zu begegnen. Auch als Kommentar zu einem schlechten Witz oder zu einem Mißgeschick ist das Zitat gebräuchlich.

↑Keinen **Hund** mehr hinter dem Ofen hervorlocken

Es ↑möchte kein **Hund** so länger leben

Hunde, wollt ihr ewig leben?

Dies ist der Titel eines deutschen Films über die Schlacht von Stalingrad 1942/43, der 1958 in die Kinos kam. Man zitiert den Filmtitel heute als scherzhafte Entgegnung auf jemandes Einwand hin, eine bestimmte Sache, ein bestimmtes Vorgehen sei zu gefährlich und sollte deswegen unterbleiben. – Vom preußischen König Friedrich II. (Regierungszeit 1740–1786) wird anekdotenhaft überliefert, er habe einmal Soldaten, die bei einer Schlacht flohen, zugerufen: „Ihr verfluchten Kerls, wollt ihr denn ewig leben?"

Hundertfältig Frucht tragen

Wenn man von etwas sagt, daß es hundertfältig (oder hundertfältige) Frucht trägt, so drückt man damit aus, daß sich die betreffende Sache sehr gelohnt hat oder auch, daß etwas, besonders eine mühevolle Sache, reichlich belohnt wurde. Die Redewendung geht auf eine Stelle im Neuen Testament (Matthäus 13,8 bzw. Markus 4,8) zurück. Es wird dort im Gleichnis vom Sämann von den Saatkörnern gesprochen, die auf unterschiedlichen Boden fallen und somit unterschiedliche Wachstumsbedingungen haben. Es heißt dann bei Matthäus: „Etliches fiel auf ein gutes Land und trug Frucht, etliches hundertfältig, etliches sechzigfältig, etliches dreißigfältig."

Hunger ist der beste Koch

Diese sprichwörtliche Redensart verwendet man, wenn großer Hunger einen Menschen, der sonst sehr wählerisch im Essen ist, dazu bringt, auch weniger gutes Essen mit Appetit zu verzehren. Sie findet sich in dieser Form erstmals bei dem mittelhochdeutschen Spruchdichter Freidank (1. Hälfte des 13. Jh.s), wo es heißt: *Der hunger ist der beste koch/ der ie wart oder wirdet noch* (neuhochdeutsch „Der Hunger ist der beste Koch, den es je gab oder noch geben wird"). Auch in der Antike findet sich dieser Gedanke schon. So sagt der altgriechische Philosoph Sokrates (um 470–399 v. Chr.) bei Xenophon *ὥστε τὴν ἐπιθυμίαν τοῦ σίτου ὄψον αὐτῷ εἶναι* („so daß das Verlangen nach Nahrung ihm zur Würze wird"). Bei dem römischen Staatsmann, Redner und Philosophen Cicero (106–43 v. Chr.) heißt es in seinem philosophischen Dialog „Über das höchste Gut und das höchste Übel" (lateinisch „De finibus bonorum et malorum"): *Cibi condumentum est fames* „Der Speise Würze ist der Hunger" (II, 28, 90).

Hurrapatriotismus

Diese abwertende Bezeichnung für einen übertrieben begeisterten Patriotismus kam Ende des 19. Jh.s auf. Nach Otto Ladendorfs „Historischem Schlagwörterbuch" (Straßburg/Berlin 1906, S. 130/131) ist es erstmals in dieser Form im März 1900 in einem Zeitschriftenbeitrag belegt.

Hüte deine Seele vor dem Karrieremachen

In seinem Gedicht „Für meine Söhne" (1854) spricht Theodor Storm in der 5. Strophe die mahnenden Worte: „Was du immer kannst, zu werden,/Arbeit scheue nicht und Wachen; Aber hüte deine Seele/Vor dem Karrieremachen." Man zitiert die beiden letzten Verszeilen, wenn man jemanden davor warnen will, seinen Aufstieg rücksichtslos zu erkämpfen, dem Gedanken an die Karriere alles andere unterzuordnen.

↑Hier ist gut sein, hier laßt uns **Hütten** bauen

Hydra

In der „Theogonie" des altgriechischen Dichters Hesiod (um 700 v. Chr.) findet sich erstmals dieser Name für das schlangenähnliche neunköpfige Ungeheuer in den Sümpfen von Lerna in der Argolis. Es zu töten war eine der zwölf schweren Arbeiten, die der Sagenheld

Herakles auf Geheiß des delphischen Orakels zu verrichten hatte. Die nach jedem Schwertstreich doppelt nachwachsenden Köpfe der Hydra brannte er schließlich – unterstützt von seinem Gefährten Jolaos – mit glühenden Baumstämmen ab (Theogonie 313 ff.). Noch heute wird der Name dieses Sagenungeheuers als Sinnbild für ein scheinbar unausrottbar wucherndes Übel, für das sich immer wieder erhebende Böse verwendet.

I

I have a dream

Am 28. August 1963, anläßlich des historischen „Marschs auf Washington", hielt der schwarze amerikanische Bürgerrechtler Martin Luther King eine Rede, in der er mehrmals seine Visionen von einer gerechteren Gesellschaft mit den Worten „I have a dream" („Ich habe einen Traum") einleitete. So sagte er z. B. „Ich habe einen Traum, daß eines Tages auf den roten Hügeln von Georgia die Söhne früherer Sklaven und die Söhne früherer Sklavenhalter miteinander am Tisch der Brüderlichkeit sitzen können" und „Ich habe einen Traum, daß meine vier kleinen Kinder eines Tages in einer Nation leben werden, in der man sie nicht nach ihrer Hautfarbe, sondern nach ihrem Charakter beurteilen wird". Das Zitat kann in entsprechenden Kontexten als eindringliche Mahnung an die vielerorts noch nicht verwirklichten Ideale Martin Luther Kings verwendet werden, es kann aber auch in anderen Bereichen zur Ankündigung visionärer Vorstellungen von der Zukunft dienen.

Ich besaß es doch einmal, was so köstlich ist!

Wer mit diesen Worten das Ende, den Verlust von etwas beklagt, zitiert aus der 5. Strophe von Goethes Gedicht „An den Mond" (2. Fassung 1789). Es ist an Charlotte von Stein gerichtet, mit der Goethe ein sehr enges Freundschaftsverhältnis verband. Das Motiv des Rückblicks auf eine verlorene Liebe, das die Zeilen erkennen lassen, fand erst in der zweiten Fassung Eingang in das Gedicht. Die Strophe lautet vollständig: „Ich besaß es doch einmal,/Was so köstlich ist!/Daß man doch zu seiner Qual/ Nimmer es vergißt!"

Ich bin allein auf weiter Flur

Dieses Zitat stammt aus Ludwig Uhlands Gedicht „Schäfers Sonntagslied" aus dem Jahr 1805. Der Schäfer spricht von der andachtsvollen Morgenstille des Sonntags, an dem er mit der Natur allein ist. – Als Zitat wird es meist scherzhaft (und oft auch in der Form „allein auf weiter Flur stehen") gebraucht, wenn jemand zum Ausdruck bringen möchte, daß er ohne Gesellschaft, einsam ist oder daß er als einziger etwas tut, zum Beispiel eine Meinung vertritt, die kein anderer teilt.

Ich bin der letzte meines Stammes

Der greise Freiherr von Attinghausen spricht in Schillers „Wilhelm Tell" diese Worte zu seinem Neffen und Erben Ulrich von Rudenz (II, 1). Man zitiert sie heute, wenn man darauf hinweisen will, daß man ohne Nachkommen geblieben ist und mit dem eigenen Tode die Familie und ihr Name ausstirbt. Gelegentlich will man mit dem Zitat aber auch ausdrücken, daß man jemand ist, der am Althergebrachten festhält und mit seiner Einstellung im Freundes- und Bekanntenkreis alleine dasteht.

Ich bin der Mann der bleichen Furcht nicht

Das Zitat stammt aus Schillers Drama „Die Räuber" (1781). Karl Moor spricht so zu seinem Vater, den er im Kerker seines Schlosses schmachtend findet und von dem er glaubt, daß es sich um den ruhelosen Geist des toten Vaters handelt. Schaudernd fordert er ihn auf zu sprechen: „Rede, rede! Ich bin der

Mann der bleichen Furcht nicht." – Man kann das Zitat scherzhaft verwenden, um zu erkennen zu geben, daß man sich vor etwas nicht fürchtet.

↑Ach, **ich** bin des Treibens müde

Ich bin des trocknen Tons nun satt

Im ersten Teil von Goethes Faust gibt Mephisto in der sogenannten Schülerszene (Studierzimmer 2) dem studierwilligen Schüler eine ironisch-satirische Darstellung der Hochschulfakultäten Jura und Theologie. Als er dann auf Bitten des Schülers noch über die Medizin „ein kräftig Wörtchen" sagen soll (siehe auch „Der Geist der Medizin ist leicht zu fassen"), wird er zynisch und deutet dies durch die beiseite gesprochenen Worte an: „Ich bin des trocknen Tons nun satt,/Muß wieder recht den Teufel spielen." Man zitiert diese Worte heute, wenn man der Ansicht ist, man habe sich lange genug in sachlichen und nüchternen Ausführungen ergangen.

Ich bin die Christel von der Post

Die ↑Christel von der Post

Ich bin ein Berliner

Bei einem Besuch des nach dem Mauerbau geteilten Berlins am 26. 6. 1963 bekannte sich der amerikanische Präsident John F. Kennedy (1917–1963) in einer Rede vor dem Schöneberger Rathaus zur Freiheit Berlins mit den Worten: „Der stolzeste Satz, den man heute in der freien Welt sagen kann, heißt: ‚Ich bin ein Berliner.' Deshalb bin ich als freier Mensch stolz darauf, sagen zu dürfen: Auch ich bin ein Berliner." Dieser Ausspruch, den Kennedy in deutsch vortrug, spielt auf das lateinische *Civis Romanus sum* („Ich bin ein römischer Bürger") an. Man zitiert ihn, wenn man sich als Nichtberliner mit Berlin verbunden fühlt, am Schicksal dieser Stadt Anteil nimmt.

Ich bin ein Elefant, Madame

Dies ist der Titel eines deutschen Spielfilms aus dem Jahre 1968 (Regie: Peter Zadek), der die Schlagerzeilen „Ich küsse Ihre Hand, Madame, ... ich bin ja so galant, Madame" scherzhaft abwandelt. (Das Tangolied „Ich küsse Ihre Hand, Madame ..." wurde 1928 von Fritz Rotter und Ralph Erwin geschrieben und besonders durch Richard Taubers Interpretation populär.) Der Filmtitel wird gelegentlich zitiert, um eigenes tolpatschiges oder unkonventionelles Verhalten gegenüber einer (umworbenen) Frau selbstironisch zu kommentieren.

Ich bin ein freier Mann und singe

Man gebraucht dieses Zitat, wenn man zum Ausdruck bringen möchte, daß man großen Wert darauf legt, freiheraus und unbekümmert sagen zu können, was man denkt, obwohl es manchmal vielleicht opportun wäre, sich mit seiner eigenen Meinung mehr zurückzuhalten. Es stammt aus Georg Herweghs (1817–1875) Gedicht „Leicht Gepäck", das mit den Versen beginnt: „Ich bin ein freier Mann und singe/Mich wohl in keine Fürstengruft,/Und alles, was ich mir erringe,/Ist Gottes freie Himmelsluft." Sämtliche Strophen enden mit dem ebenfalls oft zitierten Satz: „Mein ganzer Reichtum ist mein Lied."

Ich bin ein Gast auf Erden

↑Gast auf Erden

↑Denn **ich** bin ein Mensch gewesen, und das heißt ein Kämpfer sein

Ich bin ein Mensch, nichts Menschliches ist mir fremd

Diese Sentenz lautet in ihrer ursprünglich lateinischen Form: *Homo sum, humani nil a me alienum puto.* Sie stammt aus der Komödie „Heautontimorumenos" („Der Selbstquäler") des lateinischen Komödiendichters Terenz (um 190–159 v. Chr.). Hier wird dem Helden des Stücks auf die an seinen Nachbarn gerichtete Frage, ob er denn soviel Zeit habe, sich um die Probleme anderer Menschen zu kümmern, dies als Antwort zuteil. Das Stück des Terenz geht auf eine verlorengegangene Komödie des griechischen Komödiendichters Menander (um 342–290 v. Chr.) zurück, dessen Titel Terenz für sein Stück übernommen hat. Der Ausspruch war schon in der Antike zum geflügelten Wort geworden. Man findet ihn u.a. im Werk von Cicero und Seneca zitiert. – Mit dem Zitat deutet man jemandem an, daß man Verständnis für seine Schwächen hat, oder man gibt damit eigene Schwächen zu.

Ich bin es müde, über Sklaven zu herrschen

Diesen Satz soll Friedrich der Große (Regierungszeit 1740–1786) in einer Anweisung an sein Kabinett kurz vor seinem Tode geschrieben haben. Er ist charakteristisch für diesen Monarchen, der für die geistigen Strömungen seiner Zeit durchaus aufgeschlossen war, was seine Reformansätze im Heer-, Rechts- und Verwaltungswesen belegen (1777 Aufhebung der Leibeigenschaft). Andererseits kann diese Äußerung aber auch als bezeichnend für seine im Alter immer stärker zutage tretende negative Beurteilung der menschlichen Natur angesehen werden.

Ich bin kein ausgeklügelt Buch

Ein ↑Mensch in seinem Widerspruch

Ich bin nicht in der Gebelaune heut

Das Zitat – im Original *I am not in the giving vein to-day* – stammt aus Shakespeares Tragödie „Richard III.“ (IV, 2). Es ist dort des Königs Entgegnung, als ihn der Herzog von Buckingham mehrmals an sein Versprechen erinnert, Buckingham die Grafschaft Hereford dafür zu geben, daß er Richard auf den Thron half. Üblich ist heute die Ausdrucksweise „in Geberlaune sein“, womit man eine (momentane) Neigung zur Großzügigkeit anspricht.

Ich bin nur ein armer Wandergesell

Das so beginnende, bekannte Lied stammt aus der Operette „Der Vetter aus Dingsda“ von Eduard Künneke (1885–1953). Das Textbuch der 1920 uraufgeführten Operette schrieben Hermann Haller und (Rideamus) Fritz Oliven nach einem Lustspiel von M. Kempner-Hochstädt. Der Fremde, der ins Schloß de Weert kommt, versteckt sich zunächst hinter der Mitteilung, „nur ein armer Wandergesell“ zu sein: „Ich bin nur ein armer Wandergesell,/Gute Nacht, liebes Mädel, gut' Nacht.“ – Das Zitat kann dazu dienen, sich der Frage nach der eigenen Identität scherzhaft zu entziehen oder darauf hinzuweisen, daß man sich nur vorübergehend an einem Ort aufzuhalten gedenkt.

↑Mit Verlaub, **ich** bin so frei

Ich bin so satt, ich mag kein Blatt

Dieses Zitat stammt aus dem Märchen „Tischchen deck dich, Goldesel und Knüppel aus dem Sack“ der Brüder Grimm. Die Ziege eines Schneiders, die von seinen Söhnen auf die Weide geführt wird, antwortet abends auf die Frage, ob sie auch satt geworden sei, mit den Worten: „Ich bin so satt, ich mag kein Blatt, meh, meh!“ Zu Hause im Stall dagegen sagt sie zu dem Schneider: „Wovon sollt' ich satt sein? Ich sprang nur über Gräbelein und fand kein einzig Blättelein, meh, meh!“ Heute wird das Zitat gebraucht, wenn man aufgefordert wird, doch noch etwas zu essen, und zum Ausdruck bringen will, daß man wirklich satt ist.

Ich bin so wild nach deinem Erdbeermund

Die Werke des französischen Dichters François Villon (um 1431–um 1463) haben den deutschen Schriftsteller und Übersetzer Paul Zech (1881–1946) zu freien Nachdichtungen angeregt, die unter dem Titel „Die lasterhaften Balladen und Lieder des Franz Villon“ veröffentlicht wurden. Dabei geht nur ein Teil der Texte tatsächlich auf Villon zurück, die anderen hat Zech – ohne sie zu kennzeichnen – „hinzugedichtet“. Zu letzteren gehört auch das Gedicht „Ich bin so wild nach deinem Erdbeermund“, das durch die Rezitationsauftritte des Schauspielers Klaus Kinski sehr bekannt wurde. Kinski übernahm den Titel des vermeintlichen Villon-Gedichts für seine 1975 erschienene Autobiographie, in der er sein exzentrisches

Leben und seine sexuellen Erlebnisse in unverhüllter Sprache beschreibt.

Ich bin von Kopf bis Fuß auf Liebe eingestellt

Mit diesem Chanson aus dem 1930 entstandenen Film „Der blaue Engel“ wurde Marlene Dietrich in der Rolle einer lasziven Barsängerin berühmt. Es stammt aus der Feder von Friedrich Hollaender, der die Filmmusik zu diesem Kinoklassiker schrieb. Wenn jemand sich ganz und gar einer Sache verschrieben hat, wird das Zitat heute auch mit wechselnder Ergänzung gebraucht, indem der Betroffene sagt: „Ich bin von Kopf bis Fuß auf ... eingestellt.“

Ich bin zu alt, um nur zu spielen, zu jung, um ohne Wunsch zu sein

Mit diesen Worten beklagt der alte Faust (Goethe, Faust I, Studierzimmer) aus einer resignativen Haltung heraus seine Lebenssituation, bevor er den Pakt mit dem Teufel eingeht. Diese Worte sind auch in der heutigen Zeit geeignet, die Lebenskrise vieler Menschen zu charakterisieren.

Ich danke dir, Gott, daß ich nicht bin wie die andern Leute

Der Vers aus dem Lukasevangelium (Lukas 18, 11) lautet vollständig: „Ich danke dir, Gott, daß ich nicht bin wie die andern Leute, Räuber, Ungerechte, Ehebrecher oder auch wie dieser Zöllner.“ Im Unterschied zum Zöllner, der sich seiner Fehler bewußt ist, ist der Pharisäer voll Selbstgerechtigkeit und Selbstüberhebung. Seine Worte werden oft zur Kennzeichnung eines allzu sehr von sich überzeugten Menschen verwendet, der sich urteilend über andere erhebt. Sie bringen meist Spott oder auch Unwillen des Sprechers zum Ausdruck (siehe auch den Artikel „Gott, sei mir Sünder gnädig!“).

Ich denk’, mich tritt ein Pferd

Diese umgangssprachliche Redensart wurde durch eine Äußerung des früheren Finanzministers Hans Apel besonders populär, der im Jahre 1975 in einem Gespräch mit dem Fernsehjournalisten Friedrich Nowottny für die ARD-Tagesschau seine Reaktion auf die für ihn unvorhergesehene negative Wende in der Diskussion um die Steuerreform mit den Worten beschrieb: „Ich dacht’, mich tritt ein Pferd.“ In dem 1973 erschienenen Buch „Die neuen Leiden des jungen W.“ von Ulrich Plenzdorf heißt es: „Ich dachte, mich tritt ein Pferd und streift ein Bus und alles zusammen.“ Es existieren zahlreiche Abwandlungen wie „ich denk’, mich küßt ein Elch“ oder „ich denk’, ich steh’ im Wald“, mit denen man in salopper Redeweise zum Ausdruck bringt, daß man über etwas äußerst überrascht ist, etwas so nicht für möglich gehalten hat.

Ich denke, also bin ich

↑Cogito, ergo sum

Ich denke einen langen Schlaf zu tun

Dieses Zitat stammt aus Schillers Drama „Wallensteins Tod“ (V, 5). Erschöpft wünscht Wallenstein seinem Kammerdiener sowie Seni und Gordon, die ihn verzweifelt bedrängt haben, sich nicht mit den Schweden einzulassen, eine gute Nacht und zieht sich mit den Worten zurück: „Ich denke einen langen Schlaf zu tun,/Denn dieser letzten Tage Qual war groß,/Sorgt, daß sie nicht zu zeitig mich erwecken.“ In Situationen starker Ermüdung, in denen man das Bedürfnis hat, sich durch einen längeren Schlaf zu regenerieren, wird das Zitat heute noch verwendet.

Ich erwachte eines Morgens und fand, daß ich berühmt war

In den Jahren 1812 bis 1818 erschien das Versepos „Childe Harold’s Pilgrimage“ des englischen Dichters Lord George Gordon Noel Byron (1788 bis 1824). (Eine deutsche Übersetzung wurde 1836 unter dem Titel „Ritter Harolds Pilgerfahrt“ herausgegeben.) Die Veröffentlichung der ersten beiden Gesänge („Cantos“) machten den Autor über Nacht berühmt. Dies behauptet zumindest sein enger Freund und Biograph, der irische Dichter Thomas Moore (1779–1852), der in seinem „Life of Byron" die Worte Byrons *I awoke one morning and found myself famous* überliefert. Das Zitat wird gelegentlich verwendet, wenn eine berühmte Persönlichkeit im Nachhinein mit – oft gespielter – Verwunderung feststellt, wie rasch sie ihre Berühmtheit erlangt hat.

Ich fühle eine Armee in meiner Faust

Bei diesem der Demonstration eigener Macht und Stärke dienenden Zitat handelt es sich um die freudig ausgerufenen Worte des Karl Moor in Schillers Schauspiel „Die Räuber" am Ende des zweiten Aktes. Der Hauptmann und seine „Räuber" haben sich wieder zusammengeschlossen und brechen auf zu neuen Taten.

Ich geh' aus, und du bleibst da

↑Konrad, sprach die Frau Mama

Ich ging im Walde so für mich hin

Dieses Zitat stammt aus Goethes Gedicht „Gefunden" aus dem Jahre 1813, das er seiner Frau Christiane gewidmet hat. Die erste Strophe lautet: „Ich ging im Walde/So für mich hin,/Und nichts zu suchen,/Das war mein Sinn." Gelegentlich zitiert man diese Worte als scherzhafte Einleitung, wenn man über eine unverhoffte Begegnung oder Entdeckung bei einem [Wald]spaziergang berichten will.

Ich grolle nicht, und wenn das Herz auch bricht

Das Zitat ist der Anfang eines Gedichtes aus Heinrich Heines (1797–1856) „Lyrischem Intermezzo", dem 2. Zyklus des „Buches der Lieder". Größere Bekanntheit hat das Gedicht als siebentes Lied von Robert Schumanns (1810–1856) Zyklus „Dichterliebe" erlangt. Man gebraucht das Zitat meist scherzhaft-ironisch, um auszudrücken, daß man trotz einiger Berechtigung keinen Groll gegen jemanden hegen will.

Ich grüße dich, du einzige Phiole

Mit diesen Worten bezieht sich Faust in Goethes gleichnamigem Drama (Teil I, Nacht) auf eine bauchige Giftflasche in seinem Arbeitszimmer. Beim Anblick einer Trinkschale, in die er den Inhalt dieser Phiole entleeren will, sinniert er in einem Monolog über die vielfältige Wirkung des Alkohols und über gesellige Trinkrunden von früher. Wenn man Lust verspürt, ein alkoholisches Getränk zu sich zu nehmen, und erst nach längerem Suchen gerade noch eine Flasche findet, kann man gelegentlich scherzhaft diese Worte zitieren.

Ich hab' es getragen sieben Jahr

Mit den Versen „Ich hab' es getragen sieben Jahr/Und ich kann es nicht tragen mehr!" beginnt Theodor Fontanes (1819–1898) Ballade „Archibald Douglas". Graf Archibald spricht damit seine für ihn unerträglich gewordene, bereits sieben Jahre währende Verbannung aus seiner Heimat und vom Hofe des schottischen Königs Jakob an. Man zitiert die Anfangszeile meist scherzhaft, wenn man seinem Herzen nach einer langen Zeit, in der man etwas stillschweigend ertragen hat, endlich einmal Luft machen möchte.

Ich hab' getan, was ich nicht lassen konnte

In der ersten Szene von Schillers „Wilhelm Tell" entschließt sich Tell, Baumgarten vor den Reitern des Landvogts zu schützen, indem er ihn trotz eines drohenden Unwetters mit einem Kahn zum rettenden anderen Ufer des Vierwaldstätter Sees bringt. Sollte er von der Fahrt nicht lebend zurückkehren, so soll man seine Frau trösten; er kommentiert sein Handeln in einer vorweggenommenen Rückschau mit den Worten „Ich hab' getan, was ich nicht lassen konnte". Zur Rechtfertigung einer umstrittenen Handlungsweise wird das Zitat auch heute noch verwendet. Sehr häufig ist auch die an einen anderen gerichtete resignierende Aufforderung „Tu, was du nicht lassen kannst".

Ich hab' hier bloß ein Amt und keine Meinung

Der Satz stammt aus Schillers „Wallenstein" (Wallensteins Tod, I, 5). Es ist die Antwort, mit der sich der als schwedischer Unterhändler auftretende Oberst Wrangel, von Wallenstein nach seiner Meinung befragt, einer persönlichen Stellungnahme entzieht. Das Zitat dient gelegentlich auch heute noch als ausweichende Antwort auf eine Frage, die jemand nicht mit einer persönlichen Meinungsäußerung beantworten möchte.

Ich hab' mein Herz in Heidelberg verloren

Dies ist der Titel eines sehr bekannten Schlagers von Fred Raymond aus dem Jahre 1925, zu dem Raymond zwei Jahre später auch eine Operette (mit demselben Titel) schrieb. Ein Unterhaltungsfilm aus dem Jahre 1952, für den Schlager und Titel ebenfalls verwendet wurden, sorgte für eine weitere Verbreitung dieser Worte, die man – auch mit anderem Ortsnamen – zitieren kann, wenn man an eine Stadt, einen Ort erinnern will, wo man sich in jemanden verliebt hat.

Ich hab' mein Sach' auf nichts gestellt

Bei diesem Zitat handelt es sich um den ersten Vers des Liedes „Vanitas! Vanitatum vanitas!", mit dem Goethe das Kirchenlied „Ich hab' mein Sach' Gott heimgestellt" von Johannes Pappus (1549–1610) parodiert. Wenn man sich nur auf sich selbst angewiesen fühlt und losgelöst von jeglichen Bindungen sich selbst genug ist, kann man dies mit dem Zitat zum Ausdruck bringen.

Ich hab' meine Tante geschlachtet

Mit dieser Zeile beginnen die erste und die letzte Strophe des Bänkelliedes „Der Tantenmörder" von Frank Wedekind (1864–1918). Wedekind trat mit solchen Liedern, der er zur Laute vortrug, in den Münchner Cabarets „Elf Scharfrichter" und „Simplicissimus" auf. – Mit dem Zitat kann man zum Beispiel scherzhaft auf die Frage antworten, woher man das Geld für eine größere Neuanschaffung o. ä. genommen habe.

↑Ach, ich hab' sie ja nur auf die Schulter geküßt

Ich habe das Meinige getan

Schillers Drama „Don Karlos" (1787) endet mit diesen Worten. Damit überantwortet der König seinen Sohn, der zweifach Verrat an ihm geübt hat, dem Großinquisitor: „Kardinal, ich habe das Meinige getan. Tun Sie das Ihre." – Man verwendet das Zitat, um auszudrücken, daß man in einem bestimmten Zusammenhang getan hat, was man tun konnte oder was man zu tun für nötig hielt (und daß man weiteres nicht zu tun gedenkt).

Ich habe einen Traum

↑I have a dream

Ich habe gelebt und geliebet

↑Ich habe genossen das irdische Glück

Ich habe genossen das irdische Glück, ich habe gelebt und geliebet

Mit diesen Zeilen zitieren wir die beiden letzten Verse der 2. Strophe von Friedrich Schillers Gedicht „Des Mädchens Klage", das gekürzt auch in die „Piccolomini" (III, 7) als „Theklas Lied" aufgenommen wurde. Das Mädchen sehnt sich (nach dem Tod des Geliebten) aus dem Leben fort – „Du Heilige, rufe dein Kind zurück ...!" –, da mit der Liebe auch das Leben für sie zu Ende ist und nur in der Einheit von Leben und Liebe das irdische Glück bestand. Durch Franz Schuberts Vertonung von 1816 hat das Gedicht zusätzliche Popularität erlangt. Das Zitat könnte als Motto einer Autobiographie vorangestellt werden oder jemandes wehmütige Erinnerung an vergangene glückliche Tage zum Ausdruck bringen.

Ich habe jetzt keine Zeit, müde zu sein

Dies sollen die letzten zusammenhängenden Worte gewesen sein, die Kaiser

Wilhelm I. (1797–1888) vor seinem Tode geäußert hat. In Situationen der Anspannung, in denen man glaubt, trotz Erschöpfung noch wichtige Dinge erledigen zu müssen, die keinen Aufschub dulden und daher den Gedanken an eine Ruhepause nicht aufkommen lassen, wird dieses Zitat heute gebraucht.

Ich habe nur ein Vaterland, das heißt Deutschland

Als überzeugter Gegner eines Partikularismus in Deutschland schrieb der preußische Reformer Heinrich Friedrich Karl vom und zum Stein dem hannoverschen Reichsgrafen Ernst zu Münster im Jahre 1812 einen Brief, aus dem dieses Zitat stammt. Wenn man heute (mit einem gewissen Pathos) darauf abheben will, daß man in Deutschland und nicht nur in der Region Deutschlands, wo man geboren wurde, seine Heimat sieht, zitiert man diese Worte.

Ich habe schon so viel für dich getan

Mit diesen Worten reagiert Margarete in Goethes Faust (Teil I, Marthens Garten) resignierend auf den von Faust geäußerten Wunsch, sie möge ihrer Mutter ein Schlafmittel verabreichen, damit er sie in der Nacht unauffällig besuchen kann. Wenn man sich nach Kräften bemüht hat, jemandem behilflich zu sein, ihm schon manchen Gefallen getan hat, bringt man mit diesem Zitat zum Ausdruck, daß man innerlich kaum noch bereit ist, sich ein weiteres Mal für ihn einzusetzen.

Ich hab's gewagt

Dieser Satz gilt als Wahlspruch des deutschen Humanisten und politischen Publizisten Ulrich von Hutten (1488 bis 1523), der ihn im Sinne von Cäsars „Die Würfel sind gefallen" mehrfach in seinen Schriften und Gedichten verwendete. Dabei greift von Hutten möglicherweise auf den griechischen Dichter Äschylus zurück, der dem Titelhelden seiner Tragödie „Der gefesselte Prometheus" die Worte „Ich aber hab's gewagt" in den Mund legt. Das Zitat wird heute noch gebraucht, wenn man ein Ziel verfehlt hat und dennoch stolz darauf ist, alles versucht zu haben, wenn man ein hohes Risiko eingegangen ist, ohne Gefahren zu scheuen.

Ich hatt' einen Kameraden

Mit diesen Worten beginnt das später nach einer Volksweise vertonte Gedicht „Der gute Kamerad" von Ludwig Uhland (1787–1862). Das Lied wird heute noch bei Gedenkfeiern für Kriegstote, aber auch häufig bei feierlichen Begräbnissen gespielt, bei denen die kameradschaftliche Verbundenheit mit dem Toten besonders hervorgehoben werden soll (siehe auch „Als wär's ein Stück von mir").

Ich hatte einst ein schönes Vaterland

Dieses Zitat stammt aus Heinrich Heines (1797–1856) dreiteiligem Gedicht „In der Fremde", in dem er sich in seinem Pariser Exil wehmütig an sein Deutschland erinnert. Wenn man sich erst fern der Heimat der Vorzüge seines Herkunftlandes bewußt wird oder seinem Land, wie es früher einmal war, nachtrauert, verwendet man dieses Heine-Zitat.

Ich kam, ich sah, ich siegte

Dieser Ausspruch im Sinne von „das war ein überaus rascher Erfolg; kaum angekommen, schon erfolgreich" geht nach der Cäsarbiographie, Kapitel 50, von Plutarch (46–125) auf Gajus Julius Cäsar zurück. Dieser soll seinem Freund Amicitius in Rom seinen Blitzsieg über Pharnakes II. bei Zela im Jahre 47 v. Chr. mit den entsprechenden lateinischen Worten *Veni, vidi, vici* mitgeteilt haben.

Ich kann allem widerstehen, nur nicht der Versuchung

In Oscar Wildes Komödie „Lady Windermeres Fächer" (englischer Titel: „Lady Windermere's Fan"; Uraufführung 1892) beginnt der erste Akt mit einem kleinen Streitgespräch zwischen Lady Windermere und Lord Darlington. Sie bittet ihn, sie mit seinen Komplimenten zu verschonen, und als er sie dennoch „eine ganz bezaubernde Puritanerin" nennt, antwortet sie streng: „Das Eigenschaftswort war überflüssig, Lord Darlington." Zu seiner Entschuldigung sagt er: „Ich kann nichts dafür. Ich kann allem widerstehen, nur nicht der Versuchung." – Man zitiert diese Worte meist als scherzhaften Kommentar, wenn man zum Beispiel ein angebotenes Getränk, eine Leckerei oder ähnliches annimmt.

Ich kann den Blick nicht von euch wenden

Mit dieser Zeile beginnt ein Gedicht von Ferdinand Freiligrath mit dem Titel „Die Auswanderer". Es entstand 1832 in Amsterdam, wo Freiligrath zeitweise lebte und wo er deutsche Auswanderer, die sich nach Amerika einschifften, beobachtet hatte. – Das Zitat drückt die Faszination aus, mit der der Sprecher ihn interessierende oder seine Teilnahme erweckende Personen betrachtet oder auch seine Bewunderung für jemandes blendende Erscheinung.

Ich kann gar nicht so viel fressen, wie ich kotzen möchte

Dieser drastische Ausdruck des Mißfallens geht auf den im nationalsozialistischen Deutschland verfemten Maler Max Liebermann (1847–1935) zurück. Von ihm wird diese Äußerung in der Form „Ich kann gar nicht so viel essen, wie ich kotzen möchte" überliefert. Sie bezog sich auf seinen Abscheu vor den Nationalsozialisten und ihren Taten.

Ich kann nicht Fürstendiener sein

Diese stolzen Worte spricht der Marquis von Posa in Schillers Drama „Don Karlos" (III, 10). Er lehnt es als freier Malteserritter dem spanischen König Philipp II. gegenüber gleich zweimal ab, in dessen Dienste zu treten. Heute bringt man mit dem Zitat zum Ausdruck, daß man lieber auf Vorteile und Annehmlichkeiten verzichtet, als seine persönliche Unabhängigkeit aufgeben zu müssen.

Ich kann schreiben links, ich kann schreiben rechts

Diese Kritik an einem Journalisten, der konträre politische Richtungen unterstützt, hat ihren Ursprung in Gustav Freytags (1816–1895) Lustspiel „Die Journalisten" (II, 2). Darin sagt die Gestalt des Schmock von sich selbst: „Ich habe geschrieben links und wieder rechts. Ich kann schreiben nach jeder Richtung."

Ich kann's nicht fassen

In Situationen positiver oder negativer Überraschungen wird mit diesen Worten ausgedrückt, daß man ein Ereignis oder einen Umstand in all seinen Auswirkungen noch gar nicht richtig begreifen kann. Sie finden sich in den Versen „Ich kann's nicht fassen, nicht glauben,/Es hat ein Traum mich berückt", mit denen das dritte Gedicht aus „Frauen-Liebe und -Leben" von Adelbert von Chamisso (1781–1838) beginnt, das auch in der Vertonung von Robert Schumann bekannt wurde.

Ich kenne die Weise, ich kenne den Text

In Heinrich Heines (1797–1856) Gedichtzyklus „Deutschland. Ein Wintermärchen" (Kaput I, 8. Strophe) finden sich die Zeilen „Ich kenne die Weise, ich kenne den Text,/Ich kenn' auch die Herren Verfasser;/Ich weiß, sie tranken heimlich Wein/Und predigten öffentlich Wasser." Die „Herren Verfasser" sind die Verfasser des „Entsagungsliedes", das der Dichter bei seiner Rückkehr nach Deutschland ein „kleines Harfenmädchen" singen hört. Mit diesem Lied vom irdischen Jammertal lullt man das Volk ein. Die Herrschenden in Staat und Kirche predigen dem Volk „Wasser", während sie sich den „Wein" vorbehalten. Die Diskrepanz zwischen dem, was man andern abverlangt, und dem, was man sich selber zubilligt, läßt sich mit diesem Zitat in vielfältigem Zusammenhang veranschaulichen. Der Anfang wird auch gelegentlich allein zitiert, wenn man zum Beispiel jemandes allzu bekannten (und längst durchschauten) Standpunkt ablehnend kommentieren möchte.

Ich kenne keine Parteien mehr

Dieses Zitat stammt von Kaiser Wilhelm II., der angesichts des bevorstehenden Kriegsbeginns am 4. 8. 1914 bei der außerordentlichen Sitzung des Reichstages in Berlin gesagt hat: „Ich kenne keine Parteien mehr, ich kenne nur Deutsche." Drei Tage zuvor hatte er diesen Gedanken in einer Ansprache an das Volk vor dem Königlichen Schloß schon einmal geäußert: „In dem bevorstehenden Kampfe kenne ich in meinem Volke keine Parteien mehr. Es gibt unter uns nur noch Deutsche." In Situationen, in denen man eine Gruppe von Leuten mit den verschiedensten Interessen anspricht, die man für eine wichtige gemeinsame Sache zu gewinnen sucht, soll mit dem Zitat zum Ausdruck gebracht werden, daß man nur mit vereinten Kräften (und unter Hintanstellung persönlicher Ziele) Erfolg haben kann.

Ich klage an!

In dem berühmten Dreyfus-Prozeß Ende des 19. Jahrhunderts ergriff der französische Schriftsteller Émile Zola (1840–1902) die Partei des angeklagten jüdischen Generalstabsoffiziers Alfred Dreyfus. In einem offenen Brief an den französischen Präsidenten beschuldigte er das Kriegsgericht, ein Fehlurteil auf Grund von Vorurteilen gefällt zu haben. Dem in der Zeitschrift „Aurore" am 13. 1. 1898 publizierten Brief gab er die Überschrift *J'accuse!* („Ich klage an!"). – Man zitiert diesen emphatischen Ausruf, um einer Kritik, einem Anprangern von Mißständen ein besonderes [moralisches] Gewicht zu geben.

Ich küsse Ihre Hand, Madame ...

↑Ich bin ein Elefant, Madame

Ich liebe dich, mich reizt deine schöne Gestalt

Mit diesen Worten finden die Lockungen des „Erlkönigs" in Goethes gleichnamiger Ballade ihren Höhepunkt; sie schlagen in der folgenden Zeile des Gedichts in die Drohung um: „Und bist du nicht willig, so brauch' ich Gewalt!" – Der heute wohl nur noch scherzhaft zitierte Vers kann die starke Anziehungskraft verdeutlichen, die jemand auf einen anderen durch sein attraktives Äußeres ausübt.

Ich liebe dir, ich liebe dich

In Anspielung darauf, daß im Berlinischen oft der Akkusativ mit dem Dativ verwechselt wird, zitiert man häufig die folgenden Zeilen aus dem Gedicht „Mir und mich": „Ich liebe dir, ich liebe dich!/Wie's richtig ist, das weeß ich nich/Un is mich ooch Pomade/.../Ich lieb' nich uffn dritten Fall,/Ich lieb' nich uffn vierten Fall,/Ich lieb' uf alle Fälle!" Das Gedicht soll von dem Berliner Hofschauspieler Johann Ferdinand Rüthling (1793–1849) verfaßt worden sein.

Ich liebe eine gesinnungsvolle Opposition

Mit diesen Worten versuchte der preußische König Friedrich Wilhelm IV. anläßlich einer Audienz am 19. 11. 1842 dem Lyriker Georg Herwegh, der wegen seiner „Gedichte eines Lebendigen" als Idol des jungen revolutionären Deutschlands galt, ein Kompliment zu machen. Heute noch bringt man mit dem Zitat in bezug auf Andersdenkende seinen Respekt zum Ausdruck, wenn man deren Haltung auf Grund ihrer geistigen und sittlichen Grundeinstellung zu schätzen weiß.

Ich muß euch sagen, es weihnachtet sehr

↑Von drauß' vom Walde komm' ich her

Ich sage wenig, denke desto mehr

Wenn man ausdrücken will, daß man sich seine eigenen Gedanken zu etwas macht, ohne sie jedoch als Kritik laut werden zu lassen, zitiert man diese Worte, die Lord Gloucester (Gloster) im dritten Teil von Shakespeares historischem Drama „Heinrich VI." spricht (IV, 1; im vollständigen englischen Original *I hear, yet say not much, but think the more*). Er kommentiert damit – für die Umstehenden nicht hörbar – die Ankündigung König Eduards, seines Bruders, mit Gewalt gegen die vorzugehen, die seiner Gemahlin, Lady Grey, den ihr zustehenden Respekt verweigerten.

Ich sah des Sommers letzte Rose stehn

Die ↑letzte Rose

Ich saz ûf eine steine

Mit diesem Vers beginnt das wohl bekannteste Gedicht des mittelalterlichen Dichters Walther von der Vogelweide (1170–1230). Er wird heute noch gelegentlich zitiert, um eine besinnliche Situation zu beschreiben, in der man alleine irgendwo in Ruhe gesessen hat, um über sich selbst nachzudenken oder um sich Gedanken über Dinge zu machen, die einen innerlich bewegen.

Ich seh' dir in die Augen, Kleines

Kaum ein Film verdient die Bezeichnung „Kultfilm" so sehr wie „Casablanca", der 1942 mit Humphrey Bogart und Ingrid Bergman in den Hauptrollen gedreht wurde. In der deutschen Synchronfassung von 1975 sagt die Hauptfigur Rick (Bogart) mehrfach zu der von ihm geliebten Ilsa (Bergman) „Ich seh' dir in die Augen, Kleines" – eine Formulierung, die mit dem englischen Originaltext *Here's looking at you, kid* kaum etwas zu tun hat, denn das heißt auf deutsch soviel wie „Hoch die Tassen, Kleines" oder einfach „Prost, Kleines". Die „falsche" Übersetzung paßte nach Ansicht des Synchronregisseurs gut zur Situation und zum Bildausschnitt; er ahnte wohl nicht, daß er damit einen der in Deutschland meistzitierten Filmtexte geschaffen hatte. Sowohl die Werbung als auch der allgemeine Sprachgebrauch verwenden den Satz – oft auch abgewandelt, zum Beispiel zu „Schau mir in die Augen, Kleines" –, um mehr oder weniger bedeutungsvolle Situationen zu kommentieren, in denen man jemanden oder etwas mehr oder weniger bedeutungsvoll ansieht.

Ich schnitt es gern in alle Rinden ein

Dieses Zitat stammt aus Wilhelm Müllers (1794–1827) Gedichtzyklus „Die schöne Müllerin", dessen mit „Ungeduld" überschriebenes siebtes Gedicht in der Vertonung von Franz Schubert bekannt wurde. Die erste Strophe beginnt mit „Ich schnitt es gern in alle Rinden ein" und endet wie alle anderen Strophen auch mit der Botschaft „Dein ist mein Herz und soll es ewig bleiben!" Heute wird mit dem Zitat (meist in der ersten euphorischen Phase des Verliebtseins) gelegentlich noch zum Ausdruck gebracht, daß man aller Welt mitteilen möchte, den richtigen Partner fürs Leben gefunden zu haben.

Ich sei, gewährt mir die Bitte, in eurem Bunde der Dritte

Der ↑Dritte im Bunde

Ich singe, wie der Vogel singt

Dieses Zitat stammt aus dem 11. Kapitel des 2. Buches von Goethes „Wilhelm Meisters Lehrjahre". In der vorletzten Strophe seines Liedes bringt ein Harfenspieler, den Wilhelm für sein schönes Spiel belohnen möchte, zum Ausdruck, daß es ihm keineswegs um materiellen Dank zu tun ist: „Ich singe, wie der Vogel singt,/Der in den Zweigen wohnet./ Das Lied, das aus der Kehle dringt,/Ist Lohn der reichlich lohnet." Heute wird mit dem Zitat ausgedrückt, daß man unbeschwert Freude am Gesang hat oder daß man dazu neigt, unbekümmert, freiheraus und ohne Ziererei zu sprechen (vergleiche auch „Ich bin ein freier Mann und singe").

Ich tanze mit dir in den Himmel hinein

Mit dem Satz „Ich tanze mit dir in den Himmel hinein, in den siebenten Himmel der Liebe" beginnt die Refrainstrophe eines immer noch bekannten Schlagers (Text: Fritz Beckmann, Musik: Friedrich Schröder), der in dem Film „Sieben Ohrfeigen" (1937) von Lilian Harvey und Willy Fritsch gesungen wurde. Als Motto einer fröhlichen

Tanzveranstaltung oder als scherzhafter Ausdruck der Freude am Tanzen mit einem bestimmten Partner wird das Zitat noch gelegentlich gebraucht.

Ich träum' als Kind mich zurücke

Wenn man besonders als älterer Mensch Erinnerungen an die eigene Kindheit sucht und diese noch einmal nacherleben möchte, kann das mit diesem Zitat kommentiert werden. Es stammt aus Adelbert von Chamissos (1781–1838) Gedicht „Das Schloß Boncourt", dessen erste Strophe lautet: „Ich träum' als Kind mich zurücke,/Und schüttle mein greises Haupt;/Wie sucht ihr mich heim, ihr Bilder,/Die lang ich vergessen geglaubt?"

Ich und mein Haus wollen dem Herrn dienen

Im Alten Testament wird berichtet, daß Josua, der Nachfolger Moses, die Stämme Israels vor die Wahl stellte, den alten oder auch fremden Göttern zu dienen oder aber allein Gott Jahwe. Für sich selbst und die Seinen hatte er bereits eine Entscheidung getroffen: „Ich aber und mein Haus wollen dem Herrn dienen" (Josua 24, 15). Man zitiert diese Bibelworte gelegentlich, wenn man andeuten will, daß man vorbehaltlos jemandes Führungsanspruch anerkennt und sich ihm unterordnen will. Mit dem Zitat kann aber auch scherzhaft ausgedrückt werden, daß man ohne Einschränkung jemandem seine Hilfe anbietet.

Ich verstehe die Welt nicht mehr

Dieses Zitat im Sinne von „ich verstehe nicht, daß so etwas geschehen kann, daß es so etwas geben kann" hat wohl seinen Ursprung in Friedrich Hebbels (1813–1863) Trauerspiel „Maria Magdalene". Am Ende des Dramas sieht sich der Tischlermeister Anton in seinem Glauben an bestimmte ideelle Werte schwer enttäuscht, als er von dem Selbstmord seiner Tochter Klara erfährt. Seine Fassungslosigkeit und sein Unverständnis kommt in seinem Schlußsatz „Ich verstehe die Welt nicht mehr" zum Ausdruck.

Ich war ein Jüngling noch an Jahren

Mit diesem Satz wird auf die Zeit der Jugend angespielt, an die man sich als älterer Mann im Zusammenhang eines weit zurückliegenden Ereignisses oder Vorfalls erinnert, als man noch ganz andere Vorstellungen oder Möglichkeiten hatte. Bei dem Zitat handelt es sich um die freie Übersetzung des französischen *A peine au sortir de l'enfance quatorze ans au plus je comptais* (wörtlich: „Noch kaum der Kindheit entwachsen, zählte ich höchstens vierzehn Jahre") aus der Oper „Joseph von Ägypten" (1807) von Etienne Méhul (1763–1817) und Alexandre Duval (1767–1842).

Ich wasche meine Hände in Unschuld

↑Seine Hände in Unschuld waschen

Ich weiß, daß ich nichts weiß

Wenn man sich selbst als jemanden charakterisieren will, der eher einmal eine Antwort auf eine grundsätzliche Frage schuldig bleibt, als vorschnell trotz innerer Zweifel Stellung zu nehmen, gebraucht man diesen Grundsatz des griechischen Philosophen Sokrates (470–399 v. Chr.). Das Zitat geht wohl auf die durch den griechischen Philosophen Platon überlieferte „Verteidigungsrede" des Sokrates zurück, wo es an einer Stelle auf griechisch heißt: *οὗτος μὲν οἴεταί τι εἰδέναι οὐκ εἰδώς, ἐγὼ δέ, ὥσπερ οὖν οὐχ οἶδα, οὐδὲ οἴομαι* („Jener glaubt etwas zu wissen, weiß aber nichts; ich weiß zwar auch nichts, glaube aber auch nichts zu wissen").

Ich weiß, es wird einmal ein Wunder geschehn

Dies ist der Titel eines immer noch bekannten Schlagers (Text: Bruno Balz, Musik: Michael Jary), den Zarah Leander in dem 1942 entstandenen deutschen Spielfilm „Die große Liebe" sang. Als Ausdruck eines unverbesserlichen Optimismus, der auch die Realisierung persönlicher Träume und Wünsche umfaßt, wird dieses Zitat heute oft scherzhaft gebraucht.

Ich weiß nicht, was soll es bedeuten

Bei diesem Zitat handelt es sich um den Beginn des zweiten Gedichts aus Heinrich Heines (1797–1856) Gedichtsammlung „Die Heimkehr", das in der Vertonung von Friedrich Silcher (1789–1860) zu einem bekannten Volkslied wurde. Die erste Strophe lautet: „Ich weiß nicht, was soll es bedeuten,/Daß ich so traurig bin;/Ein Märchen aus alten Zeiten,/Das kommt mir nicht aus dem Sinn." Heine greift hier das Märchen von der Loreley auf, die als Phantasiegestalt erstmals in einer Ballade von Clemens von Brentano im Jahre 1799 beschrieben wird. Wenn man heute in bestimmten Situationen nicht versteht, welchen Sinn oder Zweck eine Entscheidung oder ein Verhalten hat, was dahinter steckt, kann man kopfschüttelnd zitieren: „Ich weiß nicht, was soll es bedeuten."

Ich werde die Welt aus den Angeln heben

Die ↑Welt aus den Angeln heben

Ich will dem Schicksal in den Rachen greifen

Wenn man nicht bereit ist, sich seinem Schicksal zu beugen, sondern unter Einbeziehung aller Risiken entschlossen ist, eine Wendung zum Positiven für sich herbeizuführen, kann man das mit diesem Zitat ausdrücken. Es stammt aus einem Brief, den Ludwig van Beethoven am 16. 11. 1801 an seinen Jugendfreund Franz Gerhard Wegeler geschrieben hat. Beethoven beschreibt darin, daß er zwar unter seiner Hörschwäche leidet, aber aus der Liebe zu einem „zauberischen Mädchen" wieder neuen Lebensmut geschöpft hat: „Ich will dem Schicksal in den Rachen greifen, ganz niederbeugen soll es mich gewiß nicht. Oh, es ist so schön, das Leben tausendmal leben!"

Ich wittre Morgenluft

Dieses Zitat stammt aus Shakespeares Tragödie „Hamlet" (I, 5). Im Original sagt der Geist, der unbedingt noch die ganze Wahrheit über den Tod von Hamlets Vater offenlegen will, bevor er bei Tagesanbruch wieder verschwinden muß, angesichts der zu Ende gehenden Nacht zu Hamlet: *But soft! methinks, I scent the morning air* („Doch still! Mich dünkt, ich wittre Morgenluft"). Heute wird mit der umgangssprachlichen Wendung „Morgenluft wittern" zum Ausdruck gebracht, daß jemand die Möglichkeit sieht, einen Vorteil zu erlangen, aus einer ungünstigen Lage herauszukommen.

Ich wollte, es würde Nacht oder die Preußen kämen!

In einer durch massive Angriffe Napoleons für seine Truppen bedrohlich werdenden Situation in der Schlacht von Waterloo soll der Herzog von Wellington am 18. 6. 1815 in Hoffnung auf preußische Unterstützung diesen Satz gesagt haben. Heute wird mit dem Zitat gelegentlich noch scherzhaft zum Ausdruck gebracht, daß man in einer schwierigen Lage, in der man verzweifelt nach einer Lösung sucht, entweder auf eine Verschnaufpause oder dringend benötigte Hilfe von Dritten hofft.

Ich wünsche, daß sonntags jeder Bauer sein Huhn im Topfe hat

Mit diesen Worten kann vor dem Hintergrund einer Notsituation dem Wunsch Ausdruck verliehen werden, daß es besonders denen, die hart arbeiten müssen, auch gutgehen soll, sie wenigstens satt zu essen haben. Während der Hugenottenkriege (1562–98) soll Heinrich IV. zum Herzog von Savoyen gesagt haben: „Wenn Gott mir noch ein Leben schenkt, so will ich es so weit bringen, daß es keinen Bauern in meinem Königreich gibt, der nicht imstande ist, sonntags ein Huhn in seinem Topfe zu haben."

Ich würde dir ohne Bedenken eine Kachel aus meinem Ofen schenken

Als scherzhafter Ausdruck grenzenlosen Vertrauens einer einem sehr nahestehenden Person gegenüber wird dieses Zitat gelegentlich verwendet. Es stammt aus der ersten Strophe des heiter-melancholischen Gedichts „Ich habe dich so lieb!" von Joachim Ringelnatz (1883 bis 1934).

Ick bün all hier

Dieses Zitat stammt aus dem bekannten, in niederdeutscher Mundart geschriebenen Märchen „Der Hase und der Igel" aus der Sammlung der Brüder Grimm. Darin wettet ein Igel mit einem Hasen, daß er schneller laufen könne als der Hase. Am Ziel der Laufstrecke wird der verblüffte Hase von der Frau des Igels, die er für den Igel selbst hält, mit den Worten „Ick bün all hier" (Ich bin schon hier) empfangen. Wenn andere darüber erstaunt sind, einen früher als erwartet irgendwo anzutreffen, macht man mit diesem Zitat auf sich aufmerksam und versucht gleichzeitig, die überraschende Situation scherzhaft zu überspielen.

Ick sitze da und esse Klops

Mit diesem Satz beginnt ein Gedicht eines unbekannten Verfassers in Berliner Mundart, dem der deutsche Schriftsteller Hartmann Goertz (1907–1991) den Titel „Tiefsinn" gegeben hat. Bezogen auf Situationen, in denen einem aus heiterem Himmel etwas sehr Merkwürdiges widerfährt, wird dieses Zitat heute scherzhaft angeführt, manchmal auch das ganze Gedicht zitiert: „Ick sitze da und esse Klops./Uff eenmal kloppts./Ick jeh' zur Tür und denk' nanu,/Erst war se uff, jetz isse zu./Ick mache uff und kieke,/Und wer steht draußen: Icke!"

Ihn traf des Himmels Strafgericht

↑Er war von je ein Bösewicht

Ihr da oben, wir hier unten

Dies ist der Titel eines Buches von Günter Wallraff und Bernt Engelmann aus dem Jahre 1973, in dem die Autoren sich kritisch mit den führenden Schichten der bundesrepublikanischen Industriegesellschaft auseinandersetzen. Wenn man sich und andere in einer Position der Schwächeren sieht und die Ursache dafür in einem starken sozialen Gefälle in der Gesellschaft vermutet, kann man die Vorstellung von einer privilegierten gegenüber einer unterprivilegierten Schicht mit diesem Zitat zum Ausdruck bringen.

Ihr Mann ist tot und läßt sie grüßen

Mit diesen Worten teilt Mephisto in Goethes Faust (Teil I, Der Nachbarin Haus) Frau Marthe ziemlich unvermittelt und wenig einfühlsam mit, daß ihr vermißter Mann gestorben sei, und gibt vor, Näheres über seinen Tod zu wissen. Das Zitat wird heute als – meist recht bissiger – Kommentar in anderen Situationen verwendet, in denen sich jemand besonders taktlos geäußert oder verhalten hat.

Ihr naht euch wieder, schwankende Gestalten

Mit diesen Worten beginnt die an den Leser gerichtete „Zueignung", die Goethe 1797 nach mehrjähriger Unterbrechung vor Wiederaufnahme seiner Arbeiten am Faust dem Gesamtwerk als Einleitung voranstellte. Goethe versucht mit diesen niedergeschriebenen Eindrücken zu vermitteln, wie die Personen des Stücks in ihrem Zusammenspiel auf ihn einwirken, sich wie „schwankende" (also nur schwer faßbare) Gestalten in seine Gedanken drängen. Heute wird das Zitat meist scherzhaft gebraucht, zum Beispiel auf leicht angetrunkene Personen bezogen, die mit ein wenig unsicheren Schritten auf einen zukommen.

Ihr werdet sein wie Gott und wissen, was gut und böse ist

In der Schöpfungsgeschichte des Alten Testaments sagt die Schlange zu Adam und Eva: „... welches Tages ihr davon esset, so werden eure Augen aufgetan, und werdet sein wie Gott und wissen, was gut und böse ist" (1. Moses 3, 5). Sie verführt damit die ersten Menschen, die verbotene Frucht vom Baum der Erkenntnis zu essen. Goethe greift diese Bibelstelle im 1. Teil des Faust auf, wo Mephisto sie in der lateinischen Form *Eritis sicut Deus, scientes bonum et malum* dem Schüler ins Stammbuch schreibt (Studierzimmer 2). In der Geschichte vom Sündenfall wird das von Gott erschaffene Wesen durch das verbotene Wissen gottgleich und verliert damit seine paradiesische Unschuld. Der nach Erkenntnis strebende Wissenschaftler wird – das ist Mephistos „teuflischer" Hintergedanke – das gleiche Schicksal erleiden.

Ihr wisset weder Tag noch Stunde

↑Mors certa, hora incerta

↑Denn **ihre** Werke folgen ihnen nach

Ihre Zahl ist Legion

Dieses Zitat geht auf das Neue Testament zurück. Bei Markus 5, 9 antwortet der „unsaubere Geist" Jesus auf dessen Frage nach seinem Namen: „Legion heiße ich; denn wir sind unser viele." Mit dem Namen soll in Anlehnung an die Stärke einer römischen Legion von weit über 6 000 Mann eine große Anzahl angedeutet werden. Heute wird mit dem Zitat in gehobener Sprache nachdrücklich zum Ausdruck gebracht, daß man eine sehr große, kaum zu überblickende Menge meint.

Il dolce far niente

Diese Bezeichnung für ein Leben ohne Arbeit und Belastungen, das nur aus Müßiggang und Vergnügungen besteht, stammt aus dem Italienischen und bedeutet „das süße Nichtstun". Sie geht wohl zurück auf eine Stelle in den „Epistolae" (VIII, 9, 1) des römischen Dichters Plinius d. Ä. (23 oder 24–79), wo es an einer Stelle heißt: *Illud iners quidem, iucundum tamen nil agere* („Dieses zwar erschlaffende, aber doch so angenehme Nichtstun").

Im Anfang war das Wort

Mit diesem Satz beginnt das Evangelium des Johannes im Neuen Testament. In der nicht leicht zu verstehenden Textstelle könnte das „Wort" soviel wie „göttliches Prinzip" bedeuten; bei der Verwendung als Zitat (oft auch ungenau als „Am Anfang war das Wort") wird der Text im allgemeinen ganz konkret verstanden. Man kann damit zum Beispiel zum Ausdruck bringen, daß ein bestimmtes Wort zum Ausgangspunkt einer Debatte, einer Entwicklung wurde oder daß eine theoretische Erörterung einer Handlung, einem Unternehmen vorausgehen sollte. (Siehe dazu auch „Im Anfang war die Tat".) Der Aphoristiker Stanislaw Jerzy Lec (1909–1966) hat das Zitat so „vervollständigt": „Im Anfang war das Wort – am Ende die Phrase."

Im Anfang war die Tat

Der Anfang des Johannesevangeliums „Im Anfang war das Wort" ist der Ausgangspunkt für das Goethezitat „Im Anfang war die Tat". Es stammt aus Faust I (Studierzimmer). Faust, der den Anfang des Johannesevangeliums aus dem Griechischen übersetzen will, nimmt mehrere Anläufe bei der Übertragung des griechischen Begriffs „Logos", dessen Vielschichtigkeit er erkennt. Die Übersetzung mit „Wort", die er in der deutschen Übersetzung (von Luther) vorfindet, genügt ihm nicht. Er versucht es nacheinander mit den Begriffen „Sinn" und „Kraft" und kommt, seiner augenblicklichen Verfassung entsprechend, schließlich zum Begriff der „Tat". Das Zitat wird gelegentlich als Aufforderung zu aktivem, tatkräftigem Verhalten verwendet, als Mahnung, nicht immer nur schöne Reden zu führen, wenn man etwas verwirklichen will.

Im Auslegen seid frisch und munter! Legt ihr's nicht aus, so legt was unter!

Der Spruch stammt aus dem 2. Buch von Goethes „Zahmen Xenien", das 1821 in der Zeitschrift „Über Kunst und Altertum" erschien. Er geißelt die Unbedachtsamkeit bei der Auslegung von Texten, denen oft nur irgendeine Bedeutung untergelegt wird, in die etwas hineininterpretiert wird.

Im Deutschen lügt man, wenn man höflich ist

In der Szene „Hochgewölbtes, enges gotisches Zimmer" zu Beginn des 2. Aktes im 2. Teil von Goethes Faust trifft Mephisto, als Professor verkleidet, wieder auf den Schüler aus der Studierzimmerszene des 1. Teils. Dieser hat jetzt zum untersten akademischen Grad des Bakkalaureus promoviert. Ungehalten läßt er jetzt eine Schimpfkanonade auf Lehrer und universitären Lehrbetrieb los. Auf Mephistos Frage, ob er sich denn nicht seiner Grobheit bewußt sei, kommt die Rechtfertigung: „Im Deutschen lügt man, wenn man höflich ist." Zitiert werden diese Worte heute auch dann, wenn man eine Äußerung zurückweisen will, die man nicht mehr als Zuvorkommenheit auffaßt, sondern als übertriebene und deplazierte Schmeichelei empfindet.

Im dunkeln tappen

Der Redewendung im Sinne von „in einer aufzuklärenden Sache noch keinen Anhaltspunkt haben" liegt ein Bibelzitat aus dem 5. Buch Moses, 28, 28 f. zugrunde, wo der Prophet dem Gott nicht Gehorchenden flucht: „Der Herr wird dich schlagen mit Wahnsinn, Blindheit und Rasen des Herzens; und wirst tappen am Mittag, wie ein Blinder tappt im Dunkeln; und wirst auf deinem Wege kein Glück haben ..."

Im düstern Auge keine Träne

Wenn man den Eindruck gewinnt, daß jemand verbittert ein schweres Schicksal erträgt und gleichzeitig versucht, seine Gefühle trotz großer Verzweiflung zu verbergen, läßt sich ein solcher Zustand mit diesem Zitat beschreiben. Es stammt aus dem Gedicht „Die schlesischen Weber", das Heinrich Heine (1797–1856) anläßlich eines Aufstandes der zu Hungerlöhnen arbeitenden schlesischen Weber im Jahre 1844 geschrieben hat. Die erste Strophe lautet: „Im düstern Auge keine Träne,/Sie sitzen am Webstuhl und fletschen die Zähne:/‚Deutschland, wir weben dein Leichentuch,/Wir weben hinein den dreifachen Fluch –/Wir weben, wir weben!'"

Im echten Manne ist ein Kind versteckt

Das ↑Kind im Manne

Im edlen Herzen nur wohnt wahre Liebe

Dies ist der Titel einer Kanzone des italienischen Dichters Guido Guinizelli (zwischen 1230 und 1240 – um 1276), der als Haupt der Bologneser Dichterschule gilt (italienischer Titel *Al cor gentil rempaira sempre amore*). Mit dem Zitat soll ausgedrückt werden, daß tiefe Zuneigung zu jemandem nur dann ehrlich und nicht nur oberflächlich ist, wenn sie auf einem tiefen, inneren Gefühl beruht, das sich nur bei Menschen mit einem guten Charakter einstellen kann.

Im engen Kreis verengert sich der Sinn

Es ↑wächst der Mensch mit seinen größern Zwecken

Im Kleinen wie im Großen treu sein

Diese Formulierung geht auf eine Bibelstelle im Lukasevangelium (16, 10) zurück: „Wer im Geringsten treu ist, der ist auch im Großen treu ..." Während in der Bibel jemandes Verhalten in bezug auf Kleinigkeiten, scheinbar Unwichtiges als kennzeichnend für sein Verhalten ganz allgemein angesehen wird, beinhaltet das abgewandelte Zitat die allgemeine Forderung, daß man in allen Dingen gleichermaßen zuverlässig sein soll.

Im kühlen Keller sitz' ich hier

Das Zitat, das oft auch in der Variante „im tiefen Keller" gebraucht wird, ist der Anfang des Liedes „Der Rheinweinzecher" von Karl Müchler (1763–1857). Die Vertonung von Ludwig Fischer stammt aus dem Jahr 1802. Die Liedzeile wird – gelegentlich auch zusammen mit der folgenden Zeile „Auf einem Faß von Reben" – scherzhaft bei entsprechenden konkreten Anlässen zitiert, zum Beispiel bei einer Weinprobe im Winzerkeller.

Im Leben geht alles vorüber

Das Zitat ist der Titel eines Schlagers, den Peter Kreuder 1940 komponierte und der durch Ilse Werners Interpretation populär wurde. Man zitiert den Satz sowohl als Trost für jemanden, der gerade eine schmerzhafte oder unangenehme Erfahrung bewältigen muß, als auch zum Ausdruck wehmütig-resignativen Bedauerns darüber, daß etwas Schönes zu Ende geht.

Im Schweiße seines Angesichts

Dieser Ausdruck geht auf das 1. Buch Moses (3, 19) zurück, wo nach dem Sündenfall Adam von Gott bestimmt wird: „Im Schweiße deines Angesichts sollst du dein Brot essen". Die ersten Worte dieser Bibelstelle, die dem Menschen verkündet, daß er sich seinen Lebensunterhalt durch harte Arbeit verdienen muß, werden heute ganz allgemein auf ein anstrengendes, mühevolles Tun bezogen.

Im siebten Himmel sein

Diese umgangssprachliche Redewendung, die auch in der Form „sich wie im siebten Himmel fühlen" gebräuchlich ist, bedeutet soviel wie „überglücklich sein". Sie geht auf die Bibel zurück, in der die Schilderung des Himmels zum Teil von alten morgenländischen Vorstellungen geprägt ist, wonach es für die Seligen mehrere Himmel gibt, die übereinander angeordnet sind. So heißt es zum Beispiel im 2. Korintherbrief (12, 2): „Ich kenne einen Menschen in Christo; vor vierzehn Jahren (...) ward derselbe entzückt bis in den dritten Himmel." In frühchristlichen apokryphen Schriften wird der siebte Himmel als der höchste bezeichnet, in dem Gott selbst mit den Engeln wohnt. – Der Refrain des bekannten Schlagers „Ich tanze mit dir in den Himmel hinein", den Lilian Harvey und Willy Fritsch 1937 sangen, beginnt und endet mit den Zeilen: „Ich tanze mit dir in den Himmel hinein,/in den siebenten Himmel der Liebe."

Im tiefen Keller sitz' ich hier

↑ Im kühlen Keller sitz' ich hier

Im Wald und auf der Heide

Dieses Zitat geht zurück auf die Anfangsverse von Johann Wilhelm Jakob Bornemanns (1767–1851) „Jägerlied" (1816), die ursprünglich so lauteten: „In grünbelaubter Heide,/Da such ich meine Freude,/Ich bin ein Jägersmann!" Bekannt wurde das auf eine Volksweise gesungene Lied jedoch mit dem geänderten ersten Vers. Heute wird das Zitat meist als scherzhafte Metapher für die freie, durch Bebauung und Verkehr unbeeinträchtigte Natur gebraucht.

Im Wein liegt Wahrheit

↑ In vino veritas

Im Westen nichts Neues

Diese scherzhaft umgangssprachliche Redensart wird im Sinne von „es gibt nichts Neues zu berichten" gebraucht. Sie greift den Titel eines in den USA und in Großbritannien verfilmten Romans von Erich Maria Remarque (1898–1970) auf. Der Titel seinerseits nimmt Bezug auf Formulierungen in amtlichen Heeresberichten des Ersten Weltkriegs wie etwa „Von der Westfront ist nichts Neues zu melden" oder „Auf dem westlichen Kriegsschauplatz nichts Neues."

Im wunderschönen Monat Mai

↑ Da ist in meinem Herzen die Liebe aufgegangen

Immer an der Wand lang

↑ Und dann schleich' ich still und leise immer an der Wand lang

Immer derselbe

↑ Semper idem

Immer langsam voran!

Diese Aufforderung im Sinne von „nur nicht so schnell!“ ist der Anfang des volkstümlichen Liedes „Die Krähwinkler Landwehr“: „Nur immer langsam voran, nur immer langsam voran,/Daß die Krähwinkler Landwehr folgen kann.“ Die Melodie ist seit 1813 bekannt, der später oft veränderte Text dagegen erst seit 1840.

↑ Und **immer** lockt das Weib

Immer nur lächeln!

Diese Devise ist mit der Fortsetzung „Und immer vergnügt!“ der Anfang der Arie des chinesischen Prinzen Sou-Chong aus der Operette „Das Land des Lächelns“ von Franz Lehár (1870 bis 1948) mit dem Text von Ludwig Herzer und Fritz Löhner. Das Zitat wird häufig als Ermunterung dazu verwendet, sich Ärger, Verdruß oder Leid nicht anmerken zu lassen, hinter einem Lächeln seinen wahren Gemütszustand zu verbergen und vor allem denen, die für jenes Ungemach verantwortlich sind, mit äußerem Gleichmut und ungetrübter Höflichkeit gegenüberzutreten. (Vergleiche auch „Doch wie's da drin aussieht“.)

Immer strebe zum Ganzen, und kannst du selber kein Ganzes werden, als dienendes Glied schließ an ein Ganzes dich an!

Der oft für Poesiealben verwendete Spruch stammt aus Schillers Musenalmanach für das Jahr 1797, worin er unter dem Titel „Pflicht für jeden“ zu den sogenannten „Votivtafeln“ gehört. Schiller gibt damit der idealistischen Vorstellung Ausdruck, daß der Mensch zu seiner Selbstverwirklichung die innere Zerrissenheit des neuzeitlichen Individuums überwinden und zu einer harmonischen Einheit entweder innerhalb seiner Persönlichkeit oder wenigstens als Mitglied einer Gruppe finden soll.

Das **Imperium** schlägt zurück

Das Zitat ist der deutsche Titel (im amerikanischen Original: *The Empire strikes back*) eines märchenhaften Science-fiction-Films von Irvin Kershner aus dem Jahr 1979. Darin wird der Verteidigungskampf der Prinzessin eines Sternenimperiums zusammen mit ihren Beschützern gegen die Finsterlinge aus der Galaxis geschildert. Das Zitat wird auch auf ein Imperium im wirtschaftlichen oder in einem anderen Bereich übertragen. – Es handelt sich bei diesem Film um den zweiten Teil einer Trilogie, deren erster Teil 1978 unter dem Titel „Krieg der Sterne“ in die deutschen Kinos kam (vergleiche diesen Artikel); der dritte Teil, „Die Rückkehr der Jedi-Ritter“ wurde 1982 gedreht.

In allen meinen Taten

Der Ausdruck wird leicht scherzhaft im Sinne von „bei allem, was ich tue“ und im Zusammenhang mit etwas, was man sich zur Gewohnheit gemacht hat, gebraucht. Das Zitat ist der Anfang des Kirchenliedes „In allen meinen Taten/ Lass' ich den Höchsten raten“ von Paul Fleming (1609–1640).

In Bereitschaft sein ist alles

Dieses Zitat stammt aus Shakespeares Tragödie „Hamlet“ (V, 2). Im Gespräch mit seinem Freund Horatio kommen Hamlet starke Zweifel, ob er den Zweikampf mit Laertes, dem Sohn des Polonius, gewinnen kann. Trotz eines unguten Gefühls entschließt er sich mit den Worten „In Bereitschaft sein ist alles“ (englisch: *The readiness is all*) doch dazu, dem Kampf nicht auszuweichen. Er meint damit die Bereitschaft zu sterben. Heute werden die Worte Hamlets – auch in der abgewandelten Form „Bereit sein ist alles“ – gewöhnlich zitiert, wenn man sich auf möglicherweise eintretende Ereignisse vorher gut vorbereitet oder wenn man anderen raten will, dies zu tun.

In bunten Bildern wenig Klarheit

Im „Vorspiel auf dem Theater“ zu Goethes Faust I äußert sich die „Lustige Person“ über das dichterische Schaffen mit den Worten „In bunten Bildern wenig Klarheit,/Viel Irrtum und ein Fünkchen Wahrheit,/So wird der beste Trank gebraut,/Der alle Welt erquickt und auferbaut./.../Dann sauget jedes zärtliche Gemüte/Aus Eurem Werk sich melanchol'sche Nahrung,/Dann wird bald dies, bald jenes aufgeregt,/Ein jeder sieht, was er im Herzen trägt." Die erste Zeile wird heute gelegentlich zitiert, wenn man eine sehr farbige, ausgeschmückte Darstellung wegen ihres Mangels an klarer Aussage kritisiert.

In deiner Brust sind deines Schicksals Sterne

Dieser Ausspruch stammt aus Schillers Drama „Wallenstein" („Die Piccolomini" II, 6). Der sternengläubige „kaiserliche Generalissimus" Wallenstein steht unentschlossen vor einer wichtigen Entscheidung. Sein Feldmarschall Illo rät ihm, sofort zu handeln, nicht zaudernd auf die „Sternenstunde" zu warten, und hält ihn zu größerem Selbstvertrauen an mit den Worten: „Glaub' mir,/In deiner Brust sind deines Schicksals Sterne./Vertrauen zu dir selbst, Entschlossenheit/Ist deine Venus!" Nicht die Sterne also sind es, die jemandes Geschick bestimmen, sondern der Mensch selbst bestimmt es durch sein Handeln, so lautet die Mahnung Illos. Vergleiche dazu auch den Artikel „Dein Schicksal ruht in deiner eignen Brust".

In den Armen liegen sich beide und weinen vor Schmerzen und Freude

Wie einige andere Stellen aus der Ballade „Die Bürgschaft" von Schiller werden auch diese Zeilen heute noch zitiert, wenn auch nur aus scherzhaft kommentierender Distanz oder in scherzhafter Übertreibung. Im Gedicht selbst leiten die Zeilen die Schlußszene ein, wo sich die Spannung nach den dramatischen Geschehnissen auflöst, in denen die Bewährung von Freundschaft und Treue dargestellt ist.

In den öden Fensterhöhlen wohnt das Grauen

Dieses Zitat stammt aus Schillers Gedicht „Das Lied von der Glocke", wo an einer Stelle die Zerstörungen nach einer Feuersbrunst beschrieben werden. Auch heute zitiert man die beiden Verszeilen angesichts zerstörter Häuser in von Krieg, Feuer oder Naturkatastrophen heimgesuchten Straßenzügen.

In den Ozean schifft mit tausend Masten der Jüngling; still auf gerettetem Boot treibt in den Hafen der Greis

Schillers Distichon „Erwartung und Erfüllung" stammt aus dem Musenalmanach für das Jahr 1797. Es beschreibt mit dem Bild des Lebensschiffes die großartige Ausfahrt auf das Meer des Lebens. Im Kontrast dazu läßt sich der Mensch am Ende seines Lebens still in den Hafen treiben. Die Erfüllung ist nicht die Erfüllung des Erwarteten; das Zitat kann in der Rückschau auf jemandes Leben deutlich machen, wie sehr die Vorstellungen und Absichten, die man als junger Mensch hat, durch die Wechselfälle des Schicksals relativiert und verändert werden.

In den Sielen sterben

Diese Redewendung mit der Bedeutung „bis zuletzt arbeitend, mitten in der Arbeit sterben" wurde durch einen Ausspruch Bismarcks besonders verbreitet. In einer Rede vor dem Preußischen Abgeordnetenhaus (1881) wies Bismarck Forderungen nach seinem Rücktritt unter anderem mit den Worten zurück: „Ein braves Pferd stirbt in den Sielen." Das Wort „Siele" bezeichnet im Norddeutschen das Geschirr für Arbeitstiere wie Ochsen oder Pferde.

In der Beschränkung zeigt sich erst der Meister

Am 26. Juni 1802 wurde in der kleinen Kurstadt Bad Lauchstätt, dem Modebad der Goethezeit und der Sommerresidenz des Weimarer Hofes, mit der Mozartoper „Titus" das neue Schauspielhaus eröffnet. Voraus ging das von Goethe verfaßte Vorspiel „Was wir bringen". Der 19. Auftritt endet mit einem Sonett, in dem das Verhältnis von Natur und Kunst sowie die Abhängigkeit des Künstlers von dem durch ihn zu gestaltenden „Material" angesprochen wird.

Aus dem Schlußterzett fand der zweite Vers schnell als geflügeltes Wort Verbreitung: „Wer Großes will, muß sich zusammenraffen./In der Beschränkung zeigt sich erst der Meister,/Und das Gesetz nur kann uns Freiheit geben." – Das Zitat kann heute als Ermahnung dienen, sich nicht zu verzetteln und sich auf weniges, aber Wichtiges zu konzentrieren. Es wird aber auch oft ironisch-scherzhaft zur Rechtfertigung von zu geringer eigener Leistung, von mangelndem Ehrgeiz gebraucht. Die verballhornte Form „In der Beschränktheit zeigt sich erst der Meister" drückt boshaften Spott über die Kurzsichtigkeit, Ignoranz oder Fehlleistung eines Vorgesetzten aus.

In der ersten Liebe lieben die Frauen den Geliebten, in der späteren die Liebe

Das Zitat ist die 471. von La Rochefoucaulds (1613–1680) „Maximen und Reflexionen" („Réflexions ou Sentences et maximes morales") und lautet im Original: *Dans les premières passions les femmes aiment l'amant, et dans les autres elles aiment l'amour.* Als reine Feststellung wird hiermit ausgedrückt, daß es der Frau in ihren ersten Leidenschaften um den Geliebten und in den späteren um die Liebe selbst geht. Dementsprechend kann das Zitat auf eine Frau bezogen werden, die sich in reiferen Jahren mit einem Mann verbindet, von dem man glaubt, daß sie an seiner Person eigentlich nicht viel finden könne. Eine andere Möglichkeit wäre der Bezug auf eine Frau, die sich nach der ersten Leidenschaft ihre späteren Partner eher wahllos und ohne einem einzelnen treu zu bleiben aussucht.

In der ersten Reihe sitzen

Die öffentlich-rechtlichen Rundfunkanstalten ARD und ZDF werben mit dem Slogan „Bei ARD und ZDF sitzen Sie in der ersten Reihe" für die Aktualität und Attraktivität ihrer Fernsehprogramme. Der Werbespruch hat bereits den allgemeinen Sprachgebrauch beeinflußt, so daß „in der ersten Reihe sitzen" auch im Sinne von „bevorzugt behandelt, sehr gut bedient oder versorgt werden" verwendet werden kann.

In der Mitten liegt holdes Bescheiden

Diese Schlußverse von Eduard Mörikes (1804–1875) Gedicht „Gebet" sollen sagen, daß das, was zwischen zwei Extremen liegt, das Angemessene und Erstrebenswerte ist. Man kommentiert damit entweder die eigene Handlungsweise oder ermahnt einen anderen zu etwas mehr Bescheidenheit. Meist wird diesen Versen noch ein „doch" vorangestellt.

In der Nacht ist der Mensch nicht gern alleine

Dieser von Franz Grothe komponierte Schlager wurde von Marika Rökk in dem 1944 gedrehten Spielfilm „Die Frau meiner Träume" (siehe auch dort) gesungen. Man zitiert den Titel gelegentlich scherzhaft, wenn ein geselliges Beisammensein sich bis in die späten Nachtstunden ausdehnt, oder in verständnisvoller Anspielung auf ein Liebespaar, das eine Nacht miteinander verbracht hat.

In des Schicksals Speichen greifen

↑ Willst du mit den Kinderhänden in des Schicksals Speichen greifen?

In des Waldes düstern Gründen

Das Zitat ist der Anfang eines Gedichts, das zusammen mit anderen Romanzen und Liedern über Rinaldo Rinaldini von Christian August Vulpius (1762–1827), dem Verfasser des gleichnamigen Schauerromans über den Räuberhauptmann, in der Zeitschrift „Janus" veröffentlicht wurde. Das volkstümliche Lied wird auch in abgewandelter Form als „In des Waldes finstern Gründen" oder „In des Waldes tiefsten Gründen" zitiert. Letzteres wohl in Anlehnung an Schillers Gedicht „Kassandra", wo es in der dritten Strophe heißt: „In des Waldes tiefste Gründe/Flüchtete die Seherin." Man benennt mit dem Zitat scherzhaft einen Ort, der sich sehr abgelegen mitten im Wald befindet.

In des Worts verwegenster Bedeutung

Mit dieser Formulierung bekräftigt in Schillers „Don Karlos" (I, 9) Marquis Posa seinen Freundschaftsbund mit Don Karlos, indem er auf dessen Frage „Der Meinige?" antwortet: „Auf ewig/ Und in des Worts verwegenster Bedeutung." Posa deutet auf die ungewöhnliche Art dieser Freundschaft hin, die sich über Normen hinwegsetzt. Die heutige Verwendung des Zitats hat den Aspekt des Unkonventionellen bewahrt; es wird aber kaum noch anders als scherzhaft gebraucht.

In die Wüste schicken

↑Sündenbock

In diesem unserem Lande

Mit diesen Worten bezog sich Helmut Kohl in den frühen Jahren seiner Kanzlerschaft gelegentlich auf die Bundesrepublik Deutschland. Sie wurden zunächst von Kabarettisten und Parodisten als typische Ausdrucksweise des Kanzlers aufgegriffen; heute sind auch scherzhafte Abwandlungen wie „In diesem unserem Provinznest" oder „In dieser unserer Bundeswehr" gebräuchlich, womit man eine ironisch-kritische Distanz zu dem genannten Ort oder der Institution zum Ausdruck bringt.

In diesem Zeichen wirst du siegen

↑In hoc signo vinces

In diesen heil'gen Hallen

In der Oper „Die Zauberflöte" von Wolfgang Amadeus Mozart (1756 bis 1791), Text von Johann Emanuel Schikaneder (1748–1812), sind zwei Bereiche einander gegenübergestellt, in denen einerseits die Königin der Nacht als Vertreterin des bösen und andererseits der Sonnenkönig Sarastro als Sachwalter des guten Prinzips fungieren. In der berühmten Arie des Sarastro (im 2. Akt) mit der Anfangszeile „In diesen heil'gen Hallen" erklärt der Sonnenkönig der Tochter der Königin der Nacht, Pamina, daß in seinem Bereich, im Reich der Geweihten des Sonnenkreises, Rachsucht unbekannt ist. Die Anfangszeile dieser sehr populär gewordenen Arie wird gerne dazu verwendet, sich in scherzhafter oder auch spöttischer Weise über Räume zu äußern, die man aus irgendeinem Grund nur mit einer gewissen Ehrfurcht betritt, die nicht jedermann ohne weiteres zugänglich sind o. ä.

In dieser Armut welche Fülle!

Diese Worte spricht in Goethes Faust I (Abend) der Titelheld, nachdem er sich von Mephisto hat in Margaretes Zimmer führen lassen. Faust äußert seine Empfindungen in den Worten „Wie atmet rings Gefühl der Stille,/Der Ordnung, der Zufriedenheit!/In dieser Armut welche Fülle!/In diesem Kerker welche Seligkeit!" Die bescheidene Einrichtung des Zimmers regt seine Phantasie an und läßt ihn in den Gegenständen deren Geschichte und das erfüllte Leben der Bewohnerin des Zimmers erahnen. Das Zitat wird heute meist scherzhaft verwendet, wenn man zum Beispiel in etwas zunächst unscheinbar und karg Erscheinendem plötzlich eine unerwartete Vielfalt entdeckt.

In dulci jubilo

Das Zitat – in wörtlicher Übersetzung „in süßem Jubel" – ist der Anfang eines mittelalterlichen Weihnachtsliedes mit gemischtem lateinischem und deutschem Text: „In dulci jubilo/Nun singet und seid froh!" Das Lied stammt aus einer Handschrift des 14. Jahrhunderts mit der Lebensbeschreibung des Mystikers Heinrich Seuse (latinisiert Suso). Über die Verwendung in Studenten- und Kommersliedern hat das Zitat die umgangssprachliche Bedeutung „herrlich und in Freuden" erhalten.

In einem aufgeräumten Zimmer ist auch die Seele aufgeräumt

Diese Feststellung stammt aus der Feder von Ernst Freiherr von Feuchtersleben (1806–1849), einem österreichischen Schriftsteller und Arzt, der besonders mit seinen populärphilosophischen und pädagogischen Schriften Erfolg hatte. Sie steht im 4. Kapitel seiner wohl bekanntesten Schrift „Zur Diätetik der Seele“, einer Lehre zur Erhaltung der Gesundheit durch Kräftigung von Geist und Willen. Mit der Äußerung über die „Aufgeräumtheit“ der Seele stellt der Autor die These auf, daß sich innere und äußere Ordnung bei einem Menschen entsprechen, daß die äußerlich bei jemandem herrschende Ordnung gewissermaßen als das Spiegelbild seines inneren Zustandes anzusehen ist.

In flagranti

Der bildungssprachliche Ausdruck mit der Bedeutung „auf frischer Tat“ stammt aus dem Codex Justinianus, einem Teil des Corpus Juris Civilis. Der oströmische Kaiser Justinian (527–565) ließ diese Sammlung von Gesetzestexten durch seinen Justizminister Tribonianus vornehmen. Im Codex Justinianus XIII, 9, 1) heißt es: *In ipsa rapina et adhuc flagrante crimine comprehensi* („Sie sind direkt beim Raub und noch auf frischer [wörtlich: „brennender“] Tat ertappt worden“).

In Fleisch und Blut übergehen

Diese Redewendung könnte auf die in der Bibel vielfach vorkommende Verbindung „Fleisch und Blut“ mit der Bedeutung „(menschlicher) Körper, Körperlichkeit, Mensch“ zurückgehen. So heißt es zum Beispiel im Paulusbrief an die Epheser (6, 12): „Denn wir haben nicht mit Fleisch und Blut zu kämpfen, sondern mit ... den bösen Geistern unter dem Himmel“ und im 1. Korintherbrief (15, 50): „Das sage ich aber, liebe Brüder, daß Fleisch und Blut nicht können das Reich Gottes ererben“. – Die Redewendung drückt aus, daß jemandem etwas, bes. eine Verhaltensweise, so selbstverständlich wird, daß sie schließlich gewissermaßen Teil von ihm selber ist.

In fünfzig Jahren ist alles vorbei

Mit dieser umgangssprachlich-scherzhaften Redensart versucht man, sich oder jemand anders über etwas hinwegzutrösten. Sie entstammt dem gleichnamigen Couplet von Otto Reutter (1870–1931), in dem jede Strophe mit dieser Lebensweisheit endet.

In Geberlaune sein

↑Ich bin nicht in der Gebelaune heut

In Gefahr und großer Not bringt der Mittelweg den Tod

Dieser Sinnspruch stammt von Friedrich von Logau (1604–1655), einem der bedeutendsten Epigrammatiker des Barocks. Er bringt zum Ausdruck, daß es bedrohliche Situationen im Leben gibt, wo man keinen Kompromiß eingehen darf. Die Regisseure Alexander Kluge und Edgar Reitz verwendeten ihn als Titel ihres 1974 gedrehten Films über die gesellschaftliche und politische Situation in Deutschland Anfang der siebziger Jahre.

In Geldsachen hört die Gemütlichkeit auf

Dieses Zitat geht auf einen Ausspruch des rheinischen Abgeordneten David Hansemann zurück, der im ersten Vereinigten Preußischen Landtag 1847 gegen das preußische Junkertum gerichtet sagte: „Bei Geldsachen hört die Gemütlichkeit auf.“ Heute wird mit dem Zitat zum Ausdruck gebracht, daß die Toleranzschwelle in finanziellen Angelegenheiten weit niedriger ist als in anderen Bereichen. Verbreitet ist auch die abgewandelte Form „In Geldsachen hört die Freundschaft auf“, die die Empfehlung nahelegt, daß man mit Freunden keine Geschäfte machen soll.

In gleichem Schritt und Tritt

Die Formulierung stammt aus Ludwig Uhlands (1787–1862) Lied „Der gute Kamerad“, das auf eine Volksweise gesungen und Bestandteil des militärischen Trauerzeremoniells wurde. In der 1. Strophe heißt es von dem Kameraden: „Die Trommel schlug zum Streite,/Er ging an meiner Seite/In gleichem Schritt und Tritt.“ In übertragener Anwendung bedeutet die zitierte Zeile soviel wie der ebenfalls übertragen gebrauchte Ausdruck „im Gleichschritt“. Man sagt z. B. „im Gleichschritt marschieren“ oder „im gleichen Schritt und Tritt marschieren“ im Sinne von „etwas gemeinsam betreiben“.

In hoc signo vinces

Der lateinische Spruch (deutsch: „In diesem Zeichen wirst du siegen“) ist die inkorrekte Übersetzung der Inschrift eines Kreuzes, das nach der Legende Konstantin dem Großen vor der Entscheidungsschlacht gegen Maxentius im Jahr 312 erschien. Die griechische Fassung wäre im Lateinischen wörtlich mit *in hoc vince!* („In diesem [= in diesem Zeichen] siege!“) wiederzugeben. Das Zitat ist auch heute meist im religiösen Bereich gebräuchlich, wo es dem Glauben Ausdruck verleiht, daß man im Zeichen des Kreuzes unter dem besonderen Schutz Gottes steht.

In jeden Quark begräbt er seine Nase

Das Zitat stammt aus Goethes Faust I (Prolog im Himmel). Mephisto macht zum Herrn hin diese wegwerfende Bemerkung über den Menschen. Heute sagt man umgangssprachlich abwertend meist „seine Nase in jeden Quark stekken“ im Sinne von „sich mit jedweder Belanglosigkeit befassen“ oder auch „sich um Dinge kümmern, die einen nichts angehen“.

In jedes Menschen Gesichte steht seine Geschichte

Dieses Zitat stammt aus Friedrich von Bodenstedts (1819–1892) „Liedern des Mirza-Schaffy“. In den darin enthaltenen „Vermischten Gedichten und Sprüchen“ heißt es: „In jedes Menschen Gesichte/Steht seine Geschichte,/Sein Hassen und Lieben/Deutlich geschrieben.“ Mit dem Zitat wird zum Ausdruck gebracht, daß sich oft an den Gesichtszügen eines Menschen (zum Beispiel an seinen Sorgenfalten) ablesen läßt, ob ihm im Leben ein leichtes oder schweres Schicksal beschieden war.

In keinem guten Geruch stehen

Diese Redewendung bedeutet soviel wie „einen schlechten Ruf haben“. Das Wort „Geruch“ hat hier nichts mit „riechen“ zu tun, sondern es gehört seiner Herkunft nach zu „Gerücht“, das seinerseits auf ein älteres „Geruchte“ mit der Bedeutung „Gerufe, Geschrei“ zurückgeht, also zur Wortfamilie von „rufen“ gehört. In der Lutherübersetzung des 2. Buchs Moses findet sich eine Stelle, die zeigt, daß schon Luther die eigentliche Herkunft des Wortes nicht beachtete. Dort kommt das Mißtrauen des israelitischen Volkes gegenüber Moses und seinem Bruder Aaron in den Worten zum Ausdruck (5,21): „Der Herr ... richte es, daß ihr unseren Geruch habt stinkend gemacht vor Pharao und seinen Knechten.“ (Im revidierten Bibeltext heißt diese Stelle: „Der Herr ... strafe es, daß ihr uns in Verruf gebracht habt vor dem Pharao und seinen Großen.“)

In medias res

Der bildungssprachliche Ausdruck kommt in Redewendungen wie „in medias res gehen“ im Sinne von „unmittelbar und ohne Umschweife zur Sache kommen“ vor. Er geht auf die „Ars poetica“ (Vers 148) des römischen Dichters Horaz (65–8 v. Chr.) zurück. Horaz lobt den griechischen Dichter Homer, weil er in der „Ilias“ bei der Erzählung des Trojanischen Krieges *in medias res* („mitten in die Dinge“) hineinführe.

In meinem Reich geht die Sonne nicht unter

Dieser historisch nicht belegte Ausspruch soll von Kaiser Karl V. (1519–1556) stammen, in dessen Machtbereich in Europa und Amerika mehrere Zeitzonen des Erdballs fielen. Schiller legt in „Don Karlos“ (1787; I,6) Philipp II. von Spanien die Worte in den Mund: „Die Sonne geht in meinem Staat nicht unter.“ In der ersten Ausgabe des 1. Aktes in der „Rheinischen Thalia“ von 1785 heißt es an der entsprechenden Stelle „in meinem Reich“. Man gebraucht den bildhaften Ausdruck, um zum Beispiel auf jemandes weltweiten Einfluß oder auf die weltweite Verbreitung einer Sache hinzuweisen.

In meines Vaters Hause sind viele Wohnungen

Diese Worte richtet Jesus in seiner Abschiedsrede an seine Jünger (Evangelium des Johannes, 14,2). Er will damit sagen, daß im Reich Gottes Platz für Menschen ganz unterschiedlicher Art ist. Man verwendet das Zitat als Ausdruck allgemeiner Toleranz und großzügiger Gastfreundschaft.

In nuce

Dieser bildungssprachliche Ausdruck bedeutet „im Kern; in knapper Form". Er hat seinen Ursprung wohl in der „Naturalis historia" des römischen Historikers und Schriftstellers Plinius d. Ä. (23–79 n. Chr.), der darin schreibt, daß Cicero von einer Pergamenthandschrift der „Ilias" berichtet habe, die „in einer Nußschale" Platz gefunden hätte.

In Sack und Asche gehen

Die heute in gehobener Sprechweise noch erhaltene Redewendung mit der Bedeutung „Buße tun; etwas büßen, bereuen" geht auf die Bibel zurück. Sowohl im Alten als auch im Neuen Testament werden „Sack" und „Asche" als Zeichen der Buße und der Trauer genannt, beispielsweise im Buch Esther 4,1, wo es heißt: „Da Mardochai erfuhr alles, was geschehen war, zerriß er seine Kleider und legte einen Sack an und Asche und ging hinaus mitten in die Stadt und schrie laut und kläglich." Oder bei Matthäus 11,21: „Wären solche Taten zu Tyrus und Sidon geschehen, wie bei euch geschehen sind, sie hätten vorzeiten im Sack und in der Asche Buße getan."

In Schönheit sterben

Die Formulierung geht wohl auf Henrik Ibsens (1828–1906) Schauspiel „Hedda Gabler" (III,7) zurück. Die Schicksal spielende Titelheldin gibt Løvborg, der sein Buchmanuskript verloren zu haben glaubt und deshalb seinem Leben ein Ende bereiten möchte, eine ihrer Pistolen. Damit soll er seinen Selbstmord „in schöner Weise" ausführen. – Der Ausdruck wird in seiner heute geläufigen Form auch umgangssprachlich übertragen gebraucht im Sinne von „sich trotz seiner Qualität nicht durchsetzen und wieder aus einem Bereich verschwinden". Im Sportjargon kann die Formulierung auf eine Mannschaft angewandt werden, deren Spiel zwar schön anzusehen ist, die aber ohne die nötige Härte spielt und deshalb verliert.

In seiner Sünden Maienblüte

Das Zitat stammt aus Shakespeares „Hamlet" (III,3). Der Titelheld nimmt hier (in der Übersetzung von August Wilhelm Schlegel) einen Ausdruck, mit dem der Geist seines Vaters ihm dessen Ermordung mitgeteilt hatte, wieder auf: „Er (= König Claudius) überfiel in Wüstheit meinen Vater,/Voll Speis', in seiner Sünden Maienblüte" (im Original: *He took my father grossly, full of bread,/With all his crimes broad blown, as flush as May*). Die Formulierung wird heute gelegentlich scherzhaft-ironisch gebraucht, um das frühzeitige Ende eines Übeltäters zu kommentieren oder auf seine bereits in früher Jugend begangenen Untaten hinzuweisen.

In sieben Sprachen schweigen

Die scherzhafte Redewendung bedeutet „sich überhaupt nicht äußern, bei einer Diskussion stummer Zuhörer sein". Ihre Entstehung oder zumindest ihre Verbreitung wird mit dem Berliner Altphilologen Immanuel Bekker (1785–1871) in Verbindung gebracht, von dem sein Lehrer Friedrich August Wolf gesagt haben soll, er schweige in sieben Sprachen.

In Staub mit allen Feinden Brandenburgs!

Heinrich von Kleist (1777–1841) läßt sein Schauspiel „Der Prinz von Homburg" mit dieser Sentenz enden. Sie wurde in der Folgezeit in Preußen zum geflügelten Wort, zum politischen Schlagwort. Heute wird sie allenfalls noch als nicht ernst gemeinte Verwünschung, als scherzhafte Drohung gebraucht.

In Tyrannos!

Die zweite Auflage (1782) von Schillers zur Periode des Sturm und Drang gehörendem Drama „Die Räuber" trug als Titelvignette einen aufgerichteten Löwen mit diesem lateinischen Wahlspruch (deutsch: „Gegen die Tyrannen"). Dies konnte als Anspielung auf Herzog Karl Eugen von Württemberg verstanden werden, der Schiller zum Medizinstudium an seiner Militärakademie zwang. Mit dem Motto wurde der Titel einer verlorengegangenen Streitschrift von Ulrich von Hutten (1488 bis 1523) aufgenommen.

In usum Delphini

↑Ad usum Delphini

In vino veritas

Das lateinische Sprichwort (auf deutsch „im Wein ist bzw. liegt Wahrheit") geht über die griechische Entsprechung in der Sammlung des Zenobios auf den griechischen Dichter Alkaios (um 620–um 580 v. Chr.) zurück, der in einem seiner Fragmente sagt, daß Wein auch Wahrheit sei. Im heutigen Sprachgebrauch wird weniger darauf Bezug genommen, daß Alkoholgenuß ein Weg zur Erkenntnis von Wahrheit sei, sondern man spielt eher darauf an, daß der Alkoholisierte zur Gesprächigkeit neigt und leicht Dinge ausplaudert, die er im nüchternen Zustand verschwiegen oder bestritten oder weitaus weniger unverblümt geäußert hätte.

In Zungen reden

Mit diesem Ausdruck wird im Neuen Testament an verschiedenen Stellen das ekstatische Reden besonders in den Versammlungen der christlichen Urgemeinde bezeichnet (Markus 16, 17; Apostelgeschichte 2, 4; 10, 46; 19, 6; 1. Korinther 14, 2 ff.; im griechischen Urtext: *γλώσσαις λαλεῖν*). Dabei ist sowohl das Reden in fremden Sprachen als auch das Hervorbringen unverständlicher Laute im Zustand religiöser Ekstase gemeint (Glossolalie). Heute wird der Ausdruck gelegentlich scherzhaft auf jemanden angewendet, der im Überschwang seiner Gefühle einen sich überstürzenden Schwall von Worten von sich gibt, die für den Zuhörer zunächst akustisch wie inhaltlich unverständlich sind.

↑Nur ein toter **Indianer** ist ein guter Indianer

Ingenieure der menschlichen Seelen

Diese besonders in der marxistisch orientierten Literaturwissenschaft verbreitete Metapher für die Schriftsteller und ihre Aufgabe in der Gesellschaft ist eine Prägung von J. W. Stalin (1879 bis 1953). Bei einer Begegnung mit dem Schriftsteller Maxim Gorki im Jahre 1932 bezeichnete er so die sowjetischen Schriftsteller.

↑Nach **innen** geht der geheimnisvolle Weg

Innere Emigration

Diese Bezeichnung für die Abkehr von den Auseinandersetzungen mit den aktuellen politischen Vorgängen als Ausdruck der Opposition ist 1945 zum Schlagwort geworden. Es bestimmte eine Kontroverse zwischen dem 1933 aus dem nationalsozialistischen Deutschland emigrierten Thomas Mann und anderen Schriftstellern, die im Lande geblieben waren. Nicht ins Exil gegangene Autoren wie Frank Thieß (1890–1972), Manfred Hausmann (1898–1986) und Walter von Molo (1880–1958) wollten dabei ihre „innere Emigration" höher bewertet sehen als das Zusehen von außen in den „bequemen Logen des Auslands". Es existieren aber auch Belege für diesen Ausdruck aus den 30er Jahren.

↑Ins **Innre** der Natur dringt kein erschaffner Geist

Ins große Stammbuch der Natur

Das Bild ist der 1. Strophe von Heinrich Heines (1797–1856) Gedicht „Das Hohelied" entnommen: „Des Weibes Leib ist ein Gedicht,/Das Gott der Herr geschrieben/Ins große Stammbuch der Natur,/Als ihn der Geist getrieben." Mit „Stammbuch" ist hier ein Buch gemeint, in das sich Gäste, Freunde, Bekannte mit Versen, Sinnsprüchen oder dergleichen zur Erinnerung eintragen. – Das Zitat kann zum Beispiel Verwendung finden, wenn man auf naturgeschichtliche Ereignisse hinweisen will, die zu heute noch erkennbaren Veränderungen unserer natürlichen Umwelt geführt haben, die also im „großen Stammbuch der Natur" verewigt und daraus ablesbar sind.

Ins Innre der Natur dringt kein erschaffner Geist

Diese apodiktische Aussage mit der Fortsetzung „Zu glücklich, wem sie noch die äußre Schale weist" macht Albrecht von Haller (1708–1777) in dem Gedicht „Falschheit menschlicher Tugenden", in dem er sich kritisch mit den Idolen der Menschen (wie z. B. dem Märtyrer, dem Asketen, dem Kriegshelden oder – worauf sich das Zitat bezieht – dem großen Denker) auseinandersetzt. Goethe fordern diese Zeilen zum Widerspruch heraus, den er in seinem Gedicht „Allerdings" (1820) formulierte. Gegen die erste Zeile setzt er seine Ansicht, daß wir selbst als Teil der Natur schon in ihrem Inneren sind; gegen die (von ihm ungenau zitierte) zweite Zeile behauptet er: „Natur hat weder Kern/Noch Schale,/Alles ist sie mit einem Male". – Das Zitat gibt einer allgemeinen Skepsis gegenüber den Erkenntnismöglichkeiten des Menschen Ausdruck, der nie die Geheimnisse der Natur werde entschlüsseln können.

Invidia gloriae comes

Das sprichwörtliche Zitat findet sich bei dem römischen Geschichtsschreiber Cornelius Nepos (um 100 bis um 25 v. Chr.) in seiner Lebensbeschreibung (Vitae XII, 3) des griechischen Feldherrn Chabrias (gefallen 357 v. Chr.). Die deutsche Entsprechung lautet: „Neid ist des Ruhmes Geleit" (wörtlich: „Begleiter"). Das Zitat formuliert prägnant die allgemeine Lebenserfahrung, daß erfolgreiche Menschen den Neid der weniger erfolgreichen auf sich ziehen.

Irren ist menschlich

↑ Errare humanum est

Es **irrt** der Mensch, solang er strebt

Dieses Zitat stammt aus Goethes Faust (Teil I, „Prolog im Himmel"). Mephisto wettet mit Gott um Fausts Seelenheil; er möchte allerdings die Erlaubnis, diesen Menschen sacht auf den schlechten Weg führen zu dürfen. Der Herr antwortet darauf: „So lang' er auf der Erde lebt,/So lange sei dir's nicht verboten./Es irrt der Mensch, so lang' er strebt." Man zitiert heute meist die leicht abgewandelte Form „Es irrt der Mensch, solang er lebt" und bringt damit resignierend zum Ausdruck, daß uns immer wieder Irrtümer unterlaufen können.

↑ Nur der **Irrtum** ist das Leben, und das Wissen ist der Tod

Irrungen, Wirrungen

Ein gesellschaftskritischer Roman von Theodor Fontane (1819–1898) mit dem Thema der unstandesgemäßen Liebe zwischen einem Adligen und einem bürgerlichen Mädchen, die gezwungen sind, ihr Glück gesellschaftlichen Vorurteilen zu opfern, trägt den Titel „Irrungen, Wirrungen". Der Titel dieses Romans, in dem sich Fontane für damalige Verhältnisse freimütig mit sozialen und erotischen Problemen des späten 19. Jahrhunderts auseinandersetzte und entsprechend Anstoß erregte, wurde zum geflügelten Wort. Es dient auch heute noch dazu, Konfusionen, Fehlentwicklungen, verworrene Zustände unterschiedlichster Art zu benennen oder zu kommentieren.

Is' was, Doc?

An Stelle von „Ist etwas nicht in Ordnung?" oder „Was gibt es denn hier?" wird in der Umgangssprache gelegentlich die Frage „Is' was, Doc?" gestellt. Man zitiert damit den deutschen Titel eines amerikanischen Films, der im Original *What's up, Doc?* lautet. Es handelt sich dabei um eine turbulente Kriminal- und Liebeskomödie, die 1972 unter der Regie von Peter Bogdanovich mit Barbra Streisand und Ryan O'Neal in den Hauptrollen entstand.

Ist das nötige Geld vorhanden

Für die Verfilmung seiner „Dreigroschenoper" hat Bertolt Brecht die „Ballade, in der Macheath jedermann Abbitte leistet" im Jahre 1930 um drei zusätzliche Strophen ergänzt. Die erste dieser neuen Schlußstrophen lautet: „Und so kommt zum guten Ende/Alles unter einen Hut./Ist das nötige Geld vorhanden/Ist das Ende meistens gut." Mit dem verkürzten Zitat „Ist das nötige Geld vorhanden" will man heute andeuten, daß die Verwirklichung eines Vorhabens, eines Traums oft nur auf der Grundlage einer entsprechenden finanziellen Absicherung möglich ist.

Ist das Wort der Lipp' entflohen, du ergreifst es nimmermehr

Als Warnung vor allzu voreiligen Äußerungen ist dieser Ausspruch sicher oft zitiert worden. Heute wird er, wenn überhaupt, eher scherzhaft gebraucht. Es handelt sich dabei um den ersten Teil eines Epigramms von Wilhelm Müller (1794 bis 1827), einem deutschen Dichter, der heute fast nur noch als Autor einiger volkstümlich gewordener Lieder aus den von Franz Schubert vertonten Zyklen „Winterreise" und „Die schöne Müllerin" bekannt ist. Das Epigramm lautet vollständig: „Ist das Wort der Lipp' entflohen, du ergreifst es nimmermehr,/Fährt die Reu' auch mit vier Pferden augenblicklich hinterher."

Ist denn Lieben ein Verbrechen?

↑Kann denn Liebe Sünde sein?

Ist dies schon Tollheit, hat es doch Methode

Dieses Zitat stammt aus Shakespeares Drama „Hamlet" (II, 2). Der Oberkämmerer Polonius, der im Dialog mit dem ihm geistesverwirrt erscheinenden Hamlet diese vermeintliche Verwirrtheit näher zu ergründen sucht, spürt unbewußt den Hintersinn in den Äußerungen und im Verhalten Hamlets. Das Zitat (oft auch in der Form „Ist dies schon Wahnsinn, hat es doch Methode") wird von jemandem verwendet, der bei der Beurteilung bestimmter Vorgänge oder Handlungsweisen anderer, die er für völlig unsinnig und verrückt hält, doch eine bestimmte Linie, ein System zu erkennen glaubt (was den Eindruck der Verrücktheit womöglich noch steigert).

Ist Gott für uns, wer mag wider uns sein?

Der Apostel Paulus schreibt im 8. Kapitel seines Briefes an die Römer: „Welche er aber verordnet (= vorherbestimmt) hat, die hat er auch berufen; welche er aber berufen hat, die hat er auch gerecht gemacht; welche er aber hat gerecht gemacht, die hat er auch herrlich gemacht./Was wollen wir nun hiezu sagen? Ist Gott für uns, wer mag wider uns sein?" (Römer 8, 30–31). Unter dieser – kaum zu beweisenden, aber ebenso schwer zu widerlegenden – Prämisse sind im Laufe der Geschichte Kreuzzüge und Kriege geführt worden, mußten sich Menschen Inquisitionen unterwerfen, erhielt die Selbstherrlichkeit manches Souveräns ihre vermeintliche moralische Rechtfertigung.

Es **ist** keine List über Frauenlist

Dieses Zitat stammt aus den Apokryphen des Alten Testaments. Im Buch Jesus Sirach geht es im 25. Kapitel unter anderem auch um die „Schilderung des bösen Weibes", und in diesem Zusammenhang steht die Sentenz über die Frauenlist (Vers 18). Sie wird heute zitiert, wenn eine Frau ein Ziel durch eine besonders raffinierte List erreicht hat oder zu erreichen versucht, wobei man unterstellt, daß die Männer zu solcher Raffinesse und Gemeinheit gar nicht fähig seien.

's **ist** mal bei mir so Sitte

↑Chacun à son goût

Es **ist** nicht gut, mitten im Strom die Pferde zu wechseln

Oft ist es mit Gefahren, zumindest aber mit Reibungsverlusten verbunden, wenn man ein eingespieltes Team durch ein anderes ersetzt, bevor ein angestrebtes Ziel erreicht ist. Als Warnung vor diesen Risiken dient dieses Zitat, das aus einer Rede des amerikanischen Präsidenten Abraham Lincoln vor dem Kongreß (1864) stammt: *It is not best to swap horses while crossing the river* („Es ist nicht das beste, die Pferde zu wechseln, solange man den Fluß überquert").

Es **ist** nicht wahr, daß die kürzeste Linie immer die gerade ist

Diese Behauptung stellt Gotthold Ephraim Lessing in §91 seiner Schrift „Die Erziehung des Menschengeschlechts" (1780) auf. Er spricht hierbei die „ewige Vorsehung" an und bittet sie: „Laß mich an dir nicht verzweifeln, wenn selbst deine Schritte mir scheinen sollten zurückzugehen!" Und gleichsam als Bekräftigung fügt er den zitierten Satz hinzu, eine Lebensweisheit, die fast jeder schon bestätigt gefunden hat. Nicht immer ist es der direkte Weg, der im Leben zum Ziel führt. In vielen Fällen ist es ein Umweg, der schneller das Angestrebte erreichen läßt. In diesem Sinne werden Lessings Worte auch heute noch verwendet.

Es **ist** vollbracht

Bei diesem Satz handelt es sich nach dem Evangelium des Johannes (19,30) um die letzten Worte des gekreuzigten Jesus. Heute wird das Zitat in unterschiedlichen Zusammenhängen verwendet, zum Beispiel, wenn man etwas Außergewöhnliches ausgeführt, zustande gebracht hat oder wenn eine mühevolle Arbeit abgeschlossen ist.

Ist's Gottes Werk, so wird's bestehn; ist's Menschenwerk, wird's untergehn

So lautet die Inschrift auf dem Lutherdenkmal in Wittenberg, das der Bildhauer Gottfried Schadow (1764–1850) geschaffen hat und das 1821 aufgestellt worden ist. Sie geht auf eine Stelle in der Apostelgeschichte des Neuen Testaments zurück. Hier wird berichtet, daß der Schriftgelehrte Gamaliel vor Übergriffen auf die Apostel mit den Worten warnte: „Lasset ab von diesen Menschen und lasset sie fahren! Ist der Rat oder das Werk aus den Menschen, so wird's untergehen; ist's aber aus Gott, so könnet ihr's nicht dämpfen" (Apostelgeschichte 5,38–39).

J

Ja, der Krieg verschlingt die Besten!

In seinem Gedicht „Das Siegesfest" hat Schiller die Polarität von Siegen und Unterliegen, die das menschliche Leben bestimmt, zum Thema gemacht und am Beispiel der im Kampf siegreichen Griechen und der unterlegenen Trojaner dargestellt. Der in dem Zitat aus diesem Gedicht enthaltene Gedanke, die Klage nämlich über die Grausamkeit und Blindheit des Schicksals, das gerade auch die Besten zu Opfern werden läßt, ist oft aufgegriffen und vielfältig formuliert worden. Auch Schiller bezog sich bereits auf eine Stelle in der Tragödie „Philokletes" von Sophokles (um 496–um 406 v. Chr.), wo es im 3. Auftritt heißt: „... nimmer ist's des Krieges Art,/Die Schlechten zu verschlingen, nein, die Besten stets."

Ja, ich bin's, du Unglücksel'ge

Dieser heute nur noch scherzhaft gebrauchte Ausruf, mit dem jemand einen andern überraschen, ihn nach längerer Abwesenheit im Scherz begrüßen kann o. ä., stammt aus dem Trauerspiel „Die Ahnfrau" von Franz Grillparzer (1791–1872). Die Worte fallen innerhalb einer Szene im 3. Akt, in der Jaromir von Eschen seiner Verlobten Berta von Borotin eröffnet, daß er nicht derjenige ist, für den sie ihn hält, und in der er sich ihr als Mitglied einer Räuberbande zu erkennen gibt. Gelegentlich wird das Zitat noch um eine später folgende Zeile erweitert (drei Zeilen des Textes werden dabei übersprungen): „Ja, ich bin's, du Unglücksel'ge, bin der Räuber Jaromir!"

Ja, ja, Prozesse müssen sein

Dieses Zitat benutzt jemand beispielsweise, wenn er jemandes Neigung, bei jeder Gelegenheit zu prozessieren, scherzhaft oder auch mit Spott kommentieren will. Es ist die Anfangszeile des Gedichtes „Der Prozess" von Christian Fürchtegott Gellert (1715–1769). In dem Gedicht wird beschrieben, wie jemand, der allzusehr auf seinem Recht beharrt, in einem langen Prozeß zwar sein Anrecht auf einen schmalen Feldrain verteidigt, am Ende aber beinahe Haus und Hof verloren hat.

Ja, mach nur einen Plan

Seine Skepsis, sein Mißtrauen gegenüber allzu genauer Planung, allzu sehr durchorganisierten Vorhaben kann man mit diesem Zitat zum Ausdruck bringen, besonders wenn man davon überzeugt ist, daß das Geschehen letztlich von unvorhergesehenen, fremden Einflüssen bestimmt werden wird. Es stammt aus der 1928 in Berlin uraufgeführten „Dreigroschenoper" von Bertolt Brecht (1898–1956), Musik von Kurt Weill (1900–1950). Im 3. Akt teilt der Bettlerkönig Peachum dem Polizeichef von London seine Ansichten in dem „Lied von der Unzulänglichkeit menschlichen Strebens" mit und äußert sich in der 2. Strophe im Hinblick auf das Planen in folgender Weise: „Ja, mach nur einen Plan,/Sei nur ein großes Licht!/Und mach dann noch 'nen zweiten Plan,/Gehn tun sie beide nicht."

Ja, was man so erkennen heißt!

Dieser Ausruf stammt aus Goethes Faust (Teil I, Nacht). Der Famulus Wagner spricht im Dialog mit Faust voller Emphase die Worte: „Allein, die Welt! Des Menschen Herz und Geist!/Möcht' jegliches doch was davon erkennen." Faust aber antwortet zurechtweisend und mit leichtem Hohn „Ja, was man so erkennen heißt!" Heute wird der Ausruf in dieser oder in vielfach abgewandelter Form in unterschiedlichen Zusammenhängen verwendet, z. B.: „Ja, was man so Liebe heißt! Was man so Volksmusik heißt! Was man so Staat heißt!" usw.

J'accuse!

↑ Ich klage an!

Jagdszenen aus Niederbayern

Dies ist der Titel eines Theaterstücks des Dramatikers und Schauspielers Martin Sperr (* 1944), das besonders durch die Verfilmung (1968, Regie: Peter Fleischmann) unter dem gleichen Titel berühmt und allgemein bekannt wurde. Geschildert wird im Milieu dumpfer bayerischer Provinzialität die Verfolgung eines homosexuellen Außenseiters, der fälschlicherweise eines Mordes verdächtigt und von den fanatisierten Dorfbewohnern zu Tode gebracht wird. Der Titel des Stücks wurde zum Synonym für eine systematische Hetz- und Verleumdungskampagne.

Die **Jahre** fliehen pfeilgeschwind

Wenn jemand erstaunt oder auch erschreckt konstatiert, wie schnell doch die Zeit vergangen ist, wieviele Jahre ein bestimmtes Ereignis schon wieder zurückliegt, so bedient er sich gelegentlich dieses Zitats. Es ist eine Zeile aus Schillers Ballade „Das Lied von der Glocke". In der Passage des Gedichts, die dem Heranwachsen eines Kindes gilt, wird durch diese Zeile die Zeit des „goldnen Morgens" der Kindheit von der Jugendphase des „ins Leben wild" hinausstürmenden Knaben getrennt.

↑ Wir bringen unsre **Jahre** zu wie ein Geschwätz

Des **Jahres** letzte Stunde ertönt mit ernstem Schlag

Selbstbesinnung, Gedanken und Reflexionen über Vergangenes und Zukünftiges sind kennzeichnend für viele literarische Äußerungen, die sich auf das Jahresende, den Jahreswechsel beziehen. Entsprechend verhält es sich auch mit diesem Zitat. Es sind die ersten beiden Zeilen eines Gedichtes mit dem Titel „Neujahrslied“ von Johann Heinrich Voß (1751–1826), einem vom aufgeklärten Geist seiner Zeit geprägten Dichter, der besonders als Mitherausgeber des „Göttinger Musenalmanachs“ und als Übersetzer der bedeutendsten Dichtungen der Antike bekannt wurde. Das Gedicht wurde von Johann Abraham Peter Schulz (1747–1800) vertont, dem Komponisten vieler volkstümlich gewordener Lieder.

↑Arm in Arm mit dir, so fordr' ich mein **Jahrhundert** in die Schranken

Jahrmarkt der Eitelkeit

So lautet der deutsche Titel eines Gesellschaftsromans des englischen Schriftstellers William Makepeace Thackeray (1811–1863; englischer Titel: *Vanity Fair, Or, A Novel without a Hero*). Das Ziel des Autors ist es, menschliche Schwächen zu entlarven und das Befangensein der Repräsentanten der Gesellschaft in Egoismus, Dummheit und Bosheit bloßzustellen. Den Titel übernahm Thackeray aus dem Erbauungsbuch „The Pilgrim's Progress“ (deutsch 1685 unter dem Titel „Eines Christen Reise nach der Seeligen Ewigkeit“). Dort heißt es vom himmlischen Jerusalem, daß der Name der Stadt „Eitelkeit“ sei und daß es hier einen „Jahrmarkt der Eitelkeit“ gebe – die Verkörperung weltlicher Hoffart sozusagen. Wir bezeichnen heute als Jahrmarkt der Eitelkeit alle die Anlässe, bei denen es für die Schickeria gilt, sich zur Schau zu stellen, getreu der Devise „sehen und gesehen werden“.

Jaja! Das kommt von das!

Diese (um des Reimes willen) scherzhaft in grammatikalischer Eigenwilligkeit formulierte Äußerung, die jemand triumphierend machen kann, wenn er ausdrücken will, daß er es ja gleich gewußt habe, und daß dies nun die Folge sei, stammt aus einer Bildergeschichte von Wilhelm Busch (1832–1908) mit dem Titel „Diogenes und die bösen Buben von Korinth“. In der Geschichte wird erzählt, wie zwei „böse Buben“ dem Philosophen Diogenes in seiner Tonne mit Streichen so lange zusetzen, bis sie schließlich selbst unter die Tonne geraten und am Ende „platt gewalzt, wie Kuchen sind“. Die Geschichte endet mit den Zeilen: „Diogenes der Weise kroch ins Faß/Und sprach: ‚Jaja! Das kommt von das!‘ “

Je mehr er hat, je mehr er will

Dieses Zitat wird häufig dazu benutzt, um jemandes Unersättlichkeit, Maßlosigkeit zu charakterisieren und zu tadeln. Es handelt sich dabei um eine Zeile aus dem Gedicht „Zufriedenheit“ (mit der ebenfalls häufig zitierten Anfangszeile „Was frag' ich viel nach Geld und Gut“) von Johann Martin Miller (1750–1814), einem Vertreter der Dichtung der Empfindsamkeit im 18. Jahrhundert. Das Gedicht wurde auch bekannt durch die Vertonung von Christian Gottlob Neefe (1748–1798), der ein Lehrer Beethovens war. Gelegentlich wird das Zitat auch in erweiterter Form gebraucht. Zitiert werden dann die beiden letzten Zeilen der zweiten Strophe des Gedichts: „Je mehr er hat, je mehr er will,/Nie schweigen seine Klagen still.“

Jede Arbeit ist ihres Lohnes wert

Diese Redensart ist eine Abwandlung des Bibelverses „... denn ein Arbeiter ist seines Lohnes wert“, wie es im Neuen Testament beim Evangelisten Lukas (10,7) heißt. Eine ähnliche Aussage findet sich bei Matthäus (10,10): „Denn ein Arbeiter ist seiner Speise wert“. Beide Stellen beziehen sich auf die Jünger als Arbeiter im Dienst der Verkündigung. Das leicht abgewandelte Zitat kann heute einer Forderung nach gerechter Entlohnung Ausdruck verleihen oder die (vielleicht nur widerstrebend angenommene) Entlohnung eines einzelnen Hilfsdienstes rechtfertigen.

↑Und **jedem** Anfang wohnt ein Zauber inne

Jedem Mann ein Ei

Das Zitat mit der Fortsetzung „dem frommen Schweppermann zwei" ist angeblich ein Ausspruch Ludwigs des Bayern (um 1282–1347), der bei der Verteilung der knappen Vorräte nach der siegreichen Schlacht bei Mühldorf dem verdienstvollen Feldhauptmann Seyfried Schweppermann zwei Eier zugestand. In übertragenem Gebrauch kann man damit der Meinung Ausdruck geben, daß jemandem bei der Verteilung von materiellen Gütern oder von anderen Vergünstigungen mehr zustehe als den andern, weil er für entsprechende Verdienste zu belohnen sei. Auch als ironischer Kommentar bei einer ungerechten Verteilung oder bei zu sparsamer Belohnung kann das Zitat verwendet werden.

Jedem Tierchen sein Pläsierchen

Mit dieser sprichwörtlichen Redensart will man zum Ausdruck bringen, daß man jedem zubilligen muß, so zu handeln, sich so zu verhalten, wie er es für richtig hält, auch dann, wenn dabei besondere Marotten, Verrücktheiten zutage treten. Die Redensart geht zurück auf den Titel einer humoristischen Gedichtsammlung von Edwin Bormann (1851 bis 1912), einem sächsischen Dialektdichter, und Adolf Oberländer (1845 bis 1923), dem neben Wilhelm Busch bedeutendsten deutschen Karikaturisten seiner Zeit. Der Titel lautete: „Ein jedes Tierchen hat sein Pläsierchen. Zoologischer Liedergarten".

Jeder ist seines Glückes Schmied

Das Sprichwort im Sinne von „man hat sein Schicksal oder Wohlergehen selbst in der Hand" geht nach der Sallust zugeschriebenen Schrift „De re publica ordinanda" auf den römischen Zensor (312 v. Chr.) und Konsul (307 und 296 v. Chr.) Appius Claudius Caecus zurück. Dieser habe in einer Spruchsammlung geschrieben, *fabrum esse suae quemque fortunae*. Der römische Komödiendichter Plautus (um 250–184 v. Chr.) behält diese Fähigkeit, sich selbst sein Glück zu schaffen, dem Weisen vor: *Sapiens ipse fingit fortunam* (Trinummus II, 2, 84). Gottfried Keller (1819–1890) verarbeitete das Sprichwort in der Novelle „Der Schmied seines Glücks" aus der Sammlung „Die Leute von Seldwyla".

Jeder ist sich selbst der Nächste

Diese sprichwörtliche Redensart mit der Bedeutung „jeder denkt zuerst an sich selbst" ist lateinischen Ursprungs. Bei dem römischen Komödiendicher Terenz (2. Jh. v. Chr.) heißt es in dem Stück „Andria" (IV, 1) im lateinischen Original: *Proximus sum egomet mihi,* auf deutsch: „Ich bin mir selbst der Nächste".

↑Doch **jeder** Jüngling hat wohl mal 'n Hang fürs Küchenpersonal

Ein **jeder** kehre vor seiner Tür

Dieses (auch in anderen Sprachen bekannte) Sprichwort im Sinne von „jeder möge sich um seine eigenen Angelegenheiten kümmern, statt andere zu kritisieren" hat Goethe unter dem Titel „Bürgerpflicht" in seinen „Zahmen Xenien" im 9. Buch verwendet. Es heißt dort weiter: „Und rein ist jedes Stadtquartier./ Ein jeder übe sein' Lektion,/So wird es gut im Rate stohn!" Schon Georg Rollenhagen (1542–1609) hatte in seinem grotesken satirischen Tierepos „Froschmeuseler", einer allegorischen Darstellung der Reformationszeit und ihrer Wirren nach antikem Muster, eine ähnliche Formulierung gewählt. In Buch 1, Teil 2, Kapitel 5, Vers 130 f. heißt es: „Für seiner Tür kehr' jeder fein,/So wird's in der ganzen Stadt rein."

Jeder Krämer lobt seine Ware

Dieser Ausspruch geht möglicherweise auf das erste Buch der „Epistulae" des römischen Dichters Horaz (65–8 v. Chr.) zurück. Bei diesem Werk handelt es sich um poetische Briefe, die besonders (im ersten Buch) allgemeine Fragen der Lebensführung behandeln. Der Originaltext des Zitats lautet: *Lau-*

dat venalis qui volt extrudere mercis. (Wörtlich übersetzt: „Es lobt derjenige, der seine Ware losschlagen will.") – Es drückt sich darin die begründete Skepsis gegenüber allem aus, was zu sehr angepriesen wird.

Jeder liebt sich selber nur am meisten

Dieser Ausspruch stammt aus „Nathan der Weise" (III, 7) von Gotthold Ephraim Lessing (1727–1781), und zwar aus der berühmten „Ringparabel", mit der Nathan dem Sultan Saladin dessen Frage nach der wahren Religion beantwortet. Als Zitat dient der Ausspruch meist als Tadel angesichts eines allzu deutlich werdenden Egoismus, einer übertriebenen Ichbezogenheit.

Jeder Mensch hat seinen Preis

Der britische Staatsmann Sir Robert Walpole (1676–1745) war der erste Premierminister der britischen Geschichte. Auf ihn wird dieser Ausspruch zurückgeführt. Im Hinblick auf bestimmte angeblich uneigennützig handelnde Personen soll er gesagt haben: *All those men have their price,* auf deutsch: „Alle diese Leute haben ihren Preis." Es ist der zynische Hinweis auf die Bestechlichkeit des Menschen, darauf also, daß letztlich jeder Mensch käuflich ist. In diesem Sinne wird das Zitat in seiner abgewandelten Form auch heute noch gebraucht.

Jeder Mensch ist ein Abgrund

Dieses Zitat aus Georg Büchners „Woyzeck" (1836) ist charakteristisch für die pessimistische Weltsicht dieses Dichters, die den Menschen dunklen Gewalten in seinem Innern ausgeliefert sieht. Woyzeck selbst sagt die Worte in der siebten Szene: „Jeder Mensch ist ein Abgrund; es schwindelt einem, wenn man hinabsieht."

Jeder muß nach seiner Fasson selig werden

Die Redensart im Sinne von „Jeder soll nach seiner eigenen Auffassung leben, sein Leben gestalten" geht auf eine Bemerkung Friedrichs des Großen zurück, die sich auf die Toleranz den Religionen gegenüber bezieht. Als er am 22. 6. 1740 eine Anfrage des Staatsministers von Brand und des Konsistorialpräsidenten von Reichenbach erhielt, ob die römisch-katholischen Schulen wegen ihrer Unzuträglichkeit wieder abgeschafft werden sollten, schrieb er diese Antwort an den Rand des Schriftstücks und fügte hinzu, daß keine Religion der anderen Abbruch tun dürfe.

Jeder stirbt für sich allein

Diese pessimistisch klingende Aussage über die Einsamkeit des menschlichen Individuums, sein Eingeschlossensein in sein Dasein als Einzelwesen und das Zurückgeworfensein auf sich selbst in den Grenzsituationen des Lebens wird in etwas erweitertem Sinn auch zitiert, wenn ausgedrückt werden soll, daß in entscheidenden Situationen jeder in erster Linie auf sich selbst angewiesen ist, seine Entscheidungen selbst treffen muß und nicht auf die Hilfe anderer zählen kann. Es handelt sich dabei um den Titel eines Romans des deutschen Schriftstellers Hans Fallada (1893 bis 1947). Der Roman schildert die Geschichte eines Arbeiterehepaares, das einen aussichtslosen Kampf gegen den Totalitarismus des Naziregimes führt, bis es schließlich von diesem vernichtet wird.

Jeder Tag hat seine Plage

Bei diesem als eine Art Stoßseufzer angesichts täglich erneut auftretender Unannehmlichkeiten gebräuchlichen Ausspruch handelt es sich um ein abgewandeltes Bibelwort. Das 6. Kapitel des Matthäusevangeliums, das den Mittelteil der Bergpredigt enthält, endet mit den Worten: „Es ist genug, daß ein jeglicher Tag seine eigene Plage habe." Die Form, in der das Wort heute zitiert wird, wurde von Goethe geprägt. Das Lied der Philine, „Singet nicht mit Trauertönen", aus „Wilhelm Meisters Lehrjahre" endet mit den eher schelmischen Versen: „Jeder Tag hat seine Plage,/Und die Nacht hat ihre Lust." Das Lied wurde besonders bekannt durch die Vertonungen von Robert Schumann (1841) und Hugo Wolf (1888).

Ein **jeder** Wechsel schreckt den Glücklichen

Diese Worte spricht in Schillers Tragödie „Die Braut von Messina" (I, 7) der eine der feindlichen Brüder, Don Manuel, der keine Nachforschungen über die Herkunft seiner Geliebten anstellen möchte. So sagt er zunächst: „Nie wagt' ich's, einer Neugier nachzugeben,/Die mein verschwiegnes Glück gefährden konnte." Wenig später wird diese Aussage durch eine allgemeine Feststellung erläutert und bekräftigt: „Ein jeder Wechsel schreckt den Glücklichen;/Wo kein Gewinn zu hoffen, droht Verlust." Wer glücklich und zufrieden ist, kann von jeder Veränderung seiner Lebenssituation nur eine Verschlechterung erwarten; in diesem Sinne wird das Zitat auch heute noch gelegentlich verwendet.

Jeder Zoll ein König

Der Ausspruch stammt aus Shakespeares Drama „König Lear" (IV, 6). In der öden Landschaft der Kreidefelsen bei Dover begegnen sich der „mit Blumen und Kränzen" seltsam geschmückte, dem Wahnsinn entgegentreibende König Lear und der durch Blendung blind gewordene Graf von Gloster. Auf die Frage Glosters „Ist's nicht der König?" antwortet Lear voller Ironie und Bitterkeit: „Ja, jeder Zoll ein König" (im englischen Original: *Ay, every inch a king*). Der Ausspruch hat sich verselbständigt und wird mit unterschiedlichen Übertragungen in verschiedenen Zusammenhängen verwendet, wobei heute oft auch eine gewisse Ironie, ein leichter Spott mitschwingt, so beispielsweise in Äußerungen, wie: jeder Zoll ein General, jeder Zoll eine Dame.

Jedermann gibt zuerst den guten Wein

Im Neuen Testament sagt auf der Hochzeit zu Kana der Speisemeister zum Bräutigam: „Jedermann gibt zum ersten guten Wein, und wenn sie trunken geworden sind, alsdann den geringern; du hast den guten Wein bisher behalten" (Johannes 2, 10). Damit wird auf Jesu Verwandlung von Wasser in Wein hingewiesen, aber zugleich die übliche Auffassung von der Reihenfolge der servierten Weinqualitäten bestätigt. Man bringt diesen Sachverhalt auch häufig mit den Worten: „Wenn die Gäste trunken sind, kommt der schlechtere Wein" zum Ausdruck.

Jedermann klagt über sein Gedächtnis, niemand über seinen Verstand

Das Zitat ist die 89. von La Rochefoucaulds (1613–1680) „Maximen und Reflexionen" („Réflexions ou Sentences et maximes morales") und lautet im Original: *Tout le monde se plaint de sa mémoire, et personne ne se plaint de son jugement*. Es ist zwar Mode, über sein schlechtes Gedächtnis zu klagen – hier gibt man eine Schwäche bereitwillig zu, da die Gedächtnisleistung als etwas eher Mechanisches, von der allgemeinen Intelligenz Unabhängiges angesehen wird. Dagegen will niemand gern zugeben, daß der eigene Verstand für etwas nicht ausreicht.

Jedes legt noch schnell ein Ei

Im „Ersten Streich" der Bildergeschichte „Max und Moritz" von Wilhelm Busch (1832–1908) wird geschildert, wie die beiden Knaben Max und Moritz die Hühner der Witwe Bolte auf groteske Weise zu Tode bringen. Von den an einem langen Ast in einer Reihe hängenden Tieren heißt es dann: „Jedes legt noch schnell ein Ei,/Und dann kommt der Tod herbei." Das Zitat besonders der ersten dieser Zeilen dient als scherzhafter Kommentar zu Situationen, in denen in letzter Minute und in aller Eile noch bestimmte Maßnahmen getroffen, diese oder jene Dinge erledigt werden.

Jedes Volk hat die Regierung, die es verdient

Mit diesem etwas süffisant klingenden Bonmot schmückt auch heute noch mancher politische Kommentator seine kritische Stellungnahme beispielsweise nach einem Wahlausgang, der nicht seinen Vorstellungen entspricht. Es stammt aus einem Brief des französischen Diplomaten, Staats- und Geschichtsphilosophen Graf Joseph de Maistre (1753–1821), der ein Gegner der Französischen Revolution war und einen katholisch-restaurativen Monarchismus vertrat. Im Original lautet der Satz: *Toute nation a le gouvernement qu'elle mérite.*

Jedoch der schrecklichste der Schrecken, das ist der Mensch in seinem Wahn

Das Zitat stammt aus Schillers „Lied von der Glocke" und steht in dem Abschnitt, der auf die Schrecken der Französischen Revolution anspielt, wo der Mensch in seiner blinden, wahnhaften Raserei mehr als Löwe und Tiger zu fürchten ist: „Gefährlich ist's, den Leu zu wecken,/Verderblich ist des Tigers Zahn,/Jedoch der schrecklichste der Schrecken,/Das ist der Mensch in seinem Wahn." Auch die jüngsten Abschnitte der menschlichen Geschichte geben zahlreiche Anlässe, die Schillerschen Zeilen zu zitieren.

Jenseits von Eden

Zur Kennzeichnung von Vorgängen und Zuständen, die von schicksalhaften Verstrickungen des Menschen in Irrtum und Unrecht zeugen, von seinem Versagen und Schuldigwerden, dient dieser literarische Ausdruck. Es handelt sich um den Titel eines Romans des amerikanischen Schriftstellers John Steinbeck (1902–1968; englischer Originaltitel: *East of Eden*), der besonders durch die Verfilmung (1955) unter der Regie von Elia Kazan und mit James Dean in seiner ersten Filmrolle bekannt wurde. Geschildert wird ein spektakuläres Familien- und Generationendrama mit einer modernen Variante des biblischen Kain-und-Abel-Themas im Mittelpunkt. Buch- und Filmtitel beziehen sich auf eine Stelle im Alten Testament, wo es nach der Schilderung von Kains Brudermord heißt: „Also ging Kain von dem Angesicht des Herrn und wohnte im Lande Nod, jenseit Eden, gegen Morgen" (1. Moses 4,16).

Jenseits von Gut und Böse

„Jenseits von Gut und Böse. Vorspiel einer Philosophie der Zukunft" ist der Titel einer Schrift des Philosophen Friedrich Nietzsche (1844–1900). Der Titel ist in die Redewendung „jenseits von Gut und Böse sein" eingegangen. Man gebraucht sie – häufig scherzhaft oder auch ironisch – in bezug auf einen Menschen, der in gewisser Weise der Welt entrückt ist. Auch als scherzhafte Umschreibung dafür, daß man jemandem unterstellt, er habe wegen seines hohen Alters keine sexuellen Bedürfnisse mehr, wird das Zitat verwendet.

Jeremiade

Der heute nicht mehr allzu häufig gebrauchte Ausdruck hat die Bedeutung „wortreiche Klage, die jemand in oft wehleidigem Ton über etwas führt". Das Wort wurde (vielleicht unter dem Einfluß des französischen Ausdrucks *jérémiade*) nach der biblischen Gestalt des Propheten Jeremia gebildet, und zwar nach dem Titel des Buches „Die Klagelieder Jeremias". Im Mittelpunkt dieses Buches steht die Klage über „die Verwüstung Judas", die Zerstörung Jerusalems und des Tempels.

Jetzt aber naht sich das Malheur

In der Bildergeschichte „Hans Huckebein – der Unglücksrabe" erzählt Wilhelm Busch (1832–1908) die Erlebnisse eines jungen, übermütig-wilden Raben, der von einem Knaben gefangen wird, in seiner neuen Umgebung eine Reihe von boshaften Streichen verübt und zum Verursacher einer Serie von aufregenden und turbulenten Szenen wird. Schließlich bringt er sich selbst zur Strecke, indem er sich nach dem Genuß von Likör mit einem Strickzeug erdrosselt. Die Wende zu diesem bösen Ende hin wird mit den Versen eingeleitet: „Jetzt aber naht sich das Malheur,/Denn dies Getränke ist Likör." Der erste Vers wird oft scherzhaft als

Ankündigung drohender Mißlichkeiten, unliebsamer Begegnungen o. ä. zitiert.

Jetzt wächst zusammen, was zusammengehört

Mit diesen Worten kommentierte Willy Brandt am 10. November 1989 den Fall der Berliner Mauer. Schon wenige Monate später, als die wirtschaftlichen und politischen Schwierigkeiten der deutschen Wiedervereinigung immer deutlicher zu spüren waren, entstanden auch pessimistische Abwandlungen dieses Ausspruchs wie „Jetzt bricht zusammen, was zusammengehört".

Jeunesse dorée

Mit diesem Ausdruck (auf deutsch: „vergoldete Jugend") wurde früher häufiger die vergnügungssüchtige reiche Großstadtjugend gekennzeichnet. Der Ausdruck stammt aus der Zeit der Französischen Revolution. Er diente nach dem Sturz Robespierres (1794) als Propagandawort der Jakobiner für die männliche Jugend des französischen Großbürgertums in Paris, die durch ihre reaktionäre Haltung und ihre Kleidung von sich reden machte, die Jakobiner aktiv bekämpfte und unter Führung des Politikers und Publizisten L. Fréron (1754–1802) zur Gegenrevolution aufrief.

Johann, der muntre Seifensieder

Dieser heute sicher nicht mehr allzu häufig gebrauchte Ausdruck als Bezeichnung für einen fröhlichen, sorglosen, unbekümmerten Menschen stammt aus dem Gedicht „Johannes, der Seifensieder", in dem ein Seifensieder schlichten Gemüts sich von einem Nachbarn das Recht auf sein fröhliches Singen abkaufen läßt. Die Sorge um seinen neuen Reichtum vergällt ihm aber so sehr das Dasein, daß er das Geld wieder zurückgibt und lieber arm, aber mit Gesang weiterlebt. Das Zitat ist die Schlußzeile dieses Gedichts von Friedrich von Hagedorn (1708–1754), einem Fabeldichter und Lyriker besonders der Anakreontik, dessen Einfluß bis zu Lessing und dem jungen Goethe reichte.

Johanna geht, und nimmer kehrt sie wieder

In Schillers Tragödie „Die Jungfrau von Orleans" (uraufgeführt 1801 in Leipzig) spricht Johanna diese Worte im vierten Auftritt des Prologs. Man gebraucht sie heute, wenn man scherzhaft andeuten will, daß jemand enttäuscht oder beleidigt weggeht, weil er mit seinem Vorhaben nicht zum Zuge gekommen ist. Auch in der scherzhaft abgewandelten Form „Johanna geht, und niemals fegt sie wieder" ist das Zitat gebräuchlich.

Judas

Im Matthäusevangelium (ebenso auch bei Markus, Lukas und Johannes) ist es der Jünger Judas Iskariot, der Jesus von Nazareth an die jüdische Behörde verrät. Nach dieser biblischen Gestalt bezeichnet man einen Menschen, der treulos an jemandem handelt, jemanden heuchlerisch verrät, als „Judas". Für seinen Verrat erhielt Judas (nach Matthäus 26, 15) dreißig Silberlinge. Darauf geht die Wendung „jemanden, etwas für dreißig Silberlinge verraten" zurück. Man verwendet sie, um auszudrücken, jemand habe einen Verrat für wenig Geld, also eher leichtfertig und recht skrupellos begangen. Auch der Ausdruck „Judaslohn" für die Gegenleistung, die jemand für eine verräterische Tat erhält, bezieht sich darauf (siehe auch „Judaskuß").

Judaskuß

In den Evangelien von Matthäus, Markus und Lukas wird berichtet, daß Judas Iskariot (siehe auch „Judas") Jesus von Nazareth an die jüdische Behörde verraten habe. Damit aber auch der Richtige ergriffen würde, vereinbarte er einen Kuß als Erkennungszeichen: „Und der Verräter hatte ihnen ein Zeichen gegeben und gesagt: Welchen ich küssen werde, der ist's; den greifet" (Matthäus 26, 48; ähnlich in Markus 14, 44 f. und Lukas 22, 47 f.). Danach bezeichnet man heute eine heuchlerische freundliche Geste als „Judaskuß".

Judaslohn

↑Judas

↑Tut nichts! Der **Jude** wird verbrannt!

↑Haust du meinen **Juden,** hau' ich deinen Juden

Jugend ist Trunkenheit ohne Wein

Diese Worte stammen aus dem „Schenkenbuch" in Goethes „Westöstlichem Diwan" (erster Druck 1819). Für den Dichter sind jugendliche Frische und Kraft, jugendlicher Überschwang, das Hochgefühl der eigenen Stärke ein rauschhafter Zustand, der beflügelt und alle Grenzen überwinden läßt und der ohne Stimulanzien wie z. B. Alkohol erreicht wird. Eben diese „Trunkenheit" ist das Privileg der Jugend. In diesem Sinne wird der Vers auch heute noch zitiert.

Jugend von heute

Unter diesem Titel erschien 1899 eine Komödie des deutschen Schriftstellers Otto Ernst (Pseudonym für O. E. Schmidt; 1862–1926). Der Ausdruck wurde als Bezeichnung für die Jugendlichen gebräuchlich, für die jungen Leute der (vom Standpunkt des Sprechers aus gesehen) heutigen Zeit, besonders im Hinblick auf ihre Verhaltensweise, ihr Auftreten. Auch in verschiedenen Abwandlungen wie „Manager von heute" oder „Kommunikationsmittel von heute" wird der Ausdruck gebraucht, um Personen oder Sachen zu kennzeichnen, die in die jetzige Zeit passen, dem Trend der Gegenwart entsprechen.

↑So **jung** kommen wir nicht mehr zusammen

Junger Wein in alten Schläuchen

Im Matthäusevangelium heißt es in einem Gleichnis: „Man füllt auch nicht neuen Wein in alte Schläuche; sonst zerreißen die Schläuche, und der Wein wird verschüttet, und die Schläuche verderben" (Matthäus 9, 17; revidierte Fassung von 1984; ursprünglicher Text: „Man faßt auch nicht Most in alte Schläuche ..."). Aus dieser Bibelstelle ist der zitierte Ausdruck entstanden, der auch in der Form „Neuer Wein in alten Schläuchen" gebräuchlich ist. Er wird verwendet, wenn man ausdrücken will, daß ein bestimmtes Vorgehen zu keiner grundlegenden Änderung geführt hat, daß dadurch nichts durchgreifend erneuert wurde, sondern etwas nur eine notdürftige oder halbherzige Umgestaltung erfahren hat.

↑Doch jeder **Jüngling** hat wohl mal 'n Hang fürs Küchenpersonal

↑Auch ich war ein **Jüngling** mit lockigem Haar

Den **Jüngling** ziert Bescheidenheit

Dieses Zitat ist eine Umstellung der Worte, mit denen im Drama „Die Ahnfrau" des österreichischen Dramatikers Franz Grillparzer (1791–1872) der jugendliche Held Jaromir vom alten Grafen Zdenko von Borotin ermahnt wird, seine Bescheidenheit nicht zu übertreiben: „Ziert Bescheidenheit den Jüngling,/Nicht verkenn' er seinen Wert!" (I, Vers 692 f.). Durch die Umstellung wird auch der ursprüngliche Sinn der Aufforderung verändert, die jetzt eine mit verhaltenem Nachdruck gegebene Ermahnung zu etwas mehr Bescheidenheit und Zurückhaltung ist. Ob allerdings das scherzhafte Sprichwort „Bescheidenheit ist eine Zier, doch weiter kommt man ohne ihr" hierin seinen Ursprung hat, erscheint fraglich.

Die **jüngsten** Kinder meiner Laune

Der deutsche Dramatiker August von Kotzebue (1761–1819) lebte nach seinem Ausscheiden aus dem diplomatischen Dienst auf seinem Landgut in Estland, bis er 1797 nach Wien als Hoftheaterdichter berufen wurde. Einige seiner Schriften aus dieser Zeit gab er unter dem Sammeltitel „Die jüngsten Kinder meiner Laune“ heraus. Man zitiert diesen Titel heute (auch in der Form „Das jüngste Kind meiner Laune“ und häufig auch mit Bezug auf eine andere Person in Verbindung mit „ihrer“ oder „seiner“), um etwas als aus einer Laune entsprungenen Einfall, als spontane Idee zu kennzeichnen.

Jurare in verba magistri

Diese lateinische Redewendung aus den „Epistulae“ des römischen Dichters Horaz (65–8 v. Chr.) bedeutet übersetzt „auf des Meisters Worte schwören“, ist im heutigen Gebrauch aber ironisch gemeint und hat den Sinn „die Meinung, das Urteil eines anderen, besonders eines Höhergestellten kritiklos übernehmen“. Goethe hat die deutsche Entsprechung der Redewendung im Faust verwendet. In der Schülerszene (Faust I, Studierzimmer) gibt Mephisto dem Schüler hinterhältig den falschen Rat: „Am besten ist's auch hier, wenn Ihr nur einen hört,/Und auf des Meisters Worte schwört“, um dann auch noch fortzufahren: „Im ganzen – haltet euch an Worte!/Dann geht Ihr durch die sichre Pforte/Zum Tempel der Gewißheit ein.“

Einen **Jux** will er sich machen

So lautet der Titel einer 1842 uraufgeführten Posse mit Gesang des österreichischen Schriftstellers und Schauspielers Johann Nestroy (1801–1862). Er, das ist der ansonsten grundsolide Kaufmannsgehilfe Weinberl, der zusammen mit dem Lehrjungen Christopherl unbedingt auf Abenteuer ausgehen will, statt im Laden die Geschäfte zu führen, wie es ihm sein Chef für die Zeit seiner Abwesenheit aufgetragen hat. Man zitiert den Titel heute gelegentlich, wenn man zu verstehen geben will, daß man etwas gerade Gehörtes nicht für wahr hält, oder nicht glaubt, daß es jemandem mit etwas Ernst sein kann.

K

Kadavergehorsam

Dieser im 19. Jahrhundert gebräuchlich gewordene Ausdruck leitet sich von einer Vorschrift aus den jesuitischen Ordensregeln des Ignatius von Loyola (1491–1556) ab. In den „Constitutiones“ (4, 1) heißt es, die Ordensmitglieder sollen sich von Gott und den Vorgesetzten leiten lassen *perinde ac si cadaver essent* („als seien sie ein Leichnam“ [der alles mit sich machen läßt]). Dementsprechend wird das Wort „Kadavergehorsam“ heute (meist abwertend) im Sinne von „blinder, willenloser Gehorsam unter Aufgabe der eigenen Persönlichkeit“ gebraucht.

Kaffeehausliterat

Mit diesem abwertenden Ausdruck bezeichnet man einen Schriftsteller, der sich häufig im Kaffeehaus aufhält und dort auch seine Werke verfaßt (und dem man deshalb eine gewisse Oberflächlichkeit und literarische Leichtgewichtigkeit unterstellt). Er geht auf den österreichischen Politiker Georg Ritter von Schönerer (1842–1921) zurück, der sich mit zunehmender antisemitischer Haltung der deutschnationalen Bewegung anschloß und ihn in deren Linzer Programm von 1882 verwendete.

Ein **Käfig** voller Narren

Dies ist der Titel eines im Transvestitenmilieu spielenden französischen Films aus dem Jahr 1978. Der Originaltitel lautet *La Cage aux Folles* (wörtlich: „Der Narrenkäfig“). Dem Drehbuch liegt ein Bühnenstück von Jean Poiret mit dem Titel „Männer sind doch bessere Frauen“ zugrunde. – Das Zitat ist beispielsweise zur Charakterisierung einer Ansammlung von Menschen an einem bestimmten Ort verwendbar, die man in irgendeiner Hinsicht für unvernünftig oder für „närrisch" hält.

Kainsmal

Im 1. Buch Moses wird erzählt, daß Kain nach dem Mord an seinem Bruder Abel von Gott Jahwe ein Zeichen erhalten haben soll, das ihn als allein von Gott zu Richtenden kenntlich machte. Es heißt dort: „Und der Herr machte ein Zeichen an Kain, daß ihn niemand erschlüge, wer ihn fände" (1. Moses 4, 15). Heute wird der Ausdruck „Kainsmal" (oder auch „Kainszeichen") metaphorisch im Sinne von „Schuld, die jemandem gleichsam an der Stirn geschrieben steht" verwendet.

Kainszeichen

↑Kainsmal

Dem **Kaiser** geben, was des Kaisers ist

Diese Redewendung geht auf ein Bibelzitat aus Matthäus 22, 21 zurück, wo Jesus auf die Frage der Abgesandten der Pharisäer nach dem Zinsgroschen sagt, indem er auf die Münze mit der Abbildung des Kaisers weist: „So gebet dem Kaiser, was des Kaisers ist, und Gott, was Gottes ist!" Man gebraucht die Redewendung heute allgemein im Sinne von „seine Pflicht gegenüber der Obrigkeit erfüllen".

Der **Kaiser** ging, die Generale blieben

Dies ist der Titel eines 1932 erschienenen Romans von Theodor Plievier, der die politische Situation beschreibt, der sich der Reichspräsident Ebert nach dem Zusammenbruch des Kaiserreichs ausgesetzt sah. Besonders auf autoritäre Staaten bezogen, in denen das Militär eine mächtige Position innehat, wird mit dem Zitat zum Ausdruck gebracht, daß mit einem Wechsel an der Spitze nicht automatisch ein gesellschaftlicher Wandel verbunden ist, da verkrustete Strukturen früherer Zeiten noch länger nachwirken.

Die **kaiserlose,** die schreckliche Zeit

In Schillers Ballade „Der Graf von Habsburg" (1803), deren Handlung am Tage der Krönung Rudolfs I. von Habsburg zum deutschen Kaiser am 24. 10. 1273 zu Aachen spielt, wird das Ende des Interregnums (der Zeit zwischen dem Erlöschen der Staufermacht und dem Beginn der Herrschaft der Habsburger 1254–1273) mit folgenden Worten beschrieben: „Denn geendigt nach langem verderblichen Streit/War die kaiserlose, die schreckliche Zeit." Mit dem Ausdruck „die kaiserlose, die schreckliche Zeit" wird heute noch manchmal scherzhaft die Zeit der Abwesenheit eines Vorgesetzten bezeichnet oder – ganz allgemein – das Fehlen einer Autorität in den unterschiedlichsten Bereichen. – Das Zitat wird häufig auch in abgewandelter Form verwendet. So spricht z. B. mancher Sportbegeisterte von der Sommerpause im Fußball als von der „fußballosen, der schrecklichen Zeit".

↑Um des **Kaisers** Bart streiten

↑So bist du des **Kaisers** Freund nicht

Des **Kaisers** neue Kleider

In diesem Märchen des dänischen Schriftstellers Hans Christian Andersen (1805–1875) wird ein eitler Monarch von zwei listigen Betrügern zum besten gehalten, die ihm versprechen, die schönsten Kleider anzufertigen, die obendrein, da sie für jeden unsichtbar sein sollen, „der nicht für sein Amt tauge oder unverzeihlich dumm sei", ihm noch zeigen würden, wie es um seinen Hofstaat bestellt sei. Und prompt bestaunen dann auch alle die in Wirklichkeit gar nicht vorhandenen Kleider, denn keiner will sich die Blöße geben, die eigene Unfähigkeit eingestehen zu müssen. Erst ein Kind sagt in seiner Unschuld, daß der Kaiser gar keine Kleider anhat. – Der Märchentitel wird im Zusammenhang mit enthüllten menschlichen Schwächen und Eitelkeiten zitiert.

Ein **Kaiserwort** soll man nicht drehn noch deuteln!

Nach dem Sieg König Konrads III. gegen Welf VI. in der Schlacht bei Weinsberg (heute im Landkreis Heilbronn) am 21. 12. 1140 ergab sich die belagerte Stadt. Als – der Sage nach – der König allen Männern den Tod androhte und nur den Frauen freien Abzug gewährte und ihnen erlaubte, mitzunehmen, was sie tragen könnten, trugen diese ihre Männer aus der Stadt heraus. Konrads Bruder wollte die List nicht gelten lassen, doch der König stand zu seinem Wort. – Der zitierte Vers stammt aus Gottfried August Bürgers Gedicht „Die Weiber von Weinsberg" (1777). Er wird heute noch gebraucht, wenn man ausdrücken will, daß etwas, so wie es gesagt wurde, seine Gültigkeit haben soll.

↑Nur die größten **Kälber** wählen ihre Metzger selber

Der **kalte** Krieg

Dieser Ausdruck bezeichnet einen ohne Waffengewalt, besonders auf wirtschaftlicher, bündnispolitischer und psychologischer Ebene ausgetragenen Konflikt zwischen Staaten, die verschiedenen ideologischen Machtblöcken angehören. Nach 1945 wurde er speziell auf das Verhältnis zwischen den USA und der früheren UdSSR und den Verbündeten beider Mächte bezogen. Er ist eine Lehnübersetzung des englischen *cold war*. Zu seiner allgemeinen Verbreitung dürfte besonders das 1947 erschienene Buch „The Cold War. A Study in US Foreign Policy" des amerikanischen Publizisten Walter Lippmann (1889 bis 1974) beigetragen haben.

↑Eher geht ein **Kamel** durch ein Nadelöhr

↑Wohlauf, **Kameraden,** aufs Pferd, aufs Pferd!

↑Unter **Kameraden** ist das ja ganz egal

↑Ich hatt' einen **Kameraden**

Einen ↑guten **Kampf** kämpfen

Der **Kampf** mit dem Drachen

Dies ist der Titel einer Ballade von Schiller aus dem Jahr 1798. Wer eine Aufgabe als einen „Kampf mit dem Drachen" bezeichnet, will damit zum Ausdruck bringen, daß er sie für höchst unangenehm und für kaum zu bewältigen hält. In dem Gedicht selbst wird beschrieben, wie ein junger Ordensritter in einem langen, schweren Kampf einen Drachen bezwingt und so das Land von diesem Ungeheuer befreit. Im Gegensatz zu der dem Jüngling zujubelnden Menge verweigert ihm der Ordensobere jedoch Lob und Anerkennung. Diese werden ihm erst zuteil, als er Gehorsam und Demut, die wahren Tugenden des Christen, zeigt. Am Ende empfängt er als Lohn wieder das ihm zuvor aberkannte Kreuz des Ritterordens.

↑Auf in den **Kampf,** Torero!

Kampf ums Dasein

Im Jahr 1859 erschien die Abhandlung „On the Origin of Species by Means of Natural Selection, or the Preservation of Favoured Races in the Struggle for Life" (deutsch: „Über den Ursprung der Arten durch natürliche Auslese oder die Erhaltung bevorzugter Rassen durch den Kampf ums Dasein") des englischen Naturforschers Charles Darwin (1809–1882). Die hier verwendete Formulierung *struggle for life* – wie auch das im gleichen Werk gebrauchte *struggle for existence* –, die man als Grundvorstellung der Evolutionstheorie Darwins ansehen kann, wurde zu einem weitverbreiteten Schlagwort. Es dient zur Umschreibung des menschlichen Lebens- und Existenzkampfs.

Kann denn Liebe Sünde sein?

In dem Film „Der Blaufuchs" aus dem Jahr 1938 (Musik von Lothar Brühne, Text nach einem Bühnenstück von F. Herczeg) singt Zarah Leander das berühmt gewordene Lied, das mit dieser rhetorischen Frage beginnt. Einen entsprechenden Gedanken findet man in Lessings 1755 entstandenem Trauerspiel „Miß Sara Sampson“ (4, 8), in dem Lady Marwood sagt: „Es ist kein Verbrechen, geliebt haben; noch viel weniger ist es eines, geliebt worden sein.“ Ein bereits im 19. Jahrhundert bekanntes Lied eines unbekannten Verfassers beginnt mit der Frage: Ist denn Lieben ein Verbrechen?

Es **kann** der Frömmste nicht in Frieden leben, wenn es dem bösen Nachbarn nicht gefällt

Dieses Zitat stammt aus Schillers „Wilhelm Tell“ (IV, 3). Darin antwortet Tell dem Feldschützen Stüssi, der in unruhigen Zeiten diejenigen beneidet, die zu Hause in Ruhe ihrer Arbeit nachgehen dürfen: „Es kann der Frömmste nicht im Frieden bleiben,/Wenn es dem bösen Nachbar nicht gefällt.“ Mit dem in leicht abgewandelter Form gebräuchlichen Zitat wird heute zum Ausdruck gebracht, daß auch friedfertige Menschen durch ihre Umwelt in Streit und Auseinandersetzungen hineingezogen werden können.

Es **kann** die Spur von meinen Erdentagen nicht in Äonen untergehn

Diese Worte stehen am Ende des Schlußmonologs Fausts (Goethe, Faust II, 5. Akt, Großer Vorhof des Palasts). Der erblindete Faust hat eine Vision von seinem sich vollendenden Lebenswerk, einem dem Meer abgerungenen fruchtbaren Land für Millionen. So kann er in dem Glauben sterben, er habe durch sein Wirken etwas Dauerhaftes für die Menschheit geschaffen. Zitiert werden die Worte Fausts meist als Anerkennung großer Leistungen anderer, aber auch als ironisch-scherzhafter Kommentar zu eigenen Anstrengungen.

Kann ich Armeen aus der Erde stampfen?

Die verzweiflungsvoll ausgerufene rhetorische Frage (der unmittelbar eine zweite folgt: „Wächst mir ein Kornfeld in der flachen Hand?“) stammt aus der Tragödie „Die Jungfrau von Orleans“ (I, 2) von Schiller. Sie ist die hilflose Antwort des Königs Karl auf das Verlangen seiner Untertanen nach Hilfe. Die heute übliche Redewendung „etwas aus dem Boden stampfen [können]“ im Sinne von „etwas aus dem Nichts hervorbringen [können]“ könnte durch das Schiller-Zitat zusätzliche Verbreitung gefunden haben. Schon der römische Feldherr und Politiker Pompeius soll (nach Plutarch) damit geprahlt haben, es würden Soldaten aus dem Erdboden steigen, wenn er auf den Boden Italiens stampfe.

Es **kann** ja nicht immer so bleiben

Wenn man zum Ausdruck bringen will, daß eine Pechsträhne oder eine glückliche, unbeschwerte Phase im Wechselspiel des Lebens irgendwann einmal zu Ende gehen muß, wird dieses Zitat verwendet. Es stammt aus August von Kotzebues Lied „Trost beim Scheiden“ (1802; Vertonung von Friedrich Heinrich Himmel), dessen erste Strophe lautet: „Es kann ja nicht immer so bleiben/ hier unter dem wechselnden Mond,/es blüht eine Zeit und verschwindet,/was mit uns die Erde bewohnt.“ (Vergleiche auch das Zitat „So knüpfen ans fröhliche Ende den fröhlichen Anfang wir an“.)

Kannegießer

„Kannegießer“ ist die heute nicht mehr sehr gebräuchliche Bezeichnung für einen Stammtischpolitiker. Der Ausdruck leitet sich von der Figur des ohne Sachverstand politisierenden Zinngießers her, der in der Komödie „Den politiske Kandestøber“ (1822; deutsch: „Der politische Kannegießer“) des dänischen Dichters Ludwig Holberg auftritt. Als Ableitungen von „Kannegießer“ kamen im 18. Jahrhundert „Kannegießerei“ und das Verb „kannegießern“ in Gebrauch.

↑Uns ist ganz **kannibalisch** wohl

Kanonenfutter

Der Ausdruck geht möglicherweise auf Shakespeares Königsdrama „Heinrich der Vierte" (1. Teil, 4. Aufzug, 2. Szene) zurück. Es handelt sich dabei um die freie Übersetzung einer Formulierung, die Falstaff gegenüber dem Prinzen Heinrich gebraucht, als er auf die von ihm angeworbenen Soldaten angesprochen wird. Falstaff nennt sie verächtlich oder gedankenlos *food for powder*, was von den Shakespeareübersetzern der Klassik, August Wilhelm Schlegel und Ludwig Tieck, wörtlich mit „Futter für Pulver" übersetzt wurde. Daraus könnte (in der Mitte des 19. Jahrhunderts) das Wort „Kanonenfutter" als äußerst saloppe Bezeichnung für „Soldaten, die in einem Krieg sinnlos und skrupellos geopfert werden" entstanden sein.

Kapuzinerpredigt

Von einer „Kapuzinerpredigt" im Sinne von „scharfe Zurechtweisung, Strafpredigt" spricht man nach Schillers Drama „Wallenstein" (1798/99). Hier (Wallensteins Lager, 8. Auftritt) trifft der Kapuzinermönch am Sonntag die Menschen im Lager trinkend und tanzend an, was ihn zu seiner heftigen Strafpredigt veranlaßt. – Die Kapuziner wirkten besonders in der Zeit der Gegenreformation als wortgewaltige Prediger. Abraham a Santa Clara (1644–1709), einer ihrer bekanntesten Vertreter, gilt als Vorbild für die Schillersche Gestalt.

Der **Karnickel** hat angefangen

Die verleumderische Behauptung, die zur Redensart wurde, stammt aus einer Versgeschichte von Heinrich Lami (1787–1849) mit dem Titel „Eigennützige Dienstfertigkeit". Ein Pudel tötet auf dem Markt das Kaninchen einer Marktfrau. Sie zitiert den Hundebesitzer vor die „Obrigkeit". Ein Schusterjunge, der den Streit darüber mit angehört hat, erbietet sich für ein Trinkgeld „gegen das Kaninchen" auszusagen und zu bezeugen, daß „der Karnickel" angefangen hat und damit an seinem Schicksal selbst schuld war. – Mit der Redensart erklärt man in umgangssprachlich scherzhafter Ausdrucksweise einen Schwächeren oder offensichtlich Unschuldigen zum Anstifter eines Streits, zum Sündenbock für bestehende Uneinigkeiten.

↑Wer hat denn den **Käse** zum Bahnhof gerollt?

Kassandraruf

Man bezeichnet in gehobener Sprache jemanden als „Kassandra", der eine drohende Gefahr, eine unheilvolle Entwicklung erkennt, dessen Warnungen aber nicht gehört werden. Desgleichen spricht man von einem „Kassandraruf" als von einer ungehört verhallenden Warnung. – Kassandra ist eine Gestalt der griechischen Mythologie. Apoll hatte ihr die Gabe der Weissagung verliehen. Weil sie aber seine Werbungen zurückwies, bewirkte er, daß ihren Warnungen kein Glauben geschenkt wurde. Von Kassandra berichtet in der Antike Homer in der „Odyssee", bei den griechischen Tragikern spielt sie eine Rolle und in der „Äneis" von Vergil. Schiller stellt in seinem 1802 entstandenen Gedicht „Kassandra" die Tragik dieser Seherin dar, die sich nicht unbekümmert dem Augenblick hingeben kann, weil sie von dem nahenden Unheil weiß. Von Christa Wolf erschien 1983 eine Erzählung mit demselben Titel.

Die **Kastanien** aus dem Feuer holen

Die umgangssprachliche Redewendung, auch in der Form „für jemanden die Kastanien aus dem Feuer holen", beruht auf einer vielfach belegten, besonders aber durch den französischen Fabeldichter La Fontaine (1621–1695) bekannt gewordenen Tierfabel mit dem Titel „Le singe et le chat" („Der Affe und die Katze"). Die Redewendung besagt soviel wie „für einen anderen eine unangenehme Sache erledigen". In der Fabel überredet der Affe, der gerne die im Feuer bratenden Kastanien verspeisen möchte, die Katze, sie für ihn aus der glühenden Asche herauszuholen.

Der **Kasus** macht mich lachen

Der Pudel, der sich in Goethes Faust (Erster Teil, Vor dem Tor) dem Gelehrten und seinem Famulus Wagner beim Spaziergang angeschlossen hatte, verwandelt sich in der folgenden Szene in Fausts Studierzimmer in die Gestalt des Mephisto, der im Kostüm eines fahrenden Scholaren erscheint. Faust reizt diese überraschende Veränderung zum Lachen. – Man verwendet das Zitat in etwas altertümelnder Ausdrucksweise, um etwas als lächerlich oder unsinnig darzustellen und abzutun.

Kategorischer Imperativ

Der philosophische Begriff im Sinne von „unbedingt gültiges sittliches Gebot" stammt von Immanuel Kant (1724–1804). Er stellt ihn in der „Grundlegung zur Metaphysik der Sitten" in Gegensatz zum hypothetischen Imperativ, der eine Pflicht beinhaltenden Forderung, die nur unter gewissen Bedingungen gilt. In der „Kritik der praktischen Vernunft" (1. Teil, 1. Buch, 1. Hauptstück, §7) wird der kategorische Imperativ folgendermaßen formuliert: „Handle so, daß die Maxime deines Willens jederzeit zugleich als Prinzip einer allgemeinen Gesetzgebung gelten könne."

Katholischer sein als der Papst

↑Päpstlicher sein als der Papst

Katilinarische Existenz

In Anspielung auf die Verschwörung des römischen Prätors Catilina (108–62 v. Chr.) gebrauchte Otto von Bismarck in der Sitzung der Budgetkommission des preußischen Abgeordnetenhauses vom 30. 9. 1862 diesen Ausdruck: „Im Lande gibt es eine Menge katilinarischer Existenzen, die ein großes Interesse an Umwälzungen haben." In bildungssprachlich veraltendem Gebrauch versteht man unter der Fügung einen heruntergekommenen, zu verzweifelten Schritten neigenden Menschen, der nichts zu verlieren hat.

Kaudinisches Joch

Dieser bildungssprachliche Ausdruck für eine schimpfliche Demütigung geht auf die römische Geschichte zurück. Der Geschichtsschreiber Livius (um 59 v. Chr. – 17 n. Chr.) berichtet, daß das römische Heer 321 v. Chr. nach seiner Niederlage an den Kaudinischen Pässen (bei der Stadt Caudium) waffenlos durch ein aus den Speeren der siegreichen Samniten gebildetes Spalier hindurchgehen mußte. Jeweils zwei Speere waren oben durch einen (wie ein Joch) querliegenden dritten miteinander verbunden.

Kaum gegrüßt – gemieden

Als scherzhaften Kommentar verwendet man diese Worte bei einem allzu kurzen Besuch oder Zusammentreffen. Das Zitat stammt aus Nikolaus Lenaus (1802–1850) Gedicht „Der Postillon", wo es in der 7. Strophe angesichts der schnellen Fahrt mit der Postkutsche heißt: „Wald und Flur im schnellen Zug/Kaum gegrüßt – gemieden."

Es ↑muß auch solche **Käuze** geben

Kaviar für das Volk

In Shakespeares „Hamlet" fordert der Titelheld in der zweiten Szene des zweiten Aktes einen der Schauspieler auf, eine Rede aus einem Stück vorzutragen, das seinerzeit nicht oder nicht mehr als einmal aufgeführt worden war. Das Stück hatte beim breiten Publikum keinen Anklang gefunden, mit Hamlets Worten: *'Twas caviare to the general* („Es war Kaviar für das Volk"). Mit dem Zitat bezeichnet man auch heute etwas, das von der breiten Masse in seiner Qualität nicht erkannt wird, was dem Ungebildeten nicht zugänglich ist.

Es ↑muß nicht immer **Kaviar** sein

Kein Feuer, keine Kohle kann brennen so heiß

So beginnt ein aus dem 18. Jahrhundert stammendes und seit der 1. Hälfte des

19. Jahrhunderts weitverbreitetes Volkslied. Die erste Strophe lautet vollständig: „Kein Feuer, keine Kohle/kann brennen so heiß/als heimliche Liebe,/von der niemand nichts weiß." Man verwendet das Zitat – meist scherzhaft –, um auf ein verborgenes Liebesverhältnis anzuspielen.

↑Denn **kein** größeres Verbrechen gibt es, als nicht kämpfen wollen, wo man kämpfen muß

Kein Klang der aufgeregten Zeit drang noch in diese Einsamkeit

Mit diesen Versen endet das Gedicht „Abseits" von Theodor Storm (1817–1888). Das Gedicht gehört zu Storms Naturlyrik. Es beschreibt die Stille eines Sommernachmittags in der Weltabgeschiedenheit eines Heidedorfs. Das Zitat wird gelegentlich gebraucht, um – auch ironisch – die Idylle und Weltferne eines Ortes zu charakterisieren.

Kein Mensch muß müssen

Dieses zur Redensart gewordene Zitat hat seinen Ursprung wahrscheinlich in Lessings Drama „Nathan der Weise" (1779). Im 3. Auftritt des 1. Aufzugs äußert Nathan im Gespräch mit dem Derwisch: „Kein Mensch muß müssen, und ein Derwisch müßte?/Was müßt' er denn?" Die Antwort lautet: „Warum man recht ihn bittet,/Und er für gut erkennt, das muß ein Derwisch." – Man verwendet das Zitat, um ein Ansinnen zurückzuweisen, das jemand an einen stellt, oder um einen anderen darin zu bestärken, daß er etwas Bestimmtes auch lassen oder verweigern kann.

Kein Platz für wilde Tiere

Im Jahr 1954 erschien das (1956 verfilmte) Buch „Kein Platz für wilde Tiere" des Zoologen Bernhard Grzimek (1909–1987), in dem es um die bedrohte Tierwelt Afrikas geht. Der Titel wurde im Zusammenhang mit Tierschutzaktionen häufig zitiert, und er wird heute zur Bildung von Slogans wie „Kein Platz für Drückeberger" oder anklagende Feststellungen wie „Kein Platz für Grünanlagen" vielfältig abgewandelt.

Kein Talent, doch ein Charakter

Das Zitat stammt aus Heinrich Heines (1797–1856) satirischem Versepos „Atta Troll" und gehört dort zum Grabspruch des Titelhelden, des deutschen Bären Atta Troll: „Sehr schlecht tanzend, doch Gesinnung/Tragend in der zott'gen Hochbrust;/Manchmal auch gestunken habend;/Kein Talent, doch ein Charakter!" (Kaput XXIV, 12. Strophe). Heine kehrt hier den ihm von der Kritik gemachten Vorwurf des Talents ohne Charakter um. Man verwendet das Zitat auch heute eher abwertend, um jemanden zu charakterisieren, der mangelnde Fähigkeiten durch stramme Gesinnung auszugleichen sucht.

Kein Wässerchen trüben können

Die umgangssprachliche Redewendung mit der Bedeutung „völlig harmlos sein; nichts Böses oder Unrechtes tun können" hat ihren Ursprung in einer „Äsopischen Fabel" des römischen Fabeldichters Phädrus (†um 50 n. Chr.). Darin wirft ein Wolf, der an einem Bach trinkt, einem weiter unterhalb aus dem gleichen Bach trinkenden Lamm vor, es habe sein Wasser trübe gemacht. Das Lamm verteidigt sich mit dem Hinweis, daß es sein Wasser nicht habe trüben können, weil der Bach doch nicht bergauf fließe. Für den Wolf war die Beschuldigung aber nur ein Vorwand. Er fraß das Lamm „zur Strafe" auf. – Man gebraucht die Wendung häufig auch in der Form „aussehen, als könnte man kein Wässerchen trüben", was soviel bedeutet wie „harmlos aussehen, ohne es zu sein".

Keine Angst vor großen Tieren

Die Aufforderung, „keine Angst vor großen Tieren" zu haben, mit denen in umgangssprachlicher Ausdrucksweise Personen von großem Ansehen, hohem Rang gemeint sind, ist zugleich der Titel eines heiteren Spielfilms aus dem Jahr 1953 mit Heinz Rühmann in der Hauptrolle. In diesem Film spielen zwei Löwen als ganz konkrete „große Tiere" mit.

Keine Ruh' bei Tag und Nacht

So beginnt die Arie des Leporello am Anfang von Mozarts Oper „Don Giovanni", die 1787 in Prag uraufgeführt wurde. Das italienische Libretto stammt von Lorenzo da Ponte. Leporello führt in der Arie Klage über seinen Dienst: „Keine Ruh' bei Tag und Nacht,/ Nichts, was mir Vergnügen macht,/ Schmale Kost und wenig Geld,/Das ertrage, wem's gefällt." Er möchte „nicht länger Diener sein". Die ähnliche Formulierung „keine Ruhe Tag und Nacht" findet sich schon in der Offenbarung des Johannes (4,8 u. 14,11) im Neuen Testament. Das Zitat ist auch heute noch gebräuchlich als Klage eines Menschen, der unablässig von etwas oder jemandem geplagt wird oder so beschäftigt ist, daß er keine Ruhe finden kann.

Keinen Hund mehr hinter dem Ofen hervorlocken

Mit dieser seit dem 17. Jahrhundert belegten umgangssprachlichen Redewendung wird zum Ausdruck gebracht, daß man mit einer Sache niemandes Interesse mehr wecken kann, daß etwas niemandem mehr einen Anreiz bietet. Zu ihrer Verbreitung trug vielleicht auch die Ballade „Der Kaiser und der Abt" von Gottfried August Bürger (1747 bis 1797) bei. Dort charakterisiert sich der pfiffige Schäfer Hans Bendix selbst mit den Worten „Versteh' ich gleich nichts von lateinischen Brocken,/So weiß ich den Hund doch vom Ofen zu locken." Mit seiner Bauernschläue und seinem Mutterwitz will er dem Abt von St. Gallen, seinem Herrn, helfen, drei sehr schwierige Rätsel zu lösen, die diesem vom Kaiser aufgegeben worden sind.

Keinen Tropfen im Becher mehr

Mit diesem Vers, der das Bedauern über einen geleerten Becher zum Ausdruck bringt, beginnt das Gedicht „Die Lindenwirtin", das sich in einer Sammlung volksliedartiger Wander- und Studentenlieder, den „Liedern eines fahrenden Gesellen" (1878) des Schriftstellers Rudolf Baumbach (1840–1905) findet.

Keiner weiß vom andern

Die erste Strophe des Gedichts „Niemals wieder" von Hoffmann von Fallersleben (1798–1874) endet mit den Versen: „Und wir müssen wandern, wandern,/Keiner weiß vom andern." – Man kann das Zitat verwenden, um dem Bewußtsein von der Isoliertheit der Menschen, von ihrem letztlichen Alleinsein Ausdruck zu geben. In Hermann Hesses Gedicht „Im Nebel" kommt ein ähnlicher Gedanke in den Schlußversen zum Ausdruck: „Kein Mensch kennt den andern,/Jeder ist allein."

↑Dieser Kelch möge an mir vorübergehen

↑Im kühlen Keller sitz' ich hier

Kennst du das Land, wo die Kanonen blühn?

↑Kennst du das Land, wo die Zitronen blühn?

Kennst du das Land, wo die Zitronen blühn?

Das mit diesem Vers beginnende, berühmte Lied der Mignon steht am Anfang des 3. Buches von Goethes Roman „Wilhelm Meisters Lehrjahre" (1795/96). Mignon, das von einem Geheimnis umgebene Kind in der Begleitung Wilhelm Meisters, drückt mit seinem Gesang das Verlangen nach seiner Heimat Italien aus. – Das Lied wurde besonders durch seine verschiedenen Vertonungen unter anderem von Beethoven, Schubert, Schumann, Liszt und Hugo Wolf bekannt. – „Das Land, wo die Zitronen blühn" wurde vor allem für Bildungsreisende zum Synonym für Italien. – Erich Kästner (1899–1974) hat diesen Vers in einem 1928 entstandenen Gedicht abgewandelt, in dem er ein negatives Bild von Deutschland entwirft. Es beginnt und endet mit der Frage: „Kennst du das Land, wo die Kanonen blühn?" Die letzte Strophe lautet: „Dort reift die Freiheit nicht. Dort bleibt sie grün./Was man auch baut – es werden stets Kasernen./Kennst du das Land, wo die Kanonen blühn?/Du kennst es nicht? Du wirst es kennenlernen!"

Ein **Kerl,** der spekuliert, ist wie ein Tier auf dürrer Heide

„Drum frisch! Laß alles Sinnen sein,/Und grad' mit in die Welt hinein!/Ich sag' es dir: ein Kerl, der spekuliert,/Ist wie ein Tier auf dürrer Heide/Von einem bösen Geist im Kreis herumgeführt,/Und ringsumher liegt schöne grüne Weide." Mit diesen Worten will Mephisto im 1. Teil von Goethes Faust (2. Teil der Studierzimmerszene) den Gelehrten auf den Boden der Wirklichkeit zurückholen. Mephisto greift an dieser Stelle seine ebenfalls häufig zitierten Worte „Grau, teurer Freund, ist alle Theorie" (siehe auch diesen Eintrag) in dem Sinne auf, in dem das Zitat auch heute verwendet wird: Derjenige, der sich mit bloßen Annahmen, mit Mutmaßungen und theoretischen Erörterungen begnügt, geht am wirklichen Leben vorbei und gleicht dem „Tier auf dürrer Heide", das nichts zu fressen findet.

↑ Einst haben die **Kerls** auf den Bäumen gehockt

Das **Kind** beim rechten Namen nennen

Die umgangssprachliche Redewendung – auch in den Varianten „Das Kind beim Namen nennen" und „Das Kind beim richtigen Namen nennen" – wird gebraucht, wenn man etwas ohne Beschönigung ganz klar als das bezeichnet, was es ist. Die Redewendung gibt es seit dem 17. Jahrhundert, sie ist aber wohl durch Goethes Faust I (Nacht) bekannt geworden, wo Faust seinen Famulus Wagner darauf hinweist, daß es gefährlich sein kann, seine Erkenntnisse offen mitzuteilen: „Ja, was man so erkennen heißt!/Wer darf das Kind beim rechten Namen nennen?/Die wenigen, die was davon erkannt,/Die töricht g'nug ihr volles Herz nicht wahrten,/Dem Pöbel ihr Gefühl, ihr Schauen offenbarten,/Hat man von je gekreuzigt und verbrannt."

Das **Kind** im Manne

Die Redewendung geht auf Nietzsches Werk „Also sprach Zarathustra" zurück. Hier findet man in dem Kapitel „Vom alten und jungen Weiblein" die Feststellung: „Im echten Manne ist ein Kind versteckt: das will spielen. Auf, ihr Frauen, so entdeckt mir doch das Kind im Manne!" – Auf „das Kind im Manne" berufen sich Männer häufig, um ihren Spieltrieb zu rechtfertigen; Frauen kommentieren mit der Redewendung eher nachsichtig ein männliches Verhalten, das ihnen kindisch oder albern vorkommt.

↑ Dies **Kind,** kein Engel ist so rein

Kinder des Olymp

Der im Schauspielermilieu spielende, in den Jahren 1943/45 entstandene französische Film mit dem Originaltitel *Les Enfants du Paradis* war zu seiner Zeit sehr berühmt – sowohl wegen seines anrührenden Inhalts als auch wegen der Kunst seiner Darsteller, besonders des Pantomimen Jean-Louis Barrault. Man spricht von „Kindern des Olymp" etwa zur Charakterisierung von Menschen, die außerhalb des bürgerlichen Milieus leben.

Kinder jammern, Mütter irren

Der Vers stammt aus Schillers „Lied von der Glocke". Er steht in der 5. Betrachtung, die die Zerstörung des bürgerlichen Wohlstandes durch eine Feuersbrunst beschreibt. Der Großbrand wütet in der Stadt, „Flackernd steigt die Feuersäule,/.../Pfosten stürzen, Fenster klirren,/Kinder jammern, Mütter irren". Heute wird der zitierte Vers noch gelegentlich scherzhaft verwendet, um eine völlig chaotisch durcheinanderlaufende Menschenmenge, ein Gewimmel zu charakterisieren.

↑ Wenn ihr nicht werdet wie die **Kinder**

↑ Von Mutterleib und **Kindesbeinen** an

↑Lasset die **Kindlein** zu mir kommen

↑Das übet in Einfalt ein **kindlich** Gemüt

Die **Kirche** hat einen guten Magen

Das Zitat aus Goethes Faust I (Spaziergang) spielt auf die Bedenkenlosigkeit der katholischen Kirche an, sich irdische Reichtümer einzuverleiben: „Hat ganze Länder aufgefressen/Und doch noch nie sich übergessen." Mephisto berichtet Faust davon, daß sein Schmuckkästchen für Margarete von ihrer Mutter dem Pfarrer übergeben worden sei, der dazu gemeint habe: „Die Kirch' allein, meine lieben Frauen,/ Kann ungerechtes Gut verdauen."

Der ↑große **Klare** aus dem Norden

Klassischer Boden

Die Bezeichnung für die Landschaft der griechisch-römischen Antike ist eine Übersetzung von englisch *classic ground,* das von dem englischen Schriftsteller Joseph Addison (1672–1719) geprägt wurde. Addison war Herausgeber der Zeitschrift „The Spectator". Er war berühmt für seinen an klassischen Vorbildern geschulten Stil. Als erster lenkte er den Blick seiner Zeitgenossen auf die Schönheiten der Natur, die ihm auf ausgedehnten Reisen begegneten. Die Bezeichnung *classic ground* entstammt Addisons „Letter from Italy to the Right Honorable Charles Lord Halifax" aus dem Jahr 1701. Hier heißt es: „Poetic fields encompass me around,/And still I seem to tread on classic ground." („Poetische Gefilde umgeben mich, und ich scheine noch jetzt auf klassischen Boden zu treten.")

Kleider machen Leute

Diese sprichwörtliche Redensart mit der Bedeutung „gepflegte, gute Kleidung fördert das Ansehen" erlangte zusätzliche Bekanntheit als Titel von Gottfried Kellers (1819–1890) gleichnamiger Novelle aus dem Zyklus „Die Leute von Seldwyla". Friedrich von Logau (1604–1655) verwandte die Formulierung in einem seiner Sinngedichte (III. Tausend, 5. Hundert, Nr. 35), und in lateinischer Form findet sie sich bereits bei dem römischen Rhetoriker Quintilian (um 35–um 100) in seiner „Institutio oratoria" (8, 5): *Vestis virum reddit* („Das Kleid macht den Mann").

↑Im **Kleinen** wie im Großen treu sein

Kleiner Mann ganz groß

Das Zitat geht vielleicht ursprünglich auf den Titel eines Theaterstücks von Edgar Kahn (1903–1955) und Ludwig Bender (1908–1973) zurück. 1956 entstand unter dem gleichen Titel ein Film von Hans Grimm. Der Film handelt von einem kleinen Jungen, der, als sein Pferd verkauft werden soll, sich nicht von ihm trennen läßt, sondern heimlich mit ihm von zu Hause fortgeht und eine ganze Weile selbst für es sorgt. Zum Schluß gewinnt das Pferd für seinen kleinen Besitzer ein großes Rennen. – Man gebraucht das Zitat als scherzhaft-anerkennenden Kommentar, wenn einem kleinen Jungen eine besondere Ehrung widerfährt oder wenn er etwas Besonderes geleistet hat.

Kleiner Mann – was nun?

So lautet der Titel eines Romans von Hans Fallada (1893–1947) aus dem Kleine-Leute-Milieu zur Zeit der Wirtschaftskrise. Er wird in umgangssprachlicher und gelegentlich scherzhafter Redeweise zitiert, um jemandes Ratlosigkeit angesichts übergroßer Schwierigkeiten auszudrücken.

↑Dies ist ein **kleiner** Schritt für einen Menschen

Das **kleinere** Übel

Der Ausdruck geht auf den griechischen Philosophen Platon (427–347 v. Chr.) zurück, der in seinem Dialog „Protagoras" Sokrates die Worte in den Mund legt: „Von zwei Übeln wird niemand das größere wählen, wenn er das kleinere wählen kann." Diese Erkenntnis findet sich in ähnlicher Form noch bei weiteren Autoren der Antike, so bei Aristoteles und Cicero. Man bezeichnet mit dem Ausdruck auch heute noch etwas, was man notgedrungen akzeptiert, weil die vorhandene Alternative als etwas noch Schlimmeres angesehen wird.

Klopfet an, so wird euch aufgetan

↑Suchet, so werdet ihr finden

↑Wer wird nicht einen **Klopstock** loben?

↑Oh, ich bin **klug** und weise, und mich betrügt man nicht

Der **kluge** Mann baut vor

Das sprichwörtlich gebrauchte Zitat im Sinne von „es ist klug, Vorsorge zu treffen" stammt aus Schillers Drama „Wilhelm Tell". In der 2. Szene des 1. Aktes rät Gertrud Stauffacher ihrem Mann, sich mit Landsleuten zu beraten und sich gegen den Druck des Reichsvogts Geßler zur Wehr zu setzen: „Noch stehst du unversehrt – willst du erwarten,/Bis er die böse Lust an dir gebüßt (= befriedigt)?/Der kluge Mann baut vor."

Der **Knabe** Don Karl fängt an, mir fürchterlich zu werden

Diese Worte sagt in Schillers „Don Karlos" (I, 6) König Philipp II. zu seinen Granden angesichts der Abwesenheit des Infanten und fährt fort: „Er meidet meine Gegenwart, seitdem/Er von Alkalas hoher Schule kam." Abgeschwächt und leicht scherzhaft verwendet man das Zitat (meist ohne „Don"), wenn jemandes Verhalten einem unheimlich zu werden beginnt.

↑Zwei **Knaben,** jung und heiter

Knüppel aus dem Sack

Dieser Ausdruck geht auf das Grimmsche Märchen „Tischchen deck dich, Goldesel und Knüppel aus dem Sack" zurück. Der dritte Sohn des Schneiders, der bei einem Drechsler in die Lehre gegangen war, erhielt von diesem am Ende der Lehrzeit einen Sack mit einem Knüppel darin. Der Drechsler beschreibt die Besonderheit des Geschenks mit folgenden Worten: „... hat dir jemand etwas zu leid getan, so sprich nur ‚Knüppel aus dem Sack', so springt dir der Knüppel heraus unter die Leute und tanzt ihnen so lustig auf dem Rükken herum, daß sie sich acht Tage lang nicht regen und bewegen können". Man verwendet den Ausdruck heute umgangssprachlich als Umschreibung für eine unangemessen grobe und rücksichtslose Bestrafung oder Zurechtweisung.

Knurre nicht, Pudel!

Das scherzhaft gebrauchte Zitat, mit dem man unerwünschte Zwischenbemerkungen unterbinden will, stammt aus Goethes Faust I (Studierzimmer 1). Faust richtet diese Aufforderung an den ihm zugelaufenen Pudel, in dem sich Mephisto verbirgt und der ihn bei seiner Übersetzung des Johannesevangeliums stört.

↑Feurige **Kohlen** auf jemandes Haupt sammeln

Köhlerglaube

Der bereits etwas veraltete Ausdruck mit der Bedeutung „blinder Glaube, der nicht durch Einsicht oder bessere Erkenntnis erschüttert wird" geht auf eine Schwankerzählung des 16. Jahrhunderts zurück, in der der Teufel oder ein Bischof einen Köhler fragt, was er glaube. Der Köhler antwortet, was die Kirche glaube. Auf die weitere Frage, was denn die Kirche glaube, antwortet der Köhler: „Was ich glaube." Eine Variante hierzu führt Johann Agricola in seinen „Sprichwörtern" (1534) Nr. 234 an, wonach die Antwort des Köhlers lautet: „Daß uns Jesus Christus durch sein Blut vom Tod erlöst hat." Luther erzählt die Geschichte in seiner „Warnungsschrift an die zu Frankfurt a. M." (1533) und lobt den einfältigen Glauben, der den Teufel überwindet. Bereits in Johann Fischarts „Geschichtsklitterung" (1582) wird der Ausdruck übertragen in abwertendem Sinne gebraucht.

Koloß auf tönernen Füßen

Von einem „Koloß auf tönernen Füßen" spricht man nach dem Traum des Königs Nebukadnezar im Buch Daniel (2, 31–35) des Alten Testaments. (Der Ausdruck soll auf den französischen Enzyklopädisten Denis Diderot [1713 bis 1784] zurückgehen, der von dem Rußland Katharinas II. gesagt haben soll, es sei ein *colosse aux pieds d'argile*.) Nebukadnezar hatte im Traum „ein großes und hohes und sehr glänzendes Bild" vor sich gesehen, „das war schrecklich anzusehen". Es handelte sich um eine menschliche Gestalt, die aus Gold, Silber und Eisen gebildet war, ihre „Füße waren eines Teils Eisen, eines Teils Ton". Diese Figur wurde zerstört von einem herabstürzenden Stein, der ihre Füße traf. Man bezeichnet danach eine Person oder Sache als „Koloß auf tönernen Füßen", die groß und mächtig oder stabil erscheint, die aber nicht fest gegründet ist und darum anfällig und leicht zerstörbar.

Komm auf die Schaukel, Luise!

Das Zitat ist Titel und Teil des Refrains eines Schunkelwalzers, den Hans Albers 1932 in „Liliom", der tragikomischen sogenannten „Vorstadtlegende" von Franz Molnár (1878–1952), sang. Der Text stammt von Hans Herbert, die Musik von Theo Mackeben. Man verwendet das Zitat heute gelegentlich als allgemeine scherzhafte Aufforderung an eine Frau, sie möge sich dem Sprecher oder einer Gruppe zugesellen.

Komm, lieber Mai

Das mit diesem Vers beginnende Lied mit dem Titel „Fritzchen an den Mai" schrieb der Liederdichter Christian Adolf Overbeck (1755–1821). Nach der Vertonung durch Mozart im Jahre 1791 wurde es zu einem bekannten Volkslied. In dem fünfstrophigen Lied wünscht ein Kind den Frühling mit all den Möglichkeiten des Spielens im Freien herbei. „Komm, lieber Mai, und mache/Die Bäume wieder grün,/Und laß mir an dem Bache/Die kleinen Veilchen blühn!"

Komme, was kommen mag

In Shakespeares Tragödie „Macbeth" prophezeien die drei Hexen dem Titelhelden, daß er König werde. Macbeth stellt sich dieser Voraussage in der dritten Szene des ersten Aufzugs mit den Worten: „Komme, was kommen mag;/Die Stund' und Zeit durchläuft den rauhsten Tag." Im englischen Original lautet die Stelle: *Come what come may/time and the hour runs through the roughest day*. – Das Zitat gibt der Entschlossenheit Ausdruck, mit der jemand unerschrocken Zukünftigem entgegensieht.

Es **kommet** nicht auf euch an

Dieses Zitat stammt aus der fünften Strophe von Bertolt Brechts letztem Gedicht seiner Hauspostille „Großer Dankchoral" (1927). „Lobet die Kälte, die Finsternis und das Verderben!/Schauet hinan:/Es kommet nicht auf euch an/Und ihr könnt unbesorgt sterben." Bezogen auf Menschen, die keinen Einfluß auf eine Entscheidung haben, deren Interessen als unwichtig angesehen werden, wird heute zitiert: „Es kommet nicht auf euch an."

Kommet zuhauf

Diese oft scherzhaft verwendete Aufforderung, zahlreich zu erscheinen, ohne Hemmungen auch in großen Gruppen einer Einladung zu folgen, stammt aus dem Kirchenlied „Lobe den Herren, den mächtigen König der Ehren" von Joachim Neander (1650–1680). Die erste Strophe endet mit den Versen: „Kommet zuhauf, Psalter und Harfe wacht auf, lasset den Lobgesang hören."

Es **kommt** die Nacht, da niemand wirken kann

Diese Feststellung stammt aus dem Neuen Testament, in dem es heißt: „Ich muß wirken die Werke des, der mich gesandt hat, solange es Tag ist; es kommt die Nacht, da niemand wirken kann" (Johannes 9, 4). Mit dem Zitat soll in Erinnerung gebracht werden, daß die Zeit des menschlichen Lebens begrenzt ist und man seine Chance nutzen soll, etwas zu leisten, bevor es Nacht wird, der Tod eintritt. In Abwandlung steht in Goethes „Gedichten" (Abschnitt „Sprüche") und auch im „Buch der Sprüche" des „Westöstlichen Diwans": „Noch ist es Tag, da rühre sich der Mann!/Die Nacht tritt ein, wo niemand wirken kann."

Kommt dir ein schönes Kind entgegen, laß es nicht ungeküßt vorbei!

Die beiden Verse stehen am Schluß des Studentenliedes „Ich lobe mir das Burschenleben". Die zehnte Strophe darin beginnt mit zwei Versen, die – leicht abgewandelt – der letzten Strophe des Kirchenliedes „Wer nur den lieben Gott läßt walten" von Georg Neumark (1621–1681) entstammen. Das Studentenlied von einem unbekannten Verfasser endet so mit der Strophe: „Sing, bet und geh auf rechten Wegen/und tu das Deine nur getreu;/kommt dir ein schönes Kind entgegen,/laß es nicht ungeküßt vorbei."

↑ Aber hier, wie überhaupt, **kommt** es anders, als man glaubt

Das **kommt** nicht wieder

↑ Das gibt's nur einmal

Ein **Komödiant** könnt' einen Pfarrer lehren

Das Zitat stammt aus Goethes Faust I (Nachtszene). Es kommt aus dem Mund von Wagner, dem Famulus Fausts. Der möchte von den rhetorischen Gaben seines Lehrers profitieren. „Denn heutzutage wirkt das viel./Ich hab' es öfters rühmen hören,/Ein Komödiant könnt' einen Pfarrer lehren." – Man verwendet das Zitat eher ironisch und kritisch mit Bezug auf einen Geistlichen in seinem Amt.

Eine **Komödie** der Irrungen

Das Zitat ist der deutsche Titel einer Komödie von Shakespeare. Die englische Form lautet *The Comedy of Errors*. In dem Stück stehen zwei Zwillingspaare im Mittelpunkt, die zahllosen Verwechslungen ausgesetzt sind. – Man verwendet das Zitat zur Charakterisierung von verworrenen menschlichen Verhältnissen oder Beziehungen.

Der **Kongreß** tanzt

Die spottenden Worte, bezogen auf die geringe Effektivität des Wiener Kongresses (1814/15) werden dem österreichischen Feldmarschall und Diplomaten Charles Josef von Ligne (1735 bis 1814) zugeschrieben. Sie sind in der Form *Le congrès ne marche pas, il danse* (deutsch: „Der Kongreß macht keine Fortschritte, er tanzt") überliefert. In gleicher Weise spottet auch ein Gedicht von Friedrich Rückert, das sich unter seinen „Kriegerischen Spott- und Ehrenliedern" findet. Es trägt den Titel „Herr Kongreß" (1814) und beginnt mit den Versen: „Was hat Herr Kongreß in Wien getan?/Er hat sich hingepflanzt/Und hat nach einem schönen Plan,/Anstatt zu gehn, getanzt". Im Jahr 1931 entstand der wegen seiner Kameraführung, seiner Stars und seiner beliebten Melodien berühmt gewordene deutsche Film „Der Kongreß tanzt". Die Hauptrollen spielten Lilian Harvey, Willy Fritsch und Carl Heinz Schroth. – Man verwendet das Zitat, um seiner Überraschung oder Kritik an der mangelnden Ernsthaftigkeit oder Sachbezogenheit besonders einer politischen Veranstaltung Ausdruck zu geben.

Der **König** herrscht, aber er regiert nicht

Diesen Ausspruch formulierte 1830 der französische Politiker Adolphe Thiers (1797–1877) in der oppositionellen liberalen Zeitung „Le National" (französisch: *Le roi règne et ne gouverne pas*). Er richtete sich vor allem gegen die seit 1814 geltende „Charte constitutionelle", eine Verfassung, die die Mehrheit der Bevölkerung von der Teilnahme an der politischen Macht ausschloß. Die liberale Mehrheit in der französischen Deputiertenkammer versuchte, eine Monarchie zu schaffen, in der der König seine Herrschaft auf den Willen der Nation gründen sollte. Thiers' Worte werden letztlich dem polnischen Staatsmann Jan Zamoyski (1542–1605) zugeschrieben, der im polnischen Reichstag König Sigismund III. den lateinischen Satz *Regna, sed non impera* „Regiere, aber herrsche nicht!" zugerufen haben soll. Der Ausspruch kennzeichnet das Wesen der konstitutionellen Monarchie, in der der Monarch zwar oberstes Staatsorgan bleibt, ihm jedoch ein Parlament zur Seite gestellt ist, und in der die Rechtsprechung von unabhängigen Gerichten ausgeübt wird.

Der **König** ist tot, es lebe der König!

Das Zitat, mit dem man die Kontinuität von etwas ausdrücken will, ist französischen Ursprungs. Mit dem Ruf *Le roi est mort, vive le roi!* wurde in Frankreich – üblicherweise durch einen Herold vom Schloßbalkon – der Tod des alten und die Thronbesteigung des neuen Königs verkündet, zuletzt 1824 bei der Beisetzung Ludwigs XVIII. und der Ausrufung Karls X. Aus diesem Anlaß verfaßte der Schriftsteller und Politiker Chateaubriand (1768–1848) eine Flugschrift mit diesem Titel.

Der **König** rief, und alle, alle kamen

Das Zitat ist der Anfang eines von Heinrich Clauren (1771–1854) 1813 im Rahmen der Freiheitskriege gegen Napoleon verfaßten Liedes. Die Zeile wird in heutiger, auch ironischer oder scherzhafter Verwendung vielfach abgewandelt, so daß oft nur „rief" und „kamen" erhalten bleiben.

↑Wenn die **Könige** bauen, haben die Kärrner zu tun

Es ↑waren zwei **Königskinder**

↑Wär's möglich? **Könnt'** ich nicht mehr, wie ich wollte?

Konrad, sprach die Frau Mama

Der Frankfurter Arzt und Schriftsteller Heinrich Hoffmann (1809–1894) schrieb das sehr bekannte Kinderbuch „Der Struwwelpeter" (erschienen 1845), worin in einzelnen drastischen Geschichten Belehrungen für Kinder enthalten sind. „Die Geschichte vom Daumenlutscher", in der dem daumenlutschenden Konrad vom Schneider mit einer übergroßen Schere beide Daumen abgeschnitten werden, beginnt mit den Versen: „‚Konrad!' sprach die Frau Mama,/‚Ich geh aus, und du bleibst da.'" – Man verwendet das Zitat als scherzhaften Kommentar, wenn jemand eine Aufforderung in besonders strengem Tonfall oder mit erzieherischem Nachdruck an andere richtet.

Konzertierte Aktion

Der Ausdruck findet sich zuerst in einem Jahresgutachten des sogenannten Sachverständigenrates zur Begutachtung der gesamtwirtschaftlichen Entwicklung aus dem Jahr 1965 und ist wohl den französischen *action concertée* oder den englischen *concerted action* nachgebildet. 1966 brachte ihn Karl Schiller, der nachmalige Bundeswirtschaftsminister, in die Diskussion. Schiller war bestrebt, die Einrichtung der konzertierten Aktion zu einem Mittel der Steuerung der Konjunktur zu machen. Die konzertierte Aktion, 1967 ins Leben gerufen, war dabei ein Gesprächsforum, das alle am Wirtschaftsleben Beteiligten – einschließlich der Gewerkschaften – zusammenführte. – Man spricht heute von einer konzertierten Aktion vielfach in übertragenem Sinn mit der Bedeutung „gemeinschaftliche Aktion, mit der etwas Bestimmtes bewirkt werden soll".

Köpenickiade

Die Bezeichnung für einen Gaunerstreich oder ein Täuschungsmanöver, das durch das Obrigkeitsdenken der Menschen ermöglicht wird, geht zurück auf die Besetzung des Rathauses in Berlin-Köpenick 1906 durch den Schuhmacher Wilhelm Voigt, der in Hauptmannsuniform mit Hilfe einiger Soldaten, die ihm zufällig begegneten, den Bürgermeister verhaftete und die Stadtkasse beschlagnahmte. Die Geschichte wurde 1926, 1931 und 1956 verfilmt, von

Wilhelm Schäfer (1868–1952) zu einem Roman und von Carl Zuckmayer 1931 zu einem Schauspiel – „Der Hauptmann von Köpenick“ – verarbeitet.

↑Das war eine **köstliche** Zeit!

↑Ich kann gar nicht so viel fressen, wie ich **kotzen** möchte

Krach im Hinterhaus

Dies ist der Titel eines Lustspiels (1934) und eines Romans (1936) von Maximilian Böttcher, der zahlreiche Romane und Dramen mit volkstümlichen Motiven schrieb. – Man verwendet das Zitat als scherzhaften Kommentar zum Beispiel bei Streitigkeiten in der Nachbarschaft.

Krach um Jolanthe

Dies ist der Titel einer Bauernkomödie des Schriftstellers August Hinrichs (1879–1956). Das ursprünglich plattdeutsch geschriebene Stück aus dem Jahr 1930 hatte den Titel „Swienskomödi“. Die hochdeutsche Fassung erschien 1935 mit dem Titel „Krach um Jolanthe“. – Man zitiert den Titel, wenn man andeuten will, daß man einen Streit für unnötig oder albern hält.

Ein ↑Teil von jener **Kraft,** die stets das Böse will und stets das Gute schafft

Krähwinkel

Die spöttische Bezeichnung für eine spießbürgerliche Kleinstadt ist wohl im 19. Jahrhundert gebräuchlich geworden. Sie wurde durch Jean Pauls 1801 erschienene Satire „Das heimliche Klaglied der jetzigen Männer“ und wohl vor allem durch Kotzebues Komödie „Die deutschen Kleinstädter“ (1803) allgemein verbreitet. In beiden literarischen Werken ist ein Ort namens „Krähwinkel“ der Schauplatz des Geschehens.

↑Jeder **Krämer** lobt seine Ware

Der **kranke** Mann am Bosporus

Mit diesem Ausdruck wird gelegentlich die Türkei bezeichnet, wenn man auf ihre politischen, wirtschaftlichen oder sozialen Probleme hinweisen will. Früher war „kranker Türke“ als abschätzige Bezeichnung für den Sultan bzw. das Osmanische Reich gebräuchlich. Bereits im 17. Jahrhundert entstand ein Lied des bayerischen Chorherrn J. A. Poysel „Der Türk ist krank“. Im 18. Jahrhundert erscheint die Metapher bei Montesquieu in den „Lettres persanes“ von 1721. Schließlich soll Zar Nikolaus I. von Rußland den Ausdruck im Jahr 1853 gegenüber dem englischen Gesandten Seymour verwendet haben. – Auch Abwandlungen wie zum Beispiel „der kranke Mann an der Seine“ für einen in politische Schwierigkeiten geratenen französischen Staatspräsidenten sind heute vereinzelt zu finden.

↑Am Ende hängen wir doch ab von **Kreaturen,** die wir machten

Krethi und Plethi

In Luthers Bibelübersetzung (2. Samuel 8, 18) ist von den „Crethi und Plethi“, in heutiger Übersetzung von den „Krethern und Plethern“ die Rede. Sie waren wahrscheinlich Soldaten der Leibwache König Davids, ihrer Herkunft nach Kreter beziehungsweise Philister (= Plether), also Angehörige verschiedener Völkerschaften. Diese Männer waren als sichtbarer Ausdruck der Macht des Königs gefürchtet und wenig beliebt. Schon zu Luthers Zeit war die Bezeichnung „Krethi und Plethi“ für eine „gemischte Gesellschaft“ allgemein bekannt. Heute wird sie abwertend gebraucht in bezug auf (alle möglichen) Leute, die man nicht sehr hoch einschätzt.

↑Das sollst du am **Kreuze** bereuen

Kreuzige ihn!

So lautet der Ruf der Volksmenge, die den Tod Jesu forderte. Der Evangelist Markus berichtet davon im Neuen Testament: „Pilatus aber antwortete wiederum und sprach zu ihnen: Was wollt ihr denn, daß ich tue dem, den ihr beschuldigt, er sei König der Juden? Sie schrieen abermals: Kreuzige ihn!" (Markus 15,12 f.). – Man charakterisiert mit dem Zitat das Verhalten der Öffentlichkeit, die einer Person des öffentlichen Lebens, beispielsweise einem Politiker, mit diesem Verdikt ihre Gunst entzieht und ihre Absetzung oder ähnliches verlangt. In der Redensart: „Heute heißt es hosianna und morgen kreuzige ihn" drückt sich diese rasche Wandelbarkeit der menschlichen Urteile besonders kraß aus. (Auch der erste Teil dieser letztgenannten Redensart geht auf die Bibel zurück, wo bei Matthäus 21,9 zu lesen ist: „Das Volk aber, das vorging und nachfolgte, schrie und sprach: Hosianna dem Sohn Davids!")

Krieg bis aufs Messer

↑Bis aufs Messer

Krieg der Sterne

Das durch Weltraumsatelliten gestützte Raketenabwehrsystem SDI (Abkürzung für das englische „Strategic Defense Initiative", übersetzt „Strategische Verteidigungsinitiative") stellte 1983 der damalige US-Präsident Ronald Reagan unter der englischen Bezeichnung *star wars* („Sternenkriege") der Öffentlichkeit vor. Er griff dabei auf den Titel eines 1977 entstandenen amerikanischen Science-fiction-Films zurück, in dem mit aufwendiger Trickfilmtechnik märchenhafte Weltraumabenteuer gezeigt werden. – Die Fortsetzung des Films kam in Deutschland 1980 unter dem Titel „Das Imperium schlägt zurück" in die Kinos (vergleiche diesen Artikel).

Es ist der **Krieg** ein roh, gewaltsam Handwerk

Dieses Zitat stammt aus Schillers Drama „Die Piccolomini" (I,2). Dort sagt Feldmarschall Illo in einem Gespräch über Kriegsvorbereitungen zu dem kaiserlichen Kriegsrat von Questenberg: „Es ist der Krieg ein roh, gewaltsam Handwerk./Man kommt nicht aus mit sanften Mitteln, alles/Läßt sich nicht schonen." Eine ähnliche Aussage über den Krieg findet sich auch in Schillers „Wilhelm Tell" (I,2): „Ein furchtbar wütend Schrecknis ist/Der Krieg, die Herde schlägt er und den/Hirten." Als Ausdruck der Ablehnung von Kriegen mit all ihren Grausamkeiten und der damit verbundenen Anwendung von Gewalt wird das Zitat auch heute noch gelegentlich gebraucht.

Der **Krieg** ernährt den Krieg

„Der Krieg ernährt den Krieg. Gehn Bauern drauf,/Ei, so gewinnt der Kaiser mehr Soldaten." Diese zynische Bemerkung macht in den „Piccolomini", dem 2. Teil von Schillers Wallenstein-Trilogie, der General der kroatischen Truppen, Isolani (I,2). Ihm ist es nur recht, wenn für den Krieg verstärkt Bauern eingezogen werden. Die Versorgung der Bevölkerung leidet zwar darunter, aber der Kaiser und seine Feldherren haben mehr Soldaten zur Verfügung. Man verwendet das Zitat heute, wenn man darauf anspielen will, daß es immer wieder Menschen gibt, die auch aus einem Krieg noch Vorteile für sich selbst ziehen und aus dem Leid anderer Kapital schlagen. – Der Gedanke findet sich schon bei dem römischen Geschichtsschreiber Livius (59 v. Chr. – 17 n. Chr.), bei dem es heißt: „Der Krieg ernährt sich selbst" (lateinisch: *bellum se ipsum alit;* Ab urbe condita XXXIV, 9).

Krieg, Handel und Piraterie, dreieinig sind sie

„Ich müßte keine Schiffahrt kennen:/Krieg, Handel und Piraterie,/Dreieinig sind sie, nicht zu trennen." Diese Worte, die Mephisto im 2. Teil des Faust spricht (5. Akt, Szene „Palast"), sind wohl als satirischer Kommentar Goethes auf das Gebaren der damaligen Seemacht Großbritannien zu verstehen. Das Zitat wird in der kürzeren Form heute noch verwendet, wenn man ausdrücken will, daß viele Praktiken des Wirtschaftslebens durchaus mit kriegerischen Auseinandersetzungen und Seeräuberei verglichen werden können.

Der **Krieg** ist der Vater aller Dinge

Der altgriechische Philosoph Heraklit (6./5. Jh. v. Chr.) führt alles Werden und Vergehen in der Welt auf den immerwährenden Kampf entgegengesetzter Kräfte zurück, auf den ewigen Wechsel und die stete Bewegung der Dinge (siehe auch „Panta rhei") und kommt zu dem Schluß: „Der Krieg ist der Vater aller Dinge, der König aller Dinge" (griechisch *Πόλεμος πάντων μὲν πατήρ ἐστι, πάντων δὲ βασιλεύς*). Das Zitat ist später als eine grundsätzlich positive Bewertung des Krieges mißdeutet worden; man brachte damit die Überzeugung zum Ausdruck, daß militärische Auseinandersetzungen entscheidend zum allgemeinen technischen und politisch-gesellschaftlichen Fortschritt der Menschheit beigetragen hätten.

Der **Krieg** ist die Fortsetzung der Politik mit anderen Mitteln

Diese ebenso bekannte wie fragwürdige Definition von „Krieg" ist die Umformulierung einer Aussage des preußischen Generals und Militärtheoretikers Carl von Clausewitz (1780–1831). In seinem postum erschienenen Hauptwerk „Vom Krieg" (Hinterlassene Werke über Krieg und Kriegführung, 10 Bde., herausgegeben 1832–37; Bd. 1–3: Vom Kriege) führt er aus, daß der Krieg nur ein Teil des politischen Verkehrs sei, nichts Selbständiges, „nichts als eine Fortsetzung des politischen Verkehrs mit Einmischung anderer Mittel."

↑ Nach'm **Krieg,** um sechs Uhr

↑ Ja, der **Krieg** verschlingt die Besten!

Der ↑ kalte **Krieg**

Des **Krieges** Stürme schweigen

Die ↑ Waffen ruh'n, des Krieges Stürme schweigen

↑ Zum **Kriegführen** sind drei Dinge nötig: Geld, Geld und nochmals Geld

Kristallnacht

Mit diesem eher verharmlosenden Ausdruck wird – besonders im Jargon der Nationalsozialisten – das in der Nacht vom 9. zum 10. 11. 1938 von den Nationalsozialisten organisierte Pogrom gegen die jüdischen Bürger Deutschlands bezeichnet, bei dem viele Synagogen, Wohnungen und Geschäfte durch Angehörige der SA verwüstet wurden. „Kristall" spielt wohl auf die unzähligen Fensterscheiben und auf die großen Leuchter in zahlreichen Geschäften an, die in dieser Nacht zerschlagen wurden. Es ist nicht geklärt, wann genau vor 1945 diese Bezeichnung entstanden ist. „Kristallnacht" und die entsprechende Zusammensetzung „Reichskristallnacht" werden im heutigen Sprachgebrauch oft distanzierend in Anführungszeichen gesetzt oder mit dem Attribut „sogenannte" versehen, um sie als beschönigende, verhüllende Ausdrücke zu kennzeichnen.

Kritik des Herzens

So hat Wilhelm Busch (1832–1908) seine 1874 erschienene Gedichtsammlung betitelt. Sie sollte „ein Zeugnis meines und unseres bösen Herzens ablegen", wie er in der Vorrede formuliert hat. In den einzelnen Gedichten („Variationen über ein bedeutendes Thema" nennt Busch sie) werden trocken und oft mit lakonischer Kürze bürgerliche Moralvorstellungen und unkritisch aufrechterhaltene Konventionen bloßgestellt. Als „Kritik des Herzens" werden heute gelegentlich Ermahnungen und Vorhaltungen bezeichnet, mit denen man jemanden in ethisch-moralischen Dingen zur Einsicht und Umkehr bewegen will.

Krone des Lebens

↑ Sei getreu bis an den Tod, so will ich dir die Krone des Lebens geben

Kühl bis ans Herz hinan

Von einem Menschen, der sich abweisend zeigt und auf andere distanziert wirkt, sagen wir, er sei „kühl bis ans Herz". Diese Redewendung stammt aus Goethes Ballade „Der Fischer", die mit den Versen beginnt: „Das Wasser rauscht, das Wasser schwoll,/Ein Fischer saß daran,/Sah nach dem Angel ruhevoll,/Kühl bis ans Herz hinan."

↑Aus einem **kühlen** Grunde

↑Im **kühlen** Keller sitz' ich hier

↑Von der **Kultur** beleckt

Die **Kultur** eines Volkes richtet sich nach dem Verbrauch von Seife

In der 2. Hälfte des 19. Jahrhunderts, einer Zeit, in der auf naturwissenschaftlich-technischem Gebiet bedeutende Fortschritte erzielt wurden, die sich auch im Bereich der allgemeinen Hygiene niederschlugen, war dieser damals durchaus ernst gemeinte Satz weit verbreitet. Er ist die Abwandlung eines Gedankens, den der deutsche Chemiker Justus von Liebig (1803–1873) in seinen „Chemischen Briefen" (1844) so formuliert hatte: „Die Seife ist ein Maßstab für den Wohlstand und die Kultur der Staaten."

Kunst am Bau

Anfang der 50er Jahre wurde für Großbauten der öffentlichen Hand gesetzlich vorgeschrieben, daß ein prozentualer Anteil (meist 2%) der Bausumme zur Anschaffung von Kunstobjekten zu verwenden sei. Die Koordination von Kunstschaffen und Verwaltungsvorschriften führte allerdings zunehmend zu Kontroversen über die „Kunst im öffentlichen Raum" (wie es jetzt in amtlichen Verlautbarungen heißt). Immer häufiger zeigte sich Ablehnung bei den Künstlern, die ihre Arbeit nicht den Zwängen und Bedürfnissen von Zweckbauten und schon gar nicht dem Kunstverständnis von Behörden unterwerfen wollten. – Gelegentlich bezeichnet man heute mit diesem Begriff in scherzhaft-ironischer Ausdrucksweise funktionsloses Beiwerk an einem Gebrauchsgegenstand, das man schlichtweg als „Schnickschnack" empfindet.

Die **Kunst** geht nach Brot

Diese Worte sind in Gotthold Ephraim Lessings Trauerspiel „Emilia Galotti" (1772) die Antwort des Malers Conti auf die Frage von Prinz Hettore, was die Kunst denn mache (I, 2). Lessing verwendet hier ein schon für das 16. Jahrhundert bezeugtes Sprichwort. Das Zitat wird heute noch gebraucht, wenn man andeuten will, daß oftmals Kunst und Kommerz nicht zu trennen sind und manches Kunstwerk seine Entstehung viel mehr der Aussicht auf das schnelle und große Geld verdankt als der „reinen" künstlerischen Absicht.

Die **Kunst** ist lang! Und kurz ist unser Leben

Mit diesen Worten stellt im ersten Teil von Goethes Faust dessen Famulus Wagner resigniert fest, daß Medizin und Naturwissenschaften einen Wissensbereich darstellen, den ganz zu erfassen ein Menschenleben nicht ausreicht („Kunst" ist hier in der älteren Bedeutung „Wissenschaft" gebraucht). Goethe greift dabei zurück auf die lateinische Sentenz *Vita brevis, ars longa* („Das Leben ist kurz, die Kunst ist lang"). Sie ist die lateinische Wiedergabe eines Aphorismus, der dem altgriechischen Arzt Hippokrates (4./3. Jh. v. Chr.), der als Begründer der Medizin als Erfahrungswissenschaft gilt, zugeschrieben wird. Vollständig soll dieser Aphorismus gelautet haben: *Ὁ βίος βραχύς, ἡ δὲ τέχνη μακρή, ὁ δὲ καιρὸς ὀξύς, η δὲ πεῖρα σφαλερη, ἡ δὲ κρίσις χαλεπή* („Das Leben ist kurz, die Kunst lang, die Gelegenheit flüchtig, der Versuch gefährlich, die Entscheidung schwer"). Die lateinische Sentenz geht wohl auf den römischen Politiker, Philosophen und Dichter Seneca (um 4 v. Chr.–65 n. Chr.) zurück, der in seinem Dialog „Über die Kürze des Lebens" (lateinisch: „De brevitate vitae"; I, 1) darüber schreibt: ... *illa maximi medicorum exclamatio ... vitam brevem esse, longam artem* ... („... jener Ausspruch des Größten unter den Ärzten ..., das Leben sei kurz, die Kunst lang ..."). – Zitiert werden heute – im anfangs genannten

Sinn – sowohl die Faust-Verse als auch der lateinische Ausspruch.

Das **kunstseidene** Mädchen

Das kunstseidene Mädchen, das ist im 1932 erschienenen gleichnamigen Roman der deutschen Schriftstellerin Irmgard Keun (1910–1982) die gutmütig-sentimentale, immer verliebte und leicht verlotterte Stenotypistin Doris. Und in der Tat, Doris erinnert manchmal ein bißchen an Kunstseide, von der sie selbst sagt: „Man sollte nie Kunstseide tragen mit einem Mann, die zerknautscht dann so schnell, und wie sieht man aus dann nach sieben reellen Küssen und Gegenküssen?" Mit dem Romantitel wird heute gelegentlich der Typ einer jungen Frau charakterisiert, die – wie Doris – einerseits Selbstbewußtsein und Unabhängigkeitswillen, andererseits aber auch Naivität und kindliche Hilflosigkeit ausstrahlt.

Kurz ist der Schmerz

Die auch mit der Fortsetzung „und ewig ist die Freude" sprichwörtlich gebrauchte Aufforderung, sich einer unangenehmen Sache zu unterziehen und schnell damit fertig zu werden, ist ein Zitat aus Schillers romantischer Tragödie „Die Jungfrau von Orleans". Mit diesem Schlußvers stirbt die tödlich verwundete Titelheldin.

Es ↑ist nicht wahr, daß die **kürzeste** Linie immer die gerade ist

Ein **Küßchen** in Ehren kann niemand verwehren

Mit dieser scherzhaften sprichwörtlichen Redensart kommentiert man einen unverbindlichen, rein freundschaftlichen Kuß. Sie ist schon in Sprichwortsammlungen des frühen 17. Jahrhunderts zu finden und hat wohl durch Albert Lortzings (1801–1851) Oper „Der Waffenschmied" nach Friedrich Wilhelm Zieglers (1760–1827) Lustspiel „Liebhaber und Nebenbuhler in einer Person" noch zusätzliche Verbreitung gefunden. In der zweiten Szene des zweiten Aktes heißt es: „Einen Kuß in Ehren/Kann niemand wehren."

Küssen ist keine Sünd' mit einem schönen Kind

So beginnt ein Lied im 2. Akt der Operette „Bruder Straubinger" von Edmund Eysler (1874–1949; Text von Moritz West und Ignaz Schnitzer; Liedtext von Schnitzer). Die Anfangsworte sind – ebenso wie die Walzermelodie – bis heute populär geblieben. Man zitiert sie, wenn man entschuldigend, sozusagen mit einem Augenzwinkern, zum Ausdruck bringen will, daß nichts Schlimmes dabei ist, wenn man jemandem, der einem durch sein ansprechendes Äußeres sehr sympathisch ist, dies durch eine entsprechende zärtliche Geste zeigt.

↑Sie **küßten** und sie schlugen ihn

L

La belle et la bête

Das klassische Märchenmotiv vom schönen Mädchen, das durch seine Liebe einen in ein Ungeheuer oder zumindest in ein nicht gerade ansehnliches Tier verwandelten anderen Menschen – meist einen Prinzen – erlösen soll, taucht auch in dem französischen Märchen *La belle et la bête* (übersetzt: „Die Schöne und das Tier") auf. In dieser im 18. Jahrhundert zuerst in einer Sammlung erschienenen Märchenerzählung begibt sich die Schöne in die Gewalt eines gräßlichen Untiers, um so ihren Vater zu retten. Der französische Regisseur und Schriftsteller Jean Cocteau (1889–1963) hat diese Erzählung als literarische Vorlage für seinen 1946 gedrehten Film gleichen Titels genommen (deutscher Titel: „Es war einmal"). Auch ein Zeichentrickfilm aus den

Walt-Disney-Studios, der 1992 mit dem Titel „Die Schöne und das Biest“ in die deutschen Kinos kam, geht auf das Märchen zurück. „Die Schöne und das Tier“ (auch: „... und die Bestie“) ist ein auch heute noch verwendetes Bild der Klatschkolumnisten für eine als Mesalliance empfundene Beziehung einer schönen Frau zu einem Mann mit wenig anziehendem Äußeren und von eher schwerfälliger Wesensart.

La bête humaine

Diesen Titel (wörtlich übersetzt: „Das menschliche Tier“) gab der französische Schriftsteller Émile Zola (1840–1902) einem 1890 erschienenen Roman, der der 17. Band seines 20bändigen Romanzyklus „Les Rougon-Macquart“ war. In diesem Roman wird der Mensch als ein Wesen dargestellt, das allein nach dem ihm vererbten Gesetz seiner Triebe und Anlagen lebt und handelt und, wenn nicht von außen steuernd eingewirkt wird, zum wütenden, schließlich selbstzerstörerischen Tier wird. Die erste deutsche Übersetzung erschien 1890 unter dem Titel „Die Bestie im Menschen“. Der 1939 von Jean Renoir nach Zolas Roman gedrehte Film trägt in der deutschen Fassung den Titel „Bestie Mensch“. Vom „Tier im Menschen“ oder eben der „Bestie im Menschen“ spricht man, wenn Roheit und Tierisch-Triebhaftes als menschlicher Charakterzug bezeichnet werden sollen.

La comédie humaine

Unter diesem Titel faßte der französische Schriftsteller Honoré de Balzac (1799–1850) sein Romanwerk, fast hundert Bände, zusammen (Übersetzung: „Die menschliche Komödie“). Er stellte dabei sein Werk bewußt in einen Gegensatz zur „Göttlichen Komödie“ von Dante Alighieri (1265–1321), bei dem „Komödie“, dem Sprachgebrauch seiner Zeit entsprechend, eine Dichtung mit glücklichem Ausgang bedeutete, während das französische *comédie* hier im Sinne von „Theater[stück]“ verwendet ist. Von der „menschlichen Komödie“ oder der *comédie humaine* spricht man auch heute noch, wenn das Leben als Bühnenstück charakterisiert werden soll, in dem die menschlichen Schwächen deutlich zutage treten.

La donna è mobile

↑O wie so trügerisch sind Weiberherzen

Das **Labyrinth** der Brust

Das Zitat, das im Sinne von „verschlungene Pfade des Innern“ gebraucht wird, stammt aus Goethes Gedicht „An den Mond“. Darin wird glücklich gepriesen, wer zurückgezogen mit einem Freund genießt, „Was, von Menschen nicht gewußt/Oder nicht bedacht,/Durch das Labyrinth der Brust/Wandelt in der Nacht.“ Das Gedicht wurde zusätzlich durch die Vertonung von Schubert, Pfitzner und Zelter bekannt.

Lache, Bajazzo!

Soeben hat der Komödiant Canio, der „Bajazzo“ in Ruggiero Leoncavallos gleichnamiger Oper (1892, deutscher Text von Ludwig Hartmann), erfahren, daß seine Frau Nedda einen Geliebten hat. Schmerz zerreißt ihn, er denkt an Rache, aber er muß auf die Bühne, muß spielen: „Hüll' dich in Tand und schminke dein Antlitz, man hat bezahlt ja, will lachen für sein Geld.“ Und verzweifelt befiehlt er sich selbst: „Lache, Bajazzo!“ Man zitiert diesen Ausruf als – oft auch an sich selbst gerichtete – Aufforderung, einer unangenehmen oder verzweifelten Lage mit vorgetäuschter Heiterkeit, mit gespieltem Humor zu begegnen und so den eigenen Kummer zu überspielen.

↑Daß einer **lächeln** kann und immer lächeln und doch ein Schurke sein

Lächeln trotz Weh und tausend Schmerzen

Diese Devise, mit der man seine inneren Schwierigkeiten zudeckt, ist mit der Fortsetzung „Doch niemals zeigen sein wahres Gesicht“ Teil der Arie „Immer nur lächeln!“ des chinesischen Prinzen Sou-Chong aus der Operette „Das Land des Lächelns“ von Franz Lehár

(1870–1948) mit dem Text von Ludwig Herzer und Fritz Löhner. (Siehe auch „Doch wie's da drin aussieht".)

Das **Lächeln** einer Sommernacht

Dies ist der deutsche Titel von Ingmar Bergmans 1955 gedrehtem Film *Sommarnattens leende,* einer melancholischen Komödie über wechselnde Liebesbeziehungen. Man zitiert ihn im Zusammenhang mit Ereignissen oder Erlebnissen in milden, sommerlichen Nächten, um eine besondere Atmosphäre oder Stimmung zu charakterisieren.

Es **lächelt** der See, er ladet zum Bade

Mit diesen Sätzen beginnt Schillers Schauspiel „Wilhelm Tell" (I, 1, „Lied des Fischerknaben"). Heute werden diese Worte auch im übertragenen Sinne zitiert, wenn von besonderen Stimmungen oder Situationen eine gewisse Verlockung ausgeht, etwas Bestimmtes zu tun, sich einem persönlichen Vergnügen hinzugeben.

↑Mit einem **lachenden** und einem weinenden Auge

Laissez faire, laissez aller

So lautete ein französisches Schlagwort (wörtlich übersetzt: „Laßt machen, laßt gehen") des wirtschaftlichen Liberalismus im 18. und 19. Jahrhundert, der die Theorie vertrat, daß die von staatlichen Eingriffen freie Wirtschaft sich am besten entwickle. Die Parole lautete ursprünglich *Laissez faire, laissez passer* (*passer* = durchgehen). Heute wird der Ausdruck allgemein für ein Gewährenlassen, für eine weitestgehende Liberalität (z. B. in der Erziehung) verwendet.

↑Sich wie ein **Lamm** zur Schlachtbank führen lassen

Das **Land** der Griechen mit der Seele suchend

Im Anfangsmonolog des Schauspiels „Iphigenie auf Tauris" von Goethe beklagt die Titelheldin ihr Schicksal, fern von ihrer Heimat Griechenland weilen zu müssen, festgehalten in einem Land, das ihr fremd geblieben ist. Von ihrer Klage „Denn ach, mich trennt das Meer von den Geliebten,/Und an dem Ufer steh' ich lange Tage,/Das Land der Griechen mit der Seele suchend" wurde die letzte Zeile zum geflügelten Wort. Sie wurde zu einer Art Formel, die häufig zitiert wurde (besonders als im 18. Jahrhundert das Interesse von der römischen auf die griechische Antike gelenkt wurde) und die auch heute noch zitiert wird, wenn es darum geht, das Interesse an der Kultur des griechischen Altertums zu benennen.

Das **Land** der unbegrenzten Möglichkeiten

Das Synonym für „Amerika" ist eine Prägung des Schriftstellers Ludwig Max Goldberger, der 1902 nach einer Studienreise durch das Land in einem Interview Associated Press gegenüber sagte: „Europa muß wach bleiben. Die Vereinigten Staaten sind das Land der unbegrenzten Möglichkeiten." In späteren Publikationen wies er in diesem Zusammenhang auf den „wirtschaftlichen Riesen Amerika" hin. In dem zur feststehenden Wendung gewordenen Ausdruck scheint eine Formulierung aus Schillers Gedicht „Poesie des Lebens" anzuklingen: „Soll gleich den freien Geist, den der erhabne Flug/Ins grenzenlose Reich der Möglichkeiten trug,/Die Gegenwart mit strengen Fesseln binden: ..." In J. G. Seumes (1763–1810) „Leben und Charakter der Kaiserin Katharina II." findet sich ein entsprechendes französisches Zitat in bezug auf Rußland: *La Russie est le pays des possibilités* („Rußland ist das Land der Möglichkeiten").

Das **Land** des Lächelns

So lautet der Titel einer romantischen Operette von Franz Lehár (uraufgeführt 1929; Text von Ludwig Herzen und Fritz Löhner). Die Handlung spielt im 2. und 3. Akt in China, einem Land, in dem es für Europäer den Anschein hat, daß alle Menschen hier ihre wahren Gefühle hinter der Maske eines undurchdringlichen Lächelns verbergen.

Der Titel wird heute noch als Bezeichnung für China, gelegentlich auch für den gesamten Fernen Osten gebraucht.

Das **Land**, wo Milch und Honig fließt

Mit diesem Bild wird meist scherzhaft ein Ort bezeichnet, wo alles im Überfluß vorhanden ist. Es stammt aus dem Alten Testament, wo Gott Jahwe mit Bezug auf die Israeliten zu Moses sagt: „... und bin herniedergefahren, daß ich sie errette von der Ägypter Hand und sie ausführe aus diesem Lande in ein gutes und weites Land, in ein Land, darin Milch und Honig fließt" (2. Moses 3, 8).

↑ In diesem unserem **Lande**

↑ Das ist des **Landes** nicht der Brauch

Landgraf, werde hart!

Diese Aufforderung, die man heute meist scherzhaft gebraucht, um jemanden zu Entschlossenheit und Standhaftigkeit zu ermuntern, geht auf eine Sage aus der „Düringischen Chronik" von Johannes Rothe (1350 oder 1360–1434) zurück. Nach dieser Sage herrschte der Landgraf Ludwig von Thüringen so nachsichtig, daß die Adligen und Mächtigen das Volk hemmungslos ausbeuten konnten. Der Landgraf verirrte sich eines Tages auf der Jagd und gelangte schließlich zum Schmied von Ruhla im Thüringer Wald, der ihn beherbergte. Bei der Arbeit am Amboß schimpfte der Schmied, der seinen Gast nicht erkannt hatte, über die Zustände im Lande und die zu große Milde des Landesfürsten. Beim Schlagen auf den Amboß rief er aus: „Nun werde hart!" Der Landgraf besann sich daraufhin auf seine Pflichten als Herrscher und sorgte für gesittete Verhältnisse in seinem Land, worauf vielleicht sein Beiname „der Eiserne" zurückzuführen ist. – In seinem Gedicht „Der Acker der Edlen" prägte Wilhelm Gerhard (1780–1858) die heute geläufige Formulierung „Landgraf, werde hart!"

Lang, lang ist's her

Der floskelhafte Ausspruch, meist verwendet, um Erinnerungen an lange Zurückliegendes einzuleiten oder abzuschließen, ist ursprünglich der Titel eines Liedes mit der Anfangszeile „Sag mir das Wort, das so gern ich gehört". Die Zeile, die den Titel des volkstümlich gewordenen Liedes bildet, kehrt im Lied selbst refrainartig immer wieder. Es stammt aus dem Englischen, wo es den Titel *Long, long ago* trägt. Text und Melodie hat der Engländer Thomas Haynes Bayly (1797–1839) geschrieben.

Der **lange** Marsch durch die Institutionen

Dieser Ausdruck spielt auf den (als Symbol für den Sieg der Revolution geltenden) historischen „Langen Marsch" an, bei dem Mao Tse-tung 1934/35 die kommunistischen Truppen der chinesischen Roten Armee über rund 12 000 Kilometer von Kiangsi nach Schensi führte. Der Studentenführer Rudi Dutschke (1940–1979) verwendete diesen Ausdruck bei seiner Forderung an die sozialrevolutionären Kräfte des Landes, das seiner Meinung nach repressive und manipulative gesellschaftliche und politische System durch die berufliche Praxis in Behörden, Schulen und anderen Institutionen zu verändern.

Einen **langen** Arm haben

Die Redewendung mit der Bedeutung „weitreichenden Einfluß besitzen" geht möglicherweise auf eine Stelle in einem Werk des römischen Dichters Ovid (43 v. Chr.–17 oder 18 n. Chr.) zurück, den „Heroides" (einer Sammlung fiktiver Liebesbriefe berühmter Frauen der mythischen Vorzeit an ihre geliebten Helden). Helena stellt dort an Paris die warnende Frage, ob er nicht wisse, „daß Könige lange Arme haben".

Des **langen** Haders müde

Der etwas altmodisch klingende Ausdruck mit der Bedeutung „des langen Streitens überdrüssig" wird heute meist scherzhaft noch verwendet, wenn man ausdrücken will, daß jemand genug von einer Auseinandersetzung, einem fruchtlosen Bemühen o. ä. hat und sich lieber einer anderen Sache zuwenden möchte. Er stammt aus der berühmten, früher viel gelesenen und deklamierten Ballade „Lenore" des Dichters Gottfried August Bürger (1747–1794). In der 2. Strophe des langen Gedichtes geht es um den Entschluß, einen Krieg zu beenden. Es heißt dort: „Der König und die Kaiserin,/Des langen Haders müde,/Erweichten ihren harten Sinn,/Und machten endlich Friede ..."

Der **langen** Rede kurzer Sinn

Mit der Frage „Was ist der langen Rede kurzer Sinn?" schneidet in Schillers Trilogie „Wallenstein" (Die Piccolomini I, 2) der vom Kaiser gesandte Kriegsrat von Questenberg dem Chef des Dragonerregiments Butler das Wort ab. Dieser hatte sich zuvor in einer längeren Lobeshymne über Wallenstein geäußert. Aus der Frage Questenbergs ist die heute übliche Fügung „der langen Rede kurzer Sinn" entstanden. Sie hat die Bedeutung „um es kurz zu machen, um es auf eine knappe Formel zu bringen, kurzum".

↑ Viel **Lärm** um nichts

L'art pour l'art

Der französische Philosoph und Politiker Victor Cousin (1792–1867) ist der Urheber dieses französischen Schlagwortes (wörtlich übersetzt „die Kunst für die Kunst"), das immer umstritten blieb. In einer seiner an der Sorbonne gehaltenen Vorlesungen verkündete Cousin, daß ebenso, wie die Religion für die Religion, die Moral für die Moral, so auch die Kunst nur für die Kunst da sei. Es entwickelte sich aus dieser Ansicht eine Kunsttheorie, die in Frankreich längere Zeit verbreitet war, nach der die Kunst nur Selbstzweck sei, abgelöst von allen ihr fremden Zielen, und daß künstlerische Wirkung nur der ästhetischen Gestaltung zuzuschreiben sei. Aus dem Schlagwort *L'art pour l'art* wurde dann aber in der Folgezeit immer mehr eine Art Losung der Gegner dieser Kunstauffassung, die damit eine der Wirklichkeit total entfremdete Kunst anprangerten. Heute wird der Ausdruck im Deutschen oft auch allgemeiner gebraucht und nicht nur auf die Kunst bezogen. Er dient dann beispielsweise dazu, jemandes intensive, aber nutzlose Beschäftigung mit etwas abwertend als Selbstzweck, als reine Spielerei zu bezeichnen.

↑ Unter **Larven** die einzige fühlende Brust

Laß deine linke Hand nicht wissen, was die rechte tut

Dieses Bibelwort aus der Bergpredigt (Matthäus 6, 3 f.) bezieht sich ursprünglich auf das richtige Verhalten beim Geben von Almosen: Man soll es unauffällig tun, nicht damit prahlen. Die Stelle lautet: „Wenn du aber Almosen gibst, so laß deine linke Hand nicht wissen, was die rechte tut, auf daß dein Almosen verborgen sei; und dein Vater, der in das Verborgene sieht, wird dir's vergelten öffentlich." Das Bibelzitat wird heute häufig völlig losgelöst von seiner eigentlichen Bedeutung gebraucht. Man verwendet es beispielsweise, um zu verdeutlichen, daß bei einer bestimmten Angelegenheit Verschwiegenheit, Diskretion notwendig ist und gibt dann etwa die Empfehlung, die linke Hand nicht wissen zu lassen, was die rechte tut. In anderen Fällen wiederum wird das Zitat benutzt, um damit einen Vorwurf zu formulieren, der dahin geht, mangelnde Koordination bei einer Sache zu tadeln, für deren Gelingen gute Zusammenarbeit nötig wäre. Der Vorwurf lautet dann, daß bei denen, die mit der betreffenden Sache befaßt sind, nicht einmal die linke Hand wisse, was die rechte tut.

Laß die Toten ihre Toten begraben!

Einer der Anhänger Jesu, der mit Jesus gehen, ihm nachfolgen will, bittet darum, zuvor noch seinen Vater begraben zu dürfen. Die Antwort Jesu besteht aus einer rigorosen Aufforderung (Matthäus 8, 22): „Folge du mir, und laß die

Toten ihre Toten begraben!" Dieses Jesuswort weist auf die Unbedingtheit des Anspruchs hin, der die wirkliche Nachfolge Christi kennzeichnet. Als Zitat wird dieses Wort aus der Bibel meist auf eine allgemeinere Ebene gehoben. Es dient gewissermaßen als Aufruf, sich dem Wesentlichen, den wichtigen Aufgaben im Leben zuzuwenden, alles Hemmende, Überflüssige, sinnlos Gewordene hinter sich zu lassen.

Laß dir dein Lehrgeld zurückgeben

Diese Redensart wird verwendet, wenn man jemandem klarmachen will, daß man mit seinen Leistungen nicht zufrieden ist, daß er nicht das zustande bringt, was man von ihm erwarten könnte. Sie geht möglicherweise auf eine Stelle in dem Roman „Satiricon" des römischen Schriftstellers C. Petronius († 66 n. Chr.) zurück. Dort heißt es: *Iam scies, patrem tuum mercedes perdidisse* (auf deutsch: „Du wirst schon merken, daß dein Vater das Lehrgeld umsonst ausgegeben hat"). Die Redensart ist auch in der Form „Laß dir dein Schulgeld zurückgeben" üblich.

Laß fahren dahin!

Diese Aufforderung findet sich in der vierten Strophe des in der Zeit der Bauernkriege entstandenen Lutherliedes „Ein feste Burg ist unser Gott" (um 1529). Hier heißt es: „Nehmen sie den Leib,/Gut, Ehr, Kind und Weib, –/laß fahren dahin!" Schiller nahm diese Formulierung in seinem Reiterlied in „Wallensteins Lager" (1798/99) auf: „Warum weint die Dirn' und zergrämt sich schier?/Laß fahren dahin, laß fahren!" – Das Zitat ist Ausdruck von Resignation, eine Aufforderung an sich selbst oder an andere, etwas Bestimmtes aufzugeben, nicht länger sein Herz daran zu hängen.

↑So **laß** ihm doch das kindliche Vergnügen

Laß, o Welt, o laß mich sein!

↑Laßt dies Herz alleine haben seine Wonne, seine Pein

Lasset die Kindlein zu mir kommen

Im Matthäusevangelium des Neuen Testaments wird berichtet, daß die Menschen ihre Kinder zu Jesus brachten, damit er ihnen die Hand auflegte. Als die Jünger dies unterbinden wollten, sprach Jesus: „Lasset die Kindlein und wehret ihnen nicht, zu mir zu kommen; denn solcher ist das Himmelreich" (Matth. 19, 14). In leicht abgewandelter Form wird diese Bibelstelle scherzhaft zitiert, wenn jemand zum Beispiel sagen will, daß er jetzt bereit ist, sich einer wartenden Kinderschar zu widmen, oder wenn jemand zum Ausdruck bringen möchte, daß er sich durch die Kinder seiner Gäste oder Gastgeber nicht gestört fühlt.

Lasset uns essen und fröhlich sein!

Diese Aufforderung zum gemeinsamen Essen und Feiern ist ein Bibelzitat. Es stammt aus dem bekannten Gleichnis vom verlorenen Sohn im Lukasevangelium (15, 23). Der Vater, der seinem in der Fremde gescheiterten und reumütig zurückgekehrten Sohn verziehen hat, ruft diese Worte aus und läßt „ein gemästet Kalb" schlachten, um mit seinem ganzen Haus die Rückkehr des Sohnes zu feiern.

Laßt dicke Männer um mich sein

Als Trost für manchen Übergewichtigen oder auch der scherzhaften Abwehr boshafter Anspielungen mag dieses Zitat häufig schon gedient haben. Es stammt aus der (vermutlich um 1599 entstandenen) Tragödie „Julius Cäsar" (I, 2) von Shakespeare. Mit berechtigtem Mißtrauen gegenüber „diesem hageren Cassius", einem seiner späteren Mörder, äußert sich Cäsar in dieser Weise (im englischen Original: *Let me have men about me that are fat*) und fügt im Hinblick auf Cassius hinzu: „Er denkt zuviel: die Leute sind gefährlich." (Vergleiche auch diesen Artikel.) Der Ausspruch Cäsars über die dicken oder wohlbeleibten Männer bei Shakespeare geht zurück auf eine von Plutarch (um 46–um 125) in seiner Cäsarbiographie überlieferte Äußerung des historischen

Cäsar, er fürchte nicht die dicken Herren, sondern eher die mageren, blassen.

Laßt dies Herz alleine haben seine Wonne, seine Pein

Das Gedicht „Verborgenheit" von Eduard Mörike (1804–1875) zeigt deutlich die Abwehrhaltung des Dichters gegenüber dem Getriebe der „großen Welt" und seinen Wunsch nach Abgeschiedenheit und Stille. Die erste und letzte Strophe lauten: „Laß, o Welt, o laß mich sein!/Locket nicht mit Liebesgaben,/Laßt dies Herz alleine haben/Seine Wonne, seine Pein!" Die Schlußverse werden zitiert, wenn man andeuten will, daß man auf die Anteilnahme anderer keinen Wert legt und man mit seinen Gedanken und Gefühlen allein gelassen werden möchte.

Laßt jede Hoffnung fahren

In Dante Alighieris „Göttlicher Komödie" (um 1311) stehen über der Eingangspforte zur Hölle die Worte: „Laßt, die ihr eingeht, jede Hoffnung fahren" (Die Hölle, 3. Gesang, Vers 9; italienisch: *Lasciate ogni speranza, voi ch'entrate*). Sie werden heute in der gekürzten Form zitiert, wenn man jemandem – allerdings meist im Scherz – sagen will, daß es für etwas Bestimmtes zu spät ist und man nichts mehr ändern kann. Auch die leicht abgewandelte Form „Laßt alle Hoffnung fahren!" ist gebräuchlich.

Der ↑Worte sind genug gewechselt, **laßt** mich auch endlich Taten sehen

Laßt sie betteln gehen, wenn sie hungrig sind

↑Was schert mich Weib, was schert mich Kind

Laßt, Vater, genug sein das grausame Spiel

↑Genug des grausamen Spiels

Last Exit to Brooklyn

↑Letzte Ausfahrt Brooklyn

Last, not least

Das Shakespeare-Zitat wird im Sinne von „zwar in der Reihenfolge zuletzt, aber durchaus nicht der Bedeutung nach; nicht zu vergessen" gebraucht. In „Julius Caesar" (III, 1) sagt Mark Antonius zu Trebonius: *Though last, not least in love* („Zuletzt, doch nicht der Letzte meinem Herzen"), ähnlich in „King Lear" (I, 1) der König zu seiner jüngsten Tochter: *Although our last, not least* („Obwohl unsere letzte, nicht die Geringste").

Es war einmal ein **Lattenzaun,** mit Zwischenraum, hindurchzuschaun

Bei diesem Zitat handelt es sich um die Anfangszeilen des Gedichts „Der Lattenzaun" aus den „Galgenliedern" (1905) von Christian Morgenstern. Dieses humoristisch-groteske Gedicht skizziert, wie ein Architekt durch einen Zaun sieht und sich dadurch Anregungen holt. In unterschiedlichen Situationen wird das Zitat heute als scherzhafter Kommentar verwendet, wenn jemand eine spitzbübische Freude daran hat, andere aus dem Verborgenen heraus – wie durch den Spalt eines Lattenzaunes – zu beobachten.

Laue Luft kommt blau geflossen, Frühling, Frühling soll es sein!

Zu den häufig zitierten Gedichtanfängen, mit denen auf den Einzug des Frühlings verwiesen wird, gehören auch diese beiden Zeilen aus dem Gedicht „Frische Fahrt" von Joseph von Eichendorff (1788–1857). Bei „Frische Fahrt" handelt es sich um eines der Gedichte aus dem autobiographischen Roman „Ahnung und Gegenwart", wo es (noch ohne Titel) im 12. Kapitel erscheint.

↑Das ist der **Lauf** der Welt

↑Und **läuft** und läuft und läuft ...

↑Armer **Lazarus**

Le malade imaginaire

Der ↑eingebildete Kranke

Le style, c'est l'homme

Die Sentenz – auf deutsch „Der Stil, das ist der Mensch" – stammt von dem französischen Naturforscher Georges Louis Leclerc de Buffon (1707–1788), der in seiner Antrittsrede in der Académie française am 25. 8. 1753 sagte: *Le style est l'homme même* („Der Stil ist der Mensch selbst"). Das Zitat bringt zum Ausdruck, daß im Stil eines Menschen und besonders eines Künstlers dessen Individualität deutlich wird.

Le temps des cerises

Dies ist der Titel eines besonders in Frankreich sehr populären Liedes (auf deutsch: „Die Zeit der Kirschen"). Es stammt von dem Volksdichter Jean-Baptiste Clément (1837–1903), der es 1866 schrieb (Musik von Antoine Renard). Clément war Sozialist, und „Le temps des cerises" wurde damals sehr schnell zum Lied der Pariser Kommune. Es ist bis heute eine Art Erkennungslied sozialistischer, linksorientierter Gruppen geblieben. Der Schriftsteller und Liedermacher Wolf Biermann erwähnt es beispielsweise in seinem „Kaminfeuer in Paris". Dessen erste Strophe lautet: „Mit neuen Freunden saß ich die Nacht/am Kaminfeuer in Paris./Wir tranken vom Beaujolais Nouveau/und sangen ‚Le temps des cerises'."

Es **lebe** der kleine Unterschied!

Dieser Ausruf, der auf die Unterschiedlichkeit von Mann und Frau anspielt, stammt aus Erich Kästners Roman „Fabian" (1931). Wenn man heute scherzhaft von dem kleinen Unterschied spricht, so meint man damit oft nur noch den Penis als Symbol des Unterschieds zwischen Mann und Frau. Bekannt wurde auch der Buchtitel der feministischen Journalistin Alice Schwarzer „Der kleine Unterschied und seine großen Folgen" (1975).

Lebe, wie du, wenn du stirbst, wünschen wirst, gelebt zu haben

Zu den „Geistlichen Oden und Liedern" des pietistisch orientierten Schriftstellers der Aufklärung Christian Fürchtegott Gellert (1715–1769) gehört das Lied „Vom Tode" (das nach der Melodie des Gesangbuchliedes „Jesus, meine Zuversicht" zu singen ist). Die 2. Strophe dieses Liedes beginnt mit den als Lebensregel formulierten Zeilen, die dann als eine Art selbständige Maxime zum geflügelten Wort wurden. Der darin ausgesprochene Gedanke ist bereits in den „Selbstbetrachtungen" des römischen Kaisers Mark Aurel (121–180 n. Chr.) enthalten, der ihn ungefähr so formulierte: „Wie du beim Dahinscheiden gelebt zu haben wünschst, so kannst du jetzt bereits leben."

Lebe wohl, und wenn für immer, ja für immer lebe wohl!

Mit diesen beiden Zeilen beginnt das Gedicht „Lebe wohl" des englischen Dichters Lord Byron (1788–1824), im englischen Original *Fare thee well! and if for ever,/Then for ever, fare thee well!* Diese Zeilen Byrons wurden zu einer Art Abschiedsgruß, den man bei entsprechenden Gelegenheiten zitieren konnte. Das Gedicht ist ein Abschiedsgedicht, das Byron an seine Frau nach der Trennung von ihr richtete und das er nach eigenem Bekunden eines Abends unter Tränen niedergeschrieben hat.

↑Wir **leben** nicht, um zu essen, sondern wir essen, um zu leben

Leben und leben lassen

Mit dem Anspruch, tolerant zu sein, haben viele schon diese sprichwörtliche Redensart zu ihrem Wahlspruch, ihrer Lebensregel gemacht. Sie besagt etwa, daß man durchaus sich selbst, aber in gleicher Weise auch den andern etwas gönnen beziehungsweise jedem seine eigene Lebensart zugestehen soll. Literarische Verwendung fand die Redensart in Schillers Trilogie „Wallenstein", wo sich in „Wallensteins Lager" (6. Auftritt) der erste Jäger über den Feldherrn Tilly in folgender Weise äußert: „Und ging's nur nicht aus seiner Kassen,/Sein Spruch war: leben und leben lassen."

Das **Leben** ein Traum

Der Gedanke, das Leben mit einem Traum zu vergleichen oder auch gleichzusetzen, ist vielfach und in verschiedener Weise literarisch ausgedrückt worden. Am bekanntesten ist er sicherlich als Titel eines Stückes des spanischen Dramatikers Calderón de la Barca (1600–1681), der im spanischen Original *La vida es sueño* („Das Leben ist Traum") lautet.

Das **Leben** gab den Sterblichen nichts ohne große Arbeit

Diese Lebensweisheit, die sich verkürzt auch in dem Sprichwort „Ohne Fleiß kein Preis" ausdrückt, stammt aus den Satiren (I, 9, 59 f.) des römischen Dichters Horaz (65–8 v. Chr.).

Es gibt kein ↑richtiges **Leben** im falschen

Das **Leben** ist der Güter höchstes nicht, der Übel größtes aber ist die Schuld

Die beiden Schlußverse von Schillers Trauerspiel „Die Braut von Messina" spricht der Chor angesichts des Selbstmords von Don Cesar, der damit die Tötung seines Bruders sühnen will. Das höchste Gut wird in diesem Zusammenhang nicht genannt, sondern nur das größte Übel, von dem das Leben beherrscht wird. Der letzte Vers greift ein Zitat des römischen Schriftstellers und Staatsmannes Cicero (106–43 v. Chr.) auf, wo es in einem Brief an die Freunde („Ad familiares" VI, 4, 2) heißt: *Nec esse ullum magnum malum praeter culpam* („Es gibt kein größeres Übel neben der Schuld"). Mit dem Zitat, von dem oft auch nur der erste Teil angeführt wird, weist man darauf hin, daß der Einsatz oder Verlust des Lebens in bestimmten Situationen gerechtfertigt sein kann, vor allem dann, wenn man andernfalls Gefahr läuft, große Schuld auf sich zu laden.

Das **Leben** ist ein Kampf

Diese Erkenntnis findet man in der Literatur in vielerlei Variationen. So steht zum Beispiel bei dem römischen Philosophen Seneca (um 55 v. Chr.–um 40 n. Chr.) im 96. Brief an Lucilius: *Vivere, Lucili, militare est,* was wörtlich übersetzt lautet: „Leben, Lucilius, heißt Kriegsdienst tun." Der Text der Vulgata, Hiob 7, 1, lautet: *Militia est vita hominis,* von Luther übersetzt mit: „Muß nicht der Mensch immer im Streit sein auf Erden?" In Voltaires Tragödie „Mahomet" (1743) sagt der Titelheld: *Ma vie est un combat,* auf deutsch: „Mein Leben ist ein Kampf." Schließlich findet sich in Goethes Gedicht „Einlaß" im „Buch des Paradieses" des „Westöstlichen Diwans" die Bitte des Dichters: „Laßt mich immer nur herein:/Denn ich bin ein Mensch gewesen,/Und das heißt ein Kämpfer sein."

↑Mitten im **Leben** sind wir vom Tod umfangen

Es ↑gibt ein **Leben** vor dem Tod

↑Unser **Leben** währet siebzig Jahre

Ein **Leben** wie im Paradies

Das zu einer feststehenden Redewendung gewordene Zitat, mit dem man eine Situation des Wohllebens charakterisiert, ist der erste Vers eines „Trinkliedes" von Ludwig Hölty (1748–1776) mit dem Beginn: „Ein Leben wie im Paradies/Gewährt uns Vater Rhein."

↑Von des **Lebens** Gütern allen ist der Ruhm das höchste doch

Des **Lebens** Mai blüht einmal und nicht wieder

Das Zitat stammt aus Schillers Gedicht „Resignation" (1784), das mit dem bekannten Vers „Auch ich war in Arkadien geboren" beginnt. Der Dichter beklagt darin seine betrogene Hoffnung. Das Leben hat nicht gehalten, was es versprochen hat. „Ich weiß nichts von Glückseligkeit" lautet sein Fazit, der letzte Vers der dritten Strophe. – Das Zitat kann – ähnlich wie der lateinische Spruch „carpe diem" („Nutze den Tag") – darauf verweisen, daß es gilt, die rasch verfliegende Zeit zu nutzen.

Meines **Lebens** schönster Traum hängt an diesem Apfelbaum

↑All mein Hoffen, all mein Sehnen

Des **Lebens** ungemischte Freude

Diese Gedichtzeile stammt aus Schillers Ballade „Der Ring des Polykrates" (1797). Polykrates, Herrscher von Samos, ist vom Glück begünstigt. Sein Gastfreund, der ägyptische König, vernimmt die Glücksbotschaften mit zunehmendem Entsetzen und kommentiert sie schließlich mit dem Ausruf: „Mir grauet vor der Götter Neide;/Des Lebens ungemischte Freude/Ward keinem Irdischen zuteil." Nach seiner Erfahrung gilt: „Noch keinen sah ich fröhlich enden,/Auf den mit immer vollen Händen/Die Götter ihre Gaben streun." – Das Zitat faßt in Worte, was den Menschen nicht beschieden ist: ein immer ungetrübtes Glück. Es wird aber häufig gerade dazu verwendet, einen – wenigstens vorübergehenden – Zustand reiner Glückseligkeit zu charakterisieren.

↑Mein idealer **Lebenszweck** ist Borstenvieh und Schweinespeck

↑Denn das ist sein **Lebenszweck**

Es **lebt** ein ↑andersdenkendes Geschlecht

Es **lebt** ein Gott, zu strafen und zu rächen

Wenn man auf Grund eines ungesühnten Unrechts, das einem widerfahren ist, dennoch die Hoffnung auf eine ausgleichende Gerechtigkeit nicht verloren hat, dann werden diese Worte aus Schillers Schauspiel „Wilhelm Tell" zitiert (IV, 3; Tells Monolog vor der „hohlen Gasse von Küßnacht"). Tell bezieht sich hier auf die Greueltaten des Reichsvogts Geßler, den er wenig später erschießen wird.

↑Man **lebt** nur einmal in der Welt

Lebt wohl, ihr Berge, ihr geliebten Triften

Dieses Zitat stammt aus Schillers Drama „Die Jungfrau von Orleans". Im Prolog (4. Auftritt) beginnt Johanna, die ihre Heimat verlassen will, ihren Monolog mit den Worten: „Lebt wohl ihr Berge, ihr geliebten Triften." Man zitiert diese Zeilen – meist eher scherzhaft –, wenn es einem schwerfällt, aufzubrechen, seine gewohnte Umgebung zu verlassen, vielleicht auch einmal mit konkreterem Bezug, wenn ein schöner Urlaub im Gebirge zu Ende geht.

↑Manche meinen, **lechts** und rinks kann man nicht velwechsern

Leck mich am Arsch!

Das berühmte sogenannte „Götzzitat", ein drastischer Ausdruck der Abweisung, lautet bei Goethe etwas anders. In der Urfassung des Schauspiels „Götz von Berlichingen", in einer Szene (im III. Akt), in der Götz dem Hauptmann des Reichsheers durch einen Trompeter voller Wut etwas bestellen läßt, heißt es wörtlich: „Vor Ihro Kaiserliche Majestät hab' ich, wie immer, schuldigen Respekt. Er aber, sag's ihm, er kann mich im Arsch lecken". Die Redensart als solche stammt indes nicht von Goethe, sie war bereits seit etwa 1500 bekannt. Allgemeine Verbreitung gefunden hat sie allerdings möglicherweise durch den „Götz".

Leergebrannt ist die Stätte

Das Zitat stammt aus Schillers „Lied von der Glocke" (1799). Es folgt auf die Schilderung der alles verheerenden Feuersbrunst. Der Dichter hält hier zu einer allgemeinen Betrachtung inne: „Leergebrannt/Ist die Stätte,/Wilder Stürme rauhes Bette./In den öden Fensterhöhlen/Wohnt das Grauen,/Und des Himmels Wolken schauen/Hoch hinein." – Man gebraucht das Zitat heute – abgelöst von seinem Textzusammenhang – häufig als scherzhaften Kommentar, wenn man zum Beispiel einen Raum völlig menschenleer antrifft oder wenn man alle Vorräte aufgezehrt findet. Gebräuchlich ist auch die erweiterte Variante „Leergebrannt ist die Stätte der Verwüstung“.

↑Gib mir meine **Legionen** wieder!

↑Jedes **legt** noch schnell ein Ei

Lehre du mich meine Leute kennen

In den „Piccolomini“, also im zweiten Teil von Schillers Wallenstein-Trilogie, warnt Graf Terzky seinen Schwager Wallenstein davor, dem Generalleutnant Oktavio Piccolomini allzusehr zu vertrauen. Dem entgegnet Wallenstein (II, 6): „Lehre du/Mich meine Leute kennen! Sechzehnmal/Bin ich zu Feld gezogen mit dem Alten“. Diese Zurückweisung von Terzkys Warnung wird heute meist zitiert, wenn man zum Ausdruck bringen will, daß man seine Mitarbeiter, Familienangehörigen o. ä. besser kennt als jeder andere und daß man sie im Hinblick auf bestimmte Verhaltensweisen am genauesten einschätzen kann. Auch Abwandlungen des Zitats wie „Lehre du mich mein Handwerk kennen“ oder „Lehrt ihr mich meinen Goethe kennen“ sind gebräuchlich.

↑Laß dir dein **Lehrgeld** zurückgeben

Lehrjahre des Gefühls

Dies ist der frei ins Deutsche übertragene Titel von Gustave Flauberts Roman „L'Éducation sentimentale. Histoire d'un jeune homme“ aus dem Jahr 1869. – Das Zitat kann als Metapher für die innere Entwicklung eines Menschen gelten, der in einer bestimmten Lebenszeit, durch die Begegnung mit bestimmten Menschen oder durch prägende Erlebnisse eine Bereicherung seiner Gefühlswelt erfährt oder erfahren hat.

↑Nur über meine **Leiche**

Leichenbegängnis erster Klasse

Diesen Vergleich wählte Bismarck (1815–1898) in seiner Autobiographie „Gedanken und Erinnerungen“ im Zusammenhang mit der Schilderung seiner Entlassung aus dem Amt des Reichskanzlers durch Kaiser Wilhelm II. im Jahr 1890. In der Darstellung der turbulenten und aus der Sicht Bismarcks höchst unerfreulichen Ereignisse heißt es: „... am 29. März verließ ich Berlin unter diesem Zwange übereilter Räumung meiner Wohnung und unter den vom Kaiser im Bahnhof angeordneten militärischen Ehrenbezeigungen, die ich ein Leichenbegängnis erster Klasse mit Recht nennen konnte.“ – Seither gebraucht man diese Redefloskel – auch in der Form „Begräbnis erster Klasse“ – zum einen zur Charakterisierung von Vorgängen, bei denen jemandem übel mitgespielt wird, zum andern als ironischen Kommentar bei dem spektakulären Abbruch eines Unternehmens oder ähnlichem.

Leicht beieinander wohnen die Gedanken, doch hart im Raume stoßen sich die Sachen

Das Zitat stammt aus Schillers Tragödie „Wallensteins Tod“ (II, 2) und ist Teil von Wallensteins Entgegnung auf Max Piccolominis jugendlich-rasche Verurteilung von Wallensteins Haltung gegenüber dem Kaiser. Der Gegensatz zwischen großen, idealistischen Vorstellungen und der nüchternen, engen Realität wird mit diesen Zeilen ausgedrückt. Man verwendet das Zitat in diesem Sinne, um zum Beispiel auf die Weltfremdheit einer Theorie, einer Meinung hinzuweisen.

Leide und meide

Die in griechischer und in lateinischer Form existierende, von dem römischen Schriftsteller Aulus Gellius in seiner Essaysammlung „Noctes Atticae“ („Attische Nächte“) überlieferte Maxime stammt von dem griechischen, der Stoa zugerechneten Philosophen Epiktet (um 50–um 138 n. Chr.). Er lebte nach den Maximen der Genügsamkeit und der geistigen Unabhängigkeit von äußeren Schwierigkeiten. Dieser Grundgedanke ist auch in dem vorliegenden Spruch erkennbar.

Die **Leiden** des jungen Werther

Der Briefroman Goethes, der diesen Titel trägt, erschien 1774. Er war aus Goethes Erlebnissen in der Zeit seines Aufenthaltes am Kammergericht in Wetzlar hervorgegangen. Der Roman spiegelt die innere Entwicklung des Helden bis zu seinem Selbstmord. Als Ausdruck des Geistes der Empfindsamkeit wurde er sehr schnell zu einem „Kultbuch" seiner Zeit. Wenig später, 1775, erschien bereits eine Parodie von Friedrich Nicolai mit dem Titel „Die Freuden des jungen Werthers". 1972 griff Ulrich Plenzdorf mit seiner Erzählung „Die neuen Leiden des jungen W." den Titel auf und glich den Stoff den Verhältnissen der damaligen DDR an. 1975/76 wurde der Goethesche „Werther" in den DEFA-Studios (mit Katharina Thalbach als „Lotte") verfilmt. – 1974 erschien ein Buch des österreichischen Schriftstellers Hans Weigel mit dem Titel „Die Leiden der jungen Wörter. Ein Antiwörterbuch", geschrieben „In memoriam Karl Kraus".

Leiden sind Lehren

Diese Sentenz geht auf die Fabel „Der Hund und der Koch" des griechischen Fabeldichters Äsop (um die Mitte des 6. Jh.s v. Chr.) zurück. Die Nutzanwendung dieser Fabel besagt, „daß den Menschen Leiden oft zu Lehren werden". Den dieser Erkenntnis zugrundeliegenden Gedanken spricht in ähnlicher Form der altgriechische Dichter Äschylus (525–456 v. Chr.) in seinem Stück „Agamemnon" aus.

Leise flehen meine Lieder durch die Nacht zu dir

So beginnt das Lied mit dem Titel „Ständchen" von Ludwig Rellstab (1799–1860), das durch Franz Schuberts Vertonung in seinem Liederzyklus „Schwanengesang" (1828) sehr bekannt wurde. Die häufiger zitierte kürzere Form des Zitats („Leise flehen meine Lieder") wurde auch als Titel eines österreichisch-deutschen Spielfilms aus dem Jahre 1933 über einen Lebensabschnitt Schuberts verwendet.

Leise, leise, fromme Weise

Mit diesem Vers beginnt eine Arie der Agathe, der Tochter des Erbförsters, in der Oper „Der Freischütz" (1821) von Carl Maria von Weber. „Leise, leise, fromme Weise/Schwing dich auf zum Sternenkreise." Das Libretto zu dieser Oper schrieb Johann Friedrich Kind (1768–1843) nach einem Stoff aus dem 1810 erschienenen „Gespensterbuch" von Johann August Apel und Friedrich Laun.

Leise rieselt der Schnee

Ein bekanntes Weihnachtslied von Eduard Ebel (1839–1905) beginnt mit diesem Vers: „Leise rieselt der Schnee,/ Still und starr ruht der See./Weihnachtlich glänzet der Wald./Freue dich, 's Christkind kommt bald." Eine scherzhaft-ironische Abwandlung der ersten Zeile lautet „Leise rieselt der Kalk", womit jemand von sich selbst oder einem anderen feststellt, daß er zu altern beginnt.

Leise zieht durch mein Gemüt

Bei diesem Zitat handelt es sich um die erste Zeile des Lieds Nr. 6 aus Heinrich Heines Zyklus „Neuer Frühling" (1831), das auch durch die Vertonung von Felix Mendelssohn Bartholdy bekannt wurde. Die erste Strophe lautet: „Leise zieht durch mein Gemüt/Liebliches Geläute./Klinge kleines Frühlingslied,/Kling hinaus ins Weite." Als Ausdruck dafür, daß man das Frühlingwerden in seinen zarten Anfängen verspürt, wird das Zitat heute noch verwendet. – Eine scherzhafte Abwandlung des Gedichts lautet: „Leise zieht durch mein Gemüt/Eine Miezekatze:/Wenn man sie am Schwanze zieht,/macht sie eine Fratze."

L'enfer, c'est les autres

Die ↑Hölle, das sind die anderen

Lenore fuhr ums Morgenrot empor aus schweren Träumen

Von Gottfried August Bürger (1748 bis 1794), dem zum Göttinger Hainbund gehörenden Dichter, stammt die schaurige Ballade „Lenore“, 1774 erschienen im Göttinger Musenalmanach. Sie beginnt mit diesen Versen. Erzählt wird darin die Geschichte von Lenore, die von ihrem toten Bräutigam zu einem wilden nächtlichen Ritt auf seinem Rappen abgeholt wird. Schließlich verwandelt sich auf einem Friedhof der Tote in ein Totengerippe zurück.

Leporello

Leporello ist der Diener Don Giovannis, des Titelhelden von Mozarts gleichnamiger Oper, die 1787 in Prag uraufgeführt wurde. Leporello hat in einer langen Liste die Liebschaften seines Herrn „registriert“. Im ersten Akt der Oper singt er die als „Registerarie“ bezeichnete Arie mit dem berühmten Höhepunkt in der Aufzählung „aber in Spanien tausendunddrei“ (siehe auch diesen Artikel). – Unter einem „Leporello“ versteht man heute einen harmonikaartig gefalteten Papier- oder Pappstreifen als Bilderbuch, Prospekt oder ähnliches. In scherzhafter Übertragung verwendet man das Wort beispielsweise im Sinne einer langen Liste von Wünschen, die jemand hat oder vorbringt.

Lerne leiden, ohne zu klagen

Der Ausspruch wird dem nach kurzer Regierungszeit verstorbenen deutschen Kaiser Friedrich III. (1831–1888) zugeschrieben. Er soll – nach der Biographie „Kaiser Friedrich III.“ von Werner Richter – seinem Sohn diese Lehre mitgegeben haben: „Lerne leiden, ohne zu klagen, das ist das einzige, was ich Dich lehren kann.“ Das Zitat wird oft gebraucht, um auszudrücken, daß jemand sein Leid tapfer erträgt, ohne großes Aufhebens davon zu machen. In der scherzhaften Abwandlung „Lerne klagen, ohne zu leiden“ charakterisiert es einen hypochondrisch veranlagten Menschen.

Lernen, lernen und nochmals lernen!

↑Zum Kriegführen sind drei Dinge nötig

L'État c'est moi

Diesen Ausspruch – auf deutsch „Der Staat bin ich“ – soll Ludwig XIV. am 13. 4. 1655 vor dem Parlament getan haben. Die Gleichsetzung von Staat und Herrscher bezeichnet die Regierungspraxis Ludwigs XIV. im Kampf mit ständisch-partikularistischen Kräften. Man kann das Zitat auch in bezug auf jemanden verwenden, der z. B. selbstherrlich von sich sagt: „Was Recht ist, bestimme ich.“

Lethe trinken

Statt dieser dichterischen Redewendung mit der Bedeutung „das Vergangene völlig vergessen“ sagt man auch „Aus dem Strom des Vergessens bzw. der Vergessenheit trinken“. Lethe ist in der griechischen Mythologie ein Strom der Unterwelt, einer der fünf Flüsse des Hades. Er umfließt Elysion, die Gefilde der Seligen. Von seinem Wasser trinken die Verstorbenen, um ihr irdisches Dasein zu vergessen. Dieser Strom ist in der „Theogonie“ des griechischen Dichters Hesiod (um 700 v. Chr.) nach Lethe, der Tochter der Eris, der Göttin der Zwietracht, benannt.

Letzte Ausfahrt Brooklyn

Das Zitat ist der deutsche Titel des Romans *Last Exit to Brooklyn* (1957, deutsch 1968) des amerikanischen Schriftstellers Hubert Selby und zugleich Titel der Verfilmung von 1989 durch Uli Edel. Bereits im Roman ist der Ausdruck doppeldeutig: Er bezieht sich sowohl auf eine Straßenabzweigung als auch auf die ausweglose Existenz der von der Gesellschaft Gezeichneten in den Slums von Brooklyn. In übertragener Bedeutung wird der Titel mit Ersetzung des Namens „Brooklyn“ durch einen jeweils anderen verwendet, z. B. bei der Formulierung in einem Zeitungsartikel: „Letzte Ausfahrt Wimbledon für McEnroe.“ Der Zeichner Chlodwig Poth variierte den englischen Titel und nannte eine Serie von Cartoons über einen Frankfurter Stadtteil: „Last Exit Sossenheim“.

↑Ich bin der **letzte** meines Stammes

Der **letzte** Mohikaner

Die umgangssprachlich scherzhafte Redewendung - auch in der Form „der Letzte der Mohikaner" - im Sinne von „der oder das allein noch Übriggebliebene" leitet sich von dem gleichlautenden Buchtitel - im Original: *The Last of the Mohicans* - her. Der Roman bildet den zweiten Band des sogenannten „Lederstrumpf", einer Serie von Indianerromanen des amerikanischen Schriftstellers James Fenimore Cooper (1789-1851). Mit dem Mohikaner Uncas, dem Sohn des Häuptlings Chingachgooks, wird der letzte Angehörige des Delawarenstammes getötet.

Die **letzte** Rose

Das Bild der letzten Rose, die das Ende des Sommers verkündet, ist ein häufig zitiertes literarisches Motiv, mit dem sich bestimmte Gedanken und Gefühle verbinden: wehmütige Erinnerung an das Gewesene, letztes Aufglühen vor dem Vergehen, Mahnung an die Vergänglichkeit und die Flüchtigkeit des Schönen. Der irische Dichter Thomas Moore (1779-1852) verwendete dieses Motiv in einem seiner bekanntesten Gedichte aus der Sammlung „Irish Melodies", Gedichte, deren Texte alten irischen Melodien angeglichen sind. Das Lied von der letzten Rose (englischer Titel *'T is the last rose of summer*) wurde besonders populär durch seine Verwendung in der Oper „Martha" von Friedrich von Flotow (1812-1883). In ganz ähnlicher Weise wie Thomas Moore verwendet der deutsche Dichter Friedrich Hebbel (1813-1863) das Rosenmotiv in einem seiner bekannteren Gedichte, dem „Sommerbild". Es beginnt mit der Zeile „Ich sah des Sommers letzte Rose stehn". Der Anblick dieser Rose veranlaßt den betrachtenden Dichter zu den Worten der letzten Zeile in der ersten Strophe: „So weit im Leben ist zu nah' am Tod!" Das Gedicht endet damit, daß die Rose zerfällt, angerührt vom kaum spürbaren Lufthauch eines vorüberfliegenden Schmetterlings.

Der **letzte** Tango in Paris

Dies ist der deutsche Titel von Bernardo Bertoluccis italienisch-französischem Film aus dem Jahr 1972 (italienisch: *L'ultimo tango a Parigi*, französisch: *Le dernier tango à Paris*). Der Film beschreibt die letzte Auflehnung eines alternden Mannes gegen die Trostlosigkeit seiner Lebenssituation (nach dem Selbstmord seiner Frau) in einer vorwiegend sexuell ausgerichteten Liebesbeziehung zu einem jungen Mädchen. Die Hauptrollen spielen Marlon Brando und Maria Schneider. Als Zitat wird „Der letzte Tango in Paris" (gelegentlich auch nur: „Der letzte Tango") verwendet, wenn man ein ähnliches letztes Aufbegehren zum Beispiel gegen das Altwerden oder den nahenden Tod kommentieren will.

↑Auf zum **letzten** Gefecht

Die **letzten** Tage der Menschheit

Das Zitat, das im Zusammenhang mit Weltuntergangsvisionen verwendet wird, ist der Titel von Karl Kraus' (1874-1936) Tragödie über die Schrecken des Ersten Weltkriegs, die mosaikartig in 220 dokumentarischen Szenen mit 500 Figuren dargestellt werden.

Die ↑Ersten werden die **Letzten** und die Letzten werden die Ersten sein

Letztes Jahr in Marienbad

So lautet der deutsche Titel von Alain Resnais' französisch-italienischem Film *L'année dernière à Marienbad* aus dem Jahr 1960. In diesem Film behauptet ein Mann in den labyrinthischen Gängen eines Schlosses einer Frau gegenüber, ihr vor einem Jahr in dem böhmischen Marienbad begegnet zu sein, was er mit vielleicht nur fiktiven oder geträumten Erinnerungsbruchstücken zu belegen meint. Man gebraucht das Zitat gelegentlich als Kommentar zu einer nur bruchstückhaften Erinnerung, als Hinweis auf etwas Vergangenes, das einem nur noch verschwommen gegenwärtig ist. Häufig wird aber nur allgemein auf etwas Bezug genommen, das sich im vergangenen Jahr, in der jüngeren Vergangenheit ereignet hat.

Leute vom Bau

Diese Wendung findet sich in dem 1828 in Berlin uraufgeführten Stück „Das Fest der Handwerker. Komisches Gemälde aus dem Volksleben in 1 Akt. Als Vaudeville behandelt von Louis Angely". Heute werden gewöhnlich Fachhandwerker (auf einer Baustelle), aber auch Spezialisten allgemein als „Leute vom Bau" bezeichnet.

Lewwer duad üs slaav

Der Refrain aus Detlev von Liliencrons (1844–1909) Gedicht „Pidder Lüng" zitiert den Wahlspruch der Friesen: „Lewer duad üs Slaaw" („Lieber tot als Sklave"). Niederdeutsch heißt es allgemein: „Lever dood as Slaav".

Es ↑geht mir ein **Licht** auf

↑Wo viel **Licht** ist, ist auch viel Schatten

↑Mehr **Licht!**

Es ↑werde **Licht**

Lichter der Großstadt

Dies ist der deutsche Titel des amerikanischen Chaplin-Stummfilms *City Lights* aus dem Jahr 1931. Besonders in bezug auf die nächtlich erleuchtete Großstadt und die damit verbundene Vorstellung des verlockenden Angebots an Kultur und Nachtleben wird der Filmtitel häufig zitiert.

Die **Lichter** gehen aus

Die Redewendung „in einem Land, an einem Ort gehen die Lichter aus" im Sinne von „dort sieht es düster aus, dort verschlechtert sich drastisch die (wirtschaftliche) Lage" geht möglicherweise auf einen Ausspruch des englischen Politikers Lord Grey of Fallodon (1862–1933) zurück. Beim Ausbruch des Ersten Weltkriegs sagte dieser – so schreibt er in seiner Autobiographie (1925) – die folgenden Worte: *The lamps are going out all over Europe; we shall not see them lit again in our lifetime* („In ganz Europa gehen die Lichter aus; zu unseren Lebzeiten werden wir sie nicht wieder angehen sehen").

↑O **lieb,** solang du lieben kannst!

Lieb Vaterland, magst ruhig sein

Der Vers bildet mit der folgenden Zeile „Fest steht und treu die Wacht am Rhein" den Kehrreim von Max Schnekkenburgers (1819–1849) patriotischem Gedicht „Die Wacht am Rhein", das 1840 von J. Mendel und 1854 von Carl Wilhelm vertont wurde. In dieser Vertonung war es als Nationalgesang, besonders seit dem Krieg 1870/71, verbreitet. 1965 wählte Johannes Mario Simmel die erste Zeile des Refrains als Titel eines seiner Romane.

↑Den **lieb'** ich, der Unmögliches begehrt

↑Wer ein **Liebchen** hat gefunden

↑Mein **Liebchen,** was willst du mehr?

Liebe deinen Nächsten wie dich selbst

Das Gebot der christlichen Nächstenliebe, wie es Paulus im Brief an die Galater (5, 14) formuliert, geht auf das Alte Testament zurück, wo es in der Auslegung der zehn Gebote heißt: „Und der Herr redete mit Mose und sprach: ... Du sollst nicht rachgierig sein noch Zorn halten gegen die Kinder deines Volkes. Du sollst deinen Nächsten lieben wie dich selbst; denn ich bin der Herr" (3. Moses 19, 18). Der Nächste ist im Alten Testament noch der Angehörige desselben Volkes, im Neuen Testament aber der Mitmensch ganz allgemein.

↑Wenn ich dich **liebe,** was geht's dich an?

↑Hab' ich nur deine **Liebe,** die Treue brauch' ich nicht

Die **Liebe** ist der Liebe Preis

Diese bündige Aussage macht die Prinzessin von Eboli gegenüber der Titelgestalt aus Schillers „Don Karlos" (II, 8). Sie entzieht sich der Meinung des Monarchen, sie an einen Günstling verkaufen zu können: „Wie schwach/Von diesen starken Geistern! Weibergunst,/Der Liebe Glück der Ware gleich zu achten,/Worauf geboten werden kann! Sie ist/Das Einzige auf diesem Rund der Erde,/Was keinen Käufer leidet als sich selbst./Die Liebe ist der Liebe Preis."

Die **Liebe** ist eine Himmelsmacht

Dieser Überzeugung ist das glücklich vereinte Paar am Ende der Operette „Der Zigeunerbaron" (1885 uraufgeführt) von Johann Strauß. Das Textbuch verfaßte Ignaz Schnitzer nach einer Erzählung von Mór Jókai. „Die Liebe, die Liebe/Ist eine Himmelsmacht!" heißt der Schlußvers des sehr bekannten Liedes „Wer hat uns getraut?" – Man verwendet das Zitat als scherzhaft-ironischen Kommentar zum Beispiel in Zusammenhang mit jemandes „romantischer" Liebesgeschichte.

Liebe ist nur ein Wort

Das Zitat ist der Titel eines Films von Alfred Vohrer aus dem Jahr 1971 nach einem Roman von Johannes Mario Simmel. Die tragisch endende Liebesgeschichte zwischen einem 21jährigen Schüler und einer verheirateten Frau bestätigt die Gültigkeit der sarkastischen Sentenz in einer durch Wohlstandsdenken und Scheinmoral gekennzeichneten Gesellschaft.

↑Mit gleicher **Liebe** lieb' ich meine Kinder!

↑In der ersten **Liebe** lieben die Frauen den Geliebten, in der späteren die Liebe

Liebe macht blind

Diese Formulierung gebraucht man im allgemeinen, wenn jemand in seiner Verliebtheit Schwächen des geliebten Wesens nicht wahrnimmt. Sie geht auf Platons (428 oder 427–348/347 v. Chr.) Dialog „Nómoi" („Über die Gesetze") zurück, wo sich die Stelle „Der Liebende wird blind gegenüber dem Gegenstand seiner Liebe" allerdings auf die übermäßige Selbstliebe bezieht.

Die **Liebe** von Zigeunern stammt

Der Vers – auch in der Form „... vom Zigeuner ..." zitiert – gehört mit dem folgenden „Fragt nach Rechten nicht, Gesetz und Macht" zum Refrain der Habanera aus dem 1. Akt der Oper „Carmen" von Georges Bizet (1838–1875). Das Libretto schrieben H. Meilhac und L. Halévy (deutsch von Julius Hopp) nach der gleichnamigen Novelle von Prosper Mérimée (1803–1870). Die Zigeunerin Carmen besingt in der Habanera mit dem Anfang „Ja, die Liebe hat bunte Flügel,/Solch einen Vogel zähmt man schwer" die zigeunerische Freiheit und Ungebundenheit der Liebe.

↑Nur nicht aus **Liebe** weinen

↑Zur **Liebe** will ich dich nicht zwingen

↑Das eben ist der **Liebe** Zaubermacht

Lieben Freunde, es gab schön're Zeiten

Die Zeile bildet mit der folgenden „Als die unsern – das ist nicht zu streiten" den Anfang von Schillers Gedicht „An die Freunde" aus dem Jahr 1802. In heutiger Verwendung sind ganz allgemein schönere frühere Zeiten gemeint, während Schiller auf die Antike anspielt, worauf die Fortsetzung hindeutet: „Und ein edler Volk hat einst gelebt./Könnte die Geschichte davon schweigen,/Tausend Steine würden redend davon zeugen,/Die man aus dem Schoß der Erde gräbt."

Den **lieben** langen Tag

Der formelhafte Ausdruck, der in der Umgangssprache im Sinne von „den ganzen Tag" in bezug auf etwas Unerwünschtes gebraucht wird, findet sich am Anfang von Philipp Jacob Düringers (1807–1870) Gedicht „Des Mädchens Klage": „Den lieben langen Tag/Hab' ich nur Schmerz und Plag". Im folgenden schildert das Mädchen seinen Kummer um den verstorbenen Geliebten.

Lieber der Erste hier als der Zweite in Rom

Der griechische Schriftsteller Plutarch (um 46–um 125) berichtet in seiner Cäsar-Biographie, Cäsar habe beim Anblick einer kleinen Stadt in den Alpen ausgerufen: „Ich möchte lieber der Erste hier als der Zweite in Rom sein." Nach dem Muster dieses Zitats ist der Gedanke, lieber die wichtigste Funktion in einem kleinen Rahmen zu haben, als eine untergeordnete Rolle in einem großen zu spielen, immer wieder und in unterschiedlicher Weise formuliert worden, z. B.: „Lieber der Erste bei den Kleinen als der Zweite bei den Großen." Zu hören sind auch Umkehrungen wie: „Er ist lieber ein kleiner Abgeordneter in der Hauptstadt als Landrat in der Provinz."

Lieber ein Ende mit Schrecken als ein Schrecken ohne Ende

Der preußische Offizier Ferdinand von Schill (1776–1809) versuchte 1809 mit seinem Husarenregiment eine allgemeine Erhebung gegen Napoleon I. auszulösen. Einer Schar, die ihm gefolgt war, um sich mit seiner Truppe zu vereinigen, rief er – gleichsam als Losung – die zitierten Worte zu. Mit diesem Ausspruch gibt man heute seiner Entschlossenheit Ausdruck, ein schnelles Ende in einer Sache herbeizuführen, auch wenn man dabei größere Nachteile in Kauf nehmen muß. Wichtig ist nur, daß man die Angelegenheit schnell hinter sich bringt und dann wieder frei von allen Unannehmlichkeiten oder Zwängen ist (siehe auch „Ein Ende mit Schrecken").

Lieber spät als gar nicht

↑Besser spät als gar nicht

Liebesgrüße aus Moskau

Schon vor dem James-Bond-Film (Originaltitel: *From Russia with Love*) aus dem Jahr 1963, der 1964 unter dem Titel „Liebesgrüße aus Moskau" seine deutsche Erstaufführung hatte, gab es die umgangssprachlich ironische Verwendung der Formulierung „Liebesgrüße aus ...", wie seit 1950 zum Beispiel „Liebesgrüße aus Solingen" im Sinne von „Dolch-, Messerstiche". In dem englischen Film werden britischer und sowjetischer Geheimdienst durch die Spionageorganisation „Phantom" gegeneinander ausgespielt.

Lieblich war die Maiennacht

Dies ist die Anfangszeile des Gedichtes „Der Postillon" von Nikolaus Lenau (1802–1850) mit der Schilderung einer Mainacht in den ersten vier Strophen. Das Zitat wird scherzhaft gebraucht, um einen angenehmen Abend bei milder Witterung zu beschreiben oder in Erinnerung zu rufen.

Es **liebt** die Welt, das Strahlende zu schwärzen

Dieses Zitat stammt aus Schillers Gedicht „Das Mädchen von Orleans" (1801). Die dritte Strophe beginnt mit den Versen: „Es liebt die Welt, das Strahlende zu schwärzen/Und das Erhab'ne in den Staub zu ziehn". In Anspielung darauf, daß das Positive oft schlechtgemacht wird, die Leute dazu neigen, aus Mißgunst nur Nachteiliges hervorzuheben, wird das Zitat heute verwendet.

↑Jeder **liebt** sich selber nur am meisten

Ein **Lied** geht um die Welt!

Mit dieser Zeile beginnt der Refrain des Titelschlagers eines Films von Richard Oswald über das Leben des Sängers Josef Schmidt aus dem Jahr 1933. 1958 gab es eine Neufassung des Films von Geza von Bolvary. Der Text des Schlagers stammt von Ernst Neubach, die Musik von Hans May. Mit dem Zitat kann man zum Ausdruck bringen, daß ein Lied, ein Schlager oder eine Melodie zu einem Welterfolg geworden ist.

↑Schläft ein **Lied** in allen Dingen

↑Hoch klingt das **Lied** vom braven Mann

Liederliches Kleeblatt

Der Ausdruck stammt aus dem Titel einer Zauberposse von Johann Nestroy (1801–1862): „Der böse Geist Lumpazivagabundus oder Das liederliche Kleeblatt“. Das Kleeblatt sind dort die Handwerksgesellen Knieriem, Zwirn und Leim. In der Umgangssprache bezeichnet man drei befreundete oder zusammengehörende Menschen als „liederliches Kleeblatt“, wenn man zum Beispiel ihren lockeren Lebenswandel oder ihre schlampige Arbeit mißbilligt.

Liegt dir Gestern klar und offen, wirkst du heute kräftig frei

Dies sind die ersten beiden Verse eines vierzeiligen Sinnspruchs von Goethe, der meist als ganzes zitiert wird: „Liegt dir Gestern klar und offen,/Wirkst du heute kräftig frei,/Kannst auch auf ein Morgen hoffen,/Das nicht minder glücklich sei.“ Der Sinnspruch verweist auf die Abhängigkeit des in der Gegenwart handelnden Menschen von seiner Handlungsweise in der Vergangenheit und das daraus erwachsende Wirken in der Zukunft. Die Kontinuität im Übergang der Zeiten wird verknüpft mit dem Ineinandergreifen des Tuns und Handelns des Menschen. Der Sinnspruch gehört zu den besinnlichen Spruchdichtungen, die ab 1820 entstanden sind und die Goethe ausdrücklich als „zahme“ Xenien bezeichnete im Unterschied zu den polemischen und aggressiven Epigrammen und Sinnsprüchen früherer Jahre. Es ist der letzte Spruch aus dem 4. Buch der „Zahmen Xenien“.

Schauet die **Lilien** auf dem Felde

↑Sie säen nicht, sie ernten nicht

Liliput

Der irisch-englische Schriftsteller Jonathan Swift (1667–1745) beschreibt im ersten Teil seines satirischen Romans „Gullivers sämtliche Reisen“ ein Phantasieland mit winzigen Menschen. Diesem Land gab er den Namen „Liliput“ (englisch *Lilliput*). Eine Welt im kleinen, etwa das Modell eines Dorfes, einer Landschaft o.ä., wird gelegentlich als „Liliput“ bezeichnet. Der Ausdruck „Liliputaner“ für „Mensch mit zwergenhaftem Wuchs“ ist (wohl unter dem Einfluß des englischen *lilliputian*) von diesem Namen abgeleitet.

L'imagination au pouvoir!

Die ↑Phantasie an die Macht!

Die **Limonade** ist matt wie deine Seele

In der vorletzten Szene von „Kabale und Liebe“, Schillers „bürgerlichem Trauerspiel“, trinkt das unglückliche Liebespaar von der Limonade, die Ferdinand mit Arsen vergiftet hat, weil er Luise für untreu hält. Ferdinand selbst nimmt zuerst einen Schluck und reicht dann der ahnungslosen Luise das Glas mit den Worten: „Die Limonade ist matt wie deine Seele. – Versuche!“ (V, 7). – Das Zitat wird (auch in der abgewandelten Form „Die Limonade ist matt, Luise“) scherzhaft verwendet, wenn man etwas, besonders ein Getränk, als zu schal, zu geschmacksarm bezeichnen will.

Die **linden** Lüfte sind erwacht

Zu den am häufigsten zitierten Gedichtanfängen, mit denen auf das Spürbarwerden des anbrechenden Frühlings verwiesen wird, gehört diese Anfangszeile des Gedichts „Frühlingsglaube“ von Ludwig Uhland (1787–1862). Das Gedicht wurde besonders durch die Vertonung von Franz Schubert sehr bekannt. Es ist zu einem der populärsten Schubertlieder überhaupt geworden.

↑Laß deine **linke** Hand nicht wissen, was die rechte tut

Links müßt ihr steuern!

Dieser Ausruf stammt aus der Ballade „Der Lotse" des heute weitgehend vergessenen Dichters Ludwig Giesebrecht (1792–1873), die frühere Schülergenerationen häufig auswendig lernen mußten. Es ist eine jener Balladen, in denen der Held sein Leben opfert, um dadurch das Leben anderer zu retten. Der Ausruf „Links müßt ihr steuern!" in der letzten Strophe des Gedichts, durch den „ein ganzes Schiff voll jungen Lebens" gerettet wird, ist später oft zitiert worden und wurde dabei häufig in scherzhafter Übertragung ins Politische gewendet.

Links, wo das Herz ist

Diesen Titel gab der deutsche Schriftsteller Leonhard Frank (1882–1961) seiner 1952 in Romanform erschienenen Autobiographie. Er bringt darin am Ende seinen Glauben an die neue Generation und ein Bekenntnis zu einem gefühlsmäßig fundierten Sozialismus zum Ausdruck. In diesem Sinne ist dann auch der Titel des Werks zum geflügelten Wort geworden.

Es ↑ist keine **List** über Frauenlist

Lob der Torheit

Der niederländische Humanist, Philologe und Theologe Erasmus von Rotterdam (1466 oder 1469–1536) war einerseits ein scharfer Kritiker der weltlichen und geistlichen Mächte seiner Zeit, besonders auch der erstarrten Scholastik, andererseits war er Wahrer und Fortführer der antiken und der mittelalterlichen humanistischen Tradition im Zeitalter der neu entstehenden kirchlichen Konfessionen. Am bekanntesten wurde einer breiteren Allgemeinheit vielleicht seine kleine satirische Schrift „Lob der Torheit". In ihr läßt er „Stultitia", die Torheit selbst, auftreten, die sich zunächst lange über die These verbreitet, wie sehr die Torheit das Lob aller verdient, bevor sie dann die Menschlichkeit und das natürliche Selbstgefühl preist und anhebt zur heftigen Kritik an Adel, Kaufleuten und kriegführenden Fürsten, an Mönchen und Professoren, an der Macht des Klerus und am Reliquienkult. Die ironische Distanz, die sich Erasmus durch die als Person auftretende Torheit schafft, erlaubt ihm dabei die gewagtesten Seitenhiebe auf Kirche und Klerus und freche Scherze auf Kosten von Bischöfen und anderen Würdenträgern. Zitiert wird der Titel der kleinen Satire meist in etwas anderen Zusammenhängen. Wenn man beispielsweise findet, daß jemand etwas ganz Unsinniges oder Törichtes verteidigt oder gar anpreist, so kann man ihm das als „Lob der Torheit" ankreiden.

Locker vom Hocker

Wenn man in etwas salopperer Weise ausdrücken möchte, daß jemand ganz unbeschwert, ungezwungen und ohne Hemmungen mit etwas umzugehen versteht oder etwas leicht und ohne jede Schwierigkeit meistert, dann verwendet man gelegentlich diese Fügung. Besondere Verbreitung fand sie, als sie zum Titel einer Reihe von Episodensendungen des Fernsehens mit dem Schauspieler Walter Giller gemacht wurde. Die Reihe lief Ende der 70er und Anfang der 80er Jahre. Die Fügung geht möglicherweise auf die heute weniger geläufige Form „locker vom Bock" zurück – wohl eine Anspielung auf die Leichtigkeit und Behendigkeit eines Kutschers, der von seinem Kutschbock heruntersteigt.

Logik des Herzens

Der französische Philosoph, Mathematiker und Physiker Blaise Pascal (1623–1662) gelangt in seinen 1669 veröffentlichten „Gedanken von Pascal über die Religion und einige andere Gegenstände. Gefunden nach seinem Tod unter seinen Aufzeichnungen" (deutsch 1701 unter diesem Titel) zu der Erkenntnis, daß die Vernunft dem Menschen bewiesen habe, daß der Glaube an Gott notwendig sei. Das durch den Glauben erlangte Wissen von der Existenz Gottes muß aber durch die aus dem Gefühl kommende Liebe zu Gott gestützt werden, denn „das Herz hat seine Gründe, die die Vernunft nicht kennt". Dieses Paradoxon wird dann als „Logik des

Herzens" bezeichnet. – Wenn man sich in einer bestimmten Situation nach der Stimme seines Herzens richtet, sich nur vom Gefühl leiten läßt, dann sagt man auch heute noch – oft allerdings mit leichter Selbstironie –, daß man der Logik seines Herzens folgt.

Lohn der Angst

Dieser Ausdruck geht auf den Filmtitel *Le salaire de la peur* zurück (Regie: Henri-Georges Clouzot; 1951/52), in der deutschen Version von 1953 wörtlich übersetzt mit „Lohn der Angst". In dem französischen Film geht es darum, daß vier Männer für eine gute Bezahlung den Transport von Nitroglyzerin übernehmen und dabei ihr Leben einsetzen. Mit „Lohn der Angst" wird in der Soldatensprache scherzhaft auch der Wehrsold oder eine Gefahrenzulage für Fallschirmspringer und Flieger bezeichnet.

↑Jede Arbeit ist ihres **Lohnes** wert

Der **Lord** läßt sich entschuldigen, er ist zu Schiff nach Frankreich

Wenn jemand für einen andern nicht erreichbar ist, sich verleugnen läßt oder sich heimlich entfernt hat, dann werden diese Worte (meist als scherzhafter Kommentar) zitiert. Sie stammen aus dem Trauerspiel „Maria Stuart" von Schiller. Mit diesen Worten endet das Drama, und durch sie erfährt Elisabeth, die Königin von England, daß nach der Hinrichtung Maria Stuarts nun auch der letzte ihrer Vertrauten und Berater, ihr Günstling Lord Leicester, sie verlassen hat.

↑Das ist das **Los** des Schönen auf der Erde

Es **lösen** sich alle Bande frommer Scheu

Das Zitat aus Schillers „Lied von der Glocke" (1799) steht in einem Abschnitt des Gedichts, der auf die Französische Revolution anspielt. Es heißt dort: „Nichts Heiliges ist mehr, es lösen/Sich alle Bande frommer Scheu;/Der Gute räumt den Platz dem Bösen,/Und alle Laster walten frei." – Bezogen auf Situationen, in denen sich die Stimmung lockert, Ängstlichkeiten und Hemmungen verschwinden, man sich über die Schranken der Vernunft hinwegsetzt, wird das Zitat heute gebraucht.

Lost Generation

Bei diesem Ausdruck handelt es sich um eine von der amerikanischen Schriftstellerin Gertrude Stein (1874–1946) geprägte Bezeichnung für eine Gruppe junger, durch das Erlebnis des Ersten Weltkriegs desillusionierter und pessimistisch gestimmter amerikanischer Schriftsteller der zwanziger Jahre. Ernest Hemingway greift den Ausdruck im Motto der Erstausgabe seines Romans „A Farewell to Arms" auf (1929; deutscher Titel „In einem anderen Land"): *We are all a lost generation* („Wir sind alle eine verlorene Generation"). Als Bezeichnung für die junge amerikanische und europäische Generation nach dem Ersten Weltkrieg wurde „Lost Generation" auch durch eine gleichnamige soziologisch-literaturhistorische Untersuchung von Malcolm Cowley aus dem Jahr 1931 bekannt.

Es **löst** der Mensch nicht, was der Himmel bindet

Der Vers stammt aus Schillers Trauerspiel „Die Braut von Messina" (1803). Er kommt aus dem Mund von Don Manuel, der mit diesen Worten seinem Bruder Don Cesar beipflichtet, als dieser sich zu seiner Liebe bekennt. Beide ahnen nicht, daß es die Schwester ist, die sie in Beatrice, der Unbekannten, lieben. – Das Zitat spricht als Faktum aus, was im Matthäusevangelium (19,6) als Forderung formuliert ist: „Was nun Gott zusammengefügt hat, das soll der Mensch nicht scheiden."

Love-Story

Der Ausdruck „Love-Story" für „[sentimentale, leidenschaftliche] Liebesgeschichte", nach englisch *love story,* hat sich nach dem großen Erfolg des (1969 gedrehten) amerikanischen Films „Love Story" im Deutschen eingebürgert. Der

Film, der in unverhüllter Sentimentalität die tragische Liebesgeschichte zweier junger Menschen erzählt, entstand nach dem gleichnamigen Roman des amerikanischen Schriftstellers Erich Segal (* 1937).

↑Daniel in der **Löwengrube**

Luft! Luft! Clavigo!

Dieser Ausruf, mit dem jemand auf scherzhafte Weise zum Ausdruck bringen kann, daß er frische Luft braucht oder daß man ihm im Gedränge ein wenig Raum zum Atmen lassen möge, stammt aus Goethes Trauerspiel „Clavigo". Dort allerdings erfolgt dieser Ausruf keineswegs aus einer fröhlichen Laune heraus. Es sind die letzten Worte der sterbenden Marie Beaumarchais, die den erneuten Treuebruch Clavigos nicht überlebt. Die ganze Zeile gegen Ende des 4. Aktes (Guilberts Wohnung) lautet mit der Regieanweisung: „Ach! Luft! Luft! *(fällt zurück)* Clavigo!"

↑Wir spinnen **Luftgespinste** und suchen viele Künste

Ein **Lügner** muß ein gutes Gedächtnis haben

Das sentenzhafte Zitat geht wohl auf eine Stelle aus dem Lustspiel „Le Menteur" (IV, 5) von Pierre Corneille (1606–1684) zurück: *Il faut bonne mémoire après qu'on a menti* („Man muß ein gutes Gedächtnis haben, nachdem man gelogen hat"). Eine frühere Formulierung gibt es bei dem römischen Rhetor Quintilian (um 35–um 96). In der „Institutio oratoria" IV, 2,91 heißt es: *Mendacem memorem esse oportet* („Der Lügner muß sich gut erinnern können"). Das Zitat spielt darauf an, daß jemand, der lügt, sich häufig später in Widersprüche verwickelt, weil ihm seine früheren falschen Behauptungen nicht mehr gegenwärtig sind. Dadurch verrät sich der Lügner mit schlechtem Gedächtnis meist selbst.

↑Nur die **Lumpe** sind bescheiden

Lupus in fabula

Mit diesem lateinischen Ausdruck, in wörtlicher Übersetzung „[wie] der Wolf in der Fabel, im Märchen", drückt man sein Erstaunen darüber aus, daß jemand gerade dann erscheint, wenn man von ihm spricht oder gesprochen hat. Möglicherweise liegt diesem Wort die abergläubische Vorstellung zugrunde, daß man jemanden, den man fürchtet, durch Aussprechen seines Namens ungewollt herbeilockt. Im Deutschen entsprechen dem lateinischen Ausdruck Redensarten wie: „Wenn man vom Teufel spricht, ist er nicht weit" oder scherzhafter auch: „Wenn man den Teufel nennt, kommt er gerennt" o. ä. Der lateinische Ausdruck kommt in ähnlichen Formulierungen bei verschiedenen römischen Schriftstellern vor. Als eigentliche Quelle gilt das Stück „Adelphoe" („Die Brüder") des römischen Komödiendichters Terenz (2. Jh. v. Chr.).

↑O welche **Lust,** in freier Luft den Atem leicht zu heben!

Lust und Liebe sind die Fittiche zu großen Taten

Mit diesen Worten versucht Pylades im 1. Auftritt des 2. Aufzugs von Goethes Schauspiel „Iphigenie auf Tauris" den Freund Orest aufzumuntern. Auf Orest lastet schwer der Fluch des Muttermordes, der ihm alle Unbeschwertheit und allen Tatendrang genommen hat. Mit diesem Zitat bringt man heute zum Ausdruck, daß nur dann ein Handeln mit Erfolg abgeschlossen werden kann, eine wirklich „große Tat" wird, wenn die entsprechende Motivation gegeben ist.

Lust zu fabulieren

↑Vom Vater hab ich die Statur

Die **lustige** Witwe

Die Operette „Die lustige Witwe" nach einem Lustspiel des französischen Dramatikers Henri Meilhac (1831–1897), die 1905 uraufgeführt wurde, machte ihren Komponisten Franz Lehár (1870 bis 1948) mit einem Schlag berühmt. Die Operette mit ihrer Geschichte um die junge, steinreiche Witwe Hanna Glawari und den lebenslustigen Grafen Danilo Danilowitsch ist auch bis heute eine der bekanntesten und meistgespielten geblieben. Ihr Titel hat sich verselbständigt und wurde zu einer scherzhaften Bezeichnung für eine Frau, der man augenzwinkernd nachsagt, daß sie die neugewonnene Unabhängigkeit nach dem Tod ihres Mannes mit einer gewissen Freizügigkeit zu nutzen weiß.

↑ Das ist **Lützows** wilde, verwegene Jagd

Luxus der eigenen Meinung

Mit diesem Ausdruck wird in leicht ironischer Weise der Tatbestand umschrieben, daß sich jemand eine eigene, unabhängige Meinung leistet. Der Ausdruck wird dem Reichskanzler Otto von Bismarck (1815–1898) zugeschrieben. In verschiedenen Reden hat sich Bismarck ganz ähnlicher Formulierungen bedient, wobei er den Personen, die sich den Luxus erlaubten, „eine Meinung streng für sich" zu haben und sie öffentlich zu vertreten, eher kritisch gegenüberstand.

Mach deine Rechnung mit dem Himmel, Vogt!

Diese Worte, heute noch als eine Art scherzhafte Drohung zitiert, stammen aus Schillers Drama „Wilhelm Tell" (IV, 3). Sie stehen im ersten Abschnitt des berühmten Tell-Monologs vor der „hohlen Gasse von Küßnacht", in dem Tell seine Absicht, den Reichsvogt Geßler zu erschießen, in einer Art Rechtfertigung des Tyrannenmords reflektiert.

Mach End', o Herr, mach Ende!

Die 12. Strophe des evangelischen Kirchenliedes „Befiehl du deine Wege" (Evangelisches Kirchengesangbuch Nr. 294) beginnt mit den Worten: „Mach End', o Herr, mach Ende/mit aller unsrer Not". Das Lied stammt von dem evangelischen Theologen und Kirchenlieddichter Paul Gerhardt (1607–1676), dessen Schaffen den Höhepunkt der evangelischen Kirchenlieddichtung nach Luther bildete. Die Anfangsworte der Strophe werden zitiert, wenn man – gleichsam mit einem Stoßseufzer – ausdrücken will, daß man das Ende einer langen Rede oder den längst fälligen Abschluß einer Sache herbeisehnt.

Mach mal Pause!

Die allgemein gebräuchliche Aufforderung wurde seit Mitte der 50er Jahre als Werbespruch für Coca-Cola so bekannt und verfestigt, daß diese Formulierung inzwischen Zitatcharakter erhalten hat. Man verwendet den Spruch nicht nur als Aufforderung an den Angesprochenen, sich irgendeine Form der Erholung zu gönnen, sondern auch ironisch, um jemandes Redefluß zu unterbrechen.

↑ Ja, **mach** nur einen Plan

Machen wir's den Schwalben nach, bau'n wir uns ein Nest

Die beiden Verse bilden den Anfang eines bekannten Walzerliedes aus Emmerich Kálmáns (1882–1953) Operette „Die Csárdásfürstin" mit dem Text von Leo Stein und Béla Jenbach. Das Zitat läßt sich scherzhaft auf den Plan eines Paares, einen gemeinsamen Hausstand zu gründen, anwenden.

Mach's noch einmal, Sam

Das Zitat ist der deutsche Titel eines amerikanischen Films von Woody Allen aus dem Jahr 1971. Der Originaltitel *Play it again, Sam* (wörtlich übersetzt: „Spiel es noch einmal, Sam") macht die Anspielung auf den amerikanischen Film „Casablanca" aus dem Jahr 1942 deutlich. Der Held des Films, ein linkischer Filmjournalist, träumt davon, so wie Humphrey Bogart zu sein. In „Casablanca" richtet sich die Aufforderung an einen Barpianisten, ein Lied aus vergangenen Tagen („As time goes by") noch einmal zu spielen. – Das Zitat wird (auch in der englischen Form) gelegentlich scherzhaft als Aufforderung verwendet, etwas zu wiederholen, womit man schon einmal erfolgreich war oder bei anderen Beifall gefunden hat.

↑Das **macht** die Berliner Luft

Macht kaputt, was euch kaputtmacht!

Der Slogan stammt aus der Zeit der Studentenbewegung der sechziger Jahre unseres Jahrhunderts. Er bringt in extremer Form das Lebensgefühl der damaligen Studentengeneration zum Ausdruck: ihre Unzufriedenheit mit ihren Lebensverhältnissen und mit dem an den Universitäten und in der Politik herrschenden Geist. Die radikale Aufforderung wurde häufig auf Wände gesprüht und diente auch als Rechtfertigung für den Wandalismus einzelner Gruppen. – Der Slogan wird heute eher in ironischer Distanz zitiert, zum Beispiel als Kommentar zu Zerstörungen in Wohnvierteln oder in öffentlichen Einrichtungen, deren Architektur heute als unwirtlich und menschenfeindlich angesehen wird.

Macht mir den rechten Flügel stark!

Dieser Ausspruch wird dem preußischen Generalfeldmarschall Alfred von Schlieffen (1833–1913) zugeschrieben. Er soll diese Aufforderung in Fieberphantasien kurz vor seinem Tode geäußert haben. Schlieffen hatte sich als Generalstabsoffizier besonders mit taktischen Fragen der Kriegführung zu befassen. Mit dem rechten Flügel war ein Flügel des aufmarschierenden Heeres gemeint, der in bestimmter Weise zu agieren hatte. – Das Zitat kann heute in vielerlei Beziehung verwendet werden, zum Beispiel als politischer Wunsch oder hinsichtlich der Mannschaftsaufstellung beim Fußballspiel.

Die **Macht** der Finsternis

Diese Metapher für die Kräfte der Hölle, für das Böse schlechthin, stammt aus dem Lukasevangelium, wo Jesus bei seiner Gefangennahme zu den Soldaten sagt: „... aber dies ist eure Stunde und die Macht der Finsternis" (Lukas 22,53).

Die **Macht** der Verhältnisse

Dies ist der Titel eines Schauspiels von Ludwig Robert (1778–1832), mit dem ein Versuch zur Erneuerung des bürgerlichen Trauerspiels als sozialkritisches Drama unternommen wurde. Man zitiert den Ausdruck oft resignierend, wenn man zum Beispiel sein Handeln dem Zwang der wirtschaftlichen, politischen oder gesellschaftlichen Gegebenheiten unterordnen muß, wenn eine gute Idee auf Grund der bestehenden Strukturen nicht verwirklicht werden kann.

Die **Macht** des Schicksals

Die Formulierung, die auf das Ausgeliefertsein des Menschen an das Schicksal hindeutet, zitiert die deutsche Übersetzung des Titels von Giuseppe Verdis (1813–1901) Oper *La forza del destino*. Das Libretto stammt von Francesco Maria Piave, der sich seinerseits an das spanische Drama *Don Alvaro o la fuerza del sino* von Angelo Perez de Saavedra angelehnt hat. Die Handlung der Oper demonstriert in der Trennung und Zusammenführung der Figuren ein unschuldig-schicksalhaftes Schuldigwerden.

Macht geht vor Recht

Der Satz, den Maximilian Graf von Schwerin Bismarck in bezug auf dessen Rede vom 27. 1. 1863 im preußischen Abgeordnetenhaus in den Mund legte, hat sprichwörtlichen Charakter. So heißt es im Alten Testament beim Propheten Habakuk (1,3): „Es geht Gewalt über Recht", in der Sprichwörtersammlung von Johann Agricola (1494–1566): „Gewalt geht für (= vor) Recht", in Baruch de Spinozas (1632–1677) „Tractatus politicus" (Kapitel 2, § 8) in deutscher Übersetzung: „... weil jeder soviel Recht hat, als er Macht hat", in Goethes Faust II (V, Palast): „Man hat Gewalt, so hat man Recht", in Schillers Gedicht „Die Weltweisen": „Im Leben gilt der Stärke Recht", in Adelbert von Chamissos (1781–1838) Gedicht „Die Giftmischerin": „Hast du die Macht, du hast das Recht auf Erden".

↑Mit unsrer **Macht** ist nichts getan

Die **Macht** und ihr Preis

Bei dem Zitat, das auf den Verlust an Integrität in Verbindung mit Machtpositionen hindeutet, handelt es sich um den Titel – im Original: *The Power and the Prize* – eines amerikanischen Films von Henry Koster aus dem Jahr 1956. Die Handlung des Films ist eingebettet in eine Kritik an kapitalistischen Praktiken in einem amerikanischen Stahlkonzern.

Madame Sans-Gêne

Diese (heute weniger gebräuchliche) Bezeichnung für eine Frau von ungeniertem Auftreten geht zurück auf den gleichlautenden Titel einer Komödie von Victorien Sardou (1831–1908) und Emile Moreau (1852–1922). Sie bezieht sich dort auf die historische Figur der elsässischen Wäscherin Cathérine Hubscher, die während der Französischen Revolution und während der Herrschaft Napoleons dem österreichischen Grafen Neipperg die Flucht ermöglicht.

Das **Mädchen** aus der Fremde

Das in bezug auf ein Mädchen rätselhafter Herkunft verwendete Zitat ist der Titel eines Gedichts aus Schillers „Musenalmanach für das Jahr 1797". Bei Schiller tritt in dieser allegorischen Gestalt die Poesie auf, die in jedem Frühling erscheint und wieder verschwindet: „Sie war nicht in dem Tal geboren,/Man wußte nicht, woher sie kam,/Und schnell war ihre Spur verloren,/Sobald das Mädchen Abschied nahm" (2. Strophe).

Ein **Mädchen** oder Weibchen wünscht Papageno sich

Im zweiten Akt von Mozarts (1756 bis 1791) Oper „Die Zauberflöte" singt der Vogelfänger Papageno dieses Lied mit eigener Glockenspielbegleitung. Die ihm bestimmte Papagena enthüllt sich allerdings erst aus einem alten Weib, nachdem er selbst diesem die Hand zum Ehebund gereicht hat. Das als scherzhafte Anspielung verwendbare Zitat wurde musikalisch auch von Beethoven als Thema seiner 12 Variationen für Violoncello und Klavier op. 66 (1798) aufgegriffen.

↑Vom **Mädchen** reißt sich stolz der Knabe

↑Mit **Mädeln** sich vertragen, mit Männern rumgeschlagen und mehr Kredit als Geld, so kommt man durch die Welt

↑Fern von **Madrid**

Magere Jahre

↑Fette Jahre

Magus im Norden

Dieser Beiname für den Philosophen Johann Georg Hamann (1730–1788) rührt von dem Aufsatz her, den der Politiker und Schriftsteller Friedrich Karl von Moser (1723–1798) unter dem Titel „Treuherziges Schreiben eines Laienbruders im Reich an den Magum im Norden oder doch in Europa" 1762 verfaßte. Er ließ sich dazu vielleicht von Hamanns 1760 erschienener Schrift „Die Magi (= Weisen) aus Morgenland zu Bethlehem" anregen. Goethe nannte Hamann im 12. Buch von „Dichtung und Wahrheit" entsprechend „Magus aus Norden". In Anspielung auf die schon von Hamanns Zeitgenossen als schwer verständlich empfundene dunkel-prophetische Schreibweise dieses Philosophen wird das Zitat gelegentlich verwendet, wenn man jemandes unklare, geheimnisvolle Ausdrucksweise scherzhaft kritisieren möchte.

Der **Mai** ist gekommen

Das Zitat mit der Fortsetzung „die Bäume schlagen aus" ist die erste Zeile des Gedichtes „Wanderlust" von Emanuel Geibel (1815–1884), das in der Vertonung von Justus W. Lyra zu einem der bekanntesten Mai- und Wanderlieder wurde. Der Wanderliedcharakter drückt sich sogleich in den anschließenden Versen aus: „Da bleibe, wer Lust hat, mit Sorgen zu Haus./Wie die Wolken dort wandern am himmlischen Zelt,/So steht auch mir der Sinn in die weite, weite Welt." Als Hindeutung auf Frühlingsanfang und Winterende wurde das Zitat bereits in Wilhelm Müllers (1794–1827) Gedicht „Trockne Blumen" aus dem von Franz Schubert vertonten Zyklus „Die schöne Müllerin" verwendet, dort aber bildlich gemeint im Zusammenhang mit dem Vorüberwandeln der Geliebten am Grabhügel des Müllerburschen: „Der Mai ist kommen, der Winter ist aus."

↑Alles neu macht der **Mai**

↑Wie einst im **Mai**

↑Komm, lieber **Mai**

Im wunderschönen Monat **Mai**

↑Da ist meinem Herzen die Liebe aufgegangen

↑In seiner Sünden **Maienblüte**

Mais où sont les neiges d'antan?

↑Schnee von gestern

Make love not war

Die Graffitiparole (übersetzt: „Macht keinen Krieg, sondern Liebe") wurde für den Titel des Films „Make Love Not War – Die Liebesgeschichte unserer Zeit" von Werner Klett aus dem Jahr 1967 verwendet. Der Film handelt von einem in Berlin wegen des Vietnamkriegs desertierenden amerikanischen Soldaten, der von einem deutschen Mädchen versteckt, dann aber auf Grund einer Verwechslung von der Militärpolizei erschossen wird.

Man gönnt sich ja sonst nichts

Diese Redefloskel wurde in jüngerer Zeit als Werbespruch für einen Aquavit besonders populär. In dem entsprechenden Fernsehspot werden diese Worte von dem beliebten Schauspieler Günter Strack gesagt, dessen Leibesfülle ebenso wie das opulente kalte Büfett im Hintergrund deutlich die Ironie in der Textaussage hervortreten lassen. Auch in der allgemeinen Verwendung ist diese Entschuldigung für eine kleine Annehmlichkeit, die man sich gestattet, meist nicht ganz wörtlich zu verstehen.

Man hat's, oder man hat's nicht

Die umgangssprachliche Formulierung in bezug auf etwas, was man nicht erwerben oder erlernen kann, was man also – z. B. als Begabung – mitbringen muß, ist bereits bei Theodor Fontane (1819–1898) zu finden. Eines seiner Gedichte trägt den Titel „Man hat es oder hat es nicht", und jede seiner drei Strophen endet mit eben dieser Zeile. Das Thema des Gedichts ist die Vergeblichkeit des Wollens, wenn man nach Glück und Erfüllung strebt: Letztlich erreicht man nur, was einem vorbestimmt ist.

Man kann mit einer Wohnung einen Menschen genauso töten wie mit einer Axt

Der Berliner Zeichner Heinrich Zille (1858–1929) hat sich auf seine Weise in seinen Bildern (mit Sinn für Situationskomik und oft auch bissiger Ironie) mit den Problemen der proletarischen Viertel Berlins in der Zeit um die Jahrhundertwende auseinandergesetzt. Das Wohnungselend jener Zeit war eines seiner Themen. Ihm wird dieser drastisch anklagende Satz zugeschrieben, der an Aktualität im Grunde nie etwas verloren hat.

Man kehrt immer zu seiner ersten Liebe zurück

↑On revient toujours à ses premiers amours

Man lebt nur einmal in der Welt

Diese Redensart, üblicher geworden in der kürzeren Form „Man lebt nur einmal", enthält indirekt die Aufforderung, die Zeit zu nutzen, eine gute Gelegenheit beim Schopf zu packen oder ganz allgemein, sich das Leben nicht zu schwer zu machen. In Goethes Trauerspiel „Clavigo“ verwendet Carlos diese Worte im Dialog mit seinem Freund Clavigo (I, 1), indem er ihm vorhält: „Mich dünkt doch, man lebt nur einmal in der Welt, hat nur einmal diese Kräfte, diese Aussichten, und wer sie nicht zum besten braucht, ... ist ein Tor.“ Bekannt wurde die Redensart dann auch durch ihre Verwendung in der Arie „Man wird ja einmal nur geboren“ des Schmiedegesellen Georg in der Oper „Der Waffenschmied“ (1. Akt) von Albert Lortzing (1801–1851), Libretto Friedrich Wilhelm Ziegler (1760–1827). Eine scherzhaft-ironische Abwandlung der Redensart gibt es in der Form „Man lebt nur zweimal“, die als deutscher Titel eines James-Bond-Films von 1966 bekannt wurde (mit Sean Connery in der Hauptrolle; englischer Originaltitel „You only live twice“).

Man lebt nur zweimal

↑Man lebt nur einmal in der Welt

Man liebt den Käse wohl

1904 veröffentlichte Wilhelm Busch den Gedichtband „Zu guter Letzt“. Das darin enthaltene, „Pst“ überschriebene Gedicht schließt mit der Aufforderung: „Bedenk: Man liebt den Käse wohl – indessen,/Man deckt ihn zu.“ Das Gedicht handelt kurz und prägnant von der Diskretion. – Man verwendet das Zitat als scherzhafte Anspielung beispielsweise auf etwas, was jemand tut, weil es ihm Vergnügen macht, von dem er jedoch nicht gerne möchte, daß es bekannt wird.

Man merkt die Absicht, und man ist verstimmt

Dies ist die leicht abgewandelte Form einer Äußerung Tassos in Goethes Drama „Torquato Tasso“ (II, 1), mit der er sein Mißfallen an dem Verhalten der Leonore Sanvitale ausdrückt: „... und wenn sie auch/Die Absicht hat, den Freunden wohlzutun,/So fühlt man Absicht, und man ist verstimmt.“ Man verwendet das Zitat als Kommentar zu jemandes allzu durchsichtigem Tun oder Reden, in dem man dessen nur schlecht verborgene – meist persönliche – Interessen deutlich erkennt.

Man muß die Feste feiern, wie sie fallen

Mit dieser Redensart ermuntert man sich selbst und andere dazu, sich eine gute Gelegenheit nicht entgehen zu lassen, besonders dann, wenn es gilt, fröhlich zu feiern. Sie wurde durch die Berliner Posse „Graupenmüller“ von Hermann Salingré (1833–1879) weiter verbreitet. Heute sind auch zahlreiche scherzhafte Abwandlungen geläufig, so z. B. „Man soll nicht fallen, wenn man feste feiert“ oder „Mann muß die Frauen feiern, wie sie fallen.“

Man muß Gott mehr gehorchen als den Menschen

Auf den Vorwurf der Hohenpriester, das Verbot, öffentlich im Namen Jesu zu lehren, mißachtet zu haben, entgegnen nach der Apostelgeschichte des Neuen Testaments Petrus und die Apostel: „Man muß Gott mehr gehorchen denn den Menschen“ (Apostelgeschichte 5, 29). Nach dieser Maxime hat eine große Zahl gläubiger Menschen gelebt und dabei schwerste Benachteiligungen auf sich genommen, oft sogar den Märtyrertod. Auch heute noch ist sie für viele religiöse Menschen (und besonders für Fundamentalisten) Richtschnur für ihr Handeln.

Man schlägt den Sack und meint den Esel

Diese sprichwörtliche Redensart wird verwendet, wenn jemand getadelt, beschuldigt oder beschimpft wird, in Wirklichkeit aber ein anderer gemeint ist. Sie findet sich schon im Roman „Satyricon“ des römischen Schriftstellers C. Petronius († 66 n. Chr.), wo es in der parodistischen Einlage „Das Gastmahl des Trimalchion“ heißt: *Qui asinum non potest, stratum caedit* („Wer den Esel nicht [schlagen] kann, schlägt den Packsattel“). Die Redensart ist auch in der Form „Den Sack schlägt man, den Esel meint man“ üblich.

Man sieht nur die im Lichte

↑Die im Dunkeln sieht man nicht

Man sieht nur mit dem Herzen gut

Diese Erkenntnis findet sich in dem Märchen „Der kleine Prinz" des französischen Schriftstellers Antoine de Saint-Exupéry (1900–1944; französischer Titel „Le petit prince"; deutsch 1950). Ein Fuchs übermittelt sie dem kleinen Prinzen, der von einem fernen Planeten auf die Erde gekommen ist. Der Autor setzt mit diesem Bild der rationalen Sehweise der Erwachsenen die unvoreingenommene Sehweise des Kindes entgegen, das mit dem Gefühl das Wesen der Dinge erfaßt, ohne sich dabei von äußeren Erscheinungen beirren zu lassen. Denn: „Man sieht nur mit dem Herzen gut. Das Wesentliche ist für die Augen unsichtbar" (französisch: *On ne voit bien qu' avec le cœur. L'essentiel est invisible pour les yeux;* Kapitel XXI).

Man soll die Stimmen wägen und nicht zählen

Das Zitat, mit dem der Sinn der bloßen Stimmenmehrheit angezweifelt wird, steht in Schillers Dramenfragment „Demetrius" (I). In der Szene „Der Reichstag zu Krakau" entgegnet Fürst Sapieha auf die Mitteilung, der falsche Demetrius sei mit Stimmenmehrheit als legitimer Zar anerkannt worden: „Man soll die Stimmen wägen und nicht zählen;/Der Staat muß untergehn, früh oder spät,/Wo Mehrheit siegt und Unverstand entscheidet." Etwas gemäßigter formuliert Georg Christoph Lichtenberg 1777 in den „Vermischten Schriften" (Bd. 2) als bedauernde Feststellung, „daß wir so oft die Stimmen nur zählen. Wo man sie wägen kann, soll man es nie versäumen". Der Gedanke selbst findet sich bereits in der Antike bei Cicero und Plinius dem Jüngeren.

Man spricht vergebens viel, um zu versagen; der andre hört von allem nur das Nein

Dies ist in Goethes „Iphigenie auf Tauris" (I, 3) die Entgegnung des Königs Thoas auf Iphigenies Worte, mit denen sie seinem Werben ausweicht. Das Zitat weist darauf hin, daß man oft viele Worte macht, um nur seine Ablehnung nicht offen auszusprechen, und daß auch die wortreiche Einkleidung mit vielen Erklärungen und Begründungen nichts daran ändert, daß der andere in erster Linie die Ablehnung wahrnimmt (und entsprechend gekränkt oder enttäuscht ist).

Man spricht vom vielen Trinken stets, doch nie vom vielen Durste!

Die beiden Verszeilen, mit denen jemand seinen von anderen als übermäßig empfundenen Alkoholkonsum entschuldigen kann, stammen aus dem Gedicht „Die drei Dörfer" aus Viktor von Scheffels (1826–1886) „Liedern vom Rodenstein" in der Gedichtsammlung „Gaudeamus, Lieder aus dem Engeren und Weiteren".

↑Ach, **man** will auch hier schon wieder nicht so wie die Geistlichkeit!!

Manche meinen, lechts und rinks kann man nicht velwechsern

Dies sind die ersten drei Zeilen von Ernst Jandls Gedicht „lichtung", das in dem 1966 erschienenen Band experimenteller Gedichte mit dem Titel „Laut und Luise" veröffentlicht wurde. Die vierte und letzte Zeile lautet: „werch ein illtum!" Das Zitat wird (auch in der kürzeren Form „Lechts und rinks kann man nicht velwechsern") als scherzhafter oder ironischer Kommentar gebraucht, wenn jemandem eine Verwechslung unterläuft und er dies nicht gleich bemerkt oder nicht wahrhaben will.

Manche mögen's heiß

So lautet der deutsche Titel der amerikanischen Filmkomödie *Some like it hot* von Billy Wilder aus dem Jahre 1959 mit Marilyn Monroe, Tony Curtis und Jack Lemmon in den Hauptrollen. Er wird häufig zitiert, um anzudeuten, daß jemand heikle, konfliktgeladene Situationen geradezu heraufbeschwört, Gefahr oder Gefährliches als prickelnden Sinnesreiz empfindet.

↑Ach, sie haben einen guten **Mann** begraben

Mann der Arbeit, aufgewacht!

Diesen Aufruf findet man in dem Lied, das der Schriftsteller und Lyriker Georg Herwegh (1817–1875), der mit seinen Gedichten als Wegbereiter der Revolution von 1848 gilt, im Jahr 1863 als Bundeslied für den „Allgemeinen Deutschen Arbeiterverein" geschrieben hat. Die zehnte Strophe dieser ersten Hymne der deutschen Arbeiterbewegung lautet: „Mann der Arbeit, aufgewacht!/Und erkenne deine Macht!/Alle Räder stehen still,/Wenn dein starker Arm es will."

↑Jedem **Mann** ein Ei

Ein **Mann** für gewisse Stunden

Unter diesem Titel lief die deutsche Fassung des amerikanischen Spielfilms „American Gigolo" in den Kinos. Der Film, der 1979 mit Richard Gere in der Hauptrolle gedreht wurde, handelt von einem Mann, der seinen Lebensunterhalt durch eine Tätigkeit als Gigolo in den besseren Kreisen von Los Angeles verdient. Man zitiert den Titel des Films oft als Anspielung auf jemandes Rolle als Liebhaber, aber auch in scherzhaften Abwandlungen. Wenn man zum Beispiel jemanden ironisch charakterisieren möchte, der bestimmte, im Verborgenen abzuwickelnde Geschäfte für andere tätigt, so könnte man ihn als „Mann für gewisse Kunden" oder als „Mann für inoffizielle Überstunden" o. ä. bezeichnen.

Mann Gottes!

Die umgangssprachliche, meist Ärger oder eine Warnung, Ermahnung ausdrückende Anrede ist an mehreren Stellen in der Bibel zu finden (zum Beispiel im 5. Buch Moses, Kapitel 33, 1). Dort bezeichnet sie, im Unterschied zum heutigen Gebrauch, den an Gott glaubenden und Gott wohlgefälligen Menschen.

Ein **Mann** in den besten Jahren

Mit diesem Ausdruck beschreibt man einen Mann in einem Lebensabschnitt, in dem er seine höchste körperliche und geistige Leistungsfähigkeit erreicht hat. Oft bezieht man sich dabei allerdings (leicht scherzhaft) auf jemanden, der die Lebensmitte bereits überschritten hat. Der Ausdruck wurde populär durch ein Gedicht Heinrich Heines (1797–1856) aus der Gedichtsammlung „Die Heimkehr" mit der Anfangszeile „Ich rief den Teufel und er kam". Darin heißt es im Hinblick auf den Teufel: „Er ist nicht häßlich und ist nicht lahm,/Er ist ein lieber, scharmanter Mann,/Ein Mann in seinen besten Jahren."

↑Unser **Mann** in Havanna

Mann ist Mann

So lautet der Titel eines frühen Lustspiels von Bertolt Brecht (1898–1956), in dem es um die Geschichte eines Mannes geht, „der nicht nein sagen kann". – Titel und Zitat bedeuten gleichermaßen soviel wie „Einer ist wie der andere".

↑Ihr **Mann** ist tot und läßt sie grüßen

Der **Mann** mit dem goldenen Arm

Mit diesem Ausdruck zitiert man den deutschen Titel eines sozialkritischen Romans des amerikanischen Schriftstellers Nelson Algren (1909–1981). *The man with the golden arm* (so der Originaltitel) ist ein morphiumsüchtiger Falschspieler; sein „goldener Arm" ist der Arm, mit dem er die Karten (zu seinen Gunsten) austeilt. Das Buch wurde 1955 unter der Regie von Otto Preminger mit Frank Sinatra in der Hauptrolle verfilmt. – Im heutigen Sprachgebrauch wird der Ausdruck gelegentlich in der Sportberichterstattung verwendet, zum Beispiel als Bezeichnung für einen Torwart, der gut gehalten hat, oder für einen Handballstürmer, der viele Tore geworfen hat.

Mann mit zugeknöpften Taschen, dir tut niemand was zulieb'

Bei den Gedichten, die Goethe unter der Überschrift „Epigrammatisch" veröffentlichte, findet sich der Vierzeiler mit dem Titel „Wie du mir, so ich dir": „Mann mit zugeknöpften Taschen,/Dir tut keiner was zulieb': Hand wird nur von Hand gewaschen;/Wenn du nehmen willst, so gib!" Der erste Vers kann als Metapher für einen geizigen Menschen gelten bzw. für jemanden, dem es an Hilfsbereitschaft mangelt. In der zweiten Hälfte des Gedichts verwendet Goethe das Sprichwort „eine Hand wäscht die andere" im positiven Sinn und gibt zu bedenken, daß man selbst bereit sein muß zu geben, wenn man von anderen etwas empfangen möchte.

Der **Mann** muß hinaus ins feindliche Leben

Dies ist ein Vers aus Schillers „Lied von der Glocke" (1799). Ihm folgen eine Reihe weiterer Verse, die die Tätigkeiten des Mannes als des Ernährers der Familie aufzählen: „Muß wirken und streben/Und pflanzen und schaffen,/Erlisten, erraffen,/Muß wetten und wagen,/Das Glück zu erjagen." In voremanzipatorischen Zeiten galt, daß der Mann alleine „hinausging", um einen Beruf auszuüben, während die Frau als „züchtige Hausfrau" „im häuslichen Kreise" blieb. – Man zitiert diesen Vers heute (angesichts der veränderten gesellschaftlichen Verhältnisse) nur noch scherzhaft mit ironischem Unterton, wenn man betonen möchte, daß der Zwang zum Geldverdienen einen Mann immer wieder aus seiner häuslichen Umgebung herausreißt.

Ein **Mann** sieht rot

Dies ist der deutsche Titel des 1974 entstandenen amerikanischen Films „Death Wish" mit Charles Bronson in der Hauptrolle. Ein Architekt, dessen Familie einem brutalen Überfall zum Opfer gefallen ist, übt erbarmungslos Selbstjustiz und tötet systematisch aggressive Jugendliche. – Mit dem Zitat charakterisiert man jemanden, der in einer bestimmten Situation mit großer Aggressivität agiert beziehungsweise reagiert.

↑Mit **Mann** und Roß und Wagen, so hat sie Gott geschlagen

↑Er war ein **Mann,** wir werden nimmer seinesgleichen sehn

↑Wie ein **Mann**

Dem **Manne** kann geholfen werden

Mit dieser Feststellung endet Schillers Drama „Die Räuber" (1781). Karl Moor, der zum Mordbrenner gewordene Rebell gegen die ungerechte Gesellschaftsordnung, erkennt am Schluß des Stücks „daß zwei Menschen wie ich den ganzen Bau der sittlichen Welt zu Grund richten würden". Darum will er sich stellen und, da auf seine Ergreifung „tausend Louisdore geboten" werden, will er einem armen Tagelöhner die Möglichkeit geben, ihn auszuliefern. – Man verwendet das Zitat – meist scherzhaft –, um auszudrücken, daß man jemandem aus einer Verlegenheit helfen kann.

Männer machen die Geschichte

Dieses Zitat bringt die Überzeugung zum Ausdruck, daß der Gang der Geschichte entscheidend durch das Handeln von Individuen, von bedeutenden Persönlichkeiten gelenkt und beeinflußt wird. Es geht auf den Historiker Heinrich von Treitscke zurück, der 1879 in seinem Buch „Deutsche Geschichte im 19. Jahrhundert", wohl auf Bismarck bezogen, den Satz geschrieben hat: „Männer machen Geschichte". Eine ähnliche Sehweise findet sich auch bei dem englischen Historiker Thomas Carlyle (1795–1881): „Die Weltgeschichte ist nichts als die Biographie großer Männer." – Im Zeitalter der Frauenemanzipation wird das Zitat auch mit negativer Bedeutung als Anklage verwendet, die die Männer vor allem für das Schlechte in der Menschheitsgeschichte verantwortlich macht.

Die **Männer** sind alle Verbrecher

Das so beginnende bekannte Lied stammt aus der 1913 entstandenen Berliner Posse „Wie einst im Mai". Das Textbuch schrieben Rudolf Bernauer und Rudolph Schanzer, die Musik Walter Kollo und Willy Bredschneider. Der vollständige Text des Liedes lautet: „Die Männer sind alle Verbrecher,/Ihr Herz ist ein finsteres Loch,/Hat tausend verschied'ne Gemächer,/Aber lieb, aber lieb sind sie doch." – Der Vers wird scherzhaft von Frauen zitiert, wenn sie pauschal männliches Verhalten kritisieren wollen.

↑O diese **Männer**

↑Bei **Männern,** welche Liebe fühlen

Männerstolz vor Königsthronen

Dem ↑Verdienste seine Kronen

↑Wenn der **Mantel** fällt, muß der Herzog nach

Manus manum lavat

Eine ↑Hand wäscht die andere

Ein **Märchen** aus alten Zeiten

Das Zitat – oft mit der Variante „aus uralten Zeiten" – ist die dritte Zeile aus dem zweiten Gedicht des Abschnitts „Die Heimkehr" in Heinrich Heines (1797–1856) „Buch der Lieder": „Ich weiß nicht, was soll es bedeuten,/Daß ich so traurig bin;/Ein Märchen aus alten Zeiten,/Das kommt mir nicht aus dem Sinn." Mit dem Märchen ist in dem durch Friedrich Silchers Vertonung (1838) volkstümlich gewordenen Gedicht die Sage von der Loreley gemeint. Clemens Brentano hatte in seiner Ballade „Lore Lay" (1799) die rheinische Sagengestalt erfunden, die vom Rheinfelsen aus die Schiffer ins Verderben lockt. – Losgelöst von diesem Zusammenhang kommentiert man mit dem Zitat jemandes Worte, denen man keinen Glauben schenken will.

↑Sie sehen den **Marmor** nicht

Marmor, Stein und Eisen bricht

Dies ist der Titel und die erste Zeile des Refrains eines sehr erfolgreichen, 1965 von Drafi Deutscher, Christian Bruhn und Günter Loose geschriebenen Schlagers, der mit den Zeilen „Weine nicht, wenn der Regen fällt,/Es gibt einen, der zu dir hält" beginnt. Das scherzhaft verwendete Zitat kann auf etwas, was man für unverbrüchlich hält, auf unerschütterliche Treue oder Standhaftigkeit bezogen werden.

Mars regiert die Stunde

Das Trauerspiel „Wallensteins Tod" von Schiller beginnt (1, 1) mit einem Dialog zwischen Wallenstein und seinem Astrologen Seni, der damit beschäftigt ist, die Sterne zu beobachten. Wallenstein sagt darin zu Seni: „Laß es gut sein, Seni. Komm herab./Der Tag bricht an, und Mars regiert die Stunde." Der sternengläubige Wallenstein zögert in seinem Handeln. Er möchte warten, bis eine glückhaftere Sternenkonstellation sich einstellt, bei der die „Segenssterne" Jupiter und Venus „den verderblichen, den tück'schen Mars in ihrer Mitte" haben und seinen Einfluß mildern. – Mit dem Zitat umschreibt man Krieg oder drohenden Krieg.

Den **Marschallstab** im Tornister tragen

Diese Redewendung mit der Bedeutung „die Möglichkeit haben, noch sehr viel im Leben zu erreichen" geht auf einen französischen Ausspruch aus der napoleonischen Zeit zurück. Häufig wird er Napoleon Bonaparte (1769–1821) selbst zugeschrieben. Die früheste gesicherte Quelle ist eine Ansprache Ludwigs XVIII. vor der École des Saint-Cyr am 8. 8. 1819. Darin sagte der König: *Rappelez-vous qu'il n'est aucun de vous qui n'ait dans sa giberne le bâton de maréchal* („Denkt daran, daß keiner unter euch ist, der nicht den Marschallstab in seiner Patronentasche hat"). Populär wurde der Ausspruch im Deutschen in der Form: „Jeder Soldat trägt den Marschallstab im Tornister."

Martha! Martha! Du entschwandest

Mit diesem Ausruf wird gelegentlich noch scherzhaft das überraschende Verschwinden, die nicht erwartete Abwesenheit eines andern kommentiert. Er stammt aus der romantisch-komischen Oper „Martha oder Der Markt von Richmond" von Friedrich von Flotow (1812–1883), Librettist W. Friedrich, und zwar aus der Arie des Lionel („Ach, so fromm, ach, so traut") im 3. Akt, wo es am Ende heißt: „Martha! Martha! Du entschwandest,/Und mein Glück nahmst du mit dir." Diese letzte Zeile wurde scherzhaft oft abgewandelt in „Und mit dir mein Portemonnaie".

Maß für Maß

„Maß für Maß" (englisch: *Measure for Measure*) ist der Titel einer um 1603 entstandenen Komödie von Shakespeare, in der es am Ende um das Verzeihen an Stelle des Richtens geht. Zuvor heißt es aber noch aus dem Munde des Herzogs im Sinne waltender Gerechtigkeit: „Liebe für Liebe, bittern Haß für Haß,/Gleiches mit Gleichem zahl' ich, Maß für Maß." Entsprechend kann das Zitat mit der Bedeutung „Wie du mir, so ich dir" verwendet werden; gelegentlich tritt aber auch der Bezug zum Ursprungstext völlig zurück, und man charakterisiert mit „Maß für Maß" ein langsames, „gemessenes" Vorgehen oder die „maßgenaue" Erfüllung bestimmter Vorgaben.

↑Sein **Maß** ist voll

Matthäi am letzten

Die umgangssprachliche Redewendung „bei jemandem ist Matthäi am letzten" hat die Bedeutung „jemand hat das Schlimmste zu erwarten, ist (finanziell) am Ende". Der Ausdruck „Matthäi am letzten" findet sich im 4. Hauptstück von Luthers Katechismus, wo es heißt: „Da unser Herr Jesus Christus spricht Matthäi am letzten: Geht hin in alle Welt ..." Der Ausdruck bedeutet also in Luthers Text soviel wie „am Ende des Matthäusevangeliums". Dieses Evangelium schließt mit den Worten „bis an der Welt Ende"; die Redewendung spielt also indirekt auf den Weltuntergang, auf das Ende aller Dinge an.

Eine **Mauer** um uns baue

Diese Zeile stammt aus einem Gedicht von Clemens Brentano (1778–1842), einem Dichter der Romantik. Der Titel ist: „Die Gottesmauer", und das Gedicht beschreibt, wie eine alte Frau sich weigert, vor den herannahenden Feinden zu fliehen, und statt dessen Gott anfleht, ihr Schutz zu geben. Die mehrmals wiederholte Bitte „Eine Mauer um uns baue" wird erhört: Einsetzender Schneefall bildet einen natürlichen Wall um das Haus der Frau, das so von den Soldaten verschont bleibt. Das Zitat enthält die Bitte um Schutz vor den äußeren Feinden, ein Verlangen nach Geborgenheit.

Die **Mauern** stehn sprachlos und kalt

„Die Mauern stehn sprachlos und kalt, im Winde/Klirren die Fahnen." Mit diesen ein Schaudern hervorrufenden Versen endet das Gedicht „Hälfte des Lebens" von Friedrich Hölderlin (1770 bis 1843). Sie drücken in einem Bild Hölderlins Lebensgefühl, die Erfahrung von Kälte und Sprachlosigkeit in seinem Lebenskreis aus. – Das Zitat gibt dem Abweisenden, Fremden Ausdruck, das jemandem in einer bestimmten Situation oder Umgebung begegnen kann.

Das **Maul** stopfen

Die Redewendung „jemandem das Maul stopfen" im Sinne von „jemanden durch etwas zum Schweigen bringen" findet sich bereits in der Bibel. Im 107. Psalm, einem „Danklied der Erlösten, die zum Herrn riefen in ihrer Not", heißt es (in bezug auf die Bestrafungen und Wohltaten Gottes) in Vers 42: „Solches werden die Frommen sehen und sich freuen; und aller Bosheit wird das Maul gestopft werden."

Das **Maultier** sucht im Nebel seinen Weg

Die Gedichtzeile stammt aus dem „Mignon" überschriebenen Lied, das Goethe zuerst in dem Roman „Wilhelm Meisters Lehrjahre" (1795/96) veröffentlichte. Es ist Ausdruck der Sehnsucht des von einem Geheimnis umgebenen Kindes „Mignon" nach seiner Heimat Italien. Die dritte Strophe des mit der Frage „Kennst du das Land, wo die Zitronen blühn" beginnenden Gedichts fragt „Kennst du den Berg und seinen Wolkensteg?" und fährt fort mit der Feststellung „Das Maultier sucht im Nebel seinen Weg". – Als Zitat drückt dies die Überzeugung aus, daß jemand mit sicherem Instinkt seinen Weg sucht und findet.

Max, bleibe bei mir

Die flehentliche Bitte kommt aus dem Munde von Wallenstein in Schillers Drama „Wallensteins Tod" (1798). Wallenstein beabsichtigt, sich mit den Schweden zu verbünden, den Kaiser zu verraten. Diesen Verrat wollen weder Octavio noch Max Piccolomini, zwei seiner Offiziere, decken. Im dritten Aufzug trifft Max Piccolomini auf Wallenstein, der erkennt, daß er auch diesen Getreuen verlieren wird. Er reagiert mit den beschwörenden Worten: „Max! bleibe bei mir! – Geh nicht von mir, Max!"

Max und Moritz ihrerseits fanden darin keinen Reiz

Den fünften Streich spielen „Max und Moritz" in Wilhelm Buschs Bildergeschichte „Max und Moritz. Eine Bubengeschichte in sieben Streichen" (1865) ihrem Onkel namens Fritz. Statt ihm höflich und freundlich zu begegnen, worin sie „keinen Reiz" finden, setzen sie Maikäfer in sein Bett und beschwören damit für den Onkel eine turbulente Nacht herauf. – Wenn man ausdrücken will, daß einen zum Beispiel eine bestimmte Tätigkeit überhaupt nicht interessiert, so kann man es mit diesem Zitat tun.

Mea culpa

Das am Beginn der katholischen Messe stehende sogenannte „Confiteor", ein allgemeines und öffentliches Sündenbekenntnis, enthält den Ausruf: *Mea culpa, mea culpa, mea maxima culpa*. (Meine Schuld, meine Schuld, meine übergroße Schuld.) – Man verwendet das Zitat, um jemandem sein Bedauern auszudrücken über etwas, was man verschuldet hat.

Des **Meeres** und der Liebe Wellen

Dies ist der Titel eines Trauerspiels von Franz Grillparzer (1791–1872) mit den antiken Gestalten Hero und Leander, für die das Meer schicksalhafte Bedeutung hat. Das Zitat wird als scherzhafte Anspielung auf die mit einer Liebesbeziehung verbundenen Turbulenzen und Gefühlsstürme verwendet.

Mehr als befreundet, weniger als Freund

Dieses Zitat stammt aus der Schlegel-Tieckschen Ausgabe von Shakespeares Tragödie „Hamlet" (I, 2). König Claudius wendet sich mit den Worten „But now, my cousin Hamlet, and my son ..." (wörtlich übersetzt: „Aber nun, mein Neffe Hamlet und mein Sohn ...") an den Prinzen. Dieser unterbricht hier seinen Onkel und Stiefvater und sagt, sich auf das angesprochene Verwandtschaftsverhältnis beziehend: *A little more than kin and less than kind* (wörtlich: „Etwas mehr als [nur] Verwandter und weniger als [eng] Verwandter"). Die Mehrdeutigkeit des englischen Wortes „kind", das sowohl „Verwandter" als auch „wohlmeinend, freundlich" heißen kann, ist wohl die Grundlage für die Schlegel-Tiecksche Übersetzung. – Heute werden diese Worte gelegentlich zitiert, wenn man das persönliche Verhältnis zu jemandem charakterisieren will, mit dem man zwar verwandtschaftlich verbunden, dem man aber nicht unbedingt freundlich gesinnt ist.

↑Das ist **mehr** als ein Verbrechen, das ist ein Fehler

Mehr Demokratie wagen

In Willy Brandts Regierungserklärung vom 28. 10. 1969 findet sich der programmatische Satz „Wir wollen mehr Demokratie wagen“. Der darin enthaltene Gedanke, daß Demokratie keine gegebene Einrichtung ist, sondern ein Ideal, dessen Verwirklichung auch immer ein Wagnis darstellt und Mut und Entschlossenheit von den Regierten ebenso wie von den Regierenden verlangt, hat viele Menschen so fasziniert, daß die Formulierung „Mehr Demokratie wagen“ zum häufig verwendeten gesellschaftspolitischen Schlagwort wurde. Auch Abwandlungen wie „Mehr Freiheit wagen“ oder „Mehr Bürgernähe wagen“ sind geläufig geworden.

Mehr Licht!

In seinen letzten Worten am 22. 3. 1832 soll Goethe laut Kanzler Friedrich von Müller (1779–1849) diesen Wunsch geäußert haben: „Macht doch den zweiten Fensterladen auf, damit mehr Licht hereinkomme!“ Der Ausruf „Mehr Licht!“ wird heute meist scherzhaft zitiert, wenn es in einem Zimmer zu dunkel wird oder wenn man etwas nicht richtig sehen kann, weil es zu dunkel ist.

Mehr Schulden als Haare auf dem Kopf haben

Die umgangssprachliche Redensart, mit der man jemandes hohe Verschuldung ausdrückt, leitet sich von einem Bibelzitat her. In Psalm 40,13 vergleicht König David die Anzahl seiner Sünden mit den Haaren auf seinem Haupt: „Denn es hat mich umgeben Leiden ohne Zahl; es haben mich meine Sünden ergriffen, daß ich nicht sehen kann; ihrer ist mehr denn Haare auf meinem Haupt, und mein Herz hat mich verlassen.“ In der Redensart ist die biblische „Sündenschuld“ zu weltlichen, finanziellen Schulden umgedeutet worden.

Mehr sein als scheinen

Der preußische Generalfeldmarschall Graf Alfred von Schlieffen (1833–1913) empfahl in einer Rede anläßlich seines Dienstjubiläums (1903) dieses Wort den Generalstabsoffizieren als Wahlspruch. Der in dem Wort enthaltene Aufruf zu größerer Bescheidenheit ist in ähnlichen Formulierungen bereits im Schrifttum der Antike (z. B. bei Platon, Äschylus, Xenophon) belegt und taucht auch später (beispielsweise als Wahlspruch deutscher Adelsgeschlechter) immer wieder auf.

Mehrheit ist der Unsinn

↑Verstand ist stets bei wen'gen nur gewesen

Mein Freund kannst du nicht länger sein

Mit diesem Ausspruch kann man scherzhaft seine Mißbilligung gegenüber jemandem ausdrücken, von dessen Handlungsweise man enttäuscht ist, die man nicht akzeptieren kann. Es handelt sich bei dem Zitat um eine – leicht veränderte – Zeile aus der Schlußstrophe von Schillers Ballade „Der Ring des Polykrates“, die auf einer Erzählung des griechischen Dichters Herodot beruht. In der Ballade ist es allerdings weniger Mißbilligung als vielmehr große Angst, die aus diesen Worten spricht. Es sind die Worte des Königs von Ägypten, der als Gast bei Polykrates, dem Tyrannen von Samos, weilt. Polykrates hat einen Ring, sein „höchstes Gut“, in die Flut geworfen, um die Mißgunst der Götter, ihren Neid auf sein übergroßes Glück, abzuwenden. Als der Ring (im Magen eines Fisches) wieder auftaucht, ist dies für den Gast ein untrügliches Zeichen des Unheils, das dem Gastgeber droht. Er spricht, von Grauen gepackt, die Worte: „So kann ich hier nicht ferner hausen,/Mein Freund kannst du nicht weiter sein./Die Götter wollen dein Verderben,/Fort eil' ich, nicht mit dir zu sterben.“ (Polykrates wurde 522 von dem persischen Satrapen Oroites nach Magnesia gelockt und hingerichtet.)

Mein ganzer Reichtum ist mein Lied

↑Ich bin ein freier Mann und singe

Mein Gehirn treibt wunderbare Blasen auf

Don Karlos, der spanische Kronprinz, versucht in Schillers gleichnamigem Versdrama (uraufgeführt 1787) der Prinzessin Eboli sein merkwürdiges Verhalten zu erklären, das sie als Ausdruck seiner Liebe zu ihr mißdeutet. Er spricht im achten Auftritt des zweiten Akts die Worte: „Poesie! – Nichts weiter. – Mein Gehirn/treibt öfters wunderbare Blasen auf,/Die schnell, wie sie entstanden sind, zerspringen.“ Diese Worte werden in verkürzter Form zitiert, wenn man einen wunderlichen Einfall zu entschuldigen versucht. Man kann damit aber auch – ein wenig selbstironisch – andeuten, daß einem ein ganz neuartiger Gedanke gekommen ist, daß man eine ungewöhnliche Idee hat.

Mein geliebtes Deutsch

Im 1. Teil von Goethes Faust (Studierzimmer) sucht Faust innere Befriedigung, indem er sich der Bibel zuwendet und darangeht, das Neue Testament zu übersetzen oder, wie er es ausdrückt, „das heilige Original/In mein geliebtes Deutsch zu übertragen.“ Die deutsche Sprache wird heute wohl nur noch in scherzhaftem Ton oder in sehr emphatischer Ausdrucksweise als jemandes „geliebtes Deutsch“ bezeichnet.

Mein Gott, Walter!

Einer der ersten Schallplattenerfolge des Unterhaltungskünstlers und „Blödelbarden“ Mike Krüger (* 1951) war das Lied von Walter, der oftmals mit den Tücken des Alltags zu kämpfen hatte. Seine eigene Art, Probleme zu lösen, entlockte seiner Ehefrau und denen, die mit ihm zu tun hatten, häufig den Stoßseufzer „Mein Gott, Walter!“ Dieser Kehrreim des Liedes wurde bald allgemein verbreitet als Ausruf der Verwunderung, des Staunens oder des Unverständnisses.

Mein Herz ist wie ein Bienenhaus

„Mein Herz, das ist ein Bienenhaus,/Die Mädchen sind darin die Bienen./Sie fliegen ein, sie fliegen aus,/Grad' wie es ist im Bienenhaus.“ Diese Zeilen, die der Freude des Mannes an häufigem Verliebtsein und Liebeleien Ausdruck geben, gehen auf ein Lied des deutschen Germanisten und Schriftstellers Karl Simrock (1802–1876) zurück. Der vielgesungene Text wurde häufig verändert; er lautete ursprünglich: „Mein Herz war wie ein Bienenhaus,/Es flogen Mädchen ein und aus;/Doch endlich kam die Königin,/Die bleibt und herrscht nun ewig drin.“

Mein idealer Lebenszweck ist Borstenvieh und Schweinespeck

Diese Verse singt der reiche Schweinezüchter Zsupán in der 3. Szene von Johann Strauß' Operette „Der Zigeunerbaron“ (uraufgeführt 1885). Das Textbuch schrieb J. Schnitzer nach einer Erzählung von M. Jókai. – Das Zitat kann zum Beispiel als scherzhafte Anspielung auf jemandes Vorliebe für deftiges Essen gebraucht werden.

Mein ist der Helm, und mir gehört er zu

Mit diesem Zitat kann jemand in literarischer Form und besonders nachdrücklich zum Ausdruck bringen, daß er Anspruch auf etwas erhebt, ja daß er allein berechtigt ist, einen solchen Anspruch zu erheben. Der Satz stammt aus Schillers Drama „Die Jungfrau von Orleans“ (Prolog, 3. Auftritt) und bezieht sich auf einen Helm, „würdig eines ritterlichen Haupts“, der auf seltsame Weise durch eine Zigeunerin zu Johanna, der späteren „Jungfrau von Orleans“, gelangt ist. Die Bestimmtheit, mit der Johanna die Worte ausspricht, indem sie den Helm an sich reißt, setzt die Anwesenden in Erstaunen. Der Vorfall mit dem Helm und die Worte Johannas deuten an, wohin ihr Weg gehen wird und welcher Art der Auftrag ist, den sie zu erfüllen hat.

Mein Liebchen, was willst du mehr?

Dies ist der Kehrreim von Heinrich Heines (1797–1856) Gedicht „Du hast Diamanten und Perlen“, Nr. 62 der

Gedichtsammlung „Die Heimkehr" aus dem „Buch der Lieder". Diese Zeile greift den Kehrreim „Schlafe! Was willst du mehr?" aus Goethes „Nachtgesang" auf. Goethe übersetzte dabei seinerseits den Kehrreim eines von Johann Friedrich Reichardt (1752–1814) vertonten italienischen Volksliedes: *Dormi, che vuoi di più?* Das Zitat bringt scherzhaft zum Ausdruck, daß man von einem geliebten Wesen glaubt, es müsse nun mit dem zufrieden sein, was ihm zuteil wurde.

Mein lieber Freund und Kupferstecher

Die heute meist scherzhaft-drohend oder mahnend geäußerte, oft auch Erstaunen oder Verwunderung ausdrükkende Anrede könnte auf den Titel „An den Gevatter Kupferstecher Barth" eines Gedichts von Friedrich Rückert (1788–1866) zurückgehen. Dieser Titel bezieht sich auf den Kupferstecher Karl Barth des Bibliographischen Instituts, der Rückert mehrmals porträtierte. Da das Gedicht jedoch wohl nicht allzu bekannt geworden ist, kann die Herkunft des Ausdrucks nicht als endgültig geklärt angesehen werden.

Mein Milljöh

Dies ist der Titel eines der Bildbände des Berliner Zeichners Heinrich Zille (1858–1929), der in seinen Bildern mit ausgeprägtem Sinn für Situationskomik und oft mit bissiger Ironie besonders das Berliner Milieu der proletarischen Viertel schilderte. Der Titel wurde zum geflügelten Ausdruck, der in unterschiedlicher Verwendung gebraucht wird. Der Titel oder auch das Wort „Milljöh" allein (in seiner charakteristischen Schreibung) tauchen beispielsweise in Texten auf, die sich mit entsprechenden Themen befassen, in Liedern oder auch als Name von Lokalen, die damit das Vorhandensein eines bestimmten Ambiente vermitteln wollen.

Mein Name ist Hase

Die Redensart „mein Name ist Hase, ich weiß von nichts" geht wohl auf eine Aussage des Jurastudenten Victor von Hase vor dem Heidelberger Universitätsgericht im Jahre 1854 zurück. Wie sein Bruder, der Theologe Karl Alfred von Hase, berichtet („Unsere Hauschronik", 1898), verhalf Victor einem Kommilitonen, der einen andern im Duell erschossen hatte, durch absichtliches Verlieren seines Studentenausweises zur Flucht nach Frankreich. Nach geglückter Flucht wurde der Ausweis, der nicht verliehen werden durfte, gefunden und dem Universitätsgericht zugestellt. Zu Beginn der Verhandlung, in der sich Victor zu verantworten hatte, sagte er: „Mein Name ist Hase, ich verneine die Generalfragen, ich weiß von nichts." Heute wird mit dem Zitat „mein Name ist Hase" umgangssprachlich-scherzhaft zum Ausdruck gebracht, daß man von einer Sache nichts weiß, nichts damit zu tun haben will.

Mein Name sei Gantenbein

Dies ist der Titel eines 1964 erschienenen Romans des Schweizer Schriftstellers Max Frisch (1911–1991). In dem Roman entwirft der Held und Ich-Erzähler, von seiner Frau verlassen, immer neue Rollen und Gegenspieler für sich. Auf die erzählerische Grundintention, das Sichbewegen im fiktiven Raum, das Verarbeiten der Wirklichkeit durch Darstellung fingierter Ereignisse und Episoden, weist der Konjunktiv im Titel des Romans bereits hin. Entsprechend auch ist die Verwendung des Titels als Zitat. So dient er beispielsweise als ausweichende Antwort auf eine Frage, die man nicht beantworten kann oder will. Dabei wird der Name „Gantenbein" oft ersetzt durch andere Namen oder auch Begriffe, die in dem betreffenden Zusammenhang eine Rolle spielen und die man auf diese vage Weise ins Gespräch bringt, um es den andern zu überlassen, damit zu spekulieren.

Mein schönes Fräulein, darf ich wagen, meinen Arm und Geleit Ihr anzutragen?

Die Szene „Straße" im ersten Teil von Goethes Faust (1808) beginnt mit der

Begegnung von Faust und Gretchen. Mephisto hatte Faust am Ende der vorausgehenden Hexenküchenszene angekündigt: „Du sollst das Muster aller Frauen/Nun bald leibhaftig vor dir sehn.“ Faust, vom Anblick Gretchens entzückt, spricht sie mit folgenden Worten an: „Mein schönes Fräulein, darf ich wagen/Meinen Arm und Geleit Ihr anzutragen?“ – Das Zitat und auch sein erster Teil allein (oft leicht abgewandelt zu „Schönes Fräulein, darf ich's wagen?“) kann als scherzhafte Floskel bei verschiedenen Gelegenheiten verwendet werden. Die Worte können das Überreichen eines kleinen Geschenks, einer Blume o. ä. an eine junge Frau oder ein Mädchen begleiten, sie können als Aufforderung zum Tanz oder beim Anbieten einer Hilfeleistung ausgesprochen werden.

Mein Verstand steht still

Wenn wir umgangssprachlich von jemandem sagen, ihm stehe der Verstand still, so meinen wir damit, daß etwas für ihn völlig unbegreiflich ist. Eine ähnliche Ausdrucksweise begegnet uns in Schillers bürgerlichem Trauerspiel „Kabale und Liebe“ (III, 2), wo der Hofmarschall von Kalb auf die Mitteilung des Präsidenten von Walter, sein Sohn wolle sie beide „ans Messer liefern“, entgegnet: „Mein Verstand steht still.“ Und schon in Christian Fürchtegott Gellerts (1715–1769) Weihnachtslied „Dies ist der Tag, den Gott gemacht“ findet sich in der 3. Strophe die Formulierung: „Wenn ich dies Wunder fassen will,/So steht mein Geist in Ehrfurcht still.“

Meine Ruh' ist hin, mein Herz ist schwer

Wenn jemand voll innerer Unruhe ist, Sorgen und trübe Gedanken ihn bedrängen, dann charakterisieren diese Worte treffend seine Stimmungslage. Gretchen spricht sie im 1. Teil von Goethes Faust (Gretchens Stube) in der ersten, vierten und achten Strophe ihres liedartigen Monologs, in welchem sie im Selbstgespräch ihren Seelenzustand nach der Begegnung mit Faust beschreibt.

Meine Stunde ist noch nicht gekommen

Bei der „Hochzeit zu Kana“, von der das Johannesevangelium berichtet, wird Jesus von seiner Mutter darauf aufmerksam gemacht, daß dem Gastgeber der Wein ausgegangen ist. Die Antwort Jesu lautet zunächst (Kapitel 2, Vers 4): „Weib, was habe ich mit dir zu schaffen? Meine Stunde ist noch nicht gekommen.“ Danach erst macht sich Jesus daran, sein „erstes Zeichen“ zu tun, indem er Wasser in Wein verwandelt. Der erste, sehr hart klingende Teil der Antwort Jesu an seine Mutter wird heute gelegentlich als eine Art scherzhafter Zurückweisung verwendet. Der zweite Teil wird öfter zitiert oder auch in freierer Verwendungsweise gebraucht, um damit anzudeuten, daß bestimmte Bedingungen erfüllt sein müssen, ein bestimmter Zeitpunkt abzuwarten ist, bis man mit etwas (in möglichst wirkungsvoller Weise) beginnen kann.

Meinerseits möcht' ich's damit halten

↑Unverständlich sind mir die Alten

Meines Lebens schönster Traum hängt an diesem Apfelbaum

↑All mein Hoffen, all mein Sehnen

↑Verachtet mir die **Meister** nicht

Auf des **Meisters** Worte schwören

↑Jurare in verba magistri

↑O du zertrümmert **Meisterstück** der Schöpfung

Menetekel

Ein geheimnisvolles Anzeichen eines drohenden Unheils, ein ernster Warnruf vor einem drohenden Unglück wird nach einer Stelle in der Bibel als „Menetekel“ bezeichnet. Beim Propheten Daniel wird im 5. Kapitel die Geschichte des babylonischen Königs Belsazar erzählt, der sich „wider den Herrn des Himmels erhoben“ hatte. Bei einem Gelage erschien dem König eine Schrift an der Wand, es waren „Finger wie einer

Menschenhand, die schrieben". Die geheimnisvolle Schrift lautete: „Mene, Mene, Tekel, Upharsin" (Daniel 5,23). Als niemand die Schrift zu entziffern wußte, wurde der Prophet Daniel herbeigerufen, der die Worte als „gezählt" (bezogen auf die Tage der Regentschaft Belsazars), „gewogen" (aber zu leicht befunden) und „zerteilt" (in Anspielung auf die kommende Teilung des Reiches) deutete. Der Belsazarstoff wurde öfter literarisch bearbeitet. Besonders bekannt ist das Gedicht „Belsazer" von Heinrich Heine (1797–1856). Der deutsche Dramatiker Friedrich Wolf (1888–1953) gab einer Erzählung den Titel „Menetekel". Ins Scherzhafte gewendet erscheint das Thema in dem Vierzeiler „Zwei Schweinekarbonaden" von Joachim Ringelnatz (1883–1934). Das Gedicht lautet: „Es waren zwei Schweinekarbonaden (= Schweinekoteletts),/Die kehrten zurück in den Fleischerladen/Und sagten, so ganz von oben hin:/‚Menèh tékel ûpharsin.'"

Die **Menge** tut's

Mit dieser Aussage drückt man aus, daß weniger die richtige Menge oder die Qualität, sondern einfach nur die große Anzahl oder Menge für etwas Bestimmtes ausschlaggebend ist. Der Ausspruch, dessen heutiger Gebrauch wohl von gängigen Redensarten wie „Die Menge muß es bringen" oder „Die Masse macht's" beeinflußt ist, wird dem Arzt und Naturforscher Paracelsus, eigentlich Theophrastus Bombastus von Hohenheim (1493–1541), zugeschrieben. Bei ihm allerdings (dem Wegbereiter der Medizin am Beginn der Neuzeit) hatte der Satz die Bedeutung, daß für eine erfolgreiche Behandlung gerade die richtige Dosis eines Mittels entscheidend ist.

Mens sana in corpore sano

↑Gesunder Geist in gesundem Körper

↑Denn der **Mensch** als Kreatur hat von Rücksicht keine Spur

Mensch, bezahle deine Schulden

Diese Aufforderung in der 2. Strophe von Heinrich Heines (1797–1856) Gedicht „Mensch, verspotte nicht den Teufel" (1825 veröffentlicht) könnte man an jemanden richten, dem man Geld geliehen hat, – und auch gleich die restlichen Zeilen der Strophe zitieren: „Lang ist ja die Lebensbahn,/Und du mußt noch manchmal borgen,/Wie du es so oft getan."

Der **Mensch** denkt, Gott lenkt

Diese Redensart besagt, daß wir zwar alle möglichen Pläne machen können, letztlich aber eine höhere Macht unseren Lebensweg bestimmt. Zugrunde liegt der Vulgatatext einer Stelle in den Sprüchen Salomos im Alten Testament: „Cor hominis disponit viam suam, sed domini est dirigere gressus eius" (Übersetzung: „Das Herz des Menschen denkt sich seinen Weg aus, aber es ist Sache des Herrn, seinen Schritt zu lenken"; Sprüche Salomos 16,9). Sie findet sich in fast allen europäischen Sprachen und geht in der vorliegenden Kurzform wohl auf das gleichbedeutende mittellateinische *Homo proponit, sed deus disponit* zurück. – Ein ähnlicher Gedanke findet sich schon in Homers „Ilias", wo es heißt: „Aber der Mensch entwirft, und Zeus vollendet es anders" (18,328).

↑Und weil der **Mensch** ein Mensch ist, drum will er was zu essen, bitte sehr!

Der **Mensch** erfährt, er sei auch, wer er mag, ein letztes Glück und einen letzten Tag

Der Zweizeiler findet sich in Goethes Sammlung „Sprichwörtlich" (1815). Der Dichter entnahm ihn seinem 1813 geschriebenen Epilog zum Trauerspiel „Der Graf von Essex", der deutschen Ausgabe von John Banks' „The Unhappy Favourite" (1682). Das Zitat kann als eine Art Memento mori in entsprechenden Zusammenhängen, z. B. als Ermahnung zur Selbstbesinnung, verwendet werden.

↑ Denn ich bin ein **Mensch** gewesen, und das heißt ein Kämpfer sein

↑ Was ist der **Mensch?** Halb Tier, halb Engel

↑ Jeder **Mensch** hat seinen Preis

↑ Hier bin ich **Mensch,** hier darf ich's sein

Der **Mensch** im Futteral

Das Zitat ist der Titel einer Erzählung von Anton Tschechow (1860–1904; russisch: *tschelowek w futljare*). Die Titelfigur ist ein Griechischlehrer, der, innerlich völlig unfrei und allem Neuen abhold, nur nach obrigkeitlichen Verboten und Anordnungen lebt und auch seine Umgebung in entsprechende „Futterale" zu zwängen versucht. Dementsprechend wird das Zitat verwendet, um einen übervorsichtigen, engstirnigen und (durch eigene Schuld) von Zwang und Unfreiheit beherrschten Menschentypus zu charakterisieren.

Ein **Mensch** in seinem Widerspruch

Zur Kennzeichnung der Komplexität und Vielschichtigkeit einer Persönlichkeit verwendet man diese Formulierung, die dem 26. Gedicht „Homo sum" aus dem Zyklus „Huttens letzte Tage" von Conrad Ferdinand Meyer (1825–1898) entlehnt ist. Huttens Monolog schließt dort mit den Zeilen, die der Dichter dem Buch seit der 3. Auflage auch als Motto voranstellte: „Das heißt: ich bin kein ausgeklügelt Buch,/Ich bin ein Mensch mit seinem Widerspruch." Der Humanist und Publizist Ulrich Reichsritter von Hutten (1488–1523) zog sich nach dem Scheitern seiner Pläne für ein starkes, auf die Reichsritterschaft gestütztes Kaisertum vor der Verfolgung auf die Insel Ufenau im Zürichsee zurück. In Meyers Gedicht läßt er sein bewegtes Leben an seinem inneren Auge vorüberziehen.

↑ Und wenn der **Mensch** in seiner Qual verstummt, gab mir ein Gott zu sagen, was ich leide

Der **Mensch** ist aber ein Gott, sobald er Mensch ist. Und ist er ein Gott, so ist er schön

Das Zitat mit der zunächst etwas widersprüchlich klingenden Aussage wird von jemandem gebraucht, der ausdrükken will, daß es dem Menschen aufgegeben ist, ein richtiger Mensch erst zu werden, und daß er stets bestrebt sein sollte, dieses Ziel zu erreichen. Es handelt sich dabei um ein Zitat aus dem Briefroman „Hyperion" (Bd. 1, 2. Buch, letzter Brief) von Friedrich Hölderlin (1770 bis 1843), in dem der Dichter das Hauptthema seines gesamten Dichtens, nämlich die Berufung zum prophetischen Dichtertum, erstmals in umfassender Weise darstellt. Das Zitat steht im Zusammenhang einer Reflexion über die Kultur des alten Athen und ist insbesondere vor diesem Hintergrund zu verstehen. Dem Menschen als einem Wesen, das nur im Augenblick lebt, bleibt es versagt, sein eigentliches Ziel zu erreichen, nämlich das Einssein mit der Natur, „mit allem, was lebt", die Teilnahme am Leben der Gottheit. Nur die Schönheit als Lebensprinzip im Sinne des bei den Griechen vorgebildeten Ideals vermag es, diese Diskrepanz aufzulösen. Der Brief, der das Zitat enthält, endet schließlich mit den hoffnungsfrohen Worten Hyperions im Anblick der Trümmer Athens: „Es wird nur eine Schönheit sein; und Menschheit und Natur wird sich vereinen in eine allumfassende Gottheit."

Der **Mensch** ist das Maß aller Dinge

Dieser von dem griechischen Philosophen Platon (427–347 v. Chr.) an verschiedenen Stellen – unter anderen in seinem Dialog „Theaitetos" – überlieferte sogenannte Homo-mensura-Satz stammt von dem zu den Sophisten gehörenden griechischen Philosophen Protagoras (um 481–411 v. Chr.). Er fand sich in dessen verlorener Schrift mit dem Titel „Die Wahrheit". Bei Platon äußert sich Sokrates in dem genannten Dialog über Protagoras in folgender Weise: „Denn irgendwo sagt er, der Mensch sei das Maß aller Dinge, der seienden, daß sie sind, der nichtseienden, daß sie nicht sind". Man verwendet das Zitat heute entweder negativ zur Charakterisierung menschlicher Hybris oder seltener auch positiv als Forderung, sich bei politischen und gesellschaftlichen Entscheidungen an den wirklichen Bedürfnissen des Menschen zu orientieren.

↑Jeder **Mensch** ist ein Abgrund

Der **Mensch** ist ein auf Hoffnung gestelltes Wesen

↑Noch am Grabe pflanzt er die Hoffnung auf

Der **Mensch** ist ein Gewohnheitstier

Wenn man ausdrücken will, daß der Mensch sich nicht so ohne weiteres von seinen Gewohnheiten lösen kann, sich in manchen Situationen von ihnen zu einem unpassenden Verhalten, einer falschen Reaktion verleiten läßt, so gebraucht man sehr häufig diese sprichwörtliche Redensart. Sie soll in der von Gustav Freytag (1816–1895) und anderen geleiteten Wochenschrift „Die Grenzboten, Zeitschrift für Politik, Literatur und Kunst", Leipzig 1847, als witzige Sentenz erstmals aufgeführt worden sein.

Der **Mensch** ist etwas, das überwunden werden soll

Dieser Ausspruch, gelegentlich zitiert, wenn vom Menschen mit all seinen Fehlern und Unzulänglichkeiten die Rede ist, stammt von Friedrich Nietzsche (1844–1900). In der philosophischen Dichtung „Also sprach Zarathustra" stehen diese Worte (im vierten Teil am Ende des Kapitels „Der häßliche Mensch") in einem Zusammenhang, in dem Nietzsche von der Notwendigkeit einer Höherentwicklung des Menschen zu einem idealeren Wesen spricht, von der Befreiung des Menschen aus seinem jetzigen beklagenswert unvollkommenen Zustand. Im einzelnen wird dieses Thema dann im späteren Kapitel „Vom höheren Menschen" weiter ausgeführt, wo es zu Beginn des Abschnitts 3 heißt: „Die Sorglichen fragen heute: ‚Wie bleibt der Mensch erhalten?' Zarathustra aber fragt als der einzige und erste: ‚Wie wird der Mensch überwunden?' – Der Übermensch liegt mir am Herzen, der ist mein erstes und einziges – und nicht der Mensch: nicht der Nächste, nicht der Ärmste, nicht der Leidendste, nicht der Beste. –"

Der **Mensch** ist frei geboren und doch überall in Ketten

↑Der Mensch ist frei geschaffen

Der **Mensch** ist frei geschaffen

Das Zitat stammt aus Schillers Gedicht „Die Worte des Glaubens" (1797). Von den in dem Gedicht angesprochenen „drei Worten des Glaubens" lautet das erste: „Der Mensch ist frei geschaffen, ist frei,/Und würd' er in Ketten geboren." Schiller postuliert hier, daß die menschliche Freiheit nicht von äußeren Umständen abhängt. Der Mensch ist auch „in Ketten" frei, weil die Freiheit ein innerer Zustand ist, der den Menschen über die äußeren Verhältnisse und auch über seine Triebnatur triumphieren läßt. (Vergleiche auch „Die Tugend, sie ist kein leerer Schall".) Die Worte Schillers stellen eine Abwandlung dessen dar, was Jean-Jacques Rousseau (1712–1778) in seiner 1762 erschienenen Schrift „Du contrat social ou principes du droit politique" entwikkelt hatte. Diese Schrift beginnt mit den Worten: „Der Mensch ist frei geboren und doch überall in Ketten" (französisch: *L'homme est né libre, et partout il est dans les fers*).

Der **Mensch** ist nicht geboren, frei zu sein

Der Ausspruch wird meist zitiert, wenn von den Zwängen die Rede ist, denen der Mensch im Leben unterworfen ist, von den Bindungen und Verpflichtungen, die er als soziales Wesen eingehen muß. Das Zitat stammt aus dem Schauspiel „Torquato Tasso" von Goethe, in dem das problematische Verhältnis des Dichters zur Gesellschaft behandelt wird. Im Dialog mit der Prinzessin Leonore von Este (II, 1) spricht der Dichter Tasso die Worte: „Der Mensch ist nicht geboren, frei zu sein,/Und für den Edlen ist kein schöner Glück,/Als einem Fürsten, den er ehrt, zu dienen." Es klingt hier das Thema der Abhängigkeit des Dichters vom politischen Mäzen an, das mit bestimmend ist für die problematischen Zuspitzungen im weiteren Handlungsverlauf des Dramas.

Der **Mensch** ist von Natur ein geselliges Wesen

↑Zoon politikon

Der **Mensch** ist, was er ißt

Mit diesen Worten kündigte der Philosoph Ludwig Feuerbach (1804–1872) in den „Blättern für literarische Unterhaltung" Jakob Moleschotts „Lehre der Nahrungsmittel für das Volk" (Erlangen 1850) an. Gegen Mißinterpretationen versuchte er sich durch Herausgabe der Schrift „Das Geheimnis des Opfers oder Der Mensch ist, was er ißt" zu schützen, wo der Mensch auf Grund seiner irdischen Nahrung als Sterblicher eingestuft wird. Die heute noch vertretene Anschauung von der Wichtigkeit der gewählten Nahrung formulierte schon der Gastronom Jean-Anthelme Brillat-Savarin (1756–1826) am Anfang seiner „Physiologie du goût": *Dis-moi ce que tu manges, je te dirai ce que tu es* („Sage mir, was du ißt, und ich sage dir, was du bist").

Der **Mensch** lebt nicht vom Brot allein

Das Zitat geht auf die Bibel zurück. Im Matthäusevangelium 4, 4 spricht Jesus zu Satan, dem Versucher, der ihn veranlassen will, Steine in Brot zu verwandeln, die Worte: „Der Mensch lebt nicht vom Brot allein, sondern von einem jeglichen Wort, das durch den Mund Gottes geht." Diese Worte stehen in ähnlicher Form bereits im 5. Buch Moses (8, 3), sie beziehen sich also auf diese Stelle im Alten Testament. Man verwendet das Zitat heute, wenn man darauf hinweisen will, daß es für den Menschen über das Materielle hinaus noch andere, wichtige Dinge gibt.

↑Kein **Mensch** muß müssen

↑Als **Mensch** und Christ

Mensch unter Menschen sein

Diese Redewendung findet sich in dem kurzen Stück „Semele" von Schiller aus dem Jahr 1782. Es handelt von Zeus' (Jupiters) Liebe zu Semele, einer Prinzessin von Theben. Die eifersüchtige Juno hat Semele in Gestalt ihrer alten Amme Beroe aufgesucht und ihr Zweifel an der wahren Identität des schönen Jünglings eingepflanzt, in dessen Gestalt sich Zeus ihr genähert hatte. Um Zeus auf die Probe zu stellen, fragt Semele, Junos verderblichem Rat folgend, ob er sie als Gott überhaupt lieben könne. Zeus entgegnet, daß er auf ihren Wunsch seine Gottheit ablegen und sterblich werden würde. Er bekräftigt dies mit den Worten: „Apollo selbst gestand, es sei Entzücken,/Mensch unter Menschen sein – ein Wink von dir – ich bin's!" Sie aber verlangt, daß er sie in seiner göttlichen Gestalt lieben soll, und besiegelt damit ihr Verderben. – Man gebraucht die Redewendung etwa in der Bedeutung „sich an einem Ort keinen Zwängen ausgesetzt fühlen".

Der **Mensch** versuche die Götter nicht

Als eine Art beschwörende Formel bei gefährlichen Experimenten, halsbrecherischen Unternehmungen o. ä. wird dieses Zitat meist gebraucht. Es stammt aus Schillers Ballade „Der Taucher" und gehört zu den Worten, mit denen der Taucher zu erzählen beginnt, welche Schrecknisse ihm in der Tiefe des Meeres begegnet sind, in die er nach dem Becher des Königs getaucht ist: „Da unten aber ist's fürchterlich,/Und der Mensch versuche die Götter nicht/Und begehre nimmer und nimmer zu schauen,/Was sie gnädig bedecken mit Nacht und Grauen.“

Mensch, werde wesentlich!

Von dem schlesischen Mystiker Angelus Silesius (1624–1677) stammt die Sammlung „Geistliche Sinn- und Schlußreime“ mit dem Titel „Der cherubinische Wandersmann“. Sie umkreist in Epigrammen das mystische Verhältnis von Gott und menschlicher Seele. Im zweiten Buch des „Cherubinischen Wandersmanns“ findet man den Sinnspruch „Mensch, werde wesentlich! Denn wann die Welt vergeht,/So fällt der Zufall weg, das Wesen, das besteht“. Für den Mystiker ist damit die Wendung nach innen gemeint, die Abkehr von der zerstreuenden Außenwelt. – Der expressionistische Dichter Ernst Stadler (1883–1914) griff dieses Epigramm in seinem Gedicht „Der Spruch“ auf: „In einem alten Buche stieß ich auf ein Wort,/Das traf mich wie ein Schlag und brennt durch meine Tage fort:/Und wenn ich mich an trübe Lust vergebe,/Schein, Lug und Spiel zu mir anstatt des Wesens hebe,/Wenn ich gefällig mich mit raschem Sinn belüge,/... Wenn mich willkommner Traum mit Sammethänden streicht,/Und Tag und Wirklichkeit von mir entweicht,/Der Welt entfremdet, fremd dem tiefsten Ich,/Dann steht das Wort mir auf: Mensch, werde wesentlich!“ Das Zitat wird heute eher als scherzhaft-saloppe Aufforderung gebraucht, zur Sache zu kommen, nicht zu weitschweifig zu sein.

Des **Menschen** Engel ist die Zeit

Dieser Ausspruch wird gelegentlich noch verwendet, wenn man jemanden darauf hinweisen will, daß es notwendig ist, sich besonders vor wichtigen Entscheidungen Zeit zu lassen, nichts zu überstürzen. Er dient aber auch als Hinweis darauf, daß schlimmen Ereignissen im Dahingehen der Zeit ihr Schrecken genommen wird. Es handelt sich dabei um ein Zitat aus Schillers Drama „Wallenstein“. Es sind Worte des Generalleutenants Oktavio Piccolomini aus „Wallensteins Tod“ (V, 11), der – obwohl selbst nicht unschuldig an der Ermordung Wallensteins durch den Obersten Buttler – beklagt, daß diese unwiderrufliche Tat zu rasch erfolgt sei. Er hält Buttler vor: „Mußt’ es so rasch gehorcht sein? Konntest du/Dem Gnädigen nicht Zeit zur Gnade gönnen?/Des Menschen Engel ist die Zeit – die rasche/Vollstreckung an das Urteil anzuheften,/Ziemt nur dem unveränderlichen Gott.“

Des **Menschen** Hörigkeit

Unter diesem Titel wurde 1939 die erste deutsche Übersetzung von William Somerset Maughams Roman *Of Human Bondage* (erschienen 1915) veröffentlicht. In dem mit autobiographischen Elementen durchsetzten Werk wird die Gebundenheit und Unfreiheit des Menschen auf Grund seiner Illusionen und seiner triebhaften Affekte dargestellt. Der Titel spielt auf Spinozas „Ethik“ an, deren vierter Teil von der „menschlichen Knechtschaft“ handelt. – Man verwendet das Zitat auch heute mit Bezug auf die Schwäche des Menschen, seine Abhängigkeit von seinen Wunschvorstellungen und Trieben.

Menschen im Hotel

Dem Drehbuch zu dem berühmt gewordenen amerikanischen Film aus dem Jahr 1932 liegt der 1929 erschienene gleichnamige Roman der österreichischen Schriftstellerin Vicki Baum zugrunde. (Der amerikanische Titel des Films ist: „Grandhotel“.) Die Hauptrolle in der ersten Verfilmung spielte Greta Garbo. Eine deutsch-französische Neuverfilmung erlebte der Stoff 1959. – Der Titel kann gelegentlich als Metapher für Menschen gebraucht werden, die beziehungslos nebeneinanderher leben.

↑Alle **Menschen** werden Brüder

Menschen wie du und ich

So lautet die Überschrift einer regelmäßig in der Zeitschrift „Das Beste aus Reader’s Digest“ erscheinenden Rubrik. – Mit dieser (auch in der Form „Ein Mensch wie du und ich“ gebräuchlichen) Formulierung bezeichnet man Menschen, die man – meist trotz ihrer besonderen Position, ihrer Berühmtheit oder ihrer Fremdheit – als völlig normal und „menschlich“ charakterisieren will.

↑Anders als sonst in **Menschenköpfen** malt sich in diesem Kopf die Welt

Es ↑gibt im **Menschenleben** Augenblicke

Der **Menschheit** ganzer Jammer faßt mich an

Das Zitat, das jemandem in den Sinn kommen kann, wenn er beispielsweise einen Menschen in einem erbarmungswürdigen Zustand antrifft, findet sich in der „Kerkerszene“ im ersten Teil von Goethes Faust. Faust hat sich mit Mephistos Hilfe Zugang zu dem Kerker verschafft, in dem Gretchen, die „Kindsmörderin“, gefangengehalten wird. Ihr Anblick veranlaßt ihn zu diesem Ausruf tiefer Bestürzung.

Der **Menschheit** Würde ist in eure Hand gegeben

Gegen Ende des großen Gedichtes „Die Künstler“ von Schiller steht dieser Ausspruch. Es sind mahnende Worte, die der Dichter den Künstlern zuruft. Das Zitat ist ein feierlicher Aufruf zu verantwortungsvollem, auf die allgemeine Vervollkommnung des Menschen gerichtetem Handeln. Die Stelle lautet im ganzen: „Der Menschheit Würde ist in eure Hand gegeben,/Bewahret sie!/Sie sinkt mit euch! Mit euch wird sie sich heben!“

Die **menschliche** Komödie

↑La comédie humaine

Ein **menschliches** Rühren fühlen

Die in der Umgangssprache verwendete scherzhafte Wendung mit der Bedeutung „den Drang fühlen, seine Notdurft zu verrichten“ geht auf eine Stelle in Schillers Gedicht „Die Bürgschaft“ zurück. Dort allerdings kennzeichnet die Zeile „Der fühlt ein menschliches Rühren“ die Gefühlslage des Königs, zu dem die „Wundermär“ von der Bewährung wahrer Freundschaft und Treue gedrungen ist.

Menschliches, Allzumenschliches

Die beiden Worte sind der Titel einer im Jahre 1878 erschienenen Sammlung von Betrachtungen und Aphorismen Nietzsches. Sie sind häufig als kommentierende Äußerung in Situationen zu hören, in denen fehlerhafte Verhaltensweisen, menschliche Schwächen o. ä. deutlich werden.

↑Ich bin ein Mensch, nichts **Menschliches** ist mir fremd

Ein **Messer** ohne Klinge, an welchem der Stiel fehlt

Die scherzhafte Redewendung mit der Bedeutung „ein Nichts“ stammt von Georg Christoph Lichtenberg (1742 bis 1799). 1798 veröffentlichte er im „Göttingenschen Taschenkalender“ ein satirisches „Verzeichnis einer Sammlung von Gerätschaften, welche in dem Hause des Sir H. S. künftige Woche verauktioniert werden sollen“. Dieses Verzeichnis, so behauptet Lichtenberg, habe er in einer englischen Privatbibliothek gefunden.

↑Bis aufs **Messer**

↑Auf des **Messers** Schneide stehen

Mich ergreift, ich weiß nicht wie, himmlisches Behagen

Mit den Zeilen „Mich ergreift, ich weiß nicht wie,/Himmlisches Behagen“ beginnt Goethes „Tischlied“ aus dem Jahr 1802. Er schrieb es für die sogenannte „Mittwochsgesellschaft“, ein gesellschaftlich-literarisches Kränzchen, zu dem sich Damen und Herren der Weimarer Gesellschaft zusammenfanden. Das Gedicht drückt eine allgemeine Daseinsfreude aus, läßt den König, die Geliebte und die Freunde hochleben und endet mit den Worten: „Und das Wohl der ganzen Welt/Ist’s, worauf ich ziele.“ – Das Zitat wird als Ausdruck von Wohlbefinden und behaglicher Zufriedenheit noch gelegentlich verwendet.

Mich faßt Verzweiflung, foltert Spott

In Carl Maria von Webers (1786–1862) romantischer Oper „Der Freischütz" (Libretto von Johann Friedrich Kind) sieht der Jägerbursche Max sein Lebensglück gefährdet, da er die Hand seiner geliebten Agathe nur erringen kann, wenn er beim traditionellen „Probeschuß" nicht versagt. Als Schütze aber war er zuletzt nicht sehr erfolgreich, und so endet seine Arie im 4. Auftritt des 1. Aktes der Oper mit folgenden Zeilen: „Mich faßt Verzweiflung, foltert Spott! – /O dringt kein Strahl durch diese Nächte?/Herrscht blind das Schicksal? Lebt kein Gott?/Mich faßt Verzweiflung, foltert Spott!" – Man verwendet das Zitat scherzhaft übertreibend, um der eigenen, meist nur gespielten Verzweiflung Ausdruck zu geben.

Mich fliehen alle Freuden

So beginnt ein Lied aus dem Singspiel „La molinara" (1788) von Giovanni Paisiello (1740–1816). Der Text soll von dem deutschen Komponisten und Lehrer Beethovens Christian Gottlob Neefe übersetzt worden sein. – Als Zitat können die Worte als eine Art Stoßseufzer verwendet werden, mit denen jemand eine Situation beklagt, in der er keine rechte Lebensfreude mehr empfinden kann.

Mich schuf aus gröberm Stoffe die Natur

Mit diesem Bekenntnis entschuldigt der Feldherr Wallenstein in Schillers Drama „Wallensteins Tod" (2,2) seinen Verrat am Kaiser. Er stellt in seinem Dialog mit Max Piccolomini seinen Realismus gegen den Idealismus Piccolominis: „Mich schuf aus gröberm Stoffe die Natur,/Und zu der Erde zieht mich die Begierde." – Man könnte das Zitat verwenden, um damit ein Verhalten zu entschuldigen, das möglicherweise nach dem Urteil anderer größeres Feingefühl erfordert hätte. Man kann damit aber auch auf die eigene physische oder psychische Robustheit hinweisen, die nicht so leicht zu erschüttern ist.

Mich wundert, daß ich so fröhlich bin

Indem man diesen Spruch zitiert, bringt man zum Ausdruck, daß man eigentlich gar keinen Grund zum Fröhlichsein hat. Es handelt sich dabei um den letzten Vers eines Vierzeilers von Martinus von Biberach aus dem Jahr 1498: „Ich leb und weiß nit wie lang,/Ich stirb und weiß nit wann,/Ich fahr und weiß nit wohin,/Mich wundert, daß ich fröhlich bin." Hans Thoma hat den Vierzeiler in seiner Autobiographie („Aus achtzig Lebensjahren") zitiert, der österreichische Schriftsteller Johannes Mario Simmel (* 1924) gab seinem ersten Roman aus dem Jahr 1949 den Titel „Mich wundert, daß ich so fröhlich bin".

Der ↑deutsche **Michel**

Die **Milch** der frommen Denkart

Als Anklage gegen den Reichsvogt Geßler, aber auch zur eigenen Rechtfertigung sagt Wilhelm Tell in Schillers gleichnamigem Schauspiel (1804 uraufgeführt) in seinem großen Monolog vor der „hohlen Gasse bei Küßnacht", wo er dem tyrannischen Vogt auflauert: „Meine Gedanken waren rein von Mord./Du hast aus meinem Frieden mich heraus/Geschreckt, in gärend Drachengift hast du/Die Milch der frommen Denkart mir verwandelt" (IV, 3). – Die „Milch der frommen Denkart" (häufig auch als „Denkungsart" zitiert), das ist die Geradlinigkeit der Gedanken eines Menschen, das naiv-arglose, nicht auf den eigenen Vorteil bedachte Verhalten. Wenn jemand sich durch das Vorgehen anderer ihm gegenüber gezwungen sieht, anders zu handeln, als es seiner inneren (friedlichen) Einstellung entspricht, kann diese Situation treffend mit Tells Worten charakterisiert werden.

Milchmädchenrechnung

Von einer „Milchmädchenrechnung" spricht man nach einer Fabel des deutschen Vertreters der Anakreontik Johann Wilhelm Ludwig Gleim (1719 bis

1803). Mit seinen in belehrender Absicht geschriebenen Fabeln suchte er erzieherisch zu wirken. Sein Gedicht „Die Milchfrau" geht auf die Fabel „La laitière et le pot au lait" von Jean de La Fontaine zurück. Darin rechnet sich eine Milchverkäuferin aus, was sie alles mit dem Erlös für ihre Milch machen könnte. In ihrer Freude beginnt sie zu hüpfen, wobei sie die Milch verschüttet, so daß all ihre Träume zerrinnen. – Als „Milchmädchenrechnung" bezeichnet man daher eine Berechnung oder planende Überlegung, die auf Trugschlüssen beruht, einer realen Grundlage entbehrt.

↑ Mein **Milljöh**

Dem **Mimen** flicht die Nachwelt keine Kränze

An den agierenden Schauspieler sind diese mahnenden Worte in Schillers „Prolog zu Wallensteins Lager" gerichtet (gesprochen bei der Wiedereröffnung der Schaubühne in Weimar 1798). Im Augenblick seines Auftretens muß er alles geben, nur so kann er als darstellender Künstler „ein lebend Denkmal sich erbaun". Sein Lorbeerkranz ist das positive Echo der „Mitwelt", nicht das Lob der „Nachwelt" (siehe auch „Denn, wer den Besten seiner Zeit genug getan, der hat gelebt für alle Zeiten").

Minister fallen wie Butterbrote: gewöhnlich auf die gute Seite

Das Zitat stammt aus einer Aphorismensammlung von Ludwig Börne (1786–1837). Es bezieht sich auf das jiddische Sprichwort „Butterbrot fällt uf's Ponim" (= aufs Gesicht), das man im Sinne von „wenn man schon Pech hat, dann gleich richtig" interpretieren kann – wenn das Butterbrot zu Boden fällt, dann auch meist noch mit der gebutterten Seite nach unten, so daß man es nicht mehr essen kann. Börnes Aphorismus verändert diesen Aspekt und behauptet, daß der Sturz eines Ministers keine schlimmen Konsequenzen für ihn hat, sondern meist durch einen guten neuen Posten oder eine andere wirtschaftliche Absicherung gemildert wird.

Mir fällt zu Hitler nichts ein

↑ Zu Hitler fällt mir nichts ein

Mir grauet vor der Götter Neide

↑ Du hast der Götter Gunst erfahren!

Mir wird von alledem so dumm, als ging mir ein Mühlrad im Kopf herum

In der zweiten Studierzimmerszene im 1. Teil von Goethes Faust findet ein Gespräch zwischen einem Schüler und Mephisto in der Maske Fausts statt. Mephisto erteilt dem unwissenden Neuling auf seine Weise Rat, indem er den Wissenschaftsbetrieb gründlich verspottet. Der Schüler, verwirrt von Mephistos Reden, resigniert mit der Feststellung: „Mir wird von alledem so dumm,/Als ging mir ein Mühlrad im Kopf herum." – Man gebraucht das Zitat scherzhaft, um zu erkennen zu geben, daß man etwas nicht recht versteht oder daß einem etwas zuviel wird.

Mit Blindheit geschlagen sein

Die Redewendung – auch in der Form „wie mit Blindheit geschlagen sein" – findet sich bereits im Alten Testament. Hier wird an verschiedenen Stellen (1. Moses 19, 11; 5. Moses 28, 28 f.; 2. Könige 6, 18) davon berichtet, daß Menschen von Jahwe mit Blindheit geschlagen werden, d. h., daß sie vorübergehend ihr Augenlicht verlieren. – Für uns hat die Redewendung die Bedeutung „etwas Wichtiges nicht sehen oder erkennen, wie blind für etwas sein".

Mit dem Bezahlen wird man das meiste Geld los

In den „Aphorismen und Reimen" Wilhelm Buschs (1832–1908) finden wir diese zwar triviale Erkenntnis, die aber ihre Gültigkeit niemals verloren hat.

Mit dem Blute meines eigenen Herzens geschrieben

Diese Worte finden sich bei Goethe in „Dichtung und Wahrheit" in bezug auf seinen 1774 erschienenen Briefroman „Die Leiden des jungen Werthers". Goethe hatte den „Werther" im Anschluß an seinen Aufenthalt am Kammergericht in Wetzlar geschrieben und seine Begegnung mit Charlotte Buff darin verarbeitet. – Die Goethesche Formulierung ist der heute gebräuchlichen Redewendung „etwas mit seinem Herzblut schreiben" sehr ähnlich, die wir mit der Bedeutung „etwas mit großem inneren Engagement schreiben" gebrauchen.

Mit dem Gürtel, mit dem Schleier reißt der schöne Wahn entzwei

Die beiden Verse stammen aus dem Abschnitt von Schillers „Lied von der Glocke", wo der Übergang von der Brautzeit in die Ehe geschildert wird: „Ach, des Lebens schönste Feier/Endigt auch den Lebensmai,/Mit dem Gürtel, mit dem Schleier/Reißt der schöne Wahn entzwei./Die Leidenschaft flieht,/Die Liebe muß bleiben." Die Zeilen werden gelegentlich ermahnend im Rahmen von Hochzeitsreden zitiert. Ein boshafter Spötter könnte mit ihnen auch zum Ausdruck bringen, daß sich hinter äußerer Schönheit, hinter äußerem Glanz oft nur eine sehr viel weniger glanzvolle Wirklichkeit verbirgt.

Mit dem Wissen wächst der Zweifel

Die Sentenz findet sich im ersten Teil von Goethes „Maximen und Reflexionen" unter der Nummer 410. Sie lautet vollständig: „Eigentlich weiß man nur, wenn man wenig weiß; mit dem Wissen wächst der Zweifel." Dieser Satz reflektiert die Erfahrung, daß der Umfang und die Abgründe eines Wissensbereichs sich vergrößern für den, der in ihn eindringt, und daß die offenen Fragen sich vermehren, statt sich zu vermindern.

Mit den Waffen einer Frau

So lautet der deutsche Titel des französischen Films „En cas de malheur" aus dem Jahr 1959. Dem Drehbuch liegt ein Roman von Georges Simenon zugrunde. Hauptdarsteller sind Jean Gabin und Brigitte Bardot. – Man gebraucht diese Redewendung zur Kennzeichnung besonderer weiblicher Taktik, die Frauen möglicherweise zur Erreichung bestimmter Ziele Männern gegenüber anwenden.

Mit der Bombe leben

Dieser Ausspruch stammt von dem Physiker und Philosophen Carl Friedrich von Weizsäcker (* 1912). Er bezieht sich auf die Möglichkeiten des Menschen, im Zeitalter der Atombombe zu überleben, mit der Gefahr umzugehen. In einer Reihe von Aufsätzen hat sich Weizsäcker 1958 zu diesem Thema geäußert. Die Formulierung des Ausspruchs „mit ... leben" wurde danach allgemein gebräuchlich, und sie wird auch heute noch im Zusammenhang mit bestimmten negativen Umständen, Gefahren o. ä. bei unterschiedlichen Gelegenheiten verwendet: „mit der Krankheit leben", „mit dem Rollstuhl leben", „mit der Arbeitslosigkeit leben" usw.

Mit der Dummheit kämpfen Götter selbst vergebens

Dieses Zitat stammt aus dem Drama „Die Jungfrau von Orleans" (III, 6) von Schiller. Talbot, der im Sterben liegende Feldherr der Engländer, spricht diese Worte angesichts der Niederlage, die die Engländer durch das französische Heer unter der Führung der Jungfrau von Orleans erlitten haben. Das Zitat ist auch in der Form „Gegen Dummheit kämpfen Götter selbst vergebens" gebräuchlich. Es drückt aus, daß man gegen Dummheit nicht ankommen kann.

Mit der Muttermilch eingesaugt haben

Die Redewendung mit der Bedeutung „von frühester Jugend an gelernt, sich zu eigen gemacht haben" findet sich schon bei dem lateinischen Kirchenlehrer Augustinus (354–430). Er schrieb in seiner Autobiographie, den „Confessiones" (III, 4): *Nomen Salvatoris mei ... in ipso adhuc lacte matris cor meum praebiberat* (wörtlich übersetzt: „Den Namen meines Erlösers ... hat mein Herz zugleich mit der Muttermilch getrunken").

Mit der Seele baumeln

Als „Schnipsel" bezeichnete Kurt Tucholsky (1890–1935) kleinere Texte, mit denen er in seinem Notizbuch skizzierte, was er in seiner Umwelt – oft im Café oder in der U-Bahn oder auch auf Reisen – beobachtete. In einer 1973 herausgegebenen Sammlung solcher Aphorismen und Gedankenblitze findet sich im Abschnitt „Na, was haben Sie denn so für Billetts –?" der Satz „Wir lagen auf der Wiese und baumelten mit der Seele." Den zweiten Teil dieses Satzes, der das Bild eines müßig mit den Beinen baumelnden Menschen auf die Seele überträgt, zitiert man scherzhaft, wenn man eine gelöste, ungezwungene Gemütslage charakterisieren will.

Mit einem lachenden und einem weinenden Auge

Diese Redewendung lehnt sich wohl an die Worte des Königs in Shakespeares „Hamlet" (I, 2) an, mit denen er dem Hof seine Heirat mit der Witwe seines von ihm ermordeten Bruders mitteilt: „Wir haben also unsre weiland Schwester/... Mit einem heitern, einem nassen Aug'/... Zur Eh' genommen" (im englischen Original: *Therefore our sometime sister .../Have we .../With one auspicious and one dropping eye,/ .../Taken to wife*). Man gebraucht die Wendung, um auszudrücken, daß man etwas Unangenehmes erlebt oder tut, mit dem aber auch etwas Angenehmes, Tröstliches verbunden ist, oder daß man etwas zwar gern tut oder als angenehm empfindet, aber damit auch etwas Unangenehmes in Kauf nehmen muß.

Mit eisernem Zepter

Wer „mit eisernem Zepter regiert", der führt ein sehr strenges, unnachsichtiges Regiment. Das Zitat geht auf das Alte Testament zurück, wo im 2. Psalm von dem Sieg des Gottessohnes über seine Feinde die Rede ist. Es heißt dort (Vers 9): „Du sollst sie mit einem eisernen Zepter zerschlagen; wie Töpfe sollst du sie zerschmeißen."

Mit Engelszungen

Wenn man mit größter Beredsamkeit und Eindringlichkeit jemanden von etwas zu überzeugen versucht, sagt man häufig, daß man mit „Engelszungen" auf ihn einredet. Diese Wendung geht auf eine Stelle im 1. Korintherbrief im Neuen Testament zurück, wo es heißt (13, 1): „Wenn ich mit Menschen- und mit Engelzungen redete und hätte der Liebe nicht, so wäre ich ein tönend Erz oder eine klingende Schelle."

Mit Euch, Herr Doktor, zu spazieren, ist ehrenvoll und ist Gewinn

In der Szene „Vor dem Tor", am Beginn des ersten Teils von Goethes Faust, sind Faust und sein Famulus Wagner unterwegs bei ihrem sogenannten Osterspaziergang. Der Famulus, immer begierig, von seinem Lehrer zu profitieren, gibt diesem Bestreben mit den obigen Worten Ausdruck. – Man verwendet das Zitat beispielsweise als scherzhafte Schmeichelei.

Mit fremden Schätzen reich beladen

Die Verszeile stammt aus Schillers Ballade „Der Ring des Polykrates" (1797). „Reich beladen" kehren die Handelsschiffe des vom Glück begünstigten Tyrannen von Samos von ihrer Reise zurück: „Mit fremden Schätzen reich beladen,/Kehrt zu den heimischen Gestaden/Der Schiffe mastenreicher Wald." – Man kann das Zitat scherzhaft verwenden, wenn beispielsweise jemand schwer beladen von einem Einkauf zurückkehrt oder sich von einer Reise zahlreiche Souvenirs mitgebracht hat.

Mit frommem Schauder

Die heute veraltet wirkende und deshalb nur noch scherzhaft verwendete Fügung „mit frommem Schauder", etwa im Sinne von „ehrfurchtsvoll, in stiller Ehrfurcht", stammt aus Schillers Ballade „Die Kraniche des Ibykus". In dem Gedicht wird mit dieser Fügung das Gefühl beschrieben, das den Dichter Ibykus befällt, als er auf seinem Weg zu den

„Isthmischen Spielen“ in Korinth einen einsamen Wald, „Poseidons Fichtenhain“, betritt (wo er dann kurz danach von zwei Mördern überfallen und getötet wird). Die Stelle lautet: „Und in Poseidons Fichtenhain/Tritt er mit frommem Schauder ein.“

Mit fünf Mark sind Sie dabei

Seit 1960 wirbt die Fernsehlotterie „Ein Platz an der Sonne“ mit diesem Slogan, der in der Zwischenzeit zum geflügelten Wort wurde. Man verwendet es heute scherzhaft in den verschiedensten Zusammenhängen, in denen man jemanden für etwas interessieren oder zu etwas überreden möchte.

Mit Getöse, schrecklich groß

Lehrer Lämpels Pfeife, von Max und Moritz – in Wilhelm Buschs gleichnamiger Bildergeschichte (erschienen 1865) – mit Schießpulver gestopft, explodiert „mit Getöse, schrecklich groß“. – Einen Vorgang begleitendes „Getöse“ verschiedenster Art läßt sich scherzhaft mit diesem Vers aus dem „Vierten Streich“ der bekannten „Bubengeschichte“ kommentieren.

Mit gleicher Liebe lieb' ich meine Kinder!

Dieses Zitat stammt aus Schillers Gedicht „Resignation“ von 1784. Darin beklagt sich ein verstorbener Dichter bei der Ewigkeit darüber, daß sein Leben nur aus unerfüllter Hoffnung bestanden habe, daß aller Verzicht auf irdische Freuden ihm nicht gelohnt wurde. Der Genius der Ewigkeit antwortet ihm, daß es dem Menschen beschieden sei, sich zwischen Hoffnung und Genuß zu entscheiden – habe er das eine gewählt, könne ihm das andere nicht mehr beschieden sein: „Mit gleicher Liebe lieb' ich meine Kinder!“ heißt es in der 16. Strophe, und die 17. beginnt mit den Zeilen „Wer dieser Blumen eine brach, begehre/Die andre Schwester nicht!“ – Mit dem Zitat kann man mit einem gewissen Pathos oder scherzhaft zum Ausdruck bringen, daß man es ablehnt, einer von zwei Personen oder einem von zwei Dingen den Vorzug vor der bzw. dem anderen zu geben.

Mit Gott für König und Vaterland

Am 17. 3. 1813 erließ der preußische König Friedrich Wilhelm IV. den Aufruf „An mein Volk“, mit dem er sich – nach langem Zögern – an die Spitze der patriotischen, gegen Napoleon gerichteten Strömung im Volke setzte. Er unterzeichnete dann auch die von General Scharnhorst entworfene Verordnung über die Organisation der Landwehr, in der es hieß: „Jeder Landwehrmann wird als solcher durch ein Kreuz von weißem Blech mit der Inschrift ‚mit Gott für König und Vaterland‘ bezeichnet, welches vorn an der Mütze angeheftet wird.“ Schon unter Friedrich I., König in Preußen seit 1701, trugen die Fahnen verschiedener von ihm aufgestellter Landmilizen die lateinische Aufschrift *Pro deo, rege et patria* „Für Gott, König und Vaterland“.

Mit Hangen und Bangen

Diese Fügung mit der Bedeutung „mit großer Angst, voller Sorge, Sehnsucht“ lautet ursprünglich „mit Langen und Bangen“, wobei unter dem Verb „langen“ ein „verlangen, ersehnen“ zu verstehen ist. Die Formulierung geht auf eine Stelle in einem Gedicht von Goethe zurück, dem Lied Klärchens aus dem Trauerspiel „Egmont“ (III, Klärchens Wohnung; vergleiche auch den Artikel „Glücklich allein ist die Seele, die liebt“). Die Passage lautet: „Langen/ Und bangen/In schwebender Pein ...“ Das mehrfach vertonte Lied ist besonders durch die Bühnenmusik Beethovens zum „Egmont“ bekannt geworden. Im Text zu dieser Musik ist aus „langen“ bereits „hangen“ geworden. Diese Form hat sich dann allgemein durchgesetzt.

Mit heißem Bemühn

Dieser Ausdruck im Sinne von „sehr engagiert, leidenschaftlich, unter Aufbietung aller Kräfte“ stammt aus Goethes Faust (I. Teil, „Nacht“). Über sich selbst reflektierend, beginnt Faust seinen inneren Monolog mit den Worten: „Habe nun, ach! Philosophie,/Juristerei und Medizin,/Und leider auch Theologie!/Durchaus studiert, mit heißem Bemühn."

Mit Mädeln sich vertragen, mit Männern rumgeschlagen und mehr Kredit als Geld, so kommt man durch die Welt

Der Vierzeiler stammt aus einem weniger bekannten Singspiel Goethes, der „Claudine von Villa Bella" (1776, zweite Fassung 1788). Im ersten Aufzug singt Rugantino, eine der beiden männlichen Hauptfiguren des Stücks, mit einer Schar Vagabunden ein Lied über das, was sein jüngerer Bruder „ein töricht Leben" nennt, über das Vagabundenleben. Die erste Strophe dieses Liedes wird gelegentlich zitiert, um einen sehr lockeren, unseriösen Lebensstil ironisch zu charakterisieren.

Mit Mann und Roß und Wagen, so hat sie Gott geschlagen

Dies sind die Anfangszeilen eines Liedes, das der Berliner Ernst Ferdinand August (1795–1870) nach der Niederlage Napoleons in seinem Rußlandfeldzug verfaßt haben und das zuerst in Riga 1813 erschienen sein soll. – Das Zitat, das auch in der Variante „... hat sie der Herr geschlagen" verwendet wird, kommentiert eine vollständige Niederlage, die jemandem oder einer Gruppe in einem bestimmten Zusammenhang beschieden war.

Mit scharfem Blick, nach Kennerweise, seh' ich zunächst mal nach dem Preise

Diese beiden Verse stammen aus dem ersten Kapitel von Wilhelm Buschs Bildergeschichte „Maler Klecksel" aus dem Jahr 1884. Busch verspottet darin den Kunstbetrieb seiner Zeit und die darin agierenden Figuren. Die Verse des Zitats sind auf die Kunstwerke und ihren Wert bezogen, der mit ihrem Preis auf merkwürdige Weise korrespondiert, denn, so fährt die Textstelle fort „bei genauerer Betrachtung steigt mit dem Preise auch die Achtung" (siehe auch diesen Artikel). – Man verwendet das Zitat scherzhaft, wenn jemand sich besonders genau nach dem Preis eines Gegenstands erkundigt.

Mit Schirm, Charme und Melone

Dies war der deutsche Titel einer englischen Fernsehserie (Originaltitel: „The Avengers" [= „Die Rächer"]), die in den sechziger Jahren vom deutschen Fernsehen ausgestrahlt wurde und die sich großer Beliebtheit erfreute. Die beiden Hauptdarsteller, Diana Rigg und Patrick McNee, hatten als Agenten Fälle ungewöhnlicher Art aufzuklären. Der männliche Hauptdarsteller trat dabei als Gentleman mit Schirm und Melone auf. – Der Titel der Serie wird scherzhaft zitiert, wenn man (besonders britische) Eleganz, gepaart mit charmantem, gewinnendem Auftreten, charakterisieren will.

Mit sehenden Augen nicht sehen

↑Augen haben und nicht sehen; Ohren haben und nicht hören

Mit seinem Pfund wuchern

Die Redewendung leitet sich her aus dem Gleichnis von den anvertrauten Pfunden im Lukasevangelium des Neuen Testaments (Kapitel 19, 12–28), wo es darauf ankommt, daß die Knechte mit dem ihnen von ihrem Herrn jeweils anvertrauten Pfund wuchern. Mit „Pfund" ist hier eine Münzwertsumme gemeint, „wuchern" bedeutet „Gewinn erzielen" ohne negative Bewertung. Unter den anvertrauten Pfunden versteht man in der Redewendung jemandes Talente, Begabungen, Fähigkeiten. Die in diesem Zusammenhang ebenfalls übliche gegensätzliche Ausdrucksweise „sein Pfund vergraben" geht auf das entsprechende Gleichnis im Matthäusevangelium (Kapitel 25, 14–30) zurück, wo einer der Knechte seinen Zentner Silber vergräbt, statt ihn Zinsen bringen zu lassen.

Mit unsrer Macht ist nichts getan

Mit diesen Worten beginnt die zweite Strophe des Kirchenliedes „Ein feste

Burg ist unser Gott" von Martin Luther (1483–1546), das besonders am Reformationsfest gesungen wird. Das Zitat wird als Hinweis auf die engen Grenzen des Menschen verwendet, auf seine Ohnmacht gegenüber den höheren Mächten, die sein Leben bestimmen.

Mit verhärtetem Gemüte

Wenn jemand keine Rücksicht auf andere und ihre Gefühle nimmt, sich hartherzig, mitleidslos und undankbar zeigt, so handelt er „mit verhärtetem Gemüte". Das Zitat stammt aus Christian Fürchtegott Gellerts (1715–69) Lied „Die Güte Gottes", das mit den Versen beginnt: „Wie groß ist des Allmächt'gen Güte!/Ist der ein Mensch, den sie nicht rührt?/Der mit verhärtetem Gemüte/Den Dank erstickt, der ihm gebührt?"

Mit Verlaub, ich bin so frei

Mit diesem Busch-Zitat versucht man scherzhaft zu entschuldigen, daß man ohne Aufforderung etwas tut oder nimmt. In Wilhelm Buschs (1832–1908) „Knopp-Trilogie", 1. Teil „Abenteuer eines Junggesellen", Abschnitt „Abschreckendes Beispiel" begegnet der Titelheld einem Klausner, der gleich nach Knopps „Wanderflasche" greift und sich mit dem Kehrreim „Mir ist alles einerlei./Mit Verlaub, ich bin so frei" großzügig daraus bedient, während er im übrigen seiner Weltverachtung Ausdruck gibt.

Mit wenig Witz und viel Behagen

Diese Worte fallen in der Szene „Auerbachs Keller" im ersten Teil von Goethes Faust. Mephisto hat den seines Lebens müden Faust aus seinem Studierzimmer in die ganz andere Umgebung entführt. Er kommentiert dies in folgender Weise: „Ich muß dich nun vor allen Dingen/In lustige Gesellschaft bringen,/Damit du siehst, wie leicht sich's leben läßt./Dem Volke wird hier jeder Tag ein Fest./Mit wenig Witz und viel Behagen/Dreht jeder sich im engen Zirkeltanz,/Wie junge Katzen mit dem Schwanz." – In dem Zitat ist mit wenigen Worten die Atmosphäre der kleinbürgerlichen Welt eingefangen, für die „Behagen" charakteristischer ist als Verstand oder das Streben nach Erkenntnis.

Mit Windmühlen kämpfen

Die Redewendung mit der Bedeutung „einen aussichtslosen Kampf führen" geht auf den Roman des spanischen Dichters Miguel de Cervantes Saavedra (1547–1616) mit dem Titel „El ingenioso hidalgo Don Quixote de la Mancha" (deutsch: „Der sinnreiche Junker Don Quijote von la Mancha") zurück. Cervantes erzählt darin die Abenteuer seines tragikomischen Helden, der nach der Lektüre von allzu vielen Ritterromanen dem Wahn erliegt, für die Ideale des überlebten Rittertums streiten zu müssen. So führt er im 8. Kapitel einen grotesken Kampf gegen Windmühlen, die er für feindliche Ritter ansieht.

Mit Worten läßt sich trefflich streiten

In der zweiten Studierzimmerszene im ersten Teil von Goethes Faust äußert Mephisto (der hier für Faust gehalten wird) gegenüber dem unbedarften Schüler: „Mit Worten läßt sich trefflich streiten,/Mit Worten ein System bereiten,/An Worte läßt sich trefflich glauben,/Von einem Wort läßt sich kein Jota rauben." – Man verwendet das Zitat, um einen belanglosen Disput zu charakterisieren, der sich nur im Theoretischen bewegt, bei dem nur leeres Wortgeklingel produziert wird. (Vergleiche auch „Denn eben, wo Begriffe fehlen, da stellt ein Wort zur rechten Zeit sich ein".)

Mit zween Herrn ist schlecht zu kramen

↑ Niemand kann zwei Herren dienen

Mitten im Leben sind wir vom Tod umfangen

Dies ist die leicht abgewandelte erste Zeile des alten Kirchenliedes „Mitten in dem Leben". Im Lied lautet der Text „Mitten in dem Leben sind wir vom Tod umfangen", in älterer Version „... mit dem Tod umfangen". Es geht wohl zurück auf die lateinische Sequenz „Media vita“ des mittelalterlichen Dichters Notker Balbulus (Notker „der Stammler“; um 840–912). Zur deutschen Fassung, die schon um 1300 oder früher entstanden sein dürfte, hat Martin Luther 1524 die zweite und dritte Strophe und eine neue Melodie geschrieben. Das Lied fleht um den Schutz und die Gnade Gottes und bringt die Todesfurcht und das Bewußtsein der Vergänglichkeit des Menschen zum Ausdruck. An letzteres erinnert auch die gelegentliche Verwendung des Zitats als Inschrift auf Grabsteinen.

Es ↑ist nicht gut, **mitten** im Strom die Pferde zu wechseln

↑In der **Mitten** liegt holdes Bescheiden

Die **Mitternacht** zog näher schon

Dies ist der Anfang des Gedichts „Belsazer“ von Heinrich Heine (1797 bis 1856): „Die Mitternacht zog näher schon;/In stiller Ruh' lag Babylon.“ Das Gedicht handelt von dem schlimmen Ende des Babylonierkönigs Belsazer und von der Flammenschrift, die an der Wand auftaucht, nachdem der König gegen Jehova gefrevelt hat. – Man verwendet das Zitat gelegentlich – ohne Zusammenhang mit dem Inhalt des Gedichts – in der abgewandelten Form „die Mitternacht rückt näher schon“, um – pathetisch oder auch scherzhaft – darauf hinzuweisen, daß es schon spät am Abend ist.

Es **möchte** kein Hund so länger leben

Dieses Zitat stammt aus Goethes Faust (1. Teil). Bereits im ersten Abschnitt seines Eingangsmonologs sagt Faust im Zusammenhang: „Auch hab' ich weder Gut noch Geld,/Noch Ehr' und Herrlichkeit der Welt;/Es möchte kein Hund so länger leben!“ Man zitiert die letzte Zeile im Hinblick auf Lebensumstände, die unerträglich sind oder als solche empfunden werden.

Mögen hätt' ich schon wollen, aber dürfen hab' ich mich nicht getraut

Wer einer Versuchung aus Angst vor Sanktionen nicht nachgegeben hat, kann dies scherzhaft mit dem bekannten Karl-Valentin-Zitat zum Audruck bringen. Es stammt aus dem Stück „Das Oktoberfest“, das wahrscheinlich Ende der zwanziger Jahre in das Repertoire von Karl Valentin (1882–1948) und seiner Partnerin Liesl Karlstadt aufgenommen wurde. In dem Stück besucht ein Ehepaar das Münchner Oktoberfest. Im Biergarten erzählt die Frau einem Tischnachbarn vom Hippodrom, in dem leichtgeschürzte Reiterinnen zu sehen waren. Ihr empörter Kommentar „... de Weibsbilder sitzen ja halbert nackert auf de Gäul droben, i bin ganz rot wordn, mein Mann hat auch nicht hinschaun mögn“ wird vom Ehemann mit obigen Worten präzisiert.

Mögen sie mich hassen, wenn sie mich nur fürchten

Dieser Ausspruch, der auf den römischen Tragödiendichter Lucius Accius (170–um 86 v. Chr.) zurückgeht, wurde von dem römischen Staatsmann und Philosophen Marcus Tullius Cicero (106–43 v. Chr.) überliefert und durch ihn zum geflügelten Wort in der Form: *Oderint, dum metuant.* Nach Suetons Biographie über den römischen Kaiser Caligula soll dieser den Ausspruch häufig im Munde geführt haben.

↑Ach, wie ist's **möglich** dann, daß ich dich lassen kann

↑Wär's **möglich?** Könnt' ich nicht mehr, wie ich wollte?

Der ↑letzte **Mohikaner**

Der **Mohr** hat seine Schuldigkeit getan

Das Zitat stammt aus Schillers Trauerspiel „Die Verschwörung des Fiesko zu Genua“, seinem zweiten dramatischen Werk aus dem Jahr 1783. Der „Mohr von Tunis“, Zuträger für Fiesko bei der

Verschwörung gegen den Dogen Andreas Doria, tritt im 3. Aufzug (4. Szene) mit diesen Worten von der Bühne ab: „Der Mohr hat seine Arbeit getan, der Mohr kann gehen." – Man verwendet das Zitat in der abgewandelten Form („... hat seine Schuldigkeit getan"), um seiner Enttäuschung in einer Situation Ausdruck zu geben, in der man für etwas Bestimmtes Dank erwarten konnte, der einem nicht zuteil wurde. – Theodor Fontane hat den zweiten Teil des Zitats in seinem Gedicht „Die Alten und die Jungen" verwendet. Die Schlußverse dieses Gedichts lauten: „Der Mohr kann gehn, neu Spiel hebt an,/Sie beherrschen die Szene, sie sind dran!" – Als scherzhafte Abwandlung ist auch „Der Mohr hat seine Schuldigkeit getan, der Mohr kann kaum noch gehen" gebräuchlich, mit der man auf die körperliche Anstrengung hinweist, die mit einer Betätigung verbunden war.

Einen **Mohren** weiß waschen wollen

Die Redewendung mit der Bedeutung „Unmögliches, Widersprüchliches versuchen, besonders einen offensichtlich Schuldigen durch Scheinbeweise als Unschuldigen hinstellen wollen" hat möglicherweise ihren Ursprung im Alten Testament, wo es im Buch des Propheten Jeremia heißt (13,23): „Kann auch ein Mohr seine Haut wandeln oder ein Parder seine Flecken?" Damit bekräftigt der Prophet, daß Gott das sündige Volk streng bestrafen wird, denn es kann sich nicht einfach vom Makel des Bösen befreien. – Den gleichen Ursprung hat wohl auch der Ausdruck „Mohrenwäsche", mit dem der Versuch gemeint ist, einen offensichtlich Schuldigen durch Scheinbeweise reinzuwaschen.

Mohrenwäsche

Einen ↑Mohren weiß waschen wollen

↑Guter **Mond,** du gehst so stille

Der **Mond** ist aufgegangen

Das wohl bekannteste Gedicht von Matthias Claudius (1740–1815) trägt den Titel „Abendlied" und ist zuerst in Johann Heinrich Voß' „Musenalmanach auf das Jahr 1779" erschienen. Die erste Strophe beginnt mit den Versen: „Der Mond ist aufgegangen,/Die goldnen Sternlein prangen/Am Himmel hell und klar." Sie werden heute noch gelegentlich zitiert, um die romantische Stimmung einer stillen, klaren Mondnacht mit ihrem Sternenhimmel wiederzugeben. Manchmal wird der erste Vers allerdings auch scherzhaft – und dann gar nicht mehr lyrisch-stimmungsvoll – verwendet, um auf jemandes überdeutlich sichtbare Vollglatze anzuspielen. – In ähnlicher Weise wird auch die erste Hälfte der dritten Gedichtstrophe zitiert: „Seht ihr den Mond dort stehen?/Er ist nur halb zu sehen/Und ist doch rund und schön!"

Mondbeglänzte Zaubernacht

Der frühromantische Schriftsteller Ludwig Tieck (1773–1853) stellte ans Ende des „Der Aufzug der Romanze" betitelten Prologs zu seinem Lustspiel „Kaiser Octavianus" (1804) die Verse: „Mondbeglänzte Zaubernacht,/Die den Sinn gefangen hält,/Wundervolle Märchenwelt,/Steig auf in der alten Pracht!" Mit dem von ihm geprägten Wort „Waldeinsamkeit" (im Kunstmärchen „Der blonde Eckbert", 1797) wurde die „mondbeglänzte Zaubernacht" zum zweiten charakteristischen Begriff für die Naturauffassung und die symbolische Poetik der Romantik. – Ludwig Uhland (1787 bis 1862) griff diese Verse in seinem Gedicht „Der Romantiker und der Rezensent" auf und karikierte darin – unter Anspielung auf Gestalten aus dem „Octavianus" – Tiecks Auffassung der Romantik.

Die **Moorsoldaten**

Der deutsche Schauspieler und Regisseur Wolfgang Langhoff (1901–1966) wurde 1933 verhaftet und ins KZ Börgermoor eingeliefert. Nach seiner Entlassung gelang ihm die Flucht in die Schweiz, wo bereits 1935 ein Verlag seinen Erlebnisbericht „Die Moorsoldaten. 13 Monate Konzentrationslager" veröffentlichte. Diese „Moorsoldaten" waren in der Mehrzahl kommunistische und sozialdemokratische Häftlinge, die im Moor zum Torfstechen eingesetzt waren. Das Buch schildert ihr Lagerdasein und ihre Art des Widerstandes, den sie trotz der unmenschlichen Existenzbedingungen im KZ durchorganisierten und aufrechterhielten. In den Jahren der nationalsozialistischen Diktatur war in antifaschistischen Widerstandskreisen die Bezeichnung „Moorsoldaten" ein Synonym für die Repräsentanten des „besseren Deutschlands", wie es in dem Buch heißt, die „hinter Stacheldraht im eigenen Land gefangen" waren. – Besonders bekannt wurde auch das in dem Buch veröffentlichte „Börgermoorlied" mit seinem eindringlichen Refrain „Wir sind die Moorsoldaten/ Und ziehen mit dem Spaten/Ins Moor ..."

↑Und die **Moral** von der Geschicht'

Moralische Aufrüstung

Der Ausdruck „moralische Aufrüstung" wird heute gewöhnlich im Sinne von „Stärkung, Festigung der inneren Haltung, der Disziplin, des Selbstvertrauens" gebraucht. Er geht jedoch auf die Bezeichnung einer Vereinigung zurück, die 1921 von dem amerikanischen lutherischen Theologen deutsch-schweizerischer Herkunft, Frank Buchman (1878–1961), gegründet wurde und seit 1938 den Namen „Moralische Aufrüstung" (englisch *Moral Rearmament*) trägt. Ziel der Bewegung ist es, aus christlichem Geist einen sittlichen Wandel der Menschheit herbeizuführen.

Das **Moralische** versteht sich immer von selbst

Dieser Ausspruch ist eine der Lieblingswendungen des skurrilen „A. E.", der Hauptfigur in dem weitgehend autobiographischen Roman „Auch einer" des deutschen Schriftstellers und Philosophen Friedrich Theodor Vischer (1807–1887). Das Zitat wird gelegentlich noch verwendet, wenn mit Ironie angedeutet werden soll, daß die Normen der herrschenden Moral nicht angezweifelt werden dürfen, als absolut gelten und ein Hinterfragen hier nicht nur unerwünscht ist, sondern auch fast schon für „unmoralisch" gehalten wird.

Ein **Mord,** den jeder begeht

Unter diesem Titel erschien 1938 ein Roman des österreichischen Schriftstellers Heimito von Doderer (1896–1966). Ein erfolgreicher junger Mann, der den Mörder seiner Schwägerin gefunden zu haben glaubt, muß schließlich erkennen, daß er selbst durch eigenen Leichtsinn mitschuldig an ihrem Tod ist. Dies führt ihn zu der Einsicht, daß er sein Leben nicht wie bisher weiterführen kann. Der Titel wird manchmal zitiert, wenn man ausdrücken will, daß jeder auf irgendeine Weise für das Schicksal seiner Mitmenschen mitverantwortlich ist.

↑Nicht der **Mörder,** der Ermordete ist schuldig

Die **Mörder** sind unter uns

Im Mai 1946 begannen in den DEFA-Studios die Dreharbeiten zum ersten deutschen Nachkriegsfilm, zu dem der Regisseur Wolfgang Staudte (1906 bis 1984) auch das Drehbuch geschrieben hatte. Erzählt wird, wie ein junger Arzt unter der Erinnerung an Kriegsverbrechen, die er als Soldat miterlebt hat, leidet. Nach Kriegsende heimgekehrt, erkennt er dann in einem angesehenen Fabrikanten einen Offizier wieder, der Unschuldige hat ermorden lassen. Der Arzt will ihn erschießen, doch einer jungen Frau, selbst vordem von den Nationalsozialisten verfolgt (gespielt von Hildegard Knef), gelingt es, ihn davon abzubringen. Der Film wirft die Frage nach der Verantwortung des einzelnen in der unseligen jüngsten Vergangenheit auf und versucht eine ernsthafte Auseinandersetzung mit dem Problem von allgemeinem politischen Versagen und individueller Schuld daran. Der Filmtitel wurde besonders in den 50er Jahren zitiert, um warnend darauf hinzuweisen, daß es noch immer ungesühnte Schuld gebe und daß faktisch jeder Anteil an dieser Schuld habe.

Morgen, Kinder, wird's was geben

Mit diesen Worten beginnt ein noch heute in der Vorweihnachtszeit gesungenes Lied, dessen Text und Melodie in einer Liedersammlung vom Ende des 18. Jh.s stehen. Der Liedanfang wird häufig zitiert, wenn auf ein unmittelbar bevorstehendes Ereignis hingewiesen werden soll. Was da auf jemanden zukommt, muß allerdings durchaus nichts Angenehmes sein, wie es der Liedtext verheißt.

Morgen können wir's nicht mehr, darum laßt uns heute leben!

Diese Verse beschließen Schillers Gedicht „Das Siegesfest" (1803). Man zitiert sie als aufmunternden Zuruf, oft in froher Runde, nicht an das Morgen zu denken, dem Heute zu leben und den Augenblick zu genießen.

Morgen, morgen, nur nicht heute

So beginnt das Lied „Der Aufschub", das in den „Kleinen Liedern für Kinder" des deutschen Schriftstellers Christian Felix Weiße (1726–1804) enthalten ist. Vollständig lauten die ersten beiden Zeilen: „Morgen, morgen, nur nicht heute!/Sprechen immer träge Leute". Man zitiert diese Worte (heute in der Form „Morgen, morgen, nur nicht heute, sagen alle faulen Leute"), wenn jemand etwas, was eigentlich gleich getan werden müßte, aus Bequemlichkeit lieber später erledigen will und sich damit herausredet, morgen sei ja auch noch ein Tag.

↑Ich wittre **Morgenluft**

Morgenrot, leuchtest mir zum frühen Tod

↑Ach, wie bald schwindet Schönheit und Gestalt!

Morgens um sieben ist die Welt noch in Ordnung

Der 1965 erschienene Roman *Morning's at seven* des englischen Schriftstellers Eric Lawson Malpass (* 1910) wurde 1967 unter diesem Titel ins Deutsche übersetzt. Der gleichnamige deutsche Spielfilm von 1968 über das im Roman geschilderte heiter-komische Alltagsleben einer Schriftstellerfamilie sorgte dann für sein rasches Bekanntwerden. Man zitiert den Titel (auch mit wechselnder Uhrzeitangabe), um die frühe Morgenzeit als letzte Phase der Ruhe und Besinnung vor der dann hereinbrechenden Hektik des Alltags mit all seinen kleinen und großen Problemen zu kennzeichnen (vergleiche auch „Wenn süß das Mondlicht auf den Hügeln schläft").

Morituri te salutant!

Im 21. Kapitel seiner Biographie des Kaisers Claudius schreibt der römische Schriftsteller Sueton (um 70–um 140), daß der Kaiser zur Volksbelustigung auf einem See eine Seeschlacht von Gladiatoren ausfechten ließ. Die Kämpfer begrüßten ihn vor Beginn des Schauspiels mit den Worten *Ave, imperator, morituri te salutant!* („Heil dir, Kaiser, die Todgeweihten grüßen dich!"). Als scherzhaftes Zitat wird diese Grußformel – meist ohne die Anrede oder in der Abwandlung *Ave, Caesar, morituri te salutant* – verwendet, wenn eine Gruppe von Menschen (zum Beispiel eine Schulklasse oder eine Sportmannschaft) sich einem drohenden Unheil (wie etwa einer schwierigen Klassenarbeit oder einem übermächtigen Gegner) gegenübersieht.

Mors certa, hora incerta

Diese lateinische Inschrift ist gelegentlich auf Uhren, aber auch auf Grabdenkmälern zu finden. Sie bedeutet übersetzt: „Der Tod ist gewiß, die Stunde ungewiß." Ihr Ursprung ist nicht nachgewiesen. Den Gedanken, daß zwar das Ende eines jeden Menschen vorbestimmt, der Zeitpunkt jedoch nicht vorhersehbar ist, findet sich auch im Matthäusevangelium, wo es heißt: „Darum wachet; denn ihr wisset weder Tag noch Stunde, in welcher des Menschen Sohn kommen wird" (Matthäus

25,13). – Eine früher bei Schülern beliebte scherzhafte „Übersetzung" des lateinischen Spruches war: „Todsicher geht die Uhr falsch" (lateinisch „horae" [Plural] = Uhr).

Moselfahrt aus Liebeskummer

Dies ist der Titel einer Erzählung mit dem Untertitel „Novelle in einer Landschaft" von Rudolf G. Binding, die 1932 veröffentlicht wurde. Darin wird eine junge Frau beschrieben, die den Zweck ihrer Reise durch die Mosellandschaft mit den Worten „Ich fahre eigentlich – aus Liebeskummer an die Mosel!" erläutert. Der 1953 von Kurt Hoffmann unter dem gleichen Titel gedrehte Spielfilm beruht auf Motiven aus Bindings Novelle. – Das Zitat lebt vor allem in scherzhaften Abwandlungen weiter (wie zum Beispiel „Moselfahrt nicht ohne Kummer", womit in einer Zeitungsüberschrift auf Probleme der Moselschiffahrt hingewiesen werden könnte).

↑Wenn sich der **Most** auch ganz absurd gebärdet, es gibt zuletzt doch noch 'nen Wein

↑Was die **Motten** und der Rost nicht fressen, das holen die Diebe des Nachts

Die **Möwen** sehen alle aus, als ob sie Emma hießen

Mit diesen Versen beginnt das „Möwenlied" von Christian Morgenstern (1871–1914). Es stammt aus der Gedichtsammlung, der Morgenstern den Titel „Galgenlieder" gab . Die „Galgenlieder" wie die Gedichte der später folgenden Sammlungen „Palmström", „Palma Kunkel" und „Der Gingganz" sind aus der Freude an Sprachspielen hervorgegangen. Morgenstern widmete die „Galgenlieder" dem „Kind im Menschen", von dem er sagte: „Das will auch in der Kunst mit-spielen, mitschaffen dürfen und nicht so sehr bloß bewundernder Zuschauer sein. Denn dieses ‚Kind im Menschen' ist der unsterbliche Schöpfer in ihm ..."

Mücken seihen und Kamele verschlucken

Im Matthäusevangelium ruft Jesus über die Schriftgelehrten und Pharisäer aus: „Ihr verblendeten Leiter, die ihr Mükken seihet und Kamele verschluckt!" (Matthäus 23,24). Mit der aus dieser Bibelstelle entstandenen Wendung bringt man tadelnd zum Ausdruck, daß es jemand mit unbedeutenden Kleinigkeiten äußerst genau nimmt, sich aber um die wirklich wichtigen Dinge viel zu wenig kümmert.

Müde bin ich, geh' zur Ruh'

Die deutsche Lyrikerin Luise Hensel (1798–1876), eine Pfarrerstochter, die zum Katholizismus konvertierte und später auch ins Kloster ging, wurde bekannt als Dichterin gemütvoller geistlicher Gedichte und Lieder. Eine weite Verbreitung fand ihr Abendgebet, das mit dem zitierten Vers beginnt. Man verwendet ihn heute meist scherzhaft, wenn man ermüdet ist und sich deshalb aus einer geselligen Runde verabschieden will, um zu Bett zu gehen. Gelegentlich kommentiert man mit diesen Worten auch das unverhohlene herzhafte Gähnen eines anderen. – Eine scherzhafte Abwandlung des Liedanfangs lautet: „Müde bin ich Känguruh, decke meinen Bierbauch zu."

Der **Muff** von tausend Jahren

Der Ausdruck, mit dem man etwas als abgestanden, verstaubt oder veraltet charakterisiert, geht auf einen Slogan der Studentenbewegung der sechziger Jahre zurück. Die Verhältnisse an den Universitäten mit ihren autoritären Strukturen hatten den Spottvers „Unter den Talaren Muff von tausend Jahren" hervorgebracht.

Die **Müh'** ist klein, der Spaß ist groß

Im 1. Teil von Goethes Faust führt Mephisto Faust auf den Blocksberg, damit dieser hier im wilden Treiben der Walpurgisnacht Gretchen vergesse (Szene „Walpurgisnacht"). Dort angelangt, bittet Mephisto die Hexen mit folgenden

Worten, ihm gefällig zu sein: „Seid freundlich nur um meinetwillen;/Die Müh' ist klein, der Spaß ist groß." Heute wird der 2. Vers dieses Zitats ganz allgemein verwendet, um auszudrücken, daß es sich in einer bestimmten Angelegenheit durchaus lohnt, sich ein wenig anzustrengen, da das dadurch Erreichte für alle Mühen entschädigt.

Die **Mühen** der Gebirge liegen hinter uns, vor uns liegen die Mühen der Ebenen

Diese Verse sind der Schluß des 1949 gedichteten Epigramms „Wahrnehmung" von Bertolt Brecht (1898–1956). Er drückt darin seine Empfindung aus, daß der neuen politischen Idee, für die gekämpft worden ist, nun trotz aller blutigen Unterdrückungsversuche der Sieg über alte Denkweisen gelungen ist. Allerdings werden sich jetzt aber verstärkt Probleme da zeigen, wo das Neue im Alltag umgesetzt werden muß und sich bei den kleinen, jedoch manchmal unüberwindlich scheinenden Schwierigkeiten des täglichen Lebens zu bewähren hat. Brechts Worte werden heute noch zitiert, wenn allgemein ausgedrückt werden soll, daß ein Durchbruch zwar erreicht ist, die Praxis aber jetzt zur eigentlichen Bewährungsprobe wird.

↑Mir wird von alledem so dumm, als ging mir ein **Mühlrad** im Kopf herum

Mulier taceat in ecclesia

Die ↑Frau schweige in der Gemeinde

Multum, non multa

Der römische Politiker und Schriftsteller Plinius der Jüngere (61/62–um 113) legte in einem Brief an einen Freund dar, daß für ihn die Kunst des richtigen Lesens darin bestehe, viel und gründlich zu lesen, aber mit Bedacht und Sorgfalt in der Auswahl des Lesestoffes: *Aiunt multum legendum esse, non multa* („Man sagt, es müsse viel, aber nicht vielerlei gelesen werden"; Epistolae VII, 9,15). Daraus entwickelte sich die lateinische Sentenz *Multum, non multa* („Vieles, aber nicht vielerlei"), die auch in der abgewandelten Form *Non multa, sed multum* („Nicht vielerlei, sondern viel") gebräuchlich wurde. Beide werden heute zitiert, um allgemein auszudrücken, daß es besser ist, weniger mit der gebotenen Gründlichkeit zu tun, als vieles nur oberflächlich zu behandeln. (Vergleiche auch „Weniger wäre mehr gewesen".)

München leuchtet

Thomas Manns Novelle „Gladius Dei" (1903) beginnt mit den Worten „München leuchtete", in denen sich die Szenerie einer lebensfrohen, dem Sinnlichen zugewandten Stadt bereits andeutet, vor deren Hintergrund der asketische Eiferer Hieronimus vergeblich versucht, dem Kunsthändler Blüthenzweig die Verwerflichkeit eines ausgestellten lasziven Madonnenbildes deutlich zu machen. Der heutige Gebrauch des Zitats, bei dem gelegentlich auch der Name einer anderen Stadt eingesetzt wird, betont kritisch eine übertriebene, überkommerzialisierte Geschäftigkeit, eine urbane Gesellschaft, die nur Geld und Glamour als Wertmaßstäbe anerkennt.

Münchhaus[en]iade

Der deutsche Offizier Karl Friedrich Hieronymus Freiherr von Münchhausen (1720–1797) erzählte nach einem abenteuerlichen Leben in fremden Ländern und der Teilnahme an zwei Türkenkriegen die unglaublichsten Kriegs-, Jagd- und Reiseabenteuer. Eine große Zahl Schwankerzählungen, die angeblich von ihm stammten, erschien 1781–83 im „Vademecum für lustige Leute". Sie wurden 1785 von dem deutschen Schriftsteller Rudolf Erich Raspe (1737–1794) erweitert und unter dem Titel „Baron Munchhausen's narrative of his marvellous travels and campaigns in Russia" ins Englische übertragen. Gottfried August Bürger (1747–1794) übersetzte die 2. englische Auflage wieder ins Deutsche, erweiterte sie und gab ihr ihre volkstümliche Form. Es folgten zahlreiche literarische Bearbeitungen und 1943 auch eine Verfilmung (Drehbuch von Erich Kästner). – Nach diesen „Lügengeschichten" bezeichnet man seit der 2. Hälfte des 18. Jh.s eine spezielle Form der sogenannten Lügendichtungen und später auch allgemein unglaublich klingende Erzählungen als „Münchhaus[en]iaden".

Mundus vult decipi

Die ↑Welt will betrogen sein

↑Und **munter** fördert er die Schritte

Musik wird oft nicht schön gefunden, weil sie stets mit Geräusch verbunden

Dies stellt Herr Knoll in der Bildergeschichte „Der Maulwurf" von Wilhelm Busch (1832–1908) fest (in: „Dideldum", 1874), als ein Bettelmusikantenchor ihn mit Blasmusik bei der Maulwurfsjagd stört. Auch heute gibt es häufig Anlaß, diesen Vers zu zitieren, der auch in der Abwandlung „Musik wird störend oft empfunden, weil sie mit Geräusch verbunden" gebräuchlich ist.

Es **muß** auch solche Käuze geben

Mit diesen Worten aus Goethes Tragödie Faust (Teil I, Marthens Garten) versucht Faust Gretchen die Angst vor dem ihr unheimlichen Mephisto zu nehmen. Heute wird mit dem Zitat beiläufig-beschwichtigend zum Ausdruck gebracht, daß, bezogen auf sonderbare, eigenbrötlerische Männer, nun einmal nicht alle gleich angenehm oder sympathisch sein können.

Es **muß** doch Frühling werden

Mit diesem Stoßseufzer wird bei einem nicht enden wollenden Winter der Hoffnung Ausdruck verliehen, daß der ersehnte Frühling sehr bald kommen wird. Das Zitat stammt aus Emanuel Geibels (1815–1884) Gedicht „Hoffnung".

↑Und **muß** ich dich so wiederfinden?

Es **muß** nicht immer Kaviar sein

Dies ist der Titel eines 1960 erschienenen Romans von Johannes Mario Simmel. In Anspielung darauf, daß nicht nur das Beste, Feinste erstrebenswert ist, Einfacheres entsprechend auch oft genügen kann, wird dieses Zitat heute in unterschiedlichen Zusammenhängen mit wechselndem Objekt herangezogen. Ein Artikel über das Radwandern in einer Zeitschrift stand beispielsweise unter dem Motto „Es muß nicht immer Auto sein".

Es **muß** was Wunderbares sein, von dir geliebt zu werden

Bei diesem Zitat aus dem 1930 in Berlin uraufgeführten Singspiel „Im weißen Rößl" (Text: Robert Gilbert) handelt es sich um den Anfang eines Liedes, mit dem der Zahlkellner Leopold seine ihm nicht zugeneigte Chefin, die Wirtin Josepha Vogelhuber, umschwärmt. Der zweite Teil des oft auch scherzhaft gebrauchten Zitats kann auf vielfältige Weise abgewandelt werden.

Mut zeiget auch der Mameluck, Gehorsam ist des Christen Schmuck

Das Zitat stammt aus Schillers Ballade „Der Kampf mit dem Drachen", erschienen 1798 im „Musenalmanach für das Jahr 1799". Mit diesen Worten rügt der Großmeister des Johanniterordens den Ordensritter, der den Drachen auf der Insel Rhodos getötet, aber das Gehorsamsgelübde verletzt hat, das den Kampf verbietet. Man zitiert vor allem die erste der beiden Verszeilen (auch in der Abwandlung „Mut zeigt auch der lahme Muck") scherzhaft als Aufforderung an sich selbst oder andere, nicht zaghaft zu sein, etwas zu riskieren.

Dem **Mutigen** hilft Gott

In der 2. Szene des 1. Auftritts von Schillers Schauspiel „Wilhelm Tell" fordert mit diesen Worten Getrud Stauffacher ihren Gatten Werner auf, ohne Rücksicht auf beider Schicksal der Tyrannei der Reichsvögte Widerstand entgegenzusetzen. Einen ähnlichen Gedanken enthält schon die bei den römischen Autoren Terenz (185/195–159 v. Chr.)

und Cicero (106–43 v. Chr.) überlieferte lateinische Sentenz *Fortes fortuna adiuvat,* deutsch: „Den Mutigen hilft das Glück." Auch im Deutschen findet man diese Erkenntnis schon früh. So schreibt der Grammatiker und Schriftsteller Justus Georg Schottel (1612–1676): „Mensch, hilf dir selbst, so hilfet Gott mit." Und der Volksmund kennt seit dem Mittelalter das Sprichwort: „Hilf dir selbst, so hilft dir Gott."

↑Und die **Mutter** blicket stumm auf dem ganzen Tisch herum

Mutter Courage

Der Name der Titelgestalt aus Bertolt Brechts Bühnenstück „Mutter Courage und ihre Kinder" (1939 geschrieben, 1941 uraufgeführt) wird als Bezeichnung für eine Frau verwendet, die sich trotz Niederlagen in ihrer Umgebung durch ihre Vitalität und zupackende Art behauptet. Im Theaterstück, das im Dreißigjährigen Krieg spielt, zieht die Marketenderin Anna Fierling, genannt Mutter Courage, durch die Kriegsgebiete, um Geschäfte zu machen und sich und ihren drei Kindern ein Auskommen zu sichern. Durch den Krieg, an dem sie verdient, verliert sie alle ihre Kinder.

↑Von **Mutterleib** und Kindesbeinen an

↑Mit der **Muttermilch** eingesaugt haben

My home is my castle

Diese englische Maxime (übersetzt „Mein Heim ist meine Burg") geht auf den englischen Juristen und Politiker Sir Edward Coke (1552–1634) zurück. Im 3. Band seiner Sammlung und Interpretation alter englischer Gesetze und Gerichtsbeschlüsse („Institutes") schrieb er, daß es einem Hausherrn sehr wohl gestattet sein müsse, sich gegen Diebe, Räuber und Angreifer zur Wehr zu setzen und zusammen mit Freunden und Nachbarn seinen Besitz mit Waffengewalt zu verteidigen, *for a man's house is his castle* („denn eines Mannes Haus ist seine Burg"; 3rd Institute, cap. 73). Der Satz wurde in der Form *An Englishman's home is his castle* bald im Englischen populär und fand vor allem in der Abwandlung *My home is my castle* dann auch im Deutschen Verbreitung. Man zitiert ihn heute, um zum Ausdruck zu bringen, daß alles, was in den eigenen vier Wänden geschieht, niemanden etwas angeht und diese Privatsphäre für alle anderen tabu ist.

Myne Fru de Ilsebill will nich so, as ik wol will

Dieses Zitat stammt aus dem niederdeutschen Märchen „Von dem Fischer un syner Fru" aus der Sammlung der Brüder Jakob und Wilhelm Grimm (1785–1863 bzw. 1786–1859). Ein Fischer gibt einem Butt, den er geangelt hat, seine Freiheit wieder, weil dieser vorgibt, ein verwunschener Prinz zu sein. Seine Frau bedrängt ihn daraufhin immer wieder, er möge von dem Butt verlangen, dieser solle aus Dankbarkeit ihre von Mal zu Mal anspruchsvolleren Wünsche erfüllen. Gegen seine innere Überzeugung geht der Fischer jedesmal zum See und ruft den Butt mit den Worten: „Manntje, Manntje, Timpe Te,/ Buttje, Buttje in der See,/myne Fru de Ilsebill/will nicht so, as ik wol will." Heute wird das Zitat scherzhaft gebraucht, wenn ein Mann resignierend zum Ausdruck bringen will, daß seine Frau einen sehr eigenen Kopf hat, und er bestimmte Dinge nicht tun würde, wenn er nicht mit ihr verheiratet wäre.

N

Nach Adam Riese

Dieser Ausdruck bezieht sich auf den „Rechenmeister" Adam Ries[e] (um 1492–1559), der mehrere in deutscher Sprache geschriebene Lehrbücher verfaßte, die in seiner Zeit weite Verbreitung fanden. Vor diesem Hintergrund entstand die Redensart „nach Adam Riesens Rechenbuch", die heute in der verkürzten Form „nach Adam Riese" gebraucht wird. Sie bedeutet – in Verbindung mit einer Zahlenangabe – soviel wie „richtig gerechnet".

Nach allen Regeln der Kunst

Die Redewendung geht wahrscheinlich auf den Meistergesang zurück, in dessen sogenannter „Tabulatur" die Regeln und Konventionen der Kunst des Meistergesangs niedergelegt waren. Möglicherweise ist der Ursprung der Wendung aber auch in einer Äußerung des Preußenkönigs Friedrich II. zu sehen. Er soll während des Siebenjährigen Krieges am Vorabend der Schlacht bei Leuthen (1757) gesagt haben, er werde „gegen alle Regeln der Kunst" den viel stärkeren Feind angreifen. – Heute wird die Redewendung zum einen im Sinne von „ganz vorschriftsmäßig; in jeder Hinsicht so, wie es sein sollte" gebraucht, zum andern gibt es auch eine umgangssprachliche Verwendung mit der Bedeutung „gründlich, gehörig".

Nach Canossa gehen wir nicht

Diesen Ausspruch tat Otto von Bismarck auf dem Höhepunkt des Kulturkampfes am 14. 5. 1872 im Deutschen Reichstag anläßlich der Ablehnung des Kardinals Hohenlohe als deutschen Botschafters durch Papst Pius IX. Er spielte damit auf den Bußgang Kaiser Heinrichs IV. im Jahr 1077 zu Papst Gregor VII. an, mit dem der Kaiser die Aufhebung des Kirchenbanns erreichen wollte. Ein Gang nach Canossa oder nach Canossa zu gehen bedeutet, eine tiefe Selbsterniedrigung auf sich zu nehmen, die einem äußerst schwerfällt, obwohl sie von der Situation her gefordert ist.

Nach dem Gesetz, wonach du angetreten

Unter der Überschrift „Urworte. Orphisch" hat Goethe fünf Gedichte in Stanzenform zusammengefaßt. Aus dem ersten dieser Gedichte, das den Titel „ΔΑΙΜΩΝ" („Dämon") trägt, stammen die Worte vom „Gesetz, wonach du angetreten". Mit diesem Gesetz bezieht sich Goethe auf die in den „orphischen Lehren" überlieferte älteste griechische Naturanschauung und Mythologie, wonach der Mensch von seiner Geburt an unter der Einwirkung der Himmelskörper als Person von begrenzter, unzerstörbarer Individualität festgelegt ist und sich danach in ganz bestimmter gesetzmäßiger Weise entwickeln muß. Die ersten vier Zeilen der Stanze lauten: „Wie an dem Tag, der dich der Welt verliehen,/Die Sonne stand zum Gruße der Planeten,/Bist alsobald und fort und fort gediehen/Nach dem Gesetz, wonach du angetreten." Wenn heute von dem Gesetz gesprochen wird, nach dem jemand angetreten ist, so geschieht dies oft unter ganz anderen Gesichtspunkten. Es handelt sich dann meist um die (selbstgesetzten) Maximen, die jemandes Tun bestimmen, oder um die äußeren Gegebenheiten, nach denen er sich richten muß.

Nach drüben ist die Aussicht uns verrannt

Die Erkenntnis, nicht über die Grenzen unserer Welt hinausblicken zu können, klingt in Goethes Faust II weniger resignativ. Im 5. Akt beschränkt Faust gegenüber der Gestalt der Sorge die menschliche Erkenntnis und Aktivität bewußt auf das Diesseits: „Nach drüben ist die Aussicht uns verrannt;/Tor, wer dorthin die Augen blinzelnd richtet,/... Er stehe fest und sehe hier sich um;/Dem Tüchtigen ist diese Welt nicht stumm;/Was braucht er in die Ewigkeit zu schweifen!"

Nach Golde drängt, am Golde hängt doch alles

Das Zitat stammt aus Goethes Faust I (Szene „Abend"). Margarete stellt diese Betrachtung an, als sie den von Mephisto in ihr Zimmer geschmuggelten Schmuck entdeckt. In Vergils (70–19 v. Chr.) „Äneis" (III, 57) wird schon mit *Auri sacra fames!* die verwünschte Goldgier beklagt. „Hat man nicht auch Gold beineben ..." ist auch der Stoßseufzer in der sogenannten Gold-Arie des Kerkermeisters Rocco im 1. Akt von Ludwig van Beethovens (1770–1827) Oper „Fidelio“ (Text von Joseph Sonnleithner und Georg Friedrich Treitschke nach Jean Nicolas Bouilly).

Nach innen geht der geheimnisvolle Weg

„Nach innen geht der geheimnisvolle Weg. In uns oder nirgends ist die Ewigkeit mit ihren Welten, die Vergangenheit und Zukunft.“ Mit diesen Worten charakterisiert Novalis (eigentlich Georg Friedrich von Hardenberg; 1772–1801) den Unterschied in der Konzeption seines Bildungsromans „Heinrich von Ofterdingen“ etwa zu Wielands „Agathon“ oder Goethes „Wilhelm Meister“. Die Welterfahrung, die sein Held sammelt, ist nicht nur ein Anhäufen stets neuer, äußerer Eindrücke. Was er sich an Bildung erwirbt, ist vor allem ein Innewerden von etwas lange Vergessenem, ein Auffinden von etwas im eigenen Inneren „Verschütteten“. Novalis will damit sagen, daß der Mensch alles, was er in der Welt vorfindet, nur dann als „Bildungsgut“ in sich aufnehmen kann, wenn bereits in seinem Inneren der Boden dafür bereitet ist und so die äußeren Reize die inneren Anlagen zum Leben erwecken. – Hermann Hesse vereinigte 1931 seine Dichtungen „Siddharta“, „Klingsors letzter Sommer“, „Klein und Wagner“ und „Kinderseele“ zu dem Sammelband „Der Weg nach innen“. Er reflektiert hierin die Erlebnisse seiner Indienreise (1910) und spricht sich für Verzicht und Kontemplation an Stelle von gesellschaftlicher Aktivität aus.

Nach jemandes Pfeife tanzen

Diese Redewendung mit der Bedeutung „gezwungenermaßen oder willenlos alles tun, was jemand von einem verlangt“ geht davon aus, daß sich die Tänzer im allgemeinen nach der Musik richten. Die Pfeife (= Flöte) war früher ein bei Tanzmusik sehr häufig verwendetes Instrument. Zur allgemeinen Verbreitung der Wendung mag auch die Fabel vom Flöte blasenden Fischer des griechischen Fabeldichters Äsop beigetragen haben. Darin gelingt es dem Flötenspieler mit seinem Spiel nicht, die Fische an Land zu locken. Schließlich fängt er sie mit einem Netz und sagt zu den darin Zappelnden: „Ihr schlimmen Tiere, als ich flötete, wolltet ihr nicht tanzen; wo ich aber aufgehört habe, tut ihr's.“

Nach mir die Sintflut!

Die Redensart, auch in der Abwandlung „Nach uns die Sintflut!“ gebräuchlich, bedeutet soviel wie: „Was danach kommt, wie es hinterher aussieht, ist mir gleichgültig.“ Sie ist aus dem Ausspruch der Marquise de Pompadour (1721 bis 1764), der Mätresse Ludwigs XV., angesichts der verlorenen Schlacht bei Roßbach 1757 entstanden: *Après nous le déluge!* Im Jahr darauf gebraucht der Abbé de Mably (1709 bis 1785) dieses Zitat im 6. Brief seiner „Droits et devoirs du citoyen“ („Rechte und Pflichten des Bürgers“) in bezug auf das französische Parlament: *L'avenir les inquiète peu: après eux le déluge* („Die Zukunft beunruhigt sie wenig: nach ihnen die Sintflut“).

Nach'm Krieg, um sechs Uhr

Diese bei einer Verabschiedung oder Verabredung gelegentlich zu hörende scherzhafte Bemerkung geht zurück auf eine berühmt gewordene Abschiedszene in dem satirischen Roman „Die Abenteuer des braven Soldaten Schwejk während des Weltkrieges“ des tschechischen Schriftstellers Jaroslav Hašek (1883–1923): An der Front verabschiedet sich der Freund von Schwejk und verabredet das nächste Zusammentreffen mit den Worten: „Also, nach'm Krieg, um sechs Uhr abend!“

Nachbarin! Euer Fläschchen!

Gerade noch diese Bitte um das Riechfläschchen der Banknachbarin in der Kirche kann Gretchen am Ende der Szene „Dom“ im 1. Teil von Goethes Faust stammeln, dann fällt sie in Ohnmacht. Sie hat den Tod ihrer Mutter verschuldet, ihr Bruder wurde ermordet, und sie muß jetzt am Trauergottesdienst teilnehmen, von Faust erwartet sie ein

Kind – das ist zuviel für Gretchen. – Wer heute diese Worte zitiert, denkt wohl kaum an die Tragik dieser Situation, sondern will scherzhaft zum Ausdruck bringen, daß ihn etwas fast aus der seelischen Fassung bringt. Auch Abwandlungen des Zitats sind üblich, wobei die verschiedensten Gegenstände erbeten oder aber einem anderen angeboten werden können.

Der **nächste** Winter kommt bestimmt

Mit dem scherzhaften oder leicht ironischen Satz, in dem „Winter" auch durch etwas anderes ersetzt werden kann, wird eine sehr frühe Vorsorge für etwas kommentiert. Ursprünglich handelt es sich bei dem Zitat um einen Werbeslogan der Firma Rheinischer Braunkohlenbrikett-Verkauf GmbH.

Nacht fiel über Gotenhafen

Bei dem Zitat handelt es sich um den Titel eines Films von Frank Wisbar aus dem Jahr 1959. Der Film schildert den Untergang der mit 6000 Flüchtlingen überladenen „Wilhelm Gustloff", die im Januar 1945 vor Gotenhafen in der Ostsee von einem sowjetischen U-Boot versenkt wurde. Scherzhaft wird das Zitat verwendet, um auszudrücken, daß etwas dem Vergessen anheimgefallen ist oder jemanden der Schlaf übermannt hat.

↑ In der **Nacht** ist der Mensch nicht gern alleine

Die **Nacht** ist nicht allein zum Schlafen da

Das Zitat mit der Fortsetzung „Die Nacht ist da, daß was gescheh'" ist Titel und Refrain des von Gustaf Gründgens vorgetragenen Schlagers, den Theo Mackeben auf einen Text von O. E. Hesse und Fritz Beckmann für den Film „Tanz auf dem Vulkan" von Hans Steinhoff aus dem Jahr 1938 komponierte. Attacken gegen die zeitgenössische Diktatur im eigenen Land verbargen sich hinter der Maske des Schauspielers Debureau, der mit seinen Chansons die Pariser Julirevolution von 1830 ausgelöst haben soll.

Nacht muß es sein, wo Friedlands Sterne strahlen

Die Worte, mit denen man sich in einer Situation, in der sich alles gegen einen zu verschwören scheint, halb ironisch Mut zusprechen kann, sagt Wallenstein, Herzog von Friedland, in Schillers Tragödie „Wallensteins Tod" (III, 10). Als ihn fast alle Anhänger verlassen und die meisten Regimenter dem Kaiser neu gehuldigt haben, fühlt er sich endlich frei, weil für ihn die Notwendigkeit entschieden ist: „Die Brust ist wieder frei, der Geist ist hell,/Nacht muß es sein, wo Friedlands Sterne strahlen./Mit zögerndem Entschluß .../Zog ich das Schwert, .../Da es in meine Wahl noch war gegeben./Notwendigkeit ist da, der Zweifel flieht,/Jetzt fecht' ich für mein Haupt und für mein Leben."

↑ Wenn es **Nacht** wird in Paris

Nachtigall, ick hör' dir trapsen

Die saloppe Redensart, mit der man kundtut, daß man jemandes Absicht merkt, könnte auf ein Lied aus der Sammlung „Des Knaben Wunderhorn" (herausgegeben von Achim von Arnim und Clemens Brentano 1806–1808) zurückgehen. Der berlinischen Abwandlung liegt vermutlich eine volkstümliche Kontamination (Zusammenziehung) aus den Anfangszeilen der ersten und zweiten Strophe („Nachtigall, ich hör' dich singen" und „Nachtigall, ich seh' dich laufen") zugrunde.

Es war die **Nachtigall** und nicht die Lerche

Dieses Zitat stammt aus Shakespeares „Romeo und Julia" (III, 5). Seit dem englischen Dichter Geoffrey Chaucer (1340–1400) galt die Nachtigall als Liebesvogel und die Lerche als Verkünderin des Morgens. Auf dem Hintergrund dieser Zuordnung sagt Julia beim Ruf eines Vogels zu Romeo, den sie nach gemeinsamer Nacht noch nicht gehen lassen will: *It was the nightingale, and not the lark,/That pierced the fear-full hollow of thine ear* („Es war die Nachtigall und nicht die Lerche,/Die eben jetzt dein banges Ohr durchdrang"). Wenn man heute in unterschiedlichen Situationen zum Ausdruck bringen möchte, daß die Zeit nicht drängt, positive Signale wahrgenommen werden und Schlimmeres sich noch nicht ankündigt, werden Julias Worte zitiert. Aber auch die Umkehrung des Satzes „Die Lerche war's und nicht die Nachtigall" hat – wohl in Anlehnung an den Anfangsvers des Gedichts „Morgenruf" von Georg Herwegh (1817 bis 1875) – Verbreitung gefunden.

Das **Nachtlager** von Granada

Der Titel der Oper „Das Nachtlager in Granada" von Konradin Kreutzer (1780–1849) mit dem Text von Karl Johann Braun, Ritter von Braunthal, nach Friedrich Kinds gleichnamigem Schauspiel lieferte den scherzhaften, leicht abgewandelten Ausdruck für ein improvisiertes Nachtlager. Auch eine malerisch hingelagerte Personengruppe wird gelegentlich so bezeichnet. In der Oper ist damit ein Maurenschloß gemeint, in dem ein als fremder Jäger auftretender Prinzregent ein Nachtlager erhält, von feindlichen Hirten bedroht, aber durch ein Hirtenmädchen gerettet wird.

Nachts, wenn der Teufel kam

Das Zitat, mit dem sich der von nächtlicher Bedrohung ausgelöste Schauer ausdrücken läßt, ist der Titel eines Kriminalfilms von Robert Siodmak aus dem Jahr 1957. Darin bringt der auf Anordnung vertuschte Fall eines geistesgestörten Massenmörders im Dritten Reich den zuständigen Kriminalkommissar in Schwierigkeiten mit der SS.

Nacht-und-Nebel-Erlaß

Der nationalsozialistische Ausdruck, der heute noch in „Nacht-und-Nebel-Aktion" anklingt, bezieht sich auf einen Erlaß des Oberkommandos der Wehrmacht vom 12. 12. 1941, nach dem auf Hitlers Weisung vom 7. 12. 1941 Widerstandskämpfer in besetzten Gebieten (besonders in Frankreich, Belgien und den Niederlanden) „ins Reich überführt" und ohne jede Mitteilung hingerichtet oder in Konzentrationslager eingewiesen wurden. Der Ausdruck Nacht-und-Nebel-Aktion spielt auf die Heimlichkeit einer Aktion an, bei der meist bestimmte Vorschriften oder Gesetze umgangen werden.

Nackt unter Wölfen

Die Formulierung, mit der sich ähnlich wie mit der Redewendung „Unter die Wölfe geraten sein" eine Situation des Ausgeliefertseins bezeichnen läßt, ist der Titel eines Romans von Bruno Apitz (1900–1979). Darin werden die dramatischen Ereignisse gegen Ende des Krieges im Konzentrationslager Buchenwald geschildert, als ein Waisenkind aus Auschwitz im Koffer eines Juden ins Lager geschmuggelt und von den Häftlingen unter Todesgefahren als Symbol ihrer Widerstandskraft verborgen gehalten wird.

Die **nackte** Wahrheit

Der Ausdruck, mit dem man gern eine wahrheitsgemäße Schilderung bekräftigt, geht wohl auf den römischen Dichter Horaz (65–8 v. Chr.) zurück. In einer seiner Oden (I, 24, 5–8) heißt es in der Totenklage um den ihm befreundeten Dichter Quintilius Varus: *Cui Pudor et Iustitiae soror,/Incorrupta Fides, nudaque Veritas/Quando ullum inveniet parem?* („Wann wird je die Züchtigkeit und die Schwester der Gerechtigkeit, die unverbrüchliche Treue, und die nackte Wahrheit irgendeinen ihm Gleichen finden?")

↑Ihr **naht** euch wieder, schwankende Gestalten

↑Jetzt aber **naht** sich das Malheur

Name ist Schall und Rauch

Diese Redensart stammt aus Goethes Faust I (Marthens Garten). Auf Margaretes Frage „Nun sag, wie hast du's mit der Religion?" gipfelt Fausts pantheistisches Glaubensbekenntnis in dem Satz „Gefühl ist alles;/Name ist Schall und Rauch,/Umnebelnd Himmelsglut." –

Man betont mit dem Zitat, daß ein Name allein noch nichts über eine Person oder Sache aussagt, daß Namen vergänglich sind. Gelegentlich überdeckt man damit auch scherzhaft, daß man selbst oder ein anderer einen Namen oder eine genaue Bezeichnung im Gespräch nicht parat hat.

↑Sie **nannten** ihn ...

Der **Narben** lacht, wer Wunden nie gefühlt

Das Zitat – im Original: *He jests at scars, that never felt a wound* („Er spottet über Narben, der nie eine Wunde fühlte") – beleuchtet das Unverständnis für die Leiden anderer auf Grund mangelnder Erfahrung. In Shakespeares Tragödie „Romeo und Julia" (II, 2) wird diese Lebensweisheit dem jungen Liebhaber Romeo in den Mund gelegt, als Entgegnung auf die Bespöttelung durch seine Freunde Benvolio und Mercutio in der vorausgehenden Szene.

Narr in Christo

So kann man einen weltfremden, christlichen Idealisten in Anspielung auf den Titel des Romans „Der Narr in Christo Emanuel Quint" von Gerhart Hauptmann (1862–1946) nennen. In mystischen Wahnvorstellungen erlebt die Romangestalt eines Bußpredigers ihre Vereinigung mit Christus. Der Romantitel knüpft seinerseits an eine Stelle im Neuen Testament an. Im 1. Brief an die Korinther (4, 10) vergleicht Paulus sich und den Apostel Apollos mit den überheblichen Korinthern: „Wir sind Narren um Christi willen, ihr aber seid klug in Christo; wir schwach, ihr aber stark; ihr herrlich, wir aber verachtet."

↑Und ein **Narr** wartet auf Antwort

↑Denn die **Natur** läßt sich nicht zwingen

↑Denn das **Naturell** der Frauen ist so nah mit Kunst verwandt

Navigare necesse est

↑Seefahrt ist not

Ne bis in idem

Die Maxime des Strafprozeßrechts, nach der niemand wegen derselben Tat mehrmals verurteilt werden darf, ist in dieser kurzen Form – in wörtlicher Übersetzung „nicht zweimal in derselben Sache" – nicht aus der Antike überliefert, obwohl sie im römischen wie im attischen Recht Gültigkeit hatte. Bei dem attischen Rhetor und Staatsmann Demosthenes (384–322 v. Chr.) heißt es in der „Rede gegen Leptines" (§ 147): „Die Gesetze lassen es nicht zu, daß zweimal gegen denselben über dasselbe ein gerichtliches Verfahren oder sonst eine Untersuchung eingeleitet wird." Über den juristischen Fachbereich hinaus wird das Zitat gelegentlich auch angewendet, um jemanden oder sich selbst in irgendeiner Sache vor unnötiger Wiederholung zu warnen.

Neckermann macht's möglich

Der Werbeslogan, mit dem das Versandhausunternehmen Neckermann viele Jahre geworben hat, wurde im Jahr 1960 geprägt. Er wurde bald zum geflügelten Wort, das man scherzhaft-kommentierend verwendet, um seinem Erstaunen über das Gelingen von etwas Ausdruck zu geben. Der Slogan wird heute auch in vielfachen Abwandlungen gebraucht, wobei „... macht's möglich" mit jeweils anderen Namen oder Begriffen verbunden wird.

Nehm'n Se 'n Alten

Diese scherzhaft-ironische Empfehlung, einen älteren Herrn als Ehepartner zu wählen, entstammt einem Couplet des Kabarettisten Otto Reutter (1870 bis 1931). Das Lied beginnt mit der Feststellung „Die Statistik zeigt's dem Kenner:/'s gibt mehr Frauen als wie Männer." Folglich kann nicht jede Frau einen schönen jungen Mann bekommen; die in folgenden aufgeführten „Vorteile" älterer Männer lassen dies als gar nicht so schlimm erscheinen. So heißt es z. B. am Ende des Couplets: „Nehm'n

Se 'n Alten, nehm'n Se 'n Alten!/Der küßt voller Liebesqual,/denn er denkt bei jedem Kusse:/,'s ist vielleicht das letzte Mal!' " Das Zitat wird auch in abgewandelter Form – zum Beispiel „Nehmen wir den alten" – verwendet und auf Dinge des Alltags, etwa ältere Gebrauchsgegenstände bezogen.

Nehmt alles nur in allem

↑Er war ein Mann, wir werden nimmer seinesgleichen sehen

Neid ist des Ruhmes Geleit

↑Invidia gloriae comes

Nessushemd

Eine verderbenbringende Gabe, ein Geschenk, das jemandem in verhängnisvoller Weise zum Unheil wird, oder auch ganz allgemein etwas, was jemanden sehr peinigt, ihm große Qual bereitet, bezeichnet man nach einer alten Sage um den Tod des Herakles mit der Metapher „Nessushemd" oder „Nessusgewand". In der Tragödie „Die Trachinierinnen" des griechischen Dichters Sophokles (um 496–um 406 v. Chr.) werden die Ereignisse, die zum Tode des Herakles führten, dargestellt. Der Zentaur Nessus hatte die Gattin des Herakles verführen wollen und wurde deshalb von Herakles mit einem Giftpfeil getötet. Um sich zu rächen, riet der sterbende Zentaur der Gattin des Herakles, sie solle sein vergiftetes Blut als Liebeszaubermittel verwenden und ein Untergewand des Herakles damit tränken, um diesen für immer an sich zu fesseln. Die eifersüchtige Gattin befolgte diesen Rat und schenkte Herakles das vergiftete Gewand. Als nun Herakles das Gewand anlegte, peinigten ihn so rasende Schmerzen, daß er sich, um die Qualen abzukürzen, auf dem Scheiterhaufen verbrennen ließ.

↑Alles **neu** macht der Mai

Das **Neue** daran ist nicht gut, und das Gute daran ist nicht neu

Diese äußerst kritische Stellungnahme ist die leichte Veränderung des Distichons „Auf mehrere Bücher. Nach Lessing" von Johann Heinrich Voß (1751–1826) in seinem Musenalmanach von 1792: „Dein redseliges Buch lehrt mancherlei Neues und Wahres,/Wäre das Wahre nur neu, wäre das Neue nur wahr!" Das Distichon bezieht sich auf Lessings „Briefe, die neueste Literatur betreffend". Im 111. Brief vom 12. 6. 1760 heißt es: „Wenn es erlaubt ist, allen Worten einen andern Verstand zu geben, als sie in der üblichen Sprache der Weltweisen haben, so kann man leicht etwas Neues vorbringen. Nur muß man mir auch erlauben, dieses Neue nicht immer für wahr zu halten."

Das **Neue** dringt herein mit Macht

Ein ↑andersdenkendes Geschlecht

Neue Männer braucht das Land

Dies ist der Titel eines Songs der Berliner Rocksängerin Ina Deter (* 1947), mit dem sie zu Beginn der achtziger Jahre großen Erfolg hatte. Wie viele Lieder der Sängerin ist auch dieser Song geprägt von der Problematik der Frauenemanzipation. Der Titel wurde so populär, daß er heute als geflügeltes Wort mit austauschbarem Objekt in den unterschiedlichsten Zusammenhängen verwendet wird, so etwa in Schlagzeilen wie: „Neue Politiker braucht das Land", „Neue Wälder braucht das Land" bis hin zu Abwandlungen wie: „Neue Tapeten braucht die Wand" o. ä.

Neuer Wein in alten Schläuchen

↑Junger Wein in alten Schläuchen

Neues Leben blüht aus den Ruinen

Das ↑Alte stürzt, es ändert sich die Zeit

Es ↑geschieht nichts **Neues** unter der Sonne

Neunzehnhundertvierundachtzig

↑Big Brother is watching you

Nibelungentreue

Große, durch nichts zu erschütternde Loyalität, besonders die unbedingte

Bündnis- oder Gefolgschaftstreue bezeichnet man häufig als „Nibelungentreue". Allerdings verwendet man den Ausdruck heute gerne dann, wenn man diese Art von Treue als zu kritiklos, zu willfährig und angepaßt empfindet. Der deutsche Reichskanzler Bernhard von Bülow (1849–1929) gebrauchte das Wort in einer Reichstagsrede (1909) während der Bosnienkrise, um damit die unbedingte Bündnistreue des Deutschen Reichs zu Österreich-Ungarn zu charakterisieren, die von andern zuvor als „Vasallenschaft" verurteilt worden war. Er bezog sich dabei auf die im „Nibelungenlied", dem um 1200 entstandenen, mittelhochdeutschen Heldenepos, besungene „heldische Treue". Vom damals recht verbreiteten politischen Schlagwort wurde der Ausdruck dann zu einem Wort des allgemeinen Sprachgebrauchs.

Nicht an die Güter hänge dein Herz, die das Leben vergänglich zieren

↑ Wer besitzt, der lerne verlieren

Nicht der Mörder, der Ermordete ist schuldig

Dies ist der Titel einer 1920 erschienenen Novelle von Franz Werfel (1890 bis 1945). Anlaß für die Entstehung der frühen Novelle war ein Mordfall in Wien, bei dem der Sohn eines Schaubudenbesitzers seinen Vater ermordet hatte. Werfel stellte mit seiner Novelle die Behauptung auf, daß der Vater Schuld trägt an dem, was ihm der Sohn zufügt. – Man kann mit dem Zitat – oft auch mit kritischer Ironie – andeuten, wie man in einem bestimmten Fall die wahre Schuld oder Unschuld der Beteiligten verteilt sieht.

Nicht für die Schule, sondern für das Leben lernen wir

Dieser Spruch, der in früherer Zeit – meist in seiner lateinischen Form – über dem Portal von Gymnasien zu lesen stand, sollte den Schülern sogleich beim Betreten des Gebäudes die Erkenntnis vermitteln, daß der Unterricht kein Selbstzweck sei, sondern auf das spätere [Berufs]leben vorbereiten solle: *Non scholae, sed vitae discimus*. Er geht auf eine ironische Feststellung zurück, die der lateinische Schriftsteller Seneca (4 v. Chr.–65 n. Chr.) im 106. Brief an seinen Freund Lucilius traf. Hier lautete der Satz allerdings *Non vitae, sed scholae discimus* („Nicht für das Leben, für die Schule lernen wir") und stellte eine Kritik an den Philosophenschulen seiner Zeit dar, die nach Senecas Meinung „Schulweisheit" statt „Lebensweisheit" lehrten.

Nicht für einen Wald voll Affen

Die Redewendung, mit der man ein Ansinnen weit von sich weist, stammt aus Shakespeares „Kaufmann von Venedig" (entstanden um 1595), wo Shylock mit diesen Worten den Verlust eines für ihn als Erinnerungsstück wertvollen Ringes beklagt, den seine Tochter Porzia für einen Affen eingetauscht hatte: *I would not have given it for a wilderness of monkeys* („Ich hätte ihn nicht für einen Wald von Affen hergegeben"). Das Wort „Wald" in der deutschen Übersetzung ist dabei nicht wörtlich zu verstehen, sondern bedeutet (wie auch das englische „wilderness" im gegebenen Kontext) lediglich „eine große Menge" – in der modernen Umgangssprache würde man eher „nicht für einen ganzen Stall voll Affen" sagen.

Nicht gesellschaftsfähig

Dies ist der deutsche Titel des letzten Films mit Marilyn Monroe (Originaltitel: „The Misfits"; 1960) nach einer Erzählung von Arthur Miller (* 1915), der auch das Drehbuch zu diesem Film schrieb. Er handelt von gesellschaftlichen Außenseitern, die in einem letzten Abenteuer wie in vergangenen Zeiten Selbstbestätigung suchen und dabei scheitern. Das Zitat des Filmtitels wirkt wie eine Art Etikett, mit dem man jemanden oder jemandes Handlungsweise versieht, der sich nicht in Übereinstimmung mit den gesellschaftlichen Normen verhält.

Nicht immer, aber immer öfter

Diese Worte wurden durch die Werbung für ein alkoholfreies Bier der Marke Clausthaler in jüngerer Zeit besonders gebräuchlich. Man verwendet sie scherzhaft, um auf eine Entwicklung hinzuweisen, durch die sich etwas (meist etwas Positives) langsam, aber sicher etabliert. In der leicht abgewandelten Form „Nicht immer, aber bitte immer öfter" kann man dem Wunsch Ausdruck verleihen, daß etwas allmählich zur Regel, zur Gewohnheit werden möge.

Nicht loben werd' ich's, doch ich kann's verzeihn

Wenn man jemandem zu verstehen geben will, daß man mit etwas zwar nicht einverstanden ist, aber ein gewisses Verständnis dafür aufbringen kann, oder auch, daß man in etwas einwilligt, was man eigentlich nicht billigen kann, dann mag man auf dieses Zitat zurückgreifen. Es stammt aus Schillers Trilogie „Wallenstein" („Wallensteins Tod", II, 2). Es sind Worte des Max Piccolomini, der Wallenstein davor warnt, sich dem Kaiser zu widersetzen und sich mit den Schweden zu verbünden. Sein widerstrebendes Verständnis für Wallensteins Handlungsweise, so äußert er sich dann weiter, werde allerdings enden, wenn Wallenstein zum Verräter werde.

Nicht mit Gold aufzuwiegen sein

Die Redewendung im Sinne von „unersetzlich sein" geht vermutlich auf eine Stelle aus Plautus' (um 250–um 184 v. Chr.) Komödie „Bacchides" (Vers 640) zurück: *Hunc hominem decet auro expendi* („Diesen Menschen sollte man mit Gold aufwiegen").

Nicht mitzuhassen, mitzulieben bin ich da

Das Zitat als Ausdruck abendländischer Humanität stammt aus der „Antigone" des griechischen Tragikers Sophokles (um 496–um 406 v. Chr.). Im 6. Auftritt begründet damit Antigone vor König Kreon ihre Widersetzlichkeit gegen sein Verbot der Bestattung ihres Bruders, des Staatsfeindes Polyneikes.

Nicht nur zur Sommerzeit

In einem der bekanntesten Weihnachtslieder, dem Lied „O Tannenbaum", heißt es in der 1. Strophe: „Du grünst nicht nur zur Sommerzeit,/Nein, auch im Winter, wenn es schneit." Verfasser der Verse ist Ernst Anschütz (1780 bis 1861), der die erste Strophe wohl (mit geringfügigen Veränderungen) von einem anderen Tannenbaumlied, verfaßt von August Zarnack (1777–1827), übernommen hat. Letzteres ist aber kein Weihnachtslied, sondern es geht darin um eine untreue Geliebte. Zarnack hatte für seine Dichtung alte Volksliedelemente verwendet. – Die zeitliche Angabe „nicht nur zur Sommerzeit" hat sich als Zitat verselbständigt und wird meist scherzhaft verwendet, wenn jemand ausdrücken will, daß bestimmte Dinge nicht an eine bestimmte Zeit gebunden sein müssen, auch außerhalb der üblichen Saison stattfinden können. Heinrich Böll hat das Zitat dem Titel einer Erzählung zugrunde gelegt, wobei er die jahreszeitliche Bestimmung änderte. Die skurrile Geschichte, in der ein Weihnachtsbaum, der das ganze Jahr über immer wieder in Funktion treten muß, eine große Rolle spielt, trägt den Titel: „Nicht nur zur Weihnachtszeit".

Nicht Stimmenmehrheit ist des Rechtes Probe

Wenn sich jemand mit seiner Meinung bei andern nicht durchsetzen kann, sich im Gegenteil von ihnen überstimmen lassen muß, so wird er gerne diesen Ausspruch zitieren. Er stammt aus dem Trauerspiel „Maria Stuart" (II, 3) von Schiller. Talbot, Graf von Shrewsbury, warnt Elisabeth, die Königin von England, davor, ihre Gegenspielerin Maria Stuart hinrichten zu lassen, da diese ihr „nicht untertänig" sei. Auf die Einlassung Elisabeths „So irrt/Mein Staatsrat und mein Parlament, im Irrtum/Sind alle Richterhöfe dieses Landes,/Die mir dies Recht einstimmig zuerkannt –" entgegnet Talbot: „Nicht Stimmenmehrheit ist des Rechtes Probe,/England ist nicht die Welt, dein Parlament/Nicht der Verein der menschlichen Geschlechter."

Nicht von dieser Welt sein

Wenn man heute von jemandem behauptet, er sei nicht von dieser Welt, so will man zum Ausdruck bringen, daß man den Betreffenden für einen Träumer und Phantasten hält, für jemanden, der die Dinge nicht realistisch beurteilen kann und deswegen auch öfter den kürzeren zieht. Die Redewendung ist biblischen Ursprungs. Im Johannesevangelium (8, 23) spricht Jesus, im Dialog mit Schriftgelehrten und Pharisäern, die gewichtigen, sein Gottsein betonenden Worte, mit denen er sich in aller Deutlichkeit von seinen Gesprächspartnern abhebt: „Ihr seid von untenher, ich bin von obenher; ihr seid von dieser Welt, ich bin nicht von dieser Welt." Und später nach der Gefangennahme spricht Jesus im Verhör vor Pilatus (18, 36) noch einmal in ähnlicher Weise: „Mein Reich ist nicht von dieser Welt. Wäre mein Reich von dieser Welt, meine Diener würden kämpfen, daß ich den Juden nicht überantwortet würde; aber nun ist mein Reich nicht von dannen."

Nicht wert sein, jemandem die Schuhriemen zu lösen

Johannes der Täufer, der prophetische Bußprediger und „Vorläufer" Jesu Christi, charakterisiert in seiner Ankündigung des öffentlichen Wirkens Jesu im Markusevangelium (1, 7) das Verhältnis der Bedeutsamkeit seiner eigenen Person zu der Person Jesu mit den Worten: „Es kommt einer nach mir, der ist stärker denn ich, dem ich nicht genügsam bin, daß ich mich vor ihm bücke und die Riemen seiner Schuhe auflöse." Im Johannesevangelium lautet die Parallelstelle (1, 27): „Der ist's, der nach mir kommen wird, welcher vor mir gewesen ist, des ich nicht wert bin, daß ich seine Schuhriemen auflöse." In der Art der Formulierung schließt sich die heute in emphatischer Redeweise noch gebrauchte Wendung an die zuletzt zitierte Stelle aus dem jüngeren Johannesevangelium an. Mit der Wendung kann je nach Zusammenhang die hohe Bedeutsamkeit und Wichtigkeit der einen Person oder, häufiger wohl, die Nichtswürdigkeit und Bedeutungslosigkeit der andern umschrieben werden.

Nicht wissen, was rechts oder links ist

Die auch in der leicht abgewandelten Form „nicht mehr wissen, was rechts und was links ist" übliche Redewendung geht auf die Bibel zurück. Beim Propheten Jona spricht am Ende des 4. Kapitels der Herr zu Jona, der zornig darüber war, daß die sündhafte Stadt Ninive verschont wurde: „... mich sollte nicht jammern Ninives, solcher großen Stadt, in welcher sind mehr denn hundertundzwanzigtausend Menschen, die nicht wissen Unterschied, was rechts oder links ist, dazu auch viele Tiere?" In der zurechtweisenden Frage des Herrn wird hinsichtlich der Bewohner Ninives auf deren Unwissenheit, ihr Nichtwissen um Recht und Unrecht abgehoben. Die heute übliche Redewendung wird eher gebraucht, um zu verdeutlichen, daß jemand völlig verwirrt ist, sich überhaupt nicht mehr auskennt, sich irgendwo nicht zurechtfinden kann.

Nichts Bessers weiß ich mir an Sonn- und Feiertagen, als ein Gespräch von Krieg und Kriegsgeschrei, wenn hinten weit in der Türkei die Völker aufeinander schlagen

Diese vier Zeilen aus Goethes Faust werden gerne als Kritik an Menschen zitiert, die dazu neigen, unverbindlich zu politisieren und sich über Dinge zu erregen, von denen sie selbst nicht betroffen sind. Goethe hat in der Szene „Vor dem Tor" in Faust I, die auch den berühmten „Osterspaziergang" enthält, „Spaziergänger aller Art" zu Wort kommen lassen. Mit den kurzen Äußerungen von Handwerksburschen, Dienstmädchen, Schülern, Bürgern, Soldaten usw. werden in knapper Typisierung die unterschiedlichsten „Stimmen des Volkes" vorgeführt. Die zitierten Zeilen des „anderen Bürgers" charakterisieren den typischen Spießbürger und Stammtischpolitiker.

Nichts halb zu tun ist edler Geister Art

Mit dieser Zeile beginnt die 30. Strophe im 5. Gesang der Verserzählung „Oberon" von Christoph Martin Wieland (1733–1813). Ritter Huon ist vom Elfenkönig Oberon mit prachtvollen orientalischen Gewändern ausgestattet worden, damit er leichter zum Kalifen von Bagdad vordringen kann. Dazu wird dem Ritter, da der „edle Geist" – wie man heute sagen würde – keine halben Sachen macht, auch noch ein passendes Pferd nebst zwei Pagen zur Verfügung gestellt. – Mit dem Zitat deutet man scherzhaft an, daß man es – zumindest für die eigene Person – für selbstverständlich hält, alles so zu erledigen, daß nichts zu beanstanden bleibt, nichts anzufangen, ohne es richtig zu Ende zu führen.

Nichts ist dauernd als der Wechsel

Diese Erkenntnis, daß nur der Wechsel Bestand hat, findet man in vielen Sprachen formuliert. Bekannt ist das dem griechischen Philosophen Heraklit (6./5. Jh. v. Chr.) zugeschriebene Wort *Panta rhei* (deutsch: „Alles fließt"). Die vorliegende Formulierung stammt von Ludwig Börne aus seiner am 2. 12. 1825 gehaltenen „Denkrede auf Jean Paul". Heinrich Heine machte sie zum Motto seiner Dichtung „Die Harzreise". Bei Goethe findet sich der gleiche Gedanke im Titel des Gedichtes „Dauer im Wechsel".

↑Denn **nichts** ist groß, was nicht wahr ist

Nichts ist schwerer zu ertragen als eine Reihe von schönen Tagen

↑Alles in der Welt läßt sich ertragen, nur nicht eine Reihe von schönen Tagen

↑Von **nichts** kommt nichts

↑Wie weit er auch die Stimme schickt, **nichts** Lebendes wird hier erblickt

↑Ich bin ein Mensch, **nichts** Menschliches ist mir fremd

Nichts von Verträgen! Nichts von Übergabe!

Wenn jemand eine Verpflichtung, die er keinesfalls eingehen möchte, mit Nachdruck zurückweisen will, so kann er diesen Ausruf zitieren. Er stammt aus Schillers Drama „Die Jungfrau von Orleans" (Prolog, 3. Auftritt). Johanna, die spätere Jungfrau von Orleans, ruft „in Begeisterung" diese Worte aus. Sie hatte (zur großen Verwunderung ihres Vaters) den Bericht Bertrands über den Kriegsverlauf und die verlorenen Schlachten der Franzosen verfolgt und beginnt nun mit diesen Worten eine Rede, in der sie dazu aufruft, nicht zu verzagen, sondern voller Zuversicht zu sein, denn: „Der Retter naht, er rüstet sich zum Kampf."

Aus **nichts** wird nichts

↑Von nichts kommt nichts

Nie sollst du mich befragen

Diese Worte spricht in Richard Wagners (1813–1873) Oper „Lohengrin" der Titelheld Lohengrin zu Elsa von Brabant (I, 3). Er verbietet ihr damit mahnend, jemals nach seinem Namen und seiner Herkunft zu fragen, bevor er sich dem König gegenüber bereit erklärt, mit dem Schwert für Elsas Unschuld zu zeugen. Heute bringt man mit diesem Zitat ausweichend zum Ausdruck, daß man eine Frage nicht beantworten darf oder keine Auskunft geben will.

Nie war er so wertvoll wie heute

Seit vielen Jahren wird für den Heiltrank „Klosterfrau Melissengeist" mit diesem Spruch geworben. Er suggeriert dem Verbraucher eine immerfort steigende Qualität des Produkts und zugleich eine stets größer werdende Notwendigkeit seiner Anwendung. Der Spruch wurde durch die intensive Werbung sehr populär und wird seither bei allen möglichen Gelegenheiten als eine Art scherzhafte Beurteilung einer Sache oder auch einer Person zitiert.

Niedriger hängen

Die Wendung „etwas niedriger hängen", mit der zum Ausdruck gebracht wird, daß etwas (durch das Niedrigerhängen) allen sichtbar, leichter zugänglich gemacht werden soll, geht wohl auf eine Anekdote über König Friedrich II., den Großen (1712–1786) zurück. Der König sei eines Tages bei einem Ausritt zu einem Platz gekommen, so heißt es, an dem, von Leuten dicht umdrängt, eine nicht sehr schmeichelhafte Karikatur von ihm aufgehängt worden war. Bei ihrem Anblick soll er gerufen haben, man solle sie doch niedriger hängen, damit sie alle besser sehen könnten. Die heute wieder häufiger gebrauchte Wendung „etwas niedriger hängen" hat eine andere Bedeutung. Sie wird meist als Aufforderung verwendet, etwas weniger wichtig zu nehmen, nicht so aufzubauschen oder überhaupt jede Übertreibung zu vermeiden.

Niemand ist eine Insel

Die sentenzhafte Feststellung, daß niemand für sich existiert, geht auf den englischen Dichter und Geistlichen John Donne (1572–1631) zurück. In der Meditation der 17. Andacht seiner „Devotions upon Emergent Occasions" heißt es: *No man is an Island, entire of it self* („Kein Mensch ist eine Insel, ganz für sich"; vergleiche auch „Wem die Stunde schlägt"). Das Zitat wurde häufig als Titel verwandt: Thomas Merton: „No Man is an Island" (1955) – auf deutsch: „Keiner ist eine Insel" (1956), Honor Arundel: „Kein Mensch ist eine Insel" (1972) als Titel der deutschen Übersetzung von „The Terrible Temptation", Johannes Mario Simmel: „Niemand ist eine Insel" (1976).

Niemand kann zwei Herren dienen

Im Matthäusevangelium sagt Jesus: „Niemand kann zwei Herren dienen: entweder er wird den einen hassen und den andern lieben, oder er wird dem einen anhangen und den andern verachten" (Matthäus 6,24). Man zitiert diese Bibelworte, wenn man jemandem zu verstehen geben will, daß er sich klar entscheiden muß, wessen Interessen er vertritt oder wofür er sich engagieren will. Der italienische Dramatiker Carlo Goldoni (1707–1793) hat auf dieses Bibelzitat im Titel seiner Komödie „Der Diener zweier Herren" zurückgegriffen. – Im 8. Kapitel seiner Bildergeschichte „Maler Klecksel" hat Wilhelm Busch (1832–1908) die biblische Weisheit in folgende Worte gefaßt: „Mit zween Herrn ist schlecht zu kramen." Und eine ebenso profunde Erkenntnis fügt er dann noch hinzu: „Noch schlechter, fürcht' ich, mit zwo Damen."

↑ Wie **Nikodemus** in der Nacht

Nimm dein Bett und gehe heim!

Das Bibelzitat steht im Markusevangelium (2,11), wo Jesus diese Worte bei der Heilung eines Gichtbrüchigen spricht: „Ich sage dir, stehe auf, nimm dein Bett und gehe heim!" Heute verwendet man das Zitat scherzhaft, um auszudrücken, daß es in einer abendlichen Runde schon spät geworden ist und es Zeit ist, ins Bett zu gehen. Man richtet dabei das Zitat als Aufforderung an seine Begleitung oder an sich selbst.

Nimm und lies!

Die Aufforderung, mit der man jemandem eine bestimmte Lektüre nahelegen möchte, ist ein Zitat – im lateinischen Original *Tolle, lege!* – aus den „Bekenntnissen" („Confessiones") VIII,12 des Kirchenvaters Augustinus (354 bis 430). Er schildert dort, wie er beim Meditieren im Garten seines Hauses in Mailand die Stimme eines Kindes hörte und die Worte *Tolle, lege!* als göttliche Aufforderung zur Bibellektüre verstand. Beim Aufschlagen der Bibel stieß er auf folgende Stelle im Brief des Apostels Paulus an die Römer (13,13f.): „Lasset uns ehrbar wandeln als am Tage, nicht in Fressen und Saufen, nicht in Kammern und Unzucht, nicht in Hader und

Neid; sondern ziehet an den Herrn Jesus Christus und wartet des Leibes, doch also, daß er nicht geil werde.“ Dieser Gartenszene verdankte Augustinus seine Bekehrung und endgültige Entscheidung für die Kirche.

No pasarán

Als im Frühsommer 1936 der Kampf der falangistisch-faschistischen Kräfte gegen die zweite spanische Republik begann, setzte sich die Bürgerkriegsheldin und spätere Vorsitzende der Kommunistischen Partei Spaniens, Dolores Ibárruri Gómez (1895–1989), bekannt auch unter ihrem Beinamen „La pasionaria“ „die Leidenschaftliche“, in glühenden Rundfunkreden für die Republik ein. Sie prägte dabei den republikanischen Kampfruf *No pasarán* „Sie (= die Faschisten) kommen nicht durch“. Die Parole lebte in Gedichten und Liedern des spanischen Bürgerkriegs weiter als Ausdruck des Durchhaltewillens der republikanisch-fortschrittlichen Kräfte.

Noblesse oblige

↑Adel verpflichtet

Noch am Grabe pflanzt er die Hoffnung auf

In seinem Gedicht „Hoffnung“ (1797) schildert Schiller das Leben des Menschen als von stetem Hoffen auf Besseres geprägt: „Die Welt wird alt und wird wieder jung,/Doch der Mensch hofft immer Verbesserung.“ Diese Hoffnung begleitet ihn bis an sein Lebensende: „Sie wird mit dem Greis nicht begraben;/Denn beschließt er im Grabe den müden Lauf,/Noch am Grabe pflanzt er – die Hoffnung auf.“ Daß man trotz aller Enttäuschungen, die das Leben bereitet, beständig hofft, ist für den Dichter der Beweis, daß der Mensch „zu etwas Besserem“ geboren ist. Dieses „Bessere“ lebt unverlierbar in ihm, allem Schicksal und selbst dem Tode zum Trotz, und wirkt als treibende innere Kraft: „Und was die innere Stimme spricht,/Das täuscht die hoffende Seele nicht.“ – Der gleiche Gedanke findet sich wieder in der „Philosophie des Lebens“ (Vorlesungen, 1828) des Ästhetikers und Dichters Friedrich Schlegel (1772–1829): „Der Mensch ist vor allen anderen Geschöpfen ein auf Hoffnung gestelltes Wesen.“

Noch eine hohe Säule zeugt von verschwund'ner Pracht: Auch diese, schon geborsten, kann stürzen über Nacht

Dies ist ein Zitat aus dem Gedicht „Des Sängers Fluch“ von Ludwig Uhland (1787–1862). Nachdem der Fluch des alten Sängers gegen den König, den „verruchten Mörder“, ausgesprochen ist, wird in den letzten beiden Strophen des Gedichts die Erfüllung dieses Fluches, der Niedergang des Königreichs und der Zerfall des Schlosses, geschildert. Das aus der vorletzten Strophe stammende Zitat wird meist auch in entsprechendem Sinn verwendet, etwa beim Anblick von Zerfall oder Zerstörung einstiger Werte, auch im Hinblick auf morbide Zustände oder auch einfach beim Rückblick auf dahingegangene glanzvolle Zeiten, an die nur weniges noch erinnert. Der zweite Teil des Zitats wird (wie auch der erste) gelegentlich allein zitiert, und zwar meist im Hinblick auf etwas, was stark gefährdet, im Grunde schon dem Untergang geweiht ist.

Noch einmal mit Gefühl

So lautet der deutsche Titel einer 1959 entstandenen amerikanischen Filmkomödie um einen Dirigenten (Hauptrolle: Yul Brynner, englischer Titel: *Once more with feeling*), sicherlich eine Anspielung auf die entsprechende musikalische Vortrags- oder Interpretationsanweisung. Das Zitat wird meist als Aufforderung verwendet, etwas zu wiederholen und es dann womöglich besser, genauer auszuführen als zuvor. Es kann ebenso Ermunterung sein, etwas, was nicht gleich geglückt ist, noch einmal, nun aber vorsichtiger, umsichtiger o. ä., zu versuchen. Auch mehr oder weniger scherzhaft gemeinte Abwandlungen sind üblich geworden, beispielsweise:

„Noch einmal mit Verstand", „Noch einmal mit Gewalt" o. ä.

Noch ist die blühende, goldene Zeit

↑Noch sind die Tage der Rosen

Noch ist Polen nicht verloren

Mit dieser Redensart möchte man zum Ausdruck bringen, daß man eine bestimmte unangenehme Lage für noch nicht ganz aussichtslos hält, daß durchaus noch nicht alles verloren ist. Die oft etwas scherzhaft gebrauchte Redensart hat sich aus den Anfangsworten der polnischen Nationalhymne entwickelt, im polnischen Original: *Jeszcze Polska nie zginęła*. Der polnische Politiker und Schriftsteller Józef Wybicki (1747 bis 1822) schrieb 1797 dieses von einem unbekannten Komponisten vertonte Lied, das seit 1918 offizielle polnische Nationalhymne ist. Populär geworden war das Lied zunächst als Marschlied einer polnischen Legion, die der General Jan Henryk Dąbrowski als Hilfstruppe Napoleons in Oberitalien aufgestellt hatte, und zwar unter dem Namen „Dąbrowskimarsch".

Noch keinen sah ich fröhlich enden

↑Wer besitzt, der lerne verlieren

Noch sind die Tage der Rosen

Von den Werken des deutschen Dichters und Publizisten Siegfried August Mahlmann (1771–1826) sind nur einige seiner mehrfach vertonten und volkstümlich gewordenen Gedichte bekannt geblieben. Dazu gehört das Gedicht „Aufmunterung zur Freude" (mit der Anfangszeile „Weg mit den Grillen und Sorgen!", die früher auch häufig zitiert wurde). Populär geblieben ist die Zeile „Noch sind die Tage der Rosen", die mit Vorliebe dann herangezogen wird, wenn man deutlich machen möchte, daß es jetzt gilt, die noch verbleibende schöne oder auch für bestimmte Dinge günstige Zeit zu nutzen. Die Bekanntheit des Zitats wurde auch noch durch ein anderes Werk gefördert. Der deutsche Schriftsteller Otto Roquette (1824 bis 1896) verwendete die Zeile als Kehrreim eines Liedes in seiner lyrisch-epischen Dichtung „Waldmeisters Brautfahrt", einem sentimentalen Jugendwerk, das damals ein großer Publikumserfolg war, heute aber weitgehend vergessen ist. Aus diesem Werk wurde auch eine andere Zeile mit ähnlicher Aussage populär, die meist auch in ganz ähnlichen Zusammenhängen zitiert wurde. Diese Zeile lautet: „Noch ist die blühende, goldene Zeit."

Noch so einen Sieg, und ich bin verloren!

↑Pyrrhussieg

↑Und **noch** zehn Minuten bis Buffalo

Noli me tangere!

Im 20. Kapitel des Johannesevangeliums wird berichtet, daß Jesus nach der Auferstehung der weinenden Maria Magdalena am leeren Grab erschienen ist. Er, den sie zunächst für einen Gärtner gehalten hatte, spricht sie mit den Worten an: „Rühre mich nicht an! Denn ich bin noch nicht aufgefahren zu meinem Vater" (20, 7). Die Worte des Berührungsverbots wurden in der lateinischen Form der Vulgata *(noli me tangere)* populär. In der bildenden Kunst (besonders in der Malerei des 14. bis 17. Jahrhunderts) versteht man unter einem „Nolimetangere" die Darstellung der Erscheinung des auferstandenen Christus mit Maria Magdalena vor dem leeren Grab. Auch eine Pflanze verdankt ihren Namen den an Maria Magdalena gerichteten Christusworten: Eine Art des „Springkrauts" wird auch „Nolimetangere" oder „Rührmichnichtan" genannt, weil ihre Kapselfrüchte bei Berührung aufspringen (und die Samen ausschleudern).

Nomen est omen

Der römische Komödiendichter Plautus (um 250–184 v. Chr.) verwendet in seinem Stück „Persa" die Formulierung *nomen atque omen,* auf deutsch „Name und zugleich auch Vorbedeutung". Auf sie ist die gängige lateinische Redensart, in der heute üblichen Form *nomen est omen,* zurückzuführen. Man wendet sie meist scherzhaft im Hinblick auf Personen oder auch Sachen an, von denen man glaubt, daß allein ihr Name schon bezeichnend ist oder auf etwas ganz Bestimmtes hinweist.

Non liquet

Diese altrömische Rechtsformel ist unter anderem in „Pro Cluentio", einer Rede des römischen Schriftstellers und Politikers Cicero (106–43 v. Chr.), belegt. Sie bedeutet übersetzt „es ist nicht klar" und war die Formel der altrömischen Geschworenen oder des Richters, mit der zum Ausdruck gebracht wurde, daß nicht entschieden werden kann, ob Schuld oder Nichtschuld vorliegt. Auch im heutigen Zivilrecht hat *non liquet* die Bedeutung einer Feststellung darüber, daß ein Sachverhalt unklar geblieben ist, besonders daß für eine Behauptung weder Beweis noch Gegenbeweis geführt worden ist.

Non multa, sed multum

↑Multum, non multa

Non olet

↑Geld stinkt nicht

Non scholae, sed vitae discimus

↑Nicht für die Schule, sondern für das Leben lernen wir

Nonplusultra

Als „Nonplusultra" bezeichnet man gewöhnlich eine Sache, die man für unübertrefflich hält, also für etwas, was nicht besser sein könnte. Häufig ist diese Kennzeichnung allerdings auch nur scherzhaft gemeint, oder man gebraucht sie verneinend, indem man von etwas behauptet, es sei nicht gerade das Nonplusultra. Der Ausdruck hat seine Wurzeln in der Antike: Nach altgriechischer Auffassung galten die Bergfelsen beiderseits der Straße von Gibraltar als das Ende der Welt. Sie seien, so heißt es, von Herakles, dem Helden der griechischen Mythologie, aufgebaut worden als Zeugen seiner weitesten Fahrt. Bekannt waren sie in der Antike als die „Säulen des Herakles". Es wird weiter berichtet, Herakles habe diese „Säulen" mit der Inschrift *Non plus ultra,* wörtlich „nicht noch weiter", versehen, mit einem Hinweis darauf also, daß man bis hierher, an die Grenzen der Welt, gelangen könne und nicht weiter.

Nordlichter

Als von Beginn des 19. Jahrhunderts an von den bayrischen Königen Maximilian I., Ludwig I. und Maximilian II. viele Wissenschaftler und Künstler zur Hebung des kulturellen Niveaus aus dem Norden nach Bayern und besonders nach München geholt wurden, geschah dies nicht immer zur Freude der Bayern, die sich durch diese Maßnahme häufig zurückgesetzt fühlten. Schon damals entstand die Bezeichnung „Nordlichter", zwar scherzhaft gebraucht, aber nicht immer sehr freundlich gemeint, für Persönlichkeiten, damals besonders Gelehrte und Dichter, die aus dem Norden stammten. Der Begriff lebte Mitte der siebziger Jahre wieder auf, als der bayrische Politiker Franz Joseph Strauß (1915–1988) von seinen Kollegen aus der Schwesterpartei in den nördlichen Ländern Schleswig-Holstein und Niedersachsen wegen ihrer Wahlniederlagen ironisch als den „Nordlichtern" sprach.

Der **Not** gehorchend, nicht dem eignen Trieb

Schillers Trauerspiel „Die Braut von Messina" beginnt mit diesen Worten der Donna Isabella, der Fürstin von Messina. Sie eröffnet damit ihren Eingangsmonolog, in welchem sie zunächst die Notwendigkeit ihres Auftretens vor den Ältesten von Messina erläutert. Die Worte wurden zu einem häufig gebrauchten Zitat, das gerne als erläuternde oder auch entschuldigende Floskel eingeflochten wird, wenn jemand die Unumgänglichkeit einer bestimmten Handlungsweise zu rechtfertigen sucht.

Die **Not** lehrt beten

Dieses alte Sprichwort, nach dem die Menschen sich in der Not auf Gott besinnen und um Hilfe beten, wurde von Adelbert von Chamisso als Kehrreim seines Gedichtes „Das Gebet einer Witwe“ verwendet. Darin betet eine alte Frau um ein langes Leben ihres „gnädigen Herrn“ – nicht etwa, weil sie ihn für einen guten Herrn hält, sondern weil sie mit dem Verfluchen seiner habgierigen Vorfahren schlechte Erfahrungen gesammelt hat. Der Großvater, der ihr eine von ihren acht Kühen genommen hatte, starb früh; dessen Sohn aber nahm ihr gleich zwei Kühe ab, und als auch der sich den Hals brach, verlor sie sogar vier Kühe an den jetzigen Herrn. Nun kann sie sich ausrechnen: „Kommt Dero Sohn noch erst dazu,/Nimmt der gewiß mir die letzte Kuh“ – und ihre Not hat sie gelehrt, für ihren Herrn trotz seiner Unbarmherzigkeit zu beten.

Ein **notwendiges** Übel

Mit diesem Ausdruck werden Angelegenheiten, Ereignisse, Vorgänge gekennzeichnet, die man als unangenehm, lästig, störend empfindet, von denen man aber weiß, daß sie unvermeidlich und oft genug unerläßlich sind. Der Ausdruck geht auf den griechischen Dichter Menander (um 342–um 291 v. Chr.) zurück. In einem der von ihm erhaltenen Fragmente spricht er davon, daß das Heiraten genau betrachtet zwar ein Übel, aber ein „notwendiges Übel“ (griechisch *ἀναγκαῖον κακόν*) sei. In einem andern Fragment taucht der Ausdruck in anderem Zusammenhang noch einmal auf. Es heißt dort, der Arzt für alle notwendigen Übel sei die Zeit.

Null Problemo

Dieser besonders in der Jugendsprache verwendete Ausdruck hat die Bedeutung von „kein Problem“. Er stammt aus der deutschen Synchronisation der amerikanischen Fernsehserie „Alf“, in der ein Wesen von einem anderen Stern bei einer amerikanischen Familie lebt und durch eigenwilliges Verhalten, seine Vorliebe für Katzen als Hauptgericht und eine schnodderige Ausdrucksweise für Komik und Unterhaltung sorgt.

Nullachtfünfzehn

Die als geflügeltes Wort (auch in der Form „Nullachtfuffzehn“) in die Umgangssprache eingegangene Zahlenkombination ist zu einem Begriff geworden, mit dem man etwas als „alltäglich“ und „gänzlich unoriginell“ charakterisiert. Sie kam durch den deutschen Schriftsteller Hans Helmut Kirst (1914–1989) ins allgemeine Bewußtsein, nachdem dieser seiner sehr bekannt gewordenen Romantrilogie aus den Jahren 1954/55 den Titel „08/15“ gegeben hatte. Zugrunde liegt die militärische Bezeichnung für ein Maschinengewehr aus dem Jahr 1908, das 1915 technisch verändert wurde und die Bezeichnung LMG 08/15 bekam. Die Zahlen wurden dann zunächst zu einer Metapher für den geistlosen militärischen Drill.

Nun danket alle Gott

In den apokryphen Schriften des Alten Testamentes findet sich (Sirach 50, 24) der Vers: „Nun danket alle Gott, der große Dinge tut an allen Enden, der uns von Mutterleib an lebendig erhält und tut uns alles Gute.“ Diese Worte verwendet der Dichter Martin Rinckart (1586–1649) in seinem Kirchenlied „Nun danket alle Gott“ aus der Sammlung „Jesu-Hertz-Büchlein in geistlichen Oden“ (1636). Populär wurden die beiden ersten Zeilen: „Nun danket alle Gott,/Mit Herzen, Mund und Händen“. Der Choral wurde in früheren Zeiten häufig als Ausdruck des Dankes bei öffentlichen Anlässen gesungen.

Nun hast du mir den ersten Schmerz getan

Mit diesem Vers beginnt das achte von neun Gedichten des Zyklus „Frauenliebe und -leben“ des Dichters Adelbert von Chamisso (1781–1838). Der Mann der von tiefer Liebe ergriffenen Frau ist gestorben. Sie beginnt ihre Klage mit dem Vers: „Nun hast du mir den ersten Schmerz getan,/Der aber traf./Du schläfst, du harter, unbarmherz'ger

Mann,/Den Todesschlaf." Acht Lieder des Zyklus wurden von Robert Schumann 1840 vertont und dadurch besonders bekannt.

Nun hat die liebe Seele Ruh'

Die Redewendung geht auf ein Gleichnis des Lukasevangeliums (12, 18 ff.) zurück. Darin ist die Rede von einem reichen Mann, der seine Scheunen füllt mit seinen Gütern und dann zu sich sagt: „Liebe Seele, du hast einen großen Vorrat auf viele Jahre; habe nun Ruhe, iß, trink und habe guten Mut!" – Man gebraucht die Redewendung – auch in der Form „Nun hat die arme Seele Ruh' " –, um damit scherzhaft zu erklären, daß beispielsweise von etwas Begehrtem nun nichts mehr da ist, so daß alles Drängen und Bitten – besonders von Kindern – nun ein Ende finden kann.

↑Gott sei Dank! **Nun** ist's vorbei mit der Übeltäterei

↑Wohl, **nun** kann der Guß beginnen

Nun muß sich alles, alles wenden

Mit diesem Vers enden die beiden Strophen des Gedichts „Frühlingsglaube" von Ludwig Uhland (1787–1862). Das Gedicht, das mit dem ebenso bekannten Vers „Die linden Lüfte sind erwacht" beginnt, wurde von Mendelssohn und Franz Schubert vertont und besonders durch Schuberts Vertonung sehr bekannt. – Mit dem Zitat gibt man seiner Überzeugung Ausdruck, daß sich etwas Bestimmtes nun zum Besseren wenden wird, daß man deutliche Anzeichen für eine positive Entwicklung sieht.

Nun raucht er wieder, Gott sei Dank!

↑Drei Wochen war der Frosch so krank!

Nun ruhen alle Wälder

So beginnt ein Abendlied des evangelischen Theologen und Dichters vieler bekannter Kirchenlieder der Barockzeit Paul Gerhardt (1607–1676). Die erste Strophe des Liedes sieht den Menschen eingebunden in die Natur, die sich zur Ruhe begeben hat: „Nun ruhen alle Wälder,/Vieh, Menschen, Städt und Felder;/Es schläft die ganze Welt ..." Mit dem Zitat kann man eine friedliche Abendstimmung vor allem in naturnaher Umgebung charakterisieren.

Nun sei bedankt, mein lieber Schwan!

Mit diesen Worten entläßt Lohengrin, der Held der gleichnamigen Oper von Richard Wagner (1813–1873), den Schwan, der ihn – seinen Nachen ziehend – an den Hof König Heinrichs gebracht hat. Lohengrin war von Elsa von Brabant herbeigerufen worden, um für die Unschuld der des Brudermords angeklagten Tochter des verstorbenen Herzogs von Brabant zu zeugen. – Man verwendet das Zitat als scherzhafte Dankesformel.

Nun siegt mal schön!

Die als Scherz gemeinte Aufforderung richtete Bundespräsident Theodor Heuss (1884–1963) an die Teilnehmer eines Bundeswehrmanövers im Jahr 1958. Sie wurde – von Journalisten verbreitet – rasch zum geflügelten Wort. Man verwendet sie bis heute vielfach abgewandelt als scherzhafte Ermunterung.

Nun singen sie wieder

Dies ist der Titel eines 1945 entstandenen Stücks von Max Frisch. Frisch behandelt darin das Thema der Schuld, die ein Mensch nicht abschütteln kann. – Der Soldat Karl, der die Geiseln erschossen hat, die singend in den Tod gingen, hört immer wieder ihr Singen. Im Gespräch mit seinem Vater bekennt er: „Nichts befreit uns von der Verantwortung, nichts, sie ist uns gegeben, jedem von uns, jedem die seine; man kann nicht seine Verantwortung einem andern geben, damit er sie verwalte. Man kann die Last der persönlichen Freiheit nicht abtreten – und eben das haben wir versucht, und eben das ist unsere Schuld." Man verwendet das Zitat heute – meist ohne Bezug auf das düstere Thema des Stücks und häufig in Abwandlung –, um auszudrücken, daß etwas Bestimmtes sich wiederholt, erneut einsetzt, wieder auftaucht o. ä.

Nur Beharrung führt zum Ziel

Dieses Zitat, das auch in der abgewandelten Form „Beharrlichkeit führt zum Ziel" geläufig ist und ähnlichen älteren Sprichwörtern wie „Beharrlichkeit überwindet alles" entspricht, stammt aus dem 2. „Spruch des Konfuzius", erschienen in Schillers Musenalmanach für das Jahr 1800. Es wird zur Ermunterung angeführt, wenn jemand zu resignieren droht, nicht mehr unbeirrt und ausdauernd sein Ziel verfolgt.

Nur der Irrtum ist das Leben, und das Wissen ist der Tod

In diesen beiden Zeilen aus dem Gedicht „Kassandra" von Schiller ist ein zentraler Gedanke dieses Gedichtes formuliert. In zwölf von sechzehn Strophen enthält das Gedicht die große Klage der trojanischen Königstochter Kassandra über ihr Schicksal als Seherin (vergleiche die Artikel „Frommt's, den Schleier aufzuheben?" und „Kassandra"). Im Zentrum steht der Gedanke, daß dem Menschen der Blick in die Zukunft und so die Erkenntnis verborgener Dinge nicht zusteht. Der Gedanke an die biblische Geschichte vom Baum der Erkenntnis und der Vertreibung aus dem Paradies liegt nahe (1. Moses 2, 16: „... von dem Baum der Erkenntnis des Guten und Bösen sollst du nicht essen, denn welches Tages du davon issest, wirst du des Todes sterben"). In den Zeilen „Nur der Irrtum ist das Leben,/Und das Wissen ist der Tod" wird die Schlußfolgerung gezogen, daß das Irren des Menschen, das aus dem Nichtwissen um alles Zukünftige erwächst, das Leben des Menschen erst möglich macht.

Nur der verdient sich Freiheit wie das Leben, der täglich sie erobern muß

Am Ende von Goethes Faust II (5. Akt, Großer Vorhof des Palastes) glaubt der alte, erblindete Faust, daß sein Bemühen um die Landgewinnung nun von Erfolg gekrönt sei. Er zieht die Summe seiner Erfahrung mit den obigen Worten. – Man verwendet das Zitat, um seiner Überzeugung Ausdruck zu geben, daß das Leben in einem steten Bemühen besteht bzw. bestehen muß.

Nur die größten Kälber wählen ihre Metzger selber

Mit diesem Spruch wird eindringlich davor gewarnt, bei politischen Wahlen die falschen Volksvertreter zu wählen. Er könnte auf einer Wahlveranstaltung in Niederschlesien am 1. 10. 1876 geprägt worden sein, die sich gegen die Wahl liberaler Abgeordneter richtete und von einem Pfarrer mit eben diesen Worten abgeschlossen worden sein soll.

Nur die Lumpe sind bescheiden, Brave freuen sich der Tat

Dieser Spruch, nicht gerade ein Aufruf zur Bescheidenheit, sondern vielmehr eine Aufforderung, stolz zu sein auf erfolgreiche Taten, stammt aus einem Gedicht von Goethe. Es ist das gesellige Lied „Rechenschaft", eine Art Trinklied mit verteilten Rollen und Chor, das von dem mit Goethe befreundeten Komponisten Carl Friedrich Zelter (1758 bis 1832) vertont wurde.

Nur ein toter Indianer ist ein guter Indianer

Das Zitat – im Original: *The only good Indian is a dead Indian* – wird dem nordamerikanischen General Philip Henry Sheridan (1831–1888) zugeschrieben; es diente als Motto für die Unterwerfung der Kiowa 1869. Beim heutigen Gebrauch wird das Wort „Indianer" häufig durch eine andere Gruppenbezeichnung ersetzt.

Nur einen Sommer gönnt, ihr Gewaltigen!

Friedrich Hölderlin (1770–1843) dichtete in seiner Ode „An die Parzen" (1798) wie in einer Vorahnung seiner früh verlöschenden dichterischen Existenz: „Nur einen Sommer gönnt, ihr Gewaltigen!/Und einen Herbst zu reifem Gesange mir,/Daß williger mein Herz, vom süßen/Spiele gesättigt, dann mir sterbe!" – Das heute wohl nur noch scherzhaft gebrauchte Zitat kann als Bitte um genügend Zeit zur Ausführung eines Vorhabens verwendet werden.

Nur nicht aus Liebe weinen

In dem deutschen Spielfilm „Es war eine rauschende Ballnacht" aus dem Jahre 1939 singt Zarah Leander dieses Lied, dessen Titel auch Teil des Refrains ist: „Nur nicht aus Liebe weinen,/es gibt auf Erden nicht nur den einen./Es gibt so viele auf dieser Welt,/ich liebe jeden, der mir gefällt! ..." Der Text stammt von Fritz Beckmann, die Musik schrieb Theo Mackeben. Mit dem Zitat versucht man sich selbst oder andere bei Liebeskummer zu trösten.

Nur nicht gleich, nicht auf der Stell'

Die ↑Christel von der Post

Nur über meine Leiche!

Dieser Ausruf fand vielleicht durch Theodor Körners Drama „Hedwig" (1812) allgemeine Verbreitung. Mit den Worten „Nur über meine Leiche geht der Weg" stellt sich die Titelheldin dem verräterischen Schurken Rudolf entgegen. Vorläufer finden sich sowohl in dem Gedicht „Der Gastfreund" von Gottfried Herder (1744–1803) als in Schillers „Wallenstein" (Wallensteins Tod 5,7). Hier wirft sich Gordon, der Kommandant von Eger, vor die zu Wallenstein vordringenden Mörder und sagt: „Erst über meinen Leichnam sollst du hingehn,/Denn nicht will ich das Gräßliche erleben." – Man verwendet die umgangssprachliche Redensart, um seiner entschiedenen Ablehnung eines Ansinnens oder eines Vorhabens anderer Ausdruck zu geben.

Nur vom Nutzen wird die Welt regiert

Im ersten Akt von Schillers Trauerspiel „Wallensteins Tod" (1798) schürzt sich bereits der Knoten der Handlung: Wallenstein kann von dem zunächst nur als Gedankenspiel existierenden Verrat am Kaiser nicht mehr zurücktreten. Er erkennt nun die ganze Tragweite seines Vorhabens, sich mit den Schweden zu verbünden. Im sechsten Auftritt reflektiert er im Gespräch mit den Generalen Terzky und Illo über die Treue und ihren Gegenbegriff, den Verrat. In diesen Zusammenhang gehört eine Äußerung Terzkys, in der er darauf hinweist, daß seinerzeit die Dienste des als Verräter vielgeschmähten französischen Generalkommandeurs Charlos de Bourbon-Montensier vom spanischen Kaiser Karl V. gern angenommen wurden: „Der nahm den Bourbon auf mit offnen Armen,/Denn nur vom Nutzen wird die Welt regiert." – Das Zitat kann beim Scheitern eines idealistischen Vorhabens als resignierender Kommentar gebraucht werden oder Ausdruck allgemeiner pessimistischer Lebensweisheit sein.

Nur wer die Sehnsucht kennt, weiß, was ich leide!

Im 11. Kapitel des 4. Buchs von Goethes Dichtung „Wilhelm Meisters Lehrjahre" (1796) singen die beiden geheimnisvollen Gestalten Mignon und der Harfner „ein unregelmäßiges Duett mit dem herrlichsten Ausdruck". Es beginnt und endet mit den Versen: „Nur wer die Sehnsucht kennt,/Weiß, was ich leide!" – Man verwendet das Zitat scherzhaft oder mit Selbstironie, um zum Ausdruck zu bringen, daß man sich sehr nach jemandem oder nach einem Ort, Ereignis o. ä. sehnt.

Nur wer im Wohlstand lebt, lebt angenehm!

Die drei Strophen von Bertolt Brechts „Ballade vom angenehmen Leben" aus der 1928 uraufgeführten „Dreigroschenoper" haben diesen Vers als Refrain. Man unterstreicht mit ihm oft ironisch den Tatbestand, daß viele Annehmlichkeiten des Lebens nur für den erreichbar sind, der über genügend Geld verfügt.

Nürnberger Trichter

Als „Nürnberger Trichter" bezeichnet man eine Lernmethode, bei der sich der Lernende nicht anzustrengen braucht, bei der ihm der Lernstoff mehr oder weniger mechanisch „eingetrichtert" wird. Der Ausdruck geht auf den Nürnberger Schriftsteller Georg Philipp Harsdörffer (1607–1658) zurück, der als Gründer des „Löbl. Hirten- und Blumenordens an der Pegnitz" eine im Jahr 1648 erschienene Poetik mit dem Titel „Poetischer Trichter. Die Teutsche Dicht- und Reimkunst, ohne Behuf der lateinischen Sprache, in VI Stunden einzugießen" herausgab. Das Bild von einem Trichter, mit dem man einem Menschen etwas „eingießen" kann, findet man jedoch schon früher, so in der Sprichwörtersammlung von Sebastian Franck aus dem Jahr 1541. Auch bei zeitgenössischen Autoren fand Harsdörffer dieses Bild bereits vor und nahm in der Vorrede zu seiner Poetik Bezug darauf.

↑Nur vom **Nutzen** wird die Welt regiert

Das ↑Angenehme mit dem **Nützlichen** verbinden

O alte Burschenherrlichkeit!

Es handelt sich hier um den Anfang des 1825 anonym erschienenen Studentenliedes „Rückblicke eines alten Burschen", dessen Autorschaft 1877 Eugen Höfling (1808–1880) für sich reklamierte. In diesem Lied wird beklagt, daß die alte Studentenzeit, das ungebundene Studentenleben dahingegangen ist. Das Zitat wird heute meist in Zusammenhängen gebraucht, in denen das Selbstverständnis oder die gesellschaftliche Rolle traditioneller Studentenverbindungen diskutiert wird.

O daß sie ewig grünen bliebe, die schöne Zeit der jungen Liebe!

Mit den beiden Versen schließt in Schillers „Lied von der Glocke" der Abschnitt über Kindheit und Jugend. Der Wunsch, daß der Lebensabschnitt, in dem man die erste Verliebtheit erlebt, niemals vorübergehen möge, wird heute oft im Rückblick auf die eigene Erfahrung oder als etwas wehmütiger Kommentar zu verliebtem Verhalten junger Menschen zitiert.

O Deutschland, bleiche Mutter!

Diese Zeile stammt aus dem Gedicht „Deutschland" von Bertolt Brecht, der 1933 aus dem nationalsozialistischen Deutschland auswanderte und seine Heimat mit den Worten beschrieb: „O Deutschland, bleiche Mutter!/Wie sitzest du besudelt/Unter den Völkern." In Anlehnung an das Zitat entstand 1979 der deutsche Spielfilm „Deutschland bleiche Mutter" (Regie Helma Sanders-Brahms), der von dem Schicksal einer jungen Frau handelt, die in der Nazizeit heiratet und sich im Krieg ohne ihren Mann mit ihrem kleinen Kind durchschlagen muß.

O diese Männer!

Das Zitat ist der Titel eines Lustspiels des in Prag geborenen Autors Julius Rosen (1833–1892). Der Autor greift damit möglicherweise Desdemonas Ausruf *O, these men, these men!* aus Shakespeares „Othello" (IV, 3) auf. Rosens Theaterstücke, von denen ungefähr 50 aufgeführt wurden, lebten von oft sehr zeitbezogener Situationskomik; sie sind heute weitgehend unbekannt. – Der Ausruf „O diese Männer!" begleitet meist ein resignierendes weibliches Kopfschütteln über die Eigenheiten männlichen Charakters oder Verhaltens.

O du Ausgeburt der Hölle!

Das Zitat stammt aus Goethes Ballade „Der Zauberlehrling" aus dem Jahr 1797. Mit diesem Ausdruck belegt der

Zauberlehrling den Wasserträger, den er in der Abwesenheit des Hexenmeisters aus einem Besen geschaffen hat und dann ohne das rechte Zauberwort nicht zum Stillstand bringen kann. Unter „Ausgeburt" versteht man allgemein jemanden, der etwas Negatives in besonders ausgeprägter Form verkörpert.

O du Falada, da du hangest

Das Zitat stammt aus dem Grimmschen Märchen „Die Gänsemagd". Die Königstochter, die als Gänsemagd in der Fremde leiden muß, und der unter einem finsteren Tor hängende Kopf ihres getöteten Pferdes beklagen das harte Schicksal, unter dem jeweils der andere zu leiden hat. Auf ihre Worte „O du Falada, da du hangest" antwortet der Kopf: „O du Jungfer Königin, da du gangest,/Wenn das deine Mutter wüßte,/Ihr Herz tät' ihr zerspringen." – Heute wird das Zitat wohl nur noch scherzhaft gebraucht, z. B. als Kommentar, wenn jemand ungeschickt an etwas hängengeblieben ist.

O du lieber Augustin!

Dies sind die Anfangsworte eines Liedes, das der Wiener Volkssänger Augustin 1679 gesungen haben soll, als er nach einem Alkoholrausch in einer Pestgrube aufwachte. In einer Erzählung des Predigers Abraham a Sancta Clara (1644–1709) wird dagegen nur von einem Wiener Dudelsackpfeifer berichtet, der durch sein Spiel entdeckt und wieder aus der Grube heraufgezogen wird. Das Zitat wird heute oft mit seiner Fortsetzung „Alles ist hin" bzw. „... hin, hin, hin" verwendet, wenn man heiter resignierend einen Verlust feststellt.

O du zertrümmert Meisterstück der Schöpfung!

Der Anlaß dazu, sich (meist wohl in eher scherzhafter Weise) dieses Zitats zu bedienen, ist der beklagenswerte Zustand einer Sache (seltener auch einer Person), mit dem man unversehens konfrontiert wird. Das Zitat stammt aus Shakespeares Drama „König Lear" (IV, 5). Es ist der Ausruf des durch Blendung blind gewordenen Grafen von Gloster bei seiner Begegnung mit dem „mit Blumen und Kränzen" seltsam geschmückten, dem Wahnsinn entgegentreibenden König Lear in der öden Landschaft der Kreidefelsen bei Dover. Im englischen Original lautet die zitierte Stelle: *O ruined piece of nature!*

O ein Gott ist der Mensch, wenn er träumt, ein Bettler, wenn er nachdenkt

Mit diesem Ausruf beklagt Hyperion in Hölderlins (1770–1843) gleichnamigem Briefroman (Bd. 1, 1. Buch, 2. Brief an Bellarmin) die Unmöglichkeit, „mit allem, was lebt" eins zu sein und sich gleichzeitig der Wissenschaft zu verschreiben. Wer diese Worte zitiert, will ausdrücken, daß der Mensch nur im Reich der Phantasie und der Träume grenzenlos frei ist und alles beherrscht. Sobald aber Realitätssinn, Verstand und Logik gefordert sind, sobald das Gefühl der Sachlichkeit weichen muß, wird er wieder in die „ärmere" Vernunftwelt zurückgeholt.

O Ewigkeit, du Donnerwort

Wenn etwas übermäßig lange dauert, nicht enden will, die eigene Ungeduld ein Zuwarten aber sehr schwer macht, dann wird gelegentlich scherzhaft der erste Vers aus dem Lied „Ernstliche Betrachtung der unendlichen Ewigkeit" des deutschen Pfarrers und Dichters Johann Rist (1607–1667) zitiert. Es beginnt mit den Zeilen: „O Ewigkeit, du Donnerwort,/O Schwert, das durch die Seele bohrt,/O Anfang sonder Ende!" In diesen Zeilen kommt ein tiefes, innerlich erschütterndes Berührtsein bei der Betrachtung der Unendlichkeit der Zeit zum Ausdruck, die dem Zitat im heutigen Gebrauch nicht mehr anhaftet.

O flaumenleichte Zeit der dunklen Frühe

Mit diesem Bild bezeichnet Eduard Mörike am Anfang seines 1825 entstandenen Gedichts „An einem Wintermorgen, vor Sonnenaufgang" die noch dunkle Morgenstunde eines Wintertags. Er beschreibt so eine Art zeitliches Niemandsland, es ist nicht mehr Nacht, aber auch noch nicht heller Tag. Das schützende Dunkel trennt die unbeschwerten Träume noch von den Sorgen und Lasten des Alltags wie ein Schleier. Das wohl eher selten gebrauchte Zitat könnte auch heute noch auf die etwas unwirkliche Atmosphäre einer frühen Morgenstunde bezogen werden, in der man noch ein wenig Ruhe hat, bevor das geschäftige Treiben des Tages beginnt.

O Freund, das wahre Glück ist die Genügsamkeit

↑O, Weisheit! Du redst wie eine Taube!

O Freunde, nicht diese Töne!

Dies sind die Überleitungsworte zum berühmten Schlußchor im letzten Satz der 9. Symphonie von Ludwig van Beethoven (1770–1827), dem „Lied an die Freude“ von Schiller (vergleiche den Artikel „Freude, schöner Götterfunken“). Die Worte werden – meist scherzhaft – beispielsweise als eine Art Appell zur Mäßigung bei einem Streit zitiert, bei einer allzu emotional geführten Diskussion o. ä. Hermann Hesse (1877–1962) hat 1914 einen Aufsatz mit diesen Worten überschrieben.

O hätt' ich nimmer diesen Tag gesehen!

Im 2. Auftritt des 4. Aufzugs von Schillers Drama „Wallensteins Tod“ (1798) findet man Buttler, den als Mörder Wallensteins gedungenen Offizier, mit Gordon, dem Kommandanten von Eger, im Gespräch. Gordon beklagt das Schicksal Wallensteins und sein eigenes, das ihn dazu zwingt, an der Gefangennahme Wallensteins mitzuwirken. Er beginnt seine Klage, die man auch heute im gleichen Sinn gebraucht, mit den Worten: „O hätt' ich nimmer diesen Tag gesehn!“

O heilig Herz der Völker, o Vaterland!

Mit diesen Worten beginnt die erste Strophe von Friedrich Hölderlins (1770–1843) Ode „Gesang des Deutschen“ aus dem Jahre 1799. Heute wird das Zitat wohl eher ironisch-spöttisch als Ausdruck einer kritischen Haltung gegenüber übersteigertem Patriotismus verwendet.

O heilige Einfalt!

↑O sancta simplicitas!

O Herr, er will mich fressen!

Im alttestamentlichen (apokryphen) Buch des Tobias wird berichtet, wie der junge Tobias auf seiner Reise am Fluß Tigris anlangt, wo ihn ein großer Fisch erschreckt und er ängstlich ausruft: „O Herr, er will mich fressen!“ (Tobias 6,3). Man zitiert den Vers scherzhaft – oder einfach nur die Stellenangabe „Tobias sechs, Vers drei“ –, wenn jemand in Gesellschaft mit weit offenem Mund gähnt.

O lieb, solang du lieben kannst!

Diese Zeile bildet zusammen mit den folgenden Versen „O lieb, solang du lieben magst!/Die Stunde kommt, die Stunde kommt,/Wo du an Gräbern stehst und klagst!“ die Anfangs-, Mittel- und Schlußstrophe des Gedichts „Der Liebe Dauer“ von Ferdinand Freiligrath (1810–1876). Der Dichter hat hier eine besondere Art des Memento mori verfaßt, das den Leser nicht auf dessen eigene Sterblichkeit hinweist, sondern auf die Sterblichkeit seiner Mitmenschen. Wer in der Liebe zu seinem Nächsten nachläßt, ihn vielleicht durch ein unbedachtes Wort kränkt, dem kann durch den Tod des andern die Gelegenheit auf ewig verwehrt bleiben, diese Kränkung wiedergutzumachen. – Das Zitat wird heute wohl weitgehend losgelöst von seinem ursprünglichen Kontext gebraucht, zum Beispiel als eine etwas überschwengliche Ermunterung, sich auch im fortgeschrittenen Alter das Verliebtsein und die Liebe nicht zu versagen.

O mein prophetisches Gemüt!

Der Ausruf, mit dem man zu erkennen gibt, daß man etwas Bestimmtes, meist etwas Negatives, geahnt hat, findet sich in Shakespeares Tragödie „Hamlet“ (I, 5; entstanden um 1600). Die englische Form lautet: *O my prophetic soul!* Hamlet reagiert mit diesen Worten, als der Geist seines Vaters ihm enthüllt, daß dieser von Hamlets Onkel Claudius ermordet wurde.

O rühret, rühret nicht daran!

Der Ausruf stammt aus einem Gedicht von Emanuel Geibel (1815–1884) mit dem Titel „Rühret nicht daran!“. Es beginnt mit den Zeilen „Wo still ein Herz von Liebe glüht,/O rühret, rühret nicht daran“ und warnt davor, jemandes Liebe zu unterdrücken oder zu zerstören. Zu groß ist die Gefahr, daß ein so verletzter Mensch in den Haß und in die Gottlosigkeit getrieben wird. – Man gebraucht das Zitat heute als dringliche Mahnung, ein Thema nicht anzusprechen, eine Sache besser auf sich beruhen zu lassen.

O sancta simplicitas!

„O heilige Einfalt!“ (so lautet die deutsche Übersetzung dieser lateinischen Fügung) rufen wir aus, wenn wir unsere Betroffenheit oder unser Erstaunen über jemandes Naivität oder Unbekümmertheit ausdrücken wollen. Dies soll auch der zum Tode verurteilte tschechische Reformator Jan Hus (1371–1415) auf dem Scheiterhaufen ausgerufen haben, als er sah, wie in blindem Glaubenseifer noch weiteres Holz auf das Feuer geworfen wurde. Allerdings sind diese Worte bereits in spätlateinischen Quellen zur Kirchengeschichte überliefert.

O säume länger nicht, geliebte Seele!

Im 4. Akt der im Jahr 1786 in Wien uraufgeführten Oper „Figaros Hochzeit“ von Mozart singt Susanna, die Zofe der Gräfin, die so beginnende Arie. Sie will mit ihr dem eifersüchtigen Figaro, dem ihr gerade angetrauten Kammerdiener des Grafen, einen Denkzettel verpassen, indem sie sich so verhält, als gäbe sie dem Grafen das geforderte Rendezvous. – Man verwendet das Zitat scherzhaft in Situationen, in denen man ungeduldig, sehnsüchtig auf jemanden wartet.

O schmölze doch dies allzu feste Fleisch

Abscheu erfüllt Hamlet, den Prinzen von Dänemark, in Shakespeares gleichnamiger Tragödie, als er nach seiner Rückkehr noch keine zwei Monate nach des Vaters Tod die Mutter mit dem Onkel vermählt sieht. Er wünschte, er wäre tot: „O schmölze doch dies allzu feste Fleisch,/Zerging' und löst' in einen Tau sich auf!“ (I, 2; englisch: *O! that this too too solid flesh would melt,/Thaw, and resolve itself into a dew*). – Das Zitat wird heute selten und wohl nur noch scherzhaft angeführt; denkbar wäre es als Anspielung auf die Mühsal einer Abmagerungskur oder auf ein Messer und Gabel hartnäckigen Widerstand leistendes, zähes Steak.

O selig, o selig, ein Kind noch zu sein!

Der Vers bildet den Refrain der ersten beiden Strophen des sogenannten „Zarenliedes“ aus der komischen Oper „Zar und Zimmermann“ (1837) von Albert Lortzing. Dem von Lortzing selbst geschriebenen Libretto liegt ein französisches Lustspiel mit dem Titel „Le bourgmestre de Saardam“ zugrunde. – Das Zitat beschwört die wehmütige Erinnerung an die Kindheit, in die sich der Sprecher gerne zurückversetzen möchte.

O stört sie nicht, die Feier der Natur!

Das Zitat, mit dem man seiner Überwältigung durch Natureindrücke oder Naturvorgänge Ausdruck geben kann, ist die 1. Zeile der 2. Strophe von Friedrich Hebbels (1813–1863) Gedicht „Herbstbild“. In dem Herbstgedicht wird die Feier der Natur in den anschließenden Versen geschildert: „Dies ist die Lese, die sie selber hält;/Denn heute löst sich von den Zweigen nur,/Was vor dem milden Strahl der Sonne fällt.“

O Täler weit, o Höhen

Das 10. Kapitel von Joseph von Eichendorffs Roman „Ahnung und Gegenwart" (1815) schließt mit dem vierstrophigen Lied, das der Figur des Dichters, Graf Friedrich, aus der Feder fließt, bevor er zu einer Reise aufbricht. Das Lied ist Ausdruck seiner Natur- und Heimatliebe. „Friedrich machte noch eilig einen Streifzug durch den Garten und sah noch einmal von dem Berge in die herrlichen Täler hinaus ... Wie im Fluge schrieb er dort folgende Verse in seine Schreibtafel: ..." Es folgt das vielgesungene, von Mendelssohn vertonte Lied, das mit folgenden Zeilen beginnt: „O Täler weit, o Höhen,/O schöner, grüner Wald,/Du meiner Lust und Wehen/Andächt'ger Aufenthalt!" Man zitiert die erste Zeile beim Blick über ein schönes Landschaftspanorama, um – in leicht pathetischer Form – seiner Begeisterung oder Ergriffenheit Ausdruck zu verleihen.

O tempora, o mores!

Dieser Ausruf der Verzweiflung über die damaligen Verhältnisse in Rom (deutsch: „O diese Zeiten, o diese Sitten!") findet sich an mehreren Stellen in den Werken des römischen Staatsmanns und Philosophen Cicero (106 bis 43 v. Chr.). Er wird auch heute noch als Ausdruck der – oftmals nur gespielten – Entrüstung über den Zeitgeist, die moderne Lebensart, den vermeintlichen oder tatsächlichen Verfall der Sitten verwendet.

O Trank der süßen Labe!

Diese Worte stammen aus einem Lied, das Goethe im 11. Kapitel des 2. Buchs von „Wilhelm Meisters Lehrjahre" den geheimnisvollen Harfenspieler singen läßt. In diesem Lied bezeichnet so ein fahrender Sänger das Glas Wein, das ihm zum Lohne für seinen Vortrag gereicht worden ist. Auch heute noch wird gelegentlich mit diesem Zitat scherzhaft ein höchst willkommenes Erfrischungsgetränk begrüßt oder ein besonders wohlschmeckendes Getränk, das serviert wird. Das Lied erschien später auch unter den „Balladen" mit dem Titel „Der Sänger". Hier heißt es dann „O Trank von süßer Labe!" – Eine ganz ähnliche Formulierung verwendet Schiller in seinem Gedicht „Das Siegesfest". Nestor, der greise Berater der siegreichen Griechen, gibt am Ende des Trojanischen Krieges der gefangenen Troerin Hekuba folgenden Rat, indem er ihr einen Becher Wein reicht: „Trink ihn aus, den Trank der Labe,/Und vergiß den großen Schmerz!/Wundervoll ist Bacchus' Gabe,/Balsam fürs zerriss'ne Herz."

O wackrer Apotheker, dein Trank wirkt schnell

Dies sind die letzten Worte Romeos in Shakespeares Tragödie „Romeo und Julia" (auf englisch: *O true apothecary!/ Thy drugs are quick.*) Romeo, der Julia vermeintlich tot vorfindet, will ihr in den Tod folgen. – Man gebraucht das Zitat gelegentlich scherzhaft, um die rasche physiologische Wirkung eines Getränks, eines Medikaments o. ä. zu betonen.

O wär' ich nie geboren!

Zur Selbstverwünschung der Titelgestalt aus Goethes Faust I kommt es in der Kerkerszene am Schluß der Tragödie, als die wegen Faust zur Kindesmörderin gewordene Margarete sich in ihrer Sinnverwirrung nicht von ihm aus dem Kerker befreien lassen will. Max Kalbeck (1850–1921) verwendet dieselbe Formulierung in der deutschen Übersetzung von Willibald Glucks Oper „Orpheus und Eurydike", wo sich Orpheus in seiner Arie „Ach, ich habe sie verloren" wegen seiner Schuld an Eurydikes zweitem Tod ebenfalls selbst verflucht: „Wär', o wär' ich nie geboren,/Weh, daß ich auf Erden bin!" Dieser Text löst sich völlig vom Original der italienischen und der französischen Fassung. Die Zitate aus Faust I und der deutsch gesungenen Orpheus-Arie könnten beide von einer Stelle aus dem Neuen Testament geprägt sein, wo Jesus in Matthäus 26,24 von Judas sagt: „... weh dem Menschen, durch welchen des Menschen

Sohn verraten wird! Es wäre ihm besser, daß er nie geboren wäre."

O Weisheit! Du redst wie eine Taube!

Das zuerst im Göttinger Musenalmanach 1774 erschienene Gedicht „Adler und Taube" von Goethe endet mit diesem Vers. Die Feststellung trifft der verletzte und flugunfähig gewordene Adler, nachdem eine Taube seinem Kummer ihre Lebensweisheit entgegengesetzt hat: „O Freund, das wahre Glück/ Ist die Genügsamkeit,/Und die Genügsamkeit/Hat überall genug." Genügsamkeit ist aber die „Weisheit der Taube", nicht die des Adlers. Sein Leben ist nicht auf das Erlangen von „Weisheit", sondern von „Größe" angelegt. – Man gebraucht das Zitat, um ein Ansinnen von Selbstbescheidung von sich zu weisen oder um jemandem zu verstehen zu geben, daß man anders denkt als er. – Die Worte der Taube werden dagegen zitiert, wenn man zum Ausdruck bringen will, daß Glück und Zufriedenheit am ehesten zu erreichen sind, wenn man in seinen Bedürfnissen bescheiden bleibt.

O welch ein edler Geist ist hier zerstört

Erschüttert stellt Ophelia in Shakespeares „Hamlet" mit diesen Worten (im Original: *O what a noble mind is here o'erthrown!*) fest, welche tiefgreifende Veränderung sich in dem von ihr geliebten Prinzen vollzogen hat (III, 1). Die psychische Belastung, den ermordeten Vater rächen zu müssen, scheint ihn in den Wahnsinn getrieben zu haben. Das Zitat wird meist scherzhaft verwendet, wenn jemand einen konfusen oder verstörten Eindruck macht.

O welche Lust, in freier Luft den Atem leicht zu heben!

Im ersten Akt von Beethovens Oper „Fidelio" erreicht Leonore, daß der Kerkermeister die leichteren Gefängnisse öffnet. Die Eingekerkerten begrüßen das Sonnenlicht mit dem bekannten Chor, der mit den folgenden Worten beginnt: „O welche Lust, in freier Luft/ Den Atem leicht zu heben!/Nur hier, nur hier ist Leben,/Der Kerker eine Gruft." Das Libretto der 1805 uraufgeführten Oper stammt von Joseph Sonnleithner und Georg Friedrich Treitschke und beruht auf einer Vorlage von Jean Nicolas Bouilly. – Das Zitat wird scherzhaft verwendet, wenn man beispielsweise aus einem stickigen Raum ins Freie kommt oder wenn man die verpestete Stadtluft hinter sich gelassen hat und die frische Luft in freier Natur genießt.

O wer weiß, was in der Zeiten Hintergrunde schlummert

Das Zitat stammt aus dem ersten Auftritt des ersten Aktes von Schillers Trauerspiel „Don Karlos" (1787). Der Titelheld stellt die rhetorische Frage im Gespräch mit Domingo, dem Beichtvater des Königs, der sich besorgt über Don Karlos' rätselvolle Bedrücktheit äußert (1. Akt, 1. Auftritt). – Man verwendet das Zitat, um damit seinem Gefühl der Unsicherheit in bezug auf Zukünftiges Ausdruck zu geben.

O wie ist es kalt geworden

Mit dieser Klage beginnt ein bekanntes Lied von Hoffmann von Fallersleben (1798–1874) mit dem Titel „Sehnsucht nach dem Frühling". Die erste Strophe lautet: „O wie ist es kalt geworden/Und so traurig, öd' und leer!/Rauhe Winde wehn von Norden,/Und die Sonne scheint nicht mehr."

O wie so trügerisch sind Weiberherzen

Zu dieser Erkenntnis gelangt im 4. Akt von Giuseppe Verdis Oper „Rigoletto" (1851) der Herzog von Mantua. Im italienischen Original singt er: *La donna è mobile/Qual piuma al vento* („Die Frau ist leicht beweglich/wie eine Feder im Wind"; italienischer Text von F. M. Piave; deutscher Text von J. Chr. Grünbaum). Auch heute noch stößt mancher Mann, der unter den Launen einer Frau zu leiden hat, diesen Seufzer aus. – Die literarische Vorlage für Verdis Oper bildet das Versdrama „Le roi s' amuse" („Der König amüsiert sich") des französischen Schriftstellers Victor Hugo (1802–1885).

O wunderschön ist Gottes Erde und wert, darauf vergnügt zu sein!

Dieser freudige Ausruf eines sich in seiner Umgebung wohlfühlenden, frohgestimmten Menschen stammt aus der letzten Strophe des Gedichts „Aufmunterung zur Freude" von Ludwig Heinrich Christoph Hölty (1748–1776). Der Dichter, dessen Gedichte besonders durch starkes Naturempfinden und große Harmonie der Sprache gekennzeichnet sind, gilt heute als Begründer der neueren deutschen Balladendichtung.

O wüßt' ich doch den Weg zurück!

Der Sehnsuchtsseufzer, der zeitlich und (scherzhaft) auch räumlich gemeint sein kann, ist die Anfangszeile des Gedichts „Kinderland" von Klaus Groth (1819–1899): „O wüßt' ich doch den Weg zurück,/Den lieben Weg zum Kinderland!" Die letzte Strophe nimmt die Zeile in leicht abgewandelter Form wieder auf: „O zeigt mir doch den Weg zurück ..." Johannes Brahms wählte 1874 das Zitat als Titel für seine Vertonung, die dem Gedicht eine noch größere Bekanntheit sicherte.

O zarte Sehnsucht, süßes Hoffen

↑ Errötend folgt er ihren Spuren

Ob blond, ob braun, ich liebe alle Frau'n

Diese Bekundung einer allgemeinen und umfassenden Begeisterung für das weibliche Geschlecht stammt aus dem Filmlustspiel „Ich liebe alle Frauen" aus dem Jahre 1935, das den Schlager „Ob blond, ob braun, ich liebe alle Frau'n" populär machte. Der Text stammt von Ernst Marischka, die Musik von dem erfolgreichen Operetten- und Schlagerkomponisten Robert Stolz (1880–1975). Die deutsche Rockgruppe „Ina Deter Band" nahm 1982 einen Titel auf, der die Schlagerzeile wie folgt abwandelte: „Ob blond, ob braun, ob Henna, ich liebe alle Männer".

Die **oberen** Zehntausend

Dem Begriff, mit dem die „Oberschicht", die gesellschaftliche „Oberklasse" gemeint ist, liegt das englische *the upper ten thousand* oder *the upper ten* zugrunde. Die Formulierung stammt von dem amerikanischen Journalisten Nathaniel Parker Willis (1806–1867), der sie in einem Artikel der New Yorker Zeitung „Evening Mirror" vom 11. 11. 1844 verwendete, bezogen auf die begüterte Schicht der Stadt. – „Die oberen Zehntausend" ist auch der deutsche Titel des amerikanischen Films „High Society" aus dem Jahr 1957. Er erzählt eine in der gehobenen amerikanischen Gesellschaft spielende Dreiecksgeschichte mit den Hauptdarstellern Bing Crosby, Grace Kelly und Frank Sinatra. Die Musik des nach einem Theaterstück von Philip Barry gedrehten Films schrieb Cole Porter.

Oblomowerei

Mit diesem Ausdruck, der aus dem Russischen stammt (russisch: *oblomowschtschina*), bezeichnet man eine Haltung, die von körperlicher und geistiger Trägheit zeugt, eine lethargische, tatenlose Tagträumerei. Er geht zurück auf den völlig passiven, nur seinen Gedanken nachhängenden adligen Gutsbesitzer Oblomow im gleichnamigen Roman des russischen Schriftstellers Iwan Aleksandrowitsch Gontscharow (1812–1891). – Das literarische Vorbild dieses Typus ist die in der russischen Literatur der 1. Hälfte des 19. Jh.s geschaffene Figur des „überflüssigen Menschen" (russisch: *lischni tschelowek*). Sie erhielt in der frühen Erzählung „Tagebuch eines überflüssigen Menschen" des russischen Schriftstellers Iwan S. Turgenjew (1818–1883) durch die Figur des Tschulkaturin, der von sich selbst sagt, er sei „ein überflüssiger Mensch und weiter nichts", ihre später zum literaturgeschichtlichen Terminus gewordene Bezeichnung.

Dieses **obskure** Objekt der Begierde

Dies ist der deutsche Titel des französischen Films *Cet obscur objet du désir,* 1978 gedreht von Luis Buñuel nach dem 1898 erschienenen Roman „La femme et le pantin" von Pierre Louys. Gegenstand des Films ist die unerfüllte Leidenschaft eines älteren Mannes, der seine Geschichte der zufällig anwesenden Gesellschaft von Mitreisenden auf einer Eisenbahnfahrt von Sevilla nach Paris erzählt. Hauptdarsteller sind Fernando Rey und Carole Bouquet. – Man zitiert den Titel zur Charakterisierung von etwas Fragwürdigem oder eigentlich Unwürdigem, das jedoch sehr begehrt ist.

↑Du sollst dem **Ochsen,** der da drischt, nicht das Maul verbinden

Oderint, dum metuant

↑Mögen sie mich hassen, wenn sie mich nur fürchten

Odi profanum vulgus et arceo

So beginnt die erste der sogenannten „Römeroden" des römischen Dichters Horaz (65–8 v. Chr.). Die deutsche Übersetzung lautet: „Ich hasse das gemeine Volk und halte es mir fern." Mit dem – oft auch verkürzt (Odi profanum vulgus) gebrauchten – Zitat bringt man, meist scherzhaft, seine Ablehnung von etwas zu Volkstümlichem, zu Grobem zum Ausdruck.

Offener Brief

Die Bezeichnung „offener Brief" bedeutet „an eine prominente Persönlichkeit oder eine Institution gerichteter, in der Presse veröffentlichter Brief, in dem Kritik geübt oder ein die Allgemeinheit interessierendes Problem o. ä. aufgeworfen wird". Sie geht auf Christian VIII. (1786–1848), König von Dänemark und Herzog von Schleswig und Holstein, zurück. Er erklärte in seinem berühmt gewordenen „Offenen Brief" vom 8. 7. 1846, dem ersten Brief dieser Art unter dieser Bezeichnung, daß die Erbfolge in Schleswig dem dänischen Königsgesetz von 1665 unterliege.

Oft wird es einem sehr verdacht, wenn er Geräusch nach Noten macht

Dieses Zitat gilt häufig den Bemühungen von Personen, die sich mit einem Instrument musikalisch betätigen, besonders wenn ihnen dies nicht recht glükken will. Oft dient es auch als Kommentar zu Musikdarbietungen überhaupt, die als störend oder lästig empfunden werden. Das Zitat stammt aus dem 9. Kapitel der turbulenten Bildergeschichte „Fipps, der Affe" von Wilhelm Busch (1832–1908). Die Worte gelten dort dem Affen, der „vierhändig" ein Klavier traktiert und dabei durch den „Gesang" von Hund und Katze kräftig unterstützt wird.

Oh, das war mal eine schöne rührende Familienszene

Das Zitat stammt aus „Julchen", dem 3. Teil der „Knopp-Trilogie" von Wilhelm Busch (1832–1908). Der Zweizeiler beschließt den Abschnitt „Das Gartenhaus", als Julchen mit ihrem Liebhaber vom Vater im Gartenhaus entdeckt wird und er in Anwesenheit von Mutter und Tante dem Liebespaar seinen Segen gibt. Man zitiert den Satz meist scherzhaft als Kommentar zu ähnlichen oder vergleichbaren zu Herzen gehenden Familienszenen.

Oh, ich bin klug und weise, und mich betrügt man nicht

Das scherzhaft-ironisch gebrauchte Zitat stammt aus der Auftrittsarie („O sancta justitia, ich möchte rasen") des Bürgermeisters van Bett aus dem 1. Akt von Albert Lortzings (1801–1851) komischer Oper „Zar und Zimmermann". Die Arie charakterisiert den Bürgermeister als lächerlichen Aufschneider, der alles andere als klug und weise ist.

Ohne Ansehen der Person

Im 1. Petrusbrief (1, 17) des Neuen Testaments heißt es: „Und sintemal ihr den zum Vater anrufet, der ohne Ansehen der Person richtet nach eines jeglichen Werk". Schon im Alten Testament gebietet Moses dem Volk Israel: „Keine

Person sollt ihr im Gericht ansehen, sondern sollt den Kleinen hören wie den Großen" (5. Moses 1, 17). Die heutige Formulierung wird üblicherweise in bezug auf Rechtsprechung und die Wirkung der Gesetze gebraucht. Man sagt aber zum Beispiel auch „ohne Ansehen von Rang und Namen, des Vermögens, der Parteizugehörigkeit".

Ohne Fleiß kein Preis

In seinem Lehrgedicht „Werke und Tage" erklärt der altgriechische Dichter Hesiod (um 700 v. Chr.) seinem arbeitsscheuen Bruder Peres, dem Adressaten des Werkes, daß dem Göttervater Zeus nichts vom Handeln der Menschen entgeht und daß entsprechend die Bösen bestraft werden, den Rechtschaffenen aber Segen zuteil wird. Das Rechte zu tun bedeutet allerdings Arbeit und Mühe, denn: „Vor den Verdienst setzten den Schweiß die Götter,/die unsterblichen, lang aber und steil ist der Weg zu ihm hin" (Vers 286 f.). Daraus hat sich das auch heute noch zitierte Wort „Vor den Erfolg haben die Götter den Schweiß gesetzt" entwickelt. Dies wiederum wurde dann zur sprichwörtlichen Redensart „Ohne Fleiß kein Preis" verkürzt, mit der ganz allgemein ausgedrückt wird, daß sich nur bei entsprechendem Bemühen der Erfolg einstellt.

Ohne Gnade und Barmherzigkeit

Die Redewendung im Sinne von „gnadenlos, erbarmungslos" hat ihren Ursprung vermutlich im Alten Testament beim Propheten Jeremia. In Kapitel 16,5 heißt es: „... denn ich habe meinen Frieden von diesem Volk weggenommen, spricht der Herr, samt meiner Gnade und Barmherzigkeit", und in Kapitel 21, wo der Prophet die Zerstörung Jerusalems ankündigt, findet sich eine ähnliche Formulierung: „... daß kein Schonen noch Gnade noch Barmherzigkeit da sei" (Jeremia 21, 7).

Ohne Wahl verteilt die Gaben, ohne Billigkeit das Glück

Das Zitat mit der Fortsetzung „Denn Patroklus liegt begraben,/Und Thersites kommt zurück" stammt aus Schillers Gedicht „Das Siegesfest", das sich auf das Ende des Trojanischen Krieges bezieht. Als Beispiel für die Wahllosigkeit und Ungerechtigkeit des Glücks führt der Dichter den von Hektor getöteten Patroklus, den Helden und Freund Achills an, dem er den schmäh- und streitsüchtigen „Antihelden" Thersites im griechischen Lager vor Troja gegenüberstellt. Man zitiert die beiden Zeilen auch heute noch, um (resignierend) auf die Blindheit des Schicksals hinzuweisen, das irdisches Glück ohne Ansehen der einzelnen Person und ihrer Verdienste verteilt.

↑Augen haben und nicht sehen; **Ohren** haben und nicht hören

↑Wer **Ohren** hat zu hören, der höre!

Olle Kamellen

Unter diesem Sammeltitel veröffentlichte 1859 Fritz Reuter (1810–1874) seine beiden in niederdeutscher Sprache geschriebenen Geschichten „Woans ick tau 'ne Fru kam" und „Ut de Franzosentid". Wörtlich übersetzt bedeutet der Titel „alte Kamillen", und man bezeichnet damit (auch in der Form „alte Kamellen") hinlänglich Bekanntes, eben „alte Geschichten", die wie zu lange liegende Kamillenblüten Aroma und Kraft verloren haben.

Omnia mea mecum porto

Der altgriechische Staatsmann und Philosoph Bias (6. Jh. v. Chr.), einer der Sieben Weisen Griechenlands, soll bei der Flucht aus seiner Heimatstadt Priene von einem anderen Flüchtling aufgefordert worden sein, doch wie alle anderen soviel wie möglich mit sich zu nehmen. Die Antwort des Weisen überliefert der römische Staatsmann und Politiker Cicero (106–43 v. Chr.) in seinen „Paradoxa Stoicorum": *Ego vero ... facio: Omnia mea porto mecum* („Aber das ... tue ich ja: Alles, was mir gehört, trage ich bei mir"; I, 1, 8). Damit sollte gesagt werden, daß das Leben selbst und das geistige Vermögen die höchsten Güter des

Menschen sind. Der Ausspruch ist in der zitierten Form populär geworden. Er wird heute meist scherzhaft verwendet, wenn man ausdrücken will, daß man kein großes Gepäck benötigt und man alles Wichtige bei sich trägt.

Omnia vincit amor

Im Schlußgedicht seiner „Bucolica" (später „Eclogae" genannt) legt der römische Dichter Vergil (70–19 v. Chr.) seinem Freund C. Cornelius Gallus, einem Politiker und Schriftsteller, der als Schöpfer der römischen Elegie gilt, diese Worte in den Mund. Sie bedeuten übersetzt „Alles besiegt die Liebe". Der Ausspruch wurde schon in der Antike sprichwörtlich und wird auch heute noch gelegentlich in der lateinischen Form zitiert.

On revient toujours à ses premiers amours

Das Zitat stammt aus der komischen Oper „Joconde ou les Coureurs d'aventures" von Niccolo Isouard (1775 bis 1818) mit dem Text von Charles Guillaume Étienne (1777 oder 1778 bis 1845). Dort heißt es im 3. Akt, 1. Szene: *On devient infidèle;/On court de belle en belle;/Mais on revient toujours/À ses premiers amours* („Man wird untreu, man läuft von einer Schönen zur andern, aber man kehrt immer wieder zu seiner ersten Liebe zurück"). Man zitiert die letzten beiden Zeilen heute auch häufig in bezug auf alte Vorlieben oder Gewohnheiten, zu denen man nach Erfahrungen mit neuen Dingen und Situationen stets wieder zurückfindet.

Ein **Onkel,** der Gutes mitbringt, ist besser als eine Tante, die bloß Klavier spielt

Diesen kinderfreundlichen Spruch verdanken wir der aus dem Nachlaß herausgegebenen Sammlung „Aphorismen und Reime" von Wilhelm Busch (1832–1908). Er wird gelegentlich zitiert, wenn Eltern ernsthaft oder auch nur aus Höflichkeit Einwände dagegen erheben, daß ein Besucher ein kleines Geschenk für das Kind oder die Kinder mitgebracht hat.

Onkel Sam

↑Uncle Sam

Ora et labora!

Diese alte lateinische Maxime, besonders der mittelalterlichen christlichen Mönche, die übersetzt „Bete und arbeite!" lautet, geht zurück auf die von Benedikt von Nursia (um 480–547 [?]) verfaßte sogenannte Benediktinerregel (lateinisch *Regula Benedicti*). Diese Regel verpflichtete die Mönche zu Eigentumslosigkeit und Keuschheit, Gehorsam und Seßhaftigkeit in einem Kloster.

↑Wie die **Orgelpfeifen**

Orlando furioso

Der ↑rasende Roland

↑Du bist **Orplid,** mein Land!

Du, glückliches **Österreich,** heirate!

↑Bella gerant alii, tu, felix Austria, nube

Otto Normalverbraucher

So bezeichnet man in der Umgangssprache den statistischen Durchschnittsmenschen, vor allem den Durchschnittskonsumenten. Die Bezeichnung wurde durch die gleichnamige Hauptfigur des Films „Berliner Ballade" aus dem Jahre 1948 bekannt und gebräuchlich. Der von Gert Fröbe gespielte Durchschnittsbürger erlebt in dem satirischen, auf ein Kabarettprogramm zurückgehenden Film die Nachkriegswirklichkeit in Deutschland.

Mais **où** sont les neiges d'antan?

↑Schnee von gestern

Ozean, du Ungeheuer

Mit diesen Worten bezeichnet in Carl Maria von Webers romantischer Oper „Oberon" (deutsche Erstaufführung 1826) Rezia, die Tochter Harun al Raschids, in ihrer Arie im 2. Akt das sturmbewegte Meer. Man verwendet das Zitat heute auch zur allgemeinen Charakterisierung der See als grausame Macht, die immer wieder neue Opfer fordert.

↑In den **Ozean** schifft mit tausend Masten der Jüngling

P

Pack die Badehose ein

Mit diesem Schlagertitel debütierte 1950 die deutsche Schlagersängerin und Schauspielerin Cornelia Froboess (* 1943) als Kinderstar in einer Rundfunksendung. Der Schlager, den Cornelias Vater Gerhard Froboess komponiert hatte und dessen Text von Hans Bradtke stammt, wurde schnell populär und sein Titel als bildlicher Ausdruck dafür gebräuchlich, daß strahlend schönes Sommerwetter herrscht oder zu erwarten ist.

Packen wir's an!

Zusammen mit dem voranstehenden Satz „Es gibt viel zu tun" erlangte diese Aufforderung als Werbeslogan der Esso AG 1974 über das Fernsehen weite Verbreitung. Sie ist nicht zuletzt auch in scherzhaften Abwandlungen wie „Es gibt viel zu tun. Fangt schon mal an" allgemein gebräuchlich geworden.

↑Da **packt** die andern kalter Graus, sie fliehen in alle Welt hinaus

Pacta sunt servanda

Dieser auch heute noch häufig zitierte lateinische Rechtsgrundsatz, der übersetzt „Verträge müssen eingehalten werden" bedeutet, geht vielleicht auf den römischen Juristen Ulpianus (um 170–223) zurück. In verschiedenen Rechtskommentaren nimmt er in diesem Sinne zur Rechtskraft von geschlossenen Verträgen und Vereinbarungen Stellung.

Pädagogische Provinz

Das Bild einer erzieherischen Gemeinschaft, in der das Erlernen handwerklicher Tätigkeiten als Grundlage und Ausgang der Bildung betrachtet wird und die Schüler angeleitet werden, Ehrfurcht vor Gott, vor den Mitmenschen, vor Leiden und Tod und damit schließlich vor sich selbst zu haben, zeichnet Goethe als Utopie in seinem Bildungsroman „Wilhelm Meisters Wanderjahre" (1829). Im ersten Kapitel des zweiten Buches überschreiten Wilhelm und sein Begleiter Felix „die Grenze der Provinz, in der sie so manches Merkwürdige erfahren sollten". In der Sekundärliteratur zu Goethe hat man in bezug auf diesen Abschnitt schon früh von der „pädagogischen Provinz" gesprochen. Über den Roman hinaus wurde der Begriff dann als Bezeichnung pädagogischer Idealentwürfe gebräuchlich.

Die ↑Büchse der **Pandora**

Panem et circenses

„Brot und Spiele", mehr braucht man nicht, um das Volk zufriedenzustellen. Dieses wenig günstige Urteil über seine Mitbürger fällte der römische Satiriker Juvenal († nach 127 n. Chr.) in seinen „Satiren" (X, 81). Diesen Leitsatz haben Staatsmänner immer wieder zur Grundlage ihrer Politik gemacht.

Panta rhei

Der philosophische Gedanke vom ewigen Wechsel der Dinge, von der unaufhörlichen Bewegung, vom steten Werden (griechisch *Πάντα ῥεῖ* „alles fließt") wird dem altgriechischen Philosophen Heraklit (6./5. Jh. v. Chr.) zugeschrieben.

Papiertiger

Der chinesische Politiker und Vorsitzende der Kommunistischen Partei Chinas Mao Tse-tung (Mao Zedong; 1893–1976) erklärte 1946 in einem Interview der amerikanischen Korrespondentin Anna Louise Strong gegenüber: „Alle Reaktionäre sind Papiertiger. Sieht man sie sich an, scheinen sie schrecklich zu sein, aber in Wirklichkeit haben sie keineswegs besondere Kräfte." Mao gebrauchte diesen Ausdruck (chinesisch *zhilaohu,* englisch *paper tiger*) später noch öfter, und er wurde bald als Bezeichnung für eine nur dem Schein nach starke, gefährliche Person, Macht oder Sache allgemein gebräuchlich.

↑Daran erkenn' ich meine **Pappenheimer**

Päpstlicher sein als der Papst

Um scherzhaft auszudrücken, daß jemand allzu kleinlich und pedantisch ist, benutzt man häufig diese Redensart. Sie geht vielleicht auf den französischen König Ludwig XVI. (1754–1793) zurück, der gesagt haben soll *Il ne faut pas être plus royaliste que le roi* („Man muß nicht königlicher gesinnt sein als der König"). Bismarck hat die Redensart in der Form „katholischer sein als der Papst" verwendet.

Das **Paradies** der Erde liegt auf dem Rücken der Pferde

Diese besonders bei Pferdefreunden beliebten Verse stammen aus Friedrich von Bodenstedts (1819–1892) Gedicht- und Spruchsammlung „Die Lieder des Mirza Schaffy" (1851). Darin findet sich unter der Überschrift „Arabisches Sprichwort" der folgende Vierzeiler: „Das Paradies der Erde/Liegt auf dem Rücken der Pferde,/In der Gesundheit des Leibes/Und am Herzen des Weibes." – Verbreitet ist auch die jüngere Abwandlung „Alles Glück dieser Erde liegt auf dem Rücken der Pferde".

Paradise Lost

Das ↑verlorene Paradies

Pardon wird nicht gegeben

Diese Worte soll Kaiser Wilhelm II. am 27. 7. 1900 in Bremerhaven vor Truppen, die zur Niederwerfung des sogenannten Boxeraufstandes nach China entsandt wurden, so oder in ähnlicher Form geäußert haben. Der genaue Text ist allerdings umstritten. Der Ausspruch findet sich wieder als Titel eines 1935 erschienenen psychologisch-gesellschaftskritischen Romans von Alfred Döblin, in dem der Kampf ums Überleben in der kapitalistischen Geschäftswelt dargestellt wird.

Paris ist eine Messe wert

Dieser Ausspruch wird dem französischen König Heinrich IV. (1553–1610) zugeschrieben. Bei seiner Thronbesteigung trat er, der Kalvinist und Führer der Hugenotten gewesen war, zum katholischen Glauben über. Dieses Verhalten soll er mit dem Satz *Paris vaut bien une messe* kommentiert haben. – Man verwendet den Ausspruch heute gelegentlich in abgewandelter Form zum Beispiel als Werbeslogan, um eine Empfehlung für einen bestimmten Ort auszusprechen (etwa „Paris ist eine Reise wert").

Parisurteil

↑Zankapfel

Parkinsonsche Gesetze

Der britische Historiker und Publizist Cyril Northcote Parkinson (1909–1993) hat diese „Gesetze" in seinem Buch „Parkinsons Gesetz und andere Untersuchungen über die Verwaltung" (englischer Originaltitel: *Parkinson's law, the pursuit of progress*) entwickelt. Es handelt sich dabei um ironisch formulierte Regeln über die Entwicklung bürokratischer Verwaltungen in Behörden und Unternehmen, die die Gefahren des Leerlaufs und des Zusammenbrechens großer und komplizierter Verwaltungsapparate beschreiben. Die Hauptregel besagt, die bürokratische Arbeit werde so lange ausgeweitet, bis sie die zur Verfügung stehende Zeit ausfülle.

Partei ist organisierte Meinung

Der britische Staatsmann Benjamin Disraeli (1804–1881) gab diese „Definition" in einer am 21. 7. 1857 gehaltenen

Unterhausrede. Sie lautet im Englischen *Party is organized opinion* und zeigt Disraeli bereits als den Wegbereiter der sogenannten „Tory Democracy“, des Reformprogramms der englischen Konservativen, das in der Wahlrechtsausweitung von 1867 seinen Höhepunkt fand (Verwirklichung des allgemeinen gleichen Männerstimmrechts).

↑Ich kenne keine **Parteien** mehr

Passiver Widerstand

Als König Friedrich Wilhelm IV. von Preußen im November 1848 seine Truppen zur Einschüchterung der Nationalversammlung in Berlin einmarschieren ließ, wies der damalige Präsident der Versammlung, Hans Victor von Unruh (1806–1886), den angebotenen bewaffneten Schutz der Bürgerwehr mit den Worten zurück: „Ich wäre entschieden der Meinung, daß hier nur passiver Widerstand geleistet werden könne.“ Der Ausdruck ist schon älter, wurde aber erst durch Unruhs Ausspruch weiter verbreitet.

Pater, peccavi

Mit diesen (lateinischen) Worten, die übersetzt „Vater, ich habe gesündigt“ lauten, kehrt im Neuen Testament nach Lukas 15, 18 der verlorene Sohn reumütig ins Haus seines Vaters zurück. Diese Bibelstelle liegt auch unserer Redewendung „‚Pater, peccavi‘ sagen“ zugrunde, die im Sinne von „seine Schuld eingestehen und demütig um Verzeihung bitten“ verwendet wird.

↑Auch **Patroklus** ist gestorben und war mehr als du

Paulus, du rasest!

Diese Worte spricht der römische Prokonsul Festus nach dem Bericht der Apostelgeschichte (26, 24) zu Paulus, als dieser, von heiligem Eifer erfüllt, sein Bekenntnis zu Christus ablegt. Man zitiert sie heute noch gelegentlich, meist in scherzhafter Absicht, wenn sich jemand sehr ereifert.

↑Wer **Pech** angreift, besudelt sich

Pecunia non olet

↑Geld stinkt nicht

Den **Pegasus** besteigen

↑Pegasus im Joche

Pegasus im Joche

Pegasus ist eine Figur aus der griechischen Mythologie, ein geflügeltes Pferd. Es entsprang der Sage nach dem Rumpf der von Perseus getöteten Medusa, die von Poseidon schwanger war. Unter seinem harten Hufschlag entstand auf dem Berg Helikon, einem Kultort der Musen, eine Quelle. Wer aus ihr trank, wurde zum Dichter. Das geflügelte Pferd wurde deshalb später zum „Dichterroß“, zum Sinnbild der Dichtkunst, des Dichtergenies. (So kann man von jemandem, der sich als Dichter versucht, scherzhaft sagen, er „besteigt den Pegasus“ oder „reitet den Pegasus“.) Bei dem Ausdruck „Pegasus im Joche“ handelt es sich um die Überschrift eines Gedichtes von Schiller. In diesem Gedicht wird am Bild des zu falschen, unwürdigen Diensten gezwungenen Pegasus demonstriert, wie das Genie verkümmern muß, wenn es der Dichter, der Not des Lebens gehorchend, in den Dienst unangemessen kunstfremder Zwecke stellt.

Penelopearbeit

Der altgriechische Dichter Homer (2. Hälfte des 8. Jh.s v. Chr.) erzählt in seiner „Odyssee“, wie sich Penelope, die Gattin des Odysseus, während der 20jährigen Abwesenheit ihres (schließlich totgeglaubten) Gatten einem immer zudringlicheren Werben zahlreicher Freier ausgesetzt sieht. Um Zeit zu gewinnen, gibt sie vor, zuerst das Leichentuch für ihren Schwiegervater Laertes fertigstellen zu müssen, bevor sie sich entscheide. Sie zieht jedoch nachts immer wieder auf, was sie am Tage gewebt hat (Odyssee II, Vers 94–106). Danach bezeichnet man heute noch gelegentlich eine immer wieder von neuem begonnene Arbeit, die aber niemals zur Vollendung gebracht wird, als „Penelopearbeit".

Per aspera ad astra

Dieses lateinische Zitat, das in der Übersetzung „auf rauhen Wegen zu den Sternen" lautet, wird im Sinne von „nach vielen Mühen zum Erfolg (gelangen)" verwendet. Es ist eine Abwandlung einer Stelle aus der Tragödie „Der rasende Herkules" des römischen Dichters Seneca (etwa 55 v. Chr. bis etwa 40 n. Chr.). Das Original lautet *Non est ad astra mollis e terris via* („Es ist kein bequemer Weg von der Erde zu den Sternen").

Perfides Albion

Albion, der besonders dichterisch gebrauchte Name für England, wurde – obwohl keltischen Ursprungs – mit lateinisch albus „weiß" in Verbindung gebracht und auf die Kreidefelsen bei Dover bezogen. Das Schlagwort vom „perfiden Albion" (= niederträchtiges England) kam 1793 in Frankreich auf (französisch *la perfide Albion*). Es war Ausdruck der Verbitterung über den Beitritt Englands zur europäischen Koalition gegen das revolutionäre Frankreich. In der Folgezeit wurde das Wort immer wieder neu belebt, wenn es zu Konflikten zwischen Frankreich und England, dann auch zwischen Deutschland und England kam.

Periculum in mora

↑Gefahr im Verzuge

Perlen bedeuten Tränen

In Gotthold Ephraim Lessings Trauerspiel „Emilia Galotti" (1772) erzählt die Titelgestalt Emilia am Morgen vor der geplanten Trauung mit dem Grafen Appiani von einem Traum, der schon dreimal wiedergekehrt sei und in dem die Edelsteine eines Schmuckstücks, das ihr zukünftiger Gemahl ihr geschenkt hatte, sich in Perlen verwandelten. „Perlen aber", so sagt sie zu ihrer Mutter, „Perlen aber bedeuten Tränen." Diese Vorstellung des Volksglaubens, daß Perlen, die man geschenkt bekommt, Sorgen und Leid in der Zukunft bedeuten, findet sich schon in mittelalterlichen Traumbüchern. In der englischen und französischen Literatur besonders des 17. Jahrhunderts taucht dieses Motiv ebenfalls auf.

Perlen vor die Säue werfen

Wird etwas Wertvolles Leuten gegeben, die es nicht zu schätzen wissen, so bezeichnet man dies gerne mit diesem drastischen Bild aus dem Matthäusevangelium (Matthäus 7,6), wo es heißt: „Ihr sollt das Heiligtum nicht den Hunden geben, und eure Perlen sollt ihr nicht vor die Säue werfen, auf daß sie dieselben nicht zertreten mit ihren Füßen und sich wenden und euch zerreißen."

Peter-Prinzip

Der in Kanada geborene amerikanische Pädagoge und Buchautor Laurence J. Peter (1919–1990) formulierte in seinem 1969 erschienenen Buch *The Peter Principle* das Prinzip von der „Hierarchie der Unfähigkeit" (so der Untertitel der 1970 erschienenen deutschen Übersetzung), die in vielen Betrieben und Institutionen herrscht. Bei seinen bürosoziologischen Untersuchungen war er zu einer Erkenntnis gelangt, die er im nach ihm benannten „Peter-Prinzip" zusammenfaßt: „In a hierarchy every employee tends to rise to his level of incompetence" („In einer [Büro]hierarchie besteht die Tendenz, daß jeder Angestellte so lange aufsteigt, bis er eine Stufe erreicht hat, für die er nicht mehr kompetent ist").

Pfahl im Fleisch

Dieser Ausdruck für etwas, was jemanden seelisch peinigt, jemanden innerlich nicht zur Ruhe kommen läßt, stammt aus dem neutestamentlichen 2. Brief des Paulus an die Korinther. Hier sagt der Apostel von sich selbst: „Und auf daß ich mich nicht der hohen Offenbarungen überhebe, ist mir gegeben ein Pfahl ins Fleisch, nämlich des Satans Engel, der mich mit Fäusten schlage, auf daß ich mich nicht überhebe" (12,7).

↑ Nach jemandes **Pfeife** tanzen

Ein **Pferd!** Ein Pferd! Mein Königreich für'n Pferd

A horse! A horse! My kingdom for a horse! ruft (im englischen Original) die Titelfigur in Shakespeares Tragödie „König Richard III.", als er, von den Truppen seiner Gegner geschlagen, über das Schlachtfeld irrt. Heute wird meist „ein Königreich" statt „mein Königreich" zitiert. Das Zitat hat im Laufe der Zeit viele Abwandlungen erfahren, wovon „Ein Bier! Ein Königreich für ein Bier!" wohl eine der geläufigsten sein dürfte.

Die **Pferde** sind gesattelt

In Theodor Körners Drama „Hedwig", das 1813 in Wien uraufgeführt wurde, hat ein Bedienter im ganzen Stück nur einen Satz zu sagen, nämlich im zehnten Auftritt des zweiten Aufzugs die Worte: „Die Pferde sind gesattelt, gnäd'ger Herr". Während das Theaterstück heute kaum noch bekannt ist, wird das Zitat häufig in Zusammenhängen angeführt, in denen ein Schauspieler nur eine sehr kleine Nebenrolle fast ohne Text spielen darf. Losgelöst von seinem Ursprung wird das Zitat auch gelegentlich scherzhaft als Hinweis darauf verwendet, daß alles zum Aufbruch vorbereitet ist.

Pfingsten, das liebliche Fest

Mit diesen Anfangsworten aus Goethes Versepos „Reineke Fuchs" (erschienen 1794) bezeichnet man scherzhaft die entsprechenden Festtage. Der vollständige Vers „Pfingsten, das liebliche Fest, war gekommen" wird auch als Bezeichnung für die Übergangszeit vom Frühling zum Sommer verwendet.

Pflücket die Rose, eh' sie verblüht

↑ Freut euch des Lebens

↑ Mit seinem **Pfund** wuchern

↑ Bei **Philippi** sehen wir uns wieder!

Philippika

Mit diesem Ausdruck bezeichnet man eine voller Leidenschaft und mit Heftigkeit gehaltene [Straf]rede. Er geht zurück auf die Kampfreden des altgriechischen Rhetors und Staatsmannes Demosthenes (384–322 v. Chr.) gegen König Philipp von Makedonien (griechisch *τὰ Φιλιππικά* = die Philippischen [Reden]). Der römische Staatsmann und Philosoph Cicero (104–43 v. Chr.) wandte sich in 14 Reden, den sogenannten „Philippicae", gegen Marcus Antonius, der in Caesars Nachfolge die Errichtung einer Diktatur anstrebte. Es war dann der Kirchenvater und -lehrer Hieronymus (um 347–419/420), der erstmals diesen Begriff im Sinne von „Strafrede" verwendete.

Die **Philosophen** haben die Welt nur verschieden interpretiert; es kommt aber darauf an, sie zu verändern

So lautet die elfte der von Karl Marx 1845 niedergeschriebenen „Thesen über Feuerbach", einer ersten Dokumentation der von ihm später entworfenen neuen Weltanschauung. Diese „These" enthält den gleichsam missionarischen Auftrag, die Gesellschaft im Sinne der Marxschen Weltanschauung zu organisieren. Friedrich Engels hat in der von ihm 1888 veröffentlichten Version den Marxschen Originaltext „es kömmt drauf an" in die heute geläufige Form verändert. Der Satz steht in englischer Sprache auf Marx' Grabdenkmal auf dem Londoner Friedhof Highgate: *The philosophers have only interpreted the world in various ways. The point, however, is to change it.*

Das **Phlegma** ist geblieben

Dieses Zitat aus Schillers Gedicht „Kastraten und Männer" (später als „Männerwürde" neu betitelt; erschienen in der „Anthologie auf das Jahr 1782") lautet vollständig: „Zum Teufel ist der Spiritus, das Phlegma ist geblieben." Die Metaphern beziehen sich auf die Alkoholdestillation, bei der nach der Herstellung des Alkohols, des „Spiritus" (= Branntwein), eine wäßrige, fade schmeckende Flüssigkeit zurückbleibt, die in der älteren Chemie als „Phlegma" bezeichnet wurde. Mit dem Zitat kommentiert man eine Situation, in der der anfängliche Schwung und die Begeisterung nachgelassen haben und eine eher resigniert-phlegmatische Einstellung sich breitgemacht hat.

Phönix aus der Asche

Wenn gesagt wird, daß sich jemand oder etwas wie ein Phönix aus der Asche erhebe oder daraus aufsteige, dann wird durch dieses Bild ausgedrückt, daß nach scheinbarer Vernichtung, nach völligem Zusammenbruch eine kaum erwartete Wiedererstehung oder Neubelebung stattgefunden hat. Der Phönix war ein Fabelwesen der Antike. Die Ägypter verehrten ihn als Verkörperung des Sonnengottes; bei den Griechen war er Sinnbild des Lebens, das nach dem Tod neu entsteht. Nach der römischen Sage verbrennt sich der Phönix in gewissen Abständen immer wieder selbst und steigt dann aus der Asche wieder auf. Das Motiv der Selbstverbrennung wurde schon von den Kirchenvätern und frühchristlichen Dichtern auf Christus übertragen und mit dessen Tod und Auferstehung in Verbindung gebracht. Zu nennen ist hier Lactantius, ein lateinischer Schriftsteller des 3. Jahrhunderts und das ihm zugeschriebene „Carmen de ave Phonice" („Lied vom Vogel Phönix").

Pia fraus

↑Frommer Betrug

Pinscher

Den umgangssprachlich abwertenden Ausdruck im Sinne von „unbedeutender Mensch" gebrauchte Bundeskanzler Ludwig Erhard in bezug auf den Schriftsteller Rolf Hochhuth, der in einer Wahlbroschüre geschrieben hatte: „Der Klassenkampf ist nicht zu Ende." Erhard attestierte Hochhuth Unfähigkeit auf einem ihm fremden Sektor: „Da hört bei mir der Dichter auf, und es fängt der ganz kleine Pinscher an, der in dümmster Weise kläfft" (Der Spiegel 21. 7. 65, S. 18).

Platonische Liebe

Der griechische Philosoph Platon (4./3. Jh. v. Chr.), acht Jahre lang selbst Schüler Sokrates', kennzeichnet in seinem Dialog „Symposion" („Das Gastmahl") dessen Verhältnis zu seinen Schülern als rein geistig-seelische Liebe. Heute werden die Fügung und das Adjektiv „platonisch" verwendet, wenn eine nicht sinnliche, eine nicht auf Sexualität, sondern nur auf die geistig-psychische Ebene gerichtete Liebesbeziehung gekennzeichnet werden soll. Wilhelm Busch hat auf seine Art eine treffende Definition gegeben: „Platonische Liebe kommt mir vor wie ein ewiges Zielen und Niemalslosdrücken."

Platz an der Sonne

Das Motto einer bekannten deutschen Fernsehlotterie, das auch bildlich im Sinne von „Glück und Erfolg im Leben" verwendet wird, geht auf einen Ausspruch des Reichskanzlers Fürst Bernhard von Bülow (1849–1929) zurück. Im Hinblick auf die Besetzung der chinesischen Küstenstadt Kiaotschou (Jiaozhou) rechtfertigte er vor dem Reichstag am 6. 12. 1897 die kolonialen Ansprüche des Deutschen Reiches mit den Worten: „Wir sind gern bereit, in Ostasien den Interessen anderer Großmächte Rechnung zu tragen ... Wir wollen niemand in den Schatten stellen, aber wir verlangen auch unseren Platz an der Sonne." Seinen Ursprung hat dieser bildliche Ausdruck möglicherweise bereits im 17. Jahrhundert im Französischen.

↑Kein **Platz** für wilde Tiere

Play it again, Sam

↑Mach's noch einmal, Sam

Die **Plebejer** proben den Aufstand

Dies ist der Titel eines Theaterstücks von Günter Grass. Der Autor hat sein 1966 erschienenes Stück selbst vielsagend als „deutsches Trauerspiel" bezeichnet. Er setzt sich darin nicht nur mit der Haltung Bertolt Brechts zu den Geschehnissen in Berlin am 17. 6. 1953 auseinander, sondern stellt die politischen Möglichkeiten überhaupt zur Diskussion. Der Titel wird meist mit scherzhaftem Unterton zitiert, wenn sich eine Gruppe oder eine Einzelperson mit heftiger Kritik oder dringlichen Forderungen zu Wort meldet. Häufig wird dabei das Subjekt des Satzes abgewandelt, z. B. zu „Die Parteibasis probt den Aufstand" oder „Die Naturschützer proben den Aufstand".

Pleiten, Pech und Pannen

So lautet der Titel einer seit 1986 laufenden Fernsehsendung, in der zur Erheiterung des Publikums filmisch oder mit der Videokamera dokumentierte Mißgeschicke vorgeführt werden. Das Zitat wird verwendet, wenn das Mißlingen einer Veranstaltung, eines Vorhabens geschildert werden soll.

Poesie ist die Muttersprache des menschlichen Geschlechts

Diesen Satz prägte der deutsche Philosoph und Schriftsteller Johann Georg Hamann (1730–1788) in seiner „Aesthetica in nuce. Eine Rhapsodie in kabbalistischer Prose" (enthalten in der Sammlung „Kreuzzüge des Philologen", 1762). Er griff dabei auf einen Gedanken des italienischen Geschichts- und Rechtsphilosophen Giovanni Battista (Giambattista) Vico (1668–1744) zurück. Die Poesie ist danach für ihn die dem Menschen ureigene Form des Ausdrucks: „Ein tieferer Schlaf war die Ruhe unserer Urahnen; und ihre Bewegung ein taumelnder Tanz. Sieben Tage im Stillschweigen des Nachsinns oder Erstaunens saßen sie; – – und taten ihren Mund auf – zu geflügelten Sprüchen." – Der chilenische Lyriker Pablo Neruda (1904–1973) hat dies in seinen Lebenserinnerungen „Ich bekenne, ich habe gelebt" ähnlich formuliert: „Die Urneigung des Menschen ist die Poesie, aus ihr ist die Liturgie, sind die Psalmen entstanden und auch der Inhalt der Religionen."

Poeta laureatus

Die Krönung eines besonders angesehenen Dichters zum Poeta laureatus (lateinisch *laureatus* bedeutet „mit Lorbeer bekränzt", *poeta* bedeutet „Dichter"), hat ihren Ursprung wohl in der Antike; im Mittelalter war sie ein häufig geübter Brauch. Sie gewann im Italien des 14. Jahrhunderts als symbolische Zeremonie Bedeutung. Die Krönung Petrarcas 1341 durch einen römischen Senator knüpfte programmatisch an die Antike an und machte die Dichterkrönungen, die zunächst nur vom Papst oder Kaiser vorgenommen wurden, zu einer Institution der Zeit des Humanismus. Der Brauch wurde auch in Deutschland heimisch, verlor aber seit der Mitte des 16. Jahrhunderts an Bedeutung. Am englischen Hof besteht die Institution des *Poet laureate* bis heute fort. – Als meist leicht ironische Bezeichnung für einen berühmten Dichter oder Schriftsteller ist der lateinische Ausdruck in der gehobenen Gegenwartssprache noch gebräuchlich.

Polen aus der Polackei

Die zitierte Verszeile steht in Heinrich Heines (1797–1856) Gedicht „Zwei Ritter" aus den „Historien", dem 1. Buch des „Romanzero". Mit den durch die Tautologie ironisierten „Polen aus der Polackei" – die Zeile wird kehrreimartig noch zweimal im Gedicht verwendet – sind zwei Adelige mit ebenfalls scherzhaft gebildeten Namen gemeint: „Crapülinski und Waschlapski,/Polen aus der Polackei,/Fochten für die Freiheit, gegen/Moskowiter-Tyrannei." Das Zitat sollte wegen des stark abwertenden Ausdrucks „Polackei" heute nur in solchen Situationen verwendet werden, in denen eine Kränkung polnischer Bürger ausgeschlossen ist.

↑ Noch ist **Polen** nicht verloren

Politik der offenen Tür

Dieser Ausdruck erfuhr seit dem Ende des 19. Jahrhunderts weite Verbreitung als politisches Schlagwort für die von China geforderte Öffnung seiner Märkte für den Welthandel. Es waren in erster Linie Briten und Amerikaner, die vom Reich der Mitte *the open door for all nations' trade* („die offene Tür für den Handel aller Nationen") verlangten, wie es der britische Admiral Charles William de la Poer, erster Baron Beresford (1846–1919) formulierte. Heute wird das Schlagwort losgelöst vom historischen Hintergrund allgemein für das Offenlegen, für Transparenz in bezug auf die Zielsetzungen einer Regierung oder auch eines Unternehmens verwendet.

Politik ist die Kunst des Möglichen

Bei verschiedenen Gelegenheiten hat Fürst Otto von Bismarck (deutscher Reichskanzler von 1871–1890) sich allgemein über die Politik geäußert, die Politik von der Wissenschaft abgegrenzt, sie auch mit der Kunst verglichen. So entstand wohl auf dem Hintergrund seiner Äußerungen im Laufe der Zeit diese populär gewordene Definition, die dann dem Staatsmann häufig zugeschrieben wurde, deren eigentliche Herkunft aber nicht zu ermitteln ist.

Die **Politik** verdirbt den Charakter

Mit diesem Satz leitete 1882 der spätere Chefredakteur der „Braunschweigischen Landeszeitung", Eugen Sierke, einen Prospekttext ein, der für das „Blatt für die Gebildeten aller Stände" (Untertitel: „Eine Zeitung für Nichtpolitiker") warb. Im zweiten Satz des Werbetextes weist der Autor dann darauf hin, daß es sich hier um den Ausspruch eines berühmten Staatsmannes handle. Als Urheber sollen der französische Politiker Talleyrand (1754–1838), Fürst Metternich (1773–1859) aus Österreich, der deutsche Publizist und Politiker Hofrat Gentz oder ein anderer Diplomat des Wiener Kongresses (1814/1815) in Frage kommen.

Ein ↑garstig' Lied! Pfui! Ein **politisch'** Lied

Politische Brunnenvergiftung

Fürst Otto von Bismarck (deutscher Reichskanzler von 1871–1890) war im Umgang mit dem politischen Gegner nicht zimperlich. Dies zeigte seine Reaktion auf die entstellende Wiedergabe seiner Äußerungen im Wahlkampf, die er in einer Reichstagsrede im Januar 1882 als „politische Brunnenvergiftung" bezeichnete.

Die **Polizei** – dein Freund und Helfer

Dieser Slogan, der dazu dient, der Polizei ein besseres, ein freundliches Image zu verschaffen, geht vermutlich auf ein Wort des Politikers Albert Grzesinski (1879–1947) zurück. Dieser bemühte sich als zeitweiliger Chef des preußischen Landespolizeiamtes, als Polizeipräsident von Berlin und als preußischer Innenminister (1926–1930) in besonderer Weise um eine Demokratisierung von Verwaltung und Polizei. Im Vorwort zu einem Buch anläßlich einer Polizeiausstellung in Berlin 1926 spricht er von der Devise der Polizei, „Freund, Helfer und Kamerad der Bevölkerung zu sein".

↑Von **Pontius** zu Pilatus laufen

↑Vom sichern **Port** läßt sich's gemächlich raten

Ein **Porträt** des Künstlers als eines jungen Mannes

Diese wörtliche Übersetzung des Titels eines Romans von James Joyce (1882–1941) wird – oft in Abwandlungen – meist als Überschrift von biographisch angelegten Zeitungsartikeln über einen Künstler oder eine andere bekannte Persönlichkeit verwendet. Der englische Originaltitel des Joyceschen Entwicklungsromans lautet *A Portrait of the Artist as a Young Man;* die deutschen Ausgaben tragen die Titel „Jugendbildnis" oder „Jugendbildnis des Dichters".

↑Wo bleibt das **Positive?**

Post festum

Dieser lateinische Ausdruck bedeutet wörtlich übersetzt „nach dem Fest" und wird im Sinne von „hinterher, im nachhinein; zu einem Zeitpunkt, wo es eigentlich zu spät ist" verwendet. Er stammt aus späteren lateinischen Übersetzungen des philosophischen Dialogs „Gorgias" von Platon (427–347 v. Chr.). Hier wird zu Anfang geschildert, wie Sokrates zu einem Fest im Hause des reichen Kallikles unterwegs ist, wo auch der berühmte Redner Gorgias zu Gast ist. Sokrates, unterwegs aufgehalten, trifft erst ein, als Gorgias schon einige Redebeiträge zum besten gegeben hat, und fragt daher, ob er und sein Gefährte zu spät gekommen seien, eben „nach dem Fest" (griechisch *κατόπιν ἑορτῆς*). Diese Wendung ist schon im Griechischen bekannt gewesen, wurde aber erst in der lateinischen Form allgemein verbreitet.

Denn bei der **Post** geht's nicht so schnell

Die ↑Christel von der Post

Potemkinsche Dörfer

Fürst Grigorij Aleksandrowitsch Potemkin (russische Aussprache: pa'tjɔmkin; 1739–1791) war seit 1774 Günstling und engster Berater der russischen Kaiserin Katharina II. Er annektierte 1783 die Halbinsel Krim und forcierte die Kolonisation in Südrußland. Als Katharina 1787 die neugewonnenen Gebiete bereiste, soll er durch die Errichtung von Fassaden aufgebaute Dörfer vorgetäuscht haben, um so den Wohlstand des Landes zu demonstrieren. Danach steht die Wendung „Potemkinsche Dörfer" sprichwörtlich für Vorspiegelungen, für in Wirklichkeit nicht Existierendes.

Prästabilierte Harmonie

Dieser Ausdruck ist ein von dem deutschen Philosophen Gottfried Wilhelm Leibniz (1646–1716) geprägter philosophischer Begriff, der eine zentrale Stellung in der Philosophie, besonders der Monadenlehre von Leibniz einnimmt. Er bezeichnet damit das von Gott im voraus festgelegte harmonische Verhältnis aller Dinge im All, besonders das von Körper und Seele des Menschen, die zwar nicht kausal aufeinander bezogen, aber so aufeinander abgestimmt sind, daß sie sich von Anfang an in Übereinstimmung befinden und ein paralleles Geschehen zustande kommt wie bei Uhren, die genau gleich reguliert sind. Diese Vorstellung führt in der Monadologie von Leibniz mit zu der These von der „besten aller möglichen Welten" (vergleiche diesen Artikel).

Prediger in der Wüste

Einen Mahner, dessen Warnungen ständig ungehört verhallen, bezeichnen wir mit diesen Worten der Lutherübersetzung einer Stelle beim Propheten Jesaja (40, 3). Es heißt hier: „Es ist eine Stimme eines Predigers in der Wüste: Bereitet dem Herrn den Weg". Im Matthäusevangelium (Matthäus 3, 3) werden diese Worte wiederholt und auf Johannes den Täufer bezogen.

Preisend mit viel schönen Reden

Die 1. Strophe des Gedichts „Der reichste Fürst" von Justinus Kerner (1786–1862) lautet: „Preisend mit viel schönen Reden/Ihrer Länder Wert und Zahl,/Saßen viele deutsche Fürsten/ Einst zu Worms im Kaisersaal." Man zitiert daraus manchmal noch den ersten Vers, wenn man ausdrücken will, daß jemand äußerst wortreich und in wohlgesetzter Rede – allerdings auch meist mit wenig Wahrheitsgehalt – einen Sachverhalt in einem günstigen Licht darstellen will.

Die **Presse** – Druckerschwärze auf Papier

In einer 1888 gehaltenen Reichstagsrede äußerte sich Bismarck über die Einflußnahme der Presse in Frankreich und in Rußland auf die jeweilige Regierung. Er fügte dann hinzu, daß in beiden Fällen die Presse für ihn „Druckerschwärze auf Papier", also bedeutungslos, unwichtig sei. Diese Äußerung wird mit wechselndem Subjekt als abwertendes Urteil über Druck-Erzeugnisse verschiedenster Art bis heute zitiert, etwa in der Form: „Dieses Buch ist für mich nichts weiter als Druckerschwärze auf Papier."

Die **Presse** ist die Artillerie der Freiheit

Diesen Satz formulierte 1989 Hans-Dietrich Genscher (* 1927), der damalige Außenminister der Bundesrepublik Deutschland. Er nahm damit Bezug auf die Rolle der Presse in den sozialistischen Staaten Osteuropas und die Bedeutung ihrer Berichterstattung über die hier stattfindenden gesellschaftspolitischen Veränderungen für die weitere Entwicklung in diesen Ländern. Der Ausspruch ist eine Abwandlung des Wortes „Kirchenglocken sind die Artillerie der Geistlichkeit", das dem österreichischen Kaiser Joseph II. (Regierungszeit 1765–1790) zugeschrieben wird.

Principiis obsta

↑Wehre den Anfängen

Die **Prinzessin** auf der Erbse

Der Titel dieses Märchens des dänischen Schriftstellers Hans Christian Andersen (1805–1875) wird gerne zur Kennzeichnung eines überempfindlichen, verzärtelten Menschen verwendet. Das Märchen erzählt von einer Prinzessin, die so empfindlich war, daß sie im Bett eine Erbse noch spürte, die tief unter mehreren übereinandergeschichteten Matratzen lag. So bewies sie, daß sie wirklich äußerst feinempfindend und damit eine echte Prinzessin war, eben eine würdige Gemahlin für den Königssohn.

↑Auf einem **Prinzip** herumreiten

Das **Prinzip** Hoffnung

Diesen Titel gab der deutsche Philosoph Ernst Bloch (1885–1977) seinem Hauptwerk (erschienen 1954–1959 in drei Bänden). Heute wird dieser Titel meist dann zitiert, wenn ausgedrückt werden soll, daß man in einer bestimmten Situation nichts mehr tun kann, als nur noch zu hoffen. Das steht allerdings ganz im Gegensatz zu den Gedanken Blochs, der seine „Hoffnung" nicht als Warten auf seinen zufällig glücklichen Ausgang oder eine günstige Wendung verstand, sondern als bewußt planendes und aktiv veränderndes Einwirken auf die Entwicklung von Natur, Mensch und Gesellschaft, als konkrete Utopie.

Prinzipienreiter

↑Auf einem Prinzip herumreiten

Pro domo

Die wörtliche Übersetzung dieses lateinischen Ausdrucks lautet „für das Haus". Meist tritt er in der Verbindung „pro domo reden" auf, die „in eigener Sache, zum eigenen Nutzen sprechen" bedeutet. Es handelt sich hier um den älteren Titel der Rede *Oratio de domo sua* („Rede für sein Haus") des römischen Staatsmannes und Philosophen Cicero (106–43 v. Chr.), die er nach der Zerstörung seines Hauses während seiner Verbannung geschrieben hat.

Prokrustesbett

Der griechische Geschichtsschreiber Diodor (1. Jh. v. Chr.) berichtet in seiner 40 Bücher umfassenden Weltgeschichte von Prokrustes, einem riesenhaften Unhold und Wegelagerer in der griechischen Mythologie. Dieser nahm Vorbeiziehende gefangen und streckte ihre Körper (griechisch προκρούστης = Strecker), bis sie in sein großes Bett paßten, oder er verstümmelte sie, bis sie für sein kleines Bett die richtige Größe hatten. Danach wird „Prokrustesbett" übertragen gebraucht für eine unangenehme Lage, in die jemand mit Gewalt gezwungen wird, oder für ein Schema, in das etwas gewaltsam hineingezwängt wird.

Proletarier aller Länder, vereinigt euch!

1848 veröffentlichten Karl Marx und Friedrich Engels in London das „Manifest der Kommunistischen Partei", ihr wohl berühmtestes Gemeinschaftswerk. Die als „Kommunistisches Manifest" bekanntgewordene Programmschrift faßte erstmals die marxistische Theorie zusammen. Sie schließt mit den Worten „Proletarier aller Länder, vereinigt euch!", die in der englischen Form

Workers of all lands, unite auch auf dem Grabstein von Karl Marx auf dem Londoner Friedhof Highgate stehen.

Die **Proletarier** haben nichts zu verlieren als ihre Ketten

Diese Feststellung findet sich am Schluß des sogenannten „Kommunistischen Manifests", das Karl Marx und Friedrich Engels im Jahr 1848 in London veröffentlichten: „Die Proletarier haben in ihr (gemeint ist die bisherige Gesellschaftsordnung) nichts zu verlieren als ihre Ketten. Sie haben eine Welt zu gewinnen." (Es folgt der Aufruf „Proletarier aller Länder, vereinigt euch!"; vergleiche auch diesen Artikel.)

Der **Prophet** gilt nichts in seinem Vaterland

Dieser etwas abgewandelte Vers aus dem Matthäusevangelium (Matthäus 13,57: „Ein Prophet gilt nirgend weniger denn in seinem Vaterland und in seinem Hause") wird auf jemanden bezogen, dessen Fähigkeiten oder intellektuelle Gaben von seiner näheren Umgebung nicht erkannt oder nicht gewürdigt werden. Häufig wird auch beim Zitieren variiert: „Der Prophet gilt wenig in seinem Vaterland" oder „Der Prophet gilt nichts/wenig im eigenen Land."

Prophete rechts, Prophete links, das Weltkind in der Mitten

So lauten die Schlußverse von Goethes Gedicht „Diner zu Coblenz im Sommer 1774", das 1815 erstmals vollständig abgedruckt worden ist. Auf einer Rheinfahrt saß Goethe mit dem Popularphilosophen Johann Bernhard Basedow (1724–1790) und dem Schweizer evangelischen Theologen Johann Kaspar Lavater (1741–1801) beim Essen. Während diese beiden mit ihren Gesprächspartnern eine hochgelehrte Unterhaltung führten, widmete Goethe sich ausschließlich kulinarischen Genüssen. Das Zitat wird heute in der Regel auf jemanden bezogen, der – heiter und in sich ruhend – sich nicht um die Meinungen anderer kümmert, sich nicht von den ihn umgebenden Eiferern, die keinen Blick für das Nützliche oder Angenehme haben, beeinflussen läßt.

↑O mein **prophetisches** Gemüt!

Proselytenmacherei

Wenn jemand sehr schnell und meist mit aufdringlichen Methoden als Anhänger einer Religion, als Befürworter einer Ideologie gewonnen wird, ohne daß der Betreffende jedoch wirklich überzeugt ist, so bezeichnet man dies als „Proselytenmacherei". Der Ausdruck geht auf eine Stelle im Matthäusevangelium zurück, in der Jesus warnt: „Weh euch, Schriftgelehrte und Pharisäer, ihr Heuchler, die ihr Land und Wasser umziehet, daß ihr e i n e n Judengenossen machet" (Matthäus 23,15). Im griechischen Text lautet der letzte Teil des Satzes ... *ποιῆσαι ἕνα προσήλυτον*, deutsch: „... daß ihr einen Proselyten macht" (griechisch *προσήλυτος* = zum Judentum Bekehrter).

Prüfe die Rechnung, du mußt sie bezahlen

Dieser Satz stammt aus dem Lied „Lob des Lernens" in Bertolt Brechts Stück „Die Mutter" (nach dem gleichnamigen Roman von Maxim Gorki; uraufgeführt 1932). Es heißt dort in der letzten Strophe: „Laß dir nichts einreden!/Sieh selber nach!/Was du nicht selber weißt,/Weißt du nicht. Prüfe die Rechnung. Du mußt sie bezahlen" (Szene 6c). Das Zitat kann als ernsthafte Ermahnung gebraucht werden, nichts unreflektiert und ungeprüft von anderen zu übernehmen, oder als scherzhafter Kommentar, wenn man es einem anderen überläßt, eine Rechnung im Restaurant o.ä. zu begleichen.

↑Drum **prüfe,** wer sich ewig bindet, ob sich das Herz zum Herzen findet!

Prüfet alles, und behaltet das Beste

Dieses Zitat ist die Umformung einer Stelle im ersten Paulusbrief an die Thessalonicher (5,21). Das Original lautet: „Prüfet aber alles, und das Gute behaltet.“ Die allgemeine Ermahnung kann auch als scherzhaft-kritischer Hinweis darauf verwendet werden, daß jemand egoistisch darauf bedacht ist, das Beste stets für sich selbst zu behalten.

↑ Das also war des **Pudels** Kern

Punctum saliens

Der ↑ springende Punkt

↑ Gib mir einen **Punkt,** wo ich hintreten kann, und ich bewege die Erde

Pünktlichkeit ist der Dieb der Zeit

„Er kam prinzipiell zu spät, weil es einer seiner Grundsätze war, daß Pünktlichkeit die Zeit stehle.“ Mit diesen Worten charakterisiert Oscar Wilde in seinem Roman „Das Bildnis des Dorian Gray“ (1891) den geistreich-zynischen Dandy Lord Henry Wotton, der den Romanhelden zum rücksichtslosen Ausleben seiner Jugend verführt. Die deutsche Übersetzung des englischen Originaltextes *He was always late on principle, his principle being that punctuality is the thief of time* ist in der genannten Kurzform zum geläufigen Zitat geworden.

Pünktlichkeit ist die Höflichkeit der Könige

Mit diesem Ausspruch, im französischen Original *L'exactitude est la politesse des rois,* wird der französische König Ludwig XVIII. (1755–1824) in den Lebenserinnerungen des Bankiers Jacques Laffitte zitiert. Man bringt mit dem Zitat indirekt einen Tadel an jemandes Unpünktlichkeit zum Ausdruck, indem man ihm vor Augen stellt, daß Pünktlichkeit eine – selbst von Königen geübte – Form von Höflichkeit ist.

Nun, wenn der **Purpur** fällt, muß auch der Herzog nach!

↑ Wenn der Mantel fällt, muß der Herzog nach

Von diesen **Pyramiden** schauen vierzig Jahrhunderte auf euch herab

Die ↑ Augen der Welt sind auf euch gerichtet

Pyrrhussieg

Einen Erfolg, der mit so hohem Einsatz, mit so vielen Opfern verbunden ist, daß er im Grunde eher einem Fehlschlag gleichkommt, bezeichnet man nach den verlustreichen Siegen des Königs Pyrrhus von Epirus über die Römer 280/279 v. Chr. als „Pyrrhussieg“. Der griechische Schriftsteller Plutarch (um 46–um 125) läßt in seinen Parallelbiographien ausgewählter Griechen und Römer König Pyrrhus ausrufen: „Wenn wir noch eine Schlacht gegen die Römer gewinnen, werden wir ganz und gar verloren sein!“ Danach sagt man gelegentlich auch: „Noch so ein Sieg, und ich bin verloren!“

↑ In jeden **Quark** begräbt er seine Nase

↑ Getretner **Quark** wird breit, nicht stark

↑ An der **Quelle** saß der Knabe

Qui s'excuse, s'accuse

Diese sprichwörtliche Redensart, auf deutsch: „Wer sich entschuldigt, klagt sich an“, ist in der französischen Version geläufiger als in der deutschen, wohl weil sie im Französischen in ein Wortspiel gekleidet ist. Der Grundgedanke der Redensart, daß jemand, der sich entschuldigt, den Grund für diese Entschuldigung als eine gewisse eigene Schuld anerkennt, sich also indirekt selbst beschuldigt, ist auch in dem lateinischen Wortspiel *Dum excusare credis, accusas* enthalten. Es heißt auf deutsch: „Während du dich zu entschuldigen glaubst, klagst du dich an" und findet sich schon in den Schriften des lateinischen Kirchenvaters Hieronymus (um 347–419 oder 420).

Qui tacet, consentire videtur

Dieser lateinische Satz (übersetzt: „Wer schweigt, scheint zuzustimmen") findet sich im Corpus Iuris Canonici, und zwar im sogenannten Liber Sextus. Diese Sammlung von Konzilsbeschlüssen und päpstlichen Erlassen ist von Papst Bonifatius VIII. (Amtszeit von 1294 bis 1303) angelegt worden. Schon in der Rechtsprechung der Griechen und Römer hatte der Grundsatz Geltung, wie ähnliche Formulierungen bei Sophokles, Platon und Cicero zeigen. Auch heute noch wird er im gleichen Sinne (lateinisch und deutsch) zitiert.

Quo vadis?

Mit diesem Titel erschien 1895/1896 ein Roman des polnischen Schriftstellers Henryk Sienkiewicz (1846–1916). Er spielt in der Zeit der ersten Christenverfolgungen unter dem römischen Kaiser Nero. Der lateinische Romantitel (übersetzt „Wohin gehst du?") geht auf eine nachbiblische Legende aus dem Leben des Apostels Petrus zurück, die in den Roman eingebaut worden ist. Dem vor der Verfolgung aus Rom Fliehenden erscheint Christus. Auf die Frage des Petrus *Quo vadis, Domine?* („Wohin gehst du, Herr?") antwortete dieser ihm, er ginge nach Rom, um sich ein zweites Mal kreuzigen zu lassen. Petrus kehrt daraufhin in die Stadt zurück und erleidet hier den Märtyrertod. Der Roman wurde in 30 Sprachen übersetzt und mehrmals verfilmt (zuletzt 1951 mit Peter Ustinov als Nero). – Man zitiert den Titel heute (häufig mit einer Anrede wie in „Quo vadis, Hollywood?" oder „Quo vadis, Europarat?" verbunden), wenn man äußerst skeptisch fragen will: „Wohin wird das führen?" oder „Wer weiß, wie das noch enden wird?"

Quod erat demonstrandum

In den „Elementa" des griechischen Mathematikers Euklid (4. Jh. v. Chr.), einer neuartigen systematischen Zusammenfassung und Umformung der gesamten mathematischen Kenntnisse vor seiner Zeit, enden die Beweisführungen mit der Feststellung „was zu beweisen war" (griechisch *ὅπερ ἔδει δεῖξαι*). In einer lateinischen Übersetzung des frühen 16. Jahrhunderts findet sich dafür zum ersten Male das auch heute noch zitierte *Quod erat demonstrandum*.

Quod scripsi, scripsi

↑ Was ich geschrieben habe, habe ich geschrieben

Quousque tandem?

„Wie lange noch, Catilina, willst du unsere Geduld mißbrauchen?" Mit diesen Worten (lateinisch: *Quousque tandem abutere, Catilina, patientia nostra*) beginnt der römische Staatsmann und Philosoph Cicero (106–43 v. Chr.) seine erste Rede gegen den Verschwörer Catilina. Er fordert ihn darin auf, Rom zu verlassen. Man zitiert heute meist nur den Satzanfang „Quousque tandem" („Wie lange noch?"), um Ungeduld oder ein Ungehaltensein über etwas, was als zu lange dauernd empfunden wird, auszudrücken.

R

Rache für Sadowa!

Die berühmte Schlacht von Königgrätz (tschechisch: *Hradec Králové*) wird in Frankreich und Großbritannien nach dem nahegelegenen Ort Sadowa benannt. In dieser Schlacht wurde am 3. 7. 1866 die österreichisch-sächsische Armee von den preußischen Truppen vernichtend geschlagen. Frankreich, das aus dem Machtkampf zwischen Preußen und Österreich Nutzen ziehen wollte und seine Hoffnung auf eine Niederlage Preußens gesetzt hatte, war zutiefst enttäuscht. Das Vergeltungsstreben der Franzosen nach diesem Sieg Preußens fand Ausdruck in dem Schlachtruf „Rache für Sadowa!" (französisch *Revanche de Sadowa*), der damals und in der Folgezeit überall bekannt war. Auch heute noch ist er gelegentlich zu hören, allerdings im harmloseren Zusammenhang von Spiel oder Sport als scherzhafte Androhung einer Revanche beispielsweise für die Schmach einer Niederlage o. ä.

Die **Rache** ist mein

Dieses (auch in der Form „Mein ist die Rache" gebräuchliche) Bibelzitat findet sich im Alten Testament, wo es heißt (5. Moses 32, 35): „Die Rache ist mein; ich will vergelten." Im Römerbrief des Neuen Testaments wird diese Stelle (mit dem Zusatz „... spricht der Herr") wieder aufgenommen (Römer, 12, 19). Außerhalb des biblischen Kontexts wird das Zitat oft scherzhaft zur Ankündigung einer Revanche verwendet.

Das **Rad** der Geschichte zurückdrehen

Das „Rad der Zeit" oder das „Rad der Geschichte" sind seit dem 18. Jahrhundert im Deutschen gebräuchliche Bilder für den Wechsel durch die Zeitläufte und den Fortgang der geschichtlichen Entwicklung. Eine daran angelehnte Formulierung ist möglicherweise durch das „Kommunistische Manifest" (1848) von Karl Marx und Friedrich Engels bekannt und gebräuchlich geworden. Dort heißt es im Abschnitt I („Bourgeois und Proletarier"): „Die Mittelstände, der kleine Industrielle, der kleine Kaufmann, der Handwerker, der Bauer, sie alle bekämpfen die Bourgeoisie, um ihre Existenz als Mittelstände vor dem Untergang zu sichern. Sie sind also nicht revolutionär, sondern konservativ. Noch mehr, sie sind reaktionär, sie suchen das Rad der Geschichte zurückzudrehen." – Wenn heute gesagt wird, daß das Rad der Geschichte sich nicht zurückdrehen läßt, so drückt man damit aus, daß historische Entwicklungen nicht rückgängig gemacht werden können.

↑Alle **Räder** stehen still, wenn dein starker Arm es will

Raffael wäre ein großer Maler geworden, selbst wenn er ohne Hände auf die Welt gekommen wäre

Das Zitat geht auf Gotthold Ephraim Lessings (1729–1781) „Emilia Galotti" (I, 4) zurück. Der Maler Conti sagt dort zum Prinzen von Guastalla: „Oder meinen Sie, Prinz, daß Raffael nicht das größte malerische Genie gewesen wäre, wenn er unglücklicherweise ohne Hände wäre geboren worden?" Er stellt damit die Konzeption über die handwerkliche Ausführung eines Kunstwerks, um zugleich seine Unzufriedenheit mit der eigenen Malerei zu rechtfertigen, die er zuvor so beschrieben hat: „Auf dem langen Wege, aus dem Auge durch den Arm in den Pinsel, wieviel geht da verloren! – Aber ... daß ich es weiß, was hier verlorengegangen und wie es verlorengegangen und warum es verlorengehen müssen: darauf bin ich ebenso stolz und stolzer, als ich auf alles das bin, was ich nicht verlorengehen lassen. Denn aus jenem erkenne ich mehr als aus diesem, daß ich wirklich ein großer Maler bin, daß es aber meine Hand nur nicht immer ist."

Das **raffinierte** Tier tat's um des Reimes willen

Dies ist die letzte Zeile eines zu den „Galgenliedern" gehörenden kleinen Nonsensgedichts von Christian Morgenstern (1871–1914), dem Dichter, der besonders durch seine witzigen, oft skurrilen sprachlichen Grotesken bekannt und beliebt geworden ist. Das Zitat dient meist dazu, jemandes Handlungsweise, die man nicht nachvollziehen, nicht verstehen kann oder will, zu kommentieren, oder auch einfach dazu, sich eine Antwort zu ersparen. Das Gedicht „Das ästhetische Wiesel" lautet im ganzen: „Ein Wiesel saß auf einem Kiesel inmitten Bachgeriesel/Wißt ihr weshalb?/Das Mondkalb verriet es mir im

Stillen:/Das raffinierte Tier tat's um des Reimes willen."

↑Hatte sich ein **Ränzlein** angemäst't als wie der Doktor Luther

Rasch tritt der Tod den Menschen an

Gedanken über die Möglichkeit abrupter schicksalhafter Veränderungen durch den Tod, über die Endlichkeit alles Lebenden und die Flüchtigkeit des Daseins überhaupt werden oft in diesem Zitat zusammengefaßt. Es stammt aus Schillers Schauspiel „Wilhelm Tell" und ist die Anfangszeile des Gesangs der „barmherzigen Brüder", mit welchem die berühmte 3. Szene des 4. Aufzugs, „Die hohle Gasse bei Küßnacht", abschließt. Der tyrannische Reichsvogt Geßler ist von Wilhelm Tell mit dem Pfeil getötet worden, die „barmherzigen Brüder" stehen im Halbkreis um den Leichnam und singen: „Rasch tritt der Tod den Menschen an,/Es ist ihm keine Frist gegeben,/Es stürzt ihn mitten in der Bahn,/Es reißt ihn fort vom vollen Leben."

Der **rasende** Roland

Im Jahre 1532 veröffentlichte der italienische Dichter Ludovico Ariosto (Ariost; 1474–1533) die endgültige Fassung seiner epischen Dichtung *Orlando furioso* (auf deutsch 1631–36 unter dem Titel „Die Historie vom rasenden Roland" erschienen). Darin wird die bis zum Wahn gesteigerte Liebe Orlandos, eines Paladins Karls des Großen, zu der morgenländischen Prinzessin Angelica geschildert. Man bezeichnet heute mit diesem Ausdruck – ohne jeden Bezug auf Ariosts Werk – einen wütenden, wie eine Furie rasenden Menschen. Gelegentlich wird auch jemand, der mit übersteigerter Betriebsamkeit, in fieberhafter Eile agiert, so genannt. Eine ironische Verwendung fand „Der rasende Roland" als Name eines langsamen Eisenbahnzuges, der auf der Insel Rügen auf einer Schmalspurstrecke verkehrt.

Rasender Reporter

Der tschechische Journalist und Schriftsteller Egon Erwin Kisch (1885–1948), dessen ausgedehnte Reisen in alle Kontinente ihren Niederschlag in abenteuerlich anmutenden Berichten und Büchern fanden, veröffentlichte 1925 eine Sammlung von Reportagen unter dem Titel „Der rasende Reporter". Dieser Titel wurde bald zur Bezeichnung für Kisch selbst. Auch heute noch ist diese Bezeichnung üblich, besonders für agile, mitunter auch für aufdringliche Journalisten und Berichterstatter, die immer schnell am Ort des Geschehens sind.

↑Da **rast** der See und will sein Opfer haben

Rattenfänger

Einen Demagogen und Volksverführer, aber auch einfach einen Menschen, der andere zu übertölpeln sucht, bezeichnet man häufig als „Rattenfänger". Die Bezeichnung geht auf die mittelalterliche Sage vom „Rattenfänger von Hameln" zurück. Die Sage berichtet von einem Pfeifer oder Flötenspieler, der die Stadt Hameln von einer Rattenplage erlöste und danach um seinen Lohn geprellt wurde. Dafür rächte er sich auf unheimliche Weise, indem er die Kinder der Hamelner mit seinem Flötenspiel aus der Stadt lockte und für immer verschwinden ließ.

↑Unter die **Räuber** gefallen sein

Rauch ist alles ird'sche Wesen

Dieses Zitat von der Vergänglichkeit alles Irdischen stammt aus Schillers Gedicht „Das Siegesfest", in dem der Gegensatz zwischen Siegen und Unterliegen am Beispiel der Griechen und Troer nach dem Untergang Trojas dargestellt wird. Die Klage über die Vergänglichkeit wird der gefangenen Seherin Kassandra in den Mund gelegt: „Rauch ist alles ird'sche Wesen;/Wie des Dampfes Säule weht,/Schwinden alle Erdengrößen,/Nur die Götter bleiben stet."

Rauhe Winde wehn von Norden

Zu den oft zitierten Gedichtzeilen, die den Einzug des Winters mit all seinen Widrigkeiten beklagen, gehört diese Zeile aus der ersten Strophe des Gedichts „Sehnsucht nach dem Frühling", dessen erste Zeile, „O wie ist es kalt geworden", bereits mit dieser Klage einsetzt. Das Gedicht gehört zu einer Reihe sehr populär gewordener Kinderlieder von Hoffmann von Fallersleben (1798 bis 1874).

Raum für alle hat die Erde

Diese Feststellung werden heute viele – angesichts der Bevölkerungsexplosion auf der Erde – nicht mehr für zutreffend halten. Zur Zeit Schillers jedenfalls war sie noch unbezweifelbar richtig. Sie stammt aus seinem 1804 entstandenen, von Franz Schubert später vertonten Gedicht „Der Alpenjäger" und stellt dort einen Teil der Belehrung dar, die der Berggeist am Ende dem Jäger erteilt. Dieser hat eine Gazelle bis auf den höchsten Berggrat getrieben, um sie dort zu erlegen. Das Gedicht endet mit den Zeilen: „‚Mußt du Tod und Jammer senden', /Ruft er, ‚bis herauf zu mir?/ Raum für alle hat die Erde,/Was verfolgst du meine Herde?'"

Raum ist in der kleinsten Hütte

Die 4. Strophe von Schillers Gedicht „Der Jüngling am Bache" (1803; die 3. und 4. Strophe sind später in das Lustspiel „Der Parasit" eingebaut worden) endet mit dem Vers: „Raum ist in der kleinsten Hütte/Für ein glücklich liebend Paar." Man kommentiert damit heute – meist nur mit dem vorletzten Vers – beengte räumliche Verhältnisse, die aber gerne in Kauf genommen werden.

↑ Wie er sich **räuspert** und wie er spuckt, das hat er ihm glücklich abgeguckt

Das **Recht** auf Arbeit

Das politische Schlagwort vom Recht auf Arbeit stammt von dem französischen Sozialphilosophen Charles Fourier (1792–1837), und zwar aus seinem 1808 erschienenen Werk „Théorie des quatre mouvements et des destinées générales", einem umfassenden System des utopischen Sozialismus. Das Verurteiltsein des Menschen zur Arbeit seit dem Sündenfall wird hier als Menschenrecht umgedeutet.

Es wird mit **Recht** ein guter Braten gerechnet zu den guten Taten

Mit diesen Zeilen beginnt ein Gedicht aus Wilhelm Buschs Sammlung „Kritik des Herzens" (1874). Man bringt mit dem Zitat anerkennend-scherzhaft zum Ausdruck, daß man gekonnt zubereitetes, gutes Essen sehr wohl zu schätzen weiß. Das Gedicht vertritt die These, daß die sachkundige Zubereitung eines Bratens positive Charaktereigenschaften der Köchin voraussetzt; es endet mit den Zeilen: „Wer einen guten Braten macht,/Hat auch ein gutes Herz."

Recht muß Recht bleiben

Im 94. Psalm des Alten Testaments ist davon die Rede, daß das Volk Gottes von den Gottlosen unterdrückt wird, daß Gott ihm aber beistehen wird: „Denn der Herr wird sein Volk nicht verstoßen noch sein Erbe verlassen. Denn Recht muß doch Recht bleiben, und dem werden alle frommen Herzen zufallen." Das verkürzte Zitat ist auch in der abgewandelten Form „Was Recht ist, muß Recht bleiben" sprichwörtlich geworden; man verwendet es als bekräftigenden Kommentar, wenn man sich selbst im Recht fühlt oder als emphatische Ablehnung einer Ungerechtigkeit.

↑ Zur **Rechten** sieht man wie zur Linken einen halben Türken heruntersinken

↑ Eure **Rede** sei: Ja, ja; nein, nein. Was darüber ist, das ist vom Übel

Es **reden** und träumen die Menschen viel

Mit den Versen „Es reden und träumen die Menschen viel/Von bessern künftigen Tagen,/Nach einem glücklichen, goldenen Ziel/Sieht man sie rennen und jagen" beginnt Schillers Gedicht „Hoffnung" (1797). Der Dichter spricht in seinen Versen die Überzeugung aus, daß die Menschen zu Recht auf Verbesserung hoffen; mit dem Zitat wird allerdings heute eher eine skeptische Haltung gegenüber jemandes hochfliegenden Plänen und Wünschen zum Ausdruck gebracht.

↑Du **red'st,** wie du's verstehst

Eine **Reformation** an Haupt und Gliedern

So bezeichnet man eine grundlegende, völlige, in jeder Hinsicht durchzuführende Umgestaltung einer Organisation. Die Forderung wurde ursprünglich in bezug auf die katholische Kirche aufgestellt, und sie ist in ihrer frühesten nachweisbaren Form wohl von dem Bischof Guilelmus Durandus formuliert worden. In einem Text zur Vorbereitung des Konzils von Vienne (1311) heißt es: *... quod ante omnia corrigerentur et reformarentur illa quae sunt in ecclesia Dei corrigenda et reformanda, tam in capite quam in membris* („... daß vor allem das, was in der Kirche Gottes zu verbessern und zu reformieren ist, verbessert und reformiert werden möge, und zwar an Haupt und Gliedern").

↑Nach allen **Regeln** der Kunst

↑Denn der **Regen,** der regnet jeglichen Tag

↑Auf **Regen** folgt Sonne

Es **regt** sich was im Odenwald

Mit dieser Zeile beginnt das Gedicht „Rodensteins Auszug" von Joseph Victor von Scheffel (1826–1886), das wohl zusammen mit anderen „Liedern vom Rodenstein" nach einer Wanderung auf die Ruine des Schlosses Rodenstein im winterlichen Odenwald entstanden ist. Um dieses Schloß ranken sich die Sagen vom „Herrn von Rodenstein", der in bestimmten Nächten mit einem „wilden Heer" durch die Lüfte zieht; und in Scheffels Gedicht kündigt sich mit der zitierten Zeile eine solche Geistererscheinung an: „Der Rodenstein, der Rodenstein, der Rodenstein zieht um!" – Das Zitat wird umgangssprachlich verwendet, um auf erste Anzeichen einer Veränderung oder Bewegung aufmerksam zu machen.

Reich mir die Hand, mein Leben

Diese oft zitierten Worte sind die Anfangszeile eines sehr populär gewordenen Duetts aus dem 1. Akt der Oper „Don Giovanni" von Mozart (1756 bis 1791), italienisches Libretto von Lorenzo da Ponte (1749–1838), deutscher Text der letzten Fassung von Hermann Levi (1839–1900). Das Duett bildet den Höhepunkt einer Szene, in der Don Giovanni, der Verführer, Zerlina, die Braut des Bauern Masetto, für sich gewinnt, indem er ihr einredet, ein Mädchen wie sie dürfe nicht einem Bauern gehören.

↑In meinem **Reich** geht die Sonne nicht unter

Reichskristallnacht

↑Kristallnacht

Reif für die Insel

So lautet der Titel eines 1982 von dem österreichischen Liedermacher Peter Cornelius (* 1951) geschriebenen Schlagers. Der Ausdruck, mit dem man deutlich machen möchte, daß man eine Erholung dringend nötig hat, „urlaubsreif" ist, hat sich in der Umgangssprache allgemein durchgesetzt.

Reim dich, oder ich fress' dich

Unter dem Pseudonym Hartmann Reinhold veröffentlichte Gottfried Wilhelm Sacer (1635–1699) eine Satire über Schwächen zeitgenössischer Dichtkunst. Der zeittypische Titel der Satire lautete: „Reime dich, oder ich fresse dich, das ist, deutlicher zu geben, [...] schellen- und scheltenswürdige Thorheit boeotischer (= bäurischer) Poeten in Deutschland". Die verkürzte Form dieses Titels wird scherzhaft zitiert, um mißglückte, sozusagen gewaltsam zum

Reim gezwungene Verse zu charakterisieren.

Das ↑raffinierte Tier tat's um des **Reimes** willen

Dem **Reinen** ist alles rein

Dieses Zitat, mit dem man jemandes vermeintliche Naivität oder Gutgläubigkeit – meist spöttisch – kommentiert, ist dem Brief des Paulus an Titus aus dem Neuen Testament entnommen. Hier heißt es (1,15): „Den Reinen ist alles rein; den Unreinen aber und Ungläubigen ist nichts rein, sondern unrein ist ihr Sinn sowohl als ihr Gewissen." – Friedrich Nietzsche (1844–1900) hat dieses Zitat im 14. Buch des 3. Teils seiner Schrift „Also sprach Zarathustra" aufgegriffen und abgewandelt: „‚Dem Reinen ist alles rein' – so spricht das Volk. Ich aber sage euch: den Schweinen wird alles Schwein!"

↑Wenn einer eine **Reise** tut, so kann er was erzählen

... **reitet** für Deutschland

Dies ist der Titel eines deutschen Films aus dem Jahr 1941. Sein Thema ist die Geschichte des Rittmeisters von Langen, eines deutschen Offiziers, der im Ersten Weltkrieg nach einer Verwundung gelähmt wurde, seine Krankheit aber besiegte und schließlich als Springreiter siegreich aus einem Europaturnier hervorging. Die Hauptrolle spielte Willy Birgel. – Der Titel wird häufiger auch in Abwandlungen gebraucht. Man weist mit ihm scherzhaft oder auch spöttisch auf jemanden hin, der zum Beispiel in der Öffentlichkeit eine bestimmte Aufgabe erfüllt und sich dabei sehr wichtig vorkommt.

↑Wer **reitet** so spät durch Nacht und Wind?

Die **Religion** ist der Seufzer der bedrängten Kreatur

↑Religion ist Opium für das Volk

Religion ist Opium für das Volk

In seiner Abhandlung „Zur Kritik der Hegelschen Rechtsphilosophie. Einleitung" (1844) versucht Karl Marx (1818–1883), die Kritik an der Religion zu einer Gesellschaftskritik auf materialistischer Grundlage weiterzuentwickeln. Ausgehend von seiner Erkenntnis „Der Mensch macht die Religion, die Religion macht nicht den Menschen", stellt er dann fest: „Das religiöse Elend ist in einem der Ausdruck des wirklichen Elends und in einem die Protestation gegen das wirkliche Elend. Die Religion ist der Seufzer der bedrängten Kreatur, das Gemüt einer herzlosen Welt, wie sie der Geist geistloser Zustände ist. Sie ist das Opium des Volks." Die Religion stellt sich ihm also als das letzte Zufluchtsmittel eines unterdrückten und ausgebeuteten Volks dar, als eine Droge, mit der es sich selbst die Hoffnung auf eine bessere Welt vorgaukelt. Die Marxsche Aussage ist in der Folgezeit auf die mißverständliche Form „Religion ist Opium für das Volk" verkürzt worden.

Wie hältst du's mit der **Religion?**

↑Gretchenfrage

↑Alles **rennet,** rettet, flüchtet

Reporter des Satans

Dies ist der deutsche Titel des amerikanischen Films „Ace in the Hole (Big Carnival)" – wörtlich übersetzt etwa: „As im Ärmel (Großer Rummel)" – aus dem Jahr 1951. Er behandelt die Geschichte eines skrupellosen Reporters, der einem Sensationsbericht zuliebe Rettungsaktionen bei einem Minenunglück behindert. Der Regisseur des Films war Billy Wilder, der Hauptdarsteller Kirk Douglas. – Man kann dieses Zitat auch heute auf einen Reporter beziehen, dessen Methoden skrupellos erscheinen; gelegentlich wird damit auch scherzhaft-ironisch ein allzu biederer und langweiliger Berichterstatter charakterisiert.

Reptilienfonds

Mit diesem Ausdruck bezeichnet man den geheimen Dispositionsfonds einer Regierung, über den im Haushalt keine Rechnung gelegt wird. Die Bezeichnung geht auf Otto von Bismarck, den preußischen Reichskanzler, zurück, der 1869 einen solchen Fonds bildete, um daraus Aktivitäten gegen – nach Bismarcks Worten – „bösartige Reptilien" zu finanzieren. Gemeint war die Bekämpfung oppositioneller Strömungen mit publizistischen Mitteln. – Man verwendet den Ausdruck gelegentlich auch scherzhaft in bezug auf jemandes geheime Kasse.

Requiescat in pace!

Die Formel – häufiger in der deutschen Form „Er/Sie ruhe in Frieden!", daneben als Imperativ „Ruhe in Frieden!" – findet man in Todesanzeigen oder eingemeißelt auf Grabsteinen, hier auch als Abkürzung RIP. Sie geht auf Psalm 4,9 der Bibel zurück, wo es in Luthers Übersetzung der Vulgata – jedoch ohne Bezug auf den Tod – heißt: „Ich liege und schlafe ganz mit Frieden" *(In pace in idipsum dormiam et requiescam).* Die Stelle ist Ausdruck großen Gottvertrauens des Psalmisten, der mit folgenden Worten fortfährt: „... denn allein du, Herr, hilfst mir, daß ich sicher wohne." – Man verwendet die Formel auch scherzhaft mit Bezug auf ein Projekt oder ein Unternehmen, das aufgegeben wurde.

Respice finem

↑Was du tust, bedenke das Ende

Der **Rest** ist für die Gottlosen

In den Psalmen des Alten Testaments wird von Jahwe als Richter gesagt: „Denn der Herr hat einen Becher in der Hand und mit starkem Wein voll eingeschenkt und schenkt aus demselben; aber die Gottlosen müssen alle trinken und die Hefen aussaufen" (Psalm 75,9). Auf diesen Trinkrest bezogen, ist wohl die genannte Redensart entstanden. Sie wird scherzhaft gebraucht, wenn jemand bei der Verteilung von etwas den Rest, z. B. den letzten Tropfen aus einer Flasche, erhält.

Der **Rest** ist Schweigen

Dies sind die letzten Worte Hamlets im gleichnamigen, um 1600 entstandenen Trauerspiel von Shakespeare (auf englisch lautet das Zitat: *The rest is silence*). Das Stück endet mit einem „Schlachtfeld" von Toten; Hamlet stirbt von der Hand des Laertes, des Bruders der Ophelia. Ein Film von Helmut Käutner aus dem Jahr 1959, der diesen Titel trägt, transponiert das Hamletmotiv des Brudermordes in die Gegenwart. – Das Zitat kann die Ratlosigkeit zum Ausdruck bringen, mit der jemand vor einem Ereignis steht, das er nicht begreift; es kann auch als resignierende Feststellung dienen, daß zu einem unerfreulichen Thema nun nichts mehr zu sagen ist.

Retour à la nature!

↑Zurück zur Natur!

↑Zurück! Du **rettest** den Freund nicht mehr

Es **rettet** uns kein höh'res Wesen

Wenn man in einer schlimmen, fast ausweglosen Situation zum Ausdruck bringen will, daß man auf sich selbst angewiesen ist und sich nicht falsche Hoffnungen auf Hilfe anderer machen soll, gebraucht man dieses Zitat. Es stammt aus dem als „Die Internationale" bekannten Kampflied der sozialistischen Arbeiterbewegung (französischer Text: Eugène Pottier, 1871; deutsche Übersetzung: Emil Luckardt), dessen zweite Strophe lautet: „Es rettet uns kein höh'res Wesen,/kein Gott, kein Kaiser und Tribun,/Uns aus dem Elend zu erlösen,/können wir nur selber tun!"

Die **Revolution** entläßt ihre Kinder

Die ↑Revolution frißt ihre eigenen Kinder

Die **Revolution** frißt ihre eigenen Kinder

Vollständig lautet die Textstelle in Georg Büchners Drama „Dantons Tod" (1835): „Ich weiß wohl – die Revolution ist wie Saturn, sie frißt ihre eigenen Kinder" (1. Akt, 5. Szene). Danton äußert diesen Gedanken wie in Vorahnung seines eigenen gewaltsamen Endes. – Das Zitat sagt aus, daß im Gang der Ereignisse ihre Initiatoren leicht auf der Strecke bleiben oder – ins Abstrakte gewendet – daß etwas nach positiven Ansätzen schließlich ins Negative umschlägt und sich selbst wieder aufhebt oder zerstört. – Von dem politischen Schriftsteller Wolfgang Leonhard, der seine Jugend in der UdSSR verbrachte, erschien 1955 ein Buch mit dem Titel: „Die Revolution entläßt ihre Kinder". Diese Abwandlung des Zitats wird zitiert, wenn davon die Rede ist, daß sich die Anhänger einer Idee oder Ideologie ernüchtert von ihr abwenden.

Die ↑deutsche **Revolution** hat im Saale stattgefunden.

Die **Revolution** ist die Notwehr des Volkes

Dieser Ausspruch, meist zitiert als eine Art Rechtfertigung der Revolution, lautet vollständig: „Die Revolution ist die Notwehr des Volkes, das in seinen heiligsten Rechten gekränkt ist." Er stammt von dem Publizisten und Diplomaten Lothar Bucher (1817–1892). Bucher wurde 1848 Abgeordneter der preußischen Nationalversammlung und gehörte dort zur äußersten Linken. Später trat er ins Ministerium für auswärtige Angelegenheiten ein und wurde zum engen Mitarbeiter Bismarcks.

↑Wir haben nicht die **Revolution,** sondern die Revolution hat uns gemacht

Revolution von oben – Revolution von unten

Die Ausdrücke gehen auf den deutschen Schriftsteller, Kritiker und Theoretiker der Frühromantik Friedrich Schlegel (1772–1829) zurück, der sie in seiner Abhandlung „Signatur des Zeitalters" (erschienen in der von ihm in Wien von 1820 bis 1823 herausgegebenen Zeitschrift „Concordia") verwendete. Die „Revolution von oben" führt er auf die „Anhänger der aus der Revolution hervorgegangenen neuen Despotie" zurück, womit die Regierung Napoleons I. gemeint ist. Er führt dann weiter aus: „So ist es denn endlich dahin gekommen, daß nachdem erst die Revolution von unten, dann die Revolution von oben ihre volle Zeitperiode hindurch gewütet hatten, nun noch ein neues politisches Unheilsphänomen, als erstes eigentümliches Kennzeichen der neuesten, eben jetzt beginnenden Epoche hervorbricht. Ich möchte es die Revolution aus der Mitte heraus nennen." – Man verwendet die entsprechenden Formulierungen vielfach für Bewegungen im politischen Bereich, die entweder „von oben", d. h. von der Regierung bzw. „von unten", also von der Basis, von den sich einmischenden Bürgern ausgehen.

Revolutionäre in Schlafrock und Pantoffeln

In seinen „Briefen aus Paris" schrieb der deutsche Schriftsteller Ludwig Börne (1786–1837) über einen Karlisten (= Anhänger des spanischen Thronprätendenten und zeitweiligen Gegenkönigs Don Carlos [1818–1861]), er sei einer von denen, „die in Pantoffeln und Schlafrock die Rückkehr Heinrichs V. abwarten". Der preußische Minister Otto Theodor Freiherr von Manteuffel (1805–1882) griff diese Worte auf, als er vor einer möglichen Beamtenrevolution in der ersten Kammer warnte. Seiner Meinung nach sei eine solche Revolution sehr gefährlich, „gerade weil man sich dabei im Schlafrock und Pantoffeln beteiligen kann, während der Barrikadenkämpfer wenigstens den Mut haben muß, sich zu exponieren." Man bezeichnet auch heute mit diesem Ausdruck Personen, die auf Grund ihrer Position, ihres politischen oder wirtschaftlichen Einflusses eine mehr oder weniger gewaltsame Veränderung bestehender Verhältnisse betreiben können, ohne sich selbst groß in Szene setzen zu müssen. Gelegentlich wird die Bezeichnung aber auch abwertend auf Politiker bezogen, die von sich behaupten, eine fortschrittliche Richtung zu vertreten, sich in der Realität aber als Anpasser und Zögerer erweisen.

Ein **Rezensent,** das ist ein Mann, der alles weiß, und gar nichts kann!

Der Ausspruch geht auf ein Trauerspiel des deutschen Dramatikers Ernst von Wildenbruch (1845–1905) mit dem Titel „Christoph Marlow“ (1884) zurück. Dort heißt es: „Ein Rezensent, siehst du, das ist der Mann,/Der alles weiß, siehst du, und gar nichts kann!“ – In verkürzter und leicht veränderter Form werden diese Zeilen – oft scherzhaft – in Diskussionen über Kritik und Kritiker zitiert.

↑Schlagt ihn tot, den Hund! Es ist ein **Rezensent**

Der **Rhein** – Deutschlands Strom, nicht Deutschlands Grenze

Dieser patriotische Spruch ist der leicht geänderte Titel von Ernst Moritz Arndts (1769–1860) Flugschrift „Der Rhein, Teutschlands Strom, aber nicht Teutschlands Grenze“ aus dem Jahr 1813, in der der Dichter leidenschaftlich Partei für die nationale Sache ergriff. Zu dieser Zeit bildete der Rhein zwischen Basel und Wesel die Grenze zwischen Frankreich und den bis zum Oktober 1813 unter französischem Protektorat stehenden, vom „Heiligen Römischen Reich deutscher Nation“ abgespaltenen sogenannten „Rheinbundstaaten“. Erst nach den Befreiungskriegen wurden Gebiete wie das heutige Rheinland-Pfalz oder der Westteil des heutigen Nordrhein-Westfalen wieder von Frankreich abgetrennt. Im Hinblick auf die europäische Einigung könnte man das Zitat heute zu „Der Rhein – Europas Strom, nicht Grenze in Europa“ abwandeln.

↑Hic **Rhodus,** hic salta!

Richtet nicht, auf daß ihr nicht gerichtet werdet

Diese Anweisung der Bibel steht am Anfang des 7. Kapitels des Matthäusevangeliums. Sie gehört in den Zusammenhang der Bergpredigt Jesu. Jesus will die Menschen von selbstgerechtem Be- und Verurteilen ihrer Mitmenschen zurückhalten. Es geht darum, Selbsterkenntnis zu üben, den „Balken im eigenen Auge“ zu sehen, statt sich ohne Hemmung in Urteilen über andere zu ergehen.

Es gibt kein **richtiges** Leben im falschen

Dieser Aphorismus stammt aus Theodor W. Adornos „Minima Moralia. Reflexionen aus dem beschädigten Leben“ (1951). Er ist eine radikale Absage an den faulen Lebenskompromiß, an das Sicheinrichten in ungerechten und unmenschlichen gesellschaftlichen Verhältnissen. Man versteht das Zitat häufig als eine Art Kernsatz oder Motto der philosophisch-soziologischen Richtung, die als „Frankfurter Schule“ bezeichnet wird. Der Zeichner und Schriftsteller Robert Gernhardt veröffentlichte 1987 einen Band Humoresken unter dem Titel „Es gibt kein richtiges Leben im valschen“, der das Adorno-Zitat durch einen absichtlichen Rechtschreibfehler banalisiert und ironisiert.

Die ↑ganze **Richtung** paßt uns nicht

Das **Riesenspielzeug**

Dies ist der Titel eines Gedichts von Adelbert von Chamisso (1781–1838), eines Dichters der deutschen Romantik, dessen Familie während der Revolutionswirren aus Frankreich nach Deutschland geflohen war. Das Gedicht beginnt: „Burg Niedeck ist im Elsaß der Sage wohl bekannt,/Die Höhe, wo vor Zeiten die Burg der Riesen stand“. Es erzählt von dem „Riesenfräulein“, das sich im Spiel aus der Burg entfernt und bald winzig klein zu seinen Füßen einen pflügenden Bauern erspäht und ihn als „ein Spielding wunderschön" mitnimmt. – Man verwendet den Ausdruck für etwas, das sich dem Auge als übermäßig groß oder auch auf große Entfernung als besonders klein darbietet, beispielsweise Häuser oder Menschen in der Landschaft. (Siehe auch „Der Bauer ist kein Spielzeug".)

Rififi in ...

Der französische Film *Du Rififi chez les Hommes* (deutsch: „Rififi") stammt aus dem Jahr 1955. Dem Drehbuch liegt ein Roman gleichen Titels von Auguste le Breton zugrunde. *Rififi,* ein Ausdruck aus der französischen Szenesprache der Unterwelt, bedeutet dabei soviel wie „Rauferei, Prügelei". Der Film des amerikanisch-französischen Regisseurs Jules Dassin, der von einem Diamantenraub an der Place Vendôme in Paris handelt, wurde sehr bekannt. In seinem Gefolge entstanden in den fünfziger und sechziger Jahren weitere Gangsterfilme, die diese Bezeichnung im Titel führen. – „Rififi in ..." wurde zum gebräuchlichen Ausdruck besonders in Verbindung mit Ortsangaben, wobei der genannte Ort als Schauplatz eines spektakulären Gangsterstücks zu denken ist.

Right or wrong – my country!

Als Urheber des Wahlspruchs „Recht oder Unrecht – es ist mein Vaterland!" wird der amerikanische Admiral Stephen Decatur (1779–1820) angesehen. Er hatte nach der Rückkehr von einem Flotteneinsatz im Jahr 1816 geäußert: *Our country! In her intercourse with foreign nations, may she always be in the right, but our country, right or wrong!* („Unser Vaterland! In seinem Umgang mit fremden Nationen möge es immer im Recht sein, aber [es ist] unser Vaterland, [ob im] Recht oder Unrecht.") – Der in dem Wahlspruch zum Ausdruck kommende bedingungslose Patriotismus wird heute meist kritisch betrachtet und das Zitat dementsprechend distanziert verwendet.

Ein **Ritt** über den Bodensee

Der Ballade „Der Reiter und der Bodensee" von Gustav Schwab (1792 bis 1850) liegt eine schwäbische Sage zugrunde. Danach hatte ein Reiter den zugefrorenen und schneebedeckten Bodensee überquert, ohne zu wissen, wo und in welcher Gefahr er sich befand. Am Ufer angekommen, erfuhr er, daß er über den See geritten war. Der Schock, den er in diesem Augenblick erlitt, ließ ihn tot zu Boden stürzen. – Man spricht danach von einem „Ritt über den Bodensee", wenn man ein Unternehmen für zu riskant oder unkalkulierbar hält oder um etwas im nachhinein als besonders risikoreich oder gefährlich zu charakterisieren.

Ritter ohne Furcht und Tadel

Der oft ironisch verwendete Ausdruck bedeutet heute „mutiger und sich vorbildlich benehmender Mann". Er geht auf das französische *chevalier sans peur et sans reproche* zurück, auf den Beinamen des Ritters Pierre Terrail, Seigneur de Bayard (1476–1524). Dessen 1527 veröffentlichte und dem Notar Jacques de Mailles zugeschriebene panegyrische Lebensgeschichte trägt den Titel *La très-joyeuse, plaisante et récréative histoire du bon chevalier sans paour et sans reproche, gentil seigneur de Bayard* („Die sehr erfreuliche, kurzweilige und ergötzliche Geschichte des braven Ritters ohne Furcht und ohne Tadel, des edlen Herrn von Bayard").

Ritter von der traurigen Gestalt

Mit diesem Ausdruck wird in meist scherzhafter, gelegentlich auch abwertender Weise ein hagerer Mensch mit schlechter Haltung bezeichnet, der dazu noch einen heruntergekommenen Eindruck macht. Die Bezeichnung stammt aus dem berühmten Roman mit dem Titelhelden Don Quichotte des spanischen Dichters Cervantes (1547–1616). Sancho Pansa, der Begleiter und Knappe des Don Quichotte, charakterisiert seinen Herrn mit diesem Ausdruck. Er lautet im spanischen Original: *el caballero de la triste figura*.

Robinsonade

Unter einer „Robinsonade" versteht man zum einen einen Abenteuerroman in der Art des „Robinson Crusoe", zum anderen eine abenteuerliche Unternehmung. Zugrunde liegt der Name des Titelhelden eines berühmten Abenteuerromans des englischen Schriftstellers Daniel Defoe (um 1660–1731). Der vollständige Originaltitel des Buches lautet: „The life and strange surprising adventures of Robinson Crusoe". Der Robinson des Romans – der in den nach ihm benannten Robinsonaden eine große Zahl von Nachfolgern fand – wird auf eine unbewohnte Insel in der Orinocomündung verschlagen, wo er 28 Jahre zubringen und seine Existenz sichern muß. – In der Fußballsprache kennt man noch eine andere „Robinsonade", eine nach dem englischen Torwart John Robinson (1878–1949) benannte Torwartparade.

↑Als die **Römer** frech geworden

Eine **Rose** gebrochen, ehe der Sturm sie entblättert

Mit diesem Bild umschreibt die sterbende Emilia Galotti in Lessings gleichnamigem, 1772 uraufgeführten Trauerspiel ihr Geschick (V, 7). Sie hatte ihren Tod von der Hand des Vaters gefordert, um dem Prinzen, der sich ihrer auf skrupelloser Weise zu bemächtigen sucht, zu entgehen. – Man bezieht das Zitat auf einen jungen Menschen, dessen trauriges Geschick einen bekümmert.

Rose is a rose, is a rose, is a rose

Dieser Satz (auf deutsch: Eine Rose ist eine Rose, ist eine Rose, ist eine Rose) stammt von der amerikanischen Schriftstellerin Gertrude Stein (1874–1946), die vornehmlich in Paris lebte und dort Mittelpunkt eines Kreises von Malern und Schriftstellern war, für den sie den Begriff der „Lost generation" geprägt hatte. Der von ihr hervorgebrachte Prosastil der assoziativen Reihung und scheinbar sinnlosen Wiederholung von Gleichem in der Sprache sollte Ausdruck der fließenden Zeit sein. – Man verwendet das Zitat, bei dem in Abwandlung das Substantiv auch durch ein anderes ausgetauscht sein kann, um von etwas mit Nachdruck zu sagen, daß es ganz mit sich selbst identisch ist.

↑Wenn du eine **Rose** schaust, sag, ich lass' sie grüßen

↑Wenn die **Rose** selbst sich schmückt, schmückt sie auch den Garten

Eine **Rose** unter Dornen

Im 2. Kapitel des „Hohenliedes" im Alten Testament findet sich der Vers (2, 2): „Wie eine Rose unter Dornen, so ist meine Freundin unter den Töchtern." Der Freund preist damit die Schönheit der Freundin. – Mit dem Zitat umschreibt man in ähnlicher Weise eine Person oder auch eine Sache, die sich durch ihre Besonderheit oder ihre Schönheit vor anderen auszeichnet.

Rosen auf den Weg gestreut, und des Harms vergessen!

Mit diesen Versen beginnt das Gedicht mit dem Titel „Lebenspflichten" von Ludwig Heinrich Christoph Hölty (1748–1776), das er in seinem Todesjahr dichtete. Es ist eine Aufforderung, das Leben, den Tag zu nutzen, der Traurigkeit keinen Raum zu geben in der kurzen Lebensspanne. Die erste Strophe des Gedichts lautet: „Rosen auf den Weg gestreut,/Und des Harms vergessen!/Eine kurze Spanne Zeit/Ward uns zugemessen./Heute hüpft im Frühlingstanz/Noch der frohe Knabe:/Morgen weht der Totenkranz/Schon auf seinem Grabe."

↑Und der wilde Knabe brach's **Röslein** auf der Heiden

Roß und Reiter sah ich niemals wieder

Mit diesem Vers endet ein Monolog Wallensteins im 3. Auftritt des 2. Aufzugs von Schillers Trauerspiel „Wallensteins Tod" (1798). Wallenstein spricht darin gegenüber den Generälen Terzky und Illo von einem schicksalhaften Vorgang. Vor einer Schlacht hatte er auf Anraten Oktavio Piccolominis seinen Schecken gegen ein anderes Pferd ausgetauscht, was ihm das Leben gerettet hatte. „Dieses Tieres Schnelligkeit entriß/Mich Banniers verfolgenden Dragonern./Mein Vetter ritt den Schecken an dem Tag,/Und Roß und Reiter sah ich niemals wieder.“ – Man gebraucht das Zitat, um auszudrücken, daß man eine bestimmte Person völlig aus den Augen verloren hat.

Roter Faden

Die Redewendung im Sinne von „leitender, verbindender Grundgedanke; Grundmotiv“ geht auf Goethes Roman „Die Wahlverwandtschaften“ (2,2 und 2,4) zurück, wo die alles verbindende Hauptidee im Tagebuch Ottiliens mit dem durchlaufenden roten Faden im Tauwerk der englischen Marine verglichen wird: „Sämtliche Tauwerke der königlichen Flotte ... sind dergestalt gesponnen, daß ein roter Faden durch das Ganze durchgeht, den man nicht herauswinden kann, ohne alles aufzulösen ... Ebenso zieht sich durch Ottiliens Tagebuch ein Faden der Neigung und Anhänglichkeit, der alles verbindet und das Ganze bezeichnet ... Manches Eigene von innigerem Bezug wird an dem roten Faden wohl zu erkennen sein.“

Rotte Korah

Von einer „Rotte Korah“ spricht man in scherzhafter Ausdrucksweise, wenn man eine große Anzahl von (lärmenden) Menschen meint. Der Ausdruck geht auf das Alte Testament zurück, wo im 4. Buch Moses im 16. Kapitel geschildert wird, wie ein Mann namens Korah sich mit zweihundertfünfzig anderen gegen Moses auflehnt und wie diese dafür von Gott durch Feuer getötet werden. Der Ausdruck „Korah und seine ganze Rotte“ findet sich in den Versen 5, 6 und 16.

Rotwein ist für alte Knaben eine von den besten Gaben

Der Zweizeiler stammt aus Wilhelm Buschs (1832–1908) Knopp-Trilogie, Teil I: Abenteuer eines Junggesellen. In der Episode „Rektor Debisch“ wird Tobias Knopp mit einer Flasche Rotwein bewirtet, die allerdings von des Rektors Sohn heimlich mit Wasser aus der Regenrinne aufgefüllt worden ist. Die Vorfreude der nichtsahnenden Herren Debisch und Knopp kommt in dem zitierten Vers zum Ausdruck. Er wird heute meist scherzhaft (aber ohne den Gedanken an eine Verfälschung des Getränks) als Kommentar beim Kredenzen eines guten Rotweins gebraucht.

Den **Rubikon** überschreiten

Die Wendung hat die Bedeutung „eine folgenschwere Entscheidung treffen; etwas tun, was sich nicht mehr rückgängig machen läßt“. Ihr liegt ein historischer Vorgang zugrunde. Der römische Konsul Julius Cäsar hatte im Jahr 49 v. Chr., um seine Stellung gegenüber Pompejus zu behaupten, mit seinem Heer den Fluß Rubikon überschritten, der Italien von der Provinz Gallia Cisalpina trennte. Er hatte damit einen Bürgerkrieg heraufbeschworen, der ihm die Macht im Staat sicherte. (Siehe auch „Die Würfel sind gefallen!“)

Rufer in der Wüste

↑Prediger in der Wüste

↑Meine **Ruh'** ist hin, mein Herz ist schwer

Ruhe in Frieden!

↑Requiescat in pace

Ruhe ist die erste Bürgerpflicht

Das Zitat geht auf eine Aufforderung zurück, die Minister F. W. Graf von der Schulenburg-Kehnert nach der Schlacht von Jena und Auerstedt 1806 in einem öffentlichen Anschlag an die Einwohner Berlins richtete: „Der König hat eine Bataille verloren. Jetzt ist Ruhe die erste Bürgerpflicht. Ich fordere die Einwohner Berlins dazu auf. Der König und seine Brüder leben! Berlin, den 17. Okt. 1806. Graf v. d. Schulenburg.“

Man zitiert den zweiten Satz dieses Textes in leicht abgewandelter Form, um in Situationen allgemeiner Aufregung beschwichtigend auf andere einzuwirken.

Der **ruhende** Pol

Aus Schillers Gedicht „Der Spaziergang", das die Gegensätzlichkeit von Natur und Kultur durch die wechselnden Bilder eines Spaziergangs veranschaulicht, stammt der Vers: „Sucht den ruhenden Pol in der Erscheinungen Flucht." Die festgewordene sprachliche Fügung „der ruhende Pol" geht wohl auf diesen Vers zurück. Heute verstehen wir darunter einen Menschen, der bei Unruhe und Aufregung die Übersicht behält, selbst Ruhe ausstrahlt und Orientierungspunkt für andere sein kann.

So vergeht der **Ruhm** der Welt

↑Sic transit gloria mundi

Rühre nimmer an den Schlaf der Welt

Diesen Rat gibt Kandaules, der König von Lydien, seinem Freund in der Tragödie „Gyges und sein Ring" (1856) von Friedrich Hebbel. Er weiß, daß er selbst gegen dieses Prinzip verstoßen hat, was ihm endlich zum Verhängnis wird. „Hab' ich den Grund gelockert, der mich trug,/Und dieser knirscht nun rächend mich hinab." Der „Schlaf der Welt" ist ein Bild für die geltende Ordnung, in die die Menschen eingebunden sind. Sie darf nicht leichtfertig mißachtet, aus den Fugen gebracht werden. Der kommunistische Schriftsteller Johannes R. Becher (1891–1958) griff in einem Gedicht diese Metaphorik auf und wendete den von Hebbel ausgesprochenen Gedanken in sein Gegenteil. Es gilt „an den Schlaf der Welt zu rühren", Veränderung herbeizuführen. Der Titel des Gedichts lautet: „Der an den Schlaf der Welt rührt – Lenin".

Rule, Britannia, rule the waves

In das Drama „Alfred: a Masque" („Alfred: ein Maskenspiel") hat der schottische Dichter James Thomson (1700 bis 1748) ein Lied eingearbeitet, das bald sehr populär wurde und dessen Refrain es bis heute geblieben ist. So ist er beispielsweise in dem Miß-Marple-Film „Mörder ahoi" (1964) zu hören. Der Refrain lautet im englischen Original: *Rule, Britannia, rule the waves,/Britons never will be slaves!* (Zu deutsch etwa: „Herrsche Britannia, herrsche über die Wogen, Briten werden niemals Sklaven sein!")

↑Ach, wie gut, daß niemand weiß, daß ich **Rumpelstilzchen** heiß'!

S

Die ↑deutsche Revolution hat im **Saale** stattgefunden

Die **Saat** der Gewalt

Dies ist der deutsche Titel des amerikanischen Spielfilms „The Blackbord Jungle" aus dem Jahr 1955. Der Film handelt von den Problemen eines Lehrers mit seinen Schülern in den Slums von New York. Die Musik stammt von Bill Haley, dessen Titel „Rock Around the Clock" wesentlich zur Popularisierung der Rockmusik beitrug. – Man verwendet das Zitat im Zusammenhang mit Ereignissen, die Ursachen oder Folgen von Gewalt in der Gesellschaft darstellen.

↑Zur **Sache,** Schätzchen!

Sachsen, wo die schönen Mädchen auf den Bäumen wachsen

Der Reim stammt aus der Sage vom Ursprung der Sachsen, wonach er ursprünglich unter Handwerksburschen verbreitet war: „Darauf so bin ich gegangen nach Sachsen,/Wo die schönen Mägdlein auf den Bäumen wachsen;/Hätt' ich daran gedacht,/So hätt' ich mir eins davon mitgebracht." Der Spruch wird heute auch ohne die Angabe „auf den Bäumen" zitiert.

↑In **Sack** und Asche gehen

↑Man schlägt den **Sack** und meint den Esel

Sacrificium intellectus

Der lateinische Begriff, in wörtlicher Übersetzung: „Opfer des Verstandes", entstammt der katholischen Glaubenslehre, nach der die Gläubigen ihre eigenen Überzeugungen in Glaubensdingen den Lehrmeinungen der Kirche zu unterwerfen haben. Man führt den Ausdruck auf eine Textstelle der Vulgata (2. Korintherbrief 10,5) zurück. Luther übersetzte sie mit den Worten: „Wir ... nehmen gefangen alle Vernunft unter den Gehorsam Christi". – Man verwendet den Ausdruck, um ein Verhalten zu umschreiben, das durch ein Aufgeben, ein Verleugnen der eigenen Überzeugung oder durch Autoritätsgläubigkeit gekennzeichnet ist.

Sacro egoismo

Diesen Ausdruck (deutsch: heiliger Egoismus) prägte der italienische Politiker Antonio Salandra (1853–1931) im Jahr 1914 in einer Ansprache vor Beamten des italienischen Außenministeriums. Er forderte darin eine „unbegrenzte und ausschließliche Hingabe an das Vaterland, einen geheiligten Egoismus für Italien" *(della esclusiva ed illimitata devozione alla patria nostra, del sacro egoismo per l'Italia).* „Sacro egoismo" galt danach als Schlagwort für die Tendenz der italienischen Außenpolitik in und nach dem Ersten Weltkrieg, sich nur von nationalen Interessen leiten zu lassen. – Man verwendet den Ausdruck häufiger mit kritischem Unterton, um jemandes ausgeprägten Egoismus zu kennzeichnen.

↑Sie **säen** nicht, sie ernten nicht

Sag beim Abschied leise Servus

Dies ist die Anfangszeile eines von Peter Kreuder komponierten Schlagers aus dem Jahr 1936. (Den Text schrieben Harry Hilm und Hans Lengsfelder.) Sie wird heute noch scherzhaft von jemandem zitiert, der sich verabschiedet oder von einem Menschen trennt.

Sag mir das Wort, das so gern ich gehört

So beginnt ein sehr volkstümlich gewordenes Lied mit dem Titel „Lang, lang ist's her". Text und Melodie des aus dem Englischen stammenden Liedes („Long, long ago") wurden von Thomas Haynes Bayly (1797–1839) geschrieben. Beim Zitieren der Anfangszeile (im englischen Original: *Tell me the tales that to me were so dear*) geht es wohl in den meisten Fällen um früher gern Gehörtes, doch man verwendet sie gelegentlich auch scherzhaft als Hinweis darauf, daß einem ein Wort, eine Bezeichnung entfallen ist.

Sag mir, wo die Blumen sind

Mit diesen Worten beginnt ein Lied des amerikanischen Folksängers Pete Seeger aus dem Jahr 1961. Der englische Text *(Where have all the flowers gone)* wurde von Max Colpet ins Deutsche übertragen. Das gegen die Zerstörung des Lebens, gegen den Krieg gerichtete Lied wiederholt als Refrain die melancholische Frage nach der Einsichtsfähigkeit der Menschen: „Wann wird man je verstehn, wann wird man je verstehn?" Der deutsche Text wurde besonders durch die Interpretation von Marlene Dietrich bekannt. – „Sag mir, wo ... sind" hat sich als floskelhafte Frage verselbständigt und läßt sich auf Personen oder Sachen beziehen, deren Fehlen oder Verschwundensein man beklagt.

↑Und **sagte** kein einziges Wort

Salomonisches Urteil

Unter einem „salomonischen Urteil" versteht man ein kluges, von viel Einsicht zeugendes, durch seine Ausgewogenheit verblüffendes Urteil. Der Ausdruck geht auf die alttestamentliche Gestalt Salomos (etwa 965–926 v. Chr.) zurück, des Königs von Israel und Juda, der wegen seiner Weisheit gerühmt wurde. Im ersten Buch der Könige (3,16–28) wird von dem Streit zweier Mütter um ein Kind berichtet, von denen jede behauptet, es handele sich um ihr eigenes. König Salomo schlichtet den Streit, indem er das Kind der Frau zuspricht, die es lieber der anderen zu überlassen bereit ist, als es in zwei Stükke zerteilen zu lassen. In Vers 28 heißt es dann: „Und das Urteil, das der König gefällt hatte, erscholl vor dem ganzen Israel und ... sie sahen, daß die Weisheit Gottes in ihm war, Gericht zu halten."

Das **Salz** der Erde

In früheren Zeiten kam dem Salz wegen seiner lebenswichtigen Funktion und seiner Seltenheit eine besondere Bedeutung zu. Man maß ihm läuternde und reinigende Kräfte bei und betrachtete es als Symbol der Lebenskraft. Oft auch wurden ihm moralische und spirituelle Kräfte zugeordnet. Vor diesem Hintergrund ist das Wort zu verstehen, das Jesus in der Bergpredigt nach den Seligpreisungen an seine Jünger richtet (Matthäus 5,13): „Ihr seid das Salz der Erde." Das Bild vom „Salz der Erde" wird meist in religiösen Bereichen zitiert, aber auch in weltlichen Zusammenhängen, wo es in der Regel auf arbeitende, im praktischen Leben stehende vorbildliche Menschen bezogen wird.

↑Zur **Salzsäule** erstarren

Ein ↑barmherziger **Samariter**

↑Hilf, **Samiel!**

↑O **sancta** simplicitas!

↑Wie **Sand** am Meer

↑Auf **Sand** gebaut haben

Das **sanfte** Gesetz

Ein wesentlicher Begriff im Werk des Dichters Adalbert Stifter (1805–1868) ist der des „sanften Gesetzes", der im Zusammenhang mit der Beurteilung bestimmter Weltbetrachtungen, Naturauffassungen o.ä. gelegentlich zitiert wird. Stifter hat seine Ansichten zu diesem Begriff programmatisch und in konzentrierter Form in der Vorrede zu den Erzählungen des Bandes „Bunte Steine" dargelegt. Für ihn ist nach diesem Gesetz das „Wehen der Luft, das Rieseln des Wassers, das Wachsen der Getreide, das Wogen des Meeres, das Grünen der Erde, das Glänzen des Himmels" größer als „das prächtig einherziehende Gewitter", der „Blitz, welcher Häuser spaltet", der „Sturm, der die Brandung treibt", der „feuerspeiende Berg", denn auch sie sind nur „Wirkungen viel höherer Gesetze". Dabei ist nicht der Mensch das Maß aller Dinge, sondern auch für ihn gilt die Notwendigkeit der Einordnung in das „sanfte Gesetz" des Naturnotwendigen, „wodurch das menschliche Geschlecht geleitet wird".

↑Das ist des **Sängers** Fluch

Sapere aude!

Diese Aufforderung, auf deutsch: „Wage es, weise zu sein!", findet sich in einer der „Episteln" (1,2,40) des römischen Dichters Horaz (65–8 v.Chr.). Der deutsche Philosoph Immanuel Kant griff dieses Diktum in seinem berühmten Aufsatz „Beantwortung der Frage: Was ist Aufklärung?" aus dem Jahr 1784 auf und lieferte darin eine Übersetzung des Horazwortes, die er zum Wahlspruch der Aufklärung erhob. Hier heißt es: „Sapere aude! Habe Mut, dich deines eigenen Verstandes zu bedienen! ist also der Wahlspruch der Aufklärung ... Zu dieser Aufklärung aber wird nichts erfordert als Freiheit, und zwar die unschädlichste unter allem, was nur Freiheit heißen mag, nämlich die, von seiner Vernunft in allen Stücken öffentlichen Gebrauch zu machen." Schiller bemerkte dazu im 8. Brief seiner Schrift „Über die ästhetische Erziehung des Menschen, in einer Reihe von Briefen" (1794): „... woran liegt es, daß wir noch immer Barbaren sind? ... Ein alter Weiser hat es empfunden, und es liegt in dem vielbedeutenden Ausdruck versteckt: sapere aude. Erkühne dich, weise zu sein."

Sapienti sat

In dem Stück „Persa" (4,7) des römischen Komödiendichters Plautus (250–184 v. Chr.) findet sich die – später auch von dem römischen Dichter Terenz (um 185–159 v. Chr.) in seinem Stück „Phormio" (3,5) zitierte – Feststellung: *Dictum sapienti sat est!* („Dieses Wort genügt dem Verständigen!"), was soviel bedeutet wie: Der Wissende oder der, der die Zusammenhänge oder die Hintergründe kennt, braucht keine weitere Erklärung.

Es wird einem **sauer** gemacht, das bißchen Leben und Freiheit

Gleich zu Beginn von Goethes Schauspiel „Götz von Berlichingen mit der eisernen Hand" (1773), in der zweiten Szene des ersten Aktes („Herberge im Wald"), hören wir diesen Stoßseufzer des Titelhelden. Seit fünf Tagen und Nächten lauert er seinem Gegenspieler Weislingen auf, darf sich aber noch keinen Schlaf gönnen. Das weitere Schicksal des Götz, das im Verlauf des Stückes dargestellt wird, bestätigt seine Worte als prophetisch; zum Schluß verliert er gar die Freiheit und das Leben. – Das Zitat steht auch im heutigen Gebrauch für die Erkenntnis, daß man sich auf dieser Welt alles mühsam erarbeiten oder erkämpfen muß.

↑Wie kommt **Saul** unter die Propheten?

Von einem **Saulus** zu einem Paulus werden

↑Sein Damaskus erleben

Saure Wochen! Frohe Feste!

↑Tages Arbeit! Abends Gäste!

Schade, daß du eine Kanaille bist!

Dies ist der deutsche Titel eines 1955 nach einer Geschichte des italienischen Schriftstellers Alberto Moravia (1907 bis 1990) entstandenen Films mit dem italienischen Originaltitel *Peccato que sia una canaglia*. In dem Film, einer im römischen Milieu spielenden Liebeskomödie, in der eine schöne Diebin von ihrem Vater als Köder benutzt wird, spielen Sophia Loren, Vittorio de Sica und Marcello Mastroianni die Hauptrollen. Der Titel des Films wird als Ausdruck widerstrebender Anerkennung oder Bewunderung zitiert.

Die **Schafe** von den Böcken trennen

Diese Redewendung (auch in der Form „die Schafe von den Böcken scheiden") geht, ebenso wie der Ausdruck „die Schafe zur Rechten und die Böcke zur Linken", auf die Bibel zurück. Jesus verdeutlicht in seiner „Rede vom Jüngsten Gericht" bei Matthäus 25 mit dem Bild eines alten Schäferbrauchs, wie dereinst die „Gesegneten" und die „Verfluchten" voneinander geschieden werden. In Vers 31 bis 35 heißt es: „Wenn aber des Menschen Sohn kommen wird in seiner Herrlichkeit ... werden vor ihm alle Völker versammelt werden. Und er wird sie voneinander scheiden gleich als ein Hirte die Schafe von den Böcken scheidet, und wird die Schafe zu seiner Rechten stellen und die Böcke zur Linken." Auch heute noch bemüht man das Bild von den Schafen und den Böcken, wenn Gute und Böse, Unschuldige und Übeltäter voneinander abgegrenzt oder Dinge nach ihrer Qualität voneinander getrennt werden sollen.

Die **Schafe** zur Rechten und die Böcke zur Linken

Die ↑Schafe von den Böcken trennen

Die **Schale** des Zorns über jemanden ausgießen

Mit dieser Redewendung wird zum Ausdruck gebracht, daß jemand einen andern recht spürbar seinen Zorn, seinen Unmut fühlen läßt. Die Wendung ist biblischen Ursprungs. Von den Schalen des Zorns ist am Ende des 15. und am Anfang des 16. Kapitels der „Offenbarung des Johannes" die Rede. In 15,7 heißt es: „Und eines der vier Tiere gab den sieben Engeln sieben goldene Schalen voll Zorns Gottes ..." und 16,1: „Und ich hörte eine große Stimme aus dem Tempel, die sprach zu den sieben

Engeln: Gehet hin und gießet aus die Schalen des Zorns Gottes auf die Erde!" Die meist in gehobener oder auch spöttischer Redeweise gebrauchte Wendung wird gelegentlich abgewandelt, so daß es z. B. heißt, daß jemand die Schale seines Unmuts oder des Hohns und Spottes über einen andern ausgießt.

↑Mit **scharfem** Blick, nach Kennerweise, seh' ich zunächst mal nach dem Preise

↑Unter dem **Schatten** deiner Flügel

Ein **Schatten** seiner selbst sein

Die Redewendung, mit der man umschreibt, daß jemand nur noch ein blasses Abbild seiner früheren lebensvollen Persönlichkeit ist, besonders auch, daß er äußerlich erkennbar krank und elend ist, geht auf die Antike zurück. Der römische Dichter Lukan (39–65 n. Chr.) nannte in seinem Epos „Pharsalia" (oder „Bellum civile") über den Bürgerkrieg zwischen Cäsar und Pompejus den unterlegenen Pompejus *magni nominis umbra,* auf deutsch: „Schatten seines großen Namens". Aus dieser Kennzeichnung hat sich wohl die heute gebräuchliche Redewendung entwickelt.

Schau heimwärts, Engel!

Der amerikanische Schriftsteller Thomas Wolfe (1900–1938) gab seinem stark autobiographisch geprägten Roman über die Jugend des Steinmetzsohnes Eugene Gant den Titel *Look Homeward, Angel,* dessen deutsche Übersetzung gelegentlich als Aufruf zur Rückbesinnung auf die eigene Herkunft, zur Erinnerung an die Heimat zitiert wird. Der Originaltitel ist selbst ein Zitat aus der elegischen Dichtung „Lycidas" des englischen Dichters John Milton (1608–1674), die dieser 1637 für seinen ertrunkenen Schulfreund schrieb. Darin heißt es: *Look homeward Angel now, and melt with ruth* („Schau jetzt heimwärts, Engel, und laß dich von Mitleid erweichen").

Schauet die Lilien auf dem Felde

↑Sie säen nicht, sie ernten nicht

↑Komm auf die **Schaukel,** Luise!

↑Welch **Schauspiel!** Aber ach! Ein Schauspiel nur!

Ein **Schauspiel** für Götter

Ein ↑Bild für die Götter

↑Wer das **Scheiden** hat erfunden

Scheiden tut weh

Dieser floskelhafte Ausspruch über den Abschiedsschmerz findet sich im „Matrosenlied" von Wilhelm Gerhard (1780 bis 1858), das mit der Zeile „Auf, Matrosen! Die Anker gelichtet!" beginnt. Es heißt im Text weiter: „Liebchen, ade!/Scheiden tut weh!/Morgen geht's in die wogende See." – In dem Kinderlied „Winters Abschied" von Hoffmann von Fallersleben (1798–1874) tauchen die beiden kurzen Zeilen in abgewandelter Form wieder auf. Dort heißt es: „Winter ade!/Scheiden tut weh!" Möglicherweise hat Fallersleben die Zeilen aus dem früher entstandenen „Matrosenlied" übernommen, sie aber dazu verwendet, deutlich zum Ausdruck zu bringen, daß der Abschied vom Winter nun gerade kein Grund ist, traurig zu sein: „Aber dein Scheiden macht/Daß mir das Herze lacht". Bekannt geworden ist der Ausspruch, der in dieser oder ganz ähnlicher Form schon in früheren, auch bereits mittelalterlichen Texten vorkommt, wohl vor allem durch das Kinderlied von Hoffmann von Fallersleben.

Scheidung auf italienisch

Unter diesem Titel kam der italienische Spielfilm *Divorzio all'italiana* (in der Hauptrolle: Marcello Mastroianni) 1962 in die deutschen Kinos. Die Handlung der Komödie basiert auf der Eigentümlichkeit des italienischen Strafgesetzbuches, das früher keine Ehescheidung erlaubte, aber einen Ehemann, der seine Frau beim Ehebruch überraschte und sie aus verletztem Ehrgefühl tötete, nur sehr milde bestrafte. Das Zitat wird zum einen als scherzhafte Umschreibung des Gattenmordes verwendet, zum anderen wird es gelegentlich abgewandelt und auf die auffällige Besonderheit einer Ehescheidung oder einer anderen Art von Trennung, von Aufhebung einer Gemeinschaft bezogen.

↑Auf seinem **Schein** bestehen

Der **Schein** soll nie die Wirklichkeit erreichen, und siegt Natur, so muß die Kunst entweichen

Das Zitat stammt aus Schillers Gedicht „An Goethe, als er den ‚Mahomet' von Voltaire auf die Bühne brachte", entstanden im Jahr 1800. Der Vers ist programmatischer Ausdruck der Schillerschen idealistischen Kunstauffassung, nach der das Kunstwerk seine Wahrheit nicht durch bedingungslose Nachahmung der Natur, der Wirklichkeit erreichen kann.

Scheint die Sonne noch so schön, einmal muß sie untergehn

Diese beiden Verse stammen aus dem sehr bekannt gewordenen Lied „Brüderlein fein" aus Ferdinand Raimunds (1790–1836) märchenhaftem Singspiel „Das Mädchen aus der Feenwelt oder Der Bauer als Millionär" aus dem Jahr 1826. Die Musik für das Stück des österreichischen Dramatikers schrieb Joseph Drechsler (1782–1852). Das Lied beginnt mit der Strophe: „Brüderlein fein, Brüderlein fein,/Mußt mir ja nicht böse sein!/Scheint die Sonne noch so schön,/Einmal muß sie untergehn./Brüderlein fein, Brüderlein fein,/Mußt nicht böse sein!" – Das Zitat umschreibt die Erkenntnis, daß auch die schönste Zeit einmal zu Ende gehen muß.

↑Auf einen **Schelmen** anderthalben!

Scherbengericht

Der Ausdruck ist die deutsche Entsprechung des griechischen Begriffs „Ostrakismos". Man bezeichnete damit eine von der athenischen Verfassung des 5. vorchristlichen Jahrhunderts vorgesehene Möglichkeit, durch geheime Volksabstimmung einen unliebsamen Politiker für eine bestimmte Zeit in die Verbannung zu schicken. Der Name des Betroffenen wurde dabei auf als Stimmzettel dienende Tonscherben (griechisch Ostraka) geschrieben. Aristoteles hat darüber in seiner „Staatsverfassung Athens" berichtet. – Man spricht von einem Scherbengericht, das man über jemanden oder etwas abhält, wenn man zum Ausdruck bringen will, daß man mit jemandem oder einer Sache übermäßig hart ins Gericht geht.

↑Sein **Scherflein** beitragen

↑Was **schert** mich Weib, was schert mich Kind

Scherz, Satire, Ironie und tiefere Bedeutung

Dies ist der Titel eines Theaterstücks von Christian Dietrich Grabbe (1801 bis 1836). In diesem Lustspiel setzt sich der Autor ironisch mit der Literatur und dem Geistesleben seiner Zeit auseinander. Heute wird der Titel gewöhnlich zitiert, wenn ausgedrückt werden soll, daß auch das Komische, das Absurde einen ernsten Hintergrund oder eine tiefere Bedeutung haben können.

Das **Schicksal** des Menschen ist der Mensch

Diese Worte spricht in Bertolt Brechts Stück „Die Mutter" (nach dem gleichnamigen Roman von Maxim Gorki; uraufgeführt 1932) Pelagea Wlassowa, die Mutter eines getöteten jungen Kommunisten. Man will ihr, die nie ein Hehl daraus gemacht hat, nicht gläubig zu sein und alles nur mit dem Maßstab der Vernunft zu messen, erklären, daß der Mensch gerade im Leid nicht ohne Gott auskommt: „Frau Wlassowa, der Mensch braucht Gott. Er ist machtlos gegen das Schicksal." Worauf sie antwortet: „Wir sagen: Das Schicksal des Menschen ist der Mensch" (10. Szene). Brecht hat hier einen Gedanken von Karl Marx umformuliert, der in der Einleitung zu seiner „Kritik der Hegelschen

Rechtsphilosophie" schrieb, daß der Mensch das höchste Wesen für den Menschen sei. – Wer das Zitat verwendet, will ausdrücken, daß es nicht irgendwelche höheren Mächte sind, die in unser Leben gestaltend eingreifen, sondern daß der Mensch selbst und die von ihm geprägte Gesellschaft die allein bestimmenden Faktoren für alles sind, was die menschliche Existenz ausmacht.

↑Dein **Schicksal** ruht in deiner eignen Brust

↑Sein **Schicksal** schafft sich selbst der Mann

Das **Schicksal** setzt den Hobel an

In dem „Original-Zaubermärchen mit Gesang" mit dem Titel „Der Verschwender" (1834) von Ferdinand Raimund singt der Tischlermeister Valentin das berühmt gewordene „Hobellied". Darin heißt es im Hinblick auf den Unterschied zwischen Arm und Reich am Ende der ersten Strophe: „Das Schicksal setzt den Hobel an/Und hobelt alles gleich."

↑Du glaubst zu **schieben,** und du wirst geschoben

Schier dreißig Jahre bist du alt

Dies ist die Anfangszeile des „Mantelliedes" aus dem Schauspiel „Lenore" von Karl von Holtei (1798–1880), einem Schriftsteller, der zu seiner Zeit mit seinen Bühnenstücken, besonders Singspielen, und mit Romanen aus dem Theatermilieu Erfolg hatte. Diese Zeile wird, oft auch in Verbindung mit der folgenden „Hast manchen Sturm erlebt", gerne verwendet, wenn es gilt, Geburtstagsgrüße in Versform zu verfassen.

Schießen Sie nicht auf den Pianisten

Diesem Zitat liegt der Filmtitel „Schießen Sie auf den Pianisten" zugrunde. Der französische Film *Tirez sur le pianiste* wurde im Jahr 1959 von François Truffaut nach einem Roman von David Goodis gedreht. Die Hauptrolle spielt Charles Aznavour als Musiker, der – vom Klaviervirtuosen zum Barpianisten heruntergekommen – in eine Kriminalgeschichte verwickelt wird. – Man verwendet das Zitat gelegentlich scherzhaft als Ermahnung, eine bestimmte Person in Ruhe zu lassen, sie nicht zu attackieren.

Schild des Glaubens

Der metaphorische Ausdruck stammt aus dem Neuen Testament. Im Brief des Paulus an die Epheser (6,16) heißt es: „Vor allen Dingen aber ergreifet den Schild des Glaubens, mit welchem ihr auslöschen könnt alle feurigen Pfeile des Bösewichtes." Das Bild gehört zu der in Vers 10–17 beschriebenen geistlichen Waffenrüstung. Die „feurigen Pfeile des Bösewichtes" stehen in Analogie zu den „listigen Anläufen des Teufels" aus Vers 11, die der Glaube abwehren kann.

↑Mit **Schirm,** Charme und Melone

Die **Schlacht** am kalten Buffet

Daß bei Empfängen und anderen Feierlichkeiten das kalte Büfett meist mehr im Mittelpunkt des Interesses der Anwesenden steht als der eigentliche Anlaß der Veranstaltung, mag ein Vorurteil sein. Die Beobachtung, daß Menschen in dem Bestreben, sich keine der angebotenen Delikatessen entgehen zu lassen, bisweilen bei der Selbstbedienung ihre gute Erziehung vergessen, hat jedenfalls den Sänger und Liedermacher Reinhard Mey dazu angeregt, den satirischen Song „Die heiße Schlacht am kalten Buffet" (1971) zu schreiben. Der Titel wird (meist in leicht verkürzter Form) seither häufig bei der Beschreibung oder Ankündigung entsprechender Feierlichkeiten zitiert.

Ein **Schlachten** war's, nicht eine Schlacht zu nennen!

Im 9. Auftritt des 1. Akts von Schillers romantischer Tragödie „Die Jungfrau von Orleans" (1801) berichtet der Ritter Raoul dem König von der Schlacht, in der die Jungfrau zum ersten Mal auftritt „wie eine Kriegesgöttin, schön zugleich und schrecklich anzusehn". Unter ihrer Führung schlägt das Heer des Königs die Feinde in einem Kampf, dessen Bilanz lautete: „Ein Schlachten war's, nicht eine Schlacht zu nennen!/Zweitausend Feinde deckten das Gefild,/Die nicht gerechnet, die der Fluß verschlang,/Und von den Unsern ward kein Mann vermißt." – Man verwendet das Zitat gelegentlich – losgelöst von seinem Zusammenhang –, um eine Auseinandersetzung zu charakterisieren, die in ihrer Heftigkeit und Rücksichtslosigkeit das vertretbare Maß überschritten hat.

↑ Ich denke einen langen **Schlaf** zu tun

Schläft ein Lied in allen Dingen

Das so beginnende vierzeilige Gedicht, das als programmatisch für die Literatur der Romantik angesehen werden kann, stammt von Joseph Freiherr von Eichendorff (1788–1857). Der Vorstellung, daß die Welt durch Sprache zu „erlösen" sei, hat der Dichter die folgende lyrische Form gegeben: „Schläft ein Lied in allen Dingen,/Die da träumen fort und fort,/Und die Welt hebt an zu singen,/Triffst du nur das Zauberwort."

Schlage die Trommel und fürchte dich nicht

Mit diesem Vers beginnt das erste der „Zeitgedichte" Heinrich Heines (1797–1856) mit dem Titel „Doktrin". Es enthält als Lebensregel die Aufforderung zu Furchtlosigkeit und zupackendem Handeln: „Schlage die Trommel und fürchte dich nicht,/Und küsse die Marketenderin!/Das ist die ganze Wissenschaft,/Das ist der Bücher tiefster Sinn." – Maria Gräfin von Malzan verwendete die Gedichtzeile als Titel für ihre Lebenserinnerungen.

Schlagt ihn tot, den Hund! Es ist ein Rezensent

Der Ausruf ist die Schlußzeile eines Goetheschen Gedichts, das 1774 zuerst anonym und ohne Titel veröffentlicht wurde. Dieses Gedicht, das später den Titel „Rezensent" bekam, gilt als Antwort auf eine Rezension von Goethes Dichtung „Götz von Berlichingen" aus dem Jahr 1773. Es handelt von einem Gast, der sich beim Dichter sattgegessen hat und danach bei einem anderen an der genossenen Mahlzeit herummäkelt: „Und kaum ist mir der Kerl so satt,/Tut ihn der Teufel zum Nachbar führen,/Über mein Essen zu räsonnieren:/‚Die Supp' hätt' können gewürzter sein,/Der Braten brauner, firner der Wein.'/Der Tausendsakerment!/Schlagt ihn tot, den Hund! Es ist ein Rezensent." – Auch heute noch wird das Zitat scherzhaft auf einen unerwünschten, kritischen Rezensenten bezogen.

Eine **Schlange** am Busen nähren

Die gehobene Redewendung mit der Bedeutung „jemandem, in dessen hinterlistigem, heimtückischem Wesen man sich täuscht, vertrauen und Gutes erweisen" hat ihren Ursprung in der Fabel vom Bauern und der Schlange des griechischen Fabeldichters Äsop (6. Jh. v. Chr.). Darin wärmt ein Bauer eine Schlange unter seinem Hemd und wird später von ihr gebissen. In älterem Deutsch ist „Busen" auch als Bezeichnung für die männliche Brust gebräuchlich; das Verb „nähren" könnte später durch die Vorstellung von der Milch gebenden weiblichen Brust hinzugetreten sein.

Schlaraffenland

Als „Schlaraffenland" bezeichnet man ein märchenhaftes Land, in dem keiner zu arbeiten braucht und wo alles, wonach die Menschen verlangen, im Überfluß vorhanden ist, ein Land der Schlemmer und Faulenzer. Der Name entstand in mittelhochdeutscher Zeit. Das mittelhochdeutsche Wort „sluraffe" bedeutet soviel wie „Faulpelz". Sebastian Brant (1457–1521) schildert das „Schlaraffenland" in seiner Verssatire „Das Narrenschiff" (1494). Von Hans Sachs, dem Meistersinger von Nürnberg

(1494–1576), gibt es eine Fabel „Das Schlaraffenland" aus dem Jahr 1530.

Die **schlechtesten** Früchte sind es nicht, woran die Wespen nagen

Als eine Art Trost ist diese sprichwörtliche Redensart (üblich auch in der Form „Es sind die schlechtesten Früchte nicht ...") schon manchem gesagt worden, der sich verleumdet, zu Unrecht kritisiert, getadelt, gemaßregelt fühlte. Es handelt sich dabei um den zweiten Teil eines vierzeiligen Gedichts des Dichters Gottfried August Bürger (1747–1794) mit dem Titel „Trost", das oft auch ganz zitiert wird und häufig als Poesiealbumvers verwendet wurde. Es lautet: „Wenn dich die Lästerzunge sticht,/So laß dir dies zum Troste sagen:/Die schlechtsten Früchte sind es nicht,/Woran die Wespen nagen."

Schleswig-Holstein, meerumschlungen

Bei diesem Ausdruck handelt es sich um den Anfang eines schleswig-holsteinischen Heimatliedes, das im Jahr 1844 von Matthäus Friedrich Chemnitz (1815–1870) gedichtet und von Karl Gottlieb Bellmann vertont wurde. Das Lied ist eine Umdichtung des kurze Zeit zuvor von Karl Friedrich Strass (1803–1864) verfaßten Liedes mit dem Anfang „Schleswig-Holstein, schöne Lande,/Wo mein Fuß die Welt betrat". Das Zitat wird in Zusammenhängen verwendet, in denen von Schleswig-Holsteins besonderer geographischer Lage, seiner Landschaft, seiner Geschichte die Rede ist.

Schlösser, die im Monde liegen

Mit diesem Vers beginnt die Schlußarie der Operette „Frau Luna" des Berliner Komponisten Paul Lincke, uraufgeführt in Berlin im Jahr 1899. Das Libretto schrieb Heinrich Bolten-Baeckers. Der vollständige Text des als Walzer komponierten Liedes lautet: „Schlösser, die im Monde liegen,/Sind wohl herrlich, lieber Schatz,/Doch um sich im Glück zu wiegen,/Baut das Herz den schönsten Platz." – Von „Schlössern, die im Monde liegen" spricht man in ähnlicher Weise wie von Luftschlössern, um unrealistische Pläne, bloße Wunschvorstellungen zu umschreiben.

↑O **schmölze** doch dies allzu feste Fleisch

Schmutziger Lorbeer

Der deutsche Titel des amerikanischen Films „The harder they fall" von Mark Robson aus dem Jahr 1956 weist auf einen mit unlauteren Mitteln erworbenen Ruhm hin. Der Film (mit Humphrey Bogart in seiner letzten Rolle) zeigt die Tragödie eines Boxers, der von seinen Managern über manipulierte Siege in einen aussichtslosen Kampf um die Weltmeisterschaft getrieben wird.

↑Und wenn der ganze **Schnee** verbrennt

Schnee von gestern

Der umgangssprachliche Ausdruck, der auch als „Schnee von vorgestern" oder „... vom letzten Jahr" oder „... vom vergangenen Jahr" vorkommt, wird in bezug auf Dinge oder Tatsachen, die niemanden mehr interessieren, gebraucht. Die Formulierung geht wahrscheinlich auf die als Refrain wiederkehrende rhetorische Frage *Mais où sont les neiges d'antan?* („Aber wo ist der Schnee vom vergangenen Jahr?") aus der „Ballade des dames du temps jadis" des französischen Renaissancedichters François Villon (um 1431–nach 1463) zurück. Villon wendet das Bild demonstrativ auf historische und mythologische weibliche Berühmtheiten und ihre längst vergangene Schönheit an.

Schnell fertig ist die Jugend mit dem Wort

Diese Worte entgegnet Wallenstein in Schillers gleichnamiger Trilogie Max Piccolomini auf dessen eindringlichen Appell, nicht zum Verräter am Kaiser zu werden („Wallensteins Tod"; II, 2). Man verwendet das Zitat, um auszudrücken, daß junge Menschen in bestimmten Situationen oftmals zu impulsiv reagieren und vorschnell ihr Urteil fällen.

Schön ist die Jugend[zeit]

Ein Thüringer Volkslied, dessen Verse von einem Arth. Heinlein stammen, besingt die Vorzüge des Jungseins und die Vergänglichkeit der Jugend. Der Refrain beginnt mit den Worten: „Drum sag' ich's noch einmal: Schön ist die Jugendzeit!/Schön ist die Jugend, sie kommt nicht mehr". Man zitiert eine der beiden Halbzeilen als Ausdruck wehmütiger Erinnerung oder als wohlwollende Ermahnung an junge Menschen, ihre Jugend zu genießen.

Schön ist, Mutter Natur, deiner Erfindung Pracht

Das Zitat, mit dem sich Ergriffenheit angesichts großartiger Natureindrücke wiedergeben läßt, ist die Anfangszeile von Friedrich Gottlieb Klopstocks (1724–1803) Ode „Der Zürchersee". Der ganze Satz lautet: „Schön ist, Mutter Natur, deiner Erfindung Pracht/Auf die Fluren verstreut, schöner ein froh Gesicht,/Das den großen Gedanken/ Deiner Schöpfung noch einmal denkt."

Eine **schöne** Menschenseele finden ist Gewinn

Das Zitat, mit dem man auf einen edlen oder wahrhaften Menschen hinweist, stammt aus Johann Gottfried Herders (1744–1803) Gedicht „Der gerettete Jüngling", wo die Sentenz noch weitere Steigerungen erfährt: „Eine schöne Menschenseele finden/Ist Gewinn; ein schönerer Gewinn ist,/Sie erhalten, und der schönst' und schwerste,/Sie, die schon verloren war, zu retten."

Schöne neue Welt

Der Ausdruck als ironische Bezeichnung für eine zukünftige automatisierte und aller natürlichen Impulse beraubte Welt ist der Titel der deutschen Übersetzung (1953) eines satirischen Romans von Aldous Huxley (1894–1963). Der Originaltitel dieser negativen Utopie aus dem „7. Jahrhundert nach Ford", *Brave New World,* ist aus Shakespeares Schauspiel „The Tempest" („Der Sturm") entlehnt (V, 1), wo die mit ihrem Vater Prospero auf eine einsame Insel verschlagene Miranda beim Anblick des Königs von Neapel und seines Gefolges begeistert ausruft: *O wonder!/ How many goodly creatures are there here!/How beauteous mankind is!/O brave new world,/That has such people in't!* (in August Wilhelm von Schlegels Übersetzung: „O Wunder!/Was gibt's für herrliche Geschöpfe hier!/Wie schön der Mensch ist! Wackre neue Welt,/Die solche Bürger trägt!"). Da der König von Neapel an der Vertreibung ihres Vaters, des Herzogs von Mailand, durch dessen Bruder beteiligt war, enthält die Textstelle bei Shakespeare bereits einen (der Gestalt der Miranda nicht bewußten) ironischen Charakter.

Die **Schöne** und das Tier

↑La belle et la bête

↑Das war in **Schöneberg** im Monat Mai

Die **schönen** Tage in Aranjuez sind nun zu Ende

Bei diesem, oft auch in der Form „Die schönen Tage von Aranjuez sind nun vorbei" angeführten Zitat handelt es sich um die Anfangszeilen von Schillers „Don Karlos", die Pater Domingo, der Beichtvater König Philipps, an dessen Sohn Karlos richtet. Aranjuez war schon vor Philipp II. beliebter Sommeraufenthalt von Isabella der Katholischen und Karl V.; Philipp erhob die Domäne des Ritterordens von Santiago zu seiner Sommerresidenz (mit berühmten Parkanlagen). Im Theaterstück wird die Rückkehr des Hofes nach Madrid angesprochen. Das Zitat verwendet man, um anzudeuten, daß ein schöner Aufenthalt, eine glückliche Zeit für jemanden zu Ende geht.

Die **Schönen** der Nacht

Unter diesem Titel kam der französisch-italienische Spielfilm von 1952 mit Gérard Philipe und Gina Lollobrigida (Regie: René Clair, französischer Titel: *Les Belles de nuit*) in die deutschen Kinos. Er zeigt die Wunschträume eines jungen Musiklehrers aus der Provinz, in denen dieser sich in der Rolle erfolgreicher, interessanter Männer sieht, die wunderschöne Frauen lieben. Das Zitat wird heute gewöhnlich auf Frauen bezogen, die nachts als Bardamen, Stripteasetänzerinnen oder Prostituierte tätig sind.

↑Mein **schönes** Fräulein, darf ich wagen, meinen Arm und Geleit Ihr anzutragen?

↑In **Schönheit** sterben

Das **Schönste** sucht er auf den Fluren, womit er seine Liebe schmückt

Die beiden Zeilen aus Schillers „Lied von der Glocke" stehen in dem Abschnitt über Kindheit und Jugend, wo es vom Jüngling heißt: „Errötend folgt er ihren Spuren/Und ist von ihrem Gruß beglückt,/Das Schönste sucht er auf den Fluren,/Womit er seine Liebe schmückt." Das Zitat kann auch heute, allerdings eher scherzhaft, auf ein Geschenk bezogen werden, das jemand einem geliebten Wesen macht. Dabei muß die Gabe nicht unbedingt nur aus einem Feldblumenstrauß bestehen.

↑Was kann der **Schöpfer** lieber sehen als ein fröhliches Geschöpf!

Der **Schoß** ist fruchtbar noch, aus dem dies kroch!

Diese Worte werden als Warnung vor einer zunächst zwar gebannten, aber doch immer noch und immer wieder drohenden Gefahr zitiert. Es sind die Schlußworte des Epilogs zu dem Parabelstück „Der aufhaltsame Aufstieg des Arturo Ui" von Bertolt Brecht (1898 bis 1956). Das im Gangstermilieu von Chicago angesiedelte Stück schildert parabelhaft und durch Übersteigerung verfremdet das Emporkommen und die Karriere Hitlers und seiner Gefolgsleute in der Weimarer Republik bis hin zur Annexion Österreichs. Der Epilog, der am Ende des Stückes als Schrift auf dem sich schließenden Vorhang erscheint, drückt neben der Warnung auch Hoffnung aus. Er endet mit den Worten: „So was hätt' einmal fast die Welt regiert!/Die Völker wurden seiner Herr, jedoch/Daß keiner uns zu früh da triumphiert –/Der Schoß ist fruchtbar noch, aus dem das kroch!"

↑Jedoch der **schrecklichste** der Schrecken, das ist der Mensch in seinem Wahn

Schrei, wenn du kannst!

Das Zitat, mit dem man eine ausweglose, verzweifelte Situation charakterisieren kann, ist der deutsche Titel des französischen Films „Les Cousins" von Claude Chabrol aus dem Jahr 1958. Darin wird eine Pariser Clique von gelangweilten, neurotischen Studenten aus wohlhabenden Kreisen porträtiert.

↑Ich kann **schreiben** links, ich kann schreiben rechts

↑In gleichem **Schritt** und Tritt

Ein **Schuft,** wer Arges dabei denkt

↑Honi soit qui mal y pense

↑Wissen, wo der **Schuh** drückt

↑Nicht wert sein, jemandem die **Schuhriemen** zu lösen

Schuld und Sühne

Diese Formulierung kann ein Kommentar zu einem Verbrechen oder Vergehen sein, das gesühnt werden muß oder seine Sühne findet. Das Zitat ist der deutsche Titel von Fjodor Michailowitsch Dostojewskis (1821–1881) Roman, der nach dem russischen Original eigentlich „Verbrechen und Strafe" oder „Übertretung und Zurechtweisung" heißen müßte. Thema des Romans ist ein Mord aus rationalen Gründen, der dennoch den Zusammenbruch des Mörders zur Folge hat. Aus seiner absoluten Isolierung kann er sich nur durch Geständnis und Sühne befreien.

↑Mehr **Schulden** als Haare auf dem Kopf haben

↑Nicht für die **Schule,** sondern für das Leben lernen wir

Laß dir dein **Schulgeld** zurückgeben

↑Laß dir dein Lehrgeld zurückgeben

↑Ach, ich hab' sie ja nur auf die **Schulter** geküßt

Es gibt mehr ↑Ding' im Himmel und auf Erden, als eure **Schulweisheit** sich träumt, Horatio

↑Wie **Schuppen** von den Augen fallen

Schuster, bleib bei deinem Leisten!

Der römische Historiker und Schriftsteller Plinius der Ältere (um 23–79 n. Chr.) erzählt eine Anekdote über den Maler Apelles am Hof des Makedonierkönigs Alexanders des Großen. Er berichtet, der Maler sei von einem Schuhmacher darauf hingewiesen worden, daß er auf einem seiner Bilder den Schuh einer dargestellten Figur nicht korrekt gemalt habe. Der Maler nahm die Kritik an und korrigierte sein Bild. Als der Kritiker noch mehr an seinem Bild auszusetzen gehabt habe, sei er jedoch böse geworden und habe ausgerufen: *Ne sutor supra crepidam!* (wörtlich übersetzt: „Nicht, Schuster, über die Sandale hinaus!") – Man verwendet die sprichwörtlich gewordene Zurechtweisung, um jemanden davon zurückzuhalten, sich auf einem Gebiet zu betätigen, auf dem es ihm an entsprechenden Kenntnissen oder Fertigkeiten fehlt.

Der ↑wackre **Schwabe** forcht' sich nit

Schwachheit, dein Name ist Weib!

Der männliche Stoßseufzer über die weibliche Anfälligkeit für Versuchungen ist sicher vor dem Hintergrund des biblischen Sündenfalls zu verstehen. Die Formulierung des Zitats ist Shakespeares Tragödie „Hamlet" (I, 2) entnommen, wo der Titelheld die Charakterlosigkeit seiner Mutter nicht fassen kann, die wenige Wochen nach dem Tod ihres Mannes dessen Mörder geheiratet hat: „Schwachheit, dein Nam' ist Weib!" (im Original: *Frailty, thy name is woman!*).

Eine **Schwalbe** macht noch keinen Sommer

Die auch im Englischen und Französischen sprichwörtliche Redensart findet sich in der Formulierung „Eine Schwalbe macht noch keinen Frühling" bereits in der Nikomachischen Ethik (1, 6) des griechischen Philosophen Aristoteles (384–322 v. Chr.) und basiert vermutlich auf der Fabel vom verschwenderischen Jüngling und der Schwalbe des griechischen Fabeldichters Äsop (um die Mitte des 6. Jh. v. Chr.). Dort versetzt der junge Mann seinen Mantel, als er im Frühjahr die erste Schwalbe sieht, und fühlt sich von der inzwischen erfrorenen Schwalbe betrogen, weil es weiterhin winterlich kalt bleibt. Man verwendet das Zitat, um auszudrücken, daß ein einzelnes positives Anzeichen, ein hoffnungsvoller Einzelfall noch nicht auf eine endgültige Besserung der Situation schließen läßt.

↑Holder **Schwan** vom Avon

↑Nun sei bedankt, mein lieber **Schwan!**

Schwanengesang

Als Schwanengesang bezeichnet man das letzte, meist auch bedeutsame Werk eines Menschen, besonders eines Komponisten oder Schriftstellers, oft auch einer Epoche oder einer Ideologie. Die Bezeichnung leitet sich von einem bereits in der Antike (z. B. bei Äschylus und Cicero) belegten Mythos her, wonach Singschwäne vor dem Sterben noch einmal ein letztes Klagelied anstimmen. Seit dem 16. Jahrhundert bezeichnete man zunächst das letzte Werk eines Dichters als Schwanengesang. Später wurde der Begriff dann weiter gefaßt. So wurden die letzten dreizehn hinterlassenen Lieder von Franz Schubert (1797–1828) mit Texten von Ludwig Rellstab, Heinrich Heine und Gabriel Seidl beispielsweise von dem Musikverleger Tobias Haslinger zu einem Zyklus zusammengefaßt und unter dem Titel „Schwanengesang" herausgebracht. Der Schriftsteller Klaus Mann (1906–1949) bezeichnet in seinem Lebensbericht „Der Wendepunkt" den berühmten Roman seines Vaters Thomas Mann „Buddenbrooks" (1901) als den epischen „Schwanengesang des deutschen Bürgertums".

Schwanken wie ein Rohr im Wind

Die Redewendung – auch in der Form „ein schwankendes Rohr im Wind sein" – hat die Bedeutung „in seinen Entschlüssen unsicher, schwankend sein". Sie geht zurück auf zwei fast gleichlautende Stellen im Neuen Testament (Lukas 7,24 und Matthäus 11,7), wo Jesus mit Bezug auf Johannes den Täufer fragt: „Was seid ihr hinausgegangen in die Wüste zu sehen? Wolltet ihr ein Rohr sehen, das der Wind hin und her bewegt?" Ein „schwankendes" oder auch „schwankes Rohr" ist danach auch Sinnbild für einen schwachen, nicht in sich gefestigten Menschen.

↑Auf **schwanker** Leiter der Gefühle

↑Denn was man **schwarz** auf weiß besitzt, kann man getrost nach Hause tragen

Schwarze Milch der Frühe

Die expressionistische Sprache des Lyrikers Paul Celan (1920–1970) mit ihrer eigenen Welt von Bildern, Farben, Motiven und Symbolen (beeinflußt von Symbolismus und Surrealismus) ist nicht leicht zu verstehen, die Gedichte sind logisch oft nur schwer erfaßbar. Ein einzelnes Beispiel dafür ist die in ihrer Kühnheit bekannt gewordene Metapher, mit der das berühmte Gedicht „Todesfuge" einsetzt: „Schwarze Milch der Frühe wir trinken sie abends/Wir trinken sie mittags und morgens wir trinken sie nachts ..." Das Gedicht über die unmenschliche Verfolgung und grausame Tötung der Juden im Deutschland des Nationalsozialismus ist Klage und Anklage zugleich. Die Auflösung der sittlichen Ordnung, die sich in dem grausigen Geschehen manifestiert, wird in unterschiedlichen Bildern und Vorgängen sichtbar. Die paradox formulierte Metapher gleich zu Beginn des Gedichts ist dafür ein eindrucksvolles Beispiel. Sie wurde zu einer Art Chiffre für das durch Pervertierung menschlicher Ordnungen entstandene Leid.

Die **schwarzen** und die heitern Lose

Als Beschreibung des unbeschwerten Daseins eines Kindes, das noch frei von den Sorgen des Alltags aufwächst und die Licht- und Schattenseiten des Lebens erst später zu spüren bekommt, heißt es in Schillers „Lied von der Glokke" zu Beginn der 6. Strophe: „Ihm ruhen noch im Zeitenschoße/Die schwarzen und die heitern Lose." Mit dem Zitat verbindet sich heute die Feststellung, daß es neben Positivem auch Negatives gibt und das Schicksal außer Pechsträhnen auch glückliche Zeiten kennt.

Schweig stille, mein Herze!

So lautet der Kehrreim der vier Strophen von Eduard Mörikes Gedicht „Schön-Rohtraut" (1838). Darin wird einem Jüngling das Glück zuteil, die von ihm angebetete – aber wegen des Standesunterschiedes im Grunde unerreichbare – Königstochter küssen zu dürfen. Darüber muß er aber selbstverständlich Stillschweigen bewahren, er darf dem Drängen seines Herzens, seiner Liebe nicht weiter nachgeben. Das Gedicht wurde von Schumann, Hugo Wolf und anderen vertont. – Wenn man über etwas sehr Schönes oder auch über etwas sehr Enttäuschendes nicht sprechen will, dann werden diese Worte gelegentlich zitiert.

↑ Wenn diese **schweigen,** werden die Steine schreien

Das **Schweigen** im Walde

Einer der vielen früher oft gelesenen, meist von Liebes- und Gebirgsromantik bestimmten Romane des bayrischen Schriftstellers Ludwig Ganghofer (1855–1920) trägt diesen Titel. Der Roman wurde, wie auch viele andere Ganghoferromane, mehrfach verfilmt. Der Titel hat sich verselbständigt und ist in den allgemeinen Sprachgebrauch eingegangen. Wenn jemand sagt, es herrsche das Schweigen im Walde, so drückt er damit aus, daß irgendwo eine Situation entstanden ist, in der aus Verlegenheit, Angst o. ä. niemand etwas zu sagen wagt, oder auch, daß jemand einfach um eine Antwort verlegen ist.

↑ Da **schweigt** des Sängers Höflichkeit

Den **Schweinen** wird alles Schwein

↑ Dem Reinen ist alles rein

↑ Im **Schweiße** seines Angesichts

Des **Schweißes** der Edlen wert sein

Wenn jemand mit Nachdruck feststellen will, daß eine bestimmte Sache Einsatz und Anstrengung verdient, daß ein bestimmtes Ziel wirklich erstrebenswert ist und das Erreichen dieses Ziels sich in der Zukunft mit Sicherheit auszahlen wird, dann kann er sich dieser Redewendung bedienen. Sie ist ein Zitat aus einem der berühmtesten Gedichte des deutschen Dichters Friedrich Gottlieb Klopstock (1724–1803), der Ode „Der Zürchersee" mit der bekannten Anfangszeile „Schön ist, Mutter Natur, deiner Erfindung Pracht". Am Ende der zehnten Strophe dieses Gedichts, in der vom Ruhm des Dichters gesprochen wird, heißt es: „... und die Unsterblichkeit/Ist ein großer Gedanke,/Ist des Schweißes der Edlen wert!"

Es **schwelgt** das Herz in Seligkeit

Dieses Zitat stammt aus Schillers „Lied von der Glocke" (1799), wo an einer Stelle das Glück der ersten Liebe mit den euphorischen Worten beschrieben wird: „O, zarte Sehnsucht, süßes Hoffen,/Der ersten Liebe goldne Zeit,/Das Auge sieht den Himmel offen,/Es schwelgt das Herz in Seligkeit;/O, daß sie ewig grünen bliebe,/Die schöne Zeit der jungen Liebe!" Das heute meist scherzhaft gebrauchte Zitat wird nicht nur auf jemanden bezogen, der schwärmerisch verliebt ist und daher voll Überschwang, über die Maßen glücklich ist, sondern allgemein auch auf Menschen, die man auf Grund überaus großer Zufriedenheit mit sich und der Welt in einer Hochstimmung sieht.

↑ Sein **Schwert** in die Waagschale werfen

Schwerter zu Pflugscharen

Das Leitwort der in den 80er Jahren des 20. Jahrhunderts in der früheren DDR entstandenen friedenspolitischen Initiativen ist aus dem alttestamentlichen Propheten Jesaja entnommen. Dort heißt es: „Da werden sie ihre Schwerter zu Pflugscharen und ihre Spieße zu Sicheln machen. Denn es wird kein Volk wider das andere das Schwert erheben, und sie werden hinfort nicht mehr lernen, Krieg zu führen" (Jesaja 2,4).

Seefahrt ist not

Mit diesem Ausspruch wird heute vor allem die handels-, aber auch die rüstungspolitische Bedeutung der Seefahrt umschrieben. Er wurde besonders populär durch einen Roman des norddeutschen Schriftstellers Gorch Fock (1880–1916; eigentlich Johann Kinau), der diesen Titel trägt. Der Ausspruch hat allerdings seine Wurzeln in der Antike. Der griechische Schriftsteller Plutarch (um 46–um 125 n. Chr.) berichtet über den Feldherrn Pompeius (106–48 v. Chr.), der als Verantwortlicher für die Getreideversorgung Roms von vielen Gegenden des Mittelmeerraums Getreide herbeiführen ließ, er habe vor einer dieser Fahrten, als ein Unwetter aufkam und die Seeleute nicht abfahren wollten, ausgerufen: *Navigare necesse est, vivere non est necesse.* So die lateinische Übersetzung des von Plutarch griechisch überlieferten Ausspruchs. Auf deutsch bedeutet er: „Abfahren ist notwendig, leben ist nicht notwendig." Der lateinische Spruch ziert noch heute als Inschrift das Portal des Hauses der Seefahrt in Bremen und hat dort die allgemeinere Bedeutung „Es ist notwendig, Schiffahrt zu treiben, es ist nicht notwendig zu leben". Üblicher geworden ist die kurze Form *Navigare necesse est* oder „Seefahrt ist not".

↑ Mit der **Seele** baumeln

Seele, bück dich, jetzt kommt ein Platzregen

Der Satiriker und Publizist Johann Fischart (um 1546–um 1590) läßt in seinem Hauptwerk (vergleiche den Artikel „Geschichtsklitterung") im Kapitel von der „Trunckenen Litanei" einen Zecher ausrufen: „Duck dich Seel, es kompt ein Platzregen: den wird dir das Höllisch Fewr wol legen." Dieser Satz taucht dann in der oben zitierten Form im 19. Jahrhundert auf einer Bierwerbung in Berlin auf. Man verwendet ihn auch heute noch gelegentlich scherzhaft, wenn man dabei ist, einen kräftigen Schluck Alkohol zu sich zu nehmen, manchmal auch in der abgewandelten Form: „Leber, bück dich, ...".

Seele des Menschen, wie gleichst du dem Wasser! Schicksal des Menschen, wie gleichst du dem Wind!

Dies ist die letzte, gewissermaßen ein Fazit ziehende Strophe des Gedichtes „Gesang der Geister über den Wassern" von Goethe, das er im Oktober 1779 am Staubbach bei Lauterbrunn geschrieben hat. Die Strophe wird oft als eine allgemeine Aussage über das Wesen und die Bestimmung des Menschen und die Wechselhaftigkeit seines Wandels auf der Erde zitiert. Das Gedicht beschreibt Menschenseele und Menschenschicksal in Bildern wie dem des im ewigen Wechsel zur Erde niedergehenden und zum Himmel wieder aufsteigenden Wassers, des zunächst „lieblich stäubenden", dann „unmutig schäumenden", schließlich im „flachen Bette hinschleichenden" Wasserlaufs oder dem des Windes, der die „vom Grund aus schäumenden Wogen" mischt.

↑ Nun hat die liebe **Seele** Ruh'

↑ Zwei **Seelen** und ein Gedanke, zwei Herzen und ein Schlag

↑ Zwei **Seelen** wohnen, ach, in meiner Brust

↑ Das kann doch einen **Seemann** nicht erschüttern

↑ Doch der **Segen** kommt von oben

Sehe jeder, wo er bleibe!

Diese Zeile, die dem einzelnen die Verantwortung für sein Leben zuweist, stammt aus Goethes Gedicht „Beherzigung". Dieses Gedicht beginnt fragend: „Ach, was soll der Mensch verlangen?/Ist es besser, ruhig bleiben?/Klammernd fest sich anzuhangen?/Ist es besser, sich zu treiben?" Sein Resümee in der letzten Strophe – häufig in Poesiealben geschrieben – lautet: „Eines schickt sich nicht für alle!/Sehe jeder, wie er's treibe,/Sehe jeder, wo er bleibe,/Und wer steht, daß er nicht falle!" – Das Zitat kann auch als saloppe Zurückweisung der Verantwortung für andere verstanden werden, als Aufforderung, daß jeder doch für sich selber sorgen solle.

↑ Zum **Sehen** geboren, zum Schauen bestellt

Sehet die Vögel unter dem Himmel an

↑ Sie säen nicht, sie ernten nicht

↑ Nur wer die **Sehnsucht** kennt, weiß, was ich leide!

O zarte **Sehnsucht,** süßes Hoffen

↑Errötend folgt er ihren Spuren

Seht, da ist die Witwe Bolte

Die einleitenden Verse zum „Ersten Streich" der Bildergeschichte „Max und Moritz" von Wilhelm Busch (1832 bis 1908) beschreiben den Nutzen der Hühnerhaltung. Unter anderem verwendet man auch die Federn dieser Tiere, man stopft sie „In die Kissen und die Pfühle,/Denn man liegt nicht gerne kühle." Und nun wird das erste Opfer der bösen Buben vorgestellt: „Seht, da ist die Witwe Bolte,/Die das auch nicht gerne wollte." – Mit dem Zitat kann man scherzhaft die Ankunft eines Menschen kommentieren, mit dem man etwas Bestimmtes vorhat, auf den etwas Unangenehmes zukommen wird.

Seht ihr den Mond dort stehen?

Der ↑Mond ist aufgegangen

Sei getreu bis an den Tod, so will ich dir die Krone des Lebens geben

In der „Offenbarung des Johannes", dem letzten Buch des Neuen Testaments, das Sendschreiben an sieben kleinasiatische Gemeinden enthält, stehen (im 2. Kapitel, Vers 10) diese Worte als Mahnung an die Gemeinde in Smyrna. Sie wurden zu einem bekannten christlichen Sinnspruch, besonders zum beliebten Konfirmationsspruch. Die Ausdrücke „getreu bis an (häufig auch: in) den Tod" und „Krone des Lebens" werden zuweilen auch selbständig gebraucht als gehobene Umschreibungen für unverbrüchliche Treue beziehungsweise für die höchste denkbare Stufe, die Vollendung des Lebensglücks.

Sei glöcklich, du gutes Kind!

Mit diesen Worten und einem Kuß auf die Stirn beglückwünscht die Leiterin des Mädchenpensionats, Sesemi Weichbrodt, ihre ehemalige Schülerin Tony Buddenbrook zu deren Hochzeit. Die Szene wird im dritten Teil von Thomas Manns berühmtem Roman „Buddenbrooks" im 14. Kapitel geschildert. Als scherzhaftes Zitat kann diese leicht dialektal gefärbte Wunschformel auch heute gelegentlich gebraucht werden, vielleicht anläßlich einer Verabschiedung, die ein wenig zu feierlich oder zu sentimental zu werden droht.

Sei ruhig, bleibe ruhig, mein Kind

Dieser Vers stammt aus Goethes Ballade „Erlkönig" aus dem Jahr 1782. Der Vater, der mit dem von Fieberphantasien geängstigten Kind durch die Nacht nach Hause reitet, sucht es mit diesen Worten zu beruhigen. Die Ballade wurde besonders bekannt durch die Vertonungen von Franz Schubert (1815) und Carl Loewe (1818).

Es **sei,** wie es wolle, es war doch so schön

Dieses Zitat stammt aus dem zweiten Teil von Goethes Faust (5. Akt, „Tiefe Nacht"). Zu Beginn singt Lynceus, der Türmer, auf der Schloßwarte stehend, ein Lied, in dem er zunächst über seine Aufgabe reflektiert und zu dem Resümee kommt „Ihr glücklichen Augen,/Was je ihr gesehn,/Es sei, wie es wolle,/Es war doch so schön!" Wenn man unabhängig davon, daß manches auch hätte besser gewesen sein können, rückblickend alles in allem doch zu einer positiven Bewertung einer früheren Zeit kommt, zitiert man auch heute noch: „Es sei, wie es wolle, es war doch so schön!"

Seid einig, einig, einig!

Dies sind die letzten Worte des sterbenden Freiherrn Attinghausen in Schillers „Wilhelm Tell" (IV, 2). Sie sind seine Mahnung an alle Schweizer zur Einigkeit und zum festen Zusammenstehen im Kampf gegen die Reichsvögte. Als Aufforderung zu einträchtigem Handeln und solidarischem Verhalten wird der Ausspruch heute noch gelegentlich verwendet.

Seid fruchtbar und mehret euch

Diese Aufforderung, häufig als Scherzwort gebraucht, ist der Befehl, den Gott im Alten Testament den ersten Menschen erteilt. Er ist verbunden mit der

Weisung, sich die Erde untertan zu machen (1. Moses 1,28). Einige Verse zuvor (Vers 22) ergeht der gleiche Befehl bereits an die Tiere im Wasser und in der Luft. Es heißt dort: „Und Gott segnete sie und sprach: Seid fruchtbar und mehret euch und erfüllet das Wasser im Meer; und das Gefieder mehre sich auf Erden." Das Bibelwort wird oft auch in scherzhaft abgewandelter Form gebraucht und lautet dann: „Seid furchtbar und wehret euch!"

Seid klug wie die Schlangen

Diesen Rat gibt Jesus nach Matthäus 10,16 den Jüngern, bevor er sie aussendet, in seinem Namen zu wirken: „Siehe, ich sende euch wie Schafe mitten unter die Wölfe; darum seid klug, wie die Schlangen und ohne Falsch wie die Tauben." – Das Zitat ist eine Ermahnung, sich in einer bestimmten Situation besonders klug zu verhalten.

Seid umschlungen, Millionen!

Das Zitat stammt aus Schillers Gedicht „An die Freude", das durch seine Vertonung am Schluß der 9. Sinfonie von Beethoven (entstanden 1823) sehr bekannt wurde. Die Freude, von Schiller als „schöner Götterfunken" und als „Tochter aus Elysium" angesprochen, versetzt die Menschen in einen Verbrüderungstaumel, der sich in diesem Ausruf ausdrückt. – Heute wird das Zitat gelegentlich scherzhaft abgewandelt und in der Form „Seid verschlungen, Millionen!" mit Bezug auf große aufzuwendende Geldsummen gebraucht.

Das **Sein** bestimmt das Bewußtsein

Diese geläufige Verkürzung eines Zitats von Karl Marx wird oft so verstanden, daß das individuelle Bewußtsein von äußeren Lebensumständen des einzelnen geprägt sei. Marx spricht hingegen in dem Vorwort seiner Schrift „Zur Kritik der politischen Ökonomie" (1859) davon, daß die gesellschaftlichen Lebensumstände, besonders die Produktionsbedingungen zur Sicherung der materiellen Existenz, ein bestimmtes Bewußtsein zur Folge haben. Er sagt: „Es ist nicht das Bewußtsein der Menschen, das ihr Sein, sondern umgekehrt ihr gesellschaftliches Sein, das ihr Bewußtsein bestimmt."

Sein Damaskus erleben

Die Redewendung wird gebraucht, um auszudrücken, daß sich jemand von Grund auf gewandelt hat, im Wesen oder in seiner Erscheinung völlig anders geworden ist. Man verwendet sie häufig auch in der Form „Seinen Tag von Damaskus erleben". Sie bezieht sich auf das 9. Kapitel der Apostelgeschichte im Neuen Testament. Hier wird erzählt, wie Jesus vor den Toren von Damaskus dem Christenverfolger Saulus erscheint, ihn bekehrt und zu seinem Jünger macht. Saulus wird fortan in der Bibel nur noch mit dem griechisch-lateinischen Namen Paulus genannt, worauf sich auch die gleichbedeutende Redewendung „Von einem Saulus zu einem Paulus werden" gründet.

Sein greises Haupt schütteln

Die umgangssprachliche, oft scherzhaft gebrauchte Formulierung im Sinne von „seiner Verwunderung Ausdruck geben; einer Sache verständnislos gegenüberstehen" geht auf Adelbert von Chamissos (1781–1838) Gedicht „Das Schloß Boncourt" zurück, in dem ein fahrender Sänger sich voll Wehmut an das Schloß erinnert, in dem er aufgewachsen ist und das nun längst dem Erdboden gleich gemacht wurde. Die erste Strophe lautet: „Ich träum' als Kind mich zurücke/Und schüttle mein greises Haupt;/Wie sucht ihr mich heim, ihr Bilder,/Die lang ich vergessen geglaubt?"

Sein Maß ist voll

Im Prolog von Schillers Tragödie „Die Jungfrau von Orleans" (3. Auftritt) sagt Johanna von dem Feind, den zu besiegen sie angetreten ist: „Vor Orleans soll das Glück des Feindes scheitern,/Sein Maß ist voll, es ist zur Ernte reif." Schiller bedient sich damit eines Bildes, das in der Form der Redensart „das Maß ist voll" mit der Bedeutung „nun reicht es, nun ist meine Geduld zu Ende" gebräuchlich ist.

Sein oder Nichtsein, das ist hier die Frage

Mit diesen Worten beginnt Hamlet, Prinz von Dänemark, in Shakespeares gleichnamiger Tragödie (III, 1) seinen Monolog, in dem er über die Scheu vor entschlossenem Handeln, die er in der Furcht vor dem Tod begründet sieht, nachdenkt. Im englischen Original lauten seine Worte: *To be, or not to be, that is the question.* Das Zitat wird in Situationen gebraucht, die für jemanden oder etwas von existentieller Bedeutung sind.

Sein Scherflein beitragen

Die Redewendung mit der Bedeutung „seinen kleinen Beitrag zu etwas leisten" geht auf das Neue Testament zurück, wo sowohl im Markusevangelium (12, 42) als auch im Lukasevangelium (21, 2) vom „Scherflein der Witwe" berichtet wird. (Das Wort „Scherflein" ist die Verkleinerung zu der im Spätmittelhochdeutschen gebräuchlichen Bezeichnung „scherf" für eine Scheidemünze.) Jesus beobachtete die Menschen, die ihre Opfer in den Opferstock legten. (Markus 12, 42): „Und des kam eine arme Witwe und legte zwei Scherflein ein." Dazu bemerkte er dann gegenüber seinen Jüngern: „Wahrlich ich sage euch: Diese arme Witwe hat mehr in den Gotteskasten gelegt denn alle, die eingelegt haben."

Sein Schicksal schafft sich selbst der Mann

Bei diesem Ausspruch handelt es sich um den Schlußvers der romantisierenden Verserzählung „Otto der Schütz" des deutschen Schriftstellers Gottfried Kinkel (1815–1882). – Das Zitat bringt zum Ausdruck, daß der Mensch für sich und sein Schicksal selbst verantwortlich ist.

Sein Schwert in die Waagschale werfen

Diese Redewendung, mit der ausgedrückt wird, daß eine Entscheidung durch den Einsatz der eigenen Machtmittel erzwungen oder zumindest stark beeinflußt wird, geht auf eine beim römischen Historiker Livius (59 v. Chr.–17 n. Chr.) geschilderte Begebenheit zurück. Nach dem Sieg der Kelten über die Römer an der Allia 387 v. Chr. wurde die Stadt Rom eingenommen. Als die zu zahlende Summe für den Abzug der Feinde in Gold aufgewogen wurde, protestierten die Besiegten gegen die falschen Gewichte der Sieger, worauf der keltische Heerführer mit den Worten „Wehe den Besiegten!" auch noch sein Schwert auf die Waagschale geworfen haben soll (Livius, Ab urbe condita V, 48, 9). (Vergleiche auch „Vae victis!")

Seine Hände in Unschuld waschen

Diese Redewendung verwendet jemand, der beteuern will, daß er an einer Sache nicht beteiligt war und darum nicht zur Verantwortung gezogen werden kann, daß er mit bestimmten Vorgängen nichts zu tun hat. Die Wendung geht auf mehrere Stellen in der Bibel zurück. Die bekannteste ist sicherlich die bei Matthäus 27, 24, wo es von dem römischen Statthalter Pilatus, der seine Unschuld am Tod Jesu beteuert, heißt: „Da ... nahm er Wasser und wusch die Hände vor dem Volk und sprach: Ich bin unschuldig an dem Blut dieses Gerechten; sehet ihr zu!" Auch in Psalm 26, einem „Gebet zur Rettung der Unschuld" heißt es in Vers 6: „Ich wasche meine Hände in Unschuld und halte mich, Herr, zu deinem Altar ...". Die an beiden Stellen verwendete Beteuerungsformel hat ihren Ursprung in einer alttestamentlichen Vorschrift, von der im 5. Buch Moses, 21, 1–9 die Rede ist. Es wird dort angeordnet, daß die Ältesten einer Stadt zu der Leiche eines von unbekannter Hand Erschlagenen eine junge Kuh bringen sollen, die sie zuvor getötet haben, und daß sie im Beisein der Priester zum Zeichen ihrer Unschuld über der Kuh ihre Hände waschen sollen mit den Worten: „Unsre Hände haben dies Blut nicht vergossen, so haben's auch unsre Augen nicht gesehen. Sei gnädig deinem Volk Israel, das du, Herr, erlöst hast; lege nicht das unschuldige Blut auf dein Volk Israel!"

Den **Seinen** gibt's der Herr im Schlaf

Im Alten Testament heißt es im 127. Psalm von der Fürsorge des Herrn für die Gottesfürchtigen: „Es ist umsonst, daß ihr früh aufstehet und hernach lange sitzet und esset euer Brot mit Sorgen; denn seinen Freunden gibt er's schlafend" (Psalm 127, 2). Darauf beruht die mit ironischem Unterton gebrauchte Redensart, die soviel wie „Manche Leute haben so viel Glück, daß sie ohne Anstrengung viel erreichen" bedeutet.

Seiner Majestät getreue Opposition

Der rechte Flügel der Deutschen Fortschrittspartei im preußischen Abgeordnetenhaus, der sich nach 1866 abspaltete und den Kern der damals neugegründeten Nationalliberalen Partei bildete, zeigte sich schon früh gegenüber Bismarck kompromißbereit und war gewillt, die Politik des preußischen Königs mitzutragen. Diese Haltung kennzeichnete ein liberaler Abgeordneter treffend, als er diese Gruppierung des Titels „Seiner Majestät getreue (auch zitiert: getreueste) Opposition" für würdig hielt. Man verwendet ihn noch heute gelegentlich, um eine parlamentarische Opposition oder allgemein eine Gruppe, die ein Gegengewicht zu einer herrschenden Instanz darstellen soll, als zu nachgiebig zu charakterisieren.

Seines Bellens lauter Schall beweist nur, daß wir reiten

In einer Reihung parabolischer Gedichte befaßt sich Goethe mit Rezensenten, Dilettanten und Kritikern, Neologen, Krittlern und auch „Kläffern", also Kritikern auf sehr niedrigem Niveau. Das Gedicht „Kläffer" endet mit den Zeilen: „So will der Spitz aus unserm Stall/Uns immerfort begleiten,/Und seines Bellens lauter Schall/Beweist nur, daß wir reiten." Ist jemand ständig lauter Kritik ausgesetzt, so vermittelt ihm das auch das Gefühl, daß er etwas leistet und sein Schaffen Beachtung findet. In diesem Bewußtsein kann er die ausfälligen Äußerungen eines Kritikers mit diesem Zitat relativieren.

Selbst ist der Mann!

Die sprichwörtliche Redewendung, die soviel besagt wie „man muß sich selbst helfen", findet sich im zweiten Teil von Goethes Faust (4. Akt. Auf dem Vorgebirg). Hier gebraucht sie der Kaiser gegenüber Faust: „Selbst ist der Mann! Wer Thron und Kron' begehrt,/Persönlich sei er solcher Ehren wert." – Man richtet den Ausspruch als Aufforderung an sich selbst oder an einen anderen, oder man kommentiert damit mit Genugtuung eine selbständig gemeisterte Aufgabe. Heute gibt es daneben auch die Form „Selbst ist die Frau!"

Selig lächelnd wie ein satter Säugling

Zu Christian Morgensterns (1871–1914) Palmström-Gedichten gehört „Korf erfindet eine Art von Witzen –". Das Zitat ist der letzte Vers des zweistrophigen Gedichts über „eine Art von Witzen, die erst viele Stunden später wirken", so daß sie den Hörer eines solchen aus dem Schlaf aufwecken und ihn „selig lächeln" lassen. „„... als hätt ein Zunder still geglommen,/wird man nachts im Bette plötzlich munter,/selig lächelnd wie ein satter Säugling." – Man verwendet das Zitat, um jemandes entsprechenden Gesichtsausdruck, ein Zufriedenheit ausdrückendes Lächeln, scherzhaft zu kommentieren.

↑O **selig,** o selig, ein Kind noch zu sein!

Selig sind ...

Die im 5. Kapitel des Matthäusevangeliums, in der Bergpredigt, mehrfach wiederholte Formel der Seligpreisung wird vor allem in der Umgangssprache scherzhaft oder spöttisch zitiert. Man kommentiert damit Schwächen seiner Mitmenschen, die man für hoffnungslose Fälle hält; besonders häufig sind Formulierungen wie „Selig sind die Doofen" oder „Selig sind die Bekloppten" (in Anlehnung an den mißverstandenen

Bibelvers „Selig sind, die da geistlich arm sind").

Selig, wer sich vor der Welt ohne Haß verschließt

Diese Verse stammen aus dem Frau von Stein gewidmeten Gedicht Goethes mit dem Titel „An den Mond", dessen 2. Fassung auf das Jahr 1789 zurückgeht. Sie postulieren im Zusammenhang mit den folgenden Versen das Beglückende einer Freundschaft, die – im Gleichklang des Denkens und Fühlens – sich selbst genügt: „Selig, wer sich vor der Welt/Ohne Haß verschließt,/Einen Freund am Busen hält/Und mit dem genießt,/Was von Menschen nicht gewußt,/Oder nicht bedacht,/Durch das Labyrinth der Brust/Wandelt in der Nacht." – Das Zitat läßt sich auf einen Menschen beziehen, der sich dem Trubel der Welt entzieht, um zu sich selbst zu finden.

Semper aliquid haeret

Es ↑bleibt immer etwas hängen

Semper idem

Das Zitat stammt aus den „Gesprächen in Tuskulum" (III, 15,31) des römischen Schriftstellers und Staatsmannes Cicero (106–43 v. Chr.). Cicero spricht davon, daß Xanthippe an ihrem Gatten Sokrates den bei seinem Weggehen und Wiederkommen gleichen Gesichtsausdruck gerühmt habe, und fügt erläuternd hinzu, daß der ihn prägende Geist keiner Veränderung unterworfen sei. Die Formel „Semper idem" oder „Immer derselbe" dient als Wahlspruch für Gleichmut und Beständigkeit.

Serengeti darf nicht sterben

Der Zoologe Bernhard Grzimek (1909–1987) veröffentlichte im Jahr 1959 ein Buch über seinen Forschungsaufenthalt in der afrikanischen Serengetisteppe, dem er diesen Titel gab. Der im gleichen Jahr gedrehte Dokumentarfilm, der ebenfalls „Serengeti darf nicht sterben" hieß, machte den beschwörenden Appell zur Erhaltung der afrikanischen Tierwelt noch zusätzlich bekannt. Man zitiert ihn häufig (auch in abgewandelter Form), um auf die Gefährdung einer erhaltenswerten Institution, einer ökologischen oder kulturellen Besonderheit hinzuweisen und zu ihrer Erhaltung aufzurufen.

Sesam, öffne dich!

Eine der Geschichten aus der orientalischen Märchensammlung „Tausendundeine Nacht" trägt den Titel „Ali Baba und die vierzig Räuber". In ihrem Mittelpunkt steht eine Höhle, angefüllt mit Gold und Schätzen, deren Tür sich allein auf das Zauberwort „Sesam, öffne dich!" auftut. Ali Baba, der durch einen Zufall die Räuber vor der Höhle belauscht, kann sich danach Zugang zu den Schätzen verschaffen. – Man gebraucht das Zitat als scherzhaften Ausruf bei dem Versuch, etwas zu öffnen, ein Hindernis zu überwinden oder auch eine Lösung für ein bestimmtes „sperriges" Problem zu finden. Als „Sesam" bezeichnet man auch einen Ort, zu dem man nicht ohne weiteres Zugang hat. – Das gleiche Motiv behandelt ein Märchen der Brüder Grimm mit dem Titel „Simeliberg".

Setzen wir Deutschland in den Sattel

Mit der Metapher „Setzen wir Deutschland, sozusagen, in den Sattel! Reiten wird es schon können", die Bismarck am 11. 3. 1867 in einer Rede vor dem Norddeutschen Reichstag gebrauchte, wollte Bismarck Bedenken darüber zerstreuen, daß Deutschland nach der nationalstaatlichen Vereinigung unter Preußens Führung als Staat nicht funktionsfähig sei. „Setzen wir ... in den Sattel" wird heute mit wechselndem Objekt zitiert, wenn man aus einem sicheren Gefühl heraus von jemandes Erfolg, dem Gelingen einer Sache überzeugt ist und andere dazu ermuntern will, nicht länger zu zögern, sich vor dem Risiko eines Fehlschlags nicht zu fürchten.

↑Und **setzet** ihr nicht das Leben ein, nie wird euch das Leben gewonnen sein

Sic transit gloria mundi

Wenn ein neugewählter Papst in der Peterskirche gekrönt wird, spricht der Zeremoniar dreimal die lateinischen Worte „Sic transit gloria mundi" („So vergeht der Ruhm der Welt"), während dreimal ein Bündel Werg verbrannt wird. Diese mahnende Erinnerung an die irdische Vergänglichkeit wird schon in einem Buch über die kirchlichen Riten aus dem Jahre 1516 beschrieben, das Augustinus Patricius, Bischof von Pienza, verfaßt hat. Das Zitat wird im allgemeinen Sprachgebrauch meist als Kommentar zu jemandes rasch verblassender Berühmtheit verwendet.

Sich Asche aufs Haupt streuen

Die heute meist scherzhaft gebrauchte Redewendung mit der Bedeutung „demütig bereuen" geht auf die Bibel zurück. Sowohl im Alten als auch im Neuen Testament wird die „Asche" als Zeichen der Buße, des Schmerzes und der Trauer genannt. So heißt es im 2. Buch Samuel (13, 18–19) über die von ihrem Bruder Ammon verstoßene Thamas: „Und da sie sein Diener hinausgetrieben und die Tür hinter ihr zugeschlossen hatte, warf Thamas Asche auf ihr Haupt und zerriß den bunten Rock, den sie anhatte, und legte ihre Hand auf ihr Haupt und ging daher und schrie." Eine andere Stelle findet sich in den apokryphen Schriften, im 1. Buch der Makkabäer (3, 47): „An diesem Ort kamen sie jetzt auch zusammen, fasteten da und zogen Säcke an, streuten Asche auf ihre Häupter und zerrissen ihre Kleider".

Sich in den Geist der Zeiten versetzen

„Verzeiht! Es ist ein groß Ergetzen,/Sich in den Geist der Zeiten zu versetzen,/Zu schauen, wie vor uns ein weiser Mann gedacht,/Und wie wir's dann zuletzt so herrlich weit gebracht." Mit diesen Worten des Famulus Wagner karikiert Goethe im ersten Teil des Faust (Nachtszene) die Tendenz besonders des 18. Jahrhunderts, nach den eigenen Maßstäben vergangene Zeiten und Verhältnisse zu beurteilen. „Was Ihr den Geist der Zeiten heißt,/Das ist im Grund der Herren eigner Geist", hält dann auch Faust entgegen. Wir gebrauchen die zitierte Wendung heute, wenn wir den Versuch machen, uns gedanklich in eine bestimmte Epoche der Vergangenheit zurückzuversetzen und die für diese Zeit charakteristischen Denkweisen nachzuempfinden. – Für den „Geist der Zeiten" ist schon seit etwa der Mitte des 18. Jahrhunderts die heute übliche Zusammensetzung „Zeitgeist" gebräuchlich (1769 bei Herder).

Sich in die Höhle des Löwen wagen

Wenn man jemanden, vor dem man Angst hat, von dem man nichts Gutes erwartet, beherzt mit einem Anliegen o. ä. aufsucht, so verwendet man häufig diese Redensart. Sie geht zurück auf die Fabel „Der Löwe und der Fuchs" des altgriechischen Fabeldichters Äsop (ins 6. Jh. n. Chr. datiert). Dort wagt sich der schlaue Fuchs nicht in die Höhle des Löwen, denn er sieht, daß zwar viele Tierspuren hineinführen, keine aber wieder hinaus.

Sich mit fremden Federn schmücken

Die Redewendung ist im Sinne von „Verdienste anderer als die eigenen ausgeben" sehr gebräuchlich. Sie geht auf eine der Äsopischen Fabeln (Die Krähe und die Pfauen) zurück, in der eine Krähe sich mit ausgefallenen Pfauenfedern schmückt.

Sich seitwärts in die Büsche schlagen

Die umgangssprachliche Redewendung, die auch ohne „seitwärts" gebräuchlich ist, bedeutet „heimlich verschwinden". Sie geht wohl auf das Gedicht „Der Wilde" von Johann Gottfried Seume (1763–1810) zurück, wo es von dem „wilden" Huronen nach seinen Schlußworten „Seht, wir Wilden sind doch beßre Menschen!" heißt: „Und er schlug sich seitwärts ins Gebüsche." (Vergleiche auch „Wir Wilden sind doch beßre Menschen".)

Sich wie ein Lamm zur Schlachtbank führen lassen

Diese Redewendung mit der Bedeutung „sich gottergeben seinem Schicksal fügen, etwas geduldig, ohne Gegenwehr hinnehmen" ist biblischen Ursprungs. Von der Gestalt des Gottesknechtes (einer alttestamentlichen Gestalt, die nicht klar zu deuten ist, mit der sich jedoch messianische Weissagungen verknüpfen) heißt es in Jesaja 53,7: „Da er gestraft und gemartert ward, tat er seinen Mund nicht auf wie ein Lamm, das zur Schlachtbank geführt wird ..." Zu denken ist dabei an das Lamm, das als Opfertier im Alten Testament eine große Rolle spielt, bis es im Neuen Testament in der Funktion des Opferlamms als Sinnbild für das Selbstopfer Christi neu gesehen wird.

↑Und **sie** bewegt sich doch!

Sie haben schrecklich viel gelesen

Das Zitat, das sowohl Belesenheit als auch Buchgelehrsamkeit kennzeichnen kann, findet sich in Goethes Faust I, wo im Vorspiel auf dem Theater der Direktor dem Dichter gegenüber das Publikum charakterisiert: „Zwar sind sie an das Beste nicht gewöhnt,/Allein sie haben schrecklich viel gelesen", weshalb ihm an einem publikumswirksamen Stück gelegen ist: „Wie machen wir's, daß alles frisch und neu/Und mit Bedeutung auch gefällig sei?"

Sie hat die Treu' gebrochen

Das Zitat findet sich in Joseph Freiherr von Eichendorffs (1788–1857) Gedicht „Das zerbrochene Ringlein", dessen 2. Strophe lautet: „Sie hat mir Treu' versprochen,/Gab mir ein'n Ring dabei,/Sie hat die Treu' gebrochen,/Mein Ringlein sprang entzwei." Populär geworden ist das aus dem Roman „Ahnung und Gegenwart" (1811) stammende Gedicht mit dem Anfang „In einem kühlen Grunde,/Da geht ein Mühlenrad" durch die Vertonung von Fr. Glück aus dem Jahr 1814, besonders in der Fassung für Männerchor von Friedrich Silcher.

↑Denn **sie** hat viel geliebt

Sie ist die erste nicht

In Goethes Faust I (Trüber Tag. Feld) spricht Mephisto diese Worte. Es ist sein herzlos-zynischer Kommentar zu dem tragischen Geschehen um die Gestalt Gretchens. Dieser Kommentar wird oft (auch in abgewandelter Form) zitiert und dabei auf die unterschiedlichsten Vorkommnisse bezogen, die für jemanden unerfreulich und schmerzhaft sind, die aber immer wieder vorkommen, im Grunde nichts Besonderes sind.

Sie küßten und sie schlugen ihn

Der deutsche Titel des französischen Films (Originaltitel: „Les quatre cent coups") von François Truffaut aus dem Jahr 1959 wird zitiert, um jemanden zu charakterisieren, der im Leben herumgestoßen wird und dabei unter vielfältigen Schwierigkeiten seine Lebensziele verfolgt. Im Film handelt es sich um einen unbequemen Jungen, der durch das Unverständnis seiner Eltern und Lehrer schließlich in einem Erziehungsheim landet, aus dem er ans Meer flieht.

Sie liegen auf Bärenhäuten und trinken immer noch eins

↑Auf der Bärenhaut liegen

Sie nannten ihn ...

So beginnen die Titel einiger Abenteuer-, Kriminal- und anderer Filme mit den verschiedensten Helden und Themen. Den Anfang machte wohl der Widerstandsfilm „Sie nannten ihn Amigo" von Heiner Carow aus dem Jahr 1958. Darauf folgten die deutschen Originaltitel „Sie nannten ihn Gringo" und „Sie nannten ihn Krambambuli" sowie deutsche Verleihtitel wie „Sie nannten ihn Plattfuß", „Sie nannten ihn King", „Sie nannten ihn Mücke" u.a. In allen Fällen erhält der Held einen ihn charakterisierenden zusätzlichen Namen, unter dem er dem Publikum mit der Floskel „Sie nannten ihn" vorgestellt wird. Das Zitat wird scherzhaft-ironisch abgewandelt, um jemanden mit einer besonders treffenden Bezeichnung zu charakterisieren – so zum Beispiel in dem Scherzwort über einen Mann von geringer Körpergröße: „Ein Kerl wie ein Baum. Sie nannten ihn Bonsai."

Sie säen nicht, sie ernten nicht

Diese Worte, mit denen Jesus als Fortsetzung der Bergpredigt vor allzu großer Sorge um Nahrung und Kleidung warnt, stehen im Matthäusevangelium (6, 26, 28 f.): „Sehet die Vögel unter dem Himmel an: sie säen nicht, sie ernten nicht, sie sammeln nicht in die Scheunen; und euer himmlischer Vater nährt sie doch ... Schauet die Lilien auf dem Felde, wie sie wachsen; sie arbeiten nicht, auch spinnen sie nicht. Ich sage euch, daß auch Salomo in aller seiner Herrlichkeit nicht bekleidet gewesen ist wie derselben eins." Das Bibelzitat, aus dem auch die Stellen „Und euer himmlischer Vater nährt sie doch" und „Schauet die Lilien auf dem Felde" häufig angeführt werden, dient auch heute meist als Ermutigung zu größerem Gottvertrauen. Gelegentlich bezieht man es auch mit einem gewissen Vorwurf auf Menschen, die auf Kosten anderer leben.

Sie sagen Christus und meinen Kattun

So äußert sich in Theodor Fontanes (1819–1898) Roman „Der Stechlin" Pastor Lorenzen gegenüber dem alten Dubslav von Stechlin in bezug auf die Engländer: „Sie sind drüben schrecklich runtergekommen, weil der Kult vor dem Goldenen Kalbe beständig wächst; lauter Jobber, und die vornehmen Leute obenan. Und dabei so heuchlerisch; sie sagen Christus und meinen Kattun." „Jobber" wird hier umgangssprachlich abwertend im Sinne von „skrupelloser Geschäftemacher" gebraucht. „Kattun" ist eine Anspielung auf die Baumwollfabriken im England des 18. Jahrhunderts. Von dem Fontane-Zitat leiten sich möglicherweise die Ausdrücke „Kattunchrist" und „Kattunchristentum" unter Anspielung auf jemandes religiöses Heuchlertum aus Geschäftsgründen her.

Sie sehen den Marmor nicht

So lautet der Titel eines 1949 erschienenen Erzählungsbandes des deutschen Schriftstellers Ernst Schnabel (1913 bis 1986). Den gleichen Titel trägt eine der in diesem Band enthaltenen kurzen Geschichten. Sie beginnt mit dem Satz: „Die Straßenjungen in Rom und Carrara sehen den Marmor nicht." – Das Zitat läßt sich auf Menschen beziehen, die – eingeschlossen in die Enge ihrer geistigen Welt – vieles aus ihrer unmittelbaren Umgebung nicht wahrnehmen, weil ihnen Kenntnisse oder Empfindungsfähigkeit dafür fehlen.

Sie sollen ihn nicht haben

So beginnt das 1840 von dem Schriftsteller Nikolaus Becker (1809–1845) veröffentlichte Lied „Der deutsche Rhein", das neben anderen bekannten Rheinliedern Ausdruck des deutschen Patriotismus dieser Zeit war. Es richtete sich gegen französische Ansprüche auf das linke Rheinufer. „Sie sollen ihn nicht haben,/Den freien deutschen Rhein,/Ob sie wie gierige Raben/Sich heiser danach schreien." – Man verwendet das Zitat heute meist scherzhaft als Abwehr eines Besitzanspruchs.

Sie tanzte nur einen Sommer

Der Titel des schwedischen Films von Arne Mattsson aus dem Jahr 1951 bezieht sich auf die nur einen Sommer während Liebe eines Mädchens vom Dorf zu einem Studenten. Bei einem Autounfall kommt das Mädchen ums Leben. Das Zitat verwendet man scherzhaft oder ironisch in bezug auf eine weibliche Person, die aus einem Tätigkeitsbereich nach kurzer Zeit wieder verschwunden ist oder deren Ruhm nur von kurzer Dauer war.

Sie tranken heimlich Wein und predigten öffentlich Wasser

↑Ich kenne die Weise, ich kenne den Text

↑... denn **sie** wissen nicht, was sie tun

Sieben auf einen Streich

Die veraltende Redewendung „auf einen Streich" (= mit einem Schlag) wird in dem Märchen der Brüder Grimm vom „Tapferen Schneiderlein" besonders anschaulich dargestellt. Der Schneider stickt sich seine Heldentat, sieben lästige Fliegen gleichzeitig mit einem Tuchlappen getroffen zu haben, auf den Gürtel. Alle fürchten ihn, weil sie hinter der stolzen Formulierung von ihm getötete Menschen vermuten. Auf Grund ihrer Furcht gelingt es ihm schließlich, König zu werden und zu bleiben.

Sieben fette Jahre

↑Fette Jahre

Sieben magere Jahre

↑Fette Jahre

↑In **sieben** Sprachen schweigen

↑Im **siebten** Himmel sein

Der **Siege** göttlichster ist das Vergeben

Mit diesem sentenzhaften Ausspruch versucht in Schillers Trauerspiel „Die Braut von Messina" (I, 4) Donna Isabella, die Fürstin von Messina, ihre verfeindeten Söhne, Don Manuel und Don Cesar, zur Versöhnung zu bewegen. Obwohl in einem solchen Falle sogar beide Seiten in gewisser Weise siegen, scheint der „göttlichste" Sieg nicht auf den Menschen zugeschnitten zu sein; in Schillers Theaterstück kommt es jedenfalls nur vorübergehend zur Aussöhnung der beiden Brüder.

↑Nun **siegt** mal schön!

Sieh da, sieh da, Timotheus

Das Zitat stammt aus Schillers Ballade „Die Kraniche des Ibykus" (1797). Man gebraucht es scherzhaft oder ironisch, um seiner Überraschung über jemanden oder etwas Ausdruck zu geben. (Grund der „Überraschung" ist dabei meist eine etwas zweifelhafte Angelegenheit.) Gelegentlich wird auch die folgende Zeile mitzitiert: „Sieh da, sieh da, Timotheus,/Die Kraniche des Ibykus!" – Im Gedicht verraten sich mit diesem Ausruf die beiden Mörder des Dichters Ibykus, den sie auf seinem Weg zu den Isthmischen Spielen in Korinth umgebracht haben. Als er zu Tode getroffen zu Boden sank, rauschte ein Zug Kraniche vorüber, die der Sterbende als seine Zeugen anrief: „‚Von euch, ihr Kraniche dort oben,/Wenn keine andre Stimme spricht,/Sei meines Mordes Klag' erhoben!'/Er ruft es, und sein Auge bricht."

Sieh nach den Sternen! Gib acht auf die Gassen!

Das oft als Spruch fürs Poesiealbum verwendete Zitat stammt aus Wilhelm Raabes (1831–1910) Roman „Die Leute aus dem Walde", aus dem Ende des 13. Kapitels. Man wird durch diesen Doppelspruch zugleich ermahnt, seinen Blick auf das Ewige zu richten, aber dabei die alltägliche Wirklichkeit nicht außer acht zu lassen.

↑Da **siehe** du zu!

Siehst du den Hut dort auf der Stange?

Ein Hut auf einer Stange – das ist das Symbol der kaiserlichen Gewalt in Altdorf, dem Hauptort des Kantons Uri, dem in Schillers „Wilhelm Tell" die Bevölkerung mit entblößtem Haupt und Beugen der Knie Reverenz erweisen muß. Als Tell mit seinem Sohn achtlos an diesem Symbol vorübergeht, macht ihn sein Sohn darauf aufmerksam und sagt: „Ei, Vater, sieh den Hut dort auf der Stange!" (III, 3). Diese Worte werden heute – völlig losgelöst vom ursprünglichen Bezug – noch scherzhaft zitiert, wenn man jemandes Aufmerksamkeit auf etwas, was durch seine Absonderlichkeit auffällt, lenken will.

Siehste woll, da kimmt er

Mit diesem mundartlich gefärbten Vers, mit dem man jemandes Herannahen scherzhaft kommentieren kann, beginnt der Refrain eines bekannten Berliner Liedes mit dem Titel „Der geliebte Schwiegersohn“ aus der Sammlung „Berlinisches Liederbuch“ (1891). Die erste Strophe lautet: „Lerche hat zwei Töchter,/’n Schwiegersohn, den möcht er./Er erwählt zum Schwiegersohne/ Einen Schneider, der nicht ohne./Tritt der Schneider in das Haus,/Ruft die Schwiegermutter aus:/‚Siehste woll, da kimmt er,/Jroße Schritte nimmt er,/Jraue Haare hat er schon,/Der jeliebte Schwiegersohn.‘“ Der Refrain ist bekannter in der salopp abgewandelten Form: „... Siehste woll, da kimmt er schon, der versoffne Schwiegersohn.“

↑Und **sieht** sich stumm rings um

↑In den **Sielen** sterben

Silberstreifen am Horizont

Mit dieser häufig verwendeten Metapher wird eine sich andeutungsweise abzeichnende positive Entwicklung, ein Anlaß zur Hoffnung bezeichnet. Sie geht auf eine 1924 gehaltene Rede des Außenministers und früheren Reichskanzlers Gustav Stresemann (1878 bis 1929) zurück. Darin nahm er auf die Situation der deutschen Wirtschaft Bezug und zitierte einen Wirtschaftsfachmann, der geäußert haben soll, er sehe – nach der zweiten Londoner Konferenz über die Reparationen des Deutschen Reiches – „zum erstenmal einen Silberstreifen an dem sonst düsteren Horizont.“

Silent leges inter arma

Im Jahre 52 v. Chr. verteidigte der römische Staatsmann, Philosoph und Redner Cicero den Volkstribun Milo, der wegen Mordes an seinem Gegenspieler, dem Volkstribun Clodius, angeklagt worden war. Aus dem Plädoyer für Milo (Pro Milone 4, 10 f.), das Cicero nachträglich überarbeitet hat, wurde der Satz *Silent (enim) leges inter arma* („Wenn die Waffen sprechen, schweigen die Gesetze“) bald allgemein verbreitet. Er wird noch heute – meist in der lateinischen Form – zitiert, wenn man zu der bitteren Erkenntnis gelangen muß, daß in kriegerischen Auseinandersetzungen Gewalt vor Recht geht und die Gesetze des Krieges alle anderen Rechtsnormen außer Kraft setzen.

Singe, wem Gesang gegeben

Mit den Versen „Singe, wem Gesang gegeben,/In dem deutschen Dichterwald!“ beginnt Ludwig Uhlands (1787–1862) Gedicht „Freie Kunst“, das die Dichtung nicht nur an „stolze Namen“ gebunden sehen will und die Dichter auffordert, sich aus dem Bannkreis der alten Meister zu befreien und eine eigene, neue, freie Kunst zu schaffen. Die erste Zeile des Gedichts ist schon zu Uhlands Lebzeiten als Freibrief für Dilettantismus mißverstanden worden, so daß der heutige (von der Dichtkunst losgelöste) Gebrauch des Zitats nicht immer nur der scherzhaften Ermunterung singender Menschen gilt, sondern bisweilen eher die Einschränkung ausdrückt, daß nur der singen möge, dem eine entsprechende Begabung auch tatsächlich gegeben ist.

↑Und das hat mit ihrem **Singen** die Lorelei getan

Sirenengesang

Der gehobene Ausdruck für verlockende, verführerische Worte oder Ausführungen ist nach dem Gesang weiblicher Fabelwesen der griechischen Mythologie gebildet. Mit ihrem unwiderstehlichen, betörenden Gesang locken die Sirenen an ihrer Insel vorüberfahrende Seeleute an, um sie zu töten. In Homers (2. Hälfte des 8. Jh.s v. Chr.) „Odyssee“ (XII, 39–54) warnt die Zauberin Circe Odysseus, der der Gefahr entgeht, indem er seinen Gefährten die Ohren mit Wachs verklebt und sich selbst an den Schiffsmast fesseln läßt.

’s ist mal bei mir so Sitte

↑Chacun à son goût

Sisyphusarbeit

Der Ausdruck ist nach einer Gestalt der griechischen Mythologie gebildet. Der

Gründer und erste König Korinths ist das Urbild des Frevlers, dem es mehrfach gelingt, den Tod zu überlisten, bis ihn die Strafe ereilt. In Homers (2. Hälfte des 8. Jh.s v. Chr.) „Odyssee" (XI, 593–600) muß er in alle Ewigkeit einen Felsblock einen steilen Berg hinaufwälzen. Bevor er den Gipfel erreicht, rollt der Stein wieder ins Tal, und Sisyphus beginnt seine sprichwörtlich gewordene Arbeit von neuem. Der Mythos des Sisyphus verdeutlicht in Albert Camus' (1913–1960) gleichnamigem philosophischem Essay („Mythe de Sisyphe") die absurde Situation des Menschen in seinem täglichen aussichtslosen Streben nach Überwindung der gegebenen Welt.

Sitzen, wo die Spötter sitzen

↑ Auf der Bank der Spötter sitzen

↑ Da **sitzt** er nu mit das Talent

↑ Herrenmoral und **Sklavenmoral**

So bist du des Kaisers Freund nicht

Dieses Bibelzitat wird gerne benutzt, wenn man jemandem deutlich machen will, daß er sich mit Sicherheit bei einem andern, dem Vorgesetzten o. ä., unbeliebt macht, wenn er etwas Bestimmtes tut. Das Zitat stammt aus dem 19. Kapitel des Johannesevangeliums, in welchem von der immer drohender werdenden Forderung des Volkes nach der Kreuzigung Jesu berichtet wird. Nach einem kurzen, den zögernden Pilatus beeindruckenden Gespräch mit Jesus heißt es dann in Vers 12: „Von dem an trachtete Pilatus, wie er ihn losließe. Die Juden aber schrien und sprachen: Läßt du diesen los, so bist du des Kaisers Freund nicht; denn wer sich zum König macht, der ist wider den Kaiser."

So blickt man klar, wie selten nur, ins innre Walten der Natur

Das zunächst recht tiefsinnig wirkende Zitat bekommt seine eigentliche humoristische Wirkung erst bei Kenntnis des Zusammenhangs, in den es gehört. Es handelt sich um zwei Zeilen aus der Bildergeschichte „Maler Klecksel" von Wilhelm Busch (1832–1908), die den Begleittext zu einem Bild darstellen. Dieses Bild ist eine Kinderzeichnung, die der Held der Geschichte als kleiner Knabe angefertigt hat. Sie zeigt ein Hafergrütze essendes Männchen, bei dem das „innere Walten der Natur" so sichtbar gemacht ist, daß man erkennen kann, wie sich die Hafergrütze im Leib des Männchens ansammelt: „Sie rinnt und rieselt durch den Schlund,/Sie wird, indem sie weiterläuft,/Sichtbar im Bäuchlein angehäuft."

So das geschieht am grünen Holz, was will am dürren werden?

↑ Denn so man das tut am grünen Holz, was will am dürren werden?

So ein Tag, so wunderschön wie heute

Das bekannte Auf- und Abtrittslied (Titel: „So ein Tag") der „Mainzer Hofsänger" wurde von Lotar Olias (Musik) und Walter Rothenburg (Text) für die Fastnachtskampagne 1952 geschrieben. In dem 1954 gedrehten Unterhaltungsfilm „Geld aus der Luft" mit Grethe Weiser, Josef Meinrad und Rudolf Platte wird das Lied von Lonny Kellner gesungen. – Der Refrain „So ein Tag, so wunderschön wie heute, so ein Tag, der dürfte nie vergehn" gehört in Deutschland zu den beliebtesten Gesängen bei freudigen Anlässen aller Art. Er wird zum Beispiel gelegentlich bei Sportveranstaltungen von den Anhängern der siegreichen Mannschaft angestimmt. Auch die Zeile „Ach, wie bald vergehn die schönen Stunden" aus demselben Lied wird hin und wieder zitiert oder gesungen, wenn etwa ein schönes Fest zu Ende geht oder wenn man von jemandem Abschied nehmen muß.

So ernst mein Freund? Ich kenne dich nicht mehr

In Schillers Drama „Wilhelm Tell" (I, 2) wird (der zu den „Landleuten aus Schwyz" gehörende) Werner Stauffacher von seiner Frau Gertrud mit diesen Worten angesprochen, als sie ihn „kummervoll auf einer Bank unter der Linde" sitzend antrifft. Heute werden diese Worte als scherzhaft ermunternde Anrede noch zitiert.

So jung kommen wir nicht mehr zusammen

In dem Chorlied „Dem Gott der Reben vertrau' ich mein Glück" aus der Oper „Hokus Pokus", zu der der deutsche Schriftsteller (und Schwager Goethes) Christian August Vulpius (1762–1827) den Text schrieb, lautet eine Zeile: „Wir kommen doch morgen so jung nicht zusammen." Daraus entstand vermutlich die zitierte Redensart. Sie wird als ermunternde Aufforderung verwendet, bei einem geselligen Beisammensein doch noch nicht wegzugehen, noch etwas zu trinken und die [feucht]fröhliche Feier zu genießen.

So knüpfen ans fröhliche Ende den fröhlichen Anfang wir an

Das Lied „Trost beim Scheiden" (das auch unter Titeln wie „Gesellschaftslied" oder „Frohsinn" zu finden ist) des deutschen Dramatikers August von Kotzebue (1761–1819), das von Friedrich Heinrich Himmel vertont wurde, thematisiert die Vergänglichkeit und Unbeständigkeit des menschlichen Lebens („Es kann ja nicht immer so bleiben"). Die jetzt fröhlich miteinander feiern, werden vielleicht bald in alle Winde zerstreut sein. Aber – und darin liegt der Trost, den das Lied geben möchte – es besteht auch die Möglichkeit, daß man sich später einmal wiedersieht, und wenn man fröhlich auseinandergegangen ist und sich die gemeinsame Freude im Herzen bewahrt hat, dann tritt ein, was die letzte Strophe als Ausblick bietet: „Und kommen wir wieder zusammen/auf wechselnder Lebensbahn,/so knüpfen ans fröhliche Ende/den fröhlichen Anfang wir an." In diesem Sinne wird das Zitat gelegentlich heute noch als Ermunterung beim Abschiednehmen gebraucht.

↑Und so kommt zum guten Ende alles unter einen Hut

So laßt ihm doch das kindliche Vergnügen

Das Zitat stammt aus der Posse „Namenlos" von Emil Pohl (1824–1901) und David Kalisch (1820–1872). Man verwendet es in meist herablassendem Ton, wenn man zum Ausdruck bringen will, daß es sich im Grunde nicht lohnt, jemandem etwas zu verwehren oder zu verbieten, da dessen Wünsche oder Handlungen nicht weiter ernst zu nehmen sind.

So leb denn wohl, du stilles Haus

Dieses Zitat stammt aus dem romantisch-komischen Märchenstück „Der Alpenkönig und der Menschenfeind" des österreichischen Dramatikers Ferdinand Raimund (1790–1836). Im Finale des ersten Akts singt eine von dem eigensinnigen Schloßherrn Rappelkopf vertriebene Köhlerfamilie: „So leb denn wohl, du stilles Haus!/Wir ziehn betrübt von dir hinaus." Als Ausdruck eines wehmütigen Abschieds von einem friedlichen Platz, den man sehr geschätzt hat, werden diese Worte gelegentlich zitiert.

So tauml' ich von Begierde zu Genuß

Dieses Zitat stammt aus Goethes Faust I (Wald und Höhle). Am Anfang dieser Szene schließt Faust seinen nachdenklichen Monolog über die Vergeblichkeit seines Strebens nach Vollkommenem mit den Worten: „So tauml' ich von Begierde zu Genuß,/Und im Genuß verschmacht' ich nach Begierde." Heute werden diese Worte meist zur Charakterisierung rücksichtslos ausgelebter, aber letztlich unerfüllter Begierden zitiert.

So vergeht der Ruhm der Welt

↑Sic transit gloria mundi

So weit die Füße tragen

Die Geschichte eines Mannes, der aus einem Gefangenenlager in Sibirien flüchtet und – meist zu Fuß – die unglaublich lange Strecke bis nach Persien und damit in die Freiheit bewältigt, wurde von dem deutschen Schriftsteller Josef Martin Bauer (1901–1970) geschrieben und 1955 mit dem Titel „So weit die Füße tragen" veröffentlicht. Besonders bekannt wurde der Roman durch eine mehrteilige, spannend inszenierte Fernsehverfilmung. Das Zitat kann auf einen langen, mühevollen Weg bezogen werden, den jemand zu Fuß zurücklegen muß, es kann aber auch in abgewandelter Form (z. B. „So weit die Kompromisse tragen") verwendet werden.

So willst du treulos von mir scheiden

Mit diesen Worten wendet sich am Anfang des Schillerschen Gedichtes „Die Ideale" der Dichter an seines „Lebens goldne Zeit". Er beklagt, daß mit der dahingegangenen Jugend auch die damals vorhandenen idealen Vorstellungen von der Welt und seine eigenen kühnen Gedanken, „der süße Glaube", „der Entwürfe Flug" geschwunden seien. Das Zitat wird heute wohl nur noch als scherzhafte Floskel beim Weggehen eines andern gebraucht.

Sobald das Geld im Kasten klingt

Das vollständige Zitat „Sobald das Geld im Kasten klingt,/Die Seele aus dem Fegfeuer springt" soll auf den Ablaßprediger Johann Tetzel (1455–1519) zurückgehen, der für die katholische Kirche einen Ablaßhandel betrieb, bei dem durch Zahlen von Geldbußen Sünden erlassen wurden. Mit dem Zitat wird heute meist scherzhaft darauf hingewiesen, daß geleistete Zahlungen den Fortgang von Auftragsarbeiten beschleunigen oder Geldzuwendungen jemandes Entscheidungen, Meinungen, Standpunkte beeinflussen können.

Sobald der Schnee schmilzt, wird sich's finden

↑Wer will denn alles gleich ergründen

Sodom und Gomorrha

Im Alten Testament (1. Moses 18 und 19) wird von den Sünden und der Lasterhaftigkeit der Städte Sodom und Gomorrha und ihren gottlosen Bewohnern berichtet und von der Vernichtung dieser Städte, auf die „der Herr Schwefel und Feuer regnen" ließ. Die beiden Städtenamen wurden zusammen zu einer Bezeichnung für den Zustand der Lasterhaftigkeit und Verworfenheit, für Ausschweifung und Sittenlosigkeit, gelegentlich auch für großes Durcheinander, große Unordnung und Verwüstung. Darüber hinaus leitet sich die Bezeichnung „Sodomie" für den Geschlechtsverkehr von Menschen mit Tieren (über spätlateinisch *sodomia*) von dem Städtenamen Sodom her.

Sodomie

↑Sodom und Gomorrha

Solange ich atme, hoffe ich

↑Dum spiro, spero

Soll das Werk den Meister loben

Man kann dieses Zitat als Imperativ verstehen, bezogen auf ein gelungenes „Werk", das für denjenigen spricht oder sprechen kann, der es hervorgebracht hat. – Es stammt aus Schillers Gedicht „Das Lied von der Glocke" (1799). Der Textzusammenhang, in dem die Verszeile steht, nennt die Bedingungen für ein gelingendes Werk: „Von der Stirne heiß/Rinnen muß der Schweiß".

Soll ich meines Bruders Hüter sein?

Mit diesem Zitat aus der Bibel will man ausdrücken, daß man es ablehnt, die Verantwortung für die Handlungsweise eines andern zu übernehmen oder sich um dessen Verbleib zu kümmern. Im Alten Testament (1. Moses 4), wo die Geschichte von Kains Brudermord berichtet wird, ist die rhetorische Frage „Soll ich meines Bruders Hüter sein?" die ausweichende Antwort des Brudermörders Kain auf die Frage des Herrn „Wo ist dein Bruder Abel?" Diese Frage nach dem Bruder Abel wiederum wird gelegentlich scherzhaft zitiert, wenn sich jemand nach dem Verbleib eines andern erkundigen will.

Soll und Haben

Dies ist der Titel eines (1855 erschienenen) in seiner Zeit viel gelesenen und auch später noch in hohen Auflagen verbreiteten Kaufmannsromans des deutschen Schriftstellers Gustav Freytag (1816–1895). In dem Roman wird der deutsche Kaufmann als Hauptvertreter solider Tüchtigkeit dargestellt. Wenn in irgendeinem Bereich auf das Verhältnis zwischen Fehlendem und Vorhandenem oder darüber hinaus auch auf das Verhältnis zwischen Anspruch und Wirklichkeit hingewiesen werden soll, so kann dabei dieser Romantitel zitiert werden.

Sollen dich die Dohlen nicht umschrein, mußt nicht Knopf auf dem Kirchenturm sein

Der Zweizeiler findet sich im 5. Buch von Goethes „Zahmen Xenien" und drückt aus, daß man in einer exponierten Stellung mit Kritik leben, Kritik ertragen können muß.

Es hat nicht **sollen** sein!

↑Behüt' dich Gott, es wär' zu schön gewesen!

Some like it hot

↑Manche mögen's heiß

↑Nur einen **Sommer** gönnt, ihr Gewaltigen!

↑Unser **Sommer** ist nur ein grün angestrichener Winter

Ich sah des **Sommers** letzte Rose stehn

Die ↑letzte Rose

Die **Sonne** bringt es an den Tag

Mit dieser sprichwörtlichen Redensart bringt man die Gewißheit zum Ausdruck, daß auf die Dauer etwas nicht zu verheimlichen ist, auch wenn es noch so sehr verborgen gehalten wird. Sie wird oft mit einer gewissen Genugtuung als Feststellung gebraucht, wenn etwas schließlich doch noch offenbar geworden ist. Der in der Redensart enthaltene Grundgedanke wird bereits in einigen Sentenzen der Antike und auch in der Bibel geäußert (z. B. im Lukasevangelium, 12,2 und 3). Die Formulierung, in der die Redensart heute üblicherweise gebraucht wird, stammt von dem deutschen Dichter Adelbert von Chamisso (1781–1838), der unter anderem als volkstümlicher Balladendichter bekannt wurde. „Die Sonne bringt es an den Tag" ist Titel und mehrfach variierter Kehrreim der vierzehn Strophen einer seiner Balladen. In ihr wird von einem heimlich begangenen Mord berichtet, der über Jahre hinweg verborgen bleibt, bis sich der Täter, der sich längst sicher wähnte, am Ende selbst verrät. Als Quelle benutzte Chamisso dabei ein Märchen der Brüder Grimm mit dem Titel „Die klare Sonne bringt's an den Tag", in dem diese Mordgeschichte bereits erzählt wird.

Die **Sonne** geht in meinem Staat nicht unter

↑In meinem Reich geht die Sonne nicht unter

↑Und die **Sonne** Homers, siehe! Sie lächelt auch uns

↑Hab **Sonne** im Herzen

Die **Sonne** scheint über Gerechte und Ungerechte

Mit diesen Worten wird meist der Auffassung Ausdruck verliehen, daß das Schicksal sich gegenüber menschlichen Verfehlungen gleichgültig verhält oder daß man selbst sich nicht zum Richter über das Fehlverhalten eines anderen machen möchte. Man zitiert dabei die verkürzte Form einer Stelle aus der Bergpredigt im Neuen Testament. Dort heißt es: „... denn er (= Gott) läßt seine Sonne aufgehen über die Bösen und über die Guten und läßt regnen über Gerechte und Ungerechte" (Matthäus 5,45). Die Bibelstelle steht im Zusammenhang mit Jesu Gebot, daß man auch seine Feinde lieben soll.

Die Sonne schien ihm aufs Gehirn, da nahm er einen Sonnenschirm

Die beiden Zeilen werden in entsprechenden Situationen, beispielsweise wenn jemand der prallen Sonne entflieht oder ihr gern entfliehen möchte, im Scherz zitiert. Es sind zwei Zeilen aus der Anfangspassage der „Geschichte von den schwarzen Buben" aus dem Kinderbuch „Struwwelpeter" des Frankfurter Arztes und Schriftstellers Heinrich Hoffmann (1809–1894).

↑Das ist die **Sonne** von Austerlitz!

Sonntags nie

Diese Floskel wird gerne scherzhaft zur Ablehnung eines Ansinnens verwendet, auf das man nicht eingehen möchte. Sie geht zurück auf den deutschen Titel „Sonntags ... nie!" eines griechischen Films mit Melina Mercouri in der Hauptrolle. Sie spielte in dieser Filmkomödie von 1959 (Regie: Jules Dassin) eine lebenslustige Dirne von vitaler Sinnlichkeit, die sich den Luxus leistet, sonntags nicht ihrer Arbeit nachzugehen.

Sorge macht alt vor der Zeit

Das alttestamentliche, zu den apokryphen Schriften gehörende „Buch Jesus Sirach" enthält eine Fülle von Weisheiten und Lebensregeln. Zu ihnen gehört auch dieses Zitat, das mit seinem indirekten Appell zu einer bejahenden Lebenseinstellung gerne als Aufruf zu positiverem Denken verwendet wird. Der Zusammenhang, aus dem das Zitat herausgelöst ist, verdeutlicht seinen positiven Charakter. In Sirach 30, 23–26 heißt es: „Denn ein fröhlich Herz ist des Menschen Leben, und seine Freude ist sein langes Leben. Tue dir Gutes, und tröste dein Herz, und treibe Traurigkeit fern von dir. Denn Traurigkeit tötet viele Leute und dient doch zu nichts. Eifer und Zorn verkürzen das Leben, und Sorge macht alt vor der Zeit."

Es ist ein ↑Brauch von alters her: Wer **Sorgen** hat, hat auch Likör!

↑Für **Sorgen** sorgt das liebe Leben

Sorgenbrecher sind die Reben

↑Für Sorgen sorgt das liebe Leben

Soviel Köpfe, soviel Sinne

Diese sprichwörtliche Redensart hat mehrere lateinische Vorlagen. So findet man bei dem römischen Komödiendichter Terenz (um 185–159 v. Chr.) in seinem Stück „Phormio" die Feststellung: *Quot homines, tot sententiae* („Wie viele Menschen, so viele Meinungen"). In den Satiren des Horaz (65–8 v. Chr.) findet sich die Aussage: *Quot capitum vivunt, totidem studiorum milia* („Wie viele Köpfe es gibt, so viele tausend Bestrebungen gibt es"). In eine Kurzform ist diese Erkenntnis in dem lateinischen Sprichwort: *Quot capita, tot sensus* („Soviel Köpfe, soviel Sinne") gebracht. – Man verwendet die Worte resigniert feststellend in einer Situation, in der über etwas Bestimmtes keine Einigung zustande kommt, weil jeder der Beteiligten oder Befragten eine andere Meinung vertritt und auf ihr beharrt.

↑Aber in **Spanien** tausendunddrei

Spanisch vorkommen

Diese Redewendung besagt, daß jemandem etwas sehr merkwürdig erscheint, ihn seltsam anmutet, so daß er es kaum glauben kann. Sie stammt wahrscheinlich aus der Zeit, als der aus Spanien stammende Karl V. (1500–1558) deutscher Kaiser war. Viele bis dahin in Deutschland unbekannte und zum Teil auch als unerhört empfundene Sitten, Bräuche und Moden fanden Eingang und wurden mit Mißtrauen betrachtet. Der mit Hilfe und mit den Mitteln der spanischen Inquisition gegen die Reformation geführte Kampf Karls V. spielte bei der Ablehnung alles Spanischen ebenfalls eine große Rolle. Die Spanier wurden als Handlanger der Inquisition betrachtet und galten, was im Dreißigjährigen Krieg besonders deutlich wurde, vielfach als ehrgeizig, feige und heuchlerisch. Ein literarischer Beleg aus jener Zeit findet sich bei Grimmelshausen (um 1622–1676) im „Simplicissimus“, dem bedeutendsten deutschen Roman des 17. Jahrhunderts. Im 15. Kapitel des 2. Buches äußert sich der zu den Kroaten verschleppte Simplicius über seinen neuen Herrn, den Kroatenobristen Cordes in folgender Weise: „Bei diesem Herrn kam mir alles widerwärtig und fast spanisch vor ...“

↑ Besser **spät** als gar nicht

↑ Wer zu **spät** kommt, den bestraft das Leben

Spät kommt Ihr – doch Ihr kommt!

Das Zitat stammt aus Schillers Drama „Wallenstein“ (Die Piccolomini I, 1). Feldmarschall Illo empfängt mit diesen Worten den Grafen Isolani, General der Kroaten. Er setzt verständnisvoll hinzu: „Der weite Weg,/Graf Isolan, entschuldigt Euer Säumen.“ – Mit diesem Zitat übt man Kritik an einem Zuspätkommenden, drückt aber gleichzeitig seine Erleichterung aus, daß er überhaupt gekommen ist.

↑ Da **speit** das doppelt geöffnete Haus zwei Leoparden auf einmal aus

Spieglein, Spieglein an der Wand

In „Schneewittchen“, dem bekannten Märchen der Brüder Grimm, stellt die Königin und böse Stiefmutter der Titelfigur ihrem Zauberspiegel öfter die Frage: „Spieglein, Spieglein an der Wand,/Wer ist die Schönste im ganzen Land?“ Sie ist zufrieden, wenn der Spiegel sie als die Schönste bestätigt, und aufgebracht, wenn er von der größeren Schönheit Schneewittchens spricht. Das Zitat läßt sich verwenden, wenn jemand in seiner Eitelkeit zu oft oder zu lange im Spiegel sein Aussehen kontrolliert.

Spiel mir das Lied vom Tod

Der deutsche Titel des Italowesterns „C'era una volta il west“ von Sergio Leone aus dem Jahr 1968 spielt auf den Mundharmonikaspieler an, der sich nach langer Zeit für den Mord an seinem Bruder rächt. In dem Film spielten Claudia Cardinale, Henry Fonda und Charles Bronson die Hauptrollen. Das „Lied vom Tod“ wurde nicht zuletzt durch die eindringliche Filmmusik von Ennio Morricone bekannt. Die Mundharmonikaklänge werden als musikalisches Zitat fast ebenso häufig verwendet, wie der Filmtitel in seiner sprachlichen Form zitiert wird. In beiden Fällen soll – meist scherzhaft – eine bedrohliche, tödliche Situation charakterisiert werden.

Spiel nicht mit den Schmuddelkindern

Mit den folgenden Zeilen beginnt ein Lied des Musikers, Sängers und Schriftstellers Franz Josef Degenhardt (* 1931), der besonders durch seine politischen Chansons bekannt wurde: „Spiel nicht mit den Schmuddelkindern, sing nicht ihre Lieder. Geh doch in die Oberstadt, mach's wie deine Brüder.“ Dieser Anfang des 1964 geschriebenen Liedes ist gleichzeitig der Refrain der weiteren 3 Strophen. – Man verwendet das Zitat scherzhaft oder ironisch als Empfehlung, sich von bestimmten Personen fernzuhalten.

Das **Spiel** ist aus

Die Redensart mit der Bedeutung „Die Sache ist verloren, vorbei“ wurde als deutscher Titel des französischen Spielfilms *Les jeux sont faits* aus dem Jahr 1947 verwendet. Der Originaltitel des Films, der nach einem Drehbuch Jean-Paul Sartres (1905–1980) entstand, zitiert die Ansage „Les jeux sont faits, rien ne va plus“ des Croupiers beim Roulette. – Für die beiden Hauptpersonen aus dem Totenreich ist eine dauerhafte Rückkehr ins Leben nicht möglich, weil ihnen die bedingungslose Verwirklichung ihrer Liebe dort nicht an einem Tag gelingt.

↑ Die **spinnen,** die Römer!

Der **Spion,** der aus der Kälte kam

So lautet der deutsche Titel eines 1963 erschienenen Spionageromans des englischen Schriftstellers John le Carré (* 1931; englischer Titel: *The Spy Who*

Came In From The Cold; deutsch 1964). Erzählt wird das Schicksal eines britischen Agenten im damaligen Ost-Berlin. Der Roman wurde 1965 verfilmt. Roman- und Filmtitel wurden sehr populär und in den verschiedensten Abwandlungen von Journalisten und Werbeleuten verwendet.

Splendid isolation

Mit diesem englischen Ausdruck wird die freiwillige Bündnislosigkeit eines Staates, einer Partei o. ä. bezeichnet. Auch ein völliges Sichzurückziehen von den alltäglichen Dingen, die einem auf Grund einer gewissen Selbstüberhebung zu trivial erscheinen, wird gelegentlich so benannt. Der Ausdruck ist ursprünglich ein Schlagwort für die britische Außenpolitik im 19. Jh., die Bündnisse vermied, um die politische Handlungsfreiheit zu bewahren. Der britische Politiker George Joachim, 1. Viscount Goschen of Hawkhurst, sprach am 26. Februar 1896 von „our splendid isolation, as one of our colonial friends was good enough to call it". Er bezog sich damit auf eine Äußerung des kanadischen Politikers Sir George Foster vor dem kanadischen Unterhaus vom 16. Januar 1896, in der es hieß: „In these somewhat troublesome days when the great Mother Empire stands splendidly isolated in Europe" („In diesen einigermaßen schwierigen Tagen, in denen die große Mutter Empire in Europa so großartig allein steht").

Den **Splitter** im fremden Auge, aber nicht den Balken im eigenen sehen

Diese Redewendung mit der Bedeutung „Kleine Fehler bei anderen kritisieren, die eigenen größeren aber übersehen" ist biblischen Ursprungs. Am Schluß der Bergpredigt spricht Jesus vom lieblosen Richter und sagt (Matthäus 7, 3): „Was siehest du aber den Splitter in deines Bruders Auge und wirst nicht gewahr des Balkens in deinem Auge?"

↑ Aus **Spöttern** werden oft Propheten

↑ Du **Spottgeburt** von Dreck und Feuer

Die **Sprache** ist dem Menschen gegeben, um seine Gedanken zu verbergen

Das sentenzhafte Zitat (im Original: *La parole a été donnée à l'homme pour déguiser sa pensée*) ist ein Ausspruch von Napoleons Minister Talleyrand aus dem Jahr 1807 gegenüber dem spanischen Gesandten Izquiero, als dieser ihn an seine Versprechungen erinnerte. Heinrich Heine legt in „Ideen. Das Buch Le Grand" 1826 eine abgewandelte Formulierung dem Polizeiminister Joseph Fouché in den Mund: *Les paroles sont faites pour cacher nos pensées* („Die Worte sind dazu da, unsere Gedanken zu verbergen"). In einem sehr ähnlichen Zitat, das Talleyrand benutzt haben könnte, sagt Voltaire (1696 bis 1778) in seinem „Dialogue du Chapon et de la Poularde" von den Menschen: „Sie gebrauchen ihren Verstand nur, um ihr Unrecht zu rechtfertigen, und ihre Sprache allein, um ihre Gedanken zu verbergen" (im Original: *Ils ne se servent de la pensée que pour autoriser leurs injustices, et n'emploient les paroles que pour déguiser leurs pensées*).

↑ Wie **Spreu** im Winde

Die **Spreu** vom Weizen sondern

Die Redewendung mit der Bedeutung „das Wertlose vom Wertvollen trennen" ist nach einer Bibelstelle gebildet. Im Neuen Testament, Matthäus 3, 12 weist Johannes der Täufer in seiner Bußpredigt auf Jesus mit folgendem Bild hin: „Und er hat seine Wurfschaufel in der Hand; er wird seine Tenne fegen und den Weizen in seine Scheune sammeln; aber die Spreu wird er verbrennen mit ewigem Feuer."

Sprich mir von allen Schrecken des Gewissens, von meinem Vater sprich mir nicht

In Schillers Drama „Don Karlos" bestimmt ein schwerer Konflikt zwischen

Vater und Sohn, zwischen König Philipp dem Zweiten und dem Kronprinzen Don Karlos, weitgehend den Handlungsablauf. Die Schwere und Tragweite des Konflikts wird deutlich in dieser Äußerung des Don Karlos gleich in der 2. Szene des 1. Aktes. Es ist die Antwort, die Karlos seinem Freund, dem Marquis von Posa, gibt, als dieser den Vater erwähnt. Als Zitat gebraucht, weisen diese Worte auf Konflikte ähnlicher Art hin. Gelegentlich sind sie aber auch Umschreibung für eine viel einfachere Aussage, nämlich: „Mit allem kannst du mir kommen, nur damit nicht."

↑Man **spricht** vergebens viel, um zu versagen; der andre hört von allem nur das Nein

Der **springende** Punkt

Der griechische Philosoph Aristoteles (384–322 v. Chr.) schildert in seinem großen Werk der Tiergeschichte (*Περὶ τὰ ζῷα ἱστορίαι*, 8 echte und 2 hinzugefügte Bände) das sich im Ei entwickelnde Herz des Vogels, das sich im Eiweiß (*ἐν τῷ λευκῷ*) als „Blutfleck" (*στιγμὴ αἱματίνη*) darstellt. Und dieser Blutfleck bewege sich hin und her wie im Lebewesen (*κινεῖται ὥσπερ ἔμψυχον*). In mittellateinischen Übersetzungen des griechischen Textes wurde daraus ein Punkt, der springt. Seit dem 16./17. Jahrhundert kam dann die neulateinische Fügung *punctum saliens* auf, deren Übersetzung „springender Punkt" in unserem Sprachgebrauch eine Sache bezeichnet, auf die es ankommt, von der alles abhängt.

Es ↑kann die **Spur** von meinen Erdentagen nicht in Äonen untergehn

Der **Staat** bin ich

↑L'État c'est moi

Ein **Staat** im Staate

Der Ausdruck für ein Gebilde, das sich auf dem Boden eines Staates vom Staat loslöst, ist vermutlich in der Zeit der Hugenottenkriege (1562–1598) entstanden und zuerst bei dem französischen Schriftsteller Théodore Agrippa d'Aubigné (1552–1630) belegt. In seiner Schrift „Du debvoir des roys et des subjects" gibt er die Anklagen gegen die Hugenotten wieder. Von ihren Forderungen nach Gleichberechtigung in Garnisonen und Ständevertretungen sagen die Katholiken: *... que tout cela se peut appeler: Fair un Estat dans l'Estat* („... daß man das alles einen Staat im Staate nennen kann").

↑Wider den **Stachel** löcken

↑Andere **Städtchen,** andre Mädchen

Stadtluft macht frei

Hierbei handelt es sich um einen Rechtsgrundsatz des Mittelalters. Er bezog sich auf vom Land in die Stadt abgewanderte Bauern, die sich als Unfreie auf diese Weise ihren Grundherren entzogen. Ihre Leibeigenschaft wurde hinfällig, wenn sie ein Jahr lang in der Stadt gelebt hatten, ohne daß sie von ihrem Grundherren zurückgeholt wurden. Sie wurden damit Freie. – Man verwendet den Satz heute gelegentlich, um auszudrücken, daß das Leben in der Stadt freier und ungebundener ist gegenüber dem Leben auf dem Land.

↑Ins große **Stammbuch** der Natur

↑Vom **Stamme** Nimm sein

Der **standhafte** Zinnsoldat

Der Titelheld aus Hans Christian Andersens (1805–1875) Märchen ist zur Symbolfigur für ein Ausharren auf verlorenem Posten geworden. Die Standhaftigkeit des Zinnsoldaten besteht zunächst in seiner Standfestigkeit auf nur einem Bein – das Zinn hatte für ein zweites Bein nicht ausgereicht –, dann aber auch im standhaften Aushalten in allen Gefahren, bis er im Ofen zu einem Zinnherzen schmilzt.

↑Der **starb** Euch sehr gelegen

Stark am Geist, am Leibe schwach

Dieser Vers stammt aus der ersten Strophe des Gedichts „Kaiser Rudolfs Ritt zum Grabe" von Justinus Kerner (1786–1862), einem bedeutenden Vertreter der spätromantischen schwäbischen Dichterschule. Das Gedicht erzählt, wie der vom Tode gezeichnete König Rudolf I., Graf von Habsburg (deutscher König 1273–1291; die Kaiserwürde zu erlangen ist ihm nie gelungen) nach Speyer reitet, um dort im Kaiserdom seine letzte Ruhe zu finden. Die Worte werden heute gelegentlich noch zitiert, wenn man scherzhaft andeuten will, daß zwar im Prinzip der gute Wille, etwas zu tun, vorhanden ist, die Ausführung aber an der menschlichen Schwäche scheitert.

Der **Starke** ist am mächtigsten allein

Dieses Zitat stammt aus der dritten Szene des ersten Aufzugs von Schillers „Wilhelm Tell" (1804). Tell und Stauffacher reden über die Möglichkeit des Widerstandes gegen den Fronvogt. Während Stauffacher für ein gemeinsames Handeln plädiert („Wir könnten viel, wenn wir zusammenstünden"), möchte Tell lieber allein, als Einzelkämpfer handeln. Seine Meinung ist: „Der Starke ist am mächtigsten allein." Wer sich stark fühlt, genug Kraft in sich selber hat, ist nicht auf das Eingebundensein in eine Gruppe angewiesen. Er fühlt sich eher durch sie behindert.

↑Denn wo das Strenge mit dem Zarten, wo **Starkes** sich und Mildes paarten, da gibt es einen guten Klang

↑In **Staub** mit allen Feinden Brandenburgs

Den **Staub** von den Füßen schütteln

Die stilistisch gehobene Redewendung im Sinne von „einen Ort, ein Land verlassen; für immer fortgehen" geht auf eine Stelle im Matthäusevangelium (10,14) zurück, wo Jesus die zwölf Apostel zur Mission unter den Juden aussendet: „Und wo euch jemand nicht annehmen wird noch eure Rede hören, so geht heraus aus demselben Hause oder der Stadt und schüttelt den Staub von euren Füßen."

↑Da **steh'** ich, ein entlaubter Stamm!

Steh' ich in finsterer Mitternacht

So beginnt das Gedicht „Soldatenliebe" des schwäbischen Dichters Wilhelm Hauff (1802–1827), in dem ein Soldat auf nächtlicher Wache an sein Mädchen daheim denkt. – Man verwendet das Zitat aus dem heute nicht mehr sehr bekannten Gedicht noch gelegentlich scherzhaft bei einem nächtlichen Aufenthalt im Freien.

↑Da **steh'** ich nun, ich armer Tor! Und bin so klug als wie zuvor

↑Hier **stehe** ich, ich kann nicht anders

Es wird nicht ein **Stein** auf dem andern bleiben

Das Ende des von König Herodes mit viel Gold und Marmor erbauten Jerusalemer Tempels prophezeit Jesus seinen Jüngern mit den Worten: „Wahrlich ich sage euch: Es wird hier nicht ein Stein auf dem andern bleiben, der nicht zerbrochen werde" (Matthäus 24,2). Man zitiert die Bibelstelle heute nicht nur auf die Zukunft bezogen (also auch: „Da bleibt/blieb kein Stein auf dem andern"), um eine völlige Zerstörung oder Umgestaltung zu umschreiben.

Der **Stein** des Anstoßes

Der Ausdruck wird im Sinne von „die Ursache eines Ärgernisses" gebraucht. Er stammt aus dem Alten Testament, wo es im Buch Jesaja (8,12–14) heißt: „Fürchtet ihr euch nicht also, wie sie tun, und lasset euch nicht grauen; sondern heiliget den Herrn Zebaoth. Den lasset eure Furcht und Schrecken sein, so wird er ein Heiligtum sein, aber ein

Stein des Anstoßes und ein Fels des Ärgernisses den beiden Häusern Israel, zum Strick und Fall den Bürgern zu Jerusalem."

↑ Viel **Steine** gab's und wenig Brot

Steine geben statt Brot

Die stilistisch gehobene Wendung „jemandem Steine geben statt Brot" hat die Bedeutung „jemanden mit leeren Worten abspeisen statt ihm wirklich zu helfen". Sie geht auf eine Stelle in der Bibel zurück. Im 7. Kapitel des Matthäusevangeliums, das das Ende der Bergpredigt enthält, heißt es in Vers 9: „Welcher ist unter euch Menschen, so ihn sein Sohn bittet ums Brot, der ihm einen Stein biete?"

Der **steinerne** Gast

Mit dieser Gestalt ist in Mozarts (1756–1791) Oper „Don Giovanni" (auf deutsch „Don Juan oder Der steinerne Gast") das Standbild des von Don Juan erstochenen Komturs gemeint, das zu Don Juans Gastmahl erscheint, um ihn den Flammen der Hölle zu überliefern. Es handelt sich hier um das in spanischen Romanzen auftauchende volkstümliche Sagenmotiv, nach dem ein steinernes Standbild einem lebenden Rächer gleich eine Freveltat bestraft. Davon leitet sich die Redewendung „dasitzen wie der steinerne Gast" ab, die soviel bedeutet wie „in einer Gesellschaft sitzen, ohne sich am Gespräch zu beteiligen; stumm dasitzen".

Stell auf den Tisch die duftenden Reseden

Das Gedicht „Allerseelen", in dem sich der österreichische Dichter Hermann von Gilm zu Rosenegg (1812–1864) einer geliebten Toten erinnert, beginnt mit diesem Vers, der wie die folgenden Verse eine längst dahingegangene Atmosphäre zu beschwören sucht: „Stell auf den Tisch die duftenden Reseden,/Die letzten roten Astern trag herbei,/Und laß uns wieder von der Liebe reden,/Wie einst im Mai." Das Gedicht wurde besonders durch die Vertonung von Richard Strauss bekannt.

Stell dir vor, es ist Krieg, und keiner geht hin

Als wahrscheinlichste Quelle für diesen in Graffitisammlungen, auf Postkarten und Aufklebern zu findenden Spruch kann wohl das Buch „The People, Yes" (deutsch: „Das Volk, jawohl") angesehen werden, das der amerikanische Dichter Carl Sandburg 1936 veröffentlichte. Darin wird ein Dialog wiedergegeben, in dem ein kleines Mädchen danach fragt, was Soldaten sind und was sie tun. Am Ende sagt das Mädchen: *Sometime they'll give a war and nobody will come* („Einmal wird es einen Krieg geben, und niemand wird hinkommen"). Stellvertretend für die zahlreichen Abwandlungen, die der Spruch inzwischen erfahren hat, sei nur die genannt, die der Kabarettist Wolfgang Neuss (1924–1989) geprägt hat: „Stell dir vor, es geht, und keiner kriegt's hin."

↑ Wärst du an meiner **Stelle,** du würdest anders denken

↑ Hier ist die **Stelle,** wo ich sterblich bin

Stellenweise Glatteis

Diese aus dem Wetterbericht geläufige Formulierung wählte Max von der Grün 1973 als Romantitel. Er nutzte dabei den seit dem 19. Jahrhundert belegten übertragenen Gebrauch des Wortes „Glatteis" zur Charakterisierung der Gefahren, in die man sich durch sein Handeln in der Gesellschaft begibt. Das Zitat wird meist als Warnung vor heiklen Situationen, in denen man sich leicht falsch verhalten kann, verwendet.

Die **Sterne,** die begehrt man nicht

Das Zitat, mit dem man darauf hinweist, daß man sein Streben vernünftigerweise nicht auf etwas Unerreichbares richtet, stammt aus Goethes Gedicht „Trost in Tränen" (1804). Einem traurigen Menschen versuchen seine fröhlich gestimmten Freunde Mut zu machen: Er solle sich bemühen, das zu erwerben, wonach er sich so sehr sehnt. Er aber gibt ihnen zu verstehen, daß er das Ziel seiner Sehnsucht nicht erlangen kann: „Es steht mir gar zu fern./Es weilt so hoch, es blinkt so schön,/Wie droben jener Stern." Darauf antwortet man ihm: „Die Sterne, die begehrt man nicht,/ Man freut sich ihrer Pracht,/Und mit Entzücken blickt man auf/In jeder heitern Nacht." Seine Sehnsucht jedoch ist zu stark, sein Herz muß sich in Tränen erleichtern: „Und mit Entzücken blick' ich auf/So manchen lieben Tag;/Verweinen laßt die Nächte mich,/So lang ich weinen mag." – Das Gedicht hat durch mehrere Vertonungen (unter anderem von Franz Schubert und Johannes Brahms) zusätzliche Bekanntheit gewonnen.

Die **Sterne** lügen nicht

Bei dieser zum Schlagwort der Astrologie gewordenen Meinung bleibt Wallenstein in Schillers Tragödie „Wallensteins Tod" (III, 9) auch angesichts der Tatsache, daß der ihm von den Sternen vorherbestimmte Freund Octavio Piccolomini sich gegen ihn gewandt hat: „Die Sterne lügen nicht, das aber ist/Geschehen wider Sternenlauf und Schicksal./ Die Kunst ist redlich; doch dies falsche Herz/Bringt Lug und Trug in den wahrhaft'gen Himmel."

↑Sieh nach den **Sternen!** Gib acht auf die Gassen!

↑Überm **Sternenzelt** muß ein lieber Vater wohnen

Sternstunden der Menschheit

Der österreichische Schriftsteller Stefan Zweig (1881–1942) gab diesen Titel einem 1927 zuerst veröffentlichten, später erweiterten Essayband, in dem er einzelne Beispiele solcher „Sternstunden" aus der Geschichte darstellt. In seinem Vorwort sagt er dazu: „Solche dramatisch geballten, solche schicksalsträchtigen Stunden, in denen eine zeitüberdauernde Entscheidung auf ein einziges Datum, eine einzige Stunde und oft nur eine Minute zusammengedrängt ist, sind selten im Leben eines einzelnen und selten im Laufe der Geschichte." Dann heißt es von den „Sternstunden": „Ich habe sie so genannt, weil sie leuchtend und unwandelbar wie Sterne die Nacht der Vergänglichkeit überglänzen". – Man verwendet das Zitat – ähnlich wie Stefan Zweig – zur Charakterisierung von Taten oder Ereignissen, die für die Menschheit von großer Bedeutung sind.

Steter Tropfen höhlt den Stein

Die sprichwörtliche Redensart mit der Bedeutung „durch ständige Wiederholung einer Bitte, einer Forderung o. ä. erreicht man schließlich bei jemandem sein Ziel" geht auf den griechischen Epiker Choirilos von Samos (2. Hälfte des 5. Jh.s v. Chr.) zurück. In seinem fragmentarischen Gedicht über die Perserkriege heißt es: „Der Tropfen höhlt den Stein durch Beharrlichkeit." Die lateinische Form *Gutta cavat lapidem* („Der Tropfen höhlt den Stein"), der die deutsche Redensart nachgebildet ist, findet sich bei dem römischen Dichter Ovid (43 v. Chr.–17 oder 18 n. Chr.) in den „Epistulae ex Ponto" (IV, 10, 5). Später erhielt die Redensart noch die Ergänzung: *Non vi, sed saepe cadendo* („Nicht durch Gewalt, sondern durch häufiges Niederfallen").

Der **Stil,** das ist der Mensch

↑Le style, c'est l'homme

↑In den Ozean schifft mit tausend Masten der Jüngling; **still** auf gerettetem Boot treibt in den Hafen der Greis

Stille Tage in Clichy

Der Ausdruck für Tage der Muße, auch sexueller Vergnügungen zitiert den deutschen Titel von Henry Millers (1891–1980) autobiographischem Roman *Quiet Days in Clichy,* der sein ausschweifendes Leben in der Pariser Boheme der dreißiger Jahre schildert. Der Roman erhielt zusätzliche Popularität durch die dänische Verfilmung von Jens Jörgen Thorsen (1969) und durch die französische von Claude Chabrol (1990).

Die **Stillen** im Lande

Im Psalm 35 des Alten Testaments, einem „Gebet um Errettung von boshaften Feinden", heißt es im Vers 20: „Denn sie trachten Schaden zu tun und suchen falsche Anklagen wider die Stillen im Lande ..." Dieser Ausdruck wurde später zu einer Bezeichnung für religiöse Gemeinschaften, besonders im 18. Jahrhundert für die Pietisten und die aus dem Pietismus hervorgegangenen Herrnhuter. Das Wort „still" hat dabei (unter dem Einfluß Luthers und dem Gebrauch des Wortes im Kirchenlied) die Bedeutung „ruhig, friedlich, gelassen und sich dabei in Gott geborgen fühlend" entwickelt. Heute wird der Ausdruck „die Stillen im Lande" allgemein zur Kennzeichnung von Menschen verwendet, die still und zurückgezogen leben, sich nicht zu Wort melden, sich nicht zur Wehr setzen.

Die **Stimme** der Natur

Die Floskel, die ähnlich wie „Die Stimme des Blutes" das instinkthafte Sichhingezogenfühlen zwischen Blutsverwandten charakterisiert, kommt bei Lessing („Nathan der Weise" III, 10) und Schiller („Don Karlos" I, 7; IV, 9; V, 10) in Äußerungen über die Beziehung des Vaters zum Kind oder des Kindes zum Vater vor. Ins Scherzhafte gewendet erscheint sie bei Albert Lortzing (1801–1851) in seiner Oper „Der Wildschütz oder Die Stimme der Natur". Am Schluß des 3. Aktes erkennen sich die beiden Liebespaare als Geschwister und singen im Quartett: „Sie hat mich nicht getäuscht, die Stimme der Natur."

Die **Stimme** des Blutes

Der Ausdruck geht auf das Alte Testament zurück. Das 4. Kapitel des 1. Buchs Moses berichtet von dem Mord, den Kain an seinem Bruder Abel begeht. Nach der Tat fragt der Herr den Mörder: „Was hast du getan? Die Stimme des Bluts deines Bruders schreit zu mir von der Erde" (4, 10). – Man verwendet das Zitat, um die besonderen, instinkthaften Bindungen, die zwischen Blutsverwandten bestehen, zu bezeichnen.

Die **Stimme** seines Herrn

Die Redensart wird scherzhaft-ironisch gebraucht, wenn man aus jemandes Worten deutlich die Ansicht eines anderen heraushört, von dem er in bestimmter Weise abhängig ist. Das Zitat ist die Übersetzung von *His Master's Voice,* einem Werbeslogan für die Klangtreue der Schallplattenaufnahmen auf dem Label der Schallplattenfirma EMI. Der Spruch steht unter einem Trichter, vor dem ein Hund sitzt. Der Maler Francis Barraud hat hier 1899 den Hund seines verstorbenen Bruders, eines Phonographenbastlers, dargestellt, da der Hund beim Spielen des Phonographen der Stimme seines Herrn zu lauschen schien.

↑Man soll die **Stimmen** wägen und nicht zählen

↑Nicht **Stimmenmehrheit** ist des Rechtes Probe

Stirb und werde!

Die Einsicht in die Notwendigkeit der Selbstaufgabe, des Sterbens im Leben selbst, um wieder zu erstehen, formuliert Goethe in der Schlußstrophe des Gedichts „Selige Sehnsucht" aus dem „Westöstlichen Diwan": „Und solang' du das nicht hast,/Dieses: Stirb und werde!/Bist du nur ein trüber Gast/Auf der dunklen Erde." Unter dem an orientalische Vorstellungen von der Seele und ihrem mystischen Tod angelehnten Bild des Schmetterlings, der sich „des Lichts begierig" an der Kerzenflamme verbrennt, preist der Dichter (in der ersten Strophe) „das Lebendige .../Das nach Flammentod sich sehnet."

↑Jeder **stirbt** für sich allein

Die **Stirn** haben

Heute bedeutet diese Wendung „die Dreistigkeit, Unverfrorenheit besitzen"; wir gebrauchen sie als eine verkürzte und in der Bedeutung abgewandelte Form von „eine eherne Stirn haben"

(= unbeugsam sein). Diese ältere Wendung geht auf die Bibel zurück, wo es beim Propheten Jesaja (48,4) heißt: „Denn ich weiß, daß du hart bist und dein Nacken ist eine eiserne Ader, und deine Stirn ist ehern". Angesprochen ist hier das Volk Israel, das von Gott aufgefordert wird, seine Halsstarrigkeit aufzugeben und an ihn zu glauben.

↑Von der **Stirne** heiß rinnen muß der Schweiß

Der **Stoff**, aus dem die Träume sind

Der Titel von Johannes Mario Simmels (geboren 1924) Roman geht auf ein Zitat aus Shakespeares Komödie „The Tempest" („Der Sturm") zurück. Darin sagt der Zauberer Prospero zu Ferdinand, dem Bräutigam seiner Tochter Miranda, im Rückblick auf sein Zauberspiel, daß ebenso wie dieses der ganze Erdball sich auflösen und spurlos verschwinden werde (IV, 1): *We are such stuff/As dreams are made on, and our little life/Is rounded with a sleep* („Wir sind solcher Stoff, aus dem Träume gemacht sind, und unser kleines Leben umgibt ein Schlaf"). Hugo von Hofmannsthal (1874–1929) verwendet das Zitat in Anlehnung an die Schlegelsche Übersetzung („Wir sind solcher Zeug,/Wie der zu Träumen") in der Anfangszeile seines Gedichts „Terzinen": „Wir sind aus solchem Zeug, wie das zu Träumen."

Stolz will ich den Spanier

Dieses Zugeständnis macht in Schillers „Don Karlos" (III, 10) Philipp II. an das Unabhängigkeitsbedürfnis des Marquis Posa, der sich aus den königlichen Diensten zurückziehen will: „Viel Selbstgefühl und kühner Mut, bei Gott!/Doch das war zu erwarten. – Stolz will ich/Den Spanier. Ich mag es gerne leiden,/Wenn auch der Becher überschäumt." Der seit dem 18. Jahrhundert übliche umgangssprachliche Vergleich „stolz wie ein Spanier" wird heute nicht mehr ausschließlich auf den Charakter, sondern auch auf eine äußere Haltung bezogen, die Selbstsicherheit und Hochgestimmtheit ausdrückt.

Störe meine Kreise nicht!

Der Ausruf wird dem griechischen Naturwissenschaftler und Mathematiker Archimedes (285–212 v. Chr.) zugeschrieben, der bei der Eroberung von Syrakus während des 2. Punischen Krieges von römischen Soldaten, die in sein Haus eindrangen, getötet wurde. Mit dem Ausruf: *Noli turbare circulos meos* (deutsch: „Zerstöre meine Kreise nicht") wollte der von seiner Arbeit ganz Absorbierte verhindern, daß von ihm auf den Boden gezeichnete mathematische Figuren zerstört würden. – Man verwendet das Zitat, um auszudrücken, daß man bei seiner Tätigkeit oder auch in seinem persönlichen Bereich nicht gestört werden möchte.

↑O **stört** sie nicht, die Feier der Natur!

↑Allzu **straff** gespannt, zerspringt der Bogen

↑Da **streiten** sich die Leut' herum oft um den Wert des Glücks

↑Denn wo das **Strenge** mit dem Zarten, wo Starkes sich und Mildes paarten, da gibt es einen guten Klang

Es ↑ist nicht gut, mitten im **Strom** die Pferde zu wechseln

↑Als wär's ein **Stück** von mir

Die **Stunde** der Abrechnung ist da

Hier handelt es sich um einen Ausspruch des französischen Ministerpräsidenten Georges Clemenceau (1841 bis 1929), mit dem er im Mai 1919 die Übergabe der Friedensbedingungen an die deutsche Delegation einleitete. Er bringt als Zitat die Genugtuung eines Menschen darüber zum Ausdruck, daß endlich der Zeitpunkt gekommen ist, der ihm die Möglichkeit gibt, seinem Bedürfnis nach Revanche nachzugeben.

↑Meine **Stunde** ist noch nicht gekommen

↑Wem die **Stunde** schlägt

Sturm im Wasserglas

Dieser Ausdruck als Umschreibung für eine große Aufregung um eine ganz nichtige Sache wurde besonders durch eine Komödie des Schriftstellers Bruno Frank (1887–1945) verbreitet, die diesen Titel trägt. Die Formulierung selbst jedoch wird dem französischen Staatstheoretiker Montesquieu (1689–1755) zugeschrieben. Er soll Unruhen in der kleinen Republik San Marino *tempête dans un verre d'eau* genannt haben. Diese Ausdrucksweise hat Vorbilder in der Antike. Zur Zeit des römischen Politikers und Schriftstellers Cicero (im ersten Jahrhundert v. Chr.) gab es beispielsweise die Redewendung: *excitare fluctus in simpulo,* auf deutsch: „Stürme in der Schöpfkelle erregen".

Sturm und Drang

Diese schlagwortartige Bezeichnung für eine geistige Bewegung, besonders eine Literaturperiode in Deutschland von der Mitte der 60er Jahre bis Ende der 80er Jahre des 18. Jahrhunderts, die auch als „Geniezeit" bezeichnet wird, geht auf den Titel eines Schauspiels des Dramatikers Friedrich Maximilian Klinger (1752–1831) zurück. Dieses Schauspiel, das ursprünglich „Wirrwarr" hieß, wurde auf Vorschlag des Schweizer Satirikers und Abenteurers Christoph Kaufmann (1753–1795), eines typischen Vertreters der „Geniezeit", in „Sturm und Drang" umbenannt. Die Bezeichnung wurde schließlich auf die ganze damalige Bewegung übertragen. Der Ausgangspunkt dieser Bewegung war eine jugendliche Revolte, die besonders gegen die Einseitigkeiten der Aufklärung und die herrschende Gesellschaftsordnung mit ihren erstarrten Konventionen gerichtet war. Die Bezeichnung „Sturm und Drang" wird heute auch übertragen gebraucht, dabei aber weniger zur Kennzeichnung einer ganzen Gruppe oder einer Bewegung verwendet, sondern eher zur Charakterisierung einer Entwicklungsphase eines jungen Menschen, in der Ungestüm und jugendlicher Überschwang vorherrschen, Rationalität und Abgeklärtheit noch fehlen und auch nicht erstrebenswert erscheinen.

Die **Stützen** der Gesellschaft

Der norwegische Dichter Henrik Ibsen (1828–1906) schuf mit dem Schauspiel, das diesen Titel trägt, die neue Gattung des „Gesellschaftsstücks". In ihm enthüllt er mit radikaler Kritik an den gesellschaftlichen Verhältnissen die bis dahin verdeckte Brüchigkeit der Moral und der durch sie bestimmten zwischenmenschlichen Beziehungen. Diejenigen, die in dem Stück wegen ihrer vermeintlichen moralischen Integrität und ihrer zur Schau getragenen Sorge für das Wohlergehen der Gesellschaft als „Stützen der Gesellschaft" gelten, erweisen sich als korrupte Heuchler. Der Titel des Stückes wurde zu einem ironischen Ausdruck zur Kennzeichnung von Politikern, Wirtschaftsführern o. ä., an deren Glaubwürdigkeit und Integrität gezweifelt wird.

Sub specie aeternitatis

Der niederländische Philosoph Baruch de Spinoza (1632–1677) vertrat die Lehre, daß Gott und die Natur ein und dasselbe seien, daß alles Existierende aus dieser einzigen, unteilbaren, unendlichen und ewigen Substanz abgeleitet sei. In seinem Hauptwerk „Ethik. Nach geometrischer Methode dargestellt" findet sich mehrfach die Aussage, das menschliche Denken solle die Erscheinungen der Welt „sub specie aeternitatis" („unter dem Gesichtspunkt der Ewigkeit") betrachten. Dieser Ausdruck wird zitiert, wenn man eine Distanz zu eher unbedeutenden Alltagsproblemen schaffen möchte, wenn man auf die langfristige Bedeutung einer Sache hinweisen will.

↑Auf der **Suche** nach der verlorenen Zeit

Suchet, so werdet ihr finden

Dieser Aufruf Jesu steht in der Mitte seiner dreifachen Aufforderung, sich im Gebet vertrauensvoll an Gott zu wenden, und findet sich in dieser Form beim Evangelisten Matthäus 7,7. Auf diese Stelle im Neuen Testament deutet bereits eine Parallelstelle im Alten Testament beim Propheten Jeremia voraus: „Ihr werdet mich anrufen und hingehen und mich bitten, und ich will euch erhören. Ihr werdet mich suchen und finden, denn wenn ihr mich von ganzem Herzen suchen werdet, so will ich mich finden lassen, spricht der Herr" (Jeremia 29,12–14). Am häufigsten wird aus dem Textabschnitt „suchet, so werdet ihr finden" zitiert, um auszudrücken, daß man schließlich etwas gefunden oder wiedergefunden hat. In diesem Sinne, aber ebenso als ablehnenden Kommentar zu jemandes unnötiger, als zu kleinlich empfundener Kritik gebraucht man außerdem die Redensart: „Wer sucht, der findet", die in Matthäus 7,8 entsprechend formuliert ist: „Denn wer da bittet, der empfängt; und wer da sucht, der findet; und wer da anklopft, dem wird aufgetan."

Sucht nur die Menschen zu verwirren, sie zu befriedigen ist schwer

Im „Vorspiel auf dem Theater" am Beginn des ersten Teils von Goethes Faust rät der Theaterdirektor dem Dichter, wie er schreiben soll. Er kennt das Publikum und schätzt dessen Bildungsbedürfnis als nicht sehr groß ein. Die Handlung ist wichtig, von der die Zuschauer gepackt werden. Daß hohe Kunst als solche erkannt wird, darf der Dichter nicht hoffen. – Mit dem Zitat zieht man sich resignierend auf die Erkenntnis zurück, daß es sehr schwer ist, Menschen zufriedenzustellen, und daß deshalb die Versuchung sehr groß ist, ihnen etwas vorzumachen.

Eine **Sünde** gegen den Heiligen Geist

Mit diesem Ausdruck umschreibt man einen gravierenden Verstoß gegen elementare inhaltliche Grundsätze. Er ist auch in den Varianten „eine Sünde gegen den Geist" oder „eine Sünde wider den Geist" bzw. „wider den Heiligen Geist" üblich. Es gibt in der Bibel mehrere Parallelstellen in den ersten drei Evangelien, auf die der Ausdruck zurückgeht. Bei Matthäus 12,31 und 32 z. B. richtet Jesus folgende Worte an die Pharisäer: „Alle Sünde und Lästerung wird den Menschen vergeben; aber die Lästerung wider den Geist wird den Menschen nicht vergeben. Und wer etwas redet wider des Menschen Sohn, dem wird es vergeben; aber wer etwas redet wider den Heiligen Geist, dem wird's nicht vergeben, weder in dieser noch in jener Welt." Diese theologisch gewichtige, rigoros formulierte Aussage besagt, daß die Sünde des Abfallens vom Glauben und des bewußten Sichdagegenstellens demjenigen nicht vergeben werden kann, der bereits durch den Geist erleuchtet und in die Gemeinde Jesu eingegliedert war.

Wer unter euch ohne **Sünde** ist, ↑der werfe den ersten Stein

Sündenbock

Der umgangssprachliche Ausdruck leitet sich zusammen mit der emotionalen Redewendung „jemanden in die Wüste schicken" aus dem Alten Testament her (3. Moses 16,21 f.): „Da soll denn Aaron seine beiden Hände auf sein Haupt legen und bekennen auf ihn alle Missetat der Kinder Israel und solle ihre Übertretung in allen ihren Sünden und soll sie dem Bock auf das Haupt legen und ihn durch einen Mann, der bereit ist, in die Wüste laufen lassen, daß also der Bock alle ihre Missetat auf sich in eine Wildnis trage; und er lasse ihn in die Wüste." Danach spricht man von einem „Sündenbock" in bezug auf jemanden, auf den man seine Schuld abwälzt, dem man die Schuld an etwas zuschiebt, den man für etwas verantwortlich macht. Wenn man jemanden, mit dem man unzufrieden ist, entläßt, so „schickt man ihn in die Wüste".

↑Wir sind allzumal **Sünder**

Die **Suppe** auslöffeln, die man sich eingebrockt hat

↑Auslöffeln müssen, was man sich eingebrockt hat

Süß und ehrenvoll ist es, fürs Vaterland zu sterben

↑Dulce et decorum est pro patria mori

Das **süße** Leben

↑Dolce vita

Das **süße** Nichtstun

↑Il dolce far niente

Ein **süßer** Trost ist ihm geblieben

Dies ist eine Zeile aus Schillers Gedicht „Das Lied von der Glocke". Sie steht in dem Abschnitt, der von einer Brandkatastrophe berichtet, und leitet die Schilderung der Situation ein, in der sich der Familienvater befindet, der zwar große Verluste erlitten hat, aber beglückt feststellen kann, daß keines der Familienmitglieder zu Schaden gekommen ist. Die Stelle lautet: „Ein süßer Trost ist ihm geblieben:/Er zählt die Häupter seiner Lieben,/Und sieh!/Ihm fehlt kein teures Haupt." Das Zitat wird in Situationen gebraucht, in denen man feststellt, daß doch nicht alles mißglückt, verloren o. ä. ist.

Süßer Vogel Jugend

Nach einem Bühnenstück des amerikanischen Dramatikers Tennessee Williams (1911–1983) mit dem englischen Originaltitel *Sweet Bird of Youth* entstand 1961 ein Film (mit Geraldine Page und Paul Newman in den Hauptrollen), dessen deutscher Titel „Süßer Vogel Jugend" häufiger zitiert wird. Man umschreibt damit, oft in nostalgischer Betrachtung, die Art unbeschwerten Glücks, die es nur in der Jugend gibt, wo so vieles noch möglich war. Im Mittelpunkt des Films steht die Figur einer alternden Schauspielerin, die in eine tiefe Krise gerät, als die Angst vor dem Altern von ihr Besitz ergreift.

↑Diesem **System** keinen Mann und keinen Groschen

Die **Szene** wird zum Tribunal

Dieses Zitat stammt aus der letzten Strophe der Ballade „Die Kraniche des Ibykus" von Schiller. Die Zeile kennzeichnet die Situation, in der sich die beiden Mörder des Dichters Ibykus befinden, als plötzlich im weiten Rund des Theaters in Korinth, wo man zu den „Isthmischen Spielen" zusammengekommen ist, allen klar wird, wer den Dichter in „Poseidons Fichtenhain" überfallen und umgebracht hat. Das Gedicht endet mit den Worten: „Die Szene wird zum Tribunal,/Und es gestehn die Bösewichter,/Getroffen von der Rache Strahl." Die erste dieser Zeilen wird zitiert, wenn sich jemand unversehens vielerlei Vorwürfen, heftiger Kritik von allen Seiten ausgesetzt sieht.

Szenen einer Ehe

Dieser Film von Ingmar Bergman aus dem Jahr 1973, der die Entwicklung einer Ehe bis zur Scheidung und die Beziehung danach in mehreren Stationen zeigt, wurde zunächst als sechsteilige Fernsehserie gesendet und kam dann in einer gekürzten Version in die Kinos. Der Titel des stark von Dialogen geprägten Problemfilms wird oft auch ironisch zitiert und auf Beziehungen und Partnerschaften der verschiedensten Art übertragen.

↑Zwischen **Szylla** und Charybdis

T

Tabula rasa

Die lateinische Form des bereits in der griechischen Antike mehrfach belegten Ausdrucks mit der Bedeutung „unbeschriebenes Blatt" (wörtlich: „glattgeschabte [Wachs]tafel") läßt sich zuerst im Mittelalter nachweisen, und zwar in der Schrift „Über die Seele" des Theologen, Philosophen und Naturforschers Albertus Magnus (um 1200–1280). Auch sein berühmter Schüler Thomas von Aquin hat den Ausdruck verwendet (mit deutlichem Bezug auf Aristoteles; vergleiche dazu den Artikel „Ein unbeschriebenes Blatt"). Neben der oben angeführten Bedeutung hat sich in der Redewendung „tabula rasa machen" eine zweite entwickelt. Man gebraucht diese Wendung im Sinne von „reinen Tisch machen, klare Verhältnisse schaffen".

Tadeln können zwar die Toren, aber besser machen nicht

Der Berliner Schriftsteller August Friedrich Ernst Langbein (1757–1835) war ein zu seiner Zeit bekannter Autor. Eines seiner damals populären Gedichte, „Die neue Eva", endet mit den Zeilen: „Tadeln können alle Toren,/Aber klüger handeln nicht." Mit dem in etwas abgewandelter Form üblich gewordenen Zitat drückt man aus, daß viele bereit sind, unverbindliche Kritik zu üben, ohne fähig oder in der Lage zu sein, selbst etwas zur Veränderung, Umgestaltung, Verbesserung beizutragen. Man drückt also indirekt auch aus, daß Kritik nur sinnvoll sein kann, wenn sie konstruktiv ist.

↑Am **Tag,** als der Regen kam

Der **Tag** bricht an, und ↑Mars regiert die Stunde

Der **Tag** des Herrn

Dieser Ausdruck mit der Bedeutung „Sonntag" ist heute veraltet. Er ist die Übersetzung der lateinischen Bezeichnung *dominica dies,* die im 4. Jahrhundert an die Stelle des heidnischen Namens für den Sonntag *dies Solis* getreten war. Bei Ludwig Uhland (1787–1862) findet sich der Ausdruck in seinem Gedicht „Schäfers Sonntagslied", das mit dem Vers „Das ist der Tag des Herrn" beginnt und endet.

↑Jeder **Tag** hat seine Plage

↑So ein **Tag,** so wunderschön wie heute

↑An einem **Tag** wie jeder andere

↑An diesem **Tage** hätte die Weltgeschichte ihren Sinn verloren

Tages Arbeit! Abends Gäste!

Dieser Ratschlag für eine sinnvolle Zeiteinteilung und Lebensgestaltung wird am Schluß von Goethes Ballade „Der Schatzgräber" erteilt. Eine vernünftige Lebensweise, in der Arbeit und Muße ihren festen Platz haben, ist ein besserer Weg zum Glück als die Suche nach vergrabenen Schätzen und die Anrufung finsterer Mächte. Das Gedicht erschien mit anderen Balladen Goethes und Schillers 1797 in Schillers „Musenalmanach für das Jahr 1798". Das Zitat wird oft im Wortlaut des Originals ergänzt: „Saure Wochen! Frohe Feste!/Sei dein künftig Zauberwort."

Taghell ist die Nacht gelichtet

Der Satz steht in Schillers „Lied von der Glocke" in dem Abschnitt, in dem eine nächtliche Feuersbrunst beschrieben wird. Man verwendet das Zitat (auch scherzhaft), um seine Verwunderung auszudrücken, daß an einem bestimmten Ort oder zu einem bestimmten Zeitpunkt unerwartete und ungewöhnliche Helligkeit herrscht.

↑Kein **Talent,** doch ein Charakter

Es ↑bildet ein **Talent** sich in der Stille

↑O **Täler** weit, o Höhen

Tand, Tand ist das Gebilde von Menschenhand

In seinem 1879 geschriebenen Gedicht „Die Brück' am Tay" schildert Theodor Fontane den Einsturz einer Eisenbahnbrücke über dem schottischen Fluß Tay. Die Naturgewalten, die diese Katastrophe verursachen, sprechen am Anfang und Ende des Gedichts miteinander, und Fontane hat diese Abschnitte so gestaltet, daß sie an das Hexengespräch zu Beginn des „Macbeth" von Shakespeare erinnern. (Vergleiche auch „Wann treffen wir drei wieder zusamm'?") Beide Abschnitte enden mit der Zeile „Tand, Tand/Ist das Gebilde von Menschenhand", die heute meist scherzhaft zitiert wird, wenn sich etwas von Menschen Geschaffenes als nicht dauerhaft erweist, wenn etwas entzweigeht.

Tandaradei!

Dieser aus dem Mittelhochdeutschen stammende Ausruf der Freude ist lautmalend für einen Vogelruf. Er findet sich in Walther von der Vogelweides (1170–1230) bekanntem Gedicht mit der Überschrift „Under der linden". Bei allen vier Strophen des Gedichts wird die zweitletzte Zeile von diesem Ausruf gebildet. Die erste Strophe endet mit den Versen: „Vor dem walde in einem tal,/Tandaradei,/Schone sanc diu nahtegal." – Man bedient sich heute gelegentlich dieses Wortes, um etwas zu kommentieren, das einem gekünstelt, überspannt und lächerlich vorkommt.

Tant de bruit pour une omelette

Der Ausspruch (deutsch: „Soviel Lärm um einen Eierkuchen") wird dem französischen Schriftsteller Jacques Vallée des Barreaux (1625–1673) zugeschrieben. Um diesen Ausspruch rankt sich eine Geschichte, nach der des Barreaux an einem Fasttag in einem Wirtshaus einen Eierkuchen mit Speck bestellt habe, den ihm der Wirt des Fasttages wegen nur ungern serviert habe. Als er dem Gast das Gericht auftischte, habe es einen heftigen Donner gegeben, für den Wirt ein Zeichen des himmlischen Zorns. Des Barreaux habe daraufhin – um den Wirt zu beruhigen – den Eierkuchen mit obigen Worten zum Fenster hinausgeworfen. – Man gebraucht das Zitat heute, um auszudrücken, daß man die Aufregung um eine im Grunde unwichtige Sache für übertrieben hält.

Tantalusqualen

Der Ausdruck geht auf die griechische Mythologie zurück. Tantalus, ein Sohn des Zeus und mächtiger König von Phrygien, hatte die Götter an seine Tafel geladen und, um ihre Allwissenheit zu prüfen, ihnen das Fleisch seines getöteten Sohnes Pelops als Speise vorgesetzt. Die Götter bestraften ihn damit, daß er ewige Qualen von Hunger und Durst leiden mußte. In einem See stehend, erreichte er nicht das Wasser zum Trinken, und die über seinem Haupt hängenden Früchte wehte der Wind aus seiner Reichweite, sobald er nach ihnen greifen wollte. – Man spricht scherzhaft und übertreibend von Tantalusqualen, wenn man sehr großen Durst leidet. Aber ebenso, wenn man etwas Ersehntes in greifbarer Nähe sieht, ohne es doch erreichen zu können.

↑Ich hab' meine **Tante** geschlachtet

Ein **Tanz** auf dem Vulkan

Die Redewendung mit der Bedeutung „ausgelassene Lustigkeit in einer gefahrvollen Zeit oder Situation" ist französischen Ursprungs. Nach eigener Aussage hat der französische Gesandte, Graf Narcisse Achille Salvandy (1795–1856) auf einem Fest, das der Herzog von Orléans am 31. 5. 1883 zu Ehren des Königs von Neapel gab, geäußert: *Nous dansons sur un volcan* („Wir tanzen auf einem Vulkan"). Man deutete dies als eine Vorahnung der Revolution von 1880. Ein im Paris des Jahres 1830 spielender deutscher Film mit Gustaf Gründgens in der Hauptrolle, gedreht 1938, trägt den Titel „Tanz auf dem Vulkan".

Tanz der Vampire

Der berühmt gewordene englische Film mit dem Originaltitel „The Vampire Killers" stammt aus dem Jahr 1966. Er wurde von dem Regisseur, Drehbuchautor und Schauspieler Roman Polanski gedreht. Der Film erzählt von einem alten Professor, der zusammen mit seinem Gehilfen Jagd auf Vampire macht und dabei in einem Schloß in den Karpaten in eine Versammlung von Untoten gerät. – Man verwendet den Titel als scherzhaften oder ironischen Kommentar zum Beispiel zur Charakterisierung in größerer Zahl auftretender und agierender skrupelloser Geschäftemacher.

↑ Sie **tanzte** nur einen Sommer

Die **Tat** ist alles, nichts der Ruhm

Im 4. Akt des 2. Teils von Goethes Faust, in der Szene „Hochgebirg", fragt Mephisto Faust: „Und also willst du Ruhm verdienen?" Faust, der Tatmensch, antwortet darauf mit dem Diktum: „Die Tat ist alles, nichts der Ruhm." Das Tätigsein hat für ihn seinen Lohn in sich. – Man verwendet das Zitat, um unterstellte Ruhmsucht oder Eitelkeit zurückzuweisen.

Tatarennachricht

Als „Tatarennachricht" bezeichnet man noch gelegentlich eine nicht sehr glaubhafte Nachricht, besonders eine Schreckensnachricht. Der Ausdruck geht zurück auf die von einem tatarischen Reiter in osmanischen Diensten im Jahr 1854 nach Bukarest gebrachte unzutreffende Nachricht von der Einnahme Sebastopols. Berichtet hat diesen Vorgang Prinz Kraft zu Hohenlohe-Ingelfingen (1827–1892) in seinen Lebenserinnerungen „Aus meinem Leben", die zwischen 1897 und 1908 erschienen sind.

Tatenarm und gedankenvoll

So charakterisiert der Dichter Friedrich Hölderlin (1770–1843) die Deutschen in der Ode mit dem Titel „An die Deutschen". Die erste Strophe (der ersten Fassung) des Gedichts lautet: „Spottet ja nicht des Kinds, wenn es mit Peitsch' und Sporn/Auf dem Rosse von Holz mutig und stolz sich dünkt,/Denn, ihr Deutschen, auch ihr seid/Tatenarm und gedankenvoll." – Mit dem Zitat umschreibt man – meist leicht spöttisch oder tadelnd – jemandes Mangel an Tatkraft.

↑ Denn **tausend** Jahre sind vor dir wie der Tag, der gestern vergangen ist

Tausendundeine Nacht

„Tausendundeine Nacht", arabisch „Alf Laila Wa Laila" (wörtlich: „Tausend Nächte und eine Nacht"), heißt eine berühmte arabische Märchensammlung. Sie umfaßt mehr als 300 Geschichten verschiedener Art, die von einer Rahmenhandlung zusammengehalten werden und die aus verschiedenen Zeiten und von verschiedenen Völkern des Orients stammen. Seit dem 14. Jahrhundert waren Teile des Werks in Italien bekannt, im 18. Jahrhundert entstand eine französische Übersetzung, der erst im 19. Jahrhundert eine deutsche Übersetzung folgte. – Wenn man von „Tausendundeiner Nacht" oder einem „Märchen aus Tausendundeiner Nacht" spricht, spielt man auf das Phantastische, ganz Unalltägliche oder Märchenhafte eines Vorgangs an.

Tauwetter

Das Wort hat eine übertragene Bedeutung, die sich auf den russischen Schriftsteller Ilja Ehrenburg (1891–1967) zurückführen läßt. Im zweiten Band seiner Erinnerungen aus dem Jahr 1961 mit dem deutschen Titel „Menschen, Jahre, Leben" schreibt Ehrenburg mit Bezug auf die sehr schnell nach Stalins Tod einsetzende Entstalinisierung: „Seit Stalins Tod (5. 3. 1953) war erst ein Monat vergangen, aber irgend etwas auf der Welt hatte sich verändert ... Jener April, von dem ich berichte, war ein ganz besonderer April ... Wahrscheinlich hatte ich diesen April im Sinn, als ich im Herbst den Entschluß faßte, einen kleinen Roman zu schreiben, und als erstes den Titel aufs Papier malte." Dieser Titel lautete auf deutsch: „Tauwetter". Der Begriff aus der Meteorologie wird in diesem Roman bereits als Metapher für die Veränderungen der politischen Verhältnisse gebraucht. Er wurde dann allgemein auf die politische Entspannung im Bereich kommunistischer Ideologie bezogen.

Ein **Teil** von jener Kraft, die stets das Böse will und stets das Gute schafft

Diese Antwort gibt Mephisto auf die Frage Fausts (Goethe, Faust I, Studierzimmerszene): „... wer bist du denn?" Faust nennt die Antwort ein „Rätselwort". – Das Zitat bringt die Dialektik von Gut und Böse zum Ausdruck. Es drückt aus, daß auch etwas, was in böser Absicht geschieht, in etwas Gutes umschlagen oder eine gute Seite haben kann.

Teils dieserhalb, teils außerdem

Diese Erklärung findet man in der 1872 erschienenen Bildergeschichte „Die fromme Helene" von Wilhelm Busch. Sie steht in dem „Der Frosch" überschriebenen Kapitel, in dem der Vetter Franz zuerst auftritt und beginnt, sich um die Kusine Helene zu bemühen. „Und Franz war wirklich angenehm,/Teils dieserhalb, teils außerdem." – Man verwendet das Zitat als scherzhafte, sich im Allgemeinen haltende Antwort auf die Frage: Warum?

↑Das ist **Tells** Geschoß

↑Zum **Tempel** hinausjagen

Tempi passati!

Das Zitat bedeutet soviel wie „das sind vergangene Zeiten" oder „die Zeiten sind vorbei" und kann sowohl Bedauern als auch Erleichterung ausdrükken. – Mit diesen Worten soll Kaiser Joseph II. von Österreich (1741–1790) ein Gemälde des italienischen Malers Federigo Zuccaro kommentiert haben, das er im Dogenpalast in Venedig sah. Auf dem Bild war Kaiser Friedrich Barbarossa dargestellt, vor dem Papst auf den Knien liegend, um vom Bann losgesprochen zu werden.

Tempora mutantur, nos et mutamur in illis

Nach der Überlieferung von Jan Gruter (1560–1627) in seinen „Deliciae poetarum Germanorum" soll diese Sentenz (deutsch: „Die Zeiten ändern sich, und wir ändern uns mit ihnen") auf den deutschen Kaiser Lothar I. (795–855) zurückgehen. Er soll sie in der Form „Omnia mutantur, nos et mutamur in illis" („Alles ändert sich ...") geäußert haben.

↑O **tempora,** o mores!

Den **Teufel** mit Beelzebub austreiben

Die Redewendung mit der Bedeutung „ein Übel durch ein schlimmeres bekämpfen" geht auf eine Stelle des Neuen Testaments zurück. Im 12. Kapitel des Matthäusevangeliums wird davon berichtet, daß Jesus einen Besessenen heilt. Die Pharisäer sagten dazu (12, 24): „Er treibt die Teufel nicht anders aus denn durch Beelzebub, der Teufel Obersten." Sie meinten damit, Jesus bediene sich der Macht des Bösen.

Den **Teufel** spürt das Völkchen nie

In der Szene „Auerbachs Keller" im ersten Teil von Goethes Faust äußert Mephisto gegenüber Faust: „Den Teufel spürt das Völkchen nie,/Und wenn er sie beim Kragen hätte." Die Aussage bezieht sich auf die zechenden Studenten, die Faust und Mephisto in „Auerbachs Keller" antreffen, die „lustige Gesellschaft", in die Mephisto Faust zu bringen versprach. – Man bezieht das Zitat scherzhaft oder spottend auf Menschen, die eine bestimmte Situation, zum Beispiel das üble Spiel, das man mit ihnen treibt, nicht durchschauen.

Es ↑war schon immer etwas **teurer,** einen besonderen Geschmack zu haben

Thalatta, thalatta!

Der griechische Schriftsteller Xenophon (430–um 354 v. Chr.) nahm an einem Feldzug teil, den der Perser Kyros gegen seinen Bruder, den Perserkönig Artaxerxes, führte, in der Absicht, ihn zu stürzen. Über das schließlich gescheiterte Unternehmen berichtet Xenophon in seinem Werk „Anabasis". Nach dem Tod von Kyros hatte Xenophon die 10 000 griechischen Söldner in die Heimat zurückgeführt. Er berichtet von dem Freudenruf „Thalatta, thalatta!" (= „Das Meer, das Meer!"; griechisch *Θάλαττα, θάλαττα*), den die Griechen ausstießen, als sie der Küste des Schwarzen Meeres ansichtig wurden. Der deutsche Dichter Heinrich Heine (1797–1856) hat in einem Gedicht mit dem Titel „Meergruß" auf dieses Ereignis Bezug genommen und es zu seinem eigenen Schicksal des in der Fremde sich nach der Heimat Sehnenden in Beziehung gesetzt. Die erste Strophe des Gedichts lautet: „Thalatta! Thalatta!/ Sei mir gegrüßt, du ewiges Meer!/ Sei mir gegrüßt zehntausendmal/Aus jauchzendem Herzen,/Wie einst dich begrüßten/Zehntausend Griechenherzen,/Unglückbekämpfende, heimatverlangende,/Weltberühmte Griechenherzen."

The Germans to the front!

Dieser Ausruf, der in jüngerer Zeit vor allem im Zusammenhang mit der Frage der Beteiligung deutscher Soldaten an UNO-Einsätzen zitiert wird, stammt von Sir Edward Hobart Seymour (1840–1929). Der britische Admiral war während des Boxeraufstands in China der Oberbefehlshaber des europäischen Expeditionskorps. Er schickte am 22. 6. 1900 mit diesen Worten eine deutsche Abteilung des Korps an die Spitze der Truppen.

The same procedure as every year

Diese Anweisung (deutsch: „Dieselbe Prozedur wie jedes Jahr") taucht in dem englischen Fernsehsketch „Dinner for one" wiederholt auf. Die alte Miss Sophie feiert ihren Geburtstag, alleine am Tisch sitzend, nach demselben Ritual wie jedes Jahr. So ist für fünf längst verstorbene Gäste der Tisch gedeckt. Der Butler James, dargestellt von Freddy Frinton, schlüpft jeweils in die Rolle des Gastes, dem Miss Sophie zutrinkt, was zur Folge hat, daß er immer betrunkener wird. Der Sketch wird seit Jahren regelmäßig am Silvesterabend in verschiedenen dritten Programmen des deutschen Fernsehens gesendet. – Man verwendet das Zitat scherzhaft oder ironisch, um etwas zu kommentieren, was immer in der gleichen Weise abläuft.

The Taming of the Shrew

Der ↑Widerspenstigen Zähmung

The winter of our discontent

Der ↑Winter unseres Mißvergnügens

Thespiskarren

Die bildungssprachliche Bezeichnung für ein Tourneetheater geht auf eine Bemerkung zurück, die der römische Dichter Horaz (65–8 v. Chr.) in seiner „Ars poetica" in bezug auf Thespis, den ältesten bekannten Tragödiendichter der Griechen gemacht hat. Dieser soll nach Horaz mit einem Wagen umhergezogen sein.

↑Aus der **Tiefe** des Gemüts

Aus der **Tiefe** rufe ich, Herr, zu dir

↑De profundis

Im **tiefen** Keller sitz' ich hier

↑Im kühlen Keller sitz' ich hier

Tiefer Sinn liegt oft im kind'schen Spiel

↑Hoher Sinn liegt oft im kind'schen Spiel.

↑Der ist in **tiefster** Seele treu, wer die Heimat liebt wie du

Das **Tier** im Menschen

↑La bête humaine

↑Jedem **Tierchen** sein Pläsierchen

Tiere sehen dich an

Dies ist der Titel eines 1928 erschienenen Fotobandes des Malers und Schriftstellers Paul Eipper, der vor allem durch Bücher über Tiere bekannt wurde. Das Zitat wird heute in vielfältig abgewandelter Form verwendet, vor allem, wenn man sich mit anderen Lebewesen konfrontiert sieht, durch deren Blicke man sich in bestimmter Weise angesprochen oder berührt fühlt.

Time is money

↑Zeit ist Geld

Timeo Danaos et dona ferentes

↑Danaergeschenk

Tintenklecksendes Säkulum

Der Räuber Karl Moor – in Schillers Schauspiel „Die Räuber" (1781) – sagt, von einer Lektüre aufblickend (1. Akt, 2. Szene): „Mir ekelt vor diesem tintenklecksenden Säkulum, wenn ich in meinem Plutarch lese von großen Menschen." Er ist der Meinung, daß die Menschen seiner Gegenwart keine Menschen der Tat mehr sind, sie sind schlapp und kraftlos. So höhnt er: „... ein schwindsüchtiger Professor hält sich bei jedem Wort ein Fläschchen Salmiakgeist vor die Nase und liest ein Kollegium über die Kraft." Man zitiert den Ausdruck „tintenklecksendes Säkulum" gelegentlich, wenn man (ähnlich wie Karl Moor) bei seinen Zeitgenossen Mut zur Größe, Tatkraft und Begeisterung vermißt.

↑Vor **Tische** las man's anders

Tischleindeckdich

Der scherzhafte Ausdruck mit der Bedeutung „Möglichkeit, gut und sorglos zu leben, ohne eigenes Bemühen gut versorgt zu werden" geht auf das Grimmsche Märchen „Tischchen deck dich, Goldesel und Knüppel aus dem Sack" zurück. Darin wird ein Tischlergeselle nach abgeschlossener Lehrzeit von seinem Meister mit einem Tisch belohnt, der sich auf Geheiß mit den köstlichsten Speisen und Getränken deckt.

To be or not to be, that is the question

↑Sein oder Nichtsein, das ist hier die Frage

Tobias sechs, Vers drei

↑O Herr, er will mich fressen!

Die **Töchter** des Landes

Dieser Ausdruck, mit dem man heute nur noch in scherzhafter Weise „die Mädchen in einer bestimmten Gegend" bezeichnet, stammt aus der Bibel. Er wird meist in Zusammenhängen gebraucht, in denen davon die Rede ist, daß sich ein Mann mit Heiratsabsichten trägt und sich „unter den Töchtern des Landes umsieht". In der Bibel steht der Ausdruck nicht in einem solchen Zusammenhang. Im 1. Buch Moses 33, 17–20 wird berichtet, daß sich Jakob mit seiner Familie eine neue Wohnstatt im Lande Kanaan gesucht und sich da niedergelassen hat, und im Kapitel 34, 1 heißt es dann: „Dina aber, Leas Tochter, die sie Jakob geboren hatte, ging heraus, die Töchter des Landes zu sehen."

↑Rasch tritt der **Tod** den Menschen an

Der **Tod** ist ein Meister aus Deutschland

In seinem berühmten Gedicht „Todesfuge" erhebt der Lyriker Paul Celan (1920–1970) eine Klage über die unmenschliche Verfolgung und die grausame Tötung der Juden im Deutschland des Nationalsozialismus, die sich im Verlauf des Gedichts immer mehr zur Anklage verdichtet. In kanonartig, wie Themen einer Fuge nacheinander gesetzten Bildern, Motiven, Andeutungen von Vorgängen, die auftauchen, verschwinden, wieder aufgegriffen, leicht variiert und miteinander verknüpft werden, entsteht ein eigentümliches Geflecht von Aussagen, die das grausame Geschehen zunächst erahnen und dann in der eindrucksvollsten Weise deutlich werden lassen. Im letzten Drittel des Gedichts dann taucht erst diese unverhüllte, mehrmals wiederholte Aussage „der Tod ist ein Meister aus Deutschland" auf, die nun den Verursacher, den Schuldigen nennt und anklagt. – Eine mehrteilige Fernsehdokumentation von der Journalistin Lea Rosh und dem Historiker Eberhard Jäckel über die Judenverfolgung zur Zeit des Nationalsozialismus, die 1990 ausgestrahlt wurde, trug den Titel: „Der Tod ist ein Meister aus Deutschland".

Tod, wo ist dein Stachel? Hölle, wo ist dein Sieg?

Die beiden oft als Motto verwendeten, christlichen Trost enthaltenden rhetorischen Fragen sind Teil eines Bibelverses. Im 1. Brief an die Korinther (15,55) schreibt der Apostel Paulus der dortigen Gemeinde: „Der Tod ist verschlungen in den Sieg. Tod, wo ist dein Stachel? Hölle, wo ist dein Sieg?“ Der Stachel ist dem Tod genommen durch den stellvertretenden Tod Jesu für die Sünden der Menschen. So heißt es Vers 56 f.: „Aber der Stachel des Todes ist die Sünde; die Kraft aber der Sünde ist das Gesetz. Gott aber sei Dank, der uns den Sieg gegeben hat durch unsern Herrn Jesus Christus!“

Die **Todgeweihten** grüßen dich!

↑Morituri te salutant!

Tohuwabohu

Dieser Ausdruck, mit dem man einen großen Wirrwarr, ein völliges Durcheinander und Chaos bezeichnet, geht auf die Bibel zurück. Am Anfang des Schöpfungsberichtes (1. Moses 1,2) heißt es: „Und die Erde war wüst und leer“. Der hebräische Ausdruck für „wüst und leer“ lautet *tohû wạ vohû* (eigentlich: Wüste und Öde). Das Wort „Tohuwabohu“ wurde also aus dem hebräischen Urtext dieser Bibelstelle übernommen.

Tolle, lege!

↑Nimm und lies!

↑Ist dies schon **Tollheit,** hat es doch Methode

Ein **tönend** Erz oder eine klingende Schelle

Dieses Zitat stammt aus dem ersten Brief an die Korinther (13,1) im Neuen Testament, in dem es heißt: „Wenn ich mit Menschen- und mit Engelszungen redete und hätte die Liebe nicht, so wäre ich ein tönendes Erz oder eine klingende Schelle.“ Mit dem Bild „ein tönend Erz oder eine klingende Schelle“ sind wohl Schlag- oder Lärminstrumente gemeint, auf denen man keine Melodie spielen kann. Im übertragenen Sinne wird das Zitat heute auf jemanden bezogen, der zwar schön formulierte oder großsprecherische, aber nichtssagende Reden führt.

Ein **Tor** find’t allemal noch einen größern Toren, der seinen Wert zu schätzen weiß

Dieses eigentlich für sich selbst sprechende Zitat wird auch in etwas erweitertem, allgemeinerem Sinn gebraucht, wenn etwa ausgedrückt werden soll, daß wohl keine Idee so töricht, abgeschmackt oder abseitig sein kann, als daß sie nicht doch irgendwelche Anhänger findet. Es handelt sich dabei um die beiden abschließenden Zeilen des Gedichtes „Cotill“ des pietistisch orientierten Schriftstellers der Aufklärung Christian Fürchtegott Gellert (1715 bis 1769). In dem moralisierenden Gedicht wird beschrieben, wie einer, der zunächst von allen für einen Narren gehalten wird, weil er „im Gehen oft ein Rad“ schlägt, bei seinem seltsamen Tun immer mehr Nachahmer findet, bis er schließlich als Erfinder dieser Fortbewegungsweise öffentlich gelobt wird. Als Quelle für die in den letzten beiden Zeilen formulierte Moral des Gedichts kann ein Vers des französischen Schriftstellers Nicolas Boileau-Despréaux (1636–1711) gelten. In seinem wohl bekanntesten Werk „L’art poétique“ findet sich am Ende des 2. Gesangs der Vers: *Un sot trouve toujours un plus sot qui l’admire,* auf deutsch: „Ein Dummkopf findet immer einen noch Dümmeren, der ihn bewundert.“

Ein **Tor** ist immer willig, wenn eine Törin will

Dieses Zitat, das meist wohl als scherzhaft anzügliche Bemerkung bei entsprechender Gelegenheit verwendet wird, stammt aus einem Gedicht des deutschen Dichters Heinrich Heine (1797–1856). Es ist eigentlich Teil eines Wortspiels, das allerdings erst zu verstehen ist, wenn man das ganze Gedicht kennt. Es handelt sich um das Gedicht

Nr. 17 aus dem Zyklus „Die Heimkehr" mit den Anfangszeilen „Sei mir gegrüßt, du große,/Geheimnisvolle Stadt". Die Stadt mit ihren „Türmen und Toren" muß sich vom Dichter den Vorwurf gefallen lassen, daß sie die Liebste mit all ihren „Koffern und Schachteln" hat davonziehen lassen. Dabei werden die Türme für „unschuldig" befunden, weil sie sich nicht bewegen können. Von den Stadttoren aber heißt es in der letzten Strophe: „Die Tore jedoch, die ließen/ Mein Liebchen entwischen gar still", und hieran schließen sich in scherzhafter Wortspielerei die letzten beiden Zeilen an: „Ein Tor ist immer willig,/Wenn eine Törin will." Der eigentlich traurige Sachverhalt wird durch das Wortspiel ironisch verfremdet, gewissermaßen auf Distanz gebracht.

↑Auf in den Kampf, **Torero!**

Der **totale** Staat

Dieser Ausdruck geht auf den wegen seiner positiven Haltung gegenüber Faschismus und Nationalsozialismus umstrittenen Staatsrechtler Carl Schmitt (1888–1985) zurück, der ihn in seiner Schrift „Der Begriff des Politischen" (1932) propagierte. Der „totale Staat" steht für ein totalitäres, antiparlamentarisches und antiliberales Staatsmodell. Er wird heute oft warnend zitiert, wenn Regierung und Verwaltung eines Staates die individuellen Freiheiten der Bürger zu stark einschränken, wenn ein Übermaß an staatlichen Regelungen und Kontrollen befürchtet wird.

Die **Toten** bleiben jung

So lautet der Titel eines 1949 erschienenen Romans der deutschen Schriftstellerin Anna Seghers (1900–1983). Darin wird die Erschießung eines jungen, wegen kommunistischer Propaganda zum Tode verurteilten Soldaten der deutschen Wehrmacht durch eben denjenigen befohlen, der nach dem Ersten Weltkrieg an der Ermordung des Vaters dieses jungen Mannes beteiligt war. Diese thematische Klammer dient der Autorin dazu, die Entwicklung in Deutschland von 1918 bis zum Ende des Zweiten Weltkriegs chronikartig darzustellen und letztlich dann einen Ausblick auf die alternativen Möglichkeiten zu geben, die im Vergleich dazu eine konkret sich verändernde, wirklich sozialistische Demokratie haben könnte. Der Titel bringt die dem Roman immanente Vorstellung zum Ausdruck, daß das Vermächtnis aller, die für die Idee einer humanistisch-sozialistischen Gesellschaft gekämpft haben und gestorben sind, von denen, die ihnen nachfolgen, verwirklicht wird. In diesem Sinne, aber auch ganz allgemein als Mahnung an die Lebenden, das Opfer aller Kriegstoten als nie verstummende Forderung nach einer besseren Welt in Frieden und Freiheit zu verstehen, wird der Titel zitiert.

↑Laß die **Toten** ihre Toten begraben

↑Nur ein **toter** Indianer ist ein guter Indianer

Die **Trägheit** des Herzens

Diese poetische Umschreibung für die Gleichgültigkeit eines Menschen gegenüber seinen Mitmenschen, für den Mangel an Mitgefühl oder Anteilnahme gehört zum Titel eines Romans des deutschen Schriftstellers Jakob Wassermann (1873–1934). Der Titel des 1909 erschienenen Romans lautet vollständig: „Caspar Hauser oder Die Trägheit des Herzens". Wassermann, einer der meistgelesenen Autoren Deutschlands der 20er und 30er Jahre, hat damals mit diesem Roman die Forschungen über die Herkunft des Findlings Kaspar Hauser, eines etwa sechzehnjährigen Jungen, der im Jahre 1828 plötzlich in Nürnberg aufgetaucht war, neu belebt und die Phantasien, die sich bis zum heutigen Tag um diese Gestalt ranken, angeregt. Mit großer Anteilnahme schildert er die Geschichte des unbekannten (1833 von einem nie entdeckten Täter ermordeten) Jungen, dessen Schicksal in der kurzen Zeitspanne seiner bekannten Existenz von der Lieblosigkeit und dem Egoismus der ihn umgebenden Menschen bestimmt wurde und der an der in Selbstgerechtigkeit erstarrten Umwelt, an der „Trägheit des Herzens" seiner Mitmenschen zugrunde ging.

Es **trägt** Verstand und rechter Sinn mit wenig Kunst sich selber vor

Dieses Zitat stammt aus Goethes Faust (I. Teil; „Nacht"). In einem Dialog mit dem wißbegierigen, aber wenig kreativen Magister Wagner, der die Kunst der Rhetorik unbedingt erlernen möchte, sagt Faust an einer Stelle: „Es trägt Verstand und rechter Sinn/Mit wenig Kunst sich selber vor;/Und wenn's Euch ernst ist, was zu sagen,/Ist's nötig, Worten nachzujagen?" Wenn man zum Ausdruck bringen möchte, daß es keiner besonderen Formulierungskunst bedarf, sich anderen mitzuteilen, solange man etwas Vernünftiges zu sagen hat, wird das Zitat gelegentlich noch verwendet.

Die **Träne** quillt

Die ↑Erde hat mich wieder

↑Die mit **Tränen** säen, werden mit Freuden ernten

Die **Tränen** und die Seufzer, die kamen hintennach

Das Zitat stammt aus Heinrich Heines (1797–1856) 49. Gedicht aus der Sammlung „Lyrisches Intermezzo". Zwei vierzeilige Strophen beschreiben hier zwei unterschiedliche Erfahrungen des Trennungsschmerzes: „Wenn zwei voneinander scheiden,/So geben sie sich die Händ'/Und fangen an zu weinen/Und seufzen ohne End'./Wir haben nicht geweinet,/Wir seufzten nicht Weh und Ach!/Die Tränen und die Seufzer,/Die kamen hintennach." Die letzten beiden Zeilen werden gelegentlich zitiert, wenn jemandem erst spät die Folgen seines Tuns oder die Schwere eines Verlusts schmerzhaft bewußt werden.

Trank nie einen Tropfen mehr

Mit diesem Vers endet die Goethesche Ballade „Der König in Thule". Sie erschien zuerst in der Sammlung „Volks- und andere Lieder". Später fügte sie Goethe in die Szene „Abend" in den ersten Teil des Faust ein, wo sie von Gretchen gesungen wird. Das Gedicht wurde mehrfach vertont, zum Beispiel von Franz Liszt und Franz Schubert. – Mit dem Zitat läßt sich scherzhaft feststellen, daß jemand von einem bestimmten Zeitpunkt an aufgehört hat, Alkohol zu trinken.

↑O **Trank** der süßen Labe

Trau keinem über dreißig

Aus der Protestbewegung der Studenten in den sechziger Jahren ging eine sozial tiefer greifende antiautoritäre Bewegung mit gelegentlich auch anarchischen Zügen hervor. Sie äußerte sich unter anderem in mancherlei oft witzigen Parolen und Sprüchen, die besonders gegen das Establishment und seine festgefahrenen gesellschaftlichen Strukturen gerichtet waren. Typisch dafür ist dieser Spruch, der neben jugendlicher Selbstüberschätzung in aller Deutlichkeit und ohne Rücksichtnahme die berechtigte Abwehr gegen alles offenbart, was als überholt, als rückschrittlich und damit allem fortschrittlichen Denken hinderlich empfunden wurde. Die Übertreibung, die darin liegt, daß man diese Denkstrukturen und die daraus folgenden Handlungsweisen kurzerhand mit dem Alter von Menschen jenseits der Dreißig verknüpfte, machte den Spruch aggressiv und herausfordernd und damit auch populär.

Die **Trauben** hängen zu hoch

Diese Redensart ist auch in der Form „Die Trauben sind zu sauer" gebräuchlich. Man wendet sie auf jemanden an, der so tut, als wollte er etwas eigentlich sehr Begehrenswertes gar nicht haben, nur um nicht zugeben zu müssen, daß er gar nicht in der Lage ist, es zu erreichen. Zugrunde liegt der Redensart die Fabel „Der Fuchs und die Trauben". Darin wird von einem Fuchs erzählt, der sich Trauben holen will und der sich, als er merkt, daß sie für ihn zu hoch hängen, mit der Bemerkung davonmacht, die Trauben seien ja noch unreif und gar nicht süß. Die Fabel, die durch den französischen Dichter Jean de La Fontaine (1621 bis 1695) bekannt wurde (französischer Titel „Le renard et les raisins") gehört zu den „Äsopischen Fabeln". Dies sind Tierfabeln, die dem legendären griechischen Fabeldichter Äsop zugeschrieben werden, der angeblich um die Mitte des 6. Jahrhunderts v. Chr. lebte.

Trauer muß Elektra tragen

Dies ist der deutsche Titel einer Dramentrilogie in 13 Akten des amerikanischen Dramatikers Eugene O'Neill (1888–1953). In dieser Tragödie (englischer Originaltitel: *Mourning becomes Electra*), die als sein bedeutendstes Werk gilt, hat der Dichter den in der griechischen Tragödie mehrfach behandelten Mythos um die Gestalt der Elektra, Tochter des Agamemnon und der Klytämnestra, Schwester des Orest und der Iphigenie, in die Wirklichkeit einer Epoche der amerikanischen Geschichte des 19. Jahrhunderts transportiert. Er hat das antike Thema des schicksalhaften Gefangenseins des Menschen in seinen eigenen Leidenschaften, bei dem der schuldverhaftete und in seiner Schuld hilflos unterlegene Mensch im Mittelpunkt steht, im Gewand der modernen Zeit dargestellt. Der Titel dieses Werks wurde zum oft verwendeten Zitat, mit dem, häufig in einer der jeweiligen Situation angepaßten Abwandlung, jemandes mißliche Lage o. ä. kommentiert wird. So könnte beispielsweise ein Fußballkommentator die prekäre Situation eines Fußballvereins mit dem Ausspruch „Trauer muß Borussia tragen" kommentieren.

Träumereien an französischen Kaminen

Der deutsche Arzt und Schriftsteller Richard von Volkmann (1830–1889) verfaßte unter anderem Märchen, in denen er Elemente des Volks- und Kunstmärchens miteinander verband. Besonders bekannt geworden ist eine während des Krieges 1870/71 in Frankreich entstandene Märchensammlung, die er unter dem Pseudonym Richard von Leander mit dem Titel „Träumereien an französischen Kaminen" veröffentlichte. Der Titel wurde zu einem Ausdruck, mit dem man in unterschiedlichen Abwandlungen die verschiedenartigsten Assoziationen erwecken kann, beispielsweise in Formulierungen wie: „Träumereien an finnischen Seen", „Träumereien in deutschen Betten", „Träumereien in luftigen Höhen" o. ä. Er wird auch gelegentlich unverändert als leicht spöttische Beurteilung von unrealistischen, märchenhaften Vorstellungen zitiert.

Und **treiben** mit Entsetzen Scherz

↑Da werden Weiber zu Hyänen

↑Ach, ich bin des **Treibens** müde!

Treppenwitz der Weltgeschichte

Mit diesem Ausdruck kennzeichnet man eine ziemlich absurd, wie ein schlechter Scherz wirkende Begebenheit, die zu einem sie begleitenden historisch bedeutsamen Vorgang in keinem angemessenen Verhältnis steht, ihn aber gelegentlich in nicht unerheblichem Maß beeinflußt. Dem Ausdruck liegt der Titel „Der Treppenwitz der Weltgeschichte" eines 1882 erschienenen, damals noch häufig aufgelegten Buches von William Lewis Hertslet (1839–1898) zugrunde, in welchem der Autor „geschichtliche Irrtümer, Entstellungen und Erfindungen" (so der Untertitel) zusammengestellt hat. Das Wort „Treppenwitz" geht zurück auf französisch *esprit d'escalier,* ein Ausdruck, der eine versäumte Gelegenheit bezeichnet, einen Einfall, der einem zu spät kommt, gewissermaßen wenn man nach einem Besuch o. ä. schon wieder auf der Treppe ist.

Tres faciunt collegium

Der oströmische Kaiser Justinian (482–565) veranlaßte eine Sammlung der zu seiner Zeit geltenden Rechtsvorschriften, die später (ab 1583) das „Corpus Juris Civilis" genannt wurde. Im zweiten Buch, den sogenannten „Digesten", des vier Bücher umfassenden Werks findet sich eine Stelle, an der es heißt: *Neratius Priscus tres faciunt existimat collegium,* auf deutsch: „Neratius Priscus erklärt, daß drei ein Kollegium ausmachen." (Neratius Priscus war ein

Jurist, der um 100 n. Chr. lebte.) Mit diesem Rechtsspruch wird ausgedrückt, daß es mindestens dreier Personen als Grundlage zur Bildung eines Vereins, einer Gesellschaft o. ä. bedarf. Dieser Rechtsgrundsatz spielte später in verschiedenen Lebensbereichen eine Rolle. So galt seit dem Mittelalter beispielsweise an den Universitäten die Regel, daß außer dem Dozenten mindestens noch zwei Studenten anwesend sein mußten, wenn eine Vorlesung gehalten werden sollte. Heute wird der Spruch gelegentlich noch als scherzhafte Floskel gebraucht, wenn jemand mit zwei anderen Personen irgendwo zusammentrifft, oder auch wenn er drei andere Personen irgendwo beieinander vorfindet.

↑Sie hat die **Treu'** gebrochen

Die **Treue,** sie ist doch kein leerer Wahn

In der Ballade „Die Bürgschaft" von Schiller zeigt der Dichter an einem in dramatischen Geschehnissen dargestellten Beispiel die Bewährung wahrer Freundschaft und Treue. Gerührt von einem solchen Nachweis echter Freundestreue, die sich darin zeigt, daß einer für den andern das Leben einsetzt, spricht der Tyrann von Syrakus am Ende die Worte: „Es ist euch gelungen,/Ihr habt das Herz mir bezwungen;/Und die Treue, sie ist doch kein leerer Wahn" und bittet danach noch um Aufnahme in diesen Freundschaftsbund. Das Wort von der Treue, die kein leerer Wahn ist, wurde zum geflügelten Wort, das mit wechselndem Subjekt in unterschiedlichen Zusammenhängen verwendet wird. So kann man von etwas, was man zuvor in Zweifel gezogen hatte und was sich dann als nicht trügerisch, nicht irrig herausgestellt hat, sagen, es sei doch „kein leerer Wahn" gewesen.

Ein **treuer** Diener seines Herrn

Dieser Titel eines historischen Dramas von Franz Grillparzer (1791–1872) bezieht sich auf die Hauptfigur des Stücks, den Paladin Bancbanus, der seinem König, Andreas von Ungarn, treu ergeben war. Heute bezeichnet man jemanden ironisch als „treuen Diener seines Herrn", den man als unkritischen, fast unterwürfigen Untergebenen charakterisieren will, der alles tut, was ihm von seinem Vorgesetzten aufgetragen wird.

Treulich geführt

Mit diesem Ausdruck spielt man scherzhaft auf eine (meist bevorstehende oder zu erwartende) Hochzeit an. Das Zitat stammt aus Richard Wagners Oper Lohengrin (1850 uraufgeführt), deren dritter Akt mit dem sogenannten „Brautlied" beginnt. Die ersten Zeilen lauten: „Treulich geführt ziehet dahin,/wo euch der Segen der Liebe bewahr'!"

Trink ihn aus, den Trank der Labe

↑O Trank der süßen Labe!

↑Zuviel kann man wohl **trinken,** doch nie trinkt man genug

Trinkt, o Augen, was die Wimper hält, von dem goldnen Überfluß der Welt!

Bei dem Ausspruch, den man angesichts eines überwältigend schönen visuellen Eindrucks zitieren kann, handelt es sich um die beiden Schlußverse des „Abendliedes" von Gottfried Keller (1819 bis 1890). Mit dem Titel ist ein Lied am Abend des Lebens gemeint, wie schon der ebenfalls bekannte Anfang erkennen läßt: „Augen, meine lieben Fensterlein,/Gebt mir schon so lange holden Schein,/... Einmal werdet ihr verdunkelt sein!"

Trio infernal

„Le Trio infernal" ist der Titel eines 1974 in Frankreich gedrehten Films mit Romy Schneider und Michel Piccoli in den Hauptrollen. Dem Drehbuch liegt ein Roman von Solange Fasquelle zugrunde. Das „teuflische Trio" des Films besteht aus einem französischen Anwalt und zwei deutschen Schwestern, die Versicherungsbetrug großen Stils begehen, indem der Anwalt den beiden Frauen Ehemänner verschafft, die er dann umbringen läßt. – Man verwendet das Zitat meist scherzhaft zur Charakterisierung von drei Personen, die zusammengehören und wegen ihrer auffälligen Aktivitäten gefürchtet (oder auch bewundert) werden.

↑Ich bin des **trocknen** Tons nun satt

Trojanisches Pferd

↑Danaergeschenk

↑Steter **Tropfen** höhlt den Stein

↑O wie so **trügerisch** sind Weiberherzen

↑Bella gerant alii, **tu,** felix Austria, nube

Tu Geld in deinen Beutel

Das Zitat stammt aus Shakespeares Tragödie „Othello" (I,3). Im Original fordert Jago Rodrigo wiederholt mit den Worten *Put money in thy purse!* dazu auf, sich mit Geld auszustatten und lieber mit ihm zusammen den Kampf um Desdemona aufzunehmen, als sich aus Liebeskummer das Leben zu nehmen, weil sich die von ihm umworbene Desdemona für Othello entschieden hat. – Bei Unternehmungen unterschiedlicher Art, die nur mit einem gewissen finanziellen Polster möglich sind, wird heute diese Aufforderung zitiert.

Tu nur das Rechte in deinen Sachen; das andre wird sich von selber machen

Diesen Spruch findet man bei Goethe in der Abteilung „Sprichwörtlich" der Gedichtsammlung von 1815. Er enthält als Lebensregel den Rat, „recht" zu handeln und das übrige seinen Gang gehen zu lassen.

Tu, was du nicht lassen kannst

↑Ich hab' getan, was ich nicht lassen konnte

Tua res agitur

Bei diesem Ausspruch handelt es sich um eine Feststellung, die der römische Dichter Horaz (65–8 v. Chr.) in seinen „Epistulae" (I, 18) getroffen hat. Er rät dem Adressaten: *Tua res agitur, paries cum proximus ardet.* (In wörtlicher Übersetzung: „Deine Sache wird abgehandelt, wenn die Wand des Nachbarn brennt".) Mit diesem Bild wollte Horaz dem Briefempfänger sagen, daß man jemandem, der in Schwierigkeiten geraten ist, helfen sollte, weil man selbst in die gleiche Lage kommen könnte. – Man weist mit dem Zitat jemanden darauf hin, daß etwas Bestimmtes in seinem Interesse liegt, daß er seine Aufmerksamkeit darauf richten sollte.

Die **Tücke** des Objekts

Mit dieser Redewendung kommentiert man häufig ein Mißgeschick, das man beispielsweise bei der Handhabung eines Gegenstandes, eines Werkzeugs oder ähnlichem erlebt. Man bedient sich dann eines Ausdrucks, der dem Roman „Auch einer" des Philosophen Friedrich Theodor Vischer (1807–1887) entnommen ist. Von solcher „Tücke" ist in dem Roman die Reisebekanntschaft des Erzählers betroffen. Der skurrile Fremde „A. E." befindet sich in einem ständigen Kleinkrieg mit allen möglichen Gegenständen des Alltags, mit denen er in Berührung kommt. Er beschreibt seine Nöte an einer Stelle so: „Von Tagesanbruch bis in die späte Nacht, solang irgendein Mensch um den Weg ist, denkt das Objekt auf Unarten, auf Tücke ... So lauert alles Objekt, Bleistift, Feder, Tintenfaß, Papier, Zigarre, Glas, Lampe – alles, alles auf den Augenblick, wo man nicht acht gibt."

Die **Tugend,** sie ist kein leerer Schall

Dies ist ein Zitat aus dem Gedicht „Die Worte des Glaubens" von Schiller. In der dritten Strophe heißt es: „Und die Tugend, sie ist kein leerer Schall,/Der Mensch kann sie üben im Leben ..." Dabei ist die Möglichkeit des Menschen, Tugend „zu üben", abhängig davon, ob es ihm gelingt, seine innere Freiheit zu bewahren (vergleiche dazu auch den Artikel „Der Mensch ist frei geschaffen"). Das Zitat von der Tugend, das heute meist in weniger ernsthaften Zusammenhängen gebraucht wird, erscheint wohl in Anlehnung an das bekanntere Schillerzitat „Und die Treue, sie ist doch kein leerer Wahn“ aus dem Gedicht „Die Bürgschaft“, oft auch in der Form „Die Tugend, sie ist kein leerer Wahn“.

Tumber Tor

Der Held des mittelalterlichen Versepos „Parzival“ von Wolfram von Eschenbach (um 1170–1220) ist „Parzivâl der tumbe“. Nach dem Tod seines Vaters hatte seine Mutter Herzeloyde den Knaben fern von der ritterlichen Welt in der Abgeschiedenheit aufgezogen. Die zufällige Begegnung mit einer Ritterschar lockt ihn hinaus in die Welt, in der er sich dann als der „tumbe tor“ erweist, der Unerfahrene, Unverständige, der nichts von der Welt weiß und versteht. – Als „tumben Toren“ bezeichnet man jemanden, häufiger mit leicht abschätzigem Unterton, den man für allzu naiv, zu wenig clever, zu wenig auf seinen Vorteil bedacht hält.

Das ↑eine **tun** und das andere nicht lassen

Der **Turmbau** zu ↑Babel

Es **tut** mir lang schon weh, daß ich dich in der Gesellschaft seh'

Sein Mißfallen an jemandes Umgang kann man mit den beiden Versen aus Goethes Faust I (Marthens Garten) zu erkennen geben. Gegenüber Fausts Begleiter Mephisto empfindet Margarete eine instinktive Abneigung, der sie mit den zitierten Zeilen Ausdruck verleiht.

Tut nichts! Der Jude wird verbrannt!

Dreimal wiederholt in Lessings dramatischem Gedicht „Nathan der Weise“ (1779) der Patriarch von Jerusalem diese Worte. Sie sind seine stereotype Antwort auf alle Einwände des jungen Tempelherrn gegen die Verurteilung eines Juden zum Tode auf dem Scheiterhaufen, nur weil er – gegen päpstliches und kaiserliches Gebot – ein christliches Kind bei sich aufgenommen und im jüdischen Glauben erzogen hat (es aber so davor bewahrt hat, möglicherweise im Elend umzukommen). Das Zitat, mit dem man ironisch auf jemandes Unbeirrbarkeit oder Starrköpfigkeit hinweisen kann, wird heute nur selten und nur in Situationen verwendet, in denen es nicht als Ausdruck antisemitischer Ressentiments mißverstanden werden kann.

U

Üb immer Treu und Redlichkeit

Diese vielzitierte Aufforderung, in seinem Handeln stets zuverlässig und ehrlich zu bleiben, bildet die Anfangszeile des Gedichts „Der alte Landmann an seinen Sohn“ von Ludwig Heinrich Christoph Hölty (1748–1776), einem Dichter, der als Begründer der neueren deutschen Balladendichtung gilt. Von dem Gedicht, das als ganzes sicherlich nicht mehr als sehr zeitgemäß empfunden wird, sind die ersten vier Zeilen der ersten Strophe, die in der letzten Strophe noch einmal wiederholt werden, bekannt geblieben. Sie sind unter anderem zu einem beliebten Poesiealbumspruch geworden: „Üb immer Treu und Redlichkeit/Bis an dein kühles Grab,/Und weiche keinen Finger breit/Von Gottes Wegen ab.“ Zum Bekanntwerden dieser Zeilen hat besonders auch die Melodie beigetragen, nach der sie gewöhnlich gesungen werden. Es handelt sich um eine Melodie von Mozart, das Lied des Papageno „Ein Mädchen oder Weibchen“ aus dem 2. Akt der Oper „Die Zauberflöte“ (Uraufführung 1791).

Das ↑Leben ist der Güter höchstes nicht, der **Übel** größtes aber ist die Schuld

Über allen Gipfeln ist Ruh'

Dies ist der Anfang eines der bekanntesten und berühmtesten Gedichte von Goethe, das von manchen auch als das vollkommenste betrachtet wird. Es trägt den Titel „Wandrers Nachtlied" und wurde von Goethe (im Hinblick auf ein anderes Gedicht mit gleichem Titel) mit „Ein Gleiches" überschrieben. Populär wurde es auch durch vielfache Vertonung, besonders durch die von Franz Schubert. Der Gedichtanfang, wie auch das ganze Gedicht, wurde im Laufe der Jahre in mancherlei scherzhaft gemeinter, oft kalauernder Weise abgewandelt und verballhornt. Die Anfangszeile wird oft dann zitiert, wenn scherzhaft ausgedrückt werden soll, daß es irgendwo sehr langweilig ist, sich nichts Aufregendes, Interessantes ereignet.

Über die allmähliche Verfertigung der Gedanken beim Reden

Das Zitat ist der Titel eines Aufsatzes von Heinrich von Kleist (1777–1811). Er wird dort auf die Gewinnung von Erkenntnis durch diskursives Meditieren bezogen, was bedeutet, daß man sich über seine zunächst noch verworrenen Vorstellungen klar werden soll, indem man sie jemandem vorträgt. Heute verwendet man das Zitat, um ganz allgemein auszudrücken, daß man oft erst beim Reden seine Gedanken entwickelt.

Über diese Antwort des Kandidaten Jobses geschah allgemeines Schütteln des Kopfes

Wenn jemandes Äußerung bei andern auf Unverständnis stößt, lassen sich diese kehrreimartig wiederkehrenden Verse (in Teil I, Kapitel 19) aus dem komischen Heldengedicht „Leben, Meinungen und Thaten des Kandidaten Hieronymus Jobs" (1784) von Karl Arnold Kartum (1745–1824) zitieren. In der Satire lösen die seltsamen Antworten des Kandidaten der Theologie das Kopfschütteln seiner Prüfer aus. Wilhelm Busch hat das Werk 1872 unter dem Titel „Bilder zur Jobsiade" in einer gekürzten, teilweise neu gedichteten und illustrierten Fassung veröffentlicht und ihm – ebenso wie dem Zitat – zu weiterer Bekanntheit verholfen.

Über ein kleines

Die heute kaum noch gebräuchliche Redewendung mit der Bedeutung „bald, in kurzer Zeit" findet man in der Bibel im Johannesevangelium (16,16f.), wo Jesus den Jüngern seinen „Weggang" ankündigt: „Über ein kleines, so werdet ihr mich nicht sehen; und aber über ein kleines, so werdet ihr mich sehen, denn ich gehe zum Vater. Da sprachen sie: Was ist das, was er sagt: Über ein kleines? Wir wissen nicht, was er redet."

Über Zwirnsfäden stolpern

Die heute nur noch selten gebrauchte Redewendung mit der Bedeutung „über Nichtigkeiten zu Fall kommen, an etwas Belanglosem scheitern" geht zurück auf eine Äußerung des Fiesko in Schillers Trauerspiel „Die Verschwörung des Fiesko zu Genua" aus dem Jahr 1783. Im 5. Auftritt des 2. Aufzugs fragt er rhetorisch voll Verachtung für das Volk, dem er nichts wirklich zutraut: „Der blinde, unbeholfene Koloß, der mit plumpen Knochen anfangs Gepolter macht, Hohes und Niedres, Nahes und Fernes mit gähnendem Rachen zu verschlingen droht, und zuletzt – über Zwirnsfäden stolpert?"

Überall ist Wunderland

Diese Feststellung trifft der Schriftsteller Joachim Ringelnatz (1883–1934) in einem seiner skurrilen Gedichte mit dem Titel „Überall". Es beginnt: „Überall ist Wunderland./Überall ist Leben./ Bei meiner Tante im Strumpfenband/ Wie irgendwo daneben." – Das Zitat kann als Aufforderung verstanden werden, auch in alltäglichen Dingen das Besondere zu erkennen, das Staunen über die uns umgebende Welt nicht zu verlernen.

Überlebensgroß Herr Krott

Dies ist der Titel eines dramatischen Werks des deutschen Schriftstellers Martin Walser (* 1927). Der sehr populär gewordene Titel läßt sich, auch in Abwandlung des Namens, auf einen Menschen beziehen, der durch sein übermäßig ausgeprägtes Selbstbewußtsein eine kritische Einstellung seiner Mitmenschen herausfordert.

Überm Sternenzelt muß ein lieber Vater wohnen

Die freudige Gewißheit, daß es einen Gott, einen Vater im Himmel gibt, hat auch in Schillers Ode „An die Freude" ihren Grund in einer Hochgestimmtheit: in der Freude, die alle Menschen zu Brüdern macht. Ludwig van Beethoven (1770–1827) sicherte dem Gedicht besondere Popularität, indem er etwa ein Drittel des Schillerschen Gedichtes (hauptsächlich Verse aus der ersten Hälfte) für den Schlußchor der neunten Sinfonie verwendete. Die erste Chorstrophe lautet: „Seid umschlungen, Millionen!/Diesen Kuß der ganzen Welt!/ Brüder – überm Sternenzelt/Muß ein lieber Vater wohnen."

Übermensch

Dieser Begriff – obgleich schon sehr viel früher existierend – wurde durch den deutschen Philosophen Friedrich Nietzsche (1844–1900) zu einem Schlagwort. Der „Übermensch" als ein den Durchschnittsmenschen weit überragender Menschentypus erscheint in Nietzsches Schrift „Also sprach Zarathustra" aus dem Jahr 1883/85. Nietzsche postuliert darin, daß der Mensch etwas sei, „das überwunden werden soll". Der irische Dramatiker George Bernard Shaw (1856–1950) hat das Thema des Übermenschen in einem Stück mit dem Titel „Man and Superman" (deutsch: „Mensch und Übermensch") behandelt. Der „Superman" als Comicfigur stellt schließlich eine ins Triviale abgewandelte Form des Übermenschen dar. Im heutigen Sprachgebrauch verwendet man das Wort häufiger in leicht abschätzigem Sinn, wenn man beispielsweise angesichts eines unzumutbaren Ansinnens von sich sagt, man sei doch kein Übermensch.

Ubi bene, ibi patria

Der lateinische Vers (deutsch: „Wo es mit gutgeht, da ist mein Vaterland") ist nach einer Stelle aus Marcus Tullius Ciceros (106–43 v. Chr.) „Gesprächen in Tusculum" (V, 37) gebildet: *Patria est, ubicumque est bene*. Cicero übernahm das Zitat aus dem Drama „Teucer" des römischen Tragikers Marcus Pacuvius (220–um 130 v. Chr.). Letztlich geht die sprichwörtliche Redensart auf den griechischen Komödiendichter Aristophanes (vor 445–um 385 v. Chr.) zurück. In „Plutos" (1151) bittet der Götterbote Hermes die reichgewordenen Armen, die nun nicht mehr den Göttern opfern, um Aufnahme und benutzt dabei die Sentenz als Argument. – Der heute kaum noch bekannte Dichter Friedrich Hückstädt (1781–1823) gab einem kosmopolitischen Gedicht den Titel „Ubi bene, ibi patria" und ließ darin auch jede Strophe mit dieser Zeile enden.

↑ Deine **Uhr** ist abgelaufen

Die **Uhr** schlägt keinem Glücklichen

Dem ↑ Glücklichen schlägt keine Stunde

Ultima ratio

Der lateinische Ausdruck mit der Bedeutung „letztes, äußerstes Mittel" wurde häufig für militärische Auseinandersetzungen nach ergebnislosen Verhandlungen verwendet. Die Wendung *Ultima ratio regum* – „letztes Mittel der Könige" – geht auf den spanischen Dichter P. Calderón de la Barca zurück. In seinem Drama „In diesem Leben ist alles wahr und alles Lüge" (vor 1644) ist von Pulver und Blei als *Ultima razon de reyes* die Rede. Im 17. Jahrhundert war die Wendung eine häufige Inschrift auf französischen Kanonen. In Preußen verwendete man sie in der abgewandelten Form *Ultima ratio regis* seit 1742.

Um auf besagten Hammel zurückzukommen

Mit dieser heute nicht mehr allzu gebräuchlichen Floskel fordert man dazu auf, zum Ausgangspunkt eines Gesprächs, zu einem bereits angesprochenen Thema zurückzukehren. Die Floskel stammt aus dem Französischen. In der berühmtesten französischen Farce des Mittelalters „Maître Pierre Patelin" (entstanden etwa 1465, Verfasser unbekannt) ist der Held ein betrügerischer Advokat, der am Ende selbst betrogen wird. Dabei spielen gestohlene Hammel eine wichtige Rolle. Der Ausruf des Richters *Revenons à ces moutons!,* auf deutsch: „Kommen wir auf diese Hammel zurück!", wurde in Frankreich in der Form *Revenons à nos moutons!* (deutsch etwa: „Zurück zu unseren Hammeln!") zum geflügelten Wort, aus dem im Deutschen dann die obengenannte Floskel wurde.

Um des Kaisers Bart streiten

Diese Redewendung wird gebraucht, um auszudrücken, daß sich jemand um Dinge streitet, die des Streitens nicht wert sind, die sich vielleicht auch gar nicht entscheiden lassen. Des „Kaisers Bart" ist vermutlich entstellt und umgedeutet aus „Geißenhaar" (= Ziegenhaar), was an die lateinische Wendung *de lana caprina rixari* („um Ziegenwolle [also eigentlich um nichts] streiten") denken läßt. Die Wendung wurde dann auf die Streitereien von Gelehrten bezogen, in denen es darum ging, ob bestimmte deutsche Kaiser einen Bart getragen hätten. Auf diesem Hintergrund ist auch das Gedicht Emanuel Geibels (1815–1884) „Von des Kaisers Bart" entstanden, in dem drei Burschen im Wirtshaus darüber in Streit geraten, welche Farbe der Bart des Kaisers Rotbart habe. Da der eine den Kaiser mit einem braunen, der zweite ihn mit einem schwarzen und der dritte ihn mit einem weißen Kinnschmuck gesehen haben will, wird heftig gezankt, schließlich zieht man sogar die Degen, und am Ende geht man im Zorn auseinander. Das Gedicht endet mit der Ermahnung: „Zankt, wenn ihr sitzt beim Weine,/Nicht um des Kaisers Bart!"

Um ihrer schöner Augen willen

Das Zitat findet sich bei Molière (1622–1673) in den „Précieuses ridicules" (1659; Szene 15: *pour leurs beaux yeux*) und im „Misanthrope" (1666; III, 4: *pour nos beaux yeux*). In beiden Fällen wird bezweifelt, daß jemand einen andern nur um seiner schönen Augen willen liebt oder ihm etwas zuliebe tut. Die häufigste Formulierung im Deutschen ist: „etwas nicht um jemandes schöner blauer Augen willen tun", was bedeutet: „etwas nicht aus reiner Gefälligkeit tun".

Umgang mit Menschen

Die Redefloskel geht auf die 1788 erschienene, berühmte Schrift „Über den Umgang mit Menschen" des deutschen Schriftstellers Freiherr Adolph von Knigge (1752–1796) zurück. Der Verfasser gab in dieser dem Geist der Aufklärung verpflichteten Schrift seinen Zeitgenossen Regeln für den richtigen Umgang miteinander. Als „Knigge" bezeichnet man danach heute ein Buch mit Verhaltensregeln in einem bestimmten Bereich (zum Beispiel „Knigge für Autofahrer" oder „Knigge für Wohnungssuchende"), und vom „Umgang mit Menschen" ist meist die Rede, wenn es um das angemessene Verhalten gegenüber den Mitmenschen geht.

Umhergehen wie ein brüllender Löwe

Diese Redewendung gebraucht man, um auszudrücken, daß jemand mit großer Lautstärke, mit Schreien und Schimpfen auf etwas reagiert oder auch nur, um deutlich zu machen, daß jemand zuviel Aufhebens von etwas macht. Sie geht auf eine Stelle in der Bibel zurück. Im 1. Brief des Petrus, Kapitel 5, Vers 8 heißt es bei der Ermahnung zur Wachsamkeit: „Seid nüchtern und wachet; denn euer Widersacher, der Teufel, geht umher wie ein brüllender Löwe und sucht, welchen er verschlinge."

↑Seid **umschlungen,** Millionen!

Umwertung aller Werte

Der Ausdruck für eine neue, gegensätzliche Bewertung bisheriger Wertvorstellungen stammt aus der Philosophie

Friedrich Nietzsches (1844–1900) und bezieht sich dort auf die geforderte Ersetzung christlich-abendländischer Werte durch vorchristlich-archaische Tugenden. Damit sollte in einem „Akt höchster Selbstbesinnung der Menschheit" der Nihilismus aus der Einsicht in die mangelnde Objektivität aller bisherigen Sinngebung überwunden werden. Das geplante Werk „Der Wille zur Macht" sollte den Untertitel „Versuch einer Umwertung aller Werte" tragen.

Das **Unbehagen** in der Kultur

Diesen Titel gab der österreichische Begründer der modernen Psychoanalyse, Sigmund Freud (1856–1939), einer 1930 veröffentlichten gesellschaftstheoretischen Schrift. Er gelangt darin zur Erkenntnis, daß immer mehr Menschen durch gesellschaftliche Zwänge (so ist „Kultur" hier zu verstehen) daran gehindert werden, sich ihrem Triebleben ungehemmt hinzugeben und deshalb immer mehr Aggressionen verdrängt werden müssen. Das führt letztlich zu einem ständig wachsenden Schuldgefühl gegenüber der Gesellschaft, eben zum „Unbehagen in der Kultur". Heute wird der Titel – losgelöst von der Freudschen Vorstellung – gelegentlich zitiert, um das Gefühl der Unbehaglichkeit zu bezeichnen, das sich bei vielen angesichts der Folgeerscheinungen der zeitgenössischen Kultur einstellt.

Der **unbehauste** Mensch

Dieser Ausdruck wurde in den fünfziger Jahren zu einer Art Schlagwort, das den modernen Menschen in seinem Entwurzeltsein, seinem Umgetriebensein, seiner inneren Unausgerichtetheit charakterisiert. Es handelt sich dabei um den Titel eines 1951 erschienenen Essays des Schriftstellers Hans Egon Holthusen (* 1913), der als Vertreter eines christlichen Existentialismus gilt. Es ist sicher nicht falsch, bei der Formulierung einen Rückgriff auf Goethes Faust zu vermuten. Faust charakterisiert sich an einer Stelle im Dialog mit Mephisto (Faust I, Wald und Höhle) selbst mit der Frage: „Bin ich der Flüchtling nicht? Der Unbehauste?/Der Unmensch ohne Zweck und Ruh',/Der wie ein Wassersturz von Fels zu Felsen brauste,/Begierig wütend nach dem Abgrund zu?"

... das **unbekannte** Wesen

Der Titel des Hauptwerkes des französischen Chirurgen, Physiologen und Nobelpreisträgers Alexis Carrel (1873 bis 1944) *L'homme, cet inconnu* (deutsch „Der Mensch, das unbekannte Wesen") wurde in Titeln einer Aufklärungsserie in den 60er Jahren des 20. Jh.s abgewandelt in „Dein Kind, das unbekannte Wesen" mit den Fortsetzungen „Deine Frau ..." und „Dein Mann ..." Heute wird er mit wechselndem Subjekt in unterschiedlichen Zusammenhängen verwendet.

Ein **unbeschriebenes** Blatt

Der Ausdruck findet sich schon bei den verschiedensten Schriftstellern der Antike und des Mittelalters. Zunächst war jedoch nicht von einem „unbeschriebenen Blatt", sondern von einer „unbeschriebenen Tafel" die Rede. Gemeint war eine Wachstafel, auf der durch Einritzen mit einem Stift etwas schriftlich festgehalten werden konnte. Die Seele des Menschen in ihrem ursprünglichen Zustand wurde mit einer solchen noch unbeschriebenen Tafel verglichen. So beispielsweise bei Aristoteles (384–322 v. Chr.) in seiner Schrift „Über die Seele" (III, 4). Hier findet man die Erläuterung: „Man muß sich das vorstellen wie bei einer Tafel, auf der noch nichts wirklich geschrieben steht." Plutarch (50 bis 125 n. Chr.) soll das Bild der „unbeschriebenen Tafel" durch das eines „unbeschriebenen Blattes" ersetzt haben. – Man bezeichnet mit dem Ausdruck einen noch unerfahrenen Menschen oder jemanden, der noch unbekannt ist, von dem man nicht viel weiß. (Vergleiche auch „Tabula rasa".)

Unbewältigte Vergangenheit

Der Ausdruck wurde 1955 auf einer Einladung zu einer Tagung der Evangelischen Akademie Berlin (West) geprägt. Er wurde in der Folgezeit sehr häufig im Zusammenhang mit Veranstaltungen und Diskussionen zum Thema „Nationalsozialismus" verwendet. Heute versteht man unter dem Ausdruck neben den von einem Teil des deutschen Volkes verdrängten Verbrechen des Nationalsozialismus auch ganz allgemein zurückliegende Ereignisse, die man unbewußt seelisch verdrängt, an die man sich nicht mehr erinnern möchte.

Uncle Sam

Diese scherzhafte Bezeichnung für die USA oder auch für „die Amerikaner" soll auf einen Samuel Wilson aus New York zurückgehen. Im 2. englisch-amerikanischen Krieg von 1812–1814 mit der Kontrolle von Fleischlieferungen an die US-Armee betraut, soll er die von ihm geprüften Sendungen mit den Buchstaben U. S. (= United States) gekennzeichnet haben. Dies wurde dann in Anlehnung an seinen Vornamen Samuel (Koseform *Sam*) als Abkürzung von *Uncle Sam* „Onkel Sam" gedeutet. Historisch belegt ist diese Entstehungsgeschichte allerdings nicht.

Und alles ist Dressur

Das Zitat stammt aus der Szene „Vor dem Tor" in Goethes Faust I (1808). Faust kommt zu dem Schluß, daß der ihm und Wagner folgende Pudel doch kein Geistwesen sei, wie er zunächst vermutet hatte, sondern nur ein gewöhnliches Tier: „Du hast wohl recht; ich finde nicht die Spur/Von einem Geist, und alles ist Dressur". Man kann sich mit dem Zitat abwertend auf ein Verhalten beziehen, das man als nur andressiert und deshalb als unecht, gekünstelt ansieht. Auch das reine Auswendiglernen von Lehrstoff ohne echtes Verständnis für die Inhalte kann so charakterisiert werden.

Und also unterscheidet sich der Freie von dem Knecht

Unter der Überschrift „Sprüche" findet sich im ersten Band von Theodor Storms (1817–1888) Werken als erster Spruch: „Der eine fragt: Was kommt danach?/Der andre fragt nur: Ist es recht?/Und also unterscheidet sich/Der Freie von dem Knecht." Er bezeugt darin, daß der Unabhängige, selbständig Denkende nach den Konsequenzen seines Handelns fragt. Im Unterschied dazu führt der Abhängige nur aus, was man von ihm verlangt, ohne nach den Folgen zu fragen oder sich um das Ganze zu kümmern. In diesem Sinne werden die beiden letzten Zeilen des Spruchs auch heute zitiert.

Und aus den Wiesen steiget der weiße Nebel wunderbar

Diese Verse stehen am Ende der ersten Strophe von Matthias Claudius' Gedicht „Abendlied" (vergleiche auch „Der Mond ist aufgegangen"). Man zitiert sie gelegentlich, wenn man das romantisch-geheimnisvolle Bild von dichtem Bodennebel, der sich im Herbst abends über feuchten Wiesen bildet, mit lyrischen, aber dennoch einfachen und deshalb ergreifenden Worten beschreiben will.

Und bist du nicht willig, so brauch' ich Gewalt

Das Zitat ist der 2. Vers der vorletzten Strophe aus Goethes Ballade „Erlkönig", die zuerst in Goethes Singspiel „Die Fischerin" (1782) erschien und dort von der Titelheldin (Dortchen) gesungen wurde. Zusammen mit der vorhergehenden Zeile „Ich liebe dich, mich reizt deine schöne Gestalt" ist der Vers die letzte Aufforderung des Erlkönigs an den Knaben im Arm des Vaters, mit ihm zu gehen. Die Ballade wurde von Franz Schubert und Carl Loewe vertont. – Scherzhaft wird das Zitat verwendet, wenn man Schwierigkeiten bei bestimmten Handgriffen hat, sich z. B. etwas nicht öffnen oder schließen lassen will.

Und dann schleich' ich still und leise immer an der Wand lang

So beginnt der Kehrreim eines populären Liedes aus dem Jahr 1907, dessen Text von Hermann Frey (1876–1950) stammt und dessen Melodie von Walter Kollo (1878–1940) geschrieben wurde. Der Refrain beschreibt, wie der betrunkene Zecher seinen Heimweg findet:

„Und dann schleich' ich still und leise/ Immer an der Wand lang,/Immer an der Wand lang,/Immer an der Wand,/An der Wand entlang." Vor allem der Ausdruck „Immer an der Wand lang" wird umgangssprachlich-scherzhaft zitiert, wenn man sich möglichst unauffällig durch eine Straße, einen Korridor o. ä. bewegen will.

Und das hat mit ihrem Singen die Lorelei getan

Das Zitat, mit dem man scherzhaft oder ironisch auf die männliche Verführbarkeit anspielt, ist der Schluß des zweiten Gedichts im Abschnitt „Die Heimkehr" aus Heinrich Heines (1797–1856) „Buch der Lieder". Das Gedicht beginnt mit den bekannten Versen „Ich weiß nicht, was soll es bedeuten,/Daß ich so traurig bin;/Ein Märchen aus alten Zeiten,/Das kommt mir nicht aus dem Sinn." Die Verse, die sich auf das Märchen von der Lorelei beziehen, sind durch Friedrich Silchers Vertonung (1838) volkstümlich geworden. Clemens Brentano hatte in seiner Ballade „Lore Lay" (1799) die rheinische Sagengestalt erfunden, die vom Rheinfelsen aus die Schiffer ins Verderben lockt.

Und das Unglück schreitet schnell

↑Doch mit des Geschickes Mächten ist kein ew'ger Bund zu flechten

Und der Haifisch, der hat Zähne

Mit dieser Zeile beginnt die „Moritat von Mackie Messer", der populärste Song aus der 1928 in Berlin uraufgeführten „Dreigroschenoper" von Bertolt Brecht (1898–1956), Musik von Kurt Weill (1900–1950). Diese Moritat ist der Eröffnungssong, und so klingt gleich mit den ersten Worten der Oper im Bild vom Haifisch eines der Hauptthemen des ganzen Werks an, nämlich das der skrupellosen Geschäftemacherei und der rücksichtslosen Machtausübung. Die Zeile ist, wie manche andere aus den Songs der „Dreigroschenoper", in den allgemeinen Sprachgebrauch übergegangen.

Und der Himmel hängt voller Geigen

Mit diesen Worten schwärmt im 2. Akt der Operette „Der liebe Augustin" von Leo Fall (1873–1925; Text: Rudolf Bernauer und Ernst Welisch) der Klavierlehrer Augustin Hofer von einem Lokal, das er in Wien zusammen mit seiner von ihm angebeteten Schülerin Prinzessin Helene eröffnen will. Zugrunde liegt eine schon seit dem 16. Jahrhundert verbreitete Redensart, mit der zum Ausdruck gebracht wird, daß jemand sich äußerst glücklich fühlt und die Zukunft durch nichts Unerfreuliches getrübt sieht. Die Vorstellung geht wahrscheinlich auf Gemälde der späten Gotik oder der Frührenaissance zurück, auf denen der Himmel mit musizierenden Engeln belebt dargestellt war.

Und der wilde Knabe brach 's Röslein auf der Heiden

So lauten die ersten beiden Zeilen der Schlußstrophe von Goethes Gedicht „Heidenröslein", das 1771 in Straßburg in der Zeit seiner Liebe zu Friederike Brion entstand und mehrfach vertont wurde: 1809 von Johann Friedrich Reichardt, 1815 von Franz Schubert, 1849 von Robert Schumann. Volksliedcharakter erhielt es durch die Vertonung von H. Werner aus dem Jahr 1827. Die zitierten Verse beleuchten wie das ganze Gedicht die Liebe aus der Sicht des verlassenen Mädchens. Zugrunde liegt ein neunstrophiges Volkslied des 16. Jahrhunderts, das Goethe in der Sammlung des Paul von der Belst (1602) bei Herder kennengelernt hatte und aus dem er einzelne Verszeilen benutzte.

Und die Größe ist gefährlich und der Ruhm ein leeres Spiel

Das Zitat stammt aus dem 1834 uraufgeführten dramatischen Märchen „Der Traum ein Leben" von Franz Grillparzer (1791–1872). Im 4. Akt erkennt Rustan, der Held des Stücks, die Gefahren und Verstrickungen eines Strebens nach Ruhm und Größe, die er in seinem Traum durchlebt hat. Dankbar wendet er sich jetzt seiner Welt zu, aus der er hatte ausbrechen wollen: „Eines nur ist Glück hienieden,/Eins: des Innern stiller Frieden/Und die schuldbefreite Brust!/Und die Größe ist gefährlich/ Und der Ruhm ein leeres Spiel;/Was er gibt, sind nicht'ge Schatten,/Was er nimmt, es ist so viel!" – Man verwendet das Zitat als warnenden Hinweis darauf, daß Ruhm und Popularität oft teuer mit dem Verlust des wirklichen Lebensglücks und der inneren Zufriedenheit bezahlt werden müssen.

Und die Moral von der Geschicht'

Allzu wild gebärden sich die Brüder Franz und Fritz beim gemeinsamen Bad in der Wanne in der Bildergeschichte „Das Bad am Samstagabend" von Wilhelm Busch (1832–1908). Schließlich kippt die Wanne samt Wasser und Kindern um, so daß dem zu spät herbeieilenden Kindermädchen, der „alten, braven Lene", nur die Erkenntnis bleibt: „Und die Moral von der Geschicht':/Bad zwei in einer Wanne nicht!" Die erste Hälfte dieses Schlußverses wird häufig zitiert, wenn man – oftmals mit Schadenfreude – auf die Lehre hinweisen will, die jemand aus etwas ziehen mußte. Der Vers wird dabei dann meist mehr oder weniger holprig in Schüttelreimart entsprechend der jeweiligen Situation ergänzt.

Und die Mutter blicket stumm auf dem ganzen Tisch herum

Diese Verse stammen aus der Geschichte vom „Zappelphilipp" in dem bekannten Kinderbuch des Frankfurter Arztes und Schriftstellers Heinrich Hoffmann (1809–1894). Sie schildern die fassungslos auf den leeren Tisch blickende Mutter, nachdem der hin und her zappelnde Philipp mit seinem Stuhl umgekippt ist und dabei das Tischtuch mit Geschirr und Speisen heruntergerissen hat. Man verwendet das Zitat heute allgemein, wenn man jemanden charakterisieren will, dem etwas die Sprache verschlagen hat und der konsterniert dasteht und um sich schaut.

Und die Sonne Homers, siehe! Sie lächelt auch uns

So lautet der Schlußvers von Schillers Gedicht „Der Spaziergang", das 1795 unter dem Titel „Elegie" in den „Horen" erschien. Der erste Teil schildert die Schönheit der einfachen, unverfälschten Natur während eines Morgenspaziergangs; im zweiten Teil wird – in der Phantasie des Dichters – die Entwicklung des Menschen zu immer höherer Kultur beschrieben, was letztlich aber zu sittlichem Verfall und Revolution führt. Der dritte Teil kehrt zur wirklichen Umgebung zurück, und am Ende wird dann die Kontinuität und die Größe der Natur dem Wechsel der Generationen und Kulturen als ruhender Pol gegenübergestellt: „Unter demselben Blau, über dem nämlichen Grün/Wandeln die nahen und wandeln vereint die fernen Geschlechter,/Und die Sonne Homers, siehe! Sie lächelt auch uns."

Und doch, welch Glück, geliebt zu werden!

Diese Zeile bildet mit der folgenden „Und lieben, Götter, welch ein Glück!" den Schluß des an Friederike Brion gerichteten Gedichtes „Willkommen und Abschied" aus Goethes Straßburger Zeit. Trotz des aufwühlenden Abschiedsschmerzes, wie er in der letzten Strophe geschildert wird, setzt der Lobpreis der Liebe – ähnlich wie in dem späteren Gedicht „Rastlose Liebe" und in Klärchens Lied „Freudvoll und leidvoll" aus „Egmont" – den markanten Schlußpunkt.

Und drinnen waltet die züchtige Hausfrau

Mit diesem heute nur noch scherzhaft oder ironisch (gelegentlich auch in der abgewandelten Form „Und drinnen waltet der züchtige Hausmann") gebrauchten Zitat aus Schillers „Lied von der Glocke" wird die traditionelle Rollenverteilung in der Ehe angesprochen. (Vergleiche auch „Der Mann muß hinaus ins feindliche Leben".)

Und ein Narr wartet auf Antwort

Dies ist die Schlußzeile des Gedichts „Fragen“ aus dem 2. Zyklus der „Nordsee“ (1825/26) von Heinrich Heine (1797–1856). Sie drückt zusammen mit den drei vorhergehenden Versen „Es murmeln die Wogen ihr ew'ges Gemurmel,/Es wehet der Wind, es fliehen die Wolken,/Es blinken die Sterne gleichgültig und kalt“ – die Gleichgültigkeit der Natur gegenüber den Sinnfragen des „Jüngling-Mannes“ an die Meereswogen aus. Man kann das Zitat zum Beispiel in Situationen verwenden, in denen es auf eine Frage keine Antwort geben kann oder in denen die Antwort so selbstverständlich ist, daß nur ein Narr noch darauf wartet, sie ausdrücklich gesagt zu bekommen.

Und es wallet und siedet und brauset und zischt

Das scherzhaft zur Beschreibung von sehr stark kochendem Wasser verwendete Zitat ist die 1. Zeile der 6. Strophe aus Schillers Ballade „Der Taucher“. In diesem und den anschließenden Versen wird das Meer geschildert, in dem ein Wagemutiger nach dem vom König hinabgeworfenen goldenen Becher tauchen soll: „Und es wallet und siedet und brauset und zischt,/Wie wenn Wasser mit Feuer sich mengt,/Bis zum Himmel spritzet der dampfende Gischt,/Und Flut auf Flut ohn' Ende sich drängt,/Und will sich nimmer schöpfen und leeren,/Als wollte das Meer noch ein Meer gebären.“

Und euer himmlischer Vater nährt sie doch

↑Sie säen nicht, sie ernten nicht

Und ewig singen die Wälder

Das seit dem Waldsterben eher ironisch verwendete Zitat ist der Titel – im norwegischen Original *Og bakom synger skogene* – eines Romans von Trygve Gulbranssen (1894–1962) nach der Art der isländischen Familiensagas. 1959 entstand die österreichische Verfilmung von Paul May.

Und führe uns nicht in Versuchung

Das Zitat ist die 6. Bitte des Vaterunsers. Es wird – oft auch scherzhaft – verwendet, wenn jemand in einer bestimmten Situation in Versuchung geraten könnte, etwas Unrechtes oder Unerlaubtes zu tun. Unter diesem Titel wurde 1957 Ödön von Horváths Bühnenstück „Der jüngste Tag“ von Rolf Hansen verfilmt. Eine in der Umgangssprache gebräuchliche scherzhafte Abwandlung des Zitats lautet: „Und suche uns nicht in der Unterführung“.

Und führen, wohin du nicht willst

Im Johannesevangelium (21, 18) spricht der auferstandene Jesus zu Petrus diese Worte. Es heißt an der Stelle: „... wenn du aber alt wirst, wirst du deine Hände ausstrecken, und ein anderer wird dich gürten und führen, wohin du nicht willst.“ Das Bibelwort wurde besonders dadurch populär, daß es der evangelische Theologe Helmut Gollwitzer (* 1908) zum Titel eines seiner Bücher machte, eines Berichts über seine russische Gefangenschaft (1951). Es wird seither immer wieder und durchaus auch in profanen Zusammenhängen zitiert, wenn jemand gezwungen ist, etwas zu tun, was ihm widerstrebt.

Und hinter ihm, in wesenlosem Scheine, lag, was uns alle bändigt, das Gemeine

Diese Verse bilden den Schluß der 4. Strophe des Goetheschen Gedichts „Epilog auf Schillers ‚Glocke‘“, das bei der Gedenkfeier für Schiller am 10. 8. 1805 in Bad Lauchstädt bei Weimar vorgetragen wurde. Goethe beschwört darin das Bild des verstorbenen Freundes. Die Strophe beginnt mit dem Ausruf: „Denn er war unser!“ und fährt fort: „Mag das stolze Wort/Den lauten Schmerz gewaltig übertönen!“ Das Zitat, am Schluß der Strophe, charakterisiert Schiller als den Idealisten, den sein freier Geist über das „Alltägliche“, das „Gemeine“ hinaushob. – Das Zitat läßt sich auch heute in ähnlicher Weise auf einen Menschen beziehen.

Und immer lockt das Weib

Dieser emotionale Hinweis auf stets wirksame weibliche Verführungskünste zitiert den deutschen Titel des französischen Films *Et Dieu créa la femme* – eigentlich „Und Gott schuf das Weib“ – von Roger Vadim aus dem Jahr 1956.

Und jedem Anfang wohnt ein Zauber inne

Das Zitat, das dem sprichwörtlichen „Aller Anfang ist schwer“ gegenübergestellt werden kann, bildet zusammen mit der anschließenden Zeile „Der uns beschützt und der uns hilft zu leben“ den Schluß des ersten Strophengebildes von Hermann Hesses (1877–1962) Gedicht „Stufen“. Dessen Thema ist der zweifache Inhalt jeder Lebensstufe: Abschied und Neubeginn in einem.

... und kein bißchen weise

Mit der durch eine Altersangabe ergänzten Formulierung weist man scherzhaft auf jemandes reifere Jahre hin, denen zum Trotz die betreffende Person immer noch nicht weise geworden ist, sich zugleich aber auch ihre Jugendlichkeit erhalten hat. Das Zitat geht auf das Chanson „60 Jahre und kein bißchen weise“ zurück, das der Schauspieler Curd Jürgens (1915–1982) 1975 sang; 1976 erschienen seine Memoiren unter dem Titel „Und kein bißchen weise“. Den Text des Liedes schrieb M. Frances; die Melodie stammt von H. Hammerschmid.

... und kein Ende

Die Formulierung drückt im Zusammenhang mit einem voranstehenden Begriff aus, daß es in der betreffenden Sache kein Ende gibt, daß es damit nicht aufhören will. Der bereits früher, u. a. bei Lessing gebräuchliche Ausdruck erlangte vielleicht durch Goethes Aufsatz „Shakespeare und kein Ende“ aus dem Jahr 1815 weitere Verbreitung.

Und läuft und läuft und läuft ...

Im Jahr 1962 wurde dieser Werbeslogan geprägt und von dem Automobilunternehmen Volkswagenwerk für das Volkswagenmodell, den sogenannten „Käfer“, eingesetzt. Der Slogan wurde damals schnell populär, die Art seiner Formulierung hat sich bis heute gehalten und wird in Übertragungen unterschiedlichster Art immer wieder angewandt. Scherzhaft könnte so beispielsweise jemand im Hinblick auf einen reichlich Alkohol konsumierenden Menschen, aber auch auf einen viel Kraftstoff verbrauchenden Motor sagen: „Er säuft und säuft und säuft.“

Und munter fördert er die Schritte

Das Zitat ist die erste Zeile der vierten Strophe von Schillers Ballade „Die Kraniche des Ibykus“. Die Zeile bezieht sich auf den Dichter Ibykus, der zu den Isthmischen Spielen eilt, die im antiken Griechenland auf der Landenge von Korinth alle zwei Jahre zu Ehren des Gottes Poseidon gefeiert wurden. Man zitiert den Vers – meist scherzhaft –, wenn man jemandes zielgerichtetes, rasches (oder sich beschleunigendes) Gehen beschreiben möchte.

Und muß ich so dich wiederfinden?

Diese Worte ruft in Schillers Ballade „Die Kraniche des Ibykus“ (7. Strophe) entsetzt der Gastfreund des auf der Reise ermordeten Dichters Ibykus aus: „Und muß ich so dich wiederfinden,/Und hoffte mit der Fichte Kranz/Des Sängers Schläfe zu umwinden,/Bestrahlt von seines Ruhmes Glanz!“ In scherzhaftem Ton gibt man mit dem Zitat seiner Verwunderung über jemandes Veränderung Ausdruck.

Und noch zehn Minuten bis Buffalo

Die Zeitangabe bezieht sich in Theodor Fontanes (1819–1898) Ballade „John Maynard“ auf das brennende Schiff, das schließlich noch zehn Minuten bis zum rettenden Strand von Buffalo braucht. Das Zitat wird heute leicht scherzhaft verwendet, und zwar im Sinne von „nur noch wenige Minuten, dann ist es geschafft“.

Und sagte kein einziges Wort

Dieser scherzhaft-ironische Kommentar, wenn jemand sich nicht zu etwas äußert oder überhaupt nicht reden will, zitiert den Titel eines Romans von Heinrich Böll (1917–1985). Der Romantitel mit seiner Wiederaufnahme im 4. Kapitel – „... und er sagte kein einziges Wort" – gilt der männlichen Hauptfigur Fred Bogner. Am Schluß des Romans erkennt er die Notwendigkeit, zu seiner Familie zurückzukehren und seine bisherige Haltung aufzugeben, indem er gelobt: „... eines Tages werde ich sprechen."

Und setzet ihr nicht das Leben ein, nie wird euch das Leben gewonnen sein

Das Zitat steht am Schluß des Chorliedes „Wohlauf, Kameraden, aufs Pferd, aufs Pferd", mit dem der erste Teil des Schillerschen Dramas „Wallenstein", „Wallensteins Lager", endet. Die Verse bringen dort das Lebensgefühl der Soldaten zum Ausdruck, die für das wahre, das freie Leben Todesgefahren in Kauf nehmen. Man zitiert sie heute auch als Aufforderung zur Zivilcourage, zur gewaltlosen Auflehnung gegen Unrecht oder Unterdrückung.

Und sie bewegt sich doch!

Der italienische Mathematiker, Philosoph und Physiker Galileo Galilei (1564–1642) hatte 1632 ein Werk veröffentlicht, in dem er sich für die kopernikanische Lehre aussprach, die die Sonne und nicht die Erde als Mittelpunkt der Welt ansah. Das Buch wurde auf kirchlichen Befehl eingezogen, Galilei vor die Inquisition zitiert. Am 22. 6. 1633 schwor er seinem „Irrtum" ab. Legende ist aber der Ausspruch „Und sie (= die Erde) bewegt sich doch!" (italienisch *Eppur si muove*), von dem in einer französischen Quelle des 18. Jahrhunderts berichtet wird. Zitiert wird das Wort, wenn nachdrücklich festgestellt werden soll, daß etwas in Wirklichkeit in völligem Gegensatz zu dem steht, was als Norm zu gelten hat und aus Opportunitätsgründen von manchen „nachgebetet" wird. In eher scherzhafter Ausdrucksweise kann das Zitat auch die Beobachtung kommentieren, daß jemand oder eine Institution überraschenderweise aktiv wird, einen bisher unnachgiebig vertretenen Standpunkt aufgibt.

Und sieht sich stumm rings um

Diese Zeile stammt aus Schillers Ballade „Der Handschuh" (1797). Man kommentiert damit scherzhaft Situationen, in denen jemand – verblüfft oder leicht verwirrt, desorientiert – wortlos umherblickt, ohne das wahrzunehmen, was er sucht oder was er eigentlich wahrnehmen sollte. Im Gedicht wird so das Verhalten des Löwen beschrieben, der aus dem Zwinger in die Arena tritt: „Auf tut sich der weite Zwinger,/Und hinein mit bedächtigem Schritt/Ein Löwe tritt;/ Und sieht sich stumm/Rings um/Mit langem Gähnen/Und schüttelt die Mähnen/Und streckt die Glieder/Und legt sich nieder."

Und so kommt zum guten Ende alles unter einen Hut

Dieser Vers ist der Anfang der ersten von drei Strophen, die Bertolt Brecht 1930 dem Drehbuch für die Filmfassung seiner „Dreigroschenoper" (uraufgeführt 1928) hinzufügte. Im „Dreigroschenfilm" erkennen Polizeichef Brown, der Bettlerkönig Peachum und der zum Bankier avancierte Macheath ihren gemeinsamen Feind – die aufgewiegelte Masse, die soziale Gerechtigkeit fordert und damit die einträglichen Geschäfte der drei gefährdet – und kommen ganz schnell „unter einen Hut". Wie es auch heute noch zu so manchem überraschenden guten Ende kommen kann, erklären die letzten Verse der ersten Strophe: „Ist das nötige Geld vorhanden,/Ist das Ende meistens gut."

Und unsern kranken Nachbar auch!

So lautet die letzte Zeile aus dem Gedicht „Abendlied" von Matthias Claudius (1740–1815), mit der ein Mitmensch, dem es nicht gutgeht, in das

Gebet „Verschon uns, Gott, mit Strafen/ Und laß uns ruhig schlafen“ einbezogen wird. Das Zitat wird heute scherzhaft gebraucht, wenn jemand in irgendeiner Weise bei etwas mit bedacht werden soll.

Und ward nicht mehr gesehn

Diese letzte Zeile aus Goethes Ballade „Der Fischer“ gebraucht man scherzhaft, um das Verschwundensein eines Gegenstands oder einer Person zu kommentieren. Das Gedicht wurde unter anderem durch seine Vertonung von Franz Schubert aus dem Jahr 1815 bekannt. (Siehe auch „Halb zog sie ihn, halb sank er hin“.)

Und was die innere Stimme spricht, das täuscht die hoffende Seele nicht

Die beiden Schlußverse aus Schillers Gedicht „Hoffnung“ ziehen das Resümee, daß die Hoffnung, selbst am Grabe noch, „kein leerer, schmeichelnder Wahn“ ist, denn „Im Herzen kündet es laut sich an:/Zu was Besserm sind wir geboren.“ In weniger gewichtigem Zusammenhang läßt sich das Zitat verwenden, wenn man seiner inneren Stimme gefolgt ist und einen seine Hoffnung nicht getrogen hat.

Und was kein Verstand der Verständigen sieht

↑Das übet in Einfalt ein kindlich Gemüt

Und weil der Mensch ein Mensch ist, drum will er was zu essen, bitte sehr!

Die beiden Verse stehen am Anfang des „Einheitsfrontlied“ überschriebenen Gedichts von Bertolt Brecht (1898 bis 1956), das zu den sogenannten „Svendborger Gedichten“ aus dem Jahr 1939 gehört. – In scherzhafter Weise kann man mit dem Zitat zum Ausdruck bringen, daß man hungrig ist. Eine ernsthaftere Verwendung, bei der auch nur die erste der beiden Zeilen zitiert werden kann, weist mahnend auf die Grundbedürfnisse des Menschen hin, die ihm nicht verweigert werden dürfen.

Und wenn der ganze Schnee verbrennt

Diese Redensart ist durch die letzten Worte des alten Hilse am Ende des 5. Aktes von Gerhart Hauptmanns (1862–1946) Drama „Die Weber“ besonders bekannt geworden. Der über den Aufstand entsetzte einarmige Webermeister arbeitet weiter an dem Platz, an den er sich von Gott gestellt fühlt: „Hie bleiben mer sitzen und tun, was mer schuldig sein, und wenn d'r ganze Schnee verbrennt“. Daraus wurde eine umgangssprachlich scherzhafte Redensart im Sinne von „Wir lassen uns nicht entmutigen, was immer auch geschehen mag“. Im Hinblick auf das Ende des Alten, der am Webstuhl von einer verirrten Kugel getroffen wird, ergänzt man das Zitat öfter volkstümlich-parodistisch durch „Die Asche bleibt uns doch.“

Und wenn der Mensch in seiner Qual verstummt, gab mir ein Gott zu sagen, was ich leide

Die beiden Verse aus dem Munde Tassos im fünften Akt des gleichnamigen Goetheschen Dramas setzte Goethe auch als Motto über seine sogenannte „Marienbader Elegie“. Dieses Gedicht entstand 1823 unmittelbar nach der Trennung des Dichters von Ulrike von Levetzow. Goethe verarbeitete in dem Gedicht seinen Schmerz über die unerfüllt gebliebene Liebe zu der sehr viel jüngeren Frau, die ihm bei seinem Aufenthalt in Marienbad begegnet war. In dem Motto drückt sich aus, was sein Künstlertum dem Dichter ermöglicht, daß er nämlich seinem Schmerz in einem Kunstwerk Gestalt geben und ihn so überwinden kann.

Und wenn die Welt voll Teufel wär

So beginnt die dritte Strophe von Martin Luthers (1483–1546) bekanntem Kirchenlied „Ein feste Burg ist unser Gott“: „Und wenn die Welt voll Teufel wär/und wollt uns gar verschlingen,/so fürchten wir uns nicht so sehr, –/es soll uns doch gelingen.“ Das Lied, als Ausdruck unerschütterlicher Glaubensgewißheit, wird besonders am Reformationsfest gesungen. – Als Zitat ist die Liedzeile Ausdruck der Unerschrockenheit, mit der man sich einer schwierigen Situation zu stellen bereit ist.

Und wenn sie nicht gestorben sind, so leben sie noch heute

Diese Worte gelten als die klassische Schlußformel von Märchen. Sie findet sich zum Beispiel im „Fundevogel" in der Grimmschen Märchensammlung. Von den glücklich der Hexe entronnenen Kindern heißt es dort: „Da gingen die Kinder zusammen nach Haus und waren herzlich froh; und wenn sie nicht gestorben sind, leben sie noch." Die Formel zitiert man z. B., um scherzhaft oder sarkastisch darauf hinzuweisen, daß man etwas gerade Gehörtes oder Gelesenes für äußerst unwahrscheinlich oder für frei erfunden hält.

Und willst du nicht mein Bruder sein, so schlag' ich dir den Schädel ein

Dieser im Revolutionsjahr 1848 im Volksmund oft gebrauchte Spottvers ist angelehnt an das in der Französischen Revolution entstandene, den Jakobinern zugeschriebene Wort *La fraternité ou la mort!*, zu deutsch „Brüderlichkeit oder Tod!" Fürst Bernhard von Bülow (1849–1929), Reichskanzler unter Wilhelm II., hat den Vers 1903 in einer Rede während einer Auseinandersetzung im Reichstag verwendet und ihm dadurch zu neuer Popularität verholfen. Er wurde in der Folgezeit immer wieder zur Kennzeichnung von Situationen zitiert, in denen nicht Argumentation und Überzeugungskraft, sondern Indoktrination und Gewalt eingesetzt wurden, um jemanden auf die eigene Seite zu ziehen.

Unendliche Geschichte

Der umgangssprachliche Ausdruck für etwas nicht enden Wollendes, sich unendlich in die Länge Ziehendes nimmt den Titel „Die unendliche Geschichte" eines Jugendromans von Michael Ende auf. Das 1979 erschienene Buch wurde 1983 von Wolfgang Petersen verfilmt. Die Geschichte spielt im Land „Phantásien", das der kindliche Held durch die Lektüre eines gestohlenen Buches betritt und mit seinen Vorstellungen und Wünschen neu erschafft. Dieser Vorgang ist die „Unendliche Geschichte", die ein Leser durch seine handelnde Phantasie jeweils wieder bis zu einem Buch erweitern könnte, so daß die Geschichte sich letztlich ohne Ende fortsetzt.

↑ Willst du ins **Unendliche** schreiten, geh nur im Endlichen nach allen Seiten

Die **unerträgliche** Leichtigkeit des Seins

Bei dieser Formulierung handelt es sich um den deutschen Titel (1984) eines Liebesromans des tschechischen Schriftstellers Milan Kundera. Das Buch erschien 1984 zuerst auf französisch – *L'insoutenable légèreté de l'être* –, 1985 auch auf tschechisch – *Nesnesitelná lehkost bytí*. Unerträglich ist die Leichtigkeit des menschlichen Seins, weil ein Menschenleben kein Gewicht hat und wie Staub verfliegt. Der Roman erlangte zusätzliche Popularität durch den gleichnamigen Film – im amerikanischen Original *The Unbearable Lightness of Being* – von Ph. Kaufman aus dem Jahr 1987. Bei der Verwendung des Zitats bleibt das Moment des Unerträglichen eher außer acht; im Vordergrund steht die leichte Lebensart.

Die **Unfähigkeit** zu trauern

Die Psychoanalytiker Alexander und Margarete Mitscherlich veröffentlichten 1967 eine Sammlung gesellschaftsanalytischer Arbeiten unter dem Titel „Die Unfähigkeit zu trauern. Grundlagen des kollektiven Verhaltens". Sie setzen sich darin mit dem Befund auseinander, daß ein Teil der deutschen Bevölkerung nach dem Zweiten Weltkrieg die Verbrechen des Nationalsozialismus verdrängt hat, sich mit dem Unrecht aus der jüngsten Vergangenheit nicht auseinandersetzen wollte. Das Zitat wird heute meist in vergleichbaren Zusammenhängen verwendet, es konstatiert fehlendes Unrechtsbewußtsein, falsche Vergangenheitsbewältigung.

Ungeschriebenes Gesetz

Etwas Verbindliches, als Richtschnur Geltendes, was sich eingebürgert hat, ohne daß es je schriftlich fixiert wurde, bezeichnet man allgemein als „ungeschriebenes Gesetz". Der Ausdruck kommt zum ersten Mal in einem der Gesetze des athenischen Staatsmannes und Dichters Solon (um 640–um 560 v. Chr.) vor. Der Begriff wurde von den Griechen in der Antike oft angeführt, so bei Platon, Thukydides und Aristoteles.

Ein **ungläubiger** Thomas

Man nennt jemanden einen „ungläubigen Thomas", der grundsätzlich oder auch nur in einer bestimmten Situation etwas nicht glauben will, der hartnäckig bei seinem Zweifel bleibt, der schwer zu überzeugen ist. – Der Ausdruck hat seinen Ursprung im Johannesevangelium des Neuen Testaments. Hier wird (Johannes 20, 24–27) von der Erscheinung Jesu im Kreis der Jünger berichtet: „Thomas aber ... war nicht bei ihnen, als Jesus kam. Da sagten die anderen Jünger zu ihm: Wir haben den Herrn gesehen. Er aber sprach zu ihnen: Es sei denn, daß ich in seinen Händen sehe die Nägelmale und lege meine Hand in seine Seite, will ich's nicht glauben."

Ungleich verteilt sind des Lebens Güter

Das Zitat, mit dem man auf Ungerechtigkeiten im Leben hinweist, entstammt Schillers Trauerspiel „Die Braut von Messina" (I, 3), wo der erste Chor die Gerechtigkeit der Menschen und der Natur gegenüberstellt: „Ungleich verteilt sind des Lebens Güter/Unter der Menschen flücht'gem Geschlecht,/Aber die Natur, sie ist ewig gerecht."

↑Das ist das **Unglück** der Könige, daß sie die Wahrheit nicht hören wollen

Ein **Unglück** kommt selten allein

Die Beobachtung, die diese sprichwörtliche Redensart zum Ausdruck bringt, daß Unglück oft in vielerlei Gestalt gleichzeitig über einen Menschen kommt, findet man in ähnlicher Form im Alten Testament ausgesprochen. So heißt es beim Propheten Hesekiel (7, 5): „So spricht der Herr Herr: Siehe, es kommt ein Unglück über das andere!" – Man verwendet die Redensart auch in scherzhaft abgewandelter Form, indem man für das Wort Unglück ein anderes beziehungsreiches Wort einsetzt.

Und das **Unglück** schreitet schnell

↑Doch mit des Geschickes Mächten ist kein ew'ger Bund zu flechten

Unglücklich das Land, das Helden nötig hat!

Dieser Satz stammt aus Bertolt Brechts (1898–1956) Theaterstück „Leben des Galilei" (13. Szene). Nachdem sich Galilei der Inquisition gebeugt und seine Antithese zum aristotelischen Weltbild widerrufen hat, kann sein Schüler Andrea Sarti seine Erschütterung nicht verbergen und sagt: „Unglücklich das Land, das keine Helden hat!" Dem hält Galilei seine Überzeugung entgegen: „Nein. Unglücklich das Land, das Helden nötig hat." Mit dem Zitat wird zum Ausdruck gebracht, daß die Menschen in einem freiheitlichen und demokratischen Land nicht auf das Heldentum einzelner angewiesen sind, um ihre Probleme zu lösen. Es kann aber auch im Hinblick darauf verwendet werden, daß unfreie, totalitäre Staaten häufig einen übertriebenen Heldenkult betreiben.

Unheimliche Begegnung der dritten Art

Der amerikanische Spielfilm „Unheimliche Begegnung der dritten Art" (Originaltitel: *Close Encounters of the Third Kind*) von 1977 (Regie: Steven Spielberg) handelt von der Landung außerirdischer Wesen auf der Erde. Die fremden Wesen vermitteln einigen Bürgern den Eindruck, das Leben fern der Erde verliefe in völliger Glückseligkeit und Harmonie. Der Filmtitel geht auf einen amerikanischen Forscher zurück, der Berichte über Begegnungen mit Ufos nach den darin beschriebenen Details kategorisiert hat. Bei Begegnungen der „ersten Art“ wurden zum Beispiel elektromagnetische Störungen wahrgenommen, bei denen der „zweiten Art“ deutete man Flecken auf dem Erdboden als Beweise für das Erscheinen eines Ufos, und bei Begegnungen der „dritten Art“ wollen die Beobachter humanoide, also menschenähnliche Wesen gesehen haben. – Das Zitat wird meist scherzhaft verwendet, wenn es irgendwo zu einer unerwarteten Begegnung kommt oder wenn einem etwas nicht geheuer ist.

Es ist **unmöglich,** von ... nicht gefesselt zu sein

Diese Behauptung wird – gelegentlich auch ironisch oder scherzhaft – aufgestellt, wenn man fest davon überzeugt ist, daß einfach jeder von einer bestimmten Person oder Sache in Bann gehalten, fasziniert sein muß. Sie geht auf einen Werbeslogan des Goldmann-Verlages (etwa 1929) zurück: „Es ist unmöglich, von Edgar Wallace nicht gefesselt zu sein.“ Der englische Verleger der Kriminalromane von Edgar Wallace, Hodden & Stoughton in London, hatte bereits nach dem Ersten Weltkrieg mit dem Slogan *It is impossible not to be thrilled by Edgar Wallace* geworben.

Ein **unnütz** Leben ist ein früher Tod

Dieses sprichwörtlich gebrauchte Zitat stammt aus Goethes Schauspiel „Iphigenie auf Tauris“ (1787). In der zweiten Szene des ersten Akts spricht Iphigenie diese Überzeugung gegenüber Arkas, dem Boten des Königs, aus. Ihr für sie „tatenloses“ Leben in der Fremde als Priesterin der Diana erscheint ihr „nutzlos“. – Das Zitat enthält den Gedanken, daß dem Leben, das jemandem sinnentleert erscheint, der lebensnotwendige und lebenserhaltende Antrieb fehlt.

Unordnung und frühes Leid

Dies ist der Titel einer Erzählung von Thomas Mann aus dem Jahr 1925. Sie hat die sich in der Familie eines Geschichtsprofessors abspielenden Veränderungen zum Gegenstand, die nur einen Reflex der Veränderungen darstellen, die im Zeitgeschehen ablaufen und die die bürgerliche Gesellschaft und ihre Ordnung bedrohen. – Man verwendet das Zitat zur Charakterisierung eines Leid verursachenden Zustandes von äußerer und innerer „Unordnung“, in die besonders ein junger Mensch in seiner Beziehung zu seiner Umwelt hineingeraten ist.

Unrasiert und fern der Heimat

↑Allzufrüh und fern der Heimat

Unrecht Gut gedeihet nicht

Diese sprichwörtliche Redensart hat ihren Ursprung vermutlich in der Bibel. In den Sprüchen Salomos (10, 2) heißt es: „Unrecht Gut hilft nicht; aber Gerechtigkeit errettet vom Tode.“ Bekannt ist die Redensart auch in der Form: „Unrecht Gut tut selten gut.“ Der Gedanke, daß sich die unrechtmäßige Aneignung von Dingen für jemanden nicht auszahlt, nicht positiv auswirken kann, wurde in mancherlei Abwandlungen der Redensart variiert, z. B.: „Unrecht Gut hält nicht vor“, „Unrecht Gut hat Adlersfedern“, „Unrecht Gut dauert wie Butter an der Sonne“ oder auch „Unrecht Gut macht nicht reich“ u. ä.

Unrecht leiden schmeichelt großen Seelen

In Schillers Drama „Don Karlos“ (II, 15) versucht der Marquis von Posa seinem Jugendfreund Karlos unter anderem mit diesen Worten klarzumachen, daß Karlos sich im Irrtum befunden habe, als er glaubte, man habe ihn beleidigt und es sei ihm großes Unrecht widerfahren. Er hält ihm außerdem vor, daß er sich womöglich in der Rolle des Beleidigten und Gekränkten gefallen habe. Die Stelle lautet: „Du jauchztest, der Beleidigte zu sein;/Denn Unrecht leiden schmeichelt großen Seelen.“ Das

Zitat wird heute eher als ironisches Aperçu auf jemanden gemünzt, der sich und seine Fähigkeiten zu hoch einschätzt und sich bei der Beurteilung seiner Person durch andere nicht bestätigt sieht oder sich auch von andern immerzu angegriffen fühlt.

Uns ist ganz kannibalisch wohl

„Uns ist ganz kannibalisch wohl,/Als wie fünfhundert Säuen!" singt die Gesellschaft in Auerbachs Keller (Goethe, Faust I, Auerbachs Keller), nachdem Mephisto ihnen durch Zauber Wein verschafft hat. – Man zitiert gewöhnlich nur den ersten Vers, um seinem Wohlbehagen in einer bestimmten Situation scherzhaft Ausdruck zu geben.

↑Doch **uns** ist gegeben, auf keiner Stätte zu ruhn

Unschuld vom Lande

Als „Unschuld vom Lande" bezeichnet man eine junge Frau, gelegentlich auch einen Mann, die oder der als besonders naiv, gutgläubig oder unerfahren erscheint. Man sagt auch von jemandem, er „spiele" die Unschuld vom Lande, womit man umschreibt, daß er sich naiv oder unwissend gibt, ohne es zu sein. Der Ausdruck, den man schon bei Goethe und Wieland in ähnlicher Form antrifft, fand durch Johann Strauß' Operette „Die Fledermaus" (uraufgeführt 1874) weite Verbreitung. In der Operette, deren Libretto von Carl Haffner und Richard Genée stammt, singt Adele, das Kammermädchen, die Ariette „Spiel ich die Unschuld vom Lande".

Unser Leben währet siebzig Jahre

Im 90. Psalm, der die Überschrift „Gottes Ewigkeit, der sündigen Menschen Vergänglichkeit" trägt, trifft der Psalmist die Feststellung „Unser Leben währet siebzig Jahre, und wenn's hochkommt, so sind's achtzig Jahre, und wenn's köstlich gewesen ist, so ist es Mühe und Arbeit gewesen; denn es fähret schnell dahin, als flögen wir davon." – Das Zitat verweist auf die Endlichkeit des menschlichen Lebens. Es wird häufiger von alten Menschen in der Rückschau auf ihr Leben angeführt. Eine verkürzende, scherzhaft-umgangssprachliche Abwandlung des Textzusammenhangs lautet: „Wenn's hochkommt, ist's köstlich gewesen"; sie wird meist als Kommentar eines Aufstoßens nach reichlicher Mahlzeit verwendet.

Unser Mann in Havanna

Dies ist der deutsche Titel des 1959 gedrehten englischen Films *Our Man in Havana*. Das Drehbuch verfaßte Graham Greene nach seinem gleichnamigen satirischen Roman, dessen Held, ein Staubsaugerhändler, als britischer Agent in Kuba agiert und von erfundenen Wunderwaffen zu berichten weiß. Die Hauptrollen spielten Alec Guinness und Maureen O'Hara. – Man verweist mit dem Zitat – auch abgewandelt mit einem anderen Ortsnamen – auf jemanden, der beispielsweise als Kontaktperson oder in ähnlicher Funktion an bestimmter Stelle tätig ist.

Unser Sommer ist nur ein grün angestrichener Winter

Besonders wenn ein Sommer zu regenreich oder zu sonnenarm ausgefallen ist, wird dieser Ausspruch immer wieder zitiert. Er stammt von Heinrich Heine (1797–1856). Im dritten Teil der „Reisebilder" („Reise von München nach Genua") schildert Heine im Kapitel XVI eine Szene auf dem Marktplatz von Trient, wo er angesichts der Fülle südlicher Früchte im Gespräch mit einer Marktfrau die Bemerkung macht und hinzufügt: „... sogar die Sonne muß bei uns eine Jacke von Flanell tragen, wenn sie sich nicht erkälten will; bei diesem gelben Flanellsonnenschein können unsere Früchte nimmermehr gedeihen, sie sehen verdrießlich und grün aus ..."

↑Und **unsern** kranken Nachbar auch

Unsinn, du siegst, und ich muß untergehn!

Dieser Stoßseufzer, der sich einem angesichts von Unverstand und Widersinnigkeit im Handeln anderer entringen mag, gibt die Worte des sterbenden Talbot wieder, des Feldherrn der Engländer in Schillers Tragödie „Die Jungfrau von Orleans“ (III, 6). Er kann es nicht als Schicksal akzeptieren, daß sich die Engländer vom „Gaukelspiel“ der Jungfrau besiegen lassen.

Unsre Fahne flattert uns voran

Die Textzeile aus einem Lied der Hitlerjugend von Baldur von Schirach wird in der Umgangssprache noch gelegentlich zitiert und spöttisch abgewandelt, um jemandes Alkoholfahne zu beschreiben.

↑Da **unten** aber ist's fürchterlich

Unter dem Schatten deiner Flügel

Das gleichnishaft gebrauchte Bild der Schutz gewährenden Flügel tritt in der Bibel mehrfach auf. In der Form dieses Zitats wird es erstmals in Psalm 17,8 verwendet. Dort heißt es: „Behüte mich wie einen Augapfel im Auge, beschirme mich unter dem Schatten deiner Flügel.“ Das Zitat mit dem friedvolle Zuversicht vermittelnden Bild wurde zum Titel eines erschütternden Zeitdokuments, nämlich der 1956 veröffentlichten Tagebuchaufzeichnungen des deutschen Schriftstellers Jochen Klepper (1903–1942). Klepper beging unter dem Druck der nationalsozialistischen Herrschaft mit seiner jüdischen Frau und seiner Stieftochter Selbstmord.

Unter die Räuber gefallen sein

Mit dieser Redewendung kann zweierlei ausgedrückt werden. Einmal dient sie der Umschreibung dafür, daß jemand von andern unerwartet ausgenutzt, total ausgebeutet wird. Zum andern wird sie auf jemanden angewendet, der sehr ungepflegt, abgerissen daherkommt. Die Wendung ist wohl biblischen Ursprungs und geht auf eine Formulierung im Gleichnis vom Barmherzigen Samariter (Lukas 10,30f.) zurück. Das Gleichnis beginnt mit den Worten: „Es war ein Mensch, der ging von Jerusalem hinab gen Jericho und fiel unter die Mörder; die zogen ihn aus und schlugen ihn und gingen davon und ließen ihn halbtot liegen.“ In der revidierten Fassung des Neuen Testaments der Lutherbibel von 1956 ist das Wort „Mörder“ durch „Räuber“ ersetzt worden, das sich in anderen Bibelübersetzungen schon früher findet.

Unter Kameraden ist das ja ganz egal

Dieser Ausspruch stammt aus dem Lustspiel „Krieg im Frieden“ (1881), das der deutsche Schriftsteller Gustav von Moser (1825–1903) zusammen mit dem österreichischen Bühnenautor Franz von Schönthan (d.i. Franz Schönthan, Edler von Pernwald, 1849–1913) verfaßt hat. Man zitiert ihn (gelegentlich auch mit der dem Berliner Dialekt entnommenen Variante „... janz ejal“), wenn man in einer bestimmten Situation andeuten will, daß man sich unter Gleichgesinnten befindet und Berufs- oder Standesgenossen nun einmal zusammenhalten und alles sozusagen „unter sich“ ausmachen.

Unter Larven die einzige fühlende Brust

In Schillers Ballade „Der Taucher“ beschreibt der aus dem tobenden Meer wieder aufgetauchte Knappe seinen Aufenthalt in der gräßlichen Tiefe bei „den Ungeheuern der traurigen Öde“. Dort, so berichtet er, war er „unter Larven die einzige fühlende Brust“. Beim Zitieren dieser Gedichtzeile möchte jemand gewöhnlich eine Situation kennzeichnen, in der beim Zusammensein mit mehreren Menschen die Begegnung, das Zusammensein mit nur einem einzigen lohnenswert erschien.

Unter seine Fittiche nehmen

Wer jemanden unter seine Fittiche nimmt, kümmert sich um ihn, betreut ihn und hilft ihm, wo es nötig ist. Diese Redewendung findet sich schon in der Bibel, wo es an zwei Stellen in den Psalmen des Alten Testaments heißt: „Laß mich wohnen in deiner Hütte ewiglich und Zuflucht haben unter deinen Fittichen“ (Psalm 61,5) und „Er wird dich mit seinen Fittichen decken, und deine

Zuversicht wird sein unter seinen Flügeln" (Psalm 91,5).

Der **Untergang** des Abendlandes

So lautet der Titel des von dem Geschichtsphilosophen Oswald Spengler zwischen 1918 und 1922 veröffentlichten Werkes, in dem die einzelnen Kulturen als überindividuelle Wesenheiten aufgefaßt werden, die jeweils einen Zyklus von Blütezeit, Reife und Verfall durchlaufen. Gelegentlich wird dieser Titel als ironische Bemerkung bei einem allzu wichtig genommenen Vorfall zitiert.

Das **Unvermeidliche** mit Würde tragen

Diese Empfehlung einer stoischen Lebenshaltung findet man in einem Gedicht mit dem Titel „Denkspruch" des deutschen Dichters und Übersetzers Karl Streckfuß (1778–1844). Der vollständige Text lautet: „Im Glück nicht jubeln und im Sturm nicht zagen,/Das Unvermeidliche mit Würde tragen,/Das Rechte tun, am Schönen sich erfreuen,/Das Leben lieben und den Tod nicht scheuen/Und fest an Gott und beßre Zukunft glauben/Heißt leben, heißt dem Tod sein Bittres rauben."

Unverständlich sind mir die Alten

Bei Auseinandersetzungen zwischen Jugend und Alter wird die Schlußzeile der ersten Strophe des Gedichtes „Die Alten und die Jungen" von Theodor Fontane (1819–1898) von denjenigen zitiert, die um Verständnis für die Jugend und ihre Bestrebungen bemüht sind. Die Strophe im ganzen verdeutlicht das Anliegen Fontanes: „,Unverständlich sind uns die Jungen',/Wird von den Alten beständig gesungen;/Meinerseits möcht' ich's damit halten:/,Unverständlich sind mir die Alten'".

Unvorbereitet, wie ich mich habe

Zu dieser scherzhaften Redensart, einem Freudschen Versprecher, gibt es eine Anekdote aus dem Jahr 1834. Danach hatte ein Baurat Matthias in Halle bei seiner Antwort auf einen Trinkspruch mit den Worten „Unvorbereitet, wie ich bin" begonnen. Als er nicht über diese Worte hinauskam, zog er sein Manuskript hervor, von dem er seine sehr wohl vorbereitete Rede ablas. Heute wird die Floskel gern als ironische Einleitung zu einer Rede oder einem Vortrag gebraucht, um eine aufgelockertere Atmosphäre zu schaffen und keine unangebrachte Feierlichkeit oder Förmlichkeit aufkommen zu lassen.

Das **Unzulängliche,** hier wird's Ereignis

Mit Sarkasmus oder recht bissigem Spott lassen sich diese Worte auf grobes Versagen in den verschiedensten Bereichen beziehen. Sie stammen aus dem zweiten Teil von Goethes Faust („Bergschluchten"), wo der Chorus mysticus mit Versen, die noch einmal das Thema Vergänglichkeit und Erlösung in sehr gedrängter Form abschließend darstellen, das Schauspiel beschließt. (Vergleiche auch „Alles Vergängliche ist nur ein Gleichnis".)

Up ewig ungedeelt

Der Wahlspruch Schleswig-Holsteins geht auf König Christian I. von Dänemark (1448–1481) zurück, der nach Erlöschen des holsteinischen Grafenhauses der Schauenburger Schleswig und Holstein in Personalunion mit Dänemark verband und in den Verträgen von Ripen und Kiel 1460 die Zusicherung gab, daß Schleswig und Holstein ewig ungeteilt zusammenbleiben sollten. 1844 verfochten die Schleswig-Holsteiner auf dem deutschen Schleswiger Sängerfest unter Berufung auf die Verträge von 1460 die Einheit und Eigenständigkeit der Herzogtümer und erstrebten den Anschluß an das Deutsche Reich.

Upper ten

Die ↑oberen Zehntausend

Urahne, Großmutter, Mutter und Kind

Diesen Vers, mit dem das Gedicht „Das Gewitter" des schwäbischen Dichters Gustav Schwab (1792–1850) beginnt, zitiert man häufig, wenn man die weiblichen Mitglieder mehrerer Generationen einer Familie zusammen sieht. Das bekannte Gedicht beschreibt eine kurze Zeitspanne während eines Gewitters, in der die vier Menschen „in dumpfer Stube beisammen sind". Sie denken an den kommenden Tag, der ein Feiertag sein wird. Jede einzelne der vier Personen sieht dem Tag in bestimmter Weise entgegen. Doch das Unglück nimmt seinen Lauf, und am Ende tötet ein Blitz sie alle: „Urahne, Großmutter, Mutter und Kind/Vom Strahl miteinander getroffen sind,/Vier Leben endet ein Schlag –/Und morgen ist's Feiertag."

Uralt Lavendel

Der umgangssprachliche Ausdruck, mit dem man etwas als völlig veraltet oder als längst bekannt charakterisiert, stellt die scherzhafte Verwendung des Namens eines Eau de Cologne mit Lavendelduft dar, das früher sehr bekannt war.

Ein Märchen aus **uralten** Zeiten

Ein ↑Märchen aus alten Zeiten

Uriasbrief

Dieser Ausdruck, mit dem man einen Brief bezeichnet, der seinem Überbringer Unglück bringt, geht auf das Alte Testament zurück. Im 2. Buch Samuel, im 11. Kapitel, berichtet der Prophet von dem Ehebruch, den König David mit Bathseba, der Frau des Urias, eines seiner Offiziere, begeht. David schickt Urias mit einem Brief an den Heerführer Joab aus, der einen Feldzug gegen die Ammoniter anführte. Er forderte Joab darin auf, Urias an einer Stelle in den Kampf zu schicken, wo er den sicheren Tod fände.

Das **Urteil** des Paris

↑Zankapfel

Ut desint vires, tamen est laudanda voluntas

Den ↑guten Willen für die Tat nehmen

Vae victis!

Im Jahre 387 v. Chr. besiegten die von Norden her nach Italien eingedrungenen Kelten die Römer an der Allia, nahmen die Stadt Rom ein und belagerten das Kapitol. Mit einer hohen Lösegeldzahlung, so berichtet der römische Historiker Livius (59 v. Chr.–17 n. Chr.) erkauften die Römer den Abzug des Feindes. Als die in Gold zu zahlende Summe abgewogen wurde und ein römischer Offizier gegen die zu schweren Gewichte der Sieger protestierte, habe dann der keltische Heerführer auch noch sein Schwert auf die Waagschale geworfen und höhnend gerufen *Vae victis [esse]* („Wehe den Besiegten!"; Livius, Ab urbe condita, V, 48, 9). Der römische Geschichtsschreiber Florus (Anfang des 2. Jh.s n. Chr.) bezeichnete diesen Ausruf bereits als sprichwörtlich. Auch heute noch wird er verwendet, wenn man ausdrücken will, daß jemand, der eine vernichtende Niederlage hat hinnehmen müssen, völlig der Willkür des Siegers ausgeliefert ist. Vergleiche auch „Sein Schwert in die Waagschale werfen".

Vanitas vanitatum

↑Alles ist eitel

Vanity fair

↑Jahrmarkt der Eitelkeit

Variatio delectat

Der hierin ausgedrückte Gedanke, daß „Abwechslung erfreut", findet sich schon bei dem griechischen Dramatiker Euripides (um 480–406 v. Chr.) in dessen Tragödie „Orest". Darin rät Elektra ihrem kranken Bruder Orest, das Krankenlager zu verlassen mit dem Hinweis:

Μεταβολὴ πάν των γλυκύ (in wörtlicher Übersetzung: „Die Veränderung aller Dinge ist süß“). – Später zitiert Aristoteles diese bereits im Griechischen als „geflügelt“ geltende Stelle. In lateinischer Form taucht sie unter anderem bei Cicero in dem Wortlaut „Varietas delectat“ auf.

Varus, gib mir meine Legionen wieder!

↑Gib mir meine Legionen wieder!

Der **Vater** bist du aller Hindernisse

Im zweiten Teil von Goethes Faust (Erster Akt. Finstere Galerie) verlangt der Kaiser von Faust, ihm durch Zauberkunst Helena und Paris herbeizuzitieren. Faust gibt das Ansinnen an Mephisto weiter, der jedoch die Aufgabe für sehr schwierig hält und zu lamentieren beginnt. Darauf beschimpft ihn Faust mit den Worten: „Da haben wir den alten Leierton!/Bei dir gerät man stets ins Ungewisse./Der Vater bist du aller Hindernisse“. – Der Vorwurf könnte sich an jemanden richten, der häufig zum Ärger anderer Dinge blockiert oder verhindert.

Vater, ich habe gesündigt

↑Pater, peccavi

↑Wenn der **Vater** mit dem Sohne

Vater, unser bestes Stück

Dies ist der Titel eines Romans von Hans Nicklisch (* 1912) aus dem Jahr 1955, der 1957 unter dem gleichen Titel mit Ewald Balser in der Titelrolle verfilmt wurde. – Die Redewendung „jemandes bestes Stück“ verwendet man in scherzhafter Weise als Kompliment für jemanden, den man – innerhalb einer Gruppe, der Familie o. ä. – am meisten schätzt, der von allen geliebt wird, auf den sich alle verlassen können.

Vater, vergib ihnen

↑... denn sie wissen nicht, was sie tun

Vater werden ist nicht schwer

Diese Feststellung trifft Wilhelm Busch (1832–1908) im dritten Teil der Knopp-Trilogie mit der Überschrift „Julchen“. Der „Vorbemerk“ dieses Teils beginnt mit den Versen: „Vater werden ist nicht schwer,/Vater sein dagegen sehr.“ Beide Verse werden – zusammen oder auch jeder einzelne für sich – häufig scherzhaft, spottend oder auch ironisch gebraucht, um die Situation eines frischgebackenen oder eines leidgeprüften Vaters zu kommentieren.

↑Ans **Vaterland,** ans teure, schließ dich an

Vaterlandslose Gesellen

Die abwertende Bezeichnung „vaterlandslose Gesellen“ für die Sozialdemokraten wurde im wilhelminischen Kaiserreich geprägt. Sie wird oft Kaiser Wilhelm II. (1859–1941) selbst zugeschrieben und bezieht sich wahrscheinlich auf den Satz „Die Arbeiter haben kein Vaterland“ aus dem 2. Kapitel, „Proletarier und Kommunisten“, des 1848 von Karl Marx und Friedrich Engels verfaßten „Manifests der Kommunistischen Partei“. Es heißt dort: „Den Kommunisten ist ferner vorgeworfen worden, sie wollten das Vaterland, die Nationalität abschaffen. – Die Arbeiter haben kein Vaterland. Man kann ihnen nicht nehmen, was sie nicht haben.“ – In seinem 1927 erschienenen Roman „Der Steppenwolf“ hat Hermann Hesse (1877–1962) den Begriff mehrfach verwendet, und der Schriftsteller Adam Scharrer (1889–1948) machte ihn (1930) zum Titel eines Romans.

↑Zu seinen **Vätern** versammelt werden

Des **Vaters** Segen baut den Kindern Häuser; aber der Mutter Fluch reißt sie nieder

Im Alten Testament bedeutet der Segen Gottes, der durch den Vater an die Kinder weitergegeben wird, Glück und Wohlergehen auf der Erde; die Verfluchung dagegen führt zum Verlust des irdischen Glücks, zu Not und Elend. Einfluß nehmen kann der Mensch dabei durch sein eigenes Verhalten gegenüber seinen Eltern. Das „Buch Jesus Sirach", eine zu den Apokryphen des Alten Testaments gehörende Schrift, befaßt sich unter anderem mit dieser Thematik. Das dritte Kapitel handelt „Vom Gehorsam gegen die Eltern und von wahrer Demut". In den Versen 9–11 heißt es dort: „Ehre Vater und Mutter mit der Tat, mit Worten und Geduld, auf daß ihr Segen über dich komme. Denn des Vaters Segen baut den Kindern Häuser; aber der Mutter Fluch reißt sie nieder." Beim Gebrauch dieses Bibelzitats (es wird häufig auch nur zur Hälfte zitiert) wird oft übersehen, daß Segen und Fluch nicht als Willkürakte der Eltern, sondern als Reflexe, als Antwort gewissermaßen auf das Verhalten der Kinder zu werten sind. Wer sich durch sein richtiges Verhalten gegenüber beiden Eltern den Segen verdient, dem wird es wohlergehen, wer sich aber durch Verfehlung an auch nur einem Elternteil der Verfluchung aussetzt, der wird Not leiden. Gelegentlich führt auch eine Fehlinterpretation und die falsche Gewichtung der Rollenverteilung der Eltern im Hinblick auf die Zuordnung von Segen und Fluch zu einer Anwendung des Zitats an der falschen Stelle. Es ist nicht ausschlaggebend, von wem der Segen und von wem die Verfluchung ausgeht. Entscheidend ist das richtige oder das falsche Verhalten der Kinder.

Ein **Veilchen,** das am Wege blüht

Mit diesem Ausdruck charakterisiert man jemanden, der irgendwo zurückgezogen lebt, unauffällig wirkt und oft die eigentlich verdiente Aufmerksamkeit oder Achtung nicht findet. Er stammt aus dem bekannten Lied „Freut euch des Lebens" des Schweizer Dichters und Malers Johann Martin Usteri (1763–1827), das 1793 erschien und das durch die 1795 erfolgte Vertonung von Hans Georg Nägeli, einem Schweizer Komponisten, seine große Popularität erlangte. Die erste Strophe des Liedes, das ganz Ausdruck naiver, auf Bescheidenheit und Genügsamkeit gegründeter Lebensfreude ist, endet mit den Zeilen: „Man schafft so gern sich Sorg' und Müh',/Sucht Dornen auf und findet sie/ Und läßt das Veilchen unbemerkt,/Das uns am Wege blüht."

Veni, vidi, vici

↑Ich kam, ich sah, ich siegte

Verachte nur Vernunft und Wissenschaft

Diese Worte ruft Mephisto in Goethes Faust I (Studierzimmer 2) schon siegessicher seinem Vertragspartner Faust nach, mit dem er auf Reisen gehen will: „Verachte nur Vernunft und Wissenschaft,/Des Menschen allerhöchste Kraft,/Laß nur in Blend- und Zauberwerken/Dich von dem Lügengeist bestärken,/So hab' ich dich schon unbedingt –." Mit dem zunächst befremdlich klingenden Zitat will man eigentlich eine Warnung aussprechen und im Grunde die Überlegenheit der menschlichen Vernunft und der wissenschaftlichen Erkenntnis über Magie und Aberglauben betonen.

Verachtet mir die Meister nicht

Am Ende des 3. Aktes der Oper „Die Meistersinger von Nürnberg" von Richard Wagner (1813–1883) klärt der Meister Hans Sachs den jungen Walter von Stolzing, der als Sieger aus dem Sängerwettstreit hervorgegangen ist, darüber auf, was das wahre Wesen der Meister und ihrer Kunst ist. Stolzing, der es zuvor abgelehnt hatte, sich mit dem Symbol der Meisterwürde schmükken zu lassen, läßt sich durch die Worte des Hans Sachs in der Arie „Verachtet mir die Meister nicht, und ehrt mir ihre Kunst" überzeugen und nimmt das Wahrzeichen der Zunft an. Die Mahnung des Hans Sachs wird heute zitiert, wenn man zum Beispiel jemandem sagen möchte, daß er die vernünftigen, fachmännischen Ratschläge erfahrener Menschen nicht gleich in den Wind schlagen soll.

Verbiete du dem Seidenwurm zu spinnen

Mit diesem Bild verteidigt der Dichter Tasso in Goethes 1789 vollendetem Schauspiel „Torquato Tasso" (V,2) sein Dichtertum gegenüber dem Herzog. Der schwierige, überempfindliche Tasso drückt damit aus, daß er dem Rat seines Gönners, sich nicht immer mehr in sich zu verstricken, nicht folgen kann: „Verbiete du dem Seidenwurm zu spinnen,/Wenn er sich schon dem Tode näher spinnt./Das köstliche Geweb' entwickelt er/Aus seinem Innersten, und läßt nicht ab,/Bis er in seinen Sarg sich eingeschlossen." – Man verwendet das Zitat, um auszudrücken, daß man selbst oder ein anderer gar nicht anders handeln kann, als es geschieht, weil es so dem innersten Wesen entspricht.

↑ Was nicht **verboten** ist, ist erlaubt

Verbunden werden auch die Schwachen mächtig

Diese Überzeugung, auf der Organisationen oder Zusammenschlüsse basieren, spricht in Schillers Schauspiel „Wilhelm Tell" (I,3) Werner Stauffacher, Vertreter des Kantons Schwyz, aus, als er sich Gedanken über die Erhebung der Schweizer gegen den tyrannischen Reichsvogt macht. Wilhelm Tell aus Uri setzt dagegen seine Meinung „Der Starke ist am mächtigsten allein", weil er glaubt, sich mit dieser Einstellung seine Freiheit des Handelns am besten erhalten zu können.

Verdammt in alle Ewigkeit

Das Zitat ist der deutsche Titel eines 1951 erschienenen und 1953 von Fred Zinnemann in Hollywood verfilmten Romans von James Jones. Der englische Titel *From Here to Eternity* ist seinerseits ein Zitat aus dem Gedicht „Gentleman Rankers" („Gemeine Soldaten aus gutem Haus") von Rudyard Kipling (1865–1936). Im Roman wird am Beispiel des Soldaten Prewitt geschildert, wie in einer Garnison des amerikanischen Heeres (Ort der Handlung ist Hawaii kurz vor dem japanischen Angriff auf Pearl Harbour) das sich widersetzende Individuum durch die militärische Hierarchie auf grausame Weise unterdrückt wird. Der Titel wird gelegentlich im Hinblick auf die völlig hoffnungslose Situation von Menschen verwendet, die sich trotz aller Bemühungen nicht aus ihrer Misere befreien können.

Verderben, gehe deinen Gang!

In Schillers Trauerspiel „Die Verschwörung des Fiesko zu Genua" (seinem zweiten Drama nach den „Räubern") kommt es zu Beginn des 5. Aufzugs zu einem Dialog zwischen Andreas Doria, dem tyrannischen Dogen von Genua, und dem Verschwörer Fiesko, der den Tyrannen stürzen will. Am Ende dieser Szene bleibt ein etwas nachdenklich gewordener Fiesko zurück, der, wie es in der Regieanweisung heißt, „einige Schritte tiefsinnig auf und nieder" geht und sich dann selbst zuredet, sein begonnenes Werk fortzuführen: „Nun, ich machte Größe mit Größe wett – wir sind fertig, Andreas! Und nun, Verderben, gehe deinen Gang!" – Mit dieser zuletzt zitierten Aufforderung kommentiert man, sicherlich in nicht ganz so ernsthafter Weise, eher mit einer Spur Galgenhumor, den unaufhaltsamen Fortgang eines Geschehens, das man als unangenehm empfindet, nicht gutheißen kann.

Dem **Verdienste** seine Kronen

„Männerstolz vor Königsthronen/Brüder, gält' es Gut und Blut,/Dem Verdienste seine Kronen, Untergang der Lügenbrut!" So fordert Schiller am Ende seines Gedichts „An die Freude" (1786) den hier angesprochenen Freundeskreis auf, ohne Furcht gegen Unrecht und Lüge in der Welt anzugehen. Denn nur dem mutigen Eintreten für die gerechte Sache und dem Verdienst, das der einzelne sich in diesem Kampf redlich erworben hat, gebühren in Wahrheit Anerkennung und Ehre. In diesem Sinne werden die Verse auch heute zitiert, meist jedoch nur der erste Vers und der Anfang des letzten Verses (dieser oft in der Form „Dem Verdienste seine Krone").

↑Alles **Vergängliche** ist nur ein Gleichnis

Vergeben, aber nicht vergessen

Mit den beiden ähnlich klingenden Wörtern „vergeben" und „vergessen" wurden schon in früher Zeit gedankliche Verbindungen in unterschiedlichen Äußerungen und Wortspielen hergestellt. Die in der vorliegenden Formulierung enthaltene strenge Trennung zwischen beiden Begriffen bewirkt, daß man bei dem Ausspruch (anders als etwa bei einer Äußerung wie „vergeben und vergessen") weniger an ein Wort der Vergebung denkt als an eine Mahnung, eine Aufforderung, gerade nicht zu vergessen, den Gegenstand der Vergebung vielmehr im Gedächtnis zu behalten. Die so formulierte Äußerung wird auf eine Anekdote des Staatsmannes Otto von Bismarck (1815–1898) zurückgeführt, der sie in seinem Buch „Gedanken und Erinnerungen" selbst erzählt. Es geht dabei um die Beziehungen Bismarcks zu seinem alten Freund, dem Feldmarschall Wrangel. Ein im Sinne des Ausspruchs geführtes Gespräch zwischen beiden beendete nach dieser Anekdote ein langjähriges Zerwürfnis zwischen den Freunden.

Vergiß das Beste nicht!

Die Mahnung, die man mit dieser Aufforderung ausspricht, ist meist scherzhaft gemeint. Sie soll einen andern daran erinnern, auf etwas Bestimmtes zu achten, eine Sache, die in bestimmtem Zusammenhang gerade von Bedeutung ist, nicht aus dem Auge zu verlieren. Man zitiert dabei eine in zahlreichen deutschen Volkssagen immer wiederkehrende Formel. Bei diesen Sagen geht es immer um einen in einem Berg verborgenen Schatz, zu dessen Hebung es eines wunderkräftigen Mittels bedarf. Dies ist meist eine schöne (oft blaue) Wunderblume (auch eine Wurzel oder eine Wünschelrute). Derjenige, der die Blume entdeckt hat (oft ein Hirtenknabe, der sie zufällig findet), mit ihrer Hilfe in den Berg eingedrungen ist und sich von den Schätzen genommen hat, wird durch eine Stimme ermahnt: „Vergiß das Beste nicht!" Gemeint ist natürlich die wegbahnende, türöffnende Blume, die nicht im Berg zurückbleiben darf. Wird sie dort aber vergessen, so fährt der Berg krachend zu, und der Schatz ist für alle Zeit verloren.

Vergiß den großen Schmerz!

Diesen Rat gibt in Schillers Gedicht „Das Siegesfest" Nestor, der greise Berater der siegreichen Griechen, am Ende des Trojanischen Krieges der gefangenen Troerin Hekuba, Gemahlin des Königs Priamos. Er reicht ihr einen Becher Wein und sagt: „Trink ihn aus, den Trank der Labe,/Und vergiß den großen Schmerz!/Wundervoll ist Bacchus' Gabe,/Balsam fürs zerriss'ne Herz." Die Verwendung als Zitat hat einen leicht ironischen oder scherzhaften Beiklang.

↑So laßt ihm doch das kindliche **Vergnügen**

↑Doch die **Verhältnisse,** sie sind nicht so

↑Mit **verhärtetem** Gemüte

↑Mit **Verlaub,** ich bin so frei

Verlorene Generation

↑Lost Generation

Verlorene Liebesmüh

Der Ausdruck ist eine Lehnübersetzung des englischen *Love's labour's lost,* des Titels eines Lustspiels von Shakespeare. Die Redewendung „verlorene (oder auch: vergebliche) Liebesmüh sein" bedeutet „keiner Anstrengung wert, vergeblich sein".

Das **verlorene** Paradies

In seinem 1663 vollendeten Epos *Paradise Lost* (so der Titel des englischen Originals) stellt der englische Dichter John Milton (1608–1674) das biblische Thema des Sündenfalls und den Heilsplan Gottes für die schuldig gewordene Menschheit dar. Das Werk, das zu den bedeutendsten englischen Dichtungen gehört, hatte im 18. und 19. Jahrhundert großen Einfluß auf die europäischen Dichter, in Deutschland z. B. auf Klopstock und sein Epos „Der Messias" (Entstehungszeit 1748–1773). Heute bezeichnen wir als „verlorene Paradiese" Gebiete, die einmal die notwendigen Lebensbedingungen für eine bestimmte Tier- und Pflanzenwelt boten, die durch rücksichtsloses menschliches Vorgehen aber vernichtet wurden.

Der **verlorene** Sohn

In dem bekannten Gleichnis vom „verlorenen Sohn", Lukas 15, 11–32 wird von einem der beiden Söhne eines wohlhabenden Vaters erzählt, der sich sein Erbteil auszahlen läßt, davonzieht, sein Geld verpraßt und in Not gerät, reumütig zum Vater zurückkehrt und von diesem mit großer Freude und ohne jeden Vorwurf wieder aufgenommen wird. Der großmütige Vater spricht die Worte (in Vers 23 und 24): „... lasset uns essen und fröhlich sein! Denn dieser mein Sohn ... war verloren und ist gefunden worden." Die Bezeichnung „verlorener Sohn" wird heute in zweierlei Bedeutung gebraucht. Einmal kennzeichnet man damit jemanden, der in seinen Anschauungen und in seinem Handeln nicht den Vorstellungen seiner Eltern entspricht und deshalb für diese eine große Enttäuschung bedeutet, zum andern wird damit eher scherzhaft auch jemand angesprochen, von dem lange keine Nachricht mehr kam, der sich lange nicht mehr hat blicken lassen.

Verlust der Mitte

So lautet der Titel einer die Kunst des 19. und 20. Jahrhunderts behandelnden Schrift des österreichischen Kunsthistorikers Hans Sedlmayr (1896–1984), die 1948 erschien und viel diskutiert wurde. Sedlmayr sah in der Kunst dieser Zeit die geistige Verfassung der Menschen widergespiegelt, die er als von einem Verlust der inneren Mitte gekennzeichnet umschrieb. Dem Buch ist als Motto ein Satz von Blaise Pascal vorangestellt: „Die Mitte verlassen, heißt die Menschlichkeit verlassen." – Das Zitat kann heute dazu dienen, den seelisch-geistigen Zustand eines Menschen zu charakterisieren, dem die innere Ausgeglichenheit fehlt, es kann aber auch auf die politische „Mitte", die Position zwischen den Extremen, bezogen werden.

↑Er nennt's **Vernunft** und braucht's allein, nur tierischer als jedes Tier zu sein

Vernunft wird Unsinn, Wohltat Plage

↑Weh dir, daß du ein Enkel bist!

Veronika, der Lenz ist da

Mit diesem 1930 entstandenen Schlager hatte das Vokalensemble „Comedian Harmonists" in Deutschland großen Erfolg. Die Melodie stammt von dem österreichischen Schlagerkomponisten Walter Jurmann, den Text schrieb sein Landsmann Fritz Rotter. Das Zitat (Titel und zugleich erste und letzte Zeile des Refrains des Liedes) kann scherzhaft den Beginn des Frühlings kommentieren.

Das **verschleierte** Bildnis zu Sais

So ist ein Gedicht von Friedrich Schiller betitelt, in dem ein Wissensdurstiger trotz göttlichen Verbots es wagt, die als verschleiertes Standbild dargestellte Wahrheit zu schauen. Der zitierte Gedichttitel soll bildhaft ausdrücken, daß unserem Wissen Schranken gesetzt sind, die wir nicht ungestraft überschreiten dürfen.

Der **Verstand** der Verständigen

Diese Formulierung findet man im 1. Korintherbrief (1, 19) des Neuen Testaments. Paulus macht in diesem ersten Kapitel den Korinthern klar, daß das Wort Gottes nicht mit Menschenweisheit und -verstand zu erfassen ist, sondern nur durch den Glauben. „Denn es steht geschrieben: ‚Ich will zunichte machen die Weisheit der Weisen, und den Verstand der Verständigen will ich verwerfen.'" Schiller verwendet in seinem Gedicht „Die Worte des Glaubens" (1797) die gleiche Formulierung. Die dritte Strophe des Gedichts endet mit den Zeilen: „Und was kein Verstand der

Verständigen sieht,/Das übet in Einfalt ein kindlich Gemüt."

Verstand ist stets bei wen'gen nur gewesen

Das Zitat steht in Schillers Dramenfragment „Demetrius" (I). In der Szene „Der Reichstag zu Krakau" widersetzt sich Fürst Sapieha der Forderung, sich der Stimmenmehrheit für den Krieg mit Moskau anzuschließen und den Reichstag nicht zu spalten: „Die Mehrheit?/Was ist die Mehrheit? Mehrheit ist der Unsinn,/Verstand ist stets bei wen'gen nur gewesen." Man zitiert die Zeile, wenn man das Verhalten einer Mehrheit oder einer großen Zahl von Menschen als unklug charakterisieren oder jemanden vor dem Unverstand der Menge warnen will.

↑ Mein **Verstand** steht still

↑ Ich **verstehe** die Welt nicht mehr

↑ Alles **verstehen** heißt alles verzeihen

↑ Ich kann allem widerstehen, nur nicht der **Versuchung**

Vertrauen ist gut, Kontrolle ist besser!

Dieser Satz (auch mit der Variante „Vorsicht ist besser") wird häufig dem russisch-sowjetischen Politiker Wladimir I. Lenin zugeschrieben, obwohl er in dieser Form in keiner seiner Reden und Schriften belegt ist. Allerdings benutzte Lenin sehr häufig das russische Sprichwort *Dowerjai, no prowerjai* („Vertraue, aber prüfe nach"). Es ist anzunehmen, daß dieses Sprichwort in Übersetzungen seiner Texte gelegentlich abgewandelt (russisch „prowerit" kann auch mit „kontrollieren" wiedergegeben werden) und dann die neue Formulierung als Leninsche Prägung angesehen wurde.

↑ Werd' ich zum Augenblicke sagen: **Verweile** doch, du bist so schön!

Verwirrung der Gefühle

Eine 1927 unter diesem Titel erschienene Novelle des österreichischen Schriftstellers Stefan Zweig (1881–1942) schildert die seelischen Konflikte, die sich daraus ergeben, daß in das Haus eines verheirateten homosexuell veranlagten Professors ein Student einzieht, der den Professor als Wissenschaftler verehrt. Mit diesem Titel spielt man auf eine Situation an, in der jemand einem Wechselbad der Gefühle ausgesetzt ist und sein seelisches Gleichgewicht zu verlieren droht.

Verzage nicht, du Häuflein klein

Das scherzhaft verwendete Zitat, mit dem man sich über die zu kleine Anzahl der eigenen Gruppe hinwegzutrösten sucht, ist der Anfang eines evangelischen Kirchenliedes von Jakob Fabricius (1593–1654). Dieser war 1630 bis 1632 Hof- und Feldprediger im Heer Gustav Adolfs von Schweden; er soll das Lied 1632 auf Anregung des Königs gedichtet haben: „Verzage nicht, du Häuflein klein,/Obschon die Feinde willens sein,/Dich gänzlich zu verstören ..." Die Art der Anrede erinnert an einen Bibelvers (Lukas 12,32): „Fürchte dich nicht, du kleine Herde! Denn es ist eures Vaters Wohlgefallen, euch das Reich zu geben."

Verzeihen Sie das harte Wort!

Diese Floskel, mit der man den Gebrauch eines sehr deutlichen, vielleicht kränkenden Ausdrucks abzumildern versucht, ist wohl durch die Berichte des fiktiven Zeitungskorrespondenten Wippchen besonders populär geworden. Dessen Erfinder, Julius Stettenheim (1831–1916), ließ seine Kunstfigur in einer fast nur aus Bildbrüchen, verfälschten Zitaten und falsch verwendeten Redensarten bestehenden Prosa über Kriegsschauplätze berichten, die Wippchen niemals aufgesucht hat. Die obengenannte Floskel erscheint mehrfach in diesen Berichten, auch in Abwandlungen wie „Entschuldigen Sie dieses herbe Wort!" oder „Verzeihen Sie, wenn meine Worte überkochen!"

↑Mich faßt **Verzweiflung,** foltert Spott

Der **Vetter** aus Dingsda

In Anlehnung an die Titelfigur aus Eduard Künnekes (1885–1953) Operette, deren Libretto von H. Haller und Rideamus (Fritz Oliven) nach einem Lustspiel von M. Kempner-Hochstädt geschrieben wurde, verwendet man diesen Ausdruck umgangssprachlich für einen überraschend auftauchenden Vetter oder anderen Verwandten. In der Operette täuscht man sich allerdings über die Identität des vor sieben Jahren nach „Dingsda", irgendeiner indischen Stadt, ausgewanderten Vetters Roderich, dem die weibliche Hauptgestalt Julia de Weert ewige Treue geschworen hatte und den sie in dem ihr bislang unbekannten Vetter August wiederzuerkennen meint.

Viel Gewaltiges lebt, doch gewaltiger nichts als der Mensch

Zu den bekanntesten Werken des griechischen Dichters Sophokles (um 496–um 406 v. Chr.) gehört die Tragödie „Antigone". Sie behandelt den griechischen Mythos von Antigone, der Tochter des Ödipus, die das Verbot Kreons, des tyrannischen Königs von Theben, durchbricht und ihren im Kampf gegen Theben gefallenen Bruder bestattet. Von Kreon lebendig eingemauert, erhängt sie sich in ihrer Gruft. An dem Punkt der Handlung, da der erzürnte Kreon erfährt, daß jemand gegen sein Verbot den Toten bestattet habe, besingt der Chor die Größe des Menschen, der aber mit seiner Erfindungskraft und seinem Wagemut „bald zum Argen und bald zum Guten" neigt. Die berühmten Anfangszeilen dieses Liedes, „Viel Gewaltiges lebt,/Doch gewaltiger nichts als der Mensch", können dementsprechend sowohl angesichts bewundernswerter Werke als auch angesichts inhumaner Taten des Menschen zitiert werden.

Viel kann verlieren, wer gewinnt

Die Sentenz findet sich in August Wilhelm Schlegels (1767–1845) Romanze „Arion" am Schluß der 2. Strophe. Periander, der Herrscher von Korinth, spricht diese Worte, als ihn sein Freund, der Dichter und Sänger Arion, verläßt, um in der Fremde noch mehr Reichtum und Ruhm zu erwerben. Auf der Schiffsreise wird Arion von Matrosen beraubt und nach einem Sturz ins Meer von einem Delphin gerettet. – Man verwendet das Zitat als Warnung vor zu großem Gewinnstreben.

Viel Lärm um nichts

Dieser Titel einer Komödie von Shakespeare (englischer Originaltitel: *Much ado about nothing;* entstanden etwa 1598) wurde im Deutschen zu einer Redensart. Mit ihr kann man zum Ausdruck bringen, daß einer unbedeutenden Sache viel zuviel Beachtung geschenkt wurde und man sie völlig unbegründet aufgebauscht hat. Bei der Komödie handelt es sich um ein Stück voller Intrigen, Verleumdungen und Verwechslungen, bei dem aber die Liebe der beiden im Mittelpunkt stehenden Paare am Ende triumphiert und die Wahrheit über Täuschung und Falschheit siegt.

Viel Steine gab's und wenig Brot

Mit dieser Zeile wird in dem derbkomischen Gedicht „Schwäbische Kunde" von Ludwig Uhland (1787–1862) – es beginnt mit den Zeilen „Als Kaiser Rotbart lobesam/Zum heil'gen Land gezogen kam" – die Situation beschrieben, in der sich Kaiser Barbarossa mit seinem Heer auf einem Kreuzzug im „heil'gen Land" befand. Es heißt dort: „Daselbst erhob sich große Not,/Viel Steine gab's und wenig Brot". Mit dieser Formulierung bezieht sich Uhland auf eine Bibelstelle (Matthäus 7,9; vergleiche dazu den Artikel „Steine geben statt Brot"). Die Gedichtzeile wird heute zitiert, wenn jemand beispielsweise deutlich machen will, daß er das, was ihm bei einer bestimmten Gelegenheit geboten wurde, als höchst unzureichend empfunden hat.

Vielbeweinter Schatten

Im Jahre 1824 erschien eine Jubiläumsausgabe des Briefromans „Die Leiden des jungen Werther“, des Werkes, das den jungen Goethe fünfzig Jahre zuvor mit einem Mal berühmt gemacht hatte. Für diese Jubiläumsausgabe schrieb Goethe als Vorwort das Gedicht „An Werther“, in dem er sich, seine letzte große Liebe zu Ulrike von Levetzow und seine Trennung von ihr mit dem Schicksal Werthers und dessen „gräßlich Scheiden“ (der Roman endet mit dem Selbstmord Werthers) vergleicht. Dieses Gedicht (das erste der sogenannten „Trilogie der Leidenschaft“) beginnt mit den Versen: „Noch einmal wagst du, vielbeweinter Schatten,/Hervor dich an das Tageslicht,/Begegnest mir auf neu beblümten Matten,/Und meinen Anblick scheust du nicht.“ Der Ausdruck „vielbeweinter Schatten“, mit dem Goethe die Gestalt Werthers apostrophiert, wurde danach öfter verwendet, wenn es darum ging, Erinnerungen an frühere Leidenschaften, an leidvolle, mit einer bestimmten Person verbundene Erfahrungen heraufzubeschwören, zu beschreiben. Heute wird das Zitat wohl eher ironisch oder mit einem gewissen Spott gebraucht, etwa im Hinblick auf eine einst berühmte, gefeierte Person, deren Glanz inzwischen verblichen ist.

Viele sind berufen, aber wenige sind auserwählt

Im älteren Deutsch bedeutete „berufen“ einfach „herbeirufen, zu etwas rufen“, und in diesem Sinne verwendet auch Luther das Wort in seiner Übersetzung des Gleichnisses vom Weinberg im Matthäusevangelium (Matthäus 20,16): „Also werden die Letzten die Ersten und die Ersten die Letzten sein. Denn viele sind berufen, aber wenige sind auserwählt.“ Man zitiert das Bibelwort, wenn man zum Beispiel sagen will, daß aus einem größeren Personenkreis immer nur einige wenige für etwas Bestimmtes in besonderem Maße geeignet, befähigt oder begabt sind.

Des **vielen** Büchermachens ist kein Ende

Diese Feststellung findet sich bereits im Alten Testament beim Prediger Salomo 12,12 und wird dort als Warnung ausgesprochen. „Und über dem allen, mein Sohn, laß dich warnen; denn des vielen Büchermachens ist kein Ende, und viel Studieren macht den Leib müde. Laßt uns die Hauptsumme aller Lehre hören: ‚Fürchte Gott und halte seine Gebote‘“ (Prediger 12,12f.). Man zitiert die Bibelstelle gelegentlich scherzhaft angesichts der großen Zahl von Büchern, die jedes Jahr veröffentlicht werden.

Vielen gefallen ist schlimm

Mit diesen Worten endet Schillers Distichon „Wahl“ aus den „Votivtafeln“ (1796). Sie dienen auch heute noch als Warnung davor, breiteste Zustimmung als Zeichen dafür anzusehen, daß man Hervorragendes geleistet habe.

↑Wer **vieles** bringt, wird manchem etwas bringen

Vita brevis, ars longa

Die ↑Kunst ist lang! Und kurz ist unser Leben

Der **Vogel**, scheint mir, hat Humor

In seinem Gedicht „Es sitzt ein Vogel auf dem Leim“ (Kritik des Herzens, 1874) erzählt Wilhelm Busch (1832 bis 1908) von einem Vogel, der an einer Leimrute hängengeblieben ist. Im Angesicht des nahen Todes in Gestalt eines sich heranpirschenden Katers denkt der Vogel bei sich: „So will ich keine Zeit verlieren,/Will noch ein wenig quinquilieren/Und lustig pfeifen wie zuvor.“ Busch kommentiert dies: „Der Vogel, scheint mir, hat Humor.“ Diesen letzten Vers des Gedichts zitiert man, wenn man – mit einer gewissen Anerkennung – feststellt, daß jemand einer Schwierigkeit oder einem Mißgeschick des Alltags mit heiterer Gelassenheit begegnet. Gelegentlich wird das Zitat aber auch als leicht unwilliger Ausruf im Sinne von „Was denkt der/die sich eigentlich“ verwendet.

↑ Wenn ich ein **Vöglein** wär'

Dem **Volk** aufs Maul schauen

Die Wendung mit der Bedeutung „beobachten, wie sich die einfachen Leute ausdrücken, und von ihnen lernen" geht auf eine Stelle in Martin Luthers (1483–1546) „Sendbrief vom Dolmetschen" zurück, in dem er die Sprache seiner Bibelübersetzung rechtfertigt: „... man muß die Mutter im Haus, die Kinder auf den Gassen, den gemeinen Mann auf dem Markt drum fragen und denselben auf das Maul sehen, wie sie reden, und danach dolmetschen; so verstehen sie es denn und merken, daß man deutsch mit ihn' redet."

Das **Volk** der Dichter und Denker

Urheber dieser oft zitierten Bezeichnung für die Deutschen ist wohl der Schriftsteller Johann Karl August Musäus (1735–1787), der in Weimar als Pagenhofmeister und Gymnasiallehrer tätig war. In dem seine „Volksmärchen der Deutschen" (5 Bände, 1782–86) einleitenden „Vorbericht an Herrn David Runkel, Denker und Küster ..." heißt es: „Was wäre das enthusiastische Volk unserer Denker, Dichter, Schweber, Seher ohne die glücklichen Einflüsse der Phantasie?" Ohne nationalen Bezug verwendete Musäus die Zwillingsformel „Denker und Dichter" bereits in seinen „Physiognomischen Reisen" (1779). Jean Paul (1763–1825) hat dann die heute geläufige Umstellung „Dichter und Denker" geprägt, allerdings ebenfalls ohne Bezug auf Deutschland. – Gelegentlich ist mit dieser Bezeichnung auch gemeint worden, daß die Einheit, der Zusammenhalt der Deutschen in einem politisch zersplitterten Deutschland nur in der Dichtung, in der Kultur besteht. – Der österreichische Schriftsteller Karl Kraus (1874–1936) bildete 1908 die Formel in seiner Zeitschrift „Die Fackel" um zum „Volk der Richter und Henker".

Das **Volk** der Richter und Henker

Das ↑ Volk der Dichter und Denker

↑ Jedes **Volk** hat die Regierung, die es verdient

Volk ohne Raum

Dies ist der Titel eines zweibändigen Romans des Schriftstellers Hans Grimm (1875–1959) aus dem Jahre 1926. Der Titel dieses tendenziösen Kolonialromans, der die deutsche Expansionspolitik rechtfertigte und gerne als „deutscher Schicksalsroman" gepriesen wurde, ist damals zum nationalsozialistischen Schlagwort geworden.

Das **Volk** steht auf, der Sturm bricht los

Der deutsche Schriftsteller Theodor Körner (1791–1813), der besonders durch seine patriotischen Kampflieder bekannt wurde, gilt als einer der bedeutendsten Dichter der Befreiungskriege. Diese erste Zeile des Gedichtes „Männer und Buben", das er noch einige Tage vor seinem Tod schrieb, wurde in patriotisch gesinnten Kreisen immer gerne zitiert, und der chauvinistische Mißbrauch, besonders in der Zeit des Nationalsozialismus, konnte nicht ausbleiben.

Völker, hört die Signale!

Das Zitat bildet mit den anschließenden Zeilen „Auf zum letzten Gefecht!/Die Internationale/Erkämpft das Menschenrecht!" den Refrain des Kampfliedes der internationalen Arbeiterbewegung („Wacht auf, Verdammte dieser Erde"). Der Text wurde von dem Pariser Kommunarden E. Pottier (1871) verfaßt, die Melodie schrieb P. Degeyter (1888). Die deutsche Übersetzung stammt von E. Luckhardt. Man zitiert den Aufruf meist im Kontext von Arbeitskämpfen, aber gelegentlich auch scherzhaft, um andere auf ein akustisches Signal (zum Beispiel die Pausenglocke) aufmerksam zu machen.

Volkes Stimme ist Gottes Stimme

In seiner Dichtung „Werke und Tage" warnt der altgriechische Dichter Hesiod (um 700 v. Chr.) vor dem Gerede der Leute: „Ein Gerücht verstummt nie völlig, wenn viele/Leute es weiterverbreiten; eine Gottheit ist es dann selbst" (763 f.). Im Mittelalter findet sich dafür dann in verschiedenen Quellen die kürzere mittellateinische Version *Vox populi vox Dei* („Volkes Stimme [ist] Gottes Stimme"). Sowohl die mittellateinische Form als auch deren deutsche Übersetzung werden häufig dann zitiert, wenn zum Ausdruck gebracht werden soll, daß die „Stimme des Volkes", also die öffentliche Meinung, ein großes Gewicht hat und entsprechend berücksichtigt werden muß.

↑Hier ist des **Volkes** wahrer Himmel

Voll des süßen Weins sein

Diese meist scherzhaft gebrauchte Redewendung, mit der man jemandes Betrunkenheit konstatiert, ist biblischen Ursprungs. Im 2. Kapitel der Apostelgeschichte wird von der Ausgießung des Heiligen Geistes an Pfingsten berichtet und darüber, daß die Jünger anfingen „zu predigen mit andern Zungen", so daß alle Anwesenden der unterschiedlichsten Nationalität sie verstehen konnten. Dieses Pfingstwunder rief zunächst verschiedenartige Reaktionen hervor. Die meisten waren verwundert und entsetzten sich. Von einigen aber heißt es, sie „hatten 's ihren Spott und sprachen: Sie sind voll süßen Weins."

Es ↑ist **vollbracht**

↑Denn ein **vollkomm'ner** Widerspruch bleibt gleich geheimnisvoll für Kluge wie für Toren

Vom Baum der Erkenntnis essen

Diese Wendung geht auf das 1. Buch Moses (2, 9) im Alten Testament zurück, wo der „Baum der Erkenntnis des Guten und des Bösen" im Garten Eden erwähnt wird. Trotz eines Verbots Gottes ißt Adam eine Frucht dieses Baums, was die Vertreibung aus dem Paradies zur Folge hat. Heute wird die Wendung im Sinne von „durch Erfahrung klug, wissend werden" gebraucht. Wenn man sagt, daß jemand nicht vom Baum der Erkenntnis gegessen hat, meint man, daß er nicht klug, nicht begabt sei.

Vom Bäumlein, das andere Blätter hat gewollt

Der Titel des Gedichtes von Friedrich Rückert (1788–1866) aus den „Fünf Märlein zum Einschläfern für mein Schwesterlein" wird zitiert, wenn sich jemand zu Unrecht benachteiligt fühlt und immer neue Wünsche erfüllt haben möchte, bis er endlich glücklich seinen Ausgangszustand wiederhergestellt sieht.

Vom Eise befreit sind Strom und Bäche

Beim sogenannten „Osterspaziergang" im 1. Teil von Goethes Tragödie spricht Faust zu seinem Famulus Wagner die Worte: „Vom Eise befreit sind Strom und Bäche/Durch des Frühlings holden, belebenden Blick" (Faust I, Vor dem Tor). Nach einem langen, kalten Winter begrüßt mancher mit diesen Worten den Anbruch des Frühlings. Aber auch als Ausdruck der Erleichterung darüber, daß eine Erstarrung überwunden ist und eine neue Entwicklung einsetzt, wird das Zitat heute vielfach verwendet.

Vom Erhabenen zum Lächerlichen ist nur ein Schritt

Der Gedanke, daß Erhabenes und Lächerliches oft nahe beieinanderliegen, daß allzu feierliche Würde leicht grotesk wirken, allzu würdevoll Erhabenes leicht ins Komische umschlagen kann, war bereits öfter formuliert und ausgesprochen worden, bevor ihm schließlich Napoleon Bonaparte die heute bekannte Form gab. Napoleon soll den Ausspruch – im französischen Original: *Du sublime au ridicule il n'y a qu'un pas* – auf seiner Flucht aus Rußland (Dezember 1812) mehrmals getan haben.

Vom Fanatismus zur Barbarei ist es nur ein Schritt

Das Zitat stammt aus der Abhandlung „Principes de la philosophie morale ou Essai sur la morale et la vertu" von Denis Diderot (1713–1784), der hier von dem Begriff des Moral sense – dem natürlichen Gefühl für das Schickliche – des englischen Philosophen der Aufklärung, des Earl of Shaftesbury, beeinflußt ist.

Vom Mädchen reißt sich stolz der Knabe

Das Zitat stammt aus Schillers „Lied von der Glocke", aus dem Abschnitt über Kindheit und Jugend. Dieser Vers und die folgenden – „Er stürmt ins Leben wild hinaus,/Durchmißt die Welt am Wanderstabe" – bilden gewissermaßen die Vorform zu den späteren: „Der Mann muß hinaus ins feindliche Leben,/Muß wirken und streben .../Und drinnen waltet/Die züchtige Hausfrau." Spätestens nach der Kindheit beginnt nach dieser Auffassung die traditionelle männliche und weibliche Rollenverteilung. Die Zeile wird heute wohl eher seltener zitiert; sie könnte die Beobachtung kommentieren, daß ein Junge in einem bestimmten Alter nicht mehr mit Mädchen spielen möchte.

Vom sichern Port läßt sich's gemächlich raten

Diese Worte spricht in Schillers „Wilhelm Tell" (I, 1) Ruodi, der Fischer, zu Tell als Erwiderung auf dessen Aufforderung, doch den von den Häschern des Landvogts verfolgten Konrad Baumgarten über den sturmbewegten See zu fahren: „Vertrau auf Gott, und rette den Bedrängten!" Sie werden zitiert, wenn man ausdrücken will, daß jemand leicht gute Ratschläge geben kann, da er sich schließlich nicht in der gleichen prekären Situation befindet wie man selbst und daher die Schwierigkeiten auch gar nicht richtig beurteilen kann. – „Port" ist eine veraltete Bezeichnung für „Hafen" (lateinisch *portus*), die dichterisch auch im Sinne von „Ort der Sicherheit, Geborgenheit" verwendet wird.

Vom Stamme Nimm sein

Die umgangssprachlich scherzhafte Redewendung, mit der man jemanden charakterisiert, der stets auf seinen Vorteil und Gewinn bedacht ist und immer alles nimmt, was er bekommen kann, ist möglicherweise eine Verballhornung des israelischen Stammnamens Benjamin im Alten Testament. Auf göttlichen Befehl sendet Moses je einen vornehmen Mann aus den Stämmen Israels als Kundschafter ins Land Kanaan. Aus dem Stamm Benjamin wird Palti, der Sohn Raphus, entsandt (4. Moses 13, 9).

Vom Vater hab' ich die Statur

Mit dieser Zeile beginnt das vorletzte Gedicht von Goethes „Zahmen Xenien" (Buch VI), wo es im folgenden heißt: „... /Des Lebens ernstes Führen,/Von Mütterchen die Frohnatur/Und Lust zu fabulieren." Nachdem der Dichter noch weitere Erbspuren festgestellt hat und die Elemente aus dem Komplex nicht trennen kann, fragt er: „Was ist denn an dem ganzen Wicht/Original zu nennen?"

Vom Winde verweht

Die amerikanische Schriftstellerin Margaret Mitchell (1900–1945) schrieb ein einziges Buch, das allerdings ein Welterfolg wurde. Der Roman „Vom Winde verweht" (englischer Originaltitel: *Gone with the wind*) wurde zu einem der meistgelesenen Bücher überhaupt. Er beschreibt Schicksale vor dem Hintergrund der Wirren des amerikanischen Bürgerkriegs (1861–1865) vom Standpunkt des Südstaatlers aus. Der beispiellose Erfolg der Verfilmung des Romans (1939) mit Vivian Leigh, Clark Gable und Olivia de Havilland in den Hauptrollen machte den Titel noch populärer. Er wird häufig im Zusammenhang mit Personen oder Dingen zitiert, die in alle Richtungen zerstreut oder ganz und gar verschwunden, nicht mehr auffindbar sind.

Von allen Geistern, die verneinen, ist mir der Schalk am wenigsten zur Last

Diese Worte läßt Goethe im „Prolog im Himmel", der dem ersten Teil der Faust-Tragödie vorangestellt ist, Gott zu Mephisto sprechen. Als „Geist, der stets verneint" (siehe auch diesen Artikel) stellt Mephisto sich ja später auch selbst vor. Gott hat nichts dagegen, daß der Geist des Widerspruchs, die personifizierte Negation der positiven Schaffenskraft, den Menschen in Versuchung führt und so aus seiner „unbedingten Ruh'" herauszulocken versucht. Die Verse werden heute gelegentlich noch zitiert, wenn ausgedrückt werden soll, daß man jemandes ironisch-schalkhaftes Gebaren wohl einzuordnen weiß und darin nichts Schlimmes oder Abschätziges sieht.

Von der Gewalt, die alle Menschen bindet, befreit der Mensch sich, der sich überwindet

Mit diesen sentenzhaften Versen schließt die 24. Strophe des 1789 veröffentlichten, Fragment gebliebenen Gedichts „Die Geheimnisse" von Goethe. Kernpunkt der Aussage ist hier, wie auch in manchen andern Sinnsprüchen, Sentenzen oder Sprichwörtern der Hinweis auf die dem Menschen immer wieder gestellte schwierige Aufgabe der Selbstüberwindung, des Sieges über sich selbst, über seine eigenen Fehler und Schwächen und die von außen andringenden Anfechtungen.

Von der Kultur beleckt

Diese scherzhafte Wendung, die im Sinne von „zivilisiert, kulturell entwickelt" verwendet wird, hat Goethe schon gekannt. Im ersten Teil seines Faust erklärt Mephisto in der Szene „Hexenküche" der Hexe, die ihn wegen seines eleganten Äußeren nicht sofort erkennt: „Auch die Kultur, die alle Welt beleckt,/Hat auf den Teufel sich erstreckt."

Von der Parteien Gunst und Haß verwirrt, schwankt sein Charakterbild in der Geschichte

Das auf eine umstrittene herausragende Persönlichkeit allgemein anwendbare Zitat steht im Prolog, den Schiller anläßlich der Wiedereröffnung der Schaubühne in Weimar im Oktober 1798 zu „Wallensteins Lager" verfaßte und der seit 1800 dem vollständigen dramatischen Gedicht „Wallenstein" voransteht.

Von der Stirne heiß rinnen muß der Schweiß

Schillers Gedicht „Das Lied von der Glocke" ist zur Quelle vieler Zitate geworden, die heute allerdings meist in mehr oder weniger scherzhaftem Zusammenhang gebraucht werden. So verhält es sich auch mit diesen beiden oft zitierten Zeilen aus dem ersten Abschnitt der Ballade, in dem der Meister seine Gesellen zur fleißigen, angestrengten Arbeit ermuntert, damit der bevorstehende Glockenguß mit dem „Segen von oben" zu einem guten Ende gebracht wird.

Von des Gedankens Blässe angekränkelt

In dieser Form wird eine Stelle aus Shakespeares „Hamlet" (erschienen 1603) zitiert. Hamlet sinniert in seinem berühmten, mit den Worten „Sein oder Nichtsein" beginnenden Monolog (dritter Akt, erste Szene) über Sterben und Tod und die Möglichkeit, sich durch Freitod der Mühsal des Daseins zu entziehen. Wäre da nicht „die Furcht vor etwas nach dem Tod –/... Daß wir die Übel, die wir haben, lieber/Ertragen als zu unbekannten fliehn". Diese Furcht läßt die meisten Menschen vor dem Äußersten zurückschrecken. Hamlet fährt daher fort: „Der angebornen Farbe der Entschließung/wird des Gedankens Blässe angekränkelt" (im Original: *And thus the native hue of resolution/Is sicklied o'er with the pale cast of thought*). – Das Zitat wird als spöttischer Hinweis auf jemandes Nachdenklichkeit verwendet, oft aber auch in der verneinten Form gebraucht, um jemandes Gedankenlosigkeit zu kritisieren.

Von des Lebens Gütern allen ist der Ruhm das höchste doch

Das Zitat stammt aus Schillers Gedicht „Das Siegesfest", in dem der Gegensatz zwischen Siegern und Besiegten am Beispiel der Griechen und Troer nach dem Trojanischen Krieg dargestellt wird.

Der Sohn Achills bringt an dieser Stelle dem toten Vater ein Trankopfer dar: „Unter allen ird'schen Losen,/Hoher Vater, preis' ich deins./Von des Lebens Gütern allen/Ist der Ruhm das höchste doch;/Wenn der Leib in Staub zerfallen,/Lebt der große Name noch." Außer vielleicht in feierlichen Grabreden auf bedeutende Persönlichkeiten werden diese Zeilen wohl kaum noch zitiert.

Von drauß' vom Walde komm' ich her

Dieses Zitat wird gerne als scherzhaft abweisende Antwort auf die Frage benutzt, woher man denn komme, oder auch als kommentierende Äußerung beim Anblick einer in entsprechendem Aufzug daherkommenden Person. Es handelt sich dabei um die Eingangszeile des bekannten Weihnachtsgedichts „Knecht Ruprecht" von Theodor Storm (1817–1888). Der Gedichtanfang wird häufig auch noch mit weiteren Zeilen zitiert: „Von drauß' vom Walde komm' ich her;/Ich muß euch sagen, es weihnachtet sehr!/Überall auf den Tannenspitzen/Sah ich goldene Lichtlein sitzen ..."

Von einem, der auszog, das Fürchten zu lernen

Das „Märchen von einem, der auszog, das Fürchten zu lernen" der Brüder Grimm erzählt die Geschichte von einem jungen Burschen, dessen größter Wunsch es ist, „das Gruseln zu lernen". Nach einer ganzen Reihe von Abenteuern und Erlebnissen der schauerlichsten Art hat er zwar nicht das Fürchten gelernt, aber Reichtum und eine Königstochter, „die schönste Jungfrau, welche die Sonne beschien", errungen. Das Gruseln aber lernt er erst, als seine Gemahlin nächstens einen Eimer voller Fische in kaltem Wasser über ihn schüttet, und so kann er am Ende schließlich ausrufen: „Ach, was gruselt mir ... liebe Frau! Ja, nun weiß ich, was Gruseln ist." Der Titel dieses humoristisch-grotesken Märchens wird bei unterschiedlichen Gelegenheiten immer wieder zitiert, beispielsweise, wenn von jemandes Entschluß zu einer absehbar riskanten Unternehmung die Rede ist oder von einem unerfreulichen, erschreckenden Erlebnis, das jemand hat, einer schlimmen Erfahrung, die jemand gemacht hat o. ä. Verwendet hat den Märchentitel auch der Schriftsteller Günter Wallraff für das 1970 erschienene Buch „Von einem der auszog und das Fürchten lernte". Ein Sammelband des Autors Rainer Kirsch aus dem Jahr 1978 trägt den Titel: „Auszog, das Fürchten zu lernen".

Von gestern sein

Wenn man von jemandem sagt, er sei von gestern, so will man ausdrücken, daß man ihn für unerfahren, naiv, dumm oder auch für rückständig, altmodisch hält. Die Redewendung geht auf ein Bibelwort im Alten Testament zurück. Bei Hiob 8,9 heißt es: „... denn wir sind von gestern hier und wissen nichts; unser Leben ist ein Schatten auf Erden." Sehr häufig wird heute die Wendung auch verneint gebraucht. Sie wird dann mit einer gewissen Anerkennung auf jemanden angewendet, dem man Schlauheit, Pfiffigkeit, Geschäftstüchtigkeit attestieren will. Eine amerikanische Filmkomödie von 1950, in der eine Frau sich vom unterdrückten Dummchen zur überlegenen Frau emanzipiert, trägt im Deutschen den Titel „Die ist nicht von gestern" (englischer Originaltitel „Born yesterday").

Von Gottes Gnaden

Im 1. Korintherbrief (15,10) bezeugt Paulus, daß er das, was er ist, göttlicher Gnade verdankt: „Aber von Gottes Gnade bin ich, was ich bin." Die Abhängigkeit des Menschen von der Gnade Gottes wird damit zum Ausdruck gebracht. Seit dem frühen Mittelalter legten geistliche und weltliche Herrscher ihrem Titel eine Formel bei, die den Herrschaftsanspruch auf die Teilhabe an der göttlichen Gnade, das sogenannte Gottesgnadentum, begründete. Sie lautete bei den geistlichen Herrschern „Dei gratia", bei den weltlichen Herrschern seit der Zeit der Karolinger „von Gottes Gnaden".

Von hier und heute geht eine neue Epoche der Weltgeschichte aus, und ihr könnt sagen, ihr seid dabeigewesen

Bei einem berühmt gewordenen Artillerieduell, der sogenannten Kanonade von Valmy am 20. 9. 1792, zwangen die französischen Revolutionstruppen die preußisch-österreichischen Truppen zum Rückzug und begannen danach ihren siegreichen Vormarsch zum Rhein. Goethe, der die Kanonade von Valmy im Gefolge des Herzogs von Weimar miterlebte, berichtet in seiner dreißig Jahre später niedergeschriebenen „Kampagne in Frankreich" unter der Eintragung vom 19. 9. 1792 von dieser Schlacht. Am Abend der Niederlage, so berichtet Goethe, habe er, von den bedrückten und niedergeschlagenen Leuten nach seiner Meinung befragt, den Ausspruch von der neuen Epoche der Weltgeschichte getan. Dieser Ausspruch wird heute je nach Anlaß vollständig oder auch in Teilen zitiert.

Von Humanität durch Nationalität zur Bestialität

Der österreichische Dramatiker Franz Grillparzer (1791–1872) sah im Hause Habsburg und in der österreichischen Monarchie die Garanten für die politische Stabilität im Europa des 19. Jahrhunderts. Er sah aber die Auflösung der alten Ordnungen drohend am europäischen Horizont aufsteigen und betrachtete mit Mißtrauen die allenthalben in Europa, besonders im Habsburgerreich aufkommenden nationalen Bestrebungen. Wie er diese Entwicklung beurteilte, formulierte er 1849 bissig-sarkastisch in einem Epigramm: „Der Weg der neueren Bildung geht/Von Humanität/Durch Nationalität/Zur Bestialität".

Von Mutterleib und Kindesbeinen an

Diese Formulierung findet sich in dem Kirchenlied „Nun danket alle Gott" von Martin Rinckart (1586–1649). Es heißt dort von Gott: „Der uns von Mutterleib und Kindesbeinen an/Unzählig viel zugut und noch jetzund getan." Man verwendet das Zitat im Sinne von „von der allerfrühsten Jugend an".

Von nichts kommt nichts

Diese Redensart mit der Variante „Aus nichts wird nichts" geht zurück auf die philosophische These *ex nihilo nihil fit* („aus nichts entsteht nichts") bei Aristoteles, Lukrez, Thomas von Aquin u. a. In seinem philosophischen Lehrgedicht „De rerum natura" (Buch I, 150, 250 und II, 287) behandelte der römische Dichter Lukrez (um 95–55 v. Chr.) diesen Satz, der meist zur Begründung der These von der Ewigkeit der Welt im Gegensatz zur biblischen Lehre von der Schöpfung herangezogen wurde. „Von nichts kommt nichts" sagt man heute einerseits im Wissen, daß es notwendig ist, sich anzustrengen. Andrerseits hat man mit dieser Redensart eine Erklärung für etwas eher Unangenehmes parat im Sinne von „es hat alles seine Ursache, so daß man sich nicht zu wundern braucht."

Von Pontius zu Pilatus laufen

Diese Redewendung wird häufig benutzt, um auszudrücken, daß man in einer bestimmten Angelegenheit viele Wege machen, von einer Stelle zur anderen gehen muß, damit man die gewünschte Auskunft oder das Gesuchte erhält. Sie geht auf die Stelle im Lukasevangelium zurück, wo berichtet wird, wie Christus vom römischen Statthalter Pontius Pilatus zu König Herodes und von diesem wieder zu Pilatus geschickt wird (Lukas 23,7 ff.). Der Volksmund hat das eigentlich korrekte „Von Herodes zu Pontius Pilatus laufen" dann später alliterierend mit den Namensbestandteilen des römischen Prokurators umgestaltet. Üblich ist auch „Von Pontius zu Pilatus geschickt werden."

Von Zeit zu Zeit seh ich den Alten gern

Am Ende des „Prologs im Himmel" (Goethe, Faust I) spricht Mephisto diese Worte in bezug auf „den Herrn". Heute wird die Zeile häufig mit ironisch-scherzhaftem Bezug auf einen Chef oder den Vater zitiert, gelegentlich auch mit der im Text folgenden Zeile: .../Und hüte mich, mit ihm zu brechen".

... **vor** dem Herrn

Ein ↑gewaltiger Jäger vor dem Herrn

Vor den Erfolg haben die Götter den Schweiß gesetzt

↑Ohne Fleiß kein Preis

Vor Tische las man's anders

Dieser Ausspruch stammt aus Schillers Drama „Wallenstein" (Die Piccolomini IV, 7). Der „kaiserliche Generalissimus" Wallenstein möchte sich der bedingungslosen Parteinahme seiner Generäle schriftlich versichern und läßt dazu ein entsprechendes Schriftstück verfassen. Bei einem Bankett sollen alle unterschreiben. Die Bankettszenen füllen den gesamten 4. Akt. Zu Beginn wird das Schriftstück verlesen. Es enthält eine wichtige Vorbehaltsklausel („soweit nämlich unser dem Kaiser geleisteter Eid es erlauben wird"), die in einer zweiten, den Generälen gegen Ende des Banketts schließlich zur Unterschrift vorgelegten Version fehlt. Für die meisten der mittlerweile mehr oder weniger betrunkenen Generäle ist dies ohne Belang. Einer aber, General Tiefenbach, ist mißtrauisch geworden, er vermißt die Klausel und sagt: „Ich merkt' es wohl, vor Tische las man's anders." Später fügt er noch hinzu: „Vor Tisch war ein gewisser Vorbehalt/Und eine Klausel drin von Kaisers Dienst." Der Ausspruch „Vor Tische las man's anders" wurde zum geflügelten Wort, das aber wohl weniger im Zusammenhang mit einem geänderten Schriftstück zitiert wird als eher in Fällen eines auffallenden Sinneswandels oder einer nicht eingehaltenen Abmachung.

Den **Vorhang** zu und alle Fragen offen

Wenn ein Gespräch, eine Diskussion o. ä. ohne eindeutiges Ergebnis bleibt oder sonst irgendwie unbefriedigend verläuft, dann steht gelegentlich dieses Zitat am Ende. In anspruchsvollerem Rahmen wird es auch vollständiger zitiert und lautet dann: „Wir stehen selbst enttäuscht und sehn betroffen/Den Vorhang zu und alle Fragen offen." Es handelt sich dabei um zwei Zeilen aus dem Epilog zu dem Parabelstück „Der gute Mensch von Sezuan" von Bertolt Brecht (1898–1956). Die Heldin des Stücks, Shen Te, kann der Forderung der drei Götter, nämlich „gut zu sein und doch zu leben", nicht entsprechen und bittet diese am Ende um ihre Hilfe. Die Götter aber verweigern jede verbindliche Antwort und entschwinden „lächelnd und winkend" auf einer rosa Wolke. Das unbefriedigende Ende wird im Epilog kommentiert. Die Bühnenanweisung dazu heißt: „Vor den Vorhang tritt ein Spieler und wendet sich entschuldigend an das Publikum ..." Nachdem dieser Spieler dann konstatiert hat, daß „alle Fragen offen" sind, empfiehlt er dem Publikum, selbst nachzudenken und nach einer Lösung zu suchen. Der Epilog endet schließlich mit den Worten: „Verehrtes Publikum, los, such dir selbst den Schluß!/Es muß ein guter da sein, muß, muß, muß!"

Vorschußlorbeeren

Ein im voraus gespendetes, meist mit hohen Erwartungen verbundenes Lob wird oft mit diesem Ausdruck bezeichnet. Er geht zurück auf eine Formulierung in einem Gedicht von Heinrich Heine (1797–1856) mit dem Titel „Plateniden" (bezogen auf den Dichter August von Platen) aus dem 2. Buch der Lyriksammlung „Romanzero". In der 4. Strophe sagt Heine von Schiller, Goethe, Lessing und Wieland, den „wahren Prinzen aus Genieland", sie „haben nie Kredit begehrt" und fügt dann in der 5. Strophe hinzu: „Wollten keine Ovationen/Von dem Publiko auf Pump,/Keine Vorschußlorbeerkronen,/Rühmten sich nicht keck und plump."

Vorsicht ist die Mutter der Porzellankiste

Der ↑bessere Teil der Tapferkeit ist Vorsicht

Vorsicht ist die Mutter der Tapferkeit

Der ↑bessere Teil der Tapferkeit ist Vorsicht

↑Allein der **Vortrag** macht des Redners Glück

Vorwärts und nicht vergessen

Mit diesem Aufruf beginnt das „Solidaritätslied" von Bertolt Brecht, zu dem Hanns Eisler die Musik schrieb. Was nicht vergessen werden soll, ist die Stärke der Ausgebeuteten: die Fähigkeit zu solidarischem Handeln, die Solidarität. Dementsprechend wird das Zitat auch heute meist in Zusammenhängen verwendet, in denen man – mit deutlichem Anklang an klassenkämpferische Vorstellungen – zu solidarischem Zusammenstehen aufrufen will.

Vox populi vox Dei

↑Volkes Stimme ist Gottes Stimme

Wach auf, mein Herz, und singe

„Wach auf, mein Herz, und singe/dem Schöpfer aller Dinge,/dem Geber aller Güter,/dem frommen Menschenhüter." So beginnt das „Morgenlied" des evangelischen Theologen und Kirchenlieddichters Paul Gerhardt (1607–1676; Evangelisches Kirchengesangbuch Nr. 348). Der erste Vers wird heute gelegentlich noch scherzhaft zitiert, wenn man jemanden am Morgen aufweckt und ihn für die Arbeit des bevorstehenden Tages ermuntern will.

Es **wächst** der Mensch mit seinen größern Zwecken

Die Erfahrung, daß mancher, dem man eigentlich viel weniger zutraut, erst mit anspruchsvolleren, über seinen beschränkteren Bereich hinausführenden Aufgaben wächst und dadurch an innerer Stärke und Größe gewinnt, wird mit diesem Zitat zum Ausdruck gebracht. Es stammt aus dem Prolog zu Schillers Drama „Wallensteins Lager", der bei der Wiedereröffnung der Schaubühne in Weimar im Oktober 1798 gesprochen wurde. Die vierte Strophe des Prologs schließt mit den Worten: „Denn nur der große Gegenstand vermag/Den tiefen Grund der Menschen aufzuregen,/Im engen Kreis verengert sich der Sinn,/Es wächst der Mensch mit seinen größern Zwecken."

Es **wächst** hienieden Brot genug für alle Menschenkinder

Diese Worte werden zitiert, wenn es um die ungleiche Verteilung materieller Güter und die Benachteiligung bestimmter sozialer Gruppen oder auch um die Hungersnöte auf der Erde geht. Sie stammen aus dem ersten Gedicht der zeitkritischen Verssatire „Deutschland. Ein Wintermärchen" von Heinrich Heine (1797–1856). In dem Werk schildert Heine seine Eindrücke von einer Reise durch Deutschland, die er 1843 nach über zwölfjährigem Aufenthalt in Frankreich unternommen hatte, und verbindet sie mit satirischen Angriffen auf die politischen Zustände in seinem Heimatland.

Wächst mir ein Kornfeld in der flachen Hand?

↑Kann ich Armeen aus der Erde stampfen?

↑Jetzt **wächst** zusammen, was zusammengehört

Die **Wacht** am Rhein

Dies ist der Titel eines 1840/41 entstandenen patriotischen Gedichts von Max Schneckenburger (1819–1849), einem Dichter, der besonders durch seine vaterländischen Lieder bekannt wurde. Der Titel des Gedichts ist auch ein Teil des Kehrreims: „Lieb Vaterland, magst ruhig sein:/Fest steht und treu die

Wacht am Rhein." Das Gedicht erlangte in der 1854 entstandenen Vertonung von Carl Wilhelm volkstümliche Beliebtheit und erhielt durch seinen die religiösen und nationalen Affekte mobilisierenden Charakter besondere Aktualität im Deutsch-Französischen Krieg 1870/71. Der Liedtitel wird heute meist ironisch gebraucht, beispielsweise in Wendungen wie „dastehen wie die Wacht am Rhein" oder in scherzhaften Abwandlungen wie „die Wucht am Rhein".

Wacht auf, Verdammte dieser Erde

Mit diesem kämpferischen Aufruf beginnt die heute übliche deutsche Fassung des Kampflieds der internationalen sozialistischen Arbeiterbewegung, „Die Internationale". Der ursprünglich sechsstrophige Text des französischen Kommunarden Eugène Pottier von 1871 wurde 1888 von dem französischen Chorleiter Pierre Degeyter vertont. Ab 1900 erschienen in Deutschland und anderen Nachbarländern verschiedene Übersetzungen. Die heute übliche deutsche Fassung von 1910 stammt von Emil Luckhardt. Sie wurde häufig im Rahmen von Gewerkschaftsveranstaltungen, besonders bei Feiern zum 1. Mai gesungen. Die Internationale war bis 1943 Nationalhymne der Sowjetunion.

Der **wackre** Schwabe forcht' sich nit

Das Zitat von der Unerschrockenheit und Unerschütterlichkeit der Schwaben hat seinen Ursprung in Ludwig Uhlands (1787–1862) Romanze „Schwäbische Kunde". Sie berichtet von Kaiser Barbarossas Kreuzzug, auf dem sich „ein Herr aus Schwabenland" durch die zahlreichen türkischen Pfeile in seinem Schild gar nicht beeindrucken läßt, bis er selbst mit dem Säbel bedroht wird: „Der wackre Schwabe forcht' sich nit,/Ging seines Weges Schritt vor Schritt,/Ließ sich den Schild mit Pfeilen spicken/Und tät nur spöttisch um sich blicken ..."

↑Mit den **Waffen** einer Frau

Die **Waffen** nieder

Im Jahr 1889 veröffentlichte die österreichische Schriftstellerin Bertha von Suttner (1843–1914) den Roman „Die Waffen nieder!", mit dem sie Weltruhm errang. Sie kämpfte damit für den Gedanken des Friedens und gegen die Vorstellung, der Krieg könne ein legitimes Mittel zur Lösung von Konflikten zwischen den Staaten sein. – Man verwendet das Zitat auch heute noch im Sinne Bertha von Suttners. Es kann jedoch auch scherzhaft in weniger ernsten Zusammenhängen gebraucht werden.

Die **Waffen** ruh'n, des Krieges Stürme schweigen

Mit diesen Worten beginnt Johanna in Schillers „Jungfrau von Orleans" (1801) ihren großen Monolog am Anfang des 4. Auftritts (IV, 1). Man zitiert diesen Vers heute zum Beispiel, wenn nach einer Zeit angestrengter Arbeit, nach großer Hektik endlich eine Phase der Ruhe eintritt, Druck und Anspannung weichen und man sich wieder erleichtert und entspannt fühlen kann.

↑Ohne **Wahl** verteilt die Gaben, ohne Billigkeit das Glück

Der **Wahn** ist kurz, die Reu' ist lang

Dies gibt Schiller in seinem Gedicht „Das Lied von der Glocke" (1799) in einem Zusammenhang zu bedenken, in dem von der Verbindung zweier Menschen die Rede ist. Dem zitierten Vers geht der Rat voraus: „Drum prüfe, wer sich ewig bindet,/Ob sich das Herz zum Herzen findet." – Das Zitat ist eine Warnung vor einer zu schnellen, nicht genügend überlegten und in euphorischer Stimmung getroffenen Entscheidung, deren unangenehme Folgen nicht ausbleiben.

↑Wenn es nicht **wahr** ist, ist es sehr gut erfunden

Der **wahre** Bettler ist der wahre König

Die Worte „Der wahre Bettler ist/Doch einzig und allein der wahre König!" ruft in Gotthold Ephraim Lessings (1729–1781) Versdrama „Nathan der Weise" der reiche Jude Nathan dem zum Schatzmeister des Sultans Saladin ernannten Derwisch Al-Hafi nach, der zum Ganges aufbricht. Der Derwisch will nämlich wieder der unabhängige Bettler sein, der er war, und nicht mehr der Geldbeschaffer des Sultans. Nathans Worte werden zitiert, wenn man auf die Freiheit hinweisen will, mit der der Verzicht auf materielle Güter verbunden sein kann.

Der **wahre** Jakob

Die Herkunft dieses Ausdrucks ist nicht ganz gesichert. Meist führt man ihn auf den Apostel Jakobus d. Ä. zurück, den Schutzpatron Spaniens, dessen Grab sich der Legende nach in dem spanischen Wallfahrtsort Santiago de Compostela befinden soll, dessen Gebeine aber oft auch in andern, „falschen" Gräbern vermutet wurden. Bei anderen Erklärungsversuchen wird auf den biblischen Jakob (1. Moses, 27) hingewiesen, der seinen Bruder Esau um das Erstgeburtsrecht und den Segen des Vaters betrog. Der Ausdruck wird meist in dem umgangssprachlichen Ausspruch „Das ist [auch] nicht der wahre Jakob" mit der Bedeutung „Das ist auch nicht gerade das Richtige" verwendet.

Wahre Prinzen aus Genieland

Mit diesen Worten charakterisiert Heinrich Heine in seinem Gedicht „Plateniden" aus dem 2. Buch der Sammlung „Romanzero" die Klassiker Schiller, Goethe, Lessing und Wieland (im Unterschied zu dem Dichter August Graf von Platen, den er für einen Epigonen hält) als die wirklich schöpferischen Repräsentanten deutscher Dichtkunst. Menschen mit überragender schöpferischer Begabung können auch heute, wenn auch eher scherzhaft, als wahre Prinzen aus Genieland bezeichnet werden.

Das **Wahre** ist das Ganze

In der Vorrede zu Georg Wilhelm Friedrich Hegels „Phänomenologie des Geistes" findet sich diese Aussage, die mit dem Satz „Das Ganze ist aber nur das durch seine Entwicklung sich vollendende Wesen" weiter ausgeführt wird. Mit dem Zitat weist man darauf hin, daß unvollständige Erkenntnisse leicht zu falschen Beurteilungen führen können, daß eine unvollständige Darstellung keinen Anspruch auf Wahrheit haben kann.

Die **Wahrheit** ist immer konkret

Dieser Satz über die Wahrheit in ihrem Bezug zur Wirklichkeit ist zusammen mit dem vorangehenden „Eine abstrakte Wahrheit gibt es nicht" ein Zitat aus Lenins (1870–1924) Schrift von 1904: „Ein Schritt vorwärts, zwei Schritte zurück (Die Krise in unserer Partei)".

↑Wenn's der **Wahrheitsfindung** dient

Der **Wald** steht schwarz und schweiget

In Matthias Claudius' „Abendlied" (vergleiche den Artikel „Der Mond ist aufgegangen") lautet die zweite Hälfte der ersten Strophe: „Der Wald steht schwarz und schweiget,/Und aus den Wiesen steiget/der weiße Nebel wunderbar." Man verwendet das Zitat gelegentlich beim Anblick eines dunklen Waldrandes als Ausdruck einer entsprechenden Ergriffenheit, einer von romantischer Naturerfahrung geprägten Stimmung.

↑Nicht für einen **Wald** voll Affen

Den **Wald** vor lauter Bäumen nicht sehen

Die Redewendung hat zweierlei Bedeutung. Man gebraucht sie einmal im Sinne von „etwas, was man sucht, nicht sehen, obwohl es in unmittelbarer Nähe liegt", zum anderen in der Bedeutung „über zu vielen Einzelheiten das größere Ganze nicht erfassen". Sie ist durch Christoph Martin Wieland (1733–1813) populär geworden, der sich in verschiedenen seiner Werke dieser Ausdrucksweise bediente. So zum Beispiel in seiner Versdichtung „Musarion". Hier heißt es im 2. Buch: „Die Herren dieser Art blend't oft zu vieles Licht;/Sie sehn den Wald vor lauter Bäumen nicht." Ein Zeitgenosse Wielands, der österreichische Schriftsteller Johannes Aloys Blumauer (1755–1798), dichtete in seiner Äneis-Travestie „Er sieht oft, wie Herr Wieland spricht,/Den Wald vor lauter Bäumen nicht."

↑Von drauß' vom **Walde** komm' ich her

Waldeinsamkeit

↑Mondbeglänzte Zaubernacht

↑Durch die **Wälder,** durch die Auen

↑In des **Waldes** düstern Gründen

↑Und es **wallet** und siedet und brauset und zischt

↑... an die **Wand** drücken, daß sie quietschen

Ein **wandelndes** Konversationslexikon

Die Bezeichnung für einen Menschen mit umfassenden Kenntnissen wurde durch den Dichter, Komponisten und Zeichner E. T. A. Hoffmann (1776 bis 1823) bekannt und populär. In seinem Erzählzyklus „Die Serapionsbrüder" (3. Band) wird der Sekretär Tusmann „ein lebendiges Konversationslexikon" genannt, „das man aufschlug, wenn es auf irgendeine historische oder wissenschaftliche Notiz ankam."

Es **wandelt** niemand ungestraft unter Palmen

Wenn man andeuten will, daß die Eindrücke und Erfahrungen, die man in einem unbekannten, fern der Heimat liegenden Land gesammelt hat, nicht ohne Auswirkung auf das eigene Denken und die Sichtweise der angestammten Umgebung bleiben, gebraucht man dieses Zitat aus Goethes Roman „Wahlverwandtschaften" (II, 7). Im Original schreibt Ottilie nach einem Gespräch mit dem „Gehülfen" in ihr Tagebuch kritische Gedanken über die Wechselbeziehung von Mensch und Lebensumfeld und faßt diese in die Worte: „Es wandelt niemand ungestraft unter Palmen, und die Gesinnungen ändern sich gewiß in einem Lande, wo Elefanten und Tiger zu Hause sind."

Wanderer, kommst du nach Sparta

Im Jahr 480 v. Chr. verteidigte der Spartanerkönig Leonidas die Thermopylen, einen schmalen Küstenstreifen zwischen Meer und Gebirge, gegen die vordringenden Perser. Zum Gedenken an die Gefallenen der Schlacht bei den Thermopylen verfaßte – nach der Überlieferung des griechischen Geschichtsschreibers Herodot (um 490–um 430 v. Chr.) – der griechische Lyriker Simonides von Keos (um 556–um 467 v. Chr.) das Distichon: „Ὦ ξεῖν', ἀγγέλειν Λακεδαιμονίοις, ὅτι τῇδε/κείμεθα, τοῖς κείνων ῥήμασι πειθόμενοι", das Cicero in seinen Tusculanae Disputationes (I, 42, 101) ins Lateinische übertrug: *Disc, hospes, Spartae nos te hic vidisse iacentes,/Dum sanctis patriae legibus obsequimur.* Schiller nahm darauf in seiner Elegie „Der Spaziergang" (1795) Bezug und übersetzte es in der Form: „Wanderer, kommst du nach Sparta, verkündige dorten, du/habest/Uns hier liegen gesehn, wie das Gesetz es befahl." – Heinrich Böll gab einem 1950 erschienenen Band mit Erzählungen den Titel „Wanderer, kommst du nach Spa ...", und bei Günter Grass findet man eine Bildunterschrift in seinem Band „Totes Holz", in dem er den geschädigten Wald mit seinen umgestürzten Bäumen zeichnete: „Wanderer, du hast sie liegen sehn, wie das Gesetz es befahl." – Man kann das Zitat als Aufforderung verwenden, zu etwas Bestimmtem, Anzuklagendem nicht zu schweigen.

Wanderer zwischen zwei Welten

Mit diesem Zitat charakterisiert man einen Menschen, der versucht, in zwei verschiedenen Lebenswelten zu Hause zu sein, sie mit seinem Leben und Handeln in Einklang zu bringen, vielleicht auch einen Menschen, der nicht weiß, wohin er wirklich gehört. – Die Formulierung geht auf den Titel des Buchs „Der Wanderer zwischen beiden Welten" zurück, das der im Ersten Weltkrieg gefallene Schriftsteller Walter Flex (1887–1917) in Erinnerung an einen bereits vor ihm im Krieg gefallenen Freund schrieb. Die idealisierte Gestalt des jungen, vom Geist des Wandervogels geprägten Theologiestudenten wurde in der Folgezeit zu einem Idealbild für viele junge Menschen.

Das **Wandern** ist des Müllers Lust

Mit diesen Worten beginnt das bekannte Volkslied „Wanderschaft" aus dem Liederzyklus „Die schöne Müllerin" (vertont von Franz Schubert) des deutschen Dichters Wilhelm Müller (1794–1827; auch „Griechen-Müller" genannt). Der Anfang dieses auch heute noch oft gesungenen Liedes wird als Ausdruck der Freude am Wandern zitiert. Man verwendet ihn aber auch zur scherzhaften Anspielung auf jemanden, der es nicht lange in einer Stellung aushält und der häufig seinen Arbeitsplatz wechselt.

Wandervogel

Dies ist der Name der zu Beginn des 20. Jahrhunderts entstandenen Jugendbewegung, in der gemeinsames Wandern, Volkstanz, das Singen von Volksliedern, das Erleben von Natur und von Freundschaft besonders gepflegt wurden. Der Name war im Jahr 1901 bei der Gründungssitzung in Berlin-Steglitz geprägt worden. Von dem deutschen Schriftsteller Hans Blüher (1888–1955) wurde die Geschichte dieses Jugendbundes in einem 1912 erschienenen zweibändigen Werk mit dem Titel „Wandervogel. Geschichte einer Jugendbewegung" dargestellt. – Als „Wandervogel" bezeichnet man heute mit freundlichem Spott jemanden, der besonders wanderbegeistert ist.

Wann treffen wir drei wieder zusamm'?

Mit dieser Zeile beginnen die erste und die letzte Strophe der Ballade „Die Brück' am Tay" (1879) von Theodor Fontane, der hier den Beginn des Shakespeareschen Dramas „Macbeth" zitiert. Der englische Text *When shall we three meet again?* ist dem Gedicht wie ein Motto vorangestellt. Bei Shakespeare verabreden sich drei Hexen für ein späteres Treffen mit Macbeth, bei Fontane sind es personifizierte Naturgewalten, die eine Zusammenkunft „um die siebente Stund', am Brückendamm" planen, um die Eisenbahnbrücke über den schottischen Fluß Tay zum Einsturz zu bringen. – Man verwendet das Zitat scherzhaft, wenn man (zu dritt) ein Wiedersehen verabreden möchte.

Wann wird der Retter kommen diesem Lande?

Die erste Szene des ersten Aufzugs von Schillers Schauspiel „Wilhelm Tell" (1804) endet mit dieser Frage. Die Menschen in den schweizerischen Urkantonen fürchten den Landvogt Geßler und sein Regiment, das sich wieder einmal in seiner Willkür gezeigt hat. – Das Zitat ist ein Stoßseufzer, der in verschiedenen – auch unpolitischen – Zusammenhängen verwendet werden kann.

↑Es **war** einmal

Es **war** schon immer etwas teurer, einen besonderen Geschmack zu haben

Dieser Werbespruch für die Zigarettenmarke „Atika" (1967 neu eingeführt) ist zu einer allgemein gebräuchlichen Redensart geworden. Man kommentiert beziehungsweise entschuldigt damit scherzhaft den Kauf oder Besitz von etwas Teurem, Ausgefallenem.

Wär' der Gedank' nicht so verwünscht gescheit, man wär' versucht, ihn herzlich dumm zu nennen

Mit diesen Worten kommentiert Wallenstein im zweiten Teil von Schillers Wallenstein-Trilogie („Die Piccolomini", II, 7) die Absicht des Kaisers, ihm acht Regimenter als Eskorte für den Bruder des spanischen Königs zu entziehen. Er erkennt sofort, daß unter diesem Vorwand seine Armee gespalten werden soll. Das Zitat wird heute verwendet, wenn man selbst ein Vorhaben durchschaut, gleichwohl aber weiß, daß es auf andere seine Wirkung nicht verfehlen wird.

Wär' nicht das Auge sonnenhaft, die Sonne könnt' es nie erblicken

Diese Verse aus dem 3. Buch von Goethes „Zahmen Xenien" (1824) werden oft auch zusammen mit der Fortsetzung „Läg' nicht in uns des Gottes eigne Kraft,/Wie könnt' uns Göttliches entzücken?" zitiert. Eine nur in den mittleren Versen leicht abweichende Fassung stand bereits in der Einleitung der 1810 veröffentlichten Abhandlung „Zur Farbenlehre". Goethes Auffassung, daß Erkenntnis nur durch das Angelegtsein des Erkennenden auf das zu Erkennende möglich ist, basiert auf dem griechischen Philosophen Plotin (um 205–270), bei dem es in den „Enneaden" (I, 6, 9) heißt: „Nie hätte das Auge die Sonne gesehen, wäre es nicht selbst sonnenhafter Natur", und auf einem Zitat aus dem Lehrgedicht „Astronomica" (II, 115 f.) des römischen Astronomen Marcus Manilius (1. Hälfte des 1. Jh.s), das Goethe am 4. 9. 1784 im „Brockenbuch" notiert hatte: „Wer erkennte den Himmel, verlieh' nicht der Himmel es selbst ihm?/Und wer fände den Gott, der nicht selbst ein Teil ist der Götter?"

↑Und **ward** nicht mehr gesehn

Es **waren** zwei Königskinder

Mit diesem Zitat bezeichnet man – meist scherzhaft – zwei Personen oder Institutionen, die durch widrige Umstände nicht zueinander (oder auch nicht zu einer Einigung) kommen können. Es stammt aus einem wohl im 19. Jh. entstandenen Volkslied, das die traurige Geschichte von den durch ein „tiefes Wasser" getrennten Königskindern erzählt. Der Königssohn ertrinkt bei dem Versuch, nachts über das Meer zu schwimmen, weil ein „falsches Nönnchen" die Kerzen ausgeblasen hat, die ihm zur Orientierung am Ufer leuchten sollten. Das Grundmotiv des Liedes geht auf die antike Sage von Hero und Leander zurück.

Wär's möglich? Könnt' ich nicht mehr, wie ich wollte?

Das Zitat steht in Schillers Tragödie „Wallensteins Tod" (I, 4) am Anfang von Wallensteins Monolog, in dem er noch nicht erkennen will, daß er den Abfall vom Kaiser vollziehen muß, obwohl er nur mit dem Gedanken gespielt hatte: „Wär's möglich? Könnt' ich nicht mehr, wie ich wollte?/Nicht mehr zurück, wie mir's beliebt? Ich müßte/Die Tat vollbringen, weil ich sie gedacht...?" Geläufig ist die Formulierung „auch nicht immer können, wie man will", mit der man seine Abhängigkeit von äußeren Umständen, seine Verpflichtungen gegenüber anderen zum Ausdruck bringen kann.

Wärst du an meiner Stelle, du würdest anders denken

Diese oder eine ähnliche Formulierung, mit der man sich in einer schwierigen Situation mehr Verständnis von seinem Gegenüber erhofft, geht auf den römischen Komödiendichter Terenz (um 190–159 v. Chr.) zurück. In „Andria" (II, 1, 10 und 14) heißt es: *Tu si hic sis, aliter sentias.*

Warte nur, balde

Mit diesem Zitat, das sowohl tröstlich als drohend klingen kann, kündigt man jemandem etwas Bestimmtes für die nahe Zukunft an. Es stammt aus Goethes bekanntem Gedicht „Über allen Gipfeln ist Ruh'". Goethe hatte dieses Gedicht in der Nacht vom 6. auf den 7. 9. 1780 auf dem Gickelhahn, einem Berg im Thüringer Wald nahe bei Ilmenau, gedichtet und auf die Wand des dort stehenden Bretterhäuschens geschrieben: „Über allen Gipfeln/Ist Ruh',/In allen Wipfeln/Spürest du/Kaum einen Hauch;/Die Vögelein schweigen im Walde./Warte nur, balde/Ruhest du auch." Mehrere Vertonungen (u. a. von Carl Friedrich Zelter, Franz Schubert, Robert Schumann und Franz Liszt) machten die Verse zusätzlich bekannt.

Warte, warte nur ein Weilchen

Von Walter Kollo (1878–1940), einem der volkstümlichsten Berliner Komponisten, stammt das mit diesen Versen beginnende Lied: „Warte, warte nur ein Weilchen/Bald kommt auch das Glück zu dir". Das Lied wurde von den Berlinern parodiert und der Massenmörder Haarmann darin verewigt: „Warte, warte nur ein Weilchen,/Bald kommt Haarmann auch zu dir./Mit dem kleinen Hackebeilchen/Macht er Hackfleisch auch aus dir."

Warten auf ...

Dies ist der verkürzte und in vielfachen Abwandlungen gebrauchte Titel eines Theaterstücks des irischen Schriftstellers Samuel Beckett (1906–1989). Der Originaltitel des zuerst französisch geschriebenen, später vom Autor selbst ins Englische übertragenen Stücks aus dem Jahr 1953 ist *En attendant Godot* (deutsch: „Warten auf Godot"). Die zwei Hauptpersonen des Stücks, die Tramps Estragon und Wladimir führen einen absurden Dialog, während sie auf einen Unbekannten mit Namen Godot warten, mit dem sie sich verabredet haben, von dem aber keiner weiß, ob er je kommt. – Man verwendet das Zitat meist scherzhaft oder auch als Ausdruck von Ungeduld beim langen oder vergeblichen Warten auf jemanden oder etwas.

Warum in die Ferne schweifen? Sieh, das Gute liegt so nah

Diese Worte sagt man oftmals zu jemandem, der nicht einsehen will, daß die nähere Umgebung, die Heimat genauso schön sein kann wie Ziele in fernen Ländern. Auch demjenigen, der sich scheut, auf unmittelbare Lösungsmöglichkeiten für ein Problem zurückzugreifen, bloß weil diese vielleicht zu wenig spektakulär erscheinen, können sie scherzhaft-mahnend entgegengehalten werden. Zugrunde liegen die – leicht umgestalteten – Anfangsverse von Goethes Vierzeiler „Erinnerung" (im Sinne von „Ermahnung"): „Willst du immer weiter schweifen?/Sieh, das Gute liegt so nah./Lerne nur das Glück ergreifen,/Denn das Glück ist immer da."

Was aber ist deine Pflicht? – Die ↑Forderung des Tages

Was aber schön ist, selig scheint es in ihm selbst

Das Zitat ist die Schlußzeile des Gedichts „Auf eine Lampe" von Eduard Mörike (1804–1875). Der schöne Gegenstand schmückt die Decke eines „fast vergeßnen Lustgemachs". Als „Kunstgebild der echten Art" scheint er auch unbeachtet für sich selbst zu bestehen: „Wer achtet sein?/Was aber schön ist, selig scheint es in ihm selbst." Über den Rahmen des Gedichts hinaus spricht die sentenzhafte Aussage von der Selbstgenügsamkeit des Schönen, in sich Vollkommenen.

Was bleibet aber, stiften die Dichter

Wenn man zum Ausdruck bringen will, daß bleibende Erinnerungen an vergangene Zeiten und Epochen letztlich nur durch Literatur vermittelt werden können, die nicht nur das Vordergründige, vielmehr das Wesentliche festhält, zitiert man den letzten Vers aus Hölderlins (1770–1843) Gedicht „Andenken", in dem die Erinnerung an Freunde dargestellt wird, die zu einer weiten Seereise aufgebrochen sind. Es schließt mit den Zeilen: „Es nehmet aber/Und gibt Gedächtnis die See,/Und die Lieb' auch heftet fleißig die Augen,/Was bleibet aber, stiften die Dichter."

Was da kreucht und fleucht

Der 3. Aufzug von Schillers Drama „Wilhelm Tell" (1804) beginnt mit dem

Gesang des Knaben Walter „Mit dem Pfeil, dem Bogen“. Die letzte Strophe dieses Liedes lautet: „Ihm (= dem Schützen) gehört das Weite,/Was sein Pfeil erreicht;/Das ist seine Beute,/Was da kreucht und fleugt.“ Eine ähnliche Umschreibung für alle Arten von Tieren findet sich schon im Alten Testament (1. Moses 7, 14), wo von den Tieren gesprochen wird, die Noah in die Arche aufnimmt: „allerlei Getier nach seiner Art ..., allerlei Gewürm, das auf Erden kriecht ... und allerlei Vögel ... alles, was fliegen konnte“. – Man verwendet die Formel, um damit alle Lebewesen, besonders aber alles Getier zu bezeichnen.

Was deines Amtes nicht ist, da laß deinen Vorwitz

Das dritte Kapitel des zu den Apokryphen des Alten Testaments zählenden „Buchs Jesus Sirach“ handelt „Vom Gehorsam gegen die Eltern und von wahrer Demut“. Der 24. Vers gibt die als Zitat geläufige Anweisung, sich nur um die Dinge zu kümmern, für die man auch zuständig ist, die einen etwas angehen. Es heißt dort im Kontext (3, 23–25): „Denn es frommt dir nicht, daß du gaffst nach dem, was dir nicht befohlen ist. Und was deines Amtes nicht ist, da laß deinen Vorwitz; denn dir ist schon mehr befohlen, als du kannst ausrichten.“

Was? Der Blitz! Das ist ja die Gustel aus Blasewitz

Der Ausruf stammt aus dem 5. Auftritt von „Wallensteins Lager“ (1798) von Schiller, wo einer der Soldaten in der Marketenderin eine alte Bekannte wiedererkennt und sie mit diesen Worten begrüßt. – Man verwendet heute das Zitat scherzhaft – meist in der Form „Potz Blitz! Das ist ja die Gustel aus Blasewitz“ –, wenn man unvermutet einen Bekannten trifft, mit dem man nicht gerechnet hat.

↑Und **was** die innere Stimme spricht, das täuscht die hoffende Seele nicht

Was die Motten und der Rost nicht fressen, das holen die Diebe des Nachts

Als Ermahnung, sich nicht mit irdischen Gütern zu belasten, wird dieses Bibelzitat gelegentlich verwendet. Es geht auf das 6. Kapitel des Matthäusevangeliums zurück und lautet dort (Vers 19): „Ihr sollt nicht Schätze sammeln auf Erden, da sie die Motten und der Rost fressen und da die Diebe nachgraben und stehlen.“

Was du ererbt von deinen Vätern hast, erwirb es, um es zu besitzen

Dieses Zitat stammt aus Goethes Faust (Teil I, Nacht). In seinem zweiten großen Monolog, der mit dem Entschluß zum Selbstmord endet, spricht Faust angesichts des vom Vater hinterlassenen „alt Geräte, das ich nicht gebraucht“, diese berühmten Worte. Es sind Worte über die Aneignung überlieferter Dinge durch eigenen Einsatz, eigene Verdienste, Worte über die Möglichkeit, die der Mensch hat, sich ererbte Güter zu eigen zu machen, indem er sie richtig nutzt. Die dem bekannten Zitat unmittelbar folgende Zeile, „Was man nicht nützt, ist eine schwere Last“, ein gelegentlich auch allein zitiertes Wort, bringt die Weiterführung des Gedankens, daß nur wirklich Angeeignetes und Genutztes Nützliches bewirkt, das Ungenutzte hingegen nur zum überflüssigen Ballast werden kann.

Was du nicht selber weißt, weißt du nicht

↑Prüfe die Rechnung, du mußt sie bezahlen

Was du tun willst, das tue bald!

Das 13. Kapitel des Johannesevangeliums berichtet von dem letzten Mahl, das Jesus mit seinen Jüngern einnahm. Ostern war herangekommen, und Jesus wußte, daß die Zeit seines Leidens bevorstand. Er wußte auch, daß Judas ihn verraten würde, und sprach davon zu den Jüngern (13, 21): „Wahrlich, wahrlich, ich sage euch: Einer unter euch wird mich verraten.“ Nachdem Jesus zu verstehen gegeben hatte, daß Judas der Verräter sein werde, sagte er zu ihm (13, 27): „Was du tust, das tue bald!" – Das – leicht abgewandelte – Zitat ist eine Aufforderung, bei etwas, wozu man sich entschlossen hat, nicht zu zaudern.

Was du tust, bedenke das Ende

Im alttestamentlichen apokryphen Buch Jesus Sirach stehen die Worte: „Was immer du tust, so bedenke das Ende; so wirst du nimmermehr Übles tun" (7, 40). Sie sind als Mahnung gedacht, stets die Konsequenzen des eigenen Handelns zu bedenken. Diese Maxime findet sich in ähnlicher Form schon bei dem altgriechischen Fabeldichter Äsop (6. Jh. v. Chr.) und bei dem altgriechischen Geschichtsschreiber Herodot (5. Jh. v. Chr.). Auf die Bibelstelle geht wohl auch der in einer mittelalterlichen Sammlung von Erzählungen zu findende lateinische Spruch zurück: *Quidquid agis, prudenter agas et respice finem* („Was du tust, tue vorsichtig und bedenke das Ende"). Diese lateinische Sentenz wird häufig auch verkürzt zitiert: *Respice finem* („Bedenke das Ende!").

↑Denn **was** er sinnt, ist Schrecken

Was frag' ich viel nach Geld und Gut

Mit den Versen „Was frag ich viel nach Geld und Gut,/wenn ich zufrieden bin" beginnt das Lied „Zufriedenheit" von Johann Martin Miller (1750–1814), das von Christian Gottlob Neefe vertont wurde. Man verwendet das Zitat, um seine Unabhängigkeit von materiellen Gütern zum Ausdruck zu bringen.

Was glänzt, ist für den Augenblick geboren; das Echte bleibt der Nachwelt unverloren

Diese Ansicht wird sentenzhaft vom Dichter im „Vorspiel auf dem Theater" zu Goethes Faust I vertreten. Was er von der Dichtung sagt, gilt ganz allgemein. Der Glanz, der einer Sache anhaftet, hat oft nur Augenblickscharakter, während Echtes dauerhaft ist und sogar erst im Laufe der Jahre zur Vollendung reift. In den beiden vorhergehenden Versen heißt es entsprechend: „Oft, wenn es erst durch Jahre durchgedrungen,/Erscheint es in vollendeter Gestalt."

Was Gott tut, das ist wohl getan

Ein Kirchenlied von Samuel Rodigast (1649–1708; Evangelisches Kirchengesangbuch Nr. 299) beginnt mit diesem Vers, der schon früh zum geflügelten Wort wurde. Zur weiteren Verbreitung hat auch beigetragen, daß Gottfried August Bürger (1747–1794) ihn in seiner bekannten Ballade „Lenore" verwendete. Man drückt mit dem Zitat eine gewisse Ergebenheit in sein Schicksal aus, beruhigt zum Beispiel sich selbst oder andere mit dem Gedanken, daß uns auch das Unangenehme und Schmerzhafte nicht ohne Gottes Willen widerfährt oder daß Ereignisse, die wir nicht verstehen, nach der göttlichen Vorsehung durchaus ihren Sinn haben. So versucht auch in Bürgers Gedicht in der sechsten Strophe Lenores Mutter ihre verzweifelte Tochter zu trösten, deren Geliebter nicht aus dem Krieg zurückkehrt.

Was hat man dir, du armes Kind, getan?

Der heute als scherzhafte Aufforderung, sich seinen Ärger über andere von der Seele zu reden, zitierte Vers, stammt aus dem Gedicht „Mignon" aus Goethes Roman „Wilhelm Meister" („Lehrjahre" 3. Buch, „Theatralische Sendung" 4. Buch). Die Verse wurden von Zelter, Reichardt, Beethoven, Schubert, Liszt, Schumann und Wolf vertont. Die Titelgestalt singt von ihrer Sehnsucht nach Italien und entwirft in der 2. Strophe das Bild eines Palastes, in dem die Statuen sie fragend anblicken: „Und Marmorbilder stehn und sehn mich an:/Was hat man dir, du armes Kind, getan?"

Was ich geschrieben habe, das habe ich geschrieben

Das meist in leicht scherzhaftem Ton verwendete Zitat, mit dem sich jemand weigert, an einem von ihm verfaßten Text etwas zu ändern, steht im Neuen

Testament (Johannes 19,22). Bei der Kreuzigung Jesu weigert sich der römische Statthalter Pilatus, die Kreuzesinschrift „Jesus von Nazareth, der Juden König" auf Wunsch der jüdischen Hohenpriester – „Schreibe ..., daß er gesagt habe: Ich bin der Juden König" – abzuändern: „Was ich geschrieben habe, das habe ich geschrieben." – Das Wort wird gelegentlich auch in lateinischer *(Quod scripsi, scripsi)* oder in griechischer Form (*Ὃ γέγραφα, γέγραφα*) zitiert.

Was ihr den Geist der Zeiten heißt

↑Sich in den Geist der Zeiten versetzen

Was ist das, was in uns lügt, mordet, stiehlt?

Diese klagende und zugleich anklagende Frage, die angesichts von Unrecht und Gewalt auf der Erde auch heute immer wieder gestellt werden kann, ist eine Äußerung des Dichters Georg Büchner (1813–1837) in einem Brief an seine Braut (wahrscheinlich vom November 1833). Er spricht darin vom „gräßlichen Fatalismus der Geschichte"; seine Klage gilt der Unfreiheit des Menschen, der Unvollkommenheit seiner Natur und der Determiniertheit seiner Handlungsweise. Dem öfter zitierten Ausspruch geht der Satz voraus: „Das Muß ist eins von den Verdammungsworten, womit der Mensch getauft worden." In seinem Drama „Dantons Tod" legt Büchner dem französischen Revolutionär ganz ähnliche Worte in den Mund (2. Akt, 5. Szene): „Wer will der Hand fluchen, auf die der Fluch des Muß gefallen? Wer hat das Muß gesprochen, wer? Was ist das, was in uns lügt, hurt, stiehlt und mordet?"

Was ist denn an dem ganzen Wicht Original zu nennen?

↑Vom Vater hab' ich die Statur

Was ist der Mensch? Halb Tier, halb Engel

Mit diesem Vers beginnt das „Menschenbestimmung" überschriebene Gedicht von Joachim Lorenz Evers (1758–1807). Sein älterer Zeitgenosse, der schweizerische Arzt, Naturforscher und Dichter Albrecht von Haller (1708–1777), hatte den gleichen Gedanken schon in dem Gedicht „Gedanken über Vernunft, Aberglauben und Unglauben" ausgesprochen. Er nannte hier den Menschen ein „unselig Mittelding von Engeln und von Vieh" und fährt fort „Du prahlst mit der Vernunft, und du gebrauchst sie nie". – Mit dem Zitat zieht man ein Fazit aus unbegreiflichem menschlichem Verhalten, betont den Charakter des Menschen, der sowohl zu triebhaftem als auch zu sittlichem Handeln fähig ist.

Was ist des Deutschen Vaterland?

Die patriotischen Lieder Ernst Moritz Arndts (1769–1860) sind geprägt von leidenschaftlichem Widerstand gegen die napoleonische Fremdherrschaft und von der Parteinahme für die nationale Sache der Deutschen. 1813 veröffentlichte er seine „Lieder für die Teutschen", darunter das Gedicht „Des Teutschen Vaterland", dessen sechs erste Strophen jeweils mit dem Vers beginnen „Was ist des Teutschen Vaterland?" Diese rhetorische Frage und der Schlußvers der beiden letzten Strophen „Das ganze Teutschland soll es sein" dienten in der Folgezeit häufig dazu, mit stark nationalistisch gefärbtem Unterton eine Standortbestimmung Deutschlands und der Deutschen vorzunehmen. So nahm zum Beispiel Ferdinand Freiligrath (1810–1876) das Zitat in seinem 1870 geschriebenen Gedicht „Hurra, Germania!" in der fünften Strophe auf: „Was ist des Deutschen Vaterland –/Wir fragen's heut nicht mehr!/Ein Geist, ein Arm, ein einz'ger Leib,/Ein Wille sind wir heut!"

Was ist des Lebens höchste Lust? Die Liebe und der Wein

Das als Rätselfrage gestaltete Loblied auf Liebe und Wein stammt aus Wenzel Müllers Singspiel „Die Schwestern von Prag" mit dem Text von Joachim Perinet (1765–1816) nach dem Lustspiel „Die reisenden Komödianten" von Philipp Hafner. Die beiden Verse wurden in das Studentenlied „Ich hab' den ganzen Vormittag auf meiner Kneip' studiert" übernommen.

Was ist ihm Hekuba

Dieses Zitat stammt aus Shakespeares „Hamlet" (II, 2), wo Hamlet in einem Monolog über die bewegende Darbietung eines Schauspielers reflektiert, der das Leid der trojanischen Königin Hekuba mit einem hohem Maß eigener Betroffenheit darstellt. Bei dieser Vorführung wird auf eine Stelle bei Homer angespielt, wo Hektor zu seiner Gattin Andromache sagt, ihn bekümmere das Leid seiner Mutter Hekuba weniger als das ihre. Im Original fragt sich Hamlet: *What's Hecuba to him, or he to Hecuba,/That he should weep for her?* („Was ist ihm Hecuba, was ist er ihr,/Daß er um sie soll weinen?"). Aus Verwunderung darüber, daß jemand an einer Sache Interesse hat oder eine Person ihm offensichtlich viel bedeutet, wird das Zitat heute noch herangezogen. Auch die bildungssprachliche Wendung „jemandem Hekuba sein" im Sinne von „jemandem gleichgültig sein, jemanden nicht mehr interessieren" geht auf dieses Zitat zurück.

Was ist Wahrheit?

Das 18. Kapitel des Johannesevangeliums berichtet über das Verhör, dem Jesus durch Pilatus unterzogen wurde. Auf Pilatus' Frage (18, 37): „So bist du dennoch ein König?" antwortet Jesus: „Du sagst es, ich bin ein König. Ich bin dazu geboren und in die Welt gekommen, daß ich für die Wahrheit zeugen soll. Wer aus der Wahrheit ist, der höret meine Stimme." Auf diese Mitteilung Jesu reagiert Pilatus mit der Frage, die er gleichsam an sich selbst richtet: „Was ist Wahrheit?" – Man verwendet das Zitat als Ausdruck des Zweifels in entsprechenden Zusammenhängen oder auch in dem Bewußtsein der beschränkten menschlichen Erkenntnisfähigkeit.

Was kann der Schöpfer lieber sehen als ein fröhliches Geschöpf!

Das meist als Ermunterung zur Fröhlichkeit verwendete Zitat stammt aus Gotthold Ephraim Lessings (1729 bis 1781) Lustspiel „Minna von Barnhelm" (II, 7). Dort spricht die Titelheldin allerdings von sich selbst, als sie ihren verlorengeglaubten Verlobten, den Major von Tellheim, nach dem Ende des Siebenjährigen Krieges plötzlich in ihrem Gasthof wiedergefunden hat.

Was kann von Nazareth Gutes kommen?

Diese Frage stellt im Neuen Testament (Johannes 1, 46) Nathanael dem Jünger Philippus, der ihn mit dem Hinweis auf den von den Propheten Verheißenen als Jünger Jesu werben möchte. Nathanael kann nicht glauben, daß sich die alttestamentlichen Prophezeiungen auf jemand aus Nazareth beziehen sollen. Der kleine Ort liegt in Galiläa, dessen Bewohner im Neuen Testament als Juden minderen Ranges gelten. Das Zitat wird auch abgewandelt zu „Was kann von da schon Gutes kommen?", wenn man auf eine Ankündigung skeptisch reagiert.

Was machst du mit dem Knie, lieber Hans?

Das Zitat ist der Titel eines Schlagers von Beda (Fritz Löhner) mit der Musik von Richard Fall aus dem Jahr 1925. Mit dem folgenden Vers gehört die Zeile zum Refrain: „Was machst du mit dem Knie, lieber Hans,/Mit dem Knie, lieber Hans, beim Tanz?" Dem angesprochenen Hans wird im Text des Schlagers vorgeworfen, daß er sich beim Tanzen (und auch sonst) unmöglich aufführe („Und glaubst du, daß du nobel tanzt, wenn du den Pasodoble tanzt?"). Entsprechend wird der Titel zitiert, wenn man scherzhaft jemandes ungeschicktes Verhalten ansprechen will, besonders wenn der Betreffende mit dem Knie an etwas stößt oder etwas umstößt.

Was macht die Kunst?

„Guten Morgen, Conti. Wie leben Sie? Was macht die Kunst?" So begrüßt Hettore Gonzaga, der Prinz von Guastalla, in Gotthold Ephraim Lessings Trauerspiel „Emilia Galotti" (1772) den Hofmaler Conti. Das Stück hat diese Grußformel populär gemacht, mit der man sich heute in der Umgangssprache – meist scherzhaft – erkundigt, wie es jemandem bei seiner Tätigkeit, seiner Arbeit ergeht.

Was man in der Jugend wünscht, hat man im Alter die Fülle

Dieses Motto hat Goethe dem zweiten Teil seines autobiographischen Werks „Aus meinem Leben. Dichtung und Wahrheit" vorangestellt (erschienen 1812). Er hat dabei das alte Sprichwort „Was man in der Jugend wünscht, hat man im Alter genug" aufgegriffen. Im 9. Buch führt Goethe dazu aus, er wisse wohl, daß manch umgekehrte Erfahrung gegen dieses Sprichwort anzuführen sei, aber auch viel Günstiges dafür spreche, und er sagt weiter: „Unsere Wünsche sind Vorgefühle der Fähigkeiten, die in uns liegen, Vorboten desjenigen, was wir zu leisten imstande sein werden." Goethe schränkt hier also „wünschen" nicht auf das sehnliche Erhoffen von etwas ein, sondern versteht darunter das zielbewußte, tätige Streben, das zu erreichen, worauf der Wunsch gerichtet ist. In diesem Sinne wird das Motto heute noch zitiert. – Gelegentlich soll mit dem Zitat aber auch – mit einer gewissen Resignation – ausgedrückt werden, daß viele Wünsche, die man in jungen Jahren hegt, erst zu einem Zeitpunkt in Erfüllung gehen, wo man eigentlich nichts mehr davon hat, weil das vorangeschrittene Alter für bestimmte Dinge Grenzen setzt.

Was man ist, das blieb man andern schuldig

Diese sentenzhaften Worte spricht in Goethes Schauspiel „Torquato Tasso" (I, 1) die Prinzessin Leonore von Este zu ihrer Freundin Leonore Sanvitale, die ihren Ruhm in aller Welt herausstellt: „Mich kann das, Leonore, wenig rühren,/Wenn ich bedenke, wie man wenig ist,/Und was man ist, das blieb man andern schuldig." Sie erklärt, daß sie ihre Bildung ihrer Mutter verdanke; zugleich habe sie „nie/Als Rang und als Besitz betrachtet, was/Mir die Natur, was mir das Glück verlieh."

Was man nicht aufgibt, hat man nie verloren

Bei dieser als Mahnung zur Beharrlichkeit bei der Verfolgung eines Ziels dienenden sprichwörtlichen Redensart handelt es sich um ein Zitat aus Schillers Drama „Maria Stuart" (II, 5). Es ist Elisabeth, die Königin von England, die diese Worte spricht. Sie bezieht sich dabei auf ihr großes Ziel, die Vernichtung ihrer Konkurrentin Maria Stuart, der Königin von Schottland.

Was man nicht nützt, ist eine schwere Last

↑ Was du ererbt von deinen Vätern hast, erwirb es, um es zu besitzen

Was man nicht weiß, das eben brauchte man

Dieser Vers wird oft zusammen mit dem folgenden „Und was man weiß, kann man nicht brauchen" als Stoßseufzer über Wissensballast und Wissensmangel in einer bestimmten Situation zitiert. In Goethes Faust I (Vor dem Tor) empfindet der Titelheld auf dem Osterspaziergang im Gegensatz zu seinem Famulus Wagner die Unzulänglichkeit der Wissenschaft: „O glücklich, wer noch hoffen kann,/Aus diesem Meer des Irrtums aufzutauchen!/Was man nicht weiß, das eben brauchte man,/Und was man weiß, kann man nicht brauchen."

↑ Denn **was** man schwarz auf weiß besitzt, kann man getrost nach Hause tragen

↑ Ja, **was** man so erkennen heißt!

Was man von der Minute ausgeschlagen, gibt keine Ewigkeit zurück

Das Zitat gibt die beiden letzten Verse aus Schillers Gedicht „Resignation" wieder. Der Dichter stellt sich vor, er sei gestorben und verlange von der Ewigkeit einen Ersatz für irdisches Glück, das er der Dichtung geopfert habe. Ein

Genius entgegnet ihm aber, daß in seiner Hoffnung sein Lohn bestand: „Genieße, wer nicht glauben kann! Die Lehre/Ist ewig wie die Welt. Wer glauben kann, entbehre!/Die Weltgeschichte ist das Weltgericht." Man verwendet das Zitat als resignierenden Kommentar zu einer verpaßten Gelegenheit oder als Ermahnung, seine Zeit und seine Möglichkeiten gut zu nutzen.

Was man weiß, was man wissen sollte

In dem Anfang der 60er Jahre populären Fernsehquiz „Hätten Sie's gewußt?" (vergleiche auch diesen Artikel) mußten die Kandidaten Fragen aus unterschiedlichen Fachgebieten beantworten. Für Fragen der Allgemeinbildung, die keiner bestimmten Sparte zuzuordnen waren, gab es die Rubrik „Was man weiß, was man wissen sollte", deren Bezeichnung auch heute noch gelegentlich zitiert wird, wenn von allgemeinen Kenntnissen oder von allgemein interessierenden Fakten, Nachrichten o. ä. die Rede ist.

Was mich nicht umbringt, macht mich stärker

Der erste Abschnitt von Friedrich Nietzsches „Götzen-Dämmerung oder Wie man mit dem Hammer philosophiert" (1888) versammelt unter dem Titel „Sprüche und Pfeile" 44 aphoristische Gedankensplitter. Der achte dieser „Sprüche" lautet: „Aus der Kriegsschule des Lebens. – Was mich nicht umbringt, macht mich stärker." Man zitiert den zweiten Teil als Ausdruck der Bereitschaft, etwas auszuhalten, eine Belastung oder schwere Probe auf sich zu nehmen.

Was nicht verboten ist, ist erlaubt

Diese etwas kühne Behauptung hat sicher schon vielen, denen eine unscharfe Grenzziehung zwischen rechtmäßigem und unrechtmäßigem Handeln mindestens zeitweise opportun erschienen ist, zur Rechtfertigung gewisser Handlungsweisen gedient oder ist ihnen überhaupt zum Wahlspruch geworden. Sie stammt aus Schillers Trilogie „Wallenstein". In „Wallensteins Lager" (6. Auftritt) macht der erste Jäger diese leichtfertige Äußerung in einem Zusammenhang, in dem er seine Auffassung über das richtige Verhalten des Soldaten kundtut: „Da gibt's nur ein Vergehn und Verbrechen:/Der Order fürwitzig widersprechen!/Was nicht verboten ist, ist erlaubt;/Da fragt niemand, was einer glaubt."

Was nun Gott zusammengefügt hat, das soll der Mensch nicht scheiden

Mit diesem Zitat aus dem Matthäusevangelium (19,6) wird häufig die Unauflöslichkeit der Ehe begründet. Jesus diskutiert mit den Pharisäern über die Ehescheidung und distanziert sich dabei von alttestamentlichen Regelungen: „Mose hat euch erlaubt, zu scheiden von euren Weibern, wegen eures Herzens Härtigkeit; von Anbeginn aber ist's nicht also gewesen" (Matthäus 19,8).

Was rennt das Volk?

Mit dieser Frage beginnt die Ballade „Der Kampf mit dem Drachen" von Schiller. Sie wird heute noch scherzhaft zitiert und dabei auf eine sich heftig bewegende Menschenmenge, auf sich gaffend drängende Zuschauer o. ä. bezogen. Gelegentlich werden auch die ersten beiden Zeilen des Gedichts ganz zitiert: „Was rennt das Volk, was wälzt sich dort/Die langen Gassen brausend fort?" In dem Gedicht selbst wird beschrieben, wie ein junger Ordensritter in einem langen, schweren Kampf einen Drachen bezwingt und so das Land von diesem Ungeheuer befreit.

Was schert mich Weib, was schert mich Kind

In seinem Gedicht „Die Grenadiere" schildert Heinrich Heine (1797–1856) den Rückweg zweier Soldaten der Armee Napoleons I., die in Rußland in Gefangenschaft geraten waren. Unterwegs erfahren sie von der Niederlage Frankreichs und der Verbannung Napoleons. Für den einen der beiden hat das

Leben nunmehr jeden Sinn verloren. Daran ändert auch nichts, daß er eine Familie hat, für die er sorgen müßte: „Was schert mich Weib, was schert mich Kind/Ich trage weit beßres Verlangen;/Laß sie betteln gehn, wenn sie hungrig sind – /Mein Kaiser, mein Kaiser gefangen." Besonders die erste Zeile dieser Strophe wird – meist scherzhaft – zitiert, wenn man sagen will, daß man in einer bestimmten Angelegenheit seine persönlichen Interessen in den Vordergrund stellt und keinerlei Rücksicht auf die Belange der Menschen nehmen will, die einem am nächsten stehen.

Was sind Hoffnungen, was sind Entwürfe

„Was sind Hoffnungen, was sind Entwürfe,/Die der Mensch, der vergängliche, baut?" Diese Worte läßt Schiller in seinem Trauerspiel „Die Braut von Messina" (uraufgeführt 1803) ein Mitglied des Chores sprechen (III, 5). Man zitiert den ersten Vers, wenn man – mit einem Anflug von Resignation – ausdrücken will, daß oft alles Planen für die Zukunft vergeblich ist und sich alle Träume und Pläne häufig in ein Nichts auflösen.

Was tun?

Das fragt man sich schon einmal, wenn man angesichts eines Problems völlig ratlos dasteht. So lautet auch der deutsche Titel eines seinerzeit vielgelesenen dreiteiligen Romans des russischen Publizisten Nikolai Gawrilowitsch Tschernyschewski (1828–1889), in dem die gestellte Frage sich darauf bezieht, wie die gesellschaftlichen Verhältnisse im zaristischen Rußland geändert werden können. Besonders verbreitet wurde die Formulierung, da sie auch von Lenin als Titel einer 1902 erschienenen Schrift (mit dem Untertitel „Brennende Fragen unserer Bewegung") verwendet wurde.

„Was tun?" spricht Zeus

Das scherzhaft in einer Situation der Ratlosigkeit gebrauchte Zitat ist der Anfang der letzten Strophe aus Schillers Gedicht „Die Teilung der Erde" (1795). Bei der Aufteilung der Erde unter die Menschen droht der Dichter schon leer auszugehen, als Zeus ihm im weiteren Text der Strophe folgendes Angebot macht: „Die Welt ist weggegeben,/Der Herbst, die Jagd, der Markt ist nicht mehr mein./Willst du in meinem Himmel mit mir leben,/Sooft du kommst, er soll dir offen sein." In der salopperen Umgangssprache wird das Zitat gelegentlich respektlos zu „‚Was tun?' spricht Zeus, ‚die Götter sind besoffen'" erweitert.

Was vergangen, kehrt nicht wieder

Dies ist die Anfangszeile des Gedichtes „Erinnerung und Hoffnung" von Karl August Förster (1784–1841), einem deutschen Schriftsteller, der zu seiner Zeit auch als Übersetzer besonders italienischer Literatur eine gewisse Bedeutung hatte. Die Gedichtzeile wird oft als floskelhafte Bemerkung nach einer als endgültig abgeschlossen betrachteten Zeit zitiert, gelegentlich aber auch als eher wehmütig klingendes Wort der Rückerinnerung an etwas, was unwiederbringlich verloren ist. Ein weiterer, der eigentlichen Intention des Gedichtes entsprechender Sinn erschließt sich, wenn man die beiden folgenden Zeilen mitzitiert: „Was vergangen, kehrt nicht wieder;/Aber ging es leuchtend nieder,/Leuchtet's lange noch zurück!" Was einmal bedeutsam war, fällt weniger rasch dem Vergessen anheim und wirkt noch lange nach.

Was von mir ein Esel spricht

Dieses Zitat stammt aus der Fabel „Der Löwe und der Fuchs" von Johann Wilhelm Ludwig Gleim (1719–1803). Der Fuchs berichtet dem Löwen davon, daß der Esel sich hinter dem Rücken des Löwen geringschätzig über diesen äußert, worauf dieser schließlich abfällig bemerkt: „Fuchs! Er spreche was er will;/Denn, was von mir ein Esel spricht,/Das acht' ich nicht!" Will man zum Ausdruck bringen, daß einem kritische Äußerungen oder Beleidigungen von Leuten, die man auf Grund ihrer geistigen Beschränktheit geringachtet, innerlich unberührt, unbeeindruckt lassen, zitiert man die vorletzte oder die beiden letzten dieser Zeilen.

Was wolltest du mit dem Dolche, sprich!

Wenn man jemandes übles Vorhaben durchschaut hat, dann zitiert man vielleicht noch gelegentlich diese Worte aus Schillers Gedicht „Die Bürgschaft". In der ersten Strophe fordert der Tyrann Dionys den festgenommenen Möros zu einem Geständnis auf: „,Was wolltest du mit dem Dolche, sprich!'/Entgegnet ihm finster der Wüterich." Zu diesen Zeilen gibt es die parodistisch-scherzhafte Abwandlung: „Was willst du mit dem Dolche, sprich! – Kartoffeln schälen, verstehst du mich?"

Was zu beweisen war

↑Quod erat demonstrandum

Das **Wasser** rauscht', das Wasser schwoll

Hier handelt es sich um den Gedichtanfang und die Anfangszeile der letzten Strophe von Goethes Ballade „Der Fischer". Am Anfang kündigt sich darin das „feuchte Weib" an, während gegen den Schluß das Wasser bereits von dem Fischer Besitz ergreift. Das Gedicht erhielt zusätzliche Popularität durch die Vertonungen von Reichardt, Schubert und Richard Strauss. Das Zitat wird meist als scherzhafter Kommentar verwendet, wenn sich zum Beispiel ein größeres Behältnis oder ein Raum geräuschvoll mit Wasser füllt.

↑Kein **Wässerchen** trüben können

Waterloo

Der bildungssprachliche Ausdruck für eine katastrophale Niederlage geht auf die Schlacht bei Waterloo in Belgien zurück, wo Napoleon am 18. 6. 1815 von den Alliierten unter Wellington und Blücher im letzten Feldzug der Befreiungskriege vernichtend geschlagen wurde. Im heutigen Sprachgebrauch kann man sagen, daß jemand sein Waterloo erlebt oder daß etwas ein Waterloo für jemanden bedeutet.

We are not amused

Dieser Ausspruch (deutsch etwa: „Wir finden das gar nicht lustig") wird der englischen Königin Viktoria (1819 bis 1901) zugeschrieben. Sie soll sich in dieser Weise geäußert haben, als einer ihrer Kammerherren, Alexander Grantham Yorke, sie zu parodieren versuchte. Nach einer anderen Quelle soll eine leicht anstößige Geschichte, die einer der Bediensteten beim Dinner in Schloß Windsor erzählt hatte, der Anlaß für die königliche Zurechtweisung gewesen sein. Der Ausspruch wird gelegentlich als Ausdruck der Mißbilligung zitiert, vor allem wenn man einen Scherz als nicht gelungen betrachtet.

We shall overcome

Das Zitat – auf deutsch „Wir werden siegen" – stammt aus einem amerikanischen Lied, dessen Ursprung auf die Zeit vor dem Bürgerkrieg zurückgeht. Es wurde um 1900 von C. Albert Hindley zu einem Kirchenlied der Baptisten mit dem Titel „I'll Overcome Some Day" umgearbeitet. Allgemeine Bekanntheit erlangte es 1946, als es von schwarzen Arbeitern auf Streikposten in South Carolina gesungen wurde. In den frühen sechziger Jahren wurde das Zitat zum Schlagwort der afroamerikanischen Bürgerrechtsbewegung.

↑Am sausenden **Webstuhl** der Zeit

Ein ↑jeder **Wechsel** schreckt den Glücklichen

Weg mit den Grillen und Sorgen

↑Noch sind die Tage der Rosen

Den **Weg** allen Fleisches gehen

Diese Redewendung bedeutet „sterblich, vergänglich sein; sterben". Sie geht wohl auf eine Stelle im Alten Testament zurück, wo Gott Jahwe sagt: „Alles Fleisches Ende ist vor mich gekommen; denn die Erde ist voll Frevels von ihnen; und siehe da, ich will sie verderben mit der Erde" (1. Moses 6,13; vergleiche auch das 1. Buch von den Königen 2,2: „Ich gehe hin den Weg aller Welt"). Die Wendung „den Weg alles Irdischen gehen", die im Sinne von „sich abnutzen, defekt und unbrauchbar werden" verwendet wird, dürfte eine später entstandene Variante hierzu sein. Der englische Schriftsteller Samuel Butler (1835 bis 1902) gab seinem 1903 erschienenen autobiographischen Roman den Titel *The Way of All Flesh* (deutsche Übersetzung 1929 unter dem Titel „Der Weg allen Fleisches").

Den **Weg** alles Irdischen gehen

Den ↑Weg allen Fleisches gehen

Den **Weg** gehen, den man nicht wiederkommt

Die verhüllende Umschreibung für „sterben" findet sich im Alten Testament, wo die Titelfigur des Buches Hiob (16,20) Gott bittet, ihm gegen seine spottenden Freunde Recht zu verschaffen: „Denn die bestimmten Jahre sind gekommen, und ich gehe hin des Weges, den ich nicht wiederkommen werde." In Franz Schuberts Zyklus „Die Winterreise" (1827; auf Texte von Wilhelm Müller) enthält die letzte Strophe des Liedes „Der Wegweiser" eine analoge Aussage: „Einen Weiser seh' ich stehen/Unverrückt vor meinem Blick;/Eine Straße muß ich gehen,/Die noch keiner ging zurück."

Der **Weg** zur Hölle ist mit guten Vorsätzen gepflastert

Diese sprichwörtliche Redensart besagt, daß es schwer ist, einer Versuchung zu widerstehen, auch dann, wenn man sich vorgenommen hat, sich zu bessern. Sie wird dem englischen Schriftsteller und Lexikographen Samuel Johnson (1709 bis 1784) zugeschrieben und von seinem Biographen James Boswell überliefert (englisch: *Hell is paved with good intentions,* deutsch: „Die Hölle ist mit guten Vorsätzen gepflastert"; in: „The Life of Samuel Johnson"). In ähnlicher Form ist die Redensart auch bei dem schottischen Dichter Sir Walter Scott (1771–1832) zu finden, der sie auf einen englischen Theologen des 17. Jahrhunderts zurückführt. Aber auch schon in den Apokryphen des Alten Testaments heißt es im Buch Jesus Sirach: „Die Gottlosen gehen zwar auf einem feinen Pflaster; aber sein Ende ist der Hölle Abgrund" (Jesus Sirach 21,11).

Der **Weg** zurück zum Kinderland

↑O wüßt' ich doch den Weg zurück

Es ↑führt kein **Weg** zurück

Wege zu Kraft und Schönheit

Das heute scherzhaft oder ironisch gebrauchte Zitat ist der Titel eines Kulturfilms von Dr. Kaufmann und Wilhelm Prager aus dem Jahr 1925 über Körper- und Nacktkultur. Die Verbindung „Kraft und Schönheit" gab es bereits seit 1919 im Namen eines Berlin-Steglitzer Verlages und in der dort erscheinenden Monatsschrift für moderne Körperkultur.

Weh dem, der lügt!

Die meist scherzhaft gebrauchte Drohung ist der Titel eines Lustspiels von Franz Grillparzer (1791–1872) und darin zugleich die mehrmals wiederholte Mahnung des Bischofs Gregor von Châlons an seinen Küchenjungen Leon, die er ihm für die Befreiung seines Neffen aus heidnischer Gefangenschaft als Richtschnur mit auf den Weg gibt. Der Dramatiker und Hörspielautor Richard Hey verfaßte 1962 eine Komödie mit dem kontrastiven Titel „Weh dem, der nicht lügt".

Weh dir, daß du ein Enkel bist!

„Es erben sich Gesetz' und Rechte/Wie eine ew'ge Krankheit fort." So kommentiert Mephisto im 1. Teil von Goethes Faust (Studierzimmer 2) die Tradition des positiven Rechts. Gesetze behalten oft noch ihre Geltung, obwohl sich die historischen und sozialen Voraussetzungen dafür längst geändert haben. Dann allerdings können sie mehr schaden als nützen, und der „Enkel" muß als Unsinn empfinden, was von den Vorfahren sinnvoll erdacht wurde: „Vernunft wird Unsinn, Wohltat Plage;/Weh dir, daß du ein Enkel bist!" Losgelöst vom ursprünglichen Bezug wird das Zitat heute jemandem entgegengehalten, dem man verdeutlichen will, daß er sich der „Erblast" aus vorangegangener Zeit stammender Tatbestände nicht einfach entziehen kann. Für die Sünden der Großväter müssen häufig die Enkel büßen.

Wehe den Besiegten!

↑Vae victis!

Wehe, wenn sie losgelassen!

Dieser Ausruf, der sich auf eine oder mehrere Personen beziehen kann, kündigt Schlimmes, Unheilvolles an. Er wird allerdings meist in nicht allzu ernsthaften Zusammenhängen gebraucht und soll andeuten, daß von der betreffenden Person (oder den Personen) einiges an Mißlichkeiten, unerfreulichen, heftigen Reaktionen o. ä. zu erwarten ist, wenn dazu Gelegenheit gegeben ist. Es handelt sich bei dem Ausruf um eine Stelle aus Schillers Ballade „Das Lied von der Glocke". Dort bezieht sich die Aussage allerdings nicht auf Personen, sondern auf die „Himmelskraft" des Feuers, die eine Katastrophe auslöst, wenn sie „der Fessel sich entrafft". Die Stelle lautet: „Wehe, wenn sie losgelassen,/Wachsend ohne Widerstand,/Durch die volkbelebten Gassen/Wälzt den ungeheuren Brand!"

Wehre den Anfängen

Es gibt kaum einen Satz aus klassisch-antiker Dichtung, der so aktuell geblieben ist, wie die Warnung *Principiis obsta!,* die der römische Dichter Ovid (43 v. Chr.–17/18 n. Chr.) in seinen „Remedia amoris" („Heilmittel gegen die Liebe") ausspricht. Was der Dichter noch als Warnung vor dem Sichverlieben formulierte, läßt sich leicht auf alle Bereiche unseres Lebens ausweiten, besonders auf gefährliche politische Entwicklungen, die es rechtzeitig zu stoppen gilt. Denn besonders in der Politik hat sich schon oft bewahrheitet, was Ovid weiter ausführt: „Zu spät wird das Heilmittel zubereitet, wenn erst das Übel durch zu langes Zuwarten stark geworden ist (sero medicina paratur, cum mala per longas invaluere moras)."

Weib, was habe ich mit dir zu schaffen?

↑Meine Stunde ist noch nicht gekommen

↑Wenn du zum **Weibe** gehst, vergiß die Peitsche nicht!

↑Da werden **Weiber** zu Hyänen

↑Daß das **weiche** Wasser in Bewegung mit der Zeit den mächtigen Stein besiegt

Es **weihnachtet** sehr

Das Zitat stammt aus dem Weihnachtsgedicht „Knecht Ruprecht" von Theodor Storm (1817–1888). Das Gedicht beginnt mit den Worten: „Von drauß' vom Walde komm' ich her;/Ich muß euch sagen, es weihnachtet sehr!" Das Zitat wird – manchmal auch ironisch – zur Charakterisierung einer sich mehr und mehr ausbreitenden vorweihnachtlichen Stimmung verwendet. Gelegentlich ist es auch außerhalb der Weihnachtszeit als scherzhafter Kommentar zu einem sich ankündigenden positiven Ereignis zu hören.

↑Und **weil** der Mensch ein Mensch ist, drum will er was zu essen, bitte sehr!

Weil du arm bist, mußt du früher sterben

Dieses Zitat spielt ironisch-resignierend auf die schlechtere Lage der Kassenpatienten gegenüber den Privatpatienten an. Es ist der Titel eines Romans des österreichischen Autors Hans Gustl Kernmayer (1900–1977); der Roman wurde 1965 mit Bernhard Wicki in der Hauptrolle verfilmt.

Weil nicht alle Blütenträume reiften

Die Zeile stammt aus Goethes Gedicht „Prometheus" (entstanden um 1774). Das Gedicht in freien Rhythmen hat die Form eines Monologs, in dem der zu den Titanen gehörende Prometheus mit Jupiter rechtet. Er hält die Götter des

Danks der Menschen für unwürdig. Denn die Menschen verdankten alles sich selbst, nicht den Göttern. Im Verlauf dieser „Abrechnung" stellt Prometheus die Frage: „Wähntest du etwa,/ Ich sollte das Leben hassen,/.../ Weil nicht alle Blütenträume reiften?" – Das Zitat ist in die Redewendung „nicht alle Blütenträume reifen" (= nicht alles, was man erstrebt, läßt sich verwirklichen) eingegangen.

Weil, so schließt er messerscharf, nicht sein kann, was nicht sein darf

Das bekannte Zitat, das sich immer dann scherzhaft anwenden läßt, wenn jemand etwas leugnet, nicht wahrhaben oder beiseite schieben will, stammt aus der letzten Strophe eines Gedichtes von Christian Morgenstern (1871–1914) mit dem Titel „Die unmögliche Tatsache". Palmström, sein Held, ist von einem Auto überfahren worden und beschäftigt sich nun mit der Frage: „,... war vielmehr verboten,/hier Lebendige zu Toten/umzuwandeln, – kurz und schlicht:/Durfte hier der Kutscher nicht – ?/Eingehüllt in feuchte Tücher,/prüft er die Gesetzesbücher/und ist alsobald im klaren:/Wagen durften dort nicht fahren!/Und er kommt zu dem Ergebnis:/,Nur ein Traum war das Erlebnis./Weil', so schließt er messerscharf,/,nicht sein kann, was nicht sein darf.' "

Weil's aber nicht kann sein

Dies ist eine Zeile aus der 1. Strophe des bekannten Volksliedes „Wenn ich ein Vöglein wär" (vergleiche auch diesen Artikel). Der Text des Liedes wurde zum ersten Mal von Johann Gottfried von Herder 1778 in seiner Sammlung „Volkslieder" veröffentlicht. Die Zeile aus diesem Lied wird zitiert, wenn man ausdrücken will, daß man sich wohl oder übel in etwas, was man doch nicht ändern kann, fügen muß.

Der **Wein** erfreut des Menschen Herz

Diese Erkenntnis findet sich schon im Alten Testament, wo es im 104. Psalm von Gott Jahwe heißt: „Du lässest Gras wachsen für das Vieh und Saat zu Nutz des Menschen, daß du Brot aus der Erde bringst,/und daß der Wein erfreue des Menschen Herz" (Psalm 104, 14 f.).

↑Junger **Wein** in alten Schläuchen

Im **Wein** liegt Wahrheit

↑In vino veritas

Sie tranken heimlich **Wein** und predigten öffentlich Wasser

↑Ich kenne die Weise, ich kenne den Text

↑Jedermann gibt zuerst den guten **Wein**

↑Arbeiter im **Weinberg** des Herrn

↑Zunehmen an **Weisheit,** Alter und Gnade

↑O **Weisheit!** Du redst wie eine Taube!

Der **Weisheit** letzter Schluß

Am Ende seines Lebens hat der erblindete Faust (Goethe, Faust II, 5. Akt, Großer Vorhof des Palasts) die Vision eines paradiesischen Landes, das dem Meer abgerungen wurde, wenngleich es immer gegen die andringende Flut verteidigt werden muß. In diesem Bewußtsein resümiert er: „Das ist der Weisheit letzter Schluß:/Nur der verdient sich Freiheit wie das Leben,/Der täglich sie erobern muß." – Man verwendet das Zitat heute mit der Bedeutung „höchste Weisheit" bzw. in umgangssprachlicher Verwendung im Sinne von „ideale Lösung". In dieser Bedeutung wird der Ausdruck häufiger verneint und mit leicht ironischem Unterton gebraucht („Das ist noch nicht der Weisheit letzter Schluß"). Man gibt damit zu erkennen, daß man etwas durchaus noch nicht für die beste aller Möglichkeiten hält.

↑Ich **weiß,** daß ich nichts weiß

↑Zwar **weiß** ich viel, doch möcht' ich alles wissen

Weißer Rabe

Von einem Menschen, der sich unabhängig von der Meinung anderer zeigt, der sich durch seine Art von den anderen abhebt, sagt man, er sei ein „weißer Rabe". Auch wird so allgemein etwas, was eine Ausnahme, eine große Seltenheit darstellt, bezeichnet. Der Ausdruck stammt aus dem Lateinischen *(corvus albus)* und geht zurück auf eine Stelle in den „Satiren" des römischen Schriftstellers Juvenal († nach 127 n. Chr.). Dieser beklagt hier das geringe Ansehen der geistigen Berufe und die mühsame Paukarbeit der Lehrer und kommt zu dem Schluß, daß es nur wenigen besser gehe, „jedoch ein solcher Glückspilz seltener als ein weißer Rabe" sei (lateinisch: *felix ille tamen corvo quoque rarior albo;* Satiren VII, 2).

Weißt du denn nicht, mein Sohn, mit wie wenig Verstand die Welt regiert wird?

Mit dieser Frage oder einer ähnlich formulierten Äußerung soll Papst Julius III. (1487–1555) geantwortet haben, als ihn ein Mönch darum bemitleidete, daß er die Last der Herrschaft über die ganze Welt zu tragen habe. Die Äußerung des Papstes wurde in dieser Frageform zum geflügelten Wort. Es ist sicher schon von manchem benutzt worden, der mit kritischem Blick den Zustand der Welt betrachtet und diesen Zustand im Zusammenhang mit der Unfähigkeit und Ignoranz mancher Politiker sieht.

Weißt du, wieviel Sterne stehen

↑ Gott der Herr hat sie gezählet

Der **weite** Weg entschuldigt Euer Säumen

↑ Spät kommt Ihr – doch Ihr kommt!

↑ Das ist ein **weites** Feld

Welch Glanz in meiner Hütte!

↑ Wie kommt mir solcher Glanz in meine Hütte?

Welch Schauspiel! Aber ach! Ein Schauspiel nur!

Im großen Eingangsmonolog des ersten Teils von Goethes Faust (Nacht) markiert dieser Ausruf Fausts einen Haltepunkt, ein Innehalten im Fluß der Gedanken und Vorstellungen, die Fausts Erkenntnisstreben aufzeigen. Zunächst beseelt von dem Hochgefühl, im Zeichen des Makrokosmos das gesamte Weltgeschehen erfassen zu können, bemerkt Faust mit einem Mal, daß er in seinem Streben nach der wahren Erkenntnis hier keinen wirklichen Ansatzpunkt finden kann. Die grandiose Weltvorstellung erkennt er plötzlich als ein bloßes Schauspiel, an dem er nicht beteiligt ist. Er wendet sich ab und glaubt nun (ebenfalls vergebens) im Zeichen des Erdgeistes einen neuen Weg, den wahren Zugang zur höheren Erkenntnis gefunden zu haben. Zitiert wird der Ausruf Fausts heute gewöhnlich losgelöst vom eigentlichen Zusammenhang, etwa als Hinweis auf ein zunächst zwar eindrucksvolles, die eigentliche Wirklichkeit aber kaum tangierendes Geschehen oder auch auf etwas, was sich schlicht als reines Blendwerk erweist.

Well roared, lion!

↑ Gut gebrüllt, Löwe!

Welt am Draht

Dies ist der Titel eines zweiteiligen Fernsehfilms des deutschen Theater-, Film- und Fernsehregisseurs Rainer Werner Fassbinder (1945–1982) aus dem Jahr 1973. Der Film basiert auf einem Science-fiction-Roman des amerikanischen Autors Daniel F. Galouye (1920–1976) mit dem englischen Originaltitel „Simulacron-3". Der Held der Geschichte, der Wissenschaftler Fred Stiller, der in einem „Institut für Kybernetik und Zukunftsforschung" arbeitet, kommt im Laufe der Zeit zu der Erkenntnis, daß er nur Teil einer künstlichen, elektronischen „Welt am Draht" ist, also nur die Simulation, die Projektion einer realen Welt darstellt. Der Titel wird zitiert, wenn von Abhängigkeiten, von Bevormundung und Fremdbestimmung die Rede ist, besonders von der Abhängigkeit des heutigen Menschen in der durch moderne Kommunikationsmittel universell vernetzten Welt, in der er nicht selten zur Marionette wird.

Die **Welt** aus den Angeln heben

Diese Redewendung bedeutet heute soviel wie „alles aus dem Gleichgewicht bringen, alles grundlegend ändern". Sie geht nach einem Aristoteles-Kommentar des Philosophen Simplikios (6. Jh. n. Chr.) auf einen Ausspruch des Archimedes (um 285–212 v. Chr.) zurück („Ich werde die Welt aus den Angeln heben"). Vergleiche hierzu auch das Zitat „Gib mir einen Punkt, wo ich hintreten kann, und ich bewege die Erde".

Die **Welt,** in der wir leben

Dies ist der deutsche Titel einer Artikelserie aus der amerikanischen illustrierten Zeitschrift „Life" über die Naturgeschichte der Erde (englischer Originaltitel: *The world we live in*). Sie erschien im Deutschen 1956 in Buchform. Der Titel wurde zu einem festen, frei verwendbaren Ausdruck, der beispielsweise im Zusammenhang mit der Umweltproblematik gebraucht wird, aber auch ganz allgemein als Hinweis auf die nun einmal vorgegebenen Bedingungen in unserer Welt.

Die ↑ganze **Welt** ist Bühne

Die **Welt** ist mit Brettern vernagelt

Wenn man behauptet, daß irgendwo die Welt mit Brettern vernagelt (oder auch zugenagelt) sei, so will man damit ausdrücken, daß es dort nicht weitergeht, daß man vor einem großen Hindernis steht, daß man das Ende erreicht hat o. ä. Bei einem Ort, wo die Welt mit Brettern vernagelt ist, kann es sich allerdings auch um einen ganz abseits liegenden, einsamen Ort handeln, wo man noch sehr rückständig ist, wo es sehr langweilig zugeht. Die Redensart geht zurück auf eine Lügengeschichte in der „Ethographia mundi" (1608) des Erzählers Johannes Olorinus Variscus (eigentlich: Johann Sommer; 1559–1622). Dort wird berichtet, daß jemand bis ans Ende der Welt gelangt sei und gesehen habe, daß die Welt „mit Brettern daselbst sei unterschlagen" (= abgeteilt).

Die **Welt** ist vollkommen überall, wo der Mensch nicht hinkommt mit seiner Qual

Diese Sentenz stammt aus Schillers Trauerspiel „Die Braut von Messina" (1803). Der das Geschehen begleitende Chor kommentiert mit allgemeinen Gedanken die tragische Verstrickung der beiden Brüder in die Liebe zu Beatrice, von der sie nicht wissen, daß es ihre Schwester ist. – Man verwendet das Zitat häufig um auszudrücken, daß überall, wo Menschen sind, auch ihre menschliche Unvollkommenheit und ihre unselige Neigung zum Zerstören anwesend sind.

Die **Welt** liegt im argen

Der Ausspruch, mit dem man die Unzulänglichkeit und Unvollkommenheit der Welt oder auch die gerade herrschenden üblen Zustände beklagt, geht auf die Bibel zurück. Das 5. Kapitel des ersten Johannesbriefs handelt vom „Glauben, der die Welt überwindet". In diesem Zusammenhang heißt es in Vers 19: „Wir wissen, daß wir von Gott sind und die ganze Welt im Argen liegt." Die Formulierung, die Luther dem griechischen Text entsprechend bei dieser Stelle verwendet hat, um auszudrücken, daß die Welt im Bösen verhaftet ist (und der Erlösung durch Gott und des Glaubens an ihn bedarf), ist bis heute erhalten geblieben in der Wendung „etwas liegt im argen". Man verwendet sie, wenn man zum Ausdruck bringen will, daß etwas in Unordnung ist, sich in einer verworrenen, ungeordneten Lage befindet.

↑Ich verstehe die **Welt** nicht mehr

↑Nicht von dieser **Welt** sein

Die **Welt** will betrogen sein

Diese Redensart wird gerne entschuldigend in Fällen zitiert, in denen jemand mit Versprechungen, die er nicht halten kann, falsche Hoffnungen erweckt oder in denen sich jemand Vorteile verschafft und es dabei mit der Ehrlichkeit nicht so genau nimmt o. ä. Zum erstenmal belegt ist die Redensart in der Verssatire „Das Narrenschiff" (1494) des Dichters (und Juristen) Sebastian Brant (1457–1521), in der Laster und Torheiten von Personen, Berufen und Ständen in Gestalt von Narren dargestellt sind. Die lateinische Form *Mundus vult decipi* taucht dann etwas später (1533) in der Schrift „Paradoxa" des Dichters (und Predigers) Sebastian Franck (1499–1542 oder 1543) auf und wird später oft durch einen Zusatz erweitert: *Mundus vult decipi, ergo decipiatur,* auf deutsch: „Die Welt will betrogen sein, also soll sie auch betrogen werden".

Die **Welt** wird alt und wird wieder jung, doch der Mensch hofft immer Verbesserung

↑Noch am Grabe pflanzt er die Hoffnung auf

Die **Welt** wird schöner mit jedem Tag

„Die Welt wird schöner mit jedem Tag,/Man weiß nicht, was noch werden mag". Mit diesen Versen beginnt die zweite Strophe von Ludwig Uhlands Gedicht „Frühlingsglaube" (vergleiche auch: „Nun muß sich alles, alles wenden"). Man zitiert den ersten Vers als Ausdruck ungetrübter Daseinsfreude und optimistischer Lebenseinstellung.

Die **Weltgeschichte** ist das Weltgericht

Mit diesem Vers endet die vorletzte Strophe von Schillers Gedicht „Resignation" (1784). Subjekt in diesem Satz ist bei Schiller „Weltgericht", und unter „Weltgeschichte" versteht er alles das, was ein Mensch erlebt und was ihn und sein Handeln beeinflußt und prägt. Das bedeutet, daß jeder für sein Schicksal verantwortlich ist und mit dem, was er aus seinem Leben macht, selbst die Maßstäbe für das darüber am Lebensende zu fällende Urteil setzt. – Heute wird der Vers allerdings in dem Sinne zitiert, daß das weltgeschichtliche Geschehen bereits das spätere Urteil über sich selbst vorwegnimmt. Was auch immer ein am Zeitenende über das Weltgeschehen urteilendes Jüngstes Gericht befinden wird, der Urteilsspruch ist durch die jeweiligen historischen Abläufe präjudiziert.

↑Prophete rechts, Prophete links, das **Weltkind** in der Mitten

Das ↑große **Welttheater**

Wem der große Wurf gelungen

Die Fügung „großer Wurf", die „Erfolg, gelungenes [künstlerisches] Werk" bedeutet, hat durch die Verse „Wem der große Wurf gelungen,/Eines Freundes Freund zu sein" aus Schillers Gedicht „An die Freude" (1786) seit dem Ende des 18. Jahrhunderts weitere Verbreitung erfahren. Der erste Vers – oft auch mit variierter Ergänzung – wird auch heute noch im Sinne von „Wer das große Glück hat, ..." verwendet.

Wem die Stunde schlägt

Der größte Roman des amerikanischen Schriftstellers Ernest Hemingway (1899 bis 1961), der 1940 erschien, trägt im Deutschen diesen Titel. Man zitiert ihn, wenn man umschreiben will, daß jemand einer lebensbedrohenden Gefahr, einer sehr schwierigen Aufgabe nicht entrinnen kann, daß für jemand das Ende eines Lebensabschnitts oder das Ende überhaupt gekommen ist. In dem Roman, der den Kampf gegen den Faschismus im spanischen Bürgerkrieg zum Thema hat, steht die tragisch endende Liebe zwischen einer Spanierin und einem Amerikaner, der für die antifaschistische Sache kämpft, im Mittelpunkt. Der Roman wurde 1943 mit Ingrid Bergman und Gary Cooper in den Hauptrollen verfilmt. Der erfolgreiche Film machte den Titel (im englischen Original *For Whom the Bell tolls*) noch populärer. Hemingway hat diesen Titel im übrigen den „Meditationen" des englischen Lyrikers John Donne (1572 od. 1573–1631) entnommen. Dort wird der Gedanke, daß der Mensch immer auch ein Teil der Menschheit ist (vergleiche auch „Niemand ist eine Insel"), mit folgender Sentenz beendet: „And therefore never send to know for whom the bell tolls; It tolls for thee“ („Und laß deshalb niemals nachfragen, für wen die [Toten]glocke läutet; sie läutet für dich“).

Wem Gott will rechte Gunst erweisen, den schickt er in die weite Welt

Mit diesen Worten beginnt Eichendorffs Gedicht „Der frohe Wandersmann“, das zum erstenmal gedruckt in seiner Novelle „Aus dem Leben eines Taugenichts“ (1826) erschien. Durch die Vertonung von F. Th. Fröhlich (1833) wurde es zum Volkslied. Mit „Wem Gott will rechte Gunst erweisen ...“ kommentiert man gewöhnlich scherzhaft jemandes Reiseabsichten. – Häufig hört man auch die scherzhafte Abwandlung der ersten Strophe: „Wem Gott will rechte Gunst erweisen, den schickt er in die Wurstfabrik. Er läßt ihn in die Knackwurst (auch: Blutwurst) beißen und gibt ihm noch ein Stückchen mit.“

Wem sonst als dir

Mit diesen Worten widmete Friedrich Hölderlin (1770–1843) den 2. Band seines Romans „Hyperion“ Susanne (Susette) Gontard, der Frau des Frankfurter Bankiers Jakob Friedrich Gontard, in dessen Haus er die Hofmeisterstelle versah. Man sagt sie heute noch gelegentlich zu jemandem, zu dem man in einem engeren Verhältnis steht, wenn man ihm durch eine Geste, ein Geschenk o. ä. zeigt, wie sehr man ihn schätzt oder ihm vertraut.

Wen die Götter lieben, der stirbt jung

Das Zitat, das der griechische Schriftsteller Plutarch (um 46–um 125) im 34. Kapitel der „Trostrede an Apollonius“ überliefert, geht auf den griechischen Dichter Menander (342/341–291/290 v. Chr.) zurück. Der römische Komödiendichter Plautus (um 250–um 184 v. Chr.) übersetzt es in seinen „Bacchides“ (IV, 7, 18): *Quem di diligunt, adolescens moritur*. In Emanuel Geibels (1815–1884) Gedicht „Verlorene Liebe“ heißt es in der 6. Strophe: „Es stirbt als Knabe, wen die Götter lieben.“ Ein Film über Mozart von Karl Hartl aus dem Jahr 1942 hat den Titel „Wen die Götter lieben“.

Wen Gott vernichten will, den schlägt er mit Blindheit

In einem Scholion – einer erklärenden Randbemerkung – zu einer Stelle in der Tragödie „Antigone“ des altgriechischen Dichters Sophokles (um 496 bis um 406 v. Chr.) finden sich die folgenden Verse eines unbekannten Dichters: „Immer wenn die Gottheit einem Menschen Böses antun will,/so fügt sie zuerst seinem Verstand Schaden zu, mit dem er plant“. Daraus ergab sich, wohl über das gleichbedeutend mittellateinische *Quos deus perdere vult, dementat prius,* im Deutschen: „Wen Gott verderben will, den verblendet er.“ Hieraus wiederum entwickelte sich wahrscheinlich unter Einfluß der aus dem Alten Testament stammenden Wendung „Mit Blindheit schlagen“ die Form „Wen Gott vernichten will, den schlägt er mit Blindheit“.

↑Hier **wendet** sich der Gast mit Grausen

Weniger wäre mehr gewesen

In der von ihm herausgegebenen literarischen Zeitschrift „Der Teutsche Merkur“ schrieb Christoph Martin Wieland 1774 in einem Neujahrsglückwunsch: „Und minder ist oft mehr, wie Lessings Prinz uns lehrt.“ Er nahm damit Bezug auf eine Stelle in Gotthold Ephraim Lessings Trauerspiel „Emilia Galotti“ (1772), wo Hettore Gonzaga, der Prinz von Guastalla, dem Maler Conti entgegenhält, daß auf dem Porträt der Gräfin Orsina das Charakterliche zu stark geschönt sei und dazu meint: „Nicht so redlich wäre redlicher“ (I, 4). Aus Wielands Umformung dieser Textstelle ist dann wohl die heute übliche Redensart entstanden. Man drückt damit aus, daß ein Weniger an Übertreibung, ein geringerer Aufwand mehr Wirkung erzielt und einer Sache mehr Qualität gegeben hätte. – In einem im März 1923 veröffentlichten Artikel in der „Prawda" hat W. I. Lenin vor überstürztem Vorgehen beim Aufbau des neuen sowjetischen Staatsapparats gewarnt und dem Beitrag die ähnlich formulierte Mahnung „Lieber weniger, aber besser" als Titel gegeben. – Einen ähnlichen Gedanken finden wir auch bei dem römischen Politiker und Schriftsteller Plinius dem Jüngeren (vergleiche das Zitat „Multum, non multa").

Wenn alle untreu werden

So beginnt das sechste der 15 „Geistlichen Lieder" von Novalis (1772–1802), einem Dichter der deutschen Romantik. Die Lieder erschienen zuerst in dem von August Wilhelm Schlegel und Ludwig Tieck herausgegebenen „Musenalmanach auf das Jahr 1802". Sechs dieser Lieder, darunter das genannte, fanden Eingang in evangelische Gesangbücher. Der Dichter wendet sich in diesem Lied an Christus. Der Beginn der ersten Strophe lautet: „Wenn alle untreu werden,/So bleib ich dir doch treu,/Daß Dankbarkeit auf Erden/Nicht ausgestorben sei." Zu diesem geistlichen Lied gibt es eine weltliche Umdichtung von dem Lyriker Max von Schenkendorf (1783–1817) mit dem Titel „Erneuerter Schwur. Junius 1814. An Friedrich Ludwig Jahn": „Wenn alle untreu werden,/So bleib ich euch doch treu,/Daß immer noch auf Erden/Für euch ein Streiter sei." – Man verwendet das Zitat scherzhaft, um jemanden seiner Treue zu versichern.

Wenn das Haus eines Großen zusammenbricht, werden viele Kleine erschlagen

In seinem Drama in sechs Bildern „Der kaukasische Kreidekreis" (Erstdruck 1949) läßt Bertolt Brecht die Figur des Sängers, der alles Geschehen kommentiert, diese Worte zu Entmachtung und Sturz des Gouverneurs Abaschwili sagen. Man zitiert sie, um auszudrücken, daß mit dem Fall eines Mächtigen oft viele andere unverschuldet mit betroffen werden, nur weil sie vorher von diesem abhängig waren. Denn, wie der Sänger weiter ausführt, „Die das Glück der Mächtigen nicht teilten,/Teilen oft ihr Unglück. Der stürzende Wagen/Reißt die schwitzenden Zugtiere/Mit in den Abgrund" (2. Bild).

↑Und **wenn** der ganze Schnee verbrennt

Wenn der Leib in Staub zerfallen, lebt der große Name noch

↑Von des Lebens Gütern allen ist der Ruhm das höchste doch

Wenn der Mantel fällt, muß der Herzog nach

Das Zitat geht auf eine Stelle in Schillers „republikanischem Trauerspiel" „Die Verschwörung des Fiesko zu Genua" zurück, das Schiller 1782 für die Mannheimer Bühne geschrieben hat. Fiesko, der Anführer der Verschwörung gegen den tyrannischen Dogen von Genua, Andreas Doria, wird von dem Republikaner Verrina, der in Fiesko einen neuen Tyrannen heraufkommen sieht, ins Meer gestoßen. Die letzten Worte, die Fiesko (5, 16) an Verrina richtet, sind: „Was zerrst du mich so am Mantel? – er fällt!" Verrina, indem er Fiesko ins Meer stößt, antwortet: „Nun, wenn der Purpur fällt, muß auch der Herzog nach!" – Mit dem Zitat kann man z. B. der Beobachtung oder Befürchtung Ausdruck verleihen, daß ein eher geringfügiges Mißgeschick großes Ungemach nach sich zu ziehen vermag oder daß jemand, der die Insignien seiner Macht verliert, auch selbst dem Untergang geweiht ist.

↑Und **wenn** der Mensch in seiner Qual verstummt, gab mir ein Gott zu sagen, was ich leide

Wenn der Vater mit dem Sohne

Dies ist der Titel eines deutschen Films aus dem Jahr 1955. Heinz Rühmann spielt darin die Rolle eines Musikclowns, der mit seinem kleinen Pflegesohn ins Ausland flüchtet, als die Mutter das Kind wieder zu sich nehmen möchte. Das Drehbuch verfaßten Gustav Kampendonk und Eckart Hachfeld. Der Filmtitel zitiert die erste Zeile eines um 1840 entstandenen Nonsensgedichts, dessen erste Strophe wie folgt beginnt: „Wenn der Vater mit dem Sohne/Auf dem Zündloch der Kanone/Ohne Sekundanten paukt ...“ – Man verwendet das Zitat scherzhaft, um gemeinsame Aktionen von Vater und Sohn zu kommentieren.

Wenn dich die bösen Buben locken

Die Warnung vor den „bösen Buben“ stammt aus der Bibel. In den Sprüchen Salomos (1,10) heißt es: „Mein Kind, wenn dich die bösen Buben locken, so folge nicht.“ Das Wort „Bube“ steht hier im veralteten Sinne für „gemeiner, niederträchtiger Mensch“; gewarnt wird in der Bibelstelle vor der Gefahr, sich zu Raub und Mord verleiten zu lassen. Die Gründe zur Warnung beim Zitieren dieses Bibelwortes sind heute meist harmloserer Art.

Wenn die Gondeln Trauer tragen

Das Zitat ist der deutsche Titel des englischen Thrillers „Don't look now“, der nach einer Erzählung von Daphne du Maurier im Jahr 1973 mit Julie Christie und Donald Sutherland in den Hauptrollen gedreht wurde. Darin wird ein Ehepaar, das den Tod seiner Tochter psychisch nicht zu bewältigen vermag, in Venedig in seltsame und bedrohliche Vorgänge verwickelt. Man zitiert den Titel meist in Abwandlungen, bei denen statt „Gondeln“ Personen oder Dinge eingesetzt werden, und weist damit auf eine schwierige Situation, einen Verlust hin.

Wenn die Könige bauen, haben die Kärrner zu tun

In den im „Musenalmanach für das Jahr 1797“ abgedruckten „Xenien“ schreibt Schiller über den Philosophen Immanuel Kant: „Wie doch ein einziger Reicher so viele Bettler in Nahrung/Setzt! Wenn die Könige baun, haben die Kärrner zu tun“ (betitelt: „Kant und seine Ausleger“). Der Schlußvers des Epigramms wird heute gelegentlich zitiert, wenn man darauf hinweisen will, daß bei Plänen und Entscheidungen von einflußreichen Persönlichkeiten häufig anderen die arbeitsreiche und mühevolle Ausführung überlassen bleibt.

Wenn die Rose selbst sich schmückt, schmückt sie auch den Garten

Dies sind die beiden letzten Verse aus Friedrich Rückerts (1788–1866) Gedicht „Welt und ich“. Es erschien zuerst in Chamissos und Schwabs „Deutschem Musenalmanach“ von 1834 und beleuchtet Rückerts passive Haltung gegenüber den Reform- und Freiheitsbestrebungen zu Anfang der dreißiger Jahre. Der Dichter glaubt, trotz seines Rückzugs auf sich selbst der Welt auch durch seine apolitischen Gedichte dienen zu können: „Ich will meines Herzens Schlag/Für mein Leben brauchen./Möge jeder still beglückt/Seiner Freuden warten!/Wenn die Rose selbst sich schmückt/Schmückt sie auch den Garten.“

Wenn die Waffen sprechen, schweigen die Gesetze

↑Silent leges inter arma

↑Und **wenn** die Welt voll Teufel wär

Wenn diese schweigen, werden die Steine schreien

Beim Einzug Jesu in Jerusalem (Lukas 19,29–40) rufen die jubelnden Jünger, die Jesus als den kommenden König „in dem Namen des Herrn“ preisen, den Unmut einiger Pharisäer hervor. Sie fordern Jesus auf, seine Jünger deswegen zurechtzuweisen. Jesus gibt den Pharisäern jedoch zu verstehen, daß die Jünger das Richtige tun und daß die Wahrheit über seine eigene Person und sein Wirken in jedem Falle geoffenbart würde, auch wenn man den Jüngern verwehren würde, darüber zu reden. Er tut dies mit den Worten in Vers 40: „Wo diese werden schweigen, so werden die Steine schreien." Das Jesuswort wird zitiert, wenn mit Nachdruck festgestellt werden soll, daß beispielsweise ein Unrecht so himmelschreiend ist, daß es entdeckt werden muß, auch wenn dies die Verantwortlichen um jeden Preis verhindern wollen.

Wenn du eine Rose schaust, sag, ich lass' sie grüßen

Unter der Nummer 6 der Lieder, die Heinrich Heine (1797–1856) mit dem Titel „Neuer Frühling" im Jahr 1831 veröffentlichte, findet sich das zweistrophige Frühlingsgedicht mit dem Beginn „Leise zieht durch mein Gemüt/Liebliches Geläute". Die zweite Strophe endet mit den Versen „Wenn du eine Rose schaust,/Sag, ich lass' sie grüßen." Die Mendelssohnsche Vertonung machte das Gedicht besonders bekannt.

Wenn du nehmen willst, so gib!

↑Mann mit zugeknöpften Taschen

Wenn du zum Weibe gehst, vergiß die Peitsche nicht!

Dieser von manchen Männern gern zitierte Ausspruch geht auf Friedrich Nietzsche (1844–1900) zurück. In seiner philosophischen Dichtung „Also sprach Zarathustra" wird im Kapitel „Von alten und jungen Weiblein" von der Begegnung Zarathustras mit einem „alten Weiblein" berichtet. Dieses fordert den Weisen auf, auch einmal etwas über die Frauen zu sagen, und er beginnt seine Ausführungen mit den Worten „Alles am Weibe ist ein Rätsel, und alles am Weibe hat *eine* Lösung: sie heißt Schwangerschaft." Im folgenden wird mehrfach auf die Gefährlichkeit der Frau für den Mann hingewiesen („Der Mann fürchte sich vor dem Weibe") und darauf, daß die Frau sich unterzuordnen habe („Und gehorchen muß das Weib"). Das „alte Weiblein" dankt Zarathustra für seine Darlegungen und bestätigt sie ihm mit einer „kleinen Wahrheit", die im Original diesen Wortlaut hat: „Du gehst zu Frauen? Vergiß die Peitsche nicht!"

Wenn Dummheit weh täte

Wenn sich jemand mit einem abfälligen Kommentar zu törichten oder ungereimten Handlungs- und Verhaltensweisen eines andern äußern möchte, so geschieht dies oft mit diesen Worten. Vollständig lautet die Redensart: „Wenn Dummheit weh täte, würde (oder auch müßte) er den ganzen Tag schreien". Die Redensart ist wohl nach dem Sinngedicht „Torheit" von Friedrich Freiherr von Logau (1604–1655), dem bedeutendsten Epigrammatiker des Barock, gebildet. Das Sinngedicht lautet: „Wenn Torheit täte weh, o welch erbärmlich Schrei'n/würd' in der ganzen Welt in allen Häusern sein!" Nach dem Muster dieser Redensart wurden dann noch mehrere ähnlicher Art gebildet, z. B.: „Wenn Dummheit klein machen würde, könnte er unter dem Teppich Rollschuh laufen".

Wenn einer eine Reise tut, so kann er was erzählen

Das bekannte Zitat steht am Anfang von Matthias Claudius' Gedicht „Urians Reise um die Welt" aus dem Jahr 1786. Der genaue Wortlaut im Gedicht ist: „Wenn jemand eine Reise tut,/So kann er was verzählen." – Man verwendet das Zitat im Zusammenhang mit jemandes Erlebnissen auf einer Reise oder einer ähnlichen Unternehmung.

Wenn es Nacht wird in Paris

Das Zitat, das als Anspielung sowohl auf das Pariser Nachtleben wie auch auf die nächtliche Kriminalität verwendet wird, ist der Titel eines Schlagers von Caterina Valente und zugleich der deutsche Titel des französisch-italienischen Films „Touchez pas au grisbi!" (eigentlich: „Hände weg von den Moneten!") von Jacques Becker aus dem Jahr 1954. Das Zitat erfuhr mehrere Abwandlungen, z. B. in den Filmtiteln „Wenn es Nacht wird auf der Reeperbahn" (1967) und „Wenn es Nacht wird in Manhattan" (1969).

Wenn es nicht wahr ist, ist es sehr gut erfunden

Dieser sentenzhafte Ausspruch drückt Skepsis und Anerkennung zugleich aus. Er wird meist dann zitiert, wenn berechtigter Zweifel am Wahrheitsgehalt einer immerhin wahrscheinlich klingenden, geschickt vorgetragenen Aussage eines andern geboten ist. Er stammt aus dem Italienischen und wurde durch das Werk „Gli eroici furori" (auf deutsch: „Heroische Leidenschaften") des italienischen Philosophen Giordano Bruno (1548–1600) besonders verbreitet (2. Teil, 3. Dialog). Es lautet auf italienisch: *Si non è vero, è molto ben trovato.*

Wenn gute Reden sie begleiten, dann fließt die Arbeit munter fort

Gemeinschaftliches Arbeiten, das von einer angeregten Unterhaltung begleitet und sogar dadurch beflügelt werden kann, wird gelegentlich mit diesem Zitat kommentiert. Es handelt sich dabei um Verse aus Schillers „Lied von der Glokke", das 1799 in Schillers „Musenalmanach für das Jahr 1800" erschien. Bei Schiller ist mit der Arbeit der Glockenguß gemeint: „Zum Werke, das wir ernst bereiten,/Geziemt sich wohl ein ernstes Wort".

↑Nichts Bessers weiß ich mir an Sonn- und Feiertagen, als ein Gespräch von Krieg und Kriegsgeschrei, **wenn** hinten weit in der Türkei die Völker aufeinander schlagen

Wenn ich dich liebe, was geht's dich an?

In dieser geläufig gewordenen Form zitiert Goethe im 14. Buch von „Dichtung und Wahrheit" Philines Worte aus dem Roman „Wilhelm Meisters Lehrjahre" (IV, 9). Auf Wilhelms Aufforderung, ihn zu verlassen, um ihn nicht zu noch mehr Dank zu verpflichten, entgegnet sie: „Ich weiß besser, was dir gut ist; ich werde bleiben ... Auf den Dank der Männer habe ich niemals gerechnet, also auch auf deinen nicht; und wenn ich dich liebhabe, was geht's dich an?" Goethe gibt in „Dichtung und Wahrheit" als Quelle für diese Auffassung von Liebe Spinozas (1632–1677) „Ethik" an, wo es heißt: „Wer Gott recht liebt, muß nicht verlangen, daß Gott ihn wiederliebe" (4, 19).

Wenn ich dies Wunder fassen will, so steht mein Geist vor Ehrfurcht still

↑Mein Verstand steht still

Wenn ich ein Vöglein wär'

„Wenn ich ein Vöglein wär/Und auch zwei Flügel hätt',/Flög ich zu dir." So beginnt ein altes Volkslied, dessen Text Johann Gottfried von Herder erstmals 1778 in seiner Volksliedersammlung veröffentlicht hat. Man zitiert den ersten Vers gelegentlich, um scherzhaft auszudrücken, daß man zwar gerne zu jemandem oder an einen bestimmten Ort gehen möchte, dies aber auf Grund der sehr großen Entfernung kaum möglich ist.

Wenn ich nicht Alexander wäre, möchte ich wohl Diogenes sein

Dieser von dem griechischen Philosophen Diogenes Laertius überlieferte Ausspruch wird dem Makedonierkönig Alexander dem Großen (356–323 v. Chr.) zugeschrieben, dem durch seinen Lehrer Aristoteles eine umfassende Bildung zuteil geworden war. Die von Plutarch überlieferte Form des Ausspruchs lautet noch entschiedener: „Wenn ich nicht Alexander wäre, so würde ich Diogenes sein." Mit dem Zitat kann zum Beispiel jemand, der viele verantwortungsvolle Ämter bekleidet oder eine wichtige Stellung im öffentlichen Leben innehat, zum Ausdruck bringen, daß er im Grunde auch genausogut ein bedürfnisloses, zurückgezogenes, kontemplatives Leben führen könnte. Den beiden Positionen ist gemeinsam, daß sie in bestimmter Weise den gesellschaftlichen Zwängen enthoben sind: auf der einen Seite durch Macht, Entscheidungsgewalt, auf der anderen

Seite durch Verzicht auf materielle Dinge und Abkehr von der Gesellschaft.

Wenn ich um jedes Ei so kakelte

Als spöttische, ablehnende Reaktion auf jemandes übertriebenes Eigenlob wird das Zitat aus Heinrich Seidels (1842–1906) Gedicht „Das Huhn und der Karpfen" gelegentlich verwendet: „Wenn ich um jedes Ei/So kakelte,/Mirakelte,/Spektakelte,/Was gäb's für ein Geschrei!"

Wenn ich wüßte, daß morgen die Welt untergeht, würde ich heute noch ein Apfelbäumchen pflanzen

Nach dem Zweiten Weltkrieg tauchten diese Zeilen als angeblicher Ausspruch Luthers auf, ohne daß man sie irgendwo bei ihm belegt gefunden hat. Gottfried Benn schrieb 1956 ein Gedicht mit dem Titel „Was meinte Luther mit dem Apfelbaum?", und Hoimar von Ditfurth spielte in einem Buchtitel von 1985 auf den Spruch an: „So laßt uns denn ein Apfelbäumchen pflanzen!"

Wenn ihr nicht werdet wie die Kinder

Der Satz stammt aus dem Neuen Testament. Darin entgegnet Jesus auf die Frage seiner Jünger: „Wer ist doch der Größte im Himmelreich?" (Matthäus 18,1) mit den Worten: „Wahrlich, ich sage euch: Es sei denn, daß ihr euch umkehret und werdet wie die Kinder, so werdet ihr nicht ins Himmelreich kommen" (Matthäus 18,3). – Mit dem Zitat kann man zum Ausdruck bringen, daß man in bestimmten Situationen versuchen sollte, sich eine gewisse „kindliche" Unbefangenheit oder auch die Bereitschaft zum Staunen und Träumen zu eigen zu machen.

Wenn Ihr's nicht fühlt, Ihr werdet's nicht erjagen

Diese Worte aus Goethes Faust (Teil I, Nacht) sind an Wagner, den Famulus Fausts, gerichtet. Der hat sich im Dialog mit seinem Lehrer über die Möglichkeiten rhetorischer Überredungskunst geäußert, die er sehr hoch einschätzt, an die er glaubt. Faust fertigt seinen Schüler einmal mehr in diesem Dialog zurechtweisend ab, indem er ihm bedeutet, daß die von innen kommende Überzeugungskraft mehr bewirkt als jede äußerliche Redekunst. Zitiert werden die Worte Fausts meist in einem etwas allgemeineren Sinne, daß nämlich in vielen Dingen nicht Berechnung und Verstand entscheidend sind, sondern Gefühl und intuitives Erfassen.

Wenn Katelbach kommt

Mit diesem deutschen Titel kam 1966 ein im Jahre 1965 gedrehter Film des polnischen Regisseurs Roman Polanski (* 1933) in unsere Kinos. Darin wird geschildert, wie ein entflohener Verbrecher in ein englisches Inselschloß eindringt und dort auf das Eintreffen des Gangsterbosses Katelbach wartet. Und erst, „wenn Katelbach kommt", würde er das Schloß wieder verlassen und aufhören, die Besitzer zu terrorisieren. Man zitiert den Filmtitel gelegentlich, wenn man auf ein Ereignis anspielen will, dessen Eintreffen zwar erwartet wird, von dem man aber annehmen kann, daß es wohl niemals eintritt.

Wenn man's so hört, möcht's leidlich scheinen

Die Antwort, die Faust im 1. Teil der Goetheschen Tragödie auf Gretchens Frage gibt, ob er denn an Gott glaube, entspricht nicht ganz deren Vorstellung. Und das läßt sie in ihrer Erwiderung auch anklingen: „Wenn man's so hört, möcht's leidlich scheinen,/Steht aber doch immer schief darum" (Marthens Garten). Mit diesem Zitat deutet man an, daß gegen jemandes Ausführungen zwar grundsätzlich nichts einzuwenden ist, dem eigenen Empfinden nach aber das Wesentliche, der Kern nicht getroffen worden ist.

Wenn Menschen auseinandergehn, so sagen sie: auf Wiedersehn, ja Wiedersehn!

Diese Verse bilden den Schluß des Gedichts „Nach altdeutscher Weise" von

Ernst Freiherr von Feuchtersleben (1806–1849) mit den Anfangsversen: „Es ist bestimmt in Gottes Rat,/Daß man, was man am liebsten hat,/Muß meiden", bekannter mit der Textänderung in Felix Mendelssohns Vertonung: „... Daß man vom Liebsten, was man hat,/Muß scheiden". Der Melancholie des Abschieds mit den Gedanken an Vergänglichkeit und Tod in den Mittelstrophen wird plötzlich Einhalt geboten: „Nur mußt du mich auch recht verstehn!", und es schließt sich der tröstliche Hinweis auf das Wiedersehen an.

Wenn mir was Menschliches begegnet

Als Wilhelm Tell sich in der ersten Szene von Schillers Schauspiel anschickt, den verfolgten Baumgarten trotz Sturm und Wellengang über den Vierwaldstätter See zu rudern, bittet er den Hirten Kuoni: „Landsmann, tröstet ihr/Mein Weib, wenn mir was Menschliches begegnet." Tell meint damit, daß er in den Wellen des Sees den Tod finden könnte; das Zitat wird dagegen scherzhaft auf wesentlich Harmloseres bezogen: Man sagt, daß jemandem „etwas Menschliches begegnet" sei, wenn jemand (besonders ein Kind) ungewollt eine Blähung hat abgehen lassen oder sich die Hosen vollgemacht hat.

Wenn sich der Most auch ganz absurd gebärdet, es gibt zuletzt doch noch 'nen Wein

Zu Beginn des 2. Aktes im 2. Teil von Goethes Faust trifft Mephisto, als Professor verkleidet, in der Szene „Hochgewölbtes, enges gotisches Zimmer" wieder auf den Schüler aus der Studierzimmerszene. Dieser hat jetzt den untersten akademischen Grad des Bakkalaureus erlangt. Ungehalten läßt er eine Schimpfkanonade auf Lehrer und universitären Lehrbetrieb los (vergleiche dazu „Im Deutschen lügt man, wenn man höflich ist") und geht dann im Vollbewußtsein seiner jugendlichen Himmelsstürmerkraft ab. Mephisto indes weiß sehr wohl, wie er dieses Ungestüm zu bewerten hat: „Wenn sich der Most auch ganz absurd gebärdet,/Es gibt zuletzt doch noch 'nen Wein." Heute wird das Zitat verwendet, wenn man ausdrücken will, daß die Vehemenz, mit der jemand zunächst auftritt, im Laufe der Zeit an Kraft und Schwung verliert und dann leichter zu kanalisieren ist.

Wenn sie kein Brot haben, sollen sie doch Kuchen essen

Königin Marie Antoinette (1755–1793), die Frau König Ludwigs XVI., war beim französischen Volk wegen ihrer Verschwendungssucht und ihres Standesdünkels verhaßt. Ihr wird dieser Ausspruch zugeschrieben. Es soll ihre Reaktion auf die Nachricht gewesen sein, daß beim Volk Brotmangel herrsche. Die zynischen Worte, im französischen Original: *S'ils n'ont pas de pain, qu'ils mangent de la brioche,* werden auch heute noch zitiert, um z. B. ironisch auf soziale Mißstände hinzuweisen oder um die Entfremdung der Herrschenden vom Volk zu charakterisieren.

↑Und **wenn** sie nicht gestorben sind, so leben sie noch heute

Wenn süß das Mondlicht auf den Hügeln schläft

Der deutsche Spielfilm „Morgens um sieben ist die Welt noch in Ordnung" (siehe diesen Artikel) über das heiterkomische Alltagsleben der Schriftstellerfamilie Pentecost erhielt eine Fortsetzung, die 1969 unter diesem Titel in die Kinos kam. Zugrunde lag wieder ein Roman von Eric L. Malpass (englischer Originaltitel: „At the height of noon"; 1967). Der Filmtitel geht auf Shakespeares „Kaufmann von Venedig" zurück, wo Lorenzo im 5. Akt sagt: „Wie süß das Mondlicht auf den Hügeln schläft!" (im englischen Original: *How sweet the moonlight sleeps upon this bank!*). Man zitiert ihn, wenn man in einem poetischen Bilde andeuten will, daß etwas während der ruhigsten Stunden der Nacht geschieht oder geschehen ist.

Wenn wir alle Engel wären

Dieser Titel eines 1936 erschienenen Romans von Heinrich Spoerl (1887 bis 1955), der im gleichen Jahr auch mit Heinz Rühmann verfilmt wurde, wird noch heute gerne zitiert, wenn es gilt, unsere menschlichen Schwächen zu entschuldigen.

Wenn zwei dasselbe tun, so ist es nicht dasselbe

Quelle für diese Redensart ist ein Stück des römischen Komödiendichters Terenz (190–159 v. Chr.) mit dem Titel „Adelphoe" (deutsch: „Die Brüder"). Der lateinische Wortlaut ist: *Duo cum faciunt idem, non est idem.* Das Zitat ist eine Verkürzung des in dem Terenzstück ausgedrückten Gedankens. Dort heißt es: *Duo, cum idem faciunt, .../Hoc licet impune facere huic, illi non licet* (deutsch: „Wenn zwei dasselbe tun, ... so darf der eine es ungestraft tun, der andere nicht"). – Die Redensart besagt, daß es nicht auf die Handlung allein ankommt, sondern auch darauf, wer sie aus welchen Motiven ausführt.

Wenn's der Wahrheitsfindung dient

Der zur Zeit der Studenten- und APO-Bewegung Ende der 60er Jahre populär gewordene Kommunarde Fritz Teufel mußte sich 1967 vor dem Berliner Landgericht in Moabit wegen verschiedener Anschuldigungen im Zusammenhang mit den Protestkundgebungen gegen den Schahbesuch in Berlin verantworten. Der Aufforderung, Teufel möge sich beim Eintreten des Hohen Gerichts von seinem Platz erheben, kam dieser nur zögernd und mit dem spöttischen Kommentar „Naja, wenn's der Wahrheitsfindung dient" nach. Man zitiert diese Worte zum Beispiel, wenn man etwas nur sehr widerstrebend tut, da man es für völlig überflüssig, für einen reinen Formalismus hält.

Wenn's hochkommt, so sind's achtzig Jahre

↑ Unser Leben währet siebzig Jahre

↑ Doch **wer** bei schöner Schnitt'rin steht, dem mag man lange winken

Wer besitzt, der lerne verlieren

In Schillers Trauerspiel „Die Braut von Messina" (Uraufführung 1803) kündigt der Chor mit den Worten „Nicht an die Güter hänge dein Herz,/Die das Leben vergänglich zieren!/Wer besitzt, der lerne verlieren,/Wer im Glück ist, der lerne den Schmerz." kommendes Unglück und Leid an (IV, 4). Auf solche Schicksalsschläge aber sind die Handelnden auf der Bühne innerlich nicht vorbereitet, und die meisten Menschen im wirklichen Leben sind es auch nicht. Daher die Mahnung, daß man sich gerade dann, wenn man sich sorgenfrei und unbeschwert glaubt, daran erinnern soll, wie schnell das Glück zerstört werden kann. Diesen Gedanken hatte Schiller schon früher in seiner Ballade „Der Ring des Polykrates" (1797) in ähnlicher Form formuliert: „Drum, willst du dich vor Leid bewahren,/So flehe zu den Unsichtbaren,/Daß sie zum Glück den Schmerz verleihn./Noch keinen sah ich fröhlich enden,/Auf den mit immer vollen Händen/Die Götter ihre Gaben streun."

Wer betrügt hier wen?

So fragt jemand empört zurück, der des Betruges beschuldigt wird, obgleich er sich selbst als den Betrogenen ansieht. Die Worte sind wohl eine Abwandlung eines Zitats aus dem Lustspiel „Der Barbier von Sevilla" des französischen Dramatikers Pierre-Augustin Caron de Beaumarchais (1732–1799). „Wer, zum Teufel, soll denn hier betrogen werden?" (französisch: *Qui diable est-ce donc qu'on trompe ici?*) fragt im 11. Aufzug des 3. Akts der Gesangslehrer Don Basilio, ein armer Teufel, der jeder Bestechung zugänglich ist, als er sich in die Intrigen des Lustspiels einbezogen sieht.

↑ Denn **wer** da hat, dem wird gegeben

Wer darf ihn nennen?

Dieses kurze Zitat dient gelegentlich als ausweichende Antwort auf eine Frage nach einer Person oder einem bestimmten Sachverhalt, die man nicht beantworten möchte. Das Zitat stammt aus dem ersten Teil von Goethes Faust (Marthens Garten) und ist Teil der Antwort, die Faust im Gespräch mit Gretchen auf die berühmte Frage nach seinem Verhältnis zur Religion („Gretchenfrage“) gibt: „Wer darf ihn nennen?/Und wer bekennen:/Ich glaub ihn?/Wer empfinden/Und sich unterwinden,/Zu sagen: Ich glaub ihn nicht?“

Wer das Scheiden hat erfunden, hat an Lieben nicht gedacht

Das Thema des Scheidens, Abschiednehmens, Sichtrennenmüssens ist ein immer wiederkehrendes, oft variiertes Motiv im Volkslied. Der Trennungsschmerz der Liebenden spielt dabei natürlich eine besondere Rolle. Ein Beispiel dafür sind diese ersten beiden Zeilen eines sehr populär gewordenen Liedes vom Ende des 19. Jahrhunderts, dessen Verfasser unbekannt ist.

↑Denn **wer** den Besten seiner Zeit genug getan, der hat gelebt für alle Zeiten

Wer den Dichter will verstehen

Goethes „Noten zum Westöstlichen Diwan“ beginnen mit dem Motto: „Wer das Dichten will verstehen,/Muß ins Land der Dichtung gehen;/Wer den Dichter will verstehen,/Muß in Dichters Lande gehen.“ Das Zitat „Wer den Dichter will verstehen“ wird gebraucht, wenn die Bedeutung des persönlichen Umfelds eines Dichters für sein Werk hervorgehoben werden soll. Allgemein wird damit auch zum Ausdruck gebracht, daß sich manches aus der Ferne oft nur unvollkommen beurteilen läßt.

↑Der ist in tiefster Seele treu, **wer** die Heimat liebt wie du

Wer die Wahrheit kennet und saget sie nicht, der bleibt ein ehrlos erbärmlicher Wicht

Die beiden Verse stammen aus einem Lied mit der Überschrift „Zum Wartburgfest 1817“, das man heute noch in studentischen Kommersbüchern findet. Der Verfasser des Liedes ist der Schriftsteller Daniel August von Binzer (1793–1868). Die sechste Strophe lautet: „Stoßt an! Freies Wort lebe! Hurra hoch! Wer die Wahrheit kennet und saget sie nicht, der bleibt ein ehrlos erbärmlicher Wicht.“ Eine ähnliche Textstelle wird auch gelegentlich aus Bertolt Brechts „Leben des Galilei“ zitiert, wo es heißt „Wer die Wahrheit nicht weiß, der ist bloß ein Dummkopf. Aber wer sie weiß und sie eine Lüge nennt, der ist ein Verbrecher!“

Wer ein holdes Weib errungen, mische seinen Jubel ein!

Bei Hochzeits- oder Verlobungsfeiern o. ä. ist dieses Zitat in scherzhafter Absicht sicherlich schon oft verwendet worden. Es handelt sich dabei um zwei Zeilen aus dem berühmten Gedicht „An die Freude“ von Schiller (1785). Das Gedicht wurde mehrfach vertont. Besonders bekannt aber wurde es dadurch, daß es Ludwig van Beethoven im Finale des letzten Satzes seiner 9. Symphonie (1823) verwendet hat. In der leicht veränderten Form „Wer ein solches Weib errungen/Stimm' in unsern Jubel ein“ tauchen die Verse auch in dem hymnischen Lobpreis treuer Liebe am Ende von Beethovens Oper „Fidelio“ auf.

Wer ein Liebchen hat gefunden

Dieser Vers bildet mit der folgenden Zeile „Die es treu und redlich meint“ den Anfang des Auftrittsliedes des Aufsehers Osmin aus Mozarts (1756–1791) Singspiel „Die Entführung aus dem Serail“ (Text von Christoph Friedrich Bretzner). Osmin reflektiert über die Schwierigkeit, eine treue Geliebte zu finden (und besonders sich zu erhalten), und in entsprechenden Zusammenhängen wird der Vers noch gelegentlich zitiert.

Wer einmal aus dem Blechnapf frißt

Der 1934 erschienene Roman von Hans Fallada mit diesem Titel erzählt die Geschichte eines entlassenen Strafgefangenen, dem es nicht gelingt, sich wieder in die Gesellschaft einzugliedern. – Das Zitat gibt der Überzeugung Ausdruck, daß ein Mensch, der einmal aus der bürgerlichen Ordnung herausgefallen ist, es sehr schwer hat, sich von diesem Makel zu befreien, daß er nur schwer in der Gesellschaft wieder Fuß fassen kann.

Wer es fassen kann, der fasse es!

Das als Kommentar zu etwas schwer Begreiflichem verwendete Zitat steht im Neuen Testament, wo Jesus zu seinen Jüngern über die Ehelosigkeit spricht: „Denn es sind etliche verschnitten, die sind aus Mutterleibe also geboren; und sind etliche verschnitten, die von Menschen verschnitten sind; und sind etliche verschnitten, die sich selbst verschnitten haben um des Himmelreichs willen. Wer es fassen kann, der fasse es!" (Matthäus 19, 12).

Wer fertig ist, dem ist nichts recht zu machen

Dieser Vers stammt aus dem „Vorspiel auf dem Theater" im ersten Teil von Goethes Faust. Man hält ihn gerne einem Menschen entgegen, der eine große Lebens- oder Berufserfahrung erlangt hat und anderen gegenüber nur noch kritisch eingestellt ist. Aber nur dem, der sich selbst kritisch einzuschätzen weiß, dem wohnt auch die Fähigkeit inne, noch hinzuzulernen. Das drückt dann auch der unmittelbar folgende Vers aus: „Ein Werdender wird immer dankbar sein." Oder wie es Friedrich Hebbel (1813–1863) ausgedrückt hat: „Das Leben ist ein ewiges Werden. Sich für geworden halten heißt sich töten."

Wer gar zu viel bedenkt, wird wenig leisten

Mit diesen Worten aus Schillers „Wilhelm Tell" (III, 1) begegnet Tell seiner Frau Hedwig, die ihm vorhält, bei einer riskanten Rettungsaktion sein Leben eingesetzt zu haben, ohne an seine eigene Familie zu denken. Heute wird dieses Zitat als Aufforderung verwendet, notwendige Arbeiten oder Entscheidungen nicht durch allzu langes Überlegen hinauszuzögern.

Wer Gott, dem Allerhöchsten, traut, der hat auf keinen Sand gebaut

↑Wer nur den lieben Gott läßt walten

Wer hat Angst vor Virginia Woolf?

Bei diesem Zitat handelt es sich um die wörtliche Übersetzung des Titels eines Schauspiels von Edward Albee (* 1928) aus dem Jahr 1962, das im Original *Who's Afraid of Virginia Woolf?* lautet und unter dem gleichen Titel 1965 verfilmt wurde. Der Name der Schriftstellerin steht für die emanzipierte Frau und für die literarische Technik des inneren Monologs; der Titel ist aber zugleich eine Parodie auf das Kinderlied *Who is afraid of the big bad wolf?* („Wer hat Angst vor dem bösen Wolf?"). So wird der Titel des Stücks im Sinne der rhetorischen Frage des Kinderspiels „Wer fürchtet sich vorm schwarzen Mann?" zitiert.

Wer hat denn den Käse zum Bahnhof gerollt?

Mit dieser umgangssprachlich scherzhaften Frage will man wissen, wer etwas getan oder verursacht hat. Sie ist der Titel eines Schlagers von F. Strassmann aus dem Jahre 1926.

Wer hat dich, du schöner Wald

Mit den Zeilen „Wer hat dich du schöner Wald,/Aufgebaut so hoch da droben?" beginnt Joseph von Eichendorffs Gedicht „Der Jäger Abschied" aus seinem Roman „Ahnung und Gegenwart". Felix Mendelssohn Bartholdy hat das Gedicht vertont und ihm damit zusätzlich Popularität verliehen. Man zitiert die beiden Zeilen (oft auch nur die erste) als Ausdruck der Ergriffenheit oder der Freude bei einem entsprechenden Natur- bzw. Landschaftserlebnis. Im Zeitalter des Waldsterbens kann das

Zitat auch ironisch oder als Anklage verwendet werden.

Wer im Glück ist, der lerne den Schmerz

↑Wer besitzt, der lerne verlieren

Wer immer strebend sich bemüht

In Goethes Faust II (V, Bergschluchten, Wald, Fels, Einöde) verkünden Engel die Erlösungsformel für Fausts Unsterbliches, das sie schwebend in der höheren Atmosphäre tragen: „Wer immer strebend sich bemüht,/Den können wir erlösen." Hinzu kommt hier allerdings noch die göttliche Liebe: „Und hat an ihm die Liebe gar/Von oben teilgenommen,/Begegnet ihm die selige Schar/Mit herzlichem Willkommen." Der erste Vers des Zitats wird leicht scherzhaft oder ironisch für jemandes stetes, aber vielleicht nicht von Erfolg gekröntes Bemühen verwendet.

Wer jetzt kein Haus hat, baut sich keines mehr

Dies ist eine Zeile aus Rainer Maria Rilkes (1875–1926) Gedicht „Herbsttag". Man zitiert sie, wenn eine Frist verstrichen ist, wenn jemand etwas nicht erreicht hat, was jetzt nicht mehr zu erreichen ist.

Wer kann was Dummes, wer was Kluges denken, das nicht die Vorwelt schon gedacht?

Diese Einsicht verkündet Mephisto im zweiten Teil von Goethes Faust (2. Akt, Hochgewölbtes, enges gotisches Zimmer). Er äußert sie in ironischem Ton nach seiner Begegnung mit dem Baccalaureus, dem „Schüler" aus der Studierzimmerszene des ersten Teils der Dichtung, der ihm erfüllt von jugendlichem Tatendrang entgegengetreten war. Mit den folgenden Worten beendet der Baccalaureus seinen Auftritt: „Ich ... wandle rasch, im eigensten Entzücken,/Das Helle vor mir, Finsternis im Rücken." Mephisto spricht darauf: „Original, fahr' hin in deiner Pracht! –/Wie würde dich die Einsicht kränken:/Wer kann was Dummes, wer was Kluges denken,/Das nicht die Vorwelt schon gedacht?" – Mit dem Zitat bringt man resignierend zum Ausdruck, daß man etwas irrtümlich für originell gehalten hat, daß es kaum noch etwas Originelles gibt.

Wer mit dem Leben spielt, kommt nie zurecht

↑Wer sich nicht selbst befiehlt, bleibt immer Knecht

Wer nicht arbeitet, soll auch nicht essen

Es handelt sich hier um die sprichwörtlich gewordene Form eines Bibelzitats aus dem Neuen Testament. Im 2. Brief an die Thessalonicher (Kapitel 3, Vers 10) hält der Apostel Paulus die Gemeinde zur Arbeit an: „... wenn jemand nicht will arbeiten, der soll auch nicht essen", womit auch er schon meint, daß man selbst für sich sorgen und andern nicht zur Last fallen solle. Gelegentlich kommt es auch zu der scherzhaften Abwandlung: „Wer nicht arbeitet, soll wenigstens gut essen", wenn man sich an den gedeckten Tisch setzt.

Wer nicht liebt Wein, Weib und Gesang

Seit alters her gelten Wein, Weib und Gesang als Symbole des Vergnügens, der Freude am Leben. Entsprechend wird mit dem Zitat ein gewisses Unverständnis und Bedauern darüber zum Ausdruck gebracht, daß manche die angenehmen Seiten des weltlichen Lebens nicht zu schätzen und zu genießen wissen. Das Zitat soll von Johann Heinrich Voß (1751–1826) stammen. In Matthias Claudius' Wandsbecker Boten (1775) wird es Martin Luther zugeschrieben: „Wer nicht liebt Wein, Weib und Gesang,/Der bleibt ein Narr sein Leben lang./Sagt Doktor Martin Luther."

Wer nicht mit mir ist, der ist wider mich

Dieses Diktum aus dem Munde Jesu findet man im Neuen Testament bei Matthäus (12,30) und Lukas (11,23). – Man verwendet es, um ganz entschieden

Freund und Feind gegeneinander abzugrenzen.

Wer nie sein Brot mit Tränen aß

Dies ist die Anfangszeile eines sehr bekannten Gedichts von Goethe aus dem Roman „Wilhelm Meisters Lehrjahre" (2. Buch, 13. Kapitel). Es handelt sich um eines der Lieder, das der geheimnisvolle Harfenspieler singt. Zitiert wird oft die ganze erste Strophe des Gedichts: „Wer nie sein Brot mit Tränen aß,/Wer nie die kummervollen Nächte/ Auf seinem Bette weinend saß,/Der kennt euch nicht, ihr himmlischen Mächte." Auch der Volksmund hat sich dieses Gedichts bemächtigt und verschiedene scherzhafte Abwandlungen hervorgebracht, beispielsweise: „Wer nie sein Brot im Bette aß, weiß nicht, wie Krümel piken". Im übrigen wurde das Gedicht, wie die andern sogenannten „Gesänge des Harfners" aus dem „Wilhelm Meister", auch durch die verschiedenen Vertonungen von Franz Schubert, Robert Schumann, Hugo Wolf u. a. bekannt.

Wer nur den lieben Gott läßt walten

So beginnt ein Kirchenlied des Dichters Georg Neumark (1621–1681; Evangelisches Kirchengesangbuch Nr. 298). Der Liedanfang sowie die Schlußverse der ersten Strophe „Wer Gott, dem Allerhöchsten, traut,/der hat auf keinen Sand gebaut" sind als Kennzeichnung eines festen Gottvertrauens und einer unerschütterlichen Gottergebenheit allgemein gebräuchlich geworden.

Wer Ohren hat zu hören, der höre!

Mit dieser Mahnung will Jesus im Matthäusevangelium seine Zuhörer darauf hinweisen, daß sie aus seinen Gleichnissen durchaus die richtigen Lehren ziehen können, wenn sie nur bemüht sind, genau hinzuhören (Matthäus 11,15). Auch heute will man mit diesem Bibelzitat ausdrücken, daß mit der nötigen geistigen Anstrengung jemand sehr wohl den Sinn einer Mitteilung o. ä. verstehen kann. Die Worte können aber auch als warnender Hinweis darauf verstanden werden, daß man in bestimmten Fällen mit entsprechender Aufmerksamkeit aus jemandes Worten etwas heraushören kann, was der Betreffende nicht direkt, nur verhüllt ausspricht.

Wer Pech angreift, besudelt sich

Diese Erkenntnis stammt aus dem alttestamentlichen apokryphen Buch Jesus Sirach, wo es heißt: „Wer Pech angreift, der besudelt sich damit" (13,1). Damit soll gesagt werden, daß schlechter Umgang einen schlechten Einfluß ausübt.

Wer reitet so spät durch Nacht und Wind?

Mit dieser Frage beginnt Goethes Ballade „Erlkönig" aus dem Jahr 1782. Ihr Motiv stammt aus einer dänischen Ballade mit dem Titel „Erlkönigs Tochter", das der Dichter in der Volksliedersammlung Johann Gottfried von Herders fand. Die Frage leitet den Bericht über einen Vater ein, der mit seinem todkranken Kind durch die Nacht reitet und seinem Hof zustrebt (vergleiche auch: „Willst, feiner Knabe, du mit mir gehn?"). – Man verwendet das Zitat scherzhaft als Frage zum Beispiel nach jemandem, den man unvermutet zu später Stunde daherkommen sieht.

Wer ruft mir?

In der Szene ‚Nacht', am Beginn des ersten Teils von Goethes Faust, beschwört der seines Lebens müde Faust den Erdgeist. Der erscheint in einer rötlichen Flamme und stellt die Frage: „Wer ruft mir?" – Das heute wegen des nicht mehr gebräuchlichen Dativs „mir" altertümlich klingende Zitat wird als scherzhafte Antwort von demjenigen verwendet, nach dem ein anderer gerufen hat.

Wer schaffen will, muß fröhlich sein

Die alte Weisheit, daß eine heitere Gemütsverfassung, daß gute Laune und Frohsinn die Freude und das Vergnügen an der Arbeit fördern, daß also eine gute Atmosphäre, ein gutes Betriebsklima die Schaffenskraft steigert, ist in diesem sentenzhaften Ausspruch zusammengefaßt. Es handelt sich dabei um eine Zeile aus einem zweistrophigen Spruchgedicht von Theodor Fontane (1819 bis 1898). Diese Zeile schließt die erste Strophe als eine Art Fazit in folgender Weise ab: „Du wirst es nie zu Tüchtgem bringen/Bei deines Grames Träumereien,/Die Tränen lassen nichts gelingen: Wer schaffen will, muß fröhlich sein."

Wer schmeißt denn da mit Lehm?

Diese Frage stellt Claire Waldoff (1884–1957), die bekannte Berliner Kabarettistin, in einem von ihr selbst getexteten und komponierten Lied. „Wer schmeißt denn da mit Lehm?/Der sollte sich was schäm'n,/Der sollte doch was anders nehm'n/Als ausgerechnet Lehm" ist der Refrain des Liedes, in dem sie sich gegen die Unfreundlichkeit und Gereiztheit der Menschen im Umgang miteinander wendet. Die erste Strophe des Liedes lautet: „Die Menschen heutzutage, die sind alle so nervös./Über jede kleine Kleinigkeit da werden se giftig bös./Schimpft einer auf den andern, dann sing' ich voll Humor,/damit er nicht mehr schimpfen soll, mein kleines Liedchen vor: ..." – Mit dem Zitat fragt man scherzhaft nach jemandem, der sich in irgendeiner Weise unangenehm bemerkbar gemacht hat.

Wer schweigt, scheint zuzustimmen

↑Qui tacet, consentire videtur

Wer sich der Einsamkeit ergibt, ach, der ist bald allein

Im 13. Kapitel des 2. Buches von Goethes „Wilhelm Meisters Lehrjahre" singt der Harfenspieler – eine mit geheimnisvoller Schuld beladene Gestalt – auf Wilhelms Bitte hin ein Lied, das mit diesen Worten beginnt. Sie werden gewöhnlich als Mahnung zitiert, sich nicht abzukapseln, sich um Kontakte mit anderen Menschen zu bemühen.

Wer sich entschuldigt, klagt sich an

↑Qui s'excuse, s'accuse

Wer sich in Gefahr begibt, kommt darin um

Diese sprichwörtliche Redensart findet sich in ähnlicher Form auch an einer Stelle im alttestamentlichen apokryphen Buch Jesus Sirach, wo vor Anmaßung und Vermessenheit gewarnt wird. Es heißt dort (3, 27–28): „Denn wer sich gern in Gefahr gibt, der verdirbt darin; und einem vermessenen Menschen geht's endlich übel aus."

Wer sich nicht selbst befiehlt, bleibt immer Knecht

Dieses Zitat stammt aus Goethes „Zahmen Xenien" (VIII). Dort heißt es vollständig: „Wer mit dem Leben spielt,/Kommt nie zurecht;/Wer sich nicht selbst befiehlt,/Bleibt immer Knecht". Damit ist gemeint, daß man Abhängigkeiten überwinden und sein Schicksal besser gestalten kann, wenn man sich selbst in die Pflicht nimmt und bereit ist, Verantwortung zu tragen.

Wer sich nicht selbst zum besten haben kann, der ist gewiß nicht von den Besten

Wer von seiner eigenen Unfehlbarkeit überzeugt und zu keiner Selbstkritik fähig ist, wie sollte der gar über sich selbst lachen können? Von einem solchen Menschen ist auch kaum Nachsicht den Fehlern andrer gegenüber zu erwarten, und man kritisiert ihn zu Recht mit diesen Zeilen, die aus Goethes epigrammatischem Gedicht „Meine Wahl" stammen.

Wer sich selbst erhöht, der wird erniedrigt

Oft schon ist jemandem, der durch selbstgefällige Reden, durch allzu ehrgeizige Pläne o. ä. auf sich aufmerksam gemacht hat, diese Mahnung zuteil geworden. Sie ist biblischen Ursprungs und findet sich in unterschiedlicher Form an verschiedenen Stellen der Bibel. Die bekanntesten sind sicher die bei Matthäus 23, 12, wo Jesus diese warnenden Worte in einer Strafpredigt gegen die Pharisäer und Schriftgelehrten ausspricht, und die bei Lukas 18, 14, wo die Warnung in derselben Formulierung im Gleichnis vom Pharisäer und vom Zöllner vorkommt. In etwas anderer Formulierung wird derselbe Gedanke bereits im Alten Testament ausgesprochen. Bei Hesekiel 21, 31 verkündet „der Herr" dem „König in Israel": „Tue weg den Hut und hebe ab die Krone! Denn es wird weder der Hut noch die Krone bleiben; sondern der sich erhöht hat, soll erniedrigt werden und der sich erniedrigt, soll erhöht werden."

Wer soll das bezahlen?

Dieser Stoßseufzer angesichts hoher Rechnungen oder Schulden, der wohl nie an Aktualität verlieren wird, geht auf einen rheinischen Karnevalsschlager aus dem Jahre 1949 (Text: K. Feltz und W. Stein, Musik: J. Schmitz) zurück. Die Stelle lautet vollständig: „Wer soll das bezahlen, wer hat das bestellt, wer hat soviel Pinkepinke, wer hat soviel Geld?"

Es ist ein ↑Brauch von alters her: **Wer** Sorgen hat, hat auch Likör!

Wer vieles bringt, wird manchem etwas bringen

Im „Vorspiel auf dem Theater" zu Goethes Faust spricht der „Direktor" diese Worte zum „Theaterkritiker". Er will diesem klarmachen, daß es bei Dichtungen für das Theater in erster Linie auf die Publikumswirksamkeit ankommt, eine Meinung, die der Dichter natürlich keineswegs teilen kann. Der Ausspruch des Theaterdirektors wird meist zitiert, um darauf hinzuweisen, daß bei einem reichen, vielfältigen Angebot jeder etwas finden kann, was ihm zusagt. Gelegentlich wird er aber auch als ironische Anspielung verwendet, wenn man eigentlich ausdrücken will, daß die Masse allein nicht ausschlaggebend sein darf, sondern daß die Qualität eine wichtige Rolle spielt.

Wer wagt es, Rittersmann oder Knapp'?

Diese Frage stellt der König am Beginn von Schillers Ballade „Der Taucher" aus dem Jahr 1797. „Wer wagt es, Rittersmann oder Knapp',/Zu tauchen in diesen Schlund?/Einen goldnen Becher werf' ich hinab,/Verschlungen schon hat ihn der schwarze Mund./Wer mir den Becher kann wieder zeigen,/Er mag ihn behalten, er ist sein eigen." In dem vielstrophigen Gedicht wird erzählt, wie es einer aus der Schar der Knappen wagt, in den Strudel zu tauchen. Als er den Becher aus der Tiefe zurückbringt und auf des Königs Geheiß ein zweites Mal nach ihm taucht mit dem Versprechen, als Lohn die Königstochter zur Gemahlin zu bekommen, kehrt er nicht mehr zurück. – Man verwendet das Zitat meist scherzhaft (auch in der abgewandelten Nonsensform „Wer wagt es, Knappersmann oder Ritt?"), um einen Freiwilligen für eine bestimmte, vielleicht nicht ganz ungefährliche Aufgabe zu finden.

Wer weiß, wie nahe mir mein Ende

Ein evangelisches Kirchenlied (Evangelisches Kirchengesangbuch Nr. 331), das der thüringischen Reichsgräfin Ämilie Juliane von Schwarzburg-Rudolstadt (1637–1706) zugeschrieben wird, beginnt mit den Worten: „Wer weiß, wie nahe mir mein Ende!/Hin geht die Zeit, her kommt der Tod." Der Liedanfang wird gewöhnlich zitiert, wenn man darauf hinweisen will, daß das Leben nicht ewig währt, daß niemand den Zeitpunkt seines Todes kennt.

Wer will denn alles gleich ergründen!

Dieser an einen Ungeduldigen gerichtete beschwichtigende Ausruf ist die erste Zeile eines epigrammatischen Spruchs von Goethe. Der Spruch trägt den Titel „Kommt Zeit, kommt Rat" und lautet: „Wer will denn alles gleich ergründen! Sobald der Schnee schmilzt, wird sich's finden."

Wer will kommen zu Geld

Mit diesem Zitat wird zum Ausdruck gebracht, daß es besonderer Anstrengung und Rührigkeit bedarf, wenn man darauf aus ist, reich zu werden. Der sprichwörtliche Zweizeiler „Wer will kommen zu Geld,/Muß sich tummeln in der Welt" stammt aus der Sammlung „Etwas für alle" von Abraham a Sancta Clara (1644–1709), einem volkstümlichen und sprachgewaltigen Prediger deutscher Sprache im 17. Jahrhundert.

Wer Wind sät, wird Sturm ernten

Der Gedanke, daß etwas Böses womöglich mit einem noch größeren Übel vergolten wird, daß jemand, der andere angreift, mit heftigen Gegenreaktionen rechnen muß, hat in vielen Sprichwörtern und Redensarten Ausdruck gefunden. Selten aber ist er in ein so plastisches Bild gekleidet wie in diesem Fall, und man vermutet nicht zu Unrecht, daß es aus der Bibel stammt. Beim Propheten Hosea, wo im 8. Kapitel das auf Irrwegen wandelnde „götzendienerische Volk" getadelt und aufgerüttelt wird, heißt es in Vers 7: „Denn sie säen Wind und werden Ungewitter einernten; ihre Saat soll nicht aufkommen und ihr Gewächs kein Mehl geben ..."

Wer wird denn weinen, wenn man auseinandergeht

Weniger als ernstgemeinter Trost, sondern eher als leicht dahingesagte Floskel beim Abschiednehmen wird dieses Zitat gebraucht. Es handelt sich dabei um den Titel eines Anfang der zwanziger Jahre populären Schlagers. Dieser wiederum stammt aus der Operette „Die Scheidungsreise" (1918) von Hugo Hirsch (1884–1961), einem Komponisten, der besonders mit Operetten, Revuen und Schlagern sehr erfolgreich war. Mit dem Zitat wird gerne auch ein Scherz gemacht, indem man es gewissermaßen umfunktioniert zu einer tröstenden Antwort auf jemandes Klage über die ungewollt hinzugewonnene Körperfülle. Der eigentliche, leicht frivole Sinn der Worte des Zitats aber wird im Grunde erst klar, wenn man die im Schlagertext folgende Zeile mit berücksichtigt: „Wer wird denn weinen, wenn man auseinandergeht,/Wenn an der nächsten Ecke schon ein andrer steht."

Wer wird nicht einen Klopstock loben?

„Wer wird nicht einen Klopstock loben?/Doch wird ihn jeder lesen? – Nein./Wir wollen weniger erhoben/Und fleißiger gelesen sein." Dieser Vierzeiler ist das erste der „Sinngedichte an den Leser" aus Gotthold Ephraim Lessings (1729–1781) Sammlung von Sinngedichten. Lessing stellt sein auf Wirkung in der Gesellschaft zielendes schriftstellerisches Werk der erhabenen, schon durch eine gesonderte Sprache vom Alltag abgehobenen Dichtung Klopstocks gegenüber. Er greift hier eine Stelle aus den Epigrammen (IV, 49) des römischen Dichters Martial (um 40–um 103) auf: *Laudant illa, sed ista legunt* („Jenes loben sie, aber dieses lesen sie").

Wer wollte sich mit Grillen plagen

Das Zitat mit der Fortsetzung „Solang uns Lenz und Jugend blühn?" ist der Anfang des Gedichts „Aufmunterung zur Freude" von L. C. H. Hölty (1748–1776), durch das sich bis zur Schlußstrophe hin zugleich ein leises Memento mori zieht: „O wunderschön ist Gottes Erde/Und wert, darauf vergnügt zu sein!/Drum will ich, bis ich Asche werde,/Mich dieser schönen Erde freun!" Das Gedicht erreichte zusätzliche Bekanntheit durch die Vertonung von J. F. Reichardt (1752–1814).

Wer zählt die Völker, nennt die Namen, die gastlich hier zusammenkamen?

Das Zitat, mit dem man sein Erstaunen über eine übergroße Anzahl von Gästen oder ein aus feierlichem Anlaß in großer Zahl erschienenes illustres Publikum ausdrückt, ist der Beginn der 12. Strophe aus Schillers Ballade „Die Kraniche des Ibykus". Dort sind die Isthmischen Spiele zu Ehren des Poseidon der Anlaß, wie es am Gedichtanfang heißt: „Zum Kampf der Wagen und Gesänge,/Der auf Korinthus' Landesenge/Der Griechen Stämme froh vereint".

Wer zu spät kommt, den bestraft das Leben

Mit diesen Worten zitiert man den Staatspräsidenten der ehemaligen UdSSR, Michail Gorbatschow (* 1931). Die Sentenz stammt aus der deutschen Übersetzung seiner Rede zum 40. Jahrestag der Gründung der DDR am 7. 10. 1989. Im russischen Original heißt es bei wörtlicherer Übertragung, daß es „gefährlich für denjenigen wird, der nicht auf das Leben reagiert". Die populär gewordene Fassung dieses Gedankens hat inzwischen schon vielerlei Abwandlungen erfahren. Dabei wird entweder der erste oder der zweite Teil des Zitats mit Bezug auf die jeweilige Situation in der Weise abgewandelt, daß die im ersten Teil genannte Handlung zu der negativen Konsequenz einer „Bestrafung" führt.

Wer zuerst kommt, mahlt zuerst

Bei dem heute als Redensart geltenden Spruch handelt es sich um einen mittelalterlichen Rechtsgrundsatz, den man in Eike von Repgows „Sachsenspiegel" (um 1224), einem frühen deutschen Rechtsbuch, aufgezeichnet findet. Das in lateinischer Sprache geschriebene Werk wurde ins Niederdeutsche übertragen. Hier heißt es entsprechend: „Die ok irst to der molen kumt, die sal erst malen." Der Spruch besagt, daß der Zeitvorsprung maßgebend sein soll für die Reihenfolge. Privilegien irgendwelcher Art wurden damit ausgeschlossen. Auch heute verleiht man mit der Redensart diesem Grundsatz Nachdruck.

Wer zwei Paar Hosen hat, mache eins zu Geld und schaffe sich dieses Buch an

Diese Aufforderung aus dem Notizbuch E von Georg Christoph Lichtenberg (1742–1799) wird gelegentlich in positiven Buchbesprechungen oder in der Werbung für ein Buch zitiert.

Werd' ich zum Augenblicke sagen: Verweile doch, du bist so schön!

Die beiden Verszeilen aus Goethes Faust I (Studierzimmer) enthalten die Bedingung, unter der Faust sich Mephisto verschreibt: „Dann magst du mich in Fesseln schlagen,/Dann will ich gern zugrunde gehn!" Im 5. Akt von Faust II (Großer Vorhof des Palasts) nimmt er seine Worte im Vorgefühl des höchsten Glücks – der Vollendung seines Werks, der Landgewinnung – wieder auf. Zitiert wird heute beim Anblick oder Genuß von etwas Schönem meist nur die Zeile „Verweile doch, du bist so schön."

Es **werde** Licht

Dieser Satz stammt aus der biblischen Schöpfungsgeschichte („Genesis") des Alten Testaments (1. Moses 1,3). Es heißt dort: „Und Gott sprach: Es werde Licht! Und es ward Licht." Gebräuchlich wurde auch die lateinische Form des Zitats *Fiat lux!* Heute wird mit dem Zitat gelegentlich scherzhaft-auffordernd der Wunsch geäußert, daß jemand das elektrische Licht einschalten möge, weil es zu dunkel ist.

Ein **Werdender** wird immer dankbar sein

↑Wer fertig ist, dem ist nichts recht zu machen

↑Der **werfe** den ersten Stein

↑Denn ihre **Werke** folgen ihnen nach

Wer's glaubt, wird selig

Die umgangssprachlich scherzhafte Redensart – mit der gelegentlichen Fortsetzung „..., und wer's nicht glaubt, kommt auch in den Himmel" – geht auf eine Stelle im Markusevangelium (16, 16) zurück, wo der auferstandene Jesus zu den Jüngern sagt: „Wer da glaubet und getauft wird, der wird selig werden; wer aber nicht glaubet, der wird verdammt werden." Die Redensart wird im Sinne von „das glaube ich niemals" verwendet. Dagegen kann man mit dem ebenfalls auf diese Bibelstelle verweisenden Satz „Der Glaube macht selig" resignierend zum Ausdruck bringen, daß es sinnlos ist, jemandem dessen irrige Ansicht ausreden zu wollen, da der Betreffende sich fest an seine Vorstellungen klammert und die Wahrheit gar nicht wissen will.

Wes das Herz voll ist, des geht der Mund über

Mit diesem in vielen Sprachen bekannten Sprichwort verdeutschte Luther die Bibelstelle Matthäus 12,34, die im Lateinischen *ex abundantia cordis os loquitur* lautet. Wörtlich übersetzt würde es heißen: „Aus dem Überfluß des Herzens spricht der Mund". In seinem „Sendbrief vom Dolmetschen" (1530) gab Luther unter anderem diese Stelle als Beispiel für sein Bemühen um eine volkstümliche Übersetzung der Bibel an. Er verwendete ein dem Volk geläufiges Sprichwort, das den Sinngehalt des Ausgangstextes wiedergibt. – Mit dem Sprichwort kommentiert man jemandes Äußerungen, die erkennen lassen, daß ihn etwas so sehr begeistert oder bewegt hat, daß er einfach darüber sprechen mußte.

Wes Geistes Kind

Im 9. Kapitel des Lukasevangeliums wird berichtet, daß Jesus ein in seinen Augen tadelnswertes Verhalten seiner Jünger mit den Worten „Wisset ihr nicht, welches Geistes Kinder ihr seid?" kritisiert. Wenn man heute sagt, daß man gleich oder deutlich sieht, „wes Geistes Kind jemand ist", dann drückt man damit aus, daß bestimmte Verhaltensweisen, Äußerungen o.ä. dieses Menschen uns zeigen, welcher Art sein Denken, seine Gesinnung in Wirklichkeit ist.

↑Im **Westen** nichts Neues

Wider den Stachel löcken

Die bereits in der Antike (in den Dramen von Äschylus, Euripides, Terenz) geläufige Redewendung im Sinne von „Sich einer Einschränkung der persönlichen Freiheit widersetzen" wurde vermutlich durch einen Bibeltext verbreitet und gebräuchlich. In der Apostelgeschichte, Kapitel 26 rechtfertigt sich der Apostel Paulus (ursprünglich Saulus) vor dem jüdischen König Agrippa. Er berichtet von seiner Bekehrung (26,14), wie er auf dem Weg nach Damaskus eine Lichterscheinung hatte und eine Stimme zu ihm sprach: „Saul, Saul, was verfolgst du mich? Es wird dir schwer sein, wider den Stachel zu löcken." Das sprachliche Bild ist vom Ochsen genommen, der gegen den Stachelstock des Viehtreibers „löckt" (ein veraltetes Wort für „ausschlägt").

Der **Widerspenstigen** Zähmung

Auch dieser deutsche Titel einer Shakespeare-Komödie (englisch *The Taming of the Shrew;* entstanden um 1593) ist wie viele andere zu einem populären Zitat geworden. Er wird als meist scherzhafter, gelegentlich auch schadenfroher Kommentar verwendet, wenn jemand dazu gebracht worden ist, sich nach längerem Widerstand bestimmten Zwängen schließlich doch zu unterwerfen.

Wie atmet rings Gefühl der Stille

Mit den Worten „Wie atmet rings Gefühl der Stille,/Der Ordnung, der Zufriedenheit!" gibt Faust seinen Eindruck von Margaretes „kleinem, reinlichen Zimmer" wieder, in das er mit Mephisto nach der ersten Begegnung mit dem „schönen Fräulein" eingedrungen ist (Faust I, Abend). Das Goethezitat wird gelegentlich verwendet, wenn sich nach großer Hektik oder in sonst lärmerfüllter Umgebung wohltuende Ruhe einstellt.

Wie der Herr, so's Gescherr

Mit dieser Redensart will man gewöhnlich sagen, daß sich die negativen Eigenschaften, die schlechten Angewohnheiten eines Menschen auch an seinen Untergebenen, an seinem Eigentum o.ä. feststellen lassen. „Gescherr" ist eine landschaftliche Form von „Geschirr", das früher ganz allgemein „Werkzeug, Gerät" bedeutete. Gemeint war also ursprünglich, daß man vom ungepflegten Äußeren eines Menschen auf den miserablen Zustand seiner Geräte (und umgekehrt) schließen kann. Die Redensart findet sich in ähnlicher Form schon im Roman „Satyricon" des römischen Schriftstellers Petronius (†66 n. Chr.), wo es in der parodistischen Einlage „Das Gastmahl des Trimalchion" heißt: *Qualis dominus, talis et servus* („Wie der Herr, so [ist] auch der Knecht").

Wie der Hirsch schreit nach frischem Wasser

Der Vergleich stammt aus dem 42. Psalm der Bibel, der das heftige Verlangen des Menschen nach Gott zum Inhalt hat. „Wie der Hirsch schreit nach frischem Wasser, so schreit meine Seele, Gott, zu dir" (Psalm 42, 2). – Man verwendet das Zitat scherzhaft, um jemandes starkes Verlangen nach etwas zu charakterisieren.

Wie die Orgelpfeifen

Wenn mehrere Personen sich der Größe nach nebeneinander oder hintereinander aufgestellt haben, so sagt man, daß sie dastehen „wie die Orgelpfeifen". Auch über eine kinderreiche Familie mit Nachkömmlingen in jeder Größe kann man die Bemerkung hören, sie habe Kinder „wie die Orgelpfeifen". Zugrunde liegt hier die Vorstellung eines Orgelprospektes, also der Schauseite einer Orgel, der dem Betrachter die Orgelpfeifen in der Größe abgestuft nebeneinander und hintereinander angeordnet zeigt. Dieses Bild verwendet schon der Satiriker und Publizist Johann Fischart (um 1546–um 1590) in seinem Hautpwerk (vergleiche den Artikel „Geschichtsklitterung"). Dort heißt es im 5. Kapitel, das von Ehe und Familiengründung handelt, von den Müttern: „Da stellen sie jre zucht umb den Tisch staffels weiß wie die Orgelpfeiffen, die kann der Vatter mit der Ruten pfeiffen machen wann er will, on blasbälg tretten."

Wie ein Dieb in der Nacht

Dieser Vergleich stammt aus Paulus' 1. Brief an die Thessalonicher (5, 2) im Neuen Testament, in dem es heißt: „Denn ihr selbst wisset gewiß, daß der Tag des Herrn wird kommen, wie ein Dieb in der Nacht." Damit soll ausgedrückt werden, daß dieses unvorhersehbare Ereignis im stillen und unverhofft eintreten wird. Wenn jemand in ähnlicher Weise, also unbemerkt, überraschend, unvorhergesehen, gehandelt hat, wird kommentierend das Zitat „wie ein Dieb in der Nacht" verwendet.

Wie ein Mann

Die Redewendung mit der Bedeutung „ganz spontan, einmütig, geschlossen" kommt besonders häufig im alttestamentlichen Buch der Richter, Kapitel 20 vor. Es heißt dort in Vers 1: „Da zogen die Kinder Israel aus und versammelten sich zuhauf wie ein Mann", Vers 8: „Da machte sich alles Volk auf wie ein Mann", Vers 11: „Also versammelten sich zu der Stadt alle Männer Israels, wie ein Mann verbunden."

Wie eine Träne im Ozean

Die unter diesem Titel 1961 als deutsche Gesamtausgabe herausgegebene biographisch-politische Romantrilogie ist wohl das bekannteste Werk des französischen Schriftstellers österreichischer Herkunft Manès Sperber (1905–1984). Der Autor greift damit das häufig benutzte Bild vom Tropfen im Meer auf, eine Metapher für das Sichverlieren und Untergehen von etwas Kleinem, zu wenig Macht Besitzendem in einer stärkeren, aber konturlosen Masse. In diesem Sinne wird der Titel als Zitat, besonders auf den aussichtslosen Kampf eines einzelnen gegen eine übermächtig scheinende Ideologie bezogen, verwendet.

Wie einst im Mai

Die Redewendung mit der Bedeutung „wie früher, wie einst in glücklicheren Tagen" stammt aus dem Gedicht „Allerseelen" von Hermann von Gilm (1812–1864), das besonders durch die Vertonung von Richard Strauss bekannt wurde. Der Kehrreim des dreistrophigen Liedes ist Ausdruck der Sehnsucht, eine Liebe wieder zum Leben zu erwekken. – Eine weitere Popularisierung erfuhr das Zitat als Titel einer 1913 entstandenen „Posse mit Gesang", deren

Text Rudolf Bernauer und Rudolph Schanzer verfaßten; die Komponisten waren Walter Kollo und Willy Bredschneider. 1943 wurde das Stück zu einer Operette umgearbeitet, für die Willi Kollo, der Sohn Walter Kollos, zwanzig neue Musikstücke schrieb.

Wie eiskalt ist dies Händchen

Die scherzhafte Redensart, mit der man die Berührung einer kalten Hand kommentiert, geht auf Giacomo Puccinis Oper „Die Bohème" (deutscher Text von L. Hartmann, neue Übersetzung von H. Swarowsky) zurück, die 1896 uraufgeführt wurde. Im 1. Bild wird die Liebesszene zwischen Mimi und Rudolf damit eingeleitet, daß die Kerzen verlöschen und bei der Suche im Dunkeln sich beider Hände berühren. Das ist der Anlaß für Rudolfs Arie „Wie kalt ist dieses Händchen".

Wie er sich räuspert und wie er spuckt, das hat er ihm glücklich abgeguckt

Mit diesem Ausspruch wird jemand in nicht gerade schmeichelhafter Weise charakterisiert, dem man vorwirft, daß er sich, ohne eigene Qualitäten zu zeigen, mit eifriger Dienstfertigkeit nach seinem Vorgesetzten o. ä. richtet und in seinem Bestreben, sich einzuschmeicheln, so weit geht, sich diesem in Gehabe, Äußerungsweise usw. anzugleichen. Der Ausspruch ist ein leicht abgewandeltes Zitat aus Schillers Trilogie „Wallenstein" („Wallensteins Lager", 6. Auftritt). In einem Wortgefecht zwischen dem „Wachtmeister von einem Terzkyschen Karabinerregiment" und zwei „Holkischen Jägern" wirft einer der Jäger dem Wachtmeister, der sich etwas darauf zugute hält, in der unmittelbaren Umgebung des Feldherrn Wallenstein das feinere Leben zu haben, folgendes vor: „Wie er räuspert und wie er spuckt,/Das habt Ihr ihm glücklich abgeguckt;/Aber sein Schenie, ich meine: sein Geist,/Sich nicht auf der Wachparade weist."

Wie es euch gefällt

Shakespeares Komödie mit diesem deutschen Titel ist um 1599 entstanden. Im Englischen lautet der Titel *As You Like It*. Er wird, wie die deutsche Übersetzung, häufig zitiert, um jemandem zu sagen, daß er sich ganz so verhalten kann, wie es seinen Vorstellungen entspricht, wie er gerade Lust hat, oder daß man sich ganz nach jemandes Wünschen richten wird.

Wie fruchtbar ist der kleinste Kreis, wenn man ihn wohl zu pflegen weiß

Der Zweizeiler stammt aus dem 6. Buch der „Zahmen Xenien" von Goethe aus dem Jahr 1827. Er hebt die Bedeutsamkeit gemeinsamen Tuns für Menschen mit gleichen Interessen hervor.

Wie gemalt!

Der Ausruf, mit dem man etwas naiv-ernsthaft oder spöttisch-ironisch kommentiert, das sehr schön anzusehen ist, findet sich im zweiten Teil von Goethes Faust. In der Szene „Rittersaal" im ersten Akt läßt Faust vor Kaiser und Hofstaat Paris und Helena erscheinen. Als die schöne Helena sich über den schlafenden Paris beugt, um ihn zu küssen, sagt eine von diesem Anblick entzückte Hofdame: „Endymion und Luna! Wie gemalt!"

Wie hältst du's mit der Religion?

↑Gretchenfrage

Wie in Abrahams Schoß

Der Vergleich geht auf Lukas (16, 22) zurück, wo berichtet wird, daß der „arme Lazarus" bei seinem Tod von Engeln in Abrahams Schoß gebracht wird: „Es begab sich aber, daß der Arme starb und ward getragen von den Engeln in Abrahams Schoß." Abraham war einer der Erzväter des Volkes Israel. „Abrahams Schoß" ist bereits im Neuen Testament eine Metapher für das Paradies. – Wer „wie in Abrahams Schoß" sitzt, fühlt sich sicher und geborgen, oder auch in einer nur äußerlichen Weise in einer besonders bequemen oder angenehmen Lage. Eine Weiterführung des Bildes von Abrahams Schoß ist die (ihrer Herkunft nach etwas unklare) Fügung „Abrahams Wurstkessel", mit der in scherzhafter Weise das Jenseits umschrieben wird, und zwar in zweierlei Hinsicht. Wenn man von jemandem sagt, er sei zu einer bestimmten Zeit noch in Abrahams Wurstkessel gewesen, so drückt man damit aus, daß er damals noch nicht geboren, noch im Jenseits war. Sagt man aber von jemandem, er komme bald in Abrahams Wurstkessel, so heißt das, daß er bald sterben, ins Jenseits kommen wird.

Wie kommt mir solcher Glanz in meine Hütte?

Diese Frage (oft auch in der Form des Ausrufs „[O] welch Glanz in meiner Hütte!") wird häufig zitiert, um freudiges Erstaunen beim Erscheinen unerwarteter Gäste auszudrücken, denen man damit in scherzhafter Übertreibung schmeichelt. Die Frage stammt aus Schillers Drama „Die Jungfrau von Orleans" (Prolog, 2. Auftritt). Thibaut d'Arc, der Vater von Johanna, der Jungfrau von Orleans, gibt mit dieser Frage seiner ängstlichen Verwunderung über seine Träume Ausdruck, in denen er die Erhöhung Johannas erlebt. Er sieht sie „zu Reims auf unserer Könige Stuhle sitzen", ausgestattet mit Diadem und Szepter, und er fürchtet, dies „bedeutet einen tiefen Fall".

Wie kommt Saul unter die Propheten?

Im alttestamentlichen Buch Samuel wird geschildert, wie der vom Propheten Samuel zum König Israels gesalbte Saul auf eine Prophetenschar trifft, mit ihr in Verzückung gerät und zu weissagen beginnt. Alle, die ihn von früher kannten, wundern sich hierüber und fragen erstaunt: „Was ist dem Sohn des Kis geschehen? Ist Saul auch unter den Propheten?" (1. Samuel 10, 11). Diese Frage ist damals schon, also etwa 1000 v. Chr., zum geläufigen Sprichwort geworden, denn es heißt hier weiter: „Daher ist das Sprichwort gekommen: Ist Saul auch unter den Propheten?" (1. Samuel 10, 12). Das daraus entstandene „Wie kommt Saul unter die Propheten" verwendet man, um seinem Erstaunen darüber Ausdruck zu geben, daß man einen völlig unerwarteten Sinneswandel bei jemandem, eine plötzliche Veränderung im Wesen oder der äußeren Erscheinung von jemandem beobachten kann.

Die ↑ Art, **wie** man gibt, gilt mehr, als was man gibt

Wie Nikodemus in der Nacht

Der formelhafte Vergleich, mit dem umschrieben wird, daß jemand etwas ganz heimlich und unbemerkt tut, geht auf die Bibel zurück. Im Johannesevangelium (3, 1–21) wird berichtet, daß der bei den Juden sehr angesehene Pharisäer Nikodemus das Gespräch mit Jesus suchte und deswegen zu ihm ging. Da er dies nicht öffentlich tun wollte, suchte er den Schutz der Dunkelheit. In Vers 2 heißt es: „Der kam zu Jesu bei der Nacht und sprach zu ihm ..."

Wie sag' ich's meinem Kinde?

So lautete der Titel eines deutschen Aufklärungsfilms aus dem Jahre 1970, der diese bekannte, wohl auf frühe Aufklärungsschriften zurückgehende Frage noch zusätzlich populär machte. Sie wird häufig zitiert, wenn man sich gezwungen sieht, jemandem einen unangenehmen Sachverhalt möglichst geschickt oder schonend beizubringen.

Wie Sand am Meer

Wenn zählbare Dinge im Überfluß, in großer Zahl vorhanden sind, dann kann man sagen, es gebe sie „wie Sand am Meer". Dieser Vergleich ist besonders durch die Bibel verbreitet worden, wo er mehrfach vorkommt. So heißt es zum Beispiel im Alten Testament (Jesaja 10, 22): „Denn ob dein Volk, o Israel, ist wie Sand am Meer, sollen doch nur seine Übriggebliebenen bekehrt werden" und an anderer Stelle, in der Josephsgeschichte (1. Moses 41, 49): „Also schüttete Joseph das Getreide auf, über die Maßen viel wie Sand am Meer, also daß er aufhörte zu zählen; denn man konnte es nicht zählen."

Wie Schuppen von den Augen fallen

Die Redewendung, mit der man eine plötzliche Erkenntnis umschreibt, geht auf eine Stelle im Neuen Testament (Apostelgeschichte 9, 18) zurück. Nach der Erscheinung von Damaskus war Paulus drei Tage blind; über seine Heilung durch Ananias heißt es: „Und alsobald fiel es von seinen Augen wie Schuppen, und er ward wieder sehend." Bestimmte Augenkrankheiten wurden früher mit Schuppen verglichen, die die Augen bedecken.

Wie seinen Augapfel hüten

Die Redewendung „jemanden oder etwas wie seinen Augapfel hüten" mit der Bedeutung „jemanden oder etwas besonders sorgsam behüten, schützen" ist biblischen Ursprungs. Im Alten Testament heißt es im „Lied Moses": „Er (= Gott) umfing ihn (= Jakob, den Erzvater der Stämme Israels) und hatte acht auf ihn; er behütete ihn wie seinen Augapfel" (5. Moses 32, 10). Im Psalm 17 betet König David: „Behüte mich wie einen Augapfel im Auge, beschirme mich unter dem Schatten deiner Flügel vor den Gottlosen, die mich verstören, vor meinen Feinden, die um und um nach meiner Seele stehen" (Vers 8 und 9).

Wie sich die Bilder gleichen

Mit diesen Worten beginnt im 1. Akt von Giacomo Puccinis (1858–1924) Oper „Tosca" (deutsche Uraufführung 1902 in Dresden) die Arie des Mario Cavaradossi. Dieser arbeitet als Maler in einer Kirche an einem Bild der büßenden Magdalena. Erstaunt weist ihn der Kirchendiener darauf hin, daß diese Magdalena die Züge einer Schönen trage, die regelmäßig in der Seitenkapelle bete. Cavaradossi versucht nun, dem Bild auch Ähnlichkeit mit seiner Geliebten Floria Tosca zu verleihen. Der Arienanfang wird als Zitat verwendet, wenn man – oft mit dem Unterton leichter Verwunderung – zum Ausdruck bringen will, daß sich bestimmte Vorgänge oder Situationen ähnlich sind, daß Parallelen unverkennbar sind.

Wie sich Verdienst und Glück verketten, das fällt den Toren niemals ein

Das Zitat, das das Glück zu einem Teil als Verdienst erklärt, findet sich in Goethes Faust II, in einer der Szenen der „Kaiserlichen Pfalz" aus dem 1. Akt. Die Verse sind Mephistos Kommentar zu dem Wahn des Hofes, sich ohne eigene Arbeit durch das Finden von Schätzen sanieren zu können. Schon in Aristoteles' (384–322 v. Chr.) „Nikomachischer Ethik" (VI, 4, 5) heißt es, daß Können das Glück und Glück das Können begleite.

Wie Spreu im Winde

Diesen Vergleich wendet man auf etwas Vergängliches, auf menschliche Äußerungen oder Verhaltensweisen oder auf den Menschen selbst an. Er hat seinen Ursprung im Alten Testament. Darin setzt sich Hiob mit seinen Freunden über die Frage nach Gottes ausgleichender Gerechtigkeit gegenüber den Gottlosen auseinander. Dort heißt es: „Wie oft geschieht's denn, daß die Leuchte der Gottlosen verlischt und ihr Unglück über sie kommt, daß er Herzeleid über sie austeilt in seinem Zorn, daß sie werden wie Stoppeln vor dem Winde und wie Spreu, die der Sturmwind wegführt?" (Hiob 21, 17 f.). Der Vergleich findet sich auch im ersten Psalm Davids, Vers 4: „Aber so sind die Gottlosen nicht, sondern wie Spreu, die der Wind verstreut" und im Psalm 35, Vers 5, wo es von den Feinden König Davids heißt: „Sie müssen werden wie Spreu vor dem Winde, und der Engel des Herrn stoße sie weg."

Wie weit er auch die Stimme schickt, nichts Lebendes wird hier erblickt

Aus Schillers Ballade „Die Kraniche des Ibykus" (1797) stammen diese beiden Zeilen, die angesichts einer verlassenen Gegend, einer verwüsteten Landschaft, auch eines verfallenden Gebäudes o.ä. gelegentlich noch angeführt werden (wobei die zweite Zeile, „Nichts Lebendes wird hier erblickt", auch allein zitiert wird). In der Ballade gehören die beiden Zeilen zur Beschreibung der Szene, in der Ibykus (ein im 6. Jahrhundert v. Chr. in Unteritalien lebender Dichter) auf dem Wege zu den „Isthmischen Spielen" in Korinth von zwei Mördern in einem einsamen Wald, „in Poseidons Fichtenhain", überfallen und getötet wird.

Wie wenn Wasser mit Feuer sich mengt

„Und es wallet und siedet und brauset und zischt,/Wie wenn Wasser mit Feuer sich mengt,/Bis zum Himmel spritzet der dampfende Gischt,/Und Flut auf Flut sich ohn' Ende drängt." So beschreibt Schiller in seiner Ballade „Der Taucher" die wilde, tosende Brandung, in die der wagemutige Knappe sich stürzt, um des Königs Becher vom Meeresgrund zurückzuholen. Der zweite Vers wird heute – losgelöst vom eigentlichen Zusammenhang – gelegentlich als Bild dafür zitiert, daß sich zwei Gegensätze, besonders zwei Charaktere, schroff und unvereinbar gegenüberstehen, daß ein harmonischer Ausgleich völlig ausgeschlossen erscheint.

Wie willst du weiße Lilien zu roten Rosen machen? Küß eine weiße Galathee: sie wird errötend lachen

Diesen Spruch des deutschen Epigrammatikers Friedrich von Logau (1604 bis 1655) hat Gottfried Keller als Leitmotiv für seinen Novellenzyklus „Das Sinngedicht" (1881) gewählt. Reinhart, ein der trockenen Arbeit müde gewordener Naturwissenschaftler, will darin dieses Epigramm in der Wirklichkeit erproben und macht sich auf den Weg, die Frau zu finden, die beim Kusse zugleich lacht und errötet, für ihn ein „köstliches Experiment" (1. Kapitel). Das Logausche Original „errötet" hat Keller in „errötend" umgewandelt.

Wie wird mir? – Leichte Wolken heben mich

Diese Worte spricht in Schillers romantischer Tragödie „Die Jungfrau von Orleans" (1801) die sterbende Johanna (V, 14). Sie werden heute noch als Zitat verwendet – meist jedoch nur der Anfang –, wenn einem seltsam zumute wird oder man sich plötzlich benommen, berauscht, unwohl o.ä. fühlt.

Wie wir's dann zuletzt so herrlich weit gebracht

↑Sich in den Geist der Zeiten versetzen

Wie wohl ist dem, der dann und wann sich etwas Schönes dichten kann!

Mit diesen Versen beginnt Wilhelm Busch (1832–1908) seine Geschichte von „Balduin Bählamm", dem verhinderten Dichter. Sie werden auch heute noch gerne auf manchen Verseschmied und seine poetischen Ergüsse angewendet.

Wie Zieten aus dem Busch

Der preußische Reitergeneral Hans Joachim von Zieten (1699–1786) war bekannt für seine strategische Taktik, im Kampf überraschend an entscheidender Stelle aufzutauchen und so das Kriegsglück zu wenden. Auf diese Eigenschaft nimmt der seit dem 18. Jahrhundert bekannte Ausspruch „[Wie] Zieten aus dem Busch" Bezug. Besondere Verbreitung fand er durch eine Ballade Theodor Fontanes mit dem Titel „Der alte Zieten" (1846), in die dieser Ausspruch eingegangen ist. – Man verwendet das Zitat noch gelegentlich scherzhaft, um seiner Überraschung über das unvermutete Auftreten von jemandem oder einer Sache Ausdruck zu geben.

↑Alles **wiederholt** sich nur im Leben

↑Doch **wie's** da drin aussieht

↑Und aus den **Wiesen** steiget der weiße Nebel wunderbar

Wieviel Erde braucht der Mensch?

Dies ist der Titel einer Erzählung von Leo Tolstoi (1828–1910), deren Thema die Besitzgier eines Menschen ist. Er wird als Zitat in Zusammenhängen gebraucht, in denen von der Vergänglichkeit der Welt, der irdischen Güter gesprochen wird, und dient dann als eine Art Mahnung, als ein Hinweis darauf, daß jeder Anspruch des Menschen sich am Ende auf die Menge an Erde reduziert, deren es bedarf, um ein Grab damit zu füllen. Das Zitat wird gerne auch abgewandelt und variiert, um beispielsweise bestimmte, oft überzogene Ansprüche in Frage zu stellen oder umgekehrt auf bestimmte Mängel aufmerksam zu machen (z. B. „Wieviel Auto braucht der Mensch?" oder „Wieviel Grün braucht die Stadt?").

↑ Wir **Wilden** sind doch beßre Menschen

Will der Herr Graf den Tanz mit mir wagen, mag er's nur sagen, ich spiel' ihm auf

Diese drohende Äußerung kommt aus dem Munde Figaros, des Titelhelden der Mozartoper „Figaros Hochzeit" (uraufgeführt in Wien im Jahr 1786). Das Textbuch der Oper, das der Italiener Lorenzo da Ponte verfaßte, folgt der französischen Komödie „Le mariage de Figaro" (1784) von Beaumarchais. Dieses Stück mit seinem politischen Hintergrund gilt als Vorbote der Französischen Revolution. In der Oper zeigt sich der Kammerdiener Figaro aufsässig gegenüber seinem Herrn, der glaubt, Susanna, die Figaro gerade angetraute Kammerzofe der Gräfin, auch für sich beanspruchen zu können. – Man verwendet das Zitat meist scherzhaft, um jemandem mit diesen Worten den Fehdehandschuh hinzuwerfen.

Will sich Hektor ewig von mir wenden

Mit diesen Worten beginnt Schillers Gedicht „Hektors Abschied", in dem Andromache, besorgt um die Rückkehr ihres Mannes von einer kriegerischen Auseinandersetzung mit den Griechen vor Troja, Hektor inständig bittet, doch bei ihr zu bleiben. Mit dem eher selten gebrauchten Zitat gibt man der Befürchtung Ausdruck, daß jemand sich auf Dauer von einem abwendet, daß man jemandem gleichgültig geworden sein könnte.

Der **Wille** zur Macht

Mit diesem Ausdruck wird gelegentlich das Streben eines Menschen nach Macht und Einfluß bezeichnet. Man zitiert damit den Titel einer Sammlung von Texten Friedrich Nietzsches, die 1901 postum veröffentlicht wurde. Der „Wille zur Macht" leitet nach Nietzsche das Handeln des starken, moralisch ungebundenen „Übermenschen".

Den ↑ guten **Willen** für die Tat nehmen

↑ Und bist du nicht **willig,** so brauch' ich Gewalt

Willst du, daß wir mit hinein in das Haus dich bauen

Dieses Zitat stammt aus dem Gedichtzyklus „Vierzeilen" von Friedrich Rückert (1788–1866), wo es vollständig heißt: „Willst du, daß wir mit hinein in das Haus dich bauen,/Laß es dir gefallen, Stein, daß wir dich behauen." Diese Worte werden heute noch gelegentlich bei der Grundsteinlegung eines Hauses zitiert, gewöhnlich aber im übertragenen Sinne, wenn jemand in eine Gemeinschaft oder Gesellschaft aufgenommen werden will und er auf diese Weise auf die Erwartung hingewiesen werden soll, daß er sich bis zu einem gewissen Grade den anderen anzupassen hat.

Willst du dich selber erkennen, so sieh, wie die andern es treiben

Mehrere Sinngedichte, Distichen und Xenien, die Schiller für den „Musenalmanach für das Jahr 1797" verfaßte, entstanden in Zusammenarbeit mit

Goethe. Dazu gehören auch die Sinngedichte, die unter dem Titel „Votivtafeln" zusammengefaßt sind. Eines davon mit dem Titel „Der Schlüssel" lautet: „Willst du dich selber erkennen, so sieh, wie die andern es treiben;/Willst du die andern verstehn, blick in dein eigenes Herz." Diese Zeilen sind zu einem beliebten Poesiealbumsspruch geworden.

Willst du die andern verstehn, blick in dein eigenes Herz

↑Willst du dich selber erkennen, so sieh, wie die andern es treiben

Willst du genau erfahren, was sich ziemt, so frage nur bei edlen Frauen an

↑Erlaubt ist, was gefällt

Willst du immer weiter schweifen

↑Warum in die Ferne schweifen

Willst du in meinem Himmel mit mir leben: So oft du kommst, er soll dir offen sein

Diese beiden Verse, die am Schluß von Schillers Gedicht „Die Teilung der Erde" (1795) stehen, wenden sich an den Dichter, der bei der Verteilung der Güter zu spät gekommen war. „Wo warst du denn, als man die Welt geteilet?" fragt ihn Zeus. Die Antwort des Dichters ist: „Mein Auge hing an deinem Angesichte,/An deines Himmels Harmonie mein Ohr;/Verzeih' dem Geiste, der, von deinem Lichte/Berauscht, das Irdische verlor!" – Das Zitat kann als scherzhafte Einladung an jemanden, dem man sein Haus öffnet, gelten.

Willst du ins Unendliche schreiten, geh nur im Endlichen nach allen Seiten

Das Verspaar findet sich in der Abteilung „Gott, Gemüt und Welt" aus Goethes Gedichtsammlung von 1815, die seine Spruchdichtung von 1812 bis 1814 umfaßt. Der Spruch drückt mit einer gewissen Gelassenheit aus, daß sich das von den Menschen erstrebte Unendliche im Endlichen finden läßt, wenn man letzteres nur gründlich genug erforscht.

Willst du mit den Kinderhänden in des Schicksals Speichen greifen?

Das Zitat stammt aus Franz Grillparzers (1791–1872) Trauerspiel „Die Ahnfrau". Im 4. Akt richtet der alte Graf Zdenko von Borotin, der letzte männliche Sproß seines Geschlechts, die Frage an seine verzweifelte Tochter, als er sein Ende nahen fühlt. Das Bild vom Schicksalswagen setzen die beiden folgenden Verse fort: „Seines Donnerwagens Lauf/Hält kein sterblich Wesen auf." Es klingen hier Egmonts Worte vom Schicksalswagen aus Goethes gleichnamigem Trauerspiel (II, Egmonts Wohnung) an: „Wie von unsichtbaren Geistern gepeitscht, gehen die Sonnenpferde der Zeit mit unsers Schicksals leichtem Wagen durch; und uns bleibt nichts, als, mutig gefaßt, die Zügel festzuhalten und bald rechts, bald links, vom Steine hier, vom Sturze da die Räder wegzulenken."

↑Und **willst** du nicht mein Bruder sein, so schlag' ich dir den Schädel ein

Willst, feiner Knabe, du mit mir gehn?

Die heute scherzhaft gebrauchte Einladung, sich an etwas zu beteiligen, ist ein Zitat aus Goethes Ballade „Erlkönig" (ursprünglich in seinem Singspiel „Die Fischerin" von 1782). In der 5. Strophe erneuert der Erlkönig sein verführerisches Anerbieten gegenüber dem Knaben, der im Arm seines Vaters durch die Nacht reitet: „Meine Töchter sollen dich warten schön;/Meine Töchter führen den nächtlichen Reihn/Und wiegen und tanzen und singen dich ein." (Vergleiche auch „Wer reitet so spät durch Nacht und Wind".)

Der **Wind** bläst, wo er will

Der ↑Geist weht, wo er will

Der **Wind,** der Wind, das himmlische Kind

Als Hänsel und Gretel in dem gleichnamigen Märchen der Brüder Grimm an das Häuschen der Hexe kamen, stellten sie fest, daß es aus Brot und Kuchen bestand und Fenster aus Zucker hatte. Und sie begannen, davon zu essen. Da rief die Hexe von drinnen: „Knusper, knusper Knäuschen,/Wer knuspert an meinem Häuschen?" Die Kinder antworteten: „Der Wind, der Wind,/Das himmlische Kind." – Man verwendet dieses Zitat scherzhaft, wenn man auf die Frage, wer etwas Bestimmtes getan hat, keine oder keine konkrete Antwort geben will.

Der **Wind** hat mir ein Lied erzählt

In dem Ufa-Film „La Habanera" aus dem Jahr 1937 singt Zarah Leander dieses Schlagerlied, dessen Text von Bruno Balz stammt; die Musik schrieb Lothar Brühne. Das Lied gibt der Sehnsucht nach einem fernen, vergangenen Glück Ausdruck. Man zitiert den Titel, der auch die erste und vorletzte Zeile des Refrains bildet, heute eher im Sinne von „Man hat mir etwas zugetragen, ich habe etwas (aus nicht näher genannter Quelle) erfahren".

↑... denn der **Wind** kann nicht lesen

Wind, Sand und Sterne

So lautet der Titel einer Sammlung von Erlebnisberichten des französischen Schriftstellers Antoine de Saint-Exupéry (1900–1944; französischer Titel „Terre des hommes"). In lose aneinandergereihten Kapiteln erzählt er von Abenteuern und Begegnungen auf seinen Flügen in den Jahren 1926–1935. Der Titel wird heute gelegentlich – ohne Bezug auf die symbolische Bedeutung von Nacht, Wüste, Wind, Sand und Sternen bei Saint-Exupéry – als Fernweh und Reiselust wachrufende Metapher für Urlaubsnächte an südlichen Stränden zitiert.

↑Wer **Wind** sät, wird Sturm ernten

↑Vom **Winde** verweht

↑Mit **Windmühlen** kämpfen

Winter ade!

So lautet der Refrain des Liedes „Winters Abschied", das Heinrich Hoffmann von Fallersleben 1847 geschrieben hat. Das Zitat kann zum Beispiel als Bildunterschrift eines Fotos der ersten Frühlingsblüten verwendet werden.

Der **Winter** unseres Mißvergnügens

„Nun ward der Winter unsers Mißvergnügens/Glorreicher Sommer durch die Sonne Yorks." Mit diesen Worten beginnt Richard, Herzog von Gloster, in Shakespeares Drama „Richard III." seinen Auftrittsmonolog. Im englischen Original lauten sie: *Now is the winter of our discontent/Made glorious summer by this sun of York*. Richard knüpft damit an das Geschehen im Drama „Heinrich VI." an, in dem Eduard IV. aus dem Hause York in der Familienfehde mit dem Hause Lancaster obsiegt hat und sich danach drei Sonnen als Wappenzeichen wählt. Die Fügung „Winter unseres Mißvergnügens" wurde als Ausdruck für eine Begebenheit gebräuchlich, an die man sich nur ungern zurückerinnert, oder ganz allgemein für ein Geschehen, das Ärger und Unzufriedenheit bereitet. Gelegentlich wird mit der Fügung aber auch ganz konkret ein Winter bezeichnet, der als Winter mit zuviel Schnee oder als „grüner" Winter nicht den jeweiligen Erwartungen entspricht.

Winterstürme wichen dem Wonnemond

Mit dieser Arie sinken sich Sieglinde und Siegmund gegen Ende des 1. Aktes von Richard Wagners Oper „Die Walküre" (1870 in München uraufgeführt) in die Arme, sich als Liebende und zugleich als Zwillingsgeschwister erkennend. Den sehnlichst erwarteten Frühling nach einem langen, kalten Winter begrüßt mancher heute mit diesen –

nicht zuletzt wegen ihres Stabreims einprägsamen – Worten. Sie werden gelegentlich aber auch zitiert, wenn man erleichtert feststellen kann, daß eine Phase der Erstarrung überwunden ist und eine neue, positive Entwicklung einsetzt.

Wir bringen unsre Jahre zu wie ein Geschwätz

Der 90. Psalm, der die Ewigkeit Gottes und die Vergänglichkeit des sündigen Menschen einander gegenüberstellt, enthält im 9. Vers diese Aussage. Zitiert wird sie meist als eine Art Klage über die Vergänglichkeit des menschlichen Daseins beim Rückblick auf sinnlos vertane Zeit, auf Jahre, die ohne Sinnerfüllung dahingegangen sind. Der deutsche Schriftsteller Ernst Wiechert (1887–1950) hat dieses Bibelwort seinem Roman „Die Jerominkinder" (erschienen 1945–1947) als Motto vorangestellt.

Wir Deutsche fürchten Gott, aber sonst nichts in der Welt

Diese Worte sprach Reichskanzler Otto von Bismarck (1815–1898) in einer Reichstagsrede im Februar 1888. Er fuhr dann fort: „Und die Gottesfurcht ist es schon, die uns den Frieden lieben und pflegen läßt." Bezeichnenderweise wurde aber nur der erste Teil zum geläufigen Zitat, das in entsprechenden Kontexten häufig als Ausdruck nationalen Hochmuts zu finden war.

Wir haben in uns ein Urbild alles Schönen

In einer 1798 niedergeschriebenen aphoristischen Bemerkung spricht Friedrich Hölderlin (1770–1843) sich gegen eine zu große Bescheidenheit aus: „Vortreffliche Menschen müssen auch wissen, daß sie es sind, und sich wohl unterscheiden von allen, die unter ihnen sind." Er sieht aber auch die Gefahr, die aus einer solchen Haltung erwachsen kann: „Freilich wird man auf der anderen Seite leicht zu stolz und hart und hält zuviel von sich und von den andern zuwenig." Was den Menschen jedoch letztlich hiervor bewahrt, sagt Hölderlin dann in den beiden Schlußsätzen, deren erster auch heute noch gelegentlich zitiert wird: „Aber wir haben in uns ein Urbild alles Schönen, dem kein einzelner gleicht. Vor diesem wird der echt vortreffliche Mensch sich beugen und die Demut lernen, die er in der Welt verlernt."

Wir haben nicht die Revolution, sondern die Revolution hat uns gemacht

Im 2. Akt seines Dramas „Dantons Tod" zeigt Georg Büchner (1813–1847) einen völlig desillusionierten Revolutionsführer Danton, der alle politische Aktivität aufgegeben hat. Er ist nicht mehr Leitfigur der revolutionären Bewegung, bestimmt sie nicht mehr, er ist nur noch „ein toter Heiliger", wie er selbst sagt, und „Reliquien wirft man auf die Gasse". Er muß erkennen: „Wir haben nicht die Revolution, die Revolution hat uns gemacht" (II, 1). Man zitiert diese Worte in bezug auf eine Situation, in der man feststellen muß, daß man keinen Einfluß mehr auf die Dinge hat, die man einmal in Bewegung setzte, und jetzt von der Entwicklung selbst getrieben und im Handeln bestimmt wird.

Wir heißen euch hoffen

Bei diesem Zitat handelt es sich um den letzten Vers von Goethes Gedicht „Symbolum", dessen Schlußstrophe lautet: „Hier winden sich Kronen/In ewiger Stille,/Die sollen mit Fülle/Die Tätigen lohnen!/Wir heißen euch hoffen." In schwierigen, von Mutlosigkeit geprägten Zeiten will man mit diesem Zitat seinen niedergeschlagenen Mitmenschen neue Zuversicht geben.

Wir kommen doch morgen so jung nicht zusammen

↑So jung kommen wir nicht mehr zusammen

↑Denn **wir** können die Kinder nach unserem Sinne nicht formen

Wir leben nicht, um zu essen, sondern wir essen, um zu leben

Die Sentenz geht angeblich auf eine Äußerung des griechischen Philosophen Sokrates (469–399 v. Chr.) zurück, der gesagt haben soll, daß andere lebten, um zu essen, während er esse, um zu leben. Man verwendet den Ausspruch, wenn man kritisieren will, daß jemand sein Leben zu sehr vom Streben nach leiblichen Genüssen bestimmen läßt.

Wir sind allzumal Sünder

Diese Erkenntnis der menschlichen Unzulänglichkeit, die auch zur Rechtfertigung persönlicher Verfehlungen zitiert wird, geht auf das Neue Testament zurück. Im Brief des Paulus an die Römer heißt es im dritten Kapitel, in dem es um das Verhältnis von Gesetz und Glauben, Verdienst und Gnade geht, über die Menschen: „Denn es ist hier kein Unterschied: sie sind allzumal Sünder und mangeln des Ruhmes, den sie bei Gott haben sollten" (Vers 23).

Wir sind nicht mehr am ersten Glas

Mit dieser Feststellung beginnt ein „Trinklied" überschriebenes Gedicht des der schwäbischen Romantik zugerechneten Dichters Ludwig Uhland (1787–1862): „Wir sind nicht mehr am ersten Glas,/Drum denken wir gern an dies und das,/Was rauschet und was brauset." Diese drei Zeilen wiederholen sich sechsmal. Sie rahmen die längeren, zwischen sie eingeschobenen Strophen ein, in denen jeweils präzisiert wird, woran die Runde der Trinkenden denkt. – Das Zitat tut ohne Umschweife kund, daß diejenigen, von denen die Rede ist, schon einiges Alkoholische getrunken haben.

Wir sind noch einmal davongekommen

So lautet der deutsche Titel von Thornton Wilders Stück „The Skin of our Teeth" (übersetzt: „Mit knapper Not"), das 1942 entstand und 1944 ins Deutsche übertragen wurde. Es stellt am Beispiel einer amerikanischen Durchschnittsfamilie mit dem beziehungsreichen Namen „Antrobus" eine zeitlose menschliche Problematik dar. Als das Stück nach dem Ende des Zweiten Weltkriegs auf den deutschen Bühnen gespielt wurde, fand es großen Widerhall. Sein Titel wurde zum geflügelten Wort, mit dem man erleichtert feststellt, daß man einer drohenden Gefahr – mit knapper Not – entronnen ist.

Wir sitzen so fröhlich beisammen

Das auf eine fröhliche Runde – auch ironisch – zu münzende Zitat mit der Fortsetzung „Wir haben uns alle so lieb" bildet die erste Hälfte der 4. Strophe von August von Kotzebues (1761–1819) Lied „Trost beim Scheiden" (ursprünglich „Gesellschaftslied"), das im Februarheft des „Freimütigen" 1803 erschien. Wie der Anfang des von Friedrich Heinrich Himmel vertonten Liedes („Es kann ja nicht immer so bleiben/Hier unter dem wechselnden Mond") bereits vermuten läßt, wird der fröhliche Kreis nur als etwas Vergängliches betrachtet.

Wir spinnen Luftgespinste und suchen viele Künste

Das bekannteste Gedicht des Dichters Matthias Claudius (1740–1815) ist das „Abendlied" mit der Anfangszeile „Der Mond ist aufgegangen". Das mehrfach (unter anderem auch von Franz Schubert) vertonte Gedicht wurde mit der Melodie von Johann Abraham Peter Schulz (1747–1800) fast zum Volkslied. Die häufig zitierten Zeilen aus der 4. Strophe des Liedes „Wir spinnen Luftgespinste/Und suchen viele Künste/Und kommen weiter von dem Ziel" haben vermutlich sprachliche Wurzeln in der Bibel. Bei Jesaja (59, 5) heißt es vom „gottlosen Volk": „Sie brüten Basiliskeneier und wirken Spinnwebe." Im „Prediger Salomo" wird im letzten Vers des 7. Kapitels vom Menschen gesagt: „... ich habe gefunden, daß Gott den Menschen hat aufrichtig gemacht; aber sie suchen viele Künste."

Wir stehen selbst enttäuscht und sehn betroffen den ↑Vorhang zu und alle Fragen offen

Wir Wilden sind doch beßre Menschen!

Das Zitat stammt aus Johann Gottfried Seumes 1793 in der von Schiller herausgegebenen Zeitschrift „Neue Thalia" erschienenem Gedicht „Der Wilde". Ein nordamerikanischer Indianer, ein Hurone, macht darin schlechte Erfahrungen mit einem der angeblich so zivilisierten Einwanderer aus Europa. Das Gedicht schließt mit den Worten: „Ruhig ernsthaft sagte der Hurone:/Seht, ihr fremden, klugen, weisen Leute,/Seht, wir Wilden sind doch beßre Menschen;/Und er schlug sich seitwärts ins Gebüsche." – Man gebraucht das Zitat gelegentlich noch scherzhaft, um auszudrücken, daß man sich selbst gegenüber anderen in einem positiveren Licht sieht.

Wir winden dir den Jungfernkranz

In Carl Maria von Webers Oper „Der Freischütz" (1821; Text von Johann Friedrich Kind) singt im 3. Akt der Chor der Brautjungfern: „Wir winden dir den Jungfernkranz mit (meist zitiert: aus) veilchenblauer Seide;/Wir führen dich zu Spiel und Tanz, zu Glück und Liebesfreude!" Der Text und die Melodie erlangten bald Volksliedcharakter. Man zitiert den Liedanfang (auch gesungen) heute noch gelegentlich, um scherzhaft auf jemandes bevorstehende Eheschließung anzuspielen.

Wir wollen niemals auseinandergehn

Mit diesem Schlager aus dem Jahr 1960 ersang sich die Schauspielerin und Sängerin Heidi Brühl (1942–1991) ihre erste goldene Schallplatte. Die Melodie schrieb Michael Jary, einer der erfolgreichsten deutschen Schlagerkomponisten, der Text stammt von B. Balz und G. de Vos. Man zitiert den Titel oft ironisch, zum Beispiel als Kommentar zu einer verzweifelt aufrechterhaltenen Partnerschaft, oder scherzhaft als festen Vorsatz, niemals seine schlanke Figur zu verlieren.

Wir wollen sein ein einzig Volk von Brüdern, in keiner Not uns trennen und Gefahr

Mit diesen beiden Zeilen beginnt der berühmte Rütlischwur aus Schillers Schauspiel „Wilhelm Tell". In der 2. Szene des 2. Aktes haben sich die Eidgenossen aus Schwyz, Uri und Unterwalden auf einer Bergwiese, dem Rütli, versammelt. Alle sprechen sie am Ende des Aktes die Worte des Schwurs, die ihnen der Pfarrer Rösselmann aus Uri vorspricht. Die bei entsprechenden feierlichen Anlässen zitierten Worte werden heute sicherlich häufig als zu pathetisch empfunden.

Wir wollen uns den grauen Tag vergolden, ja vergolden

Die Gedichtzeile stammt aus dem „Oktoberlied" überschriebenen Herbstgedicht von Theodor Storm (1817–1888). Das Gedicht beginnt mit der Strophe: „Der Nebel steigt, es fällt das Laub;/Schenk ein den Wein, den holden!/Wir wollen uns den grauen Tag vergolden, ja vergolden!" – Man verwendet das Zitat gelegentlich als scherzhafte Rechtfertigung für etwas, was man sich gönnt.

Wir wollen weniger erhoben und fleißiger gelesen sein

↑Wer wird nicht einen Klopstock loben?

Wird dem Huhn man nichts tun?

Christian Morgenstern (1871–1914) erzählt in seinem Gedicht „Das Huhn" von einem solchen Federvieh, das sich in eine Bahnhofshalle verirrt hat und dort für Aufregung sorgt. Das Auftreten der zuständigen Autorität, des Stationsvorstehers, läßt den Dichter die bange Frage stellen: „Wird dem Huhn/man nichts tun?" Man zitiert diesen Vers scherzhaft, wenn sich jemand in einer mißlichen oder schwierigen Situation befindet und man besorgt ist, ob er heil herauskommt.

Es **wird** mit ↑Recht ein guter Braten gerechnet zu den guten Taten

Es **wird** nicht ein ↑Stein auf dem andern bleiben

↑Bei einem **Wirte** wundermild

Wissen, was die Glocke geschlagen hat

Für die umgangssprachliche Redewendung im Sinne von „über etwas Unangenehmes, was einem bevorsteht, schon Bescheid wissen" finden sich bereits bei Johann Jakob Christoffel von Grimmelshausen (um 1622–1676) und in Thomas Murners (1475–1537) „Narrenbeschwörung" (53,60) Belege. In Adelbert von Chamissos (1781–1838) „Nachtwächterlied" klingt die Redewendung ebenfalls in den Eingangszeilen an: „Hört, ihr Herrn, und laßt euch sagen,/Was die Glocke hat geschlagen: ..."

Wissen, wo der Schuh drückt

Die Wendung, mit der man umschreibt, daß jemand das heimliche Übel, die geheimen Sorgen eines anderen kennt, daß er weiß, was diesen bedrückt, geht auf den griechischen Schriftsteller Plutarch (um 46–um 125 n. Chr.) zurück. Dieser erzählt in der Schrift „Coniugalia praecepta" von einem Römer, der sich von seiner schönen, reichen, offenbar untadeligen Frau habe scheiden lassen und sich deswegen Fragen und Vorwürfe seiner Freunde habe gefallen lassen müssen. Er habe daraufhin seinen Schuh vorgestreckt und gesagt: „Dieser Schuh ist auch schön und neu, niemand aber weiß, wo er mich drückt."

↑Wo das **Wissen** aufhört, fängt der Glaube an

Wissen ist Macht

Dieses Schlagwort, das bezeugt, daß derjenige, der Wissen besitzt, zugleich eine bestimmte Macht hat, gegenüber anderen im Vorteil ist, geht auf den englischen Philosophen Francis Bacon (1561–1626) zurück. Bacon gründet seine Philosophie auf Erfahrung an Stelle der Spekulation. Beobachtung und Experiment waren für ihn die Grundlagen und die Quelle des Wissens. Er wurde so zum Wegbereiter der Naturwissenschaft. Das Zitat findet sich in seinem literarischen Werk, den „Essays", die er nach dem Vorbild des französischen Philosophen und Moralisten Michel de Montaigne (1533–1592) verfaßte. Es existiert sowohl in lateinischer als auch in englischer Sprache: *Ipsa scientia potestas est* und *Knowledge itself is power.*

↑Mit dem **Wissen** wächst der Zweifel

↑Mit wenig **Witz** und viel Behagen

Wo aber ein Aas ist, da sammeln sich die Geier

Dieses Zitat geht auf zwei Bibelstellen zurück. Es heißt im Matthäusevangelium „Wo aber ein Aas ist, da sammeln sich die Adler" (24,28) und im Lukasevangelium „Wo das Aas ist, da sammeln sich auch die Adler" (17,37). Es steht beide Male in einem Zusammenhang, in dem von der Zerstörung Jerusalems, der Wiederkunft Christi und dem Ende der Welt die Rede ist. Man kann mit dem Zitat – mit einem Unterton von Kritik – zum Ausdruck bringen, daß sich viele von etwas angezogen fühlen, von dem sie sich Vorteile versprechen.

Wo aber Gefahr ist, wächst das Rettende auch

Dieser Vers findet sich in der 1. Strophe der Hymne „Patmos" von Friedrich Hölderlin (1770–1843). Er enthält eine alte Volksweisheit, die in ähnlicher Form sprichwörtlich geworden ist: „Wo (auch: Wenn) die Not am größten, ist (die) Hilf' am nächsten."

Wo alles liebt, kann Karl allein nicht hassen

Das Zitat stammt aus Schillers „Don Karlos" (I, 1). Domingo, der Beichtvater König Philipps, versucht mit diesen Worten die Einstellung des Prinzen Karlos zur Königin, seiner Stiefmutter und ehemaligen Braut, zu erfahren.

Man zitiert den Satz, um auszudrücken, daß man selbst oder eine andere Person nicht umhinkann, sich der ausschließlich positiven Meinung der Mehrheit anzuschließen.

Wo bleibt das Positive?

In Erich Kästners drittem Gedichtband „Ein Mann gibt Auskunft“ (1930) findet sich ein Gedicht mit dem Titel „Und wo bleibt das Positive, Herr Kästner?“ Die erste Strophe lautet: „Und immer wieder schickt ihr mir Briefe,/in denen ihr, dick unterstrichen, schreibt:/‚Herr Kästner, wo bleibt das Positive?‘/Ja, weiß der Teufel, wo das bleibt.“ Der kultur- und gesellschaftskritische Dichter erläutert im folgenden seinen Lesern, daß er es für unangemessen hält, angesichts des traurigen Zustandes der Welt heiter-fröhliche Lyrik zu verfassen: „Die Spezies Mensch ging aus dem Leime/und mit ihr Haus und Staat und Welt./Ihr wünscht, daß ich's hübsch zusammenreime,/und denkt, daß es dann zusammenhält?“ (5. Strophe). Die letzte Strophe schließt mit der drastischen Ablehnung dieses Ansinnens: „Ihr möchtet gern euren Spaß dran haben ...?/Ein Friedhof ist kein Lunapark.“ – Der verkürzte Titel des Gedichts wird teils vordergründig zitiert, wenn jemand ausschließlich Negatives berichtet oder vorgetragen hat, teils wird er auch noch im Sinne Kästners als bissige Ablehnung von Harmonisierungswünschen verwendet. Ebenso zitiert man die Schlußzeile des Gedichts gelegentlich, um auszudrücken, daß man Fröhlichkeit und Optimismus in einer gegebenen Situation für unpassend hält.

Wo das gesteckt hat, liegt noch mehr

Diese Formulierung gebraucht in Schillers Tragödie „Maria Stuart“ (I, 1) Amias Paulet, der Kerkermeister der Titelheldin, als er in ihrem Schrank weiteren Schmuck für Bestechungen vermuten muß. In einer ähnlichen Situation sagt man heute üblicherweise: „Wo das ist, da ist auch noch mehr.“

↑Denn **wo** das Strenge mit dem Zarten, wo Starkes sich und Mildes paarten, da gibt es einen guten Klang

Wo das Wissen aufhört, fängt der Glaube an

Das Zitat hat seinen Ursprung in einer Predigt des Kirchenvaters Augustinus (354–430) über einen Text aus dem Johannesevangelium (20, 19–31), wo der auferstandene Jesus den Jüngern und danach dem zunächst ungläubigen Thomas erscheint. In der 247. Predigt des Augustinus heißt es im Original: *Ubi defecerit ratio, ibi est fidei aedificatio* („Wo die Erkenntnis aufhört, da baut sich der Glaube auf“).

↑Da, **wo** du nicht bist, blüht das Glück!

Wo du nicht bist, Herr Organist, da schweigen alle Flöten

Die dritte Strophe eines Kirchenliedes des evangelischen Pfarrers und Kirchenlieddichters Erdmann Neumeister (1671–1756; seit 1715 Hauptpastor an St. Jacobi, Hamburg) endet mit den Zeilen: „Herr Jesu Christ! Wo du nicht bist,/ist nichts, das mir erfreulich ist.“ Das genannte Zitat soll eine scherzhafte Umdichtung dieser Verse sein. Es wird – oft mit der entsprechenden Bewegung von Daumen und Zeigefinger – dann verwendet, wenn man andeuten will, daß einem das „nötige Kleingeld“ fehlt. Statt „Herr Organist“, heißt es auch häufig: „Wo du nicht bist, Herr Jesus Christ ...“

Wo ist dein Bruder Abel?

↑Soll ich meines Bruders Hüter sein?

Wo ist der Schnee vom vergangenen Jahr?

↑Schnee von gestern

Wo laufen sie denn?

In einem Sketch von Wilhelm Bendow (1884–1950) wird diese Frage von einem Neuling auf der Pferderennbahn mehrmals aufgeregt gestellt – er versucht, zunächst vergeblich, das Rennen mit seinem Fernglas zu verfolgen. Besondere Popularität erhielt dieser Rennbahnsketch durch eine Zeichentrickversion von Loriot (= Vicco von Bülow), bei der die Schallplatten-Originalaufnahme mit den Stimmen von Wilhelm Bendow und Franz-Otto Krüger zugrunde gelegt wurde. – Das Zitat wird scherzhaft verwendet, wenn jemand ein Geschehen verfolgen möchte, aber nicht gleich erkennt, wo es sich abspielt.

Wo man singt, da laß dich ruhig nieder

Die zum geflügelten Wort gewordene Zeile stammt aus einem Gedicht mit dem Titel „Die Gesänge" von Johann Gottfried Seume (1763–1810). Seine erste Strophe lautet: „Wo man singet, laß dich ruhig nieder,/Ohne Furcht, was man im Lande glaubt;/Wo man singet, wird kein Mensch beraubt;/Bösewichter haben keine Lieder." Meist werden die erste und die letzte Zeile zusammen in abgewandelter Form zitiert: „Wo man singt, da laß dich ruhig nieder; böse Menschen haben keine Lieder." Der hier ausgesprochene Gedanke ist bei den verschiedensten Dichtern bereits vor Seume zu finden. Bei Martin Luther (1483–1546) heißt es zum Beispiel in einem Lied mit dem Titel „Frau Musica": „Hie kann nicht sein ein böser Mut,/Wo da singen Gesellen gut." – Als Zitat ist das geflügelte Wort ein Lob des Gesangs und seiner positiven Wirkung auf die Menschen. Es bedeutet auch: Hier, unter Menschen, die gern singen, ist gut sein.

Wo rohe Kräfte sinnlos walten

Der Vers stammt aus Schillers „Lied von der Glocke" (1799). Der Meister hat von dem Guß der Glocke berichtet. Nachdem die Form erkaltet ist, kann er sie zerbrechen und die Glocke aus ihrem Mantel herausschälen. In der folgenden Betrachtung wird diese Phase des Glockengusses auf die allgemein menschliche Entwicklung übertragen. Nur wenn „mit weiser Hand zur rechten Zeit" gehandelt wird, entwickelt sich etwas zum Guten. Dagegen steht: „Wo rohe Kräfte sinnlos walten,/Da kann sich kein Gebild gestalten". Schiller nahm mit dieser Feststellung auch Bezug auf die Französische Revolution, deren blutige Auswüchse er verurteilte. – Man verwendet das Zitat als scherzhaften Kommentar, wenn jemand vergeblich versucht, etwas mit Gewaltanwendung zu erreichen und dabei nur Schaden anrichtet. Es kann jedoch auch Ärger angesichts sinnloser Zerstörungen ausdrücken. Eine umgangssprachliche Erweiterung des Zitats lautet: „Wo rohe Kräfte sinnlos walten, da kann kein Knopf die Hose halten".

Wo stehet das geschrieben?

Mit dieser Frage leitet Martin Luther (1483–1546) im „Kleinen Katechismus" im 4. und 5. Hauptstück und im „Lehrstück vom Amt der Schlüssel" die jeweils folgende biblische Begründung für seine vorher gegebenen Erklärungen zu Taufe, Abendmahl und Sündenvergebung ein. Heute verwendet man die Frage nur rhetorisch („Wo steht denn das geschrieben?"), um auszudrücken, daß es keine Vorschrift gibt, die dem eigenen Handeln entgegenstünde.

Wo viel Licht ist, ist auch viel Schatten

Der sprichwörtlich gebrauchte Satz im Sinne von „wo es viel Positives gibt, gibt es auch viel Negatives" findet sich in ähnlicher Form auch in Goethes Drama „Götz von Berlichingen". Im 1. Akt entgegnet Götz auf Weislingens Wunsch, Gott möge ihn viel Freude an seinem Sohn erleben lassen, mit gefaßter Skepsis: „Wo viel Licht ist, ist starker Schatten – doch wär' mir's willkommen. Wollen sehen, was es gibt."

Wo warst du, Adam?

Dies ist der Titel eines Romans von Heinrich Böll aus dem Jahr 1951, der im letzten Jahr des Zweiten Weltkriegs spielt und dem ein Motto aus den „Tag- und Nachtbüchern" von Theodor Haekker mit folgendem Wortlaut vorangestellt ist: „Eine Weltkatastrophe kann zu manchem dienen. Auch dazu, ein

Alibi zu finden vor Gott. Wo warst du, Adam?, Ich war im Weltkrieg!" Die Frage an Adam geht auf eine Stelle im Alten Testament (1. Moses 3,9) zurück, wo Gott nach Adam ruft, der sich nach dem Genuß des Apfels im Paradies vor Gott verborgen hat. Als Zitat wird es scherzhaft als Frage nach jemandes Verbleib gebraucht.

Wo weder Mond noch Sonne dich bescheint

Im 3. Akt von Schillers Schauspiel „Wilhelm Tell" wagt der Held den Apfelschuß und trifft sicher. Vom Landvogt Geßler gefragt, weshalb er einen zweiten Pfeil eingesteckt habe, gesteht Tell, daß dieser für ihn, Geßler, bestimmt war, wäre beim ersten Schuß Tells Sohn verletzt worden. Darauf entgegnet der Landvogt, daß er ihm zwar sein Leben zugesichert habe, „Doch weil ich deinen bösen Sinn erkannt,/Will ich dich führen lassen und verwahren,/Wo weder Mond noch Sonne dich bescheint,/Damit ich sicher sei vor deinen Pfeilen" (III,3). Danach bezeichnet man heute eine entlegene, weltabgeschiedene Gegend als einen Ort, „wo weder Mond noch Sonne dich bescheint (auch: bescheinen)."

Wo Worte selten, haben sie Gewicht

Wenn man jemanden darauf aufmerksam machen möchte, daß er zu viel und zu lange redet, von etwas zu weitschweifig berichtet, etwas zu umständlich darlegt o.ä., könnte man diesen Ausspruch zitieren. Er stammt aus Shakespeares Drama „König Richard der Zweite" (II, 1) und lautet im englischen Original: *Where words are scarce, they are seldom spent in vain.* Gesprochen werden sie von dem im Sterben liegenden Johann von Gaunt, einem Oheim König Richards. Gaunt glaubt, daß seine warnenden Worte von König Richard um so eher gehört und befolgt werden müßten, als sie von einem Sterbenden gesprochen werden. Die Stelle lautet im ganzen: „O, sagt man doch, daß Zungen Sterbender/Wie tiefe Harmonie Gehör erzwingen;/Wo Worte selten, haben sie Gewicht:/Denn Wahrheit atmet, wer schwer atmend spricht,/Nicht der, aus welchem Lust und Jugend schwätzt."

Wo zwei oder drei in meinem Namen versammelt sind

↑Denn wo zwei oder drei versammelt sind in meinem Namen, da bin ich mitten unter ihnen

Wofür sie besonders schwärmt, wenn er wieder aufgewärmt

Das Zitat stammt aus dem „Zweiten Streich" von Wilhelm Buschs (1832 bis 1908) „Max und Moritz. Eine Bubengeschichte in sieben Streichen" und steht in folgendem Textzusammenhang: „Eben geht mit einem Teller/Witwe Bolte in den Keller,/Daß sie von dem Sauerkohle/Eine Portion sich hole,/Wofür sie besonders schwärmt,/Wenn er wieder aufgewärmt." Die beiden Zeilen werden als Kommentar zu aufgewärmtem Essen verwendet; sie können gelegentlich auch im übertragenen Sinne einer Kritik an einer überflüssigen Wiederholung, an dem unerwünschten Wiederaufleben von etwas Vergangenem Ausdruck geben.

Wohl dem, der frei von Schuld und Fehle bewahrt die kindlich reine Seele

Diese Zeilen aus Schillers Ballade „Die Kraniche des Ibykus" (dort gesprochen vom Chor der Eumeniden, der Rachegöttinnen, im Theater) werden zitiert, wenn man jemandes Verhalten als ziemlich naiv und unbedarft bezeichnen will. Das Zitat kann aber auch lobend anerkennen, daß jemand sich einen kindlich-unverdorbenen Charakter bewahrt hat und ohne Falsch ist.

Wohl dem, der jetzt noch Heimat hat

Diese Worte stammen aus der ersten Strophe des Gedichts „Vereinsamt" von Friedrich Nietzsche (1844–1900): „Die Krähen schrein/Und ziehen schwirren Flugs zur Stadt:/Bald wird es schnein, –/Wohl dem, der jetzt noch –

Heimat hat!“ Mit dem Zitat wird zum Ausdruck gebracht, daß derjenige sich glücklich schätzen darf, der in schlimmen Zeiten weiß, wo er hingehört, und die Geborgenheit eines Zuhause findet. Diese Feststellung wird noch verstärkt durch die letzte Zeile des Gedichts „Weh dem, der keine Heimat hat!“, mit der im übertragenen Sinne auch ausgedrückt werden kann, daß man ohne eine geistige oder politische Heimat einsam und verloren ist.

Wohl, nun kann der Guß beginnen

Das Zitat stammt aus dem Abschnitt von Schillers „Lied von der Glocke“, in dem der Glockenguß geschildert wird. Der Spruch bildet oft den Auftakt zu einer Arbeit, nachdem die nötigen Vorarbeiten ausgeführt sind.

Wohlauf, die Luft geht frisch und rein

Mit diesem Ausruf beginnt das vielstrophige „Wanderlied“ von Joseph Victor von Scheffel (1826–1886), das in der Sammlung „Gaudeamus, Lieder des Engeren und Weiteren“, enthalten ist: „Wohlauf, die Luft geht frisch und rein,/Wer lange sitzt muß rosten!/Den allerschönsten Sonnenschein/Läßt uns der Himmel kosten.“ – Das Zitat kann als Aufforderung dazu dienen, sich zu einer Unternehmung aufzuschwingen.

Wohlauf, Kameraden, aufs Pferd, aufs Pferd!

Mit diesem Vers beginnt im ersten Teil von Schillers Wallenstein-Trilogie das vom Soldatenchor gesungene „Reiterlied“ („Wallensteins Lager“, 11. Auftritt; die ersten 6 Strophen sind bereits 1798 erschienen). Man zitiert diese Worte gelegentlich noch als scherzhaft gemeinte Aufforderung, sich in Bewegung zu setzen, mit etwas zu beginnen. Manchmal wird auch noch der folgende Vers hinzugefügt, das Zitat lautet dann: „Wohlauf, Kameraden, aufs Pferd, aufs Pferd!/Ins Feld, in die Freiheit gezogen!“

Wohlauf, noch getrunken den funkelnden Wein

↑Ade nun, ihr Lieben! Geschieden muß sein

Laßt **wohlbeleibte** Männer um mich sein

↑Laßt dicke Männer um mich sein

↑Alle **Wohlgerüche** Arabiens

↑Nur wer im **Wohlstand** lebt, lebt angenehm!

Wohltätig ist des Feuers Macht

Das mag mancher beim Anblick eines prasselnden Feuers oder eines Brandes denken. Die Worte stammen aus Schillers „Lied von der Glocke“. Dort heißt es weiter: „Wenn sie der Mensch bezähmt, bewacht.“

↑Man kann mit einer **Wohnung** einen Menschen genauso töten wie mit einer Axt

Ein **Wolf** im Schafspelz sein

Die Redewendung mit der Bedeutung „sich harmlos geben, freundlich tun, dabei aber heimtückisch sein oder böse Absichten haben“ geht auf das Neue Testament zurück. Hier findet man im Matthäusevangelium (7,15) die Warnung: „Sehet euch vor vor den falschen Propheten, die in Schafskleidern zu euch kommen, inwendig aber sind sie reißende Wölfe.“

↑Eilende **Wolken,** Segler der Lüfte!

Wolkenkuckucksheim

Wenn man von jemandem sagt, daß er in einem Wolkenkuckucksheim lebt, so drückt man damit aus, daß er sich in eine Phantasiewelt von völliger Realitätsferne eingesponnen hat, daß der mangelnde Bezug zum wirklichen Leben falsche Vorstellungen von der Realität bei ihm entstehen läßt. Der Ausdruck ist eine Übersetzung des griechischen Wortes *νεφελοκοκκυγία,* das der griechische Komödiendichter Aristophanes

(445–385 v. Chr.) in der Komödie „Die Vögel“ als Bezeichnung für eine von Vögeln in der Luft gebaute Stadt prägte.

Wollen habe ich wohl

Wenn jemand etwas nicht zustande gebracht hat, sich zur Durchführung eines Vorhabens nicht entschließen konnte, wenn ihm etwas mißglückt ist o. ä., dann werden gelegentlich diese Worte als eine nicht allzu ernst gemeinte entschuldigende Floskel vorgebracht. Es handelt sich dabei um den Anfang eines Bibelwortes, das auch häufiger ganz zitiert wird: „Wollen habe ich wohl, aber vollbringen das Gute finde ich nicht.“ Es steht in der Bibel (Römer 7, 18) in einem Zusammenhang, wo von der den Menschen beherrschenden doppelten Gesetzmäßigkeit die Rede ist, die ihm auferlegt, fähig zu sein, das Gute zu wollen und ihn zugleich unfähig sein läßt, das Gewollte zu vollbringen. Mit dem Verstand kann er Gottes Gesetz voll zustimmen, aber in seiner ganzen Lebensführung handelt er gegen dieses Gesetz und tut das, was Gott zuwider ist. Der folgende, ebenfalls sehr bekannte Vers lautet: „Denn das Gute, das ich will, das tue ich nicht; sondern das Böse, das ich nicht will, das tue ich.“

↑Ist das **Wort** der Lipp' entflohen, du ergreifst es nimmermehr

↑Du sprichst ein großes **Wort** gelassen aus

Ein **Wort,** geredet zu seiner Zeit

↑Goldene Äpfel auf silbernen Schalen

Das **Wort** zum Sonntag

Eine der ältesten Sendungen im Fernsehen der ARD bringt jeweils am Samstagabend kurze kirchliche Betrachtungen, die meist von einem Vertreter einer der beiden großen christlichen Konfessionen vorgetragen werden. Der Titel „Das Wort zum Sonntag“ ist in den allgemeinen Sprachgebrauch im Sinne von „eine eindringliche Ermahnung, ernsthafte Vorhaltungen“ übernommen worden.

↑Wo **Worte** selten, haben sie Gewicht

Der **Worte** sind genug gewechselt, laßt mich auch endlich Taten sehen

Im „Vorspiel auf dem Theater“ zu Goethes Faust, einem Gespräch zwischen „Direktor“, „Theaterdichter“ und „lustiger Person“, vertritt der Direktor zum Leidwesen des Theaterdichters die Meinung, daß es bei Dichtungen für das Theater in erster Linie auf die Publikumswirksamkeit ankomme. Er läßt die Einwände des gekränkten Dichters nicht gelten und beendet schließlich den Disput. Er beginnt sein Schlußwort mit der zum häufig gebrauchten Zitat gewordenen Aufforderung, das lange Reden nun zu lassen und dafür lieber entschlossen zu handeln. Die beiden Aussagen des Zitats werden heute in ganz ähnlicher Funktion bei entsprechenden Gelegenheiten entweder je einzeln oder als Ganzes zitiert.

↑Mit **Worten** läßt sich trefflich streiten

Wörter haben ihre Schicksale

↑Habent sua fata libelli

Wörterbuch des Unmenschen

Wenn man bestimmte Ausdrücke als inhuman kennzeichnen will, verweist man mit diesem Zitat (etwas stammt „aus dem Wörterbuch des Unmenschen“, könnte „im Wörterbuch des Unmenschen“ stehen) auf Beiträge von Dolf Sternberger, Gerhard Storz und W. E. Süskind, die nach dem Krieg in der Monatszeitschrift „Die Wandlung“ erschienen sind. Sie wurden 1957 auch in Buchform unter dem Titel „Aus dem Wörterbuch des Unmenschen“ veröffentlicht und setzen sich besonders mit der Sprache des Nationalsozialismus kritisch auseinander.

↑In des **Worts** verwegenster Bedeutung

Wozu der Lärm?

Mit dieser Frage betritt Mephisto in Goethes Faust (Teil I, Studierzimmer) zum ersten Mal die Szene. Er kommt hinter dem Ofen anstelle des schwarzen Pudels hervor, den Faust zuvor von seinem Spaziergang mit seinem Famulus Wagner („Osterspaziergang") mitgebracht hat. Die Frage bezieht sich auf den Aufwand an Beschwörungsformeln und -ritualen, mit deren Hilfe Faust das Erscheinen Mephistos bewirkt hatte. Wird die Frage heute zitiert, so steht sie anstelle von Fragen wie „Was soll das?", „Warum dieser Aufwand?" o. ä. Wenn es der Situation entspricht, wird gelegentlich die im Text unmittelbar anschließende Frage Mephistos an Faust mitzitiert: „Wozu der Lärm? Was steht dem Herrn zu Diensten?" Das Ganze bedeutet dann etwa soviel wie: „Was willst du eigentlich? Was soll ich denn machen, was kann ich für dich tun?"

Wozu Dichter in dürftiger Zeit

Mit diesem Zitat aus der siebten Strophe von Hölderlins (1770–1843) Elegie „Brot und Wein" könnte indirekt zum Ausdruck gebracht werden, daß der Literatur besonders in einer vorwiegend auf materielle Dinge ausgerichteten Gesellschaft oft nicht die Anerkennung zuteil wird, nicht der Stellenwert beigemessen wird, der ihr eigentlich zukommen müßte. Bei Hölderlin steht hinter dieser Frage die resignierende Ansicht, daß es in Zeiten, in denen keine Heldentaten vollbracht werden, in denen die Götter uns fern sind, für einen Dichter nichts zu besingen gebe.

↑Ich weiß, es wird einmal ein **Wunder** geschehn

Das **Wunder** ist des Glaubens liebstes Kind

Dieses Wort der Skepsis gegenüber dem christlichen Glauben, das diesen zum Wunderglauben degradiert, ist ein Zitat aus Goethes Faust (Teil I, Nacht). Es schließt sich unmittelbar an die Worte an, in denen die Titelfigur ihren Glaubensverlust konstatiert („Die Botschaft hör' ich wohl, allein mir fehlt der Glaube"). Faust ist in seinem Erkenntnisstreben an einem Punkt angelangt, wo er verzweifelt zur Giftphiole greift, nachdem er zuvor vergebens das Zeichen des Makrokosmos geschaut hat und vom Erdgeist zurückgewiesen worden ist. Bei dem Versuch, das Gift zu nehmen, wird er unterbrochen durch „Glockenklang und Chorgesang". Der Chor der Engel verkündet die Auferstehung Christi. Was ihn davon abhält, sein Vorhaben auszuführen, ist jedoch nicht sein christlicher Glaube, sondern die durch den Gesang ausgelöste Erinnerung an die Jugend und die Ungebrochenheit des Wunderglaubens in jener glücklichen Zeit.

↑Das ist der Beginn einer **wunderbaren** Freundschaft

↑Beim **wunderbaren** Gott – das Weib ist schön!

Es ↑muß was **Wunderbares** sein, von dir geliebt zu werden

Wunderlicher Heiliger

Dieser Ausdruck geht auf Psalm 4,4 im Alten Testament zurück, der nach der Lutherübersetzung lautet: „Erkennet doch, daß der Herr seine Heiligen wunderlich führet." In der Sprache Luthers war „wunderlich" gleichbedeutend mit „wunderbar", wie es auch in der revidierten Fassung heißt. Danach war „ein wunderlicher Heiliger" eigentlich ein „wunderbarer, Wunder wirkender Heiliger". Wenn man heute von einem wunderlichen, sonderbaren oder komischen Heiligen spricht, so meint man damit einen seltsamen Menschen, einen Sonderling.

↑O **wunderschön** ist Gottes Erde und wert, darauf vergnügt zu sein!

↑Mich **wundert,** daß ich fröhlich bin

↑Dein **Wunsch** war des Gedankens Vater

↑ Als das **Wünschen** noch geholfen hat

↑ Doch eine **Würde,** eine Höhe entfernte die Vertraulichkeit

Die **Würfel** sind gefallen!

Die Redensart geht auf einen Julius Cäsar (100–44 v. Chr.) zugeschriebenen Ausspruch zurück, den er nach dem Überschreiten des Rubikons getan haben soll. Er lautet nach der Überlieferung des lateinischen Schriftstellers Sueton in dessen Cäsarbiographie *Alea iacta est* beziehungsweise *Iacta alea est* („Der Würfel ist gefallen"). Er wird heute in der Form „die Würfel sind gefallen" zitiert, womit zum Ausdruck gebracht wird, daß eine bestimmte schwerwiegende Entscheidung gefallen ist. Historisch plausibler ist allerdings, was schon Erasmus von Rotterdam vermutete, daß Cäsar seinerseits ein griechisches Sprichwort (*ἀνεῤῥίφθω κύβος*, auf deutsch „Hochgeworfen sei der Würfel") zitiert habe, daß er also eher von einer bevorstehenden als von einer bereits gefallenen Entscheidung gesprochen habe.

Abrahams **Wurstkessel**

↑ Wie in Abrahams Schoß

↑ O **wüßt'** ich doch den Weg zurück

In die **Wüste** schicken

↑ Sündenbock

Yellow Press

Dieser englische Ausdruck für „Sensationspresse" (deutsche Übersetzung: „gelbe Presse") wurde zu Ende des 19. Jahrhunderts in der amerikanischen Presse geprägt. Er hat seinen Ursprung in einer bei den Lesern einer New Yorker Zeitung sehr beliebten Comiczeichnung, die ein mit einem gelben Hemd bekleidetes Kind zeigte (genannt *Yellow Kid* „gelbes Kind"), dem flotte Sprüche in den Mund gelegt wurden. Als nun eine andere New Yorker Zeitung für sich beanspruchte, diese Zeichnungen zuerst gebracht zu haben, entbrannte zwischen beiden Blättern ein Pressekrieg. In einem Bericht hierüber wurden dann beide Sensationsblätter als *Yellow Press* (in Anlehnung an die gelb gekleidete Kindergestalt) bezeichnet.

Z

↑ Ihre **Zahl** ist Legion

↑ Er **zählt** die Häupter seiner Lieben

Der **Zahn** der Zeit

Diese besonders im 18. Jahrhundert häufig gebrauchte Metapher, mit der die zerstörende, den Verfall bewirkende Kraft der Zeit angesprochen wird, findet sich schon bei antiken Autoren in ähnlicher Form. Verbreitung fand sie durch Shakespeares Stück „Maß für Maß" (im englischen Original: *the tooth of time*). Die Textstelle lautet: „O! Solch Verdienst spricht laut; ich tät' ihm Unrecht,/Schlöss' ich's in meiner Brust verschwiegne Haft,/Da es verdient, mit erzner Schrift bewahrt/Unwandelbar dem Zahn der Zeit zu trotzen." – In dem folgenden, scherzhaft gebildeten Beispielsatz für den Begriff der Katachrese (des Bildbruchs, des unpassenden Gebrauchs von Metaphern) wurde das Zitat als Ausgangspunkt verwendet: „Möge der Zahn der Zeit, der schon manche Träne getrocknet hat, auch über diese Wunde Gras wachsen lassen."

Zankapfel

Unter einem Zankapfel, auch Erisapfel oder Apfel der Zwietracht genannt, versteht man einen Gegenstand des Streites, Zankes. Der Apfel wurde nach Eris, der Göttin der Zwietracht benannt. Nach der griechischen Sage warf die nicht zur Hochzeit der Thetis mit Peleus geladene Göttin einen Apfel mit der Aufschrift „der Schönsten" unter die Hochzeitsgäste, wodurch es zum Streit zwischen Hera, Athene und Aphrodite kam. Paris erkannte ihn Aphrodite zu und beschwor so den Trojanischen Krieg herauf. – Dieses „Urteil des Paris" erwähnt der altgriechische Dichter Homer (2. Hälfte des 8. Jh.s v. Chr.) am Anfang des 24. Gesanges seiner „Ilias" („Der [= Paris] damals, da zu seinem Gehöft die Göttinnen,/Beide gekränkt, die preisend, die üppige Lust ihm geboten", Ilias XXIV, Vers 29 f.). Es war in der Antike und auch noch in späterer Zeit ein beliebtes Motiv der bildenden Kunst, so z. B. bei Albrecht Dürer, Paul Cézanne und Lovis Corinth.

↑ Also sprach **Zarathustra**

Das **Zebra** trifft man stellenweise

Den letzten Buchstaben des Alphabets stellt Wilhelm Busch (1832–1908) in seinem „Naturwissenschaftlichen Alphabet für größere Kinder und solche, die es werden wollen" (in den „Fliegenden Blättern") so vor: „Die Zwiebel ist der Juden Speise,/Das Zebra trifft man stellenweise." Den zweiten Teil des Verses zitiert man heute noch gelegentlich scherzhaft mit wechselndem Subjekt, wenn man sagen will, daß etwas Bestimmtes – oft etwas Kurioses – schon hier und da anzutreffen, vorzufinden ist.

Die **Zeichen** der Zeit

Dieser Ausdruck mit der Bedeutung „erkennbare Anzeichen einer sich anbahnenden Entwicklung" geht auf das Neue Testament zurück. Hier sagt Jesus zu den Pharisäern und Sadduzäern, die von ihm „ein Zeichen vom Himmel" forderten: „Des Abends sprecht ihr: Es wird ein schöner Tag werden, denn der Himmel ist rot; und des Morgens sprecht ihr: Es wird heute Ungewitter sein, denn der Himmel ist rot und trübe. Ihr Heuchler! Über des Himmels Gestalt könnt ihr urteilen; könnt ihr denn nicht auch über die Zeichen dieser Zeit urteilen?" (Matthäus 16, 2 f.).

Es ↑ geschehen noch **Zeichen** und Wunder

↑ Dies ist die **Zeit** der Könige nicht mehr

Die **Zeit** ist aus den Fugen

Diese Worte spricht Hamlet in Shakespeares gleichnamigem Trauerspiel (1, 5) nach der nächtlichen Begegnung mit dem Geist seines ermordeten Vaters, der ihn aufforderte, die an ihm verübte Bluttat zu rächen: „Die Zeit ist aus den Fugen; Schmach und Gram,/Daß ich zur Welt, sie einzurichten, kam." – Das Zitat (im englischen Original: *The time is out of joint*) gibt jemandes pessimistischer Überzeugung Ausdruck, daß die Gegenwart, in der er lebt, von ihm als Zeit ohne ordnende Kraft gesehen wird, als Zeit, in der der Geist des Chaos, der inneren und äußeren Instabilität herrscht.

Zeit ist Geld

Aussagen darüber, daß Zeit wertvoll ist und genutzt werden sollte, gehen bis in die Antike zurück. Geläufig ist vor allem auch der sprichwörtliche englische Ausdruck *Time is money*, der wohl durch Benjamin Franklins 1748 erschienene Schrift „Advice to Young Tradesmen" („Ratschläge für junge Kaufleute") besondere Verbreitung fand. Dort findet sich die Ermahnung *Remember, that time is money* („Denkt daran, daß Zeit Geld ist").

↑ Von **Zeit** zu Zeit seh ich den Alten gern

Ein **Zeitalter** wird besichtigt

So nannte der deutsche Schriftsteller Heinrich Mann (1871–1950) seine im Jahr 1945 erschienenen politisch-biographischen Aufzeichnungen. Er ließ darin die Zeit vom Beginn der europäischen Aufklärung bis zum Ende des Zweiten Weltkriegs in historischen Reflexionen Revue passieren. – Man kann das Zitat dort verwenden, wo eine bestimmte Epoche in ihrem zeitlichen Ablauf kritisch betrachtet wird.

Die **Zeiten** ändern sich, und wir ändern uns mit ihnen

↑Tempora mutantur, nos et mutamur in illis

Die **Zeiten** der Vergangenheit sind uns ein Buch mit sieben Siegeln

Ein ↑Buch mit sieben Siegeln

↑Du sprichst von **Zeiten,** die vergangen sind

Zeitgeist

Mit diesem Wort bezeichnet man die für eine bestimmte geschichtliche Zeit charakteristische allgemeine geistige Haltung, vorherrschende Gesinnung; es wird heute überwiegend auf die Gegenwart bezogen. Schon Herder hat das Wort in seinen „Betrachtungen, die Wissenschaft und Kunst des Schönen betreffend“ verwendet, die er 1769 unter dem Haupttitel „Kritische Wälder“ veröffentlichte. Zur weiteren Verbreitung hat wohl auch Goethes Faust beigetragen, wo es in der Form „Geist der Zeiten“ sowohl von Faust selbst als auch von seinem Famulus Wagner in deren Gespräch über Kathedergelehrsamkeit und die Grenzen der menschlichen Erkenntnis gebraucht wird (Faust I, Nacht).

Zettels Traum

Ein für Außenstehende chaotisch wirkende Ansammlung von Papieren und Notizzetteln, beispielsweise auf einem Schreibtisch, in einem Arbeitszimmer o.ä., deren dennoch vorhandene geheime Ordnung sich nur dem Eingeweihten, meist dem Verursacher dieses Zustandes erschließt, wird gelegentlich mit diesem Ausdruck gekennzeichnet. Dabei handelt es sich um den Titel eines großangelegten, sehr eigenwilligen Prosawerks des deutschen Schriftstellers Arno Schmidt (1914–1979). Schmidt, der umfangreiche Zettelkästen als Arbeitsgrundlage für seine Werke anlegte, spielt mit dem Titel auch auf Shakespeares Komödie „Ein Sommernachtstraum“ an, in der der Weber Zettel in einen Esel verwandelt wird, in den sich die Elfenkönigin Titania verliebt. Nach seiner Rückverwandlung (vierter Akt, erste Szene) glaubte er, er habe geträumt, und er sagt (in der Übersetzung von Schlegel): „Ich will den Peter Squenz dazu bringen, mir von diesem Traum eine Ballade zu schreiben; sie soll Zettels Traum heißen, weil sie so seltsam angezettelt ist ...“

Ein **Ziel,** aufs innigste zu wünschen

Dieses Zitat stammt aus dem berühmten, mit den Worten „Sein oder Nichtsein“ beginnenden Monolog Hamlets in Shakespeares gleichnamigem Trauerspiel (3. Aufzug, 1. Szene). Der englische Wortlaut ist: *A consummation* (= ein Abschluß, eine Vollendung) *devoutly to be wished.* Das „Ziel“, von dem Hamlet hier spricht, ist das „Nichtsein“, die Befreiung von der Mühsal und den „Plagen“ des Daseins: „Sterben – schlafen –/Nichts weiter! – und zu wissen, daß ein Schlaf/Das Herzweh und die tausend Stöße endet,/Dies ist unser Erbteil – ’s ist ein Ziel,/Aufs innigste zu wünschen.“ – Man verwendet das Zitat, um (oft auch ironisch) auf ein Ziel hinzuweisen, das einem im höchsten Maß erstrebenswert erscheint.

Das **Ziel** ist nichts, die Bewegung alles

Diese Maxime derjenigen Richtung in der Arbeiterbewegung, die den Sozialismus nicht durch Revolution und Diktatur des Proletariats, sondern ausschließlich durch eine Politik der sozialen Reformen innerhalb einer parlamentarischen Demokratie erreichen wollte, wurde so erstmals von dem deutschen Politiker und sozialdemokratischen Theoretiker Eduard Bernstein (1850 bis 1932) in der Zeitschrift „Die Neue Zeit“

(I, 1897/98, S. 556) formuliert. Für ihn war die Reform der kapitalistischen Verhältnisse das naheliegende Ziel der Sozialdemokratie, statt Revolution wollte er ein friedliches Hineinwachsen in den Sozialismus. Heute werden diese Worte – losgelöst von ihrem ursprünglichen Sinngehalt – als tadelnder Kommentar verwendet, wenn Richtungsstreit und Strategiediskussion in einer politischen Gruppierung wichtiger geworden sind als die Erreichung des gesetzten Zieles und so statt Progression Stagnation eingetreten ist.

↑ Wie **Zieten** aus dem Busch

Ziviler Ungehorsam

Der Begriff des nicht strafbaren, soweit nicht mit Widerstand gegen die Staatsgewalt verbundenen Ungehorsams taucht bereits 1849 bei dem amerikanischen Schriftsteller Henry David Thoreau in seinem Essay *On Civil Disobedience* auf (1967 unter dem deutschen Titel „Über die Pflicht zum Ungehorsam gegen den Staat"). Darin bringt der Nonkonformist seine Ablehnung gegen den Staat und gewissenlose Politik zum Ausdruck.

Es **zogen** drei Burschen wohl über den Rhein

Bei Ludwig Uhland (1787–1862) lautet die zitierte erste Strophe von „Der Wirtin Töchterlein": „Es zogen drei Burschen wohl über den Rhein,/Bei einer Frau Wirtin, da kehrten sie ein." Das Gedicht ist vor allem als Lied populär geworden. Die vom Inhalt losgelöste, scherzhafte Verwendung des Zitats bezieht sich auf drei männliche Personen auf dem Weg zu gemeinsamer Unternehmung.

↑ Jeder **Zoll** ein König

Zoon politikon

Der griechische Philosoph Aristoteles (384–322 v. Chr.) schreibt in seinem Werk „Politika", daß der Mensch ein „von Natur aus auf staatsbürgerliche Gemeinschaft angewiesenes Wesen" (griechisch: *φύσει μέν ἐστιν ζῷον πολιτικόν*) sei. In dieser Gemeinschaft – davon geht Aristoteles aus – wird das sittlich Gute realisiert; sie stellt den geistigen und rechtlichen Rahmen dar, in dem der Mensch lebt und handelt, in dem er zur Selbstverwirklichung findet. Die griechischen Worte des Aristoteles werden häufig auch in der etwas volkstümlicheren Übersetzung „der Mensch ist von Natur ein geselliges Wesen" zitiert.

Zornige junge Männer

Das Zitat, das auf eine unangepaßte, gegen bestimmte gesellschaftliche Zustände rebellierende junge Generation bezogen wird, ist die Übersetzung der englischen Bezeichnung *Angry young men* für eine Gruppe englischer Schriftsteller der zweiten Hälfte der 50er Jahre (besonders John Osborne, Kingslay Amis, Alan Sillitoe, John Braine und John Wain). Der Name wurde vermutlich von *Angry young man,* dem Titel der Autobiographie von Leslie Allen Paul (1905–1985), abgeleitet und gewann im Zusammenhang mit John Osbornes 1956 uraufgeführtem Schauspiel „Look back in Anger" weitere Popularität. (Vergleiche auch „Blick zurück im Zorn".)

Zu Hitler fällt mir nichts ein

Der österreichische Schriftsteller Karl Kraus (1874–1936) begann in seiner Zeitschrift „Die Fackel" einen Artikel über die Entwicklung in Deutschland nach der Machtübernahme durch die Nationalsozialisten mit den Worten: „Mir fällt zu Hitler nichts ein ... Ich fühle mich wie vor den Kopf geschlagen ..." (Die Fackel Nr. 890–905, Ende Juli 1934, S. 153). Der erste Satz wurde in der zitierten Umformung bald populär. Er wird heute noch gelegentlich zitiert, wenn jemand etwas Unerhörtem sprachlos gegenübersteht, obgleich er sonst um treffende Bemerkungen nicht verlegen ist.

Zu neuen Ufern

Der übertragen im Sinne von „Neuen Zielen, einem neuen Leben entgegen" gebrauchte Ausdruck beruht auf einer

Stelle aus Goethes Faust I (Nacht), wo Faust beim Anblick der Phiole seinen Freitod ins Auge faßt und sich seine Befreiung von aller Erdenlast ausmalt: „Ins hohe Meer werd' ich hinausgewiesen,/Die Spiegelflut erglänzt zu meinen Füßen,/Zu neuen Ufern lockt ein neuer Tag." „Zu neuen Ufern" ist auch der ironisch klingende Titel eines Films von Detlef Sierck aus dem Jahr 1937, worin eine Londoner Varietésängerin um 1840 wegen einer (uneigennützigen) Scheckfälschung nach Australien deportiert wird.

Zu seinen Vätern versammelt werden

Diese veraltete, gelegentlich noch in gehobener Ausdrucksweise gebrauchte Redewendung hat die Bedeutung „sterben". Sie findet sich bereits in der Bibel, wo es im Alten Testament zum Beispiel heißt: „Da auch alle, die zu der Zeit gelebt hatten, zu ihren Vätern versammelt wurden, kam nach ihnen ein anderes Geschlecht auf, das den Herrn nicht kannte noch die Worte, die er an Israel getan hatte" (Richter 2, 10).

↑Wer **zuerst** kommt, mahlt zuerst

Der **Zug** des Herzens ist des Schicksals Stimme

Diese Worte sagt in den „Piccolomini", dem 2. Teil von Schillers Wallenstein-Trilogie, Wallensteins Tochter Thekla zu ihrer Tante, der Gräfin Terzky. Sie widerspricht damit deren Auffassung, als Wallensteins Tochter sei es ihre – Theklas – Bestimmung, sich den weitreichenden politischen Plänen des Vaters zu fügen und auf ihre Liebe zu Max Piccolomini zu verzichten. Mit diesem Zitat drückt man aus, daß man sich bei einer Entscheidung nur nach dem Gefühl richtet, nur der Stimme des Herzens folgen will und dies auch für den allein richtigen Weg hält.

Die **Zukunft** hat schon begonnen

In seinem 1952 mit diesem Titel erschienenen Buch setzt sich der österreichische Wissenschaftspublizist und Zukunftsforscher Robert Jungk (*1913) kritisch mit den Einflüssen der hochentwickelten Technik auf das Leben der modernen Gesellschaft auseinander. Der Titel wird heute – losgelöst von der im Buch dargestellten Problematik – zitiert, um auszudrücken, daß in einem bestimmten Bereich die Entwicklung der Gegenwart vorausgeeilt ist, also einen [scheinbaren] zeitlichen Vorsprung hat. Gelegentlich verwendet man den Buchtitel aber auch als warnenden Hinweis darauf – und dann im Jungkschen Sinne –, daß man sich schon jetzt unangenehmen Dingen gegenübergestellt sieht, mit deren Eintritt man erst in der Zukunft gerechnet und gegen die man deshalb keine rechtzeitigen Gegenmaßnahmen ergriffen hat.

Zukunftsmusik

Diese – manchmal auch abwertend gebrauchte – Bezeichnung für etwas, dessen Realisierung noch in einer fernen Zukunft liegt und das daher noch als utopisch angesehen werden muß, geht letztlich auf Richard Wagners Schrift „Das Kunstwerk der Zukunft" (1850) zurück. Sie diente lange im Streit um die Bewertung seiner Musik als ironisch-polemisches Schlagwort. Geprägt hat sie der deutsche Komponist, Violinist und Dirigent Louis (Ludewig) Spohr (1784–1859) in einem 1854 geschriebenen Brief, in dem sie allerdings nicht gegen Wagner gerichtet ist.

Zuletzt, doch nicht der Letzte meinem Herzen

↑Last, not least

Zum Kampf der Wagen und Gesänge

Mit diesem ersten Vers aus Schillers Ballade „Die Kraniche des Ibykus" wird der Reiseanlaß des Ibykus, ein Sängerwettstreit auf Korinth, angegeben. Losgelöst vom ursprünglichen Zusammenhang, wird das Zitat heute gelegentlich als aufmunternde Aufforderung, zu einer größeren, lebhaften Veranstaltung mitzukommen, verwendet:

„Auf zum Kampf der Wagen und Gesänge!"

Zum Kriegführen sind drei Dinge nötig: Geld, Geld und nochmals Geld

Als der französische König Ludwig XII. (König seit 1498) sich anschickte, das Herzogtum Mailand zu erobern, soll er seinen Marschall Gian Giacomo Trivulzio (um 1441–1518) gefragt haben, was für dieses Unternehmen benötigt werde, worauf dieser antwortete: *Tre cose, Sire, ci bisognano prepare, danari, danari e poi danari* („Drei Dinge, Majestät, muß man bereitstellen, Geld, Geld und außerdem Geld"). – Möglicherweise hat Lenin in seinem Prawdaartikel „Lieber weniger, aber besser" (vergleiche auch „Weniger wäre mehr gewesen") auf diese „Dreiheit" angespielt, als er formulierte, daß es für die Erneuerung des Staatsapparates unbedingt nötig sei „erstens zu lernen, zweitens zu lernen und drittens zu lernen". Im Deutschen ist dies verkürzt worden zu „Lernen, lernen und nochmals lernen!"

Zum Sehen geboren, zum Schauen bestellt

Im fünften Akt des zweiten Teils von Goethes Faust tritt der Türmer Lynceus auf. Er beginnt einen Gesang, in dem er sein Türmeramt preist, das darin besteht, als Wächter Ausschau zu halten, seine Blicke beobachtend und betrachtend schweifen zu lassen. Sein Lied beginnt: „Zum Sehen geboren,/Zum Schauen bestellt,/Dem Turme geschworen,/Gefällt mir die Welt." – Man verwendet das Zitat, um als „Augenmensch" seine Lust am Schauen zu bekunden.

Zum Tempel hinausjagen

Bei allen vier Evangelisten des Neuen Testaments wird berichtet, wie Jesus die Händler und Geldwechsler aus dem Tempel trieb. Im Johannesevangelium lautet die entsprechende Stelle (2, 15): „Und er machte eine Geißel aus Stricken und trieb sie alle zum Tempel hinaus samt den Schafen und Ochsen und verschüttete den Wechslern das Geld und stieß die Tische um." Heute gebräuchliche umgangssprachliche Redewendungen wie „jemanden zum Tempel hinausjagen" (= jemanden hinauswerfen, davonjagen) oder „zum Tempel hinausfliegen" (= hinausgeworfen, davongejagt werden) gehen auf diesen biblischen Bericht zurück.

Zum Teufel ist der Spiritus

Das ↑Phlegma ist geblieben

Zunehmen an Weisheit, Alter und Gnade

Die heute meist eher scherzhaft verwendete Redewendung, die man zum Beispiel mit Geburtstagsglückwünschen verbinden kann, ist ein verkürztes Bibelzitat. Bei Lukas 2, 52 heißt es nach der Erzählung vom zwölfjährigen Jesus im Tempel: „Und Jesus nahm zu an Weisheit, Alter und Gnade bei Gott und den Menschen".

↑In **Zungen** reden

Zur Liebe will ich dich nicht zwingen

Das Zitat stammt aus Mozarts (1756 bis 1791) Oper „Die Zauberflöte" mit dem Text von Emanuel Schikaneder. Gegen Ende des 1. Akts (18. Auftritt) reagiert Sarastro damit auf Paminas, der Tochter der Königin der Nacht, versuchte Flucht aus seinem Sonnenheiligtum. Er verzeiht ihr, verwehrt ihr jedoch die Freiheit.

Zur Rechten sieht man wie zur Linken einen halben Türken heruntersinken

Diese beiden häufig zitierten Zeilen stammen aus dem Gedicht „Schwäbische Kunde" von Ludwig Uhland (1787–1862). Sie bilden sozusagen den Höhepunkt der derbkomischen Ballade, die davon berichtet, daß bei einem Kreuzzug König Barbarossas ins „heil'ge Land" ein „wack'rer Schwabe" fünfzig türkische Reiter in die Flucht schlägt, indem er einen von ihnen mit einem Säbelhieb geradezu in zwei Teile spaltet. – Das Zitat erfährt gelegentlich scherzhafte Abwandlungen. So etwa, wenn jemand beim Anblick einer übergewichtigen Person auf einem Fahrrad bemerkt: „Zur Rechten sieht man wie zur Linken einen halben Schinken heruntersinken."

Zur Sache, Schätzchen!

Diese umgangssprachlich häufig verwendete Aufforderung, unverzüglich mit einer bestimmten Tätigkeit zu beginnen oder ohne Umschweife sich dem eigentlichen Thema, der eigentlichen Angelegenheit zuzuwenden, bezieht sich auf den gleichlautenden Titel eines deutschen Spielfilms, der Anfang 1968 in die Kinos kam (Regie: May Spills).

Zur Salzsäule erstarren

Diese Redewendung wird gebraucht, wenn man ausdrücken will, daß jemand vor Schreck, Fassungslosigkeit, Überraschung wie starr ist, entsetzt, sprachlos innehält und stehenbleibt oder auch, daß jemand sehr überrascht tut. Sie geht auf die Geschichte der Bestrafung von „Lots Weib" im Alten Testament (1. Moses 19) zurück. Vor der Vernichtung von Sodom und Gomorrha mit „Schwefel und Feuer" hatte der Herr durch zwei Engel Lot und seine Familie aus der Stadt Sodom herausführen lassen, um sie zu retten, und hatte ihnen befohlen, sich nicht nach dem Inferno umzusehen. Aber nicht alle folgten der göttlichen Anweisung. Es heißt dann in Vers 26: „Und sein Weib sah hinter sich und ward zur Salzsäule."

Zurück! Du rettest den Freund nicht mehr

Bei diesem Ausruf handelt es sich um ein Zitat aus dem Gedicht „Die Bürgschaft" von Schiller. Er wird meist als eine Art Warnruf ganz allgemeiner Art zitiert, der allerdings nicht allzu ernst gemeint ist. In dem Gedicht selbst gilt dieser Zuruf dem nach mancherlei gefahrvollen Ereignissen verspätet zurückkehrenden Möros, der seinen für ihn bürgenden Freund auslösen und vor dem Tode bewahren will, um sich selbst, wie versprochen, dem Tyrannen von Syrakus auszuliefern.

Zurück zur Natur!

Das Schlagwort, mit dem die Rückkehr zu einer natürlichen Lebensform gefordert wird, ist die deutsche Entsprechung von *Retour à la nature* und wurde nach Sinn und Tendenz der Werke des französischen Moralphilosophen J. J. Rousseau (1712–1778) geprägt. Im Zuge der Sorge für die bedrohte Umwelt ist es wieder sehr in Mode, was auch die ironische Sentenz „Alle wollen zurück zur Natur, aber keiner zu Fuß" belegt. Oft ist das eigentliche Schlagwort hauptsächlich durch die Aufforderung „Zurück ..." erkennbar. Entsprechende Abwandlungen sind z. B. „Zurück aufs Rad" oder „Zurück zum Regenfaß".

Zuviel kann man wohl trinken, doch nie trinkt man genug

Mit diesen beiden Versen endet das kurze Gedicht „Antwort eines trunkenen Dichters" von Gotthold Ephraim Lessing (1729–1781): „Ein trunkner Dichter leerte/Sein Glas auf jeden Zug;/Ihn warnte sein Gefährte:/Hör' auf! Du hast genug./Bereit, vom Stuhl zu sinken,/Sprach der: Du bist nicht klug;/Zuviel kann man wohl trinken,/Doch nie trinkt man genug." – Das Zitat wird gelegentlich als Rechtfertigung von unmäßigem Alkoholgenuß angeführt, besonders wenn jemand Kummer, Ärger o. ä. im Alkohol zu ertränken versucht.

Zwar weiß ich viel, doch möcht' ich alles wissen

„Mit Eifer hab' ich mich der Studien beflissen;/Zwar weiß ich viel, doch möcht' ich alles wissen." Dessen rühmt sich Wagner, der Famulus Fausts, in der Szene „Nacht" im ersten Teil von Goethes Faust, als er den am Sinn seines Lebens zweifelnden Faust mit seinen Fragen bedrängt und von ihm, als seinem Lehrer, zu profitieren trachtet. – Man verwendet das Zitat beispielsweise scherzhaft, um seinem Wissensdrang Ausdruck zu geben oder um seine Neugier in einem bestimmten Zusammenhang mit einem Klassikerwort zu verbrämen.

Der **Zweck** heiligt die Mittel

Die oft ohne Skrupel angewandten Methoden des streng hierarchisch gegliederten Jesuitenordens, die sich besonders in der Inquisition und in Eingriffen in die Politik verschiedener Staaten zeigten, trugen sicherlich mit dazu bei, daß dieser Satz den Jesuiten als Quintessenz ihrer Moral zugeschrieben worden ist. In der „Moraltheologie" des Jesuitenpaters Busenbaum von 1652 ist der Grundsatz aber mit deutlichen Einschränkungen versehen. Es dürfte sich in der vorliegenden, uneingeschränkten Form um ein altes Prinzip der Machtpolitik handeln, das sinngemäß schon bei Niccolò Machiavelli (1469–1527) zu finden ist, der zur Erreichung politischer Ziele, die letztlich dem Allgemeinwohl dienten, jedes Mittel für erlaubt hielt. – Wie viele andere sprichwörtliche Redensarten wird auch diese gerne scherzhaft abgewandelt, z. B. zu „Der Scheck heiligt die Mittel".

↑Wenn **zwei** dasselbe tun, so ist es nicht dasselbe

Zwei Knaben, jung und heiter

Den vergeblichen Versuch zweier Knaben, mit einer langen Leiter ein Rabennest auszuheben, schildert Wilhelm Busch (1832–1908) in einer seiner in den „Münchner Bilderbogen" erschienenen Bildergeschichten. Diese Geschichte beginnt mit dem Vers „Zwei Knaben, jung und heiter,/Die tragen eine Leiter". Die erste Zeile wird gelegentlich scherzhaft zitiert, wenn zwei männliche Wesen den Eindruck erwekken, daß sie mit Eifer dabei sind, ein bestimmtes Vorhaben auszuführen.

Zwei Seelen und ein Gedanke, zwei Herzen und ein Schlag

Diese Worte stammen aus dem Drama „Der Sohn der Wildnis" des österreichischen Schriftstellers Friedrich Halm (= Eligius Franz-Joseph Freiherr von Münch-Bellinhausen; 1806–1871). Im 2. Akt des Stücks rezitiert die weibliche Hauptfigur Parthenia für den Hordenführer Ingomar ein altes Lied, dessen erste Strophe so lautet: „Mein Herz, ich will dich fragen:/Was ist denn Liebe? Sag!–/‚Zwei Seelen und ein Gedanke,/Zwei Herzen und ein Schlag!'" Man zitiert die beiden letzten Zeilen, wenn man feststellt, daß die Gedanken, Meinungen oder Absichten zweier Menschen völlig übereinstimmen, ohne daß vorher darüber gesprochen worden ist.

Zwei Seelen wohnen, ach, in meiner Brust

Dies ist eines der bekanntesten Zitate aus Goethes Faust. In einem Dialog zwischen Faust und seinem Famulus Wagner, der sich an den berühmten „Osterspaziergang" (Faust I, Vor dem Tor) anschließt, äußert sich Wagner enthusiastisch darüber, welche Seligkeit er empfindet, wenn er sich von den „Geistesfreuden" getragen fühlt „von Buch zu Buch, von Blatt zu Blatt". Faust aber hält dagegen, daß er wohl jenen andern „Trieb" nicht kenne, der den Menschen dazu bringt, „in derber Liebeslust sich an die Welt mit klammernden Organen" zu halten, und bekennt dann von sich selbst: „Zwei Seelen wohnen, ach, in meiner Brust,/Die eine will sich von der andern trennen ..." Zitiert werden die Worte Fausts zumeist, wenn jemand vor einer für ihn schwierigen Entscheidung steht, wenn er hin- und hergerissen ist und sich nicht entschließen kann, eine von zwei ihm akzeptabel erscheinenden, aber sehr gegensätzlichen Möglichkeiten zu wählen.

↑Durch **zweier** Zeugen Mund wird allerwegs die Wahrheit kund

Ein **zweischneidiges** Schwert

Sowohl im Alten als auch im Neuen Testament wird dieser Ausdruck an verschiedenen Stellen in unterschiedlichsten Zusammenhängen gebraucht. In den „Sprüchen Salomos" 5, 3 f. heißt es beispielsweise: „Denn die Lippen der Hure sind süß wie Honigseim, und ihre Kehle ist glätter als Öl, aber hernach bitter wie Wermut und scharf wie ein zweischneidiges Schwert." Im „Brief an die Hebräer" 4,12 dagegen heißt es: „Denn das Wort Gottes ist lebendig und kräftig und schärfer denn kein zweischneidig Schwert ..." In beiden Fällen aber wird mit dem Wort „zweischneidig" die Schärfe der Waffe hervorgehoben. Das ist beim heutigen Gebrauch dieses Ausdrucks nicht mehr der Fall. Man verwendet ihn vielmehr dann, wenn man ausdrücken will, daß etwas nicht nur Nutzen, sondern auch Schaden bringen kann oder daß etwas, was Vorteile hat, auch Gegenteiliges bewirken kann.

Das **Zweite** Gesicht

Diese Bezeichnung für die vermeintliche Fähigkeit, Zukünftiges vorherzusehen, stammt aus dem Englischen und lautet dort *second sight*. In Nachahmung dieses englischen Ausdrucks wurde im Deutschen daraus das „Zweite Gesicht", wobei „Gesicht" hier in der übertragenen Bedeutung „geistiges Schauen" gebraucht wird. Zur allgemeinen Verbreitung des Ausdrucks im Deutschen mag der Schriftsteller Hermann Löns (1866–1914) beigetragen haben, denn er gab einem seiner volkstümlichen Romane den Titel „Das Zweite Gesicht" (1912).

Zwischen Furcht und Hoffnung schwebend

Diese Formulierung – im lateinischen Original *Spemque metumque inter dubii* – kommt im 1. Buch von Vergils (70–19 v. Chr.) Epos „Äneis" vor, wo nach einem Seesturm die Flotte des Äneas die libysche Küste erreicht und die Troer angstvoll an ihre verlorenen Gefährten denken, von denen sie nicht wissen, ob sie noch leben. Die Redewendung beschreibt einen Zustand banger Ungewißheit, in dem schlimme Befürchtungen und die Hoffnung auf einen glücklichen Ausgang einander die Waage halten.

Zwischen heut und morgen liegt eine lange Frist

Der so beginnende Vers gehört zu einer Gruppe von sentenzhaften Sprüchen, die Goethe unter der Überschrift „Sprichwörtlich" veröffentlichte. Sie waren aus seiner Beschäftigung mit Sprichwörtersammlungen in den Jahren 1812 bis 1814 hervorgegangen. – Man verwendete diesen Spruch in seinem ganzen Wortlaut häufig als Poesiealbumvers: „Zwischen heut und morgen/Liegt eine lange Frist;/Lerne schnell besorgen,/Da du noch munter bist." Das Zitat gibt zu bedenken, daß in der relativ kurzen Zeitspanne zwischen zwei Tagen vieles geschehen kann oder auch getan werden kann.

Zwischen Himmel und Erde schweben

Die Redewendung ist wohl durch das Alte Testament gebräuchlich geworden. Dort wird von dem Tod Absaloms berichtet, des dritten Sohnes von König David. Absalom „ritt auf einem Maultier. Und da das Maultier unter eine große Eiche mit dichten Zweigen kam, blieb sein Haupt an der Eiche hangen, und er schwebte zwischen Himmel und Erde; aber sein Maultier lief unter ihm weg" (2. Samuel 18,9). – Man gebraucht die Redewendung sowohl im konkreten Sinne, etwa im Zusammenhang von gefährlichen Situationen beim Arbeiten in luftiger Höhe, als auch in bildlicher Ausdrucksweise, um die emotionale Situation eines Menschen zu beschreiben.

Zwischen Szylla und Charybdis

Die Redewendung im Sinne von „in einer Situation, in der nur zwischen zwei Übeln zu wählen ist, in der man von zwei gleich großen Gefahren bedroht ist" beruht auf einer Stelle im 12. Gesang der „Odyssee" des griechischen Dichters Homer (zwischen 750 und 650 v. Chr.), wo Odysseus vor dem sechsköpfigen Seeungeheuer Szylla gewarnt wird, das in einem Felsenriff in der Straße von Messina gegenüber der Charybdis, einem gefährlichen Meeresstrudel, auf vorbeifahrende Seeleute lauert. Während er der Charybdis entkommt, verliert er doch sechs Gefährten an die Szylla.

Zwischen uns sei Wahrheit

Diese Forderung erhebt Orest, der Bruder Iphigenies, mit Bezug auf die Schwester in Goethes Schauspiel „Iphigenie auf Tauris" (1787). Im ersten Auftritt des dritten Aufzugs begegnen sich die Geschwister Iphigenie und Orest. Im Verlauf des Gesprächs beschließt Orest, sich der teilnehmenden Schwester zu erkennen zu geben: „Ich kann nicht leiden, daß du, große Seele,/Mit einem falschen Wort betrogen werdest./ Ein lügenhaft Gewebe knüpf' ein Fremder/Dem Fremden, sinnreich und der List gewohnt,/Zur Falle vor die Füße, zwischen uns/Sei Wahrheit!" – Man verwendet das Zitat auch heute in diesem Sinne als Bekenntnis und Aufforderung zu Offenheit und Wahrhaftigkeit.

Zwölf Uhr mittags

↑ High-noon

Teil II: Thematische Sammlung von Zitaten, Sentenzen, Bonmots und Aphorismen

Hinweise für die Benutzung

Die Zitattexte sind Oberbegriffen – Leitgedanken – zugeordnet, die nach dem Alphabet geordnet sind. (In einigen Fällen erschien es sinnvoll, denselben Text bei mehr als einem Oberbegriff anzuführen.) Unter dem jeweiligen Leitgedanken sind die Einträge nach der alphabetischen Reihenfolge der Namen ihrer Autoren aufgeführt. Der Autorenname steht unter dem Text, durch das Schriftbild deutlich davon abgehoben.
Wird aus mehreren Werken eines Autors zitiert, dann folgt dem Autorennamen der entsprechende Werktitel in Kurzform, z. B.

> Katastrophen kennt allein der Mensch, sofern er sie überlebt; die Natur kennt keine Katastrophen.
> MAX FRISCH, Holozän

Die vollständigen Angaben sind im Quellenverzeichnis (S. 795) nachzuschlagen.

Wird aus nur einem Werk eines Autors zitiert, dann folgt dem Autorennamen keine weitere Angabe, z. B.

> Ohne Achtung gibt es keine wahre Liebe.
> IMMANUEL KANT

Der Werktitel ist dem Quellenverzeichnis zu entnehmen.

Bei Texten von Autoren, deren Werke nicht systematisch ausgewertet wurden oder deren Äußerungen z. B. aus Fernseh-, Rundfunk- oder Presseinterviews stammen, stehen weitere Angaben zur Person unmittelbar nach dem Autorennamen, z. B.

> Moralisten sind Menschen, die sich dort kratzen, wo es andere juckt.
> SAMUEL BECKETT [1906–1989]; irischer Schriftsteller

Es gibt hierzu keine Einträge im Quellenverzeichnis.

Mit einem * gekennzeichnete Einträge sind im vorangehenden Teil des Buches ausführlich unter sprachwissenschaftlichen Gesichtspunkten (Herkunft, heutige Verwendungsweise im geschriebenen oder gesprochenen Text) dargestellt.

A

Abendland

(auch ↑ Europa)

Nach der Aufklärung ist das Abendland wissenschaftlich zwar ein Riese geworden, aber seelisch und religiös ein Baby geblieben.
FRANZ ALT

Unsere abendländische Kultur, auf Altertum und Renaissance beruhend, ist im härtesten Kampf gegen die ausgesprochen kulturhemmenden Kräfte des Christentums entstanden!
ARNO SCHMIDT [1914–1979];
dt. Schriftsteller

Aberglaube

Das einzige Mittel gegen den Aberglauben ist Wissenschaft.
HENRY THOMAS BUCKLE

Eigentlich ergreift der Aberglaube nur falsche Mittel, um ein wahres Bedürfnis zu befriedigen.
GOETHE, Farbenlehre

Der Aberglaube ist die Poesie des Lebens; deswegen schadet's dem Dichter nicht, abergläubisch zu sein.
GOETHE, Maximen und Reflexionen

Der Aberglaub', in dem wir aufgewachsen, verliert, auch wenn wir ihn erkennen, darum doch seine Macht nicht über uns.
GOTTHOLD EPHRAIM LESSING,
Nathan

Der Aberglauben schlimmster ist, den seinen für den erträglichern zu halten.
GOTTHOLD EPHRAIM LESSING,
Nathan

Mit dem Aberglauben ist es auch so eine Sache. Ich habe noch keinen Menschen getroffen, der sein 13. Monatsgehalt zurückgegeben hat.
FRITZ MULIAR [* 1919];
österr. Schauspieler

Aberglaube ist die Freigeisterei zweiten Ranges.
FRIEDRICH NIETZSCHE,
Fröhliche Wissenschaft

Je weniger Aberglaube, desto weniger Fanatismus, und je weniger Fanatismus, desto weniger Unheil.
VOLTAIRE,
Philosophisches Wörterbuch

Abgeordnete

Die Abgeordneten glauben, ihre Pflicht schon dann erfüllt zu haben, wenn sie sich gewählt ausdrücken.
BERT BERKENSTRÄTER

In der Fraktion verliert der Volksvertreter den Blick für das Allgemeine.
OTTO VON BISMARCK [1815–1898];
dt. Reichskanzler 1871–1890

Abhängigkeit

Man ist nur Herr, sich den ersten

Becher zu versagen, nicht den zweiten.
LUDWIG BÖRNE

Die glücklichen Sklaven sind die erbittertsten Feinde der Freiheit.
MARIE VON EBNER-ESCHENBACH

Gerade das, was wir am sehnlichsten gewünscht haben, muß uns schließlich versklaven.
JOHN GALSWORTHY [1867–1933]; engl. Schriftsteller

* Das erste steht uns frei, beim zweiten sind wir Knechte
GOETHE, Faust I

Die sogenannte Freiheit des Menschen läuft darauf hinaus, daß er seine Abhängigkeit von den allgemeinen Gesetzen nicht kennt.
FRIEDRICH HEBBEL

Marionetten lassen sich sehr leicht in Gehenkte verwandeln. Die Strikke sind schon da.
STANISŁAW JERZY LEC

Das Geld, das man besitzt, ist das Mittel zur Freiheit, dasjenige, dem man nachjagt, das Mittel zur Knechtschaft.
JEAN-JACQUES ROUSSEAU, Bekenntnisse

Ablehnung

Ablehnung ist eine Antwort; sie ist möglicherweise oft eine ehrlichere Antwort als der Beifall, der rein ästhetisch wertet und Vogel-Strauß-Politik treibt.
ALFRED DÖBLIN

* Man spricht vergebens viel, um zu versagen; der andre hört von allem nur das Nein.
GOETHE, Iphigenie

Abmagerungskur

Das erste, was man bei einer Abmagerungskur verliert, ist die gute Laune.
GERT FRÖBE [1913–1988]; dt. Schauspieler

Morgen nennt man den Tag, an dem die meisten Fastenkuren beginnen.
GUSTAV KNUTH [1901–1987]; dt. Schauspieler

Abneigung

Abneigung – das Gefühl, das man für einen Teller empfindet, nachdem man ihn gelehrt hat, Madame.
AMBROSE BIERCE

Alles, was wir denken, ist entweder Zuneigung oder Abneigung.
ROBERT MUSIL

Abrüstung

Der einzige Gewaltverzicht sind leere Kasernen.
SIGMUND GRAFF

Die Abrüstung der Geister muß der Abrüstung der Waffen vorausgehen.
ROBERT SCHUMAN [1886–1963]; franz. Politiker

Abschied

Man muß manchmal von einem Menschen fortgehen, um ihn zu finden.
HEIMITO VON DODERER

Abschied nehmen bedeutet immer ein wenig sterben.
FRANZÖSISCHES SPRICHWORT (französisch: Partir, c'est mourir un peu)

Abschied ist die innigste Form menschlichen Zusammenseins.
HANS KUDSZUS

Ein Abschied schmerzt immer, auch wenn man sich schon lange darauf freut.
ARTHUR SCHNITZLER

Kein Abschied auf der Welt fällt schwerer als der Abschied von der Macht.
CHARLES MAURICE DE TALLEYRAND [1754–1838]; franz. Staatsmann

Abstinenz

* Enthaltsamkeit ist das Vergnügen an Sachen, welche wir nicht kriegen.
WILHELM BUSCH, Der Haarbeutel

Enthaltsamkeit rächt sich immer. Bei dem einen erzeugt sie Pusteln, beim andern Sexualgesetze.
KARL KRAUS

Für die Toten Wein, für die Lebenden Wasser: das ist eine Vorschrift für Fische.
MARTIN LUTHER

Absurdität

Wer sich an das Absurde gewöhnt hat, findet sich in unserer Zeit gut zurecht.
EUGÈNE IONESCO [* 1909]; franz. Dramatiker rumän. Herkunft

Als absurd bezeichnen wir, was nicht möglich ist und trotzdem passiert; was möglich ist, aber nicht passiert, bezeichnen wir als typisch.
GABRIEL LAUB

Abwarten

Zu dem, der immer wartet, kommt gewöhnlich alles zu spät.
EMIL OESCH, Zeit

Achtung

Wertschätzung – Grad freundlicher Achtung, den einer verdient, der uns einen Dienst erweisen könnte und sich noch nicht geweigert hat.
AMBROSE BIERCE

Ohne Achtung gibt es keine wahre Liebe.
IMMANUEL KANT

Es ist viel mehr wert, jederzeit die Achtung der Menschen zu haben als gelegentlich ihre Bewunderung.
JEAN-JACQUES ROUSSEAU, Emile

Agitator

(auch ↑ Demagoge)

Das Geheimnis des Agitators ist, sich so dumm zu machen, wie seine Zuhörer sind, damit sie glauben, sie seien so gescheit wie er.
KARL KRAUS

Aids

Aids macht uns bewußt, daß wir nicht unsterblich sind. Aids entlarvt den Jugendkult, der nur gesunde, produktive und kräftige Menschen zuließ, als Absurdität.
ROSA VON PRAUNHEIM [* 1942]; dt. Filmregisseur

Alle Menschen, die sonst nichts verhindern, wollen nun Aids verhindern.
WERNER SCHNEYDER

Alkohol

Alkohol löst Zungen, aber keine Probleme.
WERNER MITSCH

Sorgen ertrinken nicht in Alkohol. Sie können schwimmen.
HEINZ RÜHMANN [* 1902]; dt. Schauspieler

Alkohol zieht den Horizont auf den Umfang eines Bierdeckels zusammen.
PETER TILLE

Allegorie

Die Allegorie ist die Armatur der Moderne.
WALTER BENJAMIN

Allegorie entsteht, wenn der Verstand sich vorlügt, er habe Phantasie.
FRIEDRICH HEBBEL

Alleinsein

Ich sehne mich immer nach dem Alleinsein, aber bin ich allein, bin ich der unglücklichste Mensch.
THOMAS BERNHARD [1931–1989]; österr. Schriftsteller

* Wer sich der Einsamkeit ergibt, ach, der ist bald allein.
GOETHE, Wilhelm Meisters Lehrjahre

Der Mensch für sich allein, überhaupt jedes Wesen abgesondert, ist unglücklich.
WILHELM HEINSE

Allein sein müssen ist das Schwerste, allein sein können das Schönste.
HANS KRAILSHEIMER

Die Welt ist ein Gefängnis, in dem Einzelhaft vorzuziehen ist.
KARL KRAUS

Allein ist der Mensch ein unvollkommenes Ding; er muß einen zweiten finden, um glücklich zu sein.
BLAISE PASCAL

Viele Frauen heiraten, weil sie des Alleinseins müde sind. Und viele Frauen lassen sich scheiden, weil sie des Alleinseins müde sind.
HANNE WIEDER [1929–1990]; dt. Schauspielerin

Alltag

Geben wir zu, wir sind auf jede Überraschung vorbereitet, nur die alltäglichen Dinge brechen über uns herein wie Katastrophen.
STANISŁAW JERZY LEC

Die kleinen Alltagsleistungen setzen viel mehr Energie in die Welt als die seltenen heroischen Taten.
ROBERT MUSIL

Alter

Alte Leute haben keinen Respekt andern gegenüber, sie kennen das Leben.
JOHANNES BOBROWSKI, Idylle

Alt sein ist eine herrliche Sache, wenn man nicht verlernt hat, was anfangen heißt.
MARTIN BUBER

Alter schützt vor Liebe nicht, aber Liebe vor dem Altern.
COCO CHANEL [1883–1971]; franz. Modeschöpferin

Man leidet im Alter weniger an Erfahrungen, die man macht, als an

denen, die man nicht mehr machen kann.
KARLHEINZ DESCHNER

Das Alter verklärt oder versteinert.
MARIE VON EBNER-ESCHENBACH

Unser Respekt gilt in Wahrheit nie dem Alter, sondern ausdrücklich dem Gegenteil: daß jemand trotz seiner Jahre noch nicht senil sei.
MAX FRISCH, Tagebuch 1966–1971

Das Alter als Abstieg betrachten ist genauso ungehörig, wie in der Jugend nur ein Versprechen sehen. Jedes Alter ist einer besonderen Vollkommenheit fähig.
ANDRÉ GIDE, Tagebuch

Keine Kunst ist's, alt zu werden, es ist Kunst, es zu ertragen.
GOETHE, Zahme Xenien I

Es gehört zu den vielen Merkwürdigkeiten des Lebens, daß der Mensch um so bissiger wird, je weniger Zähne er hat.
STEFAN HEYM [* 1913];
dt. Schriftsteller

Ein alter Mann, eine alte Frau sollten uns verehrungswürdig sein wie Kathedralen. Wo keine Ehrfurcht vor dem Alter ist, ist überhaupt keine Religion.
FRIEDRICH GEORG JÜNGER

Das Alter ist ein Aussichtsturm.
HANS KASPER, Revolutionäre

Ans Altsein gewöhnt man sich rasch, viel langsamer ans Nichtmehrjungsein.
HANS KRAILSHEIMER

Keine Grenze verlockt mehr zum Schmuggeln als die Altersgrenze.
KARL KRAUS

Solange man neugierig ist, kann einem das Alter nichts anhaben.
BURT LANCASTER [* 1913]; amerik. Schauspieler; Interview 1989

Nichts macht schneller alt als der immer vorschwebende Gedanke, daß man älter wird.
GEORG CHRISTOPH LICHTENBERG

Das Alter ist beschwerlich: noch mehr für die Jüngeren, die mit ihm zu tun bekommen.
HEINRICH MANN [1871–1950];
dt. Schriftsteller

Im Alter versteht man besser, die Unglücksfälle zu verhüten, in der Jugend, sie zu ertragen.
ARTHUR SCHOPENHAUER

In der Jugend herrscht die Anschauung, im Alter das Denken vor. Daher ist jene die Zeit für Poesie, dieses mehr für Philosophie.
ARTHUR SCHOPENHAUER

* Alter schützt vor Torheit nicht.
Nach SHAKESPEARE, Antonius und Cleopatra

Kein kluger Mensch hat jemals gewünscht, jünger zu sein.
JONATHAN SWIFT

Das Leben wird gegen Abend, wie die Träume gegen Morgen, immer klarer.
KARL JULIUS WEBER

Die Tragödie des Alters beruht nicht darin, daß man alt ist, sondern daß man jung ist.
OSCAR WILDE

Man sollte nie einer Frau trauen, die einem ihr wirkliches Alter verrät. Eine Frau, die einem das erzählt, würde einem auch alles andere erzählen.
OSCAR WILDE

— Altern

Es ist ein Vorteil des Altwerdens, daß man gegen Haß, Beleidigungen, Verleumdungen gleichgültig wird, während die Empfänglichkeit für Liebe und Wohlwollen stärker wird.
OTTO VON BISMARCK [1815–1898]; dt. Reichskanzler 1871–1890

Altwerden bezeichnet also nicht nur eine wünschenswerte Zeitstrekke, auf der möglichst viel erlebt worden ist, möglichst viel in seinem Ausgang erfahren werden kann. Altwerden kann auch ein Wunschbild dem Zustand nach bezeichnen: das Wunschbild Überblick, gegebenenfalls Ernte.
ERNST BLOCH

Um alt zu werden, darf man keine Grundsätze haben.
LUDWIG BÖRNE

Einen Menschen zu lieben heißt einzuwilligen, mit ihm alt zu werden.
ALBERT CAMUS [1913–1960]; franz. Schriftsteller

Alt werden heißt sehend werden.
MARIE VON EBNER-ESCHENBACH

Frauen altern besser.
MAX FRISCH, Tagebuch 1966–1971

* Sorge macht alt vor der Zeit.
JESUS SIRACH 30, 26

Alt werden heißt sich selbst ertragen lernen.
HANS KUDSZUS

Altwerden ist für einen Schönen oft ein Unglück, ein schöner Häßlicher ist vielleicht eher in der Lage, mit Anstand zu altern.
JÜRGEN LEMKE

Altern ist eine schlechte Gewohnheit, die ein beschäftigter Mann gar nicht erst aufkommen läßt.
ANDRÉ MAUROIS [1885–1967]; franz. Schriftsteller

Altwerden ist das Geschenk der Möglichkeit zu späten Einsichten.
MAX MELL [1882–1971]; österr. Schriftsteller

Viele möchten leben, ohne zu altern, und sie altern in Wirklichkeit, ohne zu leben.
ALEXANDER MITSCHERLICH

Alternde Menschen sind wie Museen: nicht auf die Fassade kommt es an, sondern auf die Schätze im Innern.
JEANNE MOREAU [* 1928]; franz. Schauspielerin

Lang leben will halt alles, aber alt werden will kein Mensch.
JOHANN NESTROY, Die Anverwandten

Vergessenkönnen ist das Geheimnis ewiger Jugend. Wir werden alt durch Erinnerung.
ERICH MARIA REMARQUE [1898–1970]; dt. Schriftsteller

Wie man, auf einem Schiffe befindlich, sein Vorwärtskommen nur am Zurückweichen und demnach Kleinerwerden der Gegenstände auf dem Ufer bemerkt, so wird man sein Alt- und Älterwerden daran inne, daß Leute von immer höhern Jahren einem jung vorkommen.
ARTHUR SCHOPENHAUER

Wir werden alt, wenn die Erinnerung uns zu freuen beginnt. Wir sind alt, wenn sie uns schmerzt.
PETER SIRIUS [1858–1913]; dt. Schriftsteller

Jeder möchte lange leben, aber keiner will alt werden.
JONATHAN SWIFT

Altersstufen

Wie alt man gerade geworden ist, sieht man an den Gesichtern derer, die man jung gekannt hat.
HEINRICH BÖLL

Im zwanzigsten Lebensjahr regiert der Wille, im dreißigsten das Wissen, im vierzigsten das Urteil.
BENJAMIN FRANKLIN, Autobiographie

Jedes Jahrzehnt des Menschen hat sein eigenes Glück, seine eigenen Hoffnungen und Aussichten.
GOETHE, Wahlverwandtschaften II

Die Jugend ist trotz ihrer Frechheiten schüchterner, das Greisenalter trotz seiner Würde frecher, als man glaubt.
SIGMUND GRAFF

Vierzig Jahre sind das Alter der Jugend, fünfzig die Jugend des Alters.
VICTOR HUGO [1802–1885]; franz. Schriftsteller

In jedes Lebensalter treten wir als Neulinge und ermangeln darin der Erfahrung.
FRANÇOIS DE LA ROCHEFOUCAULD

Jede Generation lächelt über die Väter, lacht über die Großväter und bewundert die Urgroßväter.
WILLIAM SOMERSET MAUGHAM [1874–1965]; engl. Schriftsteller

Um so alt zu werden, wie heute die 20jährigen sind, hätte ein Mensch früher dreihundert Jahre gebraucht.
WOLFGANG POHRT

Ich bin in meiner Jugend mit alten Leuten umgegangen und gehe in meinem Alter mit jungen um. Das ist die Weise, wie der Mensch möglichst behaglich durch die Welt kommen mag.
WILHELM RAABE

Altruismus

* Der brave Mann denkt an sich selbst zuletzt.
SCHILLER, Wilhelm Tell

Vernünftiger Altruismus hat größeren Wert als verrückte Selbstaufopferung.
ALEKSANDER ŚWIĘTOCHOWSKI

Selbstaufopferung ist etwas, das durch ein Gesetz abgeschafft werden sollte. Sie ist so demoralisierend für die Leute, für die man sich aufopfert.
OSCAR WILDE

Amnestie

Amnestie – die Großmut des Staats jenen Übeltätern gegenüber, deren Bestrafung zu kostspielig wäre.
AMBROSE BIERCE

* Besser, man riskiert, einen Schuldigen zu retten, als einen Unschuldigen zu verurteilen.
VOLTAIRE, Zadig

Amt

Es ist leichter, der Ämter würdig zu erscheinen, die man nicht besitzt, als derer, die man bekleidet.
FRANÇOIS DE LA ROCHEFOUCAULD

* Ich hab' hier bloß ein Amt und keine Meinung.
SCHILLER, Wallensteins Tod

* Was deines Amtes nicht ist, da laß deinen Vorwitz; denn dir ist schon mehr befohlen, als du kannst ausrichten.
JESUS SIRACH 3, 24–25

Analphabet

Wir haben das, was ich eine Analphabeten-Demokratie nenne. Die meisten Menschen begnügen sich damit, ein Kreuzchen auf den Stimmzettel zu machen. Genau das ist das Verhalten von Analphabeten.
ROBERT JUNGK [* 1913];
österr. Wissenschaftspublizist und Zukunftsforscher

Analphabeten müssen diktieren.
STANISŁAW JERZY LEC

Andersdenkende

Wer anders denkt als seine Zeit, muß nicht von gestern sein; wer denkt wie sie, ist es.
KARLHEINZ DESCHNER

Bisweilen macht es Freude, einen Menschen dadurch in Erstaunen zu setzen, daß man ihm nicht ähnelt und anders denkt als er.
MAXIM GORKI [1868–1936];
russ.-sowjet. Schriftsteller

* Freiheit ist immer Freiheit der Andersdenkenden.
ROSA LUXEMBURG

In schlimmen Zeiten sind Denkende Andersdenkende.
WERNER MITSCH

* Anders als sonst in Menschenköpfen malt sich in diesem Kopf die Welt.
SCHILLER, Don Karlos

Anekdote

Eine Sammlung von Anekdoten und Maximen ist für den Weltmann der größte Schatz, wenn er die ersten an schicklichen Orten ins Gespräch einzustreuen, der letzten im treffenden Falle sich zu erinnern weiß.
GOETHE, Maximen und Reflexionen

Anerkennung

(auch ↑Lob)

Anerkennung ist eine Pflanze, die vorwiegend auf Gräbern wächst.
ROBERT LEMBKE

Der Tadel des Feindes ist das schönste Lob, die Verleumdungen des Feindes die schmeichelhafteste Anerkennung.
WILHELM LIEBKNECHT [1826–1900];
dt. Journalist und Politiker

Es ist besser, Ehrungen zu verdienen und nicht geehrt zu sein, als geehrt zu sein und es nicht zu verdienen.
MARK TWAIN

Um fremden Wert willig und frei anzuerkennen und gelten zu lassen, muß man eigenen haben.
ARTHUR SCHOPENHAUER

Anfang

Man darf niemals „zu spät“ sagen. Auch in der Politik ist es niemals zu spät. Es ist immer Zeit für einen neuen Anfang.
KONRAD ADENAUER [1876–1967];
dt. Politiker

Und doch ist der Anfang von etwas seit je dazu geeignet, zu verführen wie nichts sonst. Er ist das Verspre-

chen schlechthin und der Trost gegen das Abgestandene, daß es nicht bleiben muß.
Ernst Bloch

Mit sich beginnen, aber nicht bei sich enden, bei sich anfangen, aber sich nicht selbst zum Ziel haben.
Martin Buber

* Jedem Anfang wohnt ein Zauber inne, der uns beschützt und der uns hilft zu leben.
Hermann Hesse

Wer begonnen hat, der hat schon halb vollendet.
Horaz [65–8 v. Chr.]; röm. Dichter

Das letzte, was man findet, wenn man ein Werk schreibt, ist, zu wissen, was man an den Anfang stellen soll.
Blaise Pascal

Alle Dinge enden, wenn ihre Anfänge nicht intakt gehalten werden. Laßt uns nicht Blumen züchten, sondern Knospen.
Charlotte Wolff [1900–1986]; dt. Psychologin und Schriftstellerin

Anfechtung

Gott zieht an einer Hand, der Teufel an beiden Beinen.
Wilhelm Busch, Aphorismen

Nach dem Zeugnis und der Erfahrung aller Frommen ist die größte Anfechtung, keine Anfechtung zu haben.
Martin Luther

Anführer

↑ Führer

Angabe

Menschen, die nicht groß sind, machen sich gerne breit.
Friedl Beutelrock

Manche Menschen wollen immer glänzen, obwohl sie keinen Schimmer haben.
Heinz Erhardt [1909–1979]; dt. Schauspieler und Humorist

Um in der Gesellschaft etwas zu gelten, setzt man alles daran, so zu tun, als gelte man dort schon etwas.
François de La Rochefoucauld

Angeber sind Sprachriesen, in denen sich Denkzwerge verstecken.
Werner Mitsch

Viele Menschen benutzen das Geld, das sie nicht haben, für den Einkauf von Dingen, die sie nicht brauchen, um damit Leuten zu imponieren, die sie nicht mögen.
Walter Slezak [1902–1983]; amerik. Schauspieler, Sänger und Schriftsteller österr. Herkunft

Mit dem Wind, den man selber macht, lassen sich die Segel nicht füllen.
Karl Heinrich Waggerl

Angst

Nachdem er die Angst erfuhr, hatte er nur mehr Angst vor der Angst.
Hans Arndt

Es gibt keine Grenzen. Nicht für den Gedanken, nicht für die Gefühle. Die Angst setzt die Grenzen.
Ingmar Bergman [* 1918]; schwed. Film- u. Theaterregisseur

Es ist nichts zu fürchten als die Furcht.
Ludwig Börne

Wenn das Leben beginnt, hätte man Grund genug zur Angst, hat aber keine; wenn es endet, hat man Angst genug, aber keinen Grund.
KARLHEINZ DESCHNER

Wir sind voller Angst – allerdings vor den falschen Problemen.
HOIMAR VON DITFURTH

Es gehört Mut dazu, sich einer Angst zu stellen und sie auszuhalten.
HOIMAR VON DITFURTH

Furcht besiegt mehr Menschen als irgend etwas anderes auf der Welt.
RALPH WALDO EMERSON
[1803–1882]; amerik. Philosoph und Schriftsteller

Fürchtet einer das Feuer, so riecht er allenthalben Rauch.
JEREMIAS GOTTHELF [1797–1854]; schweiz. Erzähler

Man hat nur Angst, wenn man mit sich selber nicht einig ist.
HERMANN HESSE

Ein bißchen Furcht vor etwas Bestimmtem ist gut. Sie dämpft die viel größere Furcht vor etwas Unbestimmtem.
ROBERT MUSIL

Der Grad der Furchtsamkeit ist ein Gradmesser der Intelligenz.
FRIEDRICH NIETZSCHE, Morgenröte

* Die Furcht des Herrn ist der Weisheit Anfang.
PSALM 111, 10

Angst ist die Hauptquelle des Aberglaubens und eine der Hauptquellen der Grausamkeit.
BERTRAND RUSSELL, Schriften

Keine durch Furcht veranlaßte Einrichtung kann auf die Dauer leben. Hoffnung, nicht Furcht, ist das schöpferische Prinzip in menschlichen Dingen.
BERTRAND RUSSELL, Schriften

Wer nichts fürchtet, kann leicht ein Bösewicht werden, aber wer zuviel fürchtet, wird sicher ein Sklave.
JOHANN GOTTFRIED SEUME, Apokryphen

Die Welt nötigt uns zur Angst. Angst ist nicht eine Schwäche des Urteils, sondern sie ist eine zutreffende Erkenntnis.
CARL FRIEDRICH VON WEIZSÄCKER, Geschichte

Anklage

Beschuldigen – die Schuld oder Minderwertigkeit eines anderen behaupten; gewöhnlich als Rechtfertigung dafür, daß wir ihm Unrecht zugefügt haben.
AMBROSE BIERCE

* Wer sich entschuldigt, klagt sich an.
Nach HIERONYMUS
[um 347–419/420]; lateinischer Kirchenlehrer

Anlage

↑ Talent

Anmaßung

Bei manchen Leuten muß Anmaßung die Größe, Unmenschlichkeit die Festigkeit des Charakters, Arglist den Geist ersetzen.
JEAN DE LA BRUYÈRE

Die Forderung, geliebt zu werden, ist die größte der Anmaßungen.
FRIEDRICH NIETZSCHE, Nachlaß

Anmut

(auch ↑Charme)

Anmut ist ein Ausströmen der inneren Harmonie.
MARIE VON EBNER-ESCHENBACH

Das Gefühl eigener Anmut macht anmutig.
GOETHE, Wilhelm Meisters Wanderjahre

Anpassung

Eine Meinung braucht, um originell zu sein, nicht unbedingt vom allgemein Anerkannten abzuweichen: wichtig ist nur, daß sie sich ihm nicht anpaßt.
ANDRÉ GIDE, Tagebuch

Es ist fast immer klüger, sich den Vorstellungen anzupassen, welche die Menschen von uns haben, als ihnen ihre Illusionen zu nehmen.
SIGMUND GRAFF

Ich war gesellschaftsunfähig, weil ich wütend war; ich wurde gesellschaftsfähig, als ich traurig wurde.
PETER HANDKE

Anpassung ist die Stärke der Schwachen.
WOLFGANG HERBST

Wer sich gezwungen sieht, mit den Wölfen zu heulen, mag sich in reinster Notwehr befinden. Aber ist das ein Grund, hinterher auch mit den Schafen zu blöken?
MARTIN KESSEL, Gegengabe

Im Leben lernt der Mensch zuerst das Gehen und Sprechen. Später lernt er dann, still zu sitzen und den Mund zu halten.
MARCEL PAGNOL [1895–1974]; franz. Schriftsteller

Der vernünftige Mensch paßt sich der Welt an, der Unvernünftige versucht, die Welt sich ihm anzupassen.
GEORGE BERNARD SHAW

Wer mit dem Strom schwimmt, erreicht die Quelle nie.
PETER TILLE

Ansehen

Manche Menschen gelten nur deshalb etwas in der Welt, weil ihre Fehler die Fehler der Gesellschaft sind.
FRANÇOIS DE LA ROCHEFOUCAULD

Es ist viel mehr wert, jederzeit die Achtung der Menschen zu haben als gelegentlich ihre Bewunderung.
JEAN-JACQUES ROUSSEAU, Emile

Anspruchslosigkeit

Schrecklich sind die Anspruchslosen. Die nichts fordern, gewähren auch nichts.
PETER HILLE [1854–1904]; dt. Schriftsteller

Anständigkeit

Von allen Lastern ist Anstand das kostspieligste.
LION FEUCHTWANGER [1884–1958]; dt. Schriftsteller

Anständigkeit ist die Verschwörung der Unanständigkeit mit dem Schweigen.
GEORGE BERNARD SHAW

Der Gehorsam heuchelt Unterord-

nung, so wie die Angst vor der Polizei Anständigkeit heuchelt.
GEORGE BERNARD SHAW

Anstrengung

Frag nicht, was das Leben dir gibt, frag, was du gibst.
ALFRED ADLER [1870–1937];
österr. Arzt und Tiefenpsychologe

Es gibt kein Bergab, ohne daß vor ihm ein Bergan ist.
ARABISCHES SPRICHWORT

Wer nicht über den Bergkamm steigt, gelangt nicht in die Ebene.
CHINESISCHES SPRICHWORT

* Vor den Erfolg haben die Götter den Schweiß gesetzt.
Nach HESIOD [um 700 v. Chr.];
griech. Dichter

* Das Leben gab den Sterblichen nichts ohne große Arbeit.
HORAZ [65–8 v. Chr.];
röm. Dichter

* Wer den Besten seiner Zeit genug getan, der hat gelebt für alle Zeiten.
SCHILLER, Wallensteins Lager

Anteilnahme

Je mehr man in sich erlebt hat, desto mehr Teil nimmt man an andern und weniger an sich selbst.
ERNST VON FEUCHTERSLEBEN

Anteilnahme: das ist die gesellschaftliche Form der Zudringlichkeit.
HANS LOHBERGER

Der beste Weg, andere an uns zu interessieren, ist der, an ihnen interessiert zu sein.
EMIL OESCH, Menschen

Antike

Die Geisteswelt der griechischen Antike und des Roms der klassischen Epoche bildet die vielzitierte Wurzel unserer Kultur. Wer davon nie etwas hörte, ist ärmer dran.
HOIMAR VON DITFURTH

Die alten Sprachen sind die Scheiden, darin das Messer des Geistes steckt.
GOETHE, Zahme Xenien

Antipathie

↑Abneigung

Antisemitismus

Ich habe ... nicht vergessen, daß die Menschen eine Menge verschiedene Gemeinheiten begehen. Den Antisemitismus halte ich trotzdem für eine der niederträchtigsten.
MAXIM GORKI [1868–1936];
russ.-sowjet. Schriftsteller

Der Antisemitismus ist dem Nationalismus blutsverwandt und dessen bester Alliierter.
CARL VON OSSIETZKY

Die meisten Antisemiten sagen viel mehr über sich selbst aus als über ihren Gegner, den sie nicht kennen.
KURT TUCHOLSKY

Antlitz

↑Aussehen

Antwort

Die Welt ist für uns stets eine Antwort, die von der Frage abhängt, die wir an sie stellen.
STANISŁAW BRZOZOWSKI

Erlebend sind wir Angeredete; denkend, sagend, handelnd, hervorbringend, einwirkend vermögen wir Antwortende zu werden.
MARTIN BUBER

Die eigentliche Antwort ist immer der Tod.
GÜNTER EICH

Man hört in der Welt leichter ein Echo als eine Antwort.
JEAN PAUL

— Aphorismus

Es gibt zweierlei Aphorismen. Die einen entsprechen dem Bedürfnis nach geistiger Verkürzung, die andern dem nach unendlicher Perspektive.
HANS URS VON BALTHASAR

Der Aphorismus ist ein Einfall zu etwas Größerem, durch keine Ausführung verdorben.
WIESŁAW BRUDZIŃSKI

Aphorismus: ein Handstreich mit dem Kopf.
KARLHEINZ DESCHNER

Ein Aphorismus ist der letzte Ring einer langen Gedankenkette.
MARIE VON EBNER-ESCHENBACH

Der Aphorismus ist so etwas wie der Hofnarr der Poesie. Er nähert sich der Wahrheit gern durch Sprünge und Kapriolen.
SIGMUND GRAFF

Ein guter Aphorismus ist ein Gedanke, der fast jedem von uns schon einmal untergelaufen ist: er hat nur versäumt, ihn festzuhalten.
SIGMUND GRAFF

Der Aphorismus deckt sich nie mit der Wahrheit; er ist entweder eine halbe Wahrheit oder anderthalb.
KARL KRAUS

Ein Aphorismus braucht nicht wahr zu sein, aber er soll die Wahrheit überflügeln. Er muß mit einem Satz über sie hinauskommen.
KARL KRAUS

Jeder Aphorismus ist das Amen einer Erfahrung.
HANS KUDSZUS

Aphorismen entstehen nach dem gleichen Rezept wie Statuen: Man nehme ein Stück Marmor und schlage alles ab, was man nicht unbedingt braucht.
GABRIEL LAUB

Aphorismen: Gedankensplitter, die ins Auge gehen.
GABRIEL LAUB

Der Aphorismus hat vor jeder anderen Literaturgattung den Vorteil, daß man ihn nicht weglegt, bevor man ihn zu Ende gelesen hat.
GABRIEL LAUB

Die Zukunft der Literatur liegt im Aphorismus. Den kann man nicht verfilmen.
GABRIEL LAUB

Ist der Aphorismus ein Urteil? Ja, entweder für oder gegen seinen Autor.
STANISŁAW JERZY LEC

Alle Aphorismen über Frauen sind notgedrungen boshaft. Um das Gute an den Frauen zu schildern, benötigt man viele Seiten.
ANDRÉ MAUROIS [1885–1967]; franz. Schriftsteller

Aphorismus: das kleinste mögliche Ganze.
ROBERT MUSIL

Nicht jeder Gedanke, der weder zu Ende geführt noch begründet wird, ist deshalb ein Aphorismus.
MANFRED ROMMEL

Ein Aphorismus kann töten; ein Gedicht das Grauen nur rhythmisieren.
WOLFDIETRICH SCHNURRE,
Schattenfotograf

Vom Aphorismus Lebenshilfe zu erwarten heißt den Skorpion um eine Blutspende bitten.
WOLFDIETRICH SCHNURRE,
Schattenfotograf

Einen Aphorismus, der schmeckt, statt zu ätzen, nennt man Bonmot.
WOLFDIETRICH SCHNURRE,
Schattenfotograf

Ein Aphorismus, der mehr als drei Sätze enthält, ist bereits zur Reflexion entartet.
WOLFDIETRICH SCHNURRE,
Schattenfotograf

Der vollkommene Aphorismus ist nicht Glied, sondern Endprodukt eines Denkprozesses.
WOLFDIETRICH SCHNURRE,
Schattenfotograf

Der Aphorismus ist ein Waffenstillstand zwischen zwei Wahrheiten, die sich gegenseitig der Lüge zeihen.
PETER TILLE

— Aphoristiker

Nicht sehr heilige Sebastiane sind Aphoristiker meist: Sie ziehen die Pfeile aus ihrem Fleisch und schleudern sie in dasjenige der Schützen zurück. Verwundet verwunden sie ihre Verwunder, sterben jedoch länger.
KURT MARTI

— Appetit

Der Appetit hat die Eigentümlichkeit, anzustecken.
MARTIN ANDERSEN-NEXØ

Der Appetit kommt mit dem Essen, aber noch häufiger mit dem Fasten.
WILLY MILLOWITSCH [* 1909];
dt. Schauspieler und Theaterleiter

* Der Appetit kommt beim Essen.
FRANÇOIS RABELAIS
[um 1494–1553]; franz. Dichter

— Arbeit

Arbeit heißt Steigerung zu geistigen Formen.
GOTTFRIED BENN,
Provoziertes Leben

Meine Arbeit ist meine eigene Psychotherapie, für die ich obendrein noch Geld bekomme.
PAUL FLORA [* 1922]; österr.
Graphiker und Karikaturist

Zwanghaftes Arbeiten allein würde die Menschen ebenso verrückt machen wie absolutes Nichtstun. Erst durch die Kombination beider Komponenten wird das Leben erträglich.
ERICH FROMM [1900–1980];
amerik. Psychoanalytiker
dt. Herkunft

* Arbeit schändet nicht.
HESIOD [um 700 v. Chr.];
griech. Dichter

Das Arbeiten ist meinem Gefühl nach dem Menschen so gut ein Bedürfnis als Essen und Schlafen.
WILHELM VON HUMBOLDT,
Sentenzen

Die Arbeit, die tüchtige, intensive Arbeit, die einen ganz in Anspruch

nimmt mit Hirn und Nerven, ist doch der größte Genuß im Leben.
ROSA LUXEMBURG

Arbeit bloß um der „Beschäftigung" willen wäre Arbeit um ihrer selbst willen. Zur Arbeit gehört ein Sinn oder Ziel, um dessentwillen man arbeitet. Andernfalls ist es keine Arbeit.
OSWALD VON NELL-BREUNING

Alles gackert, aber wer will noch still auf dem Nest sitzen und Eier brüten?
FRIEDRICH NIETZSCHE, Zarathustra

Es gibt nichts, was die Arbeit mehr entwertet als an den Erfolg denken.
HANS ERICH NOSSACK, Spirale

Arbeit bedeutet atmen für mich; wenn ich nicht arbeiten kann, kann ich nicht atmen!
PABLO PICASSO [1881–1973]; span. Maler, Graphiker und Bildhauer

Arbeiten ist demzufolge eine unerläßliche Pflicht des sich in der Gesellschaft bewegenden Menschen. Ob reich oder arm, ob mächtig oder schwach, jeder müßige Bürger ist ein Spitzbube.
JEAN-JACQUES ROUSSEAU, Emile

Arbeitslosigkeit

Wirksam kann man die Arbeitslosigkeit nur dann bekämpfen, wenn diejenigen, die Arbeit haben, bereit sind, etwas von ihrer Arbeit abzugeben – und auch die dazugehörigen Einkünfte.
OSWALD VON NELL-BREUNING

Eine der schauerlichsten Folgen der Arbeitslosigkeit ist wohl die, daß Arbeit als Gnade vergeben wird. Es ist wie im Kriege: wer die Butter hat, wird frech.
KURT TUCHOLSKY

Archäologie

Archäologie – das heißt, sich der Gefahr aussetzen, Zeit zu verlieren mit einer Zeit, die man schon einmal verlor.
ERHART KÄSTNER

Architekt

Als Philosophen die Zukunft entwarfen, sollte es auf ein Paradies hinauslaufen. Wenn große Architekten Zukunft entwerfen, wie Le Corbusier oder Niemeyer, zeigt sich gleich die antizipierte Hölle.
JOHANNES GROSS

Wer sein Haus vom Architekten einrichten läßt, wundere sich nicht, wenn's nachher aussieht, als wohne er gar nicht drin.
OLIVER HASSENCAMP

Architektur

Architektur ist das Alphabet von Giganten. Sie ist das größte System von Symbolen, das je für die Augen von Menschen gemacht wurde.
GILBERT K. CHESTERTON

Die Krankheit unserer heutigen Städte und Siedlungen ist das traurige Resultat unseres Versagens, menschliche Grundbedürfnisse über wirtschaftliche und industrielle Forderungen zu stellen.
WALTER GROPIUS [1883–1969]; amerik. Architekt dt. Herkunft

Moderne Architektur ist das aus der richtigen Erkenntnis einer fehlenden Notwendigkeit erschaffene Überflüssige.
KARL KRAUS

Zeige mir, wie du baust, und ich sage dir, wer du bist.
CHRISTIAN MORGENSTERN

* Architektur ist erstarrte Musik.
Nach FRIEDRICH WILHELM JOSEPH VON SCHELLING [1775–1854]; dt. Philosoph

Ärger

Ärger ist die Unfähigkeit, Wut in Aktion umzusetzen.
WOLFGANG HERBST

* Es kann der Frömmste nicht in Frieden leben, wenn es dem bösen Nachbarn nicht gefällt.
SCHILLER, Wilhelm Tell

Wie der Mensch sich ärgert, so ist er.
ARTHUR SCHNITZLER

Argument

Du sollst nicht vor einem Argument in die Knie brechen. Vielleicht überzeugt es nur, beweist aber nichts.
LUDWIG MARCUSE

Argumente nützen gegen Vorurteile so wenig wie Schokoladeplätzchen gegen Stuhlverstopfung.
MAX PALLENBERG [1877–1934]; österr. Schauspieler

Beleidigungen sind die Argumente jener, die über keine Argumente verfügen.
JEAN-JACQUES ROUSSEAU [1712–1778], franz. Schriftsteller und Kulturphilosoph

Es ist sehr gefährlich, zuzuhören. Hört man zu, kann man überzeugt werden, und wer sich durch ein Argument überzeugen läßt, ist ein von Grund auf unvernünftiger Mensch.
OSCAR WILDE

Armee

Eine Armee ohne Kultur ist eine stumpfsinnige Armee, und eine stumpfsinnige Armee ist unfähig, den Feind zu besiegen.
MAO TSE-TUNG

Armut

Es werden so viele schöne Worte über Freiheit geredet, aber nichts in der Welt macht so unfrei wie Armut.
MARTIN ANDERSEN-NEXØ

In der Armut liegt ein Glanz verborgen, der Glanz des Authentischen.
ERNESTO CARDENAL

Für einen leeren Sack ist es schwer, aufrecht zu stehen.
BENJAMIN FRANKLIN, Autobiographie

Das ist das Verdammte an den kleinen Verhältnissen, daß sie die Seele kleinmachen.
HENRIK IBSEN [1828–1906]; norweg. Schriftsteller

Wenn eine freie Gesellschaft den vielen, die arm sind, nicht helfen kann, kann sie auch die wenigen nicht retten, die reich sind.
JOHN F. KENNEDY [1917–1963]; amerik. Politiker

Man kann den Armen nicht helfen, indem man die Reichen vernichtet.
ABRAHAM LINCOLN [1809–1865]; amerik. Politiker

Es gibt nur eine Gesellschaftsklasse, die mehr an Geld denkt, als die Reichen, und das sind die Armen.
OSCAR WILDE

Arroganz

Arroganz ist die Karikatur des Stolzes.
ERNST VON FEUCHTERSLEBEN

Wer ist so gebildet, daß er nicht seine Vorzüge gegen andre manchmal auf eine grausame Weise geltend machte?
GOETHE, Wahlverwandtschaften I

Arzt

Ein Arzt kann die Krankheit, nicht jedoch das Schicksal bessern.
CHINESISCHES SPRICHWORT

Die Ärzte verzeihen uns jeden Lebenswandel, der in ihr Wartezimmer führt.
SIGMUND GRAFF

Unter den mutmaßlichen Todesursachen unserer Verstorbenen sollte auf den amtlichen Papieren vorsorglich immer auch der Name des behandelnden Arztes mit aufgeführt werden.
SIGMUND GRAFF

Ein guter Arzt ist derjenige, welcher gegen die betreffenden Krankheiten bestimmt wirkende Mittel hat, oder, wenn ihm diese abgehen, denen, welche sie haben, gestattet, seine Kranken zu heilen.
JEAN DE LA BRUYÈRE

Ein armer Mensch ist, wer von der Hilfe der Ärzte abhängig ist.
MARTIN LUTHER

Was bringt den Doktor um sein Brot?: a) die Gesundheit, b) der Tod.
EUGEN ROTH

Askese

Radikale Askese, das bedeutet immer und überall nur Charakterschwäche.
THOMAS MANN

Atheismus

Einen Gottlosen habe ich noch nie gesehen; nur Ruhelose sind mir begegnet.
FJODOR M. DOSTOJEWSKI,
Der Jüngling

Solange es Atheisten gibt, hat Gott die Chance, erwähnt zu werden.
HANS KASPER, Revolutionäre

Der Atheismus ist ein grausames und langwieriges Unterfangen, ich glaube ihn bis zum Ende betrieben zu haben.
JEAN PAUL SARTRE

Wer Gott definiert, ist schon Atheist.
OSWALD SPENGLER, Gedanken

Atom

Das Atom ist unser kleinstes Porträt; es enthüllt unsere Kraft als Schrecken.
MAX RYCHNER [1897–1965];
schweiz. Schriftsteller und
Literaturhistoriker

Erst haben die Menschen das Atom gespalten, jetzt spaltet das Atom die Menschen.
GERD UHLENBRUCK

Das Verhalten des Atoms ist gesetzmäßig. Seine Anwendung gesetzlos.
HEINRICH WIESNER

Atombombe

Eine Politik ohne atomare Bedrohung wäre nicht der Himmel auf Erden, aber der Hölle auf Erden könnten wir wahrscheinlich entkommen.
FRANZ ALT

Es gibt nichts, kein Recht und keine Sache in der Welt, die die Anwendung der Atombombe rechtfertigen könnte.
HEINRICH BÖLL

Der Mensch hat die Atombombe erfunden. Keine Maus der Welt käme auf die Idee, eine Mausefalle zu konstruieren.
WERNER MITSCH

Skeptiker sind jene Menschen, die einfach nicht an die friedliche Nutzung der Atombombe glauben wollen.
WERNER MITSCH

Wir haben nur die Wahl, im nächsten Krieg als Mitschuldige oder als Unschuldige umzukommen. Wem da die Wahl schwerfällt, der mag seine dumme Hoffnung auf Atomwaffen bauen.
MARTIN WALSER [* 1927];
dt. Schriftsteller

Aufgabe

Jeder ist berufen, etwas in der Welt zur Vollendung zu bringen.
MARTIN BUBER

Wenn man das Dasein als eine Aufgabe betrachtet, dann vermag man es immer zu ertragen.
MARIE VON EBNER-ESCHENBACH

Jede Aufgabe, die ein Mensch im Rahmen der Gemeinschaft haben kann, ist im tiefsten Grunde Dienst.
EMIL OESCH, Menschen

Der Begriff der Aufgabe ist ein Wesensbestandteil des Menschseins: Den Menschen gibt es nicht ohne die Aufgabe.
JOSÉ ORTEGA Y GASSET, Aufgabe

Eine Daueraufgabe ist in der Praxis eine Aufgabe, die dauernd nicht erledigt wird.
MANFRED ROMMEL

Wer sich zu groß fühlt, um kleine Aufgaben zu erfüllen, ist zu klein, um mit großen Aufgaben betraut zu werden.
JACQUES TATI [1907–1982];
franz. Schauspieler und Regisseur

Aufklärung

Aufklärung ist Ärgernis; wer die Welt erhellt, macht ihren Dreck deutlicher.
KARLHEINZ DESCHNER

* Aufklärung ist der Ausgang des Menschen aus seiner selbstverschuldeten Unmündigkeit. Unmündigkeit ist das Unvermögen, sich seines Verstandes ohne Leitung eines anderen zu bedienen.
IMMANUEL KANT

Die Maxime, jederzeit selbst zu denken, ist die Aufklärung.
IMMANUEL KANT

Aufrichtigkeit

Niemand hat mehr Feinde in der Welt als ein aufrechter, stolzer, gefühlvoller Mann, der Personen und Dinge nimmt, wie sie sind, und nicht, wie sie sein wollen.
CHAMFORT

Aufrichtig zu sein kann ich versprechen, unparteiisch zu sein aber nicht.
GOETHE, Eigenes und Angeeignetes

Aufrichtigkeit ist wahrscheinlich die verwegenste Form der Tapferkeit.
WILLIAM SOMERSET MAUGHAM [1874–1965]; brit. Schriftsteller

Keinen Anlaß zur Lüge haben heißt noch nicht: aufrichtig sein.
ARTHUR SCHNITZLER

Es ist gefährlich, aufrichtig zu sein, außer wenn man auch dumm ist.
GEORGE BERNARD SHAW

Auge

* Trinkt, o Augen, was die Wimper hält, von dem goldnen Überfluß der Welt!
GOTTFRIED KELLER [1819–1890]; schweiz. Schriftsteller

* Man sieht nur mit den Augen des Herzens gut. Das Wesentliche ist für die Augen unsichtbar.
ANTOINE DE SAINT-EXUPÉRY [1900–1944]; franz. Schriftsteller

Es gibt Männer, welche die Beredsamkeit weiblicher Zungen übertreffen. Aber kein Mann übertrifft die Beredsamkeit weiblicher Augen.
KARL JULIUS WEBER

Augenblick

* Was glänzt, ist für den Augenblick geboren; das Echte bleibt der Nachwelt unverloren.
GOETHE, Faust I

Der Augenblick ist nichts als der wehmütige Punkt zwischen Verlangen und Erinnern.
ROBERT MUSIL

Bereit sein ist viel, warten können ist mehr, doch erst den rechten Augenblick nützen ist alles.
ARTHUR SCHNITZLER

* Ein einz'ger Augenblick kann alles umgestalten.
CHRISTOPH MARTIN WIELAND [1733–1813]; dt. Schriftsteller

Ausbeutung

Der Hinweis auf Ausbeutung und Unterdrückung in einem Teil der Welt rechtfertigt nicht Ausbeutung und Unterdrückung in einem anderen Teil der Welt.
HANS CHRISTOPH BUCH

Unbestreitbar ist, daß wir ... auf Kosten der unterentwickelten Völker leben, daß unser Überverbrauch ihre Verbrauchsmöglichkeiten schmälert, weil sich so viel, wie wir für uns allein in Anspruch nehmen, für alle nicht verfügbar machen läßt.
OSWALD VON NELL-BREUNING

Ausbildung

Am gefährlichsten ist die Dummheit, die nicht der Ausdruck von Unbildung, sondern von Ausbildung ist.
HELMUT ARNTZEN

Ausdauer

Ausdauer ist eine Tochter der Kraft, Hartnäckigkeit eine Tochter der Schwäche, nämlich – der Verstandesschwäche.
MARIE VON EBNER-ESCHENBACH

* Courage ist gut. Ausdauer ist besser.
THEODOR FONTANE [1819–1898]; dt. Schriftsteller

* Nur Beharrung führt zum Ziel.
SCHILLER, 2. Spruch des Konfuzius

Ausländerfeindlichkeit

Jede Nation ist im Ausland hauptsächlich durch ihre Untugenden bekannt.
JOSEPH CONRAD [1857–1924]; engl. Schriftsteller poln. Herkunft

Wenn heute die Ausländer Ursache sind für die Ausländerfeindlichkeit der Deutschen, dann waren damals an Auschwitz die Juden selber schuld.
WOLFGANG POHRT

In Deutschland wählte der Patriotismus die aggressive Form. Die Liebe zum Heimischen kleidete sich in den Haß gegen Fremdes.
WALTHER RATHENAU

Ausnahme

Ausnahmen sind nicht immer Bestätigung der alten Regel. Sie können auch Vorboten einer neuen Regel sein.
MARIE VON EBNER-ESCHENBACH

Ausrede

Ich habe festgestellt, daß die Einschränkung „soweit wie möglich" eine fatale Ausweichmöglichkeit gibt. Etwas „soweit wie möglich" tun heißt, der ersten Versuchung zu erliegen.
MAHATMA GANDHI

Wer überlegt, der sucht Bewegungsgründe, nicht zu dürfen.
GOTTHOLD EPHRAIM LESSING, Nathan

Nichtwollen ist der Grund, Nichtkönnen der Vorwand.
SENECA [um 4 v. Chr.–65 n. Chr.]; röm. Politiker, Philosoph und Dichter

Besser als durch ihre Reden lernt man die Menschen durch ihre Ausreden kennen.
PETER TILLE

Ausflüchte sind schlimmer als Zweifel.
THORNTON WILDER

Aussehen

* In jedes Menschen Gesichte steht seine Geschichte.
FRIEDRICH VON BODENSTEDT [1819–1892]; dt. Schriftsteller

Die verbitterten Gesichtszüge eines Mannes sind oft nur die festgefrorene Verwirrung eines Knaben.
FRANZ KAFKA [1883–1924]; österr. Schriftsteller

Der Körper ist der Übersetzer der Seele ins Sichtbare.
CHRISTIAN MORGENSTERN

Durch Nachteile seiner äußeren Erscheinung darf man sich nicht beirren lassen.
ARISTOTELES ONASSIS [1906(?)–1975]; griech. Reeder

Mit zwanzig Jahren hat jeder das Gesicht, das Gott ihm gegeben hat, mit vierzig das Gesicht, das ihm das Leben gegeben hat, und mit sechzig das Gesicht, das er verdient.
ALBERT SCHWEITZER

Äußerlichkeit

Die Fassung der Edelsteine erhöht ihren Preis, nicht ihren Wert.
LUDWIG BÖRNE, Denkrede auf Jean Paul

Die Form ist die Physiognomie des Gehaltes.
MARTIN KESSEL, Ehrfurcht

Laßt euch nicht vom Glanz blenden. Hat jemals eine Perle eine Muschel hervorgebracht?
WERNER MITSCH

Ausweglosigkeit

Zur Summe meines Lebens gehört im übrigen, daß es Ausweglosigkeit nicht gibt.
WILLY BRANDT, Erinnerungen

Auszeichnung

Sie steinigten ihn mit einem Denkmal.
STANISŁAW JERZY LEC

Auto

Am Auto kann man beobachten, wie für jeden skandalösen Zustand ein Beschönigungswort gefunden wird: die Blechlawine, die unsere Städte zerfrißt und unsere Straßen zu Todesbahnen macht, heißt ‚Individualverkehr'.
SIGMUND GRAFF

Mit dem Auto ist ja die Kunst des Ankommens verlorengegangen.
ERHART KÄSTNER

Die größte Gefahr im Straßenverkehr sind Autos, die schneller fahren, als ihr Fahrer denken kann.
ROBERT LEMBKE

Früher war man pünktlich. Heute kommen die Leute im Auto und meistens zu spät.
KURT MARTI

Die schwächste Stelle am Auto ist oft der Fahrer.
WERNER MITSCH

Das Auto ist ein Gerät, das es dem Menschen ermöglicht, rascher zur Arbeit zu kommen, deren Ertrag ihm ermöglicht, sich ein Auto zu kaufen.
WERNER SCHNEYDER

Ein Auto ist an und für sich schon ein Delikt.
WERNER SCHNEYDER

Schnellfahren kann zwar schön sein, aber Rasen geht auf Kosten der Nerven, der Gesundheit, der Seele und der mitmenschlichen Vernunft.
RICHARD VON WEIZSÄCKER

Autobahn

Autobahn – Deutschlands größte Psychiatrie.
HENNING VENSKE

Autobiographie

↑Memoiren

Autorität

Der springende Punkt ist, ob man Autorität hat oder eine Autorität ist.
ERICH FROMM [1900–1980]; amerik. Psychoanalytiker dt. Herkunft

Wer wirklich Autorität hat, wird sich nicht scheuen, Fehler zuzugeben.
BERTRAND RUSSELL, Schriften

Avantgarde

Was man Avantgarde nennt, ist nur insofern interessant, als es ein Zurück zu den Quellen ist. Es muß durch einen verkalkten Traditionalismus, durch widerlegte Akademismen hindurch eine lebendige Tradition wieder aufnehmen.
EUGÈNE IONESCO [* 1909]; franz. Dramatiker rumän. Herkunft

Es fällt immer eine erste Schneeflocke, was für ein Gewimmel nachher kommen mag.
WILHELM RAABE

B

Bankgeheimnis

Der einzige Zweck des Bankgeheimnisses besteht darin, nach Belieben lügen zu können.
HANS A. PESTALOZZI, Zukunft

Bankier

Wenn ein Bankier auf einen Vorschlag „nein" sagt, meint er „vielleicht", sagt er „vielleicht", meint er „ja", sagt er aber spontan „ja", dann ist er kein guter Bankier.
ANDRÉ KOSTOLANY

Ein Bankier ist ein Bursche, der Ihnen seinen Schirm leiht, wenn die Sonne scheint, und ihn in der Minute zurückverlangt, wo es zu regnen beginnt.
MARK TWAIN

Barbarei

*Vom Fanatismus zur Barbarei ist es nur ein Schritt.
DENIS DIDEROT, Schriften

Die Kultur der Häßlichkeit heißt Barbarei.
HANS LOHBERGER

Baum

Bäume – natürliche Feinde der Autos
HENNING VENSKE

Beamte

Mit schlechten Gesetzen und guten Beamten läßt sich immer noch regieren. Bei schlechten Beamten aber helfen uns die besten Gesetze nichts.
OTTO VON BISMARCK [1815–1898]; dt. Reichskanzler 1871–1890

Beamte sind ein wunderbares Beispiel für die Vermehrung der Menschen auf ungeschlechtliche Weise.
URSULA NOACK [1918–1988]; dt. Kabarettistin

Je zahlreicher also die Beamten sind, desto schwächer ist die Regierung.
JEAN-JACQUES ROUSSEAU, Gesellschaftsvertrag

Befehl

Jeder Befehl besteht aus einem Antrieb und einem Stachel. Der Antrieb zwingt den Empfänger zur Ausführung, und zwar so, wie es dem Inhalt des Befehls gemäß ist. Der Stachel bleibt in dem zurück, der den Befehl ausführt.
ELIAS CANETTI

Begegnung

Alles wirkliche Leben ist Begegnung.
Martin Buber

Es sind die Begegnungen mit Menschen, die das Leben lebenswert machen.
Guy de Maupassant [1850–1893]; franz. Schriftsteller

Begehren

Genieße den Reiz, ohne ihn zu begehren, dann bleibst du sein Meister.
Hans Arndt

Wer weniger hat, als er begehrt, muß wissen, daß er mehr hat, als er wert ist.
Georg Christoph Lichtenberg

Die Tugend besteht nicht im Verzicht auf das Laster, sondern darin, daß man es nicht begehrt.
George Bernard Shaw

Begeisterung

DieBegeisterung ist das tägliche Brot der Jugend, die Skepsis ist der tägliche Wein des Alters.
Pearl S. Buck [1892–1973]; amerik. Schriftstellerin

Ehrliche, herzliche Begeisterung ist einer der wirksamsten Erfolgsfaktoren.
Dale Carnegie

* Begeist'rung ist keine Heringsware, die man einpökelt auf einige Jahre.
Goethe, Frisches Ei

Begeisterung aber ist die Mutter alles Großen.
Franz Grillparzer

Enthusiasmus ist das schönste Wort der Erde.
Christian Morgenstern

Keine Begeisterung sollte größer sein als die nüchterne Leidenschaft zur praktischen Vernunft.
Helmut Schmidt [* 1918]; dt. Politiker

Ohne Enthusiasmus wird nichts Rechtes in der Kunst zuwege gebracht.
Robert Schumann

Begräbnis

Der Prunk der Begräbnisse betrifft mehr die Eitelkeit der Lebenden als die Ehre der Toten.
François de La Rochefoucauld

Begriff

* Denn eben wo Begriffe fehlen, da stellt ein Wort zur rechten Zeit sich ein.
Goethe, Faust I

Die Begriffe der Menschen von den Dingen sind meistens nur ihre Urteile über die Dinge.
Friedrich Hebbel

Ein Begriff entsteht, indem eine produktive Kraft Reize gestaltet.
Friedrich Nietzsche, Nachlaß

Beherrschtheit

Wenn du im Recht bist, kannst du dir leisten, die Ruhe zu bewahren, und wenn du im Unrecht bist, kannst du dir nicht leisten, sie zu verlieren.
Mahatma Gandhi

Beifall

↑ Anerkennung, Lob

Beleidigung

Wir sagen und ich meinen ist eine von den ausgesuchtesten Kränkungen.
THEODOR W. ADORNO

Eine Wunde, von Worten geschlagen, ist schlimmer als eine Wunde, die das Schwert schlägt.
ARABISCHES SPRICHWORT

Die grausigste Beleidigung, die man einem Menschen zufügen kann, ist die, ihm abzusprechen, daß er leide.
CESARE PAVESE

Beleidigungen sind die Argumente jener, die über keine Argumente verfügen.
JEAN-JACQUES ROUSSEAU
[1712–1778]; franz. Schriftsteller u. Kulturphilosoph

Auch Kränkungen wollen gelernt sein. Je freundlicher, desto tiefer trifft's.
MARTIN WALSER [* 1927];
dt. Schriftsteller

Bequemlichkeit

Wer sich auf seinen Lorbeeren ausruht, trägt sie an der falschen Körperstelle.
HEINER GEISSLER [* 1930];
dt. Politiker

Jedermann schneidet gern die Bretter da, wo sie am dünnsten sind; man bohrt nicht gern durch dicke Bretter.
MARTIN LUTHER

Beredsamkeit

Beredsamkeit ist Macht, denn sie ist anscheinende Klugheit.
THOMAS HOBBES [1588–1679];
engl. Philosoph

Die wahre Beredsamkeit besteht darin, das zu sagen, was zur Sache gehört, und eben nur das.
FRANÇOIS DE LA ROCHEFOUCAULD

Beruf

Ein Beruf ist das Rückgrat des Lebens.
FRIEDRICH NIETZSCHE,
Menschliches I

Die Größe eines Berufes besteht vielleicht vor allem darin, daß er Menschen zusammenbringt.
ANTOINE DE SAINT-EXUPÉRY
[1900–1944]; franz. Schriftsteller

Man kann seinen Beruf auch verfehlen, indem man ihn ausübt.
KARL HEINRICH WAGGERL

Berufung

Jeder ist dazu berufen, etwas in der Welt zur Vollendung zu bringen.
MARTIN BUBER

* Viele sind berufen, aber wenige sind auserwählt.
MATTHÄUS 20,16

Berühmtheit

Berühmt – bestens erreichbar für die Pfeile der Boshaftigkeit, des Neides und der Verleumdung.
AMBROSE BIERCE

Berühmtheit: der Vorteil, denen bekannt zu sein, die einen nicht kennen.
CHAMFORT

Mit der Berühmtheit ist es wie mit einer Lawine, die bekommt der am heftigsten zu spüren, der druntergerät.
HERMANN HESSE

Wenn man erst einmal einen Namen hat, ist es ganz egal, wie man heißt.
WERNER MITSCH

Es gibt zwei von Grund aus verschiedene Arten berühmter Leute: solche, die man kennt, und solche, die man kennen soll.
ROBERT MUSIL

— Bescheidenheit

Bescheidenheit ist der Anfang aller Vernunft.
LUDWIG ANZENGRUBER [1839–1889]; österr. Dramatiker und Erzähler

Die Bescheidenheit ist eine Eigenschaft, die vom Bewußtsein der eigenen Macht herrührt.
PAUL CÉZANNE [1839–1906]; franz. Maler

Falsche Bescheidenheit ist die schicklichste aller Lügen.
CHAMFORT

* Nur die Lumpe sind bescheiden, Brave freuen sich der Tat.
GOETHE, Rechenschaft

Unter den nützlichen Tugenden steht die falsche Bescheidenheit obenan.
JOHANNES GROSS

Die Ruhmlosen haben gewiß recht, wenn sie von Bescheidenheit predigen. Es wird ihnen so leicht, diese Tugend auszuüben.
HEINRICH HEINE, Gedanken

Die falsche Bescheidenheit ist der letzte Kunstgriff der Eitelkeit.
JEAN DE LA BRUYÈRE

Bescheiden können nur die Menschen sein, die genug Selbstbewußtsein haben.
GABRIEL LAUB

* Alle großen Männer sind bescheiden.
GOTTHOLD EPHRAIM LESSING, Briefe

Bescheidenheit ist mehr eine Konsequenz des Denkens als des guten Willens.
LUDWIG MARCUSE

Bescheidenheit ist weniger Unterschätzung unserer selbst als Hochschätzung anderer.
HANS MARGOLIUS

Bescheidenheit bei mittelmäßigen Fähigkeiten ist bloße Ehrlichkeit; bei großen Talenten ist sie Heuchelei.
ARTHUR SCHOPENHAUER

Wenn alle erste Violine spielen wollen, würden wir kein Orchester zusammenbekommen.
ROBERT SCHUMANN

Bescheidenheit ist die ungesündeste Form der Selbstbewertung.
PETER USTINOV

— Beschränktheit

Jeder Mensch hat ein Brett vor dem Kopf – es kommt nur auf die Entfernung an.
MARIE VON EBNER-ESCHENBACH

Auch die Bretter, die man vor dem Kopf hat, können die Welt bedeuten.
WERNER FINCK

Die Menschheit würde unbeschränkte Möglichkeiten haben, wenn sie die Möglichkeit hätte, die Macht der Beschränkten zu beschränken.
GABRIEL LAUB

— Beschuldigung

↑ Anklage

— Besitz

Sich mit wenigem begnügen ist schwer, sich mit vielem begnügen ist noch schwerer.
MARIE VON EBNER-ESCHENBACH

* Was du ererbt von deinen Vätern hast, erwirb es, um es zu besitzen.
GOETHE, Faust I

Der Besitz besitzt, er macht die Menschen kaum unabhängiger.
FRIEDRICH NIETZSCHE, Menschliches II

Die Sehnsucht läßt alle Dinge blühen, der Besitz zieht alle Dinge in den Staub.
MARCEL PROUST

Das Privateigentum wurde erfunden, um die Unterordnung unter das Gesetz etwas schmackhafter zu machen.
BERTRAND RUSSELL, Moral

* Wer besitzt, der lerne verlieren.
SCHILLER, Braut von Messina

Besitzender ist jeder, der abends beim Zubettgehen etwas für den nächsten Tag übrigbehalten hat.
ALBERT SCHWEITZER

Aller Besitz ist vom Schicksal geborgt.
SENECA [um 4 v. Chr.–65 n. Chr.]; röm. Dichter und Philosoph

Wir haben nur, was wir nicht halten.
THORNTON WILDER

— Besonnenheit

Sage nicht alles, was du weißt, aber wisse immer, was du sagst!
MATTHIAS CLAUDIUS [1740–1815]; dt. Dichter

Man muß wissen, wie weit man zu weit gehen kann.
JEAN COCTEAU [1889–1963]; franz. Schriftsteller, Filmregisseur und Graphiker

Siege, aber triumphiere nicht!
MARIE VON EBNER-ESCHENBACH

* Was du tust, bedenke das Ende.
JESUS SIRACH 7, 40

Es ist besser, ein Problem zu erörtern, ohne es zu entscheiden, als zu entscheiden, ohne es erörtert zu haben.
JOSEPH JOUBERT

Ein volles Herz kann die Worte nicht wägen.
GOTTHOLD EPHRAIM LESSING, Minna von Barnhelm

Der Geist der Mäßigung muß der Geist des Gesetzgebers sein.
MONTESQUIEU, Geist der Gesetze

— Besserung

Wer sich gar zu leicht bereit findet, seine Fehler einzusehen, ist selten der Besserung fähig.
MARIE VON EBNER-ESCHENBACH

Umändern kann sich niemand, bessern jeder.
ERNST VON FEUCHTERSLEBEN

Wer einen Menschen bessern will, muß ihn erst einmal respektieren.
ROMANO GUARDINI [1885–1968]; dt. kath. Religionsphilosoph und Theologe ital. Herkunft

Der Mensch, der es unternimmt, andere zu bessern, verschwendet seine Zeit, wenn er nicht bei sich selbst beginnt.
IGNATIUS VON LOYOLA [1491–1556]; span. Ordensstifter

* Doch der Mensch hofft immer Verbesserung.
SCHILLER, Hoffnung

Die Leute zu kränken ist leicht, sie zu bessern schwer, wo nicht unmöglich.
ARTHUR SCHOPENHAUER

Beten

Das Gebet ist der Schlüssel für den Morgen und der Türriegel für den Abend.
MAHATMA GANDHI

Beten können heißt zuerst danken können.
ALBERT SCHWEITZER

Sage mir, zu wem du betest, wenn es dir gut geht, und ich will dir sagen, wie fromm du bist.
KURT TUCHOLSKY

Erbitte Gottes Segen für deine Arbeit, aber verlange nicht auch noch, daß er sie tut.
KARL HEINRICH WAGGERL

Betrug

Man wird nie betrogen, man betrügt sich selbst.
GOETHE, Wilhelm Meisters Wanderjahre

Die Menschen sind so einfältig und hängen so sehr vom Eindrucke des Augenblickes ab, daß einer, der sie täuschen will, stets jemanden findet, der sich täuschen läßt.
NICCOLÒ MACHIAVELLI [1469–1527]; ital. Politiker, Schriftsteller und Geschichtsschreiber

Bewährung

Je schlimmer seine Lage ist, desto besser zeigt sich der gute Mensch.
BERTOLT BRECHT, Der gute Mensch

* Die Mühen der Gebirge liegen hinter uns. Vor uns liegen die Mühen der Ebenen.
BERTOLT BRECHT, Wahrnehmung

* Nur der verdient sich Freiheit wie das Leben, der täglich sie erobern muß.
GOETHE, Faust II

* Es wächst der Mensch mit seinen größern Zwecken.
SCHILLER, Wallensteins Lager

Bewunderung

Bewunderung ist glückliche Selbstverlorenheit, Neid unglückliche Selbstbehauptung.
SÖREN KIERKEGAARD

Einem bei Lebzeiten ein Monument setzen, heißt die Erklärung ablegen, daß hinsichtlich seiner der Nachwelt nicht zu trauen sei.
ARTHUR SCHOPENHAUER

Es ist immer bezeichnend, was einer bewundert: das, was er kann, oder das, was er nicht kann.
HEINRICH SEIDEL [1842–1906]; dt. Schriftsteller

Bezahlung

Gehalt erhalten heißt gehalten werden.
BERT BERKENSTRÄTER

Wenn man von den Leuten Pflichten fordert und ihnen keine Rechte zugestehen will, muß man sie gut bezahlen.
GOETHE, Maximen und Reflexionen

Beziehungen

Zu guten Beziehungen gelangt man am schnellsten, wenn man den Eindruck erweckt, sie zu besitzen.
SIGMUND GRAFF

Es ist häufig nützlicher, viele zu kennen, als viel zu wissen.
ROBERT LEMBKE

In jeder Beziehung sind heute Beziehungen und Beziehungen zu Beziehungen die wichtigsten Bezugspunkte unseres Lebens.
GERD UHLENBRUCK

Bibel

Das gefährlichste aller Bücher in weltgeschichtlicher Hinsicht, wenn durchaus einmal von Gefährlichkeit die Rede sein sollte, ist doch wohl unstreitig die Bibel, weil wohl leicht kein anderes Buch so viel Gutes und Böses im Menschengeschlecht zur Entwicklung gebracht hat.
GOETHE, zu Johann Daniel Falk

Die Schrift hat Stellen genug, um alle Stände zu trösten und alle Stände zu erschrecken.
BLAISE PASCAL

Bibliothek

Nirgends kann man den Grad der Kultur einer Stadt und überhaupt den Geist ihres herrschenden Geschmacks schneller und doch zugleich richtiger kennenlernen, als – in den Lesebibliotheken.
HEINRICH VON KLEIST [1777–1811]; dt. Dramatiker und Erzähler

Die Unsterblichkeit der Literaturen ist abstrakt und heißt Bibliothek.
OCTAVIO PAZ, Essays II

Bild

Das Bild ist der Leib des Wahren, der die Wahrheit enthält und verhüllt.
ERHART KÄSTNER

Das Bild ist ein Modell der Wirklichkeit.
LUDWIG WITTGENSTEIN [1889–1951]; österr. Philosoph

Bildung

Es ist ein Beweis hoher Bildung, die größten Dinge auf die einfachste Art zu sagen.
RALPH WALDO EMERSON [1803–1882]; amerik. Philosoph und Schriftsteller

Die beste Bildung findet ein gescheiter Mensch auf Reisen.
GOETHE, Wilhelm Meisters Lehrjahre

Gebildet ist, wer Parallelen zu sehen vermag. Dummköpfe sehen immer wieder etwas ganz Neues.
SIGMUND GRAFF

Der Ungebildete sieht überall nur einzelnes, der Halbgebildete die Regel, der Gebildete die Ausnahme.
FRANZ GRILLPARZER

Bildung ist ein durchaus relativer Begriff. Gebildet ist jeder, der das hat, was er für seinen Lebenskreis braucht. Was darüber, das ist vom Übel.
FRIEDRICH HEBBEL

Der Mensch ist, was er als Mensch sein soll, erst durch Bildung.
GEORG WILHELM FRIEDRICH HEGEL [1770–1831]; dt. Philosoph

So ein bißchen Bildung ziert den ganzen Menschen.
HEINRICH HEINE, Reisebilder

Bildung kommt von Bildschirm und nicht von Buch, sonst hieße es ja Buchung.
DIETER HILDEBRANDT [* 1927]; dt. Kabarettist

Es gibt nur eins, was auf Dauer teurer ist als Bildung: keine Bildung.
JOHN F. KENNEDY [1917–1963]; amerik. Politiker

Bildung ist nicht Wissen, sondern Interesse am Wissen.
HANS MARGOLIUS

* Bildung macht frei.
JOSEPH MEYER [1796–1856]; dt. Verlagsbuchhändler

Nichts macht durchschnittlicher als eine gute Allgemeinbildung.
WERNER MITSCH

Jede Stufe der Bildung fängt mit Kindheit an. Daher ist der am meisten gebildete, irdische Mensch dem Kinde so ähnlich.
NOVALIS, Blütenstaub

Erst durch lesen lernt man, wieviel man ungelesen lassen kann.
WILHELM RAABE

Die Schulbildung sollte nicht nach einer passiven Kenntnisnahme toter Ereignisse streben, sondern nach einer Aktivität, gerichtet auf die Welt, die unsre Bemühungen schaffen sollen.
BERTRAND RUSSELL, Schriften

Vermöge seiner Bildung sagt der Mensch nicht, was er denkt, sondern was andere gedacht haben und was er gelernt hat.
ARTHUR SCHOPENHAUER

Bildung ist etwas Wunderbares. Doch sollte man sich von Zeit zu Zeit daran erinnern, daß wirklich Wissenswertes nicht gelehrt werden kann.
OSCAR WILDE

Bildungschance

Ohne Gleichheit der Bildungschancen ist die soziale Rolle des Staatsbürgers nicht durchgesetzt.
RALF DAHRENDORF

Der isolierte Mensch vermag sich ebensowenig zu bilden als der in seiner Freiheit gewaltsam gehemmte.
WILHELM VON HUMBOLDT, an Forster

Biographie

Ein gut beschriebenes Leben ist beinahe so selten wie ein gut gelebtes.
THOMAS CARLYLE

Man wird nicht müde, Biographien zu lesen so wenig als Reisebeschreibungen: denn man lebt mit Lebendigen.
GOETHE, Aus meinem Leben. Paralipomena

Blut

* Blut ist ein ganz besonderer Saft.
GOETHE, Faust I

* Blut ist dicker als Wasser.
Durch WILHELM II., dt. Kaiser von 1888–1918, bekannt geworden

Bombe

Wer auf Bomben vertraut, dessen Vertrauen zu Menschen wird schwinden.
FRANZ ALT

Borgen

Wenn du den Wert des Geldes kennenlernen willst, versuche, dir welches zu borgen!
BENJAMIN FRANKLIN, Reichtum

Borniertheit

↑ Beschränktheit, Dummheit

Börse

An der Börse finden wir immer die erste Generation einer sich Reichtum verschaffenden Familie. Die zweite genießt ihn, und die dritte Generation verliert oder verplempert ihn wieder.
ANDRÉ KOSTOLANY

Das Böse

Die schönste List des Teufels ist es, uns zu überzeugen, daß es ihn nicht gibt.
CHARLES BAUDELAIRE [1821–1867]; franz. Dichter

* Das Gute – dieser Satz steht fest – ist stets das Böse, was man läßt.
WILHELM BUSCH, Helene

Die Liebe ist ein Wunder, das immer wieder möglich, das Böse eine Tatsache, die immer vorhanden ist.
FRIEDRICH DÜRRENMATT [1921–1990]; schweiz. Dramatiker

Das Böse wird am unauffälligsten und häufigsten durch die Sanftmütigen gefördert, die sich dagegen blind und taub stellen.
SIGMUND GRAFF

Es gibt Leute, denen man nichts Böses zutraut, wenn man es nicht erlebt hat; aber es gibt niemanden, bei dem es uns überraschen sollte, wenn er Böses tut.
FRANÇOIS DE LA ROCHEFOUCAULD

Das Böse hat wirklich keine andere Macht als die Ohnmacht des Guten.
GERTRUD VON LE FORT

Niemals tut man so vollständig und so gut das Böse, als wenn man es mit gutem Gewissen tut.
BLAISE PASCAL

* Das eben ist der Fluch der bösen Tat, daß sie, fortzeugend, immer Böses muß gebären.
SCHILLER, Piccolomini

Das Böse ist das Fehlen des Guten.
LEO TOLSTOI [1828–1910]; russ. Schriftsteller

Wer nichts Böses tut, hat damit noch nichts Gutes getan.
KARL HEINRICH WAGGERL

Bosheit

Man muß in den Dreck hineingeschlagen haben, um zu wissen, wie weit er spritzt.
WILHELM RAABE

Die Bosheit wird durch Tat erst ganz gestaltet.
SHAKESPEARE, Othello

Brauchtum

(auch ↑Tradition)

Das sicherste Zeichen dafür, daß mit einem Volksgebrauch etwas nicht in Ordnung ist, sind Lehrer- und Pfarrervereinigungen zu seiner Konservierung.
KURT TUCHOLSKY

Brief

Wie kann man nur auf den Gedanken kommen, daß Menschen durch Briefe miteinander verkehren können! Man kann an einen fernen Menschen denken, und man kann einen nahen Menschen fassen, alles andere geht über Menschenkraft.
FRANZ KAFKA, Briefe an Milena

Briefe sind Stimmungskinder.
CHRISTIAN MORGENSTERN

Buch

Ein Buch ist wie ein Garten, den man in der Tasche trägt.
ARABISCHES SPRICHWORT

Hungriger, greif nach dem Buch: Es ist eine Waffe.
BERTOLT BRECHT, Die Mutter

Bücher haben Ehrgefühl. Wenn man sie verleiht, kommen sie nicht mehr zurück.
THEODOR FONTANE [1819–1898]; dt. Schriftsteller

Gewisse Bücher scheinen geschrieben zu sein, nicht damit man daraus lerne, sondern damit man wisse, daß der Verfasser etwas gewußt hat.
GOETHE, Maximen und Reflexionen

Ein Buch will seine Zeit. Alle schnell in wenigen Wochen geschriebenen Bücher erregen bei mir ein gewisses Vorurteil gegen den Verfasser.
HEINRICH HEINE, Gedanken

Dort, wo man Bücher verbrennt, verbrennt man am Ende auch Menschen.
HEINRICH HEINE, Almansor

Warum soll man sich nicht mit Büchern unterhalten? Sie sind oft ebenso klug wie Menschen und oft ebenso spaßhaft, und sie drängen sich weniger auf.
HERMANN HESSE

Jedes gute Buch schreibt sich von selbst, man darf es nur nicht dabei stören.
PATRICIA HIGHSMITH [* 1921]; amerik. Schriftstellerin

Ein Buch muß die Axt sein für das gefrorene Meer in uns.
FRANZ KAFKA

Das Buch, das in der Welt am ersten verboten zu werden verdiente, wäre ein Katalogus von verbotenen Büchern.
GEORG CHRISTOPH LICHTENBERG

Ein Buch ist ein Spiegel, wenn ein Affe hineinsieht, so kann kein Apostel herausgucken.
GEORG CHRISTOPH LICHTENBERG

Wenn ein Kopf und ein Buch zusammenstoßen und es klingt hohl, ist das allemal im Buch?
GEORG CHRISTOPH LICHTENBERG

Der Mensch begreift Bücher erst, wenn ihm ein gewisses Maß an Leben zuteil wurde.
EZRA POUND

Die Bekanntschaft mit einem einzigen guten Buch kann ein Leben ändern.
MARCEL PRÉVOST [1862–1941]; franz. Schriftsteller

Ein Buch ist für mich eine Art Schaufel, mit der ich mich umgrabe.
MARTIN WALSER [* 1927]; dt. Schriftsteller

Einst war die Seltenheit der Bücher den Fortschritten der Wissenschaft nachteilig. Jetzt ist es deren Überzahl, die verwirrt und eigenes Denken verhindert.
KARL JULIUS WEBER

So etwas wie moralische oder unmoralische Bücher gibt es nicht. Bücher sind gut oder schlecht geschrieben. Weiter nichts.
OSCAR WILDE

Buchdruck

Mehr als das Gold hat das Blei in der Welt verändert. Und mehr als das Blei in der Flinte das im Setzkasten.
GEORG CHRISTOPH LICHTENBERG

Bürgerrecht

Bürgerrechte sind Teilnahmechancen.
RALF DAHRENDORF

Bürokratie

Wir brauchen Bürokratien, um unsere Probleme zu lösen. Aber wenn wir sie erst haben, hindern sie uns, das zu tun, wofür wir sie brauchen.
RALF DAHRENDORF

Das Formular ist, neben dem Schalter, das wirksamste Mittel, dem Bürger Respekt abzunötigen.
WERNER FINCK

Chance

Das „Zu spät" ist die große Totenglocke der Geschichte.
RUDOLF AUGSTEIN [* 1923]; dt. Publizist

* Doch der den Augenblick ergreift, das ist der rechte Mann.
GOETHE, Faust I

* Wer zu spät kommt, den bestraft das Leben.
MICHAIL GORBATSCHOW [* 1931]; sowjet. Politiker

An einem offenen Paradiesgärtchen geht der Mensch gleichgültig vorbei und wird erst traurig, wenn es verschlossen ist.
GOTTFRIED KELLER [1819–1890]; schweiz. Schriftsteller

* Was man von der Minute ausgeschlagen, gibt keine Ewigkeit zurück.
SCHILLER, Resignation

Bereit sein ist viel, warten können ist mehr, doch erst den rechten Augenblick nützen ist alles.
ARTHUR SCHNITZLER

Charakter

(auch ↑ Persönlichkeit)

Eine Kleinigkeit verrät oft mehr von dem Charakter eines Menschen als eine große Tat.
Friedl Beutelrock

* Bäume sterben aufrecht.
Alejandro Casona
[1903–1965]; span. Dramatiker
(Titel einer Komödie)

Durch nichts bezeichnen die Menschen mehr ihren Charakter als durch das, was sie lächerlich finden.
Goethe, Wahlverwandtschaften II

Auf der Rückseite unserer positiven Eigenschaften klebt ein Preiszettelchen. Darauf steht, mit welchen negativen wir sie bezahlt haben.
Sigmund Graff

„Vor seinem Tode", sagt Solon, „ist niemand glücklich zu schätzen." Wir dürfen auch sagen: Vor seinem Tode ist niemand als Charakter zu preisen.
Heinrich Heine, Gedanken

Ein Talent können wir nach einer einzigen Manifestation anerkennen. Für die Anerkennung eines Charakters bedürfen wir eines langen Zeitraumes.
Heinrich Heine, Gedanken

Charaktere sind unzerbrechlich – aber dehnbar.
Stanisław Jerzy Lec

Es gibt Leute, die als charaktervoll gelten, nur weil sie zu bequem sind, ihre Ansichten zu ändern.
Robert Lembke

Die meisten Menschen sind Münzen, nur wenige sind Prägestöcke.
Wilhelm Raabe

Stärke des Charakters ist oft nichts anderes als eine Schwäche des Gefühls.
Arthur Schnitzler

Charakter ist in der moralischen Welt, was in der physischen das Knochengebäude.
Karl Julius Weber

Charme

Charme – das ist die Eigenschaft bei anderen, die uns zufriedener mit uns selbst macht.
Henri Frédéric Amiel
[1821–1881]; schweiz. Schriftsteller

Charme: die Art, wie ein Mensch „ja" sagt, ohne daß ihm eine bestimmte Frage gestellt worden war.
Albert Camus [1913–1960];
franz. Schriftsteller

Die Schönheit hat etwas Statisches. Der Charme leuchtet am eindrucksvollsten in der flüchtigen Bewegung auf.
Sigmund Graff

Charme ist der „unsichtbare" Teil der Schönheit, ohne den niemand wirklich schön sein kann.
Sophia Loren [* 1934];
ital. Schauspielerin

Chauvinismus

↑ Nationalismus

Chef

↑ Vorgesetzter

— Christentum

Das Schönste am Christentum ist es aber, daß der steilsten Sehnsucht der Prüfstein beigesellt wird: im Geringen das Hohe zu finden.
HANS URS VON BALTHASAR

Der große Einwand, der gegen die christliche Religion erhoben werden kann, ist der, daß sie die Starken den Schwachen opfert. Wie sollte man aber nicht damit einverstanden sein, daß die Stärke benützt wird, um den Schwachen zu helfen?
ANDRÉ GIDE, Tagebuch

Das Christentum ist die Religion der tiefsten Beunruhigung.
GERHART HAUPTMANN

Christentum ist nicht Kultur, aber Christentum ohne Kultur ist undenkbar.
HANS EGON HOLTHUSEN, Verstehen

Es sind nicht die Gottlosen, es sind die Frommen seiner Zeit gewesen, die Christus ans Kreuz schlugen.
GERTRUD VON LE FORT

Was wäre aus dem Christentum als Religion der Liebe geworden – wir wissen es nicht. Es ist in institutionalisierter Form als die Religion des Schwertes und des Hasses alt geworden.
ALEXANDER MITSCHERLICH

Die Christen lieben ihre Nächsten nicht. Und sie lieben sie nicht, weil sie an den anderen nie wirklich geglaubt haben. Die Geschichte lehrt uns, daß sie ihn, wo sie ihm begegnet sind, bekehrt oder vernichtet haben.
OCTAVIO PAZ, Essays I

Als Christus die Menschen lehrte, einander zu lieben, erregte er eine solche Empörung, daß die Menge schrie: „Kreuzige ihn!" Von jeher sind die Christen eher der Masse gefolgt als dem Stifter ihrer Religion.
BERTRAND RUSSELL, Moral

Wer glaubt, ein Christ zu sein, weil er die Kirche besucht, irrt sich. Man wird ja auch kein Auto, wenn man in eine Garage geht.
ALBERT SCHWEITZER

Es ziemt dem Christen, der kompromißlos an der Vervollkommnung seines Christentums arbeitet, in keiner Weise, sich der Pflicht zum Widerstand gegen das Übel zu entziehen.
PIERRE TEILHARD DE CHARDIN [1881–1955]; franz. Paläontologe, Anthropologe und Philosoph

Das Christentum ist eine gewaltige Macht. Daß zum Beispiel protestantische Missionare aus Asien unbekehrt wieder nach Hause kommen –: das ist eine große Leistung.
KURT TUCHOLSKY

— Clown

Jeder Mensch ist ein Clown, aber nur wenige haben den Mut, es zu zeigen.
CHARLIE RIVEL [1896–1983]; span. Akrobat und Clown

— Computer

Das Unsympathische an Computern ist, daß sie nur ja oder nein sagen können, aber nicht vielleicht.
BRIGITTE BARDOT [* 1934]; franz. Filmschauspielerin

Eines Tages werden Maschinen

vielleicht denken können, aber sie werden niemals Phantasie haben.
THEODOR HEUSS [1884–1963]; dt. Politiker

Der Computer ist ein Rechner, kein Denker.
WERNER MITSCH

Der Computer ist die logische Weiterentwicklung des Menschen: Intelligenz ohne Moral.
JOHN OSBORNE [* 1929]; engl. Dramatiker

D

Dank, Dankbarkeit

Wir sind für nichts so dankbar wie für Dankbarkeit.
MARIE VON EBNER-ESCHENBACH

Dankbarkeit ist eine gar wunderliche Pflanze; sobald man ihr Wachstum erzwingen will, verdorrt sie.
JEREMIAS GOTTHELF [1797–1854]; schweiz. Erzähler

Dankbarkeit ist bei den meisten nichts als ein geheimes Verlangen, noch größere Wohltaten zu empfangen.
FRANÇOIS DE LA ROCHEFOUCAULD

Dauer

Nichts ist dauernd als der Wechsel.
LUDWIG BÖRNE, Denkrede auf Jean Paul

Der Wechsel allein ist das Beständige.
ARTHUR SCHOPENHAUER

Definition

Die meisten Definitionen sind Konfessionen.
LUDWIG MARCUSE

Den Inhalt eines Begriffes allgemeingültig definieren, also endgültig festlegen zu wollen, ist an sich schon wahrheitswidrig.
HANS A. PESTALOZZI, Zukunft

Demagoge

Das Geheimnis des Agitators ist, sich so dumm zu machen, wie seine Zuhörer sind, damit sie glauben, sie seien so gescheit wie er.
KARL KRAUS

Demagogen sind Leute, die in den Wind sprechen, den sie selbst gemacht haben.
HELMUT QUALTINGER [1928–1986]; österr. Schriftsteller, Kabarettist und Schauspieler

Demagogie

Demagogie ist die Fähigkeit, Massen in Bewegung zu schieben, und die Unfähigkeit, sie wieder zu bremsen.
WOLFGANG HERBST

Dementi

Unter einem Dementi versteht man in der Diplomatie die verneinende Bestätigung einer Nachricht, die bisher lediglich ein Gerücht gewesen ist.
JOHN B. PRIESTLEY [1894–1984]; engl. Schriftsteller

— Demokratie

So, wie die Freiheit eine Voraussetzung für die Demokratie ist, so schafft mehr Demokratie erst den Raum, in dem Freiheit praktiziert werden kann.
WILLY BRANDT, Briefe

Die Demokratie ist keine Frage der Zweckmäßigkeit, sondern der Sittlichkeit.
WILLY BRANDT, Erinnerungen

Den zwangsläufigen und den geraden Weg zu rationalem Handeln und humanem Fortschritt gibt es nicht. Ihm nahezukommen bleibt die der Demokratie innewohnende Möglichkeit.
WILLY BRANDT, Erinnerungen

Demokratie ist die Verzweiflung darüber, daß es keine Helden gibt, die dich regieren; und Befriedigtsein darüber, daß man sich mit ihrem Fehlen abfinden muß.
THOMAS CARLYLE

Eine Schule wird nicht dadurch demokratisch, daß sie der politischen Erziehung zwölf oder gar vierundzwanzig Wochenstunden widmet.
RALF DAHRENDORF

Demokratie ist die Kunst, dem Volk im Namen des Volkes feierlich das Fell über die Ohren zu ziehn.
KARLHEINZ DESCHNER

Die Demokratie ... muß dem Schwächsten die gleichen Chancen zusichern wie dem Stärksten.
MAHATMA GANDHI

Die Gefahr der Demokratie sind weniger die Ordnungsstörer als alle, die die Ordnungsliebe übertreiben.
SIGMUND GRAFF

Jede demokratische Gesellschaft, die ihre Konflikte nicht austrägt, sondern durch Verbotserlasse konserviert, hört auf, demokratisch zu sein, bevor sie beginnt, Demokratie zu begreifen.
GÜNTER GRASS [* 1927];
dt. Schriftsteller

Demokratie: Herrschaft des Volkes, das den von Minderheiten bestimmten Mehrheitsentscheidungen gehorcht.
ROLF HALLER

Demokratie heißt: die Spielregeln einhalten, auch wenn kein Schiedsrichter zusieht.
MANFRED HAUSMANN [1898–1986];
dt. Schriftsteller

Ohne Unterschied macht Gleichheit keinen Spaß.
DIETER HILDEBRANDT [* 1927];
dt. Kabarettist

Die Demokratie setzt die Vernunft im Volk voraus, die sie erst hervorbringen muß!
KARL JASPERS

Eine ernsthafte Schwäche der Demokratie ist, daß sie sich ziemlich danach richten muß, was der Bürger denkt, ehe die Gewißheit besteht, ob er es überhaupt tut.
HANS KASPER, Revolutionäre

Demokratie ist im Grunde die Anerkennung, daß wir, sozial genommen, alle füreinander verantwortlich sind.
HEINRICH MANN [1871–1950];
dt. Schriftsteller

Demokratie, das bedeutet Herrschaft der Politik; Politik, das bedeutet ein Minimum von Sachlichkeit.
THOMAS MANN

Demokratie beruht auf drei Prinzipien: auf der Freiheit des Gewissens, auf der Freiheit der Rede und auf der Klugheit, keine der beiden in Anspruch zu nehmen.
MARK TWAIN

Wenn Freiheit und Demokratie auch keine äquivalenten Begriffe sind, so sind sie doch komplementär: Ohne Freiheit ist die Demokratie Despotie, ohne Demokratie ist die Freiheit eine Schimäre.
OCTAVIO PAZ, Essays II

Demokratie ist gewiß ein preisenswertes Gut, Rechtsstaat ist aber wie das tägliche Brot, wie Wasser zum Trinken und wie Luft zum Atmen, und das Beste an der Demokratie gerade dieses, daß nur sie geeignet ist, den Rechtsstaat zu sichern.
GUSTAV RADBRUCH

Demokratie ist Volksherrschaft nur in den Händen eines politischen Volkes, in den Händen eines unerzogenen und unpolitischen Volkes ist sie Vereinsmeierei und kleinbürgerlicher Stammtischkram.
WALTHER RATHENAU

Wenn die Demokratie arbeitsfähig sein soll, muß die Bevölkerung soweit wie möglich frei von Haß und Zerstörungslust und ebenso von Furcht und Unterwürfigkeit sein.
BERTRAND RUSSELL, Schriften

Die Verdienste der Demokratie sind negativer Natur: Sie sichert keine gute Regierung, sondern verhindert bestimmte Übel.
BERTRAND RUSSELL, Schriften

Die Demokratie ist ein Verfahren, das garantiert, daß wir nicht besser regiert werden als wir es verdienen.
GEORGE BERNARD SHAW

Demokratie ist nichts als das Niederknüppeln des Volkes durch das Volk für das Volk.
OSCAR WILDE

Demut

Demut ist schließlich nichts als Einsicht.
HERMANN BAHR [1863–1934]; österr. Schriftsteller

Demut ist Unverwundbarkeit.
MARIE VON EBNER-ESCHENBACH

Gewaltlosigkeit ist unmöglich ohne Demut.
MAHATMA GANDHI

Es gibt eine besonders unsympathische Art von Hochmut; sie heißt Demut.
HANS KRAILSHEIMER

Demut soll nie etwas anderes sein als die Verneinung von Hochmut. Sonst wird sie Kleinmut.
LUDWIG MARCUSE

Denken

(auch ↑Nachdenken)

Überlegende Arbeit trieb erst den Menschenstamm geschichtlich hoch, ließ ihn das Nötige sich probend zurechtlegen; Not lehrte zuerst das Denken.
ERNST BLOCH

Das Denken gehört zu den größten Vergnügungen der menschlichen Rasse.
BERTOLT BRECHT, Galilei

Das Denken ist ein Laster, das man

schwerlich mit administrativen Mitteln heilen kann.
WIESŁAW BRUDZIŃSKI

Es liegt in der menschlichen Natur, vernünftig zu denken und unvernünftig zu handeln.
ANATOLE FRANCE [1844–1924]; franz. Schriftsteller

Es gibt keinen schlimmeren Feind des Denkens als den Dämon der Analogie.
ANDRÉ GIDE, Tagebuch

Man muß nicht denken, damit etwas dabei herauskommt. Es genügt, wenn etwas drinnen bleibt.
OLIVER HASSENCAMP

Denken ist die Arbeit des Intellekts, Träumen sein Vergnügen.
VICTOR HUGO [1802–1885]; franz. Schriftsteller

Wer nur denkt, was er weiß, der denkt noch gar nicht.
FRIEDRICH GEORG JÜNGER

Denken ist reden mit sich selbst.
IMMANUEL KANT

Stellt einer die Behauptung auf, die Erde sei ein Würfel, so denkt er ohne Zweifel unabhängig. Allerdings auch falsch.
HANS KASPER, Abel

Jeder neue Gedanke ist ein Widerspruch. Denken heißt widersprechen können.
HANS LOHBERGER

Es gibt keinen Boden, auf dem Theorie und Praxis, Denken und Handeln zusammenkommen.
HERBERT MARCUSE

Denken ist eine Anstrengung, Glauben ein Komfort.
LUDWIG MARCUSE

Das logische Denken ist das Muster einer vollständigen Fiktion.
FRIEDRICH NIETZSCHE, Nachlaß

Offenbar ist der Mensch zum Denken bestimmt – das ist seine Würde und Größe, seine Pflicht aber ist es, richtig zu denken.
BLAISE PASCAL

Denken heißt vergleichen.
WALTER RATHENAU

Der Mensch beginnt nicht leicht zu denken. Sobald er aber erst einmal den Anfang damit gemacht hat, hört er nicht mehr auf.
JEAN-JACQUES ROUSSEAU, Emile

Die Menschen fürchten das Denken wie nichts anderes in der Welt. Denken ist umstürzlerisch und revolutionär, zerstörend und erschreckend, erbarmungslos gegen Privilegien, festgesetzte Institutionen und bequeme Gebräuche.
BERTRAND RUSSELL, Schriften

Das Denken ist groß, kühn und frei, das Licht der Welt und der höchste Ruhm des Menschen.
BERTRAND RUSSELL, Schriften

Man muß denken wie die wenigsten und reden wie die meisten.
ARTHUR SCHOPENHAUER

Verzicht auf Denken ist geistige Bankrotterklärung.
ALBERT SCHWEITZER

* An sich ist nichts weder gut noch böse, das Denken macht es erst dazu.
SHAKESPEARE, Hamlet

Innerhalb eines von Mechanismus und Zufall beherrschten Kosmos hat das Denken, dieses furchtbare Phänomen, welches die Erde von

Grund auf verändert hat und sich mit dem Weltall mißt, immer den Charakter einer unerklärlichen Anomalie.
PIERRE TEILHARD DE CHARDIN [1881–1955]; franz. Paläontologe, Anthropologe und Philosoph

Es gibt auch eine Befriedigung, die sich im Kopf abspielt: Denken.
GABRIELE WOHMANN [* 1932]; dt. Schriftstellerin

___ Denkmal

Sie steinigten ihn mit einem Denkmal.
STANISŁAW JERZY LEC

Viele Denkmäler sind steingewordene Geschichtsfälschungen.
WERNER MITSCH

Was nützen Denkmäler des unbekannten Soldaten den Gefallenen? Erst muß der Mensch leben, dann kann seine Ehre geschützt werden!
CARL VON OSSIETZKY

Einem bei Lebzeiten ein Monument setzen, heißt die Erklärung ablegen, daß hinsichtlich seiner der Nachwelt nicht zu trauen sei.
ARTHUR SCHOPENHAUER

___ Deutsch (das)

* Im Deutschen lügt man, wenn man höflich ist.
GOETHE, Faust II

Die deutsche Sprache ist an sich reich, aber in der deutschen Konversation gebrauchen wir nur den zehnten Teil dieses Reichtums; faktisch sind wir also spracharm.
HEINRICH HEINE, Gedanken

Deutsch ist schon deshalb eine gute Sprache, weil in ihr Mensch und Mann nicht das gleiche sind. Diesen Satz übersetzen.
WOLFGANG HILDESHEIMER [1916–1991]; dt. Schriftsteller

___ Deutschland

Deutsch sein, das heißt sein Denken und Leben sich selbst schwer machen; sein Denken durchs Leben und sein Leben durchs Denken.
HANS LOHBERGER

Gutmütig und tückisch – ein solches Nebeneinander, widersinnig in bezug auf jedes andere Volk, rechtfertigt sich leider zu oft in Deutschland: Man lebe nur eine Zeitlang unter Schwaben!
FRIEDRICH NIETZSCHE, Jenseits

Die deutsche Geschichte hat noch nie den Deutschen allein gehört. Mehr als andere haben wir erfahren, daß Geschichte Wandel ist.
RICHARD VON WEIZSÄCKER

___ Dialektik

Dialektik ist die Kunst (oder der Trick), zu zwei Seiten das Ding zu erdenken, das sie hat.
HANS KUDSZUS

In der Natur ist alles mit allem verbunden; alles durchkreuzt sich, alles wechselt mit allem, alles verändert sich eines in das andere.
GOTTHOLD EPHRAIM LESSING, Hamburgische Dramaturgie

___ Dichten

Dichten bedeutet: Nichts mit Sicherheit wissen – und alles wissen wollen!
MARTIN ANDERSEN-NEXØ

Stückeschreiben ist wie Schach: Bei der Eröffnung ist man frei; dann bekommt die Partie ihre eigene Logik.
FRIEDRICH DÜRRENMATT [1921–1990]; schweiz. Dramatiker

Dichten heißt: Abspiegeln der Welt auf individuellem Grunde.
FRIEDRICH HEBBEL

Dichten ist ein Brückenschlagen von dem, der schreibt, zu dem, der liest.
HERMANN KASACK [1896–1966]; dt. Schriftsteller

Dichten ist keine Tätigkeit, sondern ein Zustand.
ROBERT MUSIL

Im Grunde ist das Dichten eine immer offene Wunde, wodurch die richtige Gesundheit des Körpers den Eiter ausstößt.
CESARE PAVESE

— Dichter

Der Dichter ist das Auge der Menschheit bei der Betrachtung des Kleinen.
MARTIN ANDERSEN-NEXØ

Das Wort des Lyrikers vertritt keine Idee, vertritt keinen Gedanken und kein Ideal, es ist Existenz an sich, Ausdruck, Miene, Hauch.
GOTTFRIED BENN, Marginalien

* Der Dichter steht auf einer höhern Warte als auf den Zinnen der Partei.
FERDINAND FREILIGRATH [1810–1876]; dt. Schriftsteller

Sowie ein Dichter politisch wirken will, muß er sich einer Partei hingeben, und sowie er dieses tut, ist er als Poet verloren.
GOETHE, zu Eckermann

Die einzige Ehrung, die die Welt dem Dichter erweist, besteht darin, daß seine Armut nicht als beschämend gilt.
SIGMUND GRAFF

Ein Journalist wird man um so leichter, je leichter man schreibt, ein Dichter, je schwerer man schreibt.
SIGMUND GRAFF

Das Amt des Dichters ist nicht das Zeigen der Wege, sondern vor allem das Wecken der Sehnsucht.
HERMANN HESSE

* Was bleibet aber, stiften die Dichter.
FRIEDRICH HÖLDERLIN, Andenken

Der Dichter ist das Sprachrohr der Ratlosigkeit seiner Zeit.
MARIE LUISE KASCHNITZ [1901–1974]; dt. Schriftstellerin

Unsere besten intuitiven Diagnostiker – die Dichter – haben immer wieder darauf hingewiesen, daß der Mensch geisteskrank ist und es von jeher war, doch Anthropologen, Psychiater und Evolutionsforscher nehmen Dichter nicht ernst und ignorieren weiterhin die Indizien, die ihnen ins Gesicht starren.
ARTHUR KOESTLER, Mensch

Die meisten Poeten kommen erst nach ihrem Tode zur Welt.
GEORG CHRISTOPH LICHTENBERG

Wer ist ein Dichter? Der, dessen Leben symbolisch ist.
THOMAS MANN

Vielleicht hält Gott sich einige Dichter (ich sage mit Bedacht: Dichter!), damit das Reden von ihm jene heilige Unberechenbarkeit bewahre, die den Priestern und Theologen abhanden gekommen ist.
KURT MARTI

Ein Dichter muß 77mal als Mensch gestorben sein, ehe er als Dichter etwas wert ist.
CHRISTIAN MORGENSTERN

Viel von sich selbst zu reden gilt als dumm. Dieses Verbot wird von der Menschheit auf eigentümliche Weise umgangen: durch den Dichter!
ROBERT MUSIL

Natürlich wird der Beruf des Dichters mißbraucht. Es treten so viele neue Dichter und Nachwuchsdichterinnen auf den Plan, daß wir bald alle Dichter sind und die Leser aussterben.
PABLO NERUDA

Dichter: Seher, die uns etwas von dem Möglichen erzählen.
FRIEDRICH NIETZSCHE, Morgenröte

Viel mehr Dichter versagen aus Mangel an Charakterfestigkeit als aus Mangel an Intelligenz.
EZRA POUND

Es gibt eine Eigenschaft, die alle großen, bleibenden Dichter gemeinsam haben: Man braucht keine Schulen und Hochschulen, um sie am Leben zu erhalten.
EZRA POUND

Alle Dichter haben einen Sinn für das Unendliche, in irgendeiner Weise, aber ihr wacher Sinn für das Begrenzte verleiht ihren Werken die individuelle Eigenart.
RABINDRANATH TAGORE

— Dichtung

(auch ↑Poesie)

Die Dichtung bessert nicht, aber sie tut etwas viel Entscheidenderes: sie verändert.
GOTTFRIED BENN, Dichtung

Das eigentliche Ergebnis aller Dichtung: daß keine Zeit existiert.
GÜNTER EICH

Die Dichtung schafft einen magischen Raum, in dem das sonst Unvereinbare vereinbar, das sonst Unmögliche wirklich wird.
HERMANN HESSE

Dichtung ist immer nur eine Expedition nach der Wahrheit.
FRANZ KAFKA [1883–1924]; österr. Schriftsteller

Es sind nicht die Probleme, es ist der durch die Probleme geförderte oder behinderte Lebensprozeß, was an der Dichtung auch später noch interessiert.
MARTIN KESSEL, Ehrfurcht

Die Dichtkunst ist die Erinnerung und die Ahnung der Dinge: Was sie feiert, ist noch nicht tot. Was sie besingt, lebt schon.
ALPHONSE DE LAMARTINE [1790–1869]; franz. Dichter

Dichtung ist eine Form der Liebe.
GERTRUD VON LE FORT

Dichtung ist keine Arbeit neben dem Leben, sondern eine Form des Lebens.
GERTRUD VON LE FORT

Alle große Dichtung ist eine Frucht des Leidens.
ADOLF MUSCHG [* 1934]; schweiz. Schriftsteller und Literaturwissenschaftler

Dichtung ist stets ein Akt des Friedens.
PABLO NERUDA

Der Dichtung am ähnlichsten ist ein Laib Brot oder ein Tonteller oder ein wenn auch von ungeschickter Hand liebevoll bearbeitetes Stück Holz.
PABLO NERUDA

Liebe und Dichtung sind eigentlich dasselbe: der Wunsch, sich zu äußern.
CESARE PAVESE

Es ist das Eigentümliche der Dichtung, daß sie eine ständige Schöpfung ist und uns so aus uns selbst heraustreibt, uns aus uns vertreibt und uns zu unseren äußersten Möglichkeiten führt.
OCTAVIO PAZ, Essays II

Sobald es um Dichtung geht, wollen eine Menge Leute nicht einmal zur Kenntnis nehmen, daß ihr eigenes Land nicht die ganze verfügbare Oberfläche des Planeten einnimmt. Die Vorstellung scheint sie irgendwie zu kränken.
EZRA POUND

Ein Text ist nicht dann vollkommen, wenn man nichts mehr hinzufügen, sondern nichts mehr weglassen kann!
ANTOINE DE SAINT-EXUPÉRY [1900–1944]; franz. Schriftsteller

Die alten Geschichtsschreiber hinterließen uns wundervolle Dichtungen in der Form von Tatsachen; der moderne Romanschriftsteller langweilt uns mit Tatsachen, die er als Dichtung ausgibt.
OSCAR WILDE

— Dienst

Wer sein Leben auf Dienst aufbaut, hat nie umsonst gelebt.
EMIL OESCH, Menschen

Jede Aufgabe, die ein Mensch im Rahmen der Gemeinschaft haben kann, ist im tiefsten Grunde Dienst.
EMIL OESCH, Menschen

— Diktatur

Niemand vermag sich zum Diktator aufzuschwingen, wenn die Menschen nicht verängstigte, verschüchterte Feiglinge sind.
ORIANA FALLACI [* 1930]; ital. Journalistin und Schriftstellerin

Zu den wenigen Vorzügen der Diktatur gehört es, daß sie den Freiheitssinn lebendig erhält.
SIGMUND GRAFF

Das öffentliche Leben der Staaten mit beschränkter Freiheit ist eben deshalb so dürftig, so armselig, so schematisch, so unfruchtbar, weil es sich durch Ausschließung der Demokratie die lebendigen Quellen allen geistigen Reichtums und Fortschritts absperrt.
ROSA LUXEMBURG

Eine Diktatur ist ein Staat, in dem sich alle vor einem fürchten und einer vor allen.
ALBERTO MORAVIA [1907–1990]; ital. Schriftsteller

— Dilettant

Der Dilettant wird am schwersten erkannt, wenn er es gleichmäßig auf vielen Gebieten ist.
SIGMUND GRAFF

Dilettanten kommen am häufigsten durch den Beifall der Laien, Künstler gegen den Widerspruch der Fachleute hoch.
SIGMUND GRAFF

Dilettant sein, das heißt: seiner eigenen Einfälle nicht wert, aber auf sie stolz sein.
ARTHUR SCHNITZLER

Dilettantismus

Genialität, die von etwas anderem ausgeht als den Mitteln, die ihr sich auszudrücken zur Verfügung stehen, ist Dilettantismus.
GOTTFRIED BENN, Marginalien

Diplomat

Wenn man sagt, daß man einer Sache grundsätzlich zustimmt, so bedeutet dies, daß man nicht die geringste Absicht hat, sie in der Praxis durchzuführen.
OTTO VON BISMARCK [1815–1898]; dt. Reichskanzler 1871–1890

Ein wahrer Diplomat ist ein Mann, der zweimal nachdenkt, bevor er nichts sagt.
WINSTON CHURCHILL [1874–1965]; brit. Staatsmann

Männer sind in fremder, Frauen in eigener Sache die besseren Diplomaten.
SIGMUND GRAFF

Ein Diplomat ist ein Mensch, der offen ausspricht, was er nicht denkt.
GIOVANNI GUARESCHI [1908–1968]; ital. Schriftsteller

Ein Diplomat, der sich über Intrigen beschwert, beschwert sich über sein Metier.
HANS KASPER, Abel

Ein Diplomat ist ein Mann, der die Paukenschläge der Staatsmänner in Harfenklänge verwandeln soll.
EUGENE O'NEILL [1888–1953]; amerik. Dramatiker

Diplomatie

Diplomatie – die patriotische Kunst, gegen Bezahlung für sein Vaterland zu lügen.
AMBROSE BIERCE

Diplomatie ist ein Schachspiel, bei dem die Völker matt gesetzt werden.
KARL KRAUS

Unter einem Dementi versteht man in der Diplomatie die verneinende Bestätigung einer Nachricht, die bisher lediglich ein Gerücht gewesen ist.
JOHN B. PRIESTLEY [1894–1984]; engl. Schriftsteller

Diplomatie ist die Kunst, mit hundert Worten zu verschweigen, was man mit einem Wort sagen könnte.
SAINT-JOHN PERSE [1887–1975]; franz. Lyriker

Diskussion

Nicht Sieg sollte der Zweck der Diskussion sein, sondern Gewinn.
JOSEPH JOUBERT

Das Schwierigste am Diskutieren ist nicht, den eigenen Standpunkt zu verteidigen, sondern ihn zu kennen.
ANDRÉ MAUROIS [1885–1967]; franz. Schriftsteller

Eine Diskussion ist unmöglich mit jemandem, der vorgibt, die Wahrheit nicht zu suchen, sondern schon zu besitzen.
ROMAIN ROLLAND [1866–1944]; franz. Schriftsteller

Distanz

Für den, der nicht mitmacht, besteht die Gefahr, daß er sich für besser hält als die anderen und seine Kritik der Gesellschaft mißbraucht als Ideologie für sein privates Interesse.
THEODOR W. ADORNO

Um etwas richtig zu beurteilen, muß man ein wenig Abstand davon nehmen, nachdem man es geliebt hat. Das gilt für Länder, für Lebewesen und für uns selbst.
ANDRÉ GIDE, Tagebuch

Die Freundschaft ist eine Kunst der Distanz, so wie die Liebe eine Kunst der Nähe ist.
SIGMUND GRAFF

Trost und Rat sind oft die Abwehr eines Nichtbetroffenen gegen das Leid eines Betroffenen. Trost und Rat sind, neben anderem, auch eine Maske der Distanz.
LUDWIG MARCUSE

Wir verlieren Zeit und Kraft, wenn wir alles, was passiert, alles, was man an uns heranträgt, bis auf die nackte Haut, ja bis auf die Seele kommen lassen.
EMIL OESCH, Zeit

Wer keinen Zaun um seinen inneren Garten hat, bei dem trampeln alle herein.
EMIL OESCH, Zeit

Wenn mich jemand zwingt, Abstand zu wahren, habe ich den Trost, daß er ihn gleichfalls wahrt.
JONATHAN SWIFT

Alles Große vermögen wir nur aus einem gehörigen Abstand zu ihm zu erkennen. Wer an einen Berg mit der Lupe geht, bemerkt nur Sandkörner und Insekten.
FRANK THIESS

Was mich betrifft: Je weiter der Nächste von mir entfernt ist, desto lieber liebe ich ihn.
KARL HEINRICH WAGGERL

Dogma

Dogma: der Versuch, einen Stock mit nur einem Ende zu erzeugen.
GABRIEL LAUB

Die Gefahr der Welt in ethnischen Dingen ist die Gleichgültigkeit. Die Gefahr der Kirche ist die Gesetzlichkeit.
CARL FRIEDRICH VON WEIZSÄCKER, Geschichte

Don Juan

Don Juan ist nicht der Mann, der die Frauen liebt, sondern der Mann, den die Frauen lieben.
JOSÉ ORTEGA Y GASSET, Liebe

Die wahre Tragödie des Don Juan liegt darin, daß er nur Beute, niemals Jäger war.
GEORGE BERNARD SHAW [1856–1950]; ir. Schriftsteller

Doping

Das Doping der Erfolgreichen ist das Risiko.
SIGMUND GRAFF

Doping ist der Kunstdünger der menschlichen Leistungskraft.
WERNER SCHNEYDER

— Droge

Die beste Droge ist ein klarer Kopf.
HERBERT HEGENBARTH [* 1944]; Autor des Buches „Durststrecke“

— Drohung

Man erschrickt nur vor Drohungen; mit vollendeten Tatsachen findet sich der Mensch schnell ab.
OSWALD SPENGLER, Gedanken

— Dummheit

Am gefährlichsten ist die Dummheit, die nicht der Ausdruck von Unbildung, sondern von Ausbildung ist.
HELMUT ARNTZEN

Wenn einer noch so klug ist, so ist er oft doch nicht klug genug, um den Dummen zu begreifen.
FRIEDL BEUTELROCK

Dummheit, die man bei andern sieht, wirkt meist erhebend aufs Gemüt.
WILHELM BUSCH, Sprikker

Grausamkeit empört, Dummheit entmutigt.
ALBERT CAMUS [1913–1960]; franz. Schriftsteller

Der Gescheitere gibt nach! Ein unsterbliches Wort. Es begründet die Weltherrschaft der Dummheit.
MARIE VON EBNER-ESCHENBACH

Geduld mit der Streitsucht der Einfältigen! Es ist nicht leicht zu begreifen, daß man nicht begreift.
MARIE VON EBNER-ESCHENBACH

Zwei Dinge sind unendlich: das Universum und die menschliche Dummheit. Aber bei dem Universum bin ich mir noch nicht ganz sicher.
ALBERT EINSTEIN [1879–1955]; amerik. Physiker dt. Herkunft

Auch die Bretter, die man vor dem Kopf hat, können die Welt bedeuten.
WERNER FINCK

Wenn fünfzig Millionen Menschen etwas Dummes sagen, bleibt es trotzdem eine Dummheit.
ANATOLE FRANCE [1844–1924]; franz. Schriftsteller

Einen Gescheiten kann man überzeugen, einen Dummen muß man überreden.
CURT GOETZ

Dummheit nützt häufiger als sie schadet. Darum pflegen sich die Allerschlauesten dumm zu stellen.
SIGMUND GRAFF

Ein Kluger bemerkt alles. Ein Dummer macht über alles eine Bemerkung.
HEINRICH HEINE, Gedanken

Der Mensch bringt sogar die Wüsten zum Blühen. Die einzige Wüste, die ihm noch Widerstand bietet, befindet sich in seinem Kopf.
EPHRAIM KISHON [* 1924]; israel. Schriftsteller und Journalist

Das Schlimme ist, daß die Unfähigkeit zu denken so oft mit der Unfähigkeit zu schweigen Hand in Hand geht.
HANS KRAILSHEIMER

In einen hohlen Kopf geht viel Wissen.
KARL KRAUS

Es gibt keine lästigeren Dummköpfe als die witzigen.
FRANÇOIS DE LA ROCHEFOUCAULD

Der Wunsch, klug zu erscheinen, verhindert oft, es zu werden.
FRANÇOIS DE LA ROCHEFOUCAULD

Ein gebildeter Dummkopf ist noch unerträglicher als ein ungebildeter.
ROBERT LEMBKE

Die große Mehrzahl der Dummen wird von denen gebildet, die durch die böse Gewohnheit, ihr Denkvermögen niemals anzustrengen, die Fähigkeit dazu verloren haben.
JOHN LOCKE [1632–1704];
engl. Philosoph

Das Recht auf Dummheit gehört zur Garantie der freien Entfaltung der Persönlichkeit.
MARK TWAIN

An die dumme Stirne gehört als Argument von Rechts wegen die geballte Faust.
FRIEDRICH NIETZSCHE,
Menschliches I

Die, die sich dumm stellen, sind gefährlicher als die, die dumm sind.
MANFRED ROMMEL

Man soll keine Dummheit zweimal begehen, die Auswahl ist schließlich groß genug.
JEAN-PAUL SARTRE

* Mit der Dummheit kämpfen Götter selbst vergebens.
SCHILLER, Jungfrau von Orleans

Die Dummheit ist die sonderbarste aller Krankheiten. Der Kranke leidet niemals unter ihr. Aber die anderen leiden.
PAUL-HENRI SPAAK [1899–1972];
belg. Politiker

Wenn ein wirklich großer Geist in der Welt erscheint, kann man ihn untrüglich daran erkennen, daß sich alle Dummköpfe gegen ihn verbünden.
JONATHAN SWIFT

Am auffälligsten unterscheiden sich die Leute darin, daß die Törichten immer wieder dieselben Fehler machen, die Gescheiten immer wieder neue.
KARL HEINRICH WAGGERL

Es gibt keine Sünde außer der Dummheit.
OSCAR WILDE

— Dünkel

Menschen, die nicht groß sind, machen sich gerne breit.
FRIEDL BEUTELROCK

Manche Menschen wollen immer glänzen, obwohl sie keinen Schimmer haben.
HEINZ ERHARDT [1909–1979];
dt. Schauspieler und Humorist

Manche Hähne glauben, daß die Sonne ihretwegen aufgeht.
THEODOR FONTANE [1819–1898];
dt. Schriftsteller

Erfolg steigt nur zu Kopf, wenn dort der erforderliche Hohlraum vorhanden ist.
MANFRED HINRICH

Für nichts lernt ein Mensch sich leichter halten als für einen Großen, sobald er die erforderlichen Leute dafür um sich hat.
JEAN PAUL

E

Egoismus

Es gibt eine schöne Form der Verstellung, die Selbstüberwindung, und eine schöne Form des Egoismus, die Liebe.
MARIE VON EBNER-ESCHENBACH

Egoistisches Leben erntet, was es vermeiden will: Einsamkeit und Leere.
HELMUT GOLLWITZER

Nur an sich und an das Gegenwärtige denken ist die Quelle der Fehlgriffe in der Staatskunst.
JEAN DE LA BRUYÈRE

Zum Thema Egoismus: Wir lieben nur die Bilder von allem als etwas in uns selbst, nie das andere selbst.
CHRISTIAN MORGENSTERN

Unsere Kulturen sind noch vorwiegend egoistisch, darum ist auch so wenig Segen in ihnen.
CHRISTIAN MORGENSTERN

Egoismus besteht nicht darin, daß man sein Leben nach seinen Wünschen lebt, sondern darin, daß man von anderen verlangt, daß sie so leben, wie man es wünscht.
OSCAR WILDE

Egoist

Egoist – Person minderen Geschmacks; mehr an sich interessiert als an mir.
AMBROSE BIERCE

Statt „Unser Vater" sagen die Egoisten „Mein Gott".
WERNER MITSCH

Ehe

(auch ↑Heirat)

Die Ehe ist der Versuch, zu zweit mit den Problemen fertig zu werden, die man alleine niemals gehabt hätte.
WOODY ALLEN [* 1935];
amerik. Filmregisseur und Schauspieler

Die Ehe ist die exemplarische Bindung, sie trägt uns in die große Gebundenheit, und nur als Gebundene können wir in die Freiheit der Kinder Gottes gelangen.
MARTIN BUBER

Ehe: Erst kommt man nicht ohne, dann nicht miteinander aus; erst teilt man die Einsamkeit, dann verdoppelt man sie.
KARLHEINZ DESCHNER

Ehen werden im Himmel geschlossen, aber daß sie gut geraten, darauf wird dort nicht gesehen.
MARIE VON EBNER-ESCHENBACH

Die meisten Differenzen in der Ehe beginnen damit, daß eine Frau zuviel redet und ein Mann zuwenig zuhört.
CURT GOETZ

Manche Ehen gehen an der beiderseitigen Unfähigkeit zugrunde, sich auszusprechen. Sie schweigen sich tot.
SIGMUND GRAFF

Gewisse Ehen halten nur in der Weise zusammen wie ineinander verbissene Tiere.
GERHART HAUPTMANN

Richtig verheiratet ist der Mann, der jedes Wort versteht, das seine Frau nicht gesagt hat.
ALFRED HITCHCOCK [1899–1980]; brit. Filmregisseur und -produzent

Heute ist eine Ehe schon glücklich, wenn man dreimal die Scheidung verschiebt.
DANNY KAYE [1913–1987]; amerik. Schauspieler

Hinter einer langen Ehe steht immer eine sehr kluge Frau.
EPHRAIM KISHON [* 1924]; israel. Schriftsteller und Journalist

Manche Frau weint, weil sie den Mann ihrer Träume nicht bekommen hat, und manche weint, weil sie ihn bekommen hat.
ANNETTE KOLB [1870–1967]; dt. Schriftstellerin

* Die gute Ehe ist wie ein ew'ger Brautstand.
THEODOR KÖRNER [1791–1813]; dt. Schriftsteller

Die Ehe ist der Sonderfall eines Abonnements, das mehr Geld kostet, als wenn man einzeln zahlen müßte.
GABRIEL LAUB

Der einzige Geschäftszweig, bei dem die Mehrzahl der leitenden Positionen von Frauen besetzt ist, ist die Ehe.
ROBERT LEMBKE

Die Ehe ist ein Bauwerk, das jeden Tag neu errichtet werden muß.
ANDRÉ MAUROIS [1885–1967]; franz. Schriftsteller

Das große Geheimnis jeder guten Ehe ist, jeden Unglücksfall als Zwischenfall und keinen Zwischenfall als Unglücksfall zu behandeln.
HAROLD GEORGE NICOLSON [1886–1968]; brit. Diplomat und Schriftsteller

Eine gute Ehe beruht auf dem Talent zur Freundschaft.
FRIEDRICH NIETZSCHE, Menschliches I

Gute Ehen wären häufiger, wenn die Ehegatten nicht immer beisammen wären.
FRIEDRICH NIETZSCHE, Menschliches I

Wollen wir das Licht in der Ehe bewahren, so müssen wir auch den Schatten akzeptieren.
EMIL OESCH, Zeit

Es ist das Geheimnis einer guten Ehe, daß einer Serienaufführung immer wieder Premierenstimmung gegeben wird.
MAX OPHÜLS [1902–1957]; franz. Regisseur dt. Herkunft

Viele, von denen man glaubt, sie seien gestorben, sind bloß verheiratet.
FRANÇOISE SAGAN [* 1935]; franz. Schriftstellerin

Die Ehe ist die Schule der Einsamkeit. Aber man lernt nicht genug in ihr.
ARTHUR SCHNITZLER

Die Ehe bleibt deshalb so beliebt, weil sie das Maximum an Versuchung mit dem Maximum an Gelegenheit verbindet.
GEORGE BERNARD SHAW

Manche Ehe ist ein Todesurteil, das jahrelang vollstreckt wird.
AUGUST STRINDBERG [1849–1912]; schwed. Dramatiker

Die Ehe ist der Kompromiß der Liebe mit der Gesellschaft.
PETER TILLE

Wer die Einsamkeit fürchtet, sollte nicht heiraten.
ANTON TSCHECHOW [1860–1904]; russ. Schriftsteller

Drum binde sich, wer nicht ewig prüfen will.
GERD UHLENBRUCK

Das Drama einer Ehe, das ist nicht die ganz große Erschütterung – das sind die vielen kleinen Irritationen, die sich summieren.
LIV ULLMANN [* 1938]; norweg. Schauspielerin

Für eine gute Ehe gibt es einen sehr einfachen Maßstab: Man ist dann glücklich verheiratet, wenn man lieber heimkommt als fortfährt.
LUISE ULLRICH [1910–1985]; dt. Schauspielerin

Eheleute

Es ist schlimm, wenn zwei Eheleute einander langweilen. Viel schlimmer jedoch ist es, wenn nur einer von ihnen den andern langweilt.
MARIE VON EBNER-ESCHENBACH

Teller werden heute meistens von der Maschine gewaschen und abgetrocknet – wie kann man jetzt beweisen, daß man ein guter Ehemann ist?
GABRIEL LAUB

Der Mann erträgt die Ehe aus Liebe zur Frau. Die Frau erträgt den Mann aus Liebe zur Ehe.
GABRIEL LAUB

Männer, die behaupten, sie seien die uneingeschränkten Herren im Haus, lügen auch bei anderer Gelegenheit.
MARK TWAIN

Ein heiteres Ehepaar ist das Beste, was sich in der Liebe erreichen läßt.
THOMAS NIEDERREUTHER

Ehre

Ehre und Konvention sind die Bausteine der Gesellschaft, die Lüge ist der Kitt.
HANS KASPER, Abel

Es ist besser, Ehrungen zu verdienen und nicht geehrt zu sein, als geehrt zu sein und es nicht zu verdienen.
MARK TWAIN

Es ist leichter, ein Held zu sein als ein Ehrenmann. Ein Held muß man nur einmal sein, ein Ehrenmann immer.
LUIGI PIRANDELLO [1867–1936]; ital. Schriftsteller

Die Ehre eines Mannes beruht nicht auf dem, was er tut, sondern auf dem, was er leidet, was ihm widerfährt.
ARTHUR SCHOPENHAUER

Die Ehre ist, objektiv, die Meinung anderer von unserem Wert und, subjektiv, unsere Furcht vor dieser Meinung.
ARTHUR SCHOPENHAUER

Ehrfurcht

Die wahre Ehrfurcht geht niemals aus der Furcht hervor.
MARIE VON EBNER-ESCHENBACH

Bescheidenheit ist weniger Unterschätzung unserer selbst als Hochschätzung anderer. Der Bescheidene ist der Ehrfürchtige.
HANS MARGOLIUS

Die Ehrfurcht vor dem Leben ist die höchste Instanz. Was sie gebietet, hat seine Bedeutung auch dann, wenn es töricht oder vergeblich scheint.
ALBERT SCHWEITZER

Ehrgeiz

Ehrgeiz – überwältigende Sehnsucht danach, im Leben von Feinden verleumdet und im Tod von Freunden verhöhnt zu werden.
AMBROSE BIERCE

Ehrgeiz fängt die kleinen Seelen leichter als die großen, wie Stroh und Hütten leichter Feuer fangen als Paläste.
CHAMFORT

Der Ehrgeiz treibt die Menschen oft, die niedrigsten Dienste zu tun; so geschieht das Klettern in derselben Haltung wie das Kriechen.
JONATHAN SWIFT

Ehrlichkeit

(auch ↑Aufrichtigkeit)

Die Liebe zur Ehrlichkeit ist die Tugend des Zuschauers, nicht die der handelnden Personen.
GEORGE BERNARD SHAW

Eifersucht

Eifersüchtig – unziemlich besorgt über die Bewahrung von etwas, das man nur verlieren kann, wenn es das Behalten nicht lohnt.
AMBROSE BIERCE

Eifersucht ist Angst vor dem Vergleich
MAX FRISCH, Tagebuch 1946–1949

Liebe ist bewußt gewordene Eifersucht.
SIGMUND GRAFF

Man ist nie eifersüchtiger, als wenn man in der Liebe anfängt zu erkalten. Man traut dann der Geliebten nicht mehr, weil man dunkel fühlt, wie wenig einem selbst mehr zu trauen ist.
FRANZ GRILLPARZER

Eifersucht ist ein Hundegebell, das die Diebe anlockt.
KARL KRAUS

Eifersüchtige sind Wucherer, die vom eigenen Pfund die höchsten Zinsen nehmen.
KARL KRAUS

Eifersucht enthält mehr Eigenliebe als Liebe.
FRANÇOIS DE LA ROCHEFOUCAULD

Die Eifersucht ist die geistreichste Leidenschaft und trotzdem noch die größte Torheit.
FRIEDRICH NIETZSCHE,
Nachlaß

* Eifersucht ist eine Leidenschaft, die mit Eifer sucht, was Leiden schafft.
Nach MIGUEL CERVANTES SAAVEDRA [1547–1610];
span. Dichter

Eigeninitiative

(auch ↑Engagement)

Es wird einem nichts erlaubt. Man muß es nur sich selber erlauben.

Dann lassen sich's die andern gefallen oder nicht.
GOETHE, zu Riemer

Ein gutes Mittel, daß etwas ohne Zögern aus Liebe und ohne ein Wort der Widerrede geschehe, ist, daß man es – selber macht.
JEAN PAUL

Wo kämen wir hin, wenn alle sagten, wo kämen wir hin, und niemand ginge, um einmal zu schauen, wohin man käme, wenn man ginge.
KURT MARTI

Eigenlob

Mit dem Wind, den man selber macht, lassen sich die Segel nicht füllen.
KARL HEINRICH WAGGERL

Eigensinn

Die Willenskraft der Schwachen heißt Eigensinn.
MARIE VON EBNER-ESCHENBACH

Eigentum

(auch ↑Besitz)

Was der Sozialismus will, ist nicht Eigentum aufheben, sondern im Gegenteil individuelles Eigentum, auf Arbeit gegründetes Eigentum erst einführen.
FERDINAND LASSALLE [1825–1864]; dt. Politiker und Publizist

* Eigentum ist Diebstahl.
PIERRE JOSEPH PROUDHON [1809–1865]; franz. Frühsozialist und Schriftsteller

Einfall

Der Einfall ist ein Schritt mit Siebenmeilenstiefeln, die Ausführung der Weg zurück zu Fuß.
PETER TILLE

Ein guter Einfall ist wie ein Hahn am Morgen. Gleich krähen andere Hähne mit.
KARL HEINRICH WAGGERL

Einfalt

Nichts ist so vielfältig wie das Einfältige.
WERNER MITSCH

* Und was kein Verstand der Verständigen sieht, das übet in Einfalt ein kindlich Gemüt.
SCHILLER, Worte des Glaubens

Einigkeit

Einigkeit macht stark, aber meistens auch blind.
SIGMUND GRAFF

* Verbunden werden auch die Schwachen mächtig.
SCHILLER, Wilhelm Tell

Einsamkeit

↑Alleinsein

Einsicht

↑Vernunft

Eitelkeit

Die meisten Menschen hassen die Eitelkeit an anderen, so sehr sie auch selbst damit behaftet sein mögen.
BENJAMIN FRANKLIN, Autobiographie

Wir sind so eitel, daß uns sogar an der Meinung der Leute, an denen uns nichts liegt, etwas gelegen ist.
MARIE VON EBNER-ESCHENBACH

Wer Eitelkeit zum Mittagsbrot hat, bekommt Verachtung zum Abendbrot.
BENJAMIN FRANKLIN, Reichtum

Manche Menschen glauben, daß sie sich weiter entwickelt haben, und von allen ihren Eigenschaften ist es nur die Eitelkeit, auf die ihre Einbildung zutrifft.
ARTHUR SCHNITZLER

Im Menschen sitzt ein Verräter, der „Eitelkeit" heißt und die Geheimnisse gegen Schmeichelei preisgibt.
PAUL VALÉRY [1871–1945];
franz. Schriftsteller

Die Eitelkeit ist der Stolz des Schwachen.
KARL JULIUS WEBER

Ekel

Der Haß der Größe gegen die Kleinheit ist der Ekel; der Haß der Kleinheit gegen die Größe der Neid.
ARTHUR SCHNITZLER

Angst ist noch tierisch, Ekel schon Zivilisationsprodukt.
WOLFDIETRICH SCHNURRE,
Schattenfotograf

Elite

Die Gesellschaft ist immer eine dynamische Einheit zweier Faktoren, der Eliten und der Massen.
JOSÉ ORTEGA Y GASSET, Aufstand

Auslese kann nur wirken, wenn sie von unten herauf beginnt.
WALTHER RATHENAU

Eine Bildungsschicht ist aber nur dort wirkliche Elite, wo sie sich nicht außerhalb stellt und wo sie nicht glaubt, sich oberhalb stellen zu müssen, sondern wo sie sich als Mitgestalter der Leitbilder und der Ordnungen eingliedert und sich dabei trotz ihrer numerischen Unterlegenheit als wirksamer Faktor bewährt.
CARLO SCHMID

Eltern

* Des Vaters Segen baut den Kindern Häuser; aber der Mutter Fluch reißt sie nieder.
JESUS SIRACH 3, 11

Jeder junge Mensch macht früher oder später die verblüffende Entdeckung, daß auch Eltern gelegentlich recht haben könnten.
ANDRÉ MALRAUX [1901–1976];
franz. Politiker und Schriftsteller

Es gibt kein problematisches Kind, es gibt nur problematische Eltern.
ALEXANDER S. NEILL

Welches Kind hätte nicht Grund, über seine Eltern zu weinen?
FRIEDRICH NIETZSCHE, Zarathustra

Eltern, die Respekt verlangen, haben auch nicht mehr verdient.
PETER TILLE

Zuerst lieben die Kinder ihre Eltern. Nach einer gewissen Zeit fällen sie ihr Urteil über sie. Und selten, wenn überhaupt je, verzeihen sie ihnen.
OSCAR WILDE

Emanzipation

Die pseudomoderne Frau mit ihrer quälenden Tüchtigkeit und Energie ist für mich immer höchst seltsam und unverständlich gewesen.
INGEBORG BACHMANN [1903–1976]; österr. Schriftstellerin

Früher haben die Frauen auf ihrem eigenen Boden gekämpft. Da war jede Niederlage ein Sieg. Heute kämpfen sie auf dem Boden der Männer. Da ist jeder Sieg eine Niederlage.
COCO CHANEL [1883–1971]; franz. Modeschöpferin

Viele haben sich vorgestellt, von Frauen gemachte Politik sei lediglich pazifistisch oder humanitär oder sentimental. Die wirkliche Gefahr femininer Politik ist: zu viel Liebe zu maskuliner Politik.
GILBERG K. CHESTERTON

Militante Emanzen gehen wie Militärs vor. Sie stellen schwer bewaffnete Wachen vor Objekten auf, die niemand stürmen will.
GABRIEL LAUB

Wenn die Frau heute nur die Gleichberechtigung anstrebt und nichts weiter, ist das ein Zeichen, daß sie dem Mann seine jahrhundertelange Vorherrschaft verziehen hat.
HENRY MILLER [1891–1980]; amerik. Schriftsteller

Frauen, die die gleichen Rechte wie Männer fordern, sind auf jeden Fall bemerkenswert genügsam.
HENNING VENSKE

Engagement

Eine bedingte Unterstützung ist wie verdorbener Zement, der nicht bindet.
MAHATMA GANDHI

Einer, der sich heute nur betrachtend verhielte, bewiese eine unmenschliche Philosophie oder eine ungeheuerliche Blindheit.
ANDRÉ GIDE, Tagebuch

Alles Große in unserer Welt geschieht nur, weil jemand mehr tut, als er muß.
HERMANN GMEINER [1919–1986]; österr. Sozialpädagoge

Damit das Mögliche entsteht, muß immer wieder das Unmögliche versucht werden.
HERMANN HESSE

Nur wer sich seiner Zeit widmet, der gehört auch den späteren Zeiten an.
KARL GUTZKOW

Es hilft nichts, das Unvollkommene heutiger Wirklichkeit zu höhnen oder das Absolute als Tagesprogramm zu predigen. Laßt uns statt dessen durch Kritik und Mitarbeit die Verhältnisse Schritt für Schritt ändern.
GUSTAV HEINEMANN [1899–1976]; dt. Politiker

Jeder Vorgesetzte, der etwas taugt, hat es lieber mit Leuten zu tun, die sich zuviel zumuten, als mit solchen, die zuwenig in Angriff nehmen.
LEE IACOCCA

Jeder Mensch, der sich für etwas engagiert, hat eine bessere Lebensqualität als andere, die nur so dahinvegetieren.
BRUNO KREISKY [1911–1990]; österr. Politiker

Wichtige Dinge nur halb zu tun, ist nahezu wertlos; denn meistens ist es die andere Hälfte, die zählt.
EMIL OESCH, Menschen

* Nichts halb zu tun ist edler Geister Art.
CHRISTOPH MARTIN WIELAND [1733–1813]; dt. Schriftsteller

Man muß Partei ergreifen. Neutralität hilft dem Unterdrücker, niemals dem Opfer, Stillschweigen bestärkt den Peiniger, niemals den Gepeinigten.
ELIE WIESEL [* 1928]; jüdischer Schriftsteller

Entdeckung

So ist es in allen Fällen naturwissenschaftlicher Entdeckungen: Sie verändern die Art und Weise, in der die Welt sich in unseren Köpfen spiegelt.
HOIMAR VON DITFURTH

Jeder subtile Witz ist eine boshafte Entdeckung, und viele große Entdeckungen der Wissenschaft sind umgekehrt mit brüllendem Gelächter begrüßt worden.
ARTHUR KOESTLER, Mensch

Enthaltsamkeit

↑ Abstinenz

Enthusiasmus

↑ Begeisterung

Entrüstung

Entrüstung ist ein erregter Zustand der Seele, der meist dann eintritt, wenn man erwischt wird.
WILHELM BUSCH

Moralische Entrüstung ist der Heiligenschein der Scheinheiligen.
HELMUT QUALTINGER [1928–1986]; österr. Schriftsteller, Kabarettist und Schauspieler

Entrüstung ist Bekenntnis der Hilflosigkeit.
WALTER RATHENAU

Entsagung

Auch die Kunst ist Entsagung, aber eine Entsagung, die alles empfängt.
GOTTFRIED BENN, Marginalien

Das Geheimnis eines glücklichen Lebens liegt in der Entsagung.
MAHATMA GANDHI

Entscheidung

Du kannst nicht zwei Pferde mit einem Hintern reiten.
WOODY ALLEN [* 1935]; amerik. Filmregisseur und Schauspieler

Es ist besser, ein Problem zu erörtern, ohne es zu entscheiden, als zu entscheiden, ohne es erörtert zu haben.
JOSEPH JOUBERT

Alles ist richtig, auch das Gegenteil. Nur: „Zwar ... aber" – das ist nie richtig.
KURT TUCHOLSKY

Entschlossenheit

* Greife nicht in ein Wespennest, doch wenn du greifst, so greife fest.
Nach MATTHIAS CLAUDIUS [1740–1815]; dt. Schriftsteller

* Doch der den Augenblick er-

greift, das ist der rechte Mann.
GOETHE, Faust I

Ein entschlossener Mensch wird mit einem Schraubenschlüssel mehr anzufangen wissen als ein unentschlossener mit einem Werkzeugladen.
EMIL OESCH, Menschen

Ob wir erreichen, was wir uns vornehmen, hängt vom Glücke ab, aber das Wollen ist einzig Sache unseres Herzens.
JOSÉ ORTEGA Y GASSET, Liebe

Entschlossenheit im Unglück ist immer der halbe Weg zur Rettung.
JOHANN HEINRICH PESTALOZZI, Schriften

___ Entschlußkraft

Keinen Augenblick ist es unserer Entschlußkraft gegönnt zu ruhen. Selbst wenn wir verzweifelt geschehen lassen, was geschieht, haben wir beschlossen, nicht zu beschließen.
JOSÉ ORTEGA Y GASSET, Aufstand

___ Epigone, Epigonentum

Wie viele Nachtigallen muß eine Bestie fressen, um selbst zu singen?
STANISŁAW JERZY LEC

Es war seit jeher den Epigonen vorbehalten, befruchtende Hypothesen des Meisters in starres Dogma zu verwandeln und satte Beruhigung zu finden, wo ein bahnbrechender Geist schöpferische Zweifel empfand.
ROSA LUXEMBURG

Man kann niemanden überholen, wenn man in seine Fußstapfen tritt.
FRANÇOIS TRUFFAUT [1932–1984]; franz. Filmregisseur

___ Erbarmen

(auch ↑Mitleid)

Erbarmen kann Grausamkeit sein.
JÜDISCHES SPRICHWORT

___ Erfahrung

Die Maske des Erwachsenen heißt „Erfahrung".
WALTER BENJAMIN

Erfahrung ist der beste Lehrmeister, aber das Schulgeld ist hoch.
THOMAS CARLYLE

Man leidet im Alter weniger an Erfahrungen, die man macht, als an denen, die man nicht mehr machen kann.
KARLHEINZ DESCHNER

Vieles erfahren haben heißt noch nicht Erfahrung besitzen.
MARIE VON EBNER-ESCHENBACH

Intellektuelle Erkenntnisse sind Papier. Vertrauen hat immer nur der, der von Erfahrenem redet.
HERMANN HESSE

Erfahrung ist nicht das, was einem zustößt. Erfahrung ist das, was man aus dem macht, was einem zustößt.
ALDOUS HUXLEY [1894–1963]; brit. Schriftsteller

Wir glauben, Erfahrungen zu machen, aber die Erfahrungen machen uns.
EUGÈNE IONESCO [* 1909]; franz. Dramatiker rumän. Herkunft

Die Erfahrung läuft dem Menschen nach – vergebens –, er ist schneller.
ROBERT LEMBKE

Wenn man genug Erfahrung ge-

sammelt hat, ist man zu alt, um sie auszunutzen.
WILLIAM SOMERSET MAUGHAM
[1874–1965]; brit. Schriftsteller

Kein Geld ist vorteilhafter angewandt als das, um welches wir uns haben prellen lassen; denn wir haben dafür unmittelbar Klugheit eingehandelt.
ARTHUR SCHOPENHAUER

Wenn die Geschichte sich wiederholt und immer das Unerwartete geschieht, wie unfähig muß der Mensch sein, durch Erfahrung klug zu werden.
GEORGE BERNARD SHAW

Erfahrung bedeutet ursprünglich immer schlechte Erfahrung.
OSWALD SPENGLER, Gedanken

Es gibt keine unnützen Erfahrungen, nur ungenutzte.
PETER TILLE

Erfahrung heißt gar nichts. Man kann eine Sache auch 35 Jahre schlecht machen.
KURT TUCHOLSKY

Erfahrungen wären nur dann von Wert, wenn man sie hätte, ehe man sie machen muß.
KARL HEINRICH WAGGERL

Erfahrung ist der Name, den die Menschen ihren Irrtümern geben.
OSCAR WILDE

Erfindung

Nichts, was die Menschen erfinden, ist schlecht: nur das, was sie daraus machen.
SIGMUND GRAFF

Alle großen Erfindungen, alle großen Werke sind das Resultat einer Befreiung, der Befreiung von der Routine des Denkens und Tuns.
ARTHUR KOESTLER [1905–1983];
brit. Schriftsteller ungar. Herkunft

Erfolg

Der Erfolg ist keiner der Namen Gottes.
MARTIN BUBER

Das Geheimnis des Erfolges ist die Beständigkeit des Ziels.
BENJAMIN DISRAELI [1804–1881];
brit. Politiker

Die Höhe eines Lebens wird nicht erreicht, damit man sich hinaufsetzt, sondern damit man in besserer Luft weitergeht.
HEIMITO VON DODERER

Erfolg ist die beste Rache.
MICHAEL DOUGLAS [* 1944];
amerik. Schauspieler, Film- und Fernsehproduzent

Ein Geheimnis des Erfolgs ist, den Standpunkt des anderen zu verstehen.
HENRY FORD I. [1863–1947];
amerik. Industrieller

Erfolg verändert den Menschen nicht. Er entlarvt ihn.
MAX FRISCH [1911–1991];
schweiz. Schriftsteller

Das Doping der Erfolgreichen ist das Risiko.
SIGMUND GRAFF

* Vor den Erfolg haben die Götter den Schweiß gesetzt.
Nach HESIOD [um 700 v. Chr.];
griech. Dichter

Erfolg steigt nur zu Kopf, wenn dort der erforderliche Hohlraum vorhanden ist.
MANFRED HINRICH

Um in der Welt Erfolg zu haben, braucht man Tugenden, die beliebt, und Fehler, die gefürchtet machen.
JOSEPH JOUBERT

Sicher verdanken einige Millionäre ihren Erfolg ihren Frauen. Aber die meisten verdanken ihre Frauen dem Erfolg.
DANNY KAYE [1913–1987];
amerik. Schauspieler

Alle Kunst praktischer Erfolge besteht darin, alle Kraft zu jeder Zeit auf einen Punkt – auf den wichtigsten Punkt – zu konzentrieren und nicht nach rechts noch links zu sehen.
FERDINAND LASSALLE [1825–1864];
dt. Politiker und Publizist

Es gibt keinen wirklichen Erfolg ohne eine auf das Gemeinschaftswohl gerichtete Gesinnung.
EMIL OESCH, Menschen

Nichts ist überzeugender als Erfolg.
LEOPOLD VON RANKE [1795–1886];
dt. Historiker

Siege werden bald erfochten; ihre Erfolge befestigen, das ist schwer.
LEOPOLD VON RANKE [1795–1886];
dt. Historiker

„Er hat großen Erfolg." Für einen Schriftsteller eine niederschmetternde Feststellung. Besagt sie doch, er hat auch nur zu beantworten gewußt, was ohnehin schon gefragt war.
WOLFDIETRICH SCHNURRE,
Schattenfotograf

Der Erfolg hat viele Väter. Der Mißerfolg ist ein Waisenkind.
SPRICHWORT

Erfolge sind schwerer zu überwinden als Niederlagen.
PETER TILLE

Vom Erfolg hängt so vieles ab, und so werden viele vom Erfolg abhängig.
GERD UHLENBRUCK

Auch Erfolg wird bestraft. Die Strafe liegt darin, daß man mit Leuten zusammenkommt, die man früher meiden durfte.
JOHN UPDIKE [* 1932];
amerik. Schriftsteller

Das größte Verbrechen in der Welt ist – keinen Erfolg zu haben.
FRIEDRICH WOLF [1888–1953];
dt. Dramatiker

Erfüllung

* Was man in der Jugend wünscht, hat man im Alter die Fülle.
GOETHE, Dichtung und Wahrheit I

Gäbe es Wesen, die den Menschen alle Wünsche erfüllen, so wären das keine Götter, sondern Dämonen.
FRIEDRICH GEORG JÜNGER

Unsere Zeit ist eine Zeit der Erfüllung, und Erfüllungen sind immer Enttäuschungen.
ROBERT MUSIL

Der Wunsch nach etwas ist letzten Endes ein Streben danach, es zu besitzen. Darum stirbt der Wunsch von selbst, wenn er erfüllt ist.
JOSÉ ORTEGA Y GASSET, Liebe

Ein Zeitalter, das so einseitig auf die Erhaltung des Daseins aus ist

wie das unsere, vermag nicht einmal mehr von Erfüllung zu träumen.
HANS ERICH NOSSACK, November

Erfüllung ist der Feind der Sehnsucht.
ERICH MARIA REMARQUE
[1898–1970]; dt. Schriftsteller

Das Vergnügen, das sich bei der Erreichung eines begehrten Ziels einstellt, ist ein doppeltes: Es entspringt zum einen aus der Erreichung des Gewünschten und zum andern aus dem gewünschten Gegenstand selbst.
BERTRAND RUSSELL, Moral

In dieser Welt gibt es nur zwei Tragödien. Die eine ist, nicht zu bekommen, was man möchte, und die andere ist, es zu bekommen.
OSCAR WILDE

— Erholung

Die Natur des Geistes ist so geartet, daß uns der Wechsel meist mehr Erholung schafft als die Ruhe.
ERNST VON FEUCHTERSLEBEN

Nirgends strapaziert sich der Mensch mehr als bei der Jagd nach Erholung.
LAURENCE STERNE [1713–1768];
engl. Schriftsteller

Erholung besteht weder in Untätigkeit noch in bloßem Sinnengenuß, sondern im Wechselgebrauch unserer Körper- und Geisteskräfte.
KARL JULIUS WEBER

— Erinnerung

Erinnern heißt auswählen.
GÜNTER GRASS [* 1927];
dt. Schriftsteller

Erinnerungen sind Wirklichkeit im Sonntagsanzug.
OLIVER HASSENCAMP

* Die Erinnerung ist das einzige Paradies, woraus wir nicht vertrieben werden können.
JEAN PAUL

Das Vergessenwollen verlängert das Exil, und das Geheimnis der Erlösung heißt Erinnerung.
JÜDISCHE WEISHEIT; zitiert von Bundespräsident Richard von Weizsäcker in seiner Ansprache zum 40. Jahrestag der Beendigung des 2. Weltkriegs am 8. Mai 1985

Vor der Wirklichkeit kann man seine Augen verschließen, aber nicht vor der Erinnerung.
STANISŁAW JERZY LEC

Auf Erinnerung zu bestehen kann mitunter schon Widerstand sein – zumindest dann, wenn Vergeßlichkeit großgeschrieben oder aber dekretiert wird.
SIEGFRIED LENZ [* 1926];
dt. Schriftsteller

Jedesmal, wenn die Romantik sich einer Sache bemächtigt und Gloriolen um sie webt, dann ist deren Zeit schon vorüber, und die Sehnsucht nur macht aus der Erinnerung einen wünschenswerten Zukunftstraum.
CARL VON OSSIETZKY

Es kommt eine Zeit, in der man sich Rechenschaft ablegt, daß alles, was wir tun, zu seiner Zeit Erinnerung werden wird. Das ist die Reife. Um dahin zu gelangen, muß man eben schon Erinnerungen haben.
CESARE PAVESE

Vergessenkönnen ist das Geheimnis ewiger Jugend. Wir werden alt durch Erinnerung.
ERICH MARIA REMARQUE
[1898–1970]; dt. Schriftsteller

Erinnerungen sind ein goldener Rahmen, der jedes Bild freundlicher macht.
CARL ZUCKMAYER [1896–1977];
dt. Schriftsteller

Erkenntnis

Es gibt keinen erkennbaren Weg vor uns, sondern nur hinter uns.
WALDEMAR BONSELS [1880–1952];
dt. Schriftsteller

Wer A sagt, der muß nicht B sagen. Er kann auch erkennen, daß A falsch war.
BERTOLT BRECHT, Neinsager

Eigentlich sehen wir nur das, woran wir zu glauben fähig sind, allein das, was nicht allzusehr die Grenzen unserer eigenen Natur überschreitet.
STANISŁAW BRZOZOWSKI

Wir haben verlernt, die Augen auf etwas ruhen zu lassen. Deshalb erkennen wir so wenig.
JEAN GIONO [1895–1970];
franz. Schriftsteller

Wer nicht weiß, was ist, wie will er voraussagen, was werden soll, oder erkennen, was einmal gewesen ist?
GERHART HAUPTMANN

Es gibt zwei Möglichkeiten, zur Erkenntnis zu gelangen, die meditative, worauf wohl weitgehend die frühen Kulturen beruht haben, und die empirische, in der Europa es bis zur Atombombe gebracht hat.
JÜRGEN LEMKE

Der wirklichen Erkenntnis ist Naturforschung der Weg zum Geist und Geistesforschung die Augenöffnung für die Naturgeheimnisse.
RUDOLF STEINER

Erlebnis

Niemand ist so beflissen, immer neue Eindrücke zu sammeln wie der, der die alten nicht zu verarbeiten versteht.
MARIE VON EBNER-ESCHENBACH

Es gibt keine Leute, die nichts erleben, es gibt nur Leute, die nichts davon merken.
CURT GOETZ

Die täglichen Menschenerlebnisse sind die tiefsten, wenn man sie von der Gewohnheit befreit.
ROBERT MUSIL

Denken ist wundervoll, aber noch wundervoller ist das Erlebnis.
OSCAR WILDE

Erlösung

Wenn die Welt erlöst werden soll, müssen die Menschen edel sein, ohne Grausamkeit, voller Glauben und für die Wahrheit empfänglich, Begeisterung für große Ziele fühlen, ohne die zu hassen, die ihnen darin Widerstand leisten.
BERTRAND RUSSELL, Schriften

Es ist ein Fluch, Erlöser zu sein, die Welt ist zu böse, ihre Erlöser können nicht gut sein.
MANÈS SPERBER

Erotik

Sexuelle Erotik ist in allen Fällen

unsere intensivste Form der Apperzeption; nicht aber soll sie eine Haut sein, die wir uns selbst über die Ohren ziehen und am Ende gar als Kapuze über den ganzen Kopf, wie ein praeputium capitis, worin dann das caput gänzlich verschwindet.
HEIMITO VON DODERER

Der Egoismus – ich brauche den anderen für mich, für mein Glück – ist die Kraft des Eros; die Erkenntnis, ich werde nur glücklich durch das Glück des anderen, ist die Weisheit des Eros.
HELMUT GOLLWITZER

Erotik ist Überwindung von Hindernissen. Das verlockendste und populärste Hindernis ist die Moral.
KARL KRAUS

Die Erotik ist sozialisierte Sexualität.
OCTAVIO PAZ, Essays I

Die Erotik ist die soziale Form der Triebbeherrschung, und so ähnelt sie der Magie und der Technik.
OCTAVIO PAZ, Essays I

Erwachsensein

Erwachsen sein heißt: vergessen, wie untröstlich wir als Kinder oft gewesen sind.
HEINRICH BÖLL

Die Melancholie des Erwachsenseins entsteht aus dem zwiespältigen Erlebnis, daß das absolute, jugendliche Vertrauen auf die innere Stimme des Berufenseins aufhört oder abnimmt, daß es aber unmöglich ist, der Außenwelt eine eindeutig wegweisende und zielbestimmende Stimme abzulauschen.
GEORG LUKÁCS

Erziehung

Der modische Irrtum ist, daß wir durch Erziehung jemand etwas geben können, das wir nicht haben.
GILBERT K. CHESTERTON

Erziehung: einen Kopf drehen, bis er verdreht ist – natürlich auf den neuesten Stand.
KARLHEINZ DESCHNER

Eine großzügige Erziehung sollte ein ehrfürchtiges Studium aller Religionen mit einschließen.
MAHATMA GANDHI

*Denn wir können die Kinder nach unserm Sinne nicht formen.
GOETHE, Hermann und Dorothea

Das wichtigste Zimmer im Leben läßt sich weder verleugnen noch vortäuschen – die Kinderstube.
OLIVER HASSENCAMP

Es ist die Strafe unserer eignen Jugendsünden, daß wir gegen die unserer Kinder nachsichtig sein müssen.
FRIEDRICH HEBBEL, Agnes Bernauer

Kinder und Uhren dürfen nicht beständig aufgezogen werden. Man muß sie auch gehenlassen.
JEAN PAUL

Auf Kinder wirkt nichts so schwach als eine Drohung und Hoffnung, die nicht noch vor abends in Erfüllung geht.
JEAN PAUL

Der Mensch ist das einzige Geschöpf, das erzogen werden muß.
IMMANUEL KANT

Wenn Großeltern es für nötig halten, sich in die Erziehung ihrer Enkel einzumischen, zeigt das nur,

daß sie bei der Erziehung ihrer Kinder nicht sehr erfolgreich waren.
ROBERT LEMBKE

Erziehung ist organisierte Verteidigung der Erwachsenen gegen die Jugend.
MARK TWAIN

Alle Erziehung, ja alle geistige Beeinflussung beruht vornehmlich auf Bestärken und Schwächen. Man kann niemanden zu etwas bringen, der nicht schon dunkel auf dem Wege dahin ist, und niemanden von etwas abbringen, der nicht schon geneigt ist, sich ihm zu entfremden.
CHRISTIAN MORGENSTERN

Erziehung: wesentlich das Mittel, die Ausnahme zu ruinieren zugunsten der Regel.
FRIEDRICH NIETZSCHE, Wille zur Macht

Erst wenn man genau weiß, wie die Enkel ausgefallen sind, kann man beurteilen, ob man seine Kinder gut erzogen hat.
ERICH MARIA REMARQUE [1898–1970]; dt. Schriftsteller

In dem ersten Weinen der Kinder liegt eine Bitte; sowie man aber die Vorsicht außer acht läßt, verwandelt sie sich in einen Befehl.
JEAN-JACQUES ROUSSEAU, Emile

Kindererziehung ist ein Beruf, wo man Zeit zu verlieren verstehen muß, um Zeit zu gewinnen.
JEAN-JACQUES ROUSSEAU, Emile

Eine einzige offenkundige Lüge des Lehrers gegen seinen Zögling kann den ganzen Ertrag der Erziehung zunichte machen.
JEAN-JACQUES ROUSSEAU, Emile

Freies Fragen wird verhindert werden, solange es Ziel der Erziehung ist, Überzeugung statt Denken hervorzubringen.
BERTRAND RUSSELL, Schriften

Weil moderne Erziehung so selten von großer Hoffnung beseelt ist, wird so selten ein großes Resultat erreicht.
BERTRAND RUSSELL, Schriften

Manche Eltern und Schulen beginnen mit dem Versuch, den Kindern völligen Gehorsam beizubringen, ein Versuch, der entweder einen Sklaven oder einen Empörer hervorbringen muß.
BERTRAND RUSSELL, Schriften

Viele Kinder sind deshalb so verzogen, weil man Großmütter nicht übers Knie legen kann.
ADELE SANDROCK [1864–1937]; dt. Schauspielerin

Ein Kind zu erziehen ist leicht. Schwer ist nur, das Ergebnis zu lieben.
WERNER SCHNEYDER

Die besterzogenen Kinder sind jene, die gelernt haben, ihre Eltern zu sehen, wie sie wirklich sind; Heuchelei ist nicht die erste Pflicht der Eltern.
GEORGE BERNARD SHAW

Zum Erzieher muß man eigentlich geboren sein wie zum Künstler.
KARL JULIUS WEBER

Erziehung ist eine wunderbare Sache, doch muß man sich von Zeit zu Zeit besinnen, daß nichts, was von Wert ist, gelehrt werden kann.
OSCAR WILDE

Eselsbrücke

Die Eselsbrücke ist die ideale Verbindung zwischen zwei Gedächtnislücken.
WERNER MITSCH

Essen

Man kann einen Menschen mit guten Saucen ebenso unter die Erde bringen wie mit Strychnin, bloß dauert es länger.
CHRISTIAAN BARNARD [* 1922]; südafrikan. Herzchirurg

* Und weil der Mensch ein Mensch ist, drum will er was zu essen, bitte sehr!
BERTOLT BRECHT, Einheitsfrontlied

* Der Mensch ist, was er ißt.
LUDWIG FEUERBACH [1804–1872]; dt. Philosoph

Essen ist für mich ein Naturtrieb, und ich finde es schön, wenn er zuschlägt, dieser Trieb. Hunger in seiner kleinen Form, in der des Appetits, ist mir fremd.
PETER RÜHMKORF [* 1929]; dt. Schriftsteller

Ethik

Ethik ist ins Grenzenlose erweiterte Verantwortung gegen alles, was lebt.
ALBERT SCHWEITZER

In Wahrheit nützt mir nicht, was mir allein nützt, sondern was dem Mitmenschen, der Gemeinschaft, der Gesellschaft nützt.
CARL FRIEDRICH VON WEIZSÄCKER, Geschichte

Europa

Europa ist kein geographischer, sondern ein kultureller Weltteil.
OSKAR KOKOSCHKA [1886–1980]; österr. Maler und Schriftsteller

Einzig der Entschluß, aus den Völkergruppen des Erdteils eine große Nation zu errichten, könnte den Puls Europas wieder befeuern.
JOSÉ ORTEGA Y GASSET, Aufstand

Ewigkeit

Nur durch die Tiefen unserer Erde, nur durch die Stürme eines Menschengewissens hindurch eröffnet sich der Blick auf die Ewigkeit.
DIETRICH BONHOEFFER

Das Bleibende zu kennen bedeutet Einsicht. Das Ewige zu erkennen klärt den Sinn.
LAOTSE

Nichts Irdisches ist ewig, aber alles Irdische kann Sinnbild des Ewigen werden.
GERTRUD VON LE FORT

F

Fachmann

↑Spezialist

Falschheit

Armut ist auch Wahrheit, während Reichtum alle Arten von Verkleidung bedeuten kann. Falschheit und Reichtum sind Synonyme.
ERNESTO CARDENAL

Der Falschheit ohne List zu begeg-

nen ist nicht ehrenhaft, sondern leichtsinnig.
HANS KASPER, Abel

Das einzig Echte an manchen Menschen ist ihre Falschheit.
WERNER MITSCH

Fälschung

Die Fälschung unterscheidet sich vom Original dadurch, daß sie echter aussieht.
ERNST BLOCH [1885–1977]; dt. Philosoph

Familie

Im Namen der Familie verübt man die meisten Gemeinheiten. Sie liefert Rechtfertigungen en masse.
STANISŁAW BRZOZOWSKI

Von all den großen Begrenzungen und Rahmenbedingungen, welche die Poesie und Vielfalt des Lebens bilden und schaffen, ist die entschiedenste und wichtigste die Familie.
GILBERT K. CHESTERTON

Ganz aufgehen in der Familie heißt ganz untergehen.
MARIE VON EBNER-ESCHENBACH

Das Familienleben ist ein Eingriff in das Privatleben.
KARL KRAUS

Die Familie ist es, die unsern Zeiten not tut, sie tut mehr not als Kunst und Wissenschaft, als Verkehr, Handel, Aufschwung, Fortschritt, oder wie alles heißt, was begehrungswert erscheint. Auf der Familie ruht die Kunst, die Wissenschaft, der menschliche Fortschritt, der Staat.
ADALBERT STIFTER [1805–1868]; österr. Schriftsteller

Fanatiker

Geistlose kann man nicht begeistern, aber fanatisieren kann man sie.
MARIE VON EBNER-ESCHENBACH

Mit Fanatikern zu diskutieren heißt mit einer gegnerischen Mannschaft Tauziehen spielen, die ihr Seilende um einen dicken Baum geschlungen hat.
HANS KASPER, Revolutionäre

Die Verbrecherregime wurden nicht von Verbrechern, sondern von Fanatikern geschaffen, die überzeugt waren, den einzigen Weg zum Paradies gefunden zu haben.
MILAN KUNDERA [* 1929]; tschech. Schriftsteller

Fanatismus

* Vom Fanatismus zur Barbarei ist es nur ein Schritt.
DENIS DIDEROT, Schriften

Fanatismus findet sich nur bei solchen, die einen inneren Zweifel zu übertönen suchen.
CARL GUSTAV JUNG [1875–1961]; schweiz. Psychoanalytiker

Wo Fanatismus ist, ist keine Heiterkeit. Gelächter vielleicht, der gemeine Lärm des Zynismus, aber kein Lachen.
HANS KASPER, Verlust

Fanatismus besteht im Verdoppeln der Anstrengung, wenn das Ziel vergessen ist.
GEORGE SANTAYANA [1863–1952]; amerik. Philosoph und Dichter span. Herkunft

Fasching

↑Karneval

Fasten

Lediglich mit dem Essen aufhören heißt noch nicht fasten.
MAHATMA GANDHI

Der Appetit kommt mit dem Essen, aber noch häufiger mit dem Fasten.
WILLY MILLOWITSCH [1909];
dt. Schauspieler und Theaterleiter

Faulheit

Der größte Feind des Fortschritts ist nicht der Irrtum, sondern die Trägheit.
HENRY THOMAS BUCKLE

Ohne Faulheit kein Fortschritt! Weil der Mensch zu faul war zu rudern, erfand er das Dampfschiff; weil er zu faul war, zu Fuß zu gehen, erfand er das Auto; weil er zu faul war, abends die Augen zuzumachen, erfand er das Fernsehen.
MANFRED HAUSMANN [1898–1986];
dt. Schriftsteller

Die Faulheit ist der heimliche Vater des Fortschritts.
GABRIEL LAUB

Die Faulheit ist der Fleiß der Träumer.
WERNER SCHNEYDER

Fehler

Fehler – eines meiner Vergehen, im Unterschied zu einem von deinen, bei dem es sich um ein Verbrechen handelt.
AMBROSE BIERCE

Das Schlimmste ist nicht: Fehler haben, nicht einmal sie nicht bekämpfen, ist schlimm. Schlimm ist, sie zu verstecken.
BERTOLT BRECHT, Buch der Erfahrung

Es ist von großem Vorteil, die Fehler, aus denen man lernen kann, recht frühzeitig zu machen.
WINSTON CHURCHILL [1874–1965];
brit. Staatsmann

Der kluge Mann macht nicht alle Fehler selber. Er gibt anderen auch eine Chance!
WINSTON CHURCHILL [1874–1965];
brit. Staatsmann

Viele Leute glauben, wenn sie einen Fehler erst eingestanden haben, brauchen sie ihn nicht mehr abzulegen.
MARIE VON EBNER-ESCHENBACH

Wer sich gar zu leicht bereit findet, seine Fehler einzusehen, ist selten der Besserung fähig.
MARIE VON EBNER-ESCHENBACH

Wir sind gegen keine Fehler an andern intoleranter, als welche die Karikatur unserer eigenen sind.
FRANZ GRILLPARZER

Die meisten unserer Fehler erkennen und legen wir erst dann ab, wenn wir sie an anderen entdeckt haben.
KARL GUTZKOW

Verlaß dich nicht auf andere. Mach deine eigenen Fehler.
MANFRED HINRICH

Die schlimmsten Fehler werden gemacht in der Absicht, einen begangenen Fehler wieder gutzumachen.
JEAN PAUL

Kleine Fehler geben wir gern zu,

um den Eindruck zu erwecken, wir hätten keine großen.
FRANÇOIS DE LA ROCHEFOUCAULD

Jeder Fehler erscheint unglaublich dumm, wenn andre ihn begehen.
GEORG CHRISTOPH LICHTENBERG

Wer in der falschen Richtung geht, dem hilft auch Galoppieren nichts.
EMIL OESCH, Zeit

Man muß die Fehler, die man nicht ablegen kann, in Tugenden verwandeln.
CESARE PAVESE

Man fällt nicht über seine Fehler. Man fällt immer über seine Feinde, die diese Fehler ausnützen.
KURT TUCHOLSKY

Am auffälligsten unterscheiden sich die Leute darin, daß die Törichten immer wieder dieselben Fehler machen, die Gescheiten immer wieder neue.
KARL HEINRICH WAGGERL

___ Feigheit

Feigling – einer, der in gefährlichen Notlagen mit den Beinen denkt.
AMBROSE BIERCE

Feig, wirklich feig ist nur, wer sich vor seinen Erinnerungen fürchtet.
ELIAS CANETTI

Es gibt Fälle, in denen vernünftig sein feige sein heißt.
MARIE VON EBNER-ESCHENBACH

Die Feigheit tarnt sich am liebsten als Vorsicht oder Rücksicht.
SIGMUND GRAFF

Feigheit ist der wirksamste Schutz gegen die Versuchung.
MARK TWAIN

* Kein größeres Verbrechen gibt es als nicht kämpfen wollen, wo man kämpfen muß.
FRIEDRICH WOLF [1888–1953]; deutscher Dramatiker

___ Feind

Die Feinde meines Feindes sind meine Freunde.
ARABISCHES SPRICHWORT

Ein schwacher Feind in der Festung ist fürchterlicher als der stärkste von außen.
WILHELM HEINSE

Lieber aus ganzem Holz eine Feindschaft als eine geleimte Freundschaft.
FRIEDRICH NIETZSCHE, Scherz

Gegen Feinde schützt man sich am besten dadurch, daß man sie nicht als Menschen betrachtet, die uns schaden, sondern als solche, die uns nützen können.
EMIL OESCH, Menschen

Nur der Gesinnungslose hat auf dieser Welt keine Feinde. Es sind geradezu die Besten, die zu Lebzeiten am meisten gehaßt werden.
EMIL OESCH, Menschen

Man kann sich keine „Feinde machen". Sie sind immer schon da.
WERNER SCHNEYDER

Die Freunde nennen sich aufrichtig. Die Feinde sind es.
ARTHUR SCHOPENHAUER

Der besiegte Feind gleicht selten jenem, den es zu besiegen galt. Er

erinnert einen an das Elend, das man selber erlitten hat.
MANÈS SPERBER

Mache dir niemanden zum Feind, wenn er nicht würdig wäre, dein Freund zu sein.
KARL HEINRICH WAGGERL

Ein Mann kann nie zu vorsichtig in der Wahl seiner Feinde sein.
OSCAR WILDE

Feindesliebe

Intelligente Feindesliebe geht davon aus, daß der Friede nur zusammen mit dem Gegner erhalten werden kann.
CARL FRIEDRICH VON WEIZSÄCKER, Geschichte

Fernsehen

Das Heimtückische am Fernsehen ist: Es unterdrückt die Einsamkeit.
WOODY ALLEN [* 1935]: amerik. Regisseur und Schauspieler

Ein Mensch, der einen Berg besteigt, um den Sonnenuntergang zu sehen, sieht etwas ganz anderes als das, was einem Menschen, der in einem Sessel sitzt, in einem Flimmerkasten gezeigt wird.
GILBERT K. CHESTERTON

Fernsehen ist das einzige Schlafmittel, das mit den Augen eingenommen wird.
VITTORIO DE SICA [1902–1974]; ital. Schauspieler und Regisseur

Das Fernsehen unterhält die Leute, indem es verhindert, daß sie sich miteinander unterhalten.
SIGMUND GRAFF

Das Fernsehen ist ein Hausgast geworden, der alle anderen Hausgäste vor die Wahl stellt, sich ihm unterzuordnen oder wegzubleiben.
SIGMUND GRAFF

Weil der Mensch zu faul war zu rudern, erfand er das Dampfschiff; weil er zu faul war, zu Fuß zu gehen, erfand er das Auto; weil er zu faul war, abends die Augen zuzumachen, erfand er das Fernsehen.
MANFRED HAUSMANN [1898–1986]; dt. Schriftsteller

Das Fernsehen ist eine Einrichtung, die uns Filme, deretwegen wir nicht ins Kino gegangen sind, ins Haus bringt.
ROBERT LEMBKE

Dem Fernsehen verdanken wir das Phänomen, daß jeden Abend unzählige Menschen aufwachen, bevor sie ins Bett gehen.
ROBERT LEMBKE

Solange man mit einem Fernsehapparat keine Mücke totschlagen kann, solange kann er die Zeitung nicht ersetzen.
MANFRED ROMMEL

Fernsehprogramm: Die Mündigkeit des Bürgers hat einen freien Abend.
WERNER SCHNEYDER

Fest

Ein Leben ohne Feste ist eine weite Reise ohne Gasthaus
DEMOKRIT [um 460–370 v. Chr.]; griech. Philosoph

Figurprobleme

Die Fetten leben kürzer. Aber sie essen länger.
STANISŁAW JERZY LEC

Dicksein ist keine physiologische Eigenschaft – das ist eine Weltanschauung.
KURT TUCHOLSKY

Film

Früher zeigte man im Film die Dame ohne Unterleib. Heute zeigt man den Unterleib der Dame.
IDA EHRE [1900–1989];
dt. Schauspielerin, Regisseurin und Theaterleiterin

Der Film ist vielleicht die einzige Branche, in der sich mancher als Meister fühlt, bevor seine Lehrzeit überhaupt begonnen hat.
ALFRED HITCHCOCK [1899–1980];
brit Filmregisseur und -produzent

Wenn ein Film Erfolg hat, ist er ein Geschäft. Wenn er keinen Erfolg hat, ist er Kunst.
CARLO PONTI [* 1913];
ital. Filmproduzent

Fleiß

* Genie ist Fleiß.
Nach THEODOR FONTANE [1819–1898]; dt. Schriftsteller

* Ohne Fleiß kein Preis.
Nach HESIOD [um 700 v. Chr.];
griech. Dichter.

Ihre Entstehung verdanken die Meisterwerke dem Genie, ihre Vollendung dem Fleiß.
JOSEPH JOUBERT

Flirt

Der Flirt ist die Kunst, einer Frau in die Arme zu sinken, ohne ihr in die Hände zu fallen.
SACHA GUITRY [1885–1957];
franz. Schriftsteller

Flirts sind Spinnweben zwischen einem Maskulinum und einem Femininum, auf denen ein Sonnenstrahl tanzt.
THADDÄUS TROLL [1914–1980];
dt. Schriftsteller

Fortschritt

Der Begriff des Fortschritts ist in der Idee der Katastrophe zu fundieren. Daß es „so weiter" geht, ist die Katastrophe. Sie ist nicht das jeweils Bevorstehende, sondern das jeweils Gegebene.
WALTER BENJAMIN

Den zwangsläufigen und den geraden Weg zu rationalem Handeln und humanem Fortschritt gibt es nicht. Ihm nahezukommen bleibt die der Demokratie innewohnende Möglichkeit.
WILLY BRANDT, Erinnerungen

Der größte Feind des Fortschritts ist nicht der Irrtum, sondern die Trägheit.
HENRY THOMAS BUCKLE

Fortschritt sollte bedeuten, daß wir ständig die Welt ändern, um sie der Vision anzupassen; Fortschritt bedeutet in Wirklichkeit (jetzt eben), daß wir die Vision ändern.
GILBERT K. CHESTERTON

Fortschritt besteht nicht darin, daß wir in einer bestimmten Richtung unendlich weiterlaufen, sondern daß wir einen Platz finden, auf dem wir wieder eine Zeitlang stehenbleiben können.
GILBERT K. CHESTERTON

Die Grundvoraussetzung jeden Fortschritts ist die Überzeugung, daß das Nötige möglich ist.
NORMAN COUSINS [* 1915];
amerik. Schriftsteller

Alles Alte, soweit es Anspruch darauf hat, sollen wir lieben, aber für das Neue sollen wir recht eigentlich leben.
THEODOR FONTANE [1819–1898]; dt. Schriftsteller

Jedem Fortschritt der beherrschten Klassen entspricht eine Wiederherstellung der Privilegien auf höherer Stufe sowie die entsprechende Abwertung der Errungenschaften der Masse.
ANDRÉ GORZ

Die Menschheit verzichtet auf keinen Fortschritt, der ihr schadet.
SIGMUND GRAFF

Wie groß sind die Fortschritte der Menschheit, wenn wir auf den Punkt sehen, von dem sie ausging; und wie klein, betrachten wir den Punkt, wo sie hin will.
FRANZ GRILLPARZER

Ohne Faulheit kein Fortschritt! Weil der Mensch zu faul war zu rudern, erfand er das Dampfschiff; weil er zu faul war, zu Fuß zu gehen, erfand er das Auto; weil er zu faul war, abends die Augen zuzumachen, erfand er das Fernsehen.
MANFRED HAUSMANN [1898–1986]; dt. Schriftsteller

An Fortschritt glauben heißt nicht glauben, daß ein Fortschritt schon geschehen ist. Das wäre kein Glauben.
FRANZ KAFKA, Chinesische Mauer

Die menschliche Misere ist selten so genüßlich kultiviert worden wie jetzt, da uns der Fortschritt genügend Freizeit beschert, ihn ausgiebig zu bejammern.
HANS KASPER, Verlust

Wenn geschrien wird: „Es lebe der Fortschritt!" –, frage stets: „Fortschritt wessen?"
STANISŁAW JERZY LEC

Fortschritt bedeutet, daß wir immer mehr wissen und immer weniger davon haben.
JOSEF MEINRAD [* 1913]; österr. Schauspieler

Wir dürfen uns von einem erfindungswütigen Zeitalter nicht einreden lassen, es gebe nur eine Art des Fortschritts, nämlich den technischen.
ALEXANDER MITSCHERLICH

Aus dem Wort „Fortschritt" hören die meisten Menschen „weniger Arbeit" heraus.
THOMAS NIEDERREUTHER

Jetzt ist es der Mensch, der scheitert, weil er mit dem Fortschritt seiner eigenen Zivilisation nicht Schritt halten kann.
JOSÉ ORTEGA Y GASSET, Aufstand

Gesellschaftlicher Fortschritt ist nur über Minderheiten möglich, Mehrheiten zementieren das Bestehende.
BERTRAND RUSSELL, Schriften

Der letzte Tod wird der Tod des Fortschritts sein.
ALEKSANDER ŚWIĘTOCHOWSKI

Die großen Fortschritte in der Wissenschaft beruhen oft, vielleicht stets, darauf, daß man eine zuvor nicht gestellte Frage doch, und zwar mit Erfolg, stellt.
CARL FRIEDRICH VON WEIZSÄCKER, Einheit

Tradition ist bewahrter Fortschritt,

Fortschritt ist weitergeführte Tradition.
CARL FRIEDRICH VON WEIZSÄCKER, Einheit

Fortschritt ist die Verwirklichung von Utopien.
OSCAR WILDE

Fragen

Wer fragt, ist ein Narr für fünf Minuten. Wer nicht fragt, bleibt ein Narr für immer.
CHINESISCHES SPRICHWORT

Wer noch fragen kann, dem kann nichts geschehen. Der fragende Mensch hat nichts Tragisches.
PETER HANDKE

Das Fragezeichen ist der Ausweis der Gebildeten, wie der Punkt der des Halbgebildeten.
HANS KUDSZUS

Die Welt ist voller Fragen. Aber jede Frage schließt eine Hoffnung in sich ein.
HANS MARGOLIUS

Fragen sind nie indiskret. Antworten bisweilen.
OSCAR WILDE

Frau

Die pseudomoderne Frau mit ihrer quälenden Tüchtigkeit und Energie ist für mich immer höchst seltsam und unverständlich gewesen.
INGEBORG BACHMANN [1903–1976]; österr. Schriftstellerin

Die Männer, die mit den Frauen am besten auskommen, sind dieselben, die wissen, wie man ohne sie auskommt.
CHARLES BAUDELAIRE [1821–1867]; franz. Schriftsteller

* Frauen kommen langsam, aber gewaltig.
INA DETER [* 1947]; dt.Rocksängerin

Eine gescheite Frau hat Millionen geborener Feinde: alle dummen Männer.
MARIE VON EBNER-ESCHENBACH

Für viele Frauen ist der Geliebte ein Spiegel, in dem sie sich selbst bewundern.
FERNANDEL [= Fernand Contandin, 1903–1971]; franz. Schauspieler

Frauen altern besser.
MAX FRISCH, Tagebuch 1966–1971

Ich mache keinen Unterschied zwischen Mann und Frau. Die Frau soll sich genauso unabhängig fühlen wie der Mann.
MAHATMA GANDHI

Die Frau ist die Gefährtin des Mannes, mit den gleichen geistigen Fähigkeiten begabt.
MAHATMA GANDHI

* Das Naturell der Frauen ist so nah mit Kunst verwandt.
GOETHE, Faust II

Männer sind in fremder, Frauen in eigener Sache die besseren Diplomaten.
SIGMUND GRAFF

Der Spiegel, dem die Frauen am meisten glauben, sind die Augen der Männer.
SIGMUND GRAFF

Man sagt fast jeder Frau etwas Hübsches, wenn man eine andere Frau kritisiert.
SIGMUND GRAFF

Nur die sogenannten unauffälligen

Frauen erleben die wahre Liebe. Auffällige Schönheiten sind meist zu stark mit ihrem eigenen Sex-Appeal beschäftigt.
KATHERINE HEPBURN
[1909–1993];
amerik. Schauspielerin

Der Mann ist leich zu erforschen, die Frau verrät ihr Geheimnis nicht.
IMMANUEL KANT

Sicher verdanken einige Millionäre ihren Erfolg ihren Frauen. Aber die meisten verdanken ihre Frauen dem Erfolg.
DANNY KAYE [1913–1987];
amerik. Schauspieler

Es ist nicht wahr, daß man ohne eine Frau nicht leben kann. Man kann bloß ohne eine Frau nicht gelebt haben.
KARL KRAUS

Die Welt kann zwar durch die Kraft des Mannes bewegt werden, gesegnet aber im eigentlichen Sinne des Wortes wird sie immer nur im Zeichen der Frau.
GERTRUD VON LE FORT

Im Leben jeder Frau gibt es zwei Männer: den, den sie geheiratet, und den, den sie nicht geheiratet hat.
ROBERT LEMBKE

Eine Frau ist der beste Gefährte fürs Leben.
MARTIN LUTHER

Der vielgerühmte weibliche Instinkt gleicht einem Seismographen, der den Sturz eines Blumentopfs anzeigt, aber beim Ausbruch des Ätna versagt.
ANNA MAGNANI [1910–1973];
ital. Filmschauspielerin

Alle Aphorismen über Frauen sind notgedrungen boshaft. Um das Gute an den Frauen zu schildern, benötigt man viele Seiten.
ANDRÉ MAUROIS [1885–1967];
franz. Schriftsteller

Eine Frau kann jederzeit hundert Männer täuschen, aber nicht eine einzige Frau.
MICHÈLE MORGAN [* 1920];
franz. Schauspielerin

Keine Frau trägt gerne ein Kleid, das eine andere abgelegt hat. Mit Männern ist sie nicht so wählerisch.
FRANÇOISE SAGAN [* 1935];
franz. Schriftstellerin

Es gibt ja den schönen Spruch: Hinter jedem Mann, der erfolgreich ist, steht eine Frau, die ihn stützt. Und hinter jeder Frau, die erfolgreich ist, stehen drei Männer, die sie zurückhalten wollen.
WALTRAUD SCHOPPE [* 1942];
dt. Politikerin

Die Schuhfabrikanten machen Frauenschuhe zum Stehenbleiben. Dabei brauchen wir eher Schuhe zum Davonlaufen.
ALICE SCHWARZER [* 1942];
dt. Publizistin

Ob die Weiber soviel Vernunft haben wie die Männer, mag ich nicht entscheiden, aber sie haben ganz gewiß nicht soviel Unvernunft.
JOHANN GOTTFRIED SEUME,
Apokryphen

Daß die Frauen das letzte Wort haben, beruht hauptsächlich darauf, daß den Männern nichts mehr einfällt.
HANNE WIEDER [1929–1990];
dt. Schauspielerin

Frauen sind ein faszinierend eigenwilliges Geschlecht. Jede Frau ist eine Rebellin und gewöhnlich in wildem Aufruhr gegen sich selbst.
OSCAR WILDE

Frauen sind Gemälde. Männer sind Probleme. Wenn Sie wissen wollen, was eine Frau wirklich meint – was übrigens immer ein gefährliches Unternehmen ist –, sehen Sie sie an, und hören Sie ihr nicht zu.
OSCAR WILDE

Man sollte nie einer Frau trauen, die einem ihr wirkliches Alter verrät. Eine Frau, die einem das erzählt, würde einem auch alles andere erzählen.
OSCAR WILDE

Frauen lieben die Besiegten, aber sie betrügen sie mit den Siegern.
TENNESSEE WILLIAMS
[1911–1983];
amerik. Schriftsteller

Freigebigkeit

Die sogenannte Freigebigkeit ist meistens nur die Eitelkeit des Schenkens.
FRANÇOIS DE LA ROCHEFOUCAULD

Freiheit

Das eigentümliche an dem Wort Freiheit ist, daß es nur dann zuverlässig klingt, wenn es in Gesellschaft mit dem Wort *teuer erkauft* auftritt.
MARTIN ANDERSEN-NEXØ

Freiheit ohne Gerechtigkeit ist Willkür.
JEAN ANOUILH

Freiheit – eines der kostbarsten Güter der Einbildungskraft.
AMBROSE BIERCE

Das Reich der Freiheit kommt auch nicht mit stufenweiser Verbesserung von Gefängnisbetten.
ERNST BLOCH

Das Freisein von etwas erfährt seine Erfüllung erst in dem Freisein für etwas. Freisein allein um des Freiseins willen aber führt zur Anarchie.
DIETRICH BONHOEFFER

So, wie die Freiheit eine Voraussetzung für die Demokratie ist, so schafft mehr Demokratie erst den Raum, in dem Freiheit praktiziert werden kann.
WILLY BRANDT, Briefe

Wo die Freiheit nicht beizeiten verteidigt wird, ist sie nur um den Preis schrecklich großer Opfer zurückzugewinnen. Hierin liegt die Lehre des Jahrhunderts.
WILLY BRANDT, Erinnerungen

Satte Menschen sind nicht notwendigerweise frei, hungernde Völker sind es in jedem Falle nicht.
WILLY BRANDT, Erinnerungen

Viele denken, sie sind frei, weil sie machen können, was sie wollen, und merken doch nicht, daß sie ihre Diktatur in sich tragen.
ERNESTO CARDENAL

Niemand ist frei, der nicht über sich selbst Herr ist.
MATTHIAS CLAUDIUS [1740–1815];
dt. Schriftsteller

Wer an die Freiheit des menschlichen Willens glaubt, hat nie geliebt und nie gehaßt.
MARIE VON EBNER-ESCHENBACH

So weit deine Selbstbeherrschung geht, so weit geht deine Freiheit.
MARIE VON EBNER-ESCHENBACH

* Freiheit ist Einsicht in die Notwendigkeit.
FRIEDRICH ENGELS, Anti-Dühring

Es geht uns mit der Freiheit wie mit der Gesundheit: Erst wenn man sie nicht mehr hat, weiß man, was man an ihr hatte.
WERNER FINCK

Da, wo's zu weit geht, fängt die Freiheit erst an.
WERNER FINCK

Der Wert eines Menschen bestimmt sich nach seiner Freiheit – nach der, die er hat, und nach der, die er bewilligt.
OTTO FLAKE

* Nur der verdient sich Freiheit wie das Leben, der täglich sie erobern muß.
GOETHE, Faust II

Nicht alle, die die Freiheit zu schätzen behaupten, schätzen auch den Widerspruch, obwohl er nichts anderes als die erste und natürlichste Folge der Freiheit ist.
SIGMUND GRAFF

Die sogenannte Freiheit des Menschen läuft darauf hinaus, daß er seine Abhängigkeit von den allgemeinen Gesetzen nicht kennt.
FRIEDRICH HEBBEL

Die Nöte des Menschen sind ohne Zahl. Und doch kann ihm nichts Schlimmeres zustoßen als der Verlust der Freiheit.
HO CHI MINH

Es darf keine Freiheit geben zur Zerstörung der Freiheit.
KARL JASPERS

Freiheit ist ein Gut, dessen Dasein weniger Vergnügen bringt als seine Abwesenheit Schmerzen.
JEAN PAUL

Die Freiheit eines jeden hat als logische Grenzen die Freiheit der anderen.
ALPHONSE KARR [1808–1890]; franz. Schriftsteller

Man darf nicht warten, bis der Freiheitskampf Landesverrat genannt wird.
ERICH KÄSTNER [1899–1974]; dt. Schriftsteller

Ein freier Mensch ist einer, der sich wenigstens seiner Unfreiheit bewußt geworden ist.
GABRIEL LAUB

Die Grenze der Freiheit bestimmen die Anrainer.
STANISŁAW JERZY LEC

* Es sind nicht alle frei, die ihrer Ketten spotten.
GOTTHOLD EPHRAIM LESSING

* Freiheit ist immer Freiheit der Andersdenkenden.
ROSA LUXEMBURG

Die Ungeübten sind gar nicht fähig, frei zu sein; aber das berechtigt niemand, ihnen Freiheit vorzuenthalten. Man wird frei im Gebrauch der Freiheit.
LUDWIG MARCUSE

Je weniger ich benötige, um frei zu sein, um so freier bin ich.
WERNER MITSCH

Die Freiheit ist nicht in die Welt gekommen, um dem gesunden Menschenverstand den Garaus zu machen.
JOSÉ ORTEGA Y GASSET, Aufgabe

Negative Freiheit ist das Gegeneinander. Ich werde letztlich von der Rücksichtslosigkeit des anderen beherrscht. Eine solche Feiheit ist fremdbestimmt. Positive Freiheit ist das Miteinander und erfordert meine volle Zustimmung.
HANS A. PESTALOZZI, Auf die Bäume

Wer Lust hat, über Sklaven zu herrschen, ist selbst ein entlaufener Sklave. Frei ist, wem Freie willig folgen und wer Freien willig dient.
WALTER RATHENAU

* Der Mensch ist frei geboren, und dennoch ist er überall in Ketten.
JEAN-JACQUES ROUSSEAU, Gesellschaftsvertrag

Mir ist die gefährliche Freiheit lieber als eine ruhige Knechtschaft.
JEAN-JACQUES ROUSSEAU, Gesellschaftsvertrag

* Der Mensch ist frei geschaffen, ist frei, und würd' er in Ketten geboren.
SCHILLER, Worte des Glaubens

Freiheit ist nur möglich, wenn man bereit ist, ein Risiko einzugehen, und ohne dieses Risiko der Freiheit gibt es keine lebendige Demokratie.
CARLO SCHMID

Wo keine Gerechtigkeit ist, ist keine Freiheit, und wo keine Freiheit ist, ist keine Gerechtigkeit.
JOHANN GOTTFRIED SEUME, Spaziergang

Freiheit bedeutet Verantwortlichkeit; das ist der Grund, weshalb die meisten Menschen sich vor ihr fürchten.
GEORGE BERNARD SHAW

Wer politische Freiheit mit persönlicher Freiheit verwechselt und politische Gleichheit mit persönlicher Gleichheit, hat niemals auch nur fünf Minuten lang über Freiheit und Gleichheit nachgedacht.
GEORGE BERNARD SHAW

Unsere Taten müssen vor allem ein Ausdruck der Freiheit sein, sonst gleichen wir Rädern, die sich drehen, weil sie von außen dazu gezwungen werden.
RABINDRANATH TAGORE

Wer die Freiheit nicht im Blut hat, wer nicht fühlt, was das ist: Freiheit – der wird sie nie erringen.
KURT TUCHOLSKY

Nichts, nicht einmal die modernste Waffe, nicht einmal die auf brutalste Weise schlagkräftige Polizei, nein, überhaupt gar nichts wird die Menschen aufhalten können, wenn sie erst einmal entschlossen sind, ihre Freiheit und ihr Menschenrecht zu erringen.
DESMOND TUTU

Die Freiheit ist nicht die Willkür, beliebig zu handeln, sondern die Fähigkeit, vernünftig zu handeln.
RUDOLF VIRCHOW [1821–1902]; dt. Pathologe

Freiheit ist ein Zwang, den wir als Zwang nicht erkennen.
KARL HEINRICH WAGGERL

Freiheit ist ein Gut, das durch Gebrauch wächst, durch Nichtgebrauch dahinschwindet.
CARL FRIEDRICH VON WEIZSÄCKER, Einheit

Die Geschichte der Freiheit ist die Geschichte des Widerspruches.
THOMAS WOODROW WILSON [1856–1924]; amerik. Politiker

Freizeit

Früher sind die Menschen für die Freiheit auf die Barrikaden gestiegen. Jetzt tun sie es für die Freizeit.
WERNER FINCK

Viel Freizeit kann ermüdend wirken, wenn die Menschen sich nicht vernünftig und interessant beschäftigen können.
BERTRAND RUSSELL, Schriften

Freude

An eine ungetrübte Freude glaubt nur der Neider.
HANS ARNDT

Und ich habe mich so gefreut!, sagst du vorwurfsvoll, wenn dir eine Hoffnung zerstört wurde. Du hast dich gefreut – ist das nichts?
MARIE VON EBNER-ESCHENBACH

Der beste Weg, sich selbst eine Freude zu machen, ist: zu versuchen, einem andern eine Freude zu bereiten.
MARK TWAIN

Hast du eine große Freude an etwas gehabt, so nimm Abschied! Nie kommt es zum zweiten Male.
FRIEDRICH NIETZSCHE, Nachlaß

*Geteilte Freude ist doppelte Freude.
Nach CHRISTOPH AUGUST TIEDGE [1752–1841]; dt. Dichter

Freund

Die Feinde meines Feindes sind meine Freunde.
ARABISCHES SPRICHWORT

Freund: ein Mensch, der dir völlig selbstlos schadet.
WIESŁAW BRUDZIŃSKI

Es gibt wenig aufrichtige Freunde. Die Nachfrage ist auch gering.
MARIE VON EBNER-ESCHENBACH

Der Freund braucht kein guter Gesellschafter zu sein. Man erkennt ihn daran, daß es auch schön ist, mit ihm zu schweigen.
SIGMUND GRAFF

Mein Vater sagte immer, wenn man bei seinem Tod fünf echte Freunde hat, dann kann man mit seinem Leben zufrieden sein.
LEE IACOCCA

Was unsere Freunde uns antun, das auszuhalten und zu verzeihen kostet oft mehr an Kraft als jeder Kampf mit unversöhnlichen Gegnern.
MARTIN KESSEL, Gegengabe

Ehe man anfängt, seine Feinde zu lieben, sollte man seine Freunde besser behandeln.
MARK TWAIN

Am leichtesten fällt es einem, des anderen Herr oder Diener zu sein, am schwersten – dessen Bruder oder Freund.
ALEKSANDER ŚWIĘTOCHOWSKI

Der Ausdruck „gute Freunde“ sagt alles: daß es auch schlechte gibt.
GERD UHLENBRUCK

Freundlichkeit

Gesegnet, wer etwas Freundliches sagt, dreimal gesegnet, wer es wiederholt.
ARABISCHES SPRICHWORT

Ein freundlich Wort findet immer guten Boden.
JEREMIAS GOTTHELF [1797–1854]; schweiz. Erzähler

Freundschaft

Die Freundschaft ist eine Kunst der Distanz, so wie die Liebe eine Kunst der Nähe ist.
Sigmund Graff

Bei der Freundschaft fängt's erst an, interessant zu werden. Sich paaren können auch Hunde.
Hildegard Knef [* 1925]; dt. Schauspielerin

Liebe und Freundschaft schließen einander aus.
Jean de La Bruyère

Wie zartempfindend man auch in der Liebe sei, so verzeiht man bei ihr doch leichter Fehler als bei der Freundschaft.
Jean de La Bruyère

Die meisten Freunde verleiden einem die Freundschaft, die meisten Frommen die Frömmigkeit.
François de La Rochefoucauld

Frieden

Nur Menschen, die selbst friedlich sind, können auch politischen Frieden bewirken.
Franz Alt

Wenn du Frieden willst, bereite den Frieden vor; wer Krieg vorbereitet, wird Krieg bekommen.
Franz Alt

Mit dem Frieden ist es wie mit der Freiheit: So wie Freiheit immer auch die Freiheit des anderen ist, so ist Frieden immer auch der Frieden des anderen.
Franz Alt

Wer einen Sieg verewigen will, muß ihn vergessen machen.
Hans Kasper, Abel

* Es kann der Frömmste nicht in Frieden leben, wenn es dem bösen Nachbarn nicht gefällt.
Schiller, Wilhelm Tell

Frieden ist die Fortsetzung des Krieges mit anderen Mitteln.
Oswald Spengler [1880–1936]; dt. Kultur- und Geschichtsphilosoph

Frohsinn

* Wer schaffen will, muß fröhlich sein.
Theodor Fontane [1819–1898]; dt. Schriftsteller

* O wunderschön ist Gottes Erde und wert, darauf vergnügt zu sein.
Ludwig Heinrich Christoph Hölty [1748–1776]; dt. Schriftsteller

Ein fröhlich Herz ist des Menschen Leben, und seine Freude ist ein langes Leben.
Jesus Sirach 30, 23

* Was kann der Schöpfer lieber sehen als ein fröhliches Geschöpf.
Gotthold Ephraim Lessing, Minna von Barnhelm

Frömmigkeit

Die meisten Freunde verleiden einem die Freundschaft, die meisten Frommen die Frömmigkeit.
François de La Rochefoucauld

Frömmigkeit ist eine Art der Klugheit, sie ist Gottesklugheit.
Thomas Mann

Wenn ich von jemand höre, er sei sehr fromm, so nehme ich mich sogleich sehr vor seiner Gottlosigkeit in acht.
Johann Gottfried Seume, Apokryphen

Führer

Wer die Laterne trägt, stolpert leichter, als wer ihr folgt.
JEAN PAUL

Ein Führer entsteht nur, wenn eine Gefolgschaft bereits da ist.
LUDWIG MARCUSE

Ein Führer, das ist einer, der die anderen unendlich nötig hat.
ANTOINE DE SAINT-EXUPÉRY [1900–1944]; franz. Schriftsteller

Zu den Pflichten der Anführer gehört nicht nur, ihre Befehlsgewalt gewissenhaft auszuüben, sondern auch, rechtzeitig abzutreten.
ALEKSANDER ŚWIĘTOCHOWSKI

Sklaven können ohne Führer keinen Aufstand unternehmen, aber Sklaverei ist eine schlechte Schule für Führertum.
THORNTON WILDER

Furcht

↑ Angst

Fußball

Wenn es die Ballkunst wäre, was die Fußballanhänger begeistert, müßte jedes Trainingsspiel überlaufen und manches Meisterschaftsspiel uninteressant, wenn nicht abstoßend sein.
SIGMUND GRAFF

Der Fußballfanatismus ist eine europäische und sogar weltumspannende Geisteskrankheit.
DIETER HILDEBRANDT [* 1927]; dt. Kabarettist

Fußball ist die beliebteste Methode, sich das Arbeitslosengeld der Jugendlichen wieder zurückzuholen.
WERNER SCHNEYDER

Futurismus

Der reaktionäre Versuch, technisch bedingte Formen, das heißt abhängige Variable zu Konstanten zu machen, tritt ähnlich wie im Jugendstil im Futurismus auf.
WALTER BENJAMIN

G

Galgenhumor

Galgenhumor gibt es nicht. Wer ihn zu haben glaubt, hängt schon.
WOLFDIETRICH SCHNURRE, Schattenfotograf

Geburt

* Geburt und Grab, ein ewiges Meer.
GOETHE, Faust I

Nichts zu machen: Man muß sich durchsetzen können, von Geburt an. Die Geburt selbst ist ein Akt der Durchsetzung, der erste und folgenreichste von vielen.
KURT MARTI

Das größte, wenn auch alltägliche Ereignis in der Geschichte ist die Geburt oder der Tod eines Menschen.
ALEKSANDER ŚWIĘTOCHOWSKI

— Gedächtnis

Das Gedächtnis ist ein sonderbares Sieb: Es behält alles Gute von uns und alles Üble von den anderen.
Wiesław Brudziński

* Ein Lügner muß ein gutes Gedächtnis haben.
Pierre Corneille, Der Lügner

Wer immer die Wahrheit sagt, kann sich ein schlechtes Gedächtnis leisten.
Theodor Heuss [1884–1963]; dt. Politiker

* Jedermann klagt über sein Gedächtnis, niemand über seinen Verstand.
François de La Rochefoucauld

Ein gutes Gedächtnis ist ein Fluch, der einem Segen ähnlich sieht.
Harold Pinter [* 1930]; engl. Dramatiker

Man hat es so leicht, seine Erinnerungen zu schreiben, wenn man ein schlechtes Gedächtnis hat.
Arthur Schnitzler

Das Gedächtnis ist der Diener unserer Interessen.
Thornton Wilder

— Gedanke

Wahr sind nur die Gedanken, die sich selber nicht verstehen.
Theodor W. Adorno

Gedanken sind nicht stets parat, man schreibt auch, wenn man keine hat.
Wilhelm Busch, Sprikker

Weise erdenken die neuen Gedanken, und Narren verbreiten sie.
Heinrich Heine, Gedanken

Der Gedanke ist unsterblich, vorausgesetzt, daß er stets neu geboren wird.
Stanisław Jerzy Lec

Ein wirklich eigener Gedanke ist immer noch so selten wie ein Goldstück im Rinnstein.
Christian Morgenstern

Ein neuer Gedanke – das ist meist eine uralte Banalität in dem Augenblick, da wir ihre Wahrheit an uns selbst erfahren.
Arthur Schnitzler

* Große Gedanken kommen aus dem Herzen.
Vauvenargues [1715–1747]; franz. Schriftsteller

— Gedankenfreiheit

Gedankenfreiheit bei unfreier Arbeit macht die Freiheit zum Paradox.
Stanisław Brzozowski

Es ist ein Mißverständnis, die Gedankenfreiheit bis zur Unabhängigkeit vom Verstande voranzutreiben.
Hans Kasper, Abel

— Gedankenlosigkeit

Nichts ist gefährlicher als der Gedanke – ausgenommen Gedankenlosigkeit.
Karlheinz Deschner

Gedankenlosigkeit tötet. Andere.
Stanisław Jerzy Lec

— Gedicht

Im Gedicht ist die Sprache zur Ruhe gebracht, und der Mensch lebt,

gestillt, für einen Augenblick im Schweigen.
GOTTFRIED BENN, Krise der Sprache

Ein Gedicht ist immer die Frage nach dem Ich.
GOTTFRIED BENN, Marginalien

Ein neues Gedicht heißt für den Autor immer wieder einen Löwen bändigen und für den Kritiker einem Löwen ins Auge sehen, wo er vielleicht lieber einen Esel träfe.
GOTTFRIED BENN, Probleme der Lyrik

Oft bleibt vom Gedicht in der Deutschstunde weniger als von der Linde im Tee.
KARLHEINZ DESCHNER

Das Gedicht ist nicht das Echo der Gesellschaft, sondern es ist ihr Geschöpf und ihr Schöpfer zugleich.
OCTAVIO PAZ, Essays II

Die Krise der Lyrik hängt auch damit zusammen, daß man sie nicht verfilmen kann.
PETER RÜHMKORF [* 1929]; dt. Schriftsteller

Geduld

Geduld ist die halbe Liebe schon, und manchmal denke ich, sie sei die ganze.
OTTO FLAKE

Es gibt keine einfachen Lösungen für sehr komplizierte Probleme. Man muß den Faden geduldig entwirren, damit er nicht reißt.
MICHAIL GORBATSCHOW [* 1931]; sowjet. Politiker

Es bedarf großer Geduld, um sie zu lernen.
STANISŁAW JERZY LEC

Auf dieser Welt muß entweder bald gestorben oder geduldig gelebt werden.
MARTIN LUTHER

Geduld ist die Tugend der Revolutionäre.
ROSA LUXEMBURG

Man braucht viel Geduld, ehe man Geduld mit sich hat.
WOLFDIETRICH SCHNURRE, Schattenfotograf

Predigt nur immer brav Geduld, so ist die Sklaverei fertig! Denn von der Geduld zum Beweise, daß Ihr alles dulden müßt, hat die Gaunerei einen leichten Übergang.
JOHANN GOTTFRIED SEUME, Apokryphen

Gefahr

Gefahren warten nur auf jene, die nicht auf das Leben reagieren.
MICHAIL GORBATSCHOW [* 1931]; sowjet. Politiker

* Wo aber Gefahr ist, da wächst das Rettende auch.
FRIEDRICH HÖLDERLIN, Patmos

Der Furchtsame erschrickt vor der Gefahr, der Feige in ihr, der Mutige nach ihr.
JEAN PAUL

* Wer sich in Gefahr begibt, kommt darin um.
Nach JESUS SIRACH 3, 27

Gefängnis

Mich interessiert am meisten die ... Daseinslage der Menschen in den Gefängnissen. Nirgendwo anders läßt sich der Grad der gesellschaft-

lichen Entwicklung eindeutiger fassen.
RUDOLF (RUDI) DUTSCHKE

Um einen Staat zu beurteilen, muß man sich seine Gefängnisse von innen ansehen.
LEO TOLSTOI [1828–1910]; russ. Schriftsteller

— Gefühl

Verstand ohne Gefühl ist unmenschlich, Gefühl ohne Verstand ist Dummheit.
EGON BAHR [* 1922]; dt. Politiker

Wenn ein Mensch unter der Wirkung seiner Gefühle steht, kommt sein wirkliches Selbst zum Vorschein.
DALE CARNEGIE

Der Schriftsteller scheut sich vor Gefühlen, die sich zur Veröffentlichung nicht eignen; er wartet dann auf seine Ironie.
MAX FRISCH, Montauk

Das Herz gibt allem, was der Mensch sieht und hört und weiß, die Farbe.
JOHANN HEINRICH PESTALOZZI, Lienhard und Gertrud

Die Vernunft formt den Menschen, das Gefühl leitet ihn.
JEAN-JACQUES ROUSSEAU, Bekenntnisse

— Gefühlsarmut

* Wenn ihr's nicht fühlt, ihr werdet's nicht erjagen.
GOETHE, Faust I

Was nicht im Menschen ist, kommt auch nicht von außen in ihn hinein.
WILHELM VON HUMBOLDT, Sentenzen

Nicht wenig Männer haben kein anderes Innenleben als das ihrer Worte, und ihre Gefühle beschränken sich auf eine rein verbale Existenz.
JOSÉ ORTEGA Y GASSET, Liebe

— Gegenwart

Literatur und das Leben kennen im Grunde nur das Heute.
HEINRICH MANN [1871–1950]; dt. Schriftsteller

Alle Zauber der Vergangenheit können nicht eine Berührung mit der Gegenwart ersetzen.
ROMAIN ROLLAND [1866–1944]; franz. Schriftsteller

Das Merkwürdigste an der Zukunft ist wohl die Vorstellung, daß man unsere Zeit später die gute alte Zeit nennen wird.
JOHN STEINBECK [1902–1968]; amerik. Schriftsteller

Erwarte nichts. Heute: Das ist das Leben.
KURT TUCHOLSKY

— Gegner

(auch ↑Feind)

Auch in der Kunst, immer mehr Gegner zu gewinnen, kann man es zur Virtuosität bringen.
ADOLF NOWACZYŃSKI

Sage mir, wie ein Land mit seinen schlimmsten politischen Gegnern umgeht, und ich will dir sagen, was es für einen Kulturstandard hat.
KURT TUCHOLSKY

—— Gehalt (das)

↑Bezahlung

—— Geheimnis

Wer den kleinsten Teil seines Geheimnisses hingibt, hat den anderen nicht mehr in seiner Gewalt.
JEAN PAUL

Es gibt Geheimnisse, von denen man nicht wüßte, wenn sie keine Geheimnisse wären.
JÜDISCHES SPRICHWORT

Auch Frauen können Geheimnisse verschweigen. Aber sie können nicht verschweigen, daß sie Geheimnisse verschweigen.
WILLIAM SOMERSET MAUGHAM [1874–1965]; brit. Schriftsteller

—— Gehorsam

Wenn nur noch Gehorsam gefragt ist und nicht mehr Charakter, dann geht die Wahrheit, und die Lüge kommt.
ÖDÖN VON HORVATH [1901–1938]; österr. Schriftsteller

Unbedingter Gehorsam setzt bei den Gehorchenden Unwissenheit voraus.
MONTESQUIEU, Geist der Gesetze

Manche Eltern und Schulen beginnen mit dem Versuch, den Kindern völligen Gehorsam beizubringen, ein Versuch, der entweder einen Sklaven oder einen Empörer hervorbringen muß.
BERTRAND RUSSELL, Schriften

Der Gehorsam heuchelt Unterordnung, so wie die Angst vor der Polizei Anständigkeit heuchelt.
GEORGE BERNARD SHAW

—— Geist

Die Tradition, die die Schöpfung dem Menschen zu tragen übergab, heißt: Geist.
GOTTFRIED BENN, Sein

Geist ist nicht eine späte Blüte am Baume Mensch, sondern er ist das, was den Menschen als solchen konstituiert.
MARTIN BUBER

Um Großes zu vollbringen, muß der Geist weit und gelassen sein.
HO CHI MINH

Der Geist muß als ganzes durch das Reduktionsventil des Gehirns hindurchfließen. Was übrigbleibt, ist ein spärliches Rinnsal von Bewußtsein.
ALDOUS HUXLEY [1894–1963]; brit. Schriftsteller

Geist und Talent verhalten sich zueinander wie das Ganze zu seinem Teile.
JEAN DE LA BRUYÈRE

* Es ist der Geist, der sich den Körper baut.
SCHILLER, Wallensteins Tod

Der Stil ist die Physiognomie des Geistes.
ARTHUR SCHOPENHAUER

Der Geist ist demselben Gesetz unterworfen wie der Körper: Beide können sich nur durch beständige Nahrung erhalten.
VAUVENARGUES [1715–1747]; franz. Schriftsteller

—— Geiz

Geiz ist Grausamkeit gegen die Dürftigen, und die Verschwendung ist es nicht weniger.
CHRISTIAN FÜRCHTEGOTT GELLERT

Der Geizige macht zahllose Testamente. Sie haben für ihn den Reiz einer Geldausgabe, von der er weiß, daß er sie nie erlebt.
SIGMUND GRAFF

Geiz ist die Armut der Reichen.
WERNER MITSCH

Gelassenheit

Die Gelassenheit ist eine anmutige Form des Selbstbewußtseins.
MARIE VON EBNER-ESCHENBACH

Gib mir die Gelassenheit, Dinge hinzunehmen, die ich nicht ändern kann. Gib mir den Mut, Dinge zu ändern, die ich ändern kann. Und gib mir die Weisheit, das eine vom anderen zu unterscheiden.
FRIEDRICH CHRISTOPH OETINGER [1702–1782]; dt. evangelischer Theologe

Geld

Die Fähigkeit, auf welche die Menschen den meisten Wert legen, ist die Zahlungsfähigkeit.
OSKAR BLUMENTHAL [1852–1917]; dt. Schriftsteller

* Ist das nötige Geld vorhanden, ist das Ende meistens gut.
BERTOLT BRECHT, Dreigroschenoper

* Mit dem Bezahlen wird man das meiste Geld los.
WILHELM BUSCH, Aphorismen

Wenn du den Wert des Geldes kennenlernen willst, versuche, dir welches zu borgen!
BENJAMIN FRANKLIN, Reichtum

Wer Geld schenkt, schenkt immer ein bißchen Freiheit mit.
SIGMUND GRAFF

Die meisten tragen ihr Geld zur Bank, um es vor sich selbst in Sicherheit zu bringen.
SIGMUND GRAFF

Das Geld ist notwendig, aber nicht ausreichend. Es ist aber notwendig, daß es ausreichend ist, damit es nicht mehr notwendig ist.
MANFRED HINRICH

Wenn man das Geld richtig behandelt, ist es wie ein folgsamer Hund, der einem nachläuft.
HOWARD R. HUGHES [1905–1976]; amerik. Industrieller

Wer Geld liebhat, der bleibt nicht ohne Sünde.
JESUS SIRACH 31,5

Wenn's um Geld geht, gibt's nur ein Schlagwort: „Mehr!"
ANDRÉ KOSTOLANY

Das Geld ist ganz bestimmt kein Übel. Sonst könnten wir es ja nicht so leicht loswerden.
ALEX MÖLLER [1903–1985]; dt. Politiker

Alles, was uns wirklich nützt, ist für wenig Geld zu haben. Nur das Überflüssige kostet viel.
AXEL MUNTHE

Das Brecheisen der Macht, viel Geld.
FRIEDRICH NIETZSCHE, Zarathustra

Dem Geld darf man nicht nachlaufen. Man muß ihm entgegengehen.
ARISTOTELES ONASSIS [1906(?)–1975]; griech. Reeder

Das Geld, das man besitzt, ist das Mittel zur Freiheit, dasjenige, dem man nachjagt, das Mittel zur Knechtschaft.
JEAN-JACQUES ROUSSEAU, Bekenntnisse

Viele Menschen benutzen das Geld, das sie nicht haben, für den Einkauf von Dingen, die sie nicht brauchen, um damit Leuten zu imponieren, die sie nicht mögen.
WALTER SLEZAK [1902–1983]; amerik. Schauspieler, Sänger und Schriftsteller österr. Herkunft

* Geld stinkt nicht.
Nach VESPASIAN [9–79 n. Chr.]; röm. Kaiser

Gelübde

Ein Leben ohne Gelübde ist wie ein Schiff ohne Anker oder wie ein Gebäude, das auf Sand gebaut ist anstatt auf festen Felsen.
MAHATMA GANDHI

Gemeinnutz

* Gemeinnutz geht vor Eigennutz.
MONTESQUIEU, Geist der Gesetze

Gemeinplatz

Respekt vor dem Gemeinplatz! Er ist seit Jahrhunderten aufgespeicherte Weisheit.
MARIE VON EBNER-ESCHENBACH

Gemeinsamkeit

Nichts bist du, nichts ohne die andern. Der verbissenste Misanthrop braucht die Menschen doch, wenn auch nur, um sie zu verachten.
MARIE VON EBNER-ESCHENBACH

Nur andere Menschen können unser Leben erfüllen. Hat es nur uns selbst zum Inhalt, so bleibt es leer.
HELMUT GOLLWITZER

Schönes, allein gekostet, tut weh. Ohne das ‚Weißt du noch?' im Gepäck kommen wir von den meisten Reisen arm zurück.
SIGMUND GRAFF

Ich bin nur mit dem anderen, allein bin ich nichts.
KARL JASPERS

Gemeinschaft

Wer in einem Restaurant die Paare beobachtet, kann aus der Länge der Gespräche Schlüsse auf die Dauer der gemeinsam verlebten Zeit ziehen. Je kürzer die Konversation, desto länger die Gemeinschaft.
ANDRÉ MAUROIS [1885–1967]; franz. Schriftsteller

Der Mensch für sich allein vermag gar wenig und ist ein verlassener Robinson; nur in der Gemeinschaft mit den andern ist und vermag er viel.
ARTHUR SCHOPENHAUER

Gemeinwohl

Das Wohl des Ganzen ist das erste Gesetz, wie bei jedem lebendigen Dinge; und jede Staatsverfassung, wo nur ein Teil sich wohlbefindet oder gar abgesondert wäre, ist ein Ungeheuer, eine Mißgeburt.
WILHELM HEINSE

Die Summe der Einzelinteressen ergibt nicht Gemeinwohl, sondern Chaos.
MANFRED ROMMEL

Gemüt

Wer glaubt, aus dem Gemüt zu schöpfen, schöpft gelegentlich aus der trüben Quelle des Vorurteils.
MANFRED ROMMEL

— Generation

Die Probleme, die die eine Generation erregen, erlöschen für die folgende Generation nicht, weil sie gelöst wären, sondern weil die allgemeine Gleichgültigkeit von ihnen absieht.
CESARE PAVESE

— Genialität

Genialität, die von etwas anderem ausgeht als den Mitteln, die ihr sich auszudrücken zur Verfügung stehen, ist Dilettantismus.
GOTTFRIED BENN, Marginalien

— Genie

Genie ist ein Prozent Inspiration und neunundneunzig Prozent Transpiration.
THOMAS ALVA EDISON
[1847–1931]; amerik. Erfinder

* Genie ist Fleiß.
Nach THEODOR FONTANE
[1819–1898]; dt. Schriftsteller

Ohne den Staub, worin er aufleuchtet, wäre der Strahl nicht sichtbar.
ANDRÉ GIDE, Tagebuch

Ihre Entstehung verdanken die Meisterwerke dem Genie, ihre Vollendung dem Fleiß.
JOSEPH JOUBERT

* Raffael wäre ein großer Maler geworden, selbst wenn er ohne Hände auf die Welt gekommen wäre.
Nach GOTTHOLD EPHRAIM LESSING, Emilia Galotti

Der geniale Mensch ist der, der Augen hat für das, was ihm vor den Füßen liegt.
JOHANN JAKOB MOHR [1824–1886]; dt. Schriftsteller

Ein Gelehrter ist, wer viel gelernt hat; ein Genie der, von dem die Menschheit lernt, was er von keinem gelernt hat.
ARTHUR SCHOPENHAUER

Zwischen dem Genie und dem Wahnsinnigen ist die Ähnlichkeit, daß sie in einer andern Welt leben als der für alle vorhandenen.
ARTHUR SCHOPENHAUER

Wenn ein wirklich großer Geist in der Welt erscheint, kann man ihn untrüglich daran erkennen, daß sich alle Dummköpfe gegen ihn verbünden.
JONATHAN SWIFT

— Genuß

Zu allem Genuß sind zwei Herzen notwendig, die sich lieben.
WILHELM HEINSE

Genuß kann unmöglich das Ziel des Lebens sein. Genuß ohne etwas darüber ist etwas Gemeines.
CHRISTIAN MORGENSTERN

Wer nicht genießt, wird ungenießbar.
KONSTANTIN WECKER [* 1947]; dt. Liedermacher

— Gerechtigkeit

Gerechtigkeit ohne Gnade ist nicht viel mehr als Unmenschlichkeit.
ALBERT CAMUS [1913–1960]; franz. Schriftsteller

Von allen Tugenden die schwerste

und seltenste ist die Gerechtigkeit. Man findet zehn Großmütige gegen einen Gerechten.
FRANZ GRILLPARZER

Eine Welt, worin ein Hund auch nur ein einziges Mal Prügel bekommen kann, ohne sie verdient zu haben, kann keine vollkommene Welt sein.
FRIEDRICH HEBBEL

Bei der Gerechtigkeit, die wir anderen schuldig sind, besteht ein wesentlicher Umstand darin, daß wir sie schnell und ohne Verzug ausüben; wenn man darauf warten läßt, so ist dies schon Ungerechtigkeit.
JEAN DE LA BRUYÈRE

Man sagt oft, daß es wichtiger sei, den Unschuldigen freizusprechen als den Schuldigen zu verurteilen, aber überall obliegt es der Polizei, den Beweis für die Schuld, nicht für die Unschuld zu finden.
BERTRAND RUSSELL, Schriften

Wenn der Haß feige wird, geht er maskiert in Gesellschaft und nennt sich Gerechtigkeit.
ARTHUR SCHNITZLER

Wer den ersten Gedanken der Gerechtigkeit hatte, war ein göttlicher Mensch; aber noch göttlicher wird der sein, der ihn wirklich ausführt.
JOHANN GOTTFRIED SEUME, Apokryphen

Wo keine Gerechtigkeit ist, ist keine Freiheit, und wo keine Freiheit ist, ist keine Gerechtigkeit.
JOHANN GOTTFRIED SEUME, Spaziergang

Es gibt ein unfehlbares Rezept, eine Sache gerecht unter zwei Menschen aufzuteilen: Einer von ihnen darf die Portionen bestimmen, und der andere hat die Wahl.
GUSTAV STRESEMANN [1878–1929]; dt. Politiker

Gerücht

Gerücht – Lieblingswaffe des Rufmörders.
AMBROSE BIERCE

Wo Nachrichten fehlen, wachsen die Gerüchte.
ALBERTO MORAVIA [1907–1990]; ital. Schriftsteller

Gesang

Es gibt kein Leben ohne Gesang, wie es kein Leben ohne Sonne gibt.
JULIUS FUČIK

Der Mensch ... kann ohne Gesang ebensowenig auskommen wie ohne Brot.
ROMAIN ROLLAND [1866–1944]; franz. Schriftsteller

Geschäfte

Geschäft ist mehr als Geld. Ein Geschäft, das nichts als Geld verdient, ist kein gutes Geschäft.
HENRY FORD I. [1863–1947]; amerik. Industrieller

Wenn die eine Hand die andere wäscht, pflegen beide schmutzig zu werden.
SIGMUND GRAFF

Geschenke

(auch ↑Schenken)

* Die Art, wie man gibt, gilt mehr, als was man gibt.
PIERRE CORNEILLE, Der Lügner

Wie wir von manchen Menschen verkannt werden, beweisen uns nicht selten ihre Geschenke.
SIGMUND GRAFF

Das Rechte nach Bedarf zu schenken macht immer nötig, scharf zu denken.
EUGEN ROTH

Ein Geschenk von zwei bis drei Blumen sagt mehr als ein ganzer Tragkorb.
ROBERT SCHUMANN

— Geschichte

Der Ausdruck des Geschichtlichen an Dingen ist nichts anderes als der vergangener Qual.
THEODOR W. ADORNO

Das „Zu spät" ist die große Totenglocke der Geschichte.
RUDOLF AUGSTEIN [* 1923]; dt. Publizist

Geschichte schreiben heißt Jahreszahlen ihre Physiognomie geben.
WALTER BENJAMIN

Die Geschichte kennt kein letztes Wort.
WILLY BRANDT, Erinnerungen

Aus der Geschichte lernen? So ein Volk es tut, geht es ohne Schmerz nicht ab.
WILLY BRANDT, Erinnerungen

Nicht selten wird die Geschichte gleich von denen gefälscht, die sie machen.
WIESŁAW BRUDZIŃSKI

Ich wüßte nicht, wie wir jemals Aussicht darauf haben könnten, unserer Historie den Charakter einer Schlachthauschronik zu nehmen, wenn wir es nicht fertigbringen sollten, unsere Feinde „zu lieben" – was wir angesichts der Werkzeuge, deren sich die Schlächter heutzutage bedienen können, nicht mehr allzulange werden hinausschieben dürfen.
HOIMAR VON DITFURTH

Geschichte ist machbar.
RUDOLF (RUDI) DUTSCHKE

Heute muß man Geschichte mit dem Bleistift schreiben; es läßt sich leichter radieren.
PIERRE GAXOTTE [1895–1982]; franz. Historiker und Publizist

Geschichte schreiben ist eine Art, sich das Vergangene vom Halse zu schaffen.
GOETHE, Maximen und Reflexionen

Geschichte ist irreparable Politik. Politik manipulierbare Geschichte.
SIGMUND GRAFF

Die Weltgeschichte ist der Fortschritt im Bewußtsein der Freiheit.
GEORG WILHELM FRIEDRICH HEGEL, Philosophie der Geschichte

* Der heutige Tag ist ein Resultat des gestrigen. Was dieser gewollt hat, müssen wir erforschen, wenn wir zu wissen wünschen, was jener will.
HEINRICH HEINE, Französische Zustände

Daher sind die Tatsachen der Geschichte in ihren einzelnen verknüpfenden Umständen wenig mehr als die Resultate der Überlieferung und Forschung, die man übereingekommen ist, für wahr anzunehmen.
WILHELM V. HUMBOLDT, Schriften zur Anthropologie und Geschichte

Die Geschichte belehrt fast niemand als die Gelehrten, die sie lehren, selten die Gewaltigen, welche die Geschichte selber regieren und erzeugen helfen.
JEAN PAUL

Geschichte: Sammlung von Tatsachen, die vermeidbar gewesen wären.
STANISŁAW JERZY LEC

Die Geschichte lehrt, wie man sie fälscht.
STANISŁAW JERZY LEC

Nicht die Gewehrkugeln und Generäle machen Geschichte, sondern die Massen.
NELSON R. MANDELA [* 1918];
südafrikan. Politiker

Die Geschichte ist das Reich der Notwendigkeit.
HERBERT MARCUSE

* Die Geschichte aller bisherigen Gesellschaft ist die Geschichte von Klassenkämpfen.
KARL MARX

Viele Denkmäler sind steingewordene Geschichtsfälschungen.
WERNER MITSCH

Historisches Wissen ist eine Technik ersten Ranges zur Erhaltung und Fortsetzung einer gereiften Zivilisation.
JOSÉ ORTEGA Y GASSET, Aufstand

Ich weiß nicht, ob die Geschichte sich wiederholt: Ich weiß nur, daß die Menschen sich wenig ändern.
OCTAVIO PAZ, Essays I

Die Geschichte wiederholt sich nicht. Sie bleibt nur gleich.
WERNER SCHNEYDER

Wenn die Geschichte sich wiederholt und immer das Unerwartete geschieht, wie unfähig muß der Mensch sein, durch Erfahrung klug zu werden.
GEORGE BERNARD SHAW

Wer die Enge seiner Heimat ermessen will, reise. Wer die Enge seiner Zeit ermessen will, studiere Geschichte.
KURT TUCHOLSKY

Die Geschichte ist die Wissenschaft von den Dingen, die sich nicht wiederholen.
PAUL VALÉRY [1871–1945];
franz. Schriftsteller

Was den Menschen auszeichnet, ist nicht, daß er Geschichte hat, sondern daß er etwas von seiner Geschichte begreift.
CARL FRIEDRICH VON WEIZSÄCKER, Geschichte

— Geschmack

Der einzige Geschmack, der einem Menschen wirkliche Befriedigung geben kann, ist sein eigener.
PHILIP ROSENTHAL [* 1916];
dt. Industrieller

Der Geschmack ist die Kunst, sich auf Kleinigkeiten zu verstehen.
JEAN JACQUES ROUSSEAU, Émile

Mit dem guten Geschmack ist es ganz einfach: Man nehme von allem nur das Beste.
OSCAR WILDE

— Geschwätzigkeit

Geschwätzigkeit – krankhafte Störung, die den Befallenen unfähig macht, die Klappe zu halten, wenn du reden willst.
AMBROSE BIERCE

Es gibt Menschen, die heiser werden, wenn sie ununterbrochen acht Tage lang mit keinem ein Wort gesprochen haben.
KARL KRAUS

Man bereut es selten, wenn man zu wenig spricht, aber sehr oft, wenn man zu viel spricht: eine verbrauchte und alltägliche Lebensregel, die jedermann kennt, aber niemand befolgt.
JEAN DE LA BRUYÈRE

___ Gesellschaft

Nur dort, wo das Privateste und das Gesellschaftliche sich lebendig und schmerzhaft überschneiden, kann ein Mensch politisch produktiv werden.
WOLF BIERMANN, Affenfels

Gesellschaften unterscheiden sich nicht darin, daß es in einigen Konflikte gibt und in anderen nicht; Gesellschaften unterscheiden sich in der Gewaltsamkeit und der Intensität von Konflikten.
RALF DAHRENDORF

Aus der absoluten Utopie der guten Gesellschaft des Reiches Gottes folgt die relative Utopie einer besseren Gesellschaft, für die wir arbeiten sollen.
HELMUT GOLLWITZER

Ehre und Konvention sind die Bausteine der Gesellschaft, die Lüge der Kitt.
HANS KASPER, Revolutionäre

Man kann nicht zugleich in der Gesellschaft leben und frei von ihr sein.
WLADIMIR ILJITSCH LENIN
[1870–1924];
russ.-sowjet. Politiker

Die Gesellschaft ist immer eine dynamische Einheit zweier Faktoren, der Eliten und der Massen.
José ORTEGA Y GASSET, Aufstand

___ Gesetz

Wer Gesetze schafft, muß streng, wer Gesetze handhabt, milde sein.
CHINESISCHES SPRICHWORT

Wenn man alle Gesetze studieren sollte, so hätte man gar keine Zeit, sie zu übertreten.
GOETHE, Maximen und Reflexionen

Die Unkenntnis des Gesetzes befreit nicht von der Verantwortung. Aber die Kenntnis oft.
STANISŁAW JERZY LEC

___ Gesicht

↑ Aussehen

___ Gespräch

Was sind das für Zeiten, wo ein Gespräch über Bäume fast ein Verbrechen ist, weil es ein Schweigen über so viele Untaten einschließt.
BERTOLT BRECHT, An die Nachgeborenen I

Die Debatten der Staatenvertreter von heute haben mit einem Menschengespräch nichts mehr gemeinsam: man redet nicht zueinander.
MARTIN BUBER

Das echte Gespräch bedeutet: aus dem Ich heraustreten und an die Türe des Du klopfen.
ALBERT CAMUS [1913–1960];
franz. Schriftsteller

Ich spreche nicht gern mit Leuten, die stets meiner Meinung sind. Eine Zeitlang macht es Spaß, mit dem Echo zu spielen, auf die Dauer aber ermüdet es.
THOMAS CARLYLE

Ein gutes Gespräch ist ein Kompromiß zwischen Reden und Zuhören.
ERNST JÜNGER [* 1895]; dt. Schriftsteller

Groß betrachtet ist alles Gespräch nur – Selbstgespräch.
CHRISTIAN MORGENSTERN

Die Leute wünschen nicht, daß man zu ihnen redet. Sie wünschen, daß man mit ihnen redet.
EMIL OESCH, Menschen

Gestalten

Werden bedeutet immer, daß ein Etwas wird, gestaltet wird. Und Gestalten: Es bedeutet schon sprachlich das Zeitwort von Gestalt, sachgemäß ihr formendes Geschehen.
ERNST BLOCH

Geständnis

Der Wunsch nach dem Geständnis war die Grundlage für die Foltern der Inquisition.
BERTRAND RUSSELL, Schriften

Gesundheit

Wenn wir uns über unsere Gesundheit nur halb so freuen könnten, wie wir uns über jede Krankheit grämen und Sorgen machen, wären wir maßlos glücklich.
SIGMUND GRAFF

Mit der Gesundheit der Seele ist es wie mit der des Körpers. Ohne Gesundheit keine ersprießliche Tätigkeit; aber die Erhaltung der Gesundheit zum Geschäfte seines Lebens zu machen, ist die Sache der müßigen Toren und Hypochondristen.
FRANZ GRILLPARZER

Überhaupt aber beruhen neun Zehntel unseres Glückes allein auf der Gesundheit. Mit ihr wird alles eine Quelle des Genusses, hingegen ist ohne sie kein äußeres Gut, welcher Art es auch sei, genießbar.
ARTHUR SCHOPENHAUER

Eine gesunde Lebensweise ist am Anfang zwar unbequem, am Ende aber bequem. Bei der ungesunden Lebensweise ist es umgekehrt.
GERD UHLENBRUCK

Gewalt

Was mit Gewalt erlangt worden ist, kann man nur mit Gewalt behalten.
MAHATMA GANDHI

*Von der Gewalt, die alle Menschen bindet, befreit der Mensch sich, der sich überwindet.
GOETHE, Die Geheimnisse

Der Gewalt auszuweichen ist Stärke.
LAOTSE

Was ist Gewalt anderes als Vernunft, die verzweifelt; als Ultima ratio?
JOSÉ ORTEGA Y GASSET, Aufstand

Gewaltlosigkeit

Ausübung von Gewaltlosigkeit erfordert weit größeren Mut als den des Kämpfers. Feigheit und Ge-

waltlosigkeit passen nicht zusammen.
MAHATMA GANDHI

Gewaltlosigkeit ist unmöglich ohne Demut.
MAHATMA GANDHI

Die Demokratie, wie ich sie verstehe, muß dem Schwächsten die gleichen Chancen zusichern wie dem Stärksten. Nur Gewaltlosigkeit kann zu diesem Ziele führen.
MAHATMA GANDHI

Wir haben nicht mehr die Wahl zwischen Gewalt und Nichtgewalt. Wir haben nur die Wahl zwischen Nichtgewalt und Nichtsein.
MARTIN LUTHER KING
[1929–1968];
amerik. Bürgerrechtler und
Baptistenpfarrer

Nie kommt man durch Gewalt zur Gewaltlosigkeit.
GUSTAV LANDAUER [1870–1919];
dt. Schriftsteller und Politiker

Gewinn

Gewinn ist so notwendig wie die Luft zum Atmen, aber es wäre schlimm, wenn wir nur wirtschaften würden, um Gewinne zu machen, wie es schlimm wäre, wenn wir nur leben würden, um zu atmen.
HERMANN JOSEF ABS [* 1901];
dt. Bankfachmann

Nach Meinung der Sozialisten ist es ein Laster, Gewinne zu erzielen. Ich bin dagegen der Ansicht, daß es ein Laster ist, Verluste zu machen.
WINSTON CHURCHILL [1874–1965];
brit. Staatsmann

Ich bin für die Aufteilung der Gewinne – solange ein Unternehmen Gewinne macht.
LEE IACOCCA

Wer nur um Gewinn kämpft, erntet nichts, wofür es sich lohnt zu leben.
ANTOINE DE SAINT-EXUPÉRY
[1900–1944]; franz. Schriftsteller

* Viel kann verlieren, wer gewinnt.
AUGUST WILHELM SCHLEGEL, Arion

Gewissen

Die innere Stimme muß schon vorlaut werden, damit wir ihr folgen.
HANS ARNDT

* Der Handelnde ist immer gewissenlos; es hat niemand Gewissen als der Betrachtende.
GOETHE, Maximen und
Reflexionen

Der Gerechte lebt durch den Glauben – aber es ist gut, wenn er das Gewissen hinzufügt.
ROMANO GUARDINI
[1885–1968];
dt. kath. Religionsphilosoph und
Theologe ital. Herkunft

Gewissenlosigkeit ist nicht Mangel des Gewissens, sondern der Hang, sich an dessen Urteil nicht zu kehren.
IMMANUEL KANT

Sein Gewissen war rein. Er benutzte es nie.
STANISŁAW JERZY LEC

Gewissen: die innere Stimme, die uns warnt, weil jemand zuschauen könnte.
HENRY LOUIS MENCKEN

Wer kein schlechtes Gewissen hat, hat überhaupt keins.
THOMAS NIEDERREUTHER

Wenn man nicht froh ist, dann deshalb, weil mit dem Gewissen etwas nicht in Ordnung ist.
HENRIK PONTOPPIDAN [1857–1943]; dän. Schriftsteller

Kein Gebot, das Gehorsam gegenüber einer irdischen Autorität anbefiehlt, ist absolut oder bindend, wenn das Gewissen es nicht gutheißt.
BERTRAND RUSSELL, Moral

Unter einem schöpferischen Gewissen verstehe ich die Fähigkeit, ein gutes Gedächtnis zu haben, gekoppelt mit dem Bedürfnis nach Wahrheit und, daraus erwachsend, die sich selbst auferlegte Forderung, der Gerechtigkeit so nahe wie möglich zu kommen.
WOLFDIETRICH SCHNURRE, Schreibtisch

Die beste Voraussetzung für eine gute Tat ist ein schlechtes Gewissen
GERD UHLENBRUCK

Die meisten guten Werke tut das schlechte Gewissen der Sündigen, nicht das unbefleckte der Gerechten.
KARL HEINRICH WAGGERL

— Gewohnheit

(auch ↑Routine)

Wer von all seinen Gewohnheiten Kenntnis nähme, wüßte nicht mehr, wer er ist.
ELIAS CANETTI

Die Gewohnheit ist langlebiger als die Liebe und überwindet manchmal sogar die Verachtung.
MARIE VON EBNER-ESCHENBACH

Immer wieder behauptete Unwahrheiten werden nicht zu Wahrheiten, sondern, was schlimmer ist, zu Gewohnheiten.
OLIVER HASSENCAMP

Gewohnheit ist eine schreckliche Tyrannin.
WILHELM HEINSE

Große Dinge setzen in Erstaunen, der kleinen wird man überdrüssig; durch die Gewohnheit werden wir mit beiden vertraut.
JEAN DE LA BRUYÈRE

Für zwei einander ganz entgegengesetze Dinge sind wir gleich sehr eingenommen: für die Gewohnheit und das Neue.
JEAN DE LA BRUYÈRE

Die Macht, unter der sich Menschen am wohlsten fühlen, ist die Macht der Gewohnheit.
ROBERT LEMBKE

Die Gewohnheit ist ein Seil. Wir weben jeden Tag einen Faden, und schließlich können wir es nicht mehr zerreißen.
HEINRICH MANN [1871–1950]; dt. Schriftsteller

Die Gewohnheit ist eine zweite Natur; sie hindert uns, die erste kennenzulernen, deren Grausamkeiten und deren Zauber sie nicht hat.
MARCEL PROUST

*Denn aus Gemeinem ist der Mensch gemacht, und die Gewohnheit nennt er seine Amme.
SCHILLER, Wallensteins Tod

Oft brüllen wir, man habe uns unsere Rechte genommen, dabei hat

man uns nur von unseren üblen Gewohnheiten befreit.
ALEKSANDER ŚWIĘTOCHOWSKI

Gewöhnung

Niemand ist so sehr in Gefahr, stumpf zu werden, als der höchst Reizbare.
FRANZ GRILLPARZER

Glaube

Glaube ist Gewißheit ohne Beweise.
HENRI FRÉDÉRIC AMIEL [1821–1881]; schweiz. Schriftsteller

* Wo das Wissen aufhört, fängt der Glaube an.
AURELIUS AUGUSTINUS [354–430]; abendländischer Kirchenvater

Es wachsen Glaube und Unschuld nur am Baume der Kindheit noch; jedoch sie währen nicht.
DANTE ALIGHIERI

Hat eigentlich die Skepsis auf die Schlachtfelder geführt oder der Glaube?
KARLHEINZ DESCHNER

Religiöser Glaube ist nicht gleichbedeutend mit dem Für-wahr-Halten von Absurditäten, sondern Ausdruck einer bestimmten Lebenshaltung.
HOIMAR VON DITFURTH

Glaube ist der Motor des Wissens.
FRIEDRICH DÜRRENMATT [1921–1990]; schweiz. Dramatiker

Wenn es einen Glauben gibt, der Berge versetzen kann, so ist es der Glaube an die eigene Kraft.
MARIE VON EBNER-ESCHENBACH

Alles Wissen geht aus einem Zweifel hervor und endigt in einem Glauben.
MARIE VON EBNER-ESCHENBACH

Alle Wissenschaft hat als Ausgangspunkt ein Zweifeln, gegen das der Glaube sich auflehnt.
ANDRÉ GIDE, Tagebuch

Der Glaube geht nicht durch den Verstand, so wenig wie die Liebe.
HERMANN HESSE

Glaube und Zweifel verhalten sich zueinander wie Regierung und Opposition in einem parlamentarischen Gemeinwesen.
HANS EGON HOLTHUSEN, Verstehen

Den Glauben an den Schöpfer aufgeben, das hieße, den Urgrund des Lebens verlassen – es hieße das Leben selbst aufgeben.
GERTRUD VON LE FORT

Wo der Glaube ist, da ist auch Lachen.
MARTIN LUTHER

Es ist aber das Herz, das Gott spürt, und nicht die Vernunft. Das aber ist der Glaube: Gott im Herzen spüren und nicht in der Vernunft.
BLAISE PASCAL

Der Glaube eines Menschen kann durch kein Glaubensbekenntnis, sondern nur durch die Beweggründe seiner gewöhnlichen Handlungen festgestellt werden.
GEORGE BERNARD SHAW

Wenn der Glaube stark ist, kann er Berge versetzen. Aber ist er auch noch blind, dann begräbt er das Beste darunter.
KARL HEINRICH WAGGERL

Glaube ist ein sich stets erweiternder Teich von Klarheit, von Quellen gespeist, die jenseits des Bewußtseinsrands entspringen. Wir alle wissen mehr als das, wovon wir wissen, daß wir es wissen.
THORNTON WILDER

— Glauben

Glauben ist die Fähigkeit, in Gottes Tempo zu gehen.
MARTIN BUBER

Wer glaubt, der flieht nicht aus seiner Mitverantwortung an den Entscheidungen des Tages, aus der Mitsorge um den Frieden der Welt.
ALBRECHT GOES [* 1908];
dt. Schriftsteller

Unmöglich ist's, drum eben glaubenswert.
GOETHE, Faust II

Nur was wir selber glauben, glaubt man uns
KARL GUTZKOW

Glauben ist Vertrauen, nicht Wissenwollen.
HERMANN HESSE

Denken ist eine Anstrengung, Glauben ein Komfort.
LUDWIG MARCUSE

Wissenschaft ist nur eine Hälfte. Glauben ist die andere.
NOVALIS, Fragmente

An die Dinge glauben heißt: etwas bestehen lassen nach dem eigenen Tode, und im Leben die Befriedigung haben, in Berührung zu kommen mit dem, was noch nach uns bestehen wird.
CESARE PAVESE

Die Naturwissenschaft braucht der Mensch zum Erkennen, den Glauben zum Handeln.
MAX PLANCK [1858–1947];
dt. Physiker

Es kommt nicht darauf an, was man glaubt, sondern wie man es glaubt.
BERTRAND RUSSELL, Moral

Ein Schisma findet immer dann statt, wenn pures Glauben entweder zu unglaubwürdig oder zu anstrengend wird.
WOLFDIETRICH SCHNURRE,
Schattenfotograf

Glauben und Wissen verhalten sich wie die zwei Schalen einer Waage: in dem Maße, als die eine steigt, sinkt die andere.
ARTHUR SCHOPENHAUER

Es ist selten, daß ein Mensch weiß, was er eigentlich glaubt.
OSWALD SPENGLER, Gedanken

— Gläubiger

Gläubiger haben ein besseres Gedächtnis als Schuldner.
BENJAMIN FRANKLIN, Reichtum

Es gibt bestimmt Menschen, die froh darüber sind, nicht ihre eigenen Gläubiger zu sein.
ANDRÉ KOSTOLANY

— Gleichgültigkeit

Gleichgültigkeit jeder Art ist verwerflich, sogar die Gleichgültigkeit gegen uns selbst.
MARIE VON EBNER-ESCHENBACH

Gleichgültigkeit ist die mildeste Form der Intoleranz.
KARL JASPERS

Wie glücklich viele Menschen wä-

ren, wenn sie sich genau so wenig um die Angelegenheiten anderer bekümmerten wie um ihre eigenen!
Georg Christoph Lichtenberg

Das größte Übel, das wir unseren Mitmenschen antun können, ist nicht, sie zu hassen, sondern ihnen gegenüber gleichgültig zu sein. Das ist absolute Unmenschlichkeit.
George Bernard Shaw

Gleichgültigkeit ist die sicherste Stütze aller Gewaltherrschaft.
Manès Sperber [1905–1984]; franz. Schriftsteller österr. Herkunft

Die Gleichgültigkeit gegenüber dem anderen ist der Anfang allen Übels.
Erika Weinzierl [* 1925]; österr. Historikerin

Gleichheit

Ich kann mir nichts Besseres denken als ein bescheidenes, einfaches und freies Leben in einer egalitären Gesellschaft.
Karl R. Popper

Gleichheit ist immer der Probestein der Gerechtigkeit, und beide machen das Wesen der Freiheit.
Johann Gottfried Seume, Apokryphen

Wer politische Freiheit mit persönlicher Freiheit verwechselt und politische Gleichheit mit persönlicher Gleichheit, hat niemals auch nur fünf Minuten lang über Freiheit und Gleichheit nachgedacht.
George Bernard Shaw

Wo die Gleichheit unangefochten bleibt, dort bleibt die Unterordnung auch unangefochten.
George Bernard Shaw

Glück

Das Glück besteht darin, zu leben wie alle Welt und doch wie kein anderer zu sein.
Simone de Beauvoir [1908–1986], franz. Schriftstellerin

Glücklich sein heißt ohne Schrekken seiner selbst innewerden können.
Walter Benjamin

An einer unglücklichen Liebe scheitert man zuweilen weniger als an einer glücklichen.
Friedl Beutelrock

Sich glücklich fühlen zu können, auch ohne Glück – das ist Glück.
Marie von Ebner-Eschenbach

Glücklich machen ist das höchste Glück
Theodor Fontane [1819–1898]; dt. Schriftsteller

Das Geheimnis eines glücklichen Lebens liegt in der Entsagung.
Mahatma Gandhi

In den meisten Fällen ist Glück kein Geschenk, sondern ein Darlehen.
Albrecht Goes [* 1908]; dt. Schriftsteller

* Das wahre Glück ist die Genügsamkeit.
Goethe, Adler und Taube

* Glücklich allein ist die Seele, die liebt.
Goethe, Egmont

Der ist der glücklichste Mensch, der das Ende seines Lebens mit dem Anfang in Verbindung setzen kann.
Goethe, Maximen und Reflexionen

Ein ganzes Unglück verdrießt uns nicht so sehr wie ein nur zur Hälfte eingetroffenes Glück.
KARL GUTZKOW

Glücklich und zufrieden ist, wer weiß, was er nicht braucht.
WOLFGANG HERBST

Sich wegwerfen können für einen Augenblick, Jahre opfern können für das Lächeln einer Frau, das ist Glück.
HERMANN HESSE

Großes Glück ist die Feuerprobe des Menschen, großes Unglück nur die Wasserprobe.
JEAN PAUL

Die meisten Menschen sind, um glücklich zu sein, entweder nicht gescheit oder nicht dumm genug.
HANS KRAILSHEIMER

Es bedarf größerer Tugenden, das Glück zu ertragen als das Unglück.
FRANÇOIS DE LA ROCHEFOUCAULD

Es gibt kein Licht, das nur sich selber leuchtet. Ein jedes Glück erhellt die Welt.
HANS MARGOLIUS

Das Glück im Leben hängt von den guten Gedanken ab, die man hat.
MARK AUREL [121–180];
röm. Kaiser

Glück kann man nur festhalten, indem man es weitergibt.
WERNER MITSCH

* Glück hat auf die Dauer nur der Tüchtige.
HELMUTH GRAF VON MOLTKE
[1800–1891]; preußischer
Generalfeldmarschall

Das Glück, das vor der Not kommt, ist ein verführender Teufel. Das Glück, das hinter der Not kommt, ist ein tröstender Engel.
JOHANN HEINRICH PESTALOZZI,
Kinderlehre

Das höchste Glück des Menschen ist die Befreiung von der Furcht.
WALTHER RATHENAU

Glück heißt seine Grenzen kennen und sie lieben.
ROMAIN ROLLAND [1866–1944];
franz. Schriftsteller

Wenn ich mit intellektuellen Freunden spreche, festigt sich in mir die Überzeugung, vollkommenes Glück sei ein unerreichbarer Wunschtraum. Spreche ich dagegen mit meinem Gärtner, bin ich vom Gegenteil überzeugt.
BERTRAND RUSSELL, Schriften

Glück ist das Wissen darum, daß du nicht notwendigerweise Glück brauchst.
WILLIAM SAROYAN [1908–1981];
amerik. Schriftsteller

Schlimmer betrogen, wer aus Angst vor Enttäuschung immer wieder sein Glück versäumte, als wer jede Möglichkeit eines Glücks ergriff, selbst auf die Gefahr hin, es könnte wieder nicht das wahre gewesen sein.
ARTHUR SCHNITZLER

Das Glück ist das einzige, was sich verdoppelt, wenn man es teilt.
ALBERT SCHWEITZER

Nicht alles, was glücklich macht, ist gesund, aber alles, was unglücklich macht, ist ungesund.
GERD UHLENBRUCK

Glück ist das Maß für die kleinste Zeiteinheit im Leben eines Menschen.
GERD UHLENBRUCK

— Gnade

Die Aufklärung ist immer im Unrecht, denn ihr letzter Wille geht auf Enthüllung. Die Gnade dagegen setzt Wahrheit, indem sie der Sünden Menge bedeckt. Was aber ein für alle Male Gott nicht wissen will, soll auch nicht Gegenstand menschlichen Wissens und Forschens sein.
HANS URS VON BALTHASAR

Gnade, und käme sie von Gott, ist die feinere Art der Beschimpfung.
RUDOLF LEONHARD [1889–1953]; dt. Schriftsteller

— Gold

* Nach Golde drängt, am Golde hängt doch alles.
GOETHE, Faust I

Es ist nicht alles Gold, was glänzt. Aber es glänzt auch nicht alles, was Gold ist.
FRIEDRICH HEBBEL

— Gott

Alle Menschen haben Zugang zu Gott, aber jeder einen andern.
MARTIN BUBER

Gott ist der einzige Herr der Welt, der weniger zu sagen hat als seine Diener.
KARLHEINZ DESCHNER

Der Mensch verlangt nicht so sehr nach Gott als nach dem Wunder.
FJODOR M. DOSTOJEWSKI, Die Brüder Karamasow

Vermutlich gibt es Sünden, die nicht als Sünden erkannt sind. Zum Beispiel die, Gott anzunehmen, wie er ist. Er will verändert werden.
GÜNTER EICH

Ob es Gott gibt, wenn es einmal kein menschliches Hirn mehr gibt, das sich eine Schöpfung ohne Schöpfer nicht denken kann?
MAX FRISCH, Holozän

Es gibt unzählige Definitionen von Gott. Doch ich bete Gott nur als Wahrheit an.
MAHATMA GANDHI

Gott? Jener Große, Verrückte, der noch immer an Menschen glaubt.
KURT MARTI

Gott ist überall. Ist er deshalb so schwer zu finden?
WERNER MITSCH

Wer Gott aufgibt, der löscht die Sonne aus, um mit einer Laterne weiterzuwandeln.
CHRISTIAN MORGENSTERN

Gott stirbt im Schoß der christlichen Gesellschaft, und er stirbt eben deshalb, weil diese Gesellschaft ihrem Wesen nach nicht christlich war.
OCTAVIO PAZ, Essays I

Wer Gott definiert, ist schon Atheist.
OSWALD SPENGLER, Gedanken

Der Gott, den Jesu zu verkünden kam, war alles andere als neutral. Er ergriff die Partei der Unterdrückten, der Armen, der Ausgebeuteten, nicht weil sie heiliger oder moralisch besser waren als ihre Unterdrücker. Nein, er stand einzig und allein auf ihrer Seite, weil sie unterdrückt waren.
DESMOND TUTU

*Gäbe es Gott nicht, so müßte man ihn erfinden.
VOLTAIRE, Epistel an den Verfasser

Der donnernde Gott, der zürnende Gott, der rächende Gott. Was für ein Choleriker.
HEINRICH WIESNER

Nicht wir leben unser Leben: Gott lebt uns.
THORNTON WILDER

___ Gottesdienst

Ein Gottesdienst macht jeden nur so fromm, wie er schon zu ihm hergekommen ist.
SIGMUND GRAFF

Wer glaubt, ein Christ zu sein, weil er die Kirche besucht, irrt sich. Man wird ja auch kein Auto, wenn man in eine Garage geht.
ALBERT SCHWEITZER

___ Grausamkeit

Erbarmen kann Grausamkeit sein.
JÜDISCHES SPRICHWORT

Kein grausames Tier oder grausamer Mensch verkörpert in sich alle Grausamkeit, die der Mensch kennt.
HERBERT MARCUSE

Mehr oder weniger sind wir alle verführbar, den Mitmenschen zu quälen. Auch die sind es, die solches weit von sich weisen. Sie wissen nur nicht, was sie tun.
ALEXANDER MITSCHERLICH

Grausamkeit entsteht durch Domestikation. Der Trieb dient nicht mehr seinem naiven Zweck.
ROBERT MUSIL

___ Grobheit

So wie es selten Komplimente gibt ohne alle Lügen, so finden sich auch selten Grobheiten ohne alle Wahrheit.
GOTTHOLD EPHRAIM LESSING, Hamburgische Dramaturgie

___ Größe

Macht besitzen und nicht ausüben ist wahre Größe.
FRIEDL BEUTELROCK

Groß ist nicht alles, was ein großer Mann tut.
BERTOLT BRECHT, Galilei

Der Preis der Größe heißt Verantwortung.
WINSTON CHURCHILL [1874–1965]; brit. Staatsmann

Merkmal großer Menschen ist, daß sie an andere weit geringere Anforderungen stellen als an sich selbst.
MARIE VON EBNER-ESCHENBACH

Größe besitzt, wer uns nie an andere erinnert.
RALPH WALDO EMERSON [1803–1882]; amerik. Philosoph und Schriftsteller

Die Größe ist des Großen Schmuck. Nur Kleines putzt sich gern.
FRANZ GRILLPARZER

Alles Große braucht einen Dolmetscher bei der Menge; die Mittelmäßigkeit wird gleich verstanden.
ISOLDE KURZ

Das deutlichste Kennzeichen angeborener Größe ist angeborene Neidlosigkeit.
FRANÇOIS DE LA ROCHEFOUCAULD

* Denn nichts ist groß, was nicht wahr ist.
GOTTHOLD EPHRAIM LESSING, Hamburgische Dramaturgie

* Alle großen Männer sind bescheiden.
GOTTHOLD EPHRAIM LESSING, Briefe

Die Größe eines Menschen muß man nicht nach seinen außergewöhnlichen Bemühungen, sondern nach seinem alltäglichen Benehmen bemessen.
BLAISE PASCAL

* Große Seelen dulden still.
SCHILLER, Don Karlos

Niemand ist vor den anderen ausgezeichnet groß, wo die andern nicht sehr klein sind.
JOHANN GOTTFRIED SEUME, Apokryphen

Alles Große vermögen wir nur aus einem gehörigen Abstand zu ihm zu erkennen. Wer an einen Berg mit der Lupe geht, bemerkt nur Sandkörner und Insekten.
FRANK THIESS

Groß ist ein Mensch, der nach seinem Tod die anderen in Verlegenheit läßt!
PAUL VALÉRY [1871–1945]; franz. Schriftsteller

Größenwahn

Größenwahnsinn: Kinderkrankheit der Zwerge.
STANISŁAW JERZY LEC

Was uns als Größenwahn erscheint, ist nicht immer eine Geisteskrankheit. Oft genug ist es nur die Maske eines Menschen, der an sich verzweifelt.
ARTHUR SCHNITZLER

Großmut

Wenn die Großmut vollkommen sein soll, muß sie eine kleine Dosis Leichtsinn enthalten.
MARIE VON EBNER-ESCHENBACH

Großmut findet immer Bewunderer, selten Nachahmer, denn sie ist eine zu kostspielige Tugend.
JOHANN NESTROY, Der Schützling

Grundsatz

↑ Prinzip

Das Gute

* Das Gute – dieser Satz steht fest – ist stets das Böse, was man läßt.
WILHELM BUSCH, Die fromme Helene

* Es gibt nichts Gutes außer: Man tut es.
ERICH KÄSTNER [1899–1974]; dt. Schriftsteller

Der Himmel scheint uns schön, weil es Häßliches gibt. Das Gute scheint uns gut, weil es Böses gibt.
LAOTSE

Gut sein ist edel. Andere lehren, gut zu sein, ist noch edler. Und leichter.
MARK TWAIN

Alles, was den Menschen groß gemacht hat, ist aus dem Versuch entstanden, das Gute zu festigen, und nicht aus dem Kampf, das Schlechte zu verhüten.
BERTRAND RUSSELL, Schriften

Wer sich vornimmt, Gutes zu wirken, darf nicht erwarten, daß die Menschen ihm deswegen Steine aus dem Wege räumen, sondern muß auf das Schicksalhafte gefaßt sein, daß sie ihm welche daraufrollen.
ALBERT SCHWEITZER

Die allerwichtigste Sache ist: Gutes tun, weil nur dafür der Mensch lebt.
LEO TOLSTOI [1828–1910]; russ. Schriftsteller

Wenn wir einmal nicht grausam sind, dann glauben wir gleich, wir seien gut.
KURT TUCHOLSKY

* Das Bessere ist der Feind des Guten.
VOLTAIRE, Philosophisches Wörterbuch

Das Böse, das wir tun, wird uns vielleicht verziehen werden. Aber unverziehen bleibt das Gute, das wir nicht getan haben.
KARL HEINRICH WAGGERL

Güte

Güte ist, wenn man das leise tut, was die anderen laut sagen.
FRIEDL BEUTELROCK

Ein Tropfen Güte ist mehr als ein Faß Wissen.
FRIEDRICH GEORG JÜNGER

Nichts ist seltener als wahre Güte. Zumeist wird sie mit Gutmütigkeit oder Gefälligkeit verwechselt.
FRANÇOIS DE LA ROCHEFOUCAULD

Gutmütigkeit hat ihre Grenzen, das unterscheidet sie von der Güte.
KARL HEINRICH WAGGERL

Halbbildung

Halbgebildete sind Menschen, die von immer mehr Sachen nichts verstehen.
ROBERT LEMBKE

Erkenntnis macht frei, Bildung fesselt, Halbbildung stürzt in Sklaverei.
WILHELM RAABE

Halbwahrheit

Das Halbwahre ist verderblicher als das Falsche.
ERNST VON FEUCHTERSLEBEN

Das Gefährlichste an den Halbwahrheiten ist, daß fast immer die falsche Hälfte geglaubt wird.
HANS KRAILSHEIMER

Die gefährlichsten Unwahrheiten sind die Wahrheiten, mäßig entstellt.
GEORG CHRISTOPH LICHTENBERG

Halb richtig ist meistens ganz falsch.
MANFRED ROMMEL

Eine halbe Wahrheit ist nie die Hälfte einer ganzen.
KARL HEINRICH WAGGERL

Handeln

Um sich selbst zu erkennen, muß man handeln.
ALBERT CAMUS [1913–1960]; franz. Schriftsteller

Für das Können gibt es nur einen Beweis, das Tun.
MARIE VON EBNER-ESCHENBACH

* Der Handelnde ist immer gewissenlos; es hat niemand Gewissen als der Betrachtende.
GOETHE, Maximen und Reflexionen

Es ist nicht genug zu wissen, man muß auch anwenden; es ist nicht genug zu wollen, man muß auch tun.
GOETHE, Maximen und Reflexionen

Nicht was der Mensch ist, nur was er tut, ist sein unverlierbares Eigentum.
FRIEDRICH HEBBEL

Handle so, daß die Maxime deines Willens jederzeit zugleich als Prinzip einer allgemeinen Gesetzgebung gelten kann.
IMMANUEL KANT

Handeln. Dem Schicksal eine Richtung geben.
WERNER MITSCH

Sicherlich ist es leichter zu schreien, daß das Feld vom Unkraut bewachsen ist; konsequenter ist es, das Feld umzupflügen und mit nützlichem Korn zu bebauen.
ALEKSANDER ŚWIĘTOCHOWSKI

* Nichts halb zu tun ist edler Geister Art.
CHRISTOPH MARTIN WIELAND [1733–1813]; dt. Schriftsteller

— Handwerk

Der Gegenstand des Handwerks will weder Jahrtausende dauern, noch ist er davon besessen, bald zu vergehen. Er vergeht mit der Zeit, begleitet unser Leben, nutzt sich allmählich ab, sucht nicht den Tod, aber negiert ihn auch nicht: er nimmt ihn hin. Das Werk des Handwerkers lehrt uns zu sterben und somit zu leben.
OCTAVIO PAZ, Essay II

— Haß

In der Zeitung steht alles. Man muß sie nur mit genug Haß lesen.
ELIAS CANETTI

Die euch Haß predigen, erlösen euch nicht.
MARIE VON EBNER-ESCHENBACH

Es ist ein glückliches Gefühl, für einen Haß, den wir bis dahin nur instinktmäßig nährten, plötzlich einen triftigen Grund zu erhalten.
KARL GUTZKOW

Wenn man etwas recht gründlich haßt, ohne zu wissen, warum, so kann man überzeugt sein, daß man davon einen Zug in seiner eigenen Natur hat.
FRIEDRICH HEBBEL

Der Haß ist die Liebe, die gescheitert ist.
SÖREN KIERKEGAARD

Jeden Ort, welchen die Liebe verläßt, den gewinnt der Haß.
GERTRUD VON LE FORT

Haß ist Liebe, die sich erschöpft hat.
HANS LOHBERGER

Wenn der Haß feige wird, geht er maskiert in Gesellschaft und nennt sich Gerechtigkeit.
ARTHUR SCHNITZLER

Heilige

Die Heiligen: postume Karrieristen.
GABRIEL LAUB

Der einzige Unterschied zwischen dem Heiligen und dem Sünder ist, daß jeder Heilige eine Vergangenheit hat und jeder Sünder eine Zukunft.
OSCAR WILDE

Heimat

Es hat auch der Verdienstvollste der Heimat mehr zu danken als diese ihm.
JACOB BURCKHARDT

Heimat ist nicht dort, wo man wohnt, sondern wo man liebt und geliebt wird.
KARLHEINZ DESCHNER

* Der ist in tiefster Seele treu, wer die Heimat liebt wie du.
THEODOR FONTANE [1819–1898]; dt. Schriftsteller

Man muß viel Ferne getrunken haben, um den Zauber des Nächsten zu fassen.
MARTIN KESSEL, Gegengabe

Nicht da ist man daheim, wo man seinen Wohnsitz hat, sondern wo man verstanden wird.
CRISTIAN MORGENSTERN

Heimweh

Da reist man und reist man und wird sich eines Tages bewußt, daß man auf Reisen ununterbrochen Heimweh aussteht. Gibt man das zu, so ist man vielleicht auch zu dem Eingeständnis bereit, daß es überhaupt der verborgene Sinn allen Reisens ist, Heimweh zu haben.
ERHART KÄSTNER

Heirat

Hochzeit – Zeremonie; hierbei werden zwei Personen zu einer, eine zu nichts, und nichts erträglich.
AMBROSE BIERCE

Ob zwei Leute gut getan haben, einander zu heiraten, kann man bei ihrer silbernen Hochzeit noch nicht wissen.
MARIE VON EBNER-ESCHENBACH

Die Heirat ist die einzige lebenslängliche Verurteilung, bei der man auf Grund schlechter Führung begnadigt werden kann.
ALFRED HITCHCOCK [1899–1980]; brit. Filmregisseur und -produzent

In unserem monogamischen Weltteile heißt heiraten seine Rechte halbieren und seine Pflichten verdoppeln.
ARTHUR SCHOPENHAUER

* Drum prüfe, wer sich ewig bindet, ob sich das Herz zum Herzen findet.
SCHILLER, Lied von der Glocke

Heiterkeit

Heiterkeit und Lachen sind untrügliche Zeichen, die nur die Menschlichkeit setzt.
HANS KASPER, Verlust

Wie viele Vorteile hat die Heiterkeit. Wie federleicht entbindet sie uns, wo es not tut, von der Logik und ihren Kriechwahrheiten.
HANS KASPER, Verlust

Der Heiterkeit sollen wir, wann immer sie sich einstellt, Tür und Tor öffnen; denn sie kommt nie zur unrechten Zeit.
ARTHUR SCHOPENHAUER

Held

Die wahren Helden der Geschichte sind nicht die großen Eroberer gewesen, sondern jene, die im Kampf gegen das Unrecht fuhrten.
MARTIN ANDERSEN-NEXØ

* Unglücklich das Land, das Helden nötig hat!
BERTOLT BRECHT, Galilei

Jedes Regime benötigt Helden. Am angenehmsten sind ihm tote.
SIGMUND GRAFF

Was wäre der Held ohne den Feigling?
WERNER MITSCH

Die toten Soldaten derer, die den Krieg gewonnen haben, nennt man Helden.
WERNER MITSCH

Die Einsicht in das Mögliche und Unmögliche ist es, die den Helden vom Abenteurer scheidet.
THEODOR MOMMSEN [1817–1903]; dt. Historiker

Der Held braucht Verhängnis und Unglück, um sich beweisen zu können. Not und Held gehören zusammen wie Krankheit und Fieber.
ROBERT MUSIL

Es ist leichter, ein Held zu sein, als ein Ehrenmann. Ein Held muß man nur einmal sein, ein Ehrenmann immer.
LUIGI PIRANDELLO [1867–1936]; ital. Schriftsteller

Ein Held ist jemand, der tut, was er kann! Die anderen tun dies nicht.
ROMAIN ROLLAND [1866–1944]; franz. Schriftsteller

Heldentum

Historiker wissen, wie viele Heldentaten auf einen Mangel an Alternativen zurückzuführen sind.
ROBERT LEMBKE

Welch ein tragischer Irrtum, für eine Sache zu sterben, statt für sie zu leben!
KARL HEINRICH WAGGERL

Herausforderung

* Gebeugt erst zeigt der Bogen seine Kraft.
FRANZ GRILLPARZER, Sappho

Es gibt Menschen, die sich immer angegriffen fühlen, wenn jemand eine Meinung ausspricht.
CHRISTIAN MORGENSTERN

Herrschaft

Wo Herrschaft ist, da ist auch Unbehagen.
THEODOR ESCHENBURG [* 1904]; dt. Politologe

Kein Mensch ist gut genug, einen anderen Menschen ohne dessen Zustimmung zu regieren.
ABRAHAM LINCOLN [1809–1865]; 16. Präsident der USA

Herz

Der Verstand kann uns sagen, was wir unterlassen sollen. Aber das Herz kann uns sagen, was wir tun müssen.
JOSEPH JOUBERT

Das Herz gibt allem, was der Mensch sieht und hört und weiß, die Farbe.
JOHANN HEINRICH PESTALOZZI, Lienhard und Gertrud

* Man sieht nur mit den Augen des Herzens gut. Das Wesentliche ist für die Augen unsichtbar.
ANTOINE DE SAINT-EXUPÉRY
[1900–1944];
franz. Schriftsteller

Wir müssen den Versuch machen, bei allem Wissen um die Fragwürdigkeit der Dinge, in die wir hineingestellt sind, eine sachgerechte Entscheidung zu treffen – aber wir sollten uns bewußt sein, daß man auch sachgerechte Entscheidungen nur treffen kann, wenn man dabei nicht nur mit kalter Berechnung vorgeht, sondern wenn man dabei wagt, sich auch seinem Herzen anzuvertrauen.
CARLO SCHMID

___ Heuchelei

Die Welt ist voll von Leuten, die Wasser predigen und Wein trinken.
GIOVANNI GUARESCHI
[1908–1968];
ital. Schriftsteller

Heuchelei ist das schwierigste und anstrengendste aller Laster. Man kann ihr, wie dem Ehebruch oder der Freßsucht, nicht nur gelegentlich frönen, es ist eine Aufgabe rund um die Uhr.
WILLIAM SOMERSET MAUGHAM
[1874–1965];
brit. Schriftsteller

Gar nicht von sich reden ist eine sehr vornehme Heuchelei.
FRIEDRICH NIETZSCHE,
Menschliches I

Ich kann mir nicht helfen: Apokalyptiker mit Bäuchen sind nicht überzeugend!
MICHAEL SCHNEIDER

___ Hierarchie

Oben wird immer geleitet, aber unten wird meistens gelitten.
MARTIN KESSEL, Gegengabe

Der Gegensatz zur Hierarchie ist nicht das Chaos, sondern die Autonomie.
HANS A. PESTALOZZI, Auf die Bäume

In hierarchischen Strukturen kommt das Gute nie von oben. Obenauf schwimmt der Abschaum. Das Wertvolle ist der Bodensatz.
HANS A. PESTALOZZI, Auf die Bäume

___ Hilfe

Der Hunger läßt sich beseitigen, wenn wir den armen Völkern helfen, sich selbst zu helfen.
ANDRÉ GORZ

Die großen Flüsse brauchen die kleinen Wässer.
ALBERT SCHWEITZER

Gott will nicht, daß du ihn für den Nächsten um Hilfe anflehst, sondern daß du hingehst und hilfst.
KARL HEINRICH WAGGERL

___ Hingabe

Man sagt gewöhnlich, die schönste Frau der Welt kann nicht mehr geben, als sie hat; das ist ganz falsch. Sie gibt gerade soviel, als man zu empfangen glaubt, denn hier bestimmt die Phantasie den Wert der Gabe.
CHAMFORT

Wo in irgendeiner Weise mein Leben sich an Leben hingibt, erlebt mein endlicher Wille zum Leben das Einswerden mit dem unendli-

chen, in dem alles Leben eins ist.
ALBERT SCHWEITZER

___ Historiker

Historiker sind unter den Akademikern die Krebse. Sie schreiten rückwärts vorwärts.
OLIVER HASSENCAMP

Der Historiker ist oft nur ein rückwärts gekehrter Journalist.
KARL KRAUS

Der Historiker ist ein rückwärts gekehrter Prophet.
FRIEDRICH SCHLEGEL [1772–1829]; dt. Ästhetiker und Dichter

___ Hochmut

Keiner will mehr Pferd sein, jeder Reiter.
BERTOLT BRECHT, Rundköpfe

Ein stolzer Mensch verlangt von sich das Außerordentliche, ein hochmütiger schreibt es sich zu.
MARIE VON EBNER-ESCHENBACH

Der Hochmut ist ein Ansinnen an andere, sich selbst im Vergleich mit uns gering zu schätzen.
IMMANUEL KANT

Es gibt eine besonders unsympathische Art von Hochmut; sie heißt Demut.
HANS KRAILSHEIMER

Hochmut ist oft nur die Weigerung, sich unter sein eigenes Niveau hinabdrücken zu lassen. Dann gilt: Hochmut schützt vor dem Fall.
HANS KUDSZUS

Herrenmenschen sind in der Regel weder Herren noch Menschen.
WERNER MITSCH

Manche Menschen machen sich vor anderen so klein wie möglich, um größer als diese zu bleiben.
CHRISTIAN MORGENSTERN

* Hochmut kommt vor dem Fall.
Sprüche SALOMOS 16, 18

___ Hochzeit

↑ Heirat

___ Hoffnung

Wer heut' noch hoffen macht, der lügt! Doch wer die Hoffnung tötet, ist ein Schweinehund.
WOLF BIERMANN, Affenfels

Es kommt darauf an, das Hoffen zu lernen.
ERNST BLOCH

Ohne die Kälte und Trostlosigkeit des Winters gäbe es die Wärme und die Pracht des Frühlings nicht.
HO CHI MINH

Die größten Menschen sind jene, die anderen Hoffnung geben können.
JEAN JAURÈS [1859–1914]; franz. Philosoph und Politiker

Der Himmel hat den Menschen als Gegengewicht zu den vielen Mühseligkeiten des Lebens drei Dinge gegeben: die Hoffnung, den Schlaf und das Lachen.
IMMANUEL KANT

Hoffen heißt: die Möglichkeit des Guten erwarten; die Möglichkeit des Guten ist das Ewige.
SÖREN KIERKEGAARD

Die Hoffnung ist der Streit zwischen der Lebenslust und den Erfahrungen.
GABRIEL LAUB

Die Hoffnung ist ein umgekehrter Don Quichotte, der feindliche Schwerbewaffnete zu Windmühlen erklärt.
GABRIEL LAUB

Vielleicht ist die Hoffnung die letzte Weisheit der Narben.
SIEGFRIED LENZ [* 1926];
dt. Schriftsteller

Hoffnung ist der krankhafte Glaube an den Eintritt des Unmöglichen.
HENRY LOUIS MENCKEN

Die Hoffnung ist der Regenbogen über den herabstürzenden Bach des Lebens.
FRIEDRICH NIETZSCHE, Nachlaß

Hoffnung, nicht Furcht, ist das schöpferische Prinzip in menschlichen Dingen.
BERTRAND RUSSELL, Schriften

* Doch der Mensch hofft immer Verbesserung.
SCHILLER, Hoffnung

Der Mensch ist vor allen anderen Geschöpfen ein auf Hoffnung gestelltes Wesen.
FRIEDRICH SCHLEGEL
[1772–1829];
dt. Ästhetiker und Dichter

Wir stärken, solange wir jung sind, unsere Seelen mit Hoffnung; die Stärke, die wir so erwerben, befähigt uns später, Verzweiflung zu ertragen.
THORNTON WILDER

Hoffnungslosigkeit

Ich habe auch die Erfahrung bestätigt gesehen, daß es hoffnungslose Situationen kaum gibt, solange man sie nicht als solche akzeptiert.
WILLY BRANDT, Erinnerungen

Freiheit von allen Illusionen ist das Glück der Hoffnungslosen.
LUDWIG MARCUSE

Mit der Hoffnungslosigkeit beginnt der wahre Optimismus.
JEAN-PAUL SARTRE

Höflichkeit

* Im Deutschen lügt man, wenn man höflich ist.
GOETHE, Faust II

Es gibt ein Minimum von Unaufrichtigkeit, das von jedem verlangt werden kann: Höflichkeit.
HANS KRAILSHEIMER

Die wahre Höflichkeit besteht darin, daß man einander mit Wohlwollen entgegenkommt. Sobald es uns an diesem nicht gebricht, tritt sie ohne Mühe hervor.
JEAN-JACQUES ROUSSEAU, Emile

Eine schwere Aufgabe ist freilich die Höflichkeit insofern, daß sie verlangt, daß wir allen Leuten die größte Achtung bezeugen, während die allermeisten keine verdienen.
ARTHUR SCHOPENHAUER

Hölle

Hölle ist eine Welt, in der nie verziehen wird.
MILAN KUNDERA [* 1929];
tschech. Schriftsteller

* Die Hölle, das sind die anderen.
JEAN PAUL SARTRE

Humanität

Eine weise Humanität erwächst nur aus der Besinnung darauf, daß selbst die größten Gruppen aus einzelnen bestehen, daß der einzelne glücklich oder traurig sein kann und daß jedes leidende Individuum ein Zeuge für das Versagen menschlicher Weisheit und allgemeiner Menschlichkeit ist.
BERTRAND RUSSELL, Moral

Humanität besteht darin, daß niemals ein Mensch einem Zweck geopfert wird.
ALBERT SCHWEITZER

Humor

Humor ist: mit einer Träne im Auge lächelnd dem Leben beipflichten.
FRIEDL BEUTELROCK

* Humor ist, wenn man trotzdem lacht.
OTTO JULIUS BIERBAUM [1865–1910]; dt. Schriftsteller

Humor ist keine Gabe des Geistes, er ist eine Gabe des Herzens.
LUDWIG BÖRNE, Denkrede auf Jean Paul

Es ist schlimm, in einem Lande zu leben, in dem es keinen Humor gibt. Aber noch schlimmer ist es, in einem Lande zu leben, in dem man Humor braucht.
BERTOLT BRECHT

Die Phantasie tröstet die Menschen über das hinweg, was sie nicht sein können, und der Humor über das, was sie tatsächlich sind.
ALBERT CAMUS [1913–1960]; franz. Schriftsteller

Gibt es schließlich eine bessere Form, mit dem Leben fertig zu werden, als mit Liebe und Humor?
CHARLES DICKENS [1812–1870]; engl. Schriftsteller

An dem Punkt, wo der Spaß aufhört, beginnt der Humor.
WERNER FINCK

Die schwierigste Turnübung ist immer noch, sich selbst auf den Arm zu nehmen.
WERNER FINCK

* Wer sich nicht selbst zum besten haben kann, der ist gewiß nicht von den Besten.
GOETHE, Meine Wahl

Humor erfordert Distanz zu uns selbst. Wenn der Egoist Humor entwickeln will, wird er sarkastisch.
SIGMUND GRAFF

Humor ist die Kunst, sich ohne Spiegel selber ins Gesicht zu lachen.
PAUL HÖRBIGER [1894–1981]; österr. Schauspieler

Humor ist überwundenes Leiden an der Welt.
JEAN PAUL

Der Humor ist das einzige Gebiet des Schöpferischen, das einen physikalischen Reflex auslöst – das Lachen.
ARTHUR KOESTLER, Funke

Der englische Humor macht Spaß. Der deutsche Humor aber dient dem Zwecke der Erheiterung.
WERNER MITSCH

Humor ist der Schwimmgürtel auf dem Strome des Lebens.
WILHELM RAABE

Humor ist der Knopf, der verhindert, daß uns der Kragen platzt.
JOACHIM RINGELNATZ
[1883–1934];
dt. Schriftsteller

Ein ernster Mensch sein und keinen Humor haben, das ist zweierlei.
ARTHUR SCHNITZLER

Das ist Humor: durch die Dinge durchsehen, wie wenn sie aus Glas wären.
KURT TUCHOLSKY

Humor – eine Göttergabe, doch was der eine zuviel hat, hat der andere zuwenig.
CARL ZUCKMAYER
[1896–1977];
dt. Schriftsteller

Hunger

Der menschliche Hunger ist selten einstöckig, wie der der Tiere, und was er ißt, schmeckt nach mehr.
ERNST BLOCH

Wo Hunger herrscht, kann Friede nicht Bestand haben.
WILLY BRANDT, Erinnerungen

Satte Menschen sind nicht notwendigerweise frei, hungernde Völker sind es in jedem Falle nicht.
WILLY BRANDT, Erinnerungen

Wo der Hunger anfängt, hört der Verstand auf.
THEODOR ESCHENBURG [* 1904];
dt. Politologe

Für einen leeren Sack ist es schwer, aufrecht zu stehen.
BENJAMIN FRANKLIN,
Autobiographie

Wie sollte ich vor den Millionen, die keine zwei Mahlzeiten am Tage haben, über Gott sprechen? Ihnen kann Gott nur als Brot und Butter erscheinen.
MAHATMA GANDHI

Der Hunger der Menschen in verschiedenen Teilen der Welt rührt daher, daß viele von uns viel mehr nehmen als sie brauchen.
MAHATMA GANDHI

Hypochonder

Jeder Mensch weiß, daß er sterben muß, nur der Hypochonder denkt täglich darüber nach, woran.
GERD UHLENBRUCK

I

Ich

Wir sagen und ich meinen ist eine von den ausgesuchtesten Kränkungen.
THEODOR W. ADORNO

Bei vielen Menschen ist es bereits eine Unverschämtheit, wenn sie ich sagen.
THEODOR W. ADORNO

Der Mensch wird am Du zum Ich.
MARTIN BUBER

Die Konjugation hat recht: ohne Ich kein Du, kein Er, keine Sie usw. Nichts ist, wo nicht Ichs sind.
KURT MARTI

Schließlich ist der einzige Grund,

warum man immer ans eigene Ich denkt, der, daß wir mit unserm Ich weit beständiger zusammensein müssen als mit jedem beliebigen andern.
CESARE PAVESE

Das „Ich“ wird vom gewöhnlichen Bewußtsein in der Sphäre der Begehrungen erlebt. Es ist daher auf dieser Stufe ein Verlangen nach Erfüllung, ein Quell der Selbstsucht.
RUDOLF STEINER

___ Ichsucht

↑ Egoismus

___ Ideal

Die großen Ideale der Vergangenheit haben sich nicht überlebt; sie wurden nicht genug gelebt. Keineswegs wurde das christliche Ideal erprobt und als unzulänglich erkannt; man fand es schwierig und ließ es unerprobt.
GILBERT K. CHESTERTON

Ideale haben merkwürdige Eigenschaften, unter anderem die, daß sie in ihr Gegenteil umschlagen, sobald man sie verwirklicht.
ROBERT MUSIL

Alles Leben, zumindest alles menschliche, ist unmöglich ohne Ideal, oder, anders gesagt, das Ideal ist ein organischer Bestandteil des Lebens.
JOSÉ ORTEGA Y GASSET, Liebe

Die Ideale sind das, was unsere vitalen Geisteskräfte anregt, biologische Sprungfedern, Zündstoff für explosive Energieentladungen.
JOSÉ ORTEGA Y GASSET, Liebe

Es gibt etwas Traurigeres als das Zusammenbrechen der eigenen Ideale: daß wir sie erreicht haben.
CESARE PAVESE

___ Idealismus

Idealismus ist die Fähigkeit, die Menschen so zu sehen, wie sie sein könnten, wenn sie nicht so wären, wie sie sind.
CURT GOETZ

___ Idealist

„Idealisten“ nennt man die, welche erst der Macht weichen – aber noch nicht der Logik.
LUDWIG MARCUSE

Wenn man im Leben keinen Erfolg hat, braucht man sich deshalb nicht ohne weiteres für einen Idealisten zu halten.
HENRY MILLER [1891–1980]; amerik. Schriftsteller

Der Satiriker ist ein gekränkter Idealist.
KURT TUCHOLSKY

___ Idee

Ich bin ein guter Schwamm, denn ich sauge Ideen auf und mache sie dann nutzbar. Die meisten meiner Ideen gehörten ursprünglich anderen Leuten, die sich nicht die Mühe gemacht haben, sie weiterzuentwickeln.
THOMAS ALVA EDISON [1847–1931]; amerik. Erfinder

Jede neue Idee, die man vorbringt, muß auf Widerstand stoßen. Der Widerstand beweist übrigens nicht, daß die Idee richtig ist.
ANDRÉ GIDE, Tagebuch

Eine Idee ist das, was noch nicht genügt.
Manfred Hinrich

Nichts auf der Welt ist so mächtig wie eine Idee, deren Zeit gekommen ist.
Victor Hugo [1802–1885]; franz. Schriftsteller

Der Sinn einer Idee ist ihre Verwirklichung, und taugt die Verwirklichung nichts, war die Idee für die Katz.
Hans Kasper, Verlust

Die herrschenden Ideen einer Zeit waren stets nur die Ideen der herrschenden Klasse.
Karl Marx, Kommunistisches Manifest

Ein gut Teil der beängstigenden Probleme, die heutzutage auftreten, rührt daher, daß die Durchschnittsgehirne vollgesogen sind mit passiv aufgenommenen, halbverstandenen, ihrer Wirksamkeit verlustig gegangenen Ideen, also mit Pseudoideen.
José Ortega y Gasset, Aufgabe

Ideen sind keine Schmetterlinge, sie sind Fazit einer Schwerarbeit.
Rudolf Rolfs

Jeder Versuch, eine Idee praktisch bis in ihre letzte Konsequenz durchzuführen, ist ein Beweis, daß man sie selber nicht ganz verstanden hat.
Arthur Schnitzler

Nichts auf der Welt ist so unmöglich aufzuhalten wie das Vordringen einer Idee.
Pierre Teilhard de Chardin [1881–1955]; franz. Paläontologe, Anthropologe und Philosoph

Wenn eine neue Idee geboren wird, so ist auch hier nur die Mutter sicher, nämlich der eigene Kopf. Der geistige Vater wird selten angegeben.
Gerd Uhlenbruck

Neue Ideen begeistern jene am meisten, die auch mit den alten nichts anzufangen wußten.
Karl Heinrich Waggerl

Eine Idee, die nicht gefährlich ist, verdient es nicht, überhaupt eine Idee genannt zu werden.
Oscar Wilde

___ Ideologie

Ideologie ist Ordnung auf Kosten des Weiterdenkens.
Friedrich Dürrenmatt [1921–1990]; schweiz. Dramatiker

Ideologien sind Monokulturen – marktbeherrschend auf Zeit, verkümmern sie mit dem ermüdenden Boden.
Hans Kasper, Revolutionäre

___ Idol

Alle Idole werden früher oder später zum Moloch, der nach Menschenopfer schreit.
Aldous Huxley

___ Ignoranz

Die Ignoranz bleibt nicht hinter der Wissenschaft zurück. Sie wächst genauso atemberaubend wie diese.
Stanisław Jerzy Lec

Ignorieren ist der Königsweg des Tabuierens.
Ludwig Marcuse

Illusion

Wer keine Illusion hat – hat diese.
KARLHEINZ DESCHNER

Die Menschen verlieren zuerst ihre Illusionen, dann ihre Zähne und ganz zuletzt ihre Laster.
HANS MOSER [1880–1964]; österr. Schauspieler

Image

Image – Persönlichkeit in Pulverform (instant personality). Sofort fertig, sofort vergessen.
OLIVER HASSENCAMP

Image ist eine maßgeschneiderte Zwangsjacke.
ROBERT LEMBKE

Angeblich bestimmt der Mensch sein Image. In Wirklichkeit trifft das Gegenteil zu: Die meisten Menschen werden von ihrem Image beherrscht, um nicht zu sagen, tyrannisiert.
GEORGE MIKES [* 1912]; brit. Schriftsteller ungar. Herkunft

Imponiergehabe

Imponiergehabe ist die Kosmetik des Mannes.
GERD UHLENBRUCK

Individualität

In jedermann ist etwas Kostbares, das in keinem anderen ist.
MARTIN BUBER

Jeder sollte Schrullen haben. Schrullen sind ein hervorragender Schutz gegen Vermassung.
SALVADOR DALI [1904–1989]; span. Maler und Graphiker

Jedenfalls ist es besser, ein eckiges Etwas zu sein als ein rundes Nichts.
FRIEDRICH HEBBEL

Die Menschen aber, die ihren eigenen Weg zu gehen fähig sind, sind selten. Die große Zahl will nur in der Herde gehen, und sie weigert die Anerkennung denen, die ihre eigenen Wege gehen wollen.
BLAISE PASCAL

Individualismus ohne Solidarität ist Feigheit. Individualismus ohne Engagement ist Flucht.
HANS A. PESTALOZZI, Zukunft

Gegen den Strom der Zeit kann zwar der einzelne nicht schwimmen, aber wer Kraft hat, hält sich und läßt sich von demselben nicht mit fortreißen.
JOHANN GOTTFRIED SEUME, Spaziergang

In dieser kollektivistischen Zeit so individualistisch wie möglich zu leben ist der einzig echte Luxus, den es noch gibt.
ORSON WELLES [1915–1985]; amerik. Schauspieler u. Regisseur

Inflation

Wenn die Regierung das Geld verschlechtert, um alle Gläubiger zu betrügen, so gibt man diesem Verfahren den höflichen Namen Inflation.
GEORGE BERNARD SHAW

Information

Exklusive Informationen für Journalisten sind die vornehmste Art der Bestechung.
CONRAD AHLERS [* 1922]; dt. Publizist und Politiker

Alle Information dient gegenwärtig dazu, Antwort auf nicht gestellte Fragen zu geben und Angst zu machen vor zu stellenden.
HELMUT ARNTZEN

Wo Nachrichten fehlen, wachsen die Gerüchte.
ALBERTO MORAVIA [1907–1990]; ital. Schriftsteller

Mut ist oft Mangel an Einsicht, während Feigheit nicht selten auf guten Informationen beruht.
PETER USTINOV

Innenpolitik

Innenpolitik ist Diplomatie gegen das eigene Volk.
SIGMUND GRAFF

Intellektuelle

Der intellektuell Erzogene scheint mir in allzu hohem Maße von dem Buch und dem, was ihm vorgetragen wurde, abhängig zu sein, er ist also zu passiv.
MARTIN ANDERSEN-NEXØ

Intellektualismus heißt keinen anderen Ausweg aus der Welt finden, als sie in Begriffe zu bringen.
GOTTFRIED BENN, Lebensweg

Der kritische Intellektuelle steht am Rande seiner Gesellschaft, aber er bleibt in ihr. Angelpunkt seiner Kritik ist seine Zugehörigkeit, in der auch die Hoffnung beschlossen liegt, durch die Kritik etwas auszurichten.
RALF DAHRENDORF

Intellektuelle sind seltener wohlwollend gegeneinander als Einheimische gegen Gastarbeiter.
LUDWIG MARCUSE

Intelligenz

Intelligenz ist die Fähigkeit, seine Umgebung zu akzeptieren.
WILLIAM FAULKNER [1897–1962]; amerik. Schriftsteller

Die Delphine haben mindestens die Intelligenz der Menschen, doch keine Arme und Hände, deswegen haben sie die Welt nie erobert, und deswegen zerstören sie die Welt nicht.
MAX FRISCH, Montauk

Je größer die Intelligenz, desto verheerender kann ihre Dummheit ins Kraut schießen.
GÜNTER GRASS [* 1927]; dt. Schriftsteller

Der Grad der Furchtsamkeit ist ein Gradmesser der Intelligenz.
FRIEDRICH NIETZSCHE, Morgenröte

Unter sozialen Randschichten kann man auch die Intelligenz verstehen.
WERNER SCHNEYDER

Der Nachteil der Intelligenz besteht darin, daß man ununterbrochen gezwungen ist, dazuzulernen.
GEORGE BERNARD SHAW

Interpretation

Geistvolle Aussprüche kommentieren hieße Schmetterlinge mit Hufeisen beschweren.
MARTIN KESSEL, Gegengabe

* Die Philosophen haben die Welt nur verschieden interpretiert; es kommt aber darauf an, sie zu verändern.
KARL MARX, Thesen über Feuerbach

Intoleranz

Manche meinen, sie seien liberal geworden, nur weil sie die Richtung ihrer Intoleranz geändert haben.
WIESŁAW BRUDZIŃSKI

Das Laster, mit dem wir selbst liebäugeln, pflegen wir am unnachsichtigsten zu verurteilen.
SIGMUND GRAFF

Wir sind gegen keine Fehler an anderen intoleranter, als welche die Karikatur unserer eigenen sind.
FRANZ GRILLPARZER

Hätten wir selbst keine Fehler, machte es uns nicht so viel Vergnügen, bei anderen solche zu bemerken.
FRANÇOIS DE LA ROCHEFOUCAULD

Wir lieben Menschen, die frisch heraus sagen, was sie denken. Vorausgesetzt, sie denken dasselbe wie wir.
MARK TWAIN

Intrige

Intrigen sind das Nebengeräusch der Politik.
KURT H. BIEDENKOPF [* 1930]; dt. Politiker

Intuition

Unter Intuition versteht man die Fähigkeit gewisser Leute, eine Lage in Sekundenschnelle falsch zu beurteilen.
FRIEDRICH DÜRRENMATT [1921–1990]; schweiz. Dramatiker

So anerkennenswert es sein mag, sich dies und jenes ergrübelt zu haben: was wiegt das gegen die Auszeichnung, die darin besteht, daß einer nicht dem verhärteten Zuschluß erliegt, daß er Einströme kennt, die nicht sein Verdienst sind, nicht Leistung, reines Geschenk.
ERHART KÄSTNER

Ironie

Ironie ist unglückliche Liebe zum Leben; der Versuch des Kopfes, sich des Herzens zu erwehren.
KARLHEINZ DESCHNER

Ironie ist keine Waffe, eher ein Trost der Ohnmächtigen.
LUDWIG MARCUSE

Irrtum

Eine Hauptursache der Armut in den Wissenschaften ist meist eingebildeter Reichtum. Es ist nicht ihr Ziel, der unendlichen Weisheit eine Tür zu öffnen, sondern eine Grenze zu setzen dem unendlichen Irrtum.
BERTOLT BRECHT, Galilei

So manche Wahrheit ging von einem Irrtum aus.
MARIE VON EBNER-ESCHENBACH

Erst wenn wir unsere Irrtümer nicht mehr brauchen, wenn sie wirklich „aufgetragen“ sind, entsteht in uns die Kraft, sie abzulegen.
EGON FRIEDELL

Unverzeihlicher, als einen politischen Irrtum zu begehen, ist es, keine Konsequenzen aus ihm zu ziehen.
RALPH GIORDANO [* 1924]; dt. Schriftsteller

Wenn weise Männer nicht irrten, müßten die Narren verzweifeln.
GOETHE, Maximen und Reflexionen

Wer tiefer irrt, der wird auch tiefer weise.
GERHART HAUPTMANN

Die Menschheit läßt sich keinen Irrtum nehmen, der ihr nützt. Sie würde an Unsterblichkeit glauben, und wenn sie das Gegenteil wüßte.
FRIEDRICH HEBBEL

Die Stärke des Irrtums und der Lüge liegt gerade darin, daß sie ebenso klar sein können wie Wahrheiten; weshalb das Falsche ebenso einleuchtend sein mag wie das Richtige.
LUDWIG MARCUSE

Das einzige Mittel, den Irrtum zu vermeiden, ist die Unwissenheit.
JEAN-JACQUES ROUSSEAU, Emile

* Nur der Irrtum ist das Leben, und das Wissen ist der Tod.
SCHILLER, Kassandra

J

Journalist

Ein Journalist wird man um so leichter, je leichter man schreibt, ein Dichter, je schwerer man schreibt.
SIGMUND GRAFF

Der Journalist ist immer einer, der nachher alles vorher gewußt hat.
KARL KRAUS

Journalisten klopfen einem ständig auf die Schulter – auf der Suche nach der Stelle, wo das Messer am leichtesten eindringt.
ROBERT LEMBKE

Jeder Politiker kennt einen Journalisten, auf dessen Indiskretion er sich verlassen kann.
ROBERT LEMBKE

Jugend

Was für eine lasterhafte Jugend! Statt auf die Alten zu hören, ahmt sie die Alten nach!
WIESŁAW BRUDZIŃSKI

Jeden Menschen rührt einmal, noch so kurz, noch so dämmerhaft, das Wirken des Unbedingten an; die Zeit des Lebens, in der dies an allen geschieht, nennen wir die Jugend.
MARTIN BUBER

Was bei der Jugend wie Grausamkeit aussieht, ist meistens Ehrlichkeit.
JEAN COCTEAU [1889–1963]; franz. Schriftsteller, Filmregisseur und Graphiker

Man predigt Mitleid mit den Alten und schimpft auf die Jugend, die lebt, wie sie lebt, weil sie ahnt, daß sie nicht alt werden wird.
KARLHEINZ DESCHNER

* Jugend ist Trunkenheit ohne Wein.
GOETHE, Das Schenkenbuch

Der Jugend wird oft der Vorwurf gemacht, sie glaube, daß die Welt mit ihr erst anfange. Aber das Alter glaubt noch öfter, daß mit ihm die Welt aufhöre.
FRIEDRICH HEBBEL

Die Jugend verachtet die Folgen; darauf beruht ihre Stärke.
MARTIN KESSEL, Gegengabe

Jugend ist etwas sehr Wertvolles, nur weiß man es nicht, wenn man jung ist.
ANDRÉ MAUROIS [1885–1967]; franz. Schriftsteller

Die Jugend überschätzt das Neueste, weil sie sich mit ihm gleichaltrig fühlt. Darum ist es ein zweifaches Unglück, wenn das Neueste zu ihrer Zeit schlecht ist.
ROBERT MUSIL

Die Jugend will, daß man ihr befiehlt, damit sie die Möglichkeit hat, nicht zu gehorchen.
JEAN-PAUL SARTRE

* Schnell fertig ist die Jugend mit dem Wort.
SCHILLER, Wallensteins Tod

In der Jugend herrscht die Anschauung, im Alter das Denken vor. Daher ist jene die Zeit für Poesie, dieses mehr für Philosophie.
ARTHUR SCHOPENHAUER

Die Jugend ist etwas Wundervolles. Es ist eine Schande, daß man sie an die Kinder vergeudet.
GEORGE BERNARD SHAW

Junge Leute leiden weniger unter eigenen Fehlern als unter der Weisheit der Alten.
VAUVENARGUES [1715–1747]; franz. Schriftsteller

— Jugendkriminalität

Die Jugendkriminalität läßt sich schließlich nur beseitigen, wenn die Gesellschaft von ihrer moralischen Pflichtvergessenheit und der damit verbundenen amoralischen Gleichgültigkeit kuriert wird.
ALEXANDER S. NEILL

— Jung

Man bleibt jung, solange man noch lernen, neue Gewohnheiten annehmen und Widerspruch ertragen kann.
MARIE VON EBNER-ESCHENBACH

Die Jungen haben nicht die Aufgabe, uns Vorgänger zu rechtfertigen, sondern sich selber durchzusetzen und sich von allem zu befreien, was Altes, Faules, Hemmendes da war.
HERMANN HESSE

— Junggeselle

Junggesellen wissen mehr über Frauen als Ehemänner. Wenn das nicht so wäre, wären sie auch verheiratet.
ROBERT LEMBKE

Eine Junggesellin ist eine Frau, die einmal zu oft nein gesagt hat.
INGE MEYSEL [* 1910]; dt. Schauspielerin

Die Ehe nehmen die Junggesellen ernster als die Verheirateten.
CESARE PAVESE

— Jurist

Es ist nicht einzusehen, weshalb es neben den Rechtsanwälten, die unser Recht durchsetzen wollen, nicht auch Versöhnungsanwälte gibt, die uns Rechtsstreitigkeiten ersparen möchten.
SIGMUND GRAFF

Juristen sind Leute, die die Ge-

rechtigkeit mit dem Recht betrügen.
HAROLD PINTER [* 1930];
engl. Dramatiker

Kein größeres Verbrechen gibt es als nicht kämpfen wollen, wo man kämpfen muß.
FRIEDRICH WOLF [1888–1953];
dt. Dramatiker

Justiz

Das Paragraphenzeichen allein sieht aus wie ein Folterwerkzeug.
STANISŁAW JERZY LEC

Das Strafrecht beruht auf der irrigen Annahme, daß jeder Mensch verantwortlich und fähig ist, das Schlechte oder das Gute zu wollen.
ALEXANDER S. NEILL

Wenn der Rechtsprecher nur endlich einmal mit dem Geheimnis der Zellenhaft vertraut würde, wie anders müßten selbst die Urteile der bürgerlichen Justiz aussehen!
CARL VON OSSIETZKY

K

Kabarett

Das Kabarett ist wie ein Streichholz: Es zündet nicht, wenn es sich nicht an etwas reiben kann.
WERNER FINCK

Kampf

Das, was die Menschen den Kampf ums Dasein nennen, ist nichts anderes als der Kampf um den Aufstieg.
BERTRAND RUSSELL, Schriften

Kapitalismus

Der Kapitalismus kann nicht „human“ sein. Alles Menschliche – außer dem Viehischen im Menschen – ist ihm fremd.
MAXIM GORKI [1868–1936];
russ.-sowjet. Schriftsteller

Es ist ein Schönheitsfehler des Kapitalismus, daß er zwar allen die gleiche Chance gibt, geschäftstüchtig zu sein, es aber unterlassen hat, dafür zu sorgen, daß alle auch die gleiche Geschäftstüchtigkeit besitzen, um sie wahrzunehmen.
SIGMUND GRAFF

Das hatten Kapitalisten und Kommunisten immer gemein: die vorbeugende Verdammung eines dritten Weges.
GÜNTER GRASS [* 1927];
dt. Schriftsteller

Karikatur

Eine Karikatur ist immer bloß einen Augenblick wahr.
CHRISTIAN MORGENSTERN

Die Karikatur muß ähnlich werden, nicht das Porträt.
PETER TILLE

Karneval

Das Mißliche am Karneval ist, daß er im Kalender steht, d. h., abgejubelt werden muß.
SIGMUND GRAFF

Karriere

Der Gipfel zwingt erst zur Bewährung beim Blick in die Tiefe.
HANS ARNDT

Formel für Karriere: die rechte Phrase am rechten Platz.
WIESŁAW BRUDZIŃSKI

* Was man ist, das blieb man anderen schuldig.
GOETHE, Tasso

Unentbehrlich für den Karriere-Mann: sich den richtigen Vorgänger zu suchen.
JOHANNES GROSS

Beim gesellschaftlichen Aufstieg empfiehlt es sich, freundlich zu den Überholten zu sein. Man begegnet ihnen beim Abstieg wieder.
JO HERBST [1928–1980];
dt. Kabarettist und Schauspieler

Es gibt zwei Möglichkeiten, Karriere zu machen: Entweder man leistet wirklich etwas oder man behauptet, etwas zu leisten. Ich rate zu der ersten Methode, denn hier ist die Konkurrenz bei weitem nicht so groß!
DANNY KAYE [1913–1987];
amerik. Schauspieler

Karriere ist ein Pferd, das ohne Reiter vor dem Tor der Ewigkeit anlangt.
KARL KRAUS

Am sichersten macht man Karriere, wenn man anderen den Eindruck vermittelt, es sei für sie von Nutzen, einem zu helfen.
JEAN DE LA BRUYÈRE

Es gibt hohe Stellungen, die man am leichtesten in gebückter Haltung erreicht.
ROBERT LEMBKE

Wenn Karrieren schwindelnde Höhen erreichen, ist der Schwindel häufig nicht mehr nachzuweisen.
WERNER SCHNEYDER

* Hüte deine Seele vor dem Karrieremachen.
THEODOR STORM, Für meine Söhne

Die Menschen haben eine Barriere zwischen sich aufgebaut. Ihr Name: Karriere.
GERD UHLENBRUCK

Katastrophe

Der Begriff des Fortschritts ist in der Idee der Katastrophe zu fundieren. Daß es „so weiter" geht, ist die Katastrophe. Sie ist nicht das jeweils Bevorstehende, sondern das jeweils Gegebene.
WALTER BENJAMIN

Die großen Naturkatastrophen, die im Handumdrehen die Arbeit vieler Generationen des menschlichen Ameisenhaufens vernichten, kann man als eine Art kosmischer Kritik an unserer Kultur betrachten.
STANISŁAW BRZOZOWSKI

Katastrophen kennt allein der Mensch, sofern er sie überlebt; die Natur kennt keine Katastrophen.
MAX FRISCH, Holozän

Es gibt für Unzählige nur ein Heilmittel – die Katastrophe.
CHRISTIAN MORGENSTERN

Kind

Die Zweige geben Kunde von der Wurzel.
ARABISCHES SPRICHWORT

Wir müssen wie die Kinder reden, wenn wir überleben wollen. Die Blauäugigen waren es seit je, die

neue Wege fanden, nicht die Verblendeten.
WOLF BIERMANN, Welt

Kinder, die man nicht liebt, werden Erwachsene, die nicht lieben.
PEARL S. BUCK [1892–1973];
amerik. Schriftstellerin

Kinder sind Hoffnungen, die man verliert, und Ängste, die man nie los wird.
KARLHEINZ DESCHNER

*Denn wir können die Kinder nach unserem Sinne nicht formen.
GOETHE, Hermann und Dorothea

Wer nicht einmal ein vollkommenes Kind war, der wird schwerlich ein vollkommener Mann.
FRIEDRICH HÖLDERLIN, Hyperion

Erst bei den Enkeln ist man dann soweit, daß man die Kinder ungefähr verstehen kann.
ERICH KÄSTNER [1899–1974];
dt. Schriftsteller

Es gibt kein problematisches Kind, es gibt nur problematische Eltern.
ALEXANDER S. NEILL

Wer die Lebenslaufbahn seiner Kinder zu verpfuschen gedenkt, der räume ihnen alle Hindernisse weg.
EMIL OESCH, Menschen

Kinder sind Menschen, die mit Lügen erzogen werden, die Wahrheit zu sagen.
RUDOLF ROLFS

Ein Kind ist ein Buch, aus dem wir lesen und in das wir schreiben sollen.
PETER ROSEGGER [1843–1918];
österr. Schriftsteller

Glücklicher Säugling! Dir ist ein unendlicher Raum noch die Wiege. Werde Mann, und dir wird eng die unendliche Welt!
SCHILLER, Das Kind in der Wiege

Zuerst lieben die Kinder ihre Eltern. Nach einer gewissen Zeit fällen sie ihr Urteil über sie. Und selten, wenn überhaupt je, verzeihen sie ihnen.
OSCAR WILDE

Kindererziehung

↑Erziehung

Kindheit

Mit einer Kindheit voll Liebe aber kann man ein halbes Leben hindurch für die kalte Welt haushalten.
JEAN PAUL

Die meisten Menschen legen ihre Kindheit ab wie einen alten Hut. Sie vergessen sie wie eine Telefonnummer, die nicht mehr gilt.
ERICH KÄSTNER [1899–1974];
dt. Schriftsteller

Jede Stufe der Bildung fängt mit Kindheit an. Daher ist der am meisten gebildete, irdische Mensch dem Kinde so ähnlich.
NOVALIS, Blütenstaub

Kirche

Da Gott verschiedene Kostgänger hat, mußte er auch Diätkoch werden. Seine Schonkost wird vornehmlich in Kirchen serviert.
KURT MARTI

Die Kirche ist noch zu sehr eine

Konserve von gestern und vorgestern. Ihre konservativen Führer merken nicht, daß das Verfallsdatum längst überschritten ist.
UTA RANKE-HEINEMANN [* 1927]; dt. kath. Theologin

Die Kirche ist ständig in Versuchung, sich an die Welt anzupassen, nach Einfluß zu streben, der aus der Macht, dem Privileg und dem Prestige erwächst, und sie vergißt unterdessen, daß ihr Herr und Meister in einem Stall zur Welt kam.
DESMOND TUTU

Die Kirche hat nicht den Auftrag, die Welt zu verändern. Wenn sie aber ihren Auftrag erfüllt, verändert sich die Welt.
CARL FRIEDRICH VON WEIZSÄCKER [* 1912]; dt. Physiker und Philosoph

___ Klassiker

Ein großer Klassiker ist heutzutage ein Mann, den man loben kann, ohne ihn gelesen zu haben.
GILBERT K. CHESTERTON

Klassiker: einer, der uns nicht mehr davon in Kenntnis setzen kann, daß er die Ansichten, auf die wir uns berufen, längst geändert hat.
GABRIEL LAUB

* Wer wird nicht einen Klopstock loben?
Doch wird ihn jeder lesen? – Nein.
Wir wollen weniger erhoben
und fleißiger gelesen sein.
GOTTHOLD EPHRAIM LESSING, An den Leser

Ein klassisches Werk ist klassisch, nicht weil es sich gewissen Regeln des Aufbaus fügt oder zu gewissen Definitionen stimmt (von denen sein Autor höchstwahrscheinlich nie gehört hat). Es ist klassisch kraft einer gewissen ewigen und nicht kleinzukriegenden Frische.
EZRA POUND

___ Klatsch

Die beste Informationsquelle sind Leute, die versprochen haben, nichts weiterzuerzählen.
AXEL VON AMBESSER [1910–1988]; dt. Schauspieler, Regisseur und Schriftsteller

Was zwischen zwei Zungen gerät, gerät zwischen tausend.
ARABISCHES SPRICHWORT

Klatschen heißt: anderer Leute Sünden beichten.
WILHELM BUSCH, Aphorismen

Als Vorspeise bei Gesellschaften, die rasch in Stimmung kommen sollen, hat sich ein auflockernder kleiner Klatsch bewährt. Er sichert im Handumdrehen die Solidarität der Anwesenden.
SIGMUND GRAFF

Geht man unter die Leute, erfährt man was sich zu Hause tut.
JÜDISCHES SPRICHWORT

Ich verzeihe meinen Freunden, die Schlechtes über mich sagen, aber nicht denen, die es mir überbringen.
ANDRÉ MALRAUX [1901–1976]; franz. Politiker und Schriftsteller

___ Kleingeist

Die gefährlichste Waffe sind die Menschen kleinen Kalibers.
WIESŁAW BRUDZIŃSKI

Aber was kommt schon dabei her-

aus, wenn sie alle in fremde Länder zu reisen anfangen! Nichts; sie tragen ja doch wie die Zinnsoldaten ihr bißchen Standort mit sich herum.
ERHART KÄSTNER

Wer sich zu viel mit Kleinem abgibt, wird gewöhnlich unfähig zum Großen.
FRANÇOIS DE LA ROCHEFOUCAULD

Klugheit

Wenn einer noch so klug ist, so ist er oft doch nicht klug genug, um den Dummen zu begreifen.
FRIEDL BEUTELROCK

Es ist ein Zeichen von Klugheit, wenn man verhandelt, statt zu kämpfen.
HO CHI MINH

Kein Geld ist vorteilhafter angewandt als das, um welches wir uns haben prellen lassen; denn wir haben dafür unmittelbar Klugheit eingehandelt.
ARTHUR SCHOPENHAUER

Der Vorteil der Klugheit besteht darin, daß man sich dumm stellen kann. Das Gegenteil ist schon schwerer.
KURT TUCHOLSKY

Koalition

Koalitionen sind meistens zu klebrig, um aus dem Leim zu gehen.
BERT BERKENSTRÄTER

In einer Koalition ist es ganz natürlich, daß der Schwanz mit dem Hund zu wedeln versucht. Es kommt nur darauf an, ob der Hund sich das gefallen läßt.
AMINTORE FANFANI [* 1908];
ital. Politiker

Komik

Komik entsteht, wenn sich unser Verstand durch die unbegrenzten Möglichkeiten der Erscheinungswelt blamiert sieht, also durch die Aufdeckung einer Erfahrungslükke.
SIGMUND GRAFF

Komiker

Ein Komiker ist ein Mensch, der nichts ernst nimmt außer sich selbst.
DANNY KAYE [1913–1987];
amerik. Schauspieler

Jeder Mensch ist ein Clown, aber nur wenige haben den Mut, es zu zeigen.
CHARLIE RIVEL [1896–1983];
span. Akrobat und Clown

Kommunikation

Es gibt lediglich vier Möglichkeiten des Kontakts mit unserer Umwelt. Man schätzt uns danach ein, wie wir diese vier Kontaktmöglichkeiten nutzen: was wir tun, wie wir aussehen, was wir sagen und wie wir es sagen.
DALE CARNEGIE

Zu viele Menschen machen sich nicht klar, daß wirkliche Kommunikation eine wechselseitige Sache ist.
LEE IACOCCA

Erster Schritt der Kommunikation ist die Auseinandersetzung. Konfrontation im Sinne der Auseinandersetzung wird damit zu einem wesentlichen Bestandteil des Strebens nach Wahrheit.
HANS A. PESTALOZZI, Zukunft

Kommunismus

Daß der Kommunismus überwunden werden muß, mag wohl sein. Zuerst muß er aber erreicht werden.
ANDRÉ GIDE, Tagebuch

Das hatten Kapitalisten und Kommunisten immer gemein: die vorbeugende Verdammung eines dritten Weges.
GÜNTER GRASS [* 1927];
dt. Schriftsteller

Kompetenz

* Was deines Amtes nicht ist, da laß deinen Vorwitz; denn es ist dir schon mehr befohlen, als du kannst ausrichten.
JESUS SIRACH 3, 24–25

Kompliment

Ein Kompliment unterscheidet sich von einer Schmeichelei durch den größeren Wahrheitsgehalt. Und je weniger man persönlich an einer Dame interessiert ist, desto aufrichtiger sind Komplimente.
VADIM GLOWNA [* 1942];
dt. Regisseur und Schauspieler

So wie es selten Komplimente gibt ohne alle Lügen, so finden sich auch selten Grobheiten ohne alle Wahrheit.
GOTTHOLD EPHRAIM LESSING,
Hamburgische Dramaturgie

Kompromiß

Kompromiß – Regelung widersprüchlicher Interessen in der Weise, daß jedem der Kontrahenten die Befriedigung zuteil wird, das bekommen zu haben, was ihm nicht zusteht, und nur dessen beraubt worden zu sein, worauf er billigerweise Anspruch hatte.
AMBROSE BIERCE

Ein Kompromiß, das ist die Kunst, einen Kuchen so zu teilen, daß jeder meint, er habe das größte Stück bekommen.
LUDWIG ERHARD [1897–1977];
dt. Politiker

Kompromiß – die einzigen zwei Halbheiten, die nicht ein Ganzes ergeben. Mathematisch unmöglich, aber demokratisch.
OLIVER HASSENCAMP

* In Gefahr und großer Not bringt der Mittelweg den Tod.
FRIEDRICH VON LOGAU
[1604–1655]; dt. Dichter

Konferenz

Eine Konferenz ist eine Sitzung, bei der viele hineingehen und wenig herauskommt.
WERNER FINCK

Können

Für das Können gibt es nur einen Beweis, das Tun.
MARIE VON EBNER-ESCHENBACH

Man muß schon sehr viel können, um nur zu merken, wie wenig man kann.
KARL HEINRICH WAGGERL

Konservati[vi]smus

Konservativer – Staatsmann, der in existierende Mißstände vernarrt ist; im Gegensatz zum Liberalen, der sie durch neue ersetzen möchte.
AMBROSE BIERCE

Wer will, daß die Welt so bleibt, wie sie ist, der will nicht, daß sie bleibt.
ERICH FRIED [1921–1988]; österr. Schriftsteller

Liberalismus ist durch Vorsicht gemäßigtes Vertrauen, Konservatismus ist durch Furcht gemildertes Mißtrauen der Menschen.
WILLIAM GLADSTONE [1809–1898]; brit. Politiker

Wer nichts verändern will, wird auch das verlieren, was er bewahren möchte.
GUSTAV HEINEMANN [1899–1976]; dt. Politiker

Seltsam, wie konservativ die Menschen werden, wenn sie das Geringste zu verlieren haben!
THOMAS NIEDERREUTHER

Konservatismus: Kinder an den Fehlern ihrer Eltern teilhaftig werden lassen.
RUDOLF ROLFS

Der Wunsch, die Vergangenheit festzuhalten, beherrscht diejenigen, die die Erziehung der Jugend leiten, mehr als die Hoffnung, die Zukunft zu schaffen.
BERTRAND RUSSELL, Schriften

___ Konsumgesellschaft

Unbestreitbar ist, daß wir ... auf Kosten der unterentwickelten Völker leben, daß unser Überverbrauch ihre Verbrauchsmöglichkeiten schmälert, weil sich so viel, wie wir für uns allein in Anspruch nehmen, für alle nicht verfügbar machen läßt.
OSWALD VON NELL-BREUNING

Konsumgesellschaft: der Verzicht auf den Verzicht.
GERD UHLENBRUCK

___ Kopf

Das gefährlichste Organ am Menschen ist der Kopf.
ALFRED DÖBLIN

Der Kopf ist jener Teil unseres Körpers, der uns am häufigsten im Wege steht.
GABRIEL LAUB

___ Körper

Der Körper ist der Übersetzer der Seele ins Sichtbare.
CHRISTIAN MORGENSTERN

Der Körper ist ohne den Geist nicht denkbar, denn er ist nur die Offenbarung des Verlangens nach dem Geist.
RUDOLF STEINER

Leib und Seele sind nicht zwei Substanzen, sondern eine. Sie sind der Mensch, der sich selbst in verschiedener Weise kennenlernt.
CARL FRIEDRICH VON WEIZSÄCKER, Geschichte

___ Körpersprache

Nichts gibt mehr Ausdruck und Leben als die Bewegung der Hände; im Affekt besonders ist das sprechendste Gesicht ohne sie unbedeutend.
GOTTHOLD EPHRAIM LESSING, Laokoon

___ Kraft

Kraft kommt nicht aus körperlichen Fähigkeiten. Sie entspringt einem unbeugsamen Willen.
MAHATMA GANDHI

Unvergleichlich nachhaltiger als Gewalt und Abgefeimtheit ist die

echte Kraft. Die echte Kraft aber reift im Kampf.
HEINRICH MANN [1871–1950];
dt. Schriftsteller

Krankheit

Alles Pathologische beruht auf einer zu weit gehenden Intimität mit sich selbst, also dem Gegenteil der Selbstverleugnung.
HEIMITO VON DODERER

Von Leiden einmal abgesehen, sind Krankheiten als Wegweiser durchaus gesund.
OLIVER HASSENCAMP

Eine der verbreitetsten Krankheiten ist die Diagnose.
KARL KRAUS

Eine Gesellschaft, in der das Geschäft mit der Krankheit zu einem der volkswirtschaftlich aufwendigsten und individuell einträglichsten hat werden können, ist selber krank.
KURT MARTI

Gelobt sei die Krankheit, denn die Kranken sind ihrer Seele näher als die Gesunden.
MARCEL PROUST

Kränkung

↑Beleidigung

Kreativität

Wer zu spät an die Kosten denkt, ruiniert sein Unternehmen. Wer immer zu früh an die Kosten denkt, tötet die Kreativität.
PHILIP ROSENTHAL [* 1916];
dt. Politiker und Industrieller

Ganz neue Zusammenhänge entdeckt nicht das Auge, das über ein Werkstück gebeugt ist, sondern das Auge, das in Muße den Horizont absucht.
CARL FRIEDRICH VON WEIZSÄCKER,
Geschichte

Kredit

(auch ↑Borgen)

Kredite wirken wie Drogen. Die Dosen erhöhen sich, die Wirkung läßt nach. Man kommt schwer davon los. Die Entziehungskur ist schmerzlich.
HARTMUT PERSCHAU [* 1942];
dt. Politiker

Jede Wirtschaft beruht auf dem Kreditsystem, das heißt auf der irrtümlichen Annahme, der andre werde gepumptes Geld zurückzahlen.
KURT TUCHOLSKY

Kreuz

Das Kreuz ist nicht Sinnbild einer Allerweltsideologie der Mitte, es ist ein Galgen, bestimmt für Abweichler und Aufrührer, für Staatsfeinde und Gotteslästerer.
KURT MARTI

Krieg

Geschichtsbildend sind nicht die Kriege, sondern die Kunst.
GOTTFRIED BENN, Marginalien

Das große Karthago führte drei Kriege. Es war noch mächtig nach dem ersten, noch bewohnbar nach dem zweiten. Es war nicht mehr auffindbar nach dem dritten.
BERTOLT BRECHT, Offener Brief 1951

Kriege werden um ihrer selbst willen geführt. Solange man sich das nicht zugibt, werden sie nie wirklich zu bekämpfen sein.
ELIAS CANETTI

* Der Krieg ist die Fortsetzung der Politik mit anderen Mitteln.
Nach CARL VON CLAUSEWITZ [1780–1831]; preuß. General und Militärtheoretiker

Was zuerst geächtet werden muß, sind die gerechten Kriege: Es gibt zwar keine, aber dennoch sind sie der Grund, aus dem es immer wieder andere gibt.
SIGMUND GRAFF

Erkennt den Krieg nicht als von außen, sondern von euch selbst geschaffen und gewollt, so habt ihr den Weg zum Frieden vor euch.
HERMANN HESSE

Nicht der Krieg ist revolutionär, der Friede ist revolutionär.
JEAN JAURÈS
[1859–1914];
franz. Philosoph und Politiker

Wer seine Schwiegermutter totschlägt, wird geköpft. Das ist ein uralter verständlicher Brauch. Wer aber Hunderttausende umbringt, erhält ein Denkmal.
ERICH KÄSTNER [1899–1974];
dt. Schriftsteller

Der Klang, der am nachhaltigsten durch die Geschichte der Menschheit hallt, ist der von Kriegstrommeln.
ARTHUR KOESTLER, Mensch

Man kann den Krieg nur durch den Krieg abschaffen; wer das Gewehr nicht will, der muß zum Gewehr greifen.
MAO TSE-TUNG

Einen Krieg beginnen heißt nichts weiter als einen Knoten zerhauen, statt ihn auflösen.
CHRISTIAN MORGENSTERN

Kriege sind Rückfälle ins Kannibalentum.
RUDOLF ROLFS

Wenn die Welt ein paar Generationen lang ohne Krieg auskommen könnte, würde ihr schließlich der Krieg genauso absurd erscheinen, wie das Duell uns heute erscheint.
BERTRAND RUSSELL, Schriften

Wir haben nur die Wahl, im nächsten Krieg als Mitschuldige oder als Unschuldige umzukommen. Wem da die Wahl schwerfällt, der mag seine dumme Hoffnung auf Atomwaffen bauen.
MARTIN WALSER [* 1927];
dt. Schriftsteller

Militärisches Gleichgewicht ist keine Friedensgarantie, sondern eher eine Herausforderung zu kriegerischem Kräftemessen.
CARL FRIEDRICH VON WEIZSÄCKER, Geschichte

Solange man den Krieg als etwas Böses ansieht, wird er seine Anziehungskraft behalten. Erst wenn man ihn als Niedertracht erkennt, wird er seine Popularität verlieren.
OSCAR WILDE

Kriminalität

Seit dreißig Jahren versuche ich nachzuweisen, daß es keine Kriminellen gibt, sondern normale Menschen, die kriminell werden.
GEORGES SIMENON
[1903–1989];
belg. Schriftsteller

Kritik

Daß so vielen Kritik als Mäkelei erscheint, ist verständlich: sie halten ihre Mäkelei für Kritik.
HELMUT ARNTZEN

Darf man die Oberen unter der Gürtellinie treffen? Die Oberen stehen eben zu weit oben auf dem Sockel, und da kriegt man eben zu weit unten was ab.
WOLF BIERMANN, Welt

Jedes Kunstwerk enthält das Gesetz in sich, dessen lebendiger Ausdruck es ist. Dieses Gesetz zu finden und in Worte zu bringen ist die Aufgabe der echten Kunstkritik.
ERNST VON FEUCHTERSLEBEN

Ich kann mir nicht vorstellen, wie es ohne Kritik Demokratie geben kann. Damit fängt sie an.
MICHAIL GORBATSCHOW [* 1931]; sowjet. Politiker

Kritikerlob ist ein Kredit, den der Künstler nicht mit Leistung abzahlen muß. Wer einmal einhellig gelobt wurde – auch zu Unrecht –, kann lange versagen.
OLIVER HASSENCAMP

Kritik ist die Kunst, auf fremde Kosten geistreich zu sein, ohne daß jemand den Diebstahl merkt.
WOLFGANG HERBST

Schlechte Kritik ist gar nicht so schädlich, wie oft behauptet wird. Sie ist sogar sehr verkaufsfördernd, wenn ein anderer Kritiker dagegenhält und damit die sogenannte Plus-Minus-Spannung entsteht.
MARCEL REICH-RANICKI [* 1920]; dt. Literaturkritiker poln. Herkunft

Eine Rezension wird geschrieben, damit ein Buch Leser findet, die gescheiter sind als der Rezensent.
OSWALD SPENGLER, Gedanken

Manche Menschen lesen überhaupt keine Bücher, sondern kritisieren sie.
KURT TUCHOLSKY

Nur wenige Menschen sind bescheiden genug, um zu ertragen, daß man sie richtig einschätzt.
VAUVENARGUES [1715–1747]; franz. Schriftsteller

Kritiker

Kritiker: ein Mensch, der zuerst das Unkraut jätet, um danach um so ungehinderter die Blumen zertreten zu können.
WIESŁAW BRUDZIŃSKI

Nichts Ärgerlicheres als jene Kritiker, die beweisen wollen, daß das, was man geschrieben hat, nicht das ist, was man schreiben wollte.
ANDRÉ GIDE, Tagebuch

Ein Kritiker ist eine Henne, die gackert, wenn andere legen.
GIOVANNI GUARESCHI [1908–1968]; ital. Schriftsteller

Es gibt Leute, die vom Weihrauchstreuen, und andre, die vom Niederreißen von Denkmälern leben. Wir sollen beide Arten des Typus Gernegroß nicht ernst nehmen.
HERMANN HESSE

Ein qualifizierter Kritiker kann sich qualifizierter irren.
MANFRED HINRICH

Es gibt Theaterkritiker, die unter-

scheiden sich nur darin vom Publikum, daß sie das, was auch sie nicht sehen, ausdrücken können.
LUDWIG MARCUSE

Der Kritiker, der keine persönliche Feststellung trifft über seine eigenen Maßstäbe, ist einfach ein unzuverlässiger Kritiker. Er ist kein Maßgebender, sonder einer, der die Resultate anderer wiederholt.
EZRA POUND

Zum Beruf des Kritikers gehört Mut, vor allem Mut zum Irrtum. Wer keinen Mut hat, soll Buchhalter oder Steuerberater werden.
MARCEL REICH-RANICKI [* 1920]; dt. Literaturkritiker poln. Herkunft

Man soll die Kritiker nicht für Mörder halten; sie stellen nur den Totenschein aus.
MARCEL REICH-RANICKI [* 1920]; dt. Literaturkritiker poln. Herkunft

Im übrigen gilt ja hier derjenige, der auf den Schmutz hinweist, für viel gefährlicher als der, der den Schmutz macht.
KURT TUCHOLSKY

* Ein Rezensent, das ist ein Mann, der alles weiß und gar nichts kann!
ERNST VON WILDENBRUCH [1845–1905]; dt. Dramatiker

— Kultur

Die Geisteswelt der griechischen Antike und des Roms der klassischen Epoche bildet die vielzitierte Wurzel unserer Kultur. Wer davon nie etwas hörte, ist ärmer dran.
HOIMAR VON DITFURTH

Mit Politik kann man keine Kultur machen, aber vielleicht kann man mit Kultur Politik machen.
THEODOR HEUSS [1884–1963]; dt. Politiker

Auch die Kultur hat ihre konzessionierte Prostitution: die Festspiele.
MARTIN KESSEL, Gegengabe

Im besten Fall ist Kultur Anweisung zur Harmonisierung unserer Bedürfnisse.
ALEXANDER MITSCHERLICH

Die Innigkeit einer Riemenschneiderschen Madonna und der totgeprügelte Jude sind nicht zwei Welten, die nichts miteinander zu tun hätten, sondern zwei Seiten ein und derselben Kultur, zwei Antworten auf die gleiche Repression, der ins Übermenschliche, Überirdische, Idealisierte und der ins Unmenschliche ausgewichen wird.
ALEXANDER MITSCHERLICH

Unsere abendländische Kultur, auf Altertum und Renaissance beruhend, ist im härtesten Kampf gegen die ausgesprochen kulturhemmenden Kräfte des Christentums entstanden!
ARNO SCHMIDT [1914–1979]; dt. Schriftsteller

Der Endzweck aller Kultur ist es, das, was wir „Politik“ nennen, überflüssig, jedoch Wissenschaft und Kunst der Menschheit unentbehrlich zu machen.
ARTHUR SCHNITZLER

Kultur ist etwas wie die Verabredung der Beteiligten zu verschweigen, daß sie keine ist.
HERMANN SCHWEPPENHÄUSER

Kultur, verstanden als Lebensweise, ist vielleicht die glaubwürdigste Politik.
RICHARD VON WEIZSÄCKER

Kunst

Kunst ist Magie, befreit von der Lüge, Wahrheit zu sein.
THEODOR W. ADORNO

Große Kunst wird zwar immer aus sich alleine entstehen, aber ein Volk für sie fähig zu erhalten, dazu bedarf es einer gewissen Pflege von Wissen und einer Erziehung zu gedanklicher Aufmerksamkeit.
GOTTFRIED BENN, Ausdruckswelt

Kunst ist, was übrigbleibt, ohne zu altern.
KARLHEINZ DESCHNER

Kunst ist Weglassen.
LEONHARD FRANK [1882–1961]; dt. Schriftsteller

Die Kunst ist eine Vermittlerin des Unaussprechlichen.
GOETHE, Maximen und Reflexionen

Die Kunst setzt sich überall selbst Schranken, wenn sie das Gefühl der Freiheit hat. Kein echter Künstler geht weiter, als sein Wert reicht.
SIGMUND GRAFF

Die Kunst ist das Gewissen der Menschheit.
FRIEDRICH HEBBEL

In der Kunst ist die Form alles, der Stoff gilt nichts.
HEINRICH HEINE, Gedanken

Wo große Kräfte reifen und in ihrer höchsten Gewalt sich äußern, da sind die Zeiten der Kunst.
WILHELM HEINSE

Die Kunst ist der Übergang aus der Natur zur Bildung und aus der Bildung zur Natur.
FRIEDRICH HÖLDERLIN

Die Kunst ist zwar nicht das Brot, wohl aber der Wein des Lebens.
JEAN PAUL

Die Kunst gibt nicht das Sichtbare wieder, sondern macht sichtbar.
PAUL KLEE [1879–1940]; dt. Maler und Graphiker schweiz. Herkunft

Die Weigerung, an die Endgültigkeit des Todes zu glauben, ließ Pyramiden im Wüstensand entstehen, führte zu festgefügten ethischen Grundsätzen und wurde zum wichtigsten Inspirationsquell künstlerischer Schöpfungen.
ARTHUR KOESTLER, Mensch

Liebe und Kunst umarmen nicht was schön ist, sondern was eben dadurch schön wird.
KARL KRAUS

Kunst ist tätiges Meditieren, eine andere Form der Wissensfindung, und mit Ratio allein ist dem Wesen der Kunst nun mal nicht beizukommen.
JÜRGEN LEMKE

Die Kunst ist – im Verhältnis zum Leben – immer ein Trotzdem.
GEORG LUKÁCS

Kunst ist, wenn man's nicht kann, denn wenn man's kann, ist's keine Kunst.
JOHANN NESTROY

Kunst ist ein Werturteil, das sich durchgesetzt hat.
THOMAS NIEDERREUTHER

Kunst wäscht den Staub des Alltags von der Seele.
PABLO PICASSO [1881–1973]; span. Maler, Graphiker und Bildhauer

Kunst ist eine Lüge, die uns die Wahrheit erkennen läßt.
PABLO PICASSO [1881–1973]; span. Maler, Graphiker und Bildhauer

* Ernst ist das Leben, heiter ist die Kunst.
SCHILLER, Wallensteins Lager (Prolog)

Kunst ist schön, macht aber viel Arbeit.
KARL VALENTIN [1882–1948]; dt. Komiker und Schriftsteller

Religion ist das unaufhörliche Zwiegespräch der Menschheit mit Gott. Kunst ist ihr Selbstgespräch.
FRANZ WERFEL [1890–1945]; österr. Schriftsteller

___ Künstler

Der Künstler war immer vollkommen in die Gesellschaft integriert, aber nicht in die Gesellschaft seiner Zeit, sondern in jene der Zukunft.
ERNESTO CARDENAL

Uneinig sein mit seiner Zeit – das gibt dem Künstler seine Daseinsberechtigung.
ANDRÉ GIDE, Tagebuch

Was der Künstler sich wünscht, ist ja nicht Lob, sondern Verständnis für das, was er angestrebt hat, einerlei, wieweit sein Versuch gelungen sei.
HERMANN HESSE

Jeder große Künstler hat auch etwas von einem Forscher an sich.
ARTHUR KOESTLER, Mensch

Der moderne Künstler will sich von seinen Vorgängern unterscheiden, und seine Huldigung an die Tradition besteht darin, sie zu negieren.
OCTAVIO PAZ, Essays II

Licht senden in die Tiefe des menschlichen Herzens – des Künstlers Beruf!
ROBERT SCHUMANN

Die Kunst ist das einzig Ernsthafte auf der Welt. Und der Künstler ist der einzige Mensch, der nie ernsthaft ist.
OSCAR WILDE

___ Kunststoff

Kunststoff herzustellen ist keine Kunst mehr, aber diesen Stoff zu beseitigen, ist eine Kunst, denn Kunststoff ist nicht von Pappe.
GERD UHLENBRUCK

___ Kunstwerk

Kunstwerke sind phänomenal, historisch unwirksam, praktisch folgenlos. Das ist ihre Größe.
GOTTFRIED BENN, Dichter

Jedes Kunstwerk ist eigentlich eine Skizze, die erst durch unsere Phantasie vollendet wird.
SIGMUND GRAFF

Ihre Entstehung verdanken die Meisterwerke dem Genie, ihre Vollendung dem Fleiß.
JOSEPH JOUBERT

Das Kunstwerk ist eine imaginäre Insel, die rings von Wirklichkeit umbrandet ist.
JOSÉ ORTEGA Y GASSET, Liebe

Das Kunstwerk ist als Ding nicht ewig. Doch die Künstler vergessen oft, daß ihr Werk im Besitz des Geheimnisses der wahren Zeit ist: nicht der leeren Ewigkeit, sondern

der Lebendigkeit des Augenblicks.
Octavio Paz, Essays II

Es gibt Kunstwerke, zu denen die Fehler als ihre liebenswürdigsten Ingredienzien gehören.
Wilhelm Raabe

Kuß

Zehn Küsse werden leichter vergessen als ein Kuß.
Jean Paul

Ein Kuß ist eine Sache, für die man beide Hände braucht.
Mark Twain

L

Lächeln

Lächeln ist die eleganteste Art, seinen Gegnern die Zähne zu zeigen.
Werner Finck

Lachen

In seinem Lachen liegt der Schlüssel, mit dem wir den ganzen Menschen entziffern.
Thomas Carlyle

Der verlorenste aller Tage ist der, an dem man nicht gelacht hat.
Chamfort

Nichts in der Welt wirkt so ansteckend wie Lachen und gute Laune.
Charles Dickens [1812–1870]; engl. Schriftsteller

Nirgendwo fällt Humorlosigkeit mehr auf als beim Lachen.
Oliver Hassencamp

Der Himmel hat den Menschen als Gegengewicht zu den vielen Mühseligkeiten des Lebens drei Dinge gegeben: die Hoffnung, den Schlaf und das Lachen.
Immanuel Kant

Heiterkeit und Lachen sind untrügliche Zeichen, die nur die Menschlichkeit setzt.
Hans Kasper, Verlust

Lachen ist insofern ein einzigartiger Reflex, als er keinen augenscheinlichen biologischen Nutzen hat.
Arthur Koestler, Mensch

Wo der Glaube ist, da ist auch Lachen.
Martin Luther

Langeweile

Im Gähnen tut sich der Mensch selber als Abgrund auf; er macht sich der langen Weile ähnlich, die ihn umgibt.
Walter Benjamin

Langweiler – einer der redet, wenn er dir zuhören sollte.
Ambrose Bierce

Steril ist der, dem nichts einfällt. Langweilig ist, wer ein paar alte Gedanken hat, die ihm alle Tage neu einfallen.
Marie von Ebner-Eschenbach

Menschen, an denen nichts auszusetzen ist, haben nur einen, allerdings entscheidenden Fehler: Sie sind uninteressant.
Zsa Zsa Gabor [* 1919 od. 1920], amerik. Filmschauspielerin

Nicht Mangel an Ideen – denn man hat immer welche –, sondern an neuen macht Langeweile.
JEAN PAUL

Wir verzeihen oft Leuten, die uns langweilen, aber nicht denen, die wir langweilen.
FRANÇOIS DE LA ROCHEFOUCAULD

Was Rednern an Tiefe fehlt, ersetzen sie durch Länge.
MONTESQUIEU, Gedanken

Wenn einem Autor der Atem ausgeht, werden seine Sätze nicht kürzer, sondern länger.
JOHN STEINBECK [1902–1968]; amerik. Schriftsteller

Das Geheimnis zu langweilen besteht darin, alles zu sagen.
VOLTAIRE, Wesen des Menschen

___ Lärm

Der eigene Hund macht keinen Lärm – er bellt nur.
KURT TUCHOLSKY

___ Laster

Der Mensch möchte vor den Folgen seiner Laster bewahrt werden, aber nicht vor den Lastern selbst.
RALPH WALDO EMERSON [1803–1882]; amerik. Philosoph und Schriftsteller

Der Mensch pflegt die Laster, die einträglich für ihn sind; aber er hat das Bedürfnis, sie zu rechtfertigen; er will sie nicht opfern: also muß er sie idealisieren.
ROMAIN ROLLAND [1866–1944]; franz. Schriftsteller

___ Leben

Man lebt nicht, um zu leben. Sondern weil man lebt und hat sich dies Weil nicht ausgesucht.
ERNST BLOCH

Alles wirkliche Leben ist Begegnung.
MARTIN BUBER

Jeder Augenblick im Leben ist ein Schritt zum Tode hin.
PIERRE CORNEILLE, Titus und Berenice

Das Leben ist für den Alltagsmenschen ein wissenschaftliches Problem, für das Talent ein künstlerisches und für das Genie ein religiöses.
EGON FRIEDELL

Die Menschen werden nicht an dem Tag geboren, an dem ihre Mutter sie zur Welt bringt, sondern wenn das Leben sie zwingt, sich selbst zur Welt zu bringen.
GABRIEL GARCÍA MÁRQUEZ [* 1928]; kolumbianischer Schriftsteller

* Lebe, wie du, wenn du stirbst, wünschen wirst, gelebt zu haben.
CHRISTIAN FÜRCHTEGOTT GELLERT

* Grau, teurer Freund, ist alle Theorie und grün des Lebens goldner Baum.
GOETHE, Faust I

Das Leben ist ein ewiges Werden. Sich für geworden halten heißt sich töten.
FRIEDRICH HEBBEL

Wir verlangen, das Leben müsse einen Sinn haben – aber es hat nur ganz genau so viel Sinn, als wir selber ihm zu geben imstande sind.
HERMANN HESSE

Wie wenig ist am Ende der Lebensbahn daran gelegen, was wir erlebten, und wie unendlich viel, was wir daraus machten.
Wilhelm von Humboldt

Das Leben gleicht einem Buche. Toren durchblättern es flüchtig; der Weise liest es mit Bedacht, weil er weiß, daß er es nur einmal lesen kann.
Jean Paul

Am Schluß ist das Leben nur eine Summe aus wenigen Stunden, auf die man zulebte. Sie sind; alles andere ist nur ein langes Warten gewesen.
Erhart Kästner

Das Leben kann nur in der Schau nach rückwärts verstanden, aber nur in der Schau nach vorwärts gelebt werden.
Sören Kierkegaard

Das Leben ist ein Zeichnen ohne die Korrekturmöglichkeiten des Radiergummis.
Oskar Kokoschka [1886–1980]; österr. Maler und Schriftsteller

Wenn das Leben elend ist, so ist es beschwerlich, es zu ertragen; ist es glücklich, so ist es schrecklich, es zu verlieren: beides kommt auf eins hinaus.
Jean de La Bruyère

Das Leben ist wie ein Schulaufsatz. Meist wird das Thema verfehlt.
Werner Mitsch

Das Leben ist die Suche des Nichts nach dem Etwas.
Christian Morgenstern

Es ist eine einfache Wahrheit, daß wir mit unseren Fernsehgeräten und Düsenflugzeugen weiter vom wirklichen Leben entfernt sind als Eingeborene im afrikanischen Busch.
Alexander S. Neill

Leben ist der Anfang des Todes.
Novalis, Blütenstaub

Das Leben soll kein uns gegebener, sondern ein von uns gemachter Roman sein.
Novalis, Logologische Fragmente

Leben ist nichts anderes als der Umgang mit der Welt.
José Ortega y Gasset, Aufstand

Das Leben ist nicht allein der Anfang. Der Anfang ist nur das Jetzt, und das Leben ist Dauer, Fortbestehen im nächsten Augenblick, der auf das Jetzt folgt.
José Ortega y Gasset, Goethe

Für den Optimisten ist das Leben kein Problem, sondern bereits die Lösung.
Marcel Pagnol [1895–1974]; franz. Schriftsteller

Leben ist so etwas wie eine lange Addition machen, in der man nur die Summe der ersten beiden Zahlenreihen falsch zusammengezählt zu haben braucht, um nicht mehr zurechtzukommen.
Cesare Pavese

Die Politik ist die Kunst des Möglichen. Das ganze Leben ist Politik.
Cesare Pavese

Man kann und darf wohl sein eigenes Leben für eine Sache riskieren, aber nie das Leben eines anderen.
Karl R. Popper

Es tötet nichts so sicher als das Leben.
Wilhelm Raabe

Das Leben ist kurz, weniger wegen der kurzen Zeit, die es dauert, sondern weil uns von dieser kurzen Zeit fast keine bleibt, es zu genießen.
JEAN-JACQUES ROUSSEAU, Emile

* Das Leben ist der Güter höchstes nicht.
SCHILLER, Braut von Messina

Tätigkeit ist der wahre Genuß des Lebens, ja das Leben selbst.
AUGUST WILHELM SCHLEGEL, Über dramatische Kunst

Am Ende gilt doch nur, was wir getan und gelebt – und nicht, was wir ersehnt haben.
ARTHUR SCHNITZLER

Das Leben ist ein Pensum zum Abarbeiten.
ARTHUR SCHOPENHAUER

Kein Zeitalter hat das Überleben mit infamerer Ruhe für das Leben ausgegeben als dieses.
HERMANN SCHWEPPENHÄUSER

* Halte fest: Du hast vom Leben doch am Ende nur dich selber.
THEODOR STORM, Für meine Söhne

Daß ich bin, erfüllt mich mit immer neuem Staunen. Und dies bedeutet Leben.
RABINDRANATH TAGORE

Wer nur mit dem Verstand lebt, hat das Leben nicht verstanden!
GERD UHLENBRUCK

Nicht wir leben unser Leben: Gott lebt uns.
THORNTON WILDER

Lebensbejahung

Wir sollen die Liebe, welche wir den Toten mit ins Grab geben, nicht den Lebenden entziehen.
WILHELM RAABE

Wir sind in diese Welt gekommen nicht nur, daß wir sie kennen, sondern daß wir sie bejahen.
RABINDRANATH TAGORE

Lebenserfahrung

Die Welt ist die wahre Schule, denn da lernt man alles von selbst.
JOHANN NESTROY, Die schlimmen Buben

Die meisten Menschen brauchen sehr lang, um jung zu werden.
PABLO PICASSO [1881–1973]; span. Maler, Graphiker und Bildhauer

Wir brauchen in der Landschaft unseres Lebens Höhen und Tiefen, damit unsere Gedanken und Kräfte tätig strömen können.
RABINDRANATH TAGORE

Nur wer Helles und Dunkles, Aufstieg und Niedergang erfahren, nur der hat wahrhaft gelebt.
STEFAN ZWEIG [1881–1942]; österr. Schriftsteller

Lebensfreude

Ein Leben ohne Feste ist eine weite Reise ohne Gasthaus.
DEMOKRIT [um 460–370 v. Chr.]; griech. Philosoph

Das Behagen am Dasein verdirbt sich der Mensch sehr häufig durch seine sogenannten „starken Seiten".
WILHELM RAABE

Wer nicht genießt, wird ungenießbar.
KONSTANTIN WECKER [* 1947]; dt. Liedermacher

— Lebensklugheit

Lieber ein Narr und glücklich, als ein weiser Mann und unglücklich.
HORST WOLFRAM GEISSLER [1893–1983]; dt. Schriftsteller

Lebensklugheit bedeutet: alle Dinge möglichst wichtig, aber keines völlig ernst nehmen.
ARTHUR SCHNITZLER

— Lebenskunst

Die wahren Lebenskünstler sind bereits glücklich, wenn sie nicht unglücklich sind.
JEAN ANOUILH

Es ist Lebenskunst, die schönen Dinge im Leben nicht aufhören, sondern ausklingen zu lassen.
ELISABETH BERGNER [1897–1986]; österr. Schauspielerin

Wir alle müssen das Leben meistern. Aber die einzige Art, es zu meistern, besteht darin, es zu lieben.
GEORGES BERNANOS [1888–1948]; franz. Schriftsteller

Die wahre Lebenskunst besteht darin, im Alltäglichen das Wunderbare zu sehen.
PEARL S. BUCK [1892–1973]; amerik. Schriftstellerin

Lebenskunst besteht zu neunzig Prozent aus der Fähigkeit, mit Menschen auszukommen, die man nicht leiden kann.
SAMUEL GOLDWYN [1884–1974]; amerik. Filmproduzent

Lebenskünstler verstehen es, um Dinge gebeten zu werden, die sie gerne machen.
ROBERT LEMBKE

— Lebenslüge

Wer eine Hintertür in sein Leben einbaut, gebraucht sie eines Tages als Hauptportal.
HANS ARNDT

Nach und nach summieren sich alle diese Freundlichkeitslügen, die das Leben angenehmer machen, zur Lebenslüge, die das Leben nicht nur unangenehm, sondern unerträglich machen kann.
KURT MARTI

Eine Lebenswahrheit lautet, daß wir ohne Lebenslüge nicht auskommen.
GERD UHLENBRUCK

— Lebensweise

Das ganze Geheimnis, sein Leben zu verlängern, besteht darin, es nicht zu verkürzen.
ERNST VON FEUCHTERSLEBEN

Wenn dem Menschen am Ende seines Lebens ein Lächeln übrigbleibt, so ist das ein anständiger Reingewinn.
HORST WOLFRAM GEISSLER [1893–1983]; dt. Schriftsteller

Leben funktioniert nach dem Lustprinzip. Allein der Mensch schafft es, nach dem Unlustprinzip zu vegetieren. Für Lohn und Pension.
OLIVER HASSENCAMP

Die meisten Menschen wären

glücklich, wenn sie sich das Leben leisten könnten, das sie sich leisten.
DANNY KAYE [1913–1987]; amerik. Schauspieler

Nicht der Mensch hat am meisten gelebt, welcher die höchsten Jahre zählt, sondern der, welcher sein Leben am meisten empfunden hat.
JEAN-JAQUES ROUSSEAU, Emile

Genaugenommen leben nur wenige Menschen wirklich in der Gegenwart, die meisten haben nur vor, einmal richtig zu leben.
JONATHAN SWIFT

— Lebensweisheit

Die Dinge sind nie so, wie sie sind. Sie sind immer das, was man aus ihnen macht.
JEAN ANOUILH

Man fängt nicht sein Leben mit guten Worten und Vorsätzen an, mit Erkennen und Verstehen fängt man es an und mit dem richtigen Nebenmann.
ALFRED DÖBLIN, Berlin Alexanderplatz

Auch in den Tümpeln, den Lachen, den Mistpfützen spiegeln sich Sterne. Vergiß das nicht!
FRIEDRICH GEORG JÜNGER

* Es ist nicht wahr, daß die kürzeste Linie immer die gerade ist.
GOTTHOLD EPHRAIM LESSING, Erziehung des Menschengeschlechts

* Wer im Glück ist, der lerne den Schmerz.
SCHILLER, Braut von Messina

Die goldene Regel ist, daß es keine goldenen Regeln gibt.
GEORGE BERNARD SHAW

— Legende

Legenden sind Lügen mit Heiligenschein.
KARLHEINZ DESCHNER

— Lehren

Langweilig zu sein ist die ärgste Sünde des Unterrichts.
JOHANN FRIEDRICH HERBART [1776–1841]; dt. Philosoph, Psychologe und Pädagoge

Lehren heißt: die Dinge zweimal lernen.
JOSEPH JOUBERT

Man lernt am schnellsten und am besten, indem man andere lehrt.
ROSA LUXEMBURG

Der Wille zu lehren ist ein Wille zu schenken.
HANS MARGOLIUS

Der wahre Unterricht beschränkt sich letztlich auf diejenigen, die darauf bestehen, etwas zu lernen; das übrige ist bloßes Viehtreiben.
EZRA POUND

Wer fähig ist, schafft, wer unfähig ist, lehrt.
GEORGE BERNARD SHAW

Erziehung ist eine wunderbare Sache, doch muß man sich von Zeit zu Zeit besinnen, daß nichts, was von Wert ist, gelehrt werden kann.
OSCAR WILDE

— Lehrer

Jeder Lehrer muß lernen, mit dem Lehren aufzuhören, wenn es Zeit ist. Das ist eine schwere Kunst.
BERTOLT BRECHT, Buch der Erfahrung

Es kann nicht früh genug darauf hingewiesen werden, daß man die Kinder nur dann vernünftig erziehen kann, wenn man zuvor die Lehrer vernünftig erzieht.
ERICH KÄSTNER [1899–1974]; dt. Schriftsteller

Ein rechter Meister zieht keine Schüler, sondern eben wiederum Meister.
ROBERT SCHUMANN

Ein Lehrer, der nicht von seinen Schülern lernt, versagt in seinem Beruf.
CHARLOTTE WOLFF [1900–1986]; dt. Psychologin und Schriftstellerin

Leib

↑ Körper

Leid

* Leiden sind Lehren.
Nach ÄSOP [6. Jh. v. Chr. (?)]; legendärer griech. Fabeldichter

Nicht nur die Tat, auch das Leiden ist ein Weg zur Freiheit.
DIETRICH BONHOEFFER

Ein Mensch kann viel ertragen, solange er sich selbst ertragen kann.
AXEL MUNTHE

Wer nicht ein kleines Leid zu ertragen versteht, muß sich darauf gefaßt machen, viele Leiden über sich ergehen zu lassen.
JEAN-JACQUES ROUSSEAU, Emile

Leiden ist wie Geld. Es kursiert von Hand zu Hand. Wir geben weiter, was wir empfangen.
THORNTON WILDER

Leidenschaft

Alle Leidenschaften übertreiben und wären keine Leidenschaften, wenn sie nicht übertrieben.
CHAMFORT

Feuer läutert, verdeckte Glut frißt an.
MARIE VON EBNER-ESCHENBACH

Kein Toter ist so gut begraben wie eine erloschene Leidenschaft.
MARIE VON EBNER-ESCHENBACH

Wer die Leidenschaft als Jugendsünde abtut, degradiert die Vernunft zur Alterserscheinung.
HANS KASPER, Abel

Das Gewissen ist die Stimme der Seele. Die Leidenschaften sind die Stimme des Körpers.
JEAN-JACQUES ROUSSEAU, Emile

Unser praktisches, reales Leben nämlich ist, wenn nicht die Leidenschaften es bewegen, langweilig und fade, wenn sie aber es bewegen, wird es bald schmerzlich.
ARTHUR SCHOPENHAUER

Leidenschaften sind die Pferde am Wagen des Lebens; aber wir fahren nur gut, wenn der Fuhrmann Vernunft die Zügel lenkt.
KARL JULIUS WEBER

Leihen

(auch ↑ Kredit)

Wenn du den Wert des Geldes kennenlernen willst, versuche, dir welches zu borgen!
BENJAMIN FRANKLIN, Reichtum

Leistung

Wenn der Mensch alles leisten soll,

was man von ihm fordert, so muß er sich für mehr halten, als er ist.
GOETHE, Maximen und Reflexionen

Es kommt viel weniger darauf an, was man leistet, als vielmehr darauf, wo man es leistet.
JOHANN NESTROY, Frühere Verhältnisse

Man muß von jedem fordern, was er leisten kann.
ANTOINE DE SAINT-EXUPÉRY [1900–1944]; franz. Schriftsteller

Leistungsgesellschaft

Unsere Leistungsgesellschaft ist nicht eine Gesellschaft, in der nur Leistung gilt, sondern eine, welche bestimmt, was Leistung ist und wer sie leisten darf.
GERD UHLENBRUCK

Lernen

Lernen ist wie Rudern gegen den Strom. Sobald man aufhört, treibt man zurück.
BENJAMIN BRITTEN [1913–1976]; brit. Komponist, Dirigent und Pianist

Bis ins späteste Alter lernen (nicht auswendig, sondern inwendig), das ist Genießen, das ist Leben. Da wächst die Seele, in konzentrischen Kreisen, göttlichen Sphären zu.
ERNST VON FEUCHTERSLEBEN

Jeder, der aufhört zu lernen, ist alt, mag er zwanzig oder achtzig Jahre zählen. Jeder, der weiterlernt, ist jung, mag er zwanzig oder achtzig Jahre zählen.
HENRY FORD I. [1803–1947]; amerik. Industrieller

Der Mensch soll lernen. Nur die Ochsen büffeln.
ERICH KÄSTNER [1899–1974]; dt. Schriftsteller

Man lernt am schnellsten und am besten, indem man andere lehrt.
ROSA LUXEMBURG

Es ist des Lernens kein Ende.
ROBERT SCHUMANN

Lesen

Lesen, ein Buch lesen – für mich ist das das Erforschen eines Universums.
MARGUERITE DURAS [* 1914]; franz. Schriftstellerin

Ich lösche das Licht selten aus, ohne vorher gelesen zu haben. Indem man das Geistige zwischen das Sinnliche des Tages und den Schlaf legt, reinigt man sich.
OTTO FLAKE

Wer zu lesen versteht, besitzt den Schlüssel zu großen Taten, zu ungeträumten Möglichkeiten, zu einem berauschend schönen, sinnerfüllten und glücklichen Leben.
ALDOUS HUXLEY

Man sollte niemals ein Buch lesen, bloß weil es auf irgendeiner Bestsellerliste steht oder weil es einem zeitgenössischen Trend entspricht. Richtiges Lesen ist Bürsten gegen den Strich.
DORIS LESSING [* 1919]; engl. Schriftstellerin

* Wer wird nicht einen Klopstock loben?
Doch wird ihn jeder lesen? – Nein.
Wir wollen weniger erhoben
und fleißiger gelesen sein.
GOTTHOLD EPHRAIM LESSING, An den Leser

Erst durch lesen lernt man, wieviel man ungelesen lassen kann.
WILHELM RAABE

Leser

Der „einzelne Leser" ist meistens wortärmer, aber viel gescheiter als jene öffentliche Meinung, die von einer Schicht substanzloser Intellektualität gebildet wird und zum Glück nicht so mächtig ist, wie sie zu sein glaubt.
HERMANN HESSE

Der Leser hat's gut: Er kann sich seine Schriftsteller aussuchen.
KURT TUCHOLSKY

Bei jeder Lektüre antwortet der Lesende mit seiner bewußten oder unbewußten Biographie auf das, was er liest
MARTIN WALSER [* 1927];
dt. Schriftsteller

Leserlichkeit

Leserlichkeit ist die Höflichkeit der Handschriften.
FRIEDRICH DÜRRENMATT
[1921–1990]; schweiz. Dramatiker

Liberalismus

Manche meinen, sie seien liberal geworden, nur weil sie die Richtung ihrer Intoleranz geändert haben.
WIESŁAW BRUDZIŃSKI

Liberalismus ist durch Vorsicht gemäßigtes Vertrauen, Konservatismus ist durch Furcht gemildertes Mißtrauen der Menschen.
WILLIAM GLADSTONE [1809–1898];
brit. Politiker

Liebe

Liebe ist die Fähigkeit, Ähnliches an Unähnlichem wahrzunehmen.
THEODOR W. ADORNO

An einer unglücklichen Liebe scheitert man zuweilen weniger als an einer glücklichen.
FRIEDL BEUTELROCK

Liebe ist der Wunsch, etwas zu geben, nicht zu erhalten.
BERTOLT BRECHT, Prosa 2

Wenn Liebe das Schulmeistern anfängt, hat sie bald Ferien.
PEARL S. BUCK [1892–1973];
amerik. Schriftstellerin

Einen Menschen zu lieben heißt einzuwilligen, mit ihm alt zu werden.
ALBERT CAMUS [1913–1960];
franz. Schriftsteller

Liebe ist stets der Anfang des Wissens, so wie Feuer der Anfang des Lichts ist.
THOMAS CARLYLE

Liebe ist kein Solo. Liebe ist ein Duett. Schwindet sie bei einem, verstummt das Lied.
ADELBERT VON CHAMISSO
[1781–1838]; dt. Schriftsteller

Alter schützt vor Liebe nicht, aber Liebe vor dem Altern.
COCO CHANEL [1883–1971];
franz. Modeschöpferin

Liebe: an jemand denken, ohne nachzudenken.
KARLHEINZ DESCHNER

Gibt es schließlich eine bessere Form, mit dem Leben fertig zu werden als mit Liebe und Humor?
CHARLES DICKENS [1812–1870];
engl. Schriftsteller

Die Liebe ist ein Wunder, das immer wieder möglich, das Böse eine Tatsache, die immer vorhanden ist.
Friedrich Dürrenmatt
[1921–1990]; schweiz. Dramatiker

Liebe ist der Entschluß, das Ganze eines Menschen zu bejahen, die Einzelheiten mögen sein, wie sie wollen.
Otto Flake

Eben darin besteht ja die Liebe, daß sie uns in der Schwebe des Lebendigen hält, in der Bereitschaft, einem Menschen zu folgen in allen seinen möglichen Entfaltungen.
Max Frisch, Tagebuch 1946–1949

Das ist das Eigentümliche an der Liebe, daß sie sich niemals gleich bleiben kann; sie muß unaufhörlich wachsen, wenn sie nicht abnehmen soll.
André Gide, Falschmünzer

Die Liebe ist eine Gemütskrankheit, die durch die Ehe oft schnell geheilt werden kann.
Sacha Guitry [1885–1957];
franz. Schriftsteller

Weich ist stärker als hart, Wasser stärker als Fels, Liebe stärker als Gewalt.
Hermann Hesse

Liebe ist das einzige, was nicht weniger wird, wenn wir es verschwenden.
Ricarda Huch [1864–1947];
dt. Schriftstellerin

Auch ist das vielleicht nicht eigentlich Liebe, wenn ich sage, daß Du mir das Liebste bist; Liebe ist, daß Du mir das Messer bist, mit dem ich in mir wühle.
Franz Kafka, Briefe

Die Liebe ist so unproblematisch wie ein Fahrzeug. Problematisch sind nur die Lenker, die Fahrgäste und die Straße.
Franz Kafka, Tagebücher

Liebe ist ganz aus Freiheit gemacht, kein Muß richtet da etwas aus.
Hans Kasper, Verlust

Ewige Liebe: die Ewigkeit in ihrer vergänglichsten Form.
Hans Krailsheimer

In der Liebe kommt es nur darauf an, daß man nicht dümmer erscheint, als man gemacht wird.
Karl Kraus

Liebe ist gemeinsame Freude an der wechselseitigen Unvollkommenheit.
Hans Kudszus

Liebe und Freundschaft schließen einander aus.
Jean de La Bruyère

Wie zartempfindend man auch in der Liebe sei, so verzeiht man bei ihr doch leichter Fehler als bei der Freundschaft.
Jean de la Bruyère

Das Zeichen der wahren Liebe ist, daß sie vergeht. Unvergänglich ist nur die Illusion der Liebe.
Gabriel Laub

Wenn die Menschen sagen, sie hätten ihr Herz verloren, ist es meistens nur der Verstand.
Robert Lembke

Liebe, die nicht den Segen der Umwelt hat, geht schnell kaputt oder steigert sich in seltene Leidenschaft.
Jürgen Lemke

Die Liebe ist das einzige Märchen, das mit keinem „es war einmal" beginnt – aber schließt.
HANS LOHBERGER

Liebe ist dann da, wenn wir andern dienen wollen.
MARTIN LUTHER

Die Liebe ist der Triumph der Einbildungskraft über die Intelligenz.
HENRY LOUIS MENCKEN

Lieben bedeutet, zu einem Menschen zu halten. Liebe ist Anerkennung.
ALEXANDER S. NEILL

Die Liebe ist der Versuch der Natur, den Verstand aus dem Weg zu räumen.
THOMAS NIEDERREUTHER

Das Verlangen nach Gegenliebe ist nicht das Verlangen der Liebe, sondern der Eitelkeit.
FRIEDRICH NIETZSCHE, Nachlaß

Die Liebe ist vielleicht der höchste Versuch, den die Natur macht, um das Individuum aus sich heraus und zu dem anderen hinzuführen.
JOSÉ ORTEGA Y GASSET, Liebe

Liebe und Dichtung sind eigentlich dasselbe: der Wunsch, sich zu äußern.
CESARE PAVESE

* Die Liebe ist der Liebe Preis.
SCHILLER, Don Karlos

Liebe auf den ersten Blick ist ungefähr so zuverlässig wie Diagnose auf den ersten Händedruck.
GEORGE BERNARD SHAW

Die Liebe beruht auf einer starken Übertreibung des Unterschiedes zwischen einer Person und allen anderen.
GEORGE BERNARD SHAW

Der Mensch ist sich tief bewußt, daß im Grunde seines Wesens ein Zwiespalt ist, er sehnt sich, ihn zu überbrücken, und irgendetwas sagt ihm, daß es die Liebe ist, die ihn zur endgültigen Versöhnung führen kann.
RABINDRANATH TAGORE

Macht können wir durch Wissen erlangen, aber zur Vollendung gelangen wir nur durch die Liebe.
RABINDRANATH TAGORE

Aus Liebe lernt man alles, aus der Liebe lernt man nichts.
GERD UHLENBRUCK

Die Liebe hat eine mörderische Kraft: Sie kann sogar die Liebe töten!
GERD UHLENBRUCK

Die Liebe besiegt alles.
VERGIL [70–19 v. Chr.]; röm. Dichter

Wir alle benutzen einander und nennen es Liebe, und wenn wir einander nicht benutzen können, nennen wir es – Haß.
TENNESSEE WILLIAMS [1911–1983]; amerik. Dramatiker

— Lieben

Geliebt wirst du einzig, wo du schwach dich zeigen darfst, ohne Stärke zu provozieren.
THEODOR W. ADORNO

Einen Menschen zu lieben heißt einzuwilligen, mit ihm alt zu werden.
ALBERT CAMUS [1913–1960]; franz. Schriftsteller

Wer sein Herz verliert, ohne den Kopf zu verlieren, hat entweder kein Herz zu verlieren oder keinen Kopf.
KARLHEINZ DESCHNER

Man liebt einen Menschen nicht wegen seiner Stärke, sondern wegen seiner Schwächen.
TILLA DURIEUX [1880–1971];
dt. Schauspielerin

* Glücklich allein ist die Seele, die liebt.
GOETHE, Egmont

Wer liebt, hat ein großes Geschenk zu verwalten.
MARTIN KESSEL, Gegengabe

Man liebt wohl nur ein einziges Mal wahrhaft, und zwar das erste Mal. Die Zuneigungen, die später folgen, sind weniger unfreiwillig.
JEAN DE LA BRUYÈRE

Geliebt zu werden kann eine Strafe sein. Nicht wissen, ob man geliebt wird, ist Folter.
ROBERT LEMBKE

Jemanden lieben heißt als einziger ein für die anderen unsichtbares Wunder sehen.
FRANÇOIS MAURIAC
[1885–1970];
franz. Schriftsteller

Es gibt vielleicht auf der ganzen Welt kein anderes Mittel, ein Ding oder Wesen schön zu machen, als es zu lieben.
ROBERT MUSIL

Die Forderung, geliebt zu werden, ist die größte der Anmaßungen.
FRIEDRICH NIETZSCHE, Nachlaß

Die Liebe ist das Wohlgefallen am Guten; das Gute ist der einzige Grund der Liebe. Lieben heißt jemandem Gutes tun wollen.
THOMAS VON AQUIN
[1225/26–1274]; scholastischer
Theologe und Philosoph

___ Liebende

Betrüger legen andere rein. Verliebte sich selbst.
OLIVER HASSENCAMP

Alle großen Liebespaare der Menschengeschichte sind im Sinne der Welt gescheitert, womit die Welt sich trösten mag.
HANS ERICH NOSSACK, November

___ Liebesentzug

„Liebesentzug": als ob es so etwas gäbe; wenn Liebe da ist, wie ist dann Entzug möglich?
PETER HANDKE

___ Liebhaber

Wenn man einen Liebhaber hat, dann hat man auch mehrere.
MARGUERITE DURAS [* 1914];
franz. Schriftstellerin

Die meisten Männer, die Kluges über Frauen gesagt haben, waren schlechte Liebhaber. Die großen Praktiker reden nicht, sondern handeln.
JEANNE MOREAU [* 1928];
franz. Schauspielerin

Ein Mann kann nur eine Frau in seinem Leben haben und trotzdem ein großer Liebhaber sein. Ich nenne diese Art von Liebe die letzte Spur Göttlichkeit im Menschlichen.
ISAAC B. SINGER [1904–1991];
jiddischer Schriftsteller (USA)

Lieblosigkeit

Liebe ist Qual, Lieblosigkeit ist Tod.
MARIE VON EBNER-ESCHENBACH

Der wildeste Haß ist noch lange nicht so häßlich wie Lieblosigkeit.
ISOLDE KURZ

Liedermacher

Liedermacher, das wurde für die Kulturschickeria einer, der zwar schlecht Gitarre spielt, aber dafür auch keine Stimme hat.
WOLF BIERMANN, Affenfels

Literatur

Nie kann die Literatur Ruhe geben, da sie funktionierende oder gar funktionalisierte Freiheiten nie als solche anerkennt, und mit der religiösen Freiheit ist es ebenso wie mit der sogenannten sexuellen.
HEINRICH BÖLL, Dritte Wuppertaler Rede

Die Literatur muß neue Mittel einsetzen, erlaubte und unerlaubte, wenn sie vernehmlich bleiben will in dem Lärm, der um uns herum ständig anschwillt.
HANS CHRISTOPH BUCH

Es gibt keine alte und moderne Literatur, sondern nur eine ewige und eine vergängliche.
ERNST VON FEUCHTERSLEBEN

Bei jeder Literatur muß man sich als erste die Frage stellen: Was wird darin vom Menschen verborgen? (Die Frage: Was wird gezeigt? ist relativ weniger wichtig.)
ANDRÉ GIDE, Tagebuch

Dadurch, daß das Buch das Gedächtnis objektiviert und verstofflicht, wird dieses im Prinzip zu etwas Unbegrenztem, und die Aussagen der Jahrhunderte stehen jedermann zur Verfügung.
JOSÉ ORTEGA Y GASSET, Aufgabe

Die Unsterblichkeit der Literaturen ist abstrakt und heißt Bibliothek.
OKTAVIO PAZ, Essays II

Es ist das Schicksal aller Literaturen, eines Tages in toten Sprachen geschriebene lebendige Werke zu sein.
OCTAVIO PAZ, Essays II

Große Literatur ist einfach Sprache, die bis zur Grenze des Möglichen mit Sinn geladen ist.
EZRA POUND

Lob

(auch ↑Anerkennung)

Lobt dich der Gegner, dann ist das bedenklich; schimpft er, dann bist du in der Regel auf dem richtigen Weg.
AUGUST BEBEL [1840–1913]; dt. Politiker

Was unsere Epoche kennzeichnet, ist die Angst, für dumm zu gelten, wenn man etwas lobt, und die Gewißheit, für gescheit zu gelten, wenn man etwas tadelt.
JEAN COCTEAU [1889–1963]; franz. Schriftsteller, Filmregisseur und Graphiker

Irren ist menschlich. Nur wer uns lobt, ist unfehlbar.
OLIVER HASSENCAMP

Wer ein Lob zurückweist, will nochmals gelobt werden.
FRANÇOIS DE LA ROCHEFOUCAULD

Im Lobe ist mehr Zudringlichkeit als im Tadel.
FRIEDRICH NIETZSCHE, Jenseits

Die einen werden durch großes Lob schamhaft, die anderen frech.
FRIEDRICH NIETZSCHE, Morgenröte

Den Tadel der Menschen nahm ich solange gerne an, bis ich einmal darauf achtete, wen sie lobten.
WALTHER RATHENAU

Es kann einem nichts Schlimmeres passieren, als von einem Halunken gelobt zu werden.
ROBERT SCHUMANN

— Losung

Losungen sind das Gegenteil von Lösungen.
GABRIEL LAUB

— Lüge

Die hinterhältigste Lüge ist die Auslassung.
SIMONE DE BEAUVOIR
[1908–1986];
franz. Schriftstellerin

Ein halbleeres Glas Wein ist zwar auch ein halbvolles, aber eine halbe Lüge ist mitnichten eine halbe Wahrheit.
JEAN COCTEAU [1889–1963];
franz. Schriftsteller, Filmregisseur und Graphiker

Aus Lügen, die wir glauben, werden Wahrheiten, mit denen wir leben.
OLIVER HASSENCAMP

Ehre und Konvention sind die Bausteine der Gesellschaft, die Lüge ist der Kitt.
HANS KASPER, Abel

Daß Papageien sprechen können, macht sie noch nicht menschenähnlich; sie müssen erst einmal lernen zu lügen.
ROBERT LEMBKE

Eine Lüge ist wie ein Schneeball; je länger man ihn wälzt, je größer wird er.
MARTIN LUTHER

Die Stärke des Irrtums und der Lüge liegt gerade darin, daß sie ebenso klar sein können wie Wahrheiten; weshalb das Falsche ebenso einleuchtend sein mag wie das Richtige.
LUDWIG MARCUSE

Das Kind lügt selten früher, als bis es bei anderen die Lüge entdeckt hat.
PETER ROSEGGER
[1843–1918];
österr. Schriftsteller

Eine einzige offenkundige Lüge des Lehrers gegen seinen Zögling kann den ganzen Ertrag der Erziehung zunichtemachen.
JEAN-JACQUES ROUSSEAU, Emile

Auch das ist Lüge und oft die kläglichste von allen: sich anzustellen, als wenn man einem Lügner seine Lüge glaubte.
ARTHUR SCHNITZLER

Das Lügen läßt sich überhaupt nicht vermeiden, am ehesten noch die Gelegenheit dazu.
KARL HEINRICH WAGGERL

— Lügner

* Ein Lügner muß ein gutes Gedächtnis haben.
PIERRE CORNEILLE, Der Lügner

Die Strafe für den Lügner besteht nicht darin, daß man ihm nicht glaubt, sondern darin, daß er selber niemandem mehr glauben kann.
GEORGE BERNARD SHAW

— Lust

Jedem Vorhaben ist ein Stück kreatürlicher Lust eingegeben, ohne die dem Willen keine Flügel wachsen.
HANS KASPER, Verlust

Lust steigert sich an Lust.
KURT TUCHOLSKY

M

— Macht

Unsere Macht ist zerstörerisch. Wir können zwar die Schöpfung beenden und alle Menschen töten, aber wir können keinen einzigen Menschen erschaffen.
FRANZ ALT

Macht besitzen und nicht ausüben ist wahre Größe.
FRIEDL BEUTELROCK

Das Geheimnis jeder Macht besteht darin, zu wissen, daß andere noch feiger sind als wir.
LUDWIG BÖRNE

Keiner weiß, was in ihm steckt, bevor er von der Macht gekostet hat.
OTTO FLAKE

Macht hat ihre Legitimität nur im Dienst der Vernunft. Allein von hier bezieht sie ihren Sinn. An sich ist sie böse.
KARL JASPERS

Die Macht ist böse, schrieb ein Philosoph, und die Tugend fiel gläubig in Ohnmacht, statt Gedanken gegen die Gewalt zu mobilisieren.
HANS KASPER, Revolutionäre

Indem der Revolutionär die Macht übernimmt, übernimmt er die Ungerechtigkeit der Macht.
OCTAVIO PAZ, Essays I

Wie sehr Macht der Wahrheit im Wege steht, ergibt sich schon daraus, daß zur Macht die Angst gehört.
HANS A. PESTALOZZI, Zukunft

*Der hat die Macht, an den die Menge glaubt.
ERNST RAUPACH [1784–1852]; dt. Dramatiker

Ich glaube nicht, daß Männer von Natur aus aggressiv sind. Was sie aggressiv werden läßt, ist Macht, zuviel Macht. Diese Macht korrumpiert, nicht das Geschlecht.
ALICE SCHWARZER [* 1942]; dt. Publizistin

Kein Abschied auf der Welt fällt schwerer als der Abschied von der Macht.
CHARLES MAURICE DE TALLEYRAND [1754–1838]; franz. Staatsmann

— Machtausübung

Kein Mensch ist gut genug, einen anderen Menschen ohne dessen Zustimmung zu regieren.
ABRAHAM LINCOLN [1809–1865]; 16. Präsident der USA

Es ist eine ewige Erfahrung, daß je-

der Mensch, der Macht in Händen hat, geneigt ist, sie zu mißbrauchen. Er geht soweit, bis er Schranken findet.
MONTESQUIEU, Geist der Gesetze

Machtausübung ist ja ein direkter Gegensatz zur Wahrheitsfindung.
HANS A. PESTALOZZI, Zukunft

Malerei

Malen ist nicht schwierig, solange man nichts davon versteht. Wenn man diese Kunst aber begriffen hat, dann wird man gefordert.
EDGAR DEGAS [1834–1917];
franz. Maler

Es gibt Maler, die die Sonne in einen gelben Fleck verwandeln. Es gibt aber andere, die dank ihrer Kunst und Intelligenz einen gelben Fleck in die Sonne verwandeln.
PABLO PICASSO [1881–1973]; span. Maler, Graphiker und Bildhauer

Jedes Porträt, das mit Gefühl gemalt wurde, ist ein Porträt des Künstlers, nicht dessen, der ihm dafür gesessen hat.
OSCAR WILDE

Management

Management ist nichts anderes als die Kunst, andere Menschen zu motivieren.
LEE IACOCCA

Wer zu spät an die Kosten denkt, ruiniert sein Unternehmen. Wer immer zu früh an die Kosten denkt, tötet die Kreativität.
PHILIP ROSENTHAL [* 1916];
dt. Politiker und Industrieller

Manager

Manchmal gleicht selbst der beste Manager einem kleinen Jungen, der einen großen Hund an der Leine hat und darauf wartet, wo der Hund hin will, damit er ihn dorthin führen kann.
LEE IACOCCA

Das Ideal eines Managers ist der Mann, der genau weiß, was er nicht kann, und der sich dafür die richtigen Leute sucht.
PHILIP ROSENTHAL [* 1916];
dt. Politiker und Industrieller

Manieren

↑ Umgangsformen

Mann

Die Behauptung, ein Mann könne nicht immer die gleiche Frau lieben, ist so unsinnig wie die Behauptung, ein Geigenspieler brauche für dasselbe Musikstück mehrere Violinen.
HONORÉ DE BALZAC [1799–1850];
franz. Schriftsteller

Die Männer, die mit den Frauen am besten auskommen, sind dieselben, die wissen, wie man ohne sie auskommt.
CHARLES BAUDELAIRE [1821–1867];
franz. Schriftsteller

Die Frauen machen sich nur deshalb schön, weil das Auge des Mannes besser entwickelt ist als sein Verstand.
DORIS DAY [* 1924];
amerik. Filmschauspielerin

Die moderne Frau kennt den Unterschied zwischen einem Autoreifen und einem Mann: Ein Auto-

reifen muß mindestens einen Millimeter Profil haben.
LISA FITZ [* 1951]; dt. Kabarettistin und Schauspielerin

Es gibt Männer mit dem Sex-Blick und Männer mit dem Drink-Blick. Die einen schauen offen auf die Hausfrau, die anderen verstohlen auf die Hausbar.
BEATE HASENAU [* 1936]; dt. Schauspielerin und Kabarettistin

Deutsch ist schon deshalb eine gute Sprache, weil in ihr Mensch und Mann nicht das gleiche sind.
WOLFGANG HILDESHEIMER [1916–1991]; dt. Schriftsteller

Der Mann ist leicht zu erforschen, die Frau verrät ihr Geheimnis nicht.
IMMANUEL KANT

Nicht wenig Männer haben kein anderes Innenleben als das ihrer Worte, und ihre Gefühle beschränken sich auf eine rein verbale Existenz.
JOSÉ ORTEGA Y GASSET, Liebe

Ich glaube nicht, daß Männer von Natur aus aggressiv sind. Was sie aggressiv werden läßt, ist Macht, zuviel Macht. Diese Macht korrumpiert, nicht das Geschlecht.
ALICE SCHWARZER [* 1942]; dt. Publizistin

Männer sind Mai, wenn sie freien, und Dezember in der Ehe.
SHAKESPEARE, Wie es euch gefällt

Männer brauchen Frauen um sich, sonst verfallen sie unaufhaltsam der Barbarei.
ORSON WELLES [1915–1985]; amerik. Schauspieler und Regisseur

Alle Männer sind ichbezogene Kinder.
CHRISTA WOLF

Marktwirtschaft

Eine reine Marktgesellschaft, in der einzig die ökonomische Position des Menschen über seinen Zugang zu Erziehung, Arbeit, Freizeit, Anerkennung und sozialer Sicherheit entscheidet, ist ebenso Tyrannei wie die Herrschaft einer bürokratischen Nomenklatura.
PETER GLOTZ [* 1939]; dt. Politiker

Mit der Marktwirtschaft ist es wie mit dem Schwimmen. Ohne Wasser kann man es nicht lernen.
OTTO GRAF LAMBSDORFF [* 1926]; dt. Politiker

Das wichtigste Produkt einer jeden Marktwirtschaft ist der Konsument.
WERNER MITSCH

Märtyrer

Das Menschengeschlecht erkennt seine Propheten nicht und tötet sie, doch es liebt seine Märtyrer.
FJODOR M. DOSTOJEWSKI, Die Brüder Karamasow

Marxismus

Der Marxismus ist weder etwas Endgültiges noch etwas Unantastbares.
MICHAIL GORBATSCHOW [* 1931]; sowjet. Politiker

Die Kritik am Marxismus als Ideologie ist die unerläßliche Voraussetzung für die Wiedergeburt des marxistischen Denkens.
OCTAVIO PAZ, Essays I

Aus allen großen Ideen machen wir das Falsche, alles pervertieren wir, das Christentum wie den Marxismus
LUISE RINSER

Maske

In allem brauchen wir Masken. Die eigene Physiognomie des Jahrhunderts ist etwas Unvorzeigbares. Ein menschliches Gesicht zu sehen oder zu zeigen ist unanständig.
STANISŁAW BRZOZOWSKI

Wer nicht weiß, daß er eine Maske trägt, trägt sie am vollkommensten.
THEODOR FONTANE
[1819–1898];
dt. Schriftsteller

Maske: der einzige Teil des Gesichts, den sich der Mensch selber aussucht.
GABRIEL LAUB

Die raffinierteste Maske ist das nackte Gesicht.
PETER TILLE

Masse

Jeder sollte Schrullen haben. Schrullen sind ein hervorragender Schutz gegen Vermassung.
SALVADOR DALÍ [1904–1989];
span. Maler und Graphiker

Masse ist eine Gesellschaft mit recht beschränkter Haftung.
HANS KASPER, Revolutionäre

Die Menschen aber, die ihren eigenen Weg zu gehen fähig sind, sind selten. Die große Zahl will nur in der Herde gehen, und sie weigert die Anerkennung denen, die ihre eigenen Wege gehen wollen.
BLAISE PASCAL

Masse. Der Menschen meinende, menschenfeindlichste Begriff, den ich kenne.
WOLFDIETRICH SCHNURRE,
Schattenfotograf

Materialismus

In der Zeit der Romantiker liebte man in der Blume nur den Duft – in unserer Zeit liebt man in ihr die keimende Frucht.
HEINRICH HEINE, Gedanken

Es ist die Aufgabe des historischen Materialismus zu zeigen, wie alles kommen muß – und wenn es nicht so kommt, zu zeigen, warum es nicht so kommen konnte.
KURT TUCHOLSKY

Mathematik

Die Mathematik gehört zu jenen Äußerungen menschlichen Verstandes, die am wenigsten von Klima, Sprache oder Traditionen abhängen.
ILJA EHRENBURG
[1891–1967];
russ.-sowjet. Schriftsteller

Rechnen ist das Band der Natur, das uns im Forschen nach Wahrheit vor Irrtum bewahrt, und die Grundsäule der Ruhe und des Wohlstands, den nur ein bedächtliches und sorgfältiges Berufsleben den Kindern der Menschen beschert.
JOHANN HEINRICH PESTALOZZI,
Lienhard und Gertrud

Medizin

Es ist die Medizin für den, der ihrer bedarf, eine heimliche, fast zauberische Kunst. Auf dem Glauben

beruht immer ein guter Teil ihrer Kraft.
ADELBERT VON CHAMISSO
[1781–1838]; dt. Schriftsteller

Drei Zehntel heilt Medizin, sieben Zehntel heilt Diät.
CHINESISCHES SPRICHWORT

Mehrheit

Gesellschaftlicher Fortschritt ist nur über Minderheiten möglich, Mehrheiten zementieren das Bestehende.
BERTRAND RUSSELL, Schriften

Die Mehrheit? Was ist die Mehrheit? Mehrheit ist der Unsinn, Verstand ist stets bei wen'gen nur gewesen.
SCHILLER, Demetrius

Wer das Mehrheitsprinzip auflösen und durch die Herrschaft der absoluten Wahrheit ersetzen will, der löst die freiheitliche Demokratie auf.
RICHARD VON WEIZSÄCKER

Meinung

Nie tritt man andern so auf die Füße, wie wenn man den eignen Standpunkt vertritt.
KARLHEINZ DESCHNER

Eine Meinung braucht, um originell zu sein, nicht unbedingt vom allgemein Anerkannten abzuweichen; wichtig ist nur, daß sie sich ihm nicht anpaßt.
ANDRÉ GIDE, Tagebuch

Die öffentliche Meinung gleicht einem Schloßgespenst: Niemand hat es gesehen, aber alle lassen sich von ihm tyrannisieren.
SIGMUND GRAFF

Jeder hat das Recht auf seine eigene Meinung, aber er hat keinen Anspruch darauf, daß andere sie teilen.
MANFRED ROMMEL

Auch wenn alle einer Meinung sind, können alle unrecht haben.
BERTRAND RUSSELL, Schriften

Man bestreite keines Menschen Meinung, sondern bedenke, daß, wenn man alle Absurditäten, die er glaubt, ihm ausreden wollte, man Methusalems Alter erreichen könnte, ohne damit fertig zu werden.
ARTHUR SCHOPENHAUER

Die meisten Menschen haben überhaupt gar keine Meinung, viel weniger eine eigene, viel weniger eine geprüfte, viel weniger vernünftige Grundsätze.
JOHANN GOTTFRIED SEUME, Apokryphen

Wieviel Leute, soviel Meinungen.
TERENZ [190–159 v. Chr.]; röm. Dichter

Es kann standhafter sein, seine Meinung zu ändern, als sie beizubehalten.
PETER TILLE

Um populär zu werden, kann man seine eigene Meinung behalten. Um populär zu bleiben, weniger.
KURT TUCHOLSKY

Man sollte nicht nur zu wissen meinen, sondern auch zu meinen wissen.
KARL HEINRICH WAGGERL

Memoiren

Memoirenschreiber, die ihre Epoche unvoreingenommen zu schil-

dern meinen, schildern fast immer sich selbst.
ILJA EHRENBURG [1891–1967]; russ.-sowjet. Schriftsteller

Durch eine Autobiographie verliert man gewöhnlich den Rest seiner Freunde.
ROBERT NEUMANN [1897–1975]; österr. Schriftsteller

Man hat es so leicht, seine Erinnerungen zu schreiben, wenn man ein schlechtes Gedächtnis hat.
ARTHUR SCHNITZLER

___ Mensch

Jeder Mensch trägt in sich die Anlagen zu beidem: zum Spießer (das ist er als Mensch der verdorbenen Natur) und zum Heiligen (dazu bestimmt ihn die Gnade).
HANS URS VON BALTHASAR

Der Mensch ist ein Wesen, dessen Schöpfung nur ein halber Erfolg war. Er ist nur ein Entwurf von etwas.
GOTTFRIED BENN, Krise der Sprache

Die Welt ist voller Rätsel, für diese Rätsel aber ist der Mensch die Lösung.
JOSEPH BEUYS [1921–1985]; dt. Objektkünstler, Aktionist und Zeichner

Ich bin nicht so verrückt, an Gott zu glauben: Ich bin verrückter, denn ich glaub' an sein Geschöpf.
WOLF BIERMANN, Affenfels

* Das Schicksal des Menschen ist der Mensch.
BERTOLT BRECHT, Die Mutter

Die menschliche Person bedarf der Bestätigung, weil der Mensch als Mensch ihrer bedarf.
MARTIN BUBER

* Jeder Mensch ist ein Abgrund.
GEORG BÜCHNER [1813–1837]; dt. Dramatiker

Das menschliche Wesen ist dem menschlichen Tun davongelaufen, das ist unsere Tragik. Trotz aller unserer Kenntnisse verhalten wir uns immer noch wie die Höhlenmenschen von einst.
FRIEDRICH DÜRRENMATT [1921–1990]; schweiz. Dramatiker

Es gab einmal ein Zeitalter – es war das griechische –, da war der Mensch das Maß aller Dinge. Heute sind die Dinge das Maß aller Menschen.
WERNER FINCK

Je höher der Mensch steht, um so stärkere Schranken hat er nötig, welche die Willkür seines Wesens bändigen.
GUSTAV FREYTAG [1816–1895]; dt. Schriftsteller

Der Mensch ist Mensch, weil er Selbstbeherrschung üben kann, und nur insoweit, als er Selbstbeherrschung übt.
MAHATMA GANDHI

Der Mensch ist im Gegensatz zu allen höheren Säugern hauptsächlich durch Mängel bestimmt.
ARNOLD GEHLEN [1904–1976]; dt. Philosoph und Soziologe

* Das eigentliche Studium der Menschheit ist der Mensch.
GOETHE, Wahlverwandtschaften II

Ich glaube an den Menschen als eine wunderbare Möglichkeit, die auch im größten Dreck nicht er-

lischt und ihm aus der größten Entartung zurückzuhelfen vermag, und ich glaube, diese Möglichkeit ist so stark und so verlockend, daß sie immer wieder als Hoffnung und als Forderung spürbar wird.
HERMANN HESSE

* Der Mensch ist aber ein Gott, sobald er Mensch ist. Und ist er ein Gott, so ist er schön.
FRIEDRICH HÖLDERLIN, Hyperion

Letzten Endes kann man alle wirtschaftlichen Vorgänge auf drei Worte reduzieren: Menschen, Produkte und Profite. Die Menschen stehen an erster Stelle. Wenn man kein gutes Team hat, kann man mit den beiden anderen nicht viel anfangen.
LEE IACOCCA

Der Mensch ist ein zeitliches Wesen, das nur lebt, indem es seine Welt um sich wandelt.
KARL JASPERS

Nur wer erwachsen wird und ein Kind bleibt, ist ein Mensch!
ERICH KÄSTNER [1899–1974]; dt. Schriftsteller

Der Mensch: Ein durch die Zensur gerutschter Affe.
GABRIEL LAUB

Der Homo sapiens ist kein Tier mehr. Er ist schon fähig, sich selbst als Gattung zu vernichten.
GABRIEL LAUB

Der Mensch ist die Krone der Schöpfung. Wie schade, daß es eine Dornenkrone ist.
STANISŁAW JERZY LEC

Menschen sind nur selten besser als die Umstände, in denen sie leben.
JÜRGEN LEMKE

Der Übergang vom Affen zum Menschen sind wir.
KONRAD LORENZ [1903–1989]; österr. Verhaltensforscher

Gott hat den Menschen erschaffen, weil er vom Affen enttäuscht war. Danach hat er auf weitere Experimente verzichtet.
MARK TWAIN

Wer am Menschen nicht scheitern will, trage den unerschütterlichen Entschluß des Durch-ihn-lernen-Wollens wie einen Schild vor sich her.
CHRISTIAN MORGENSTERN

Beim Menschen ist kein Ding unmöglich, im Schlimmen wie im Guten.
CHRISTIAN MORGENSTERN

* Der Mensch ist das Maß aller Dinge.
Nach PROTAGORAS [um 481–411 v. Chr.]; griech. Philosoph

Den Menschen als Doppelwesen aus Gott und Tier zu beschreiben ist nicht sehr fair gegenüber den Tieren. Eher ist er ein Doppelwesen aus Gott und Teufel.
BERTRAND RUSSELL, Moral

Der Mensch ist ein Teil der Natur und nicht etwas, das zu ihr im Widerspruch steht.
BERTRAND RUSSELL, Schriften

Der Mensch ist im Grunde Begierde, Gott zu sein.
JEAN PAUL SARTRE

Der Mensch ist nichts anderes als sein Entwurf; er existiert nur in dem Maße, als er sich entfaltet.
JEAN PAUL SARTRE

Wie leicht wäre die Welt zu regie-

ren, wenn sie nicht aus Menschen bestünde.
FRIEDRICH SIEBURG [1893–1964]; dt. Schriftsteller und Publizist

* Viel Gewaltiges lebt, doch gewaltiger nichts als der Mensch.
SOPHOKLES [um 496–um 406 v. Chr.]; griech. Dichter

Gerade durch das, was an ihm typisch menschlich ist, bleibt der Mensch eine zwar wohlgelungene, aber monströse und störende Schöpfung.
PIERRE TEILHARD DE CHARDIN [1881–1955]; franz. Paläontologe, Anthropologe und Philosoph

Gott schuf den Menschen aus Erde. Dann sagte er, der Mensch solle sich die Erde untertan machen. Seitdem macht der Mensch sich den Menschen untertan.
GERD UHLENBRUCK

Jeder Mensch ist eine Melodie. Ich bin für dich, du bist für mich ein Lied.
FRANZ WERFEL [1890–1945]; österr. Schriftsteller

— Menschenbehandlung

Milde erreicht mehr als Heftigkeit.
AUGUST HEINRICH JULIUS LAFONTAINE [1758–1831]; dt. Schriftsteller

Die Mehrzahl der Menschen ist so: Macht man ihnen bescheiden Platz, so werden sie unverschämt. Versetzt man ihnen aber Ellenbogenstöße und tritt ihnen auf die Füße, so ziehen sie den Hut.
JOHANN NESTROY, Aphorismen

Was man über einen Menschen denkt, kann man allen sagen, nur ihm selbst nicht. Er verstünde es nicht. Ihm muß man sagen, was er will, daß man ihm über ihn sage. Nur das versteht er.
MARTIN WALSER [* 1927]; dt. Schriftsteller

— Menschenbeurteilung

Erst wenn man das Schlimmste über einen Menschen kennt, kennt man auch sein Bestes.
GILBERT K. CHESTERTON

Schon mancher ist von den großen Stücken, die man auf ihn gehalten hat, erschlagen worden.
GABRIEL LAUB

Die Fähigkeiten eines Chefs erkennt man an seiner Fähigkeit, die Fähigkeiten seiner Mitarbeiter zu erkennen.
ROBERT LEMBKE

Über Personen urteilen heißt groteske Bilder von ihnen zeichnen.
CESARE PAVESE

* Willst du die anderen verstehn, blick in dein eigenes Herz.
SCHILLER, Der Schlüssel

Im schlechtesten der Menschen steckt noch so viel Gutes und im besten noch so viel Böses, daß keiner befugt ist, zu urteilen und zu verurteilen.
ROBERT LOUIS STEVENSON [1850–1894]; schott. Schriftsteller

Wenn man einen Menschen richtig beurteilen will, so frage man sich immer: „Möchtest du den zum Vorgesetzten haben – ?“
KURT TUCHOLSKY

Niemand lernt jemals jemanden kennen. Wir sind alle zu lebens-

länglicher Einzelhaft in unserer Haut verurteilt.
TENNESSEE WILLIAMS [1911–1983]; amerik. Schriftsteller

Das Unglück ist, daß jeder denkt, der andere ist wie er, und dabei übersieht, daß es auch anständige Menschen gibt.
HEINRICH ZILLE [1858–1929]; dt. Zeichner

Menschenführung

Menschen, die Einfluß auf andere ausüben wollen, müssen dafür sorgen, daß sie nicht zu oft zu sehen sind.
RICARDA HUCH [1864–1947]; dt. Schriftstellerin

Um jemanden lange Zeit und unbedingt zu beherrschen, muß man ihn mit leichter Hand lenken und ihn so wenig als möglich seine Abhängigkeit fühlen lassen.
JEAN DE LA BRUYÈRE

Nur der Mensch, der sich verstanden fühlt, ist bereit, sich verstehen und führen zu lassen.
EMIL OESCH, Menschen

Die Welt ist voll brauchbarer Menschen, aber leer an Leuten, die den brauchbaren Mann anstellen.
JOHANN HEINRICH PESTALOZZI, Wie Gertrud

Menschenkenntnis

↑Menschenbeurteilung

Menschenrechte

Nichts, nicht einmal die modernste Waffe, nicht einmal die auf brutalste Weise schlagkräftige Polizei, nein, überhaupt gar nichts wird die Menschen aufhalten können, wenn sie erst einmal entschlossen sind, ihre Freiheit und ihr Menschenrecht zu erringen.
DESMOND TUTU

Menschenverachtung

Menschenverachtung ist die schlimmste Form der Gotteslästerung.
WERNER MITSCH

Menschenverstand

Nur wer gesunden Menschenverstand hat, wird verrückt.
STANISŁAW JERZY LEC

Der gesunde Menschenverstand ist oft eine der ungesundesten Verständnislosigkeiten.
LUDWIG MARCUSE

Menschenwürde

Die Würde des Menschen besteht in der Wahl.
MAX FRISCH, Tagebuch 1946–1949

Getötet zu werden (auch durch die Atombombe) ist bloß Verletzung eines allerdings elementaren Menschenrechts; manipuliert zu werden in dem, was für unsere Persönlichkeit konstitutiv ist, bedeutet die denkbar schwerste Verletzung, um nicht zu sagen, die völlige Verneinung und Vernichtung unserer Menschenwürde.
OSWALD VON NELL-BREUNING

Vielleicht besteht die einzige Würde des Menschen in seiner Fähigkeit, sich achten zu können.
GEORGE SANTAYANA [1863–1952]; amerik. Philosoph und Dichter span. Herkunft

Menschheit

Das, was die Menschheit ist, begreifst du am besten an dir.
WOLF BIERMANN, Welt

Prüfe dich an der Menschheit. Den Zweifelnden macht sie zweifeln, den Glaubenden glauben.
FRANZ KAFKA, Chinesische Mauer

Das Menschliche

Nichts fällt uns Menschen so schwer, wie uns Dinge bewußt zu machen, die uns daran hindern, menschlicher zu werden.
FRANZ ALT

Nur das Menschliche ist es, darin der Mensch das Göttliche fassen kann.
GERHART HAUPTMANN

Der Kampf um das Menschliche ist nie vergeblich, auch wenn ihm äußerlich kein Sieg beschieden ist.
GERTRUD VON LE FORT

Menschlichkeit

Wenn die Menschlichkeit zerstört wird, gibt es keine Kunst mehr.
BERTOLT BRECHT, Kunst oder Politik?

*Alle menschlichen Gebrechen sühnet reine Menschlichkeit.
GOETHE, Dem Schauspieler Krüger

Menschsein

Wer das Menschsein eines anderen Menschen ignoriert, verneint das eigene.
BREYTEN BREYTENBACH [* 1939]; südafrikan. Schriftsteller

Wenn zwei Menschen einander ihre grundverschiedenen Meinungen über einen Gegenstand mitteilen, jeder in der Absicht, seinen Partner von der Richtigkeit der eigenen Betrachtungsweise zu überzeugen, kommt im Sinne des Menschseins alles darauf an, ob jeder den andern als den meint, der er ist, bei allem Einflußwillen also ihn doch in seinem Dieser-Mensch-Sein, in seinem So-beschaffen-Sein rückhaltlos annimmt und bestätigt.
MARTIN BUBER

Mensch sein ist vor allem die Hauptsache. Und das heißt: fest und klar und heiter sein, ja heiter trotz alledem, denn das Heulen ist Geschäft der Schwäche.
ROSA LUXEMBURG

Mensch werden ist eine Kunst.
NOVALIS, Fragmente

Der Begriff der Aufgabe ist ein Wesensbestandteil des Menschseins: Den Menschen gibt es nicht ohne die Aufgabe.
JOSÉ ORTEGA Y GASSET, Aufgabe

Mensch sein heißt Verantwortung fühlen: sich schämen beim Anblick einer Not, auch wenn man offenbar keine Mitschuld an ihr hat; stolz sein über den Erfolg der Kameraden; seinen Stein beitragen im Bewußtsein, mitzuwirken am Bau der Welt.
ANTOINE DE SAINT-EXUPÉRY [1900–1944]; franz. Schriftsteller

Militär

Die Soldaten müssen für die Fehler der Politiker geradestehen.
BERT BERKENSTRÄTER

Solange es keine Granaten gibt, die nur über dem eignen Land platzen, ist der Soldat der Garant der

Sicherheit wie der Unsicherheit.
SIGMUND GRAFF

Minderwertigkeitskomplex

Minderwertigkeitskomplexe sind häufig mit Überheblichkeitskomplexen gekoppelt. Ein Mensch, der sich seiner nicht sicher ist, gibt sich meist überlegen.
ILJA EHRENBURG [1891–1967]; russ.-sowjet. Schriftsteller

Extravaganzen sind gewendete Minderwertigkeitskomplexe.
OLIVER HASSENCAMP

Hält man sich für zu klein, wird man auf den Kopf getreten.
JÜDISCHES SPRICHWORT

Das schlechte an den Minderwertigkeitskomplexen ist, daß die falschen Leute sie haben.
JACQUES TATI [1907–1982]; franz. Schauspieler und Regisseur

Mißerfolg

Eine stolz getragene Niederlage ist auch ein Sieg.
MARIE VON EBNER-ESCHENBACH

Nichts schmerzt so sehr wie fehlgeschlagene Erwartungen, aber gewiß wird auch durch nichts ein zum Nachdenken fähiger Geist so lebhaft wie durch sie erweckt.
BENJAMIN FRANKLIN, Autobiographie

Mißerfolge stellen sich am leichtesten ein, wenn man seinem Erfolg treu bleiben will, anstatt seiner Art.
SIGMUND GRAFF

Mißgunst

↑ Neid

Mißtrauen

Wer allen Menschen mißtraut, pflegt am wenigsten vor sich selbst auf der Hut zu sein.
SIGMUND GRAFF

Was uns hindert, unsere Freunde auf den Grund unseres Herzens blicken zu lassen, ist gewöhnlich nicht so sehr Mißtrauen gegen sie als gegen uns.
FRANÇOIS DE LA ROCHEFOUCAULD

Vorsicht und Mißtrauen sind gute Dinge, nur sind auch ihnen gegenüber Vorsicht und Mißtrauen nötig.
CHRISTIAN MORGENSTERN

Mißtrauisch bist du? Ich verstehe dich: Du willst dir die Mühe ersparen, die Menschen kennenzulernen.
ARTHUR SCHNITZLER

Mißtrauen kommt nie zu früh, aber oft zu spät.
JOHANN GOTTFRIED SEUME, Apokryphen

Allzu großes Mißtrauen ist ebenso schädlich wie allzu großes Vertrauen. Wer das Risiko, hintergangen zu werden, nicht auf sich nehmen will, wird es im Leben nicht allzu weit bringen.
VAUVENARGUES [1715–1747]; franz. Schriftsteller

Mitläufer

Dasjenige, was im Schwange ist, findet seine Mitläufer nicht so sehr, weil es modisch als weil es vorteilhaft ist.
ERNST BLOCH

Aus einer Reihe von Nullen macht man leicht eine Kette.
STANISŁAW JERZY LEC

Mitleid

Respekt vor dem Alter ist die zivilisierte Form des Mitleids der Jugend, die ihren Sieg in der Tasche hat.
HANS KASPER, Revolutionäre

Mitleid bekommt man geschenkt, Neid muß man sich verdienen.
ROBERT LEMBKE

Die großartigste Schwäche des Menschen ist sein Mitleid.
THOMAS NIEDERREUTHER

Mittelmäßigkeit

Es erfordert mehr Demut, seine hoffnungslose Mittelmäßigkeit anzuerkennen, denn als großer Sünder sich zu gebärden.
HANS URS VON BALTHASAR

Es gibt keinen größern Trost für die Mittelmäßigkeit, als daß das Genie nicht unsterblich sei.
GOETHE, Wahlverwandtschaften II

Alles Große braucht einen Dolmetscher bei der Menge; die Mittelmäßigkeit wird gleich verstanden.
ISOLDE KURZ

Nichts macht durchschnittlicher als eine gute Allgemeinbildung.
WERNER MITSCH

Vor Mittelmaß ist keine Größe sicher.
PETER TILLE

Modeerscheinung

Je mehr du auf der Höhe der diesjährigen Mode stehst, desto mehr bist du bereits hinter der nächstjährigen Mode zurück.
GILBERT K. CHESTERTON

Wenn gelegentlich etwas Altmodisches wieder Mode wird, merken wir, wie bezaubernd unsere Großmütter gewesen sein müssen.
SIGMUND GRAFF

Mode ist Regeneration durch Abwechslung.
SIGMUND GRAFF

Mode ist die Nachahmung derer, die sich unterscheiden wollen, von denen, die sich nicht unterscheiden.
KARL LAGERFELD [* 1938];
dt. Modeschöpfer

Geh mit der Zeit, aber komme von Zeit zu Zeit zurück.
STANISŁAW JERZY LEC

Man kann mit der Mode gehen oder mit der Mode laufen. Letzteres sollte man aber nur dann, wenn man noch jung genug dazu ist.
JEANNE MOREAU [* 1928];
frz. Schauspielerin

Alles Modische wird wieder unmodisch, und treibst du's bis in das Alter, so wirst du ein Geck, den niemand achtet.
ROBERT SCHUMANN

Die Schuhfabrikanten machen Frauenschuhe zum Stehenbleiben. Dabei brauchen wir eher Schuhe zum Davonlaufen.
ALICE SCHWARZER [* 1942];
dt. Publizistin

Monument

↑ Denkmal

Moral

Moral ist die Grammatik der Religion.
LUDWIG BÖRNE

Sie wollten aus der Not eine Tugend machen. Und so entstand die Moral.
WERNER MITSCH

Soll Moral im Zeitalter perfekter Vernichtungsmittel nicht zur privaten Kuriosität absinken, zum Deckmantel für Taten, die es zu verschleiern gilt, dann kann die Funktion der Moral nur darin bestehen, uns sanft, aber beharrlich zur Erweiterung unserer Selbstwahrnehmung anzuhalten.
ALEXANDER MITSCHERLICH

Moral predigen ist leicht, Moral begründen schwer.
ARTHUR SCHOPENHAUER,
Grundlage der Moral

Moral ist einfach die Haltung, die wir gegen Leute einnehmen, von denen wir persönlich nicht erbaut sind.
OSCAR WILDE

___ Moralist

Moralisten sind Menschen, die sich dort kratzen, wo es andere juckt.
SAMUEL BECKETT [1906–1989];
irischer Schriftsteller

Moral ist in erster Linie eine Folge der Heuchelei. Darum kann es sich kein Moralist leisten, auf grobe Worte zu verzichten.
WOLFGANG HERBST

Moralisten, die etwas taugen, sind es mit Unlust, denn Moralist sein verdirbt den Charakter. Noch mehr freilich wird dieser geschädigt durch eine Moral, deren Verlogenheit zu entlarven die Aufgabe von Moralisten bleibt.
KURT MARTI

Der Moralist pflegt gern die Ansprüche der menschlichen Natur zu übersehen; in solchen Fällen wird aber wahrscheinlich die Natur des Menschen von den Ansprüchen des Moralisten keine Notiz nehmen.
BERTRAND RUSSELL, Moral

___ Motiv

Wir würden uns oft unserer schönsten Taten schämen, wenn die Welt alle Beweggründe sähe, aus denen sie hervorgehen.
FRANÇOIS DE LA ROCHEFOUCAULD

___ Motivation

Was wir am nötigsten brauchen, ist ein Mensch, der uns zwingt, das zu tun, was wir können.
RALPH WALDO EMERSON
[1803–1882]; amerik. Philosoph und Schriftsteller

* Lust und Liebe sind die Fittiche zu großen Taten.
GOETHE, Iphigenie

Wie oft verglimmen die gewaltigsten Kräfte, weil kein Wind sie anbläst!
JEREMIAS GOTTHELF [1797–1854];
schweiz. Erzähler

Wenn man die Mitarbeiter am Profit teilhaben läßt, sind sie motivierter, gute Arbeit zu leisten.
LEE IACOCCA

Die meisten Führungskräfte zögern, ihre Leute mit dem Ball laufen zu lassen. Aber es ist erstaunlich, wie schnell ein informierter und motivierter Mensch laufen kann.
LEE IACOCCA

Viele tun etwas nur deshalb nicht, weil keiner es ihnen verbietet.
HELMUT QUALTINGER [1928–1986]; österr. Schriftsteller, Kabarettist und Schauspieler

Musik

Musik ist höhere Offenbarung als alle Weisheit und Philosophie.
LUDWIG VAN BEETHOVEN [1770–1827]; dt. Komponist

* Musik wird oft nicht schön gefunden, weil sie stets mit Geräusch verbunden.
WILHELM BUSCH, Der Maulwurf

Für jedes Instrument finden sich Musiker, die keine Kinder mögen und Etüden schreiben.
MANFRED HINRICH

Die Musik drückt das aus, was nicht gesagt werden kann und worüber zu schweigen unmöglich ist.
VICTOR HUGO [1802–1885]; franz. Schriftsteller

Die Musik spricht nicht die Leidenschaft, die Liebe, die Sehnsucht dieses oder jenes Individuums in dieser oder jener Lage aus, sondern die Leidenschaft, die Liebe, die Sehnsucht selbst.
RICHARD WAGNER [1813–1883]; dt. Komponist

Muße

Nicht von Vermehrung der Freude an der Arbeit, sondern von der Vermehrung der Muße verspreche ich mir einen Fortschritt.
BERTRAND RUSSELL, Schriften

Muße ist das Kunststück, sich selbst ein angenehmer Gesellschafter zu sein.
KARL HEINRICH WAGGERL

Mut

Um eine Sache bis auf den Grund durchzudenken, bedarf es oft mehr des Mutes als des Verstandes.
HANS ARNDT

Es gehört Mut dazu, sich einer Angst zu stellen und sie auszuhalten.
HOIMAR VON DITFURTH

* Courage ist gut, aber Ausdauer ist besser.
THEODOR FONTANE [1819–1898]; dt. Schriftsteller

Mut besteht nicht darin, daß man die Gefahr blind übersieht, sondern daß man sie sehend überwindet.
JEAN PAUL

Mut beweist man nicht mit der Faust allein, man braucht den Kopf dazu.
ERICH KÄSTNER [1899–1974]; dt. Schriftsteller

Erst wenn die Mutigen klug und die Klugen mutig geworden sind, wird das zu spüren sein, was irrtümlicherweise schon oft festgestellt wurde: ein Fortschritt der Menschheit.
ERICH KÄSTNER [1899–1974]; dt. Schriftsteller

Wenn alle mutig sind, ist das Grund genug, Angst zu haben.
GABRIEL LAUB

Wie mutig man ist, weiß man immer erst nachher.
LUDWIG MARCUSE

Ich kann nur mutig sein, wenn ich mich dem vorgeschriebenen mutigen Verhalten entziehen kann.
HANS A. PESTALOZZI, Auf die Bäume

Mutter

Ich glaube, eine Mutter wird zur tragischen Figur, wenn ihr Verstand ihr rät, ihrem Kind die Zuneigung zu entziehen. Da spricht die Umwelt, nicht die Mutter.
JÜRGEN LEMKE

Der einzige – kleine! – Unterschied zwischen den Geschlechtern ist die biologische Fähigkeit der Frau zur Mutterschaft. Das rechtfertigt aber keineswegs ihre vorrangige soziale Zuständigkeit für die Kinder.
ALICE SCHWARZER [* 1942];
dt. Publizistin

Mysterium

Der Tiefenpsychologie verdanken wir die Einsicht, daß die wahren Mysterien weder eleusisch noch tibetanisch, weder transzendent noch okkult, sondern alltäglich sind.
KURT MARTI

Mythos

Mythen entstehen. Sagen wurden gelebt. Märchen werden gemacht.
WOLFDIETRICH SCHNURRE,
Schattenfotograf

N

Nachahmung

Was für eine lasterhafte Jugend! Statt auf die Alten zu hören, ahmt sie die Alten nach!
WIESŁAW BRUDZIŃSKI

Nachahmung ist die aufrichtigste Form der Schmeichelei.
CHARLES CALEB COLTON
[1780(?)–1832]; engl. Pfarrer und Aphoristiker

Nachahmung ist wahrscheinlich das ehrlichste Kompliment.
LEE IACOCCA

Ein guter Einfall ist wie ein Hahn am Morgen. Gleich krähen andere Hähne mit.
KARL HEINRICH WAGGERL

Nachdenken

Es gibt nichts Wichtigeres auf der Welt, als die Menschen zum Nachdenken zu bringen.
SIGMUND GRAFF

Wer so tut, als bringe er die Menschen zum Nachdenken, den lieben sie. Wer sie wirklich zum Nachdenken bringt, den hassen sie.
ALDOUS HUXLEY
[1894–1963];
brit. Schriftsteller

Man sollte viel öfter nachdenken; und zwar vorher.
WERNER MITSCH

Manche Menschen würden eher sterben als nachdenken. Und sie tun es auch.
BERTRAND RUSSELL, Schriften

Viele denken nach, wenige vor.
PETER TILLE

Nachfahren

Die Zweige zeugen von der Wurzel.
ARABISCHES SPRICHWORT

Unsere Nachfahren werden nicht fragen, welche Zukunftsvisionen wir für sie bereithielten; sie werden wissen wollen, nach welchen Maßstäben wir unsere eigene Welt eingerichtet haben, die wir ihnen hinterlassen haben.
RICHARD VON WEIZSÄCKER

Nachgiebigkeit

Der Gescheitere gibt nach! Eine traurige Wahrheit. Sie begründet die Weltherrschaft der Dummheit.
MARIE VON EBNER-ESCHENBACH

Die Leute, denen man nie widerspricht, sind entweder die, welche man am meisten liebt, oder die, welche man am geringsten achtet.
MARIE VON EBNER-ESCHENBACH

Unbewegliche Armee kann nie die Schlacht gewinnen. Unbiegsamer Baum zerbricht im Sturm.
LAOTSE

Nachlaß

Sorgt doch, daß ihr, die Welt verlassend, nicht nur gut wart, sondern verlaßt eine gute Welt!
BERTOLT BRECHT, Johanna

Nachrede

Nichts gegen üble Nachrede! Sie macht viele interessanter, als sie sind.
OLIVER HASSENCAMP

Sprich nie Böses von einem Menschen, wenn du es nicht gewiß weißt! Und wenn du es gewiß weißt, so frage dich: Warum erzähle ich es?
JOHANN KASPAR LAVATER
[1741–1801]; schweiz. Philosoph, Theologe und Schriftsteller

Ich verzeihe meinen Freunden, die Schlechtes über mich sagen, aber nicht denen, die es mir überbringen.
ANDRÉ MALRAUX
[1901–1976];
franz. Politiker und Schriftsteller

Nachrichten

Das Studium der bürgerlichen Presse ist lehrreich in zweierlei Hinsicht: Es zeigt erstens, wie aus Nachrichten Meinungen gemacht werden, und zweitens, wie aus Meinungen Nachrichten gemacht werden.
HANS CHRISTOPH BUCH

Nachruf

Beim Lesen der Todesanzeigen wird man belehrt, daß nur engelsgleiche Wesen diese Welt verlassen.
HANS ARNDT

Nachsicht

Die meiste Nachsicht übt der, der die wenigste braucht.
MARIE VON EBNER-ESCHENBACH

Nächstenliebe

Man sollte die Menschen lehren, nicht von Gerechtigkeit zu sprechen, sondern von Nächstenliebe.
EUGÈNE IONESCO [* 1909];
franz. Dramatiker rumän. Herkunft

So wenig interessiert sich ein Mensch für den andern, daß sogar das Christentum empfiehlt, das Gute zu tun aus Liebe zu Gott.
CESARE PAVESE

Die Christen lieben ihre Nächsten nicht. Und sie lieben sie nicht, weil sie an den anderen nie wirklich geglaubt haben. Die Geschichte lehrt uns, daß sie ihn, wo sie ihm begegnet sind, bekehrt oder vernichtet haben.
OCTAVIO PAZ, Essays I

Es ist leichter, alle zu lieben als einen. Die Liebe zur ganzen Menschheit kostet gewöhnlich nichts als eine Phrase; die Liebe zum Nächsten fordert Opfer.
PETER ROSEGGER [1843–1918]; österr. Schriftsteller

Das Übel ist nicht, ein paar Feinde zu hassen, sondern unseren Nächsten nicht genug zu lieben.
ANTON TSCHECHOW [1860–1904]; russ. Schriftsteller

— Name

Für jeden Menschen ist sein Name das schönste und bedeutungsvollste Wort in seinem Sprachschatz.
DALE CARNEGIE

Der Name ist ein Stück des Seins und der Seele.
THOMAS MANN

Leute, die einen Namen haben, müssen gefaßt sein auf Zuschriften, die keinen haben.
PETER ROSEGGER [1843–1918]; österr. Schriftsteller

— Narrheit

Wer ein Narr ist, fragt für fünf Minuten. Wer nicht fragt, bleibt ein Narr für immer.
CHINESISCHES SPRICHWORT

— Nationalismus

Gemessen am Frieden ist die Nation nicht mehr das höchste aller Güter.
WILLY BRANDT

Von allen Ursachen des Nationalhasses ist die Unwissenheit die mächtigste. Wenn der Verkehr zunimmt, nimmt die Unwissenheit ab, und so vermindert sich der Haß.
HENRY THOMAS BUCKLE

Patriotismus ist die Liebe zu den Seinen. Nationalismus ist der Haß auf die anderen.
ROMAIN GARY [1914–1980]; franz. Schriftsteller

Jedes Volk hat die naive Auffassung, Gottes bester Einfall zu sein.
THEODOR HEUSS [1884–1963]; dt. Politiker

Der Nationalismus ist ein Sprudel, in dem jeder andere Gedanke versintert.
KARL KRAUS

Am Chauvinismus ist nicht so sehr die Abneigung gegen die fremden Nationen als die Liebe zur eigenen unsympathisch.
KARL KRAUS

Alle Nationalismen sind Sackgassen. Man versuche, sie in die Zukunft zu projizieren, und man spürt den Widerstand. Sie führen nirgendwohin.
JOSÉ ORTEGA Y GASSET, Aufstand

— Natur

Natur wiederholt ewig in weiterer Ausdehnung denselben Gedanken. Darum ist der Tropfen ein Bild des Meeres.
FRIEDRICH HEBBEL

Unkraut ist die Opposition der Natur gegen die Regierung der Gärtner.
OSKAR KOKOSCHKA
[1886–1980];
österr. Maler und Schriftsteller

Es gibt keinen schöneren Tempel, wo man die Opfer seines Dankes darbringt, als die freie Natur. Und es gibt kein größeres Frevlertum, als sich an ihr zu versündigen.
AUGUST HEINRICH HOFFMANN VON FALLERSLEBEN [1798–1874];
dt. Germanist und Lyriker

Die Natur hat Vollkommenheit, um zu zeigen, daß sie das Abbild Gottes ist, und Mängel, um zu zeigen, daß sie nur das Abbild ist.
BLAISE PASCAL

Die Natur ist ein unendlich geteilter Gott.
SCHILLER, Theosophie des Julius

Keine Gesetze sind unabänderlich als die Gesetze der ewigen Natur; und dieser sind wenige, und sie sind deutlich.
JOHANN GOTTFRIED SEUME

Alles, was wir unter Natur verstehen, ist die Großaufnahme eines Gänseblümchens.
FRANK THIESS

Wir meinen die Natur zu beherrschen, aber wahrscheinlich hat sie sich nur an uns gewöhnt.
KARL HEINRICH WAGGERL

Natürlichkeit

Nichts hindert uns mehr, natürlich zu sein, als das Bestreben, so zu erscheinen.
FRANÇOIS DE LA ROCHEFOUCAULD

Naturwissenschaft

Die Naturwissenschaft ohne Religion ist lahm, die Religion ohne Naturwissenschaft ist blind.
ALBERT EINSTEIN [1879–1955];
amerik. Physiker dt. Herkunft

Jedes Naturgesetz, das sich dem Beobachter offenbart, läßt auf ein höheres, noch unerkanntes schließen.
ALEXANDER VON HUMBOLDT
[1769–1859]; dt. Naturforscher

Die Naturwissenschaft braucht der Mensch zum Erkennen, den Glauben zum Handeln.
MAX PLANCK [1858–1947];
dt. Physiker

Neid

Wie gern wir uns beneiden lassen, beweist fast jede Ansichtskarte, die wir schreiben.
SIGMUND GRAFF

Neid schmälert nicht die Freude des Beneideten, nur die des Neiders.
OLIVER HASSENCAMP

Bewunderung ist glückliche Selbstverlorenheit, Neid unglückliche Selbstbehauptung.
SÖREN KIERKEGAARD

Viele, die in der Politik die Gerechtigkeit beschwören, sprechen in Wahrheit aus Neid.
ANDRÉ KOSTOLANY

Mitleid bekommt man geschenkt. Neid muß man sich verdienen.
ROBERT LEMBKE

* Neid ist des Ruhmes Geleit.
CORNELIUS NEPOS [um 100–um 25 v. Chr.];
röm. Geschichtsschreiber

Aus Mißgunst verzichten wir selbst auf den eigenen Vorteil – sind wir uns nur des Schadens unseres Nächsten gewiß.
ADOLF NOWACZYŃSKI

Der Haß der Größe gegen die Kleinheit ist Ekel, der Haß der Kleinheit gegen die Größe Neid.
ARTHUR SCHNITZLER

Jeder Erfolg, den wir erzielen, verschafft uns einen Feind. Um beliebt zu sein, muß man ein unbedeutender Mensch sein.
OSCAR WILDE

Nestbeschmutzung

Das Nest muß beschmutzt werden! Damit es sauber bleibt.
OLIVER HASSENCAMP

Neu

Für zwei einander ganz entgegengesetzte Dinge sind wir gleich sehr eingenommen: für die Gewohnheit und das Neue.
JEAN DE LA BRUYÈRE

Neu – das ist in der Regel nur, was einer Generation neu vorkommt.
LUDWIG MARCUSE

Die Jugend überschätzt das Neueste, weil sie sich mit ihm gleichaltrig fühlt. Darum ist es ein zweifaches Unglück, wenn das Neueste zu ihrer Zeit schlecht ist.
ROBERT MUSIL

Neugierde

Wenn die Neugier sich auf ernsthafte Dinge richtet, dann nennt man sie Wissensdrang.
MARIE VON EBNER-ESCHENBACH

Neugierde und Eitelkeit sind Schwestern, weil den Menschen alles, was sie mehr als andere wissen, ein Überlegenheitsgefühl verleiht, das sie bei jeder Gelegenheit auszukosten pflegen.
SIGMUND GRAFF

Niederlage

Niederlagen stählen, aber eben nur, wenn es nicht zu viele werden.
WILLY BRANDT, Erinnerungen

Eine stolz getragene Niederlage ist auch ein Sieg.
MARIE VON EBNER-ESCHENBACH

Ohne das Salz der Niederlage sind Siege ungenießbar.
PETER TILLE

Eigene Niederlagen lassen sich auf die Dauer nur vermeiden, indem man sich immer wieder selbst besiegt.
GERD UHLENBRUCK

Nihilismus

Nihilismus als Verneinung von Geschichte, Wirklichkeit, Lebensbejahung ist eine große Qualität, als Realitätsleugnung schlechthin bedeutet er eine Verringerung des Ichs.
GOTTFRIED BENN, Ausdruckswelt

Wer nichts im Leben liebt, weil er die Wahrheit des Lebens verschmäht, schüttet die Quelle seines Schaffens mit Sand zu.
STANISŁAW BRZOZOWSKI

Nonkonformismus

Nur Lebendiges schwimmt gegen den Strom.
KARLHEINZ DESCHNER

Es ist ganz natürlich, daß man anstößt, sobald man der Strömung nicht mehr folgt.
ANDRÉ GIDE, Tagebuch

Nichts ärgert die Menge mehr, als wenn einer sie nötigt, ihre Meinung von ihm zu ändern.
HERMANN HESSE

Nonkonformismus ist die maulende Abhängigkeit von der herrschenden These.
HANS KASPER, Abel

Nichts ist schwerer und nichts erfordert mehr Charakter, als sich in offenem Gegensatz zu seiner Zeit zu befinden und laut zu sagen: Nein.
KURT TUCHOLSKY

Der Weg zu den Quellen geht gegen den Strom.
FRITZ VON UNRUH [1885–1970]; dt. Schriftsteller

Nörgler

Wer Freude hat am Klagen, wird immer was zum Klagen finden.
JEREMIAS GOTTHELF [1797–1854]; schweiz. Erzähler

Es gibt Leute, die nur aus dem Grunde in jeder Suppe ein Haar finden, weil sie, wenn sie davor sitzen, so lange den Kopf schütteln, bis eins hineinfällt.
FRIEDRICH HEBBEL

Leute, die mit ihrer Unzufriedenheit zufrieden sind, nennt man Nörgler.
WERNER MITSCH

Nostalgie

Nichts ist so sehr für die gute alte Zeit verantwortlich wie das schlechte Gedächtnis.
ANATOLE FRANCE [1844–1924]; franz. Schriftsteller

Nostalgie ist die Fähigkeit, darüber zu trauern, daß es nicht mehr so ist, wie es früher nicht gewesen ist.
MANFRED ROMMEL

Null

Die Nullen, folgen sie der Eins, wird eine große Zahl daraus!
FRIEDRICH MARTIN VON BODENSTEDT [1819–1892]; dt. Schriftsteller

Ich stimme mit der Mathematik nicht überein. Ich meine, daß die Summe von Nullen eine gefährliche Zahl ist.
STANISŁAW JERZY LEC

„Einwandfrei“ muß der Mensch sein und die Sache „tadellos“. Einwandfrei aber ist nur die klare, runde, tadellose Null.
WALTER RATHENAU

Nutzen

* Nur vom Nutzen wird die Welt regiert.
SCHILLER, Wallensteins Tod

Oberflächlichkeit

Wer schöne Aussichten braucht, darf keine tiefen Einsichten haben.
KARLHEINZ DESCHNER

Objektivität

Objektivität ist das, wovon wir uns wünschen, daß andere Leute es anderen Leuten gegenüber an den Tag legen
GABRIEL LAUB

Mancher meint, er wäre objektiv, weil er mit seinem rechten und linken Auge dasselbe sieht.
STANISŁAW JERZY LEC

Obrigkeit

Die Herrschenden müssen bewacht werden, nicht die Beherrschten.
FRIEDRICH DÜRRENMATT
[1921–1990]; schweiz. Dramatiker

Zum Umgang von Obrigkeit und rebellierender Jugend: Der Dialog der Sprachlosen ist die Prügelei.
JOHANNES GROSS

Offenheit

Der Hang, von uns selbst zu sprechen und unsere Fehler in einem Licht zu zeigen, das wir für wünschenswert halten, macht einen Teil unserer Offenherzigkeit aus.
FRANÇOIS DE LA ROCHEFOUCAULD

Opfer

Niemand wird so gestreichelt wie das Opferlamm auf dem Weg zur Schlachtbank.
JOHANNES GROSS

Hinter jedem einzelnen, der sich opfert, stehen andere, die opfert er mit – ohne sie zu fragen, ob sie es wollen.
MANÈS SPERBER

Vergiß nicht, daß es besser ist, Opfer zu sein als Henker.
ANTON TSCHECHOW [1860–1904]; russ. Schriftsteller

Opportunismus

Wer sich gezwungen sieht, mit den Wölfen zu heulen, mag sich in reinster Notwehr befinden. Aber ist das ein Grund, hinterher auch mit den Schafen zu blöken?
MARTIN KESSEL, Gegengabe

Wer aus purer Berechnung sich windet und dreht, um es allen Leuten recht zu machen, kann vielleicht im Glauben sein, nach einem gewinnbringenden Rezept zu handeln, in Wirklichkeit erniedrigt er sich nur.
EMIL OESCH, Menschen

Opportunist

Erfahrene Opportunisten schwimmen so mit dem Strom, daß sie später behaupten können, sie wären abgetrieben worden.
OLIVER HASSENCAMP

Opportunisten: Raubvögel, die kriechen.
RUDOLF ROLFS

Opposition

Es ist bezeichnend, daß in der Politik die Regierung handeln, die Opposition aber reden muß, das heißt, die Regierung wenig reden und die Opposition wenig handeln darf.
RALF DAHRENDORF

Man sollte der Opposition stets einen Knochen zum Nagen lassen.
JOSEPH JOUBERT

Opposition ist die Kunst, etwas zu versprechen, was die Regierung nicht halten kann.
HAROLD GEORGE NICOLSON [1886–1968]; brit. Diplomat und Schriftsteller

— Optimismus

Optimismus soll und darf nicht durch Lüge genährt werden, sondern durch die Wahrheit, durch Siegesgewißheit, die über jeden Zweifel erhaben ist.
JULIUS FUČIK

— Optimist

Der Optimist erklärt, daß wir in der besten aller möglichen Welten leben, und der Pessimist fürchtet, daß dies wahr ist.
JAMES BRANCH CABELL [1879–1958]; amerik. Schriftsteller

Sobald ein Optimist ein Licht erblickt, das es gar nicht gibt, findet sich ein Pessimist, der es wieder ausbläst.
GIOVANNI GUARESCHI [1908–1968]; ital. Schriftsteller

Für den Optimisten ist das Leben kein Problem, sondern bereits die Lösung.
MARCEL PAGNOL [1895–1974]; franz. Schriftsteller

Ein Optimist ist jemand, der genau weiß, wie traurig die Welt sein kann, während ein Pessimist täglich neu zu dieser Erkenntnis gelangt.
PETER USTINOV

Optimist: ein Mensch, der die Dinge nicht so tragisch nimmt, wie sie sind.
KARL VALENTIN [1882–1948]; dt. Komiker und Schriftsteller

— Ordnung

*In einem aufgeräumten Zimmer ist auch die Seele aufgeräumt.
ERNST VON FEUCHTERSLEBEN

Aus aller Ordnung entsteht zuletzt Pedanterie; um diese loszuwerden, zerstört man jene, und es geht eine Zeit hin, bis man gewahr wird, daß man wieder Ordnung machen müsse.
GOETHE, Maximen und Reflexionen

Denn alles menschliche Leben, weil zeitlich und gesellschaftlich, kann nur in und durch Institutionen gelebt werden, durch Ordnungen und Regelungen, die ihm Dauer geben und die es auf dauerhafte und übersichtliche Weise verbinden mit dem Leben der anderen Menschen.
HELMUT GOLLWITZER

Ordnung ist ein Durcheinander, an das man sich gewöhnt hat.
ROBERT LEMBKE

Vom höchsten Ordnungssinn ist nur ein Schritt zur Pedanterie.
CHRISTIAN MORGENSTERN

Eine vollkommene Ordnung wäre der Ruin allen Fortschritts und Vergnügens.
ROBERT MUSIL

Ordnung um der Ordnung willen beraubt den Menschen seiner wesentlichen Kräfte.
ANTOINE DE SAINT-EXUPÉRY [1900–1944]; franz. Schriftsteller

Die Gerechtigkeit bringt reine Ordnung, aber man möchte uns gar zu gern jede dumme Ordnung für Gerechtigkeit verkaufen.
JOHANN GOTTFRIED SEUME, Apokryphen

Die Seele jeder Ordnung ist ein großer Papierkorb.
KURT TUCHOLSKY

Originalität

Eine Meinung braucht, um originell zu sein, nicht unbedingt vom allgemein Anerkannten abzuweichen: Wichtig ist nur, daß sie sich ihm nicht anpaßt.
ANDRÉ GIDE, Tagebuch

Die ewig Originellen sind die Todfeinde der Originalität.
HANS KASPER, Abel

Unter den Menschen gibt es viel mehr Kopien als Originale.
PABLO PICASSO [1881–1973]; span. Maler, Graphiker und Bildhauer

Auch im Praktischen ist Originalität unerläßlich; sonst paßt, was man tut, nicht zu dem, was man ist.
ARTHUR SCHOPENHAUER

Wer viel Angst hat, seine Originalität zu bewahren, ist allerdings im Begriff sie zu verlieren.
ROBERT SCHUMANN

Was glänzt, hat kein eigenes Licht.
KARL HEINRICH WAGGERL

P

Paradies

Man muß in seinem Garten einen verbotenen Baum haben. Man muß in seinem Leben etwas haben, das man nicht berühren darf. Das ist das Geheimnis, wie man auf immer jung und glücklich bleibt.
GILBERT K. CHESTERTON

Das Paradies pflegt sich erst dann als Paradies zu erkennen zu geben, wenn wir aus ihm vertrieben sind.
HERMANN HESSE

Partei

* Partei ist organisierte Meinung.
BENJAMIN DISRAELI [1804–1881]; brit. Politiker

Ich bin grundsätzlich gegen alle Parteien. Als Demokrat wähle ich natürlich eine, aber nur im Sinne vom kleineren Übel.
WERNER FINCK

Wer sich nicht mit Politik befaßt, hat die politische Parteinahme, die er sich sparen möchte, bereits vollzogen: Er dient der herrschenden Partei.
MAX FRISCH, Tagebuch 1946–1949

Die Parteien, gleich welcher Art, haben heute die Funktion, den Bürgern den Willen des Staates zu übermitteln und nicht umgekehrt.
ANDRÉ GORZ

Parteiprogramm

Die Vorstellung, daß ein politisches Programm als Religionsersatz diene, war mir allerdings ebenso fremd wie die Unterstellung, eine Partei könne als ganze christlich sein.
WILLY BRANDT, Erinnerungen

Wenn alte Parteien von Zeit zu Zeit ihr Programm revidieren, erinnern sie an Greise, die von Zeit zu Zeit

den Friseur aufsuchen und von ihm modern zugeschnitten zurückkehren.
SIGMUND GRAFF

Pathos

Warum ein Greis, der sich das revolutionäre Pathos erhalten hat, bestenfalls liebenswert erscheint, aber nicht überzeugt: Die Jüngeren rechnen nicht damit, daß ihre Sprechweise sich einmal, gemessen an ihrer Geschichte, als Pathos entlarvt.
MAX FRISCH, Tagebuch 1966–1971

Patriotismus

Der beste Untertan ist nicht der beste Patriot. Wir sind Patrioten, wenn wir in unserem Lande die Freiheit des einzelnen sichern, wenn wir die Demokratie auch im Wirtschaftlichen und Sozialen durchsetzen helfen.
WILLY BRANDT

Patriotismus ist die Liebe zu den Seinen. Nationalismus ist der Haß auf die anderen.
ROMAIN GARY [1914–1980];
franz. Schriftsteller

Der Patriotismus in Deutschland ist so furchtbar, weil er grundlos ist.
MAX HORKHEIMER [1895–1973];
dt. Soziologe und Philosoph

Pedant

Nichts ist imstande, ein derartiges Chaos hervorzurufen wie eine Gruppe von Pedanten.
WIESŁAW BRUDZIŃSKI

Pedanterie

Das Kleine in einem großen Sinne behandeln, ist Hoheit des Geistes; das Kleine für groß und wichtig halten, ist Pedantismus.
ERNST VON FEUCHTERSLEBEN

Aus aller Ordnung entsteht zuletzt Pedanterie; um diese loszuwerden, zerstört man jene, und es geht eine Zeit hin, bis man gewahr wird, daß man wieder Ordnung machen müsse.
GOETHE, Maximen und Reflexionen

Vom höchsten Ordnungssinn ist nur ein Schritt zur Pedanterie.
CHRISTIAN MORGENSTERN

Persönlichkeit

Es gibt Menschen, die ihre Persönlichkeit aufgeben, damit ihre Person zur Geltung kommt.
FRIEDL BEUTELROCK

Als das eigentlich Wertvolle im menschlichen Getriebe empfinde ich nicht den Staat, sondern das schöpferische und fühlende Individuum, die Persönlichkeit: Sie allein schafft das Edle und Sublime.
ALBERT EINSTEIN
[1879–1955];
amerik. Physiker dt. Herkunft

Eine Sache gewinnt oder verliert durch den Mann, der sich für sie einsetzt, auch ein Gedanke und eine Meinung.
GERHART HAUPTMANN

Persönlichkeit ist, was übrigbleibt, wenn man Ämter, Orden und Titel von einer Person abzieht.
WOLFGANG HERBST

Für seine Handlungen sich allein verantwortlich fühlen und allein ihre Folgen, auch die schwersten, tragen, das macht die Persönlichkeit aus.
RICARDA HUCH [1864–1947]; dt. Schriftstellerin

Das Große ist nicht, dies oder das zu sein, sondern man selbst zu sein.
SÖREN KIERKEGAARD

Viele Menschen hinterlassen Spuren; nur wenige hinterlassen Eindrücke.
WERNER MITSCH

Stehenbleiben: es wäre der Tod; nachahmen: es ist schon eine Art von Knechtschaft; eigene Ausbildung und Entwicklung: das ist Leben und Freiheit.
LEOPOLD VON RANKE [1795–1886]; dt. Historiker

Die Welt in ihrer lebendigen Wirklichkeit ist das Reich der menschlichen Persönlichkeit und nicht des Verstandes, der, mag er noch so nützlich und groß sein, doch nicht der Mensch selbst ist.
RABINDRANATH TAGORE

— Pessimismus

An den Pessimismus gewöhnt man sich zuletzt wie an ein zu enges Sakko, das sich nicht mehr ändern läßt.
ANDRÉ GIDE [1869–1951]; franz. Schriftsteller

Pessimismus hat auf der Erde kein Recht. Wer freiwillig am Leben bleibt, erklärt sich einverstanden, zufrieden, mitschuldig.
WALTER RATHENAU

— Pessimist

Der Optimist erklärt, daß wir in der besten aller möglichen Welten leben, und der Pessimist fürchtet, daß dies wahr ist.
JAMES BRANCH CABELL [1879–1958]; amerik. Schriftsteller

Sobald ein Optimist ein Licht erblickt, das es gar nicht gibt, findet sich ein Pessimist, der es wieder ausbläst.
GIOVANNI GUARESCHI [1908–1968]; ital. Schriftsteller

Pessimisten haben den Vorteil, daß sie seltener enttäuscht werden.
ROBERT LEMBKE

Pessimisten sind die wahren Lebenskünstler, denn nur sie erleben angenehme Überraschungen.
MARCEL PROUST [1871–1922]; franz. Schriftsteller

Ein Mensch wird „Pessimist" geschmäht,
der düster in die Zukunft späht.
Doch scheint dies Urteil wohl zu hart:
Die Zukunft ist's, die düster starrt.
EUGEN ROTH

Ein Pessimist ist ein Mensch, der sich über schlechte Erfahrungen freut, weil sie ihm recht geben!
HEINZ RÜHMANN [* 1902]; dt. Schauspieler

Ein Optimist ist jemand, der genau weiß, wie traurig die Welt sein kann, während ein Pessimist täglich neu zu dieser Erkenntnis gelangt.
PETER USTINOV

— Pfeife

Eine Zigarette ist wie ein rascher

Flirt, eine Zigarre wie eine anspruchsvolle Geliebte, die Pfeife aber ist wie eine Ehefau.
MICHAEL ENDE [* 1929];
dt. Schriftsteller

— Pflicht

Man tut nie, was man will, sondern was man muß. Wollen ist ein Euphemismus für müssen.
KARLHEINZ DESCHNER

Alles Große in unserer Welt geschieht nur, weil jemand mehr tut, als er muß.
HERMANN GMEINER [1919–1986];
österr. Sozialpädagoge

* Was aber ist deine Pflicht? Die Forderung des Tages.
GOETHE, Maximen und Reflexionen

Pflichten entstehen daraus, daß man nicht beizeiten nein sagt.
WOLFGANG HERBST

Unser Recht ist ein Recht auf die Möglichkeit der Pflichterfüllung, ein Recht, unsere Pflicht zu tun – und deshalb ist es umgekehrt Pflicht, unser Recht zu wahren.
GUSTAV RADBRUCH

— Phantasie

Die Phantasie tröstet die Menschen über das hinweg, was sie nicht sein können, und der Humor über das, was sie tatsächlich sind.
ALBERT CAMUS [1913–1960];
franz. Schriftsteller

Eines Tages werden Maschinen vielleicht nicht nur rechnen, sondern auch denken. Mit Sicherheit aber werden sie niemals Phantasie haben.
THEODOR HEUSS [1884–1963];
dt. Politiker

Phantasie ist etwas, was sich manche Leute gar nicht vorstellen können.
GABRIEL LAUB

Phantasie ist jene Kunst, die den Gedanken Körper schafft.
HANS LOHBERGER

Phantasie haben heißt nicht, sich etwas ausdenken; es heißt, sich aus den Dingen etwas machen.
THOMAS MANN

Phantasie ist das eigentlich Schöpferische im Menschen, der Überfluß, der die Schönheit des Lebens ausmacht.
WALTER MUSCHG [1898–1965];
schweiz. Literarhistoriker

Sich etwas ausdenken, ausdenken können: bedeutet in der Volkssprache Phantasie, Phantasie haben und wird hochgeschätzt. Erst der Gebildete trennt zwischen Denken und Leben, und der Halbgebildete hat die Diskriminierung des Denkens aufgebracht.
ROBERT MUSIL

Es ist lange her, daß sich die menschliche Phantasie die Hölle ausgemalt hat, aber erst durch ihre jüngst erworbenen Fertigkeiten ist sie in die Lage versetzt worden, ihre einstigen Vorstellungen zu verwirklichen.
BERTRAND RUSSELL, Moral

Die Phantasie ist die schönste Tochter der Wahrheit, nur etwas lebhafter als die Mama.
CARL SPITTELER [1845–1924];
schweiz. Schriftsteller

— Philosoph

So ist der Satz Thomas Manns, daß Schriftsteller Leute seien, denen das Schreiben schwerer fällt als anderen, auch dahin variierbar, daß Philosophen das Denken schwerer fällt als anderen.
ERNST BLOCH

Philosophen sind, entgegen einem weitverbreiteten Urteil, nicht Feuerwehrleute zur Löschung „brennender" Probleme, sondern Brandstifter.
HANS KUDSZUS

Ein Philosoph ist, unter anderem, auch ein Mann, der nie um Argumente verlegen ist.
LUDWIG MARCUSE

Die Philosophen haben die Welt nur verschieden interpretiert; es kommt aber darauf an, sie zu verändern.
KARL MARX

— Philosophie

Gewißheit gibt allein die Mathematik. Aber leider streift sie nur den Oberrock der Dinge. Wer je ein gründliches Erstaunen über die Welt empfunden, will mehr. Er philosophiert.
WILHELM BUSCH, An Marie Anderson

Die Philosophie schweigt, wo die Gerechtigkeit den Verstand verliert.
DENIS DIDEROT, Gespräche

Wer meint alles zu durchschauen, philosophiert nicht mehr.
KARL JASPERS

Philosophie ist oft nicht mehr als der Mut, in einen Irrgarten einzutreten. Wer aber dann auch die Eingangspforte vergißt, kann leicht in den Ruf eines selbständigen Denkers kommen.
KARL KRAUS

Alle Spekulation, vielleicht alles Philosophieren ist nur ein Denken in Spiralen; wir kommen wohl höher, aber nicht eigentlich weiter, und dem Zentrum der Welt bleiben wir immer gleich fern.
ARTHUR SCHNITZLER

In der Jugend herrscht die Anschauung, im Alter das Denken vor. Daher ist jene die Zeit für Poesie, dieses mehr für Philosophie.
ARTHUR SCHOPENHAUER

Die Philosophie hat sich als der Weg erwiesen, sehr nahe mit der Wahrheit zu verkehren, ohne mit ihr sich einzulassen.
HERMANN SCHWEPPENHÄUSER

Philosophie ist die Wissenschaft, über die man nicht reden kann, ohne sie selbst zu betreiben.
CARL FRIEDRICH VON WEIZSÄCKER, Einheit

— Phrase

*Getretener Quark wird breit, nicht stark.
GOETHE, Buch der Sprüche

Das Schlagwort ist eine Idee auf dem Wege zur Phrase.
ROLF HALLER

Die großen Dinge haben einen tödlichen Feind: die großen Worte.
HANS KRAILSHEIMER

Wenn die Menschheit keine Phra-

sen hätte, bräuchte sie keine Waffen.
KARL KRAUS

Am Anfang war das Wort – am Ende die Phrase.
STANISŁAW JERZY LEC

Manche Wahrheiten liegen unter falschen Beweisen, sogar unter Phrasen begraben.
LUDWIG MARCUSE

— Plagiat

Über Plagiate sollte man sich nicht ärgern. Sie sind wahrscheinlich die aufrichtigsten aller Komplimente.
THEODOR FONTANE
[1819–1898];
dt. Schriftsteller

— Plan

Je planmäßiger die Menschen vorgehen, desto wirksamer vermag sie der Zufall zu treffen.
FRIEDRICH DÜRRENMATT
[1921–1990]; schweiz. Dramatiker

Man sollte die Dinge so nehmen, wie sie kommen. Aber man sollte dafür sorgen, daß die Dinge so kommen, wie man sie nehmen möchte.
CURT GOETZ [1888–1960];
dt. Schriftsteller

— Planwirtschaft

Staatliche Planwirtschaft ist wie ein prachtvoller Baum mit weit ausladender Krone. Aber in seinem Schatten wächst nichts.
HAROLD MACMILLAN [1894–1986];
brit. Politiker

— Platitüde

Wer dauernd Endgültiges zu sagen bemüht ist, der kommt über Platitüden nicht hinaus.
GÜNTER GRASS [* 1927];
dt. Schriftsteller

— Platonische Liebe

Platonische Liebe kommt mir vor wie ein ewiges Zielen und Niemals-Losdrücken.
WILHELM BUSCH, Sprikker

— Poesie

Poesie ist Dynamit für alle Ordnungen dieser Welt.
HEINRICH BÖLL, Dritte Wuppertaler Rede

* Poesie ist die Muttersprache des menschlichen Geschlechts.
JOHANN GEORG HAMANN, Kreuzzüge

Die Urneigung des Menschen ist die Poesie, aus ihr ist die Liturgie, sind die Psalmen entstanden, und auch der Inhalt der Religionen.
PABLO NERUDA

Die Poesie heilt die Wunden, die der Verstand schlägt.
NOVALIS, Schriften

Die Poesie ist Enthüllung, weil sie Kritik ist: Sie schließt auf, deckt auf, bringt das Verborgene zum Vorschein – die geheimen Leidenschaften, die nächtliche Seite der Dinge, die Kehrseite der Zeichen.
OCTAVIO PAZ, Essays I

Das Poetische ist nicht etwas Gegebenes, das sich von seiner Geburt an im Menschen befindet, sondern etwas, das der Mensch schafft und

das umgekehrt den Menschen schafft.
OCTAVIO PAZ, Essays II

Die Poesie der Alten war die des Besitzes, die unsrige ist die der Sehnsucht.
AUGUST WILHELM SCHLEGEL, Über dramatische Kunst und Literatur

Poesie ist zur Rarität verpflichtet; Sachlichkeit kann sich Wiederholungen leisten.
WOLFDIETRICH SCHNURRE, Schattenfotograf

Politik

Wenn man in der Politik Erfolg haben will, muß man ganz genau wissen, welche Dinge man im Gedächtnis behalten und welche man vergessen muß.
HANS APEL [* 1932]; dt. Politiker

Die Politik ist keine Wissenschaft, wie viele der Herren Professoren sich einbilden, sondern eine Kunst.
OTTO VON BISMARCK [1815–1898]; dt. Reichskanzler 1871–1890

* Politik ist die Kunst des Möglichen.
OTTO VON BISMARCK [1815–1898]; dt. Reichskanzler 1871–1890

Politik ist weder eine Wissenschaft noch eine Kunst, sie ist nicht einmal ein Handwerk, sie ist ein von Tag zu Tag sich neu orientierender Pragmatismus, der bemüht sein muß, die Macht und deren Möglichkeiten übereinanderzubringen.
HEINRICH BÖLL

Von Politik versteht nur der etwas, der jeweils die Möglichkeit hat, seine Vorstellungen von der zu machenden Politik zu realisieren, also der, der an der Macht ist.
HEINRICH BÖLL

Staaten führen nun einmal Politik auf Grund ihrer Interessen, selbst wenn sie diese nicht immer richtig beurteilen.
WILLY BRANDT, Frieden

Politik: es gibt keine Hoffnung, an die wir uns schließlich nicht doch gewöhnen können.
WIESŁAW BRUDZIŃSKI

Politik ist die Kunst, für viele möglichst wenig und für wenige möglichst viel zu tun.
KARLHEINZ DESCHNER

Wer sich nicht mit Politik befaßt, hat die politische Parteinahme, die er sich sparen möchte, bereits vollzogen: Er dient der herrschenden Partei.
MAX FRISCH, Tagebuch 1946–1949

Die Planierraupe der Politik ist die Vereinfachung. Man vereinfacht die Dinge, um sie zu verdeutlichen oder zu verdunkeln.
SIGMUND GRAFF

Politik sollte Sache der Besten sein. Schon die zweite Garnitur ist ihr nicht mehr gewachsen.
OLIVER HASSENCAMP

Aus meiner Erfahrung kann ich nur sagen: Politik ist nicht die Kunst des Möglichen, sondern des Unmöglichen.
VÁCLAV HAVEL [* 1936]; tschechoslowak. Schriftsteller u. Politiker

Politik ist die Kunst, die Menge zu leiten: nicht wohin sie gehen will, sondern wohin sie gehen soll.
JOSEPH JOUBERT

Das Recht muß nie der Politik, wohl aber die Politik jederzeit dem Recht angepaßt werden.
Immanuel Kant

Nur an sich und an das Gegenwärtige denken ist die Quelle der Fehlgriffe in der Staatskunst.
Jean de La Bruyère

Demokratie, das bedeutet Herrschaft der Politik; Politik, das bedeutet ein Minimum von Sachlichkeit.
Thomas Mann

Politik ist unblutiger Krieg, und Krieg ist blutige Politik.
Mao Tse-tung

Tatsächlich und normalerweise gelten neun Zehntel der politischen Tätigkeit den wirtschaftlichen Aufgaben des Augenblicks, der Rest den wirtschaftlichen Aufgaben der Zukunft.
Walter Rathenau

Die Kunst der Politik besteht häufig darin, heiße Eisen mit fremden Fingern anzufassen.
Manfred Rommel

Politik ist die Bestimmung des Verhältnisses der Menschen zum Staat. Politik ist aber auch der richtige, vom erkennenden Verstande und der Sorge um die anvertrauten Menschen inspirierte Umgang mit der Macht.
Carlo Schmid

Wissenschaft von der Politik ist eine Kulturwissenschaft und keine Naturwissenschaft, denn alle politische Wirklichkeit ist nur als menschliche Wirksamkeit zu erklären, zu verstehen und zu rechtfertigen.
Carlo Schmid

Der Endzweck aller Kultur ist es, das, was wir „Politik" nennen, überflüssig, jedoch Wissenschaft und Kunst der Menschheit unentbehrlich zu machen.
Arthur Schnitzler

„Realpolitik" besagt, daß Politik nicht real ist.
Wolfdietrich Schnurre, Schattenfotograf

Politik: das einzige Gebiet, auf dem der Charakter eines Menschen dessen Karriere nicht im Wege steht.
Henning Venske

Jeder von uns hätte etwas anderes zu tun. Das Leben hat Konjunktur. Die Politik ist eine schon fast schmerzliche Einschränkung auf einen Ausschnitt. Aber was in diesem Ausschnitt passiert, ist leider das Wichtigste.
Martin Walser [* 1927]; dt. Schriftsteller

Politik bedeutet ein starkes, langsames Durchbohren von harten Brettern mit Leidenschaft und Augenmaß zugleich.
Max Weber

Nur wer sicher ist, daß er daran nicht zerbricht, wenn die Welt, von seinem Standpunkt aus gesehen, zu dumm oder zu gemein ist für das, was er ihr bieten will, daß er all dem gegenüber: „dennoch!" zu sagen vermag, nur der hat den „Beruf" zur Politik.
Max Weber

Wer Politik treibt, erstrebt Macht: Macht entweder als Mittel im Dienst anderer Ziele (idealer oder egoistischer) – oder Macht „um ihrer selbst willen": um das Prestige-

gefühl, das sie gibt, zu genießen.
MAX WEBER

Der Politik ist eine bestimmte Form der Lüge fast zwangsläufig zugeordnet: das Ausgeben des für eine Partei Nützlichen als das Gerechte.
CARL FRIEDRICH VON WEIZSÄCKER, Einheit

Wer nicht diese Anstrengung macht, gleichzeitig die Sicherheit im Handeln zu zeigen und die Unsicherheit im Denken als die wahre Sicherheit des bewußten Menschen zu praktizieren, der wird nicht sinnvoll Politik treiben können.
CARL FRIEDRICH VON WEIZSÄCKER, Einheit

Wahrhaftigkeit und Politik wohnen selten unter einem Dach.
STEFAN ZWEIG [1881–1942]; österr. Schriftsteller

Politiker

Das Charakteristische des Politikers ist nicht, daß er für eine Partei agitiert, sondern daß er für jede agitieren könnte.
KARLHEINZ DESCHNER

Realpolitiker nennt sich ein Politiker, der sich anschickt, von anderen etwas zu verlangen, dessen er sich insgeheim schämt.
ROLF HALLER

Die größte Spekulation der Welt wäre es, einen Politiker zu dem Wert einzukaufen, den er hat und ihn zu dem Wert zu verkaufen, den er sich selbst einräumt.
ANDRÉ KOSTOLANY

Die entscheidenden Fragen sind alle ganz einfach. Wenn sie für die Politiker nicht einfach sind, sehen sie das Problem nicht, oder sie haben alles absichtlich kompliziert gemacht.
HANS A. PESTALOZZI, Auf die Bäume

Es gibt Politiker, die das, was sie sagen, glauben. Und es gibt solche, die das, was sie sagen, nicht glauben. Erstere sind gefährlich.
MANFRED ROMMEL

Die meisten Politiker kommen zu ihrer Führerstellung, weil sie den Leuten weismachen, Führer seien von uneigennützigen Wünschen beseelt.
BERTRAND RUSSELL, Moral

Als ich jung war, glaubte ich, ein Politiker müsse intelligent sein. Jetzt weiß ich, daß Intelligenz wenigstens nicht schadet.
CARLO SCHMID

Politiker rechnen so sehr mit der Stimme des Wählers, daß sie nicht dazukommen, sie zu hören.
WERNER SCHNEYDER

Politisches Bewußtsein

In zahlreichen Fällen hat das politische Befinden sich ergeben aus der natürlichen Revolte gegen die Vater-Macht; ist der Vater begraben, so zeigt sich erst, wieweit dieses politische Befinden tatsächlich der eignen Konstitution entspricht, d. h., wieweit es je ein politisches Befinden gewesen ist.
MAX FRISCH, Tagebuch 1966–1971

Nicht die richtige politische Einstellung zu haben, ist das gleiche, als habe man keine Seele.
MAO TSE-TUNG

— Popularität

Wer in die Öffentlichkeit tritt, hat keine Nachsicht zu erwarten und keine zu fordern.
MARIE VON EBNER-ESCHENBACH

— Populismus

Die Planierraupe der Politik ist die Vereinfachung. Man vereinfacht die Dinge, um sie zu verdeutlichen oder zu verdunkeln.
SIGMUND GRAFF

— Positiv

Positiv nennt man hier den, der richtige Fragen mit falschen Antworten zudeckt.
HELMUT ARNTZEN

— Praxis

Es ist nicht genug zu wissen, man muß auch anwenden.
GOETHE, Wilhelm Meisters Wanderjahre III

Der Einfall ist ein Schritt mit dem Siebenmeilenstiefel, die Ausführung der Weg zurück zu Fuß.
PETER TILLE

— Predigt

Der Prediger steige auf die Kanzel, öffne seinen Mund, höre aber auch wieder auf.
MARTIN LUTHER

— Presse

* Die Presse – Druckerschwärze auf Papier.
OTTO VON BISMARCK [1815–1898]; dt. Reichskanzler 1871–1890

* Die Presse ist die Artillerie der Freiheit.
HANS-DIETRICH GENSCHER [* 1927]; dt. Politiker

Die Presse muß die Freiheit haben, alles zu sagen, damit gewisse Leute nicht die Freiheit haben, alles zu tun.
ALAIN PEYREFITTE [* 1925]; franz. Politiker

Presse: die Möglichkeit, Dinge zu verschweigen, indem man andere druckt.
RUDOLF ROLFS

Die Presse hat nur einen absolut einwandfrei ehrlichen Teil: den Inseratenteil.
KURT TUCHOLSKY

Presse – psychopathische Papierverschwendung, in der es darauf ankommt, Gott wenigstens zu interviewen, wenn man schon nicht weiß, wo er wohnt.
HENNING VENSKE

In früheren Zeiten bediente man sich der Folter. Heutzutage bedient man sich der Presse.
OSCAR WILDE

— Pressefreiheit

Freiheit des Wortes: Ihr sagt, was ihr wollt – wir machen, was wir wollen.
GABRIEL LAUB

Die gefährlichsten Feinde der Pressefreiheit sind Journalisten, die sie mißbrauchen.
ROBERT LEMBKE

Pressefreiheit: Jeder Journalist darf schreiben, was er will. Das heißt noch nicht, daß es gedruckt wird.
RUDOLF ROLFS

___ Priester

Ich höre so viel Gutes von Euch, als man von einem Geistlichen sagen kann, das heißt: Ihr treibt Euer Amt still und mit nicht mehr Eifer, als nötig ist, und seid ein Feind von Controversen.
GOETHE, Brief des Pastors

Nicht Gott streitet, nur die Priester.
THOMAS NIEDERREUTHER

Der Arzt sieht den Menschen in seiner ganzen Schwäche, der Advokat in seiner ganzen Schlechtigkeit und der Priester in seiner ganzen Dummheit.
ARTHUR SCHOPENHAUER,
Psychologische Bemerkungen

___ Prinzip

Wer Grundsätze hat, darf auch einmal einen fallen lassen.
OTTO FLAKE

Man kann Prinzipien aufstellen wie Wegweiser. Oder wie Galgen.
HANS KASPER, Abel

Prinzipien haben ist gut, Prinzipien beachten ist besser.
MANFRED ROMMEL

Mir sind Menschen lieber als Prinzipien, und Menschen ohne Prinzipien sind mir lieber als sonst etwas auf der Welt.
OSCAR WILDE

___ Privileg

Der größte Feind des Rechtes ist das Vorrecht.
MARIE VON EBNER-ESCHENBACH

Auf Rechte ist niemand stolz, sondern auf Vorrechte.
JEAN PAUL

Privilegien aller Art sind das Grab der Freiheit und Gerechtigkeit.
JOHANN GOTTFRIED SEUME,
Spaziergang

Wer das erste Privilegium erfunden hat, verdient vorzugsweise so lange im Fegefeuer in Öl gesotten oder mit Nesseln gepeitscht zu werden, bis das letzte Privilegium vertilgt ist.
JOHANN GOTTFRIED SEUME,
Apokryphen

___ Probleme

Menschen tragen mehr oder weniger Konfliktstoff mit sich. Wer Schwierigkeiten macht, hat sie auch.
EMIL OESCH, Menschen

Es ist weniger schwierig, Probleme zu lösen, als mit ihnen zu leben.
PIERRE TEILHARD DE CHARDIN
[1881–1955]; franz. Paläontologe, Anthropologe und Philosoph

___ Prominente

Prominente sind Menschen, die sich sehr bemühen, ihr Inkognito zu wahren, und die sehr enttäuscht sind, wenn das gelingt.
VICTOR DE KOWA [1904–1973];
dt. Schauspieler

___ Propaganda

Die Behauptung, der volle Bauch studiere nicht gern, ist durchsichtige Propaganda für den leeren Magen.
HELMUT ARNTZEN

Ein guter Propagandist kann sogar mit Hilfe der Wahrheit überzeugen.
WIESŁAW BRUDZIŃSKI

Propaganda ist die Kunst, den Teufel mit zwei gesunden Füßen zu fotografieren.
HANS KASPER, Revolutionäre

Das Geheimnis des Agitators ist, sich so dumm zu machen, wie seine Zuhörer sind, damit sie glauben, sie seien so gescheit wie er.
KARL KRAUS

___ Prophet

Wer prophezeien will, braucht nur zurückzuschauen.
KARLHEINZ DESCHNER

Ein Prophet ist ein solcher Kranker, dem der gesunde, gute, wohltätige Sinn für die Selbsterhaltung, der Inbegriff aller bürgerlichen Tugenden, verlorengegangen ist.
HERMANN HESSE

___ Provinz

Provinz ist keine Landschaft, sondern ein Zustand.
MANFRED ROMMEL

Eine Kleinstadt ist eine Stadt, in der die wichtigsten Lokalnachrichten nicht gedruckt, sondern gesprochen werden.
JACQUES TATI [1907–1982]; franz. Schauspieler und Regisseur

___ Prüderie

Prüde Leute haben eine schmutzige Phantasie.
JONATHAN SWIFT

___ Prüfung

In Prüfungen stellen Narren Fragen, die Weise nicht beantworten können.
OSCAR WILDE

___ Psychoanalyse

Psychoanalyse ist jene Geisteskrankheit, für deren Therapie sie sich hält.
KARL KRAUS

Psychoanalyse: Man versteht sich hinterher nicht besser, aber man weiß warum.
WERNER MITSCH

___ Publikum

Unsere Zuschauer müssen nicht nur hören, wie man den gefesselten Prometheus befreit, sondern auch sich in der Lust schulen, ihn zu befreien.
BERTOLT BRECHT, Politik auf dem Theater

Wenn ich so die kleinen Dampfer die riesigen Kähne vorüberschleppen sehe, muß ich immer an den Dichter und das Publikum denken.
CHRISTIAN MORGENSTERN

Die Entscheidung darüber, was genial und was nicht, hat natürlich nicht der Betreffende, nicht der Künstler, sondern der Beschauer des Kunstwerks.
OSKAR PANIZZA

Jeder einzelne im Publikum mag ein Depp sein, zusammen sind diese Leute aber ein Genie.
VOLKER SCHLÖNDORFF [* 1939]; dt. Filmregisseur

___ Pünktlichkeit

* Pünktlichkeit ist die Höflichkeit der Könige.
LUDWIG XVIII., König von Frankreich [1814–1824]

Er kam prinzipiell zu spät, da sein

Grundsatz lautete, Pünktlichkeit stehle einem die Zeit.
OSCAR WILDE

Q

Qual

Die unerträglichste Qual wird durch die Verlängerung des größten Vergnügens hervorgerufen.
GEORGE BERNARD SHAW

Qualität

Lieber weniger, aber besser.
WLADIMIR ILJITSCH LENIN [1870–1924]; russ.-sowjet. Politiker

Qualität ist kein Zufall. Es gehören Intelligenz und Wille dazu, um ein Ding besser zu machen.
JOHN RUSKIN [1819–1900]; brit. Schriftsteller, Kunstkritiker und Sozialphilosoph

R

Rache

Die Strafe, die züchtigt, ohne zu verhüten, heißt Rache.
ALBERT CAMUS [1913–1960]; franz. Schriftsteller

Radikal

Radikal sein ist die Sache an der Wurzel fassen.
KARL MARX

Ratschlag

So gut es ist, sich den guten Ratschlägen zu unterwerfen, so gefährlich ist es, sich den guten Ratgebern zu unterwerfen.
BERTOLT BRECHT, Buch der großen Methode

Bisweilen gehört nicht weniger Klugheit dazu, auf einen guten Rat zu hören, als sich selbst einen solchen zu geben.
FRANÇOIS DE LA ROCHEFOUCAULD

Mit nichts ist man so freigebig wie mit seinen Ratschlägen.
FRANÇOIS DE LA ROCHEFOUCAULD

Anderen etwas Unbequemes zu empfehlen ist immer wesentlich leichter, als es selber zu tun. Deshalb ist unsere Welt zwar reich an guten Ratschlägen, aber wesentlich ärmer an denen, die sie befolgen.
MANFRED ROMMEL

Wie kann man erwarten, daß die Menschheit guten Rat annimmt, wenn sie nicht einmal auf Warnungen hört?
JONATHAN SWIFT

Kein Mensch nimmt guten Rat an, aber jeder nimmt gern Geld; also ist Geld besser als guter Rat.
JONATHAN SWIFT

Ratschläge sind wie abgetragene Kleider: Man benützt sie ungern, auch wenn sie passen.
THORNTON WILDER

— Raucher

Toleranz kann man von den Rauchern lernen. Noch nie hat sich ein Raucher über einen Nichtraucher beschwert.
SANDRO PERTINI [1896–1990]; ital. Politiker

— Raumfahrt

Wir sind Zeugen des Mondfluges. Hätte es nichts gegeben als dies: unsere Generation wäre ausgezeichnet vor allen anderen Generationen.
HANS KASPER, Verlust

— Realist

Der „Realist" ist insofern naiv, als er nicht zur Kenntnis nimmt, daß wir alle nicht „in der Welt" leben, sondern nur in dem Bild, das wir uns von der Welt machen.
HOIMAR VON DITFURTH

— Recht

Recht ist, was der Freiheit dient.
THOMAS DEHLER [1897–1967]; dt. Politiker

Das Recht des Stärkeren ist das stärkste Unrecht.
MARIE VON EBNER-ESCHENBACH

Es gibt ein Recht des Weiseren, nicht ein Recht des Stärkeren.
JOSEPH JOUBERT

Das Recht muß nie der Politik, wohl aber die Politik jederzeit dem Recht angepaßt werden.
IMMANUEL KANT

Das Recht ist eine Gewalt, die der Gewalt das Recht streitig macht.
HANS KUDSZUS

Das Recht ist angewandte Macht.
HANS LOHBERGER

Unser Recht ist ein Recht auf die Möglichkeit der Pflichterfüllung, ein Recht, unsere Pflicht zu tun – und deshalb ist es umgekehrt Pflicht, unser Recht zu wahren.
GUSTAV RADBRUCH

Recht ist das Ergebnis von Pflichten. Pflicht ist das Recht anderer auf uns.
OSWALD SPENGLER, Gedanken

— Rechthaberei

Je höher die Rechthaberei in einem Menschen steigt, desto seltener hat er recht, das heißt, desto seltener stimmen seine Aussagen und Behauptungen mit der Wahrheit überein.
JOHANN HEINRICH PESTALOZZI, Schriften

— Rechtsstaat

Demokratie ist gewiß ein preisenswertes Gut, Rechtsstaat ist aber wie das tägliche Brot, wie Wasser zum Trinken und wie Luft zum Atmen, und das Beste an der Demokratie gerade dieses, daß nur sie geeignet ist, den Rechtsstaat zu sichern.
GUSTAV RADBRUCH

— Rede

Besonders wenn wir durch unsere Rede überzeugen wollen, ist es unumgänglich, daß wir unsere Meinung mit der inneren Glut vortragen, die von echter Überzeugung gespeist wird.
DALE CARNEGIE

Am meisten Vorbereitung kosten

mich immer meine spontan gehaltenen, improvisierten Reden.
WINSTON CHURCHILL [1874–1965]; brit. Staatsmann

Eine gute Rede soll das Thema erschöpfen, nicht die Zuhörer.
WINSTON CHURCHILL [1874–1965]; brit. Staatsmann

Was fängt man mit den zu Tode geredeten Worten an? Es bleibt wohl nur eines: immer einfacher zu sprechen, denn die Einfachheit widersteht der Zerstörung.
ROMANO GUARDINI [1885–1968]; dt. kath. Religionsphilosoph und Theologe ital. Herkunft

Es genügt nicht, daß man zur Sache spricht: man muß zu den Menschen sprechen.
STANISŁAW JERZY LEC

Eine gute Rede hat einen guten Anfang und ein gutes Ende – und beide sollten möglichst dicht beieinander liegen.
MARK TWAIN

Das menschliche Gehirn ist eine großartige Sache. Es funktioniert bis zu dem Zeitpunkt, wo du aufstehst, um eine Rede zu halten.
MARK TWAIN

Die Rede ist eine Zwiesprache, bei der einer spricht und die anderen hörend mitreden. Wer dieses hörende Mitreden nicht begreift, ist nicht rednerisch veranlagt.
FRIEDRICH NAUMANN [1860–1919]; ev. Pfarrer, Publizist und Politiker

Nichts ist einfacher als sich schwierig auszudrücken, und nichts ist schwieriger als sich einfach auszudrücken.
KARL HEINRICH WAGGERL

Redner

Ein guter Redner muß etwas vom Dichter haben, darf es also mit der Wahrheit nicht ganz mathematisch genau nehmen.
OTTO VON BISMARCK [1815–1898]; dt. Reichskanzler 1871–1890

Menschen durch das gesprochene Wort zu fesseln, gibt ein Gefühl der Stärke, der Macht.
DALE CARNEGIE

*Allein der Vortrag macht des Redners Glück.
GOETHE, Faust I

Es gibt Festredner, Anklageredner, Entschuldigungsredner, Hetzredner und Besänftigungsredner. Am häufigsten sind die Drumherumredner.
SIGMUND GRAFF

Ob sich Redner darüber klar sind, daß 90 Prozent des Beifalls, den sie beim Zusammenfalten des Manuskripts entgegennehmen, ein Ausdruck der Erleichterung ist?
ROBERT LEMBKE

Eines guten Redners Amt oder Zeichen ist, daß er aufhöre, wenn man ihn am liebsten höret.
MARTIN LUTHER

Was Rednern an Tiefe fehlt, ersetzen sie durch Länge.
MONTESQUIEU, Gedanken

Ein Redner sei kein Lexikon. Das haben die Leute zu Hause.
KURT TUCHOLSKY

Reformer

Wer Sümpfe trockenlegen will, fragt nicht unbedingt die Frösche,

nicht einmal die mächtigsten, ob sie es erlauben.
ADOLF NOWACZYŃSKI

Die besten Reformer, die die Welt je gesehen hat, sind die, die bei sich selbst anfangen.
GEORGE BERNARD SHAW

Regierung

Der Weg, auf dem eine Regierung zugrunde geht, ist der, wenn sie bald dies, bald jenes tut, wenn sie heute etwas zusagt und dies morgen nicht mehr befolgt.
OTTO VON BISMARCK [1815–1898]; dt. Reichskanzler 1871–1890

Regierungen sind Segel, das Volk ist Wind, der Staat ist Schiff, die Zeit ist See.
LUDWIG BÖRNE

Es ist bezeichnend, daß in der Politik die Regierung handeln, die Opposition aber reden muß, das heißt, die Regierung wenig reden und die Opposition wenig handeln darf.
RALF DAHRENDORF

Regieren heißt, mit den Stimmen der Armen und dem Geld der Reichen, diesen noch mehr, jenen noch weniger geben.
KARLHEINZ DESCHNER

Ich stehe hinter jeder Regierung, bei der ich nicht sitzen muß, wenn ich nicht hinter ihr stehe.
WERNER FINCK

Welche Regierung die beste sei? Diejenige, die uns lehrt, uns selbst zu regieren.
GOETHE, Maximen und Reflexionen

Die Verantwortlichen der Diktatur sind hartherzig, die der Demokratie harthörig.
SIGMUND GRAFF

* Jedes Volk hat die Regierung, die es verdient.
JOSEPH DE MAISTRE [1753–1821]; franz. Geschichtsphilosoph

Regieren ist die Kunst, Probleme zu schaffen, mit deren Lösung man das Volk in Atem hält.
EZRA POUND

Die größte Regierungskunst ist neben dem Unterscheidungsvermögen die Gabe der rationalen Voraussicht.
CARLO SCHMID

Die Demokratie ist ein Verfahren, das garantiert, daß wir nicht besser regiert werden, als wir verdienen.
GEORGE BERNARD SHAW

Regierungserklärung

In alten Märchen steckt oft mehr Wahrheit als in neuen Regierungserklärungen.
WERNER MITSCH

Reichtum

Sinnlos, einem Kapitalisten Vorwürfe zu machen; er ist das Einstecken gewöhnt.
BERT BERKENSTRÄTER

Nicht wer viel besitzt, ist reich, sondern wer viel gibt.
ERICH FROMM [1900–1980]; dt. Psychoanalytiker und Schriftsteller

Man schmeichelt nicht dem Reichen, nur seinem Geld.
JÜDISCHES SPRICHWORT

Über einen reichen Dummkopf

wird man immer wie über einen Reichen sprechen, über einen armen jedoch wie über einen Dummkopf.
ANDRÉ KOSTOLANY

Ein reicher Mann ist oft nur ein armer Mann mit sehr viel Geld.
ARISTOTELES ONASSIS
[1906(?)–1975]; griech. Reeder

Der Mensch darf nicht zu reich sein. Hat er zwischen einer Überzahl von Möglichkeiten die Wahl, so leidet er Schiffbruch und verliert den Sinn für das Notwendige.
JOSÉ ORTEGA Y GASSET, Aufgabe

Der Reichtum gleicht dem Seewasser: Je mehr man davon trinkt, desto durstiger wird man.
ARTHUR SCHOPENHAUER

Reife

Reif ist, wer auf sich selbst nicht mehr hereinfällt.
HEIMITO VON DODERER

Es kommt eine Zeit, in der man sich Rechenschaft ablegt, daß alles, was wir tun, zu seiner Zeit Erinnerung werden wird. Das ist die Reife. Um dahin zu gelangen, muß man eben schon Erinnerungen haben.
CESARE PAVESE

Reisen

Die beste Bildung findet ein gescheiter Mensch auf Reisen.
GOETHE, Wilhelm Meisters Lehrjahre

Nur Reisen ist Leben, wie umgekehrt das Leben Reisen ist.
JEAN PAUL

Das Reisen ist eine Passion, in dem wunderbaren Doppelsinn dieses Wortes, der im Wort Leidenschaft vollkommen nachgeformt ist: eine Passion, kein Vergnügen.
ERHART KÄSTNER

Aber was kommt schon dabei heraus, wenn sie alle in fremde Länder zu reisen anfangen! Nichts; sie tragen ja doch wie die Zinnsoldaten ihr bißchen Standort mit sich herum.
ERHART KÄSTNER

Der Zauber des Reisens besteht darin: unzählig reiche Szenen streifen und wissen, daß eine jede unser sein könnte, und weitergehen, wie ein großer Herr.
CESARE PAVESE

Die besten Reisen, das steht fest, sind die oft, die man unterläßt!
EUGEN ROTH

Reisen sind das beste Mittel zur Selbstbildung.
KARL JULIUS WEBER

Reiten

* Das Paradies der Erde liegt auf dem Rücken der Pferde.
FRIEDRICH VON BODENSTEDT
[1819–1892];
dt. Schriftsteller

Reiz

Genieße den Reiz, ohne ihn zu begehren, dann bleibst du sein Meister.
HANS ARNDT

Religion

Nicht der Sozialismus ist heute eine Gefahr für die Religion, son-

dern häufig ihre eigene Phantasie- und Utopielosigkeit.
FRANZ ALT

Moral ist die Grammatik der Religion.
LUDWIG BÖRNE

Die Religionen sind der Ausdruck des ewigen und unzerstörbaren metaphysischen Bedürfnisses der Menschennatur.
JACOB BURCKHARDT

Religionen sind Fertighäuser für arme Seelen.
KARLHEINZ DESCHNER

Der Mensch kann nicht bestehen, ohne etwas anzubeten.
FJODOR M. DOSTOJEWSKI, Der Jüngling

Die Naturwissenschaft ohne Religion ist lahm, die Religion ohne Naturwissenschaft ist blind.
ALBERT EINSTEIN [1879–1955]; amerik. Physiker dt. Herkunft

Ich bin zu dem Schluß gekommen, daß, wer die Lehren anderer Religionen ehrfürchtig studiert – ganz gleich, zu welchem Glauben er sich selbst bekennt –, sein Herz weitet und nicht verengt.
MAHATMA GANDHI

Eine großzügige Erziehung sollte ein ehrfürchtiges Studium aller Religionen miteinschließen.
MAHATMA GANDHI

Religion ist die Poesie der unpoetischen Menschen.
FRANZ GRILLPARZER

Religion ist die Erkenntnis aller unserer Pflichten als göttliche Gebote.
IMMANUEL KANT

Eine Religion, die den Menschen finster macht, ist falsch; denn er muß Gott mit frohem Herzen und nicht aus Zwang dienen.
IMMANUEL KANT

Eine Religion, die der Vernunft unbedenklich den Krieg ankündigt, wird es auf die Dauer gegen sie nicht aushalten.
IMMANUEL KANT

Die sogenannten Religionsstreitigkeiten, welche die Welt so oft erschüttert und mit Blut bespritzt haben, sind nie etwas anderes als Zänkereien um den Kirchenglauben gewesen.
IMMANUEL KANT

Ist es nicht seltsam, daß die Menschen so gern für ihre Religion fechten und so ungern nach ihren Vorschriften leben?
GEORG CHRISTOPH LICHTENBERG

Die Religionen sind die ausgedehntesten Sozialtheorien, die es bisher gegeben hat.
HANS LOHBERGER

Religionen sind die ethischen Arbeitshypothesen der Menschheit.
HANS LOHBERGER

Religion ist Ehrfurcht – die Ehrfurcht zuerst vor dem Geheimnis, das der Mensch ist.
THOMAS MANN

Wie der Mensch ist auch Gott zur Ware geworden: Religion ist die Branche, die sie umsetzt.
KURT MARTI

* Die Religion ist der Seufzer der bedrängten Kreatur, das Gemüt einer herzlosen Welt, wie sie der Geist geistloser Zustände ist. Sie ist das Opium des Volkes.
KARL MARX

Es gibt mehr Religionen, als es Wahrheiten geben kann.
WERNER MITSCH

Religionen sind genausowenig ewig wie Völker. Eine Religion – jede Religion – hat Geburt, Jugend, Alter und Tod.
ALEXANDER S. NEILL

Dogmen sind immer schon eine Verkrustung dessen, was man Religion nennen kann. Religion definieren wollen ist bereits ein Zeichen von mangelnder Religiosität.
HANS ERICH NOSSACK, Mensch

Faktisch ist die Religion nur ein Auskunftsmittel, weil keiner soviel Zeit hat, sich seine eigene Moral zu machen und sich mit dem Transzendentalen, was er gewissermaßen ahnt, auseinanderzusetzen.
OSKAR PANIZZA

Die Religion kann erst dann wieder zur Kulturmacht werden, wenn sie sich von aller Zweckhaftigkeit frei macht. Zu dieser gehören Glaube und Erlösung.
WALTER RATHENAU

Wenn die Menschen zivilisierter werden, begnügen sie sich nicht mehr mit bloßen Tabus, sondern ersetzen sie durch göttliche Gebote und Verbote.
BERTRAND RUSSELL, Moral

Religionen sind oft Kinder der Unwissenheit, die ihre Mutter nicht lange überleben.
ARTHUR SCHOPENHAUER

Immer mehr muß Religion auf die Fixierung der Sinnlosigkeit hinauslaufen, die erlaubt, an der Religion festzuhalten.
HERMANN SCHWEPPENHÄUSER

Religion ist für die meisten etwas, woran man glaubt, weil man glaubt, daß der andere daran glaubt.
HJALMAR SÖDERBERG [1869–1941]; schwed. Schriftsteller

Wir haben gerade Religion genug, um einander zu hassen, aber nicht genug, um einander zu lieben.
JONATHAN SWIFT

Wie die Gesundheit eine Lebensbedingung des menschlichen Körpers ist, so ist es die Religion für sein ganzes Wesen.
RABINDRANATH TAGORE

Eine Menschheit ohne Wissenschaft ist nicht mehr denkbar. Aber es ist auch keine Wissenschaft mehr möglich ohne eine Religion, die beseelt.
PIERRE TEILHARD DE CHARDIN [1881–1955]; franz. Paläontologe, Anthropologe und Philosoph

Der Mensch hat zwei Beine und zwei Überzeugungen: eine, wenn's ihm gut geht, und eine, wenn's ihm schlecht geht. Die letztere heißt Religion.
KURT TUCHOLSKY

Wenn wir sagen, daß Religion nichts mit Politik zu tun haben soll, dann sagen wir in Wirklichkeit, daß für einen erheblichen Teil unseres menschlichen Lebens Gottes Heilige Schrift keine Bedeutung hat.
DESMOND TUTU

Religion ist ein Prisma, von dessen sieben Farben sich jeder seine Lieblingsfarbe wählen mag; alle aber rühren nur von einem Sonnenstrahl.
KARL JULIUS WEBER

Religion ist das unaufhörliche Zwiegespräch der Menschheit mit Gott. Kunst ist ihr Selbstgespräch.
FRANZ WERFEL

Religiosität

Die Irreligiösen sind religiöser, als sie selbst wissen, und die Religiösen sind es weniger, als sie meinen.
FRANZ GRILLPARZER

Religiös wäre einer, der versucht, das Nachleben nach dem Tod vor dem Tod vorzuleben.
WERNER SCHNEYDER

Der religiöse Mensch liebt es, für sein religiöses Brauchtum zu kämpfen, aber er haßt es, nach dessen ursprünglichem Sinngehalt zu leben.
HENNING VENSKE

Resignation

Resignation ist kein Nihilismus; Resignation führt ihre Perspektiven bis an den Rand des Dunkels, aber sie bewahrt Haltung auch vor diesem Dunkel.
GOTTFRIED BENN, Marginalien

Nichts ist erbärmlicher als die Resignation, die zu früh kommt.
MARIE VON EBNER-ESCHENBACH

Wer aufgibt, wird aufgegeben.
EMIL OESCH, Menschen

Zufriedene sind Resignierende, ohne es zu wissen.
RUDOLF ROLFS

Ein guter Vorrat an Resignation ist überaus wichtig als Wegzehrung für die Lebensreise.
ARTHUR SCHOPENHAUER

Respekt

Alte Leute sind ohne Respekt, andern gegenüber, sie kennen das Leben.
JOHANNES BOBROWSKI

Reue

Nichts bereuen ist aller Weisheit Anfang.
LUDWIG BÖRNE

Nur wer bereut, dem wird verziehen.
DANTE ALIGHIERI

Reue ist Verstand, der zu spät kommt.
ERNST VON FEUCHTERSLEBEN

Unsere Reue ist nicht so sehr ein Bedauern des Bösen, das wir getan haben, als eine Furcht vor den Folgen, die uns daraus entstehen könnten.
FRANÇOIS DE LA ROCHEFOUCAULD

Wer bereut, hat die Chance, daß er eine Gegenwart haben wird, deren er sich in Zukunft nicht zu schämen braucht.
LUDWIG MARCUSE

Die Reue ist das Bedauern darüber, daß man so lange gewartet hat, es zu tun.
HENRY LOUIS MENCKEN

Bedauernswert die Frau, die nichts zu bereuen hat.
JEANNE MOREAU [* 1928];
franz. Schauspielerin

Die Gesellschaft hat die Strafe erfunden, die Theologie die Hölle, und für die Fälle, in denen die irdische Sühne ausbleibt und der Glaube ans Jenseits versagt, hat unsere Feigheit die Reue erfunden.
ARTHUR SCHNITZLER

___ Revolution

Nicht am Reißbrett gewinnen Revolutionen Gestalt, sondern in den Herzen und Hirnen widerspruchsvoller Menschen.
WILLY BRANDT, Erinnerungen

* Wir haben nicht die Revolution, sondern die Revolution hat uns gemacht.
GEORG BÜCHNER [1813–1837]; dt. Dramatiker

Jede Revolution ist viel weniger Bauplatz der Zukunft als Auktion der Vergangenheit.
HEIMITO VON DODERER

Eine gewaltsame und blutige Revolution ist unvermeidlich, wenn nicht der Reichtum und die Macht, die der Reichtum gibt, freiwillig abgegeben und um des gemeinsamen Gutes willen geteilt werden.
MAHATMA GANDHI

Wer eine friedliche Revolution verhindert, macht eine gewaltsame Revolution unausweichlich.
JOHN F. KENNEDY [1917–1963]; amerik. Politiker

Revolutionen sind jene skandalösen Zeitabschnitte, in denen die Wahrheit nackt über die Straße geht, ohne daß die Polizei einzuschreiten wagt.
GABRIEL LAUB

In allen Revolutionen war die Utopie, die Phantasie von einer glücklichen Gesellschaft, immer die stärkste Kraft.
LUDWIG MARCUSE

Die Revolutionen sind die Lokomotiven der Geschichte.
KARL MARX

Revolution ist nicht Auflehnung gegen die bestehende Ordnung, sondern Aufrichtung einer neuen, welche die überlieferte stürzt.
JOSÉ ORTEGA Y GASSET, Aufstand

Alles in der Geschichte ist Revolution; auch eine Erneuerung, eine Entdeckung, die gar nicht wahrnehmbar und friedlich ist.
CESARE PAVESE

Revolutionen kommen oft auf leisen Sohlen daher, und das Neue tritt nicht überall mit gleicher Stärke und in gleicher Sichtbarkeit auf.
CARLO SCHMID

___ Revolutionär

Dubiose Tugend aller Revolutionäre: so viel Gefühle für die Menschheit, daß keins mehr bleibt für den Menschen.
HANS KASPER, Revolutionäre

Indem der Revolutionär die Macht übernimmt, übernimmt er die Ungerechtigkeit der Macht.
OCTAVIO PAZ, Essays I

Die politische Strategie junger Revolutionäre deckt sich häufig mit dem olympischen Gedanken: Die Teilnahme ist wichtiger als der Sieg.
WERNER SCHNEYDER

Die sich anschicken, der barbarischen Vorgeschichte der Menschheit ein Ende zu bereiten, sind selbst Menschen dieser Vorgeschichte. Sie gehen in den Kampf gegen Götzen mit der Seele von Götzendienern.
MANÈS SPERBER

Verärgerte Bürgerliche sind noch keine Revolutionäre.
KURT TUCHOLSKY

Rezensent

↑Kritiker

Rezension

↑Kritik

Rhetorik

Rhetorik ist die Kunst, Unverständliches so feierlich vortragen zu können, daß jeder einzelne Zuhörer meint, der Nachbar verstehe alles, bloß er selber sei zu dumm, und damit dies die anderen nicht merken, tue er am besten so, als habe auch er alles verstanden.
MANFRED ROMMEL

Richter

Wenn der Rechtsprecher nur endlich einmal mit dem Geheimnis der Zellenhaft vertraut würde, wie anders müßten selbst die Urteile der bürgerlichen Justiz aussehen!
CARL VON OSSIETZKY

Wer sich zum Richter macht, der beherrsche nicht nur das Strafgesetzbuch, sondern auch die Psychologie.
ALEKSANDER ŚWIĘTOCHOWSKI

Romantik

Jedesmal, wenn die Romantik sich einer Sache bemächtigt und Gloriolen um sie webt, dann ist deren Zeit schon vorüber, und die Sehnsucht nur macht aus der Erinnerung einen wünschenswerten Zukunftstraum.
CARL VON OSSIETZKY

Menschen sind romantisch. Gegenstände sind es nicht. Die Romantik liegt im Auge des Beschauers.
KURT TUCHOLSKY

Routine

(auch ↑Gewohnheit)

Routine ist gefährlich. Weil sie dazu führt, die Gefahr zu unterschätzen.
HEINRICH HARRER [* 1921];
österr. Naturforscher

Wenn du etwas so machst, wie du es seit zehn Jahren gemacht hast, dann sind die Chancen groß, daß du es falsch machst.
CHARLES KETTERING [1876–1958];
amerik. Ingenieur

Manche leben mit einer so erstaunlichen Routine, daß es schwerfällt zu glauben, sie lebten zum ersten Mal.
STANISŁAW JERZY LEC

Alles, was man regelmäßig und berufsmäßig tut, versteinert.
KURT TUCHOLSKY

Ruhe

Ruhe und Ordnung; ist dies Glückseligkeit? Im Kerker ist auch Ruhe und Ordnung.
WILHELM HEINSE

Wenn man seine Ruhe nicht in sich findet, ist es zwecklos, sie andernorts zu suchen.
FRANÇOIS DE LA ROCHEFOUCAULD

Nur in ruhigem Gewässer spiegeln sich die Dinge unverzerrt. Nur in ruhigem Gemüt gibt es ein adäquates Erkennen der Welt.
HANS MARGOLIUS

Man strebt danach, eine Arbeit zu

haben, um das Recht zu haben, sich auszuruhen.
CESARE PAVESE

Ruhm

Ruhm bewirkt nicht Einstellung der Kritik, nur wird erwartet, daß Kritik nicht mehr persönlich treffe, und das zu Recht, denn es wird Kritik nicht an einer Person und ihrer Arbeit, sondern am Ruhm.
MAX FRISCH, Montauk

Vielleicht der größte Vorteil des
Ruhmes besteht darin, daß man
ungestraft die größten
Dummheiten sagen darf.
ANDRÉ GIDE, Tagebuch

Und die Größe ist gefährlich,
Und der Ruhm ein leeres Spiel.
Was er gibt, sind nicht'ge Schatten,
Was er nimmt, es ist so viel.
FRANZ GRILLPARZER

Man muß den Ruhm der Menschen nach den Mitteln messen, deren sie sich bedient haben, um ihn zu erwerben.
FRANÇOIS DE LA ROCHEFOUCAULD

Ruhm und Ruhe sind Dinge, die nicht zusammen wohnen können.
GEORG CHRISTOPH LICHTENBERG

Rüstung

Keine Rüstung aus der Absicht, Krieg zu führen, hat jemals soviel gekostet wie die wachsende Rüstung zur Vermeidung eines Krieges, den unsere Großmächte sich nicht mehr leisten können.
MAX FRISCH, Montauk

Entweder wir schaffen die Rüstung ab, oder die Rüstung schafft uns ab. Wir sterben nicht erst am Krieg, wir sind schon am Sterben an der Rüstung.
HELMUT GOLLWITZER

Rüstungswettlauf

Auch beim Rüstungswettlauf werden die Sieger durch Kränze geehrt.
GERD UHLENBRUCK

S

Sammler

Sammler sind Leute, die Seltenes zusammentragen in der Hoffnung, daß es noch seltener wird.
SIGISMUND VON RADECKI
[1891–1970]; dt. Schriftsteller

Satire

Die Satire wählt und kennt keine Objekte. Sie entsteht so, daß sie vor ihnen flieht und sie sich ihr aufdrängen.
KARL KRAUS

Die feinste Satire ist unstreitig die, deren Spott mit so weniger Bosheit und so vieler Überzeugung verbunden ist, daß er selbst diejenigen zum Lächeln nötigt, die er trifft.
GEORG CHRISTOPH LICHTENBERG

Satire ist die Kunst, einem anderen so auf den Fuß zu treten, daß er es merkt, aber nicht aufschreit.
HELMUT QUALTINGER [1928–1986]; österr. Schriftsteller, Kabarettist und Schauspieler

Satire ist nicht der Feind der „heilen Welt“, sondern die Forderung danach.
WERNER SCHNEYDER

Satiriker

Der Satiriker ist ein gekränkter Idealist: er will die Welt gut haben, sie ist schlecht, und nun rennt er gegen das Schlechte an.
KURT TUCHOLSKY

Satz

Kein Satz ohne die eigene Stellungnahme.
GÜNTER EICH

Der Satz ist ein Auswuchs der Idee.
ANDRÉ GIDE, Tagebuch

Ein guter Satz hat viele Fenster.
FRIEDRICH GEORG JÜNGER

Schaden

Wer möchte nicht lieber durch Glück dümmer als durch Schaden klug werden?
SALVADOR DALI [1904–1989]; span. Maler und Graphiker

Schadenfreude

Wer sich freut, wenn wer betrübt, macht sich meistens unbeliebt.
WILHELM BUSCH, Plisch und Plum

Schadenfreude: Ansatzpunkt für eigenes Wohlbehagen.
RUDOLF ROLFS

Schauspieler

Der Stand der Schauspieler galt bei den Römern für ehrlos, bei den Griechen war er ein geehrter. Wie steht es damit bei uns? Man denkt von ihnen wie die Römer und verkehrt mit ihnen wie die Griechen.
JEAN DE LA BRUYÈRE

Der wahre Schauspieler ist von der unbändigen Lust getrieben, sich unaufhörlich in andere Menschen zu verwandeln, um in den anderen am Ende sich selbst zu entdecken.
MAX REINHARDT [1873–1943]; österr. Schauspieler, Regisseur und Theaterleiter

* Dem Mimen flicht die Nachwelt keine Kränze.
SCHILLER, Wallenstein

Scheidung

Ehescheidung: Man braucht Abwechslung im Unverstandensein.
WERNER SCHNEYDER

Scheinheiligkeit

Der schlimmste und gefährlichste Scheinheilige ist nicht jener, der unbeliebte Tugend heuchelt, sondern jener, der beliebte Laster heuchelt.
GILBERT K. CHESTERTON

Ich kann mir nicht helfen: Apokalyptiker mit Bäuchen sind einfach nicht überzeugend!
MICHAEL SCHNEIDER

Schenken

(auch ↑Geschenke)

Wenn die Menschen sagen, sie wollen nichts geschenkt haben, so ist es gemeiniglich ein Zeichen, daß sie etwas geschenkt haben wollen.
GEORG CHRISTOPH LICHTENBERG

Das Geben ist eine Leidenschaft, fast ein Laster. Die Person, der wir geben, wird uns notwendig.
CESARE PAVESE

Schenken ist ein Brückenschlag über den Abgrund deiner Einsamkeit.
ANTOINE DE SAINT-EXUPÉRY [1900–1944]; franz. Schriftsteller

Schicksal

Schicksal: eines Tyrannen Ermächtigung zu Verbrechen, eines Narren Ausrede für Versagen.
AMBROSE BIERCE

* Das Schicksal des Menschen ist der Mensch.
BERTOLT BRECHT, Die Mutter

Wir werden vom Schicksal hart oder weich geklopft. Es kommt auf das Material an.
MARIE VON EBNER-ESCHENBACH

* Willst du mit den Kinderhänden
In des Schicksals Speichen greifen?
Seines Donnerwagens Lauf
Hält kein sterblich Wesen auf.
FRANZ GRILLPARZER, Ahnfrau

Bei furchtbaren Schicksalsschlägen das ganz Gewöhnliche tun, das hilft uns über den Abgrund.
MARTIN KESSEL, Gegengabe

Schicksal ist das, was der Mensch selber verfuhrwerkt hat – Bestimmung ist das, was er hätte tun sollen.
EMIL OESCH, Menschen

* Dein Schicksal ruht in deiner eignen Brust.
SCHILLER, Jungfrau von Orleans

Schisma

Ein Schisma findet immer dann statt, wenn pures Glauben entweder zu unglaubwürdig oder zu anstrengend wird.
WOLFDIETRICH SCHNURRE, Schattenfotograf

Schlaf

Früh zu Bett und früh aufstehen macht gesund, reich und klug.
BENJAMIN FRANKLIN, Reichtum

Der Schlaf ist die Nabelschnur, durch die das Individuum mit dem Weltall zusammenhängt.
FRIEDRICH HEBBEL

Der Schlaf ist für den ganzen Menschen, was das Aufziehen für die Uhr.
ARTHUR SCHOPENHAUER

Schlaflosigkeit

Schlaflosigkeit – Krankheit einer Epoche, in der man den Menschen befiehlt, vor vielen Tatsachen die Augen zu schließen.
STANISŁAW JERZY LEC

Schlager

Anrufer bei Rundfunkanstalten beschweren sich oft, daß so viele Schlager in Fremdsprachen gesungen werden. Sie sollten froh sein, daß sie den Text nicht verstehen.
ROBERT LEMBKE

Wenn Glück sich nicht auf „zurück" reimen würde, müßten 50 Prozent der deutschen Schlagertexter den Beruf wechseln.
WERNER SCHNEYDER

Schlagfertigkeit

Schlagfertigkeit ist die schnellste Bestätigung des Selbstgefühls.
HANS ARNDT

Schlagwort

Das Schlagwort ist eine Idee auf dem Weg zur Phrase.
ROLF HALLER

Was ist das Bleibende der großen Denker von heute? Die Schlagworte von morgen.
HANS KRAILSHEIMER

Mit keinem Köder fischt Mephisto so glücklich als mit allem, was im Engeren und Weiteren unter den Begriff des Schlagworts fällt.
CHRISTIAN MORGENSTERN

Schmeichelei

Wenn wir auch der Schmeichelei keinen Glauben schenken, der Schmeichler gewinnt uns doch.
MARIE VON EBNER-ESCHENBACH

Was deinen Gegnern nicht gelingt, werden deine Schulterklopfer vollbringen.
RUDOLF HAGELSTANGE
[1912–1984]; dt. Schriftsteller

Manchmal meint man, die Schmeichelei zu hassen, während man nur die Art des Schmeichelns haßt.
FRANÇOIS DE LA ROCHEFOUCAULD

Empfindsame Gemüter trifft kein Tadel härter als falsches Lob, und unerbetener Zuspruch bewegt sie mit größerer Gewißheit als ätzende Kritik zur Einkehr.
WOLFGANG POHRT

Schmerz

Es gibt keinen Schmerz, der nicht zu übertreffen wäre, das einzig Unendliche ist der Schmerz.
ELIAS CANETTI

Kein Schmerz ist größer, als sich der Zeit des Glückes zu erinnern, wenn man im Elend ist.
DANTE ALIGHIERI

Das ist meine allerschlimmste Erfahrung: Der Schmerz macht die meisten Menschen nicht groß, sondern klein.
CHRISTIAN MORGENSTERN

Schönheit

Schönen Mädchen ist es erlaubt, auf ihre Gabe stolz zu sein.
MARTIN LUTHER

„Schönheit“ – ist weder eine geheimnisvolle Wesenheit noch ein geheimnisvolles Wort. Im Gegenteil, nichts wird vielleicht unmittelbarer und klarer erfahren als die Erscheinung der „Schönheit“ in verschiedenen schönen Objekten.
HERBERT MARCUSE

Schön ist eigentlich alles, was man mit Liebe betrachtet.
CHRISTIAN MORGENSTERN

Es gibt vielleicht auf der ganzen Welt kein anderes Mittel, ein Ding oder Wesen schön zu machen, als es zu lieben.
ROBERT MUSIL

Was schön klingt, spottet aller Grammatik, was schön ist, aller Ästhetik.
ROBERT SCHUMANN

— Schöpfung

Die ganze Schöpfung ist die Schönschrift Gottes, und in seiner Schrift gibt es nicht ein sinnloses Zeichen.
ERNESTO CARDENAL

Wenn das ein Mensch vermöchte, daß er eine einzige Rose machen könnte, so sollte man ihm ein Kaisertum schenken!
MARTIN LUTHER

Jeder dumme Junge kann einen Käfer zertreten. Aber alle Professoren der Welt können keinen herstellen.
ARTHUR SCHOPENHAUER

— Schreiben

Wenn ich nicht schriebe, würde ich die andern noch mehr verletzen.
PETER HANDKE

Aber Bücherschreiben ist nicht viel besser als Baumwolle spinnen, und Spinnen ist das nächste am Betteln.
JEAN PAUL

Bücherschreiben ist das einzige Verbrechen, bei dem sich der Täter bemüht, Spuren zu hinterlassen.
GABRIEL LAUB

Es ist schön, zu schreiben, weil das die beiden Freuden in sich vereint: allein reden und zu einer Menge reden.
CESARE PAVESE

Schreiben heißt preisgeben. Jedes Erlebnis. Jede Erfahrung. Jegliches Bündnis.
WOLFDIETRICH SCHNURRE, Schattenfotograf

Schreiben heißt registrieren; selbst dann noch, wenn es sich um nichts anderes als den unfreiwilligen Beleg für die eigene Flucht aus der Zeitlichkeit handelt.
WOLFDIETRICH SCHNURRE, Schreibtisch

Moralisch gesehen ist Schreiben nichts als eine Frage des Umschaltenkönnens: von asozialer Egozentrik auf sühnende Kommunikation.
WOLFDIETRICH SCHNURRE, Schattenfotograf

Das leicht Hingeschriebene zur Kunst gerinnen zu lassen ist eine Schufterei.
BRIGITTE SCHWAIGER [* 1949]; österr. Schriftstellerin

Schreiben ist organisierte Spontanität.
MARTIN WALSER [* 1927]; dt. Schriftsteller

— Schrift

Das Wort ist der Blitz, aber die Schrift ist der Einschlag, die Spur. Die Spur bloß, der Blitz eben nicht.
ERHART KÄSTNER

— Schriftsteller

Ich glaube, daß der Schriftsteller, der sogenannte freie Schriftsteller, eine der letzten Bastionen der Freiheit ist.
HEINRICH BÖLL

Anscheinend muß noch einige Zeit vergehen, damit die Schriftsteller wieder lernen, auf eigenen Füßen zu gehen, und Literatur produzieren, die Spaß macht, auch ohne von den Soziologen die Genehmigung dafür bekommen zu haben.
HANS CHRISTOPH BUCH

Darüber hinaus ist der Narzißmus

sozusagen die Berufskrankheit des Schriftstellers, denn wer sich selbst und seine echten und eingebildeten Leiden nicht ständig übermäßig wichtig nimmt, bringt keine Zeile zu Papier.
HANS CHRISTOPH BUCH

Die Schriftsteller entwickeln meist viel mehr Verstand, wenn sie die Gedanken ihrer Gegner, als wenn sie ihre eigenen analysieren.
ERNST VON FEUCHTERSLEBEN

Die echten Schriftsteller sind die Gewissensbisse der Menschheit.
LUDWIG FEUERBACH [1804–1872]; dt. Philosoph

Ein Schriftsteller ist arriviert, wenn alles, was er schreibt, gedruckt wird. Ein Schriftsteller ist berühmt, wenn alles, was von ihm gedruckt wird, gelobt wird.
GABRIEL LAUB

Das erste, was ein wahrhafter Schriftsteller tut, ist an seiner eigenen Existenz zweifeln.
OCTAVIO PAZ, Essays I

Die Literatur existiert nicht im luftleeren Raum. Der Schriftsteller übt als solcher eine bestimmte soziale Funktion aus, die genau im Verhältnis zu seiner Fähigkeit als Schriftsteller steht.
EZRA POUND

Von einigen Greisen, die ihre Feder in Kölnischwasser tauchen, und von kleinen Dandies abgesehen, die wie Metzger schreiben, gibt es gar keinen Schriftsteller, der Fleißübungen macht.
JEAN-PAUL SARTRE

In früheren Zeiten flüchteten die Schriftsteller häufig ins Pseudonym, um der Verfolgung durch Staat und Behörden zu entkommen. Heute hätten gewisse Schriftsteller allen Grund, das gleiche Asyl aufzusuchen, um dem rasanten Gebrauchswertschwund ihrer Produkte durch eine zügellose Vermarktung zu entkommen.
MICHAEL SCHNEIDER

Der engagierte Schriftsteller glaubt, wenn es überhaupt noch ein wehrhaftes Refugium gibt für den Menschen, dann ist es die Literatur.
WOLFDIETRICH SCHNURRE, Schreibtisch

— Schuld

Die große Schuld des Menschen ist, daß er in jedem Augenblick die Umkehr tun kann und nicht tut.
MARTIN BUBER

Seid gerecht. Sucht nicht Schuldige, sondern Ursachen.
WERNER MITSCH

* Das Leben ist der Güter höchstes nicht, der Übel größtes aber ist die Schuld.
SCHILLER, Braut von Messina

Schuld wird nicht getilgt, wenn man sich nicht zu ihr als der eigenen Schuld bekennt.
CARL FRIEDRICH VON WEIZSÄCKER, Einheit

Was ist Schuld? Schuld ist zunächst, was Leiden hervorbringt. Schuld ist, was wir uns im Kampf ums Dasein täglich gegenseitig antun.
CARL FRIEDRICH VON WEIZSÄCKER, Geschichte

Schuld oder Unschuld eines ganzen Volkes gibt es nicht. Schuld ist,

wie Unschuld, nicht kollektiv, sondern persönlich.
RICHARD VON WEIZSÄCKER

Schulden

Es wäre der größte Leichtsinn, Schulden zu machen, wenn man die Absicht hätte, sie zu bezahlen.
EGON FRIEDELL

Das einzige, was man ohne Geld machen kann, sind Schulden.
HEINZ SCHENK [* 1924];
dt. Schauspieler und Conférencier

Schuld kann nicht getilgt, aber Schuldgefühl kann verarbeitet werden.
WOLFDIETRICH SCHNURRE,
Schattenfotograf

Schuldlos

Unschuldig kann auch ein Totschläger sein. Schuldlos ist niemand.
WOLFDIETRICH SCHNURRE,
Schattenfotograf

Schuldner

Der ehrliche Schuldner ist einer, der seine Erben enttäuscht, nie jedoch seine Gläubiger.
ANDRÉ KOSTOLANY

Schule

Eine Schule wird nicht dadurch demokratisch, daß sie der politischen Erziehung zwölf oder gar vierundzwanzig Wochenstunden widmet.
RALF DAHRENDORF

Was das Gymnasium wert ist, sieht man weniger an denen, die es besucht haben, als an denen, die es nicht besucht haben.
EGON FRIEDELL

Die Wettbewerbsfähigkeit eines Landes beginnt nicht in der Fabrikhalle oder im Forschungslabor. Sie beginnt im Klassenzimmer.
LEE IACOCCA

Und deshalb meine ich, daß unsere jungen Leute in den Schulen ganz und gar verdummt werden. Von der Wirklichkeit hören und sehen sie dort nichts.
GAIUS PETRONIUS [† 66 n. Chr.];
römischer Schriftsteller

Man erstickt den Verstand der Kinder unter einem Ballast unnützer Kenntnisse.
VOLTAIRE, Jeannot und Colin

Schwäche

Geliebt wirst du einzig, wo du schwach dich zeigen darfst, ohne Stärke zu provozieren.
THEODOR W. ADORNO

Man kann aus einem Wischlappen keinen Funken schlagen.
EGON FRIEDELL

Ich habe festgestellt, daß die Einschränkung „soweit wie möglich" eine fatale Ausweichmöglichkeit gibt. Etwas „soweit wie möglich" tun heißt, der ersten Versuchung zu erliegen.
MAHATMA GANDHI

Der gefährlichste Gegner der Kraft ist die Schwäche.
HUGO VON HOFMANNSTHAL
[1874–1929];
österr. Schriftsteller

Die stärkste Kraft reicht nicht an

die Energie heran, mit der manch einer seine Schwäche verteidigt.
KARL KRAUS

Die großartigste Schwäche des Menschen ist sein Mitleid.
THOMAS NIEDERREUTHER

Das schlimmste Übel, an dem die Welt leidet, ist nicht die Stärke der Bösen, sondern die Schwäche der Guten.
ROMAIN ROLLAND [1866–1944]; franz. Schriftsteller

Der Schwächling hat keine Schwächen. Schwächen sind Züge des Starken.
PETER TILLE

— Schweigen

Schweigen ist ein Argument, das kaum zu widerlegen ist.
HEINRICH BÖLL

*Wer schweigt, scheint zuzustimmen.
BONIFATIUS VIII., Papst von 1294–1303

Ein talentiertes Schweigen kann beredter sein als die beredteste Aktivität.
STANISŁAW BRZOZOWSKI

Schweigen ist die unerträglichste Erwiderung.
GILBERT K. CHESTERTON

Wer unter Toren schweigt, läßt Vernunft, wer unter Vernünftigen schweigt, Torheit vermuten.
ERNST VON FEUCHTERSLEBEN

Nicht immer sind die Stillen auch die Weisen. Es gibt verschlossene Truhen, die leer sind.
JEAN GIONO [1895–1970]; franz. Schriftsteller

Wenn man einmal weiß, worauf alles ankommt, hört man auf, gesprächig zu sein.
GOETHE, Wilhelm Meisters Wanderjahre

Richtiges Schweigen ist das lebendige Gegenspiel des rechten Redens. Es gehört dazu, wie Einatmen und Ausatmen.
ROMANO GUARDINI [1885–1968]; dt. kath. Religionsphilosoph und Theologe ital. Herkunft

Schweigen – mit arrogantem Unterton – schlägt das schlagendste Argument.
OLIVER HASSENCAMP

Man braucht zwei Jahre, um sprechen zu lernen, und fünfzig, um schweigen zu lernen.
ERNEST HEMINGWAY [1899–1961]; amerik. Schriftsteller

Schweigen ist der sicherste Weg für den, der seiner selbst unsicher ist.
FRANÇOIS DE LA ROCHEFOUCAULD

Nicht jeder, der schweigt, denkt sich etwas dabei.
WERNER MITSCH

Schweigen heißt: nicht sagen, was man sagen kann. Und nur das ist die fruchtbare Stille.
JOSÉ ORTEGA Y GASSET, Liebe

Die Funktion des Schweigens ist „nichts zu sagen“, was nicht dasselbe ist wie „etwas nicht zu sagen“.
OCTAVIO PAZ, Essays II

Wer schweigt, verrät nichts, außer sich selbst.
WERNER SCHNEYDER

Überhaupt ist es geratener, seinen Verstand durch das, was man ver-

schweigt, an den Tag zu legen, als durch das, was man sagt.
ARTHUR SCHOPENHAUER

Schweigen kann die grausamste Lüge sein.
ROBERT LOUIS STEVENSON
[1850–1894]; schott. Schriftsteller

Wer schweigt, ohne daß er etwas zu sagen hätte, heuchelt.
PETER TILLE

Es ist schön, mit jemand schweigen zu können.
KURT TUCHOLSKY

Schweigen über einen Menschen legt ein beredtes Zeugnis ab.
GERD UHLENBRUCK

Schweigen ist ein köstlicher Genuß, aber um ihn ganz auszuschöpfen, muß man einen Gefährten haben. Allein ist man nur stumm.
KARL HEINRICH WAGGERL

Wovon man nicht sprechen kann, darüber muß man schweigen.
LUDWIG WITTGENSTEIN
[1889–1951]; österr. Philosoph

___ Schwierigkeiten

Die Schwierigkeiten wachsen, je näher man dem Ziele kommt.
GOETHE, Wahlverwandschaften II

Diejenigen Berge, über die man im Leben am schwersten hinwegkommt, häufen sich immer aus Sandkörnchen auf.
FRIEDRICH HEBBEL

Die Schwierigkeiten, die einer macht, sind meistens nichts anderes als Ausdruck seiner eigenen Schwierigkeiten.
EMIL OESCH, Menschen

Die Schranken und Schwierigkeiten unseres äußeren Lebens sind nur da, damit unsere Seele ihre Kraft beweisen könne, und indem sie die Hemmnisse überwindet, verwirklicht sie ihr wahres Wesen.
RABINDRANATH TAGORE

___ Seele

Jedes Bruchstück der menschlichen Seele ist ein Monument der Geschichte des Volkes, in dem diese Seele zur Welt kam.
STANISŁAW BRZOZOWSKI

Den überkonfessionellen Teil der Seele nennt man Gemüt.
WERNER MITSCH

Leib und Seele sind nicht zwei Substanzen, sondern eine. Sie sind der Mensch, der sich selbst in verschiedener Weise kennenlernt.
CARL FRIEDRICH VON WEIZSÄCKER, Geschichte

___ Sehnsucht

Jedesmal, wenn die Romantik sich einer Sache bemächtigt und Gloriolen um sie webt, dann ist deren Zeit schon vorüber, und die Sehnsucht nur macht aus der Erinnerung einen wünschenswerten Zukunftstraum.
CARL VON OSSIETZKY

Die Sehnsucht läßt alle Dinge blühen, der Besitz zieht alle Dinge in den Staub.
MARCEL PROUST

Erfüllung ist der Feind der Sehnsucht.
ERICH MARIA REMARQUE
[1898–1970]; dt. Schriftsteller

Der sensible Mensch leidet nicht

aus diesem oder jenem Grunde, sondern ganz allein, weil nichts auf dieser Erde seine Sehnsucht stillen kann.
JEAN-PAUL SARTRE

Bisweilen glauben wir, uns nach einem fernen Orte zurückzusehnen, während wir eigentlich uns nur nach der Zeit zurücksehnen, die wir dort verlebt haben, da wir jünger und frischer waren.
ARTHUR SCHOPENHAUER

___ Selbstachtung

Wer nicht zu sich selbst steht, verliert sich am Beispiel anderer.
HANS ARNDT

Der Weise weiß, aber nicht, um zu glänzen. Selbstachtung hat er, doch nicht Arroganz.
LAOTSE

Ein Mensch kann viel ertragen, solange er sich selbst ertragen kann.
AXEL MUNTHE

Vielleicht besteht die einzige Würde des Menschen in seiner Fähigkeit, sich achten zu können.
GEORGE SANTAYANA [1863–1952]; amerikan. Philosoph und Dichter span. Herkunft

___ Selbstanklage

Selbstanklagen machen nichts besser. Je tiefer sie greifen, um so verläßlicher enden sie in Selbstzufriedenheit.
ELIAS CANETTI

___ Selbstaufopferung

Wenn du damit beginnst, dich denen aufzuopfern, die du liebst, wirst du damit enden, die zu hassen, denen du dich aufgeopfert hast.
GEORGE BERNARD SHAW

___ Selbstbeherrschung

Niemand ist frei, der nicht über sich selbst Herr ist.
MATTHIAS CLAUDIUS [1740–1815]; dt. Schriftsteller

Wer sich keine Annehmlichkeiten versagen kann, wird sich nie ein Glück erobern.
MARIE VON EBNER-ESCHENBACH

Der Mensch ist Mensch, weil er Selbstbeherrschung üben kann, und nur insoweit, als er Selbstbeherrschung übt.
MAHATMA GANDHI

*Wer sich nicht selbst befiehlt, bleibt immer Knecht.
GOETHE, Zahme Xenien

Andere beherrschen erfordert Kraft. Sich selbst beherrschen fordert Stärke.
LAOTSE

Fahre nicht aus der Haut, wenn du kein Rückgrat hast.
STANISŁAW JERZY LEC

Dem wird befohlen, der sich nicht selber gehorchen kann.
FRIEDRICH NIETZSCHE, Zarathustra

Das Festhalten und Befolgen der Grundsätze, den ihnen entgegenwirkenden Motiven zum Trotz, ist Selbstbeherrschung.
ARTHUR SCHOPENHAUER

___ Selbstbetrug

↑Selbsttäuschung

Selbstbewußtsein

Bescheiden können nur die Menschen sein, die genug Selbstbewußtsein haben.
GABRIEL LAUB

Selbstdarstellung

Er hatte so eine Art sich in den Hintergrund zu drängen, daß es allgemein Ärgernis erregte.
KARL KRAUS

Kleine Fehler geben wir gern zu, um den Eindruck zu erwecken, wir hätten keine großen.
FRANÇOIS DE LA ROCHEFOUCAULD

Viel von sich reden, kann auch ein Mittel sein, sich zu verbergen.
FRIEDRICH NIETZSCHE, Jenseits

Man lobt oder tadelt, je nachdem das eine oder das andere mehr Gelegenheit gibt, unsere Urteilskraft leuchten zu lassen.
FRIEDRICH NIETZSCHE,
Menschliches I

Wer aus sich kein Hehl macht, empört.
FRIEDRICH NIETZSCHE, Zarathustra

Um sich selbst ins richtige Licht setzen zu können, muß man die anderen in den Schatten stellen.
GERD UHLENBRUCK

Selbsteinschätzung

Wir unterschätzen das, was wir haben, und überschätzen das, was wir sind.
MARIE VON EBNER-ESCHENBACH

Selbst der bescheidenste Mensch hält mehr von sich, als sein bester Freund von ihm hält.
MARIE VON EBNER-ESCHENBACH

Jeder Mensch glaubt, er sei unter allen der wichtigste, der beste; aber nur der Narr und der Dummkopf haben den Mut, es zu sagen.
JEAN PAUL

Jeder Mensch wird als Zwilling geboren: als der, der er ist, und als der, für den er sich hält.
MARTIN KESSEL, Gegengabe

Wer glaubt, etwas zu sein, hat aufgehört, etwas zu werden.
PHILIP ROSENTHAL [* 1916];
dt. Politiker und Industrieller

Bescheidenheit ist die ungesündeste Form der Selbstbewertung.
PETER USTINOV

Man urteilt über andere nicht so falsch wie über sich selbst.
VAUVENARGUES
[1715–1747];
franz. Schriftsteller

Selbsterkenntnis

Um sich selbst zu erkennen, muß man handeln.
ALBERT CAMUS
[1913–1960];
franz. Schriftsteller

Mit sechzig Jahren noch zu glauben, man kenne sich, ist chimärisch; mit zwanzig Jahren ist der Versuch, sich kennenzulernen, gefährlich.
ANDRÉ GIDE, Tagebuch

Man kann die Erfahrung nicht früh genug machen, wie entbehrlich man in der Welt ist.
GOETHE, Wilhelm Meisters Lehrjahre

Wie kann man sich selbst kennenlernen? Durch Betrachten niemals, wohl aber durch Handeln. Versu-

che, deine Pflicht zu tun, und du weißt gleich, was an dir ist!
GOETHE, Wilhelm Meisters Wanderjahre II

Sich selbst kennen ist bei einem selbst mittelmäßigen Verstande nicht so schwer, als manche Leute sagen; aber im Leben dem gemäß handeln, was man von sich erkannt hat, ist ebenso schwer, als die Praxis in allen Dingen, gegen die Theorie betrachtet.
FRANZ GRILLPARZER

Was deprimierend ist: Du bist wie alle anderen. Was tröstlich ist: Alle anderen sind wie du.
JOHANNES GROSS

Seine eigene Dummheit zu erkennen mag schmerzlich sein. Keinesfalls aber eine Dummheit.
OLIVER HASSENCAMP

Nichts bewahrt uns so gründlich vor Illusionen wie ein Blick in den Spiegel.
ALDOUS HUXLEY

Alles, was uns an anderen mißfällt, kann uns zu besserer Selbsterkenntnis führen.
CARL GUSTAV JUNG [1875–1961]; schweiz. Psychiater

Im Spiegel sind die Seiten vertauscht, so auch Selbsterkenntnis und Selbstverliebtheit.
MARTIN KESSEL, Gegengabe

Andere erkennen ist weise. Sich selbst erkennen ist Erleuchtung.
LAOTSE

* Willst du dich selber erkennen, so sieh, wie die andern es treiben.
SCHILLER, Der Schlüssel

Der Narr hält sich für weise, aber der Weise weiß, daß er ein Narr ist.
SHAKESPEARE, Wie es euch gefällt

Die besten Reformer, die die Welt je gesehen hat, sind die, die bei sich selbst anfangen.
GEORGE BERNARD SHAW

Es gibt keine bessere Art, die Menschheit zu beglücken, als die, sich selbst zu bessern.
ALEKSANDER ŚWIĘTOCHOWSKI

Jeder möchte die Welt verbessern und jeder könnte es auch, wenn er nur bei sich selber anfangen wollte.
KARL HEINRICH WAGGERL

Unter zwanzig Leuten, die ich am Morgen nach ihrer Gesundheit frage, sind meistens zehn, denen ich lieber eine Ohrfeige gäbe. Was mich unter anderem hindert, ist der lästige Umstand, daß ich bei mir selber beginnen müßte.
KARL HEINRICH WAGGERL

Nur die Oberflächlichen kennen sich selbst.
OSCAR WILDE

— Selbstfindung

Es kommt einzig darauf an, bei sich zu beginnen, und in diesem Augenblick habe ich mich um nichts andres in der Welt als um diesen Beginn zu bekümmern.
MARTIN BUBER

Wie leicht sich das sagt: sich selber finden! Wie man erschrickt, wenn es wirklich geschieht!
ELIAS CANETTI

Auf der Suche nach Selbstfindung wird das Tor zur Selbstverherrlichung aufgestoßen.
ALFRED HRDLICKA [* 1928]; österr. Bildhauer

Es ist leichter, zum Mars vorzudringen, als zu sich selbst.
CARL GUSTAV JUNG [1875–1961]; schweiz. Psychiater

Die Menschen von heute verschwenden zuviel Zeit, auf Reden und Gedanken anderer Menschen zu horchen. Es wäre viel besser, wenn sie sich mehr Ruhe gönnten, ihren eigenen Gedanken zu lauschen.
AXEL MUNTHE

Selbstgerechtigkeit

Nichts Lästigeres als ein Sünder, der Buße getan hat – selbstgerechter als alle Gerechten.
JOHANNES GROSS

Jeder will lieber einen Weltteil als sich bekehren.
JEAN PAUL

Selbstgespräch

Man führt nicht mehr genug Selbstgespräche heutzutage. Man hat wohl Angst, sich selbst die Meinung zu sagen.
JEAN GIRAUDOUX [1882–1944]; franz. Schriftsteller

Die fruchtbarste Diskussion ist doch das Selbstgespräch. – Will jemand, der sich ernst nimmt, seine Meinung austauschen?
JOHANNES GROSS

Groß betrachtet ist alles Gespräch nur – Selbstgespräch.
CHRISTIAN MORGENSTERN

Selbsthaß

Es ist nur gut, sich manchmal zu hassen, nicht zu oft; sonst braucht man wieder sehr viel Haß gegen andere, um den Selbsthaß auszugleichen.
ELIAS CANETTI

Die für ihre Mitwelt gefährlichsten Egoisten sind jene, die nicht einmal sich selbst zu achten, geschweige denn zu lieben vermögen.
KURT MARTI

Man haßt das, was man fürchtet, das also, was man sein kann, was man, wie man fühlt, ein wenig ist. Man haßt sich selbst.
CESARE PAVESE

Selbsthilfe

Man hilft den Menschen nicht, wenn man für sie tut, was sie selbst tun können.
ABRAHAM LINCOLN [1809–1865]; amerik. Politiker

Wer sich nicht selbst helfen will, dem kann niemand helfen.
HANS A. PESTALOZZI [* 1929]; schweiz. Publizist

Der Mensch mag die Göttlichen verehren, aber Hilfe verlangen kann man nur von sich selbst.
PETER ROSEGGER [1843–1918]; österr. Schriftsteller

Selbstironie

Die schwierigste Turnübung ist immer noch, sich selbst auf den Arm zu nehmen.
WERNER FINCK

Selbstkontrolle

Höher als alles Vielwissen stelle ich die stete Selbstkontrolle, die absolute Skepsis gegen sich selbst.
CHRISTIAN MORGENSTERN

Selbstkritik

Ehe man kritisiert, sollte man seine Kritik kritisieren.
JEAN ANOUILH

Nur wer sich ändert, bleibt sich treu.
WOLF BIERMANN, Affenfels

Gehe in dich, das ist leicht gesagt. Doch es zu tun, ist schon deshalb schwerer, weil da wenig Auslauf ist.
ERNST BLOCH

Kommst du vom Vorgesetzten, überprüf deine Identität.
WIESŁAW BRUDZIŃSKI

Fragwürdig wie alles, was wir treiben, ist auch die Selbstkritik. Ihre Wonne besteht darin, daß ich mich scheinbar über meine Mängel erhebe, indem ich sie ausspreche und ihnen dadurch das Entsetzliche nehme, das zur Veränderung zwingen würde.
MAX FRISCH [1911–1991]; schweiz. Schriftsteller

In dem Maße, wie der Wille und die Fähigkeit zur Selbstkritik steigen, hebt sich auch das Niveau der Kritik am andern.
CHRISTIAN MORGENSTERN

Ich glaube von jedem Menschen das Schlechteste, selbst von mir, und ich habe mich noch selten getäuscht.
JOHANN NESTROY

Selbstkritik ist Voraussetzung des Selbstvertrauens. Sie verhindert aber Einbildung, Überheblichkeit, Dünkel – die Merkmale des Machtmenschen.
HANS A. PESTALOZZI, Auf die Bäume

Was willst du, sagt einer, der sein Kind verprügelt, zu einem andern, der ihm in den Arm fällt: ich übe doch nur Selbstkritik.
HERMANN SCHWEPPENHÄUSER

Selbstlosigkeit

(auch ↑Altruismus)

Bis zu einem gewissen Grade selbstlos sollte man schon aus Selbstsucht sein.
MARIE VON EBNER-ESCHENBACH

Selbstlosigkeit ist Eigenliebe, die sich schämt.
HANS LOHBERGER

Selbstsucht

Selbstsüchtig – ohne Rücksicht auf die Selbstsucht anderer.
AMBROSE BIERCE

Je mehr du dich selbst liebst, desto mehr bist du dein eigener Feind.
MARIE VON EBNER-ESCHENBACH

Selbsttäuschung

Wer eine Hintertür in sein Leben einbaut, gebraucht sie eines Tages als Hauptportal.
HANS ARNDT

Wer glaubt, über der Situation zu stehen, steht in Wirklichkeit oft nur daneben.
FRIEDL BEUTELROCK

Selbsttäuschung – Mutter einer ehrenwerten Familie, in der sich neben vielen anderen wohlgeratenen Söhnen und Töchtern finden: Enthusiasmus, Zärtlichkeit, Selbstverleugnung, Glaube, Hoffnung, Nächstenliebe.
AMBROSE BIERCE

Wer von uns weiß, kann wirklich unterscheiden, wann er tatsächlich denkt und wann er sich nur selber etwas vormacht?
STANISŁAW BRZOZOWSKI

Es ist gefährlich, anderen etwas vorzumachen; denn es endet damit, daß man sich selbst etwas vormacht.
ELEONORA DUSE [1858–1924]; italien. Schauspielerin

* Du glaubst zu schieben, und du wirst geschoben.
GOETHE, Faust I

Man wird nie betrogen, man betrügt sich selbst.
GOETHE, Maximen und Reflexionen

Der Machtlose entschädigt sich gern durch die Überzeugung, ein besserer Mensch zu sein.
JOHANNES GROSS

Es ist die gewöhnlichste und schädlichste Täuschung, daß man sich allzeit für den einzigen hält, der gewisse Dinge bemerkt.
JEAN PAUL

Es ist ebenso leicht, sich selbst zu täuschen, ohne es zu merken, wie es schwer ist, die andern zu täuschen, ohne daß sie es bemerken.
FRANÇOIS DE LA ROCHEFOUCAULD

Wer ohne die Welt auszukommen glaubt, irrt sich. Wer aber glaubt, daß die Welt nicht ohne ihn auskommen könne, irrt sich noch viel mehr.
FRANÇOIS DE LA ROCHEFOUCAULD

* Es sind nicht alle frei, die ihrer Ketten spotten.
LESSING, Nathan

Mancher glaubt, beliebt zu sein, aber man hat sich nur an seine Art gewöhnt.
UPTON SINCLAIR [1878–1968]; amerik. Schriftsteller

Was manche Leute sich selbst vormachen, das macht ihnen so schnell keiner nach.
GERD UHLENBRUCK

Selbstüberwindung

* Von der Gewalt, die alle Menschen bindet, befreit der Mensch sich, der sich überwindet.
GOETHE, Die Geheimnisse

Selbstvertrauen

Nur wieder empor nach jedem Sturz aus der Höhe! Entweder fällst du dich tot, oder es wachsen dir Flügel.
MARIE VON EBNER-ESCHENBACH

Wenn es einen Glauben gibt, der Berge versetzen kann, so ist es der Glaube an die eigene Kraft.
MARIE VON EBNER-ESCHENBACH

Selbstvertrauen ist die Quelle des Vertrauens zu anderen.
FRANÇOIS DE LA ROCHEFOUCAULD

Selbstverwirklichung

Das einzige Drama, das mich wirklich interessiert und das ich immer von neuem erzählen möchte, ist die Auseinandersetzung jedes Wesens mit dem, was es hindert, echt zu sein, was sich seiner Unversehrtheit, seiner Selbstverwirklichung entgegenstellt. Das Hindernis liegt meistens in ihm selbst. Und alles übrige ist nur Zufall.
ANDRÉ GIDE, Tagebuch

Man sollte nicht auf Selbstverwirklichung hoffen, sondern Hoffnung selbst verwirklichen.
GERD UHLENBRUCK

Sentimentalität

Die Sentimentalität ist das Alibi der Hartherzigen.
ARTHUR SCHNITZLER

Sex

Sex ist die Liebesform einer Zeit, die für die Liebe keine Zeit mehr hat.
SIGMUND GRAFF

Sex in längerer Verbindung ist die Kunst, Reprisen immer wieder wie Premieren erscheinen zu lassen.
JEANNE MOREAU [* 1928]; franz. Schauspielerin

Sex ist sehr unkompliziert, wenn man von keinem Komplex, sondern von einem Bedürfnis geleitet wird.
GEORGES SIMENON [1903–1989]; belg. Schriftsteller

Sex ist die Reibfläche, an der wir versuchen, das Feuer der Liebe zu entzünden.
GERD UHLENBRUCK

Sex ist der Leim, der das Gefüge der menschlichen Beziehungen zusammenhält; er bringt Familien und Romanzen hervor.
JOHN UPDIKE [* 1932]; amerik. Schriftsteller

Sex-Appeal

Nur die sogenannten unauffälligen Frauen erleben die wahre Liebe. Auffällige Schönheiten sind meist zu stark mit ihrem eigenen Sex-Appeal beschäftigt.
KATHERINE HEPBURN [* 1909]; amerik. Schauspielerin

Der Irrtum mancher Frauen liegt darin, daß sie ihren völligen Mangel an Sex-Appeal mit Tugendhaftigkeit verwechseln.
RAQUEL WELCH [* 1940]; amerik. Schauspielerin

Sexualethik

Erster und einziger Grundsatz der Sexualethik: der Ankläger hat immer unrecht.
THEODOR W. ADORNO

Sexualität

Sexualität als zwischenmenschliche Beziehung bringt Menschen als Menschen zusammen und nicht nur als Dinge. Dasein für den anderen wird hier zur Bedingung eigenen Glücks.
HELMUT GOLLWITZER

Die Sexualität ist in uns hineingelegt, nicht damit wir sie in Respekt vor dem unerforschlichen, aber unerfreulichen Ratschluß des Schöpfers ertragen, sondern damit wir sie als einen herrlichen und spezifisch menschlichen Reichtum unseres Lebens erkennen.
HELMUT GOLLWITZER

Es gibt keine frigiden Frauen. Es gibt nur schlechte Liebhaber oder Frauen, die durch häßliche Erlebnisse in ihren Empfindungen blokkiert sind.
MANFRED KÖHNLECHNER [* 1925]; dt. Heilpraktiker

Es ist ein Glück, daß das Bestehen der Menschenrasse ans sexuelle

Vergnügen gefesselt ist; man hätte es sonst längst aus der Welt hinausmanipuliert.
LUDWIG MARCUSE

Die Erotik ist sozialisierte Sexualität.
OCTAVIO PAZ, Essays I

Sicherheit

Wer sich gegen alles sichern will, vermehrt die Gefängnisse.
FRIEDRICH GEORG JÜNGER

Sicher ist, daß nichts sicher ist.
KARL VALENTIN [1882–1948]; dt. Komiker und Schriftsteller

Unsere Sicherheiten dürfen nichts Starres werden, sonst brechen sie.
ROBERT WALSER [1878–1956]; schweiz. Schriftsteller

Sieg

Nur ein Sieg, für den es keine Besiegten gibt, ist wirklich ein Sieg.
HANS MARGOLIUS

Die Teilnahme ist wichtiger als der Sieg. Aber der Sieg ist wichtig für die Teilnahme.
WERNER SCHNEYDER

Ohne das Salz der Niederlage sind Siege ungenießbar.
PETER TILLE

Skandal

Der Skandal fängt an, wenn die Polizei ihm ein Ende macht.
KARL KRAUS

Skepsis

Die Begeisterung ist das tägliche Brot der Jugend, die Skepsis ist der tägliche Wein des Alters.
PEARL S. BUCK [1892–1973]; amerik. Schriftstellerin

Hat eigentlich die Skepsis auf die Schlachtfelder geführt oder der Glaube?
KARLHEINZ DESCHNER

Der Skeptizismus ist der Beginn des Glaubens.
OSCAR WILDE

Skeptiker

Skeptiker sind jene Menschen, die einfach nicht an die friedliche Nutzung der Atombombe glauben wollen.
WERNER MITSCH

Soldat

↑Militär

Solidarität

Solidarität ist die bewußte Bereitschaft, durch Selbstbeschränkung die Freiheit aller zu mehren; sie kann nicht verordnet, wohl aber muß sie geweckt und motiviert werden.
WILLY BRANDT, Briefe

Solidarität ist das Bindeglied zwischen Freiheit und Gerechtigkeit, denn nur durch solidarisches Verhalten kann das Streben nach möglichst viel Gerechtigkeit in unserer Gesellschaft in Einklang gebracht werden mit dem Bedürfnis nach möglichst viel individueller Freiheit.
WILLY BRANDT, Briefe

Solidarität ist die Zärtlichkeit der Völker.
ERNESTO CARDENAL

* Verbunden werden auch die Schwachen mächtig.
SCHILLER, Wilhelm Tell

___ Sommer

* Unser Sommer ist nur ein grün angestrichener Winter.
HEINRICH HEINE, Reisebilder 3

___ Sonderling

Es gibt kaum einen Sonderling, der sich nicht für einen Individualisten hielte.
WERNER MITSCH

___ Sorge

* Sorge macht alt vor der Zeit.
JESUS SIRACH 30, 26

Sorgen ertrinken nicht in Alkohol. Sie können schwimmen.
HEINZ RÜHMANN [* 1902];
dt. Schauspieler

Wie einfach wäre das Leben, wenn sich die unnötigen Sorgen von den echten unterscheiden ließen!
KARL HEINRICH WAGGERL

___ Soziale Gerechtigkeit

Ich war immer der Meinung, daß soziale Gerechtigkeit, bis hinab zum Letzten und Niedrigsten, durch Gewaltanwendung unmöglich erreicht werden kann.
MAHATMA GANDHI

Der Staat sollte vorzüglich nur für die Ärmeren sorgen. Die Reichen sorgen leider nur zu sehr für sich selbst.
JOHANN GOTTFRIED SEUME,
Apokryphen

___ Sozialismus

Sozialismus ohne Demokratie ist widersinnig und funktioniert nicht einmal.
WILLY BRANDT, Erinnerungen

Was die Freiheit uns gibt, stiehlt sie dem Sozialismus, und was der Sozialismus uns gibt, stiehlt er der Freiheit.
WERNER FINCK

Der Sozialismus der Zukunft wird postindustrialistisch und antiproduktivistisch sein, oder er wird nicht sein.
ANDRÉ GORZ

Sozialismus und Freiheit schließen einander definitionsgemäß aus.
FRIEDRICH AUGUST VON HAYEK

Beim heutigen Stand der Dinge ist eben doch der Sozialismus die einzige Lehre, die an den Grundlagen unserer falschen Gesellschaft und Lebensweise wenigstens ernstlich Kritik übt.
HERMANN HESSE

Was der Sozialismus will, ist nicht Eigentum aufheben, sondern im Gegenteil individuelles Eigentum, auf Arbeit gegründetes Eigentum erst einführen.
FERDINAND LASSALLE [1825–1864];
dt. Politiker und Publizist

Sozialismus ist nichts anderes als der pflichtgemäße Entschluß, den Kopf nicht mehr in den Sand himmlischer Dinge zu stecken, sondern sich auf die Seite derer zu schlagen, die der Erde einen Sinn geben. Menschensinn.
THOMAS MANN

Sozialismus meint nicht mehr Veränderung der menschlichen Verhältnisse, sondern wirtschaftliche

Entwicklung, Erhöhung des Lebensstandards und Benutzung der Arbeitskraft als Hebel im Kampf um die Autarkie und die Weltherrschaft.
Octavio Paz, Essays I

Soziologie

Soziologie ist der Mißbrauch einer zu diesem Zweck erfundenen Terminologie.
Kurt Tucholsky

Spaß

Es gibt keine Pflicht, sich selbst den Spaß zu verderben und anderen vorzugaukeln, als mache Spaß, was nur noch Gewohnheit ist.
Willy Brandt, Erinnerungen

Spezialist

Ein Fachmann ist ein Mensch, der zu reden anfängt, wenn er zu denken aufhört – und umgekehrt.
Umberto Eco [* 1932];
ital. Schriftsteller

Ich habe nichts gegen Fachleute. Es wird immer welche geben. Es wird zum Beispiel immer Chirurgen geben. Man soll nur verhindern, daß sie eine Klasse oder eine Kaste bilden, das heißt, nichts anderes tun, als ihre Kompetenzen zu pflegen und zu monopolisieren, eine Quelle der Macht aus ihnen zu machen.
André Gorz

Man sollte die Spezialisierung nicht übertreiben, denn wenn man zu weit damit geht, wird man nie Generaldirektoren bekommen.
Lee Iacocca

Der Spezialist ist in seinem winzigen Weltwinkel vortrefflich zu Hause; aber er hat keine Ahnung von dem Rest.
José Ortega y Gasset, Aufstand

Die direkte Folge des einseitigen Spezialistentums ist es, daß heute, obwohl es mehr „Gelehrte" gibt als je, die Anzahl der „Gebildeten" viel kleiner ist als zum Beispiel 1750.
José Ortega y Gasset, Aufstand

Der Spezialist will auf seinem Gebiet eine fehlerfreie Welt. Aber die Addition der Einzelmeinungen der Spezialisten ist keine Politik, jedenfalls keine vernünftige und keine gute.
Manfred Rommel

Die Fachleute sind immer böse, wenn einem Laien etwas einfällt, was ihnen nicht eingefallen ist.
John Steinbeck [1902–1968];
amerik. Schriftsteller

Die Menschheit ist zum Spezialistentum in Wissenschaft und Arbeit gelangt; heute verlangen die Teile zu ihrem eigenen Heil die Vereinigung zu einem Ganzen.
Rudolf Steiner

Spiel

Spielen ist das dem Menschen innewohnende Prinzip.
Edmund Burke [1729–1797];
brit. Publizist und Politiker

Ernst ist Nichtspiel und nichts anderes. Der Bedeutungsinhalt von Spiel dagegen ist mit Nichternst keineswegs definiert oder erschöpft erläutert.
Werner Finck

*Hoher Sinn liegt oft im kind'schen Spiel.
SCHILLER, Thekla

Der Mensch spielt nur, wo er in voller Bedeutung des Wortes Mensch ist, und er ist nur da ganz Mensch, wo er spielt.
SCHILLER, Über die ästhetische Erziehung des Menschen

Aus der Art, wie das Kind spielt, kann man erahnen, wie es als Erwachsener seine Lebensaufgabe ergreifen wird.
RUDOLF STEINER

Sport

Wer Sport treibt, erträgt sogar das Kulturleben.
OLIVER HASSENCAMP

Einer Gesellschaft, die man damit unterhalten kann, daß zwei Menschen einen Ball hin und her schlagen, ist alles zuzutrauen.
MANFRED ROMMEL

Ein gesunder Geist in einem gesunden Körper ist die Volksausgabe einer verkörperten Vergeistigung.
WERNER SCHNEYDER

Spott

Wer den Schaden hat, darf für den Spott nicht sorgen.
JOHANN JAKOB WILHELM HEINSE

Spott ist oft Geistesarmut.
JEAN DE LA BRUYÈRE

Sprache

Die Sprache kann der letzte Hort der Freiheit sein. Wir wissen, daß ein Gespräch, daß ein heimlich weitergereichtes Gedicht kostbarer sein kann als Brot, nach dem in allen Revolutionen die Aufständischen geschrien haben.
HEINRICH BÖLL

Die Fähigkeit, sich klar auszudrükken, ist die Voraussetzung dafür, andere zu beeinflussen.
DALE CARNEGIE

Der Geist einer Sprache offenbart sich am deutlichsten in ihren unübersetzlichen Worten.
MARIE VON EBNER-ESCHENBACH

Wer fremde Sprachen nicht kennt, weiß nichts von seiner eigenen.
GOETHE, Eigenes und Angeeignetes

Die alten Sprachen sind die Scheiden, darin das Messer des Geistes steckt.
GOETHE, Zahme Xenien

Manche Pluralbildung bereichert die Sprache, schenkt ihr neue Nuancen – Ängste sind nicht so arg wie Angst; eines Menschen Dummheiten müssen nicht auf genereller Dummheit beruhen, von seinen Weisheiten läßt sich nicht auf Weisheit schließen.
JOHANNES GROSS

Die Sprache ist das Haus des Seins.
MARTIN HEIDEGGER [1889–1976]; dt. Philosoph

Deutsch ist schon deshalb eine gute Sprache, weil in ihr Mensch und Mann nicht das gleiche sind. Diesen Satz übersetzen.
WOLFGANG HILDESHEIMER [1916–1991]; dt. Schriftsteller

Wer die Sprache reinigt, ohne sie zu bereichern, der schwächt sie.
FRIEDRICH GEORG JÜNGER

Das ist das Fatalste an der Schriftstellerei, wenn einer sich einbildet, das Höchste des Dichtens bestehe nicht im Dichten, sondern im Bewußtsein, Sprache zu schreiben.
MARTIN KESSEL, Gegengabe

Die Menschen haben, wie es scheint, die Sprache nicht empfangen, um die Gedanken zu verbergen, sondern um zu verbergen, daß sie keine Gedanken haben.
SÖREN KIERKEGAARD

Die tödlichste Waffe des Menschen ist die Sprache. Er ist für die hypnotische Wirkung von Schlagworten ebenso anfällig wie für ansteckende Krankheiten.
ARTHUR KOESTLER, Mensch

Die Sprache ist die Mutter, nicht die Magd des Gedankens.
KARL KRAUS

Die Sprache ist der große Kanal, durch den die Menschen einander ihre Entdeckungen, Folgerungen und Erkenntnisse vermitteln.
JOHN LOCKE [1632–1704]; engl. Philosoph

Ich sehe nicht ein, weshalb Sprache Zwiesprache sein muß. Sprache ist unter anderem auch Expression, durchaus nicht immer Kommunikation.
LUDWIG MARCUSE

Die unmittelbare Wirklichkeit des Gedankens ist die Sprache.
KARL MARX

Mit jeder Sprache, die ausstirbt, wird ein Bild des Menschen ausgelöscht.
OCTAVIO PAZ, Essays II

Kluge verständigen sich mittels der Sprache. Dumme wegen der Sprache nicht.
WERNER SCHNEYDER

* Die Sprache ist dem Menschen gegeben, um seine Gedanken zu verbergen.
CHARLES MAURICE DE TALLEYRAND [1754–1838]; franz. Staatsmann

Eine fremde Sprache kann man in sechs Wochen erlernen, für die eigne reicht das Leben nicht.
PETER TILLE

Die Grenzen der Sprache sind die Grenzen der Welt.
LUDWIG WITTGENSTEIN [1889–1951]; österr. Philosoph

— Sprichwort

Ein Sprichwort ist eine allgemein bekannte Weisheit, an die sich niemand hält.
WOLFGANG HERBST

Sprichwörter sind oft Dummheiten, die im Laufe der Jahrhunderte weise geworden sind.
PETER TILLE

— Staat

Der Staat ist eine Notordnung gegen das Chaos.
GUSTAV HEINEMANN [1899–1976]; dt. Politiker

Ein Staat ist die Vereinigung einer Menge von Menschen unter Rechtsgesetzen.
IMMANUEL KANT

Der Staat ist eben auch nur ein Menschengebilde – und kann verlangen, daß wir ein bißchen nachsichtig mit ihm sind.
LUDWIG MARCUSE

Wenn die Repräsentanten dieses Staates etwas Dummes tun und ich mich als Bürger nicht davon betroffen fühle, dann lebe ich in keinem demokratischen Staat.
ALEXANDER MITSCHERLICH

Der Staat ist eine kluge Veranstaltung zum Schutze der Individuen gegeneinander.
FRIEDRICH NIETZSCHE,
Menschliches I

Sobald einer über die Staatsangelegenheiten sagt „Was geht's mich an?", muß man damit rechnen, daß der Staat verloren ist.
JEAN-JACQUES ROUSSEAU,
Gesellschaftsvertrag

Wer sich in schlechten Zeiten den Staat ins Boot holt, wird ihn in guten Zeiten kaum mehr vom Steuer verdrängen können.
WALTER SCHEEL [* 1919];
dt. Politiker

Ein Staat kann nur dauern, wenn er aus sich selber heraus Lebenskräfte zu entwickeln vermag. Solche Kräfte entstehen aber nur aus der Spannung widerstreitender Gewalten, und nur in dieser Spannung ist Freiheit möglich, und nur, wo Freiheit ist, kann ein Volk gesund und der Staat von Dauer sein.
CARLO SCHMID

Wo ein einziger Mann den Staat erhalten kann, ist der Staat in seiner Fäulnis kaum der Erhaltung wert.
JOHANN GOTTFRIED SEUME,
Apokryphen

Der Staat ist, ebenso wie die ihm geschichtlich vorausgehenden politischen Verbände, ein auf das Mittel der legitimen (das heißt: als legitim angesehenen) Gewaltsamkeit gestütztes Herrschaftsverhältnis von Menschen über Menschen.
MAX WEBER

___ Staatsmann

Ein Politiker denkt an die nächste Wahl; ein Staatsmann an die nächste Generation.
JAMES FREEMAN CLARKE
[1810–1888];
amerik. Geistlicher

Staatsmänner schweben mit beiden Beinen fest über den Tatsachen.
OLIVER HASSENCAMP

___ Stadt

Großstädter sind Leute, die vom Land in die Stadt gezogen sind, um hier so hart zu arbeiten, daß sie aus der Stadt aufs Land ziehen können.
GEORGE MIKES [* 1912];
brit. Schriftsteller ungar. Herkunft

___ Standpunkt

Ein Standpunkt sollte nicht nur das sein, worauf man ständig stehen bleibt.
FRIEDL BEUTELROCK

Nie tritt man anderen so auf die Füße, wie wenn man den eignen Standpunkt vertritt.
KARLHEINZ DESCHNER

___ Stärke

(auch ↑Schwäche)

* Der Starke ist am mächtigsten allein.
SCHILLER, Wilhelm Tell

Sterben

Sorgt doch, daß ihr, die Welt verlassend, nicht nur gut wart, sondern verlaßt eine gute Welt!
BERTOLT BRECHT, Johanna

Der Mensch ist das einzige Lebewesen, das weiß, daß es sterben wird. Die Verdrängung dieses Wissens ist das einzige Drama des Menschen.
FRIEDRICH DÜRRENMATT [1921–1990]; schweiz. Dramatiker

Das Bewußtsein unserer Sterblichkeit ist ein köstliches Geschenk, nicht die Sterblichkeit allein, die wir mit den Molchen teilen, sondern unser Bewußtsein davon. Das macht unser Dasein erst menschlich.
MAX FRISCH, Tagebuch 1946–1949

Wenn dem Menschen am Ende seines Lebens ein Lächeln übrigbleibt, so ist das ein sehr anständiger Reingewinn.
HORST WOLFRAM GEISSLER [1893–1983]; dt. Schriftsteller

Es ist eine der Unsinnigkeiten, aus denen wir leben, daß wir Zeit zwar mit Lust tilgen, wenn es aber daran geht, das Zeitliche ganz zu verlassen, und das ist doch die größte Chance zum Löschen von Zeit, gebärden wir uns wie die Kinder, die nicht zu Bett gehen wollen.
ERHART KÄSTNER

Man stirbt, wie man lebte; das Sterben gehört zum Leben, nicht zum Tod.
LUDWIG MARCUSE

Sterben allein genügt nicht; man muß rechtzeitig sterben.
JEAN-PAUL SARTRE

Sein halbes Leben hatte er damit zugebracht, über das Sterben zu philosophieren. Schließlich war er in der Theorie derart beschlagen, daß er seine ganze zweite Lebenshälfte lang hoffte, in der Praxis gar nicht erst geprüft werden zu müssen.
WOLFDIETRICH SCHNURRE, Schattenfotograf

Wenn ich täglich befürchte, die um mich sind, morgen nicht wiedersehen zu können, habe ich anders Umgang mit ihnen, als wenn ich zu wissen glaube, mich morgen schon wieder über sie ärgern zu müssen.
WOLFDIETRICH SCHNURRE, Schattenfotograf

Sterben ist das Auslöschen der Lampe im Morgenlicht, nicht das Auslöschen der Sonne.
RABINDRANATH TAGORE

Wir kümmern uns nicht, daß wir nicht dagewesen sind, ehe wir geboren wurden. Warum uns kümmern, nicht mehr da zu sein, wenn wir gestorben sind?
KARL JULIUS WEBER

Stern

* Die Sterne, die begehrt man nicht.
GOETHE, Trost in Tränen

* Die Sterne lügen nicht.
SCHILLER, Wallensteins Tod

Stiftung

Stiftungen sind Schweigegelder für das Gewissen.
UPTON SINCLAIR [1878–1968]; amerik. Schriftsteller

Stil

Je höher die Stellung eines Vorgesetzten, desto mehr Fehler darf er machen. Und wenn er nur noch Fehler macht, dann ist das sein Stil.
FRED ASTAIRE [1899–1987]; amerik. Tänzer und Filmschauspieler

* Der Stil, das ist der Mensch.
GEORGES LOUIS LECLERC DE BUFFON [1707–1788]; franz. Naturforscher

Unter Stil verstehe ich die Fähigkeit, komplizierte Dinge einfach zu sagen – nicht umgekehrt.
JEAN COCTEAU [1889–1963]; franz. Schriftsteller, Filmregisseur und Graphiker

Stil ist richtiges Weglassen des Unwesentlichen.
ANSELM FEUERBACH [1829–1880]; dt. Maler

Jedes Wort hat fließende Grenzen; die Tatsache zu ästhetischer Wirkung auszunützen ist das Geheimnis des Stils.
ARTHUR SCHNITZLER

Der Stil ist die Physiognomie des Geistes.
ARTHUR SCHOPENHAUER

Wenn einem Autor der Atem ausgeht, werden die Sätze nicht kürzer, sondern länger.
JOHN STEINBECK [1902–1968]; amerik. Schriftsteller

Stolz

Ein stolzer Mensch verlangt von sich das Außerordentliche, ein hochmütiger schreibt es sich zu.
MARIE VON EBNER-ESCHENBACH

Wird Stolz sich seiner bewußt, so ist er Eitelkeit.
WALTHER RATHENAU

Strafe

Die Strafe, die züchtigt, ohne zu verhüten, heißt Rache.
ALBERT CAMUS [1913–1960]; franz. Schriftsteller

Alles wird uns heimgezahlt, wenn auch nicht von denen, welchen wir geborgt haben.
MARIE VON EBNER-ESCHENBACH

An der Härte der Strafen erkennt man die Schwäche des Regimes.
MARTIN KESSEL, Gegengabe

Keiner, der für eine Lüge geschlagen wurde, hat dadurch die Wahrheit lieben gelernt.
ELLEN KEY [1849–1926]; schwed. Pädagogin und Schriftstellerin

Die Gesellschaft hat die Strafe erfunden, die Theologie die Hölle, und für die Fälle, in denen die irdische Sühne ausbleibt und der Glaube ans Jenseits versagt, hat unsere Feigheit die Reue erfunden.
ARTHUR SCHNITZLER

Die christliche Lehre von der Nutzlosigkeit der Strafe und der Gottlosigkeit der Rache hat trotz ihrer einfachen Vernünftigkeit nicht einen einzigen Menschen unter allen Nationen bekehrt.
GEORGE BERNARD SHAW

Strafrecht

↑Justiz

Streben

Die das Dunkel nicht fühlen, wer-

den sich nie nach dem Lichte umsehen.
Henry Thomas Buckle

Wir sind nichts. Was wir suchen, ist alles.
Friedrich Hölderlin

Sei mit dir nie zufrieden, außer etwa episodisch, so daß deine Zufriedenheit nur dazu dient, dich zu neuer Unzufriedenheit zu stärken.
Christian Morgenstern

Streit

Wenn zwei sich streiten, lächelt die Wahrheit.
Hans Arndt

Nicht jene, die streiten, sind zu fürchten, sondern jene, die ausweichen.
Marie von Ebner-Eschenbach

Es hat keinen Sinn, mit Männern zu streiten, sie haben ja doch immer unrecht.
Zsa Zsa Gabor [* 1919 oder 1920]; amerik. Filmschauspielerin ungar. Herkunft

Wer streiten will, muß sich hüten, bei dieser Gelegenheit Sachen zu sagen, die ihm niemand streitig macht.
Goethe, Maximen und Reflexionen

Nichts macht den Menschen so unverträglich wie das Bewußtsein, genug Geld für einen guten Rechtsanwalt zu haben.
Richard Widmark [* 1914]; amerik. Filmschauspieler

Streß

Streß ist ein Bazillus, der von Unsicheren in leitenden Stellungen auf die Mitarbeiter übertragen wird.
Oliver Hassencamp

Streß – das sind die Handschellen, die man ums Herz trägt.
Helmut Qualtinger [1928–1986]; österr. Schriftsteller, Kabarettist und Schauspieler

Die gewöhnliche Überbeschäftigung des modernen Menschen in allen Gesellschaftskreisen hat zur Folge, daß das Geistige in ihm verkümmert.
Albert Schweitzer

Nirgends strapaziert sich der Mensch mehr als bei der Jagd nach Erholung.
Laurence Sterne [1713–1768]; engl. Schriftsteller

Sünde

Vermutlich gibt es Sünden, die nicht als Sünden erkannt sind. Zum Beispiel die, Gott anzunehmen, wie er ist. Er will verändert werden.
Günter Eich

Nicht die Sünde ist die Mutter der Beichte, sondern umgekehrt.
Oliver Hassencamp

Die Sünden sind die Pfeiler der Religion.
Hans Lohberger

Im Alter bereut man vor allem die Sünden, die man nicht begangen hat.
William Somerset Maugham [1874–1965]; brit. Schriftsteller

Sünde ist Gegenverkehr auf moralischer Einbahnstraße.
Rudolf Rolfs

Sünder

Es gibt zwei Arten von Menschen: Gerechte, die sich für Sünder halten, und die andern Sünder, die sich für Gerechte halten.
BLAISE PASCAL

Der einzige Unterschied zwischen dem Heiligen und dem Sünder ist, daß jeder Heilige eine Vergangenheit hat und jeder Sünder eine Zukunft.
OSCAR WILDE

Sympathie

Nichts macht uns feiger und gewissenloser als der Wusch, von allen Menschen geliebt zu werden.
MARIE VON EBNER-ESCHENBACH

Was man Zuneigung nennt, ist in Wirklichkeit nichts anderes als Gewohnheit gewordene Sympathie.
JONATHAN SWIFT

Sympathisant

Sympathisant: Wenn einer sagt, das Volk hat ein Recht auf Braten, dann ist er schuld an allen Einbrüchen bei den Metzgern.
WERNER SCHNEYDER

T

Tabu

Ein zerschlagenes Tabu ist kein Tabu mehr. Es gibt aber Leute, die meinen, man könne dasselbe Tabu immer wieder zertrümmern.
JEAN GENET [1910–1986]; franz. Schriftsteller

Die Tabuierung von Antworten ist nie so schlimm wie die Tabuierung von Fragen.
LUDWIG MARCUSE

Tadel

Der herbste Tadel läßt sich ertragen, wenn man fühlt, daß derjenige, der tadelt, lieber loben würde.
MARIE VON EBNER-ESCHENBACH

*Tadeln können zwar die Toren, aber besser machen nicht.
Nach AUGUST FRIEDRICH ERNST LANGBEIN [1757–1835]; dt. Schriftsteller

Der Tadel des Feindes ist das schönste Lob, die Verleumdungen des Feindes die schmeichelhafteste Anerkennung.
WILHELM LIEBKNECHT [1826–1900]; dt. Journalist und Politiker

Tadle nichts Menschliches! Alles ist gut, nur nicht überall, nur nicht immer, nur nicht für alle.
NOVALIS

Für jeden berechtigten Tadel am andern sollte man gleichzeitig eine Eigenschaft suchen, um derentwillen man ihn loben kann.
FRANK THIESS

Tagebuch

Tagebuch – tägliche Aufzeichnung jener Teile eines Lebens, die man sich selbst ohne zu erröten anvertrauen kann.
AMBROSE BIERCE

Takt

Takt besteht darin, daß man weiß, wieweit man zu weit gehen darf.
JEAN COCTEAU [1889–1963]; franz. Schriftsteller, Filmregisseur und Graphiker

Takt ist die Fähigkeit, einem anderen auf die Beine zu helfen, ohne ihm dabei auf die Zehen zu treten.
CURT GOETZ

Takt ist der Verstand des Herzens.
KARL GUTZKOW

Takt erfordert vor allem Phantasie. Man muß viele Möglichkeiten der fremden Seele überschauen, viele Empfangsmöglichkeiten, und danach, was man geben kann, einrichten.
CHRISTIAN MORGENSTERN

Toleranz heißt: die Fehler der anderen entschuldigen. Takt heißt: sie nicht bemerken.
ARTHUR SCHNITZLER

Heucheln, das Wort klingt schlecht, drum nennt man's Takt.
CARL SPITTELER [1845–1924]; schweiz. Schriftsteller

Taktik/Strategie

Angesichts von Hindernissen mag die kürzeste Linie zwischen zwei Punkten die krumme sein.
BERTOLT BRECHT, Galilei

Das Geheimnis auch der großen und umwälzenden Aktionen besteht darin, den kleinen Schritt herauszufinden, der zugleich auch ein strategischer Schritt ist, indem er weitere Schritte einer bessern Wirklichkeit nach sich zieht.
GUSTAV HEINEMANN [1899–1976]; dt. Politiker

Ein durchdachter Angriffsplan schließt die Rückzugsmöglichkeit ein.
HANS KASPER, Abel

Taktik ist ein Modewort für Hinterlist.
RUDOLF ROLFS

Taktlosigkeit

Taktlosigkeit ist der lästigste und widerwärtigste der menschlichen Fehler; denn du kannst dich nicht verteidigen, nicht einmal durch Grobheit.
ANSELM FEUERBACH [1829–1880]; dt. Maler

Talent

Mit fünfundzwanzig Jahren kann jeder Talent haben. Mit fünfzig Jahren Talent zu haben, darauf kommt es an.
EDGAR DEGAS [1834–1917]; franz. Maler

Der Genius weist den Weg, das Talent geht ihn.
MARIE VON EBNER-ESCHENBACH

Der beste Teil des Talentes ist vielleicht das Glück, mit den Großen aller Zeiten in den stillen Geheimbund getreten zu sein.
GERHART HAUPTMANN

Talent ist oft ein Charakterfehler.
KARL KRAUS

Talent haben – Talent sein: das wird immer verwechselt.
KARL KRAUS

Mir tut es allemal weh, wenn ein Mann von Talent stirbt, denn die Welt hat dergleichen nötiger als der Himmel.
GEORG CHRISTOPH LICHTENBERG

Talente sind Genies, die von außen her befruchtet werden, Genies Talente, die aus sich selbst Früchte tragen.
HANS LOHBERGER

Mit einem Talent ist man auch das Opfer seines Talents.
FRIEDRICH NIETZSCHE,
Nachlaß

Das Talent arbeitet, das Genie schafft.
ROBERT SCHUMANN

Das Genie entdeckt die Frage. Das Talent beantwortet sie.
KARL HEINRICH WAGGERL

Tanz

Tanzen ist die Poesie des Fußes.
JOHN DRYDEN
[1631–1700];
engl. Dichter und Literaturkritiker

Tänze: die Kunst, wo die Beine denken, sie seien der Kopf.
STANISŁAW JERZY LEC

Der Tanz ist das stärkste Ausdrucksmittel der menschlichen Seele.
THOMAS NIEDERREUTHER

Tapferkeit

Vollendete Tapferkeit besteht darin, ohne Zeugen zu tun, was man vor aller Welt zu tun vermöchte.
FRANÇOIS DE LA ROCHEFOUCAULD

Aufrichtigkeit ist wahrscheinlich die verwegenste Form der Tapferkeit.
WILLIAM SOMERSET MAUGHAM
[1874–1965];
brit. Schriftsteller

Tätigkeit

* Die Tat ist alles, nichts der Ruhm.
GOETHE, Faust II

Taten lehren den Menschen, und Taten trösten ihn.
JOHANN HEINRICH PESTALOZZI,
Schriften

Tätigkeit ist der wahre Genuß des Lebens, ja das Leben selbst.
AUGUST WILHELM SCHLEGEL

Der einzige Weg, der zum Wissen führt, ist Tätigkeit.
GEORGE BERNARD SHAW

Täuschung

* Sucht nur die Menschen zu verwirren, sie zu befriedigen ist schwer.
GOETHE, Faust I

Man kann alle Leute einige Zeit zum Narren halten und einige Leute allezeit; aber alle Leute allezeit zum Narren halten kann man nicht.
ABRAHAM LINCOLN [1809–1865];
16. Präsident der USA

Die Menschen sind so einfältig und hängen so sehr vom Eindrucke des Augenblickes ab, daß einer, der sie täuschen will, stets jemanden findet, der sich täuschen läßt.
NICCOLÒ MACHIAVELLI
[1469–1527]; italien. Politiker, Schriftsteller und Geschichtsschreiber

Technik

Technik ist wie ein Messer. Man kann damit morden oder damit Brot schneiden.
NORBERT BLÜM [* 1935];
dt. Politiker

Ich bin überzeugt, daß die Menschen von den Ergebnissen ihrer Leistungsfähigkeit überfordert werden.
GÜNTER GRASS [* 1927]; dt. Schriftsteller

Die Entwicklung der Technik ist bei der Wehrlosigkeit vor der Technik angelangt.
KARL KRAUS

Der Mensch muß versuchen, die Entwicklung der Technik geistig zu beherrschen. Nur der Einsatz höchster Menschlichkeit könnte die Gefahr der Technik bannen.
GERTRUD VON LE FORT

Der Mensch hat angesichts der gewaltigen technischen Umwälzungen mit seiner inneren Entwicklung nicht Schritt gehalten, und daher verfehlt er, sie geistig zu meistern.
EMIL OESCH, Menschen

Jeder Zuwachs an Technik bedingt, wenn damit ein Zuwachs und nicht eine Schmälerung des menschlichen Glücks verbunden sein soll, einen entsprechenden Zuwachs an Weisheit.
BERTRAND RUSSELL, Moral

___ Techniker

Menschen, die von einer neuen Erfindung nur die guten Seiten sehen wollen, nennt man Techniker.
WERNER MITSCH

___ Technikfolgen

Die Technik soll dazu dienen, dem Menschen das Leben zu erleichtern und ihn von schwerer körperlicher Arbeit zu befreien. Heute haben wir uns das Leben derart erleichtert und uns derart „befreit“, daß wir an der Erleichterung sterben. Herzinfarkt wegen mangelnder körperlicher Betätigung.
HANS A. PESTALOZZI, Zukunft

___ Technologie

Haben wir denn derart jeden Maßstab verloren, daß wir glauben, der Mensch müsse sich neuen Technologien anpassen, statt daß wir als Vorbedingung jeder neuen Technologie fordern, daß sie dem Menschen angepaßt sein müsse?
HANS A. PESTALOZZI, Zukunft

___ Terror

In allen Staaten, in denen Terror herrscht, ist das Wort fast noch mehr gefürchtet als bewaffneter Widerstand, und oft ist das letzte die Folge des ersten.
HEINRICH BÖLL

Der Terror braucht drei Verbündete, um mächtig zu werden: Die Allesversteher, die Drumherumsteher, die Zuspätweiner.
HANS KASPER, Revolutionäre

Jeder Terror rechtfertigt sich mit objektiven Notwendigkeiten. Um so mehr gilt es, unbeirrt subjektiv zu sein.
KURT MARTI

___ Teufel

Um den Teufel zu beweisen, haben sie ihn in den Hexen und Ketzern verfolgt und damit in sich bewiesen.
HERMANN SCHWEPPENHÄUSER

— Theater

Das Theater darf nicht danach beurteilt werden, ob es die Gewohnheiten seines Publikums befriedigt, sondern danach, ob es sie zu ändern vermag.
BERTOLT BRECHT, Politik auf dem Theater

Ein Theater ist ein Unternehmen, das Abendunterhaltung verkauft.
BERTOLT BRECHT, Weniger Gips

Der eigentliche Skandal unseres hochsubventionierten Theatersystems besteht darin, daß es von den Steuermillionen der Kommunen und Länder zwar lebt, d.h. von allen Bürgern mitfinanziert wird, letztlich aber zur ästhetischen Bedürfnisanstalt einer minoritären Bevölkerungsschicht degeneriert ist.
MICHAEL SCHNEIDER

— Theologen

Theologen lassen oft die Wahrheit verdorren. Sie haben die Wahrheit im Kopf, aber sie erreichen die Herzen nicht, weil sie zu wenig die Wirklichkeit suchen.
FRANZ ALT

— Theorie

*Grau, teurer Freund, ist alle Theorie und grün des Lebens goldner Baum.
GOETHE, Faust I

Die Theorie sollte nie vergessen, daß sie nichts weiter ist als angewandte Praxis.
GABRIEL LAUB

Unsere Theorien sind unsere Erfindungen. Sie sind nie mehr als kühne Vermutungen, Hypothesen; von uns gemachte Netze, mit denen wir die wirkliche Welt einzufangen versuchen.
KARL R. POPPER

— Tiefe

Die Tiefe der Dinge ist ihre Oberfläche.
GÜNTER EICH

Was Rednern an Tiefe fehlt, ersetzen sie durch Länge.
MONTESQUIEU, Gedanken

Wer unter die Oberfläche dringt, tut es auf eigene Gefahr.
OSCAR WILDE

— Tier

Tiere sind schon darum merkwürdiger als wir, weil sie ebensoviel erlebt haben, es aber nicht sagen können. Ein sprechendes Tier wäre nicht mehr als ein Mensch.
ELIAS CANETTI

Kein Zweifel, der Hund ist treu. Aber sollen wir uns deshalb ein Beispiel an ihm nehmen? Er ist doch dem Menschen treu und nicht dem Hund.
KARL KRAUS

Eine der größten Unverfrorenheiten des Menschen ist, dies oder jenes Tier mit Emphase falsch zu nennen, als ob es ein noch falscheres Wesen gäbe in seinem Verhältnis zu den anderen Wesen als der Mensch.
CHRISTIAN MORGENSTERN

Daß uns der Anblick der Tiere so ergötzt, beruht hauptsächlich dar-

auf, daß es uns freut, unser eigenes Wesen so vereinfacht vor uns zu sehn.
ARTHUR SCHOPENHAUER

Auf das Tier angewendet, heißt die Ehrfurcht vor dem Leben zunächst: das Töten der Tiere sei kein Schauspiel und kein Sport.
ALBERT SCHWEITZER

— Titel

Titel sind tiefe Gräben um die Festung Mensch.
HANS ARNDT

Einen Namen hat man, wenn man seine Titel wegläßt, weil sie ihn verkleinern würden.
SIGMUND GRAFF

Titel zeichnen den Mittelmäßigen aus, bringen den Hochstehenden in Verlegenheit und werden vom Tiefstehenden herabgesetzt.
GEORGE BERNARD SHAW

— Tod

Es gibt für die Menschen, wie sie heute sind, nur eine radikale Neuigkeit – und das ist immer die gleiche: der Tod.
WALTER BENJAMIN

Das, was wir Tod nennen, ist in Wahrheit der Anfang des Lebens.
THOMAS CARLYLE

Jeder Augenblick im Leben ist ein Schritt zum Tode hin.
CORNEILLE, Titus und Berenice

Die eigentliche Antwort ist immer der Tod.
GÜNTER EICH

Der Tod ist die uns zugewandte Seite jenes Ganzen, dessen andere Seite Auferstehung heißt.
ROMANO GUARDINI [1885–1968]; dt. kath. Religionsphilosoph und Theologe ital. Herkunft

Am Schluß ist das Leben nur eine Summe aus wenigen Stunden, auf die man zulebte. Sie sind; alles andere ist nur ein langes Warten gewesen.
ERHART KÄSTNER

Gäbe es das Wort „Tod“ in unserem Sprachschatz nicht, wären die großen Werke der Literatur nie geschrieben worden.
ARTHUR KOESTLER, Mensch

Der Tod kommt nur einmal, und doch macht er sich in allen Augenblicken des Lebens fühlbar. Es ist herber, ihn zu fürchten, als ihn zu erleiden.
JEAN DE LA BRUYÈRE

Wir gehören einer Zivilisation an, die zwar den Tod industriell zu produzieren, nicht aber zu integrieren versteht.
KURT MARTI

Der Tod geht zwei Schritte hinter dir. Nütze den Vorsprung und lebe.
WERNER MITSCH

Der Tod ist die Ruhe, aber der Gedanke an den Tod ist der Störer jeglicher Ruhe.
CESARE PAVESE

Da man in das Leben sich hat fügen müssen, wieviel leichter sollte man sich in den Tod fügen können.
WILHELM RAABE

Wer den Tod fürchtet, hat das Leben verloren.
JOHANN GOTTFRIED SEUME, Apokryphen

Das größte, wenn auch alltägliche Ereignis in der Geschichte ist die Geburt oder der Tod eines Menschen.
ALEKSANDER ŚWIĘTOCHOWSKI

Dies ist die wahrste aller Demokratien, die Demokratie des Todes.
KURT TUCHOLSKY

Wahrscheinlich ist keine Menschheit je dem Tode gegenüber so ratlos gewesen wie die heutige.
CARL FRIEDRICH VON WEIZSÄCKER, Geschichte

Todesstrafe

Die Menschheit verurteilt den einzelnen zur Todesstrafe und begeht dadurch gegen ihn ein größeres Verbrechen, als er gegen sie begangen hat, indem sie ihm die Besserung unmöglich macht.
FRIEDRICH HEBBEL

Solange die Todesstrafe besteht, atmet das ganze Strafrecht Blutgeruch aus, trägt das ganze Strafrecht den Stempel der Grausamkeit, ist das ganze Strafrecht mit dem Makel der rächenden Vergeltung behaftet.
GUSTAV RADBRUCH

Mord und Todesstrafe sind nicht Gegensätze, die einander aufheben, sondern Ebenbilder, die ihre Art fortpflanzen.
GEORGE BERNARD SHAW

Der Mord auf dem Schafott ist die ärgste Form des Mordes, weil er dort mit der Zustimmung der Gesellschaft vollbracht wird.
GEORGE BERNARD SHAW

Daß es die Todesstrafe gibt, ist weniger bezeichnend für unsere Gesittung, als daß sich Henker finden.
FRANZ WERFEL
[1890–1945];
österr. Schriftsteller

Toleranz

Verstand sieht jeden Unsinn, Vernunft rät, manches davon zu übersehen.
WIESŁAW BRUDZIŃSKI

Ignorieren ist noch keine Toleranz.
THEODOR FONTANE [1819–1898];
dt. Schriftsteller

Toleranz ist immer das Zeichen, daß sich eine Herrschaft als gesichert betrachtet.
MAX FRISCH, Tagebuch 1946–1949

Toleranz ist das unbehagliche Gefühl, der andere könne am Ende vielleicht doch recht haben.
ROBERT LEE FROST [1874–1963];
amerik. Lyriker

Toleranz sollte eigentlich nur eine vorübergehende Gesinnung sein: Sie muß zur Anerkennung führen. Dulden heißt beleidigen.
GOETHE, Maximen und Reflexionen, Nachlaß

Toleranz der meisten: Sie haben nichts dagegen, wenn sich ihnen eine Ameise in den Weg stellt.
SIGMUND GRAFF

Toleranz darf nicht bestehen gegenüber der Intoleranz, wenn diese nicht als ungefährliche, private Verschrobenheit gleichgültig behandelt werden darf. Es darf keine Freiheit geben zur Zerstörung der Freiheit.
KARL JASPERS

Es kommt für uns Ältere nicht dar-

auf an, die neue Jugend zu widerlegen und irgendwie abzutun, sondern sie zu verstehen und sie, soweit wir irgend können, erkennend lieben zu lernen.
HERMANN HESSE

Wenn der andre sich mit allen seinen Fehlern, die er noch besser kennt als ich, erträgt, warum sollte ich ihn nicht ertragen?
JEAN PAUL

Toleranz ist ein Beweis des Mißtrauens gegen ein eigenes Ideal.
FRIEDRICH NIETZSCHE, Nachlaß

Wer mit mir reden will, der darf nicht bloß seine eigene Meinung hören wollen.
WILHELM RAABE

Toleranz wird oft mit Meinungslosigkeit verwechselt. Aber nicht der Meinungslose ist tolerant, sondern der, der eine Meinung hat, aber es anderen zubilligt, eine abweichende Meinung zu haben und diese auch zu sagen.
MANFRED ROMMEL

Wenn die Welt erlöst werden soll, müssen die Menschen edel sein, ohne Grausamkeit, voller Glauben und für die Wahrheit empfänglich, Begeisterung für große Ziele fühlen, ohne die zu hassen, die ihnen darin Widerstand leisten.
BERTRAND RUSSELL, Schriften

Um einen Schmetterling lieben zu können, müssen wir auch ein paar Raupen mögen.
ANTOINE DE SAINT-EXUPÉRY
[1900–1944]; franz. Schriftsteller

Toleranz heißt: die Fehler der anderen entschuldigen. Takt heißt: sie nicht bemerken.
ARTHUR SCHNITZLER

Bewahre uns der Himmel vor dem „Verstehen“. Es nimmt unserm Zorn die Kraft, unserm Haß die Würde, unserer Rache die Lust und noch unserer Erinnerung die Seligkeit.
ARTHUR SCHNITZLER

Um sanft, tolerant, weise und vernünftig zu sein, muß man über eine gehörige Portion Härte verfügen.
PETER USTINOV

Töten

Der Homo sapiens ist praktisch einzigartig im Reich der Lebewesen, was das Fehlen instinktiver Schutzvorkehrungen gegen das Töten von Artgenossen betrifft.
ARTHUR KOESTLER, Mensch

Wenn ein Mensch einen Tiger töten will, spricht er von Sport. Wenn ein Tiger einen Menschen tötet, ist das Grausamkeit.
GEORGE BERNARD SHAW

Tourismus

Wir brauchen keinen dritten Weltkrieg. Wir haben Kapitalismus, Kommunismus und Tourismus.
OLIVER HASSENCAMP

Die Deutschen werden nicht besser im Ausland, wie das exportierte Bier.
HEINRICH HEINE, Gedanken

Man müßte in dieser Welt das Leben lang ein Tourist sein. Den Touristen zeigt man ja nur das, was sehenswürdig ist.
GABRIEL LAUB

— Tradition

Vollen Klang hat eine Wahrheit nur, wenn sie aus der Fülle der gelebten und angeeigneten Tradition heraus verkündet wird.
HANS URS VON BALTHASAR

Begreifen wir endlich, daß der emotionale Kult der Tradition nur eine Form unserer geistigen Faulheit ist.
STANISŁAW BRZOZOWSKI

Die Tradition ist eine Ausdehnung des Wahlrechts. Tradition heißt, der unbekanntesten aller Klassen – unseren Vorfahren – Stimmen zu geben. Tradition ist die Demokratie der Toten.
GILBERT K. CHESTERTON

Die Demokratie gebietet uns, die Meinung eines guten Menschen nicht in den Wind zu schlagen, selbst wenn er unser Stallknecht ist. Die Tradition bittet uns, die Meinung eines guten Menschen nicht in den Wind zu schlagen, selbst wenn es unser Vater ist.
GILBERT K. CHESTERTON

Alles Alte, soweit es Anspruch darauf hat, sollen wir lieben, aber für das Neue sollen wir recht eigentlich leben.
THEODOR FONTANE [1819–1898];
dt. Schriftsteller

Tradition ist die gewaltsame Fortsetzung einer abgeschlossenen Geschichte.
WOLFGANG HERBST

Tradition ist gesiebte Vernunft des gesamten Volkes aus einem Jahrhundert in das andere.
RICARDA HUCH [1864–1947];
dt. Schriftstellerin

Tradition ist nicht das Bewahren der Asche, sondern das Schüren der Flamme.
JEAN JAURÈS [1859–1914];
franz. Philosoph und Politiker

Nicht in der Nachahmung der Tradition, in der Auseinandersetzung mit ihr liegt der Gewinn.
MARTIN KESSEL, Ehrfurcht

Tradition ist die Methode, die verhindern will, daß Kinder ihre Eltern übertreffen.
EPHRAIM KISHON [* 1924];
israel. Schriftsteller

Tradition ist die sublimste Form der Nekrophilie.
HANS KUDSZUS

Der oft unüberlegten Hochachtung gegen alte Gesetze, alte Gebräuche und alte Religion hat man alles Übel in der Welt zu verdanken.
GEORG CHRISTOPH LICHTENBERG

Tradition ist die Behauptung, daß das Gesetz bereits seit uralten Zeiten bestanden habe.
FRIEDRICH NIETZSCHE, Umwertung

Traditionen sind Bleisohlen.
RUDOLF ROLFS

Das sicherste Zeichen dafür, daß mit einem Volksgebrauch etwas nicht in Ordnung ist, sind Lehrer- und Pfarrervereinigungen zu seiner Konservierung.
KURT TUCHOLSKY

Tradition ist bewahrter Fortschritt, Fortschritt ist weitergeführte Tradition.
CARL FRIEDRICH VON WEIZSÄCKER, Einheit

Trägheit

Die Trägheit ist das Zentralhaus im weitläufigen Gebäudekomplex der Dummheit.
HEIMITO VON DODERER

Tränen

Frühe Tränen machen hart.
SIGMUND GRAFF

Trauer

Wie kann man einen Menschen beklagen, der gestorben ist? – Diejenigen sind zu beklagen, die ihn geliebt und verloren haben.
HELMUTH GRAF V. MOLTKE [1800–1891]; preuß. Generalfeldmarschall

Traum, Träumen

Zwischen „es träumte mir" und „ich träumte" liegen die Weltalter. Aber was ist wahrer? So wenig die Geister den Traum senden, so wenig ist es das Ich, das träumt.
THEODOR W. ADORNO

Unsere Träume können wir erst dann verwirklichen, wenn wir uns entschließen, einmal daraus zu erwachen.
JOSEPHINE BAKER [1906–1975]; franz. Tänzerin und Sängerin

Umsonst fürchten wir die Träume; der schrecklichste Traum ist nichts, verglichen mit dem Leben.
STANISŁAW BRZOZOWSKI

Wenn einer allein träumt, dann bleibt es ein Traum. Wenn aber wir alle gemeinsam träumen, dann wird es Wirklichkeit.
HELDER CAMARA [* 1909]; brasilian. kath. Theologe

Nenne dich nicht arm, weil deine Träume nicht in Erfüllung gegangen sind; wirklich arm ist nur, der nie geträumt hat.
MARIE VON EBNER-ESCHENBACH

Der Traum ist der beste Beweis, daß wir nicht so fest in unserer Haut eingeschlossen sind, als es scheint.
FRIEDRICH HEBBEL

* O ein Gott ist der Mensch, wenn er träumt, ein Bettler, wenn er nachdenkt.
FRIEDRICH HÖLDERLIN, Hyperion

Die Träume der Welt haben zwei Feinde: die Welt und die Träumer.
HANS KASPER, Revolutionäre

Träume sind Wirklichkeiten, die nicht enden wollen, und Wirklichkeiten sind Träume, die zu Ende sind.
HANS LOHBERGER

Was man nicht träumen kann, hat keine Wirklichkeit.
HANS ERICH NOSSAK, Spirale

Trennung

(auch ↑Abschied)

Es macht Liebenden nichts aus, durch Länder und Meere getrennt zu sein: unerträglich ist für sie nur eine Wand oder eine Zimmertüre.
SIGMUND GRAFF

In jeder Art von Liebe sollte auch immer ein wenig Trennung und Absonderung sein.
RABINDRANATH TAGORE

Treue

Eben weil Treue die schönste Ei-

genschaft eines liebenden Herzens, ein echtes Wunder, ist, kann sie nie zur Pflicht gemacht werden, und eben weil sie nicht Pflicht ist, ist sie da, wo sie in ihrer Herrlichkeit erscheint, so verehrungswürdig.
ERNST VON FEUCHTERSLEBEN

Die Treue eines Tieres würde uns nicht rühren, wenn die Treue unter den Menschen häufiger wäre.
SIGMUND GRAFF

Treue ist, meist nur noch, die zur Moral erstarrte Liebe von gestern.
HANS LOHBERGER

Wer sich selbst treu bleiben will, kann nicht immer anderen treu bleiben.
CHRISTIAN MORGENSTERN

Trinken

Trinke, wenn du glücklich bist, niemals wenn du unglücklich bist.
GILBERT K. CHESTERTON

Wenn du das Trinken aufgeben willst, schau dir mit nüchternen Augen einen Betrunkenen an.
CHINESISCHES SPRICHWORT

Toren besuchen im fremden Land die Museen, Weise gehen in die Tavernen.
ERHART KÄSTNER

* Zuviel kann man wohl trinken, doch nie trinkt man genug.
GOTTHOLD EPHRAIM LESSING,
Antwort eines trunkenen Dichters

Die besten Vergrößerungsgläser für die Freuden der Welt sind die, aus denen man trinkt.
JOACHIM RINGELNATZ
[1883–1934];
dt. Schriftsteller und Maler

Essen ist ein Bedürfnis des Magens, Trinken ein Bedürfnis des Geistes.
CLAUDE TILLIER [1801–1844];
franz. Schriftsteller

Trost

Trost – Wissen, daß ein besserer Mensch noch unglücklicher ist.
AMBROSE BIERCE

Trost und Rat sind oft die Abwehr eines Nichtbetroffenen gegen das Leid eines Betroffenen.
LUDWIG MARCUSE

Alles hat zwei Seiten. Das ist das Gute am Schlechten und das Schlechte am Guten.
WERNER MITSCH

Trotz

Der Trotz ist die einzige Stärke des Schwachen – und eine Schwäche mehr.
ARTHUR SCHNITZLER

Tugend

Wir verlangen sehr oft nur deshalb Tugenden von anderen, damit unsere Fehler sich bequemer breitmachen können.
MARIE VON EBNER-ESCHENBACH

Von allen Tugenden die schwerste und seltenste ist die Gerechtigkeit. Man findet zehn Großmütige gegen einen Gerechten.
FRANZ GRILLPARZER

Unter den nützlichen Tugenden steht die falsche Bescheidenheit obenan.
JOHANNES GROSS

Unsere Tugenden sind meist nur verkappte Laster.
FRANÇOIS DE LA ROCHEFOUCAULD

Man muß die Fehler, die man nicht ablegen kann, in Tugenden verwandeln.
CESARE PAVESE

Die Tugend besteht nicht im Verzicht auf das Laster, sondern darin, daß man es nicht begehrt.
GEORGE BERNARD SHAW

Die drei größten Tugenden: Neidlosigkeit, Furchtlosigkeit, Geduld. Wer sie besitzt, hat den ersten Schritt zur Weisheit getan.
FRANK THIESS

Tugenden! Wer weiß, was Tugenden sind, du nicht, ich nicht, niemand.
OSCAR WILDE

___ Tyrann

Der Tyrann ist ein Gemisch aus Feigheit, Borniertheit, Willkür, Unverantwortlichkeit und Selbstgefälligkeit. Er repräsentiert also wirklich die Majorität.
GABRIEL LAUB

___ Übel

Die kleineren Übel sind meist von längerer Dauer.
WIESŁAW BRUDZIŃSKI

Um größere Übel zu vermeiden, muß man kleinere auf sich nehmen.
MARTIN LUTHER

___ Überheblichkeit

Wer sich überhebt, verrät, daß er noch nicht genug nachgedacht hat.
CHRISTIAN MORGENSTERN

Wer auf andere nicht mehr angewiesen zu sein glaubt, wird unerträglich.
VAUVENARGUES [1715–1747]; franz. Schriftsteller

Mit dem Wind, den man selber macht, lassen sich die Segel nicht füllen.
KARL HEINRICH WAGGERL

___ Überleben

Der Wille zum Überleben ist der Tyrann aller Tyrannen.
LUDWIG MARCUSE

Die Menschheit kam immer noch einmal davon. Die Opfer nicht eingerechnet.
HEINRICH WIESNER

___ Überlegenheit

Manche anspruchsvolle Überlegenheit wird zunichte, wenn man sie nicht anerkennt, manche schon wirkungslos, wenn man sie nicht bemerkt.
CHAMFORT

___ Übertreibung

* Die Freuden, die man übertreibt, verwandeln sich in Schmerzen.
FRIEDRICH JUSTIN BERTUCH [1747–1822]; dt. Schriftsteller

* Allzu straff gespannt, zerspringt der Bogen.
SCHILLER, Wilhelm Tell

___ Überzeugung

Ehe wir uns anschicken, andere zu überzeugen, müssen wir selbst überzeugt sein.
DALE CARNEGIE

Besonders, wenn wir durch unsere Rede überzeugen wollen, ist es unumgänglich, daß wir unsere Meinung mit der inneren Glut vortragen, die von echter Überzeugung gespeist wird.
DALE CARNEGIE

Die wirkliche Treue, die wir unseren Überzeugungen schulden, besteht darin, jeden Morgen zu überprüfen, ob ihre Wahrheiten andauern.
HANS KASPER, Revolutionäre

Überzeugungen sind gefährlichere Feinde der Wahrheit als Lügen.
FRIEDRICH NIETZSCHE,
Menschliches I

___ Umgangsformen

Gute Manieren bestehen aus lauter kleinen Opfern.
RALPH WALDO EMERSON
[1803–1882]; amerik. Philosoph und Schriftsteller

Umgangsformen sind Formen, die zunehmend umgangen werden.
OLIVER HASSENCAMP

Feine Leute sind solche, die nur in feiner Umgebung ordinär werden.
WOLFGANG HERBST

Wenn einer sich wie ein Vieh benommen hat, sagt er: Man ist doch auch nur ein Mensch! Wenn er aber wie ein Vieh behandelt wird, sagt er: Man ist doch auch ein Mensch!
KARL KRAUS

Höflichkeit ist Klugheit, folglich ist Unhöflichkeit Dummheit.
ARTHUR SCHOPENHAUER

___ Umkehr

Die große Schuld des Menschen ist, daß er in jedem Augenblick die Umkehr tun kann und nicht tut.
MARTIN BUBER

___ Umwelt

Wem lediglich ein unvollständiges, unscharfes, grundsätzlich nur am Gesichtspunkt biologischer Überlebensfähigkeit unter natürlichen Umständen orientiertes Abbild der Welt zur Verfügung steht, sollte mit seinen Ansprüchen viel kürzertreten, als wir es getan haben.
HOIMAR VON DITFURTH

Ich glaube, daß die anderen Schwierigkeiten, in denen unser Planet steckt, so groß werden, daß die Atomfrage in den Hintergrund tritt.
FRIEDRICH DÜRRENMATT
[1921–1990]; schweiz. Dramatiker

Wir alle sind Passagiere an Bord des Schiffes Erde, und wir dürfen nicht zulassen, daß es zerstört wird. Eine zweite Arche Noah wird es nicht geben.
MICHAIL GORBATSCHOW [* 1931]; sowjet. Politiker

In Sachen Umweltschutz sind die

meisten Regierungen kriminelle Vereinigungen.
OLIVER HASSENCAMP

Die Menschen müssen begreifen, daß sie das gefährlichste Ungeziefer sind, das je die Erde bevölkert hat.
FRIEDENSREICH HUNDERTWASSER [* 1928]; österr. Maler und Graphiker

Während der Flug zu den Sternen des Alls zahlreiche begeisterte Anhänger findet und unglaubliche Summen verschlingt, bereitet unsere Zeit den Untergang des eigenen Sternes, unserer Erde, vor.
GERTRUD VON LE FORT

Wir haben uns die Erde nicht unterworfen. Wir haben ihr nur tiefe Wunden geschlagen.
JOHANNES MARIO SIMMEL [* 1924]; dt. Schriftsteller

___ Unabhängigkeit

Demokratie und Unabhängigkeit sind komplementäre und voneinander untrennbare Wirklichkeiten: Die erste verlieren heißt die letztere verlieren und umgekehrt.
OCTAVIO PAZ, Essays II

___ Unbeherrschtheit

Es ist ein Grundirrtum, Heftigkeit und Starrheit Stärke zu heißen.
THOMAS CARLYLE

* Durch Heftigkeit ersetzt der Irrende, was ihm an Wahrheit und an Kräften fehlt.
GOETHE, Torquato Tasso

Fahre nicht aus der Haut, wenn du kein Rückgrat hast.
STANISŁAW JERZY LEC

Nichts ist verächtlicher als ein brausender Jünglingskopf mit grauem Haar.
GOTTHOLD EPHRAIM LESSING, Emilia Galotti

___ Unbescheidenheit

Es ist manchmal eine Unbescheidenheit, nicht von sich zu sprechen.
ROBERT MUSIL

___ Unbesonnenheit

Unbesonnen: unempfänglich für unseren wertvollen Rat.
AMBROSE BIERCE

* Schnell fertig ist die Jugend mit dem Wort.
SCHILLER, Wallensteins Tod

___ Undankbarkeit

Nur bei den Tieren kann man sicher rechnen, daß sie desto besser gegen mich sind, je besser ich gegen sie bin, bei Menschen nicht, ja oft umgekehrt.
JEAN PAUL

Die Undankbarkeit ist eine Tochter des Stolzes.
MIGUEL CERVANTES SAAVEDRA [1547–1616]; span. Dichter

___ Unfähigkeit

Ein Talent vermag aus einem Sandkorn einen Berg zu machen, die Unfähigkeit aus einem Berg ein Sandkorn.
ALEKSANDER ŚWIĘTOCHOWSKI

Unfreiheit

Es werden so viele schöne Worte über Freiheit geredet, aber nichts in der Welt macht so unfrei wie Armut.
MARTIN ANDERSEN-NEXØ

Bei den wenigsten Gefängnissen sieht man die Gitter.
OLIVER HASSENCAMP

Die Nöte des Menschen sind ohne Zahl. Und doch kann ihm nichts Schlimmeres zustoßen als der Verlust der Freiheit.
HO CHI MINH

Das Fehlen der Möglichkeit persönlicher Initiative ist eine der großen Gefahren der modernen Welt. Es führt zu Apathie, zu einem Gefühl der Ohnmacht und von daher zum Pessimismus.
BERTRAND RUSSELL, Schriften

Ungeduld

Ungeduld setzt immerhin Zurkenntnisnahme der Endlichkeit voraus: Man drängt, weil man gedrängt wird. Unsterblich wäre ich die Geduld in Person.
WOLFDIETRICH SCHNURRE, Schattenfotograf

Ungeduld ist die einzige Eigenschaft der Jugend, deren Verlust man im Alter nicht beklagt.
FRANK THIESS

Ungeduld ist Angst, ist nicht Vertrauen.
STEFAN ZWEIG [1881–1942]; österr. Schriftsteller

Unglück

Im Grunde ist jedes Unglück gerade nur so schwer, wie man es nimmt.
MARIE VON EBNER-ESCHENBACH

Das meiste Unglück der Menschen besteht eigentlich nur darin, daß sie sich mit Händen und Füßen gegen das Kreuz, das sie tragen sollen und tragen müssen, stemmen und wehren.
JEREMIAS GOTTHELF [1797–1854]; schweiz. Erzähler

Unglück ist eine Probe auf die Zuverlässigkeit des Menschen.
HO CHI MINH

Würde man Unglücke an der Wand aufhängen, so griffe doch jeder nach seinem, um es zu tragen.
JÜDISCHES SPRICHWORT

Man muß das Unglück mit Händen und Füßen, nicht mit dem Maul angreifen.
JOHANN HEINRICH PESTALOZZI, Schriften

Es ist ein Unglück, nie Unglück gehabt zu haben!
KARL JULIUS WEBER

Zwischen Unglück haben und unglücklich sein ist, Gott sei Dank, ein himmelweiter Unterschied.
KARL JULIUS WEBER

Universität

Die Universität steht um so höher, je mehr Studenten sich nicht allein am Gängelbande der Studienordnung führen lassen, sondern ihrem Genius folgen, der ihnen Weisung gibt auf ihren Weg.
KARL JASPERS

Universitäten sind weniger eine

Auslese von Intelligenz als von Eitelkeit.
GERHARD ZWERENZ [* 1925]; dt. Schriftsteller

Universum

Das Universum ist vollkommen. Es kann nicht verbessert werden. Wer es verändern will, verdirbt es. Wer es besitzen will, verliert es.
LAOTSE

Zwei Dinge sind unendlich, das Universum und die menschliche Dummheit, aber bei dem Universum bin ich mir noch nicht ganz sicher.
ALBERT EINSTEIN [1878–1955]; amerik. Physiker dt. Herkunft

Unrecht

Wer nicht fähig ist, über ein privates Unrecht, das ihm geschehen ist, zornig zu werden, der wird schwer kämpfen können. Wer nicht fähig ist, über andern angetanes Unrecht zornig zu werden, der wird nicht für die große Ordnung kämpfen können.
BERTOLT BRECHT, Buch der Umwälzung

Das Recht des Stärkeren ist das stärkste Unrecht.
MARIE VON EBNER-ESCHENBACH

Nichts lernen wir so spät und verlernen wir so früh, als zugeben, daß wir unrecht haben.
MARIE VON EBNER-ESCHENBACH

Das Unrecht triumphiert, sobald die Gerechtigkeit ihren Lauf nimmt.
MARTIN KESSEL, Gegengabe

Kein Mensch hat öfter unrecht als der, der es nicht ertragen kann, unrecht zu haben.
FRANÇOIS DE LA ROCHEFOUCAULD

Die eigentliche Aufgabe eines Freundes ist, dir beizustehen, wenn du im Unrecht bist. Jedermann ist auf deiner Seite, wenn du im Recht bist.
MARK TWAIN

In den Abgründen des Unrechts findest du immer die größte Sorgfalt für den Schein des Rechts.
JOHANN HEINRICH PESTALOZZI, Kinderlehre

* Unrecht leiden schmeichelt großen Seelen.
SCHILLER, Don Carlos

Wer Unrecht einfach hinnimmt, fügt ein weiteres hinzu.
PETER TILLE

Sie (= die Menschen) gebrauchen ihren Verstand nur, um ihr Unrecht zu rechtfertigen, und ihre Sprache allein, um ihre Gedanken zu verbergen.
VOLTAIRE

Unschuld

Es wachsen Glaube und Unschuld nur am Baume der Kindheit noch; jedoch sie währen nicht.
DANTE ALIGHIERI

Wer zu handeln versäumt, ist noch keineswegs frei von Schuld. Niemand erhält seine Reinheit durch Teilnahmslosigkeit.
SIEGFRIED LENZ [* 1926]; dt. Schriftsteller

* Wohl dem, der frei von Schuld und Fehle bewahrt die kindlich reine Seele.
SCHILLER, Die Kraniche des Ibikus

Unsterblichkeit

Niemand, der lebte, lebte nur sein eigenes Leben. Nicht Götter gaben dem Menschen die Unsterblichkeit. Solange noch ein einziger Mensch auf Erden lebte, war die Menschheit unsterblich.
MANÈS SPERBER

Unterdrückung

Das Tier mag nicht auf den Menschen treten; auf den Menschen tritt nur immer der Mensch.
GERTRUD VON LE FORT

Die freie Wahl der Herren schafft die Herren oder die Sklaven nicht ab.
HERBERT MARCUSE

Es geht nicht darum, den technischen Fortschritt aufzuhalten oder zu drosseln, sondern darum, diejenigen seiner Züge zu beseitigen, welche die Unterwerfung des Menschen unter den Apparat und die Steigerung des Kampfes ums Dasein verewigen.
HERBERT MARCUSE

Der Gott, den Jesus zu verkünden kam, war alles andere als neutral. Er ergriff die Partei der Unterdrückten, der Armen, der Ausgebeuteten, nicht weil sie heiliger oder moralisch besser waren als ihre Unterdrücker. Nein, er stand einzig und allein auf ihrer Seite, weil sie unterdrückt waren.
DESMOND TUTU

Unternehmer

Der Arbeiter soll seine Pflicht tun; der Arbeitgeber soll mehr tun als seine Pflicht.
MARIE VON EBNER-ESCHENBACH

Wirklich motivierend ist nur die Inspiration, die vom Unternehmer ausgeht, der sich selbst und einen möglichst großen Teil der mit ihm Zusammenwirkenden mit „Sinn und Ziel" dessen, was sie zusammen unternehmen, identifiziert.
OSWALD VON NELL-BREUNING

Unterricht

↑ Lehren

Unterwürfigkeit

Die glücklichen Sklaven sind die erbittertsten Feinde der Freiheit.
MARIE VON EBNER-ESCHENBACH

Wer sich zum Wurm macht, kann nachher nicht klagen, wenn er mit Füßen getreten wird.
IMMANUEL KANT

Sklaverei ist kein Rechts-, sondern ein Geisteszustand.
GABRIEL LAUB

Es gibt hohe Stellungen, die man am leichtesten in gebückter Haltung erreicht.
ROBERT LEMBKE

Es gibt Leute, die meinen, man huldige dem Genie nicht genug, wenn man ihm nicht den eigenen Verstand und die eigene freie Meinung opfert.
ALEKSANDER ŚWIĘTOCHOWSKI

Untreue

Das Hauptmotiv für den Ehebruch ist das Verlangen nach dem unver-

bindlichen, ja dem anonymen Urerlebnis.
OTTO FLAKE

Untreue ist oft nichts als ein Mangel an Phantasie.
HANS KRAILSHEIMER

Sind wir einer Liebe überdrüssig, ist es uns hochwillkommen, wenn man uns untreu wird, um unserer Treuepflicht entbunden zu sein.
FRANÇOIS DE LA ROCHEFOUCAULD

Untreue: nichts dem Ehegatten zu sagen haben, weil man schon alles jemand anderem gesagt hat.
FRANÇOISE SAGAN [* 1935]; franz. Schriftstellerin

Untugend

Untugenden, die ein einzelner hat, nennt man Laster. Untugenden, die ein ganzes Volk hat, nennt man Mentalität.
WERNER MITSCH

Unvernunft

Zeige ihnen einen roten Kometenschweif, jage ihnen eine dumpfe Angst ein, und sie werden aus ihren Häusern laufen und sich die Beine brechen. Aber sage ihnen einen vernünftigen Satz und beweise ihn mit sieben Gründen, und sie werden dich einfach auslachen.
BERTOLT BRECHT, Galilei

Zwar hat die menschliche Unvernunft nicht zugenommen. Ruinös angestiegen ist jedoch die Zahl der Unvernünftigen.
HOIMAR VON DITFURTH

Viele Menschen haben doch wohl in sich viel Vernunft, aber nicht den Mut, sie auszusprechen; die Unvernunft sprechen sie weit leichter aus, weil dabei weit weniger Gefahr ist.
JOHANN GOTTFRIED SEUME, Apokryphen

Unverstand

Der Unverstand ist die unbesiegbarste Macht auf der Erde.
ANSELM FEUERBACH [1829–1880]; dt. Maler

Der Widerstand gegen Vernunft und Barmherzigkeit seitens jener, in deren Händen die Macht liegt, macht unglücklicherweise alle Überredung mittels üblicher Methoden schwierig und langwierig, so daß wir vermutlich alle tot sein werden, bevor unser Ziel erreicht ist.
BERTRAND RUSSELL, Schriften

Unvollkommenheit

* Wo viel Licht ist, ist auch starker Schatten.
GOETHE, Götz von Berlichingen

Auch die Sonne hat ihre Flecken. Die Hauptsache ist aber schließlich: sie strahlt.
MARTIN KESSEL, Ehrfurcht

Unwahrheit

Immer wieder behauptete Unwahrheiten werden nicht zu Wahrheiten, sondern, was schlimmer ist, zu Gewohnheiten.
OLIVER HASSENCAMP

Eines der Merkmale geistiger Mittelmäßigkeit ist der stete Hang, unwahre Dinge zu erzählen.
JEAN DE LA BRUYÈRE

Unwissenheit

Die Unwissenheit ist eine Situation, die den Menschen ebenso hermetisch abschließt wie ein Gefängnis.
SIMONE DE BEAUVOIR [1908–1986]; franz. Schriftstellerin

Es gibt mystischen Nebel, doch ebenso gibt es einen Nebel der Unwissenheit, dem alles, was er nicht versteht, bereits mystisch vorkommt und damit abgetan ist.
ERNST BLOCH

Verhältnis von Lebensalter und Unwissen: Welche mathematische Kurve ergibt das? Trotz Zuwachs an Wissen schnellt die Kurve mit dem Lebensalter: das Unwissen wird unendlich.
MAX FRISCH, Montauk

Wir haben die Welt, das heißt den Kosmos einschließlich unserer eigenen Physis „entzaubert" und damit den Bereich unseres Wissens, noch mehr allerdings unseres Nicht-Wissens, unserer Unwissenheit, unvorstellbar erweitert.
OSWALD VON NELL-BREUNING

Unzufriedenheit

Aus dem Guten kommt das Bessere, aus dem Besseren das Beste und aus dem Besten die Unzufriedenheit.
WERNER MITSCH

Wir denken selten an das, was wir haben, aber immer an das, was uns fehlt.
ARTHUR SCHOPENHAUER

Urlaub

Urlaub ohne Unterlaß wäre ein gutes Training für den Aufenthalt in der Hölle.
GEORGE BERNARD SHAW

Urteil

Das Urteil, das man über die Dinge fällt, ändert sich je nach der Zeit, die man noch zu leben hat – die man glaubt, noch zu leben zu haben.
ANDRÉ GIDE, Tagebuch

Nächst einem richtigen Urteile sind die Diamanten und die Perlen das Seltenste, was es auf der Welt gibt.
JEAN DE LA BRUYÈRE

Über Personen urteilen heißt groteske Bilder von ihnen zeichnen.
CESARE PAVESE

Man urteilt über andere nicht so falsch wie über sich selbst.
VAUVENARGUES [1715–1747]; franz. Schriftsteller

Utopie

Was man heute als Sciene-fiction beginnt, wird man morgen vielleicht als Reportage zu Ende schreiben müssen.
NORMAN MAILER [* 1923]; amerik. Schriftsteller

Es ist ein bedrohliches Zeichen, daß alle Utopien der jüngeren Zeit pessimistisch sind.
CARLO SCHMID

Es ist ja durchaus richtig, und alle geschichtliche Erfahrung bestätigt es, daß man das Mögliche nicht erreichte, wenn nicht immer wieder in der Welt nach dem Unmöglichen gegriffen worden wäre.
MAX WEBER

Heutzutage ist kaum etwas realistischer als Utopien.
THORNTON WILDER

Utopist

Ein Utopist kann ein Mann sein, der zu wollen wagt, was noch keinen Präzedenzfall gehabt hat. Aber auch ein Mann, der es sich leistet, alles auszuklammern, was der Utopie im Wege steht.
LUDWIG MARCUSE

Vater

* Vater werden ist nicht schwer, Vater sein dagegen sehr.
WILHELM BUSCH, Tobias Knopp

Es gibt keine guten Väter, das ist die Regel; die Schuld daran soll man nicht den Menschen geben, sondern dem Band der Vaterschaft, das faul ist.
JEAN-PAUL SARTRE

Vaterland

Vaterland nennt sich der Staat immer dann, wenn er sich anschickt, auf Menschenmord auszugehen.
FRIEDRICH DÜRRENMATT
[1921–1990]; schweiz. Dramatiker

Das „Vaterland" ist der Alpdruck der Heimat.
KURT TUCHOLSKY

Verachtung

Verachtung – Gefühl eines vorsichtigen Mannes für einen Gegner, der allzu mächtig ist, als daß man ihm gefahrlos entgegentreten könnte.
AMBROSE BIERCE

Verachtung verdient nur der, der es besser weiß, aber schlechter tut.
STANISŁAW BRZOZOWSKI

Veränderung

Alles Leben steht unter dem Paradox, daß wenn es beim alten bleiben soll, es nicht beim alten bleiben darf.
FRANZ VON BAADER [1765–1841];
dt. kath. Theologe u. Philosoph

Gerade wer das Bewahrenswerte bewahren will, muß verändern, was der Erneuerung bedarf.
WILLY BRANDT, Briefe

Man weiß nie, was daraus wird, wenn die Dinge verändert werden. Aber weiß man denn, was draus wird, wenn sie nicht verändert werden?
ELIAS CANETTI

Dies ist die riesige moderne Irrlehre: die Menschenseele zu ändern, um sie den Verhältnissen anzupassen, anstatt die Verhältnisse zu ändern, um sie der Menschenseele anzupassen.
GILBERT K. CHESTERTON

Bevor man die Welt verändert, wäre es vielleicht doch wichtiger, sie nicht zugrunde zu richten.
PAUL CLAUDEL [1868–1955];
franz. Dichter und Diplomat

Wer will, daß die Welt so bleibt,

wie sie ist, der will nicht, daß sie bleibt.
ERICH FRIED [1921–1988]; österr. Schriftsteller

Unerquicklich ist es, mit dir zu streiten, wenn du nur verteidigen willst, was du bist, was du warst und immer zu bleiben gedenkst. Was soll ich streiten, wenn ich nicht hoffen kann, dich zu ändern!
KARL GUTZKOW

Es hilft nichts, das Unvollkommene heutiger Wirklichkeit zu höhnen oder das Absolute als Tagesprogramm zu predigen. Laßt uns statt dessen durch Kritik und Mitarbeit die Verhältnisse Schritt für Schritt ändern.
GUSTAV HEINEMANN [1899–1976]; dt. Politiker

Der Mensch ist ein zeitliches Wesen, das nur lebt, indem es seine Welt um sich wandelt.
KARL JASPERS

Gesellschaftliche Veränderung fängt immer mit Außenseitern an, die spüren, was notwendig ist.
ROBERT JUNGK [* 1913]; österr. Wissenschaftspublizist und Zukunftsforscher

Ich kann freilich nicht sagen, ob es besser wird, wenn es anders wird; aber soviel kann ich sagen, es muß anders werden, wenn es gut werden soll.
GEORG CHRISTOPH LICHTENBERG

Die Unterbindung des sozialen Wandels ist vielleicht die hervorstechendste Leistung der fortgeschrittenen Industriegesellschaft.
HERBERT MARCUSE

*Die Philosophen haben die Welt nur verschieden interpretiert; es kommt aber darauf an, sie zu verändern.
KARL MARX

Es hat zu allen Zeiten mehr Weltveränderer gegeben als Weltverbesserer.
WERNER MITSCH

Wir brauchen nicht so fortzuleben, wie wir gestern gelebt haben. Macht Euch nur von dieser Anschauung los, und tausend Möglichkeiten laden uns zu neuem Leben ein.
CHRISTIAN MORGENSTERN

Ihr müßt die Menschen lieben, wenn ihr sie verändern wollt.
JOHANN HEINRICH PESTALOZZI, Schriften

Ich gebe zu, daß jede Gewalt von Gott kommt. Aber auch jede Krankheit kommt von ihm: Heißt das etwa, deshalb sei es verboten, den Arzt zu rufen?
JEAN-JACQUES ROUSSEAU, Gesellschaftsvertrag

* Das Alte stürzt, es ändert sich die Zeit, und neues Leben blüht aus den Ruinen.
SCHILLER, Wilhelm Tell

Die besten Reformer, die die Welt je gesehen hat, sind die, die bei sich selbst anfangen.
GEORGE BERNARD SHAW

Nicht der Verzicht auf wissenschaftliche Entdeckungen oder auf ihre Veröffentlichung ist die Lösung, sondern die Veränderung der politischen Weltordnung, die, so wie sie heute ist, einen Mißbrauch wissenschaftlicher Erkenntnisse nahezu erzwingt.
CARL FRIEDRICH VON WEIZSÄCKER, Einheit

Veranlagung

Die Menschen sind in ihren Anlagen alle gleich, nur die Verhältnisse machen den Unterschied.
GEORG CHRISTOPH LICHTENBERG

Jedes menschliche Wesen ist schon bald nach den ersten Tagen, nachdem es das Licht der Welt erblickt hat, das Produkt zweier Faktoren: der angeborenen Veranlagung und der Einwirkung der Umwelt einschließlich der Erziehung.
BERTRAND RUSSELL, Moral

Verantwortung

Demokratisches Bewußtsein der Bürger gedeiht nur in einer Gesellschaft, in der freie Selbstverantwortung und gesellschaftliche Verpflichtung in allen relevanten Bereichen gelten.
WILLY BRANDT, Briefe

Sorgt doch, daß ihr, die Welt verlassend, nicht nur gut wart, sondern verlaßt eine gute Welt!
BERTOLT BRECHT, Johanna

Echte Verantwortung gibt es nur da, wo es wirklich Antworten gibt.
MARTIN BUBER

Der Preis der Größe heißt Verantwortung.
WINSTON CHURCHILL [1874–1965]; brit. Staatsmann

Zur geistigen Urheberschaft. Warum, in aller Welt, sind die Richter angesehener als die Henker?
JOHANNES GROSS

Das Kernstück der Persönlichkeitsbildung ist die Erziehung des Sinnes für Verantwortung.
EMIL OESCH, Menschen

Wer sich von der Strömung eines günstigen Laufs der Ereignisse forttreiben läßt, unempfindlich gegen die Gefahr und Drohung, die noch in der heitersten Stunde lauern, versagt vor der Verantwortung, zu der er berufen ist.
JOSÉ ORTEGA Y GASSET, Aufstand

Der Gegensatz zur Pflicht ist nicht die Pflichtlosigkeit, sondern die Verantwortung.
HANS A. PESTALOZZI, Auf die Bäume

Freiheit bedeutet Verantwortlichkeit; das ist der Grund, weshalb die meisten Menschen sich vor ihr fürchten.
GEORGE BERNARD SHAW

Hinter jedem einzelnen, der sich opfert, stehen andere, die opfert er mit – ohne sie zu fragen, ob sie es wollen.
MANÈS SPERBER

Verbot

Das Gefährliche an den Verboten: daß man sich auf sie verläßt, daß man nicht darüber nachdenkt, wann sie zu ändern wären.
ELIAS CANETTI

Wer das Fest verbietet, bereitet die Orgie vor.
THOMAS NIEDERREUTHER

Jedes Verbot verschlechtert den Charakter bei denen, die sich ihm nicht willentlich, sondern gezwungen unterwerfen.
FRIEDRICH NIETZSCHE, Nachlaß

Verbrechen

Jedes Verbrechen hat zwei Grundlagen: die biologische Veranlagung

eines Menschen und das soziale Milieu, in dem er lebt.
KURT TUCHOLSKY

— Verbrecher

Der größte Verbrecher übt immer einen unmeßbar kleinen Teil der Verbrechen aus, deren er als Mensch und von Natur aus fähig ist.
WILHELM RAABE

— Verdienen

Gehalt erhalten heißt gehalten werden.
BERT BERKENSTRÄTER

Verdienen – Anspruch auf etwas haben, was ein anderer bekommt.
AMBROSE BIERCE

Wenn man von den Leuten Pflichten fordert und ihnen keine Rechte zugestehen will, muß man sie gut bezahlen.
GOETHE, Maximen und Reflexionen

— Verführung

Alle großen Verführer wissen, daß Diskretion Voraussetzung des Erfolges ist. Die selbstauferlegte Schweigepflicht der wahren Frauenhelden ist kaum weniger streng als die der Ärzte.
ANDRÉ MAUROIS
[1885–1967];
franz. Schriftsteller

— Vergangenheit

Jede Zufluchtsstätte der Vergangenheit ist ein Gefängnis.
STANISŁAW BRZOZOWSKI

Wer vor seiner Vergangenheit flieht, verliert das Rennen.
T. S. ELIOT [1888–1965];
amerik.-engl. Schriftsteller

* Liegt dir Gestern klar und offen, wirkst du heute kräftig frei.
GOETHE, Zahme Xenien

Alles, was man gemeinhin Vergangenheit nennt, ist im Grunde nur eine leiser und dunkler gewordene Art von Gegenwart.
GERTRUD VON LE FORT

Sich seiner Vergangenheit bewußt zu sein, heißt Zukunft haben.
HANS LOHBERGER

Die Vergangenheit sollte ein Sprungbrett sein, nicht ein Sofa.
HAROLD MACMILLAN
[1894–1986];
brit. Politiker

Die Vergangenheit kann uns nicht sagen, was wir tun, wohl aber, was wir lassen müssen.
JOSÉ ORTEGA Y GASSET, Aufstand

Wenn man sich nicht an die Vergangenheit erinnern kann, ist man verurteilt, sie zu wiederholen.
GEORGE SANTAYANA
[1863–1952];
amerik. Philosoph und Dichter span. Herkunft

Wer vor der Vergangenheit die Augen verschließt, wird blind für die Gegenwart.
RICHARD VON WEIZSÄCKER

— Vergänglichkeit

* Ach, wie bald schwindet Schönheit und Gestalt.
WILHELM HAUFF [1802–1827];
dt. Schriftsteller

— Vergeben

Vergeben und vergessen heißt kostbare Erfahrungen zum Fenster hinauswerfen.
ARTHUR SCHOPENHAUER

— Vergessen

Das Vergessen kann eine große produktive Tat sein.
HANS ARNDT

Jemanden vergessen wollen heißt an ihn denken.
JEAN DE LA BRUYÈRE

Erst wenn man einen Menschen vergessen hat, ist er richtig tot.
WERNER MITSCH

Man vergißt nur das, was man schon vergessen hatte, als es geschah. Du erinnerst dich an nichts als an innere, geschlossene Zustände.
CESARE PAVESE

Vergessenkönnen ist das Geheimnis ewiger Jugend. Wir werden alt durch Erinnerung.
ERICH MARIA REMARQUE
[1898–1970]; dt. Schriftsteller

Vergeben und vergessen heißt kostbare Erfahrungen zum Fenster hinauswerfen.
ARTHUR SCHOPENHAUER

Eine der kostbarsten Eigenschaften ist das Vergessen des Gemeinen. Wer sie nicht besitzt, trägt alle Taschen voller Steine. Er wird bald auch nichts Wertvolles mehr hineinstecken können.
FRANK THIESS

— Vergnügen

Man findet das Vergnügen nur sehr selten dort, wo man es sucht.
DAVID LLOYD GEORGE
[1863–1945]; brit. Politiker

Manches Vergnügen besteht darin, daß man mit Vergnügen darauf verzichtet.
PETER ROSEGGER [1843–1918];
österr. Schriftsteller

Die unerträglichste Qual wird durch die Verlängerung des größten Vergnügens hervorgerufen.
GEORGE BERNARD SHAW

— Verleger

Der Verleger schielt mit einem Auge nach dem Schriftsteller, mit dem andern nach dem Publikum. Aber das dritte Auge, das Auge der Weisheit, blickt unbeirrt ins Portemonnaie.
ALFRED DÖBLIN

Verleger scheinen mir auch oft wie Fischer; unwissend, was Glück und Zufall bringen, werfen sie ihre Netze aus, und es fängt sich allerhand großes und kleines Gesindel, bis denn einmal das schwere Gewicht einen seltenen Gast verheißt und der Fischer hocherfreut einen kostbaren Schatz aus der Tiefe zieht.
ROBERT SCHUMANN

Als Verleger verdient man das meiste Geld mit dem Neinsagen.
RALPH MARIA SIEGEL [* 1911];
dt. Schlagerkomponist, Sänger und Musikverleger

— Verleumdung

Sich von einem ungerechten Verdacht reinigen wollen, ist entweder überflüssig oder vergeblich.
MARIE VON EBNER-ESCHENBACH

Laß die Menschen reden, was sie wollen. Du weißt ja die Art des ganzen Geschlechts, daß es lieber beunruhigt und hetzt, als tröstet und aufrichtet.
GOETHE, an Christiane Vulpius

Verleumdung ist die Erleichterung der Bösartigkeit.
JOSEPH JOUBERT

Wenn deine Gegenwart makellos ist, so untersucht man deine Vergangenheit.
GEORG CHRISTOPH LICHTENBERG

Verleumdung ist der schlechte Atem der Feigheit. Die meisten denunzieren nicht aus Haß, sondern aus Furcht, selbst denunziert zu werden.
FRANK THIESS

— Verlust

* Viel kann verlieren, wer gewinnt.
AUGUST WILHELM SCHLEGEL, Arion

Was einem genommen wird, dem soll man nicht nachweinen, das ist verloren für immer. Nur was man gibt, bekommt man mitunter zurück.
KARL HEINRICH WAGGERL

— Vernichtung

Bisher mußte der Mensch mit dem Gedanken an seinen sicheren persönlichen Tod leben. Jetzt hat er sich auch noch mit dem Gedanken an den möglichen Untergang der ganzen Menschheit abzufinden.
ARTHUR KOESTLER, Mensch

Es ist lange her, daß sich die menschliche Phantasie die Hölle ausgemalt hat, aber erst durch ihre jüngst erworbene Fertigkeiten ist sie in die Lage versetzt worden, ihre einstigen Vorstellungen zu verwirklichen.
BERTRAND RUSSELL, Moral

— Vernunft

Der Aberglaube an die automatische Wirkung der Einsicht kommt außerhalb der schematischen Propaganda nur noch bei alten Mathematiklehrern vor.
ERNST BLOCH

Verstand sieht jeden Unsinn, Vernunft rät, manches davon zu übersehen.
WIESŁAW BRUDZIŃSKI

Es gibt Fälle, in denen vernünftig sein feige sein heißt
MARIE VON EBNER-ESCHENBACH

Was vernünftig ist, das ist wirklich; und was wirklich ist, das ist vernünftig.
GEORG WILHELM FRIEDRICH HEGEL

Die höchste Vernunft spricht nicht nur die Sprache des bloßen Verstandes, sondern sie spricht auch die Sprache ihrer Mutter, der Liebe, welche der Anfang aller Dinge ist und darum auch der Anfang aller Erkenntnis.
GERTRUD VON LE FORT

Wenn jedoch die Kraft, die die menschliche Aktivität bestimmt, nicht die Vernunft ist, bleibt der Mensch unter dem Niveau seiner eigenen Möglichkeiten.
ROBERT S. MCNAMARA [* 1916]; amerik. Politiker

Die Vernunft formt den Menschen, das Gefühl leitet ihn.
JEAN-JACQUES ROUSSEAU, Bekenntnisse

Da die Vernunft in der richtigen Anpassung der Mittel an die Zwekke besteht, kann sie nur von denen bekämpft werden, die es für gut befinden, daß die Menschen Mittel wählen, mit denen sich ihre Zwekke nicht verwirklichen lassen.
BERTRAND RUSSELL, Moral

Verrat

Tausend Feinde außerhalb des Hauses sind besser als einer drinnen.
ARABISCHES SPRICHWORT

Verrat ist schlechter Dünger.
BERTOLT BRECHT, Arturo Ui

Verschwendung

Geiz ist Grausamkeit gegen die Dürftigen, und die Verschwendung ist es nicht weniger.
CHRISTIAN FÜRCHTEGOTT GELLERT

Verschwiegenheit

Verschwiegenheit ist eine Tugend, Schweigsamkeit kann eine sein, Verschweigen ist keine.
WOLFDIETRICH SCHNURRE, Schattenfotograf

Versicherung

Für Versicherungen ist es wichtig, daß die Furcht vor dem Versicherungsfall größer ist als die Wahrscheinlichkeit, daß er eintritt.
MANFRED ROMMEL

Versöhnung

Nichts ist gefährlicher, als zwei Menschen auszusöhnen. Sie zu entzweien, ist viel sicherer und leichter.
JEAN PAUL

Versprechungen

Die Jugend ist begeistert, wenn ihr jemand sagt, man könne die Welt schön und gerecht einrichten. Das aber ist eine Illusion. Wer der Jugend sagt, er hätte die Dinge „im Griff", täuscht sie. Niemand kann andere Menschen und deren Wünsche „im Griff haben".
FRIEDRICH AUGUST VON HAYEK

Wer Kindern was verspricht, sei es ein Spiel, ein Geschenk oder sei es die Rute, der halte es wie einen Eid.
PETER ROSEGGER [1843–1918]; österr. Schriftsteller

Verstand

Verstand ohne Gefühl ist unmenschlich. Gefühl ohne Verstand ist Dummheit.
EGON BAHR [* 1922]; dt. Politiker

Verstand sieht jeden Unsinn, Vernunft rät, manches davon zu übersehen.
WIESŁAW BRUDZIŃSKI

Der Verstand, der uns nicht hindert, hie und da eine großherzige Dummheit zu begehen, ist ein braver Verstand.
MARIE VON EBNER-ESCHENBACH

Der Verstand und die Fähigkeit, ihn zu gebrauchen, sind zwei verschiedene Gaben.
FRANZ GRILLPARZER

Daß der Verstand erst mit den Jah-

ren kommt, sieht man nicht eher ein, als bis der Verstand und die Jahre da sind.
JEAN PAUL

Der Verstand ist das nächstliegende Werkzeug, mit dem der Mensch rechnen kann.
JOSÉ ORTEGA Y GASSET, Aufstand

Wer über gewisse Dinge den Verstand nicht verliert, der hat keinen zu verlieren.
GOTTHOLD EPHRAIM LESSING, Emilia Galotti

Verstand ist wie Spargel; zu groß gewachsen, taugt er nichts.
ALEKSANDER ŚWIĘTOCHOWSKI

Wer nur mit dem Verstand lebt, hat das Leben nicht verstanden!
GERD UHLENBRUCK

— Verstehen

Wenn die Menschen nur über das sprächen, was sie begreifen, dann würde es sehr still auf der Welt sein.
ALBERT EINSTEIN [1879–1955]; amerik. Physiker dt. Herkunft

Die Ungebildeten haben das Unglück, das Schwere nicht zu verstehen, dagegen verstehen die Gebildeten häufig das Leichte nicht, was ein noch viel größeres Unglück ist.
FRANZ GRILLPARZER

Nicht da ist man daheim, wo man seinen Wohnsitz hat, sondern wo man verstanden wird.
CHRISTIAN MORGENSTERN

Nur der Mensch, der sich verstanden fühlt, ist bereit, sich verstehen und führen zu lassen.
EMIL OESCH, Menschen

Alles verstehen heißt alles verzeihen – das wäre sehr edel gedacht und gesagt. Nur schade, daß das Verstehen neunundneunzig Mal unter hundert aus Bequemlichkeit und höchstens einmal aus Güte geschieht.
ARTHUR SCHNITZLER

Bewahre uns der Himmel vor dem „Verstehen". Es nimmt unserm Zorn die Kraft, unserm Haß die Würde, unserer Rache die Lust und noch unserer Erinnerung die Seligkeit.
ARTHUR SCHNITZLER

— Verstellung

Die Welt ist voll von Leuten, die Wasser predigen und Wein trinken.
GIOVANNI GUARESCHI [1908–1968]; ital. Schriftsteller

Wir gewöhnen uns so sehr daran, uns vor den anderen zu verstellen, daß wir uns schließlich vor uns selbst verstellen.
FRANÇOIS DE LA ROCHEFOUCAULD

Manche Menschen geben sich mehr Mühe, ihre Klugheit zu verbergen als ihre Torheit.
JONATHAN SWIFT

Zu fürchten sind die, die nicht sagen, was sie denken, und die nicht denken, was sie sagen.
PAUL VALÉRY [1871–1945]; franz. Schriftsteller

— Versuchung

Feigheit ist der wirksamste Schutz gegen die Versuchung.
MARK TWAIN

Widerstehe niemals der Versu-

chung: prüfe alles und behalte das Gute.
George Bernard Shaw

* Ich kann allem widerstehen, nur nicht der Versuchung.
Oscar Wilde

Vertrauen

Der Mensch, der nicht sich meint, dem gibt man alle Schlüssel.
Martin Buber

Vertrauen ist Mut, und Treue ist Kraft.
Marie von Ebner-Eschenbach

Das Vertrauen ist etwas so Schönes, daß selbst der ärgste Betrüger sich eines gewissen Respektes nicht erwehren kann vor dem, der es ihm schenkt.
Marie von Ebner-Eschenbach

Vertrauen ist die größte Selbstaufopferung.
Friedrich Hebbel

* Vertrauen ist gut, Kontrolle ist besser!
Nach Wladimir Iljitsch Lenin [1870–1924]; sowjet. Politiker

Vertrauen ist das Gefühl, einem Menschen sogar dann glauben zu können, wenn man weiß, daß man an seiner Stelle lügen würde.
Henry Louis Mencken

Zuviel Vertrauen ist häufig eine Dummheit, zuviel Mißtrauen ist immer ein Unglück.
Johann Nestroy

Vervollkommnung

Sobald jemand in einer Sache Meister geworden ist, sollte er in einer neuen Sache Schüler werden.
Gerhart Hauptmann

Macht können wir durch Wissen erlangen, aber zur Vollendung gelangen wir nur durch die Liebe.
Rabindranath Tagore

Verwandtschaft

Ich verabscheue meine Verwandten. Das kommt vermutlich daher, daß unsereins es nicht ausstehen kann, wenn andere Leute dieselben Fehler haben wie wir.
Oscar Wilde

Verzeihung

Verzeihen ist keine Narrheit, nur ein Narr kann nicht verzeihen.
Chinesisches Sprichwort

Wir sollen immer verzeihen: dem Reuigen um seinetwillen, dem Reuelosen um unseretwillen.
Marie von Ebner-Eschenbach

Der Mensch ist nie so schön, als wenn er um Verzeihung bittet oder selbst verzeiht.
Jean Paul

Im Verzeihen des Unverzeihlichen ist der Mensch der göttlichen Liebe am nächsten.
Gertrud von le Fort

Der Mensch braucht nicht alles zu billigen; verzeihen muß er können.
Thomas Niederreuther

Reue ist selten mehr als die Einsicht, daß irgendein Gewinn den Preis nicht wert war, den man dafür bezahlen mußte. Verzeihung in den meisten Fällen nichts als der schwachmütige Versuch, einen frü-

heren Zustand, der bequemer oder genußbringender war, wiederherzustellen, und wäre es selbst auf Kosten der Billigkeit, der Ehre und der Selbstachtung.
ARTHUR SCHNITZLER

Wer seinen nächsten verurteilt, der kann irren. Wer ihm verzeiht, der irrt nie.
KARL HEINRICH WAGGERL

— Verzweiflung

Die Verzweiflung ist eine Hyäne, die sich von der Leiche des Glaubens nährt.
FRANK THIESS

Wenn Menschen verzweifelt sind, werden sie zur Durchsetzung ihrer Ziele verzweifelte Mittel anwenden.
DESMOND TUTU

— Volk

Nur der einzelne ist naturgewachsen, nicht das Volk. Das Volk ist ein menschlicher Organisationsbegriff.
CARL VON OSSIETZKY

Demokratie ist Volksherrschaft nur in den Händen eines politischen Volkes, in den Händen eines unerzogenen und unpolitischen Volkes ist sie Vereinsmeierei und kleinbürgerlicher Stammtischkram.
WALTER RATHENAU

— Vollbeschäftigung

Jede Politik, auf welche Ideologie sie sich sonst auch berufen mag, ist verlogen, wenn sie die Tatsache nicht anerkennt, daß es keine Vollbeschäftigung für alle mehr geben kann und daß die Lohnarbeit nicht länger der Schwerpunkt des Lebens, ja nicht einmal die hauptsächliche Tätigkeit eines jeden bleiben kann.
ANDRÉ GORZ

— Vollkommenheit

Warum Stillstand schon Rückschritt ist? Aus dem sehr einfachen Grund, weil alle Vollkommenheit im Gehen selber besteht, in der Bewegung hin-zu.
HANS URS VON BALTHASAR

Das Streben nach Vollkommenheit macht manchen Menschen vollkommen unerträglich.
PEARL S. BUCK [1892–1973]; amerik. Schriftstellerin

Jedes Meisterwerk ist auf seine Art konventionell. Es prunkt und protzt nicht. Es ist seiner Mittel so sicher, als wären sie schon immer vorhanden gewesen.
MARTIN KESSEL, Ehrfurcht

Schon mancher, der die Vollkommenheit suchte, landete im Perfektionismus.
WERNER MITSCH

— Vorbild

In dir muß brennen, was du in anderen entzünden willst.
AURELIUS AUGUSTINUS [354–430]; Bischof und Kirchenlehrer

Aber da ich kurz zuvor gesagt habe, unsere Vorfahren sollten uns zum Muster dienen, so gelte als erste Ausnahme, daß man nicht ihre Fehler nachahmen muß.
MARCUS TULLIUS CICERO [106–43 v. Chr.]; röm. Staatsmann, Redner und Schriftsteller

Vor-Bild sein, heißt in erster Linie vor-leiden können.
HANS KUDSZUS

Auf Vorbilder wird es auch weiterhin in jeder menschlichen Gesellschaft ankommen; die, nach denen wir suchen, müssen Ähnlichkeit mit uns selber haben. Sie müssen die Spuren unserer Sorgen und Nöte verraten.
ALEXANDER MITSCHERLICH

Für sein Tun und Lassen darf man keinen andern zum Muster nehmen, weil Lage, Umstände, Verhältnisse nie die gleichen sind und weil die Verschiedenheit des Charakters auch der Handlung einen verschiedenen Anstrich gibt.
ARTHUR SCHOPENHAUER

___ Vorgesetzter

Jeder Vorgesetzte, der etwas taugt, hat es lieber mit Leuten zu tun, die sich zuviel zumuten, als mit solchen, die zuwenig in Angriff nehmen.
LEE IACOCCA

Der Mensch kann nichts Schlimmeres über sich haben als einen Menschen.
JÜDISCHES SPRICHWORT

Die Fähigkeiten eines Chefs erkennt man an seiner Fähigkeit, die Fähigkeiten seiner Mitarbeiter zu erkennen.
ROBERT LEMBKE

___ Vornehmheit

Feine Leute sind solche, die nur in feiner Umgebung ordinär werden.
WOLFGANG HERBST

Im übrigen wird der Wert eines Chefs nicht nach seiner Betriebsamkeit bemessen, sondern nach dem, was er schafft.
EMIL OESCH, Zeit

___ Vorrecht

Der größte Feind des Rechts ist das Vorrecht.
MARIE VON EBNER-ESCHENBACH

Wer Vorrechte genießt, kann leicht für die Rechte anderer streiten.
PETER TILLE

___ Vorsatz

Gute Vorsätze ... sind Schecks, auf eine Bank gezogen, bei der man kein Konto hat.
OSCAR WILDE

___ Vorsicht

Vorsicht und Mißtrauen sind gute Dinge, nur sind auch ihnen gegenüber Vorsicht und Mißtrauen nötig.
CHRISTIAN MORGENSTERN

* Der bessere Teil der Tapferkeit ist Vorsicht.
SHAKESPEARE, König Heinrich IV.

Es bleibt der Dummheit überlassen,
ein heißes Eisen anzufassen.
Die Klugheit (obwohl auch nicht bange)
nimmt eine Zange.
KARL HEINRICH WAGGERL

___ Vorurteil

Ein Urteil läßt sich widerlegen, aber niemals ein Vorurteil.
MARIE VON EBNER-ESCHENBACH

Welch triste Epoche, in der es

leichter ist, ein Atom zu zertrümmern als ein Vorurteil!
ALBERT EINSTEIN [1879–1955]; amerik. Physiker dt. Herkunft

Das Vorurteil ist ein unentbehrlicher Hausknecht, der lästige Eindrücke von der Schwelle weist. Nur darf man sich von seinem Hausknecht nicht selber hinauswerfen lassen.
KARL KRAUS

Die menschlichen Vorurteile sind wie jene bissigen Hunde, die nur den Furchtsamen angreifen.
ISOLDE KURZ

Je reicher man an Urteilen ist, desto ärmer wird man an Vorurteilen.
HENRY MILLER [1891–1980]; amerik. Schriftsteller

Auf allen Feldern des Denkens blühen nur zwei Kulturen: Die eine bewundert alte, die andere neue Vorurteile.
ADOLF NOWACZYŃSKI

Wer glaubt, aus dem Gemüt zu schöpfen, schöpft gelegentlich aus der trüben Quelle des Vorurteils.
MANFRED ROMMEL

Das Vorurteil ist die hochnäsige Empfangsdame im Vorzimmer der Vernunft.
KARL HEINRICH WAGGERL

W

— Wahl

Wir haben das, was ich eine Analphabeten-Demokratie nenne. Die meisten Menschen begnügen sich damit, ein Kreuzchen auf den Stimmzettel zu machen. Genau das ist das Verhalten von Analphabeten.
ROBERT JUNGK [* 1913]; österr. Wissenschaftspublizist und Zukunftsforscher

Das Wahlproblem: Wen soll ein wählerischer Mensch denn wählen?
GABRIEL LAUB

Es gibt dumme Politiker, die ihr Mandat klugen Leuten verdanken, die am Wahltag zu Hause geblieben sind.
ROBERT LEMBKE

Es gibt genug Politiker, die gerne das Richtige täten, wenn sie nicht wüßten, daß sie, gerade weil sie das Richtige tun, die nächste Wahl verlieren werden. Also muß die öffentliche Meinung aufgeweckt werden.
CARL FRIEDRICH VON WEIZSÄCKER

— Wahlversprechen

Politiker zu kaufen, ist altmodisch; in der modernen Demokratie kauft man Wähler.
JOHANNES GROSS

Wahlbetrug: verbotene Beeinflussung des Wahlergebnisses nach der Wahl. Gegensatz: Wahlversprechen.
ROLF HALLER

— Wahrhaftigkeit

Wahrhaftigkeit ist nicht nur von Konfirmanden zu verlangen, sondern erst recht von den Trägern staatlicher Verantwortung.
WILLY BRANDT, Frieden

* Wer die Wahrheit nicht weiß, der ist bloß ein Dummkopf. Aber wer sie weiß und sie eine Lüge nennt, der ist ein Verbrecher!
BERTOLT BRECHT, Galilei

— Wahrheit

Vollen Klang hat eine Wahrheit nur, wenn sie aus der Fülle der gelebten und angeeigneten Tradition heraus verkündet wird.
HANS URS VON BALTHASAR

Am meisten fühlt man sich von Wahrheiten getroffen, die man sich selbst verheimlichen wollte.
FRIEDL BEUTELROCK

Woher stammt nur der Aberglaube, daß die Wahrheit sich selber Bahn breche?
ERNST BLOCH

Wenn die Wahrheit zu schwach ist, sich zu verteidigen, muß sie zum Angriff übergehen.
BERTOLT BRECHT, Galilei

Die Wahrheit ist dadurch in Frage gestellt, daß sie politisiert wird.
MARTIN BUBER

Ein paar Wahrheiten muß man sagen, um leben zu können; ein paar verschweigen aus demselben Grund.
KARLHEINZ DESCHNER

Die Wahrheit hat Kinder, die sie nach einiger Zeit verleugnet: Sie heißen Wahrheiten.
MARIE VON EBNER-ESCHENBACH

Wir suchen die Wahrheit, finden wollen wir sie aber nur dort, wo es uns beliebt.
MARIE VON EBNER-ESCHENBACH

Jede neue Wahrheit beginnt als Anachronismus; sie wird erst langsam wahr. Es braucht immer eine gewisse Zeit, bis ihre Tiefe heraufsteigt, nach oben kommt und sichtbar, das heißt: oberflächlich wird.
EGON FRIEDELL

Ohne Wahrheit ist es unmöglich, irgendwelche Prinzipien oder Regeln im Leben zu befolgen.
MAHATMA GANDHI

Wer immer die Wahrheit sagt, kann sich ein schlechtes Gedächtnis leisten.
THEODOR HEUSS [1884–1963]; dt. Politiker

Nur das ist die wahrste Wahrheit, in der auch der Irrtum, weil sie ihn im Ganzen ihres Systems an seine Zeit und seine Stelle setzt, zur Wahrheit wird.
FRIEDRICH HÖLDERLIN, Aphorismen

Was beim Licht der Lampe wahr ist, ist noch nicht beim Licht der Sonne wahr.
JOSEPH JOUBERT

Es ist nicht die Gewohnheit des Wahren, ohne Verhüllung zu kommen und sich von jedem erkennen zu lassen.
ERHART KÄSTNER

Je mehr Leute es sind, die eine Sache glauben, desto größer ist die Wahrscheinlichkeit, daß die Ansicht falsch ist. Menschen, die recht haben, stehen meistens allein.
SÖREN KIERKEGAARD

* Die Wahrheit ist immer konkret.
WLADIMIR ILJITSCH LENIN [1870–1924]; sowjet. Politiker

Vom Wahrsagen läßt sich's wohl

leben in der Welt, aber nicht vom Wahrheitsagen.
GEORG CHRISTOPH LICHTENBERG

Ich hasse die Vielredner. Die Wahrheit macht nicht viele Worte.
MARTIN LUTHER

Wahrheiten können fast immer auch in den Dienst von Unwahrheiten gestellt werden.
LUDWIG MARCUSE

Eine Wahrheit kann erst wirken, wenn der Empfänger für sie reif ist. Nicht an der Wahrheit liegt es daher, wenn die Menschen noch so voller Unweisheit sind.
CHRISTIAN MORGENSTERN

Es ist das Los des Menschen, daß die Wahrheit keiner hat. Sie haben sie alle, aber verteilt, und wer nur bei einem lernt, der vernimmt nie, was die andern wissen.
JOHANN HEINRICH PESTALOZZI, Lienhard und Gertrud

Suche nach Wahrheit ist Mut zum Risiko, und zwar nicht nur im persönlichen, sondern ebenso im sozialen, im gesellschaftlichen Bereich.
HANS A. PESTALOZZI, Zukunft

Erziehung zur Wahrheit heißt, die Fähigkeit zu vermitteln, selbst nach dem suchen zu können, was ich persönlich als wahr empfinde, und mir keine angebliche Wahrheit vorschreiben zu lassen und anderseits dem Mitmenschen nicht meine Wahrheit aufzwingen zu wollen.
HANS A. PESTALOZZI, Zukunft

Wenn es nur eine Wahrheit gäbe, könnte man nicht hundert Bilder über dasselbe Thema malen.
PABLO PICASSO [1881–1973]; span. Maler, Graphiker u. Bildhauer

Erziehung sollte den Wunsch nach Wahrheit nähren und nicht die Überzeugung, daß ein bestimmter Glaube die Wahrheit sei.
BERTRAND RUSSELL, Schriften

Wahrheit besteht nicht in Beweisen, sie besteht im Zurückführen auf die letzte Einfachheit.
ANTOINE DE SAINT-EXUPÉRY [1900–1944]; franz. Schriftsteller

Doch, weil Wahrheit eine Perle, wirf sie auch nicht vor die Säue.
THEODOR STORM, Für meine Söhne

Paradox und Wahrheit unterscheiden sich darin, daß das erste den Gegenstand mit starkem Licht von einer Seite beleuchtet, die zweite – mit schwachem Licht von vielen.
ALEKSANDER ŚWIĘTOCHOWSKI

Der Strom der Wahrheit fließt durch Kanäle von Irrtümern.
RABINDRANATH TAGORE

Die Wahrheit ist eine unzerstörbare Pflanze. Man kann sie ruhig unter einen Felsen vergraben, sie stößt trotzdem durch, wenn es an der Zeit ist.
FRANK THIESS

Eine Lebenswahrheit lautet, daß wir ohne Lebenslüge nicht auskommen.
GERD UHLENBRUCK

Nur wenige Menschen sind stark genug, um die Wahrheit zu sagen und die Wahrheit zu hören.
VAUVENARGUES [1715–1747]; franz. Schriftsteller

Man erobert die Wahrheit nicht, indem man ihr die Kleider vom Leibe reißt.
KARL HEINRICH WAGGERL

Unter allen denkbaren Irrtümern ist immer die Wahrheit am leichtesten zu widerlegen.
KARL HEINRICH WAGGERL

Die wichtigste Motivation der Menschen, die in die Wissenschaft gehen, war ursprünglich und ist wohl auch heute die Suche nach der Wahrheit.
CARL FRIEDRICH VON WEIZSÄCKER, Einheit

Keiner darf für sich den Besitz der Wahrheit beanspruchen, sonst wäre er unfähig zu Kompromiß und überhaupt zu Zusammenleben.
RICHARD VON WEIZSÄCKER

Warnung

An Zeichen war niemals ein Mangel, aber an Folgern.
ERHART KÄSTNER

Wie kann man erwarten, daß die Menschheit guten Rat annimmt, wenn sie nicht einmal auf Warnungen hört?
JONATHAN SWIFT

Wechsel

Nichts ist dauernd als der Wechsel.
LUDWIG BÖRNE, Denkrede auf Jean Paul

Nur der Wechsel ist wohltätig. Unaufhörliches Tageslicht ermüdet.
WILHELM VON HUMBOLDT, Briefe an eine Freundin

Der Wechsel allein ist das Beständige.
ARTHUR SCHOPENHAUER

Weibliches

Hier und heute muß man leidenschaftlich die Position des Weiblichen besetzen. Nun ist dies aber für Feministinnen unverzeihlich. Denn diese Position, mit all ihrer geträumten Feminität, die sie miteinbegreift, ist weiblicher, als es je die der Frauen sein wird.
JEAN BAUDRILLARD

Weiblichkeit ist die Eigenschaft, die ich an Frauen am meisten schätze.
OSCAR WILDE

Weichheit

Dies ist die Erkenntnis von der Natur der Dinge: Das Weiche, Schwache wird das Harte und Starke überdauern.
LAOTSE

Wein

* Rotwein ist für alte Knaben eine von den besten Gaben.
WILHELM BUSCH, Tobias Knopp

Der Wein ist geschaffen, daß er die Menschen soll fröhlich machen.
JESUS SIRACH 31, 34

Seine Freunde und was mit der Liebe zusammenhängt, muß man im Weine anschauen; nichts taugt, was nicht so angeblickt werden kann.
ERHART KÄSTNER

* Der Wein erfreue des Menschen Herz.
PSALM 104, 15

Man führt gegen den Wein nur die bösen Taten an, zu denen er verleitet, allein er verleitet auch zu hundert guten, die nicht so bekannt werden.
GEORG CHRISTOPH LICHTENBERG

— Weisheit

Weise ist nicht, wer viele Erfahrungen macht, sondern wer aus wenigen lernt, viele nicht machen zu müssen.
KARLHEINZ DESCHNER

Weise sein heißt: sich nicht darüber schämen, daß man nichts weiß; sich nicht davor fürchten, daß man nichts weiß und nicht darauf stolz sein, daß man nichts weiß.
HANS KRAILSHEIMER

Der Weise lebt in der Einfalt und ist ein Beispiel für viele. Er will nicht selber scheinen, darum wird er erleuchtet.
LAOTSE

Weisheit heißt Überlegenheit über den verblendenden Zwang, dem Verlangen nach Lust folgen zu müssen.
ALEXANDER MITSCHERLICH

Wissen können wir von anderen lernen, Weisheit müssen wir uns selber lehren.
AXEL MUNTHE

* Die Furcht des Herrn ist der Weisheit Anfang.
PSALM 111, 10

Jeder Zuwachs an Technik bedingt, wenn damit ein Zuwachs und nicht eine Schmälerung des menschlichen Glücks verbunden sein soll, einen entsprechenden Zuwachs an Weisheit.
BERTRAND RUSSELL, Moral

Ein Weiser ist man nur unter der Bedingung, in einer Welt voll Narren zu leben.
ARTHUR SCHOPENHAUER

Die Weisheit eines Menschen mißt man nicht nach seiner Erfahrung, sondern nach seiner Fähigkeit, Erfahrungen zu machen.
GEORGE BERNARD SHAW

Weisheit ist jene Jugend des Geistes, die uns befähigt einzusehen, daß die Wahrheit nicht in Schatzkästen von Grundsätzen aufbewahrt wird, sondern frei und lebendig ist.
RABINDRANATH TAGORE

Die drei größten Tugenden: Neidlosigkeit, Furchtlosigkeit, Geduld. Wer sie besitzt, hat den ersten Schritt zur Weisheit getan.
FRANK THIESS

Viele denken an nichts anderes als an das, was andere über sie denken. Weisheit aber ist, wenn man sich selbst nichts mehr weismacht.
GERD UHLENBRUCK

— Welt

Die Welt ist für uns stets eine Antwort, die von der Frage abhängt, die wir an sie stellen.
STANISŁAW BRZOZOWSKI

Die Welt ist ein Gefängnis, in dem Einzelhaft vorzuziehen ist.
KARL KRAUS

Vielleicht muß man weltfern sein, um die Welt richtig zu sehen. Wer einer Sache zu nahe steht, hat ein verzerrtes Bild von ihr.
HANS MARGOLIUS

Wer die Welt zu sehr liebt, kommt nicht dazu, über sie nachzudenken; wer sie zuwenig liebt, kann nicht gründlich genug über sie denken.
CHRISTIAN MORGENSTERN

* Die Welt ist vollkommen überall, wo der Mensch nicht hinkommt mit seiner Qual.
SCHILLER, Braut von Messina

Wir sind in diese Welt gekommen, nicht nur, daß wir sie kennen, sondern daß wir sie bejahen.
RABINDRANATH TAGORE

Weltanschauung

Weltanschauung ist nicht selten Mangel an Anschauung.
LUDWIG MARCUSE

Weltgeschichte

Die Weltgeschichte ist nichts als die Biographie großer Männer.
THOMAS CARLYLE

Man kann alles von der Weltgeschichte sagen, alles, was der perversesten Phantasie in den Sinn kommen mag, nur eines nicht: daß sie vernünftig sei.
FJODOR M. DOSTOJEWSKI, Kellerloch

Die Weltgeschichte ist der Fortschritt im Bewußtsein der Freiheit.
GEORG WILHELM FRIEDRICH HEGEL, Philosophie der Geschichte

Die Weltgeschichte: ein Hemd, das nicht gewaschen wird, sondern nur gewendet.
THOMAS NIEDERREUTHER

Die Weltgeschichte ist nicht das Weltgericht, sondern ein Produkt des Zufalls und das Resultat der Gewalt.
OSKAR PANIZZA

Die Weltgeschichte ist die Summe dessen, was vermeidbar gewesen wäre.
BERTRAND RUSSELL, Schriften

* Die Weltgeschichte ist das Weltgericht.
SCHILLER, Resignation

Die Weltgeschichte ist eine Verschwörung der Diplomaten gegen den gesunden Menschenverstand.
ARTHUR SCHNITZLER

Werbung

Werbung ist die Kunst, auf den Kopf zu zielen und die Brieftasche zu treffen.
VANCE PACKARD [* 1914]; amerik. Publizist

Die Werbung möchte uns einreden, daß man ohne Kopf weiter komme als ohne Krawatte.
RUDOLF ROLFS

Werke

Wie es mit unseren Kindern geht, so geht es auch mit unseren Theorien und letztlich mit allem, was wir tun: Unsere Werke werden schließlich weitgehend unabhängig von uns, von ihren Erzeugern.
KARL R. POPPER

Werte

Den wahren Wert anderer erkennen heißt seinen eigenen aussprechen; denn nur der Würdige würdigt.
ERNST VON FEUCHTERSLEBEN

In einem gewissen Alter wird ein Überprüfen der Werte notwendig; es bedarf aber einer besonderen

geistigen Freiheit, um sich vom Anerkannten loszumachen.
ANDRÉ GIDE, Tagebuch

Es gibt zweierlei Arten von Werten: Werte, die durch das Leben, durch unbewußte Probleme geschaffen werden, und Werte, die in dem Bemühen, mehr oder weniger gut verstandene Probleme auf der Grundlage früherer Lösungen zu lösen, vom menschlichen Bewußtsein geschaffen werden.
KARL R. POPPER

Nichts in der Welt ist unbedeutend.
SCHILLER, Piccolomini II

___ Wettbewerb

Die Wettbewerbsfähigkeit eines Landes beginnt nicht in der Fabrikhalle oder im Forschungslabor. Sie beginnt im Klassenzimmer.
LEE IACOCCA

Die Klage über die Schärfe des Wettbewerbs ist in Wirklichkeit meist nur eine Klage über den Mangel an Einfällen.
WALTHER RATHENAU

___ Wetter

Es gibt kein schlechtes Wetter, es gibt nur verschiedene Arten von gutem.
JOHN RUSKIN [1819–1900];
brit. Schriftsteller, Kunstkritiker und Sozialphilosoph

___ Widerspruch

* Denn ein vollkomm'ner Widerspruch bleibt gleich geheimnisvoll für Kluge wie für Toren.
GOETHE, Faust I

Verlaß ist letzten Endes nur auf den Widerspruch.
OLIVER HASSENCAMP

Die Geschichte der Freiheit ist die Geschichte des Widerspruches.
THOMAS WOODROW WILSON [1856–1924];
amerik. Politiker

___ Widerwärtig

Widerwärtig nennen wir das Traurige, dem es nicht vergönnt ist, sich auf irgendeine Weise in Schönheit aufzulösen.
ARTHUR SCHNITZLER

___ Willen

Der Mensch hat freien Willen – das heißt, er kann einwilligen ins Notwendige!
CHRISTIAN FRIEDRICH HEBBEL

Jedem Vorhaben ist ein Stück kreatürlicher Lust eingegeben, ohne die dem Willen keine Flügel wachsen.
HANS KASPER, Verlust

Wenn der Mensch sich etwas vornimmt, so ist ihm mehr möglich, als man glaubt.
JOHANN HEINRICH PESTALOZZI, Schriften

___ Wirklichkeit

Die Wirklichkeit ist immer noch phantastischer als alle Phantasie.
WOLF BIERMANN, Affenfels

Die Wirklichkeit ist nur veränderbar, insofern sie noch nicht ist. Wir können versuchen, die Zukunft zu beeinflussen, das ist alles.
FRIEDRICH DÜRRENMATT [1921–1990];
schweiz. Dramatiker

Anscheinend können nur wenige Menschen mit Wirklichkeit umgehen, die sie nicht selbst erfahren haben.
JÜRGEN LEMKE

Was soll der Vorwurf, daß jemand ein gestörtes Verhältnis zur Wirklichkeit habe? Als wäre Wirklichkeit etwas anderes als auch das gestörte Verhältnis mancher zu ihr.
KURT MARTI

Wirtschaftskrise

Die gegenwärtige Krise ist keine vorübergehende Unterbrechung des Wirtschaftswachstums, sondern dessen Ergebnis.
ANDRÉ GORZ

So wie wir unsere Wirtschaft organisiert haben, stehen wir unter dem irrsinnigen Zwang, nur damit unsere Menschen hier Arbeit und Verdienst haben, Wirtschaftswachstum zu betreiben.
OSWALD VON NELL-BREUNING

Nationalökonomen können ganz genau beweisen, daß die Welt pleite ist. Das einzige, was sie nicht wissen: ihretwegen.
WERNER SCHNEYDER

Wissen

Das Ende der Vergötzung von Vernunft und Wissenschaft wäre der Anfang eines neuen Wissens: daß nur die Umkehr der Herzen und eine neue Verantwortung uns weiterhelfen können.
FRANZ ALT

Ein niederschmetternder Gedanke: daß es vielleicht überhaupt nichts zu wissen gibt; daß alles Falsche nur entsteht, weil man es wissen will.
ELIAS CANETTI

Wenn der Mensch wissend geworden ist, steht unversehens sein Ende bevor.
CHINESISCHES SPRICHWORT

Es ist eine erschütternde Vorstellung für mich, daß Männer wie Plato, Galilei oder Kant bereit gewesen sein dürften, Lebensjahre für das Wissen herzugeben, das jedem von uns heute unverdient in den Schoß fällt und das die wenigsten richtig zu würdigen wissen (sofern sie es überhaupt zur Kenntnis nehmen)!
HOIMAR VON DITFURTH

Der Wissende weiß, daß er glauben muß.
FRIEDRICH DÜRRENMATT
[1921–1990]; schweiz. Dramatiker

Das menschliche Wissen ist dem menschlichen Tun davongelaufen, das ist unsere Tragik. Trotz aller unserer Kenntnisse verhalten wir uns immer noch wie die Höhlenmenschen von einst.
FRIEDRICH DÜRRENMATT
[1921–1990]; schweiz. Dramatiker

Wer nichts weiß, muß alles glauben.
MARIE VON EBNER-ESCHENBACH

Ein Mensch kann nicht alles wissen, aber etwas muß jeder haben, was er ordentlich versteht.
GUSTAV FREYTAG [1816–95];
dt. Schriftsteller

Es ist nicht genug zu wissen, man muß auch anwenden.
GOETHE, Wilhelm Meisters
Wanderjahre

Eigentlich weiß man nur, wenn man wenig weiß; mit dem Wissen wächst der Zweifel.
GOETHE, Maximen und Reflexionen

Alles Wissen und alle Vermehrung unseres Wissens endet nicht mit einem Schlußpunkt, sondern mit Fragezeichen.
HERMANN HESSE

Man muß viel studiert haben, um wenig zu wissen.
MONTESQUIEU, Vermischte Gedanken

Der Unwissende hat Mut, der Wissende hat Furcht.
ALBERTO MORAVIA [1907–1990]; ital. Schriftsteller

Wissen können wir von anderen lernen, Weisheit müssen wir uns selber lehren.
AXEL MUNTHE

* Nur der Irrtum ist das Leben, und das Wissen ist der Tod.
SCHILLER, Kassandra

Glauben und Wissen verhalten sich wie die zwei Schalen einer Waage: In dem Maße, als die eine steigt, sinkt die andere.
ARTHUR SCHOPENHAUER

Wir alle wissen mehr als das, wovon wir wissen, daß wir es wissen.
THORNTON WILDER

— Wissenschaft

Ich halte dafür, daß das einzige Ziel der Wissenschaft darin besteht, die Mühseligkeit der menschlichen Existenz zu erleichtern.
BERTOLT BRECHT, Galilei

Wissenschaft und Politik sind die beiden Bereiche, in denen die Ungewißheit menschlicher Existenz handgreiflich, in deren organisatorischen Formen ihre liberale Bewältigung daher möglich wird.
RALF DAHRENDORF

Alle Wissenschaft hat als Ausgangspunkt ein Zweifeln, gegen das der Glaube sich auflehnt.
ANDRÉ GIDE, Tagebuch

In den Wissenschaften ist viel Gewisses, sobald man sich von den Ausnahmen nicht irre machen läßt und die Probleme zu ehren weiß.
GOETHE, Wilhelm Meisters Wanderjahre II

Wissenschaftlichkeit: das heißt zu wissen, was man weiß und was man nicht weiß. Unwissenschaftlich ist alles totale Wissen, als ob man im Ganzen Bescheid wüßte.
KARL JASPERS

Die Wissenschaft ist die Methode, viele kleine Unklarheiten auf ein einziges großes Rätsel, dem man einen Namen gibt, zurückzuführen.
HANS LOHBERGER

Wissenschaft ist ein vielseitiges Werkzeug. Sie kann auf jedem harmlosen, freundlichen oder bösen Aberglauben das scharfsinnigste Begriffsgebäude errichten.
LUDWIG MARCUSE

Das Wiederfinden dessen, was der Mensch in die Dinge gesteckt hat, heißt sich Wissenschaft.
FRIEDRICH NIETZSCHE, Nachlaß

Die Wissenschaft nötigt uns, den Glauben an einfache Kausalitäten aufzugeben.
FRIEDRICH NIETZSCHE, Morgenröte

Die Physiker haben erfahren, was Sünde ist, und dieses Wissen wird sie nie mehr ganz verlassen.
J. ROBERT OPPENHEIMER
[1904–1967]; amerik. Atomphysiker

Wer eine neue wissenschaftliche Wahrheit entdeckt, mußte vorher fast alles, was er gelernt hatte, zerstören.
JOSÉ ORTEGA Y GASSET, Aufstand

Die Wissenschaft braucht Zusammenarbeit, in der sich das Wissen des einen durch die Entdeckungen des andern bereichert.
JOSÉ ORTEGA Y GASSET, Liebe

Die Wissenschaft, richtig verstanden, heilt den Menschen von seinem Stolz; denn sie zeigt ihm seine Grenzen.
ALBERT SCHWEITZER

Eine Menschheit ohne Wissenschaft ist nicht mehr denkbar. Aber es ist auch keine Wissenschaft mehr möglich ohne eine Religion, die beseelt.
PIERRE TEILHARD DE CHARDIN
[1881–1955]; franz. Paläontologe, Anthropologe und Philosoph

Die wichtigste Motivation der Menschen, die in die Wissenschaft gehen, war ursprünglich und ist wohl auch heute die Suche nach der Wahrheit.
CARL FRIEDRICH VON WEIZSÄCKER, Einheit

Wissenschaft ist – im wesentlichen wenigstens – auch nur wirksam, soweit es ihr glückt, Wahrheit zu finden.
CARL FRIEDRICH VON WEIZSÄCKER, Einheit

___ Wissensdrang

Der Mensch muß bei dem Glauben verharren, daß das Unbegreifliche begreiflich sei; er würde sonst nicht forschen.
GOETHE, Wilhelm Meisters Wanderjahre II

___ Witz

Der Witz ist das einzige Ding, was um so weniger gefunden wird, je eifriger man es sucht.
FRIEDRICH HEBBEL

Witzigkeit ist manchmal Witzarmut, die ohne Hemmung sprudelt.
KARL KRAUS

Wenn einer bei uns einen guten politischen Witz macht, dann sitzt halb Deutschland auf dem Sofa und nimmt übel.
KURT TUCHOLSKY

___ Wohlstand

Früher flackerte noch im Elend der Funke Glück. Mit jenem hat der Wohlstand auch ihn ausgeblasen.
HELMUT ARNTZEN

* Nur wer im Wohlstand lebt, lebt angenehm!
BERTOLT BRECHT, Dreigroschenoper

Wohlstand ist, wenn die Menschen mehr Uhren haben als Zeit.
WERNER MITSCH

Wir rühmen uns unseres Wohlstandes. Haben wir schon einmal aus-

gerechnet, wie viele dieser „materiellen Errungenschaften“ nichts anderes sind als der krampfhafte Versuch, Dinge, die wir durch das Streben nach Wohlstand zerstört oder verloren haben, wieder herzustellen?
HANS A. PESTALOZZI, Zukunft

— Wohnung

* Raum ist in der kleinsten Hütte für ein glücklich liebend Paar.
SCHILLER, Der Parasit IV

* Man kann mit einer Wohnung einen Menschen genauso töten wie mit einer Axt.
zugeschrieben HEINRICH ZILLE [1858–1929]; dt. Zeichner

— Wohnungswechsel

* Dreimal umgezogen ist so gut wie einmal abgebrannt.
BENJAMIN FRANKLIN, Reichtum

— Wort

Eine Wunde, von Worten geschlagen, ist schlimmer als eine Wunde, die das Schwert schlägt.
ARABISCHES SPRICHWORT

In allen Staaten, in denen Terror herrscht, ist das Wort fast noch mehr gefürchtet als bewaffneter Widerstand, und oft ist das letzte die Folge des ersten.
HEINRICH BÖLL

Menschen durch das gesprochene Wort zu fesseln, gibt ein Gefühl der Stärke, der Macht.
DALE CARNEGIE

* Mit Worten läßt sich trefflich streiten.
GOETHE, Faust I

Worte sind Gegenstände: man kann sich an ihnen stoßen.
WOLFGANG HERBST

Das Wort ist der Blitz, aber die Schrift ist der Einschlag, die Spur. Die Spur bloß, der Blitz eben nicht.
ERHART KÄSTNER

Je größer die Worte, um so leichter geht man durch sie hindurch.
MARTIN KESSEL, Gegengabe

Es gibt so große leere Worte, daß man darin ganze Völker gefangen halten kann.
STANISŁAW JERZY LEC

Der Unterschied zwischen dem richtigen Wort und dem beinahe richtigen ist derselbe wie zwischen dem Blitz und dem Glühwürmchen.
MARK TWAIN

Unsere Worte sind untrennbar von der Lebenslage, aus der sie hervorgingen. Aus ihr herausgelöst, entbehren sie des genauen Sinnes, das heißt der Überzeugungskraft.
JOSÉ ORTEGA Y GASSET, Aufgabe

Jedes Wort hat fließende Grenzen. Diese Tatsache zu ästhetischer Wirkung auszunützen ist das Geheimnis des Stils.
ARTHUR SCHNITZLER

Wo Worte selten, haben sie Gewicht.
SHAKESPEARE, König Richard II.

* Ein Wort, geredet zu seiner Zeit, ist wie goldene Äpfel auf silbernen Schalen.
SPRÜCHE SALOMOS 25, 11

Worte verhalten sich umgekehrt proportional zum Geld: je weniger du ausgibst, um so höher ist ihr Wert.
PETER TILLE

Was nützen die besten Worte, wenn sie über die Wirklichkeit hinwegtäuschen?
KURT TUCHOLSKY

— Wörterbuch

Wörterbuch – bösartige literarische Erfindung; dient dazu, das Wachstum einer Sprache zu hemmen und sie unelastisch zu machen.
AMBROSE BIERCE

Wörterbuch, Kornspeicher der Sprache.
PABLO NERUDA, Ode an das Wörterbuch

— Wunder

Der Mensch verlangt nicht so sehr nach Gott als nach dem Wunder.
FJODOR M. DOSTOJEWSKI, Die Brüder Karamasow

Es gibt kein Wunder für den, der sich nicht wundern kann.
MARIE VON EBNER-ESCHENBACH

Das Wunder ist des Glaubens liebstes Kind.
GOETHE, Faust I

Das große unzerstörbare Wunder ist der Menschenglaube an Wunder.
JEAN PAUL

— Wunsch

Es ist leichter, den ersten Wunsch zu unterdrücken, als die folgenden zu erfüllen.
BENJAMIN FRANKLIN, Autobiographie

Gäbe es Wesen, die den Menschen alle Wünsche erfüllen, so wären das keine Götter, sondern Dämonen.
FRIEDRICH GEORG JÜNGER

Wir leben in einer Zeit, in der die Menschen nicht wissen, was sie wollen, aber alles tun, um es zu bekommen.
DONALD MARQUIS [1878–1937]; amerik. Schriftsteller

Wie, wenn Wünsche nicht fertig werden, wenn der Tod ihnen zuvorkommt? Und doch wäre dies das geringere Übel. Trauriger ist's, wenn die Wünsche fertig sind, aber der Tod nicht kommen will.
KURT MARTI

Wünschen ist ein Anzeichen von Genesung oder Besserung.
FRIEDRICH NIETZSCHE, Menschliches II

Wie zauberhaft sind die Dinge, die uns nicht gehören, denn sie strahlen so viel vom Himmel wider und landen an so vielen Gestaden.
MARCEL PROUST

Es ist wohl klar, daß wir nie auf die Gegenüberstellung von „gut" und „schlecht" gekommen wären, wenn wir keine Wünsche hätten.
BERTRAND RUSSELL, Moral

Zwei Tragödien gibt es im Leben: Die eine, nicht zu bekommen, was das Herz wünscht, die andre, es zu bekommen.
GEORGE BERNARD SHAW

In dieser Welt gibt es nur zwei Tragödien. Die eine ist, nicht zu bekommen, was man möchte, und die andere ist, es zu bekommen.
OSCAR WILDE

— Würde

↑ Menschenwürde

— Yuppie

Eine Generation, der alles gelungen ist, die schon alles hat, die spielerisch Solidarität praktiziert, die nicht mehr die Stigmata der Klassenverwünschungen an sich trägt. Das sind die europäischen Yuppies.
JEAN BAUDRILLARD

Z

— Zärtlichkeit

Zärtlichkeit ist das Ruhen der Leidenschaft.
JOSEPH JOUBERT

— Zaudern

↑ Zögern

— Zeichen

Omen – Zeichen, daß bald was passiert, wenn nicht bald was passiert.
AMBROSE BIERCE

An Zeichen war niemals ein Mangel, aber an Folgern.
ERHART KÄSTNER

— Zeit

Wir erfanden den Raum, um die Zeit totzuschlagen, und die Zeit, um unsere Lebensdauer zu motivieren.
GOTTFRIED BENN, Epilog

Zeit ist nur dadurch, daß etwas geschieht, und nur dort, wo etwas geschieht.
ERNST BLOCH

Was ist die Zeit? Und die lösende, nicht lösende Kinderantwort, Staunensantwort kommt dazu: Die Zeit ist eine Uhr ohne Ziffern.
ERNST BLOCH

Es ist nicht wahr, daß man seine Zeit verpassen kann. Für den, der in Wahrheit etwas zu sagen hat, ist es immer Zeit.
WALDEMAR BONSELS [1880–1952]; dt. Schriftsteller

Für die, deren Zeit gekommen ist, ist es nie zu spät!
BERTOLT BRECHT, Die Mutter

Ein Mensch, dem nicht jeden Tag wenigstens eine Stunde gehört, ist kein Mensch.
MARTIN BUBER

Nicht jede Zeit findet ihren großen Mann, und nicht jede große Fähigkeit findet ihre Zeit.
JACOB BURCKHARDT

Die Zeit geht hin, und der Mensch gewahrt es nicht.
DANTE ALIGHIERI

Ist es das Gute selbst an der schlimmsten Zeit, daß sie vergeht, ist eben dies das Schlimme auch an der besten.
KARLHEINZ DESCHNER

Ist die Zeit das Kostbarste unter allem, so ist Zeitverschwendung die allergrößte Verschwendung.
BENJAMIN FRANKLIN, Reichtum

Die Zeit ist eine große Lehrerin. Schade nur, daß sie ihre Schüler umbringt.
CURT GOETZ

Auch bei uns unterschied früher Zeithaben und Nichthaben Herren und Knechte; jetzt hat niemand mehr Zeit.
ERHART KÄSTNER

Die Zeit ist die Fülle des Lebens, wenn auch die Fülle der Zeit das Sichaufheben des Lebens und mit ihm der Zeit ist.
GEORG LUKÁCS

Die Kunst, Zeit zu haben, ist auch die Kunst, sich die Leute vom Leibe zu halten, die uns die Zeit stehlen.
EMIL OESCH, Zeit

Menschen, die Zeit haben, sind immer auch Menschen, die nicht glauben, sie müßten alles selbst machen.
EMIL OESCH, Zeit

Zeit haben heißt wissen, wofür man Zeit haben will und wofür nicht.
EMIL OESCH, Zeit

* Des Menschen Engel ist die Zeit.
SCHILLER, Wallensteins Tod

*Dreifach ist der Schritt der Zeit:
Zögernd kommt die Zukunft hergezogen,
Pfeilschnell ist das Jetzt entflogen,
Ewig still ist die Vergangenheit.
SCHILLER, Musenalmanach

Man verliert die meiste Zeit damit, daß man Zeit gewinnen will.
JOHN STEINBECK
[1902–1968];
amerik. Schriftsteller

Nur dem Anschein nach ist die Zeit ein Fluß. Sie ist eher eine grenzenlose Landschaft, und was sich bewegt, ist das Auge des Betrachters.
THORNTON WILDER

Zeitgeist

Der Zeitgeist ist das jeweilige Gespenst der Gegenwart.
WERNER SCHNEYDER

Zeitgewinn

Arbeit in Ruhe zu leisten ist Zeitgewinn.
EMIL OESCH, Zeit

Man verliert die meiste Zeit damit, daß man Zeit gewinnen will.
JOHN STEINBECK
[1902–1968];
amerik. Schriftsteller

Zeitung

Die Zeitung ist die Konserve der Zeit.
KARL KRAUS

Manche Zeitungen sind an und für sich ein Druckfehler.
WERNER SCHNEYDER

Zensur

Es ist kein Zufall, daß immer da, wo der Geist als eine Gefahr angesehen wird, als erstes die Bücher verboten, die Zeitungen und Zeitschriften, Rundfunkmeldungen einer strengen Zensur ausgeliefert werden.
HEINRICH BÖLL

Zensur ist die geheime Empfehlung durch öffentliches Verbot.
DIETER HILDEBRANDT [* 1927]; dt. Kabarettist

Die gefährlichste Form der Zensur ist die Schere im eigenen Kopf.
CURZIO MALAPARTE [1898–1957]; ital. Schriftsteller

Man kann zugleich gegen ein Buch sein und gegen sein Verbot. Der Sexschund ödet mich an, die Entrüstung darüber ist mir zuwider.
LUDWIG MARCUSE

Die Zensur ist die jüngere von zwei schändlichen Schwestern, die ältere heißt Inquisition.
JOHANN NESTROY

Die Zensur endet in letzter Konsequenz damit, daß überhaupt niemand Bücher lesen darf, ausgenommen jene Bücher, die sowieso niemand liest.
GEORGE BERNARD SHAW

Zerstreutheit

Zerstreutheit ist ein Zeichen von Klugheit und Güte. Dumme und boshafte Menschen sind immer geistesgegenwärtig.
CHARLES JOSEPH FÜRST VON LIGNE [1735–1814]; österr. Feldmarschall und Diplomat

Zerstreuung

Das fürchterlichste Mittel gegen quälende Gedanken ist die Zerstreuung, sie führt zur Gedankenlosigkeit.
FRANZ GRILLPARZER

Ziel

Der gerade Weg ist der kürzeste, aber es dauert meist am längsten, bis man auf ihm zum Ziele gelangt.
GEORG CHRISTOPH LICHTENBERG

Es gibt immer mehr Straßen und immer weniger Ziele.
WERNER MITSCH

Zigarette

Eine Zigarette ist wie ein rascher Flirt, eine Zigarre wie eine anspruchsvolle Geliebte, die Pfeife aber ist wie eine Ehefrau.
MICHAEL ENDE [* 1929]; dt. Schriftsteller

Eine Zigarette ist das vollendete Beispiel eines vollendeten Genusses. Sie ist köstlich und läßt einen unbefriedigt.
OSCAR WILDE

Zitat

Zitate sind entwurzelte Größen.
MARTIN KESSEL, Ehrfurcht

Von den meisten Büchern bleiben bloß Zitate übrig. Warum nicht gleich nur Zitate schreiben.
STANISŁAW JERZY LEC

Die meisten Menschen sprechen nicht, zitieren nur. Man könnte ru-

hig fast alles, was sie sagen, in Anführungsstriche setzen.
CHRISTIAN MORGENSTERN

Das Zitat, vor allem das geflügelte Wort, hat noch andere Aufgaben: Es kann als eine Art geistiger Kurzschrift dienen.
LUDWIG REINERS [1896–1957]; dt. Schriftsteller

Zivilcourage

Wo die Zivilcourage keine Heimat hat, reicht die Freiheit nicht weit.
WILLY BRANDT, Erinnerungen

Zivilisation

Was die Menschen Zivilisation nennen, ist der Zustand gegenwärtiger Sitten; was sie Barbarei nennen, das sind die Sitten der Vergangenheit.
ANATOLE FRANCE [1844–1924]; franz. Schriftsteller

Zivilisation: Die Eskimos bekommen warme Wohnungen und müssen arbeiten, um Geld für Kühlschränke zu verdienen.
GABRIEL LAUB

Zögern

Wartest du auf beßre Zeiten
Wartest du mit deinem Mut
Gleich dem Tor, der Tag für Tag
An des Flusses Ufer wartet
Bis die Wasser abgeflossen
Die doch ewig fließen
WOLF BIERMANN, Drahtharfe

Kein weiser oder tapferer Mann legt sich auf die Schienen der Geschichte und wartet, daß der Zug der Zukunft ihn überfährt.
DWIGHT D. EISENHOWER [1890–1969]; amerik. Politiker

Auch zum Zögern muß man sich entschließen.
STANISŁAW JERZY LEC

* Wer gar zu viel bedenkt, wird wenig leisten.
SCHILLER, Wilhelm Tell

Zorn

Wer nicht fähig ist, über ein privates Unrecht, das ihm geschehen ist, zornig zu werden, der wird schwer kämpfen können. Wer nicht fähig ist, über andern angetanes Unrecht zornig zu werden, der wird nicht für die große Ordnung kämpfen können.
BERTOLT BRECHT, Buch der Umwälzung

Zorn ist eine impulsive Form des Eigentrostes.
HANS LOHBERGER

Der Zorn ist ein schlechter Ratgeber.
SPRICHWORT

Zote

Der Mensch schweinigelt kaum allein. Die Zote lebt von ihrem Publikum.
SIGMUND GRAFF

Zufall

Gepriesen sei der Zufall. Er ist wenigstens nicht ungerecht.
LUDWIG MARCUSE

Ereignisse, die er nicht begreift, nennt der Mensch Zufall.
WERNER MITSCH

Auch das Zufälligste ist nur ein auf

entfernterem Wege herangekommenes Notwendiges.
ARTHUR SCHOPENHAUER

Der Zufall ist das Pseudonym, das der liebe Gott wählt, wenn er inkognito bleiben will.
ALBERT SCHWEITZER

Zufriedenheit

* Ach, spricht er, die größte Freud' ist doch die Zufriedenheit.
WILHELM BUSCH, Max und Moritz

Sich mit wenigem begnügen ist schwer, sich mit vielem begnügen unmöglich.
MARIE VON EBNER-ESCHENBACH

Wenn ein paar Menschen recht miteinander zufrieden sind, kann man meistens versichert sein, daß sie sich irren.
GOETHE, Maximen und Reflexionen

Sei mit dir nie zufrieden, so daß deine Zufriedenheit nur dazu dient, dich zu neuer Unzufriedenheit zu stärken.
CHRISTIAN MORGENSTERN

Zufriedene sind Resignierende, ohne es zu wissen.
RUDOLF ROLFS

Zukunft

Die Zukunft erkennt man nicht, man schafft sie.
STANISŁAW BRZOZOWSKI

Wir können es uns nicht länger leisten, unsere Zukunft den Experten zu überlassen, sonst könnten wir im Jahre 2000 die unangenehme Überraschung erleben, daß tatsächlich die Lichter ausgehen.
HANS CHRISTOPH BUCH

Die Wirklichkeit ist nur veränderbar, insofern sie noch nicht ist. Wir können versuchen, die Zukunft zu beeinflussen, das ist alles.
FRIEDRICH DÜRRENMATT [1921–1990]; schweiz. Dramatiker

Die mikroelektronische Revolution drängt uns zu neuen Visionen; aber die Trägheit unserer geistigen Kategorien verschleiert es uns: Wir warten immer noch kläglich darauf, daß die Zukunft uns die Vergangenheit wiederbringt, daß die „Wende" oder der wirtschaftliche „Aufschwung" für Vollbeschäftigung sorgen.
ANDRÉ GORZ

Die Zukunft hat viele Namen. Für die Schwachen ist sie das Unerreichbare. Für die Furchtsamen ist sie das Unbekannte. Für die Tapferen ist sie die Chance.
VICTOR HUGO [1802–1885]; franz. Schriftsteller

Die Zukunft ist als Raum der Möglichkeiten der Raum unserer Freiheit.
KARL JASPERS

Wer für die Zukunft sorgen will, muß die Vergangenheit mit Ehrfurcht und die Gegenwart mit Mißtrauen aufnehmen.
JOSEPH JOUBERT

Aus der Vergangenheit kann jeder lernen. Heute kommt es darauf an, aus der Zukunft zu lernen.
HERMAN KAHN [1922–1983]; amerik. Kybernetiker

Wer die Zukunft nur mit Furcht erwartet, impft sie mit Schrecken.
HANS KASPER, Verlust

Das Leben kann nur in der Schau

nach rückwärts verstanden, aber nur in der Schau nach vorwärts gelebt werden.
Sören Kierkegaard

Zukunft ist die Zeit, in der man die ganze Vergangenheit kennen wird. Solange man die Vergangenheit nur teilweise kennt, lebt man in der Gegenwart.
Gabriel Laub

Zukunft – das war oft genug schon die Ausrede aller, die weder Vergangenheit noch Gegenwart hatten; und auch derer, die Vergangenheit und Gegenwart zu verbergen trachteten.
Ludwig Marcuse

Die Zukunft sollen wir bauen? Viele fordern das jetzt. Doch hierbei denken manche bloß an die künftige Sicherung ihrer jetzigen Privilegien. Andere, forschere, bauen, so fürchte ich, Zukunft wie einen Unfall.
Kurt Marti

Die Zukunft kommt in Raten, das ist das Erträgliche an ihr.
Alfred Polgar
[1875–1955];
österr. Schriftsteller und Kritiker

Die Zukunft des Menschen steht auf dem Spiel; sie ist gesichert, sobald nur genügend Menschen sich dieser Einsicht nicht verschließen.
Bertrand Russell, Moral

Man hat Zeit genug, an die Zukunft zu denken, wenn man keine Zukunft mehr hat.
George Bernard Shaw, Pygmalion

Der einzige Augenblick, in dem man nicht an die Zukunft denkt, ist jener, in dem man sie mit einem einzigen gewaltigen Griff zu sichern sucht.
Manès Sperber

Das Merkwürdige an der Zukunft ist wohl die Vorstellung, daß man unsere Zeit später die gute alte Zeit nennen wird.
John Steinbeck
[1902–1968];
amerik. Schriftsteller

Zurückgezogenheit

Wer sich verschließen gelernt hat, dem tut es doppelt wohl, wenn er sich aufschließen darf.
Ernst von Feuchtersleben

Du kannst dich zurückhalten von dem Leiden der Welt, das ist dir freigestellt. Aber vielleicht ist gerade dies Zurückhalten das einzige Leiden, das du vermeiden könntest.
Franz Kafka, Chinesische Mauer

Zurückhaltung

Dumme Gedanken hat jeder, aber der Weise verschweigt sie.
Wilhelm Busch, Aphorismen und Reime

* Was deines Amtes nicht ist, da laß deinen Vorwitz; denn es ist dir schon mehr befohlen, als du kannst ausrichten.
Jesus Sirach 3, 24–25

Lieber weniger, aber besser.
Wladimir Iljitsch Lenin
[1870–1924];
russ.-sowjet. Politiker

Nichts Liebenswerteres in der Welt, als Dummheit, die schweigen kann.
Karl Heinrich Waggerl

Zusammenarbeit

Die Wissenschaft braucht Zusammenarbeit, in der sich das Wissen des einen durch die Entdeckung des anderen bereichert.
JOSÉ ORTEGA Y GASSET, Liebe

Das einzige, was die Menschheit zu retten vermag, ist Zusammenarbeit, und der Weg zur Zusammenarbeit nimmt im Herzen der einzelnen seinen Anfang.
BERTRAND RUSSELL, Moral

Zusammenleben

Wir haben gelernt, wie die Vögel zu fliegen, wie die Fische zu schwimmen; doch wir haben die einfache Kunst verlernt, wie Brüder zu leben.
MARTIN LUTHER KING
[1929–1968];
amerik. Bürgerrechtler
und Baptistenpfarrer

Allein ist der Mensch ein unvollkommenes Ding; er muß einen zweiten finden, um glücklich zu sein.
BLAISE PASCAL

Nur wenn ich versuche, meine Partnerin oder meinen Partner glücklich zu machen, auf seine Wünsche und seine Bedürfnisse einzugehen, ihm zu seiner Lust zu verhelfen, werde auch ich den Rausch höchster Lust und höchsten Glücks und tiefste Befriedigung und Erfüllung erleben.
HANS A. PESTALOZZI, Auf die Bäume

Wenn es eines Tages keine Rolle mehr spielt, ob ich ein Mann oder eine Frau bin, erst dann habe ich meine Zukunftsvision vom Zusammenleben der Geschlechter erreicht.
ALICE SCHWARZER [* 1942];
dt. Publizistin

Eine dauernde Bindung zu einer Frau ist nur möglich, wenn man im Theater über dasselbe lacht. Wenn man gemeinsam schweigen kann. Wenn man gemeinsam trauert. Sonst geht es schief.
KURT TUCHOLSKY

Zustimmung

Grundsätzliche Zustimmung ist die höflichste Form der Ablehnung.
ROBERT LEMBKE

Wenn Leute mit mir übereinstimmen, habe ich immer das Gefühl, ich muß mich irren.
OSCAR WILDE

Zuversicht

Ohne Wenn und Aber bekenne ich mich zur Zuversicht im Denken und Handeln – wohl wissend, daß einem dabei Irrtümer und Widersprüche nicht erspart bleiben.
WILLY BRANDT, Erinnerungen

Wenn ich wüßte, daß morgen die Welt unterginge, würde ich heute noch ein Apfelbäumchen pflanzen.
MARTIN LUTHER

Zwang

Bitter ist es, das heute zu müssen, was man gestern noch wollen konnte.
KARL GUTZKOW

Man kann eine widerspenstige Rinderherde mit Peitschen treiben, aber man kann sie während des Peitschens nicht an die gute Weide

glauben machen, zu der man vorgibt sie zu treiben.
GERHART HAUPTMANN

Das Element der großen Geister ist die Freiheit, und wer sie unterstützen will, muß diese ihnen erst gewähren. Aller Zwang hemmt und drückt die Natur, und sie kann ihre Schönheit nicht in vollem Reize zeigen.
WILHELM HEINSE

* Kein Mensch muß müssen.
GOTTHOLD EPHRAIM LESSING, Nathan

Zwang erbittert die Schwärmer immer, aber er bekehrt sie nie.
SCHILLER, Kabale und Liebe

Durch Belohnung oder Strafe kann man Menschen zwingen, zu erklären oder zu beschwören, daß sie glauben, und zu handeln, als ob sie glaubten: Mehr kann man nicht erreichen.
JONATHAN SWIFT

Zweifel

Irren mag menschlich sein, aber Zweifeln ist menschlicher, indem es gegen das Irren angeht.
ERNST BLOCH

Der Zweifel gehört zur echten Fruchtbarkeit, man muß durch ihn hindurch, es geht kein anderer Weg als dieser gefahrvolle in die große Gewißheit.
MARTIN BUBER

Alles Wissen geht aus einem Zweifel hervor und endigt in einem Glauben.
MARIE VON EBNER-ESCHENBACH

Glaube und Zweifel verhalten sich zueinander wie Regierung und Opposition in einem parlamentarischen Gemeinwesen.
HANS EGON HOLTHUSEN, Verstehen

Es ist Talent nötig zum Zweifeln, aber es ist schlechterdings kein Talent nötig zum Verzweifeln.
SÖREN KIERKEGAARD

Zweifle an allem wenigstens einmal, und wäre es auch der Satz: 2 mal 2 ist 4.
GEORG CHRISTOPH LICHTENBERG

Jeder Zweifel ist die Forderung nach einer Methode.
JOSÉ ORTEGA Y GASSET, Aufstand

Zweifeln ist Suchen, nicht Ratlosigkeit.
HANS A. PESTALOZZI, Auf die Bäume

Des Glaubens Sonde ist der Zweifel.
JOHANN GOTTFRIED SEUME

Der Glaube versetzt Berge, der Zweifel erklettert sie.
KARL HEINRICH WAGGERL

Oft spüren Häretiker zuerst die Zeichen der Zeit, und manchmal waren verurteilte Ketzer, die manifest unrecht hatten, die innigsten Freunde Gottes.
CARL FRIEDRICH VON WEIZSÄCKER, Geschichte

Zwischenmenschliche Beziehungen

Auch im übertragenen Sinn ist der Mensch in seiner eigenen Haut nackt geboren und bedarf fremder bekleidender Stoffe, um sich genau in seiner eigenen Nähe zu wärmen, ja zu betonen.
ERNST BLOCH

Der Umgang mit Menschen ist wahrer Umgang. Man geht ewig umeinander herum, ohne sich näherzukommen.
ERNST VON FEUCHTERSLEBEN

Unerquicklich ist es, mit dir zu streiten, wenn du nur verteidigen willst, was du bist, was du warst und immer zu bleiben gedenkst. Was soll ich streiten, wenn ich nicht hoffen kann, dich zu ändern.
KARL GUTZKOW

Es gibt nichts so Grauenvolles wie die Fremdheit derer, die sich kennen.
GERHART HAUPTMANN

* Eine schöne Menschenseele finden ist Gewinn.
JOHANN GOTTFRIED HERDER
[1744–1803]; dt. Schriftsteller

Wir haben gelernt, wie die Vögel zu fliegen, wie die Fische zu schwimmen; doch wir haben die einfache Kunst verlernt, wie Brüder zu leben.
MARTIN LUTHER KING
[1929–1968]; amerik. Bürgerrechtler u. Baptistenpfarrer

Abstand wahren ist der kürzeste Weg in die Nähe des anderen.
HANS KUDSZUS

Wir standen uns so nah, daß es zwischen uns keinen Platz mehr gab für Gefühle.
STANISŁAW JERZY LEC

Einander kennenlernen, heißt lernen, wie fremd man einander ist.
CHRISTIAN MORGENSTERN

In einer Atmosphäre von Feindschaft läßt sich leben; Mangel an Wohlwollen ist schlimmere Luft.
ARTHUR SCHNITZLER

Wenn du dich in Gefahr glaubst, an einem Menschen zugrunde zu gehen, so rechne es ihm nicht gleich als Schuld an, sondern frage dich vorerst, wie lange du schon nach solch einem Menschen gesucht hast.
ARTHUR SCHNITZLER

Nichts erwarten; dennoch gespannt sein. Humanitäres Motto, um zwischenmenschlich existieren zu können.
WOLFDIETRICH SCHNURRE, Schattenfotograf

Man kann nur fruchtbringend Güter erzeugen, wenn man mit den Menschen, mit denen man in der Erzeugung arbeiten muß, in einer den menschlichen Fähigkeiten und Bedürfnissen entsprechenden Verbindung lebt.
RUDOLF STEINER

— Zyniker

Zyniker: Schuft, dessen mangelhafte Wahrnehmung Dinge sieht, wie sie sind, statt wie sie sein sollen.
AMBROSE BIERCE

Wer die Wahrheit im falschen Moment sagt, gilt als Zyniker.
OLIVER HASSENCAMP

Der Zyniker, der Schmarotzer der Zivilisation, lebt davon, sie zu verneinen, gerade weil er überzeugt ist, daß sie ihn nicht im Stich lassen wird.
JOSÉ ORTEGA Y GASSET, Aufstand

„Was ist ein Zyniker?" – „Ein Mann, der von allem den Preis und von nichts den Wert kennt."
OSCAR WILDE

Ich bin durchaus nicht zynisch, ich habe nur meine Erfahrungen, was allerdings ungefähr auf dasselbe herauskommt.
OSCAR WILDE

Zynismus

Der Zynismus, so verabscheuungswürdig, so unangebracht er auch in der Gesellschaft sein mag, ist für die Bühne hervorragend geeignet.
DENIS DIDEROT, Schriften

Zynismus ist der geglückte Versuch, die Welt so zu sehen, wie sie wirklich ist.
JEAN GENET [1910–1986]; franz. Schriftsteller

Der Zynismus der Zyniker besteht nicht darin, daß sie sagen, was sie denken, sondern darin, daß sie denken.
GABRIEL LAUB

Zynismus kann ein Präludium echter Moral sein.
LUDWIG MARCUSE

Zynismus: die trüben Aspekte des Menschen nicht nur kennen, sondern mit ihnen protzen.
LUDWIG MARCUSE

Zynismus ist intellektuelles Stutzertum.
GEORGE MEREDITH [1828–1909]; engl. Schriftsteller

Quellenverzeichnis

A

Adorno, Theodor W. [früher Th. Wiesengrund] (1903–1969); dt. Philosoph, Soziologe und Musikwissenschaftler
Minima Moralia. Reflexionen aus dem beschädigten Leben. In: Gesammelte Schriften, Bd. 4. Frankfurt a. M. 1980

Alt, Franz (* 1938); dt. Publizist
Frieden ist möglich. München 1983

Andersen-Nexø, Martin (1869–1954); dän. Schriftsteller
Erinnerungen. Berlin (Ost) und Weimar 1966

Anouilh, Jean (1910–1987); franz. Dramatiker
Zitiert nach ↑ Besinnung und Einsicht

Arabische Sprichwörter. Ausgewählt und eingeleitet von W. M. Bonsack. Wiesbaden 1985

Arndt, Hans (* 1911); dt. Aphoristiker
Im Visier. Aphorismen. München 1959

Arntzen, Helmut (* 1931); dt. Aphoristiker
Kurzer Prozeß. Aphorismen und Fabeln. München 1966. Zitiert nach ↑ Deutsche Aphorismen

B

Balthasar, Hans Urs von (* 1905); schweiz. kath. Theologe und Schriftsteller
Das Weizenkorn. Aphorismen. Einsiedeln/Trier, 3. Aufl. 1989

Baudrillard, Jean (* 1939); frz. Philosoph
Cool memories 1980–1985. Übersetzt von M. Ott. München 1989

Benjamin, Walter (1892–1940); dt. Literaturkritiker und Schriftsteller
Gesammelte Schriften. Bd. I,2. 2. Aufl. Frankfurt a. M. 1978

Benn, Gottfried (1886–1956); dt. Schriftsteller und Arzt
Gesammelte Werke I. Essays, Reden, Vorträge. Stuttgart, 6. Aufl. 1987
Gesammelte Werke IV. Autobiographische und vermischte Schriften. Stuttgart, 5. Aufl. 1986

Berkensträter, Bert (* 1941); dt. Aphoristiker
Zitiert nach ↑ Deutsche Aphorismen

Besinnung und Einsicht. Aphorismen des 19. und 20. Jahrhunderts. Gesammelt und herausgegeben von Hans Margolius und Ernst Kobelt. Zürich 1981

Beutelrock, Friedl (1899–1958); dt. Schriftstellerin
Am Rande bemerkt. Neue Aphorismen. München/Innsbruck/Zürich 1955

Bierce, Ambrose Gwinnett (1842–1914 [verschollen])
Des Teufels Wörterbuch. Neu übersetzt von G. Haefs. Zürich 1987

Biermann, Wolf (* 1936); dt. Lyriker und Liedersänger
Die Drahtharfe. Berlin (West) 1965
Verdrehte Welt – das seh ich gerne. Köln 1982
Affenhals und Barrikade. Köln 1986

Bloch, Ernst (1885–1977); dt. Philosoph
Tübinger Einleitung in die Philosophie. Werkausgabe Bd. 13. Frankfurt a. M. 1985

Bobrowski, Johannes (1917–1965); dt. Schriftsteller
Erzählungen. Leipzig 1978

Böll, Heinrich (1917–1985); dt. Schriftsteller
Aufsätze, Kritiken, Reden. Köln 1967

Bonhoeffer, Dietrich (1906–1945); dt. ev. Theologe
Zitiert nach ↑ Besinnung und Einsicht

Börne, Ludwig (1786–1837); dt. Schriftsteller
Fragmente und Aphorismen. In: Börne. Eine Anthologie. Bibliographisches Institut Hildburghausen und New York o. J. (1855/56)

Brandt, Willy (1913–1992); dt. Politiker
Der Wille zum Frieden. Perspektiven der Politik. Frankfurt a. M. 1973
Willy Brandt, Bruno Kreisky, Olof Palme. Briefe und Gespräche 1972 bis 1975. Frankfurt a. M./Köln 1975
Erinnerungen. Frankfurt a. M. 1989

Brecht, Bertolt (1898–1956); dt. Schriftsteller und Regisseur
Gesammelte Werke in 20 Bänden. Frankfurt a. M. 1967–1969

Brudziński, Wiesław Leon (* 1920); poln. Schriftsteller
Katzenköpfe. In: Bedenke, bevor du denkst. Herausgegeben und aus dem Polnischen übertragen von K. Dedecius. Frankfurt a. M., 2. Aufl. 1985

Brzozowski, Stanisław (1878–1911); poln. Schriftsteller
Taggespenster. In: Bedenke, bevor du denkst. Herausgegeben und aus dem Polnischen übertragen von K. Dedecius. Frankfurt a. M., 2. Aufl. 1985

Buber, Martin (1878–1965); jüd. Religionsphilosoph und Schriftsteller
Einsichten. Frankfurt a. M. 1953

Buch, Hans Christoph (* 1944); dt. Schriftsteller
Das Hervortreten des Ichs aus den Wörtern. Aufsätze zur Literatur. München/Wien 1978

Buckle, Henry Thomas (1821–1862); brit. Kulturhistoriker
Geschichte der Civilisation in England. Deutsch von A. Ruge. 2 Bde. 3. Aufl., Leipzig und Heidelberg 1868

Burckhardt, Jacob (1818–1897); schweiz. Kultur- und Kunsthistoriker
Weltgeschichtliche Betrachtungen. Pfullingen o. J.

Busch, Wilhelm (1832–1908); dt. Dichter, Zeichner und Maler
Sämtliche Werke in 2 Bänden. München 1982

Sämtliche Briefe. Kommentierte Ausgabe. Hrsg.: F. Bohne. 2 Bde. Hannover, 1968–69

C

Canetti, Elias (* 1905); Schriftsteller, Sohn span.-jüd. Eltern
Die Provinz des Menschen. Aufzeichnungen 1942–1972. Frankfurt a. M. 1976

Cardenal, Ernesto (* 1925); nicaraguanischer Lyriker, Geistlicher und Politiker
Ufer zum Frieden. 3. Aufl., Wuppertal 1979

Carlyle, Thomas (1795–1881); schott. Essayist und Geschichtsschreiber
Geschichte Friedrichs II. von Preußen, genannt Friedrich der Große. Aus dem Englischen übertragen von J. Neuberg u. F. Althaus. Berlin (West) 1954

Carnegie, Dale (1888–1955); amerik. Psychologe und Begründer einer Rhetorikschule
Rede. Die Macht des gesprochenen Wortes. Grünberg 1969

Chamfort [= Sébastien Roch Nicolas] (1741–1794); franz. Schriftsteller
Maximen, Charaktere, Anekdoten. Aus dem Französischen von F. Schalk. Nördlingen 1987

Chesterton, Gilbert Keith (1874–1936); engl. Schriftsteller
Heitere Weisheit, ernste Späße. Aphorismen. Gesammelt und übersetzt von G. Kranz. Moers 1988

Chinesische Sprichwörter. Aus dem Chinesischen übertragen und herausgegeben von K. Herrmann. Wiesbaden 1989

Corneille, Pierre (1606–1684); franz. Dramatiker
Ausgewählte Dramen von Pierre Corneille. Berlin 1877

D

Dahrendorf, Ralf (* 1929); dt. Soziologe und Politiker
Gesellschaft und Demokratie in Deutschland. München 1975

Dante Alighieri (1265–1321); italien. Dichter
Die göttliche Komödie. Übers. von K. Eitner. 3 Teile. Bibliographisches Institut Leipzig 1865

Deschner, Karlheinz (*1924); dt. Schriftsteller
Nur Lebendiges schwimmt gegen den Strom. Aphorismen. Basel, 2. Aufl. 1989

Deutsche Aphorismen. Herausgegeben von G. Fieguth. Stuttgart 1985 (Reclam Universal-Bibliothek Nr. 9889)

Diderot, Denis (1713–1784); franz. Schriftsteller und Philosoph
Erzählungen und Gespräche. Leipzig 1953

Sämtliche Romane und Erzählungen in 2 Bänden. München 1979
Philosophische Schriften. 2 Bde. Berlin (West) 1984

Die ganze Welt steht auf der spitzen Zunge. Jüdische Sprichwörter. Aus dem Jiddischen übertragen, herausgegeben und mit einem Vorwort versehen von V. Dietzel. Wiesbaden o. J.

Ditfurth, Hoimar von (1921–1989); dt. Wissenschaftspublizist
Innenansichten eines Artgenossen. Düsseldorf 1989

Döblin, Alfred (1878–1957); dt. Schriftsteller
Die Vertreibung der Gespenster. Autobiographische Schriften. Betrachtungen zur Zeit. Aufsätze zu Kunst und Literatur. Berlin (Ost) 1968

Doderer, Heimito von (1896–1966); österr. Schriftsteller
Repertorium. Ein Begreifbuch von höheren und niederen Lebens-Sachen. Herausgegeben von D. Weber. München 1969

Dostojewski, Fjodor (1821–1881); russ. Schriftsteller
Aufzeichnungen aus einem Kellerloch. München 1962
Aufzeichnungen aus einem toten Hause. München 1960
Aus dem Tagebuch eines Schriftstellers. Hamburg 1962
Die Brüder Karamasoff. Klagenfurth o. J.
Die Dämonen. Gütersloh 1962
Der Jüngling. Frankfurt 1960

Dutschke, Rudolf (1940–1979); dt. Studentenführer, Politologe
Geschichte ist machbar. Berlin (West) 1980

E

Ebner-Eschenbach, M. von (1830 bis 1916); österr. Erzählerin
Aphorismen. Stuttgart 1988 (Reclam Universal-Bibliothek Nr. 8455)

Eich, Günter (1907–1972); dt. Lyriker und Hörspielautor
Zitiert nach ↑ Deutsche Aphorismen

Engels, Friedrich (1820–1895); dt. Philosoph und Politiker
↑ Marx, Karl

F

Feuchtersleben, Ernst von (1806–1849); österr. Schriftsteller
Zitiert nach: Deutsche Aphorismen aus drei Jahrhunderten. Auswahl von F. Hindermann und B. Heinser. 3. Aufl., Zürich 1988

Finck, Werner (1902–1978); dt. Schauspieler und Kabarettist
Das Beste von Werner Fink. München 1988

Flake, Otto; Pseudonym Leo F. Kotta (1880–1963); dt. Schriftsteller
Leo F. Kotta: Gedankengut. Dortmund 1949

Franklin, Benjamin (1706–1790); amerik. Politiker, Schriftsteller und Physiker
Der Weg zum Reichtum. Essay. Herausgegeben von R. L. Stab. Berlin 1891
Autobiographie. Herausgegeben von P. de Mendelssohn. Berlin (West) 1954

Friedell, Egon (1878–1938); österr. Journalist, Schauspieler und Schriftsteller
Zitiert nach: Deutsche Aphorismen aus drei Jahrhunderten. Auswahl von F. Hindermann und B. Heinser. 3. Aufl., Zürich 1988

Frisch, Max (1911–1991); schweizer. Schriftsteller
Montauk. Frankfurt a. M. 1975
Tagebuch 1946–1949. In: Gesammelte Werke in zeitlicher Folge. Bd. II,2. Frankfurt a. M. 1976
Tagebuch 1966–1971. In: Gesammelte Werke in zeitlicher Folge. Bd. VI,1. Frankfurt a. M. 1976
Der Mensch erscheint im Holozän. Frankfurt a. M. 1979

Fučik, Julius (1903–1943); tschech. Schriftsteller
Reportage unter dem Strang geschrieben. Berlin (Ost) 1978

G

Gandhi, Mohandas Karamchand, genannt Mahatma (1869–1948); indischer Freiheitskämpfer
Freiheit ohne Gewalt. Köln 1968

Gellert, Christian F. (1715–1769); dt. Schriftsteller
Dichtungen. Hrsg.: A. Schullerus. Bibliographisches Institut Leipzig und Wien 1891

Gide, André (1869–1951); franz. Schriftsteller
Tagebuch 1889–1939; Bd. III: 1924–1939. Deutsche Übertragung von M. Schaefer-Rümelin. Stuttgart 1954
Die Falschmünzer. Roman. Deutsch von F. Hardekopf. Stuttgart 1964

Goethe, Johann Wolfgang (1749–1832); dt. Dichter
Werke. Hrsg. von K. Heinemann. 30 Bde. Bibliographisches Institut Leipzig und Wien 1901–1908

Goetz, Curt (1888–1960); dt. Bühnenschriftsteller und Schauspieler
Dreimal täglich. Rezepte. Stuttgart 1964

Gollwitzer, Helmut (* 1908); dt. ev. Theologe
Das hohe Lied der Liebe. 7. Aufl., München 1988

Gorz, André (* 1924); franz. Publizist österr. Herkunft
Wege ins Paradies. Thesen zur Krise, Automation und Zukunft der Arbeit. Aus dem Französischen von E. Moldenhauer. Berlin (West) 1983

Graff, Sigmund (1898–1979); dt. Schriftsteller
Vom Baum der Erkenntnis. Aphorismen. Krefeld 1973

Grillparzer, Franz (1791–1872); österr. Dramatiker
Aphorismen. In: Grillparzers Werke. Bd. 5. Herausgegeben von R. Franz. Bibliographisches Institut Leipzig und Wien 1903–1904

Gross, Johannes (* 1932); dt. Journalist und Schriftsteller
Notizbuch. Frankfurt a. M./Berlin (West) 1988

Gutzkow, Karl (1811–1878); dt. Schriftsteller
Anthologie aus den Werken von Karl Gutzkow. Bibliographisches Institut Hildburghausen und New York o. J. (1855/56)

H

Haller, Rolf (* 1912); dt. Schriftsteller
Zitiert nach ↑Schmidt, Lothar

Handke, Peter (* 1942); österr. Schriftsteller
Gedanken aus einem Journal. In: Merkur. Deutsche Zeitschrift für europäisches Denken, Nr. 351 (1977), S. 764–769

Hassencamp, Oliver (1921–1987); dt. Schriftsteller und Kabarettist
555 kandierte Sätze. Aphorismen. München 1987

Hauptmann, Gerhart (1862–1946); dt. Schriftsteller
Zitiert nach ↑Deutsche Aphorismen

Hayek, Friedrich August von (* 1899); brit. Volkswirtschaftler und Sozialphilosoph
Zitiert nach: ! Forbes. Das Wirtschaftsmagazin für Europa 3/1990, S. 5 ff.

Hebbel, Friedrich (1813–1863); dt. Dramatiker
Tagebücher. In: Werke in 2 Bänden. Bd. 2. München 1978

Hegel, Georg Wilhelm Friedrich (1770–1831); dt. Philosoph
Werke in 20 Bänden. Frankfurt a. M. 1979–1982

Heine, Heinrich (1797–1856); dt. Schriftsteller
Heinrich Heines sämtliche Werke. 7 Bde. Herausgegeben von E. Elster. Bibliographisches Institut Leipzig 1887–1890

Heinse, Johann Jakob Wilhelm (1746 bis 1803); dt. Schriftsteller
Aphoristisches. In: Anthologie aus den Werken von Wilhelm Heinse. Bibliographisches Institut Hildburghausen und New York o. J. (1855/56)

Herbst, Wolfgang (* 1925); dt. Schriftsteller und Aphoristiker
Zitiert nach: Lothar Schmidt. Das große Handbuch geflügelter Definitionen. München 1971

Hesse, Hermann (1877–1962); dt. Schriftsteller
Herman Hesse. Lektüre für Minuten. Gedanken aus seinen Büchern und

Briefen. Neue Folge. Frankfurt a. M. 1976

Hinrich, Manfred (* 1926); dt. Musikwissenschaftler und Schriftsteller
Spitztönigkeiten. In: Der Weisheit letzter Schuß. Aphorismen. Berlin (Ost) 1980

Ho Chi Minh (1890–1969); vietnamesischer Politiker
Gefängnistagebuch. 102 chinesische Gedichte. Nach der engl. Version von A. Palmer ins Deutsche übertragen von A. Kirchhoff u. a. München 1970

Hölderlin, Johann Christian Friedrich (1770–1843); dt. Dichter
Werke. 2 Bde. Hrsg. von H. Brandenburg. Bibliographisches Institut Leipzig 1924

Holthusen, Hans Egon (* 1913); dt. Schriftsteller
Kritisches Verstehen. Neue Aufsätze zur Literatur. München 1961
Der unbehauste Mensch. Motive und Probleme der modernen Literatur. München 1964

Humboldt, Wilhelm v. (1767–1835); dt. Staatsmann, Philosoph und Sprachforscher
Werke in fünf Bänden. Hrsg. von A. Flitner und K. Giel. Stuttgart 1979–1982
Sentenzen für eine Freundin. Darmstadt 1944

Huxley, Aldous Leonard (1894–1963); brit. Schriftsteller
Schöne neue Welt. Roman. Frankfurt a. M. 1972

I

Iacocca, Lido (Lee) Anthony (* 1924); amerik. Automobilmanager
Iacocca: eine amerikanische Karriere. Von L. Iacocca und William Novak. Übersetzt von B. Stein. Frankfurt a. M./Berlin (West) 1989

J

Jaspers, Karl (1883–1969); dt. Philosoph
Einführung in die Philosophie. München 1957

Jean Paul [= Johann Paul Friedrich Richter] (1763–1825); dt. Schriftsteller
Jean Pauls Aphorismen. Eine Anthologie aus seinen Werken. 2 Tle. Bibliographisches Institut Hildburghausen und New York o. J. (1855/56)

Joubert, Joseph (1754–1824); frz. Schriftsteller
Gedanken und Maximen. Von F. Schalk. Leipzig 1940 (Sammlung Dieterich 45,2)

Jüdische Sprichwörter. ↑ Die ganze Welt steht auf der spitzen Zunge

Jünger, Friedrich Georg (1898–1977); dt. Schriftsteller
Gedanken und Merkzeichen. Frankfurt a. M. 1949

K

Kafka, Franz (1883–1924); österr. Schriftsteller
Briefe an Milena. Frankfurt a. M. 1976
Beim Bau der Chinesischen Mauer. In: Sämtliche Erzählungen. Frankfurt a. M. 1970
Tagebücher 1910–1923. Herausgegeben von M. Brod. Frankfurt a. M. 1973

Kant, Immanuel (1724–1804); dt. Philosoph
Kant-Brevier. Ein philosophisches Lesebuch für freie Minuten. Hrsg. von W. Weischedel. Frankfurt a. M. 1974

Kasper, Hans (* 1916); dt. Schriftsteller und Journalist
Abel, gib acht. Aktuelle Aphorismen. Düsseldorf/Wien 1962
Revolutionäre sind Reaktionäre. Düsseldorf/Wien 1969
Verlust der Heiterkeit. Zürich 1970

Kästner, Erhart (1904–1974); dt. Schriftsteller
Ölberge, Weinberge. Ein Griechenland-Buch. Frankfurt a. M. 1974

Kessel, Martin (* 1901); dt. Schriftsteller
Gegengabe. Aphoristisches Kompendium für hellere Köpfe. Darmstadt 1960
Ehrfurcht und Gelächter. Literarische Essays. Mainz 1974

Kierkegaard, Sören (1813–1855); dän. Philosoph, Theologe und Schriftsteller
Auswahl aus dem Gesamtwerk. Wiesbaden 1977

Koestler, Arthur (1905–1983); brit. Schriftsteller ungar. Herkunft
Der göttliche Funke. Der schöpferische Akt in Kunst und Wissenschaft. Bern/München 1966
Der Mensch – Irrläufer der Evolution. Eine Anatomie der menschlichen Vernunft und Unvernunft. Bern/München 1978

Kostolany, André (* 1908); amerik. Börsenspekulant ungar. Herkunft
Kostolanys Notizbuch. München 1988

Krailsheimer, Hans (1888–1958); dt. Aphoristiker
Kein Ausweg ist auch einer. Aphorismen. München 1954

Kraus, Karl (1874–1936); österr. Schriftsteller
Aphorismen (Schriften, Bd. 8). Frankfurt a. M. 1986

Kudszus, Hans (1901–1977); dt. Schriftsteller und Journalist
Jaworte, Neinworte. Aphorismen. Frankfurt a. M. 1970

Kurz, Isolde (1853–1944); dt. Schriftstellerin
Zitiert nach ↑ Besinnung und Einsicht.

L

La Bruyère, Jean de (1645–1696); franz. Schriftsteller
Die Charaktere, oder: Die Sitten im Zeitalter Ludwigs XIV. Aus dem Französischen von K. Eitner. Bibliographisches Institut Leipzig 1871

Laotse [Lao Tzu] (4. oder 3. Jh. v. Chr.); legendärer chines. Philosoph
Jenseits des Nennbaren. Sinnsprüche von Laotse. Herausgegeben von L. von Keyserlingk. Freiburg/Basel/Wien 1979

La Rochefoucauld, F. de (1613–1680); franz. Schriftsteller
Maximen und Reflexionen. Französisch und deutsch. Übersetzt von J. v. Stackelberg. München 1987

Laub, Gabriel (* 1928); poln.-tschech. Satiriker und Aphoristiker
Denken verdirbt den Charakter. Alle Aphorismen. München 1984

Lec, Stanislaw Jerzy (1909–1966); poln. Lyriker und Aphoristiker
Alle unfrisierten Gedanken. Herausgegeben und übersetzt von K. Dedecius, 4. Aufl., München 1988

Le Fort, Gertrud von (1876–1971); dt. Schriftstellerin
Gedichte und Aphorismen. München 1984

Lembke, Robert (1913–1989); dt. Journalist und Fernsehmoderator
Grüße aus dem Fettnäpfchen. Aphorismen. 2. Aufl., München/Wien 1986

Lemke, Jürgen (* 1943); dt. Dozent für Ökonomie
Ganz normal anders. Auskünfte schwuler Männer. Berlin (Ost) 1989

Lessing, Gotthold Ephraim (1729 bis 1781); dt. Schriftsteller, Kritiker und Philosoph
Werke. Herausgegeben von G. Witkowski. 7 Bde. Bibliographisches Institut Leipzig 1911

Lichtenberg, Georg C. (1742–1799); dt. Physiker und Schriftsteller
Aphorismen, Essays, Briefe. Herausgegeben von K. Batt. Bremen o. J. (Sammlung Dieterich 260)

Lohberger, Hans (* 1920); österr. Schriftsteller
Zitiert nach: Lothar Schmidt, Das große Handbuch geflügelter Definitionen. München 1971

Lukács, György [Georg (von)] (1885 bis 1971); ungar. Philosoph und Literaturwissenschaftler
Die Theorie des Romans. Neuwied/Berlin (West) 1971

Luther, Martin (1483–1546); dt. Reformator
Richard Brüllmann. Lexikon der treffenden Martin-Luther-Zitate. Thun 1983

Luxemburg, Rosa (1870–1919); dt. Politikerin poln. Herkunft
Rosa Luxemburg. Ein Leben für die Freiheit. Reden – Schriften – Briefe. Ein Lesebuch. Frankfurt a. M. 1987

M

Mann, Thomas (1875–1955); dt. Schriftsteller
Neue Studien. Stockholm 1948

Mao Tse-tung [Mao Zedong] (1893 bis 1976); chines. Politiker

Das Rote Buch. Worte des Vorsitzenden Mao Tse-tung. Frankfurt 1971

Marcuse, Herbert (1898–1979); amerik. Sozialphilosoph dt. Herkunft
Der eindimensionale Mensch. Neuwied/Darmstadt 1970

Marcuse, Ludwig (1884–1971); dt. Literaturkritiker, Philosoph und Journalist
Denken mit Ludwig Marcuse. Ein Wörterbuch für Zeitgenossen. Zürich 1973

Margolius, Hans (* 1922); dt. Schriftsteller
Zitiert nach ↑Besinnung und Einsicht

Mark Twain [= Samuel Langhorne Clemens] (1835–1910); amerikan. Schriftsteller
Aphorismen. In: Weisheiten der Welt. Herausgegeben von Alfred Grunow. Bd. 2: Europa und die Neue Welt. Berlin (West) 1966

Marti, Kurt (* 1921); schweiz. reformierter Theologe und Schriftsteller
Zärtlichkeit und Schmerz. Notizen. 6. Aufl. Darmstadt 1988

Marx, Karl (1818–1883); dt. Philosoph und Politiker
Karl Marx, Friedrich Engels. Ausgewählte Werke in 6 Bdn. Berlin (Ost) 1988 1990

Mencken, Henry Louis (1880–1956); amerik. Journalist und Schriftsteller
Zitiert nach: Schlagfertige Definitionen. ↑Schmidt, Lothar

Mitsch, Werner (* 1936); dt. Aphoristiker
Hin- und Widersprüche. Rosenheim, 2. Aufl. 1988

Mitscherlich, Alexander (1908–1982); dt. Mediziner und Psychologe
Die Idee des Friedens und die menschliche Aggressivität. Frankfurt a. M. 1969

Montesquieu, Charles de Secondat, Baron de La Brède et de (1689–1755); franz. Schriftsteller und Staatstheoretiker
Sämtliche Werke. Deutsche Übersetzung. 3 Bde. Stuttgart 1827
Vom Geist der Gesetze. Übertragen, ausgewählt und eingeleitet von K. Weigand. Stuttgart 1967 (Reclam Universal-Bibliothek Nr. 8953)

Morgenstern, Christian (1871–1914); dt. Dichter
Stufen. Eine Entwicklung in Aphorismen und Tagebuch-Notizen. In: Gesammelte Werke in einem Band. München 1965

Munthe, Axel (1857–1949); schwed. Arzt und Schriftsteller
Das Buch von San Michele. Deutsch nach der 26. engl. Auflage von G. Uexküll-Schwerin. Saarbrücken/München o. J.

Musil, Robert (1880–1942); österr. Schriftsteller
Kleine Prosa. Aphorismen. Autobiographisches (Gesammelte Werke 7). Reinbek b. Hamburg 1978

N

Neill, Alexander Sutherland (1883 bis 1973); brit. Pädagoge
Theorie und Praxis der antiautoritären Erziehung. Reinbek bei Hamburg 1970

Nell-Breuning, Oswald von (1890 bis 1991); dt. kath. Theologe und Soziologe
Worauf es mir ankommt. Zur sozialen Verantwortung. Freiburg/Basel/Wien 1983

Neruda, Pablo (1904–1973); chilen. Lyriker
Ich bekenne, ich habe gelebt. Memoiren. Deutsch von C. Meyer-Clason. Gütersloh o. J.

Nestroy, Johann (1801–1862); österr. Schriftsteller und Schauspieler
Werke, ausgewählt von O. M. Fontana. Darmstadt 1962

Niederreuther, Thomas (* 1909); dt. Schriftsteller
Wer hat schon Mitleid mit einem Krokodil. Aphorismen. Gauting 1967

Nietzsche, Friedrich (1844–1900); dt. Philosoph und klassischer Philologe
Werke in 3 Bänden. Herausgegeben von K. Schlechta. München 1954–56

Nossack, Hans Erich (1901 – 1977); dt. Schriftsteller
Spirale. Roman einer schlaflosen Nacht. Frankfurt a. M. 1956
Spätestens im November. Roman. Frankfurt a. M. 1968

Die schwache Position der Literatur. Reden und Aufsätze. Frankfurt a. M. 1967

Novalis [= Georg Philipp Friedrich von Hardenberg] (1772–1801); dt. Dichter
Werke. Herausgegeben von J. Dohmke. Bibliographisches Institut Leipzig und Wien 1892
Schriften. 4 Bde. Im Verein mit R. Samuel herausgegeben von P. Kluckhohn. Bibliographisches Institut Leipzig und Wien 1929

Nowaczyński, Adolf (1876–1944); poln. Schriftsteller
Affenspiegel. In: Bedenke, bevor du denkst. Herausgegeben und aus dem Polnischen übertragen von K. Dedecius. Frankfurt a. M., 2. Aufl. 1985

O

Oesch, Emil (1894–1974); schweiz. Schriftsteller und Verleger
Menschen besser verstehen. Ratschläge für den Umgang mit Menschen. Zürich 1985
Die Kunst, Zeit zu haben. Ratschläge für den Umgang mit unserem kostbarsten Gut. München 1989

Ortega y Gasset, José (1883–1955), span. Kulturphilosoph, Soziologe und Schriftsteller
Der Aufstand der Massen (1930); Um einen Goethe von innen bittend (1932); Die Aufgabe des Bibliothekars (1935). In: Gesammelte Werke. Bd. 3. Stuttgart 1978
Über die Liebe. München 1978

Ossietzky, Carl von (1898–1938); dt. Publizist
227 Tage im Gefängnis. Briefe, Texte, Dokumente. Darmstadt 1988

P

Panizza, Oskar (1853–1921); dt. Schriftsteller
Die kriminelle Psychose, genannt Psichopatia criminalis. 2., veränderte Aufl., München 1985

Pascal, Blaise (1623–1662); franz. Philosoph, Mathematiker und Physiker
Wissen des Herzens. Gedanken und Erfahrungen des großen abendländischen Philosophen. Eine Auswahl aus dem Gesamtwerk. Zusammengestellt von P. Eisele. Bern/München/Wien o. J.

Pavese, Cesare (1908–1950); ital. Schriftsteller
Das Handwerk des Lebens. Tagebuch 1935–1950. Ins Deutsche übertragen von Ch. Birnbaum. Hamburg 1956

Paz, Octavio (* 1914); mexikan. Schriftsteller
Essays. 2 Bde. Frankfurt a. M. 1984

Pestalozzi, Hans A. (* 1929); schweiz. Publizist
Nach uns die Zukunft. Bern 1979
Auf die Bäume, ihr Affen! Bern 1989

Pestalozzi, Johann Heinrich (1746 bis 1827); schweiz. Pädagoge
Lienhard und Gertrud. In: Anthologie aus den Schriften von Johann Heinrich Pestalozzi. Bibliographisches Institut Hildburghausen und New York o. J. (1855/56)
Pestalozzi. Eine Auswahl aus seinen Schriften. Stuttgart 1907
Wie Gertrud ihre Kinder lehrt. Ein Versuch, den Müttern Anleitung zu geben, ihre Kinder selbst zu unterrichten, in Briefen. Herausgegeben v. A. Reble. Bad Heilbronn/Obb. 1964

Pohrt, Wolfgang (* 1945), dt. Publizist
Endstation. Pamphlete und Essays. Berlin (West) 1982

Popper, Karl Raimund (* 1902); brit. Philosoph, Logiker und Sozialtheoretiker
Ausgangspunkte: Meine intellektuelle Entwicklung. Hamburg 1979

Pound, Ezra (1885–1972); amerik. Dichter
ABC des Lesens. Deutsch von E. Hesse. Frankfurt a. M. 1985

Proust, Marcel (1871–1922); franz. Schriftsteller
Tage der Freuden. Übertragen von E. Weiß. Frankfurt a. M./Berlin (West) 1986

R

Raabe, Wilhelm (1831–1910); dt. Schriftsteller
Aphorismen Wilhelm Raabes. Herausgegeben von K. Hoppe. In: Jahr-

buch der Raabe-Gesellschaft. 1960 (Jg. 1), S. 94–139. Braunschweig 1960

Radbruch, Gustav (1878–1949); dt. Jurist und Politiker
Zitiert nach ↑Schmidt, Lothar

Rathenau, Walter (1867–1922); dt. Industrieller und Politiker
Schriften und Reden. Frankfurt a. M. 1964

Rinser, Luise (* 1911); dt. Schriftstellerin
Zitiert nach ↑Worte der Woche

Rolfs, Rudolf (* 1922); dt. Schriftsteller
Zitiert nach ↑Schmidt, Lothar

Rommel, Manfred (* 1928); dt. Politiker
Manfred Rommels gesammelte Sprüche. Herausgegeben von U. Frank-Planitz. Stuttgart 1988

Roth, Eugen (1895–1976); dt. Schriftsteller
Das Eugen Roth Buch. Klagenfurth o. J.

Rousseau, Jean-Jacques (1712–1778); franz. Schriftsteller und Kulturphilosoph
Bekenntnisse. 2 Bde. Nach der Übersetzung von L. Schücking. Neubearb. und herausgegeben von K. Wolter und H. Bretschneider. Bibliographisches Institut Leipzig und Wien 1916
Der Gesellschaftsvertrag. Übersetzung von H. Denhardt und W. Bahner. Köln 1988 (Röderberg-Taschenbuch Bd. 65)
Emile oder über die Erziehung. Stuttgart 1970. (Reclam-Universalbibliothek Nr. 901)
Schriften. 2 Bde. München 1978

Russell, Bertrand (1872–1970); brit. Mathematiker, Philosoph und Schriftsteller
Moral und Politik. München 1972
Politische Schriften I. München 1972

S

Sartre, Jean-Paul (1905–1980); franz. Philosoph und Schriftsteller
Die Wörter. Übersetzt von H. Mayer. Reinbek b. Hamburg 1988

Schiller, Friedrich (1759–1805); dt. Dichter
Werke. Herausgegeben von L. Bellermann. 2., kritisch durchgesehene Auflage. 15 Bde. Bibliographisches Institut Leipzig 1922

Schlegel, August Wilhelm (1767–1845); dt. Schriftsteller, Sprach- und Literaturwissenschaftler
Kritische Schriften und Briefe. Bd. 5 und 6: Vorlesungen über dramatische Kunst und Literatur. Stuttgart 1966–67
Ausgewählte Gedichte von Aug. Wilh. u. Friedr. Schlegel. Bibliographisches Institut Hildburghausen und New York o. J. (1855/56)

Schmid, Carlo (1886–1979); dt. Politiker
Politik muß menschlich sein. Politische Essays. Bern/München 1980

Schneider, Michael (* 1943); dt. Schriftsteller
Nur tote Fische schwimmen mit dem Strom. Essays, Aphorismen, Polemiken. Köln 1984

Schneyder, Werner (* 1937); österr. Kabarettist und Schriftsteller
Gelächter vor dem Aus. Die besten Aphorismen und Epigramme. München 1980

Schnitzler, Arthur (1862–1931); österr. Schriftsteller
Beziehungen und Einsamkeiten. Aphorismen. Ausgewählt von Cl. Eich. Frankfurt a. M. 1987

Schnurre, Wolfdietrich (1920–1989); dt. Schriftsteller
Schreibtisch unter freiem Himmel. Olten/Freiburg i. Br. 1964
Der Schattenfotograf. Aufzeichnungen. München 1978

Schopenhauer, Arthur (1788–1860); dt. Philosoph
Parerga und Paralipomena. In: Sämtliche Werke. Bd. 5 und 6. Neu bearbeitet und herausgegeben von A. Hübscher. F. A. Brockhaus Mannheim 1988

Schumann, Robert (1810–1856); dt. Komponist
Es ist des Lernens kein Ende. Spruchweisheiten von Robert Schumann. Ausgewählt von H.-H. Fehske und D. Kirchhöfer. 2. Auflage Berlin 1990

Schweitzer, Albert (1875–1965); elsässischer ev. Theologe und Arzt

Richard Brüllmann. Treffende Albert-Schweitzer-Zitate. Thun 1986

Schweppenhäuser, Hermann (* 1928); dt. Schriftsteller
Verbotene Frucht. Aphorismen und Fragmente. Frankfurt a. M. 1966

Seume, Johann Gottfried (1763–1810); dt. Schriftsteller
Der Spaziergang nach Syrakus; Apokryphen. In: Prosaschriften. Mit einer Einleitung von W. Kraft. Darmstadt 1974

Shakespeare, William (1564–1616); engl. Dichter und Dramatiker
Dramatische Werke. Übersetzt von A. W. v. Schlegel und L. Tieck. Herausgegeben von A. Brandl. 2. Ausgabe. 10 Bde. Bibliographisches Institut Leipzig und Wien 1922/23

Shaw, George Bernard (1856–1950); irischer Schriftsteller
Der Katechismus des Umstürzlers; Aphorismen für Umstürzler. In: Mensch und Übermensch. Eine Komödie und eine Philosophie. Übersetzung von S. Trebitsch. Zürich 1946

Spengler, Oswald (1880–1936); dt. Kultur- und Geschichtsphilosoph
Untergang des Abendlandes. München 1950
Gedanken. München 1951

Sperber, Manès (1905–1984); franz. Schriftsteller österr. Herkunft
Wie eine Träne im Ozean. Romantrilogie. Wien 1976

Steiner, Rudolf (1861–1925); österr. Anthroposoph
Aphorismen. Dornach 1971

Storm, Theodor (1817–1888); dt. Dichter
Sämtliche Werke. 3 Bde. Hamburg/Braunschweig/Berlin 1918

Świętochowski, Aleksander (1849 bis 1938); poln. Schriftsteller
Paradoxa – Ketzereien. In: Bedenke, bevor du denkst. Herausgegeben und aus dem Polnischen übertragen von K. Dedecius. Frankfurt a. M., 2. Auflage 1985

Swift, Jonathan (1667–1745); irisch-engl. Schriftsteller
Gedanken über verschiedene Gegenstände. In: Ausgewählte Werke in 3 Bänden, Bd. 1. Frankfurt a. M. 1972

T

Tagore, Rabindranath (1861–1941); indischer Dichter und Philosoph
Eine Anthologie. Hrsg. von A. Chakravarty. Freiburg i. Br. 1961

Thieß, Frank (1890–1977); dt. Schriftsteller
Über die Fähigkeit zu lieben. Freiburg i. Br. 1958

Tille, Peter (* 1938); dt. Schriftsteller
Sommersprossen. 666 aphoristische Gesichtspunkte. Leipzig 1983

Tucholsky, Kurt (1890–1935); dt. Journalist und Schriftsteller
Schnipsel. Herausgegeben von M. Gerold-Tucholsky und F. J. Raddatz. Reinbek b. Hamburg 1988

Tutu, Desmond (* 1931); südafrikan. anglikanischer Theologe und Bischof
›Gott segne Afrika‹. Texte und Predigten des Friedensnobelpreisträgers. Reinbek b. Hamburg 1984

U

Uhlenbruck, Gerd (* 1929); dt. Immunbiologe und Aphoristiker
Den Nagel auf den Daumen getroffen. Aphorismen. 3., vermehrte Auflage, Köln 1986

Ustinov, Peter [Alexander] (* 1921); engl. Dramatiker, Schriftsteller, Regisseur und Schauspieler russ.-franz. Abkunft
Ustinovitäten. Einfälle und Ausfälle. Stuttgart 1977

V

Venske, Henning (* 1939); dt. Kabarettist
Der Schmutz aus dem Nest. Ein satirisches ABC. München 1990

Voltaire [= François Marie Arouet] (1694–1778); franz. Schriftsteller und Philosoph
Philosophisches Wörterbuch. Leipzig 1967
Sämtliche Romane und Erzählungen in 2 Bänden. Leipzig 1960

W

Waggerl, Karl Heinrich (1897–1973); österr. Schriftsteller
Kleine Münze. In: Sämtliche Werke. Bd. 2. Salzburg 1970

Weber, Karl Julius (1767–1832); dt. Schriftsteller
Demokritos. Oder hinterlassene Papiere eines lachenden Philosophen. 12 Bde. Leipzig 1908

Weber, Max (1864–1920); dt. Sozialökonom. Wirtschaftshistoriker und Soziologe
Politik als Beruf. Vortrag. In: Gesammelte politische Schriften. 3., erneut vermehrte Auflage, Tübingen 1971

Weizsäcker, Carl Friedrich von (* 1912); dt. Physiker u. Philosoph
Die Geschichte der Natur. Zwölf Vorlesungen. 2., durchgesehene Aufl., Göttingen 1954
Die Einheit der Natur. Studien. München 1979

Weizsäcker, Richard von (* 1920); dt. Politiker
Von Deutschland aus. Reden. München 1987

Wiesner, Heinrich (* 1925); dt. Aphoristiker
Die Kehrseite der Medaille. München 1972. Zitiert nach ↑Deutsche Aphorismen

Wilde, Oscar (1854–1900); engl. Schriftsteller irischer Herkunft
Aphorismen. Herausgegeben von F. Thissen. Frankfurt a. M. 1987

Wilder, Thornton (1897–1975); amerik. Schriftsteller
Der achte Schöpfungstag. Roman. Frankfurt a. M. 1968

Wolf, Christa (* 1929); dt. Schriftstellerin
Kassandra. Erzählung. Berlin (West)/Darmstadt/Wien o. J.

Worte der Woche. Die stärksten Sprüche bekannter Zeitgenossen. Ausgewählt von W. Maaß. Hamburg 1988

Z

Zitatenlexikon. Herausgegeben von U. Eichelberger. Bibliographisches Institut Leipzig 1981

Register

1. Die Bibel

Die Bücher des Alten Testaments

Die Apokryphen

Die Bücher des Neuen Testaments

2. Personenregister

A

B

C

D

E

G

H

I

J

K

L

M

N

O

P

T

X

Z

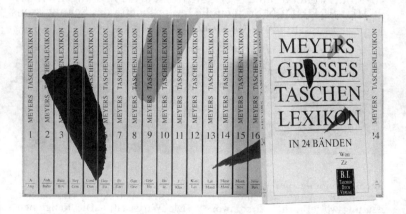

DER DUDEN IN 12 BÄNDEN

Das Standardwerk zur deutschen Sprache
Herausgegeben vom Wissenschaftlichen Rat der DUDEN-Redaktion:
Professor Dr. Günther Drosdowski · Dr. Wolfgang Müller · Dr. Werner Scholze-Stubenrecht · Dr. Matthias Wermke

Band 1: Die Rechtschreibung
Das maßgebende deutsche Rechtschreibwörterbuch. Zweifelsfälle der Groß- und Kleinschreibung, der Zusammen- und Getrenntschreibung und alle anderen orthographischen Probleme werden auf der Grundlage der amtlichen Richtlinien entschieden. Ausführlicher Regelteil mit Hinweisen für das Maschinenschreiben und den Schriftsatz. 832 Seiten.

Band 2: Das Stilwörterbuch
Das DUDEN-Stilwörterbuch ist das umfassende Nachschlagewerk über die Verwendung der Wörter im Satz und die Ausdrucksmöglichkeiten der deutschen Sprache. Es stellt die inhaltlich sinnvollen und grammatisch richtigen Verknüpfungen dar und gibt ihren Stilwert an. 864 Seiten.

Band 3: Das Bildwörterbuch
Über 27 500 Wörter aus allen Lebens- und Fachbereichen werden durch Bilder definiert. Nach Sachgebieten gegliedert stehen sich Bildtafeln und Wortlisten gegenüber. 784 Seiten mit 384 Bildtafeln. Register.

Band 4: Die Grammatik
Die DUDEN-Grammatik gilt als die vollständigste Beschreibung der deutschen Gegenwartssprache. Sie hat sich überall in der Welt, wo Deutsch gesprochen oder gelehrt wird, bewährt. 804 Seiten mit ausführlichem Sach-, Wort- und Zweifelsfälleregister.

Band 5: Das Fremdwörterbuch
Mit rund 50 000 Stichwörtern, mehr als 100 000 Bedeutungsangaben und 300 000 Angaben zu Aussprache, Betonung, Silbentrennung, Herkunft und Grammatik ist dieser DUDEN das grundlegende Nachschlagewerk über Fremdwörter und fremdsprachliche Fachausdrücke. 832 Seiten.

Band 6: Das Aussprachewörterbuch
Mit etwa 130 000 Stichwörtern unterrichtet es umfassend über Betonung und Aussprache sowohl der heimischen als auch der fremden Namen und Wörter. 794 Seiten.

Band 7: Das Herkunftswörterbuch
Dieser Band stellt die Geschichte der Wörter von ihrem Ursprung bis zur Gegenwart dar. Es gibt Antwort auf die Frage, woher ein Wort kommt und was es eigentlich bedeutet. 844 Seiten.

Band 8: Die sinn- und sachverwandten Wörter
Wem ein bestimmtes Wort nicht einfällt, wer den treffenden Ausdruck sucht, wer seine Aussage variieren möchte, der findet in diesem Buch Hilfe. 801 Seiten.

Band 9: Richtiges und gutes Deutsch
Dieser Band ist aus der täglichen Arbeit der DUDEN-Redaktion entstanden. Er klärt grammatische, stilistische und rechtschreibliche Zweifelsfragen und enthält zahlreiche praktische Hinweise. 803 Seiten.

Band 10: Das Bedeutungswörterbuch
Dieses Wörterbuch stellt einen neuen Wörterbuchtyp dar. Es ist ein modernes Lernwörterbuch, das für den Spracherwerb wichtig ist und den schöpferischen Umgang mit der deutschen Sprache fördert. 797 Seiten.

Band 11: Redewendungen und sprichwörtliche Redensarten
Dieses idiomatische Wörterbuch der deutschen Sprache verzeichnet über 10 000 feste Wendungen, Redensarten und Sprichwörter, die im heutigen Deutsch verwendet werden. Dazu kommen Anwendungsbeispiele, Bedeutungserklärungen sowie sprach- und kulturgeschichtlich aufschlußreiche Herkunftserläuterungen. 864 Seiten.

Band 12: Zitate und Aussprüche
(in Vorbereitung)

DUDEN – Das große Wörterbuch der deutschen Sprache in 6 Bänden

Das maßgebende Werk für höchste, selbst wissenschaftliche Ansprüche.
Herausgegeben und bearbeitet vom Wissenschaftlichen Rat und den Mitarbeitern der DUDEN-Redaktion unter Leitung von Günther Drosdowski.
Über 500 000 Stichwörter und Definitionen auf rund 3 000 Seiten. Mehr als 1 Million Angaben zu Aussprache, Herkunft, Grammatik, Stilschichten und Fachsprachen sowie Beispiele und Zitate aus der Literatur der Gegenwart. Jeder Band etwa 500 Seiten.

DUDEN – Deutsches Universalwörterbuch

Der Wortschatz der deutschen Sprache
2., vollständig überarbeitete und erweiterte Auflage.
Über 120 000 Artikel mit den Neuwörtern der letzten Jahre, mehr als 500 000 Angaben zu Rechtschreibung, Aussprache, Herkunft, Grammatik und Stil, 150 000 Anwendungsbeispiele. 1 816 Seiten.

DUDEN-TASCHENBÜCHER

Praxisnahe Helfer zu vielen Themen

Herausgegeben vom Wissenschaftlichen Rat der DUDEN-Redaktion: Prof. Dr. Günther Drosdowski · Dr. Wolfgang Müller · Dr. Werner Scholze-Stubenrecht · Dr. Matthias Wermke

Band 1: Komma, Punkt und alle anderen Satzzeichen
Sie finden in diesem Taschenbuch Antwort auf alle Fragen, die im Bereich der deutschen Zeichensetzung auftreten können. 165 Seiten.

Band 2: Wie sagt man noch?
Hier ist der Ratgeber, wenn Ihnen gerade das passende Wort nicht einfällt oder wenn Sie sich im Ausdruck nicht wiederholen wollen. 219 Seiten.

Band 3: Die Regeln der deutschen Rechtschreibung
Dieses Buch stellt die Regeln zum richtigen Schreiben der Wörter und Namen sowie die Regeln zum richtigen Gebrauch der Satzzeichen dar. 188 Seiten.

Band 4: Lexikon der Vornamen
Mehr als 3 000 weibliche und männliche Vornamen enthält dieses Taschenbuch. Sie erfahren, aus welcher Sprache ein Name stammt, was er bedeutet und welche Persönlichkeiten ihn getragen haben. 239 Seiten.

Band 5: Satz- und Korrekturanweisungen
Richtlinien für die Texterfassung.
Dieses Taschenbuch enthält die Vorschriften für den Schriftsatz, die üblichen Korrekturvorschriften und die Regeln für Spezialbereiche. 282 Seiten.

Band 6: Wann schreibt man groß, wann schreibt man klein?
Jeder weiß, daß die Groß- und Kleinschreibung eines der schwierigsten Kapitel der deutschen Rechtschreibung ist. Dieses Taschenbuch bietet mit rund 8 200 Artikeln eines schnelle Hilfe für die tägliche Schreibpraxis. 252 Seiten.

Band 7: Wie schreibt man gutes Deutsch?
Dieser Band stellt die vielfältigen sprachlichen Ausdrucksmöglichkeiten dar. Ein unentbehrlicher Ratgeber für alle, die sich um einen guten Stil bemühen. 163 Seiten.

Band 8: Wie sagt man in Österreich?
Das Buch bringt eine Fülle an Informationen über alle sprachlichen Eigenheiten, durch die sich die deutsche Sprache in Österreich von dem in Deutschland üblichen Sprachgebrauch unterscheidet. 252 Seiten.

Band 9: Wie gebraucht man Fremdwörter richtig?
Mit 4 000 Stichwörtern und über 30 000 Anwendungsbeispielen ist dieses Taschenbuch eine praktische Stilfibel des Fremdwortes. 368 Seiten.

Band 10: Wie sagt der Arzt?
Dieses Buch gibt die volkstümlichen Bezeichnungen zu rund 9000 medizinischen Fachwörtern an und erleichtert damit die Verständigung zwischen Arzt und Patient. 176 Seiten.

Band 11: Wörterbuch der Abkürzungen
Dieses Wörterbuch enthält rund 38 000 nationale und internationale Abkürzungen aus allen Bereichen. 288 Seiten.

Band 13: mahlen oder malen?
Gleichklingende Wörter, die verschieden geschrieben werden, gehören zu den schwierigsten Problemen der deutschen Rechtschreibung. Dieses Buch bietet eine umfassende Sammlung solcher Zweifelsfälle. 191 Seiten.

Band 14: Fehlerfreies Deutsch
Zahlreiche Fragen zur Grammatik werden im DUDEN-Taschenbuch „Fehlerfreies Deutsch" in leicht lesbarer, oft humorvoller Darstellung beantwortet. 204 Seiten.

Band 15: Wie sagt man anderswo?
Dieses Buch will all jenen helfen, die mit den landschaftlichen Unterschieden in Wort- und Sprachgebrauch konfrontiert werden. 190 Seiten.

Band 17: Leicht verwechselbare Wörter
Der Band enthält Gruppen von Wörtern, die auf Grund ihrer lautlichen Ähnlichkeit leicht verwechselt werden. 334 Seiten.

Band 21: Wie verfaßt man wissenschaftliche Arbeiten?
Dieses Buch behandelt ausführlich und mit vielen praktischen Beispielen die formalen und organisatorischen Probleme des wissenschaftlichen Arbeitens. 216 Seiten.

Band 22: Wie sagt man in der Schweiz?
In rund 4 000 Artikeln gibt dieses Wörterbuch Auskunft über die Besonderheiten der deutschen Sprache in der Schweiz. 380 Seiten.

Band 23: Wörter und Gegenwörter
Gegensatzpaare der deutschen Sprache.
Dieser Band verzeichnet nicht nur die verschiedensten Wortpaare, sondern führt auch zu weiteren Sprachnuancen und verwandten Begriffen. 267 Seiten.

Band 24: Jiddisches Wörterbuch
Mit Hinweisen zur Schreibung, Grammatik und Aussprache.
Die 8 000 wichtigsten Begriffe des Jiddischen von A bis Z. 204 Seiten.

DUDENVERLAG
Mannheim · Leipzig · Wien · Zürich